让我们

一起追寻

查理五世传

A NEW LIFE OF CHARLES V

〔英〕杰弗里·帕克 著

陆大鹏 刘晓晖 译

皇

上

GEOFFREY PARKER

帝

社会科学文献出版社
SOCIAL SCIENCES ACADEMIC PRESS (CHINA)

本书获誉

与查理五世相关的史料浩如烟海，令人头晕目眩。除了帕克，没有一位在世的学者能够组织和分析这些史料。帕克对历史人物的心理有着敏锐的洞察，而且他把查理五世置于庞大的历史画卷之中，始终展现出查理五世做决策的外交、宗教、结构和系统的背景。这部书是了不起的成就。

——琳德尔·罗珀，《马丁·路德》的作者

非常精彩的书。文采斐然，可读性强，极好地运用了作者令人仰慕的渊博知识……本书清楚地证明，传记仍然是历史研究的一种关键体裁。

——詹姆斯·特雷西，《查理五世皇帝传》的作者

没有人比大师级的历史学家杰弗里·帕克更理解哈布斯堡家族的皇帝查理五世。在这部论证细致缜密、叙述精彩动人的传记里，帕克达到了一种完美的平衡，突出了查理五世作为军事家和帝王的强大，也描写了他作为一个普通人的弱点。这是一部杰作。

——理查德·L. 卡根，《克里奥与王冠》的作者

《皇帝》令我心生敬畏。这是一部史无前例的极其详尽的帝王传记，也是一部全球史。本书作者将汗牛充栋的文献证据信手拈来，同时一丝不苟地审视了史料。本书简直是精彩

绝伦。

——贝瑟尼·阿拉姆，《疯女胡安娜》的作者

大师风范。

——威廉·安东尼·海，《华尔街日报》

"一个不寻常的人，取得了不寻常的成就"，他需要一位不寻常的传记作者。帕克就是这样一位作者。如此深厚的学术功底，如此优雅和迷人的文风，实属罕见。帕克巧妙地援引数量惊人的文献证据，创作了一部杰作。帕克以史诗般的笔触，详尽而生动地描绘了这样一个极其复杂的人和他的广袤帝国。

——苏珊娜·利普斯科姆，《金融时报》

这是一部关于了不起的哈布斯堡统治者的极其详尽的传记，其中对现代欧洲国家体系的诞生也有重要的洞见。

——弗朗西斯·P. 森帕，《纽约图书报》

帕克对最伟大的哈布斯堡家族成员做了一次精彩绝伦的介绍。在未来的很长时间里，本书都必然是关于查理五世的权威著作。

——《纽约军事问题研讨会评论》

能够代表马克·布洛赫所谓的"历史学家的技艺"的巨著，档案研究的功力十分了得……最重要的是，叙述水平极高……帕克信手拈来、举重若轻地叙述，用引人入胜的细节介绍了查理五世一生的诸多事件和不同阶段，从他的孩提时代到

他留下的遗产，覆盖了哈布斯堡帝国的全球疆域和地方上的复杂性。

——斯蒂芬·汉斯，《历史：新书评论》

这位君主的权力和影响波及五大洲，16世纪上半叶欧洲高层政治的主要事件都围绕他展开。这是他的一部新的具有里程碑意义的传记。

——库尔特·施塔特瓦尔德，《路德宗季刊》

帕克运用他百科全书式的知识和档案研究技艺，结合新发现的原始史料，让16世纪上半叶在我们眼前焕发了生机，其主角是有血有肉、饱受折磨但超乎寻常的查理五世。

——伊丽莎白·A. 特里－罗伊辛，《西班牙与葡萄牙
历史研究期刊》

研究查理五世这样一位"欧洲"统治者的个性与统治，面临许多严峻的挑战：需要处理多国的海量档案以及多种语言的原始史料。好在帕克独一无二地有资格承担这项艰巨的使命。

——弗朗索瓦·苏瓦耶，《宫廷历史学家》

帕克的传记以令人肃然起敬的方式，让叙述与分析水乳交融。

——卡洛斯·M. N. 艾尔，《现代历史期刊》

杰弗里·帕克的查理五世传记在出版后立即跻身英语世界

最优秀的查理五世研究著作之列。但它的意义，就像支撑它的研究一样，具有全球意义。本书对作为统治者的查理五世和作为一个整体的时代进行了深度的分析。我不记得自己读过像本书一样深刻的关于查理五世的著作，卡尔·布兰迪的作品也无法与它媲美。这是历史复原的杰作。

——C. 斯科特·狄克逊，《近代早期的教会》的作者

"杰作！全景式展现了诸多令人惊愕和难忘的细节，令人手不释卷。"

———琳德尔·罗珀

献给我的孙辈，卡梅伦、西恩纳和科迪莉亚

目　录

·上　册·

第一部　年轻的查理

第二部　权力的游戏

序

查理五世曾统治西班牙、德意志、尼德兰、半个意大利，以及中美洲和南美洲的大部分地区。以他为主题的书籍已经汗牛充栋，真的还需要再来一本吗？皇帝本人写过《回忆录》；他的各种语言版本的传记有成百上千种；根据在 WorldCat 数据库检索的结果，到目前为止，21 世纪已经出版了超过 500 种书名里有"查理五世"的图书。然而，永远不可能有尽善尽美的著作。皇帝撰写那部自鸣得意的自传的时间是 1550 年，当时他正处于权力的巅峰；而以他为传主的好几部"传记"失之偏颇，不够客观（甚至到了 19 世纪和 20 世纪，仍有一些传记作者以意识形态目的来解释查理五世的功绩）。

撰写查理五世传记的现代作者可分为两类：第一类作者抱怨传主留下的文献太少，不足以准确地还原其生平；第二类作者抗议说他留下的文献实在太多。2003 年，属于第一类作者的斯科特·狄克逊①宣称："查理五世留下的档案文献极少，我们无法了解他究竟是什么样的人……从他的办公桌发出的数十万封信函很少提及关于他本人的细节。"次年，哈拉尔德·克莱因施密特②发表了类似的评论："署有查理五世大名的文

---

① 斯科特·狄克逊为当代英国历史学家，在剑桥大学获得博士学位，目前在北爱尔兰的贝尔法斯特女王大学任教，研究方向为近代早期欧洲历史，尤其是德意志历史和新教的历史。（本书脚注均为译者注或编者注，后文不再特别说明。）

② 哈拉尔德·克莱因施密特（1949～ ）为当代德国历史学家，目前为日本筑波大学的教授，著有一部查理五世的传记。

献很丰富，但其中的绝大多数他从来没有看过，而在极少数他亲笔写的信函当中，又有一些根本不能反映他的所思所想，而只能反映他的谋臣的想法。"[1]

卡尔·布兰迪写了一部两卷本的查理五世传记。他属于第二类作者。他在1937年写道："查理五世留下了信息量极大的文献，卷帙浩繁，在这方面，许多个世纪里没有一位君主能与他相提并论。"若干年后，费德里科·沙博①甚至更进一步地宣称："查理五世留下的御笔文书的数量超过历史上其他任何一位帝王。"1966年，费尔南·布罗代尔提出，之前的历史学家未能还原查理五世的"思想、他的性情与他的个性"，主要是因为存世文献太多了。布罗代尔的结论是："从故纸堆中寻找这位皇帝的性格，如同大海捞针。"2002年，维姆·布洛克曼②表示同意：关于查理五世的"历史文献材料""汗牛充栋，所以不可能读完"。[2]

真的不可能吗？的确，存世史料可以说是"汗牛充栋"。查理五世年仅四岁时就签署了他的第一封信（见彩图2），到他去世时，已经签署了超过10万份文件（所用语言包括荷兰语、法语、德语、意大利语、拉丁语和西班牙语），并在部分文件里亲笔批注。他的御笔信函（即完全由他亲笔写下的信函，所用语言是法语和西班牙语，偶尔用德语）消耗了成千上万张对开纸。留存至今的查理五世书信保存在欧洲各地的档案馆和图书馆里，部分原因是他在位时花了很大一部分时间在

---

① 费德里科·沙博（1901～1960）为意大利历史学家和政治家，曾在罗马大学任教。

② 维姆·布洛克曼（1945～ ）为当代比利时历史学家，曾为莱顿大学的教授，专攻中世纪晚期和近代早期欧洲史，著有《中世纪欧洲史》等。

旅行上。他一生中有将近一半的时间（超过 1 万天）在尼德兰度过，约三分之一的时间（超过 6500 天）在西班牙度过；他在德意志待了超过 3000 天，在意大利停留了约 1000 天。他四次访问法国（待了 195 天），去过北非和英格兰各两次（分别停留 99 天和 44 天）。不管身在何方，他都留下大量文书。他的人生中只有 260 天没有文献证据存世，因为这些日子里他在航海，在自己的各个领地之间旅行。³

尽管查理五世从未横渡大西洋，却也为自己的美洲领地留下了文献。仅在 1542 年和 1543 年，墨西哥副王就以皇帝的名义发布了将近 1500 道命令，其中很多是对御旨的回应。查理五世的一些令状（cédulas reales）后来获得了历史性地位，因为它们将墨西加人①的一些新城邦（altepetl）②合法化了，于是成为令人垂涎的奠基性文件。直到 20 世纪 90 年代，仍有人伪造此种令状。另外，因为"在西班牙人到来之前的墨西哥，城邦是在诸神的指令和保护之下才能建立的"，查理五世在他建立的好几个社区里获得了神祇般的地位，受到顶礼膜拜。⁴

皇帝还努力以更世俗的方式追求不朽。他请画家为自己画像，赞助史书的编纂，请艺术家创作作品，营造宫殿，并在具有宣传意义的盛大典礼中粉墨登场（尤其是"入城式"，见彩

---

① 墨西加人是西班牙征服美洲之前墨西哥谷的原住民族群，创造了阿兹特克文明。14 世纪，墨西加人在特斯科科湖上建立了特诺奇提特兰城邦。它与特斯科科和特拉科潘组成三国联盟，也就是阿兹特克帝国。

② Altepetl 是阿兹特克语，本意为"水岭"，是前哥伦布时代和西班牙征服美洲时代阿兹特克人的城邦。各城邦有一定的自治权，受到阿兹特克帝国的统辖，经常因反叛帝国中央政权而遭到残酷镇压。1519 年西班牙人入侵时，阿兹特克帝国下辖约 450 个城邦。西班牙人利用了各城邦之间的矛盾，以及城邦与帝国中央政权的矛盾。

图7）。大批量制造的查理五世肖像出现在钱币、勋章、陶瓷甚至跳棋的棋子上（见彩图30），同时也出现在图书和大幅印刷品上。音乐家们谱曲讴歌他取得的成功（帕维亚战役、皇帝加冕礼），有时也记录他受到的挫折（比如他的妻子香消玉殒）。一大群不同国家的诗人、画家、雕刻家、玻璃工匠、印刷商、纺织工、珠宝匠、历史学家、军械匠和书记员争相为他塑造帝王的威仪。皇帝遵照巴尔达萨雷·卡斯蒂廖内的礼仪研究专著《廷臣之书》（这是查理五世最喜爱的书之一，作者出版该书的时候正在皇帝的宫廷担任大使；查理五世下旨将该书译为西班牙文）的建议，无论是行走、骑马、战斗、跳舞还是讲话时，都时刻注意观众的观感。[5]19 世纪的西班牙政府打开了查理五世的墓穴，用他赤裸的、已经干尸化的遗体招徕游客（见彩图39），皇帝陛下若是泉下有知，一定会无比震惊。有些游客为他画像，而另一些则拍照，甚至有一名游客贿赂了警卫，折断查理五世的一截手指作为纪念品。不过这种破坏行为带来了一个好处：对这截手指（如今被保存在一个特殊容器内）的医学检查得到了两项重要证据：一是皇帝生前患有慢性痛风（他确实一直抱怨自己的痛风），二是他的直接死因是严重的疟疾（见附录二）。

在一篇以"为查理五世立传之危险性"为主题的重要文章里，海因里希·卢茨①借用维吉尔《埃涅阿斯纪》（查理五世很熟悉这部书）的开篇语——Arma virumque cano（我要歌

---

① 海因里希·卢茨（1922～1986）是德国和奥地利历史学家，曾在维也纳大学任教，著有《哈布斯堡与普鲁士之间：1815～1866 年的德意志》等。

唱的是战争和一个人的故事），强调传记家应当将注意力集中于那些让查理五世投入了大量时间、精力与资源的事务，尤其是战争和备战。这既是因为武装冲突占据了查理五世在位期间的大部分时间，也是因为同时代人注意到，他在"作战时，与军队在一起的时候最开心"。卢茨认为，其他的事件，哪怕是文艺复兴和宗教改革，也应当仅仅在直接涉及查理五世时才出现在他的传记中，并且传记始终要通过查理五世的视角来看待这些历史事件。[6]

笔者牢记卢茨的意见，在本书中运用存世史料（从书面文献到皇帝的手指）来阐释以下三个关键问题。

第一，查理五世如何做出那些关键决定，从而创建、保全并扩张了全世界第一个也是延续最久的跨大西洋帝国？

第二，查理五世的政策之所以失败，是因为结构性的缺陷，还是因为他个人的短处？如果一位比他更有政治才干的君主处在他的位置上，有没有可能做得更好？或者，在具体的历史条件下创建的政体是否因为过于庞大而无以为继？用现代人的话来说，他无法将自己的帝国完整地传承下去，是他本人的问题，还是结构性的问题？

第三，处在查理五世的位置上是怎样一种体验？普鲁塔克（查理五世最喜爱的作家之一）在描写查理五世的榜样之一亚历山大大帝的时候曾说："最光辉的功绩并不总是能让我们看清人的美德或罪恶；有时，一个不是那么重要的时刻、一个表情或一句玩笑话，反而更能让我们了解人的个性与脾气。"本书就运用了许多这种未经安排却颇有揭示性的场景。[7]

存世史料的内容有不均衡之处，这也是在所难免。和其他每一个人一样，查理五世每天睡觉、吃喝拉撒，但这些方面只有在出问题的时候才会留下文献证据（比如他失眠，或呕吐、"小便刺痛"；痔疮造成的疼痛"让他号啕大哭，像个婴儿"）。每天他都花时间祷告，定期去教堂做礼拜，每个圣周①他都隐遁到修道院静修，不问公务。在这些宁静的时刻，皇帝除了祈祷之外还做了什么？历史学家一无所知，除非发生了不寻常的事情（有一次做礼拜时他晕倒并昏迷了一个多小时；或者他在不寻常的时间去祈祷或告解，比如在做出重大决策之前或之后）。

另外，如同查理五世在1543年给儿子和继承人的秘密指示中哀叹的那样，有些政治决策"极其晦涩并且具有不确定性，我都不知道如何向你描述"，因为"它们充满了自相矛盾和糊涂之处"。⁸但他至少曾尝试去阐明这一切。1552年11月，他的贴身男仆纪尧姆·范·马勒向一个同事透露，皇帝刚刚命令他：

> ……关闭他的房门，让我承诺对他即将告诉我的事情严格保密……他对我开诚布公，毫无保留。听到他告诉我的话，我目瞪口呆。即便到现在，我一想起那些话就战栗，宁愿死也不会告诉除了你之外的任何人。现在我可以自由地书写，因为皇帝在睡觉，此时是深夜，其他人都离开了。

范·马勒以逗引的笔调继续写道，"需要很长时间才能把全部细节都与你分享"，因为皇帝"刚刚把他人生的一切都告

---

① 复活节前的一周。

诉了我"，"甚至给了我一张手写的纸，上面列出了他过去的全部不端行为"，包括"很多他处置不当的事情，要么是因为他遗忘了什么，要么是因为他后来改变了决定"。对历史学家来说不幸的是，范·马勒写到这里就犯困了，就此搁笔。即使他后来真的把"全部细节"都付诸笔端，他写的文件（就像皇帝手写的那份不端行为的清单一样）也消失在历史长河中了。[9]

不过，有足够的史料留存至今，能够帮助我们理解查理五世一生的许多"自相矛盾和糊涂之处"。除了保存至今的堆积成山的信函之外，皇帝还吸引了许多人的注意力：无论是敌是友，他们都记录了皇帝的很多事情。除他之外，没有一个人得到了这样的待遇，哪怕是马丁·路德。从他降生到退位，不计其数的外国外交官始终密切观察和报道他的一举一动、一言一行；十几位目击者描述了大型的公共事件（比如 1530 年他在博洛尼亚加冕和 1555 年在布鲁塞尔退位）。皇帝每次在陆上旅行时，相关的文献记录就会增加很多，所以针对某些时期，我们能准确还原他在每个钟头的行踪。他在统治期间曾在一千多个地方停留，从维滕贝格到塞维利亚，从伦敦到阿尔及尔（地图 1）。[10]查理五世从来不会独处。即便在他最孤独的旅程当中，也始终有廷臣和外交官陪伴在他左右，比如 1517 年他在西班牙的最初几周跋山涉水穿过欧罗巴山①去争取他应得的遗产，沿途睡在被牲畜环绕的农舍，受到野熊的攻击；又比如 1552 年他在逃亡时穿过阿尔卑斯山，躲避他的德意志臣民的追击，途中他的幕僚人员不得不从偏远山村紧急征用床单给他

---

① 欧罗巴山是西班牙北部的一道山脉，最高峰海拔为 2650 米。

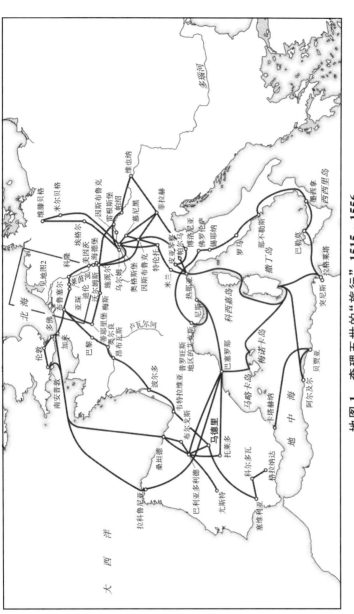

地图 1 查理五世的"旅行"，1515～1556

在 1555 年于布鲁塞尔发表的退位演说中，查理五世提醒听众，他为了他们做过四十次"旅行"。在这之后他还会做最后一次旅行，也就是去西班牙的尤斯特修道院。他是近代早期欧洲游历游历最广的君主。

资料来源：de Boom, 'Voyage', 拉页。

使用。即便在退隐到西班牙格雷多山区尤斯特修道院附属的小宫殿之后，他仍然受到密切观察：至少两名修士写了日记，他们那位尊贵的客人在其中扮演主角；廷臣们几乎每天都记录主公的言行；有二十个目击者愿意提供宣誓证词，说他们见证了皇帝的临终时刻。诡异的是，查理五世最后的日子恰恰是他整个人生中最为我们所熟悉的时期。

"天哪，传记应当怎么写？请告诉我，"弗吉尼亚·伍尔夫在1938年询问一个朋友（也是传记家），"应当如何处置这么多、这么多、这么多的事实？"[11]四个世纪之前，西班牙人文主义学者胡安·派斯·德·卡斯特罗（查理五世请他撰写"皇帝陛下的传记"），也曾与同样的困难搏斗。派斯·德·卡斯特罗在落笔之前先草拟了大纲，以便向查理五世解释他打算如何处置"这么多的事实"。首先，派斯·德·卡斯特罗要证明自己能够胜任这项工作：他自称精通六种语言（包括迦勒底语）①，并且熟知法学、博物学和数学。其次，"因为写作不仅是聪明才智或发明创造的成果，还需要勤奋地整合资料，所以需要先去搜寻资料"，因此派斯·德·卡斯特罗打算寻访"陛下临幸过的每一个地方，从而为这部著作提供我想要的光辉"。在每一个地方，他将"征询值得尊重的、勤奋的人们的意见；阅读公共纪念碑和墓碑上的铭文；挖掘公证人保管的旧档案，因为在那里可以找到许多构成历史的材料；并抄录已有

---

① 这里应当指的是阿拉米语。阿拉米语是古代叙利亚地区使用的闪族语言，在近东和中东地区一度非常兴盛，享有通用语的地位。耶稣的语言就是阿拉米语，《圣经·旧约》的很大一部分最早也是用阿拉米语写成的。巴比伦王国迦勒底王朝（也叫新巴比伦王国，前626~前539年）所用的阿拉米语被称为"迦勒底语"或"迦勒底阿拉米语"。

的全部史书，无论是新的还是旧的，无论作者的水平高低"。
最后，"还需要向陛下询问很多东西，从而找到有争议的决策
背后的理由"。这个写作大纲非常出色，但派斯·德·卡斯特
罗还没来得及采访查理五世，皇帝就驾崩了，而派斯·德·卡
斯特罗本人也是出师未捷身先死。[12]

本书分成四个部分，按时间顺序排布，各部分之间用查理
五世的"肖像"（即在几个关键时刻，同时代人眼中的他）隔
开。这几个关键时刻分别是：1517 年，他第一次离开尼德兰；
1532 年，他风华正茂时；1548 年，他达到权力巅峰时。"驯服
美洲"是唯一不按照时间顺序而按照主题来组织的章节。查
理五世是第一个统治南北美洲广袤地区的欧洲人，他对美洲兴
趣盎然：尽管皇帝的主要目的是尽可能用新大陆的资源为他在
旧大陆的事业买单，但他还是对美洲的动植物和人民（包括
土著和新来者）产生了长期的兴趣。他尤其努力为自己的土
著臣民提供精神指导和物质保障。他认为此事影响到了他的
"帝王的良心"，因为"当他发现伊斯帕尼奥拉岛①、古巴以及
其他［加勒比］岛屿的所有土著居民被送到矿井里做苦工而
死，他就坚信不疑：如果他允许这样的事情继续下去，他一定
会下地狱"。[13]当时的尼德兰人很少关心美洲，就连伊拉斯谟的
笔下也"很少提及新大陆"。查理五世是 16 世纪统治者当中
唯一一位富有原则性地捍卫美洲土著权益的。他的立法"长
期以来强有力地遏制了对美洲土著的压迫"。所以，查理五世
在新大陆方面的工作值得仔细研究。[14]

---

① 在西班牙语中的意思是"西班牙岛"。目前，该岛西部为海地共和国，东
部为多米尼加共和国。

　　派斯·德·卡斯特罗计划把查理五世在新大陆取得的成就纳入自己的著作，但他也打算省略其他一些事情。尽管他相信历史学家既应当"谴责和针砭恶行，让它在将来不会重演"，也应当"歌颂和赞扬善行，鼓励人们效仿"，但他同时认为，"有些事情值得记载在史书中，但也有一些事情不应落诸笔端，当然前提是不能歪曲真相"。[15]我在本书中没有隐瞒任何关于查理五世的细节，不管这么做是否正确。在个人层面，我歌颂和赞扬了他的语言天赋（除了他的母语法语之外，他最终还精通了意大利语和西班牙语，并能说一些荷兰语和德语）、他精湛的枪法和骑术，以及他指挥军队、亲临火线时的英勇无畏。他也懂得如何激发人们的忠诚并博得爱戴。

　　根据1531年一位外交官的说法，查理五世向群众讲话时"极其动人，和蔼可亲，几乎令听者落泪"；他讲完时，听众"万众一心，仿佛都变成了他的奴仆"；他驾崩时，身边的随从悲痛万分，"号啕大哭，捶胸顿足，以头撞墙"；几年后，查理五世的弟弟斐迪南告诉一个亲信："我爱戴和崇敬皇帝，仿佛他是我的父亲。"[16]至于"谴责和针砭恶行"，我记录了查理五世如何虚伪地否认自己预先批准了1527年对罗马城的进攻和对教宗克雷芒七世的抓捕；他如何在1541年谋杀两位法国外交官弗雷戈索和林孔的事情上撒谎；以及他如何在1553年背弃了安排自己的儿子腓力迎娶一位葡萄牙公主的庄严誓言。在有些案例里，查理五世发誓赌咒地、公开地、再三地否认自己撒了谎（比如1527年和1541年的案例）；在其他一些案例里，他干脆拒绝讨论自己的恶行（1554年，一位葡萄牙使节前来抗议他的食言，皇帝却说："我告诉他［葡萄牙使节］的东西，仅仅是我需要告诉他的。我不想为自己辩护，也不想继续谈论此事，因为过去的事情已经过去了，现在最好是掩饰我的真情实感。"）[17] 查理五世在私人生活层面也有很多恶行。1517年他发现自己的姐姐埃莉诺爱上了一位廷臣，于是强迫她在一位公证人面前正式宣誓抛弃自己的情人，并承诺在一切事务上服从弟弟。次年，他强迫姐姐嫁给年龄是她两倍以上的姨父。[①] 1530年，他下令让他的三个私生女之一的塔代娅在"右腿膝盖下方留下一个永久性印迹"（可能是文身，也可能是烙印）。三年后，他通过谈判安排自己十一岁的外甥女——丹麦公主克里斯蒂娜嫁给一个年龄是她四倍的男人，并且这个新郎有权立刻与新娘圆房。最可耻的是，查理五世虐待自己的母亲胡安娜女王。他把她软禁起来，一直到她于1555年去世。在大约四年里，他让自己的母亲生活在谎言中（比如在她的父亲斐迪南国王驾崩多年后，查理五世仍然坚持告诉胡安娜他还活着）。并且，查理五世去看望胡安娜的时候抢走了她的壁毯、珠宝、书籍、银器，甚至做礼拜用的法器，然后把这些财物当作结婚礼物送给自己的姐姐和妻子。他把胡安娜身边已经空荡荡的箱子装满与那些财物同等重量的砖块，希望在他离开之前母亲不会注意到他已经洗劫了她。

这些矛盾之处令人费解。我试图通过研究查理五世如何做出这些举动（然后才是"为什么"）来理解这些矛盾。我这种方法论层面的决定会产生一些重要的结果。如克里斯托弗·克拉克在他那本研究第一次世界大战根源的精彩绝伦的著作

---

① 葡萄牙国王"幸运的"曼努埃尔一世先后娶了天主教双王的两个女儿伊莎贝拉和玛丽亚，他的第三任妻子是奥地利的埃莉诺（查理五世的姐姐）。而埃莉诺是天主教双王的另一个女儿"疯女"胡安娜的女儿，所以曼努埃尔一世是埃莉诺的姨父。

《梦游者》的序言中所说：

> "为何"与"如何"的问题在逻辑上是不可分割的，但它们会把我们引向不同的方向。"如何"的问题让我们密切观察造成某种后果的诸多事件的时间顺序。而"为何"的问题让我们去寻找遥远的、绝对的原因……"为何"的方法能够带来一种分析上的明晰，但也会扭曲事实，因为它制造了一种假象，仿佛因果性的压力在稳步增强；各种因素一个一个堆积起来，最终导致事件发生；政治家仅仅是某些早已确立、不受其控制的力量的执行者。

因此，和克拉克一样，我试图"让'为何'的答案从'如何'的答案中生长出来，而不是相反"，尽管询问"如何"必然会强调能动性和偶然性，而询问"为何"则会突出结构性与延续性。[18]

为了理解和解释查理五世的行为，我和派斯·德·卡斯特罗一样，学习了好几种语言（不过没有学迦勒底语），并研究其他的学科（不过没有学法学、博物学或数学）；我寻访了"陛下临幸过的"一些地方（尤其是那些接收了他的档案的地方）；我阅读了"已有的全部史书，无论是新的还是旧的，无论作者的水平高低"；并且我挖掘了大量书面文献。尽管我无法"向陛下询问很多东西，从而找到有争议的决策背后的理由"，但我掌握了足够多的史料，能够让读者自行决定，是相信那些尊崇皇帝之人的说法，还是相信那些辱骂皇帝之人的说法。

比如，我们应当相信路易斯·基哈达的说法吗？他认识皇帝二十多年，在皇帝驾崩后宣称他是"史上第一伟人"。我们应当相信弗朗西斯科·德·博吉亚吗？他说，他与查理五世对话的时候，就是在与上帝对话。或者，我们要相信教宗保罗三世吗？他说"陛下是忘恩负义之徒，只在自己有需要时才记得朋友"。法国大使也附和道："如果你们仔细研究这个问题就会发现，皇帝从来没有关心过任何人，除非是别人对他有用。"[19]我们应当相信古斯塔夫·贝尔根罗特吗？他花了十年周游西欧的各大档案馆，抄录了查理五世发布或者与他有关的18000页文献。贝尔根罗特看着皇帝"在政治上、道德上、身体上……一步一步地土崩瓦解，直到在凄凉的隐居地尤斯特度过悲惨的余生"，并称查理五世的一生为"史上最大的悲剧之一"。或者，我们应当支持卡尔·布兰迪的裁决？阅读查理五世文献的数量多于贝尔根罗特的学者屈指可数，而布兰迪就是其中之一。布兰迪认为查理五世"是凡夫俗子，有着凡夫俗子必然有的弱点和反复无常，但他的欲望背后的永恒动机、他的信念和勇气，都让他超越了凡夫俗子，成为世界历史上的伟人"。[20]关于查理五世，还有更多的东西值得赞扬或攻击吗？这个世界真的还需要一本新的查理五世传记吗？读者诸君，请自行判断。

注　释

1. Dixon，'Charles V'，105–6（狄克逊还错误地说皇帝"没有留下本人的回忆录"）；Kleinschmidt，*Charles*，XV.

2. Brandi，*The emperor*，16；Chabod，*Carlos* V，128（出自1938~1939年首次发表的讲座）；Braudel，'Charles-Quint'，205；Blockmans，

Emperor，1 – 2. 注意学术的传承：布兰迪对沙博的研究有所帮助
（Chabod，*Lo stato*，Prefazione）；沙博有助于布罗代尔；布罗代尔
启迪了布洛克曼。

3. 感谢 Claudia Möller Recondo 和 Alain Servantie 帮助我计算了皇帝
的行程。显示查理五世在何地停留的表格见 Anatra，' Itinerarios '
和 Vilar Sánchez，*Carlos* Ⅴ，401 中的图表。

4. AGNM *Mercedes* Ⅰ and Ⅱ（现在是 *Signaturas servibles* 15792 和
15793）把每一份文件（expediente）都视作令状；Ruiz Medrano，
Mexico's indigenous communities，112（在 2015 年在墨西哥与 Lidia
Gómez García 关于查理五世"神性"的谈话中得到巩固）。

5. Dolce，*Le vite*，f. 525v 说《廷臣之书》（*El cortesano*）是查理五世
认真读过的少数书籍之一；1533 年，皇帝签署了一份特许状，命
令印刷该书的一个西班牙文译本。1516 年，伊拉斯谟在献给查理
五世的《论基督教君主的教育》中也提出了相同的观点："君主
外出的时候应当注意自己的面容、仪态，尤其是言辞，应当为臣
民树立榜样；君主应当始终记得，自己说的话、做的事都会被所
有人听到、看到，被所有人知晓。"（99）

6. Lutz，' Karl V. '，181；*ASF MdP* 4301/179，Ricasoli to Duke Cosimo
of Florence，from the imperial camp，30 Aug. 1543. 另见 Firpo，
Relazioni，Ⅱ，465 – 6，威尼斯大使贝尔纳多·纳瓦杰罗在 1546
年 7 月的述职报告中提到，查理五世"无法掩饰自己对战争的酷
爱。打仗的时候，他就开心，就精神抖擞"。

7. *Plutarch's Lives*，Ⅱ，139，translated by John Dryden.

8. Ball and Parker，*Cómo ser rey*，130，Charles's secret instruction to
Prince Philip，6 May 1543.

9. De Reiffenberg，*Lettres*，28 – 33，van Male to Louis de Praet，11 Nov.
1552，Latin.

10. 关于皇帝一次造访能留下多少文献证据，不妨考虑 1538 年查理
五世在艾格莫尔特逗留的三天里产生的文献（见 Le Person，' A
moment of "resverie" '），然后将其数量乘以 1000。

11. Nicolson and Trautmann，*The letters of Virginia Woolf*，Ⅵ，225 – 6，
Woolf to Vita Sackville-West，3 May 1938.（有人请伍尔夫给艺术
家和艺术评论家罗杰·弗莱写一部传记。）

12. BNE *Ms.* 5578/77 – 99v，'Méthodo para escribir la Historia por Dr Juan Páez de Castro, chronista de el emperador Carlos Ⅴ，a quien le dirige'，copy. 原件曾存放在 BSLE，似乎已经佚失。Esteban，'De las cosas' 刊载了此手稿的抄录版本，不过有错误，当时的检索号是 BNE *Ms* Q – 18。De Courcelles，*Escribir*，316 – 28 声称对该文献进行了新的抄录，但仍然使用目前已经停用的检索号 Q – 18，并且其中的错误与 Esteban 一模一样。尽管该文献没有给出时间，派斯·德·卡斯特罗于 1556 年 7 月 12 日在布鲁塞尔写的一封信描述了 "我在我的史书中需要写什么"：Domingo Malvadi，*Bibliofilia*，430 – 1。估计派斯·德·卡斯特在这时已经把他的大纲呈送给仍在尼德兰的查理五世。

13. Pérez de Tudela Bueso，*Documentos*，Ⅱ，544 – 7，Pedro de La Gasca to a cabildo in Peru（Arica?），28 Sep. 1549.

14. Smith，*Erasmus*，34 – 5；Bataillon，'Charles – Quint'，91.

15. BNE Ms. 5578/87v – 88，'Méthodo para escribir la Historia'. 有关派斯·德·卡斯特罗的两种现代研究，见 Domingo Malvadi，Bibliofilia；von Ostenfeld-Suske，'Juan Páez'。

16. Sanuto，*I diarii*，LV，cols 68 – 9，copy of a letter from Brussels，7 Oct. 1531；*SLID*，Ⅱ，136（Hernando del Corral）；Neefe，*Tafel-Reden*，2 – 3，提到了费迪南在 1563~1564 年与其医生的谈话。

17. *CDCV*，Ⅲ，667，Charles to Philip，13 Mar. 1554.

18. Clark，*The sleepwalkers*，ⅩⅩⅰⅹ – ⅩⅩⅩ. 我感谢 Mary Sarotte 提醒我注意这一段。

19. GRM，Ⅰ，405 – 7，Luis Quijada to Juan Vázquez de Molina，26 Sep. 1558（查理五世死后的第五天）；AGS *E* 874/17 – 18，Juan de Vega，imperial ambassador in Rome，to Charles，19 Feb. 1547；von Ranke，*Deutsche Geschichte*，Ⅴ，366 – 70，Charles de Marillac's report on his embassy，1550.

20. Cartwright，*Gustave Bergenroth*，153 – 5，Bergenroth to David Douglas，1 Aug. 1866；Brandi，*The emperor*，644.

关于术语

对于外国的地名，如果有约定俗成的英文说法，我就使用英文说法，比如安特卫普（Antwerp）、拉科鲁尼亚（Corunna）、海牙（The Hague）、威尼斯（Venice）、维也纳（Vienna）。否则，我倾向于使用该地在现代当地语言中的名字，比如用Mechelen 而非 Malines 指梅赫伦，用 Aachen 而非 Aix-la-Chapelle 指亚琛，用 Regensburg 而非 Ratisbon 指雷根斯堡。一个例外是奥斯曼帝国的首都：如果出自原始史料，则使用古代的说法"君士坦丁堡"，否则使用"伊斯坦布尔"。同样，对于人名，如果有约定俗成的英文说法，我就使用英文说法，比如弗朗索瓦一世（Francis Ⅰ）、克雷芒七世（Clement Ⅶ）、奥地利的堂胡安（Don John of Austria）。否则我倾向于"名从主人"，即使用某人对自己的称呼。多人重名的情况是个例外。尽管可以根据上下文清楚地辨明重名者的身份，我还是用"卡塔利娜"（Catalina）指代查理五世最小的妹妹，而将他们的姨母称为"阿拉贡的凯瑟琳"（Katherine of Aragon）。我用"玛格丽特"（Margaret）指代查理五世的姑妈，即奥地利女大公和孀居的萨伏依公爵夫人；而用"玛格丽塔"（Margarita）指代查理五世的私生女，即佛罗伦萨公爵夫人和后来的帕尔马公爵夫人（当时的文献称她为"夫人"）。我通常用"玛丽亚"（María）表示查理五世的长女；用"玛丽"（Marie）指代他的妹妹，即匈牙利王后（1526 年丧夫）；我将亨利八世的妹妹或长女都称为"玛丽"（Mary），她俩都曾被许配给查理五世。

有些人物的称号或头衔发生过变化，这造成了特殊的困难。安托万·佩勒诺·德·格朗韦勒（1517～1586）在1540年至1562年使用的头衔是"阿拉斯主教"，之后则被称为"枢机主教格朗韦勒"。但在本书中，为了区分他和他的父亲尼古拉·佩勒诺·德·格朗韦勒（1486～1550），我将安托万称为"佩勒诺"，而始终将尼古拉称为"格朗韦勒"。[1]查理五世的祖父马克西米利安（1459～1519）也改换过称号。他起初是奥地利大公，1477年娶了勃艮第女公爵玛丽之后增添了"勃艮第公爵"的称号；1486年，他开始自称"罗马人国王"，1508年之后又改称"当选皇帝"①。但在他的父亲弗里德里希三世皇帝于1493年驾崩后，与马克西米利安同时代的人通常都称他为"皇帝"，所以本书也这样称呼他。查理五世在成为罗马人国王之后也被称为"当选皇帝"，直到十年后教宗为他加冕；但在1520年之后，几乎所有同时代的人都称他为"皇帝"。查理五世在自己的不同领地采用当地统治者的传统称号。在西班牙，他使用"天主教国王"（Rey Católico）的头衔，这是他的外祖父母斐迪南和伊莎贝拉获得的称号；即便在给妻子或儿女写信时，查理五世的签名也是"我，国王"（Yo el Rey）。如果文件是用拉丁文、德文或意大利文起草的，他的签名就是"卡洛"（Carol）或"卡洛斯"（Carolus）。在法文的文件上，他的签名是"夏尔"（Charles）。在本书中，从他于1520年被加冕为罗马人国王开始，一律称他为"皇帝"，直到1558年他将帝位让给弟弟；"帝国"（the Empire，首字母大

---

① "emperor elect"指已经被选定为皇帝，但尚未登基。

写）指的是他统治的"德意志民族的神圣罗马帝国"。

最后，有些词的含义随着时光流逝发生了变化，可能会造成混乱。"新教徒"一词最早出现于1529年，是一个政治词语，指的是那些在1526年由于路德派信仰一度享有的宽容被取消而发出抗议的德意志路德派教徒。1530年，马丁·路德的追随者在奥格斯堡帝国会议呈送他们的《奥格斯堡信条》时，"新教徒"一词就有了教义层面的含义。但如鲍勃·斯克里布纳①所说，在查理五世在位期间，"新教徒"一词仍然是"政治上和宗教上的含义的大杂烩，是在外交与政治压力下为了满足政治形势的需求而出现的神学表达"。皇帝将"偏离了真正教会的人"、"新教徒"和"路德派教徒"这几个说法等同视之（尽管有些新教徒，比如苏黎世的海因里希·布林格②和斯特拉斯堡的马丁·布策③，不同意路德的某些教导）。在本书中，"路德派教徒"仅指马丁·路德的追随者，而"新教徒"指所有拒绝接受教宗权威的人。2

注　释

1. 在 *CSPSp*，Ⅴ/1，ⅷ中，加扬戈斯错误地说查理五世的国务秘书安托万·佩勒南（1525～1538年任职）实际上就是安托万·佩勒

---

① 即罗伯特·威廉·斯克里布纳（1941～1998），澳大利亚历史学家，曾在伦敦国王学院、哈佛大学等高校任教，专攻德语地区的宗教改革历史。
② 海因里希·布林格（1504～1575）是瑞士的宗教改革家，是16世纪最重要的新教神学家之一，曾就圣餐教义等论题与马丁·路德发生争论。
③ 马丁·布策（1491～1551）是文艺复兴时期的新教神学家和改革家，曾流亡英格兰，对路德宗、加尔文宗和后来的英格兰国教的教义都有影响。

诺·德·格朗韦勒。加扬戈斯在他编辑的文件一览表（Calendars）中错误地把佩勒南收到或者撰写的好几封信归到格朗韦勒名下。

2. Scribner, *The German Reformation*, 2 – 4 对"新教徒"（Protestant）和"宗教改革"（Reformation）这两个术语不断演化的含义做了很有帮助的概述。斯克里布纳指出，兰克是第一个给"宗教改革"这个术语赋予现在常见意义的人，但斯克里布纳忽视了约翰·诺克斯，他在 1559～1571 年写了一本书，题为《苏格兰宗教改革史》（*The history of the Reformatioun of Religioun within the realme of Scotland*），以捍卫"我国的新教徒"，见 Knox, *History*, Preface。查理五世在同一封信里将"偏离了真正教会的人"（les desuoyez de la foy）、"新教徒"（protestans）和"路德派教徒"（lutheriens）这几个说法视为等同的例子，见 *LCK*, II, 486 – 91, Charles to Marie, 9 June 1546。

关于日期与引文

16 世纪初的日期给历史学家带来了多重挑战。根据查理五世在世时期绝大部分北欧国家使用的法国式历法，每年从复活节开始（当时和现在一样，每一年复活节的日期是不同的）；但根据在意大利和西班牙广泛使用的罗马式历法，每年从 1 月 1 日开始；而在威尼斯，每年从 3 月 1 日开始。所以，根据罗马式历法，查理五世出生于 1500 年 2 月 24 日；但因为那一年的复活节在 4 月 19 日，所以威尼斯、法国、德意志、英格兰和尼德兰的绝大部分史料说他出生于 1499 年 2 月 24 日。历法的这种差别只会影响从新年到复活节这几个月的日期，所以有些人在写信时会添加"复活节前"，以明确表示他们用的是法国式历法（威尼斯人有时会写"m. v."，即 more veneto，意思是"威尼斯历法"），但好几位提供了关于查理五世的关键信息的作家使用了不止一种历法。奥地利的玛格丽特通常用法国式历法，但写信给西班牙方面的时候就用罗马式历法。她的父亲马克西米利安皇帝往往根据他所在地点的习惯来使用不同的历法。不过他俩有时在信里不写日期或地点。这些不一致的情况意味着，有的信只能通过内部证据来判定日期。但不幸的是，巧妙地解读并整理出版了马克西米利安皇帝与其女儿很多通信的法国档案馆员安德烈·勒格莱把其中大约三分之一的信件的日期判断错误了。例如，玛格丽特有一封给父亲的信说，当天早些时候查理在狩猎时用弩弓误杀了一个人，这一天是"圣灵降临节后的星期一"。勒格莱没有解释自己的思路，就将这封信的时间判定为"1513 年 5 月"，将其放到那个月的信件当中。后来的绝大多数历史学家都没有提出疑问，就接受了勒格莱的判断，尽管安德烈亚斯·瓦尔特早就证明，玛格丽特写这封信的日期是 1514 年 6 月 5 日。除非另有说明，本书采用的是瓦尔特提出的日期，并全部使用罗马式历法，所以查理五世出生于 1500 年 2 月 24 日，他第一次杀人的时间是 1514 年 6 月 5 日。[1]

本书大量引用了意大利外交官的报告，这些报告给我们造成了更多困难，因为它们标注的时间通常是根据一种特殊的二十四小时时钟，每天从日落之后半个小时开始计算；不管什么季节，这个起始的时间都被算作"ore 2330"。例如，1521 年，威尼斯驻布鲁塞尔大使报告称，查理五世在 7 月 4 日"约 21 点"离开宫殿去迎接丹麦国王克里斯蒂安二世，"夜间 0 点 30 分返回"；次日夜间，这位大使又疲惫地记载道，两位君主用膳之后开始跳舞，尽管"已经是夜里 2 点了，他们还在跳舞"。在 7 月的布鲁塞尔，日落时间大约是晚上 10 点，所以这位大使记载的事件分别发生在 7 月 4 日晚上 7 点 30 分和夜间 11 点，而大使做记录的时间是 7 月 6 日 0 点 30 分。[2]

引用 16 世纪的文献也会给我们带来很多挑战。首先是正字法的问题：即便是熟悉的句法和词汇，也会因为频繁的缩写和怪异的拼写方式而变得难读。杰森·鲍威尔计算过，托马斯·怀亚特爵士在 1537～1540 年担任英格兰驻皇帝宫廷大使时写下的 24 封留存至今的信一共有将近 3 万个单词，"其中有 3380 个是缩写。也就是说，怀亚特的亲笔信当中平均每 8.43 个词就有 1 个缩写"。[3]查理五世和当时其他欧洲人的书信大致也是这种情况（读者如果觉得好奇，欢迎自己去看看）。说到词汇，在哪怕是同一份文件中，同一个词也可能有好几种不同的拼法。然后还有啰唆的问题。16 世纪初的书信如果能用两个或更多词来表达一个意思，那么绝不会只用一个词，所以会有令人厌烦的大量同义词堆砌的现象。比如，查理五世会"下令并命令"，他"旅行并行走"，某件事情必须办得"机密和保密"，诸如此类。在本书中，对于英文文献，我尊重了原文的正字法和啰唆习惯，但把缩写词恢复成原形。读者如果对西班牙文文献的原文感兴趣，可以查阅 Geoffrey Parker, *Carlos V：una nueva vida del emperador*（Barcelona：Editorial Planeta, 2019）。

注　释

1. Compare Le Glay, *Correspondance*, Ⅱ, 155 – 6, with Walther, 'Review of Kreiten', 282. Schlegelmilch, *Die Jugendjahren*, 96 n. 256 证实了瓦尔特提出的日期。Cheney, *Handbook of dates*, 83 – 161 给出了法国式历法的每一年，即根据复活节的日期来判断新年的开始。

2. Talbot, 'Ore italiane'; Sanuto, *I diarii*, ⅩⅩⅪ, cols 80 – 2, Gasparo Contarini to the Doge, 6 July 1521, "已经是夜里 2 点了"。因为查理五世和当时的所有欧洲人都用儒略历，所以要准确计算日落时间就要给日期增加十天，那么 1521 年 7 月 4 日的日落就相当于 7 月 14 日的日落。

3. Powell, *The complete works*, Ⅰ, ⅩⅪ.

大事年表

大事年表

年份	西班牙、意大利和地中海其他地区	尼德兰、法国和神圣罗马帝国	英格兰、苏格兰和美洲
1494			《托尔德西利亚斯条约》(6月7日):葡萄牙和卡斯蒂利亚同意瓜分欧洲之外新发现的土地
1496		奥地利大公腓力和卡斯蒂利亚与阿拉贡公主胡安娜结婚(10月20日)	
1497	阿拉贡和卡斯蒂利亚的王位继承人胡安与奥地利女大公玛格丽特结婚(4月3日);胡安去世(10月4日)		
1498	阿拉贡、卡斯蒂利亚和葡萄牙的王位继承人米格尔王子出生(8月23日)	查理五世的姐姐埃莉诺诺出生(11月15日)	
1499			

续表

年份	西班牙、意大利和地中海其他地区	尼德兰、法国和神圣罗马帝国	英格兰、苏格兰和美洲
1500	米格尔王子去世（7月19日），于是胖力和胡安娜成为卡斯蒂利亚与卡拉贡的王位继承人	卢森堡公爵查理（后来的查理五世）在根特出生（2月24日）	
1501		查理的妹妹伊莎贝拉出生（7月18日）；胖力和胡安娜前往西班牙（10月31日），把查理和他的姐妹交给他们的曾外祖母约克的玛格丽特照料	威尔士亲王亚瑟·都铎迎娶查理的姨母阿拉贡的凯瑟琳（11月14日）
1502			亚瑟王子去世（4月2日）
1503	查理的弟弟斐迪南出生（3月10日）	胖安娜返回尼德兰（10月）。约克的玛丽去世（11月23日）	
1504	卡斯蒂利亚女王伊莎贝拉驾崩（11月26日），由胡安娜和胖力继承王位	胡安娜返回尼德兰（5月），被软禁（11月）；胖力与海尔德公爵卡雷尔二世的战争爆发	
1505	阿拉贡国王斐迪南迎娶热尔梅娜·德·富瓦（10月19日）	查理第一次见到祖父马克西米利安。路易斯·卡韦萨·德·安德·安谢塔，成为查理的教师（9月15日）；查理的妹妹玛丽出生	

续表

年份	西班牙、意大利和地中海其他地区	尼德兰、法国和神圣罗马帝国	英格兰、苏格兰和美洲
1506	腓力返回卡斯蒂利亚（7月12日），成为国王，不久后驾崩（9月25日）。胡安娜女王被软禁在托尔德西利亚斯	腓力和胡安娜前往西班牙（1月）。尼德兰等级会议接受查理为他们的统治者（10月15日）	
1507	查理最小的妹妹卡塔利娜出生（1月14日）	奥地利的玛格丽特成为尼德兰摄政者，代理马克西米利安皇帝，并成为查理及其姐妹的监护人（4月）。查理第一次以尼德兰统治者的身份出席公开活动（胖力的追思仪式，7月）	查理通过代理与亨利七世的女儿玛丽·都铎结婚（7月）
1508		查理染上天花（10月）。马克西米利安访问尼德兰（1508年11月至1509年3月）	
1509	斐迪南与热尔梅娜·德·富瓦的独生子出生，夭折（5月）	查理被册封为嘉德骑士（2月）。谢夫尔男爵纪尧姆·德·克罗伊成为查理的宫廷总管，乌得勒支的阿德里安成为查理的教师	亨利八世登基成为英格兰国王（4月21日），迎娶阿拉贡的凯瑟琳（6月11日）
1512		马克西米利安访问尼德兰（春季）	

续表

年份	西班牙、意大利和地中海其他地区	尼德兰、法国和神圣罗马帝国	英格兰、苏格兰和美洲
1513	乔万尼·德·美第奇当选为教宗（3月9日，称利奥十世）。尼科洛·马基雅维里的《君主论》完成，先以抄本形式传播，1532年以印刷形式出版	马克西米利安和亨利八世在昂吉内加特打败法军（8月16日）。查理第一次国事访问，参加亨利八世为庆祝胜利而举行的比武大会（10月）	英格兰军队在弗洛登击溃苏格兰军队（9月9日）
1514		玛丽（查理的妹妹）离开尼德兰，去维也纳（4月）。查理在一次狩猎事故中误杀一人，这是他第一次杀人（6月）	玛丽·都铎背弃与查理的婚约（7月30日），嫁给路易十二（8月13日）
1515	弗朗索瓦一世在马里尼亚诺战役中获胜（9月13～14日）；法军占领米兰和热那亚	路易十二驾崩（1月1日），由昂古来姆的弗朗索瓦继承，称弗朗索瓦一世。查理亲政（1月5日）；让·勒·绍瓦热被任命为首相（1月17日）；查理与法国公主勒妮订婚；伊莎贝拉离开尼德兰，嫁给丹麦国王克里斯蒂安二世（6月）；玛丽离开尼德兰，与波希米亚和匈牙利国王拉约什二世订婚（7月）；查理派遣阿德里安代表他去西班牙见斐迪南（9月）	

续表

年份	西班牙、意大利和地中海其他地区	尼德兰、法国和神圣罗马帝国	英格兰、苏格兰和美洲
1516	阿拉贡国王斐迪南驾崩（1月23日）；枢机主教西斯内罗斯和摄政会议接受查理为卡斯蒂利亚国王（4月3日）	在布鲁塞尔，查理设计了了座右铭"走得更远"，并宣布为卡斯蒂利亚和阿拉贡国王（3月14日）；伊拉斯谟发表《论基督教君主的教育》，献给查理（5月）；查理与法国签订《努瓦永条约》（8月13日）；查理首次主持金羊毛骑士团的大会（10～11月）；弗朗西斯科·德·洛斯·科沃斯成为御前秘书	阿拉贡的凯瑟琳生下玛丽·都铎公主（2月18日）
1517	查理的姨母、葡萄牙王后玛丽亚去世（3月7日）；查理和埃莉诺抵达西班牙（9月20日），看望他们的母亲胡安娜和妹妹卡塔利娜（11月4日）；西斯内罗斯去世（11月8日）；查理和埃莉诺第一次见到他们的弟弟斐迪南（11月19日）	马克西米利安最后一次到访尼德兰（1～5月）；查理强迫弗里德里希·德·埃茨伯爵结束与普法尔茨伯爵弗里德里希的恋情（8月）；查理与埃莉诺启航前往西班牙（9月7日）；马丁·路德发表《九十五条论纲》（10月31日）	

续表

年份	西班牙、意大利和地中海其他地区	尼德兰、法国和神圣罗马帝国	英格兰、苏格兰和美洲
1518	查理接见卡斯蒂利亚议会成员（3月）；派遣斐迪南去尼德兰（4月）；接见阿拉贡议会成员（6月7日）；首相勒·绍瓦热去世（6月7日），由梅尔库里诺·阿尔博里奥·德·加蒂纳拉接替（10月8日）；埃莉诺被送到葡萄牙，嫁给曼努埃尔一世国王（10月）		（英、法、神圣罗马帝国、勃艮第、西班牙、教廷等国）在伦敦签订互不侵犯条约
1519	查理在做弥撒时昏迷（1月）；在巴塞罗那主持金羊毛骑士团的大会（3月）；得知自己当选为罗马人国王（7月6日）	马克西米利安皇帝驾崩（1月12日）；查理当选为罗马人国王（6月28日），称查理五世；哈布斯堡军队占领符腾堡	埃尔南·科尔特斯从古巴启航去尤卡坦半岛，给查理五世送去第一批美洲货物（7月）；斐迪南·麦哲伦的远征队从塞维利亚出发，去摩鹿加群岛（8月10日）；科尔特斯进入特诺奇提特兰，会见阿兹特克皇帝蒙特祖马（11月8日）

续表

年份	西班牙、意大利和地中海其他地区	尼德兰、法国和神圣罗马帝国	英格兰、苏格兰和美洲
1520	查理五世在巴利阿里亚多利德收到埃尔南·科尔特斯送来的美洲货物（3月）；在圣地亚哥利拉科鲁尼亚接见卡斯蒂利亚议会成员（4～5月）；从乌得勒支科鲁尼亚启航去英格兰，把乌得勒支的阿德里安留在西班牙担任摄政者（5月20日）；公社起义在卡斯蒂利亚爆发（5月），行会起义在巴伦西亚爆发（7月）；苏莱曼大帝成为奥斯曼苏丹（10月1日）	查理五世在弗利辛恩登陆（6月1日）；弗朗索瓦一世和亨利八世会面（6月7～24日）；查理五世和亨利八世会面（7月12～14日）；路德的著作遭到利奥十世谴责，在查理五世亚琛被焚毁（10月8日）；查理五世在亚琛加冕为罗马人国王（10月23日）	查理五世抵达多佛（5月26日），会见亨利八世；前往尼德兰（5月31日）；蒙特祖马被杀（6月28日或30日）；科尔特斯及其追随者逃离特诺奇特兰（"悲痛之夜"，6月30日～7月1日）
1521	公社起义军在比利亚拉尔战败（4月23日）；利奥十世、亨利八世和查理五世缔结法国同盟（5月）；利奥十世去世（12月1日）；葡萄牙国王曼努埃尔一世驾崩，奥地利的埃莉诺成为寡妇，若昂三世继位（12月13日）	利奥十世绝罚路德（1月3日）；弗朗索瓦一世承诺支持查理五世的敌人（2月）；查理五世与弗朗索瓦一世的战争爆发（4月1日）；查理五世在沃尔姆斯国会议与路德对峙（4月17～18日）；宣布路德不受法律保护（5月26日）；斐迪南与匈牙利的安娜结婚（5月26日）；谢夫尔男爵去世（5月28日）；苏莱曼大帝占领贝尔格莱德（8月29日）；查理五世首次全副武装地领兵作战（9月2日）	麦哲伦在后来被称为菲律宾的群岛，在麦哲伦被杀（4月27日）；科尔特斯及其盟友攻打特诺奇特兰（5月10日～8月13日）；该城陷落后，西班牙征服者开始占领阿兹特克帝国；皇帝与英帝国签署密约《布鲁日条约》（8月25日）

年份	西班牙、意大利和地中海其他地区	尼德兰、法国和神圣罗马帝国	英格兰、苏格兰和美洲
1522	乌得勒支的阿德里安当选为教宗（1月9日，称阿德里安六世）；法军在比克卡战败（4月29日）；查理五世再次来到西班牙（7月16日）；查理五世的告解神父让·格拉皮翁去世（9月22日）；查理五世赦免绝大多数公社起义者（11月1日）	查理五世第一次立遗嘱（5月22日）；从尼德兰启航去英格兰和西班牙（5月26日，把始姑玛格丽特留在英格兰担任摄政者；让娜·范·德·根斯特在奥德纳尔德或其附近生下查理五世的女儿玛格丽塔（7月）	查理五世在英格兰（5月26日～7月7日），与亨利八世就发动征讨法国的"大业"达成一致，并同意亨利八世在玛丽三世年满十二岁之后娶她；波劳公爵夏尔三世加入反法大业（8月）；麦哲伦远航的幸存者抵达塞维利亚（9月8日）；查理五世同意在科鲁尼亚建立香料交易所，并任命科尔特斯为新西班牙的总督兼总司令
1523	奥斯曼人征服罗得岛（1月1日）；乌尔索利娜·德拉·潘纳在博洛尼亚生下查理五世的女儿安娜（1月23日）；加西亚·洛克萨修士成为查理五世的告解神父（5月）；查理五世的私生女明安娜·德·奥利亚多利德安娜出生（6月）；阿德里安六世去世（9月14日）；朱利奥·德·美第奇当选为教宗（11月19日，称克雷芒七世）；查理五世在纳瓦拉作战（冬季），并任命波劳公爵为自己在意大利的副手（12月）	丹麦国王克里斯蒂安二世被废黜（1月），他和伊丽莎贝拉寻求查理五世的庇护	英格兰入侵法国（8～12月）

续表

年份	西班牙、意大利和地中海其他地区	尼德兰、法国和神圣罗马帝国	英格兰、苏格兰和美洲
1524	查理五世设立西印度议事会，重组国务会议和财政会议；波劳公爵率军入侵普罗旺斯，失败（6～9月）；克雷芒七世与法国和威尼斯结盟（12月）	德意志农民战争爆发（夏季）；弗朗索瓦一世任命母亲萨伏依的路易丝为法国摄政者，然后去意大利作战（10月）	查理五世授权两次前往摩鹿加群岛的远航：一次从拉科鲁尼亚出发，一次从墨西哥出发
1525	卡塔利娜嫁给葡萄牙国王若昂三世（2月10日）；帝国军队在帕维亚获胜，弗朗索瓦一世被俘（2月24日），并作为俘房被押到马德里（8月）	德意志农民起义军被镇压（夏季）	查理五世取消与亨利八世的女儿玛丽的婚约（6月）
1526	弗朗索瓦一世签署《马德里条约》（1月14日）；查理五世与葡萄牙的伊莎贝拉结婚（3月11日）；弗朗索瓦一世返回法国，在西班牙留下两个儿子当人质（3月17日）；萨莫拉主教阿库尼亚在西曼卡斯遭到刑讯和处决（3月24日）；查理五世的军队和科隆纳家族的军队占领罗马（9月）	丹麦王后伊莎贝拉去世（1月19日）；弗朗索瓦一世返回法国后，背弃他向查理五世做出的承诺，与教廷、佛罗伦萨和威尼斯组成反对哈布斯堡家族的科尼亚克同盟（5月22日）；匈牙利国王拉约什二世在摩哈赤战败身亡（8月26日）；斐迪南当选为波希米亚国王（10月24日）和匈牙利国王（12月17日）	

续表

年份	西班牙、意大利和地中海其他地区	尼德兰、法国和神圣罗马帝国	英格兰、苏格兰和美洲
1527	波旁公爵率领帝国军队攻打罗马时阵亡（5月6日）；罗马被洗劫（5月6～16日）；加蒂纳拉告假，离开皇帝宫廷（5～10月）；腓力王子出生（5月21日）；佛罗伦萨共和国宣布建立（6月）		英法签署《亚眠条约》（8月18日）；查理五世在墨西哥城设立检审庭（11月）
1528	法国和英格兰的传令官代表科尼亚克联盟向查理五世宣战，查理五世逮捕科尼亚克同盟成员国的所有大使（1月22日）；科尼亚克同盟从海陆两路封锁那不勒斯（2～8月）；查理五世向弗朗索瓦一世发出决斗挑战（3月18日）；玛丽亚公主出生（6月21日）；安德烈·多里亚开始为查理五世效力（7月19日）；科尼亚克同盟的军队放弃攻打那不勒斯，在那不勒斯投降（8月27日）；多里亚占领热那亚（9月12日）；奥地利的玛格丽特迫使海尔德公爵把乌得勒支和上艾瑟尔交给查理五世（10月3日）		科尔特斯返回西班牙（5月）并拜见查理五世

续表

年份	西班牙、意大利和地中海其他地区	尼德兰、法国和神圣罗马帝国	英格兰、苏格兰和美洲
1529	查理五世签署他的第二份遗嘱（3月3日）；安东尼奥·德·莱瓦在伦巴第打败另一支法军（6月21日）；查理五世签署《巴塞罗那条约》（6月29日），启航前往意大利（7月27日），抵达热那亚（8月12日），攻打佛罗伦萨（9月），进入博洛尼亚，在那里会见克雷芒七世（11月5日）；费尔南多王子出生（11月22日）；查理五世与威尼斯共和国和米兰公爵弗朗切斯科·斯福尔扎议和，并组建保卫意大利的联盟（12月29日）	查理五世、弗朗索瓦一世和亨利八世在康布雷签署《康布雷和约》（8月5日）；奥斯曼军队攻打维也纳（9月23日～10月14日）	科尔特斯被册封为瓦哈卡山谷侯爵（4月1日），返回墨西哥；查理五世签署《萨拉戈萨条约》（4月22日），将自己对摩鹿加群岛的全部权利转让给葡萄牙，并关闭香料交易所；弗朗西斯科·皮萨罗奉命去征服秘鲁（5月24日）；查理五世与亨利八世议和（8月5日）
1530	查理五世第一次见到女儿玛丽娅（1～2月）；克雷芒七世在博洛尼亚将查理五世加冕为巴第国王（2月22日）和神圣罗马帝国皇帝（2月24日），进入奥地利（5月2日）；查理五世的私生女王天折（7月30日）；查理五世的私生女胡安娜在佛罗伦萨的私生女的事，皇帝和教宗的私生子安娜马德里达加尔在佛罗伦萨迫使佛罗伦萨共和国投降（8月），查理五世帮助美第奇家族恢复对佛罗伦萨的统治（10月）	加蒂纳拉去世（6月5日）；洛斯·科沃斯和尼古拉·佩勒诺·德·格朗韦勒成为查理五世的主要大臣；查理五世在奥格斯堡帝国会议开幕（6月15日），并聆听了《奥格斯堡信条》（6月25日）；法国人缴纳赎金，两位法国王子回国（7月1日）；查理五世在奥格斯堡帝国会议闭幕时遣责路德派；奥地利的玛格丽特去世（11月30日）	皮萨罗和迭戈·德·阿尔马格罗率领一支远征队从巴拿马前往秘鲁（12月27日）

续表

年份	西班牙、意大利和地中海其他地区	尼德兰、法国和神圣罗马帝国	英格兰、苏格兰和美洲
1531		斐迪南当选为罗马人国王（1月5日）；查理五世进入布鲁塞尔（1月25日）；黑森方伯和萨克森选帝侯组建路德派诸侯的施马尔卡尔登联盟（2月27日）；查理五世任命嫡居的匈牙利王后玛丽为尼德兰摄政者，由三个辅政会议辅佐她（9～10月）；查理五世在图尔奈主持金羊毛骑士团的大会（12月）	亨利八世自封为英格兰教会的最高领袖（2月11日）
1532	查理五世率军翻越布伦纳山口进入意大利（10月），进入博洛尼亚（12月13日）与克雷芒七世进行更多会谈；马基雅维里的《君主论》出版	查理五世离开布鲁塞尔去德意志（1月17日）；狩猎时出了事故，健康状况发生了一系列危机（2月25日～7月）；受到苏莱曼大帝的挑战（7月12日）；同意《纽伦堡和约》（7月23日），宽容德意志路德派统治者，换取他们的军事支持；进入维也纳（9月23日）。奥斯曼军队撤离匈牙利（10月）	弗朗西斯科·皮萨罗在卡哈马卡俘获印加皇帝阿塔瓦尔帕（11月16日），并给查理五世送去珍宝

续表

年份	西班牙、意大利和地中海其他地区	尼德兰、法国和神圣罗马帝国	英格兰、苏格兰和美洲
1533	查理五世旨签署旨在保卫意大利的条约（2月24日），离开博洛尼亚（2月28日），从那亚那启航去西班牙（4月10日）；查理五世在巴塞罗那与家人团聚（4月22日）		亨利八世抛弃阿拉贡的凯瑟琳，与安妮·博林结婚（1月25日），被教宗绝罚；皮萨罗处死阿塔瓦尔帕（7月26日）；伊丽莎白·都铎出生（9月7日）；皮萨罗占领库斯科（11月15日）
1534	皮萨罗送来的珍宝抵达西班牙（1月）；查理五世视察萨拉曼卡大学（6月）；皇后生下一个男性死婴（6月29日）；克雷芒七世去世（9月25日）；亚历山德罗·法尔内塞当选为教宗（10月13日，称保罗三世）	黑森方伯率领路德派军队进入符腾堡，驱逐哈布斯堡驻军，恢复了符腾堡公爵乌尔里希希利的地位（4～6月）	克雷芒七世再次确认亨利八世与阿拉贡的凯瑟琳的婚姻有效（3月）；亨利八世终结英格兰在宗教方面对罗马的臣服
1535	查理五世立下第三份遗嘱（2月28日），离开西班牙（5月28日），占领突尼斯（6月16日～8月20日）；胡安娜公主诞生（6月24日）；查理五世为腓力王子建立单独的内廷（6月）；查理五世由西西里庆祝胜利，巴巴罗萨公爵洗劫梅诺卡岛的马翁（9月）；米兰公爵弗朗切斯科·斯福尔扎去世（11月1日），莱瓦以查理五世的名义占据米兰公国		查理五世将特拉斯卡拉纳入卡斯蒂利亚王室领地（3月13日），任命安东尼奥·门多萨为第一任新西班牙副王（4月25日）

续表

年份	西班牙、意大利和地中海其他地区	尼德兰、法国和神圣罗马帝国	英格兰、苏格兰和美洲
1536	查理五世在那不勒斯主持他的私生女玛格丽特与佛罗伦萨公爵亚历山德罗·德·美第奇的婚礼(1月18日);再次向弗朗索瓦一世发出决斗挑战(4月16日);率军攻入法国(7月25日)。查理五世战败,撤回热那亚(10月15日),后航前往巴塞罗那(11月15日)	弗朗索瓦一世占领萨伏依和皮埃蒙特(2~3月),与苏莱曼大帝商谈盟约(4月);查理五世入侵普罗旺斯(7月),但随后不得不撤回意大利(9~10月)	阿拉贡的凯瑟琳去世(1月7日);亨利八世命令处决安妮·博林(5月19日),迎娶简·西摩(5月30日)
1537	亚历山德罗·德·美第奇公爵被谋杀(1月6日);胡安王子出生(10月19日)		爱德华·都铎王子出生(10月12日);简·西摩王后去世(10月24日)
1538	查理五世前往尼斯(2月12日);奥斯曼舰队(9月28日)在普雷韦扎打败基督教舰队给奥维奥、法尔内塞的孙子,后来的帕尔马利的玛格丽特嫁公爵)(11月4日)	查理五世、弗朗索瓦一世在尼斯会晤(5月9日~6月20日);海尔德斯公爵卡雷尔二世去世(6月30日),他的臣民接受兑莱公爵威廉为新君主;查理五世在艾格莫尔特会见弗朗索瓦一世(7月14~15日)	皮萨罗兄弟打败并处死阿尔马格罗(7月8日)

续表

年份	西班牙、意大利和地中海其他地区	尼德兰、法国和神圣罗马帝国	英格兰、苏格兰和美洲
1539	皇后又生下一个男性死婴（4月21日）；皇后去世（5月1日）；查理五世任命腓力为摄政者（11月5日），并在前往尼德兰（11月11日）之前为儿子写下第一套"指示"	根特叛乱开始（8月17日）；查理五世取道尼德兰进入法国（11月），与弗朗索瓦一世会面（12月10日）	弗朗西斯科·德·维多利亚在萨拉曼卡大学发表关于西印度的文章（1月）
1540	查理五世批准在西曼卡斯要塞建立政府档案馆（9月）	查理五世胜利进入巴黎（1月1日），率军进入根特（2月14日），惩罚叛乱领袖（5月3日）	科尔特斯返回西班牙（6月）；亨利八世与克莱沃的安娜结婚（1月6日），不久后又抛弃她（7月9日），与凯瑟琳·霍华德结婚（7月28日）
1541	米兰总督瓦斯托侯爵命人谋杀法国大使安东尼奥·林孔和切萨雷·弗雷戈索（7月3日），后来得到查理五世批准。查理五世在卢卡会见保罗三世（9月15~18日），随后率军攻打阿尔及尔，失败（10月23~28日），返回西班牙（12月1日）	查理五世主持雷根斯堡帝国会议（2月23日~7月29日）；启程前往意大利（7月29日）。奥斯曼人打败攻打布达的哈布斯堡军队（8月21日），占领匈牙利的绝大部分	阿尔马格罗的盟友谋杀皮萨罗（6月26日）；凯瑟琳·霍华德被处决（11月23日）

续表

年份	西班牙、意大利和地中海其他地区	尼德兰、法国和神圣罗马帝国	英格兰、苏格兰和美洲
1542	查理五世在蒙宗接见阿拉贡议会成员（6～9月），考虑退位并退隐到一家修道院；法军攻打佩皮尼昂，失败（9月）	丹麦和克莱沃公爵向查理五世宣战（6月）；法国宣战（7月10日或12日）；联军攻打尼德兰、加泰罗尼亚利纳瓦拉	查理五世与亨利八世结盟；查理五世的监护制（11月20日）；英格兰、苏格兰签署新法，撤销兰军队尔索维护沼泽打败苏格兰军队（11月24日）；苏格兰国王詹姆斯五世驾崩（12月14日），他的继承人玛丽·斯图亚特逃往法国
1543	查理五世启航前往热那亚（5月1日）；在帕拉莫斯亲笔写给腓力王子（在西班牙担任摄政者）的秘密指示（5月4日和6日）；在布莱托会见保罗三世（6月20～23日）。腓力与自己的表妹葡萄牙公主玛丽亚·曼努埃拉结婚（11月114日）。巴巴罗萨和奥努埃斯曼舰队在土伦过冬	查理五世率军穿过德意志，攻击克莱沃，攻克迪伦（8月24日）；法国向奥斯曼威军洗劫尼斯（9月6日）；克莱沃公爵威廉投降，将海尔德恩交给查理五世（9月7日；查理五世进军朗索瓦一世对战，但法王撤退（11月3日）	查理五世任命布拉斯科·努涅斯·贝拉为首任秘鲁副王（2月28日）；亨利八世与凯瑟琳·帕尔结婚（7月12日）

续表

年份	西班牙、意大利和地中海其他地区	尼德兰、法国和神圣罗马帝国	英格兰、苏格兰和美洲
1544	法国军队在切雷索来亚巴打败瓦斯托侯爵指挥的帝国军队（4月14日）	查理五世主持施派尔帝国会议（2～6月），会议拨款作为对抗法国的军费；查理五世入侵法国，占领圣迪济耶（8月17日），签署《克雷皮条约》（9月18～19日）。根据该条约，法国人要做很多让步（包括秘密诺承诺帮助查理五世对付德意志路德派），但查理五世需要将米兰或尼德兰割让给弗朗索瓦一世的儿子奥尔良公爵查理	努涅斯·贝拉抵达秘鲁（5月）；秘鲁的监护征赋主在贡萨洛·皮萨罗的领导下反叛（8月）
1545	秘鲁叛乱的消息传到西班牙（5月）；堂卡洛斯出生（7月8日）；葡萄牙的玛丽亚·曼努埃拉去世（7月12日）；保罗三世提议给查理五世提供金钱和军队去讨伐路德派（6月）；保罗三世册封自己的儿子皮耶路易吉为帕尔马和皮亚琴察公爵（9月）；特伦托会议开幕（12月13日）	查理五世宣布决定把米兰割让给奥尔良公爵查理（2月1日）；奥尔良公爵查理去世（9月7日），于是查理五世得以保留米兰和尼德兰；黑森方伯和萨克森选帝侯打败因禁不伦瑞克公爵海因里希二世，占领他的土地（10月）	洛斯·科沃斯建议委派德罗·德·拉·加斯卡去秘鲁（6月30日）；法军入侵怀特岛（7月21日）

续表

年份	西班牙、意大利和地中海其他地区	尼德兰、法国和神圣罗马帝国	英格兰、苏格兰和美洲
1546	查理五世写信给腓力，宣布他成年（6月30日）	查理五世在乌得勒支主持金羊毛骑士团的大会。马丁·路德在雷根斯堡去世（2月18日）。查理五世前往帝国会议代表会面（2～7月）；引诱巴巴拉·布隆贝克拉的军队，动员德意志、意大利和尼德兰的军队，表面上的目的是帮助不伦瑞克公爵复位（6月）。黑森方伯、萨克森选帝侯和施马尔卡尔登联盟的其他领导人动员军队，签署挑战书，拒绝接受查理五世登帝国戈尔施塔特的统治（8月11日）；施马尔卡尔登因戈尔施塔特城下的军营（8月31日～9月4日）；施马尔卡尔登联盟的军队撤退（9月4日）并解散（11月22日）；普法尔茨选帝侯弗里德里希二世向查理五世投降（11～12月）	秘鲁副王努涅斯·贝拉被叛军打败并处死（1月18日）；佩德罗·德·拉·加斯卡离开西班牙，前往秘鲁（3月）；法国和英格兰议和（6月6日）；拉·加斯卡抵达巴拿马（8月）

续表

年份	西班牙、意大利和地中海其他地区	尼德兰、法国和神圣罗马帝国	英格兰、苏格兰和美洲
1547	菲耶斯基领导热那亚的革命（1月2～3日）；保罗三世将宗教会议的地点从特伦托迁往博洛尼亚（3月）；那不勒斯发生暴乱，反对引入宗教裁判所制度（5～8月）；洛斯·科沃斯去世（5月17日）；查理五世与苏莱曼大帝签署为期五年的停战协定（6月19日）；皮耶路易吉·法尔内塞公爵在皮亚琴察被谋杀（9月10日；帝国军队占领皮亚琴察；科尔特斯去世（12月2日）	芭芭拉·布隆贝格在雷根斯堡生下查理五世的儿子，取名为赫罗尼莫，即后来的奥地利的堂胡安（2月24日）；保罗三世从魏意志撤军（2月）；亨利二世继位；弗朗索瓦一世驾崩（3月31日）；打败并俘虏萨克森选帝侯（4月24日），萨克森方伯向查理五世投降（6月19日），被皇帝囚禁；查理五世派遣西班牙军队去符腾堡驻扎，主持奥格斯堡的帝国会议"（9月1日开幕），并传腓力和玛丽亚来德意志与他会合（12月25日）	亨利八世驾崩（1月28日），爱德华六世继位；拉·加斯卡在秘鲁登陆，向库斯科进发（6月）；英格兰军队在平基打败苏格兰军队（9月10日）
1548	帝国的刺客在威尼斯刺杀洛齐诺·美第奇（2月26日），他是查理五世历山德罗公爵的凶手；查理五世的女儿玛丽亚与西班牙的儿子马克西米利安结婚，他们成为西班牙的共同摄政者（9月），腓力离开西班牙去热那亚（10月），穿过意大利北部，进入德意志	查理五世把自己的政治遗嘱发给腓力（1月18日）；查理五世命令腓力在马克西米利安抵达西班牙并与玛丽亚结婚之后前往布鲁塞尔，与他会合（4月9日）；奥格斯堡帝国会议颁布《奥格斯堡临时敕令》（5月15日；帝国会议宣布尼德兰是一个单独的帝国行政圈（6月30日）；查理五世开始清洗德意志各城市的市议会，返回尼德兰（8月）	拉·加斯卡在库斯科城外的战斗中打败反叛的秘鲁监护征赋主（4月8日），处决贡萨洛·皮萨罗（4月10日），开始清洗叛军及其亲属

续表

年份	西班牙、意大利和地中海其他地区	尼德兰、法国和神圣罗马帝国	英格兰、苏格兰和美洲
1549	特伦托/博洛尼亚会议被无限期中止（9月17日）；保罗三世去世（11月10日）	腓力来到尼德兰，与查理五世会合（4月1日）；父子两一同巡视南方各城市，参加庆祝活动，尤其是班什的庆祝活动（8月21～31日）；《国事诏书》将哈布斯堡家族统治下的十七个尼德兰省份联合起来（11月4日）	
1550	乔万尼·德尔·蒙特当选为教宗（2月7日，称尤利乌斯三世）；查理五世立下第四份遗嘱（5月19日）；查理五世的私生子赫罗尼莫被送往西班牙（6月）；西印度事务会在巴利亚多利德召开会，讨论王至在美洲的政策（8～9月）；哈布斯堡军队征服马赫迪耶和北非的其他一些港口（9月）	查理五世与腓力前往德意志；查理五世开始撰写《回忆录》（6月），并主持奥格斯堡帝国会议；尼古拉·佩勒诺·德·格朗韦勒去世（8月27日）；查理五世与斐迪南就帝位继承的问题发生激烈争吵	根据《布洛涅条约》，英格兰与法国和苏格兰和解（3月24日）；查理五世任命安东尼奥·德·门多萨为秘鲁副王，路易斯·德·贝拉斯科为墨西哥副王（4月）；拉·加斯卡从秘鲁带了200万杜卡特返回西班牙（9月）

续表

年份	西班牙、意大利和地中海其他地区	尼德兰、法国和神圣罗马帝国	英格兰、苏格兰和美洲
1551	西印度议会再次在巴利亚多利德开会(4~5月);腓力从奥格斯堡取道热内亚返回西班牙(5~7月);奥格维奥·法尔内塞公爵倒向法国;帝国与教宗的军队攻打帕尔马和米兰多拉(7月);奥斯曼人占领的黎波里(8月15日)	在奥格斯堡斐南和腓力签署关于帝位传承的《家族契约》(3月9日);特伦托会议再度召开,查理五世坚持要求邀请路德派参加(5月1日);查理五世命部下开始重新制定南德二十座城市的宪章(10月);亨利二世和德意志诸侯签署《洛豪条约》(10月5日);查理五世命令萨克森侯领下的德意志路德派诸侯去参加围攻帕尔马的战役(10月);查理五世在带领宫廷人员前往因斯布鲁克(11月)	查理五世在墨西哥和秘鲁创办高等学府(5月)
1552	胡安娜公主与葡萄牙王子若昂结婚(1月11日);锡耶纳发生成功的亲法叛乱,帕尔纳战争结束(6月25日);查理五世命令马赫迪耶驻军拆除其工事并撤离(9月)	路德派军队占领奥格斯堡(4月4日);梅斯接受亨利二世为其宗主(4月21日);特伦托会议中止(5月);查理五世从因斯布鲁克逃往维拉赫(5月19日),同意释放被囚禁的黑森的菲利普,并批准《帕绍条约》,结束了德意志战争(8月15日);查理五世在奥格斯堡与军队会合,穿过德意志,攻打梅斯(10月23日)	巴尔托洛梅·德·拉斯·卡萨斯在塞维利亚出版《西印度毁灭述略》

续表

年份	西班牙，意大利和地中海其他地区	尼德兰，法国和神圣罗马帝国	英格兰，苏格兰和美洲
1553	查理五世命令儿子中断迎娶葡萄牙公主玛丽亚（埃莉诺诺的女儿）的谈判（8月）	帝国军队放弃图攻梅斯（1月1日）；查理五世抵达布鲁塞尔（2月6日），向等级会议讲话（2月13日），传腓力去尼德兰；帝国军队打对并摧毁法军占据的泰鲁阿讷和埃丹（6月）	英格兰国王爱德华六世驾崩（7月6日），玛丽·都铎继位；查理五世致促腓力迎娶玛丽·都铎（7月30日）；弗朗西斯科·埃尔南德斯·希龙在秘鲁反叛（11月12日）
1554	葡萄牙王子若昂去世（1月2日）；胡安娜公主生下塞巴蒂昂王子（1月20日），随后返回西班牙向胡安娜介绍国情，让她担任西班牙摄政者，然后查理五世前往英格兰（7月13日）；查理五世把那不勒斯王位让给腓力（7月24日）	查理五世批准腓力与玛丽·都铎的结婚条件（1月4日）；查理五世立下第五份（也是最后一份）遗嘱及其秘密附录（6月6日），离开布鲁塞尔，与他的军队会合（7月7日），援救朗蒂，迫使法军撤退（8月14日），胜利返回布鲁塞尔（10月9日）	玛丽一世女王镇压怀亚特叛乱①（2月3日），囚禁妹妹伊丽莎白；腓力与玛丽一世结婚（7月25日），成为女王夫君，居住在英格兰；埃尔南德斯·希龙在秘鲁战败（10月8日）并被处决

① 玛丽一世计划与西班牙国王腓力二世结婚，这在英格兰国内引起激烈抗议，很多新教徒反对一个外国天主教徒登上英格兰王座。托马斯·怀亚特爵士（上文提到的外交官和诗人托马斯·怀亚特爵士的儿子）、怀福克公爵亨利·格雷等人组织叛乱。萨福克公爵在肯特郡起事，率军进逼伦敦，但伦敦市民支持玛丽一世。怀亚特在肯特郡起事，后被处死。萨福克公爵及其女儿简·格雷（在位仅九天的女王，后被玛丽一世推翻）也被处决。伊丽莎白被姐姐玛丽一世怀疑与叛军串通，但女王无法证明妹妹的罪责。

续表

年份	西班牙、意大利和地中海其他地区	尼德兰、法国和神圣罗马帝国	英格兰、苏格兰和美洲
1555	尤利乌斯三世去世（3月23日）；查理五世的母亲胡安娜女王去世（4月12日）；锡耶纳向帝国和佛罗伦萨联军投降（4月17日）；玛策禄·切尔维尼当选为教宗（4月9日，称玛策禄二世），不久后去世（5月1日）；吉安·彼得罗·卡拉法当选为教宗（5月23日，称保罗四世）；奥斯曼军队占领贝贾亚（8月）	查理五世返回布鲁塞尔（9月8日）；迪南签署《奥格斯堡和约》（9月25日），保证冤各帝国境内的路德派；查理五世放弃尼德兰的统治权（10月25日）和金羊毛骑士团大团长的职位（10月26日），让位于腓力二世	腓力二世离开英格兰，前往尼德兰（9月4日）
1556	保罗四世绝罚查理五世和腓力二世，并向他们的宣战（9月）；查理五世在拉富多登陆（9月28日），前往哈兰蒂迪亚	查理五世放弃西西里、阿拉贡和卡贡蒂利亚王位，让位于腓力二世（1月16日），并任命他为帝国在意大利的摄政者；与法国签订《沃塞莱停战协定》（2～7月）；查理五世和姐妹埃莉诺与玛丽离开尼德兰，前往西班牙（9月17日）	

续表

年份	西班牙、意大利和地中海其他地区	尼德兰、法国和神圣罗马帝国	英格兰、苏格兰和美洲
1557	查理五世搬进尤斯特的住所（2月3日）；腓力二世恳求父亲离开尤斯特，再次治理西班牙，但他拒绝了（3月23～24日）；腓力二世颁布他的第一道圣旨，停止从卡斯蒂利亚国库支取任何资金；葡萄牙国王若昂三世驾崩（6月11日），由他尚在襁褓中的孙子塞巴斯蒂娜继承，由查理五世的妹妹卡塔利娜摄政；保罗四世与西班牙议和（9月14日）	腓力二世的军队在圣康坦战役中打败法军，随后入侵法国（9～10月）	腓力二世返回英格兰（3月18日～7月6日）；英格兰向法国和苏格兰宣战（6月7日）
1558	奥地利的埃莉诺去世（2月25日）；路易斯·基哈达把赫罗尼莫带到尤斯特，让他与查理五世见面（7月）；奥斯曼舰队洗劫梅诺卡岛上的休德德拉（7月）；查理五世重读自己的最后遗嘱并做修改（9月9日）；查理五世驾崩（9月21日）；匈牙利王后玛丽去世（10月18日）；人们在西班牙和意大利为查理五世举办追悼活动（12月）	查理五世放弃神圣罗马帝的位置，得到选帝侯们的接受（3月14日）；斐迪南继承帝位，但拒绝把帝国在意大利的摄政的头衔授予腓力二世；腓力二世在格拉沃利讷战役（7月13日）中打败法军；人们在尼德兰为查理五世办追悼活动（12月）	英格兰失去加来（1月7日）；玛丽一世驾崩（11月17日），她的同父异母妹妹伊丽莎白继位；人们在伦敦为查理五世举办追悼活动（12月）

续表

年份	西班牙、意大利和地中海其他地区	尼德兰、法国和神圣罗马帝国	英格兰、苏格兰和美洲
1559	保罗四世去世（8月18日）；乔万尼·安杰洛·德·美第奇当选为教宗（12月25日，称庇护四世）；腓力二世返回西班牙，见到同父母弟弟罗尼莫，给他更名为奥地利的堂胡安，并欢迎他进入自己的宫廷（9月）	人们在奥格斯堡为查理五世举办追悼活动（2月24日）；《勒卡托－康布雷西和约》结束了哈布斯堡－瓦卢瓦战争（4月3日）；腓力二世任命同父异母姐妹玛格丽特为尼德兰摄政者，随后前往西班牙（8月）	《勒卡托－康布雷西和约》结束了英格兰－苏格兰战争和英法战争（4月3日）；人们在利马为查理五世举办追悼活动（11月11日～12月4日），在墨西哥城为查理五世举办追悼活动（11月30日），西属美洲的其他地方也举行了追悼活动
1562		查理五世的女儿塔代娅（此时是罗马的一名修女）恳求允许她去西班牙（10月12日）；斐迪南安排他的儿子马克西米利安当选为罗马人国王（11月24日）	在危地马拉的多明我会修士贡萨洛·门德斯观察到查理五世的灵魂从炼狱升向天堂

图片版权说明

1. 哈布斯堡家族的年轻成员在读书学习，约 1510 年。Hans Burgkmair, Der Weiss Kunig, Museum of Fine Arts, Boston, A57. 40.

2. 查理五世的第一个签名，1504 年。Real Academia de la Historia, Madrid, Salazar y Castro Ms. A – 10 f. 35（formerly f. 42）. Courtesy of the publications department of the Royal Academy of History in Spain/Real Academia de la Historia.

3. 查理五世的第一封法文书信，1508 年。British Library, London, Cotton Ms. Galba B/Ⅲ f. 109, Charles to Mary Tudor, 18 Dec. 1508. ⓒ The British Library Board/Scala, Florence.

4. 男童的军事体育训练玩具，约 1514 年。（A）Hans Burgkmair, Der Weiss Kunig, f. 101. Akg – images/Erich Lessing. （B）Kunsthistorisches Museum, Vienna, Hofjagt – und Rüstkammer/Sammlung für Plastik und Kunstgewerke, Inv. 81, 82. Akg – images/Album.

5. 幸福的家庭，1511 年。Stadarchief, Mechelen, B – MEa – ms – ss. ,
'Mechels Koorboek', f. 1v. Akg – images/Album.

6. 果敢的骑士遇见死神。Biblioteca Nacional de España, Ms. 1475, El caballero determinado, f. 126, engraving by Arnold Nicolai. ⓒ Biblioteca Nacional de España.

7. 查理于 1515 年以佛兰德伯爵的身份进入布鲁日的仪式。Österreichische Nationalbibliothek, Vienna, Codex 2591：'Le tryumphante et solomnelle entrée faicte sur le joyeulx advenement de ⋯ Charles prince des Espagnes ⋯ en la ville de Bruges', f. 41r.

8. 查理在写给朋友拿骚伯爵海因里希三世的亲笔信里敞开心扉，1518 年 1 月 22 日。Bibliothèque Royale, Brussels, Ms. Ⅱ – 2270, Charles to Henry of Nassau, 22 Jan. 1518, holograph, first and last sheets. ⓒ

Bibliothèque royale de Belgique/Koninklijke Bibliotheek van België.

9. 查理五世给腓力王子的秘密指示，1543 年 5 月 6 日写于帕拉莫斯。Hispanic Society of America, New York, Ms. B 2955 ff. 13 and 17v. Courtesy of the Department of Manuscripts and Rare Books, The Hispanic Society of America, New York.

10. 查理五世差一点就用德文写信了，1519 年。Bayerische Hauptstaatsarchiv, Munich, Kasten Blau (Pfalz), 103/2, Charles to Elector Palatine, Barcelona, 2 May 1519. Akg – images/Album.

11. 玛丽·都铎佩戴一枚胸针，上面的宝石排布成"皇帝"字样，1522 年。National Portrait Gallery, London, 6453, Miniature by Lucas Horenbout. Heritage Images/Fine Art Images/Akg – images.

12. 查理五世的一套战斗盔甲，1525 年。Armería Real, Madrid, No. de Inventario 19000265. A19. Akg – images/Album/Oronoz.

13. 查理五世在博洛尼亚与教宗克雷芒七世见面之前拟定的会谈要点，1529 年。Archivo General de Simancas Patronato Real 16/96, 'Las cosas que Su Magestad ha de tener memoria para hablar y suplicar a Su Santidad son las siguientes'. © Archivo General de Simancas.

14. 弗朗索瓦一世在帕维亚被俘。Capodimonte Museum, Naples, tapestry designed by Bernard van Orley, woven in the workshop of Willem and Jan Dermoyen between 1528 and 1531. Photo: Scala.

15. 查理五世及其祖辈的雕像，布鲁日，1531 年。Renaissancezaal, Paleis van het Brugse Vrije, Bruges. Aurora Photos/Alamy Stock Photo.

16. 胡安娜和查理五世，阿拉贡的两位君主，1528 年。Bibliothèque Nationale de France, Paris, Département des monnaies, médailles et antiques, Espagne 33/44. © Sarah Bauwens.

17. 查理五世皇帝的光辉盖过苏莱曼苏丹，1532 年。Metropolitan Museum of Art, New York: Accession # 1986. 319. 70, bronze. Diameter: 108 mm. Akg – images.

18. 查理五世拿着一本书和手套，克里斯托弗·安贝格尔创作，1532 年。Gemäldegalerie, Staatliche Museen zu Berlin, Preussischer Kulturbesitz,

Inv. 556. Akg – images.

19. 雅各布·塞森艾格尔和提香的查理五世肖像，1532～1533 年。（A）Museo del Prado，Madrid，P00409；（B）Kunsthistorisches Museum，Vienna，Inv. A 114. Akg – images/Album/Oronoz.

20. 出征突尼斯之前，查理五世在巴塞罗那检阅军队，1535 年。Cartoon by Jan Cornelisz Vermeyen，Kunsthistorisches Museum，Vienna，Gemäldegalerie 2038. Akg – images.

21. 巴勒莫的博洛尼亚广场上的查理五世雕像，1630 年竖立。By Scipio Li Volsi.

22. 查理五世胜利进入罗马城，1536 年。Christoph Scheurl，Einritt Keyser Carlen in die alten keyserlichen haubtstatt Rom（Nuremberg，1536），frontispiece.

23. 法国东部的地图，1544 年。Biblioteca Nacional de España，Ms. MR/43/283，'Descripció de parte de Francia por donde entró el emperador'. Akg – images/Album.

24. 查理五世在因戈尔施塔特城外的营地遭围攻，1546 年 9 月。Luis de Ávila y Zúñiga，Comentario del illustre Señor don Luis de Ávila y Zúñiga，comendador mayor de Alcántara，de la guerra en Alemaña（Antwerp，1550），pull – out facing f. 21v. © The Princeton Theological Seminary Library.

25. 查理五世在米尔贝格战役，1547 年。Museo Nacional del Prado，Inv. P00410. Akg – images/Album.

26. 查理五世召开作战会议，1545 年。Staatsbibliothek München，Cod. Germ. 3663，Hans Döring，'Ratthschlag auff des Kriegsherrn Ubergeben Artickell an die Kriegs Rath'，f. 120v，woodcut.

27. 查理五世在奥格斯堡，提香作，1548 年。Alte Pinakothek，Munich，accession number 632. Akg – images/Album.

28. 为腓力王子的第一次婚姻获得一切必需的许可，1543 年。British Library，London，Additional Ms. 28，706/52 'Los parentescos que hay entre el príncipe de Castilla don Phelipe… y la señora Infanta de Portugal'. © The British Library Board/Scala，Florence.

29. 查理五世战胜复仇女神，莱昂内·莱昂尼与其子蓬佩奥的作品，1549~1564 年。Museo Nacional del Prado ⓒ Photo MNP / Scala, Florence.

30. 跳棋棋子上的查理五世。Victoria and Albert Museum, London, A. 513 – 1910. ⓒ Victoria and Albert Museum, London.

31. 查理五世与腓力二世，莱昂内·莱昂尼作。Metropolitan Museum of Art, New York, The Milton Weil Collection, 1938 [38. 150. 9].

32. 查理五世退位，1555 年。Frans Hogenberg, Events in the history of the Netherlands, Metropolitan Museum of Art, New York, the Elisha Wittelsey Collection, 59. 570. 200 (1 – 368). Akg – images.

33. 退位后的查理五世，1556 年，attributed to Simon Bening, 1556. Oil on vellum on card, private collection。

34. 提香的《最后审判》，1551~1554 年。Museo Nacional del Prado, #432. Akg – images/Album.

35. 斯特修道院的皇帝套房。Albertina, Vienna, Inv. 26. 336. Patrimonio Nacional.

36. 布鲁塞尔的查理五世追悼会，1558 年。Biblioteca Nacional de España, E. R. 2901 no 15: Frans Hogenberg, Sucesos de Europa (Amberes, 1559), #15 'Cortejo fúnebre de Bruselas'. ⓒBiblioteca Nacional de España.

37. 巴利亚多利德的查理五世追悼会上的灵柩台，1558 年。Juan Cristóbal Calvete de Estrella, El túmulo imperial (Valladolid, 1559), fold – out print after f. 37.

38. 图中描绘的是西班牙无敌舰队使用的一门大炮，它是从德意志路德派手中缴获的。AGS Mapas, Planos y Dibujos V – 18, 1587 年为腓力二世制造的一门大炮的图画，几个世纪之后由 Colin Martin 再次绘制。(Courtesy of Colin Martin).

39. 石棺中的查理五世，1870 年。Postcard, private collection. Photo ⓒ Ken Welsh/Bridgeman.

第一部
年轻的查理

"我很高兴看到我的孙子查理如此喜爱狩猎，若非如此，人们或许会认为他是私生子。"

——马克西米利安皇帝给奥地利的玛格丽特的信，1510 年 2 月 28 日

一　从卢森堡公爵到卡斯蒂利亚王子，
　　1500～1508 年

卢森堡公爵

"我们从他的血统讲起"，佩德罗·梅西亚①用这句话开始了他写于 1548 年的查理五世传记。梅西亚的第一章题为"这位伟大君主的崇高、绝佳、确凿无疑的家族谱系与血统"，列举了过去一千年里传主的列祖列宗。[1]梅西亚正确地列出了查理五世最重要的资产，即他的家族；但在后人看来，梅西亚颇有些夸大其词。1500 年查理五世出生时，他的父亲奥地利大公腓力仅仅统治着尼德兰的几个省份，这些省份是从腓力的母亲勃艮第女公爵玛丽那里继承来的。不过腓力也是他的父亲马克西米利安（哈布斯堡家族的族长）在遥远中欧的土地的继承人。查理五世的母亲胡安娜原本没有继承国土的希望，因为她是卡斯蒂利亚女王伊莎贝拉和阿拉贡国王斐迪南的第三个孩子。伊莎贝拉和斐迪南都是西班牙的特拉斯塔马拉家族的成员，通常被合称"天主教双王"，这是一位对他们友好的西班牙裔教宗赐予的头衔。

特拉斯塔马拉、勃艮第和哈布斯堡这三个王朝有许多共同点。最重要的是，它们都通过婚姻来推行帝国主义扩张。特拉

---

① 佩德罗·梅西亚（1497～1551）为西班牙文艺复兴时代的作家、人文主义学者和历史学家，他一生大部分时间在塞维利亚度过，曾与伊拉斯谟通信，1548 年被任命为查理五世的宫廷史官。

斯塔马拉家族的阿拉贡与卡斯蒂利亚分支的好几代人通婚，希望借此将两个王国统一起来；他们也都与统治葡萄牙的阿维斯王朝通婚，希望能够借此统一整个伊比利亚半岛。勃艮第公爵从一开始就奉行通过婚姻扩张的政策（1369 年，第一代勃艮第公爵娶了佛兰德伯国的女继承人），然后通过继承获取了尼德兰的大部分其他领地。哈布斯堡统治者的婚姻政策既是为了增添新领土，也是为了加强家族各分支之间的纽带，因此在1477 年奥地利的马克西米利安与勃艮第的玛丽结婚不久之后，出现了一句流行语：

> 让别人去打仗吧，你，幸福的奥地利，去结婚吧！
>
> 战神玛尔斯赐给别人的，爱神维纳斯会给你。[2]

但是，通过婚姻进行帝国主义扩张，也要付出代价。通过这种手段缔造的政体与现代国家截然相反：对王朝的忠诚往往是各领地的唯一共同点，这很容易让统治者将他的各领地（不管它们相距多么遥远）视为自己的私产，并试图将其作为家族遗产完整地传给下一代。1543 年，查理五世向儿子（后来的腓力二世）保证，他的主要目标是"防止你获得的遗产比我当初继承的少"。[3]

对法国的畏惧是这三个王朝的另一个共同点。勃艮第早在15 世纪 70 年代就与阿拉贡签订了反法条约；十年后马克西米利安提议让他的独生子与一位西班牙公主结婚，但相关的谈判进展缓慢。1494 年法国国王查理八世入侵意大利并胜利进入那不勒斯，去索取那不勒斯王位。次年，马克西米利安向西班牙的天主教双王发出警示："一旦法国国王获得那不勒斯，他就会觊觎意大利的其他邦国。"为了说服他们"抵抗和攻击法国国王"，马克西米利安提议了两门婚事：他的女儿玛格丽特嫁给西班牙两位君主的继承人胡安王子，他的继承人腓力则迎娶西班牙两位君主的幼女胡安娜。婚姻协议于1495年1月签署，西班牙公主于1496年10月抵达安特卫普附近的利尔，与腓力喜结连理。当时还没人能想到，腓力与胡安娜的儿子（见谱系1）[4] 将会统治一千年里世界上最庞大的帝国。

查理五世尚在母亲腹中，就已经让人们感受到了他的存在。1499年9月，腓力"命令一名助产士从里尔城"去"看望和拜访"胡安娜；四个月后，他又派遣一名信使"火速前进，不分昼夜，不必怜惜人或马"，向里尔附近一家修道院的院长借用该修道院最宝贵的圣物，即"童贞女的戒指"。据说约瑟与马利亚结婚时，戴在她手上的就是这枚戒指，传说它能"给产妇带来慰藉"。根据某些说法，这枚戒指发挥了神效。胡安娜在根特的佛兰德伯爵宫殿参加一次舞会时开始阵痛，刚刚走到最近的厕所就生下了未来的皇帝。这一天是1500年2月24日，圣马提亚瞻礼日。[5]

根据根特的首席诗人（也是目击者）的记载，根特市民得知腓力与胡安娜的孩子降生之后：

> 全城男女，不分贵贱，无不欢呼"奥地利"和"勃艮第"，
>
> 欢庆三个钟头之久。
>
> 人人奔来跑去，高呼
>
> 和平之王子出世的喜讯。

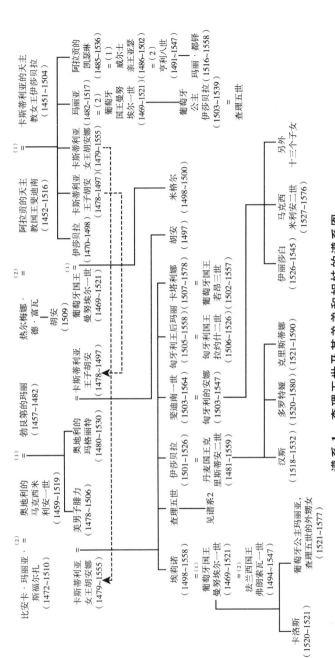

谱系 1　查理五世及其弟弟和姐妹的谱系图

当时的大多数查理五世传记都包含他的家谱。这么做是很有道理的。这一系列出生、婚姻与死亡把欧洲四个王朝的领地统一到了一个人手中。不过查理五世的祖父祖父和外祖父母都不希望出现这样的结果。假如伊莎贝拉公主和葡萄牙国王曼努埃尔一世，或者卡斯蒂利亚的胡安和葡萄牙的玛格丽特，或者阿拉贡贡国王斐迪南与热尔梅娜·德·富瓦能够生出男性继承人，且其长大成人的话，查理五世就不可能拥有如此辉煌的前景。

　　与此同时，腓力签署了一些书信，指示尼德兰的主要城镇安排"庆祝游行、焰火表演和公共竞技"来庆祝他的继承人的出生；他还召集自己领地内的主要神职人员来参加孩子的洗礼。6 他还专门给妹妹玛格丽特（当时正从西班牙返回尼德兰）发去一封快信，"恳求她尽快赶回，以便在洗礼期间亲手抱着孩子"，并担任教母。玛格丽特抵达之后立刻敦促兄长给孩子取名为马克西米利安。这是腓力和玛格丽特的父亲的名字。但腓力选择了他们的外祖父——勃艮第公爵大胆查理的名字。腓力还册封儿子为"卢森堡公爵"，这个头衔曾属于马克西米利安的多位祖先。7

　　小查理的外祖父母和祖父做出了不同的反应。在西班牙，"他的外祖母伊莎贝拉女王得知他于圣马提亚瞻礼日出生"，"想起了《圣经》里曾记载，耶稣是偶然选中了马提亚的。① 她明白，这个小外孙的出生凝聚了多少期望，因为他将继承许多伟大的王国和领地，于是说：'马提亚是被偶然选中的。'"在德意志，马克西米利安宣称自己"对孩子的名字非常满意"，"因为我对亲爱的主公和岳父大人查理公爵很有感情"。8 与此同时，在根特，市政长官准备了一系列凯旋门，代表这个婴儿（如果能长大成人的话）将来会从父亲和祖父那里继承的诸多领地，还有一些凯旋门象征着智慧、公正与和平。1500 年 3 月 7 日晚上，一支浩浩荡荡的游行队伍陪伴婴儿从宫殿出发，走过一条专门架高的道路，来到举行洗礼的当地教堂。沿途成千上万支火炬将"黑夜照得亮如白昼"（这是一位对此惊

---

① 《新约·使徒行传》第 1 章第 26 节："于是众人为他们摇签，摇出马提亚来。他就和十一个使徒同列。"

叹不已的编年史家的说法），人山人海的群众能够看到官员和廷臣缓步通过。游行队伍的焦点当然是查理和他的两位教母和两位教父，他们每个人都注定要在他的孩提时代扮演重要角色：他的外曾祖母——约克的玛格丽特①（大胆查理的遗孀）、他的姑姑奥地利的玛格丽特，以及尼德兰的两位显赫贵族——希迈亲王夏尔·德·克罗伊与贝亨领主让·德·格利姆。

大家都对这种安排的象征意义心知肚明：腓力原本应当占据游行队伍中最显要的位置，却把这个位置让给了儿子；就这样，婴儿查理在接受洗礼、成为基督教徒的同时接受了未来臣民的宣誓效忠，从而获得自己的世俗遗产。

腓力做出这种创新之举是有充分理由的。尽管他拥有许多头衔，但这些头衔是他的祖先在一个世纪里大多通过婚姻逐步积攒的。历史学家罗尔夫·斯特伦－奥尔森指出："查理五世的洗礼是一个千载难逢的良机，让哈布斯堡宫廷能够对自己的合法性、权力与权威提出跨地区的主张"，所以根特的这场洗礼"在仪式的层面，拥有了欧洲其他地方的加冕礼的意义，而尼德兰的统治者原本是没有加冕礼的"。9

不过，腓力不是百分之百地信任根特人民。查理出生的三周前，腓力命令三十名弓箭手和二十五名戟兵"从大公［腓力］早上一起床就始终陪伴和护卫他，并陪他去做弥撒"。这些卫兵若无腓力的特别准许"不得离开宫殿"，而应当日夜"守卫和保护大公"。10这些安保措施是很有必要的。勃艮第的玛

---

① 约克的玛格丽特（1446～1503）是英格兰国王爱德华四世的妹妹、理查三世的姐姐。她是大胆查理的第三任也是最后一任妻子。而勃艮第的玛丽是大胆查理与第二任妻子（波旁的伊莎贝拉）所生，所以严格来讲，约克的玛格丽特并非查理五世的外曾祖母。

丽于 1482 年去世后，根特拒绝承认她的丈夫马克西米利安是勃艮第治下尼德兰的摄政者和他们尚在襁褓中的孩子的监护人。根特的行政长官还扣押了年幼的腓力，把他当作人质，然后设立了一个摄政会议来"维护我们的主公，即你的儿子的权益。在我们眼中，只有他才是我们的君主和合法领主"。[11]

1485 年，马克西米利安率领来自他的德意志和奥地利领地的军队，镇压了反对他的根特人，解放了自己的儿子，将他安顿到忠于他的城市梅赫伦；但在三年后，马克西米利安的专制手段导致他自己被俘虏和囚禁在根特，后来被逐出尼德兰。

所以腓力在幼年时期就经历了许多反叛、派系斗争和战争，这些动乱一直延续到 1493 年他的十五岁生日。因此，腓力对勃艮第的统治风格与父亲迥然不同。腓力在 1497 年宣布："自我成年并接受我的领地的效忠以来，我始终真诚地希望结束我的内廷和领地因为过去的战争与分歧而发生的大规模动荡，并建立秩序。"[12]十年后，威尼斯驻勃艮第朝廷的大使温琴佐·奎里尼认为，腓力的安抚政策已经取得成功。奎里尼写道，腓力"天性善良、慷慨、外向、温和可亲，几乎对所有人都亲热友好"，并且"他竭尽全力捍卫公平正义。他虔诚而守信"。

但奎里尼补充道："尽管他很快就能理解复杂的问题，但处置起来动作迟缓，行动时优柔寡断。他把一切事务都提交议事会商讨。"奎里尼还注意到，"以我的经验来看，这个宫廷的决策反复无常"，因为"他们经常在议事会上做出一个决定，然后执行的却截然不同"。西班牙大使古铁雷·戈麦斯·德·富恩萨利达表示同意。他写道，腓力大公"耳根子太软，每个人都有办法让他改变主意"。马克西米利安曾责备儿子听取了"叛徒和不忠谋士的谗言，他们在你脑子里埋下［错误的］思想，从而在你我之间制造隔阂"，并建议"你有了计划之后应当先与我分享，而不是先告诉你的大臣，这样对你更好。你不能把我当作陌生人看待"。马克西米利安反复要求儿子追随他的脚步，尤其是对法国开战，但腓力"在孝道与他对大臣的尊重和信任之间左右为难"（这是奎里尼的话）。简而言之，腓力"觉得自己身处迷宫"。[13]

勃艮第公爵的资深廷臣奥利维耶·德·拉马什曾担任腓力的教师，他似乎也认同上述这些对腓力的负面评价，因为拉马什在回忆录（1502 年他去世前不久完成）的末尾说腓力大公是"听什么就信什么的腓力"。[14]不过拉马什在十年前写的回忆录的引言里曾专门提醒自己的弟子不要效仿他那位刚愎自用的父亲马克西米利安。拉马什敦促腓力："让我把真相告诉你。你永远不能让自己被臣民控制，但你在设计和维护自己的宏大计划时要始终征询他们的建议，寻求他们的帮助。"拉马什赞扬腓力大公，因为经历了二十五年的战争与叛乱之后，"你通过聆听别人的建议，已经让国家再度安定下来了"。的确，腓力已统一并平定了他那些彼此差异很大的领地，并确保自己的臣民普遍接受哈布斯堡家族的统治；他还建立了由三十多名深得信赖的谋臣组成的队伍（其中很多人将来还会辅佐他的儿子），取得了至关重要的政治稳定性与延续性，这有助于防止他的前任①去世后国家发生的内乱再次重演。[15]

年幼的卢森堡公爵对这一切一无所知。他的内廷日志显示，"大公夫人在分娩几周之后，带着她高贵的儿女"（查理

---

① 这里指的是腓力的外祖父——勃艮第公爵大胆查理。

和比他大十五个月的姐姐埃莉诺）离开了根特，先去了布鲁日，然后是布鲁塞尔。胡安娜在那里染上重病。"一连四十九天"，腓力的御医和谋臣利贝拉尔·特雷维桑与"其他内科和外科医生一起照料我亲爱的、挚爱的妻子，治愈了她的疾病"。[16]小查理肯定不会注意到母亲生病了。一位西班牙外交官报告称，卢森堡公爵和姐姐"一起生活在他们的套房内，没有增添新的仆人"，唯一的例外是芭布·塞韦尔。查理在四十年后回忆说，芭布"在九个月里担任我的主要乳母"。芭布是根特人，从一开始就抚育这个高贵的婴儿。查理后来一直对她非常有感情。1540 年，他担任她儿子的教父，并热心提携其事业。1554 年她去世后，查理下令将她安葬在布鲁塞尔的圣古都勒大教堂，并请人撰写墓志铭来缅怀她。[17]

富恩萨利达大使发给斐迪南和伊莎贝拉的报告是对查理及其姐姐的最早描述。1500 年 8 月，富恩萨利达第一次拜访查理和埃莉诺之后，写下了普天下所有的祖父母和外祖父母都想听的话：虽然只有五个月大，但"卢森堡公爵已经相当高大和强壮，看上去像一岁的男孩"，而他的姐姐埃莉诺差不多快两岁了，"非常活泼和聪明，像五岁的孩子一样"。他们当然是"世界上最俊俏的孩子"。查理一岁生日时已经能够"借助学步车迈步前行"，"走起路来非常自信，步伐稳健，像是三岁的孩子"。1501 年 8 月，他已经是"我见过的这个年龄的孩子当中最强健的"。[18]

天主教双王对小查理的密切关注在一定程度上反映了他们对自己王朝的未来的焦虑。1497 年，他们的继承人和独生子胡安去世了，当时胡安的妻子奥地利的玛格丽特怀着孕，但这个孩子很快就夭折了。于是胡安娜的姐姐伊莎贝拉成了天主教双王统治的全部领土的继承人，但她于 1498 年生下一个儿子之后去世，而这个孩子在两年后夭折。1500 年 8 月 8 日，天主教双王写信给腓力，"通知了那个孩子的死讯，于是我的主公［腓力］现在是西班牙王位继承人"。三天后，腓力第一次使用"我，王子"（Yo el príncipe）的签名，这是西班牙王位继承人采用的正式签名方式。[19]

这些事件给还是婴儿的卢森堡公爵带来了深刻的影响。从长远来看，作为胡安娜和腓力的长子，他最终将继承父亲在西班牙、尼德兰和奥地利的全部领地。但在短期之内，他的父母暂时把他抛在了一边，因为尽管西班牙没有正式的加冕礼，王位继承人却需要亲自到西班牙每一个邦国（卡斯蒂利亚、莱昂和格拉纳达算作一处，然后分别是阿拉贡、巴伦西亚和加泰罗尼亚）的议会确认自己的地位，接受议会的效忠。起初腓力对自己的好运气并不是很热情。直到 1500 年 12 月他才告诉自己的臣民他即将启程去西班牙，并要求他的尼德兰臣民承担旅费；并且即便在此时，他也说他可能会独自去西班牙。

腓力大公的暧昧态度可能既是因为当时胡安娜正怀着他们的第三个孩子伊莎贝拉（生于 1501 年 7 月，与她的外祖母天主教女王伊莎贝拉同名），也是因为他的廷臣对西班牙抱有敌意。据富恩萨利达说，腓力的廷臣"宁愿下地狱也不肯去西班牙"。新王储及王妃直到 1501 年 10 月才启程，把几个孩子留在梅赫伦（腓力自己也是在那里长大的），他们被委托给约克的玛格丽特照料，由将近一百名"必备人员"侍奉。[20]孩子们要等到两年后才能再次见到父亲，而他们的母亲留在西班牙，于 1503 年 3 月又生下一个儿子。她给这个儿子取名为斐迪南，用的是她父亲的名字。直到 1504 年，她才返回尼德兰。

玛丽亚·何塞·罗德里格斯－萨尔加多①指出：

> 在这个时期，王子与父母分开不是稀罕事，他们
> 之间的纽带既是血缘的，也是政治的。所以我们不能
> 期望这个时代的王公贵族的情感与当代资产阶级家庭
> 的情感相同。但即便参照当时的标准，查理的家庭也
> 是非同寻常、机能失调的。[21]

富恩萨利达写给天主教双王的书信记录了这个家庭的不正常状况。他报告称，胡安娜留在西班牙期间，腓力与他的孩子们"玩得很开心"，"经常见他们"，而胡安娜返回尼德兰之后对自己的孩子不闻不问。此外，腓力的寻花问柳让他与胡安娜的关系变得高度紧张，以至于 1504 年 7 月富恩萨利达不敢把细节落笔，而是派遣一位特殊使者面见天主教双王（对历史学家来说，这很不幸，因为面谈不会留下史料），描述腓力与胡安娜夫妻关系的不和谐。8 月，腓力没有带妻子，而是独自访问荷兰。富恩萨利达深表遗憾地写道："殿下［胡安娜］不给丈夫写信，他也不给她写信。"

腓力大公返回之后试图与妻子和解，把查理和他的姐妹从梅赫伦带到布鲁塞尔去见他们的母亲，"以为如果他带孩子们去见她，她会与孩子们谈话"。但是（根据富恩萨利达的说法），她"似乎并不是很高兴看到自己的孩子"。随后腓力尝试了另一种策略："当夜，王储睡在妻子的卧室。"（可能就是

① 玛丽亚·何塞·罗德里格斯－萨尔加多（1955～ ）是伦敦政经学院的历史学教授，研究领域为 16～17 世纪的欧洲、腓力二世、查理五世、英格兰与西班牙关系等。

在这一夜，胡安娜怀上了他们的另一个孩子玛丽。）夫妻关系又一次恶化。他俩经常向对方大吼大叫，胡安娜经常躲进自己的房间绝食，但有一次她抓起一根铁棍殴打她丈夫任命的侍从，于是腓力派卫兵将她软禁在一个套房内。腓力显然不能放心地把孩子们交给她。[22]

1504 年 10 月，从西班牙寄来了一封出人意料的信。阿拉贡国王斐迪南说，他的妻子伊莎贝拉似乎时日无多了，因此：

> 王储吾儿应当立即秘密地处理好自己在尼德兰的事务，把一切都处置得妥妥当当的（但不可以让任何人知道或理解为什么要这样做）。王储和王妃，即我的女儿，还应当秘密做好准备，一旦我派来信使，就立刻走海路到西班牙，不得耽搁。

腓力又一次表现得非常不愿意启程去卡斯蒂利亚，并向富恩萨利达抱怨说，伊莎贝拉女王病重的消息"来得真不是时候"，因为他刚刚发动针对海尔德①公爵卡雷尔二世的战争。此人是勃艮第公爵的死敌，并且足智多谋。"这是我去西班牙的一个主要障碍；虽然西班牙很重要，但这里才是我真正的家园，我不能失去它。"伊莎贝拉女王的死讯于 1504 年 12 月抵达，可即便如此，腓力也没有回心转意。尽管他立刻开始自称

---

① 海尔德是神圣罗马帝国的一个诸侯国（起初为伯国，后升级为公国），其绝大部分领地在今天的荷兰境内，小部分在德国的北莱茵 - 威斯特法伦州。勃艮第公爵大胆查理于 1473 年从埃格蒙特家族的阿道夫公爵手中购得海尔德公国。他的女婿马克西米利安一世皇帝于 1492 年丧失海尔德公国。海尔德国民推举阿道夫的儿子卡雷尔二世（1467 ~ 1538）为公爵。卡雷尔二世是查理五世的一个重要对手，详见本书下文。

"卡斯蒂利亚国王"，但还是继续与海尔德斯杀，直到他占领了这个公国的绝大部分。卡雷尔二世公爵承诺在腓力去西班牙期间遵守和约，腓力才归还了他的领土。新任卡斯蒂利亚国王和女王①终于在 1506 年 1 月从泽兰②扬帆起航。[23]

世界的继承者

查理从未与自己的西班牙外祖母谋面，但 1505 年 1 月布鲁塞尔市民为她举办的奢华的追思仪式或许是他能够记得的第一个公共事件。他、他的姐妹和廷臣都身穿特制的黑色上衣，戴着毛皮镶边的兜帽，"追悼已故的西班牙女王"；孩子们看着他们的父母跪在圣古都勒大教堂的祭坛前，聆听当时最著名的作曲家若斯坎·德普雷专门为了这个场合创作的《美男子腓力弥撒》。仪式结束后，孩子们听到传令官高呼"卡斯蒂利亚、莱昂和格拉纳达的国王和女王，阿拉贡和西西里的公主与驸马"，观看他们的父母庄严地走过布鲁塞尔的街道，前面有许多盾牌和旗帜"写着国王的全部头衔，这样任何人都不能说自己不知道"。

不久之后，查理和他的姐妹第一次见到了他们的祖父马克西米利安，他在尼德兰待了一个多月。他们肯定观看了马克西米利安在"布鲁塞尔的宫殿大厅和园林"主持的多场比武大会。他们的父亲（腓力）和三名廷臣一起，身穿"西班牙风格的"金色和红色服装参加了比武。[24]

孩子们肯定喜欢腓力从西班牙进口的富有异国情调的动

---

① 胡安娜继承了母亲伊莎贝拉的王位，成为卡斯蒂利亚女王；而腓力凭借与胡安娜的婚姻，成为卡斯蒂利亚国王。

② 泽兰（Zeeland）为尼德兰的一个省。新西兰（New Zealand）即得名自泽兰。

物：四头骆驼、两只鹈鹕、一只鸵鸟和若干珍珠鸡。这些动物被送进根特和布鲁塞尔的宫殿园林，那些地方之前就已经豢养了一些狮子和熊。现存的史料记载，查理用木棍引逗狮子，并与挂在他套房内壁毯上的人物形象比剑。他还玩过马克西米利安和普法尔茨伯爵弗里德里希送给他的木马。这两人都将在查理的人生中扮演重要角色。他让姐妹乘坐矮种马拉的小车，他赶着小车走来走去；他还把自己的侍从组织成基督徒和土耳其人的军队。卢森堡公爵总是指挥基督徒的军队，并且总是赢。[25]

孩子们还要学习读书写字。起初，查理、埃莉诺和伊莎贝拉一起在胡安·德·安谢塔的指导下学习。他曾是胡安娜的神父和作曲家。在当时经常有人同时从事这几种职业，因为音乐家需要记谱，所以擅长挥毫，而孩子们通常通过背诵和阅读祈祷文来认字。1503 年 4 月（此时埃莉诺四岁半，查理刚刚三岁，伊莎贝拉不到两岁），腓力给了一名神父（同时担任音乐手抄本抄写员）相当于 2 镑①多一点的钱，"买下他绘制插图的一本羊皮纸抄本，其中包含福音书的故事和祈祷文"。后来卢森堡公爵和他的姐妹"每天听弥撒之后"就"听人朗读这本书"。七个月后，腓力给了埃莉诺一本叫作"《ABC》的书，可能是作为她五岁生日的礼物。这本书的字母尺寸较大，有很多图画和一些金色字母"，价格为 12 镑。这个价钱对于一本儿童识字课本来说相当贵了，却是很好的投资，因为一年后她就能亲笔写信给外祖父斐迪南。[26]查理的学习进步比较慢。1504 年 1 月，一

---

① "镑"这个货币单位是法兰克帝国的查理曼制定的，1 镑的价值相当于 1 加洛林磅（重量单位）白银，即约 406.5 克。后来很多国家用过"镑"这个货币单位。下文还出现了"先令"，1 先令相当于 1/20 镑。

封以他的名义发出的西班牙文的信被送到他的外祖父手中，请求"陛下原谅我的失礼，没有亲笔写信给陛下"（毕竟他还不到四岁，情有可原），这时查理还不能亲笔写自己的名字，而是临摹了安谢塔在另外一张纸上写下的字母（见彩图 2）。[27]

安谢塔后来回了西班牙，接替他的新教师是路易斯·卡韦萨·德·巴卡，"一位西班牙贵族，擅长舞文弄墨，举止得体"。他立刻着手给孩子们营造一个更适合学习的环境。本地的一个木匠提供了一张特制的书桌，配有装学习用品的橱柜，还有座位，"方便王子和他的姐妹上课"。随后三年里，三个地位高贵的孩子一起学习（见彩图 1）。[28]不过查理的进步还是很慢。1506 年 9 月，马克西米利安表示希望孙子能学一些荷兰语，查理的教师冷若冰霜地回答："等他能正常讲话、学会认字了，我再考虑您的要求。"也许查理是因为体弱多病才学得很慢，因为在 1505 年，"遵照医生的指示，给生病的王子及其姐妹送来了""相当数量的药剂、药丸和香料"。伊莎贝拉病得最重，因为她的"眼睛感染了"，于是她的父母不得不花钱请一位高级外科医生，他"在她患病的九个月里天天来探视她"。[29]

1505 年 9 月，外科医生治好了伊莎贝拉的病不久之后，胡安娜生下了玛丽（用的是婴儿的祖母的名字），于是有四个孩子生活在梅赫伦了。但查理的家族在增添新丁的同时也有人离去。查理的姑姑和教母奥地利的玛格丽特在 1501 年远嫁给萨伏依公爵，而查理的外曾祖母和第一个看护者——约克的玛格丽特在两年后去世。查理的年龄太小，还不能体会到这些影响，但他肯定注意到了自己父母的离开。腓力和胡安娜在 1505 年 11 月访问梅赫伦，随即前往泽兰，腓力在那里组织了一支舰队送他们去西班牙。因为风向不利，舰队无法启航，所以腓力在 12 月匆匆去了一赵梅赫伦，最后一次看望孩子们。这是父亲和孩子们的最后一次见面，因为不到一年后，腓力在西班牙去世。伊莎贝拉和玛丽再也没有见过父亲，也没有见过母亲，也永远不会见到她们最小的妹妹卡塔利娜（生于 1507 年春），因为胡安娜虽然一直活到 1555 年 4 月，却再也不曾离开西班牙；而卡塔利娜尽管活得比他们所有人都久（1578 年去世），但始终没有离开过伊比利亚半岛。

虽然卡斯蒂利亚的新任国王和女王当时不可能知道他们再也不会返回尼德兰，但近代早期欧洲的旅行总是险象环生、风险很大，所以他们采取了适当的预防措施。1505 年 6 月，腓力见了父亲和妹妹，期望（按照奎里尼大使的说法）玛格丽特（又一次成了寡妇）"在腓力在西班牙期间能够代为治理尼德兰；但他们没能达成协议，于是她返回了萨伏依"。腓力转而任命谢夫尔男爵纪尧姆·德·克罗伊（腓力的财政主管）为摄政者和军队总司令，在腓力远在西班牙期间全权掌管军事、司法和行政，并有权与外国"缔约、结盟和签订协议"，"代理我本人处置一切大小事务"。腓力还任命希迈亲王（谢夫尔男爵的亲戚，也是查理的教父）为孩子们的监护人，并让贝尔塞尔领主亨利·德·维特汉姆辅佐希迈亲王。腓力指示，必须"仔细保护"查理王子及其姐妹，并向其传授"良好的行为习惯和各种各样的知识"。[30]

最后，腓力立了遗嘱。从他的遗嘱可以看出，他对自己领地的前景抱有极大的疑虑和不安。他宣布，如果他在西班牙死亡，必须将他安葬在格拉纳达，让他在岳母伊莎贝拉女王身边长眠；如果他在尼德兰或其附近去世，他希望被埋葬在布鲁日，在他的母亲玛丽的墓地旁；但如果他去世时"勃艮第公国回到了我们手中"，"我希望被安葬在第戎修道院，在历代勃艮第公爵，即我的前任身旁长眠"。① 腓力的遗嘱还指示，必须保障他的年纪较小的几个女儿拥有符合她们身份的优渥而体面的生活，相关的开销"由我的长子承担"；几个姑娘出嫁时，每人"应得到 20 万金克朗的嫁妆"。这一条非常不切实际，因为他在尼德兰的岁入都不到 20 万金克朗。最令人费解的是，他指定他的儿子们"为我的所有王国、公国、伯国、土地、领地和其他财产的联合继承人"，并指示"我希望每个儿子都根据各领地的风俗习惯继承不同的部分"。[31]

很显然，腓力设想把他的庞大却累赘的遗产（是他的特拉斯塔马拉亲戚们的婚姻和死亡缔造了这样的遗产）分割成若干部分（这是非常审慎的想法，他的继承人后来多次重新

---

① 这里介绍一下中世纪的勃艮第公国的来龙去脉，以及勃艮第公爵如何失去了勃艮第公国。

勃艮第公国建于 918 年，是法兰西王国的一部分。1032 年，法王亨利一世将勃艮第公国分封给弟弟罗贝尔一世，后者是勃艮第家族（法国王室卡佩王朝的幼支）的祖先。

与此同时，还有另一个国家叫勃艮第伯国，属于神圣罗马帝国。1335 年，勃艮第公国和勃艮第伯国通过联姻，联合成一个政治实体。

1361 年，勃艮第公爵家族绝嗣，公国被法国王室（瓦卢瓦王朝）收回。1363 年，法王约翰二世将勃艮第分封给自己的幼子勇敢的腓力，勃艮第的瓦卢瓦家族就这样形成了。勇敢的腓力与佛兰德女伯爵结婚，于是勃艮第和佛兰德联合起来，勃艮第国家的势力向北扩张，随后又获得了荷兰、卢森堡等领地。勃艮第成为欧洲最强大的国家之一，相对于法国的独立性越来越强。勇敢的腓力的儿子无畏的约翰和孙子好人腓力在英法百年战争期间支持英格兰，反对法国。不过，好人腓力最终与法国王室和解。

好人腓力的儿子大胆查理在 1477 年死于战争，只留下一个女继承人玛丽，她嫁给了哈布斯堡家族的马克西米利安一世皇帝，于是勃艮第成为哈布斯堡家族的领地。与此同时，勃艮第公国在法国的领土被法国王室收回，只有在尼德兰的领土被马克西米利安一世继承。马克西米利安一世和他的儿孙虽然仍然用勃艮第公爵的头衔，但他们实际上已经不再控制勃艮第。此后，法国稳稳地控制了勃艮第。

考虑分割），但当时很少有人想到历史会这样发展。英格兰国王亨利七世预言说，查理"将成为所有这些领地和产业的君主，将会统治整个世界"；而奎里尼大使宣称，因为查理现在是"整个尼德兰的唯一继承人，并将接替他的母亲［胡安娜］成为卡斯蒂利亚统治者，接替他的祖父成为奥地利大公，所以他将成为一位伟大的君主"。但这位大使阴森森地补充了一句：尽管查理是一个"帅气而幸福的孩子，但他的每一个行为都表现得任性而残酷，就像勃艮第的老公爵大胆查理一样"。[32]

"帅气而幸福的孩子"

在一段时间里，这个"帅气而幸福的孩子"前途未卜。腓力带了超过 400 名廷臣、超过 100 名卫兵和约 2000 名德意志士兵去西班牙。他于 1506 年 9 月在西班牙突然去世，他带去的这些人一下子全都陷入了贫困。"我们当中没有一个人身上有一个铜板，"其中一个人在后来抱怨道，"腓力国王驾崩的时候，他已经把自己的钱花得一干二净。"因为在西班牙没人愿意帮助他们，并且他们"害怕西班牙朝廷会禁止他们返回自己的国家"，这些绝望的廷臣立刻尽可能多地扣押了已故国王的财产，包括他的珠宝和金银，"把所有东西都贱卖了"。后来，他们"变卖自己的衣服、马匹和其他的贵重财物，换取面包"和回国的旅费。所以，这些勃艮第幸存者从此就非常怨恨西班牙。[33]

腓力的死讯传到了尼德兰，但谢夫尔男爵不在梅赫伦，而是在指挥针对海尔德公爵的作战。海尔德公爵在法国国王路易十二的怂恿下，已经再度向勃艮第开战。勃艮第摄政政府的其他成员惊慌失措，因为（如他们当中的一位所说）"我们暂时还不知道我们的臣民以及邻近的友好国家和敌国得知腓力的死讯后将有何举动"。他们害怕发生内乱，就像 1477 年腓力的外祖父大胆查理去世之后，以及 1482 年腓力的母亲玛丽去世之后发生的那样。尽管法国国王发来的信里"和往常一样满是甜言蜜语，但如果相信这些话，就非常危险了"。另外，摄政者们带着暗示的口吻指出，腓力死得太突然，"我们甚至都不知道他病了"，而胡安娜远在西班牙，查理又年纪太小，不能理政。[34]于是他们带着畏惧的心情，召集尼德兰各省的代表来参加等级会议①。

腓力在亲政的十年里召开过二十五次等级会议，讨论战争与和平以及征收新税的问题。四个面积最大也最富庶的省份（布拉班特、佛兰德、埃诺和荷兰）的代表几乎参加了每一届等级会议。其他经常参会的有阿图瓦、梅赫伦、那慕尔和泽兰的代表，林堡和卢森堡只是偶尔派人参加。在每一届等级会议上，诸位代表探讨君主向他们呈交的问题时分成三个"等级"，即教士、贵族和城镇。1506 年 10 月 15 日在梅赫伦召开的会议也是这样。此次会议的目标是"觐见我们尊贵的主公、大公和卡斯蒂利亚王子，并看看代表们会不会同意就国家的问题给出建议"。[35]

腓力无论对内政还是外交都会集思广益，努力达成共识。

---

① 中世纪和近代早期欧洲的某些国家（比如神圣罗马帝国和本书中的尼德兰）的所谓"等级"（states、estates、standen、Stände 等），本意是指封建社会把人分成三个等级，一般是教士、贵族和平民；但后来，"等级"也指参政的政治实体，可能是一位贵族、一座城镇、一个主教区等。这些"等级"派遣代表参加会议，与君主一同决定国家大事，有时与君主合作，有时与君主对抗。

这是他的统治风格。如今这种风格得到了回报。尼德兰的每个社区都表达了得知他去世时的"莫大的悲哀与伤痛"，而英王亨利七世和法王路易十二都表示愿意保护年幼的王子。路易十二在他统治的余下时间里始终尊重查理所有领土的中立性（尽管继续秘密地援助海尔德公爵）。有些摄政者（尤其是那些在南方省份拥有土地的人，比如谢夫尔男爵）主张让尼德兰接受法国的保护；但其他人，大多是在航海省份有产业的人（比如贝亨领主），则主张与英格兰结盟。但等级会议最终认为，最能保障他们未来的人是马克西米利安，于是派遣一个代表团（包括谢夫尔男爵和贝亨领主）去邀请他来担任孙子的监护人和摄政者。[36]

马克西米利安已经预料到尼德兰人会这么做。得知儿子的死讯之后，他立刻命令摄政会议"就像我已故的儿子命令你们做的那样，以我的名义和我亲爱的孙子查理大公的名义，继续治理我们的尼德兰"，直到马克西米利安本人"两到三周后"前来执掌大权。他无疑认识到这样的时间表是完全不现实的，于是叫女儿玛格丽特到他身边来。[37]

女大公玛格丽特当时二十七岁，已经经历了不少风波。1483 年，她在年仅三岁的时候就被送到法国，成为查理八世的未婚妻，随后八年待在法国宫廷，直到查理八世粗暴地抛弃了她，娶了别的女人。玛格丽特在梅赫伦与外祖母一起生活了两年，然后去西班牙，嫁给胡安王子，但后者在结婚仅仅六个月后去世。1500 年，她返回梅赫伦。十八个月后，她前往萨伏依，嫁给公爵菲利贝托二世，他们的婚姻琴瑟和鸣，然而公爵也于 1504 年英年早逝。现在玛格丽特集中精力于为菲利贝托二世修建一座雄伟的陵墓，它至今屹立在法国东南部的布鲁。除了 1505 年曾短暂旅行去与父亲和兄长讨论她担任尼德兰摄政者的可能性之外，她一直待在萨伏依，直到马克西米利安于次年召唤她到身边。

父女俩一起待了好几个月，显然是在讨论如何最好地应对腓力突然去世造成的紧急危机。1507 年 3 月，马克西米利安签署了正式的文书：

> （我接受）我最亲爱的、挚爱的孙子卡斯蒂利亚王子查理和奥地利大公斐迪南以及他们的姐妹埃莉诺、伊莎贝拉、玛丽和卡塔利娜（全都未成年）的教养权与监护权，以及他们的全部财产、土地与领地的监督权与管理权，因为我是他们的祖父和最亲近的亲人，所以有权利这么做，也有能力这么做。

因为他目前不能亲自行使这些权力，于是指定玛格丽特为他的"代理人"，去接受"我们在尼德兰的诸多领地"的效忠誓言。他还派遣专人出席尼德兰的等级会议，代表他宣誓同意担任查理的唯一教导者与摄政者，"决不反悔"，"直到他长大成人"。[38]

马克西米利安这么做，可以说是在大规模地攫取权力。谢夫尔男爵及其同僚在几乎没有得到任何领导的情况下已经顺利地统治尼德兰长达十八个月。现在马克西米利安单方面宣布免去他们的摄政者职位，并宣布要完全掌控尼德兰和他在梅赫伦的孙辈。他还宣称要接管儿子留下的其他领土，以及他的两个仍然生活在西班牙的孙辈斐迪南和卡塔利娜。因为皇帝在西班牙没有任何权威，所以查理得到的遗产实际上被分割了，就像他父亲在遗嘱里设想的那样：胡安娜的父亲斐迪南国王竭尽全力去控制卡斯蒂利亚（以及阿拉贡和西西里，他是这两地的君主；还有那不勒斯，他的军队刚刚从法国人手里夺取了这个王国），并把自己的第二个外孙（与自己同名）培养成一位西班牙王子；而马克西米利安试图控制尼德兰，并确保查理成长为一位勃艮第王子。

住在梅赫伦的孩子们于 1506 年 10 月从教师口中得知父亲去世的噩耗。"孩子们表现了对他们的年龄来说尺度恰当的悲伤，或许比那还要更悲伤一些，"马克西米利安得知，"他们说，他们拥有您这样忠诚的家长，真是太幸运了。"现在查理把皇帝称为"我的祖父，也是我的父亲"。[39]马克西米利安直到两年后才来看望他们，但玛格丽特于 1507 年 4 月抵达梅赫伦，开始照料她的侄子和侄女们。孩子们对她一见如故，很快就与她亲近起来。不久之后她要离开梅赫伦去执行自己的政治使命，孩子们看她要走，都流下眼泪（这是一个目击者的说法），因为"他们以为再也见不到他们的姑姑和教母，或者更准确地说，是他们的新母亲"。[40]

孀居的萨伏依公爵夫人
——奥地利女大公玛格丽特

两个月后，玛格丽特返回梅赫伦，在圣朗博大教堂为已故的兄长安排了庄严肃穆的追思仪式。在这个场合，查理首次以统治者的身份露面。首先，玛格丽特从勃艮第公爵的图书馆里取出一本装帧精美的泥金祈祷书（用黑色天鹅绒装订，饰有大胆查理的纹章），将其呈送给年幼的查理，无疑是让他在举行礼拜仪式时使用。随后她安排查理引领一支肃穆的游行队伍，让他"骑着一匹小马"，"两侧都是他的卫队的弓箭手"。弥撒结束后，主传令官高呼："蒙上帝洪恩的奥地利大公和西班牙王子查理万岁！"其他传令官依次宣读他的诸多其他头衔：布拉班特公爵、佛兰德伯爵等。随后查理接受了"正义之剑"，"握在他的小手里，剑尖朝上，走向祭坛"，在那里短暂地祷告，然后引领游行队伍回宫。在那里，"高贵的小王子首次册封了一名新骑士"，从而向所有人展示他的新地位。玛格丽特的宫廷史官让·勒迈尔·德·贝尔热详细记载了查理作为统治者的首次露面，并用这样虔诚的愿景结尾："愿上帝保佑，让他将来像查理曼一样捍卫公共事务和基督教世界！"[41]

次日的事件就揭示了如此恢宏的愿景是多么空洞。玛格丽特命令等级会议的代表"在王子住所的大厅内开会，仍然穿丧服"。在会上，文书官衙的主管要求征收新税，从而有效地防备海尔德、清偿已故国王（腓力）的债务，并"承担主公［查理］及其姐妹的内廷开销"。玛格丽特发表了简短的讲话表示支持查理，然后转向他，问道："就是这样吧，侄儿？""大公殿下虽然年幼，但深知自己作为君主的职责，所以恳求会议代表同意朝廷的要求。他也做了简短的讲话。通过观察他的面部表情，能够比听他的稚嫩童音更好地理解他的讲话。"但他的讲话和手势都是徒劳。等级会议拒绝批准征收新税。查理第一次学到，要想为他的事业买单需要仔细的预先准备。[42]

几周后，玛格丽特向侄子介绍了一些高级军官。随后半个世纪里查理的臣民缴纳的赋税几乎全被花在军队身上。她传令让一些主要的军官到宫殿大厅来，并指着查理说："诸位大人，他就是你们要为之战斗的人。他绝不会动摇。好好为他效力吧！"次日，她和侄子站在窗前，观看 500 名骑兵从宫殿前经过，"旌旗招展，号角齐鸣"。这支部队要去保卫尼德兰、对抗海尔德。[43]

马克西米利安在 1507 年任命玛格丽特为他的"代理人"时，在梅赫伦为她购买了若干房屋，就在他的孙辈居住的"皇宫"的街对面。玛格丽特的这套房子很快装修妥当，被称为"萨伏依宫"，直到她于 1530 年去世，这里一直是她的大本营。根据她的内廷账簿，每天都有超过 150 人在萨伏依宫用午餐，包括来自欧洲各地的访客（女大公希望侄子和侄女们与这些访客见面）。有些客人来自帝王家，比如普法尔茨伯爵弗里德里希；还有一些客人是查理的大臣的亲戚，比如年轻的纪尧姆·德·克罗伊，他是谢夫尔男爵的侄子；但绝大多数客人来自不是那么高贵的家族。其中有安妮·博林，她是一位英格兰外交官的女儿，她父亲希望她能学会流利的法语。安妮于 1513 年来到梅赫伦时，玛格丽特告诉安妮的父亲："我觉得她虽然年纪还小，却非常高雅，非常讨人喜欢，所以你把她送到我身边来，是我欠了你的人情。"安妮在梅赫伦待了一年多，学会了法语，后来俘虏了亨利八世的心，成为英格兰王后。[44]

玛格丽特的宫廷很快成为北欧首要的文化中心。她的图书馆藏有将近 400 册精装书，其中很多是精美绝伦的带插图的抄本；她聘请贝尔纳德·范·奥利和扬·维尔摩恩为自己的御用画师，任命彼得·德·潘纳马克为她的御用壁毯匠人；她还招待过当时最著名的艺术家，包括阿尔布雷希特·丢勒。丢勒在 1521 年赞扬了她收藏的画作"和其他许多珍贵的物件以及价值连城的图书馆"。[45]女大公到去世时共拥有超过 100 幅壁毯、50 座雕塑和将近 200 幅画作（包括最卓越的尼德兰艺术家的作品，如罗希尔·范·德·魏登、耶罗尼米斯·博斯、汉斯·梅姆林和扬·范·艾克）；并且她对自己的这些艺术藏品有着浓厚的兴趣。她命令给范·艾克的伟大作品《阿诺菲尼的婚礼》三联画制作新的铰链，从而让三个页面能够正常闭合；她请著名画家扬·戈塞特修复她最珍贵的油画藏品；一份列举她的藏品的清单里包含她亲笔写的更正与注释，足以表明她对艺术品收藏是多么投入。达格玛·艾希贝格尔①深入研究过玛格丽特的藏品，用艾希贝格尔的话说，女大公"在宴会厅里有一整套肖像画，在图书馆里有一套来自新大陆的土著风格的手工艺品，在豪华的卧室里有一套画作，在两个收藏柜里还陈列着一系列精美的小摆设、科学用具和珍奇物件。这些藏品让她有资格自豪"。玛格丽特的榜样将会启迪她的侄子和侄女们，他们每个人后来都表现出高雅的艺术品位。[46]

查理和他的姐妹成了玛格丽特在过去一直不曾拥有的亲人。而在他们的余生，他们给她写信时总是称她为"我的姑妈，尊贵的夫人，我亲爱的母亲"，并宣称"我对您的爱不只是侄子对姑妈的爱，也是孝子对他真正的慈母的爱"；并这样署名："您谦卑的侄女和女儿"或"您谦卑的儿子和侄子"。[47]留存至今的玛格丽特书信能够让我们更容易理解孩子们为什么那么爱她。1507 年，马克西米利安任命一位新神父取代让·德·维特修士，成为他的孙辈的告解神父，这时玛格丽特为埃莉诺争取到了特别优待。她写道，"除了引领和鼓励他们遵守上帝及其神圣教会的律法"，查理和他的妹妹们"暂时还不是

---

① 达格玛·艾希贝格尔为当代的德国艺术史学家，在海德堡大学任教，研究领域包括近现代的尼德兰艺术与文艺复兴等。

非常需要"宗教的指引，但埃莉诺（此时九岁）"已经对善恶有了很好的理解"，并且她很喜欢维特修士，所以玛格丽特请父亲让维特修士留在原职。四年后，她得知孩子们的教师"禁止小姐们跳舞"，于是通知他："这会让人很无聊，很忧伤。因此，请怜悯她们。我认为应当允许她们像过去那样跳舞。"她亲自教侄女们缝纫、针线活和制作果酱的手艺。1514年，玛丽·都铎（亨利八世的妹妹，也是孤儿）可能要嫁给查理并搬到尼德兰，于是玛格丽特给她送去一套"这里的女士通常穿的服装样式，这样你到了这里之后就比较容易按照本地风格穿着打扮"。[48]

即便是生身母亲，也不能做得比这更好了。孩子们离开很久之后，玛格丽特仍然扮演了家族新闻的交换中心的角色。1518年，她从身在西班牙的查理那里收到一封信，然后立刻写信给他的妹妹玛丽（当时在匈牙利）："他每天都参加比武和竞技，我相信他一定经常希望你我都在他身边观赏。"最重要的是，如安娜玛丽·约尔丹·克施文德[①]所说，玛格丽特教导家族下一代的每一个成员"尊重他们所在的王朝，为其效力，并给孩子们灌输一项原则，让他们终身遵守，即对哈布斯堡家族忠心耿耿"。[49]

保护继承人

哈布斯堡、勃艮第和特拉斯塔马拉王朝都有很多早夭的孩子，这无疑能解释大家为什么对查理及其姐妹的健康那么关注

---

① 安娜玛丽·约尔丹·克施文德为当代的历史学家和艺术史学家，出生于美国伊利诺伊州，在布朗大学获得博士学位。

（到了执迷的程度）、那么焦虑。1508 年，马克西米利安返回尼德兰，建议让他的孙子"休闲一下"，和他一起在梅赫伦、利尔和安特卫普之间旅行，这次活动的半径不到 18 公里。希迈亲王居然因此发出了正式抗议，说"我的主公年纪太小，身体娇弱"。希迈亲王继续说，如果皇帝仍然坚持，那么查理王子在每旅行一天之后必须"在室内待上一整天，这样就能连续休息两晚以恢复元气"。六个月后，轮到马克西米利安对查理过度呵护了。他得知，利贝拉尔·特雷维桑（来自威尼斯的医生，在查理出生后曾"连续四十九天"照料胡安娜）打算送一条小狗给查理。马克西米利安指示玛格丽特："对这事要小心提防"，"因为我们和威尼斯人目前处于战争状态"，所以不要让那个医生和他的狗接近查理。不久之后，马克西米利安又指示她将特雷维桑驱逐出尼德兰，"因为我很怀疑他：他是威尼斯人，所以我不希望他继续侍奉我的孙子查理"。[50]玛格丽特和父亲一样忧心忡忡。几周后，她坚持要求孩子们"长期住在梅赫伦，在我回到那里之前不要出城"，因为"现如今，我们不知道可以信任谁"。她对孩子们的健康也特别关注，因为（如她向马克西米利安透露的）"在如此重要的人身上，即便最轻微的疾病也会引起担忧"。消息传来，查理的姐妹在梅赫伦染上了天花，于是她把查理留在布鲁塞尔，"因为医生说这种病会传染，我的侄子可能会被传染"（不过他还是染上了天花，在一个多月里因为这种痛苦而危险的疾病而卧病在床）。[51]

但玛格丽特的焦虑和执着并不涉及侄子的教育。关于查理早年学习读书认字的存世文献表明，他学得非常慢。据一位廷臣说，查理"七岁时想学习拉丁字母"，但保存至今的一封

1508 年的西班牙文的信里只有十二个词是他亲笔写的，此外就是他作为卡斯蒂利亚王子的签名；而另一封法文的信只有三个词是他写的，还有他作为勃艮第公爵的签名。并且，虽然查理已经八岁了，但在这两封信里，每个字母仍然是分开写的，单词之间也没有间隔（见彩图 3）。[52]

后来他的字一直写得不好。1532 年，他的妹妹玛丽收到他的亲笔指示，抱怨道："有一两个词写得太潦草，我完全看不懂，也不知道自己猜得对不对。"而一位现代历史学家对他俩的姐姐埃莉诺成年之后的笔迹（都是安谢塔和卡韦萨·德·巴卡教导的结果）的描述，一定让曾挣扎着辨认皇帝笔迹的所有人都感到似曾相识：

> （埃莉诺）通常把尽可能多的字母连起来写成一个词，甚至把好几个词连起来，仿佛是为了一下笔就能把尽可能多的字母写到纸上。她总是把本该删去的词留在原地，并且酷爱缩写……她从来没有真正用过标点符号，有时只画一道斜线，表示这个句子结束了……在效率和清晰可读之间，她选择前者。[53]

不过，在梅赫伦，查理和姐妹们接触到了许多有文化修养的人士及其作品。尼德兰财政总管的账簿记载道，1504 年 10 月，内廷向"鹿特丹的伊拉斯谟，奥斯定会修士"支付了 10 镑，"作为主公的一次性慈善馈赠，帮助他在鲁汶大学完成学业"（我们几乎可以肯定，这是对伊拉斯谟写的关于腓力"去西班牙旅行并顺利回家"的颂词的奖赏，该颂词于前一年 1 月在宫廷得到朗诵）。伊拉斯谟说自己还曾受邀担任查理的教师。他谢绝了，但还是把自己的两部著作献给查理，并定期与大臣和廷臣通信。[54]宫廷还赞助提携了一些音乐家、艺术家和手工匠人。1504 年，查理的父亲支付 15 镑给一个图书装订匠人，请他"为五本大开本图书制作木质封面，并修复另外几部书，为其重新镀金"；支付 36 镑给"耶罗尼米斯·范·阿肯，也叫博斯"，请他创作"一幅非常大的画，高 9 尺，宽 11 尺，主题为末日审判，即天堂与地狱"。次年，腓力支付 23 镑给"一个演奏某种奇异的西班牙乐器的人，并付钱给一个来自伦巴第的少女"，她"唱了好几首歌，并表演杂技，为他的宴会助兴"；还支付 25 镑给一位画家，请他画了"一幅裸女图"。（从这些开支来看，鹿特丹的伊拉斯谟修士得到的 10 镑也不算多了。）[55]

求爱与婚姻

在八岁生日之前，查理订婚了，并且这不是他第一次订婚。1501 年，他父亲的外交官就签订了一项条约，安排他与法国国王路易十二的女儿克洛德订婚。尽管两国三次为婚约续约，但路易十二并不打算遵守诺言，因为他已经另外承诺把女儿嫁给法国王位的推定继承人昂古莱姆公爵弗朗索瓦①。路易十二的小算盘大白于天下之后，马克西米利安（作为查理的教导者和监护人）立刻开始与英格兰谈判，想让查理迎娶亨利七世的女儿玛丽·都铎。1507 年 12 月，贝亨领主代表查理去了英格兰，给玛丽公主戴上一枚结婚戒指，随后双方交换了

① 即后来的弗朗索瓦一世国王。不过他在继位前的头衔是昂古莱姆伯爵，而不是公爵。他是路易十二的远房堂侄。

订婚誓言。

一本英文小册子得意扬扬地赞颂"整个基督教世界最高贵的盟约和最伟大的婚姻，因为这位年轻王子将来会继承为数众多的领地……"查理签署了一些谄媚的书信给"卡斯蒂利亚王妃"（玛丽获得了这个新头衔），在信中自称"你忠实的丈夫和伴侣"（见彩图3）。命令为查理的姐妹单独建立一个内廷的文书还指示她们的财政总管不要忘了"我亲爱的、挚爱的伴侣，英格兰的玛丽"。[56]

尽管查理在这门"整个基督教世界……最伟大的婚姻"中并没有与玛丽圆房，但订婚后他立刻获得了一个好处：亨利七世册封自己的新女婿为嘉德骑士，这是一个非常高贵的骑士勋位。1509年2月，当着马克西米利安的面，"英格兰大使向查理大公奉上嘉德骑士的徽章。他庄重地接受。此时他身穿配有鲜红色兜帽的紫色天鹅绒上衣"，并且（巧妙地）在肩膀上戴着圣乔治十字①。随后是为期一周的欢庆，包括在布鲁塞尔的市场举行比武大会，马克西米利安亲自参加，他的孙辈从市政厅的阳台上仰慕地观看。[57]

马克西米利安在1509年9月离开尼德兰之前，做出了两项对查理有影响的革新。首先，皇帝为查理设立了单独的内廷，安排了十二名侍童（他们后来成为骑士侍从，然后成为骑士）和六到八名贵族儿童作为伙伴，以及其他一大群服务人员。其次，他向玛格丽特授予哈布斯堡家族治下尼德兰的"摄政者与总督"头衔，并授权她主持一个枢密院。枢密院由十二名金羊毛骑士团（勃艮第最高级的骑士团）成员组成，

---

① 圣乔治十字（白底红十字）为英格兰的象征符号。

他们必须始终在她身边侍奉。[58]

按照比利时历史学家亨利·皮雷纳的说法，这些革新意味着，"从来没有哪个保姆享有如此大的自由行动权"。但是玛格丽特希望得到更多：她敦促父亲授予她"与他完全相同的权威"，并认可"只有她一人能行使他的权威"。但马克西米利安坚持自己掌握财政、开战、议和与荫庇的权力。"因为我是我的孙辈的监护人和祖父，"他责备她道，"我认为，我应当保留某些权力，既是为了监督你，也是为了维护我的声望。"并且，他不顾她反对做出决策的例子，在两人的通信中数不其数。[59]玛格丽特最想做的事情，是把仍然掌管财政的谢夫尔男爵边缘化。

年迈的希迈亲王希望辞去首席宫廷总管的职务，并让位给自己的亲戚谢夫尔男爵。这时玛格丽特请求父亲任命贝亨领主为首席宫廷总管。但马克西米利安没有理睬她的请求：谢夫尔男爵从 1509 年 4 月 27 日开始领取首席宫廷总管的薪水。现在他成了与查理形影不离的伙伴。根据这一年的内廷日志，内廷购买了颜色相配的布匹，"用来制作主公［查理］的被单和他的总管谢夫尔男爵大人的被单"。后来查理下令改革弟弟斐迪南的内廷时，命令安排一名亲信"始终睡在他的卧室，如同谢夫尔男爵先生睡在我的卧室一样，这样的话他［斐迪南］醒来时如果想要说话，就有人陪他说话"。[60]

尽管马克西米利安在首席宫廷总管的重要事务上遂愿了，但他还希望获得更广泛的权力。1508 年，他在金羊毛骑士团的一次会议上宣布，"他打算把他的所有领地联合起来，将其统一成一个王国，称之为'勃艮第与奥地利'，从而更好地抵抗各领地的共同敌人"。尽管这个计划未能实现，两年后他又宣布自己打算把查理带到奥地利，"随后立即立他为奥斯特拉西亚国王"（这个头衔在查理曼时代之后几乎鲜有人知）。① 为了做好准备，他的谋臣起草了"关于未来奥斯特拉西亚国王内廷的指示"。但这个计划也失败了。[61] 与此同时，谢夫尔男爵努力改善勃艮第治下尼德兰与法国的关系，而玛格丽特努力加强勃艮第与英格兰和西班牙的纽带。1508 年，她通知斐迪南国王（也就是她曾经的公公），小查理"虽然年纪还小，却每天都主动询问您的健康，并将您（以及皇帝）视为他的真正父亲。他知道，您会保护他不受敌人的侵害"。此后，这四个强悍的人物——玛格丽特、马克西米利安、斐迪南和谢夫尔男爵，将会无情地争夺丧父的小王子的信任与支持。[62]

注 释

1. Mexía, *Historia*, 4 – 5（作者自称是在 1548 年写作该书的）。来自阿尔萨斯的人文主义学者 Hieronymus Gelweiler 和教廷公证人 Pietro Mareno 都说查理五世的血统可以上溯到挪亚。意大利的大诗人卢多维科·阿里奥斯托把查理五世的血统上溯到特洛伊的赫克托耳；普鲁登希奥·德·桑多瓦尔修士在他的查理五世传记的开头提供了一份谱系图，追溯了查理五世以前 119 代的血统，一

---

① 奥斯特拉西亚王国是 6～8 世纪法兰克王国墨洛温王朝分裂后产生的国家之一，领土包括今天法国东北部、德国西部、比利时、卢森堡和荷兰等。与之相对的是纽斯特利亚王国，包括今天法国的大部分地区。丕平家族（后来建立了加洛林王朝）原为奥斯特拉西亚王国的宫相。

直上溯到亚当, 见 Burke, ' Presenting ', 418。

2. 这句诗基于 Ovid, *Heroides*, XⅢ, 84 (Bella gerant alii : Protesilaus amet), 据说出自 15 世纪 80 年代的匈牙利国王马加什一世之口。

3. Ball and Parker, *Cómo ser rey*, 154, Charles's instructions to Philip, 6 May 1543. Weber, ' Zur Heiratspolitik Karls V ' 至今仍然是对皇帝如何推行 "婚姻的帝国主义" (尤其是针对法国) 的最佳分析。

4. AGS *E K* 1482/14, Maximilian to Catholic Monarchs, 23 June 1495. 关于更广泛的背景, 见 Angermeier, ' Der Wormser Reichstag 1495 '。Cauchies and van Eeckenrode, ' " Recevoir madame l'archiduchesse " ', 263 – 6 是关于哈布斯堡家族与西班牙亲上加亲的复杂先例的最佳指南。Kohler, *Carlos V*, 28 指出, 马克西米利安只有两个合法子女, 所以让这两个子女都与特拉斯塔马拉王族成员结婚, 就让皇帝没了其他选择的余地。

5. ADN *B* 2165/205, payment to ' une saige femme de la ville de Lille nommée Ysabeau ', Sep. 1499; ADN *B* 2169/58v and 136v, payments to George de Dôle, who left Ghent on 1 Feb. 1500 ' à extrême diligence ', and to ' deux religieux de l'abbaye d'Anchin ' who brought the ring to ' la ville de Gand où ilz avoient séjourné par l'espace de quinze jours entiers, actendant la délivrance de madicte dame '. 2001 年的电影《疯女胡安娜》(*Juana la Loca*) 被一个评论者称为 "给知识分子看的香艳作品"。这部电影精彩地描绘了查理五世如何在厕所里出生, 但 Schlegelmilch, *Die Jugendjahre*, 22 n. 15 指出这个故事是毫无根据的八卦, 真可惜。

6. Van Salenson, *Die warachtige geschiedenisse*, sig. B, poem by Lieven Bautkin, stanza 2 (Bautkin 写下 "een paeyeselick prince", 这个称呼意为和平和复活节); *AGRB Gachard*, 611, unfol. , Philip to the city of Ieper, 24 Feb. 1500. Tondat, ' De Geboorteplaats ' 认为查理五世出生于距离根特 20 公里的埃克洛镇 (Eeklo), 但腓力于 1500 年 2 月在根特签发的大量命令以及如 Bautkin 的诗歌那样的史料都能推翻这种说法。

7. ADN *B* 2169/62v – 63, payment to Gillart Michiel, *chevaucheur*, dispatched on 25 Feb. 1500; Gachard, *Lettres inédites de Maximilien*, Ⅰ, 105 n. , Maximilian's reply to Margaret, 未写日期, 但应为 1500

年 3 月（关于这些名字的论争）；Rodríguez Villa, *Juana la Loca*, 43 - 5, Villaescusa to the Catholic Monarchs, 28 Mar. 1500（关于该头衔的论争）。

8. Zurita, *Historia*, Ⅳ, iii, 扩展了伊莎贝拉的顾问 Lorenzo Galíndez de Carvajal 所写的 *Anales* 中的轶事（CODOIN, XⅧ, 297；the queen referred to Matthew：9：9）；Gachard, Lettres inédites de Maximilien, Ⅰ, 105 n。

9. Strøm-Olsen, 'Dynastic ritual', 36.

10. *AGRB Audience* 22/133 - 5, warrant of Archduke Philip, 1 Feb. 1500, in Spanish（是用西班牙文写的，这在勃艮第内廷档案中很不寻常）。

11. Blockmans, 'Autocratie ou Polyarchie?', 282 n. 1, council of regency to Maximilian, 15 Oct. 1483. 在 15 世纪 50 年代根特曾反叛公爵大胆查理，在 1539～1540 年反叛查理五世。

12. Finot, *Inventaire Sommaire*, Ⅶ, xcvii - xcviii, Philip's Household Ordinance, 2 Mar. 1497. 腓力似乎没有举行过正式的成年礼，但 Cauchies, *Philippe*, 84 - 6 颇有说服力地指出，腓力在 1493 年 7 月，也就是刚过完十五岁生日后就开始用自己的名字签发文件，这可以被视为其成年的标志，但在 1495 年之前马克西米利安仍然是他的"代理人"。

13. Firpo, *Relazioni*, Ⅷ, 33, Quirino's closing Relation, 1506；Berwick y Alba, *Correspondencia*, 332, Fuensalida to Ferdinand of Aragon, 5 Mar. 1505；Cauchies, *Philippe*, 225, Maximilian to Philip, undated but Sep. -Dec. 1496；von Höfler, 'Depeschen', 147 - 8, 160 - 1 and 215 - 17, Quirino to the doge of Venice, 31 Aug. 1505, 21 Sep. 1505 and 15 May 1506.

14. La Marche, *Mémoires*, Ⅲ, 315 - 17. 拉马什在这里用了一个蹩脚的双关语，因为腓力的两位主要谋臣希迈亲王和谢夫尔男爵的姓氏克罗伊（Croÿ）也有"相信"的意思。

15. La Marche, *Mémoires*, Ⅰ, 163, and Ⅲ, 318. 我遵循 Millar, 'Olivier', ch. 3 的说法，将拉马什回忆录的引言写作时间追溯至 1488～1491 年。Cauchies, '"Croit conseil" et ses "ministres"' 列举了这些谋臣的名字，并对其做了评论。

16. ADN *B* 2170（72，017）and *B* 2171（72，193），warrant of Philip dated 4 Aug. 1500 to pay Liberal Trevisan，'conseiller et phisicien de monseigneur l'archiduc'，and Trevisan's receipt dated 6 Aug. 1500.

17. *BKK*，Ⅱ，72，Charles to Marie of Hungary，24 Dec. 1540（对芭布儿子的提携）；van der Elst，*Basilicae Bruxellensis*，Ⅱ，43（芭布的墓志铭）；Rodríguez Villa，*Juana la Loca*，43 - 5，Villaescusa to the Catholic Monarchs，28 Mar. 1500（芭布的出身）。

18. Berwick y Alba，*Correspondencia*，138，182 and 190，Fuensalida to the Catholic Monarchs，4 Aug. 1500，and 22 Mar. and 27 Aug. 1501.

19. ADN *B* 2169/149，payment by Philip of £ 123 to the special messenger from Spain；Cauchies，'"No tyenen"'，121，Philip to the Catholic Monarchs，11 Aug. 1500.

20. Berwick y Alba，*Correspondencia*，181，Fuensalida to the Catholic Monarchs，22 Mar. 1501. 对于大公启程的日期，历史学家意见不一，但 ADN *B* 2177/1v（西蒙·隆让作为查理及其姊妹的"内廷财政总管"的第一份记述）指出，在 1501 年 10 月 31 日，查理的父母"于当天上午离开了梅赫伦，把孩子们留在那里"。

21. Rodríguez-Salgado，'Charles Ⅴ and the dynasty'，28.

22. Berwick y Alba，*Correspondencia*，203，259，265 and 300，Fuensalida and colleagues to the Catholic Monarchs，19 Jan.，15 July，16 Aug. and 1 Nov. 1504. 对这一时期胡安娜的行为评估，见 Aram，*Juana*，ch. 3。

23. Berwick y Alba，*Correspondencia*，286 - 7，Ferdinand to Fuensalida，26 Sep. 1504（国王重复了 10 月 15 日的警示，承诺一旦他的妻子去世，他就派遣"一名信使快马加鞭地"传达消息）；ibid.，314，Fuensalida to Ferdinand，3 Dec. 1504；BRB Mss. 7386 - 94/17v，'La nouvelle d'icelle mort vint à Monseigneur l'Archiduc en sa ville d'Anvers le 11 décembre［1504］'。关于腓力与海尔德公爵卡雷尔二世的紧张关系，包括公爵曾承诺陪腓力去西班牙却食言，见 Struick，*Gelre*，58 - 76。

24. ADN *B* 2191/355，359 - 60，370v - 371，380 - 1 and 393 - 4，财政

总管隆让在 1505 年的账目，1 月 14 ~ 15 日在圣古都勒大教堂举行的葬礼所需的装饰的开销；9 月 4 ~ 11 日的比武大会的开销；还有"1505 年 9 月 4、7 和 11 日在布鲁塞尔举行的三场盛大宴会"的开销；ADN *B* 2193（74，099），1505 年 1 月 6 日胡安娜及其子女穿的"丧服"的开销；BRB *Mss.* 7386 – 94/17 – 25 and *Mss.* 16381 – 90/45 – 51，葬礼的账目（Aram，*Juana*，79 – 81 对其做了精彩的描述）。

25. ADN *B* 2181/42v – 43 and 136, account of Receiver-General Longin for 1503, payments to 'the guardian of the two ostriches' and 'the guard of the *papegay*' that 'My Lord had sent from Spain', and for constructing and heating 'a large cage for the *papegay*'; ADN *B* 2189 (73, 620), payment for the 'guard and food for four camels and two pelicans that my lord had brought from Spain', 3 Jan. 1504; AGRB *Audience* 22/186 – 187v, payments to the guard for the 'papegay, de l'ostriche, et des gélines d'inde', 1504; ADN *B* 2193 (74, 065), payment 'pour ramener les bestes et oiseaux d'Espagne à Bruxelles', 28 Aug. 1505; ADN *B* 3462 (121, 649), warrant to pay for the ironwork required 'pour le cheval que le roy des Romains donna au prince, et aussi faire regarnir le cheval que le Comte Palatine donna au prince', 30 Sep. 1505. Other details from Vera y Figueroa, *Epítome*, 21 – 2. In 1521, Albrecht Dürer visited the royal lions in Ghent and sketched them: Dürer, *Diary*, 87 and plates 18 – 19. In 1549 an Italian visitor to Mechelen admired 'l'ucello già di Massimiliano imperatore ... col becco largo e lungo' (thus a pelican): Brizio, ' "The country" ', 77.

26. ADN *B* 2195 (74, 346), receipt for £ 100 signed by Anchieta, 'Maistre d'escole de monseigneur le prince de Castille et de mesdames Lyénor et Isabeau', 26 Sep. 1505; ADN *B* 2181/124v – 5 and 135, payments to Martin Bourgeois, Apr. 1503, and to Jehan Loupez, Dec. 1503; Berwick y Alba, *Correspondencia*, 309, Fuensalida to the Catholic Monarchs, 18 Nov. 1504. See also Schilling, 'L'education', 5 – 6, and Gonzalo Sánchez-Molero, El César, 41 – 2.

27. *RAH* Salazar A - 10/35（formerly f. 42），Charles to Ferdinand，Jan. 1504，discussed in Rassow，'La primera firma'. 查理五世没有忘记自己的第一位教师：1519 年，在巴塞罗那，他赐给安谢塔一笔丰厚的终身薪水。安谢塔成为一位多产的作曲家（他的生平和作品的详细情况，见 Preciado，*Juan de Anchieta*）。

28. Mártir de Anglería，*Epistolario*，Ⅲ，101 - 2（# 515），letter to Luis Hurtado de Mendoza，13 Jan. 1513（on Vaca）；ADN *B* 3462（121，649），payment of £ 5 10s to 'un escraignier de Malines qui a fait bancq atout des armoyres et une table pour aller le prince et mesdames ses soeurs à l'escolle'，30 Sep. 1505.

29. Chmel，*Urkunden*，253，Chimay to Maximilian，9 Sep. 1506（responding to the emperor's insistence 'qu' il apprendra le Brabanchon'）；ADN *B* 3462（121，621），payment to Evrard Sparcke for 'plusieurs drogheries，médecines et autres espiceries... pour mesdits seigneur et dames durant leur maladies'，31 July 1505；and ADN *B* 2195（74，333），receipt signed by Jacques de Rubbe，'maistre cururgien'，12 Sep. 1505. 查理后来能说荷兰语，见 p. 377 below。

30. Von Höfler，'Depeschen'，112，Quirino to the doge of Venice，Cleves，8 June 1505；ADN *B* 2193（74，137），appointment of Chimay as 'gouverneur et premier chambellan de nostredit filz le prince'，13 Oct. 1505；Gachard，*Voyages*，Ⅰ，461（'Deuxième voyage'，written by a member of Philip's entourage）and 491 - 3，Philip's commission to Chièvres as lieutenant-general，26 Dec. 1505.

31. Cauchies，*Philippe*，265 - 7，testament of Philip，Bruges，26 Dec. 1505. 此时腓力只有两个儿子，即查理和斐迪南，但他的遗嘱的措辞表明，如果他将来有更多儿子，那么可能将遗产分割成多份。

32. Berwick y Alba，*Correspondencia*，461，Fuensalida to Ferdinand of Aragon，London，5 July 1508 汇报了他与英王的一次长时间会面；Firpo，*Relazioni*，Ⅷ，34，Relation of Vicenzo Quirino，1506。

33. Gachard，*Voyages*，Ⅰ，452 - 3，'Deuxième voyage'；Fagel，'Un heredero'，118.

34. Chmel, *Urkunden*, 257, Berghes to Maximilian, 5 Oct. 1506.

35. Ibid. , 258 – 60, council to Maximilian, Mechelen, 7 Oct. 1506.

36. Gachard, *Voyages*, Ⅰ, 455, ' Deuxième voyage '. Fagel, ' Un heredero', 121 – 2 分析了马克西米利安摄政期间出现的亲法派和亲英派。

37. Laurent, *Recueil*, Ⅰ, 4, Maximilian to the council, 27 Oct. 1506, 这是马克西米利安得知腓力去世后发出的第一批命令。

38. Ibid. , Ⅰ, 8 – 9, Maximilian's letters patent, 18 Mar. 1507.

39. Chmel, *Urkunden*, 253 and 260 – 7, Chimay to Maximilian, Mechelen, 9 Sep. and 7 Oct. 1506; AHN Nobleza Frías 22/91, Charles to the count of Oropesa, 7 Feb. 1508.

40. Lemaire des Belges, *Chronique*, 49.

41. ADN *B* 3510 (123, 922), warrant signed by Margaret, 10 July 1507 (在 Wijsman, 'Philippe le Beau', 62 – 5 中有所讨论, Wijsman 尝试性地将这一卷确认为 BSLE Vitrina 14); Lemaire des Belges, *Chronique*, 113, 127, 129。

42. Lemaire des Belges, *Chronique*, 129, 131.

43. Cauchies, *Jean Lemaire des Belges, Le carnet*, 55 – 6.

44. ADN *B* 18, 862 (31, 117), Margaret to Thomas Boleyn, undated but spring 1513. See also *HMC*, *15th Report*, *Appendix*, *Part Ⅱ*, 30, Boleyn to Margaret, 14 Aug. 1514, asking her to return ' ma fille, la petite Boulain '; and Paget, 'The youth'.

45. Dürer, *Diary*, 95 – 6 (entry for 6 June 1521).

46. Checa Cremades, *Inventarios*, Ⅲ, 2391 ('Il a necessité d'y mettre une serrure pour le fermer, ce que madame a ordonné faire'); and Eichberger, 'Margaret of Austria', 2353. Eichberger, 'A noble residence' 生动地还原了"皇宫" (Keizershof 或 Hotel de Bourgogne, 即勃艮第宫) 对面的"萨伏依宫" (Hotel de Savoy 或 Hof van Savoy)。Strelka, *Der burgundische Renaissancehof* 描绘了玛格丽特宫廷的文化氛围及其影响。查理五世在 1535 年和 1548 年安排儿子的内廷时, 选择了玛格丽特在梅赫伦完美运用的勃艮第风格。

47. Van den Bergh, *Correspondance*, Ⅱ, 87 – 8, Charles to Margaret, 6

Oct. 1513; *BKK*, Ⅱ, 75 - 6, Eleanor to Margaret, undated; Altmeyer, *Isabelle d'Autriche*, 43, Isabeau to Margaret, 7 Aug. 1515.

48. Bruchet and Lancien, *L'itinéraire*, 336, Margaret to Maximilian, 1507 （维特一直担任埃莉诺的告解神父，直到他于 1540 年去世，见 Moeller, *Éléonore*, 182 - 3）; ibid. , 348, Margaret to Chièvres, Sep. 1511; and 365, Margaret to Mary Tudor, sister of Henry Ⅷ, 23 Feb. 1514 （不是写给匈牙利王后玛丽的，van den Bergh, *Correspondance*, Ⅱ, 88 - 9 搞错了）。又见 Mary Tudor's reply to 'Ma bonne tante' in Sadlack, *The French queen's letters*, 163 - 4 （因此日期肯定是 1514 年 4 月 13 日）。

49. Bruchet and Lancien, *L'itinéraire*, 375, Margaret to Marie of Hungary, Feb. 1518; Jordan Gschwend, 'Ma meilleure sœur', 2569.

50. Gachard, 'Particularités', Ⅱ, 129, Remonstrance of Chimay to Maximilian, 28 Sep. 1508, article 1 （date from Gachard, 'Notice des archives de M. le duc de Caraman', 202）; *LGC*, Ⅰ, 129 - 30 and 172, Maximilian to Margaret, 27 Apr. and 30 July 1509.

51. *LGC*, Ⅰ, 202 - 3, 424 - 5, and Ⅱ, 260, Margaret to Maximilian, 29 Oct. 1509, 16 June 1514, and late July 1510.

52. Gachard and Piot, *Collection*, Ⅰ, 461, 出自腓力第二次去西班牙的 "报告"，执笔者可能是国王的内廷总管 Philippe Dale，时间为 1507 年; BNF *Ms. Esp.* 318/24, Charles to Ferdinand of Aragon, 26 Oct. 1508; BL *Cott. Ms. Galba B/Ⅲ* f. 109, Charles to Mary Tudor, 18 Dec. 1508 （here plate 3）。查理在同一年的糟糕书法的另一个例子，见他的手书，AHN Nobleza *Frías* 22/91, Charles to the count of Oropesa, 7 Feb. 1508。与之相比，BNE *Ms.* 20210/14/4, Charles to Ferdinand, 12 June 1510 带有亲笔的开头称呼语和签名，可见他的书法已经有一些提高。

53. *CMH*, Ⅰ, 384 - 9, Marie to Charles, 3 Aug. 1532, holograph minute; Pardanaud, 'Plaider', 197.

54. ADN *B* 2185/162, account of Receiver-General Longin for 1504, payment to 'Frère Erasme, Rotterdamensis, religieulx de l'ordre de Saint-Augustin', Oct. 1504; *CWE*, Ⅱ, 77 - 9 （# 179）, Erasmus

to Nicholas Ruistre, Feb. 1504. Erasmus, *The education*, 111 – 45 刊登了这首颂词的英译本摘录。Mesnard, ' L'expérience politique', 47 – 8 指出，伊拉斯谟修订并重新发表该作品，表明他对它的评价很高。

55. ADN *B* 2185/227v – 8 and 230v, account of Receiver-General Longin for 1504（支付给图书装订匠人和博斯）; and ADN *B* 2191/294v and 297, account of Longin for 1505（为音乐、杂技和画作买单）。

56. Gairdner, *Letters*, Ⅰ, 301 – 3, Maximilian to Henry Ⅶ, 14 Sep. 1506; Gairdner, 'The "Spouselles"', 15 and 31（在 pp. xi – xii, Gairdner 很有说服力地证明，藏于 *L&P Henry Ⅷ*, Ⅰ. ii, 1108 的查理五世书信，虽然过去被认为写于 1513 年，但实际上是 1508 年写的，见本书彩图 3）; ADN *B* 3351, letters patent dated 27 Feb. 1509. Cauchies, *Philippe*, 144 – 51 极好地概述了查理五世早期婚姻谈判的情况; Sadlack, *The French queen's letters*, 28 – 30 and 44 – 8 从玛丽的角度讲了同一个故事。

57. Cauchies, *Jean Lemaire des Belges*, *Le carnet*, 63 – 4（'l'empereur joua ledit jour les joustes'）and 99（Margaret, Charles and his sisters watched 'den steeckspele op den merct' on 18 Feb. 1509）.

58. Laurent, *Recueil*, Ⅰ, 79 – 81, letters patent of Maximilian, 18 Mar. 1509; Wiesflecker-Friedhuber, *Quellen*, 172 – 5, Zyprian von Sernstein to Paul von Liechtenstein, 3 Apr. 1509; Walther, *Die burgundischen Zentralbehörden*, 93, Jean Marnix to Margaret, 9 June 1508.

59. Pirenne, *Histoire*, Ⅲ, 74; *LGC*, Ⅱ, 431 n., 玛格丽特索要权力的未署日期的草稿（出自加蒂纳拉之手）, and idem, Ⅰ, 122 – 5, Maximilian to Margaret, 未署日期的亲笔文件（但应该写于 1508 年 4 月，而且显然是对加蒂纳拉草稿的回复）。法语不是马克西米利安一世皇帝的母语，所以这封信里的法语特别难懂: "i me semble, veu que je suis mainbour et grand-père de mes enfans, que je retieng quelque chose avecq vous, pour vous gouverner, et pour nostre reputation. "

60. Kreiten, *Der Briefwechsel*, 246 – 8, Margaret to Maximilian, 未署日

期的亲笔文件（但推定为 1508 年年初）；ADN *B* 2211（75，365），向希迈亲王支付 8000 镑的令状，因为谢夫尔男爵此时已成为"首席宫廷总管"（premier chambellan），1509 年 4 月 27 日；ADN *B* 2210/398，1509 年 11 月购买的用于制作配套床品的布匹；*PEG*，Ⅰ，92，Charles to Cisneros and Adrian, 7 Sep. 1517。

61. Walther, *Die burgundischen Zentralbehörden*, 93, Jean Marnix to Margaret, 9 June 1508; Reiffenberg, Histoire de l'Ordre, 279 – 80, minutes of a meeting of the knights, 22 Nov. 1508; Gossart, *Charles-Quint et Philippe*, Ⅷ and 48 – 9, ' Règlement de la maison du future roi d'Austrasie'（未署日期但推定为 1510 年 12 月中旬）。

62. BNE *Ms.* 20212/67/1, Margaret to Ferdinand, 2 Aug. 1508.

二 遗孤王子，1509~1514年

"马克西"

1855年，法国历史学家儒勒·米什莱赞扬奥地利女大公玛格丽特是"哈布斯堡家族真正的'铁腕人物'，主要是她的努力'使得奥地利家族如此伟大'"。[1]和亨利·皮雷纳的赞扬一样，米什莱的评价也有些夸张：尽管事实证明女大公是一位手腕娴熟的行政管理者和精明强干的外交官，但她的父亲马克西米利安取得的成就比她大得多，因为他不仅成功阻止了法国人吞并尼德兰，还为哈布斯堡家族对中欧长达四个世纪的主宰奠定了基础。

就连日常的文书也能体现女大公相对于父皇的从属地位：在普通的公文里，她的签名是"依据皇帝的御旨，玛格丽特"，而正式宣言的署名都是"根据皇帝和大公的旨意"。尼德兰所有的主要官员，无论是神职还是世俗官僚，都是她父亲任命的。尽管在1510年，他因为"厌倦了那些无时无刻不纠缠他的请愿者"，承诺将来会接受玛格丽特及其议事会提出的建议，但"马克西"（这是他在信里的签名）继续向女儿发出连珠炮一般的命令。如果他在尼德兰，就直接向她下命令；如果他在别的地方，就通过书信来指示，其中很多是亲笔信。[2]

父女俩经常发生冲突。1507年，玛格丽特给父亲的一位谋臣写了一封短信，恳求皇帝"先把自己的决定告诉我，而不是像他通常那样，信里是一种说法，真正做事的时候又是另一种"。两年后，她父亲决定把弗朗什－孔泰的一部分割让给他的债主之一，尽管他已经把这个省份给了她，所以她非常愤怒。"我的主公，我气得说不出话来，"玛格丽特抗议道，"因为我认为，既然我是你的独生女，那么你应当把我的位置放在其他所有人的前面才对。"她怒气冲冲地继续写道："如果你下定决心要拿走这些土地，那么就拿走吧，想怎么样就怎么样。干脆，不要单单拿走这些土地，把弗朗什－孔泰的其余部分和我拥有的一切都拿走吧，因为我不希望在任何事情上违逆你。"[3]这样言辞激烈的抗议有时会让皇帝暴跳如雷。1508 年，皇帝宣称，他女儿的信"充满令人费解的谜团，我根本看不懂，甚至不明白它们是有关什么话题的"，然后给她规定了写信的模板（最重要的是，"能用三行字解决的，就不要用十行"）。两年后，他把她的来信当中"我没有烧掉的部分"寄还，因为它们"不可理喻，我觉得你一定以为我是法国人"（在皇帝的词典里，这显然是最恶劣的侮辱）。随后他提醒她，"我任命你去治理我的领土和我的子民，我总是说你的好话，总是赞扬你"；但他最后发出了显而易见的威胁："如果你继续毫无缘由地给我写粗鲁的信，我相信你很快就会让我改变主意。"[4]

　　这是一个空洞无力的威胁，马克西米利安自己也知道这一点，因为只有他的女儿能够有效地执行他的政策，所以他通常对她都充满温情，很体谅她。所以，有一次，他让她立即放下手头正在做的一切事情，马上亲自到卢森堡来接受命令。但随后他又缓和了语气说道："那会扰乱你日常的工作，即确保驻扎在尼德兰的 12000 名官兵领到军饷，而这是当前的头等大事，所以我决定亲自去见你。"他也逐渐学会接受她的政治建议。玛格丽特得知父亲打算让斐迪南（查理的弟弟）成为西班牙若干军事修会的大团长，于是直截了当地告诉他，这是个灾难性的决定，"没有任何可以为它辩护的理由"，因为"这足以让查理王子失去西班牙的诸王国"。马克西米利安立刻接受了玛格丽特的意见。[5]

玛格丽特发现，在与父亲面对面的时候很难与他争执。腓力去世后，马克西米利安到过尼德兰四次（1508 年 11 月至 1509 年 3 月、1512 年春、1513 年夏、1517 年年初），每一次都和女儿与孙辈待了很长时间。在查理的姐姐埃莉诺写的信当中，留存至今的最早的一封告诉玛格丽特："因为你喜欢看到我们开心，我想告诉你，我们的祖父来看望我们了，这让我们都非常开心。"[6]孩子们"非常开心"是很容易解释的：因为马克西米利安是个有趣的人。他和孩子们一起吃饭，和他们一起跳舞，给他们钱用来打牌，还带他们乘船或乘马车去他在布鲁塞尔和安特卫普及其周边的多处住宅玩耍。1509 年，在查理宣誓成为佛兰德伯爵不久之后，他和祖父一起走过根特街头，一边喊着"赏金"，一边向人群抛撒钱币。这景象是九岁的男孩永远不会忘记的。马克西米利安下榻在布鲁塞尔的公爵宫殿时，特地吩咐让"我的孙子住在我隔壁的房间"。[7]他还精心给孩子们准备礼物。有一次，在一天的狩猎结束后，他给孙女们送去"我今天杀死的鹿的一部分"，用来"给孩子们做午饭或晚饭"。还有一次，他给查理送去一对黄铜做的玩具骑士，它们被装在轮子上，可以用绳索和滑轮系统操纵，查理及其玩伴可以用这个玩具来学习骑士竞技（见彩图 4）。[8]1512 年，皇帝命人为查理制作了一套骑士比武用的甲胄，镶金嵌银，并带有金羊毛骑士的徽记。马克西米利安还送给女儿"一部大开本的羊皮纸做的书，写满赞美诗"，这是请一位著名的抄写人制作的，作为给女儿的 1511 年"新年礼物"。在这本书的书名页里，皇帝慈祥地看着坐在他脚边的玛格丽特、查理及其姐妹。这真是其乐融融的幸福家庭的缩影（见彩图 5）。[9]

马克西米利安懂得这些东西的价值。他是父母的独生子，在中东欧默默无闻地长大，幼年生活相对清贫，直到 1477 年，也就是他十八岁的时候，他勇敢地骑马横穿半个欧洲，去迎娶勃艮第的玛丽。随后的十五年里，为了保卫她的遗产，他几乎持续不断地与外敌和国内对手斗争，并且对勃艮第文化如痴如醉，（用他最杰出的现代传记作者赫尔曼·魏斯弗莱克的话说，）"他自己也变成了勃艮第人"。[10]最重要的是，马克西米利安接受了勃艮第人的恢宏梦想，即"重建基督教的世界帝国"。他相信，要达成这样的目标，首先要制服法国，然后领导一场十字军东征，从土耳其人手中收复君士坦丁堡。他的凌云壮志超越了一切界限。他自称"最高大祭司"①，并渴望在死后被封为圣人（就像他之前的一些皇帝，包括查理曼）；他的姿态既像皇帝，也像教宗：分配和赏赐圣俸，将修道院的收入和圣战赎罪券的收入充公；他对待教宗的态度就仿佛他们只不过是为他效力的宗主教，他也始终不明白为什么（这是他自己的抱怨）"在我一生中，从未有一位教宗信守对我的诺言"。差不多三十年后，查理五世会向自己的继承人发出几乎如出一辙的抱怨。[11]尽管马克西米利安不得不放弃自己在 1496 年设计的"宏伟的战争计划"，即征服和分割法国，但他在

---

① 这是古罗马皇帝的称号之一。

1513 年御驾亲征，在昂吉内加特①战役中击溃了"法国人，他们是我们勃艮第王朝的永恒宿敌"。他向查理吹嘘，此役的结局"应当能让法国人在至少十年内萎靡不振"，将来会"帮助我们的王朝收复理应属于我们的土地。我已经向你指明了道路，以后的大业就留给你去完成了，那样你就能勇敢地保卫自己已有的财产，就像我们的前任在过去一百多年里做的那样"。[12]

马克西米利安和孙子待在一起的时候无疑直接向他灌输了类似的理念。尽管爷孙俩的对话没有留下直接的文献证据，我们还是能从马克西米利安撰写并送给查理的四部半自传作品中了解其精髓。他的《弗里德里希三世与马克西米利安一世的历史》记载了他早年的成就；《陶伊尔丹克骑士的冒险与英雄一生》（后文简称《陶伊尔丹克》）用韵文记述了他如何赢得勃艮第的玛丽的芳心，以及他在狩猎和鹰猎领域的成功；《白色国王》（Weisskunig 这个德语词既可以被理解为"睿智的国王"，也可以被理解为"白色国王"）用散文记述了他接受的教育、帝王的教养和军事成就；《弗莱达尔》记述了他参加过的六十四场比武大会，并配有插图。这几部作品当然有人捉刀代笔，但皇帝密切监督了写作过程，他的目标是创作一部他个人的证词，用亲身例子来教导继承人如何自制、如何治理臣民和世界。[13]

查理在 1517 年收到皇帝赠送的《白色国王》时，马克西米利安可以拿自己的四项主要成就举例。第一，他保卫并重组

---

① 昂吉内加特是法国北部的城镇，靠近法国与比利时的边境，距离英吉利海峡也很近。

了勃艮第治下的尼德兰。四十年前他成为这个国度的统治者时，尼德兰的政治前景似乎非常黯淡。第二，他克服了不同机构、不同传统和不同语言造成的困难，把他从父亲那里继承的阿尔卑斯山麓的多块领土打造成一个国家，即"奥地利"，并用统一的行政机关（设在因斯布鲁克）来治理国家和征收赋税。第三，他还改革了神圣罗马帝国混乱不堪的中央政府，他的改革手段虽然不完美，但几乎一直维持到三个世纪后帝国灭亡时。第四，通过给自己的孙辈安排具有战略意义的婚姻，他使哈布斯堡成为中欧和东欧最显赫的王朝，创建了一个新政体，而他的继承者将在随后四个世纪里不断扩张这个政体。

马克西米利安在 1516 年对玛格丽特说："真相是，除了侍奉上帝之外，对我来说最重要的事情就是推动我们王朝的发展。"几周后他重复了自己的吹嘘（皇帝很少把自己的意见只表达一次）："我亲爱的女儿，我日日夜夜都在考虑我的继承人的事务。"[14]

查理后来的很多行动直接反映了他祖父的目标和价值观。对少年查理来说，祖父是唯一合适的男性榜样。后来，查理效仿马克西米利安，"肩扛长矛"率领自己的步兵部队；他在亚琛被加冕为罗马人国王，这场加冕礼"是根据档案研究的成果来设计的"，并且他的祖父亲自监督了加冕礼的设计。[15]查理还向法国国王发出决斗的挑战，并邀请奥斯曼苏丹参加比武，从而一劳永逸地解决他们之间的分歧。这也是马克西米利安的风格。查理想方设法重新获得查理曼的权力，而哈布斯堡家族自称是查理曼的后代。查理也相信，在领导十字军东征从土耳其人手中收复君士坦丁堡之前，他必须先解决法国。1539 年至 1540 年，根特爆发了反对查理的叛乱。在决定如何惩罚根特时，他研究了祖父在半个世纪以前制订的计划，然后在该计划建议的地方建造了一座要塞。最终，他可以像马克西米利安一样宣称自己在对抗敌人和巡视各领地的过程中"耗光了、丧失了、用尽了我的青春年华"，"长期缺乏睡眠，我的身体经常受到病痛折磨，远远超过了我的身体能够承受和忍受的范围"（马克西米利安和他的孙子一样喜欢煽情）。[16]

查理也沿袭了祖父的一些坏习惯，比如贸然执行自己无力承担的政策。《白色国王》宣称："每一位君主都用人员和金钱与敌人作战，但勇武好战的政权和声望远比金钱重要。"查理对这种理念坚信不疑，并将其传授给自己的继承人。祖孙两位统治者虽然对自己的个人荣誉一丝不苟，但在金钱方面都挥霍无度，所以查理和马克西米利安一样，在统治结束时留下了一堆财政上的烂摊子。[17]最后，查理还有一点是效仿祖父的，即他对"自己的形象和身后名"（这是彼得·伯克的说法）极其执着。两位统治者都口授了自己的回忆录；请人制作了超过一千种半身像、肖像、勋章和其他带有他们形象的物件；将自己比作古典时代和中世纪的皇帝；要求将自己埋葬在一座教堂的祭坛下；通过文字和视觉把自己与《圣经》人物联系起来，或者允许别人建立这样的联系；并且自视为"不仅是基督教信仰的领袖，还是有神性的人，甚至是圣人，完全有资格宣誓成为教士"。[18]

教　育

马克西米利安的《白色国王》用了差不多一半篇幅探讨帝王的教育。有些章节强调睿智的统治者应当虚怀若谷，时刻准备着从任何人那里学习，"不管是普通农民、士兵、贵族还

是将领";有的章节解释了为什么成功的君主应当阅读所有即
将对外发出的信件,"不管涉及的是国家大事还是鸡毛蒜皮的
小事",然后才签名,并学会同时向多名秘书口授旨意,从而
确保高效的行政管理。最重要的是,《白色国王》坚持要求帝
王学习多种语言,花了许多章节描写马克西米利安如何熟练掌
握了"法语,是他从妻子那里学习的","佛兰芒语,是他从
一位年迈的公主那里学习的",以及英语、西班牙语、意大利
语和拉丁语,当然还有他的母语德语。"因为他的士兵说的是
这七种语言,当各部队的指挥官来找他商议和接受命令时,他
能够用每个人的母语与其交谈。"[19]另有五章解释了如何精通不
同类型的骑士比武和竞技,还有六章描述狩猎、放鹰和捕鱼的
各种方法。随后皇帝评论道:

> 如果一个不熟悉本话题的人读了本书,也许会觉
> 得年轻的国王 [马克西米利安] 每天除了放鹰打猎
> 之外什么都不做。事实并非如此。国王大多是在大规
> 模作战期间放鹰打猎……他是最优秀的放鹰人,但他
> 更擅长迫使最强大的君主、王公和领主服从他的
> 意志。[20]

马克西米利安具有鲜明特色的教育哲学(他的书信也经
常谈这方面)取得了相当了不起的成功。在 1506 年,以及七
年之后,他表示希望"查理大公尽快学习荷兰语";1515 年,
查理宣誓就任布拉班特公爵时用的就是荷兰语。查理后来还能
够流利地说西班牙语和意大利语,也能用德语进行有限的交
流。[21]但相比之下,查理的拉丁文水平一直很差。1518 年,英

格兰大使在觐见查理之后抱怨说，"我用拉丁语向国王说话"，而查理的前任教师乌得勒支的阿德里安不得不持续不断地把英格兰大使的话翻译成法语，而"这位天主教国王随后亲口用法语回答"。三年后，另一位英格兰大使抱怨道，尽管查理聆听了大使宣读的拉丁文书信，但因为他"不太懂拉丁文"，所以"命令将信翻译成法语，从而让他更好地"理解。"勃艮第的语言"始终是他的第一语言。在他的晚年，也就是他隐居在一所西班牙修道院的时候，他的一名随从报告称："在这里，我们只和陛下说法语。"[22]

马克西米利安在向孙子介绍人文主义思想的时候更为成功。玛格丽特向父亲赞扬了路易斯·卡韦萨·德·巴卡"每天提供的了不起的、非常重要的服务"，说巴卡教导查理"如何塑造自己的行为举止。考虑到他的年纪，他确实从中获益匪浅"；巴卡还"教导他识文断字"，这可能包括传授人文主义教育的基础知识，而不仅仅是"读和写"，因为卡韦萨·德·巴卡是著名的人文主义学者。[23]查理身边的另外两人也向他传授平生所学：他的第一位告解神父米歇尔·德·帕维曾担任巴黎大学的校长，在那里教过伊拉斯谟；还有乌得勒支的阿德里安，查理后来说，"他的知识和上佳的礼节风度"都是从阿德里安那里学到的。[24]

阿德里安的主要身份是神学家。他最早于1478年成名，当时他只有十九岁，成了鲁汶大学文学院名列前茅的高才生；到1491年，孀居的勃艮第公爵夫人约克的玛格丽特注意到了他，为他获得神学博士学位之后为期三天的庆祝活动买单。1509年，阿德里安定居梅赫伦，担任大公的教师（以及宫廷布道者），此时他已经是鲁汶大学文学院的院长，并且是"他那个时代鲁汶大学神学家当中的无冕之王"。这种显赫地位体现在他的薪水上，比如卡韦萨·德·巴卡的日薪是 12 先令，阿德里安却能拿到 24 先令。[25]

阿德里安曾在鲁汶大学讲授哲学和神学，后来无疑把鲁汶大学盛行的通过解决问题来学习知识的方法传授给了查理；虽然查理的拉丁文水平很差，但阿德里安肯定确保自己的弟子仍然能了解古典文化。阿德里安为查理提供了亚里士多德和塞内加①的哲学著作、李维和塔西佗的历史著作以及维盖提乌斯②的兵法的法文译本。他还赞助（并引导自己的弟子去注意）当代人文主义学者的作品，包括西班牙的胡安·路易斯·比韦斯（他于 1512 年定居到尼德兰）、荷兰的伊拉斯谟（他与查理以及他的多位谋臣通信，笔调相当热情）以及英格兰的托马斯·莫尔（他在安特卫普期间写下了《乌托邦》的第一部分，1516 年在鲁汶大学出版社出版该书）。[26]

查理用的教科书都没有留存下来。但从阿德里安于 1520 年至 1522 年（他担任西班牙摄政者期间）写给弟子的书信中可以了解到他的教育理念。有时阿德里安会写一些令人恼火的带有"不听老人言，吃亏在眼前"意味的信。很多曾经的教师都忍不住这样责备自己的学生。他在 1521 年公社起义爆发之后这样责备查理："［1520 年］我们在圣地亚哥③的时候，

① 此处指小塞内加（约公元前 4～公元 65），罗马斯多葛派哲学家、政治家、戏剧家、幽默家。他是尼禄皇帝的教师和谋臣，后因被怀疑参与刺杀尼禄的阴谋而被迫自杀。他的父亲老塞内加是著名的修辞学家和作家。
② 普布利乌斯·弗拉维乌斯·维盖提乌斯·雷纳图斯是 4 世纪后半期罗马帝国的军事作家，著有《论军事》。
③ 全名为圣地亚哥－德孔波斯特拉，是天主教朝圣圣地之一。在本书中有时被简称为"圣地亚哥"。

我就告诉过殿下，你已经失去了所有这些臣民的爱戴，但你当时不肯相信我；现在我看到，果然如此。"次年，阿德里安写道，"你似乎还没有忘记从我这里听到和学到的东西，这让我很高兴"；然后刻意补充道，"如果其他人也能和你一样勤奋地追寻关于此事的真相，那么我相信我们今天就不会处于这样的麻烦和危险中"。有时阿德里安会提及他和查理一起研读过的著作（"亚里士多德在《政治学》里说过，如果我们正与敌国打仗，而某人在与敌国毗邻的地方拥有土地，那就不能允许这样的人参加我们的作战会议……"）。[27]其他时候，他会批评查理（"在这一点上，[陛下]总是命令我用没有效力的方式回应"），对待皇帝的方式仿佛他仍然是个小学生（"为了陛下的荣誉和良心，您应当信守向议会做出的承诺"；"我恳求陛下主持公道……因为您之所以当国王，就是为了这个"）。他告诫查理"履行对上帝的义务，这样他就不会抛弃您，也不会在糟糕的时节遗忘您"；帝王不应当"被其他人操控，仿佛陛下只不过是个缺乏理性、审慎和细心的小孩子。陛下应当密切关注我写下的每一个字"。"相信我，陛下，如果您不更努力地理解这些事务，而是让其他人管事，西班牙就永远不会真正爱您，也不会真心实意地服从您的权威。"即便在查理早就牢牢掌控政局之后，阿德里安仍然奉行"严师出高徒"的路线：

> 我恳求陛下不要因为国家繁荣而骄傲自满，而是应当感谢我们的上帝，因为您是从他那里得到这些福祉的。陛下应当谦卑地认识到自己有义务感谢上帝，而不是忘恩负义。只有这样，上帝才不会抛弃陛下。扫罗就是因为不遵从上帝的律法而被上帝抛弃的。[28]

当时有些人指责阿德里安过于宠溺他的弟子，但以上这些激烈的批评说明事实恰恰相反。

创建另类宇宙

但是，查理受到的教育里有严重的空白。一位早期的传记作者威廉·斯努卡特·范·斯豪文堡指出，阿德里安让他的学生"在少年时代每天阅读关于恺撒、奥古斯都、查理曼，伊阿宋、基甸及其他古代英雄，勃艮第公爵腓力和查理的战役与胜利的书籍"；查理在 1517 年从布鲁塞尔的宫廷图书馆带去西班牙的书籍也体现了他阅读范围的狭隘。他这次只带去了十本书，都是法文的，大多数是有泥金插图的编年史抄本和关于骑士精神的书籍，包括"关于耶路撒冷与布永的戈弗雷一道征服圣地的英雄的编年史节略本"，这是一部装帧精美、带有插图的书，记述的是尼德兰人在四个世纪以前的丰功伟绩，无疑能够时刻提醒他自己是勃艮第十字军战士的后代。[29]这样的抄本在当时的社会文化中占据了核心地位，而查理就是在这样的文化中长大成人的。他的父亲曾在 1501 年和 1506 年把同样几本书带到西班牙；而他的姑姑玛格丽特拥有的将近 400卷图书中，只有 12 卷是印刷版的，其余的都是抄本，其中有很多是豪华泥金本，这样的书更适合放在珍奇馆里收藏，而不是摆在现代图书馆里。大多数作品都与具体的时间和地点有关：卓越的荷兰学者约翰·赫伊津哈①描述的 15 世纪勃艮第宫廷是一个"梦幻世界"，主宰这个世界的是"一种渴

---

① 约翰·赫伊津哈（1872～1945）是荷兰历史学家和现代文化史的奠基者之一。二战期间荷兰被德国占领，他因为反纳粹言论而一度入狱。他的代表作有《中世纪的衰落》《游戏的人》《伊拉斯谟传》等。

望，即渴望重返想象中的完美往昔"，并通过"行为、风俗、礼节、服装和仪态、对英雄人物的幻象（这些人物充满尊严和荣誉感，睿智，并且最重要的是，彬彬有礼）"来重建这个完美的往昔：

> 对理想化往昔的模仿使之成为可能：对曾经的"完美"的憧憬，让生活的各种形式都变得高尚……帝王的行动，甚至日常的、普通的行动，都采纳了具有象征意义的形式，比较容易被提升到奥秘的境界。出生、婚姻与死亡被置于庄严肃穆而恢宏高贵的形式的外壳之中。与之相伴的情感也被戏剧化和放大。[30]

用乔治·夏特兰（查理的外曾祖父大胆查理的宫廷编年史家）的话说，帝王的宫廷"是最先映入眼帘的东西，因此建立和妥善地经营宫廷具有至关重要的意义"。夏特兰用令人昏昏欲睡的海量细节来描绘每一项宫廷庆典所伴随的复杂仪式。在这些庆典当中，"作为君主和统治者，［查理公爵］的穿着打扮总是比其他所有人都更华丽庄重"。夏特兰的继任者奥利维耶·德·拉马什在《对勃艮第公爵查理之宫廷的描述》一书中提供了甚至更加烦琐的细节。拉马什的后继者只需要效仿他的榜样就行了。[31]曾任腓力大公教师的拉马什在他最著名的作品《果敢的骑士》中推崇同样的价值观。这是一部笔调忧郁的韵文史诗，以第一人称的口吻讲述一位"步入人生之秋"的骑士如何准备自己的最后一场竞技，也就是与死神的较量。而死神是一位女性角色，已经杀死了勃艮第公爵好人腓力、他的儿子大胆查理和孙女玛丽。骑士决心在退隐到修道院等待自己的生命结束之前，先为这几个死去的人复仇，但首先他要寻找那些能够为他出谋划策的人。他既需要精神方面的建议（比如在最后决战之前要保持虔诚），也需要实际的建议（切勿在动怒时妄动，牢记一切东西）。[32]

《果敢的骑士》给查理五世留下了极深刻的印象。他在1543 年给自己的儿子和继承人腓力的亲笔指示中照搬了果敢的骑士得到的大部分建议。七年后，查理五世开始将整部作品从法文翻译成西班牙文，"不仅小心注意语言，而且注意转达诗意和文字的准确含义"。1556 年他退隐到西班牙的时候，带去了《果敢的骑士》的两份抄本（一份是法文的，另一份是他的西班牙文译本，配有 19 幅插图）（见彩图 6）。[33] 所以，我们在查理五世自己的人生中能够找到如此之多反映《果敢的骑士》的世界观的地方，也就丝毫不足为奇了：比如在 1528 年和 1536 年，他热切希望通过决斗来解决复杂的政治争端；他在 1538 年向一位大使表示："人在什么时间死，在什么地方死，都是不确定的，只有上帝知道。所以，人应当把自己的生命完全托付给上帝，因为人知道，他的儿子的未来，以及他自己的生命，完全由上帝裁决。"查理五世的告解神父在 1552 年回忆："我听陛下说过：一个人应当在丧失了荣誉的当天就死去，因为他已经完全没有价值了。"[34] 查理五世的勃艮第精神遗产也能解释他对金羊毛骑士团（好人腓力公爵建立了该骑士团）的崇敬、他对收复君士坦丁堡的愿景、他抢在"一切都太晚"之前获得荣耀与名望的渴望，以及他不时表现出的听天由命的宿命论思想。如费德里科·沙博所说："查理五世内心生活（无论是头脑的还是灵魂的）的最深刻动机都源自勃艮第文化。"[35]

狩猎、射击与捕鱼

查理的文化水平有限，部分原因是他在高中阶段就辍学了。他在十五岁时就结束了正式教育，阿德里安在这一年作为他的特使奔赴西班牙。但在这很久以前，他就明显地表现出偏好户外活动。胡安·德·苏尼加（一位资深廷臣，后来查理将自己的儿子，即未来的腓力二世的教育托付于他）曾向查理抱怨，他八岁的学生（腓力）"一旦出了学校就学得很好"，并调皮地补充道："在这方面，他很像他父亲当年的样子！"[36]一位德意志编年史家支持苏尼加的说法，表示查理总是"更喜爱兵器而不是书本"，并引用了查理和著名艺术家卢卡斯·克拉纳赫①在1547年的一段对话：

> "我在梅赫伦的套房里有你画的一幅肖像，画的是我年幼时的样子，"皇帝告诉画家，"我想请你告诉我，当时我的年龄有多大。"克拉纳赫答道："陛下当时八岁，马克西米利安皇帝牵着您的手。"他继续说道："但我想为您画像时，您的一位教师知道，您和其他男孩一样，生性好动，但喜欢观看钢铁制成的东西，于是他找到一支特别精致的铁制弩箭，把它摆在墙边，将箭头指向您。于是您的眼睛一直盯着它，直到我把肖像画完。"[37]

---

① 此处指老卢卡斯·克拉纳赫（约1472~1553），他是德意志文艺复兴时期的著名画家，一生中大部分时间都担任萨克森选帝侯的宫廷画家，创作了许多帝王和诸侯的肖像。他还是马丁·路德的好朋友。他的儿子小卢卡斯·克拉纳赫（1515~1586）也是杰出的画家。

查理身边的很多重要人物相信读书太多会适得其反。在差不多两个世纪之后，一位新教徒历史学家格雷戈里奥·莱蒂①写道，有一次阿德里安敦促自己高贵的弟子多花点时间掌握拉丁文，王子却顶嘴道："你是不是以为我的祖父想让我当教师？"尽管莱蒂在此处没有给出资料来源（他一贯如此），但马克西米利安在《白色国王》里确实表达过相同的观点，赞同他自己的教师的看法："读书太多对孩子既没有好处，也没有用处。""如果某人读书学习太多，"马克西米利安皇帝阐发自己的观点，"就会影响其他任务。"³⁸历史学家贡萨洛·伊列斯卡斯在查理五世驾崩不久之后写道："马克西米利安皇帝经常说，一位帝王不识字是非常糟糕的事情，但如果他没有本事平定他的王国并仁慈地治理国家，也不懂得既不表现出傲慢也不显得残酷，那就更糟糕了。"伊列斯卡斯甚至认为，马克西米利安之所以选择阿德里安担任皇孙的教师，就是因为阿德里安"用更多时间教导孩子值得赞扬的、荣耀体面的行为习惯，而不是读书写字"。³⁹

马克西米利安在《陶伊尔丹克》和《白色国王》以及通信中赞颂了体育活动（尤其是狩猎）的妙处。1510 年 2 月，皇帝用他一贯浮夸的文辞喜滋滋地告诉玛格丽特："我很高兴看到我的孙子查理如此喜爱狩猎，若非如此，人们或许会认为他是私生子。"他建议，"等到复活节过去，等天气暖和起来之后"，她应当带查理去王家园林，"让他骑马，这对他的健

① 格雷戈里奥·莱蒂（1630~1701）是意大利历史学家和讽刺作家。他是新教徒，曾游历路易十四治下的法国和查理二世治下的英国。伊丽莎白一世女王的第一部传记就是莱蒂写的。他的作品大多被列入梵蒂冈的禁书目录。

康和力气有好处"。马克西米利安每次到访都强调这一点，并教孙子用火枪和弩弓打猎，以及用网捕猎。[40]

拉绍领主夏尔·德·拉·普佩也是勃艮第宫廷骑士理想的热情支持者。他向查理传授骑术和枪法。查理到了西班牙之后，大家都仰慕他，因为"他对武器的娴熟程度令人惊叹，他骑马时的姿态非常优雅"，这说明普佩的教导是非常成功的。查理的射击技术超过常人，成为梅赫伦的"火枪之王"和布鲁塞尔的"弩弓之王"。1512 年，玛格丽特请她宫廷里的英格兰大使"观看王子拉长弓射箭"。长弓是英格兰的国民兵器，他们都认为查理"对长弓的操作十分娴熟"。不幸的是，两年后查理"在圣灵降临节后的星期一去特尔菲伦城堡练习弩弓，一箭射中了当地的一名手工匠人，导致他重伤而死"。玛格丽特为侄子辩护，说那个受害者"醉醺醺的，状态很差"，并且"这种不幸的事故是没有办法完全避免的"；但这次误伤人命的事件并没有这么简单。因为"很多人可能会向你［马克西米利安］说谎"，她派遣谢夫尔男爵"向你完整地报告整个事件，因为他当时在现场。这样你就能知道真相"。毕竟这是查理有生以来第一次杀人。[41]

此时，查理已经在宫廷每年周而复始的各项活动中扮演重要角色。每年新年，他从金库支取 100 镑，"按照自己的心愿发放和捐赠"；他主持忏悔星期二和复活节的节庆，在圣周五（耶稣受难日）赦免一些犯人；在圣约翰瞻礼日的黄昏，他点燃庞大的篝火堆；在万灵节，他观看比武大会；在圣安德鲁瞻礼日，他与金羊毛骑士们一同用膳。[42]1512 年他的宫廷日志显示，他还参加了其他许多活动。一个剧团"在大斋节为主公上演了好几部戏剧"，因此得到 13 镑赏金；"主公好几次在布鲁塞尔附近狩猎时，若干猎手和其他人为他展开和收起遮光布"，得到 18 镑赏金，这还仅仅是为了给他们买葡萄酒，从而使他们有力气干活；"一名多明我会修士在大斋节期间在梅赫伦为主公和他的姐妹讲道"，得到 28 镑的"慈善施舍"。[43] 查理和他的姐妹还打牌赌钱（尤其是马克西米利安到场的时候，就加大赌注），他们也喜欢小丑和弄臣的陪伴。1509 年，他的财政总管购买了"黄色、红色和白色的布匹，给矮个子小丑做一件精美服装，让他在主公身边显得更体面"；亨利八世觉得有必要赠送一大笔礼金给"卡斯蒂利亚王子的弄臣约翰先生"。[44]

少年查理虽然对读书写作没什么热情，但很喜欢另外几项需要静坐的活动。1515 年，"画家雅南"因为"教我们的主公画画"而得到 100 镑；"大公的礼拜堂的管风琴师"亨利·布雷德尼耶因为"演奏笛子、鲁特琴、翼琴、管风琴和其他乐器"，在查理及其姐妹"有需要的时候随时为其"提供"休闲和娱乐"，得到 200 镑的年薪。三年前，布雷德尼耶因为（这是他自己粗鲁而直白的说法）"费了很大力气、吃了很多苦头，教授他们乐理和演奏好几种悦耳的乐器"而获得一笔酬金。[45] 一本保存至今的为玛格丽特制作的歌曲集能够帮助我们了解查理在梅赫伦听到的歌曲是什么样的。除了一些忧伤的曲子之外，这本歌曲集里还包括当时最著名的音乐家若斯坎·德普雷创作的两首歌：《再无悔恨》（'Plus nulz regretz'）是为了纪念 1507～1508 年查理与玛丽·都铎订婚而创作的；还有更知名的《千种悔恨》（'Mille regretz'），因为查理特别喜欢这首歌，它后来被称为"皇帝之歌"。[46]

查理还酷爱舞蹈。1512 年的圣约翰瞻礼日，他与"姐妹和宫廷的年轻人"一跳就是几个钟头。玛格丽特报告称，在他的妹妹伊莎贝拉两年后（十三岁时）出阁时，查理又一次"参加了所有的舞蹈，跳得简直完美，这也许对他的身体来说有点过于辛苦了，因为他次日就发烧了"。四天后，玛格丽特忧虑地报告称，查理"还没有退烧"；又过了一周，他才"退烧了，身体恢复，所以他现在唯一考虑的就是玩乐"。[47]

查理越来越多地到梅赫伦之外的地方玩耍。促使他这么做的原因可能是 1511 年年初布鲁塞尔的一次奇特的抗议活动。当时出人意料地下了大雪，霜冻时间很长，于是人们在全城各地创作了许多冰雕。其中一座冰雕就在空荡荡的公爵宫殿之外，描绘的是圣母马利亚怀抱一头独角兽。大家都理解，这是布鲁塞尔市民在请求将来让布鲁塞尔而不是梅赫伦来保护查理。不管出于什么原因，他越来越多地在冷山宫①停留。那里宽敞的房间、喷泉、迷宫和动物园让德意志艺术家阿尔布雷希特·丢勒在 1520 年发出惊叹："我从未见过比这更美丽、更得我心、更像天堂的景致。"[48]

权力的门槛

查理也会去他的新都城附近的两处园林——特尔菲伦和海弗莱狩猎。这两个地方也象征着两套互相竞争的政治纲领，因为奥地利的玛格丽特掌控着特尔菲伦，而谢夫尔男爵是海弗莱的主人。这两套政治纲领最大的分歧在于外交政策。玛格丽特主张与英格兰（尼德兰最重要的贸易伙伴）结盟，并与海尔

---

① 冷山宫在布鲁塞尔，建在一座小山（即冷山）上，从 11 世纪起就是尼德兰统治者的宅邸了，1731 年毁于火灾。

德作战，因为海尔德公爵不断挑战勃艮第的权力。谢夫尔男爵则希望与法国结盟，并与海尔德和平相处。在查理长大成人之前的大部分时间里，玛格丽特都占据了上风。亨利八世（因为他娶了胡安娜的妹妹阿拉贡的凯瑟琳，所以是查理的姨父）在 1511 年出兵帮助玛格丽特与海尔德作战；次年，他又派遣一支更大的军队去西班牙，帮助他的岳父阿拉贡国王斐迪南对抗法国人；1513 年，亨利八世御驾亲征，率领一支大军渡过海峡，与马克西米利安联手在昂吉内加特大败法军。法国人在此役中损失了大批骑士，于是人们（至少是英格兰人）将其称为"马刺之战"。法国的两座城镇泰鲁阿讷和图尔奈向亨利八世投降。不久之后，玛格丽特带查理去恭贺两位胜利者。亨利八世与查理一起做弥撒之后，带着这个小外甥去参观他新近征服的图尔奈。在那里，他们和马克西米利安一起观看了英格兰人为了庆祝胜利而举行的"王家比武"。这是查理在四十年后撰写自传时描述的最早事件，也是他的首次国事访问。[49]

亨利八世说，与外甥的"谈话让他十分开心"，并告诉玛格丽特和马克西米利安，卡斯蒂利亚王妃（即玛丽·都铎，自从五年前与查理订婚后她就一直被称为卡斯蒂利亚王妃）与查理应当在六个月内完婚。三位长辈还同意对查理的内廷做新的安排，免去谢夫尔男爵的"首席宫廷总管"职务；之后，这个职位将由马克西米利安、亨利八世和阿拉贡国王斐迪南提名的贵族轮流担任。皇帝中意的人选普法尔茨伯爵弗里德里希因为是"血亲"，并且曾为查理的父亲效劳（陪同腓力去西班牙），因而获得优先地位。现在他成为"在所有会议里继萨伏依公爵夫人〔玛格丽特〕之后最资深的成员，而如果她不在，他将在会议里代理她，无论是涉及财政还是其他任何事务"。[50]

这些变革似乎表明玛格丽特的路线占了上风，但托马斯·斯皮内利（亨利八世派驻勃艮第的大使）并不信服。他写道，女大公"仅仅因为王子殿下的年幼"而暂时占据上风。斯皮内利预测，等到查理成年的那一天（1515 年 2 月 24 日，即查理的十五岁生日），谢夫尔男爵及其亲法的盟友就会"迫使"王子放弃与英格兰的盟约以及与玛丽·都铎的婚姻。由于一系列完全意想不到（并且相互间没有关联）的事件，斯皮内利的预言在查理的十五岁生日之前就成了现实。[51]

1514 年 1 月，路易十二的妻子布列塔尼女公爵安妮去世，于是五十岁的路易十二成了鳏夫，膝下只有两个女儿。因为法国的《萨利克法典》只允许男性继承王位，所以两位公主不可能继承王位。查理的亲戚们对这个事态的回应各不相同，这造成了严重后果。阿拉贡国王斐迪南提议路易十二迎娶查理的姐姐埃莉诺（芳龄十六，所以有能力生下儿子，成为未来的法国国王）；玛格丽特宣布自己愿意嫁给法国国王；而马克西米利安坚持要求查理暂缓与玛丽·都铎的婚姻，因为（按照英格兰驻尼德兰大使的说法）"医生告诉他，如果他们［查理和玛丽］现在圆房，王子可能会因此丧命，或者可能丧失生育能力"。[52]

玛格丽特屡次警告父亲，一再拖延查理与玛丽的婚姻将会疏远亨利八世，因为他已经在亲自安排婚礼（决定新娘的服饰、谁陪同新娘、应当在何地住宿）并一掷千金地准备婚礼后的庆祝活动（包括准备"营帐、房屋和亭子"，王室一行将在那里观赏婚礼之后的"王室比武大会"）。1514 年 7 月 6 日，玛格丽特焦急地、颇有先见之明地告诉父亲，除非他立刻通知亨利八世他赞同查理与英格兰公主结婚，否则"我担心他会抛弃你，抛弃我们的王朝，改为与法国人交易"。[53]但为时已晚：路易十二已经利用了他的两个竞争对手之间的不团结，向亨利八世提议英法缔结共同防御条约，然后他本人立刻迎娶玛丽·都铎。7 月 30 日，十八岁的卡斯蒂利亚王妃庄重地宣布撕毁与查理的婚约。一周后，路易十二签署文件，承诺给亨利八世 100 万克朗，以换取他的妹妹的芳心。8 月 13 日，玛丽赤身露体地躺在床上，而路易十二的代理人将自己的一条腿（"从大腿中部往下是赤裸的"）贴近她的腿，象征她与路易十二已经正式圆房。[54]

查理对这些戏剧性的事件做何反应？迟至 1514 年 5 月 20 日（也就是玛丽撕毁婚约的不到两个月之前），一名廷臣说查理"正爱着宫廷里的一个少女"，这时大公"答道，他可以起誓，事实并非如此。他永远不会爱这个少女，也不会爱别的女人，因为他的心只属于玛丽［·都铎］"。[55]也许是妹妹迂回曲折的婚姻之路让他如此自鸣得意。马克西米利安先是在 1510 年安排伊莎贝拉嫁给海尔德公爵，此时她还不到九岁。皇帝规定，"等到年满十六岁之后她才能去未来丈夫的身边，然后才可以圆房"。但这门婚事没有谈成。1514 年 4 月，皇帝又签署了一份协议，把此时将近十三岁的伊莎贝拉许配给丹麦国王，但要求她等一年后再去丈夫身边。[56]也是在 1514 年 4 月，查理十岁的妹妹玛丽离开尼德兰，前往马克西米利安的宫廷，在那里等待他决定她的身体是否已经成熟，是否可以与她的未婚夫——波希米亚与匈牙利国王拉约什二世圆房。

并非只有马克西米利安一个人担心性生活会杀死他的孙辈或者影响其健康：他的很多同时代人相信，正是过度的性生活让天主教双王的继承人胡安王子在新婚不久后就英年早逝。查理本人后来会利用这种谣言来管理他的儿子（还是个少年）新婚之后的性生活（见第十四章）。据说，路易十二娶了十八岁的玛丽·都铎之后急于让她怀孕，"吹嘘自己与她第一次同房就射了五次"。有人听说此事之后预言："我们只能推测，他为自己挖掘了五座坟墓。如果他能闻得到明年春天的花儿，那么他肯定能再活五十年。"（玛丽·都铎结婚三个月后果然守了寡。）[57]

查理似乎对自己与英格兰公主的婚姻瓦解不以为意。几个月后，他宣称，他的新娘将会是路易十二的女儿勒妮。她虽然只有四岁，却是布列塔尼公国的继承人。按照一位廷臣的说法：

> 有一天，他的亲密伙伴们与他一起打趣，说他戴了绿帽，因为他失去了自己的妻子，现在需要新的妻子。他们建议，要么是勒妮公主，要么是葡萄牙国王的女儿，要么是匈牙利国王的女儿。我告诉这些年轻绅士，王子会偏爱勒妮公主，这时［查理］立刻答道："他说的对，因为法国国王的女儿是最好的战利品。并且如果她先死，我就会成为布列塔尼公爵。"

1515 年 1 月 19 日，查理签署了文件，授权一个特别使团与法国国王商讨有关他婚姻的条件。[58]

这些文件能够揭示两点：查理已经懂得把个人的欲望摆在政治利益之后，把自己未来的妻子主要视为"战利品"；他已经长大成人。签署这些文件差不多算是他得到"解放"（即被宣布成年）之后最早的官方行为。

尽管腓力大公年满十五岁就算成年，玛格丽特还是担心过早宣布查理成年会造成不良后果。1512 年 11 月，她恳求父亲返回尼德兰，协助她面对（在她眼中）包围着她的"极端危险"，"因为我再也不知道如何面对这些危险。权贵们充满敌意，而平民们满口恶言。我非常害怕。除非找到什么补救的方法，否则会厄运当头"。她恳求马克西米利安"怜悯我，因为我再也不知道如何是好"。她继续写道，很多人"说我为了取悦您而挥霍了一切"，并用了一个很有意思的比喻，说她"对当前局势万般遗憾"，以至于"我经常希望自己重新回到母亲腹中"。

六个月后，她再次求援，向马克西米利安报告称，有人在尼德兰的教堂门上张贴"嘲讽我、谴责我"的海报，而有些"恶人"说"我唯一想做的就是打仗，从而毁掉他们"，并"用可能会煽动人民的恶毒言辞攻击我"。[59]

她也觉得侄子不像以前那样容易调教了。到 1512 年，他的内廷已经有超过 330 人（包括 80 名卫兵、75 名贵族和骑士、32 名神职人员、25 名"贴身男仆、侍童和年轻的绅士侍从"等），这些人的薪水加起来达到每天 180 镑（十年前的内廷人员薪水总共只有每天 37 镑）。1513 年 9 月，有传闻说，查理"极其专横霸道，极其任性，无人能管束或引导他"。这种传闻激起了他的内廷总管贝尔塞尔领主的激烈反驳。他给玛格丽特写了一封长信，笔调还算通情达理："如果我的主公，即您的侄子，真的是这样的性情，我肯定会知道"，但他随后发动反击：

　　在任何时候、任何事务当中，我的主公始终百分之百地愿意遵从和执行皇帝和夫人您的愿望和意志。至于他的行为的其他方面，截至目前我只看见他优雅地接受所有合理的建议和请求。夫人，总的来讲，我认为他的表现很好，我们没有办法对他要求更多。[60]

贝尔塞尔领主是个颇有争议的人物。十年前他被任命为查理的内廷总管时，西班牙驻布鲁塞尔大使描述他为"我见过的最恶习累累的人"。现在贝尔塞尔的抗议可能欲盖弥彰了，因为就在几个月后，玛格丽特和侄子在公共场合大吵特吵起来，场面相当难看。[61]1514 年 1 月，根据马克西米利安的直接命令，摄政者（玛格丽特）逮捕并囚禁了堂胡安·曼努埃尔，此人是查理的父亲的一个西班牙支持者，因为害怕斐迪南国王的敌意而逃到尼德兰。但堂胡安是金羊毛骑士，而根据骑士团的规章制度，只有骑士团成员才能审判其他成员。于是，堂胡安的亲戚正式向查理（他成年之后将成为骑士团的团长）提出申请，要求以正当程序审理堂胡安。于是查理带领七名骑士组成的代表团来到玛格丽特面前，要求她释放堂胡安。

玛格丽特恼火地回答，逮捕堂胡安的命令是马克西米利安（他也是金羊毛骑士）发出的，所以在没有得到他批准的情况下，她不能释放堂胡安。随后，"她表示，这群骑士未经她的许可就聚集起来，让她很恼火"，然后责备查理，"告诉他，他不应当这么轻信别人，这么轻易地接受与皇帝的御旨和以皇帝的名义行事的人［指她自己］相反的意见"。她的轻蔑回答让此次会谈宣告结束，但四天后她的侄子又"带着一群骑士"来了，再次抗议说，根据金羊毛骑士团的规章制度，如果要审判一名骑士，必须由其他骑士来执行。玛格丽特勃然大怒，又一次严厉斥责查理。她提醒查理，他年纪太小，还不是骑士团团长；然后她告诉骑士们，"如果她是男儿身，而不是妇道人家，就给他们一点颜色看看"。最终马克西米利安命令把堂胡安·曼努埃尔武装押送到他的宫廷，才算解除了这场危机，但玛格丽特的权威已经受到了严重的损害。[62]

查理在多年后撰写的回忆录里对这件事情只字未提，但他写道，1513 年他和马克西米利安与亨利八世在一起的时候，"各方讨论了宣布［查理］大公成年的事情，并达成一致"。我们找不到这种协议的书面证据，但因为三位主角在一起待了将近一周，对于如此敏感的决定他们无疑是口头讨论的。不管他们三人最终的决定是什么，六个月后，玛格丽特向父亲报告称，等级会议拒绝批准她请求的新税，"理由是主公［查理］很快就要成年了"。在随后一个月里，她补充道："有人说主公结婚之后就算成年了。如果真的是这样，您应当建议我做好各项安排，免得事态发展违背了您的期望。"她还向父亲发出警示，说尼德兰精英集团的很多成员"在抱怨我们，并给主公灌输对您和我都不利的思想"。更糟糕的是，他们把"怨言和争论"当作烟幕弹，企图"尽快宣布主公成年……所以如果您想要阻止这样的事情"，就必须立刻返回尼德兰，"否则就来不及了"。[63]

最后，真正"解放"了查理的人，恰恰是马克西米利安自己。他要求孙子"离开尼德兰，到因斯布鲁克来找我"，"这样我就能安排他接受我们的奥地利王朝所有土地与领地的效忠誓言，从而巩固在我百年之后他和他弟弟的继承权"（这句话证明马克西米利安仍然梦想建立一个统一的"奥斯特拉西亚"，见第一章）。因此马克西米利安指示女儿在 1514 年召开等级会议，并请求会议代表为查理的这趟旅行提供旅费。[64]但布拉班特的会议代表提出，拨款的前提条件是马克西米利安应当"解放"他的孙子，"宣布他已经成年，从而将勃艮第王朝所有土地与领地的政府交到他手中"。查理正好在现场，他优雅地答道："先生们，感谢诸位对我的尊敬和爱戴。只要你们当忠诚的好臣民，我就当贤君。"与此同时，谢夫尔男爵及其盟友承诺，如果马克西米利安同意宣布查理成年，他们就给他 10 万金弗罗林①。皇帝始终囊中羞涩，于是立刻签署文件，命令等级会议召开一次特别会议，并授权宣布他的孙子成年。[65]

1515 年 1 月 5 日，勃艮第治下尼德兰的精英人士聚集在布鲁塞尔的公爵宫殿的大厅内。普法尔茨伯爵弗里德里希当着他们的面，以马克西米利安的名义宣读了一份正式宣言，表示查理已经成年，然后"他们拿来授权给玛格丽特的文书"，"当着所有人的面将其撕毁。同时，他们用锤子砸毁自己的印章"。他们就是这样，用粗暴的手段象征权力的交接。随后，所有人都"按照该地区的习俗，举起双手，宣誓接受查理为他们的主公"。[66]

注　释

1. Michelet, *Histoire*, 146（'Celle-ci est le vrai grand homme de la famille, et, selon moi, le fondateur de la maison d'Autriche'）.

2. Walther, *Die burgundischen Zentralbehörden*, 96, Maximilian to

---

① 金币名，1252 年首先在佛罗伦萨铸造，后来欧洲许多国家均有仿造，币值不等。

Margaret, Dec. 1510.

3. Bruchet and Lancien, *L'itinéraire*, 335 and 338, Margaret holograph memorandum, 1507, and Margaret to Maximilian, Apr. 1509.

4. *LGC*, Ⅰ, 122 – 5 and Ⅱ, 204 – 7, Maximilian to Margaret, Apr. 1508 and Aug. 1510, 均为亲笔信(日期来自 Walther, 'Review of Kreiten', 271)。

5. Kreiten, *Der Briefwechsel*, 249 – 50, Maximilian to Margaret, 29 Apr. 1508, 亲笔信(也收录于 van den Bergh, *Correspondance*, Ⅰ, 98 – 9, 但日期是错误的, 而且对一些文本有误读); *LGC*, Ⅰ, 271 – 2 and 274 – 5, Margaret to Maximilian, 21 May 1510, and his reply 31 May 1510。

6. Boom, *Marguerite*, 100, Eleanor to Margaret, 未署日期, 但应写于 马克西米利安 1508 ~ 1509 年访问尼德兰期间。访问次数的计算 来自 von Höfler, 'Depeschen', 137 – 8 and 142 – 4, Quirini to the doge of Venice, 11 and 24 Aug. 1505(首次访问)and von Kraus, 'Itinerarium Maximilian Ⅰ', and Foronda, *Viajes*(其他访问)。

7. *LGC*, Ⅱ, 12 – 14, 182 – 3, Maximilian to Margaret, 20 and 23 June 1512, and 23 July 1513; ADN *B* 2210/429, payment £ 86 'en comptant' to Maximilian and Charles, 24 Feb. 1509('largesse'); ADN *B* 3351/10 – 12v, Didier Boisot 的记录, 他是查理姐妹们内 廷的司库, 这些钱用于支付她们与马克西米利安一起在 1512 年 6 月的旅程。其他细节来自 Moeller, *Éléonore*, 64 – 5。

8. *LGC*, Ⅱ, 13, Maximilian to Margaret, 22 June 1512, 关于鹿; Thomas, *Gesammelte Schriften*, Ⅰ, 161 – 70 and Ⅱ, 1602 – 7 关于 与军事有关的玩具, 其中有些今天在维也纳的艺术史博物馆 展出。

9. ADN *B* 2218/337, account of Receiver-General Micault for 1511, payment on Maximilian's order to Pierre Alamire(Pieter van den Hove), 'escripvain des livres de la chappelle domestique de monseigneur' and a noted composer, for 'deux gros livres de parchemin plains de messes de musique... donné à Madame de Savoye sa fille pour son nouvel an'.

10. Wiesflecker, *Kaiser Maximilian*, Ⅰ, 389('völliger Burgunder'),

and 228 – 47, 'Das burgundische Erlebnis'.

11. Ibid., Ⅲ, 370, and Ⅳ, 414. 查理在 1548 年发出的抱怨可见该书第 410 页以后。

12. Wiesflecker, *Kaiser Maximilian*, Ⅱ, 40 – 1（关于 1496 年 "宏伟的战争计划"）；Walther, *Die Anfänge*, 218 – 19, Maximilian to Charles, Sep. 1513。

13. Silver, *Marketing Maximilian*, 3 刊登了一幅画，显示 Joseph Grünpeck 在皇帝的友好注视下，将一册《弗里德里希三世与马克西米利安一世的历史》献给皇帝的孙子。为查理制作的精美插图抄本，以及马克西米利安的亲笔信，至今保存在 HHStA Hs. Blau 9, Cod. 24；而马克西米利安送给查理的那一册《陶伊尔丹克》被存放在 BSLE X – I – 9。

14. *LGC*, Ⅱ, 335 – 8 and 245, Maximilian to Margaret, 1 Jan. and 2 Mar. 1516（日期来自 Walther, 'Review of Kreiten', 286）。

15. Wiesflecker, *Kaiser Maximilian*, Ⅰ, 176 notes 6 – 7, and Ⅴ, 518（查理在 1485 年、1504 年、1505 年都曾拖着长矛前进）；Lhotsky, *Festschrift*, Ⅰ, 77（亚琛）。

16. Gunn, *War*, 247, 引用了马克西米利安在 1499 年向尼德兰等级会议发表的一次讲话。

17. Boone, 'From cuckoo's egg', 90（关于根特的要塞）；Wiesflecker, *Kaiser Maximilian Ⅰ*, Ⅲ, 229（引用了《白色国王》）and Ⅴ, 204（'Finanzchaos'）。

18. Burke, 'Presenting', 411; Silver, *Marketing Maximilian*, 110. 查理五世似乎从未像马克西米利安那样，觉得自己有资格当教宗，参见 *LGC*, Ⅱ, 37 – 9, Maximilian to Margaret, 18 Sep. 1511（日期来自 Walther, 'Review of Kreiten'），一封值得注意的信的签名是 "马克西米利安，未来的教宗"（Maximilianus, futur pape）。

19. Maximilian, *Der Weisskunig*, 341（ch. 47）, 332（ch. 26）and 348 – 9（chs 62 – 9）. 该书的整个第二部（第 13～69 章）谈的都是一位年轻统治者接受的教育。

20. Maximilian, *Der Weisskunig*, 338 – 9（ch. 40）.

21. Chmel, *Urkunden*, 253, Chimay to Maximilian, 9 Sep. 1506; *LGC*, Ⅱ, 176, Maximilian to Margaret, 7 July 1513. 马克西米利安说到

做到：1498 年，他在尼德兰等级会议"非常优雅地用荷兰语讲了一个小时"（Molinet, *Chroniques*, V , 106）。Schlegelmilch, *Die Jugendjahre*, 176 – 84 很好地概述了年轻的查理有限的语言技能。关于他后来高超的多语水平，见下文。

22. BL *Cott. Ms.* Vespasian C. I /194, archbishop of Armagh and Lord Berners to Henry Ⅷ, Zaragoza, 17 Sep. 1518; BL *Cott. Ms.* Vitellius B. XX/218, Tunstal to Henry Ⅷ, decrypt, Feb. 1521; GRM, Ⅱ , 414, Dr Mathys to Juan Vázquez, 30 May 1558.

23. *LGC*, I , 35 – 6 and Ⅱ , 115 – 16, Margaret to Maximilian, Dec. 1507 and early 1514.

24. Gachard, *Correspondance de Charles*, p. XⅦ , Charles to his envoys in England, 21 Jan. 1522. See also Gonzalo Sánchez-Molero, *El César*, 39 – 40. 查理五世把他曾经的教师任命到一系列油水丰厚的主教位置上，包括萨拉曼卡主教。1534 年，查理五世去萨拉曼卡看望了卡韦萨·德·巴卡，见第 9 章。

25. Verweij, *De paus*, 5（引用）; ADN *B* 3465 (＃121, 766), 查理内廷所有成员的名单，包括其薪资，1512 年 4 月 4 日（'Maistre Louis de Vacques' and 'Maistre Adrien Florency'）。其他细节来自 Stone, 'Adrian of Utrecht and the university'。

26. See Stone, 'Adrian of Utrecht as a moral theologian', and Schlegelmilch, *Die Jugendjahre*, 251 – 317, on Adrian; and Strelka, *Der burgundische Renaissancehof* 提供了关于以梅赫伦为基础的人文主义学者网络的其他细节。

27. Danvila, *Historia*, Ⅱ , 624 – 9, Adrian to Charles, 4 Dec. 1520; ibid. , Ⅲ , 31 – 41, Adrian to Charles, 16 Jan. 1520; LCK, I , 60 – 2, Adrian to Charles, Zaragoza, 3 May 1522, 亲笔信。阿德里安批评查理那些比较容易上当的谋臣时用"croy"这个词，可能是一个双关语，针对的是亲法的谢夫尔男爵纪尧姆·德·克罗伊。Fagel, 'Adrian', 45 列举了 1520 年 6 月到 1522 年 6 月阿德里安写给查理的存世信件。LCK, I, and Gachard, *Correspondance de Charles* 刊登了阿德里安成为教宗之后与查理的通信。

28. Danvila, *Historia*, I , 376 – 86, Ⅱ , 515 – 16, and Ⅲ , 31 – 41, and Gachard, Correspondance de Charles, 252 – 3, Adrian to

Charles，25 and 30 June 1520，28 Nov. 1520，16 Jan. 1521 and 17 Jan. 1522（斜体部分）：这是众多事例中的五个。See also LCK，Ⅰ，58－62 Charles to Adrian，7 Mar. 1522，亲笔信，这是一封比较热情友好的信，回忆了阿德里安"在我是您的学生［estant vostre escolier］的时候给我的"关于法国人多么奸诈的警示。

29. Snouckaert van Schouwenburg，*De republica*，34；ADN *B* 2268（# 79，071），'Aucunes livres que le roy ordonne porter avec luy'，查理打算带到西班牙去的珍贵物品目录的一部分，1517 年 6 月 30 日。*Inventaire Sommaire*，Ⅳ，350－1，转述了这些头衔（但有一些错误）；Gonzalo Sánchez － Molero，*El César*，74－7，and *Regia biblioteca*，Ⅰ，240－1，讨论了 *Chroniques de Iherusalem abrégés*。Laurent Vital 记录了在航海期间'aulcuns se mectoient à lire des chronicques'（Gachard，*Collection*，Ⅲ，69）。

30. Huizinga，*Herfsttij*，40－5. Wijsman，'Philippe le Beau'，82－7 描写了腓力带到西班牙的书；Debae，*La bibliothèque* 重现了玛格丽特丽的藏品。

31. Chastellain，'Chronique'，364－5 and 368－9（写于 1468 年）；*L'État de la Maison du duc Charles de Bourgogne，dit le hardi*（创作于 1474 年），in La Marche，*Mémoires*，Ⅳ，1－94。

32. La Marche，*Le chevalier déliberé*-a bilingual edition.

33. Reiffenberg，*Lettres*，15－16，Guillaume van Male to Louis de Praet，Augsburg，13 Jan. 1551：'Caesar maturat editionem libri，cui titulus erat gallicus，Le chevalier délibéré. Hunc per otium a se ipso traductum ... ad numeros rithmi hispani ... cum non solum linguam，sed et carmen et vocum significantiam mire expresserit'. 皇帝命令埃尔南多·德·阿库尼亚完成并出版他的西班牙文译本：*El cavallero determinado*（Antwerp，1553），献给查理五世。Speakman Sutch and Prescott，'Translation as transformation'指出，这个西班牙文译本把天主教双王、腓力一世和马克西米利安皇帝都列入被死神击败的统治者之列。查理五世驾崩后，人们在尤斯特编写他的财产清单，其中图书部分列出的第一个条目就是"一本法文版的《果敢的骑士》"（un libro de cavallero determinado en lengua française），第五个条目是西班牙文译本的

抄本。Checa Cremades, *Inventarios*, Ⅰ, 525. Checa Cremades, 'El caballero y la muerte' 再现了该书的全部 19 幅图。

34. Powell, *The complete works*, Ⅰ, 127, 'Note of remembraunce by Sir Thomas Wiat', Dec. 1538；Beltrán de Heredía, *Domingo de Soto*, 654 - 5, Soto to Charles, 25 Aug. 1552（回忆了索托在担任皇帝告解神父期间说的一些话，1548～1550 年）。

35. Chabod, *Carlos* Ⅴ, 12, 第 17～38 页还提供了过多的案例。

36. March, *Niñez*, Ⅰ, 227, Zúñiga to Charles Ⅴ, 25 Aug. 1535.

37. Chytraeus, *Chronicon*, 561（拉丁文）and 110（德文）改写了 Matthias Gunderam（克拉纳赫的亲戚）在 1556 年写下的"记录"（Aufzeichnungen），见 Lüdecke, *Lucas Cranach*, 84 - 8，就是这里引用的内容。我感谢 Patrick Lenaghan 帮忙阐释了这一段文字。1609 年，Valentin Sternenboke 在他的 *Historia* 中收入了对同一段对话的略有出入的记载，得自克拉纳赫的儿子（Lüdecke, *Lucas Cranach*, 89 - 91）。遗憾的是，1509 年 2 月或 3 月克拉纳赫在梅赫伦的查理套房内为他画的那幅肖像已经佚失。

38. Leti, *Vita del invitissimo imperadore*, Ⅰ, 55；Maximilian, *Der Weisskunig*, 328（ch. 20）。

39. Illescas, *Segunda parte*, 196v - 197.

40. LGC, Ⅰ, 241 - 2, Maximilian to Margaret, 28 Feb. 1510（日期来自 Walther, 'Review of Kreiten', 271）。ADN *B* 2224/342 - 3，记载了 1512 年 6 月给猎人的费用，他们在"［查理］与皇帝一起打猎时""布置和回收了"将近 100 米长的"猎网"。

41. Mártir de Anglería, *Epistolario*, Ⅲ, 300 - 1, letter to the marquesses of Los Vélez and Mondéjar, 12 Feb. 1518；BL *Cott. Ms.* Galba B Ⅲ, f. 36v, Wingfield, Young and Boleyn to Henry Ⅷ, 29 June 1512；LGC, Ⅱ, 155 - 6, Margaret to Maximilian，未署日期但推定为 1514 年 6 月 5 日（see Walther, 'Review of Kreiten', 282）。

42. Moeller, *Éléonore*, 61 - 5 描述了每年宫廷的活动安排；ADN *B* 2210/379 and 2224/430 是宫廷财务总管 Micault 在 1509 年和 1512 年的账目（新年的赏赐）。

43. ADN *B* 2224/342 - 3, account of Receiver - General Micault for 1512.

44. ADN *B* 2210/398，payment in Nov. 1509（"给矮个子小丑"）；
Brodie，L&P Henry Ⅷ，Ⅱ/2，1442（来自"国王的账簿"，1509
年 7 月，由亨利八世签署）。在 16 世纪 40 年代，查理用膳时，
他的小丑会给他讲笑话，见下文。

45. 关于"画家雅南"，见 ADN *B* 2242/306，account of Receiver-
General Micault for 1515。关于布雷德尼耶，见 ADN *B* 2218/107，
B 2224/191v – 2 and *B* 2227/169 – 70v，accounts of Micault for
1511，1512 and 1513；ADN *B* 2250，quittances for 1515，italics
added；and Burbure，'Bredeniers'，cols 922 – 3：ADN B
2222/126。

46. Bossuyt，'Charles'，88 – 90（关于玛格丽特的歌曲集，现收录于
BRB *Ms.* 228，包含 58 首作品）and 132 – 3（关于《千种悔恨》，
至 1538 年它已经被称为"皇帝之歌"了）。See also Ferer，*Music
and ceremony*，216 – 17. 关于"皇帝之歌"的演奏，见 https：//
www.youtube.com/watch? v = cWxDG – f8OQc（cornet）and
https：//www.youtube.com/watch? v = QYruB57dJ60（vihuela）。

47. BL *Cott. Ms.* Galba B Ⅲ/33 and 35v，Wingfield and Young to Henry
Ⅷ，19 and 27 June 1512（被总结于 Brodie，*L&P Henry Ⅷ*，Ⅰ/1，
572 – 5）；*LGC*，Ⅱ，260 – 1 and 265，Margaret to Maximilian，16，
20 – 21 and 25 June 1514（日期来自 Walther，'Review of
Kreiten'，271）。

48. Pleij，*De sneeuwpoppen van 1511* 描绘了这座引人注目的冰雕；
Dürer，Diary，63（entry for 27 Aug. 1520）and plate 75（a sketch of
'der diergarten und dis lust hinden aws dem schloss' in Brussels.）

49. Brodie，L&P Henry Ⅷ，Ⅰ/2，1046，支取费用，制作查理参加图
尔奈"王家比武"所需的三角旗；Ibid.，1053 – 4，亨利八世在
1513 年 10 月 16 日与"玛格丽特夫人和卡斯蒂利亚王子"一起
做的"献祭"。

50. Brodie，L&P Henry Ⅷ，Ⅰ/2，1047 – 8，Henry Ⅷ to Pope Leo Ⅹ，
12 Oct. 1513，and 1049 – 50，declaration of Henry，Lille，15 Oct.
1513；Walther，Die Anfänge，210 – 11，付钱给普法尔茨伯爵，向
其授予查理和马克西米利安的委任状，1514 年 2 月 1 日。
Walther，Die Anfänge，117 – 19，and Fagel，'Un heredero'，129 –

30 都讨论了新的内廷规章制度，它于 1513 年 10 月 19 日开始生效。

51. Brodie, *L&P Henry Ⅷ*, Ⅰ/2, 1080, Spinelly to Henry Ⅷ, Ghent, 15 Nov. 1513.

52. BL *Cott. Ms.* Galba B. Ⅲ/15, Dr William Knight to Cardinal Wolsey, Mechelen, 2 May 1514, 亲笔信。阿拉贡国王斐迪南同意了，并敦促马克西米利安 "推迟王子的婚事"，"避免他过早地与妻子圆房"：AGS *E* 635/11, 斐迪南给他在帝国宫廷的大使的信，1514 年 4 月，草稿。

53. Walther, *Die Anfänge*, 233, 玛格丽特给路易·马罗顿的指示，1514 年 6 月 6 日。关于亨利八世准备的细节来自 Brodie, *L&P Henry Ⅷ*, Ⅰ/2, 1159 – 62 and 1194。

54. 细节来自 Brodie, *L&P Henry Ⅷ*, Ⅰ/2, 1325, 1341 and 1351。

55. BL *Cott. Ms.* Galba B. Ⅲ f. 218v, Wingfield to duke of Suffolk, Mechelen, 20 May 1514 (不幸的是，另外几个可能有关联的段落因为火灾而损毁，无法阅读)。

56. *LGC*, Ⅰ, 245 – 8 and 383, Maximilian to Margaret, 16 Mar. 1510 and 30 Apr. 1514.

57. Mártir de Anglería, *Epistolario*, Ⅲ, 157 – 9 and 162 – 4 (# 539 and # 542), to Luis Hurtado de Mendoza, 2 June 1514 (胡安王子的英年早逝) and 13 Nov. 1514 (路易十二婚后很快就去世了)。

58. Le Glay, *Négociations*, Ⅰ, 595, Philippe Dalles to Margaret, Paris, 3 Jan. 1515 (后来查理五世在 1526 年娶了葡萄牙公主)。查理五世不会忘记这次受辱：1530 年，他告诉一位教廷大使，"他认为王室婚姻很少能达到人们期待的效果"，"我自己就是一个例子，因为我曾与英格兰国王的妹妹订婚，当时她已经到了适婚年龄，而我没有"(*NBD*, 1. Ergänzungsband 1530 – 1531, 132 – 9, Campeggio to Salviati, 23 – 24 Aug. 1530)。

59. Walther, 'Review of Kreiten', 266, Margaret to Maximilian, [29] Nov. 1512, 亲笔信 (玛格丽特显然重新思考了其中一些抗议，因为她把相关的句子删去了)；*LGC*, Ⅰ, 504 – 7, same to same, [28] Mar. 1513 (日期来自 Walther, 'Review of Kreiten')。

60. Le Glay, *Négociations*, Ⅰ, , 550 – 2, Beersel to Margaret, 16

Sep. 1513.

61. Berwick y Alba, *Correspondencia*, 193 – 4, Fuensalida to the Catholic Monarchs, 27 Dec. 1503. 贝尔塞尔领主给他高贵的弟子的重要教导，见该书第 149 页以后。

62. Reiffenberg, *Histoire de l'Ordre*, 382 – 93, report of Laurent du Blioul, Greffier of the Order（该书使用的是勃艮第历法，每年从复活节开始，所以他描述的事件发生在 1514 年 1 月和 3 月之间）。*Ibid.*, 300 – 2, 查理于 1516 年 11 月成为金羊毛骑士团大团长之后的第一次会议记录表明，他确保了堂胡安的金羊毛骑士身份得到恢复。

63. *CDCV*, Ⅳ, 486（Charles's *Memoirs*）; *LGC*, Ⅱ, 234 and 247 – 50, Margaret to Maximilian, 14 Mar. and 28 Apr. 1514; Walther, *Die Anfänge*, 233, Margaret's instructions to Louis Maroton, 6 July 1514.

64. Laurent, *Recueil*, Ⅰ, 307 – 8, letters patent of Maximilian, 23 Dec. 1514, 提到了更早的一封召见令，但后者已经佚失。

65. GRM *Introduction*, 3 n. 1（查理五世的演讲）; BL *Cott. Ms.* Galba B. Ⅲ/313 – 16v, Spinelly to Henry Ⅷ, 29 Jan. 1515（明确记载谢夫尔男爵承诺给马克西米利安 10 万金弗罗林，只要他"从自己的监护下解放大公"）。

66. Keniston, *Memorias*, 50. 查理五世显然保存了这个印章的碎片，因为 1536 年他的财产清单里有"马克西米利安皇帝的一个印章，由白银制成，已被砸碎和锤扁"（Checa Cremades, *Inventarios*, Ⅰ, 141）。四十年后，在同一个房间里，查理五世自己的统治在同样的仪式当中落幕。

三　棘手的遗产，1515～1517 年

亲　政

1515 年 1 月 8 日，也就是"皇帝陛下，我的主公和祖父，解放我，并结束他对我的监护，将我在尼德兰的土地和领地的统治权移交给我"的三天之后，查理指示全体官员，"在将来，我的一切事务都将以我的名义处理"，并列举了"我打算从今往后使用的头衔"的完整清单：

> 蒙上帝洪恩的西班牙王子、西西里和那不勒斯王子、耶路撒冷王子等；奥地利大公；勃艮第公爵、洛林公爵、布拉班特公爵、施泰尔马克公爵、克恩滕公爵、克雷恩公爵、林堡公爵、卢森堡公爵和海尔德公爵；佛兰德伯爵、哈布斯堡伯爵、蒂罗尔伯爵、阿图瓦伯爵、勃艮第伯爵和埃诺伯爵；阿尔萨斯方伯①；施瓦本公子；布尔高边疆伯爵、荷兰伯爵、泽兰伯爵、费雷特伯爵、基堡伯爵、那慕尔伯爵和聚特芬伯爵；弗里斯兰②领主、斯拉沃尼亚③领主、波代诺内

---

① 方伯（Landgraf）为德意志的一个贵族头衔，比伯爵（Graf）高，大致与公爵（Herzog）平级。

② 弗里斯尼亚是历史上的一个地区，在北海南岸，今天大部分在荷兰境内，小部分在德国境内。

③ 斯洛沃尼亚是历史上的一个地区，位于今天克罗地亚的东部，其北面是德拉瓦河，南面是萨瓦河，东面是多瑙河。

领主、萨兰领主和梅赫伦领主。[1]

其中有些头衔用得为时过早，尤其是阿尔萨斯和奥地利的土地仍然在马克西米利安手里；弗朗什－孔泰是他的姑姑玛格丽特的私人领地；弗里斯兰当时由萨克森公爵格奥尔格[①]管理，不过他在 1515 年 5 月将弗里斯兰卖给了查理，这是查理对自己继承的土地进行的首次扩张。

根据一位编年史家的记载，在获得"解放"之后，"主公启程去巡视他的领地，从一座城镇旅行到下一座"，宣誓尊重当地享有的特权，并接受大家的宣誓效忠（地图 2）。他的新臣民尽其所能地欢迎他。查理以佛兰德伯爵的身份进入布鲁日时，看到露天演出的第一个场景是三位天使为他们的新君主献上冠冕、纹章和城门钥匙，就像东方三博士[②]为新生的基督献上礼物一样。随后静态的舞台景观将布鲁日比作耶路撒冷，象征查理王子的血统可以追溯到大卫王，并提及他很快就要继承的西班牙、意大利和德意志的土地。对刚刚十五岁的少年来说，这真是令人心醉神迷。查理要求在次日再次欣赏整场表

---

① 萨克森公爵"大胡子"格奥尔格（1471～1539）属于韦廷家族的阿尔布雷希特分支。他在世的时候，韦廷家族的恩斯特分支（即萨克森选帝侯）皈依了新教，而格奥尔格固守天主教，坚决反对路德。但他无法阻止新教在他的领地内传播。他死后，信奉新教的弟弟海因里希四世继承了他的领地，规定新教为萨克森公国的国教。海因里希四世的儿子就是本书下文中出现的重要人物莫里茨。

格奥尔格的父亲阿尔布雷希特三世就是韦廷家族阿尔布雷希特分支的建立者。阿尔布雷希特三世因功被马克西米利安一世皇帝封为弗里斯兰的世袭总督。

② 典出《新约·马太福音》第 2 章第 1～12 节的记载，在耶稣基督出生时，有来自东方的"博士"（或称"国王""术士"）朝拜初生的耶稣。"博士"指的很可能是来自帕提亚帝国的琐罗亚斯德教占星家。

演。他还命人制作一部精美手抄本，将这些景观记录在案，用了整整三十二页彩色插图（见彩图 7）。布鲁日的行政长官则准备出版一部篇幅较短的木刻画版本的插图书，在巴黎印刷，并配有荷兰文的韵文图说。这是查理第一次系统性地运用媒体来宣扬自己。[2]

新任统治者及其主要谋臣现在做了好几项重要决策。1515 年 1 月，"因为我自己无法充分地感谢上帝，即我的创造者，感谢他赐予我的恩典、荣耀、健康和成功，并且我无德无能，无法在将来获得他的更多恩典"，查理命令在尼德兰各地举行游行和公共祈祷，以恳求上帝继续"赐予我美德和良好的习惯，让我的领地和臣民安享太平、团结与和睦，并引导我为上帝增光添彩，给我自己带来福祉，给我的领地和臣民带来繁荣、富强和太平"。他还开始同时用法文和荷兰文立法，法律文书的开头总是"根据君主的命令"，结尾是"因为这就是我的意愿"。其中一项立法任命杰出的律师和大臣让·勒·绍瓦热为"我们的首相"，这是一个新职位；查理让勒·绍瓦热负责"为所有人主持司法"，"保管我的御玺，并用它签发各种书信与文书"。[3] 因为这道御旨没有限制勒·绍瓦热的司法权，所以这意味着他的权威在查理统治的所有领地都畅通无阻，事实也确实如此：首相陪伴查理到各地，每次查理获得一块新领地，首相从一开始就干预该地的事务。

1515 年 3 月，查理签署了一道命令，撤销了他得到"解放"之前朝廷发放的所有年金，"这是因为我不得不处置诸多国家大事，每天的事务越来越繁忙，并且以形形色色的方式不断增加；也是因为我肩负的债务太多"。七个月后，他为自己的内廷颁布了新的规章制度，参考了二十年前他父亲在类似的

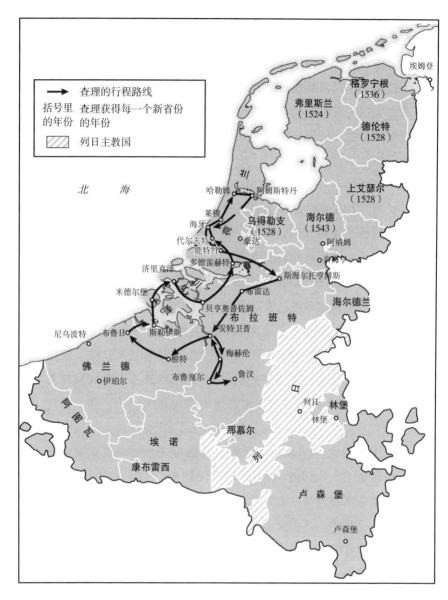

地图 2　哈布斯堡家族统治下的尼德兰

　　查理在 1515 年 1 月被宣布成年之后，对哈布斯堡家族统治下西尼德兰各省进行了长达五个月的巡视，举行盛大的入城式，进入每一座主要城市，作为君主接受民众的欢呼。后来他视察了自己继承的其他省份，包括乌得勒支（1528 年获得）和海尔德（1543 年征服），但他始终没有去过弗里斯兰（1524 年获得）、德伦特和上艾瑟尔（均为 1528 年获得），以及格罗宁根（1536 年获得）。

情况下制定的规矩（查理的很多大臣都记得那件事情，因为他们也曾为腓力效劳）：

> 自我成年并亲政以来，我始终努力，并热切希望在我的一切事务当中创建井井有条的秩序，从而结束过去因为战争和分歧等原因而出现的混乱状况。甚至我的内廷也很混乱，而我和我的大臣、领地与臣民的荣誉和安宁，在很大程度上取决于内廷的秩序。

这份文件详细规定了近 700 名官员和卫兵的职责。查理还开始参加枢密院会议。玛格丽特不赞成地写道，他让每一位大臣都直抒胸臆，然后"要求他们以书面形式呈送意见并签名"，这是他的"协商"制度的开端，后来这种制度成为他的决策方式的核心部分。[4]

是谁做出这些决策的？肯定不是玛格丽特。侄子亲政不到三周后，她告诉马克西米利安，她再也不能发号施令，而只能服从"我的主公及其议事会"发布的命令。她气呼呼地说，因此"我不再为国家事务烦心了"，如果皇帝想要什么，"那么你必须写信给谢夫尔男爵和首相"。玛格丽特尤其怨恨自己被贬黜之前政敌搞的那种密谋。她"几乎落泪"地告诉一位英格兰使节，马克西米利安"瞒着她和谢夫尔男爵大人串通，结束了她对王子的指导，严重损害了她的荣誉和声望"。[5]更糟糕的还在后头。

1515 年 3 月，玛格丽特告诉父亲，查理刚刚"告诉我，他听说路易·马罗顿［玛格丽特的密使］卷入了您宫廷里形形色色的阴谋与交易，给他［查理］造成许多损害、遗憾和不悦，因此他要求我把马罗顿召回"。最后，在 8 月，她与查理当面对质，因为"我耐心忍受了这种局面很长时间，现在我知道有人无所不用其极地让你不信任我"。她要求，如果有人要批评她，那么请"当着你的面表达，让我能够当面回答，因为我希望别人有话对我当面说，而不是在我背后放冷箭"。她详细地为自己的内政外交政策辩护，并说自己经常为了国事自掏腰包，最后义正词严地说：

> 你大可以放心，我的主公，不管什么时候，只要你愿意让我为您效劳，并通情达理地对待我、尊重我，那么我会忠诚地为你尽心服务，不惜拿我自己的生命和财产冒险（我到目前为止一直是这样做的）；但如果你愿意相信某些人毫无根据的诽谤，并允许他们这样对待我，那么我宁愿离开，去照管自己微不足道的事务。我已经请求皇帝允许我这么做……所以，我的主公，我请你清楚地表达自己的意图。

根据这份文件背面的一条记录，查理及其议事会只能做出蹩脚的回应："认可夫人的确是兢兢业业、尽忠职守，并用其他的甜言蜜语抚慰她，还做了一些承诺。"于是玛格丽特命人清点自己的所有财产，显然是打算离开尼德兰。[6]

查理的亲政也损害了马克西米利安的权威。皇帝仍然希望孙子能到他身边来，一起巡视他的奥地利土地，然后在那里以奥地利继承人的身份接受宣誓效忠（见第二章）；但在这之后，皇帝向玛格丽特吐露心迹："只要他在我手里，就比较容易把所有事情都处理妥当。"尤其是，"一旦他离开尼德兰，

你就可以像过去惯常的那样管束他"。查理一再拖延，不肯去
奥地利，于是皇帝宣布，"他很快要去沃尔姆斯，让王子在那
里与他会合……如果王子不愿意来"，他就"亲自去尼德兰，
去制造点麻烦"。[7]

但和通常的情况一样，马克西米利安的其他政策，以及他
长期的财政困难，挫败了他的这些计划。之前为了让皇帝允许
查理亲政，尼德兰等级会议同意给皇帝一笔钱。现在尽管皇帝
乐观地授权自己的私人银行家准备接收尼德兰朝廷的款项，查
理却一直拖到 1515 年 5 月才授权拨款，并且在这十八个月之
后才开始支付祖父应得的年金。[8]于是皇帝没有西行去尼德兰，
而是留在维也纳，在那里与邻国统治者会谈，并为他的孙辈缔
结了两门婚姻（玛丽嫁给匈牙利与波希米亚国王，斐迪南迎
娶匈牙利国王的妹妹），从而为多瑙河流域中段一个新的超级
大国奠定了基础。这个超级大国将会延续四个世纪之久。

随后，马克西米利安试图恢复自己在尼德兰的权威，手段
是恢复玛格丽特对他孙子的影响力。他告诉女儿，他已经写信
给查理，"希望他把你留在身边，并做一个好侄儿，好好对待
你这样高尚的好姑姑"。马克西米利安还命令玛格丽特"和我
的孙子待在一起，不要离开尼德兰，因为你在那里能够发挥至
关重要的作用，对我有极大的益处"。皇帝还写信给查理，说
"我毫不怀疑"，查理一定会"在最重大、最困难的事务方面
征询玛格丽特的意见，并接受和遵循她的建议"，因为她的建
议一定"比其他任何人的要好"。他最后表示，"无论出于天
性还是后天的原则，她都会关心我和你的利益与荣誉。我认
为，我们三个人是一体的，由同样的心愿和亲情联系起来"。[9]

但马克西米利安这样做是在浪费时间。外国大使们开始将

谢夫尔男爵和勒·绍瓦热称为查理的"监护人"或"摄政王"。在一段时间内，哈布斯堡家族几乎完全丧失了对尼德兰事务的掌控。谢夫尔男爵和勒·绍瓦热等人的崛起很快就在尼德兰对法国的恭敬态度上体现得淋漓尽致。路易十二于1515年1月1日突然驾崩，这造成了一个微妙的局面。他没有男性继承人，于是他的远房堂侄，出身于瓦卢瓦王朝昂古莱姆分支的二十岁的弗朗索瓦继承了王位，称弗朗索瓦一世。他登基两天后在接受觐见时告诉查理的代表，他"会当［查理的］好亲戚、好朋友和好主公，因为他是我的附庸"；但弗朗索瓦一世补充道，"他不希望自己被查理耍得团团转，就像已故的路易十二被皇帝和阿拉贡国王［斐迪南］要弄那样"。查理的使者受到这样无端的侮辱，立刻反驳说，尽管查理愿意与法国和平共处，"就像他的父亲之前那样，但我希望陛下明白，你的朋友和附庸当中再也没有比他更有能力伤害陛下的人了"。[10] 查理的"监护人"赶紧否认对法国的这种挑衅态度，指示代表查理参加弗朗索瓦一世加冕礼的使者对法王百般逢迎。使者必须为主公不能亲自来参加加冕礼道歉，"因为我［查理］公事繁忙，并且新近成为尼德兰各省的领主"；使者还要表达查理对"如此勇敢、高尚并且风华正茂的君主"登上了法国王位而感到喜悦。

查理指示使者向法王表示，如果"在我亲政之前发生的什么事情"令新国王不悦，恳请新国王"看在我年幼的分儿上"既往不咎；使者还奉命表达查理的愿望，即两位统治者"能够为了共同的利益、公共的福祉和弘扬我们神圣的天主教信仰而一起做一些大事"。最后，使者还要表示，查理热切希望与法国缔结条约并与勒妮公主（当时只有八岁）结婚。她

不仅是已故国王的女儿，还是弗朗索瓦一世的小姨子①。马克
西米利安写信敦促使者对勒妮的嫁妆提高要求，查理及其谋臣
则赶紧命令使者不要理睬皇帝的命令：

> 尽管我希望取悦我的主公和父亲［祖父］，让他
> 没有理由抱怨说我们没有遵从他的命令……但你必须
> 竭尽全力，不要让法王及其人民有理由怀疑或想象我
> 打算背弃或撕毁两国盟约。[11]

查理的谋臣有很好的理由去安抚法国。如一位英格兰外交
官所说，皇帝现在"疾病缠身，而且阿拉贡国王年事已高"，
等皇帝和阿拉贡国王百年之后，查理将会继承他俩的土地和头
衔，但前提是他自己的主张能够得到落实。而要达到这个目
的，他必须保障尼德兰与邻国维持和平、排除一切战争的风
险。1515 年 3 月在巴黎签署的条约达成了这个目标：弗朗索
瓦一世承诺不会攻击查理的领地，也不会帮助别的侵略者
（三周后，他禁止海尔德公爵"侵犯卡斯蒂利亚王子的领
地"）。他还承诺支持查理对各领地的所有权，反对所有敢于
挑战查理的人。

但谈到勒妮的时候，弗朗索瓦一世规定，她要年满十二岁
之后才可以到未婚夫身边（这意味着在至少四年之内，查理
还不能得到合法的继承人），并且她必须放弃对具有战略意义
的布列塔尼公国的所有权（当初正是这个公国让查理对勒妮
产生兴趣）。她的嫁妆是一些土地，等她去世后，这些土地将

---

① 弗朗索瓦一世的妻子和勒妮是姐妹，都是法国国王路易十二的女儿。

回到法国的控制之下。并且，如果查理背弃了娶她的婚约，他将丧失自己作为法国的附庸所拥有的一切领地。"陛下，"查理胆怯地向外祖父阿拉贡国王斐迪南解释，"我真的希望这项条约能够对我的荣誉和利益更为有利，但我接受了能够得到的条件，因为我认识到，在当前条件下，对我来说，好的和平条件比战争更有价值，不管是多么正义的战争。陛下，我恳求您记得我所处的局面，并愉快地接受这一切。"[12]

弗朗索瓦一世在登基的第一年还取得了另一项显著的成功。1515 年 2 月，他推动路易十二的遗孀玛丽·都铎（曾经的"卡斯蒂利亚王妃"，现年十九岁）与英格兰的萨福克公爵秘密结婚。萨福克公爵原本是奉亨利八世之命护送玛丽·都铎返回英格兰的。在与弗朗索瓦一世串通之后，萨福克公爵立刻吹嘘自己已经与新娘"圆房"，并且她"已经怀孕"，这就让她不可能与查理（或其他人）结婚了。[13]随后，因为 1513 年 3 月在巴黎签署的条约规定查理既不能攻击法国也不能帮助任何人攻击法国，弗朗索瓦一世抓住机会，率领一支大军越过阿尔卑斯山，进入意大利，与威尼斯共和国结盟，于 1515 年 9 月 13～14 日在马里尼亚诺大败米兰公爵的军队。而马克西米利安皇帝、阿拉贡国王斐迪南和教宗利奥十世都是米兰公爵的盟友。

法军很快占领了米兰和邻近的热那亚共和国，不久之后教宗利奥十世向法国人交出了帕尔马国和皮亚琴察国（教宗国和米兰公爵都声称对这两地拥有主权），并以那不勒斯王国最高宗主的身份建议弗朗索瓦一世取代该王国的现任统治者——阿拉贡国王斐迪南。不久之后的 1516 年 1 月 23 日，天主教国王斐迪南驾崩，法国人得到了一个天赐良机。

继承西班牙

阿拉贡国王斐迪南的驾崩并不出人意料。他享年六十三岁，是欧洲最老的君主，但（按照英格兰使节约翰·斯泰尔的说法）他"任性地给自己折寿，不管天气好坏总是狩猎或放鹰，遵循他的养鹰人的建议，而不理睬他的医生"。斯泰尔继续描述了斐迪南在卡斯蒂利亚多么不得民心，一个突出的体现就是，他的遗体被运往格拉纳达下葬的途中只有一名卡斯蒂利亚贵族陪同，"无人为驾崩的国王哀悼，无人为他悲痛，从未有一位君主死后受到这样的冷遇"。斯泰尔的结论是，尽管西班牙的所有人"异口同声地"支持查理，"无人反对他"，但已故国王的臣民当中"很少有对君主的爱戴和忠诚"。斯泰尔预测，除非新的统治者尽快到西班牙来宣示自己对遗产的继承权，否则西班牙可能会发生"变故和动荡"。[14]

斯泰尔的分析和预测非常准确，因为斐迪南留下的遗产非常复杂和棘手。首先，当时并不存在"西班牙"这样一个国家。尽管斐迪南与伊莎贝拉的婚姻在阿拉贡与卡斯蒂利亚及其各自的属地之间建立了王朝联合，但国家的每个组成部分都有自己完整的政府机构、法律、货币和司法体系。王室在每个地区（卡斯蒂利亚、阿拉贡、加泰罗尼亚和巴伦西亚）的权力和政策各不相同，每个邦国都维持着自己的关税壁垒和海关，就连外交政策也不尽相同。伊莎贝拉及其谋臣热衷于攻击穆斯林治下的北非，而斐迪南虽然也支持向伊斯兰世界发动十字军东征，但中意更远的目标（包括收复君士坦丁堡和耶路撒冷），所以他花了更多力气去巩固自己在意大利的领地。[15]在1506～1507 年，他甚至一直待在那不勒斯。

斐迪南不是自愿远离西班牙的。1504 年伊莎贝拉驾崩后，他的卡斯蒂利亚国王头衔就失效了。尽管根据她的遗嘱，在胡安娜与腓力到卡斯蒂利亚登基之前，斐迪南仍然是卡斯蒂利亚王国的摄政者，但他在政策和人事任免方面与女儿和女婿的分歧逐渐增多。1505 年，法国国王路易十二安排自己的外甥女①热尔梅娜·德·富瓦嫁给斐迪南，并将法国宣称对那不勒斯拥有的权利都留给斐迪南与热尔梅娜的后代，他们还将继承西西里岛、撒丁岛、阿拉贡和斐迪南的其他所有领地。这个事态令腓力大为警觉和愤怒，他于次年带着一队德意志士兵和一大笔现金（用来行贿）返回西班牙。胡萝卜加大棒的策略让斐迪南在卡斯蒂利亚的大多数追随者都倒向了腓力。1506 年 6 月 27 日，腓力与斐迪南会面时，腓力带着一大队武装随从，而他的岳父几乎是单人独骑前来的。这一次，斐迪南签署了一项协议，承诺离开卡斯蒂利亚（换取一笔收入），并建议腓力剥夺胡安娜的所有权利，声称若不如此，"她的疾病和脾气（出于谨慎，在这里就不一一详述）一定会毁掉这些王国"。[16] 但在同一天，狡猾的斐迪南运用了一种策略，后来给他的外孙制造了麻烦：他在公证人面前发誓，他与腓力签署这几项协议是因为他受到了胁迫，因为"我信任他的承诺和誓言，毫无戒备地"去参会，没想到"他的武装人员对我的人身造成了严重的、明显的威胁"。他声称，他之所以剥夺胡安娜的权利并放弃"对卡斯蒂利亚的管辖权，而它理应属于我"，仅仅是因为"我在上述的威胁和恐惧强迫之下，不得不如此"。所以斐迪南并不认为这些协议具有约束力。[17] 腓力不知道斐迪南的这一

---

① 热尔梅娜的母亲是路易十二的姐姐。

招，在一个月后与岳父单独会谈了一个多小时。斐迪南声称自己在这期间"详细地给腓力提供了指示和建议，告诉他，在我看来，为了妥善治理这些王国并维持和平，以及其他关涉到我的领地和朋友的事情，他应当如何行事……我和他一直很和睦"。[18]此次会谈之后，斐迪南立刻返回阿拉贡，并于 1506 年 9 月 4 日启航前往那不勒斯。腓力于三周后去世。

此时身怀六甲的胡安娜因为丈夫的突然去世而悲痛不已，似乎无力承担政务，于是枢机主教弗朗西斯科·西门尼斯·德·西斯内罗斯（托莱多大主教和西班牙首席主教）召集了腓力和斐迪南的主要支持者开会，说服他们签署一项正式协议，将两党之间的分歧交给一个独立法庭来裁决，而不是动武；随后再召开王国议会，决定下一步如何是好。西斯内罗斯还建立了一个摄政会议，借助它来治理国家，直到斐迪南于 1507 年返回。斐迪南余生的大部分时间都在卡斯蒂利亚度过，做出了很多对查理有重大影响的决策。在对外方面，斐迪南派遣一支远征军于 1509～1510 年去北非，征服了好几座穆斯林控制的港口城市；1512 年，他又出兵纳瓦拉，占领了该国的南部。① 尽管这两次胜利在西班牙国内颇受民众欢迎，但也彻底得罪了奥斯曼苏丹和法国国王。查理将来不得不花费大量的人力、物力和财力来守住外祖父开拓的新领土。在国内，斐迪南的坐镇有助于在腓力去世之后维持公共秩序，确保他的外孙

---

① 历史上的纳瓦拉王国是一个巴斯克人的国家，横跨比利牛斯山，其领土分属今天的法国和西班牙，历史上长期被阿拉贡王国和法国争夺。1512 年，阿拉贡国王斐迪南征服了纳瓦拉的南部，它后来成为统一的西班牙王国的一部分。北部仍然是一个独立国家，直到 1589 年纳瓦拉王国的亨利三世继承法国王位，成为法国国王亨利四世（开创了波旁王朝），使得纳瓦拉王国与法国成为共主联邦，1620 年被正式并入法国。

能够继承一个完整的卡斯蒂利亚；但斐迪南在国内的两项举措直接影响到了年轻的西班牙王子。首先，斐迪南返回卡斯蒂利亚后就开始迫害那些"急于看到新政权建立、希望王子或其祖父即皇帝到西班牙"的人，以及那些"曾宣布自己纯粹是腓力国王的臣仆并希望斐迪南国王离开卡斯蒂利亚"的人。没过多久，大多数受到影响的人"决定离开卡斯蒂利亚，去尼德兰"。[19]其次，斐迪南虐待自己的女儿。很多历史学家称她为"疯女胡安娜"，她现在是卡斯蒂利亚女王，也是斐迪南在阿拉贡、那不勒斯、撒丁岛和西西里的继承人。

胡安娜的同时代人并非全都认为她"疯了"。1505 年，威尼斯驻西班牙大使温琴佐·奎里尼写道，马克西米利安在尼德兰待了好几周，"大部分时间和女王［胡安娜］在一起，几乎持续不断地举办娱乐活动招待她"，并试图劝她与丈夫在动身前往西班牙之前冰释前嫌。马克西米利安"想方设法让她开心，因为他知道，她的所有问题都是因为她非常抑郁"。奎里尼认为，马克西米利安的努力取得了成功。几周后，胡安娜乘坐的船在前往西班牙途中被风暴吹到了英格兰，亨利七世见了她，也认为她并没有疯。"我见到她的时候，"亨利七世告诉西班牙大使，"她看上去一切正常，讲话很克制，很优雅，从不损害自己的权威。"另外，"尽管她的丈夫［腓力］和他身边的人都说她疯了，我却觉得她很正常；我现在也是这么相信的"。斐迪南也对胡安娜的"疯癫"抱有怀疑。在斐迪南与腓力会谈并宣布胡安娜没有执政能力的一个月之后，斐迪南敦促腓力容忍胡安娜的行为，"就像他［斐迪南］容忍她的母亲伊莎贝拉女王的行为一样。伊莎贝拉女王年轻的时候曾经因为吃醋，变得比胡安娜如今的样子极端得多；在他［斐迪南］的支持下，她恢复了理智，成为大家都熟知的那位贤明女王"。[20]

历史学家贝瑟尼·阿拉姆对史料做过详尽的研究，也支持这些判断，即胡安娜的主要目标是把已故丈夫的庞大领地完整地传给儿子查理。为了这个目标，胡安娜女王坚决拒绝考虑再婚，而是退隐到修道院（先是在布尔戈斯附近，后来在托尔德西利亚斯），并把亡夫的遗骨也带了去。她允许父亲自由地统治卡斯蒂利亚并随心所欲地使用该国的资源，而这让他有办法控制胡安娜，甚至让人殴打她：斐迪南驾崩不久之后，在托尔德西利亚斯看守胡安娜的狱卒若有所思地回忆道，当她绝食抗议时，她父亲"命令鞭打她，从而挽救她的生命"。[21]

斐迪南获得了马克西米利安和卡斯蒂利亚议会的同意，在胡安娜在世的时候或者查理年满二十岁之前，斐迪南将一直担任卡斯蒂利亚摄政者和胡安娜的监护人（马克西米利安曾威胁把查理带到西班牙，然后自己担任摄政者）。所以，斐迪南虽然没有解决胡安娜的尴尬地位（她是宣过誓的女王，却拒绝行使权力）造成的难题，却为外孙提供了如何控制女王（一直待在托尔德西利亚斯）的蓝图。但阿拉贡的前途将会怎样？1509 年，热尔梅娜王后给斐迪南生了个儿子，于是他立刻取代胡安娜，成为斐迪南所有王国（包括阿拉贡）的继承人，但这个男婴没过多久就夭折了。斐迪南和热尔梅娜努力再生孩子，并且（根据某些说法）斐迪南求助于某种能够"增强性功能"的"药剂"，但（对查理来说幸运的是）他们一直没能生出孩子，于是卡斯蒂利亚和阿拉贡两国再度分道扬镳的危险消失了。[22]但是，斐迪南在 1512 年签署了一份遗嘱，规定在他死后，"在查理王子不在西班牙期间，他的弟弟斐迪南应当签署和执行所有与卡斯蒂利亚相关的法令"，而他（斐迪南国王）的私生子萨拉戈萨大主教阿方索将在阿拉贡行使类似的权力（斐迪南长期在海外停留期间，阿方索曾经代理他执政）。次年，斐迪南甚至更进一步，提议分割他和马克西米利安百年之后留下的领土，让年幼的斐迪南继承米兰和奥地利的一半。[23]

这些事态令查理的尼德兰谋臣们大为惊恐。1515 年 7 月，谢夫尔男爵向斐迪南国王保证，查理会"像忠顺的孝子"一样不折不扣地服从他；但谢夫尔男爵（带有威胁意味地）继续说："我谦卑地恳求陛下投桃报李，不要给他［查理］不服从陛下的理由，因为那样会让他非常伤心。"三个月后，另一件事情让谋臣们更加警觉：他们听说斐迪南国王的健康状况"严重恶化，大家担心他时日无多了"。谢夫尔男爵决定派遣乌得勒支的阿德里安（查理的教师和谋臣）去"与阿拉贡国王商谈一些秘密要务，在这里就不解释了"。也就是说，如果斐迪南驾崩，阿德里安必须以查理的名义召开西班牙议会，"宣示我［查理］继承两个王国的权利"。[24]

阿德里安最终与斐迪南达成了协议。国王同意认可查理为自己全部领土的继承人，并说服两个王国的议会向他宣誓效忠；斐迪南答应，等查理离开尼德兰之后，立刻把他的孙子斐迪南送到尼德兰；之前腓力国王的一些西班牙支持者逃到了布鲁塞尔，斐迪南没收了这些人的土地和财产，现在他将其物归原主。作为回报，阿德里安确认查理会立刻到西班牙来，但不会（像他父亲当年那样）带着外国军队来；在此之前，查理"将允许国王［斐迪南］继续执掌卡斯蒂利亚的政府"；查理还会从自己的宫廷驱逐斐迪南（眼中的）的所有敌人。[25]1515年 12 月，阿德里安向一个朋友吹嘘，他对查理的"贡献超过了我这样身份和地位的绝大多数人"。阿德里安随即去瓜达卢佩的修道院过圣诞节，并把年幼的斐迪南也带去了。斐迪南国王动身前往塞维利亚，准备集结陆海军，打算去北非发动一次新的圣战。[26]

但斐迪南的健康状况在此时突然恶化。"他有充分的理由处理好"自己的多个王国的政事，然后于 1516 年 1 月 22 日口授并签署了一份新遗嘱。尽管他认可胡安娜为自己全部领土的继承人，并且查理是她的继承人，但他表示："根据我确定的事实，她无法理解诸王国的政务，也缺乏执政的必需条件。"因此，"我提名最高贵的查理王子，即我亲爱的外孙，为我的所有王国与领地的总督，让他以他最尊贵的母亲的名义治理、保卫、引导和管理这些王国与领地"。此外，在查理抵达西班牙之前，斐迪南指派自己的私生子萨拉戈萨大主教阿方索治理阿拉贡，枢机主教西斯内罗斯治理卡斯蒂利亚，并授权他们"参照我执政期间的作为来治理国家"。国王于次日驾崩。[27]

所以，斐迪南背弃了前一个月与阿德里安谈成的协议。斐迪南没有宣布查理为自己的继承人和新国王，而仅仅任命他为总督，代理胡安娜执政；此外，在查理抵达西班牙之前，执掌大权的是两个他根本不认识的人。令局势更加复杂的是，年轻的斐迪南得知外祖父驾崩之后，因为"不知道天主教国王已经修改了［1512 年］的遗嘱，所以相信自己已经成为国家的总督"，于是传唤御前会议成员到瓜达卢佩见他，并开始以自己的名义发号施令。阿德里安立刻告诉斐迪南，他的外祖父已经改变了主意，并宣布查理已经授权他（阿德里安）而不是西斯内罗斯，在斐迪南驾崩之后治理卡斯蒂利亚；但西斯内罗斯在这时来到了瓜达卢佩，于是局势变得愈发复杂。枢机主教立刻表示，卡斯蒂利亚的法律（和阿拉贡的法律一样）规定，王子在年满二十岁之前不能执政，并且查理此时还不知道外祖父的遗嘱中的那些约束性条款。"各方就这些分歧进行了许多讨论"，直到"大家最终同意征询查理王子的意见，从而让他按照自己的心愿发布命令"。与此同时，西斯内罗斯和阿德里安"应当共同理政和签署文件，他们暂时就是这么做的"。如历史学家何塞·马丁内斯·米连所说，枢机主教在瓜达卢佩的行为相当于"一场不折不扣的政变"。随后，在阿德里安、年轻的斐迪南和卡斯蒂利亚御前会议成员的陪同下，西斯内罗斯动身前往马德里。在随后的二十个月里，马德里就是卡斯蒂利亚的行政首都。[28]

空位期

斐迪南国王的死讯以及他的遗嘱的一个副本于 1516 年 2 月 8 日被送抵布鲁塞尔。查理立刻命令在尼德兰每一座教堂"持续致哀六周"，"就像我的父王逝世之后那样"。他还写信给从未谋面的弟弟斐迪南，说他现在一定会感到"孤独和悲伤"，而自己对他表示同情并保证，现在"我不仅是你唯一的哥哥，还将像真正的父亲一样待你"。[29] 这都是比较容易的工作，真正的挑战是应对西斯内罗斯的政变。不过，外祖父的两面三刀让查理感到自己之前的一项承诺是可以忽略的，即将自己宫廷里的西班牙流亡者（被称为"腓力党人"，因为他们支持查理的父亲腓力）驱逐。

此时在尼德兰宫廷的腓力党人不到五十人，几乎都是城市权贵或贵族家庭的年轻成员（比如胡安·德·苏尼加，查理后来把自己的儿子和继承人腓力托付给他培养）。这些人都没有贵族头衔，只有一个人拥有主教身份：巴达霍斯主教阿隆索·曼里克。他曾直言不讳地支持腓力国王，因此被阿拉贡国王斐迪南囚禁了三年，后来他逃到尼德兰，成为查理的宫廷神父。腓力党人感到报仇雪恨的时机到了，于是敦促查理采用"卡斯蒂利亚国王"的称号。据曼里克说，"王子虽然签名时仍然用'王子'，但听到他们称他为'国王'就忍俊不禁"。[30]

1516 年 3 月 14 日，曼里克在布鲁塞尔圣古都勒大教堂为斐迪南国王主持安魂弥撒，仪式与十二年前伊莎贝拉女王的追思仪式（见第一章）非常相似。一队金羊毛骑士手捧斐迪南的各种徽记纹章，引领查理走进大教堂，站在灵柩台周围。灵柩台上摆放着"一顶金冠和一把剑"。主传令官三次列举已故国王的全部头衔，并呼唤他，教堂中殿的人们悲哀地答道："他已经与世长辞。"重复三次之后，传令官宣布，查理和胡安娜已经"继承了这些国度"。然后曼里克"从灵柩台上拿起王冠，走向查理……说道：'陛下，这属于您，因为您是国王。'随后他拿起剑，呈送给查理，说道：'因为您是国王，这是您用来主持正义的剑。'"新国王转身面对大教堂内的人群，这时喇叭齐鸣，唱诗班用歌声赞颂他。

一周后，查理签署了一系列书信，宣称教宗和皇帝以及很多"审慎而睿智的贵族"和"一些省份和领地"都敦促他"与天主教女王，即我母亲一起（进行统治），我应当采纳国王的称号与头衔，于是我遵从大家的心愿"。随后，他第一次在书信里使用传统的国王的签名：Yo el Rey（我，国王）。随后四十年里，他的所有西班牙文书信都会用这个签名。[31]

这些事态令身在马德里的西斯内罗斯和摄政会议成员大为震惊。几天前，他们发信给查理表示，"我们理解，某些人出于为殿下效力的热情，敦促您现在就采用'国王'的头衔"，但他们不同意："我们认为，殿下不应当这么做，这也不符合上帝和世界的利益，因为在您的母亲即女王在世期间……殿下的诸王国国泰民安，因此您没有必要自称国王。"他们还提醒他："这些王国里的奸恶之徒总是对在位的君主满腹抱怨，并与即将继承王位的人结交，制造分歧和争端，从而更轻松地在国家施行暴政。"因此：

> 如果殿下现在就自称为国王，可能会造成困难，会严重损害殿下的利益，对女王陛下的头衔构成挑战……这些王国里的心怀不满之辈，以及那些一心危害和平与团结的歹人，就会利用这种局面，用忠诚的语言伪装自己，有些人自称是为殿下效力，有些人则自称服务于您的母亲。[32]

这些告诫都是白费功夫。西斯内罗斯和摄政会议成员得知布鲁塞尔的消息之后，别无选择，只能接受。1516 年 4 月 3 日，他们授权举行"升起王旗"的仪式，这是宣布卡斯蒂利亚新君主登基的传统仪式。好几座城市立刻宣布"胡安娜女王和查理国王是卡斯蒂利亚"的君主。但也有的城市犹豫不决。萨莫拉直到 5 月 18 日才升起王旗，普拉森西亚①一直等到 7 月 25 日才升起王旗。英格兰大使约翰·斯泰尔注意到，很多卡斯蒂利亚人"因为佛兰芒人未经他们的同意就宣布王子

---

① 普拉森西亚是西班牙西部城市，今天属于埃斯特雷马杜拉自治区的卡塞雷斯省。

成为卡斯蒂利亚国王而十分不悦并鄙夷这种做法"。[33]

　　由于这样的不确定性，再加上渴望获得新统治者及其谋臣的好感，查理的一些新臣民从西班牙赶往布鲁塞尔。据英格兰驻尼德兰大使说，1516 年 4 月，"每天都有很多西班牙人赶来，宫廷里挤满了西班牙人"。三个月后，据西斯内罗斯在布鲁塞尔的密探报告，"他们按照西班牙风俗庆祝了圣雅各瞻礼日：二十四名骑士参加了晚祷和弥撒"。[34]这是一个重要的新事态，因为其中三名骑士来自西班牙社会的精英阶层，地位比腓力党人高。其他的新来者（后来被称为"斐迪南党人"）曾为先王效力，但在西斯内罗斯接管政权之后失去了职位。其中一位是弗朗西斯科·德·洛斯·科沃斯，他自 15 世纪 90 年代起就在伊莎贝拉女王的秘书处任职，自 1503 年以来从斐迪南那里得到了不少赏赐，所以他很熟悉卡斯蒂利亚及其美洲殖民地错综复杂的财政与文书系统。1516 年 10 月 31 日，查理命令西斯内罗斯从卡斯蒂利亚国库支取款项，付薪水给洛斯·科沃斯，"因为他来此地为我效劳，现在是我的部下"。六周后，洛斯·科沃斯宣誓成为国王的秘书，在此后三十一年里（直到他去世），他将始终为查理服务：拆封、阅读和摘要关于西班牙政府及其海外领地几乎所有方面的成千上万封书信，并为主公准备回信，请他批准和签名。1543 年，查理在给儿子亲笔写下的秘密指示中，评价洛斯·科沃斯所用的篇幅超过了对其他任何一位大臣的评价。查理还提及洛斯·科沃斯那样的斐迪南党人（较晚开始为查理服务）和胡安·德·苏尼加那样的腓力党人（十年前就从西班牙逃到尼德兰）之间的长期敌意。[35]

　　这两派能够达成一致的事情不多，其中之一就是查理必须尽快去西班牙。早在 1516 年 3 月，曼里克主教就报告称："在议事会的一次会议期间，所有人都发言并投票，最后大家的一致意见是，我们的主公查理王子必须"在这年夏季去西班牙。但曼里克还抱有疑虑，就像十年前有人对查理的父亲是否愿意去西班牙表示怀疑一样，并且怀疑的理由也相同：曼里克说，尽管"王子信誓旦旦地表示已经下定决心要去西班牙"，但"此地的人性情多变、反复无常，今天决定的事情明天就忘个精光"。他担心，"如果他们今年夏天不启航，就不得不推迟行程到来年夏天，因为冬季不适合航海，非常危险"。曼里克预言得一点都没错。

　　六周后，查理通知弟弟斐迪南："你想象不到我是多么渴望"到西班牙，并承诺："我会第一时间把我预定登陆的地点或港口通知你。"他补充道，但是目前"我还不能确定。将由上帝和天气决定"。1516 年 10 月，他再次向弟弟道歉："发生了一些重大的事情，所以为了天主教女王（即我的母亲）和我统治的其他所有王国与领地的安全考虑，我必须把行程推迟到明年春天。"于是他命令于 1517 年 3 月在米德尔堡①集结一支舰队。十一年前他的父母就是从米德尔堡启航去西班牙的。[36]

　　曼里克推测，查理之所以迟迟不去西班牙，是因为他需要确保在西班牙期间自己的尼德兰领地不会遭到攻击。他认为有三个潜在敌人——英格兰、法国和海尔德。英格兰是最容易安抚的。1516 年 4 月，亨利八世派驻布鲁塞尔的外交官与查理签订了一项条约，解决了现有的贸易纠纷，并承诺，如果有人

---

① 米德尔堡位于今天荷兰的西南部，是泽兰省的首府。

在查理在西班牙期间攻击尼德兰，英格兰会出兵援助。亨利八世还承诺，如果查理的舰队在去西班牙途中需要一个友好的港口稍事停留，他会欢迎查理。但是与法国达成类似的协议就困难多了。

5 月，两国在努瓦永镇举行谈判，但双方都对那不勒斯提出主张，导致谈判破裂，不过双方在 8 月重启谈判。弗朗索瓦一世（现在自称"法国国王、米兰公爵和热那亚领主"）为查理解除了迎娶勒妮的义务，但要求查理改为迎娶弗朗索瓦一世的女儿，即尚在襁褓中的克洛德。法国将放弃对那不勒斯的主张，以此作为她的嫁妆。在婚礼之前，查理需要每年给法国国王 10 万克朗，作为那不勒斯王国的贡金，而纳贡也就意味着明确承认法国对那不勒斯拥有权利。双方于 8 月签订的《努瓦永条约》还要求查理"补偿"弗朗索瓦一世的盟友，即被斐迪南驱逐的那位纳瓦拉国王；查理应当在抵达西班牙的八个月内"研究纳瓦拉国王的要求，补偿他，一直到他满意为止"。作为回报，弗朗索瓦一世发誓不会帮助查理的敌人。

谢夫尔男爵和勒·绍瓦热亲自参加了谈判，他们无疑相信，为了让查理在巩固自己对西班牙及其海外领地的权威的同时，也能够保障尼德兰的安全，在遥远的那不勒斯和纳瓦拉做一些让步是可以接受的代价。在纸面上，迎娶法国公主克洛德的义务似乎风险更大，因为这位公主未满周岁，这意味着查理要到 16 世纪 30 年代才能有自己的合法继承人。但两位谋臣也许觉得，他们将来可以背弃这部分条件，就像路易十二背弃了把自己的女儿嫁给查理的承诺一样。[37]

《努瓦永条约》令查理的英格兰盟友大为震惊。"卡斯蒂利亚国王拥有丰厚的遗产，是自过去五百年以来最强大的君主，"亨利八世的外交官们评论道，"而他居然对法国国王唯唯诺诺。"并且，"法国国王是个野心勃勃的人，他不会容忍与他地位相当或者更优越的人在意大利占据地盘"，所以那不勒斯和教宗国很可能都会被他控制。更糟糕的是，弗朗索瓦一世"主张""帝国的皇冠理应属于法国王室，一旦情势许可，他就会夺取皇冠"。而《努瓦永条约》让这种结局的可能性变大了。英格兰人认为，之所以出现这样不利的局势，是因为查理"身边有奸臣"（即谢夫尔男爵和勒·绍瓦热），他们"宁愿损害他的部分权利，也不愿得罪法国国王"。英格兰人看不到局势改变的希望，而是预测，谢夫尔男爵和勒·绍瓦热将会"继续主宰卡斯蒂利亚国王，直到他自己看清问题所在。然而在去西班牙之前，他不会看清形势；至于他到了西班牙之后能不能觉醒，只有上帝知道"。[38]

查理在离开尼德兰之前还需要安抚一个敌人，那就是海尔德。他的父亲腓力在 1506 年曾遇到相同的问题（见第一章）。尽管腓力打败了海尔德并迫使对方接受严苛的和约，卡雷尔二世公爵后来还是运用外交手段，偶尔还用军事手段，有时是在法国人的秘密援助下，恢复了他一度丧失的影响力。曼里克主教在 1516 年 3 月说，"我们很有理由害怕海尔德公爵"，因为"法国人倾向于在这种时候支持他……公爵的力量很强大，如果［查理］不设计好对策的话，就太遗憾了"。主教甚至敦促西斯内罗斯和西班牙的摄政会议"提供援助，征服海尔德"。[39]最终的解决方案就是这样：1543 年，查理利用西班牙的军队和财力，征服并吞并了海尔德。但当前查理需要尽快前往西班牙，所以他的谋臣倾向于和平解决海尔德问题。在努瓦永，他们说服弗朗索瓦一世劝诱海尔德公爵保证停火，等待外交官们讨论各种互相竞争的主张；他们还用公爵也许可以娶查理最小的妹妹卡塔利娜的可能性诱惑他。尽管这些努力最后没有结果，但足以暂时遏制海尔德。[40]

但查理此时还在拖延，迟迟没有启程。也许，西斯内罗斯发来的令人宽心的书信让他觉得，等等再去西班牙也不迟。1516 年 8 月，枢机主教写道：

> 这些王国全都享受着有史以来最安稳的太平……虽然国土广袤，却没有一丝一毫的动荡和疑忌，我们无疑应当感谢上帝：不仅大小城镇，而且权贵们，无一例外都忠顺、安宁。我们不能要求更多了。

一个月后，西斯内罗斯重复道："这些王国风调雨顺，国泰民安。"[41]查理最显赫的尼德兰臣民也令他宽心。1516 年 11 月，他首次主持金羊毛骑士团的会议。他已经宣誓成为该骑士团的团长，现在提议把骑士的数量从三十一人增加到五十一人，因为自骑士团组建以来，勃艮第王朝统治的领土已经扩张了许多；他还提议保留十个席位给他最卓越的西班牙和意大利新臣民。与会者表示同意，然后行使了一项属于他们的独一无二的特权：公开检视同僚的缺陷。大会批评了一些骑士的贪婪、酗酒和赌博之后，把注意力转向查理。他们说，因为他年轻，所以可以免受大部分批评；但他们抱怨，他很少就政策问题咨询他们。新任团长承诺将来改进。[42]

现在，查理需要筹集足够的资金，然后才能启航去西班牙。查理向西斯内罗斯解释，"为了安全地来西班牙，他必须确保尼德兰的一切都处于恰当的状态"，所以他需要西班牙人提供至少 10 万杜卡特①，然后他请求尼德兰的等级会议授权征收相当于 40 万镑的赋税。尽管他父亲在十年前为了相同的用途索要的也是这个金额，会议代表却不同意。"君主向民众索要一笔巨款，并且，"伊拉斯谟这样记载，然后尖刻地补充道，"那些不需要纳税的人，即贵族和教士，立刻表示同意。各城市的代表正在考虑。"他还写道，马克西米利安"通常到尼德兰的时候不带武装，而如今带来了一支装备精良的军队。国内随处可见成群结队的士兵"；伊拉斯谟想问，这究竟是为什么。[43]

答案很简单：皇帝于 1517 年 1 月返回尼德兰，是为了最后一次尝试收回对孙子治下各省的控制权。前一个月，玛格丽特派驻皇帝宫廷的代表向她保证，皇帝的目标是"把谢夫尔男爵及其同僚赶下台"，"皇帝在［查理］启航之前不会离开尼德兰，将会亲自执掌尼德兰的政权，从而将其交到您的手中"。[44]马克西米利安举步维艰。1517 年 4 月，他迫使孙子承诺"抓紧时间，在三到四周内"从泽兰启航，然后打听"已经做了哪些准备工作。有人向他报告，查理并没有做准备工作，也没有筹到钱"。马克西米利安因自己受骗而大怒，写了"一封言辞激烈的信给他的孙子即国王，让他不要忘了自己的承诺"。5 月的第一周，马克西米利安待在泽兰，亲自察看"准备工作"。然后他在利尔见了查理。利尔就是二十年前腓力和胡安娜结婚的地方。尽管有些人察觉到祖孙之间有些冷淡，查理还是命人制作了两扇巨大的彩色玻璃窗，以纪念他们的这次

---

① 杜卡特是欧洲历史上很多国家都使用过的一种金币，币值在不同时期、不同地区差别很大。

会面。这是祖孙俩最后一次见面。[45]

马克西米利安的唠叨似乎产生了效果，因为查理在 1517
年 6 月向等级会议宣布自己即将启程。据一名目击者说，首相
让·勒·绍瓦热向参会代表保证，他们的君主非常爱他们，非
常不情愿离开他们。这时，很多代表开始哭泣，并且"尽管
首相是个坚强的男人，从不轻易流泪，现在看到周围的人们都
在哭泣"，他先是"假装咳嗽，然后用手绢擦鼻子，以掩饰自
己满眼的泪水"。勒·绍瓦热恢复自制之后，代表查理做了几
个承诺：查理将在四年之内返回；他会在自己远离尼德兰期间
妥善安排政府工作；他会派遣弟弟斐迪南到尼德兰，这样就能
有一位王室成员和他们一起生活。查理还再次伸手要钱，但他
估计尼德兰等级会议无法及时筹到钱，于是说服亨利八世借给
他 10 万金弗罗林，专门用来在泽兰集结船只和招募水手，以
便他前往西班牙。[46]

现在，查理及其宫廷人员终于前往米德尔堡，在那里确定
了自己不在尼德兰期间"妥善安排政府工作"的计划。首先，
他任命自己的头号亲信拿骚伯爵海因里希三世①为尼德兰军队
总司令，并给他相当大的自由空间，允许他自行决定如何部署
军队。然后，他宣布"我已经决定，这一次不会任命摄政
者"，而是"组建由十四名显赫贵族与大臣组成的枢密院"，
负责处理民政，并明确规定哪些政策、司法和荫庇方面的事务
必须呈送他本人裁决。据查理说，马克西米利安（已经返回
德意志）曾承诺"如果尼德兰发生了什么不寻常的情况……

---

① 拿骚伯爵海因里希三世（1483～1538）是查理五世的宠臣和得力干将。
他是奥兰治亲王勒内·德·沙龙的父亲，还是下一任奥兰治亲王沉默者
威廉的伯父。

那么他［马克西米利安］将担任枢密院主席"。

尽管枢密院成员的名单一开始就是玛格丽特的名字，但她没有得到特殊的权力，仅仅负责"掌管我命人制作的印章，所有以我的名义发出的书信在得到枢密院批准后，都需要用它盖章"。尽管谢夫尔男爵和勒·绍瓦热都会陪同查理去西班牙，但他们显然不打算失去在尼德兰的权力。[47]

情　书

现在，查理向他准备带去西班牙的内廷人员发布了命令。其内廷人员超过 600 人，差不多是他父亲十年前去西班牙时带的随从的两倍。其中包括不少来自伊比利亚半岛的人士，有十八名高官，其中很多人已经是显赫的人物（已经成为科尔多瓦主教的阿隆索·曼里克、巴达霍斯主教佩德罗·鲁伊斯·德·拉·莫塔、胡安·德·苏尼加、路易斯·卡韦萨·德·巴卡和胡安·曼努埃尔）。名单里还有好几位德意志诸侯，包括普法尔茨伯爵弗里德里希，他继续以首席宫廷总管的身份获得 5000 镑的年薪。[48]

查理的姐姐埃莉诺也陪他去西班牙。起初，尼德兰臣民抱怨说，如果埃莉诺也离开，美男子腓力的孩子就全部离开了尼德兰（此时伊莎贝拉在丹麦，玛丽在去匈牙利的途中），于是查理命令埃莉诺留下。但她在御花园里唱歌抗议，"她的侍从女官们也纷纷响应，直到引起了她的弟弟的注意。他非常爱姐姐，于是来安慰她，并承诺带她一起去西班牙"。[49]事情当然不只是"唱歌抗议"这么简单。查理的亲政也意味着姐姐埃莉诺（十九岁）得到了"解放"，离开了梅赫伦的隐居之地，现在姐弟俩以布鲁塞尔的冷山宫为大本营，住在毗邻的两个套房里。查理在各地巡视时，埃莉诺会陪同他和他的廷臣，包括"排名第一的血亲"普法尔茨伯爵弗里德里希。

弗里德里希生于 1483 年，比埃莉诺年长十五岁，曾陪同她父亲第一次去西班牙，后来又在马克西米利安麾下在意大利作战。他也与查理保持了联系：1505 年，他送给查理一个木马玩具，后来无疑也送过别的玩具；1513 年，他成为始终陪伴查理的三名宫廷总管之一（见第二章）。很多人说，是弗里德里希治愈了查理的厌食症。[50] 两年后，马克西米利安任命弗里德里希为负责安排查理亲政的几名专员之一。随后两年里，查理到各地视察时，普法尔茨伯爵始终陪在他左右。

据弗里德里希的传记作者说，1515 年，弗里德里希成了埃莉诺的"情人，这是在一次舞会期间发生的，当时他们在王宫周围的园林里散步或者狩猎；他们无法用语言谈情说爱，于是用手势和姿态交流"。借助这些手段，他"向尊贵的奥地利的埃莉诺小姐求婚"。难怪她担心弗里德里希会去西班牙而她不能去的时候，会"唱歌抗议"。[51]

查理也有一项秘密的企图。他最终允许埃莉诺一起去西班牙，并不是因为她的抗议。1517 年 3 月，他们的姨母玛丽亚去世了，于是四十八岁的葡萄牙国王曼努埃尔一世成了鳏夫，他在寻找一位新娘。查理提议把埃莉诺嫁给他，这就对她的秘密恋情构成了威胁。在泽兰等待有利风向的时候，她向弗里德里希承诺，下一次"她和国王单独待在小礼拜堂的时候"，会请求国王允许她和弗里德里希结婚。但对他们的计划来说不幸的是，弗里德里希对她的决心有怀疑，于是给她写了一封激情洋溢的情书："我亲爱的，你可以让我幸福，也可以让我凄惨……我已经做好了准备，我想要的仅仅是让我属于你，让你

属于我……甜心，如果我用这么多恼人的信给你增添了负担，
请不要生气。"[52]

埃莉诺始终没有读到这封宣示爱情的书信。她的侍从女官
之一注意到了弗里德里希"恼人的信"。公主将信藏在自己的
紧身胸衣里，想等有机会时偷偷地读。谢夫尔男爵不知怎么发
现了此事，将其禀报给查理。此时，埃莉诺刚刚收到弗里德里
希最后一封绝望的信，并将其藏在通常的地方，这时查理走进
她的套房。每天早晨他都会来，向她问早安。

> "你好吗？"他问道。她回答："很好。"……"但是
> 我看到，"国王回答，"今天你的胸似乎比平时要大。"他
> 立刻伸手去摸，掏出了那封情书。埃莉诺涨红了脸，企图
> 夺回她的秘密恋情的证据，但查理占了上风，临走时说：
> "现在我知道你在做什么了。"

国王怒气冲冲地走回自己的套房，在那里读了情书，然后
拿给谢夫尔男爵看。谢夫尔男爵强迫当事人当着公证人的面详
细讲述自己的恋情。读了这些证词之后，查理立刻将弗里德里
希逐出宫廷，并将埃莉诺软禁在她的住处。他不会允许别人有
机会说埃莉诺"已经怀孕"，就像萨福克公爵给玛丽·都铎
（查理曾经的未婚妻）造成既成事实那样。[53]

这些戏剧性事件甚至让那些在泽兰等候与查理一同去西班
牙的外国外交官也目瞪口呆。卡思伯特·滕斯托尔①对"普法

---

① 卡思伯特·滕斯托尔（1474～1559）是英格兰学者、教会领导人、外交
   官、行政官僚和御前谋臣。从亨利八世到伊丽莎白一世时期，他担任过
   达勒姆主教。

尔茨伯爵的突然离去感到惊愕，因为他已经准备好了全部行李，要和国王一起出发，并且他曾经是始终陪伴国王的近臣之一"。滕斯托尔还惊愕地注意到"国王固执己见"。但滕斯托尔补充道："这究竟是不是国王自己脑子里想出来的事情，我就不得而知了。"滕斯托尔和其他许多人一样，察觉到谢夫尔男爵在此事中插了一脚，因为谢夫尔男爵非常怨恨弗里德里希"深得圣宠"，所以也许是谢夫尔男爵一手策划了竞争对手的垮台。但托马斯·斯皮内利认为，一位亲密谋臣突然失宠并被免职，第一次表明查理"有胆量，有勇气，并且不会轻易忘记别人对他的冒犯"。斯皮内利预言，年轻的国王"将会是个意志坚定的人"。[54]

但是，风向一直不利，国王一行无法从泽兰启航。9 月 11 日，在西班牙，西斯内罗斯的一名亲信承认，他和其他许多人一样，"希望陛下不要让我们在 1517 年白等，因为我们为他能不能来赌了 1000 杜卡特。我向上帝祈祷，陛下能够安全抵达这些王国"。[55]这名赌徒很快就要赢了，因为在四天前，泽兰的风向突然逆转，查理、埃莉诺及其随从匆匆进行了告解，然后登船前往西班牙。情书风波表明，为了实现自己的计划，查理甚至会做出伤害自己挚爱亲人的事情。但他有没有胆量和勇气去做艰难的政治抉择并且"意志坚定"，我们拭目以待。

注　释

1. Laurent, *Recueil*, Ⅰ, 309, Charles to the Great Council of Mechelen, 8 Jan. 1515. Van den Bergh, *Correspondance*, Ⅱ, 113 - 14 发表了

查理五世给佛兰德议事会的相同命令。查理五世一定签署了许多份相似的命令，发给尼德兰的其他所有机构。

2. Gachard, *Voyages*, Ⅱ, 55（Vandenesse, ' Journal des voyages '）；Du Puys, *La tryumphante entrée*（the ' encore ' at p. 12）. Du Puys 记述的一个豪华法文手抄本，可能是献给查理的敬献本，见 ÖNB Codex 2591。*De triumpe gedaen te Brugghe binner ter intreye van Caerle* 是荷兰文文本的复制品，1515 年 6 月 25 日在安特卫普出版，见 KB, 225 G 11。

3. Laurent, *Recueil*, Ⅰ, 378, Ordinance of Charles to the magistrates of Bruges, 13 Apr. 1515, beginning ' De par le prince ' and ending ' Car tel est nostre plaisir '；Gachard, *Analectes*, Ⅴ（' 14ᵉ série '）, 11, Charles to magistrates of Valenciennes, 13 Jan. 1515；and Gachard, *Analectes*, Ⅰ（' 2ᵉ série '）, 50 – 2, appointment of Le Sauvage as ' Grand Chancelier ', 17 Jan. 1515.

4. Laurent, *Recueil*, Ⅰ, 337 – 8, order dated 28 Mar. 1515；Gachard, *Voyages*, Ⅱ, 491 – 501, ' Ordonnance de Charles … pour le gouvernement de sa maison ', 25 Oct. 1515；Walther, *Die burgundischen Zentralbehörden*, 109 n. 1, Margaret to Maximilian, 1 Mar. 1515.

5. *LGC*, Ⅱ, 284, Margaret to Maximilian, 28 Jan. 1515（日期来自 Walther, ' Review of Kreiten ', 282）；BL *Cott. Ms.* Galba B. Ⅱ/ff. 319 – 26, Spinelly to Henry Ⅷ, 6 Feb. 1515（see also ff. 313 – 16v，斯皮内利在 1515 年 1 月 29 日的信报告了玛格丽特的哀叹，她说，"各项事务目前都很顺利，所以她不得不遵从谢夫尔男爵的意见"。）

6. *LGC*, Ⅱ, 276 – 7, Margaret to Maximilian, 18 Mar. 1515；van den Bergh, *Correspondance*, Ⅱ, 117 – 27, Mémoire of Margaret presented to Charles and his council, 20 Aug. 1515.

7. Walther, *Die Anfänge*, 238 – 9 and 135 n. 4, Maroton to Margaret, Innsbruck, 4 and 17 Feb. 1515，报告了他与皇帝的谈话。

8. Gachard, *Analectes*, Ⅰ（' 3e série '）, 168 – 70, 查理向马克西米利安支付 15 万镑的令状，因为后者在查理未成年时庇护了尼德兰，并且"解放了我"（pour consenter nostre émancipation）；马克西米

利安还"每年拥有通常从我这里获得的"（par an qu'il a et prend ordinairement de noz deniers de par deçà）超过 5 万镑，Bruges, 7 May 1515; and Gachard, *Analectes*, Ⅴ（'17e série'），465 - 70, Charles warrant of 22 Nov. 1516。

9. Walther, *Die Anfänge*, 243, Maximilian to Margaret, 亲笔信, 1515 年 5 月（斜体部分）; van den Bergh, *Correspondance*, Ⅱ, 133 - 6, same to same, 18 Jan. 1516。

10. Le Glay, *Négociations*, Ⅰ, 593 - 6, Philippe Dalles to Margaret, Paris, 3 Jan. 1515.

11. Gachard, *Analectes*, Ⅰ（'2ᵉ série'），53 - 5, Charles's commission to Henry of Nassau and others, 19 Jan. 1515; Le Glay, *Négociations*, Ⅱ, 2 - 8, 同一天的指示, 'ainsi conclu et ordonné par monseigneur en son conseil'; Verweij, *De paus*, 166 - 8, Charles to Nassau and others, 5 Mar. 1515。

12. TNA *SP* 1/10/49, Robert Wingfield to Henry Ⅷ, Innsbruck, 7 Feb. 1515; *Ordonnances des rois de France. Règne de François Iᵉʳ*, Ⅰ, 147 - 72, treaty of Paris, 24 Mar. 1515; Doussinague, *El testamento*, 432 - 3, Charles to Ferdinand, 16 May 1515。

13. *L&P* Henry Ⅷ, Ⅱ/1, 25 - 7, Suffolk to Henry Ⅷ, early Feb. 1515, and 73 - 4, Suffolk to Wolsey, 5 Mar. 1515. 玛丽显然明确希望避免她与查理五世的婚约被重新提起：她说，"她宁愿被撕成碎片"，也不愿"嫁到佛兰德"。Sadlack, *The French queen's letters*, 102 - 3.

14. *L&P* Henry Ⅷ, Ⅱ/1, 447 - 51, Stile to Henry Ⅷ, Madrid, 1 Mar. 1516. Zurita, *Los cinco libros*, f. 405 还指出，"卡斯蒂利亚的绝大多数大贵族听到斐迪南的死讯之后都兴高采烈，喜气洋洋"。

15. Doussinague, *La política*, 483 - 511 强调，十字军圣战这一元素在斐迪南的外交政策中体现得十分强烈，而他的外孙查理五世也会是这样。

16. AGS *PR*56/27 - 2, 'Scriptura que otorgó el Rey don Felipe para no consentir que gobernase la reyna doña Juana', Benavente, 28 July 1506, 原件（AGS *PR* 56/27 - 1 是斐迪南手中协议的副本，收

录于 Gachard, *Voyages*, Ⅰ, 543 – 4）。Gachard, *Voyages*, Ⅰ, 438 – 43（Deuxième voyage'）强调了腓力在军事上的优势，并刊载了公开条约的条件。

17. AGS *PR* 56/30, Ferdinand's 'protesta', Villafáfila, 27 July 1506, 原件。

18. AGS *PR* 56/31, Ferdinand to an unknown correspondent, Aranda del Duero, 5 July 1506（会面当天）, confirmed by von Höfler, 'Depeschen', 239, Quirini to the doge of Venice, 7 July 1506。

19. Zurita, *Los cinco libros*, f. 159. Martínez Millán, *La Corte*, Ⅰ, 110 – 11 精辟地分析了所谓的"亲信党"。

20. Von Höfler, 'Depeschen', 149 – 51 and 239 – 40, Quirini to the doge of Venice, 5 Sep. 1505 and 7 July 1506（奎里尼说，唯一的见证人西斯内罗斯把斐迪南在秘密谈判期间对腓力说的话告诉了他）; Berwick y Alba, *Correspondencia*, 461 – 2, Fuensalida to Ferdinand, London, 5 July 1508 报告了他觐见亨利七世的情况。

21. *CSPSp* Supplement Ⅰ, 143, Mosen Ferrer to Cisneros, 6 Mar. 1516. 这里用的短语是"dar cuerda"。Gustave Bergenroth, op. cit., xlii 认为这里的意思是胡安娜受到了拉伸四肢的酷刑，但用鞭子抽打她更为可信。

22. *CODOIN*, XⅧ, 350, 'Anales' of Lorenzo Galíndez de Carvajal 说，"很多人相信"是这种"药剂"害死了斐迪南。

23. Calderón Ortega, *Testamento* 刊载了斐迪南遗嘱的不同版本; *CSPSp*, Ⅱ, 118 – 21 and 185 – 8, Ferdinand's instructions to Pedro de Quintana, 21 May 1513, and to Juan de Lanuza, 20 Dec. 1513（分割遗产的提议）。

24. AGS *E* 1004/60, Chièvres to Ferdinand, 3 July 1515, French; RAH Salazar A – 16/6, letters patent of Charles, 17 Sep. 1515, 副本; ADN *B* 2249（#77, 795）是签有"Adrien Florency, dit d'Utrecht"字样的收据，这是为他的旅行提供的费用，1515 年 10 月 1 日。谢夫尔男爵把阿德里安送到西班牙还有一个额外的好处：教师和学生分开了。

25. Mártir de Anglería, *Epistolario*, Ⅲ, 211 – 13（#565），给蒙德哈尔侯爵的信，写于瓜达卢佩，1515 年 1 月 22 日（原文如此，应为

1516 年），写信的时间恰好在马特·德·安杰拉得知斐迪南立下最后遗嘱和驾崩的不久前。Leonardo de Argensola, *Primera parte*, 8 - 9 刊载了条款内容。

26. Fagel, 'Adrian', 28, letter to Floris van Egmont, 13 Dec. 1515.

27. Calderón Ortega, *Testamento*, 36 - 8, 阿拉贡国王斐迪南的最后遗嘱，1516 年 1 月 22 日。See *CODOIN*, XVIII, 342 - 51, 'Anales' of Lorenzo Galíndez de Carvajal，他是目击者，记录了斐迪南与其谋臣关于其最后安排的热烈讨论。*L&P Henry VIII*, II/2, 447 - 51，约翰·斯泰尔给亨利八世的信，写于马德里，1516 年 3 月 1 日，准确地概述了这些讨论。

28. *CODOIN*, XVIII, 354 - 7, 'Anales' of Lorenzo Galíndez de Carvajal; Martínez Millán, *La Corte*, I, 100 and 158 on the coup d'état.

29. Gachard, *Analectes*, I, 177 - 8, Charles to the magistrates of Mechelen, 10 Feb. 1516; Spielman and Thomas, 'Quellen', 21 - 2, Charles to Ferdinand, 15 Feb. 1516.

30. Gachard, 'Mémoire', 30, Manrique to Cisneros, 8 Mar. 1516; Martínez Millán, *La Corte*, III, 256 - 7（曼里克的传记）; Keniston, *Memorias*, 42（超过 50 名流亡者的名单）。

31. Keniston, *Memorias*, 78 - 9; *CODOIN*, XVIII, 368 n. 2, Charles to the Chancillería of Granada, Brussels, 21 Mar. 1516.

32. *CODOIN*, XVIII, 363 - 8, royal council to Charles, Madrid, 4 Mar. 1516.

33. Gayangos and La Fuente, *Cartas*, 109, Cisneros to López de Ayala, 12 Apr. 1516（描写了托莱多和马德里传统的升旗仪式）; *L&P Henry VIII*, II/1, 486 - 8, John Stile to Henry VIII, 3 Apr. 1516. 其他细节来自 Aram, *Juana*。

34. BL *Cott. Ms.* Galba B. VI/27 - 28v, Spinelly to Henry VIII, Brussels, 24 Apr. 1516; La Fuente, *Cartas*, 212, Diego López de Ayala to Cisneros, Brussels, 28 July 1516.

35. Cedillo, *El cardenal Cisneros*, II, 425 - 6, Charles to Cisneros, 31 Oct. 1516. Keniston, *Francisco de Los Cobos*, chs 1 - 2 出色地记载了洛斯·科沃斯的升迁之路。关于查理五世在 1543 年所做的评价可见第十一章及其后内容。Giménez Fernández, *Bartolomé de*

Las Casas 将查理宫廷的两个互相竞争的西班牙派系称为"腓力党"（partido felipista）和"斐迪南党"（partido fernandino）。

36. Gachard, 'Mémoire', 28, Manrique to Cisneros, 8 Mar. 1516; Spielman and Thomas, 'Quellen', 25 – 6 and 28 – 9, Charles to Ferdinand, Brussels, 22 Apr. and 10 Oct. 1516.

37. *Ordonnances des rois de France. Règne de François Ier*, Ⅰ, 409 – 30, treaty of Noyon, 13 Aug. 1516. Karl Brandi, *The emperor*, 76 的评价是"该条约只不过是表面文章"。这个评价似乎过于严苛了：该条约让查理五世得以控制西班牙，让弗朗索瓦一世得以巩固对意大利的控制，而且双方都不会受到另一方的干扰。

38. BL *Cott. Ms.* Galba B. Ⅴ/73 – 81, the earl of Worcester, Cuthbert Tunstal, and Robert Wingfield to Henry Ⅷ, Mechelen, 12 Feb. 1517（两封书信）。

39. Gachard, 'Mémoire', 28 – 9. Manrique to Cisneros, 8 Mar. 1516.

40. Struick, *Gelre*, 244 – 66 讨论了 1517～1518 年勃艮第与海尔德之间曲折的谈判，包括联姻的可能性。

41. Gayangos and La Fuente, *Cartas*, 138 and 159, Cisneros to Diego López de Ayala, his personal envoy to Charles, 12 Aug. and 27 Sep. 1516（他在 10 月 14 日又逐字重述了这些话，p. 171）。

42. Reiffenberg, *Histoire*, 293 – 335, account of the 18th Chapter of the Order; Gachard, *Voyages*, Ⅲ, 19 – 25（account of Vital）.

43. Cedillo, *El cardenal Cisneros*, Ⅲ, 575 – 8, Charles to Cisneros, 21 Apr. 1517; *CWE*, Ⅳ, 270 – 3（# 543），Erasmus to Thomas More, Antwerp, 1 Mar. 1517.

44. Walther, *Die Anfänge*, 246 – 7, Louis Maroton to Margaret, Hagenau, 12 Dec. 1516.

45. BL *Cott. Ms.* Galba B. Ⅴ/209 – 11v, 伍斯特伯爵给亨利八世的信，写于安特卫普，1517 年 4 月 26 日（叙述了伯爵与锡永枢机主教马太·夏伊纳的一次谈话。夏伊纳是皇帝的亲信大臣）；ADN B 2267/297，令状，签发日期为 1517 年 11 月 26 日，命令给利尔的"两扇玻璃窗"支付 125 镑，今天在皇帝的父母结婚的圣古马鲁斯教堂仍然能看到这两扇玻璃窗。Wiesflecker, *Kaiser Maximilian*, Ⅳ, 381 注意到祖孙之间有些冷淡；Von

Kraus，'Itinerarium'，313 - 16 记载了马克西米利安在尼德兰的活动，包括 1517 年 5 月 1 日至 7 日去泽兰的那一趟。

46. Gachard，*Voyages*，Ⅲ，27 - 32（account of Vital）；*L&P Henry Ⅷ*，Ⅱ/2，1109，西班牙国王查理偿付这笔贷款的义务，1517 年 7 月 18 日；Keniston，*Memorias*，145 说查理承诺"将在四年之内返回"。查理没有夸大自己在财政上的困难：ADN *B* 2267，财政总管在 1517 年的账目表明，该年度的开支是普通年份的三倍。

47. Gachard，*Analectes*，Ⅰ，9（'4ᵉ série'），353 - 6，Commission to Henry of Nassau as 'chef et capitaine-général de l'armée'，Middelburg，12 July 1517；Laurent，*Recueil*，Ⅰ，578 - 81，Instructions to the Privy Council，23 July 1517。

48. Fagel，'Het Bourgondische hof'，79 - 135，'Estat et ordonnance de l'ostel du roy'，21 June 1517；ADN *B* 2268（# 79，089），warrant to pay Frederick's stipend，19 Feb. 1517。

49. Keniston，*Memorias*，144（桑丘·科塔创作了埃莉诺和她的女官们唱的歌）。

50. ADN *B* 3462（# 121，649）payment to Adrian de Beaumarais to 'faire regarnir le cheval que le Comte Palatin donna au prince'，30 Sep. 1505. See *LGC*，Ⅱ，240 - 1，Margaret to Maximilian，c. 28 June 1514（日期由 Walther 确定），关于查理的厌食症好转；and Thomas，*Annalium*，50，声称此时"Caroli nutritor appelabatur Fredericus"。

51. Thomas，*Annalium*，53 简略叙述了这对情侣的幽会。Moeller，*Éléonore*，205 - 14 揣测了幽会可能的时间地点。弗里德里希本人在 1517 年 8 月说："他向高贵的奥地利的埃莉诺女士求爱和求婚已经是两年多前的事情了。"（Moeller，*Éléonore*，337 - 9）

52. Moeller，Éléonore，327 刊载了弗里德里希写给埃莉诺的亲笔信，337 - 9 是 1517 年 8 月 16 日讯问这对情人的正式记录。

53. Thomas，*Annalium*，58，可能基于弗里德里希在若干年后告诉他的话，但得到了确认，见 BL *Cott. Ms.* Galba B. Ⅴ/338 - 9，滕斯托尔给沃尔西的信，写于米德尔堡，1517 年 8 月 27 日，也就是事发一周之后。滕斯托尔写道："国王亲手从埃莉诺女士的胸口处拿出了〔弗里德里希的信〕。"其他细节见 Moeller，*Éléonore*，

337 – 9, notarized Procès-verbal, 16 Aug. 1517。

54. BL *Cott. Ms.* Galba B. V/338 – 9, Tunstal to Wolsey, Middelburg, 27 Aug. 1517，亲笔信，and ff. 348 – 50v, Spinelly to Henry Ⅷ, Middelburg, 28 Aug. 1517，亲笔信。

55. La Fuente, *Cartas*, 130 – 4, Varacaldo to López de Ayala, Aranda del Duero, 11 Sep. 1517.

查理五世皇帝年轻时的肖像

诗人桑丘·科塔在美男子腓力去世后从西班牙逃往尼德兰，后来成为腓力的女儿埃莉诺的秘书。科塔对动身前往西班牙前夕的查理做了一番近距离观察和描摹：

> 现在我们来聊聊，查理国王十六岁的时候是什么模样。他中等身材，长脸，金发，浅蓝色的眼睛很美，鼻梁狭窄但比例匀称，嘴和下巴不如面部其他部分美观……他很优雅，身强体健；作风正派，饮食有度；年纪还轻，已经显得聪明绝顶；思想开明，气度非凡，品德高尚。[1]

几乎所有对查理外貌的描述都提到了与众不同的"嘴和下巴"。意大利外交官安东尼奥·迪·贝亚蒂斯在查理前往西班牙之前拜访过他，后来说，尽管查理"身材魁梧雄壮，双腿修长笔直，在他这样身份的人当中拥有最优美的身材……但他的脸很长，面色惨白，歪嘴（他不注意的时候，嘴巴会自动张开），下唇下垂"。此时见过查理的另一位意大利使节报告称，查理"英俊而高挑，沉默寡言，嘴巴总是张开，喜欢让别人替他讲话"。第一任常驻查理宫廷的威尼斯大使弗朗切斯科·科纳提供了更多细节："尽管他的嘴巴不能算是畸形，但始终是张开的，这让他的脸很不好看……他的鼻子经常患黏膜炎。因为鼻孔经常是堵住的，所以他不得不通过嘴呼吸。他的舌头很短、很厚，所以讲话也很困难。"[2] 当时的几乎所有雕像和肖像都显示他的嘴巴张开、下颌突出。

所有人都同意他的另一个特点：这个年轻人十分虔诚。据迪·贝亚蒂斯说，"他通常每天听两次弥撒，一次是说的，一次是唱的"，并且他在圣周都会去静修。所以，在1518年复活节（他在西班牙度过的第一个复活节），查理退隐到一座修道院，"身边只带了少量随从，以躲避世俗事务的纷扰，几乎独自一人，从而更好地检视自己的良心，并深刻地告解"。随后他"去参观附近的所有圣地，寻求宽恕"。两年后，国王又一次"去一座修道院度过圣周，做自己的祈祷"，并拒绝在这期间处理公务。[3]

有些观察者对他的健康表示担忧。他的祖父和外祖父达成一致意见的事情不多，其中之一就是查理与玛丽·都铎的婚礼（原定于1514年5月举行）"必须推迟，因为他的体格天生不够强健"。三年后，御医警示道，查理看上去"太虚弱，活不过两年"。于是他的尼德兰大臣要求推迟西班牙之旅，因为"在自己的家乡生活有利于他的健康"。[4]一方面，很多人说查理身子骨太弱；另一方面，又有很多人说他在狩猎和比武时表现出了优异的体力和耐力。这种矛盾也许是因为偏见，就像他的父亲腓力的大臣们"宁愿下地狱也不肯去西班牙"（见第一章），或者如伊拉斯谟拒绝接受西班牙的一个主教职位时所说的那样："我不喜欢西班牙。"[5]

但1519年1月的一个戏剧性事件表明，年轻的查理确实体格一般。据当时在现场的法国大使说，"［查理］在跪着做弥撒时晕倒在地，在那里躺了两个多钟头，动弹不得，面部扭曲，仿佛已经死了。他被抬到卧室"，在那里待了好几天。大使写道："此地人人都在谈论此事。"何况查理"在不到两个月前"打网球时发过同样的病。[6]

不过，尽管"人人都在谈论"这个令人惊慌的事件（可能是癫痫发作），却似乎只有另外一名在场的目击者，即历史学家和王室谋臣彼得·马特·德·安杰拉记载了此事，并且对它不以为意："国王听弥撒的时候晕倒了，不过很快就恢复了元气。"马特继续写道："有人说发病的部分原因是他前一天吃得太多；也有人说是因为性生活过于频繁。"[7]"吃得太多"的解释不太令人信服，因为曾观察过年轻查理的绝大多数人（比如桑丘·科塔）都说他的饮食有节制。至于"性生活过于频繁"，弗朗切斯科·科纳在查理的宫廷待了四年之后斩钉截铁地说，查理"不是好色之徒"。[8]不过，科纳错了。

1517 年 2 月，在布鲁塞尔的一位英格兰外交官报告称（不过没有给出消息来源）："谢夫尔大人已经开始帮助国王寻欢作乐，允许他到维纳斯的花园里嬉戏。"这可能单纯反映了大家期望查理效仿自己的祖父和外祖父，这两位都有私生子（马克西米利安的私生子极多，"他自己都记不得他们所有人"）；或者也许仅仅因为驻外的外交官永远对宫闱秘史感兴趣。[9]不过，查理存世最早的一些亲笔书信也提供了一些细节，比如 1518 年 1 月他写给尼德兰军队总司令拿骚伯爵海因里希三世的一封信（见彩图 8）。这封信开头的问候（"海因里希"）表明两人的关系融洽而轻松。另外一个能证明两人关系的证据是，查理说"收到了你的许多来信"，以至于没有时间"亲笔一一回复"，尽管海因里希威胁"如果我［查理］不赶紧回信，就会被魔鬼抓去"。所以查理宣称，他会"首先回复你那封傻乎乎的信，因为所有人都喜欢谈论自己最喜欢的东西"；查理开玩笑地谈到一些廷臣在风月场上的冒险。然后他连珠炮一般地抱怨西班牙：他多么想念尼德兰美味的海鲜，他多么渴望喝到像样的葡萄酒，以及"我见不到我的海因里希，非常恼火"。查理最想念的是"美女们，因为在西班牙几乎完全找不到那样的女人，尽管我已经找到了一个能让我满意的……她没什么价值，因为她的胭脂水粉足有一根指头那么厚"。他继续这种缺乏绅士风度的评头论足：但是"如果这位女士愿意的话，比起在尼德兰，我在西班牙能更轻松、更便宜地把她搞上手"。他显然取得了成功，因为据担任他的贴身男仆十多年的洛朗·维塔尔说，此时的查理"通过爱情征服并占有了一位女士"。这位女士是谁呢？只有托马斯·斯皮内利大使提供了半遮半掩的答案，告诉查理的姨父亨利八世，查理爱上了"阿拉贡王后的一位侍从女官"。阿拉贡王后就是热尔梅娜·德·富瓦，即查理的继外祖母。[10]

别的外交官、大臣或编年史家似乎都没有提过这位女士，他们的沉默也许有点令人意外，但此时的查理很少有什么值得一提的事情让他们去大书特书。桑丘·科塔的《回忆录》只记录了查理去西班牙之前的一个决定：一天（几乎可以肯定是在1515年与1516年之交的冬季），他"决定自己应当像其他君主一样拥有自己的座右铭，于是用匕首在布鲁塞尔住处的一扇窗上刻下了自己的座右铭：'走得更远'（法文为 Plus oultre）"。[11]这句座右铭与赫拉克勒斯之柱①有联系，所以有两层意思：查理将会超越之前的各帝国的地理极限；他的勇气、声望与荣耀也将超越古代英雄。这句座右铭很快闻名遐迩。

1516 年 10 月，查理的医生兼谋臣路易吉·马利亚诺在向金羊毛骑士的集会发表演讲时提及这句座右铭，呼吁年轻的国王成为"新的赫拉克勒斯，新的阿特拉斯②"。一年后，这句座右铭和赫拉克勒斯之柱都出现在查理去西班牙时乘坐的旗舰主帆的显眼位置。[12]等到皇帝在巴塞罗那参加金羊毛骑士团的下一次会议时，这句座右铭的拉丁文版本（Plus Ultra）出现在他的座位背后。后来在上千个其他地点，皇帝都用这句座右铭作为装饰。科塔虽然没有说查理是如何想出这句座右铭的（它既有个人意义，也有英雄气概和骑士精神），但它很可能出自罗曼司史诗《特洛伊史》，这部作品是勃艮第公爵好人腓力请人创作的。大胆查理拥有该书的一部制作精美的插图抄本，将其收入公爵图书馆。他的妻子约克的玛格丽特（查理

---

① "赫拉克勒斯之柱"是直布罗陀海峡南北两岸的巨岩，北面一柱是位于英属直布罗陀境内的直布罗陀巨岩，而南面一柱则在北非，但确切是哪座山峰没有定论。根据希腊神话，这两大巨岩是大力士赫拉克勒斯所立，为他捕捉巨人革律翁之行留下纪念。赫拉克勒斯双柱之内的海洋即地中海。

② 阿特拉斯是希腊神话里的泰坦巨神之一，被宙斯降罪，不得不用双肩支撑苍天。"大西洋"（Atlantic）一词即出自他的名字（Atlas）。英雄赫拉克勒斯奉命前往赫斯珀里得斯（阿特拉斯的女儿）守护的圣园盗取金苹果的时候，向阿特拉斯求助，并答应在阿特拉斯离开的时间里代替他背负天空。摘得金苹果后，阿特拉斯却不愿再把赫拉克勒斯肩上的天空接过去，于是赫拉克勒斯假装同意，但是要求阿特拉斯在他去找一副垫肩时，也替他扛一会儿。等阿特拉斯把天空举到自己的肩上，赫拉克勒斯便捡起金苹果逃之夭夭，阿特拉斯只好继续肩负擎天的重任。

五世的第一个保姆）酷爱此书，命人将其译为英文。到 1516
年，查理肯定已经听人朗读过该书好几次。书中就有据说出自
赫拉克勒斯之柱的铭文："此处之外，再无一物。"这句话里
就有 plus 和 oultre 两个词。[13]

　　和科塔一样，洛朗·维塔尔也觉得关于年轻的查理无
事可记。维塔尔在编年史《首次西班牙之旅》里用了整整
一章介绍"上帝赐给我们的主公天主教国王的优异品格"，
但也只是"他不能忍受说脏话"，"他言语诚实，行为正
直"和"他憎恨阿谀奉承和饶舌之徒"这样的泛泛之谈，
很少举出具体的例子。另外，维塔尔即便为了支撑这些
"优异品格"也只能提出一个例证：十二岁时，查理责备
"一个老仆"，因为他为了排挤另一个仆人，在查理面前说
那人的坏话。[14]

　　史家举不出例子来，无疑说明年轻的查理很少有令人
难忘的言行。维塔尔在详细叙述从根特到萨拉戈萨的漫长
旅途（为期九个月）的文字中只记载了一次较长的对话，
而且仅仅涉及舰队驶向西班牙途中因为无风而止步不前时，
查理命令在各艘船之间分享饮食。迪·贝亚蒂斯在此次航
海开始不久前记录了"午饭或晚饭后，陛下坐在桌首，优
雅地接见大家"，不过"陛下一言不发"。科纳也注意到查
理"在接见人和开会时很少说话"。"他让首相或其他某位
在场的大臣回应。他自己说话的时候，也只是说会按照此
事的重要程度，将其交给首相、谢夫尔男爵或其他什么人
处置。"[15]

　　科纳和其他大使经常说谢夫尔男爵是"另一位国王"
（alter rex），而伊拉斯谟注意到，谢夫尔男爵"最无足轻重的

话也是法律"。维塔尔援引《旧约》里的例子来为查理"偏好
和尊重长者的意见"辩护:"罗波安不听老人言,只听年轻人
和无知者的话,结果被逐出自己的王国。"①16 但其他人就不像
维塔尔那么客气了。1516 年,一位西班牙使节报告称,查理
"被大臣吆五喝六,自己也想不出什么别的办法;除了大臣的
建议和调教,他自己说不出什么来。他亦步亦趋地追随自己的
谋臣,被他们攥在手掌心里"。次年,一位威尼斯外交官声
称:"他很少说话,智力有限。"另外两人说:"他们三次拜见
过他,却从未听他吐出一个字,一应事务均由他的谋臣处
理。"一位英格兰外交官则不留情面地说:"卡斯蒂利亚国王
只不过是个白痴,他的谋臣极其腐败。"17

　　这么说显然是不公正的。洛朗·维塔尔很清楚查理及其谋
臣为什么如此行事:他们必须"心甘情愿地做不得已的事
情";为了"保卫这位孤儿王子的财产",直到他长大成人、
能够成功地自己"捍卫自己的权利",他们必须避免战争,所
以不得不做出令人不快的让步。谢夫尔男爵细致地、有意识地
帮助王子为那一天的到来做准备。法国外交官马丁·迪·贝莱
没有理由赞扬自己主公的主要竞争对手,却在 1515 年到访查
理宫廷的时候说:"来自各省的公文都会被呈送给王子,哪怕

----

①　根据《圣经·旧约》的记载,以色列联合王国的所罗门王任命耶罗波安
　　为官吏,他目睹所罗门的奢侈和好大喜功造成的民间疾苦,于是图谋带
　　领以色列的十个支派脱离所罗门的统治,独立建国。阴谋败露,耶罗波
　　安逃往埃及,得到法老的庇护。所罗门驾崩后,耶罗波安返回以色列,
　　请求新王罗波安(所罗门的儿子)体察民情、减轻赋税。罗波安拒绝,
　　于是以色列人将他赶回耶路撒冷,以色列联合王国分裂为南北两个国家:
　　北方的以色列王国(以撒马利亚为首都)和南方的犹大王国(罗波安统
　　治,以耶路撒冷为首都)。耶罗波安就是北方的以色列王国的第一任国
　　王,统治时间是约公元前 931~前 910 年。

夜色已深。他阅读过公文之后会将其内容报告给自己的议事会，然后议事会当着他的面讨论。"迪·贝莱的一位同僚对谢夫尔男爵"竟然给年轻王子的头脑施加如此重担，而他明明有办法让王子过得轻松一些"表示惊讶时，谢夫尔男爵答道："他年幼的时候，我是他的教师和守护者……如果到我死的时候他还不能处理自己的事务，那么他就需要找别的教师，因为他没有得到处理政务的恰当训练。"[18]

不过，谢夫尔男爵以及他之前的玛格丽特和马克西米利安事无巨细的管理，似乎扼杀了查理的自主精神和独立性。这也许能解释他为什么如此依赖长者，不仅依赖谢夫尔男爵和乌得勒支的阿德里安（他们与马克西米利安是同辈人），还依赖普法尔茨伯爵弗里德里希和拿骚伯爵海因里希三世（他们的年龄是查理的两倍）。当然了，这些人，再加上美男子腓力的其余仍然在世的谋臣，构成了查理与他父亲的世界之间的重要纽带，这能解释查理的政策当中一些往往被忽视的延续性。但查理后来意识到了过于信赖个别大臣的危险性。他于 1543 年写给儿子腓力（当时腓力的年纪和查理第一次到西班牙时差不多）的秘密指示就包括了一项严正的警示，要求腓力避免当初查理与谢夫尔男爵之间的那种关系：

> 你应当始终和许多人讨论你的事务，而不是过于依赖和仰仗其中的个别人。那样固然可以节约你的时间，却不符合你的利益，尤其是在起初，因为他们会立刻说你被他们操纵了，而事实可能确实如此。从你那里得到特别恩宠的人会变得过于骄傲，过于拔高自己，这会给你制造不计其数的麻烦。最

终其他人会抱怨。[19]

这的确是睿智的建议，但皇帝仅仅是在受过反复修改的一页纸（比这份指示的其他页面的修改都多）上添加了这条建议。这有些奇怪，也许反映了他自己的羞耻和尴尬，因为他自己当初的做法与这相反，结果激发了多场叛乱，让他险些丧失了在西班牙的遗产（见彩图9）。

注 释

1. Keniston, *Memorias*, 142. 关于年轻查理的类似肖像，还可参见 Mártir de Anglería, *Epistolario*, Ⅲ, 101 – 2（# 515）, letter to Luis Hurtado de Mendoza, 13 Jan. 1513。

2. Di Beatis, *The travel journal*, 89 – 90; Sanuto, *I diarii*, XXⅢ, col. 11, letter from Giovanni Badoer, 23 Oct. 1516; idem, XXX, col. 324, Final Relation of Francesco Corner, 6 June 1521.

3. Di Beatis, *The travel journal*, 90; Gachard, *Collection*, Ⅲ, 261 – 2（Vital）; Sanuto, *I diarii*, XXⅧ, col. 488, Corner to the Signory, Santiago de Compostela, 12 Apr. 1520.

4. Mártir de Anglería, *Epistolario*, Ⅲ, 157 – 9（# 539）, letter to Luis Hurtado de Mendoza, 2 June 1514（也可参见该书第 39 页及以上引用的资料来源）; BL *Cott. Ms.* Galba B. Ⅴ/202 – 6, Worcester, Tunstal and Wingfield to Henry Ⅷ, Antwerp, 19 Apr. 1517, 报告了他们与奥地利的玛格丽特的谈话。

5. *CWE*, Ⅴ, 6 – 13, Erasmus to Thomas More, c. 10 July 1517: 'non placet Hispaniae'.

6. *BNP*, Ⅱ, 66 – 7, La Roche-Beaucourt to the Grand Master of France, 8 Jan. 1519.

7. Mártir de Anglería, *Epistolario*, Ⅲ, 347 – 8（# 633）, letter to the

marquesses of Los Vélez and Mondéjar, 12 Jan. 1519; Crouzet, *Charles Quint*, 21 – 5 讨论了这件事情，说它发生在主显节，并推测了查理发病的心理根源。Juan Ginés de Sepúlveda（他认识查理五世）在 Book XXX, ch. 35, of his *Historia de Carlos V* 中说，皇帝在结婚前患有 "morbus comitiali"，即癫痫。

8. Di Beatis, *The travel journal*, 90; Sanuto, *I diarii*, XXX, col. 325, Final Relation of Corner, 6 June 1521.

9. *L&P Henry VIII*, II/2, 94 – 5, Knight to Wolsey, 16 Feb. 1517; *KFF*, I, 70 – 1, Ferdinand to Charles, 25 June 1523, 斐迪南发现了他们的祖父的亲笔文件，"说他自己都记不得他们所有人"，但命令他的两个孙子照料所有的私生子。

10. BRB *Ms.* II – 2270, Charles to Nassau, 22 Jan. 1518, 亲笔信（收录于 Gossart, *Charles-Quint: roi d'Espagne*, 217 – 20）; Gachard, *Collection*, III, 159（Vital）; BL *Cott. Ms.* Vespasian C. I/121 – 4, Spinelly to Henry VIII, Valladolid, 7 Jan. 1518（斯皮内利在 "好" "女人" 两个词之间插入了 "温柔" 一词）; Morgan, *Ireland 1518*, 13 – 15, 讨论了维塔尔的生平及其编年史。

11. Keniston, *Memorias*, 73. 科塔没有给出日期，但他谈到了 "堂卡洛斯王子"，这表明此事发生在查理于 1516 年 3 月成为卡斯蒂利亚国王之前。这个细节很重要，因为这意味着此事发生在 Earl Rosenthal 的两篇博学且配有精美插图的文章 'Plus Ultra' 和 'The invention' 讨论的其他所有座右铭的例子发表之前。

12. 很多作者，包括 Rosenthal，认为这个图案源自 Marliano 于 1516 年 10 月 28 日在金羊毛骑士团大会上的讲话（全文见 Freher, *Rerum*, III, 146 – 9）。Bataillon, 'Plus oultre', 23 – 7 指出，上述说法是在 1830 年之后才出现的。而且，他虽然不知道科塔的说法，却仍然展现了令人眼花缭乱的渊博知识，建议历史学家们到别处寻找该座右铭的源头。

13. 好人腓力的随行神父 Raoul Le Fèvre 在 1464 年向公爵献上一部《特洛伊史汇编》（*Le recoeil des histoires de Troyes*）的抄本。该书很快变得非常流行，远远不只是在勃艮第宫廷：我们知道它有二十五种抄本和五种印刷版，而且它的英译本是第一本印刷版英文书。Le Fèvre 认为，赫拉克勒斯双柱之一上面有一句警告性

质的铭文："不要再向远处去探索更多的土地，也不要再试图征
服更远的江山。你越向西走，找到的土地就越少。"（Ne passe
oultre pour quérir terre/ Ne pour loingz royaulmes conquerre. / Plus
en Occident t'en yras/ Et moins de terre trouveras.)

14. Gachard, *Voyages*, Ⅲ, 264 – 9.

15. Ibid, 67 – 87（Vital）; Di Beatis, *The travel journal*, 90; Sanuto, *I
    diarii*, ⅩⅩⅣ, col. 272, Hironimo de la Vedoa to the Doge,
    Brussels, 4 May 1517; ibid. , ⅩⅩⅤ, cols 306 and 326 – 7, and ⅩⅩ
    Ⅶ, cols 70 – 1, Corner to the Signory, 24 Feb. 1518, 8 Mar. 1518
    and 25 Feb. 1519.

16. Sanuto, *I diarii*, ⅩⅩⅩ, col. 325, Final Relation of Corner, 6 June
    1521; *CWE*, Ⅴ, 6 – 13（# 597）, Erasmus to Thomas More, c. 10
    July 1517, and 72 – 5（# 628）, Erasmus to Beatus Rhenanus, 23
    Aug. 1517; Gachard, *Voyages*, Ⅲ, 266（Vital）.

17. Gachard, 'Mémoire', 23, Manrique to Cisneros, 8 Mar. 1516;
    Sanuto, *I diarii*, ⅩⅩⅣ, col. 89, Relation of Dr Marin Zorzi, 17
    Mar, 1517; *CSPV*, Ⅱ, 420, Ambassador Marco Minio to the
    Signory, 16 Sep. 1517, 转述了刚从查理宫廷国来的两位外交官
    的报告; BL *Cott. Ms.* Vitellius B. ⅩⅩ/55, Richard Pace to Wolsey,
    17 May 1517。

18. Gachard, *Voyages*, Ⅲ, 12 – 14; Du Bellay, *Mémoires*, Ⅰ, 58.

19. Ball and Parker, *Cómo ser rey*, 155, Charles's instructions, 6 May
    1543. 弗里德里希生于 1482 年，海因里希三世生于 1483 年。

第二部
权力的游戏

"你玩权力的游戏，结局要么赢，要么死。没有其他选择。"

——瑟曦·兰尼斯特告诉埃德·史塔克，《权力的游戏》，第 1 季第 7 集（2011）

四 从西班牙国王到罗马人国王，
1517～1519 年

终于抵达西班牙

阿拉贡国王斐迪南于 1516 年 1 月驾崩的几周之后，约翰·斯泰尔大使从马德里写信说，除非查理"于今年夏天抵达西班牙，否则这里一定会动荡不堪、滋生麻烦"。在一段时期之内，斯泰尔的话似乎显得夸张了。不仅枢机主教西斯内罗斯给新国王发去一连串令他宽心的关于卡斯蒂利亚的报告，阿拉贡的最高司法官也认可查理为王位的当然继承人和胡安娜"患病、精神不正常和疯癫"期间的法定监护人。与此同时，那不勒斯副王报告称："整个王国安享太平，秩序井然，服从新国王，与先王在世时并无二致。"尽管一些西西里贵族得知斐迪南驾崩后就发起叛乱，但副王很快就恢复了那里的秩序。这一系列乐观的报告让查理决定执行外祖父在北非进行一次新作战的计划：1517 年 5 月，他从布鲁塞尔命令西斯内罗斯向阿尔及尔发动海陆并进的攻势。[1]

但此时卡斯蒂利亚已经失控。尽管西斯内罗斯的地位很暧昧，起初他还能比较轻松地掌控局势。一群权贵询问他"你凭借谁的权力统治国家"时，枢机主教"指着露台（他在那里以及其他的制高点都部署了许多火炮）说：'国王留给我的是这些权力，我将凭借它们，在王子的许可之下统治卡斯蒂利亚，直到殿下驾到或者发出别的命令。'"但这样低劣的策略不可能长时间奏效。编年史家巴尔托洛梅·莱奥纳尔多·德·阿亨索拉回顾这段历史时抱怨道："枢机主教做事过于专横跋扈。"尤其是，"他将许多曾经对他尽忠职守的人免职，剥夺了另外一些人的薪水，还剥夺了一些要人的地租和税收"。很多受到影响的人逃往"尼德兰，躲到王子身边"。这就损害了西斯内罗斯的权威，因为"在王子的宫廷，大家听到的尽是对卡斯蒂利亚局势的抱怨"。[2]

很多留在西班牙的人也是满腹牢骚。有些贵族和城市公开反对西斯内罗斯的政策。尽管枢机主教在给查理的信里继续报喜不报忧，比如他在 1517 年 3 月写道，"一切正常，安享太平"，但卡斯蒂利亚的一些主要城市发出威胁，说如果查理在 10 月还没有抵达西班牙，它们将召开王国议会。最后，查理在这个期限的不久前（1517 年 9 月 20 日）首次踏上了西班牙土地。[3]

新的统治者驾到时已经做了充分的准备。查理赞助出版了一些宣扬他的合法性的书籍（包括彼得·马特的《新大陆报告》的一个新版本和《胡安二世编年史》，胡安二世就是查理的曾外祖父①）；也许是为了估测自己需要多少经费，他还拿到了母亲十年前去西班牙期间她的内廷日志的副本。[4] 通过从姨父英王亨利八世那里贷款，查理带来了在安特卫普新铸的 4 万西班牙杜卡特当作旅费，但起初他没有机会购物。他的舰队的导航员未能正确判断他们的登陆地点，所以查理、埃莉诺和一些廷臣在阿斯图里亚斯的小港口比利亚维西奥萨上岸，那里没

---

① 指卡斯蒂利亚国王胡安二世（1405~1454），他的女儿就是卡斯蒂利亚女王伊莎贝拉。

有设施来运送他的辎重和补给物资。据国王的一名随从说：
"一共两百人，包括领主、绅士和淑女，却只有不到四十匹
马。也没有地方可以买马，首先因为此地位于崇山峻岭，道路
崎岖难行；其次是因为主要的城镇正在爆发疫病。"[5] 这里说的
"疫病"就是腺鼠疫，在查理第一次到访西班牙期间，腺鼠疫
一直肆虐，这影响了他的决策，也让他的臣民满腹怨恨。

洛朗·维塔尔和主公一起登陆，他试图把当时的局面描述
得更积极一些。维塔尔宣称，"国王及诸位大人心甘情愿地接
受困难的条件"，"亲自帮忙"做所有需要做的工作，"假装自
己正处于田园牧歌的幻境中，享用当地面粉和鸡蛋做成的煎蛋
卷和煎饼"；但这种假装的享受很难硬撑下去，因为"很多人
只能睡在稻草上"。等到他们把当地的食品一扫而空之后，大
家的笑脸就装不下去了。王室一行人只能继续前进，但因为他
们只找到了几辆牛车（让女士们乘坐）和一些驮马和骡子
（供查理和其他几位贵人骑乘），大部分人只能步行。[6]

这群狼狈的旅人在"极其糟糕、令人疲惫的沿海道路"
上艰难跋涉，遭遇了倾盆大雨和"寒冷的黑雾"，最终抵达了
港口圣比森特德拉瓦尔克拉，在那里找到了条件较好的住宿和
新鲜食品，总算是恢复了精气神。查理后来向姑姑玛格丽特吹
嘘："在我们的路途沿线，该地区的王公贵族纷纷来向我请
安，并带来许多百姓，他们个个忠心耿耿、充满善意。"他
还傲慢地说："我相信，在此地，还从来没有过一位国王像
我这样得到普遍的欢迎和爱戴。"但没过多久他就卧病在床，
几乎什么都吃不下。医生尝试了各种药物，"经常添加独角
兽的角磨成的粉"。他病得很重，"就连弄臣也没办法逗他
一笑"。[7]

医生的结论是，"海边的空气是罪魁祸首"，于是国王及其小小的随从队伍没有继续赶路去桑坦德（他的舰队将大部分补给物资运到了那里），而是径直翻山越岭（有的山峰海拔高达近 2000 米）前往卡斯蒂利亚。不管放在什么时候，这都是一个愚蠢的决定，尤其是查理此时身体状况很差。起初他们经过的是村庄，"即便在国王的下榻地也没有挂毯，只能用熊皮替代"，但随后他们经过的小村就只有"家徒四壁"的小屋，之后来到的一个地方的"每一座房屋都臭气熏天，因为牲口通常都睡在室内，传播疾病"。国王一行人不得不搭建帐篷，准备露营，但很快又遇到了"寒冷的黑雾"，然后是暴风骤雨，甚至下雪，于是他们不得不躲进室内，和臭烘烘的、浑身跳蚤的牲畜一起过夜。就连一贯乐观的维塔尔也沮丧起来。他悲哀地写道："自从国王登陆并抵达西班牙以来，已经过去了二十六天。"但他们只走了 80 公里。[8]

国王一行人在帕伦西亚附近与他们的辎重队伍会合之后，条件有所好转，但他们的苦难远远没有结束。10 月 31 日，他们经过了"好几个村庄，只能看得见教堂，因为村民的房屋和住所都埋在地下，藏在隐蔽的地方，就像兔子洞"；查理在万灵节那天晚上庄严地进入袖珍小镇贝塞里尔德坎波斯之后，"他命令在他的住宿地庄严地做晚祷，但当晚没有吃饭"，因为没有任何东西可吃。

从 1517 年 6 月查理从根特启航到在万灵节抵达贝塞里尔德坎波斯之间的四个月，或许是他一生中最凄凉的日子，也是最没有成效的：在这期间他几乎没有处理任何公务，尽管其他地方的局势发生了戏剧性变化。在北非，阿尔及尔的穆斯林守军歼灭了查理派去讨伐他们的绝大部分远征军，这在西班牙全境引发了惊恐和愤怒。在更东边的地方，奥斯曼苏丹塞利姆一世率军征服了埃及和阿拉伯半岛，并自立为哈里发。根据研究奥斯曼历史的专家安德鲁·赫斯的说法，这"不仅让奥斯曼人一跃成为庞大的穆斯林世界的领导者，还给了伊斯坦布尔政权足够的资源，将其力量向北投射到维也纳城下，向西投射到直布罗陀海峡"。在这两个地方，奥斯曼人遇到的抵抗者都是哈布斯堡家族。"16 世纪的世界大战"就这样开始了。在查理的余下统治时间里，他的注意力始终被这场战争吸引，他的资源也不断被这场战争吞噬。[9] 对未来同等重要的是，萨克森维滕贝格大学此时还默默无闻的神学教授马丁·路德正在准备一份清单，列举了反对赎罪券之理论与实践的理由。赎罪券是教会向捐钱捐物给教会事业的人发放的一种文书。10 月 31 日，查理在贝塞里尔德坎波斯忍饥挨饿的同时，路德在维滕贝格发表了探讨赎罪券的意义与效果的《九十五条论纲》。到这一年结束时，这份檄文已经印刷了成百上千份，有德文和拉丁文版本。16 世纪的另一场世界大战已经拉开序幕。

母亲和她的孩子

查理安排卡斯蒂利亚议会在巴利亚多利德开会并宣布他为国王。他的廷臣们现在赶往巴利亚多利德，但他和埃莉诺先去了托尔德西利亚斯。他向弟弟斐迪南解释道："我来到这些王国的主要目的是尽我所能地看望、服务和安慰女王陛下［胡安娜］。为了这个目的，我决定在做任何关涉到王国的决定之前，先去拜见女王陛下，亲吻她的双手。"1517 年 11 月 4 日，查理和埃莉诺骑马来到托尔德西利亚斯，拜访他们已经十二年没有见过的母亲。姐弟俩先到母亲为他们准备的套房（都装饰着胡安娜从尼德兰带来的精美绝伦的壁毯）稍事休息，然后在谢夫尔男爵的陪同下去拜见女王。

查理跪在母亲面前。胡安娜"问了国王三次，他真的是她的儿子吗"，并说："这么短的时间，你已经长这么大了。"随后她"亲吻他的面颊，并亲吻埃莉诺公主的面颊"。然后她说："去休息吧，你们一定累坏了。"[10]姐弟俩恭顺地回到各自的套房，但谢夫尔男爵留在女王身边与她"谈了足足半个钟头"。胡安娜说，她对谢夫尔男爵记忆犹新，因为她在尼德兰的时候就认识他。于是他利用这个优势，提议："陛下不妨现在就授予［查理］完整的王权，这样他就能在您的有生之年学会治理和统治您的人民。"[11]她同意了（或者说，查理的大臣们后来是这么说的）。这极大地增强了查理在卡斯蒂利亚的权威，因为之前议会仅仅认可他母亲为他们的合法君主。从此以后，一直到1555年，尽管她一直是卡斯蒂利亚的"女王和君主"，尽管她的名字和儿子的名字一起出现在钱币和公文上，胡安娜从来没有挑战过查理以他俩的名义统治的权力。

另外，胡安娜没有对"阿拉贡女王"的头衔提出主张，起初是因为她身边的人都假装阿拉贡国王斐迪南还活着。这种欺骗是这样开始的：在斐迪南驾崩不久之后，西斯内罗斯和摄政会议认定国王的死讯会让胡安娜伤心欲绝，所以决定暂时不告诉她。1518年3月，事态变得更加严重。查理任命德尼亚侯爵贝尔纳多·德·桑多瓦尔·罗哈斯为她母亲内廷的总管和托尔德西利亚斯城的总督。用贝瑟尼·阿拉姆的话说，"在国王的批准之下，德尼亚侯爵为胡安娜炮制了一个虚构世界"。[12]

这个虚构世界之所以能够维持下去，是因为他们在女王周围建立了双重的沉默之墙。德尼亚侯爵禁止她走进任何有窗户的房间，以防止她看见外界的人或与其谈话。他"把她锁在自己的房间里，那里除了烛光之外没有任何光亮"。他还只允许经过精挑细选的女仆（由德尼亚侯爵夫人监管）侍奉女王，并吩咐精挑细选的卫兵阻止其他任何人接近女王。这些女仆和卫兵也是囚徒，不能离开宫殿，不能与外界的任何人交流，甚至不能与查理的其他大臣交流，因为（如德尼亚侯爵所说）"此地发生的一切应当严格保密，尤其不能让御前会议的人知道"。

德尼亚侯爵还坚持只有他和他的妻子能够与胡安娜交谈。如果必须有外界的人（比如医生）来见胡安娜，德尼亚侯爵就让每个访客发誓绝不说任何与他创建的虚构世界矛盾的话。[13]有一天，胡安娜召见德尼亚侯爵，"对我［德尼亚侯爵］大发怨言，说我否认她的主公［斐迪南］即国王陛下已经去世，并坚持要我告诉她，斐迪南究竟是不是还活着，因为这对她非常重要。我回答，我对她一直讲的是真话。我说，如果不是这样，陛下［查理］会告诉她"。马克西米利安的死讯送达后，德尼亚侯爵立刻给谎言增添了一个新的层次：

> 这一次我告诉她，陛下［查理］现在是皇帝了，因为马克西米利安皇帝退位了，选帝侯们进行了新的选举。我还说，她应当为此感谢上帝。她答道："是这样吗？马克西米利安皇帝还活着吗？因为我相信他已经去世了。"我向她保证，他还在世。[14]

为什么要撒这样的谎？为什么要把女王，即查理的母亲，骗得稀里糊涂？为什么要这样羞辱她？古斯塔夫·贝尔根罗特首次发表了查理与德尼亚侯爵之间冷酷无情的部分书信，他推测，查理与德尼亚侯爵的目的是让世人继续相信胡安娜是个疯子，所以没有执政能力。但贝尔根罗特的解释没有考虑到这样的事实：在这个虚构世界之外，（除了查理等人之外）无人知道这个世界的存在。更有可能的情况是，他们之所以哄骗胡安娜说她父亲还活着，是因为，如德尼亚侯爵所说，通过欺骗能更轻松地控制她：

> 我已经告诉女王陛下，我的主公和国王陛下，即她的父亲，仍然在世，因为一旦有什么事情让她不高兴，我就可以说这是国王陛下的命令。她非常爱他，所以比较容易忍受这一切。如果她知道他已经去世，就不会这么容易乖乖听话了。

另外，这种欺骗也让德尼亚侯爵能够安抚胡安娜说，她的儿子"来到西班牙主要是为了确保一应事务都令她满意"，但因为"斐迪南国王"拒绝，所以"您［查理］没有取得成功"。[15]

欺骗母亲带来的好处无疑能够解释查理为什么不仅容忍诸多的谎言，还帮忙扩大了谎言。1518 年 10 月，托尔德西利亚斯受到瘟疫的威胁。为了谨慎起见，查理决定把女王撤到更安全的地方。查理指示德尼亚侯爵，如果他母亲拒绝离开宫殿，"因为女王陛下畏惧死亡，尤其是害怕瘟疫造成的死亡，那么你必须告诉她，瘟疫太严重，染病的人在两天之内或更短的时间内就会死亡；……你可以安排神父拿着十字架在宫外一天经过好几次，假装是送葬"。查理还再次表示支持德尼亚侯爵对胡安娜的蒙骗："如你所说，最好不要让任何人与女王陛下谈起你认为可能不合适的东西。我觉得最好是这样：一旦女王陛下问起某人，你们就告诉她，那人染上了瘟疫，被送到城外了。"他还命令所有侍奉胡安娜的人都服从德尼亚侯爵，"仿佛是我亲自下的命令"。查理似乎从来没有考虑过，谎言和长期软禁会对母亲造成什么样的影响。[16]

查理对待自己的弟弟也很差。在离开尼德兰不久之前，查理收到一份报告，说年轻的斐迪南的内廷里有些人在搞阴谋，企图推举他们的主公为"这些王国的总督，以女王的名义统治"。于是查理派遣一名信使火速赶到西斯内罗斯和阿德里安身边，指示他们解雇并流放了斐迪南内廷的三十多名官员。据一个目击者说，"该计划是在一天之内执行完毕的，这大胆的举动让所有人都大吃一惊，因为目前殿下［查理］除了斐迪南之外没有任何继承人"。[17]

据说，随后的调查显示有人企图将斐迪南带到阿拉贡，还有其他一些"令人发指"的阴谋。普鲁登希奥·德·桑多瓦尔①借助后见之明评论道，曾在卡斯蒂利亚侍奉斐迪南的人"全部，或者绝大多数""都参加了两年后的公社起义"。但这是两年后的事情。目前，查理集中力量确保弟弟的忠诚，给他写了一封私人的信，向他保证："我做这一切，都是为了你好。你应当始终铭记我对你的爱。"他承诺："我会写信给你，告诉你可以在何地与我会合。在此之前，先尽情享乐吧。"查理还督促西斯内罗斯让斐迪南明白："我命令采取的措施是为了他的好处、他的福祉，因为我对他的爱总是压倒一切的。他

---

① 普鲁登希奥·德·桑多瓦尔（1553～1620）是西班牙历史学家和本笃会修士，当过图伊修道院院长和潘普洛纳主教。他的著作《查理五世皇帝的生平与事迹》是研究查理五世的重要史料。

必须将我视为兄长和真正的父亲。"[18]

枢机主教对查理的这一席话并不信服。西斯内罗斯知道查理打算把弟弟送到尼德兰，于是恳求"把这事情办得让我们的王国满意，也就是说，不要让他走的时候身无分文、满心绝望"。枢机主教提议，也许"可以向他承诺，把皇帝［马克西米利安］百年之后留下的土地当中属于陛下的份额留给他"。[19]西斯内罗斯还没有面见查理就去世了，所以查理可以有恃无恐地对他的建议置之不理。枢机主教的建议是不可替代的，因为他曾与伊莎贝拉女王和斐迪南国王密切合作，并曾四次独立治理卡斯蒂利亚（1506～1507年、1510年、1512年和1516～1517年）。所以他从自己的经验知道王国每个组成部分的长处和短处。但这些丰富的经验与洞见都与他一同消逝了。枢机主教的去世还给查理留下了"一杯毒酒"，因为托莱多大主教的位置（及其每年8万杜卡特的收入）空缺了。查理决定提名纪尧姆·德·克罗伊（谢夫尔男爵的侄子，曾经是查理的侍童，现年十九岁，已经成为神父，正在鲁汶大学读书）为西斯内罗斯的继任者。这是新任西班牙国王的第一个重大错误。

开始受挫

谢夫尔男爵可能是因为自己没有儿女，所以始终竭力提携自己的侄子，说服查理将他任命为尼德兰最富裕的两家修道院的院长、康布雷大主教和科里亚（在卡斯蒂利亚）主教，最终让他登上枢机主教的高位。谢夫尔男爵现在恳求查理任命他的侄子为托莱多大主教。[20]据维塔尔记载，"起初国王不置可否，说自己会考虑一下"，因为还有其他人对托莱多大主教的位置表现出兴趣。于是他"请求御前会议商议应当将这个职位给谁，因为他想先听听御前会议的意见"。维塔尔继续写道，但是"觊觎该职位的人太多，国王和御前会议都左右为难"。这表明御前会议内部存在严重的分歧。伊拉斯谟后来声称，查理曾邀请他一起去西班牙，而他之所以拒绝，就是因为"我看到宫廷分裂成许多派系，有西班牙人的派系、犹太人的派系和法国人的派系，有谢夫尔男爵的支持者和皇帝［马克西米利安］的支持者，有那不勒斯人、西西里人和其他乱七八糟的党羽"。在挑选新任托莱多大主教时，"谢夫尔男爵的支持者"最终占了上风，这或许并不意外。[21]

查理已经把一些外国人任命到卡斯蒂利亚的教区主教位置上，比如路易吉·马利亚诺成为图伊主教，克罗伊成为科里亚主教。查理的这种做法明目张胆地违背了伊莎贝拉女王的遗嘱，因为她规定只有卡斯蒂利亚国民才能担任卡斯蒂利亚的世俗职务和教会职务。查理的做法引发了一些敌对的评论，所以他在提名克罗伊为托莱多大主教之前采取了一个预防措施：签署文件，宣布克罗伊已经归化为卡斯蒂利亚国民。但这个任命仍然很有争议。埃莉诺的秘书桑丘·科塔报告称，阿拉贡的阿方索（斐迪南国王的私生子，担任萨拉戈萨大主教，自他父亲驾崩以来担任阿拉贡王国的摄政王）动身前往托尔德西利亚斯，希望获得托莱多大主教的职位，这时"国王写信给他，让他不要来，因为他已经任命其他人为托莱多大主教了"。这种粗暴的回复自然而然地疏远了阿方索。后来查理恳求阿方索帮助他争取阿拉贡人的支持时，阿方索拒绝伸出援手。据彼得·马特记载，在巴利亚多利德，"所有人都说国王对他的舅舅阿方索很不礼貌、很粗鲁"。马特也认识到，任命克罗伊为托莱多大主教的做法"更加明目张胆地违反了这个王国的法律与风俗，一定会在将来掀起动荡"。他预言："从这些种子里能长出什么样的果实，时间自然会告诉我们。"[22]

在这些种子生长的同时，查理处理了一些家事。在托尔德西利亚斯，他和埃莉诺与他们的妹妹——十岁的卡塔利娜一起待了一段时间，并为他们的父亲安排了一场迟来太久的葬礼。胡安娜一直把腓力的遗骸保存在托尔德西利亚斯。墓地本身很简朴，因为查理打算将来把腓力的遗骸送到格拉纳达，安葬在天主教双王身边。但在接见议会之前为已故国王举办葬礼，凸显了查理作为君主的合法性。查理和埃莉诺现在离开了托尔德西利亚斯，去见他们的弟弟，即十四岁的斐迪南。国王拥抱弟弟，册封他为金羊毛骑士，并"解释了关于该骑士团的好几个精妙、高贵和充满骑士风度的事项"。随后，在多达 6000 人的随从队伍的陪同下，伊莎贝拉女王的三个孙辈一起在盛大的仪式中进入巴利亚多利德城。据维塔尔记载，就连这座城市的"年长的市民和商人"也声称，卡斯蒂利亚无人"见过这样一位高贵而威风凛凛的国王入城"。[23]

卡斯蒂利亚议会几乎立刻投票批准拨给查理 60 万杜卡特的经费（金额比之前的任何一次拨款都高得多），并认可查理为国王（他母亲仍然是女王），但他们也给查理呈送了将近一百桩申诉案件，请他处理。有些申诉是很传统的，没有争议，比如"请陛下禁止掷骰子赌博""请陛下命令铸造铜币和其他辅币，因为本王国缺少小额钱币"。还有一些申诉虽然要求更多，但不会对国王构成威胁，比如"他们恳求陛下满足我们的心愿，说卡斯蒂利亚语"和"请陛下至少每周两次接见外臣"。只有少数申诉涉及的是近期的事态："我们恳求陛下……规定，在您结婚生子之前，斐迪南王子不要离开这些王

国"；卡斯蒂利亚的所有职位，不管是世俗的还是教会的，
"都不应当授予外国人"；"永远不应当向外国人授予归化入籍
的文书，已经授予的应当撤销"；"托莱多大主教应当前来，
居住在这些王国"。[24]

查理立刻处理了部分申诉，包括他不会说西班牙语的问
题。据一位勃艮第大臣说，到 1518 年春季，国王"与贵族交
谈时用卡斯蒂利亚语，现在已经掌握了这种语言和该国的风俗
习惯"。马特也同意，并告诉一些通信伙伴："国王突然开始
说西班牙语，并且表达流畅，仿佛他是在你们当中出生并长大
的。看来他学得非常快。"查理还开始在接见外臣时独立发
言，而不是依赖谋臣以他的名义发言，尽管他的句子很简短，
并且往往是套话。[25]

在斐迪南的十五岁生日时，查理为他设立了单独的内廷，
然后三姐弟一起去萨拉戈萨，与阿拉贡王国议会面谈。但在途
中，查理在事先没有任何预警的情况下，突然违背了卡斯蒂利
亚议会明确表达的意愿，命令弟弟离开自己出生的家乡，立刻
走海路去尼德兰，到他们的姑姑玛格丽特身边生活。当然，查
理这么做就兑现了自己离开尼德兰之前向尼德兰臣民所做的承
诺（见第三章）。但现在突然做这样的决定，表明了查理内心
的恐惧。据查理的编年史家阿隆索·德·圣克鲁斯记载：

> 在巴利亚多利德与议会成员谈话的时候，谢夫尔
> 男爵和首相［勒·绍瓦热］得知……查理国王受到
> 很多人的憎恨，而他的弟弟斐迪南受到所有人的爱
> 戴……于是他们建议把斐迪南送离卡斯蒂利亚王国，
> 这样的话将来如果有某些西班牙封臣起来造反，他们

也不能推举斐迪南为领袖。陛下觉得这是个好主意。

桑丘·科塔此时就在国王身边。他记载道，斐迪南王子的突然离去"深刻影响了每一个西班牙人，不管是贵族还是平民，因为他们全都非常喜欢斐迪南"；而法国大使也表示："此地的人民对此事不是非常开心。"[26]

就连通常对查理阿谀奉承的洛朗·维塔尔也注意到了西班牙人对查理逐渐增长的敌意。在巴利亚多利德的时候，好几位神职人员拒绝给国王的随从安排住处，并对负责寻找住宿地的王室官员施加绝罚①。有人在教堂大门上张贴海报，抱怨如今外国人统治了他们的国家。国王刚刚离开巴利亚多利德之后，一名修士在布道时"诽谤中伤"尼德兰人，说他们"囚禁"了新的统治者，并任命外国人为卡斯蒂利亚官员，违反了卡斯蒂利亚的法律。国王指示当地的行政长官逮捕这名修士，"并严加惩罚，以儆效尤，让其他修士在将来只敢说真话"。敌意是双向的。据马特说，查理的尼德兰谋臣（其中很多人在十年前灰溜溜地从西班牙逃走，见第一章）"极其蔑视西班牙人，仿佛他们是在阴沟里出生的"。[27]

也许这些人的话太夸张了？英格兰派驻查理宫廷的外交官伯纳斯勋爵在 1518 年 9 月写道："西班牙的事务一切正常"，除了"西班牙人和勃艮第人之间的稍许嫉妒和不信任"；他相信查理国王"每天在比武、竞技和杆子游戏②中的胜利"能够

---

① 即开除教籍。
② "杆子游戏"（Juego de cañas）是 16 ~ 18 世纪西班牙流行的一种游戏，两队选手骑马，互相投掷杆子（就像投掷标枪一样），并用盾牌抵挡对方投掷的杆子。杆子游戏实际上是模仿旧时西班牙人与摩尔人的战斗场面。

争取到所有观众的心。[28]但是，伯纳斯抱怨道，"阿拉贡人是全
世界最骄傲、最顽固的民族"；尽管"他们已经宣誓接受他为
国王，成为他的臣民，但他们既不忠顺于他，也不给他金
钱"。两个月后，另一位倍感挫折的外交官预测，阿拉贡议会
将"无限期地开会，我估计永远不会结束（国王本人每周去
参会两到三次）"。[29]

议会的拖延是有深刻原因的。如曼努埃尔·里韦罗·罗德
里格斯①所说，在斐迪南国王驾崩后：

> 阿拉贡仅仅将查理视为王子，当局没有拆封他发
> 来的命令、旨意和文书，而是将其存档，等他被接受
> 为国王之后再处理。他以国王而不是王子的身份发出
> 的命令则被退回……因为阿拉贡的继承法律不接受通
> 过母系血统的继承，所以在阿拉贡人眼里，向胡安娜
> 和查理发出的效忠誓言仅仅是临时性的。[30]

1518 年 3 月，查理缓慢地前往阿拉贡边境，途中命令他
的舅舅阿方索来见他并宣誓效忠。但阿方索因为托莱多大主教
职位的风波感到很受伤，没有来见他。国王一行人焦躁地等待
了一周，直到萨拉戈萨的行政长官发来一封信说，在他们向查
理宣誓效忠之前，他们必须首先向胡安娜本人宣誓效忠。尽管
阿拉贡议会最终承认这是不可能办到的，并且不情愿地接受了
查理的誓言，即尊重阿拉贡所有法律，但他们还是拒绝在胡安

---

① 曼努埃尔·里韦罗·罗德里格斯为当代的西班牙历史学家，是马德里自
治大学的教授。

娜在世期间称他为"国王"。即便他解决了这种意见分歧，议会还是要求认可斐迪南王子为"王储"。在萨拉戈萨街头，卡斯蒂利亚廷臣和阿拉贡廷臣之间爆发了斗殴。尽管查理设法让双方和解，但他与阿拉贡议会的谈判还是拖到了这年的末尾。

萨拉戈萨的长期权力斗争让派驻查理宫廷的外国外交官第一次有机会观察新的哈布斯堡国家是如何决策的。威尼斯大使弗朗切斯科·科纳多次说谢夫尔男爵是查理宫廷的"另一位国王"，而马特开始称谢夫尔（Chièvres）男爵为"山羊"（法语词 chèvre 是山羊的意思），并说谢夫尔男爵是"锁住查理的锁链"。法国大使附和道，"参与处理这位年轻君主的事务的人很少"，并补充说，谢夫尔男爵的影响力没有丝毫减弱。他说得对。1518 年年末，查理册封谢夫尔男爵为阿尔斯霍特侯爵、博蒙伯爵和海弗莱男爵。所以谢夫尔男爵显然仍然享受着君主的恩宠。[31]

很多人认为首相勒·绍瓦热的权力和谢夫尔男爵一样大，但勒·绍瓦热于 1518 年 6 月去世了。很多人相信梅尔库里诺·阿尔博里奥·德·加蒂纳拉（四个月后成为新任首相）将会挑战谢夫尔男爵，但他成了谢夫尔男爵的头号支持者。加蒂纳拉出生于意大利，受过律师的训练，曾作为外交官为马克西米利安效劳，还担任过奥地利的玛格丽特的亲信谋臣。据英格兰大使说，当"梅尔库里诺先生"抵达查理宫廷时，他"年过花甲，严肃沉稳，博学多闻，精通拉丁文"。一名威尼斯使节也说：新首相"审慎、（据说）非常渊博、公正，并且懂得拉丁语、西班牙语、法语和德语"，当然还有他的母语意大利语；因为他懂得多种语言，"所有人都欢迎他"。这句话是在隐晦地批评查理的其他谋臣大多只懂一种语言。[32]1516 年

12 月，加蒂纳拉在宫廷通过一份"献给天主教国王，神圣的查理大帝"的奇特手抄本吸引了大家的注意。该手抄本的标题为《一篇恳求式的演讲稿，包括关于最后一个世界帝国和基督教胜利的梦，并阐述如何将其实现》。尽管这篇文章是用拉丁文写的，因此并不属于查理的舒适区，加蒂纳拉还是小心地将文章交给他的同乡路易吉·马利亚诺（查理的御医和谋臣），希望它能够被"某个少年"读到。加蒂纳拉在这篇文章里先是花了很多篇幅叙述一个梦，在其中查理是平定意大利、改革教会、团结基督教世界并缔造普遍和平的弥赛亚；然后加蒂纳拉写到查理在欧洲和美洲拥有多么优越的资源，并将其与其他基督教国家拥有的资源做比较，从而提议如何将那个梦想变成现实。加蒂纳拉此后将把毕生精力都用于实现这个梦想。[33]

有几个西班牙人也加入了辅佐查理的谋臣队伍。现在，关于卡斯蒂利亚的大部分公文是弗朗西斯科·德·洛斯·科沃斯起草的，包括那些写给德尼亚侯爵、要求继续欺骗胡安娜女王的信。1519 年年初，为了准备与弗朗索瓦一世会面并商谈若干事务，查理"召集了卡斯蒂利亚和阿拉贡的四五名顶级的神职人员，探讨他对于那不勒斯王国的主张"（他们建议他不要放弃任何权利，他后来遵循了这个建议）。[34] 但几乎所有负责决策的重臣都信奉查理、谢夫尔男爵和加蒂纳拉的勃艮第价值观。

查理最终离开萨拉戈萨，带领随从前往巴塞罗那，希望在那里能够说服另一群焦躁不安的臣民（加泰罗尼亚人）的议会认可他的王权并为他提供经费。但他抵达巴塞罗那时，又有两个亲人离开了他：姐姐埃莉诺和祖父马克西米利安。1518

年 10 月，查理把埃莉诺（自从他出生以来陪他最久的伙伴）送到她未来的丈夫葡萄牙国王曼努埃尔一世身边。（和年轻的斐迪南被送走时一样，她的离开也"让整个宫廷和整个王国颇为愤怒"。）[35]四个月后，快到巴塞罗那的时候，查理收到了祖父马克西米利安去世的噩耗。这个事件既改变了他个人的处境，也改变了欧洲的权力平衡。

"给你自己买个皇帝"[36]

马克西米利安在 1513 年第一次考虑为查理争取帝位。马克西米利安的亲戚和亲信——普法尔茨伯爵弗里德里希后来回忆起了皇帝的原话：

> 你看，为了帝国，我献出了自己的鲜血、金钱和青春，却没有得到任何回报。我希望这位年轻的领主，我的孙子查理，能够被选为皇帝，因为除了他之外，没有一个人有能力和权力捍卫帝国的声望。如果选帝侯们愿意支持的话，我愿意退位。

根据帝国的根本大法，这样的权力变更需要七大选帝侯（分别为美因茨大主教、特里尔大主教、科隆大主教、普法尔茨选帝侯、勃兰登堡边疆伯爵、萨克森公爵和波希米亚国王）召开特别会议，以至少四票选出"罗马人国王"，然后教宗为其加冕，使之成为"神圣罗马皇帝"。马克西米利安在与弗里德里希进行上述谈话的不久之后，会见了四位选帝侯（包括普法尔茨选帝侯，即弗里德里希的兄长），试探他们的口风，但他们拒绝接受他的提议："我们都不希望您退位。"[37]

在之后的三年里，这个话题似乎被搁置了，但它随后变成了"一场激烈而漫长的扑克牌游戏"，赌注极高，只要还没有最终投票，结果都是不确定的。1516 年 11 月，争夺帝位的游戏开始了，特里尔选帝侯派遣一名使节向法国朝廷提议，等到马克西米利安退位或驾崩之后，选举弗朗索瓦一世为下一任罗马人国王。1517 年 6 月，勃兰登堡选帝侯也表示愿意支持弗朗索瓦一世，条件是法王承诺把勒妮公主（曾经是查理的未婚妻）嫁给他的儿子，并支付 15 万克朗现金，再给他本人一笔年金。如罗伯特·克内克特①所说，"弗朗索瓦一世没有认识到，德意志选帝侯们真正感兴趣的不是帮助他取得成功，而是把选举炒热"，从而把自己那一票卖个更好的价钱，"而他居然任凭别人这样利用自己，说明他的政治判断力实在不怎么样"。[38]

但是，法国人成为神圣罗马皇帝的可能性把哈布斯堡家族吓坏了。查理在泽兰等待合适的风向去西班牙的时候听说了相关的传闻，并说：

> 自从我告别皇帝即我的祖父并得到他的祝福以来，我深思熟虑了继承帝位的问题，并多次与我最信任的主要谋臣（他们也熟悉这个话题）商讨。我越来越深刻地意识到，这对我来说是多么重要。我在考虑如何能给皇帝和我本人在德意志、西班牙、意大利以及尼德兰的诸王国、领地和臣民带来永久性的安定

---

① 罗伯特·克内克特（1926~ ）是法裔英国历史学家，专攻 16 世纪法国史，曾任教于伯明翰大学。

与太平，防止任何人伤害他们；任何统治者，不管他多么强大，假如敢于压迫、攻击或侵犯我的领地与臣民，那么我也能有足够的力量去抵抗。

查理认为，假如别的统治者成为皇帝，将给他造成"麻烦与纷争，以及彻底毁灭的风险"。于是他通知祖父，他做好了准备，可以向投票给他的选帝侯支付总计不少于 10 万弗洛林的现金，此外还给他们若干年金，并接纳他们进入金羊毛骑士团，以及给他们其他的物质回报。三个月后，查理提醒马克西米利安，必须确保"在您百年之后，帝国不会落入法国国王手中"，因为那样"会严重损害哈布斯堡家族的利益"。所以他告诫祖父："不要吝惜任何礼物，不要舍不得承诺赠送年金、教会职务或其他好处。"[39]

但查理的行动已经太晚了。1517 年 10 月，当查理在阿斯图里亚斯的山区瑟瑟发抖的时候，美因茨选帝侯（勃兰登堡选帝侯的兄弟）把自己那一票也卖给了法国。六个月后，普法尔茨选帝侯步其后尘，于是弗朗索瓦一世获得了当选所需的多数票。现在轮到马克西米利安强调必须赶紧花钱买选票了，但他的孙子任性地表示："没有必要用金钱购买帝位"，因为他是奥地利人，"整个德意志民族一定会更倾向于我，而不是法国国王"。1518 年，谢夫尔男爵（此时控制着尼德兰和西班牙的国家财政）不情愿地向德意志支付了价值 10 万弗洛林（这是查理之前承诺的金额）的信用证，但警示道："目前陛下通过合理的手段只能拿得出这么多。"并故作清高地补充道："有时我们必须满足于能力所及的事情，并用别的办法填补空缺。"马克西米利安不理睬这样的论点。他告诉孙子：

"如果你想要获得皇冠，就不能对资源有所保留。"他列举了所需的"资源"，不仅包括金钱，还包括把查理的妹妹卡塔利娜许配给年轻的勃兰登堡边疆伯爵，并随付丰厚的嫁妆（以阻止他与法国公主勒妮结婚）。最重要的是，查理必须"把一切决策都交给我"，因为"你距离我太遥远，我不可能把每件事情都告诉你，然后向你申请我需要的东西。等到我收到你的回复的时候，局势可能已经发生了变化"。[40]

为了防止孙子还没有意识到局势的严重性，马克西米利安在一周后写了一封"被动攻击性人格"[①]的信（查理后来把这种写信的策略练习到完美的程度）。马克西米利安警示道，除非孙子拿出他要求的所有东西，并给他全权：

> 否则我找不到什么办法，用符合你我的意愿和荣誉的方式来解决问题。如果发生了什么错误或疏忽，我会非常不悦，因为我一辈子经历了不知多少风雨，做了不知多少努力来扩张和提升我们的家族和我们的后代，而竟然因为你的疏忽，白白毁掉了我的努力，丧失了继承帝位的机会，导致我们的所有王国和领地都崩溃和瓦解。

他还在亲笔写的附言中责备查理："为了我们的家族，请你像我一样把这件事情放在心上。"[41]几天后，马克西米利安的

---

① 被动攻击性人格指的是，以消极被动的方式表现强烈的攻击倾向。这种人格性格固执，内心充满愤怒和不满，但又不直接将负面情绪表现出来，而是表面上服从，暗地里敷衍、拖延、不合作，常私下抱怨，却又相当依赖权威。

财政总管雅各布·菲林格尔给谢夫尔男爵发了一封类似的带有责备意味的信。菲林格尔坚持说，如果查理"真的想得到帝国"，就必须立刻再给德意志送来 10 万弗洛林，并且不能限制马克西米利安使用这笔钱的自由。"你已经知道此事多么重大，"菲林格尔穷追不舍地继续写道，"但我还要提醒你一下。"如果查理当选皇帝，那么哈布斯堡家族就能够：

> 制服我们的敌人和那些对我们心存歹意的人。而如果查理不能当选，我们将陷入彻底的凄凉与混乱，让我们悔恨终身。我们需要记得，如果发生一场小规模对峙或冲突，不管发生在什么地方，造成的开销都会与选举皇帝的开销相同，甚至更多。此外，如你所知，获得帝国能够帮助我们解决一些可能困扰我们的问题。

"请好好考虑我刚刚说的话，"菲林格尔最后粗暴地写道，"否则我们就全完了。不要醋睡了！……想都不要想再拖延此事！"[42]

谢夫尔男爵很少受到这样的语言暴力，于是他恭顺地遵照"6 月 10 日在萨拉戈萨收到"的这封信的指示，开始为德意志筹集更多款项。他甚至暂时搁置自己与玛格丽特女大公的竞争，建议查理把他亲政之后从玛格丽特手中剥夺的部分权力归还她。现在她成了"我在尼德兰的全部财政事务的总管"，只有她一个人有权以侄子的名义签署所有公文（所有人必须服从她签署的公文，"仿佛是我亲手签署的"）。她还获得了广泛的封赏他人的权利。[43]

查理现在确认，"他希望成为罗马人国王，不惜一切代价，不吝惜任何开销"。马克西米利安相信孙子一定会给自己可能做出的任何承诺背书，于是在 1518 年 7 月在奥格斯堡召开帝国会议。[44] 在随后三个月里，这座城市成为国际关注的焦点。当时欧洲最著名的艺术家阿尔布雷希特·丢勒来到这里，为德意志精英们画像；马丁·路德来到奥格斯堡，向教宗使节解释自己对教会某些举措的批评；最终有五位选帝侯承诺他们会投票给查理，支持他成为下一任罗马人国王。作为回报，马克西米利安（以查理的名义）承诺在选举日给选帝侯们 50 万弗洛林，以后给他们每年 7 万弗洛林的年金，并贿赂他们大量壁毯、金银和其他财物。然而，马克西米利安的计划有一个致命的缺陷：尽管他被世人普遍称为"皇帝"，但他自己从来没有获得过教宗的加冕，因此在理论上，他自己仍然是罗马人国王。法国大使乐滋滋地说："在他自己加冕之前，不可能选举新的罗马人国王。"尽管马克西米利安和查理现在努力说服教宗解决这个疏忽造成的问题，授权在特伦托（在德意志和意大利的边界）举行加冕礼，但为时已晚。马克西米利安于 1519 年 1 月 12 日去世。[45]

"这里的情况与之前大不相同了。"在马克西米利安驾崩不久之后，查理派驻德意志的一名使节沮丧地观察道：已故的皇帝"知道如何做决定，并且既受爱戴也让人畏惧"，而查理"身在远方，在德意志几乎默默无闻"。并且，"法国人造了很多谣去中伤他"。法国人何止是造谣。弗朗索瓦一世得知马克西米利安驾崩后立刻指示一名特使去提醒普法尔茨选帝侯，他们需要一位有能力保卫德意志、抵抗土耳其人可能发动的进攻的强大皇帝，并把查理的"不成熟和糟糕的健康状况"与他自己的"强壮、富裕、热爱军事、精通兵法也有战争经验"进行对比。

法王的特使还要"利用天主教国王对弗里德里希［普法尔茨选帝侯的弟弟］的侮辱，因为查理把弗里德里希从自己的内廷驱逐，不准他娶他的姐姐［埃莉诺］，尽管她自己非常想嫁给弗里德里希"。弗朗索瓦一世还开始备战，因为正如他对自己在德意志的代理人所说的那样，"在如今这种时候，如果想要什么东西，不管是教宗的宝座、帝国还是别的，都只有两种办法，要么贿赂，要么动武"。不久之后，教宗承诺在即将开始的选举当中支持弗朗索瓦一世。[46]

1519 年 2 月中旬，玛格丽特及其在尼德兰的议事会得出了他们不愿意接受的结论：弗朗索瓦一世极有可能当选。于是他们建议查理采纳全新的策略：他应当放弃自己成为罗马人国王的努力，转而帮助弟弟斐迪南参选，因为斐迪南此时正在尼德兰，可以比较轻松地去德意志，在那里控制哈布斯堡家族的世袭领地，并直接与选帝侯们谈判；另外，查理还应当做好准备，如果选帝侯们拒绝另一个哈布斯堡家族成员的话，查理就提名一位大家可以接受的德意志王公，比如普法尔茨伯爵弗里德里希，作为妥协候选人。玛格丽特及其谋臣通知查理，如果他们在 3 月 13 日（也就是仅仅三周之后）之前还没有收到他的答复的话，他们就会执行这个计划。[47]

把庞大而累赘的奥地利 - 勃艮第 - 特拉斯塔马拉遗产在马克西米利安的两个孙子之间分割，这是个很好的主意，许多年后查理会同意；但在 1519 年，玛格丽特的建议激起了这位年轻统治者的狂怒和斥责。他不仅写信给尼德兰，还派遣一位特使专门表达自己的坚决反对。查理先是再次确认"我下定决心，不惜一切代价，竭尽全力去参选，因为帝位是我在全世界最渴望得到的东西"，然后强调，他不仅是马克西米利安的"长孙，还是他［马克西米利安］选中"的继承人。在现在这个时候放弃竞选，"不仅会丢掉帝国，还会丢掉我的荣誉、浪费已经花掉的金钱"。他还说，与弟弟分割遗产"会让我们共同的力量更容易瓦解，从而彻底毁掉我们的王朝"，因为如果斐迪南无法获得西班牙和尼德兰，他将无力自保。查理甚至说，那些提议分割遗产的人"就是过去企图在阿拉贡国王［斐迪南］和我父亲［腓力］以及我之间挑拨离间的人。如今这些人又在我和我的兄弟之间持续制造分歧和矛盾"。最后，因为西班牙和尼德兰之间路途遥远，信使走一趟的时间极少会短于两周，所以他认为玛格丽特在三周之内执行自己计划的威胁着实丧心病狂。[48]查理还用其他方式表达了自己的不满。

玛格丽特告诉参与讨论的谋臣之一："从他写给我的私人信函来看，他显然对我们给他的建议非常生气。"（这封私人信函现已佚失。）而查理在另一封给她的信的亲笔附言中发出了如下的威胁："执行我刚刚给你的命令，否则你就会让我不悦。"[49]不过国王也认识到自己必须抚慰和拉拢自己的弟弟，于是做了两项重要的让步：他承诺，等他当选为罗马人国王之后，就将奥地利土地的至少一部分割让给斐迪南；并且"当我加冕为皇帝之后，我就可以轻松地、安全地安排推举［斐迪南为］罗马人国王的活动，于是帝国将永远在我们家族的掌握中"。[50]

玛格丽特冷淡地回应了侄子的愤怒指责："在我看来，你此次若是想当选，只有两个办法。首先是通过金钱"，因为现在每位选帝侯给自己的选票的要价远远高于当初马克西米利安在奥格斯堡提议的价码。"第二个办法，陛下，就是动武"，这意味着在尼德兰和西班牙动员军队，用威慑来阻止法国人的武装干预，并在德意志动员军队，震慑选帝侯们。当然，出兵也需要花钱。她继续写道，无论采取哪一种办法，既然为了获胜"你打算不惜一切代价［玛格丽特这么说，是否有讽刺的意味?］，那么你必须授权给你的大使们，允许他们根据具体情况，支付比之前承诺的高得多的价钱……而无须事事都要征询陛下的意见和批准，因为等待你回复的时间可能很漫长，也许会造成损害"。说到具体的层面，玛格丽特坚持要求查理授权奥格斯堡的雅各布·富格尔（当时欧洲最富有的银行家）为查理的所有金钱承诺做担保，因为仅这些款项就超过了"法国人在此事中的慷慨程度，尽管他们的慷慨已经令人难以置信"。她的侄子徒劳地抱怨"他想骑的那匹马过于昂贵"时，玛格丽特强硬地答道："我知道那匹马很贵，但如果你不想买的话，想买的人有的是。"[51]

姑姑的逻辑让查理别无选择。于是他在 1519 年 5 月不情愿地授权自己的亲信拿劳伯爵海因里希三世，向玛格丽特支付她相信为了增加查理当选的机会而必需的全部款项。查理还请富格尔为其担保。此外，查理还规定，在随后六个月里，若无玛格丽特的明确批准，尼德兰的所有银行家不得向国外的任何人提供贷款信用证，也不得支付任何款项。查理还开始了一轮魅力攻势，亲笔抄写友好的言辞，写信给德意志的每一位选帝侯（见彩图 10）。[52]他还认识到必须与普法尔茨选帝侯的弟弟和解。据负责这轮魅力攻势的路易·马罗顿说，弗里德里希"已经听说［查理］因为葡萄牙王后［埃莉诺］的事情而对他不悦。他告诉我：'如果我认为国王还在生我的气，那么，路易先生，我会采取对他不利的措施。'"一个月后，弗里德里希重复了这种威胁：尽管他向马罗顿保证他会帮助查理竞选，但“条件是查理必须信守对他［弗里德里希］的诺言；他希望查理对此做出明确保证，并向我［马罗顿］提起他曾在查理这里受到的粗暴待遇”。弗里德里希还直接写信给玛格丽特，保证会尽力帮助查理竞选，“除非有人给我重新考虑的理由”。弗里德里希在这封亲笔信的结尾处请求对方“不要为了我这封恼人的信生气”，这恰恰就是两年前他给埃莉诺的最后一封情书的结尾。这肯定不是凑巧。查理不得不忍气吞声。他“亲笔写了两封非常客气、非常亲切的信”给弗里德里希，保证自己对他的好意，并恢复了弗里德里希伯爵的丰厚年金，还承诺等自己当选之后再给他更多的奖赏。[53]

查理还想方设法拉拢其他重要的德意志支持者，包括雅各布·富格尔。他不仅兑现别的银行给查理发放的信用证，自掏腰包借给他将近 55 万弗洛林的巨款，还拒绝兑现法国人发出的信用证。富格尔对自己的立场毫不隐讳。1519 年 2 月，他亲笔写信给勃兰登堡选帝侯，宣布查理给他发出了信用证，“根据其指示，我将支付殿下 10 万弗洛林”；还附上了来自西班牙的书信的副本，其中写道，查理正在安排把妹妹卡塔利娜嫁给勃兰登堡选帝侯的儿子。[54]富格尔全身心地支持查理竞选的一个重要原因是马克西米利安曾向富格尔借贷巨款，如今只有西班牙国王能偿付。但富格尔也害怕弗朗索瓦一世当选之后会对德意志不利。

有这种担心的人不只是富格尔。1519 年 3 月，美因茨选帝侯恳求自己的兄弟勃兰登堡选帝侯“在此事当中考虑帝国的荣誉、你自己的荣誉、我们家族的荣誉和整个德意志民族的荣誉”，因为一旦法国人胜利，“他们会践踏一切，永远称王称霸"。几天后，莱茵兰贵族的一位发言人宣称："为了阻止法国人取得成功，我们愿意献出自己的一切，直到我们的最后一滴血。"玛格丽特竭尽全力地煽动这种反法情绪，告诉她在德意志的代理人："你发现那里的人民非常敌视法国人，这让我很高兴。我请求你想方设法，不管是通过布道者、城镇行政长官还是其他人，尽力让人民更加敌视法国人。"当时确实有许多布道文和有插图的大幅报纸将弗朗索瓦一世国王妖魔化，非常负面地描绘他的臣民所受的"奴役"，同时宣扬奥地利王朝统治下人民享受的自由。[55]不过，对很多人来说，贪婪即便不是唯一的动机，也是最主要的。一位驻德的法国外交官评论道："现在已经到了这种地步，两位国王当中，谁给出的贿赂更多，谁做的承诺更多，谁就能赢。"美因茨选帝侯在选举之前的两年里六次改换阵营，每一次都是因为某一方承诺给他更好的报偿。[56]

如此腐败的行为让查理进行了一些哲学思考。1519 年 5月，他告诉玛格丽特："选举日很快就要到了，所以我需要把自己托付给上帝，等待看他会如何裁决。不过我始终会坚持竭尽全力。"这反映了他在梅赫伦的玛格丽特宫廷学到的斯多噶主义价值观。他也变得更好斗，招募了一支雇佣军，并将其调遣到靠近法兰克福（选帝侯开会的地点）的地方扎营。"胡萝卜加大棒"的策略最终为他赢得了胜利：1519 年 6 月 28 日，七大选帝侯全票选举查理为下一任罗马人国王。[57]①

为帝国谋划

真的值得吗？根据亨利八世在德意志的使节的计算，查理

---

① 从这里开始，我们称他为"查理五世"。

1. 哈布斯堡家族的年轻成员在读书学习，约 1510 年。我们没有查理五世及其姐妹在学校读书的图像，但他们的祖父马克西米利安描述自己学童时代的口授作品当中包含一幅木刻画，是汉斯 · 布尔克迈尔在皇帝的监督下创作的。这幅画也许能反映马克西米利安到梅赫伦看望孙辈时观察到的教室的景象。

2. 查理五世的第一个签名，1504 年。据说在这年 1 月，还不到四岁的查理口授了这封信，恳求他的外祖父斐迪南准许他的母亲胡安娜（"公主殿下"）返回尼德兰。但是，这个年龄的孩子绝不可能写出这样复杂的文件，何况用的是外语。他签名时也需要帮助：该文件底部的签名"卡洛斯"的 C 写反了，并且他写余下的五个字母时，笔一直没有离开纸面，所以可能是在临摹教师为他提供的"模板"。

3. 查理五世的第一封法文书信，1508 年。尽管有些知识渊博的学者认为这封信的写作年份是 1513 年，但稚嫩的笔迹和内容都表明，查理写给玛丽·都铎的这封情书（落款为"你的好丈夫查理"）是在 1508 年写的。

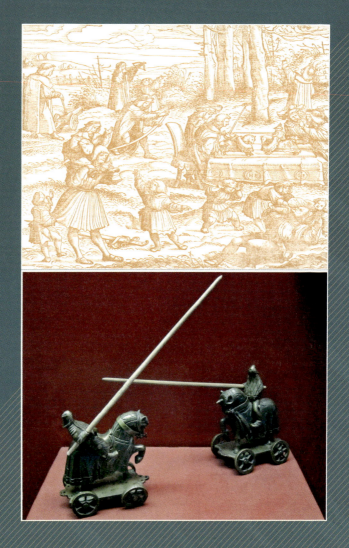

4. 男童的军事体育训练玩具，约 1514 年。马克西米利安的自传《白色国王》（书名也可以被理解为"睿智的国王"）里有一幅木刻画（上图），显示了未来的皇帝在年幼时如何学习战争知识。图中可见查理在用玩具骑士决斗，操作一门微型火炮，练习用弩。后来马克西米利安给孙子查理的玩具也是这种类型的。今天维也纳的一家博物馆里收藏了两个决斗的玩具骑士（下图），也许就是马克西米利安送给查理的。

5. 幸福的家庭，1511 年。这是马克西米利安在 1511 年送给女儿玛格丽特的插图版赞美诗的卷首插图。图中，皇帝坐在哈布斯堡家族的双头鹰之下，玛格丽特和查理坐在他脚边的椅子上，前方是皇帝的孙女埃莉诺（手捧翻开的书）、伊莎贝拉和玛丽（背对观看者）。

6. 上图：果敢的骑士遇见死神。查理五世非常喜欢奥利维耶·德·拉马什关于勃艮第宫廷骑士的奇幻著作《果敢的骑士》，所以在 1551 年开始将这部韵文史诗从法文翻译成西班牙文，并将该书的插图手抄本和西班牙文的印刷本带到了退隐之地尤斯特。

7. 右图：查理于 1515 年以佛兰德伯爵的身份进入布鲁日的仪式。雷米·迪·皮伊为查理制作了这本精美的手抄本，也为公众制作了一个印刷版本。图中，三位天使向年轻的查理献上冠冕、纹章和城门钥匙，就像东方三博士为新生的基督献上礼物一样。

8. 查理在写给朋友拿骚伯爵海因里希三世的亲笔信里敞开心扉，1518年1月22日。刚刚成为卡斯蒂利亚国王的查理在托尔德西利亚斯与母亲待在一起，心情郁闷。尽管滑了雪，还可能在追求一位女子，但他思念在尼德兰的朋友和熟悉的生活方式，尤其思念这封信的收件人"我的海因里希"。

9. 查理五世给腓力王子的秘密指示，1543 年 5 月 6 日写于帕拉莫斯。皇帝提醒儿子要"始终和许多人讨论你的事务，而不是过于依赖和仰仗其中的个别人"。皇帝也许是想起了谢夫尔男爵曾经是怎样掌控他的。这份文件的字里行间和页边有大量修改和增补，表明皇帝在评估自己的主要大臣时大费周折（图中页边写的是关于"托莱多枢机主教"塔韦拉的内容；正文写的是关于阿尔瓦公爵的内容）。

10. 查理五世差一点就用德文写信了，1519年。查理五世希望当选为罗马人国王，所以亲笔（manu propria）用德文给每一位选帝侯写信。但他不懂德文，所以只能临摹别人写好的"模板"，就像他还是个小孩子时用西班牙文写信一样。

11. 玛丽·都铎佩戴一枚胸针，上面的宝石排布成"皇帝"字样，1522 年。根据查理五世派驻英格兰的外交官的报告，1522 年，在查理五世访英前不久，这位八岁的"小公主""在胸前戴上一枚黄金胸针，上面用宝石排成陛下的名字。她是在情人节那天开始这么打扮的……这似乎是个吉兆"。但玛丽当了很多年的老姑娘，直到三十二年后与查理五世的儿子腓力结婚。

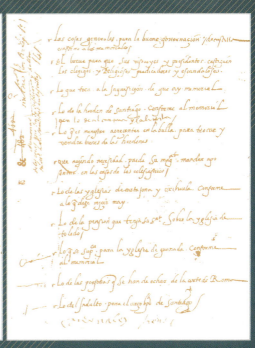

12. 左图：查理五世的一套战斗盔甲，1525 年。这套完整的板甲是大约在 1525 年为皇帝制作的，奥格斯堡的科尔曼·黑尔姆施米德为其增添了缩写字母 KD，代表 Karolus Divus，即"神圣的查理"。三年后，如果弗朗索瓦一世接受查理五世的决斗挑战，那么皇帝就会穿这套盔甲去决斗，不过在决斗之前也许会请黑尔姆施米德对其加以改良，因为查理五世传召他到西班牙。

13. 上图：查理五世在博洛尼亚与教宗克雷芒七世见面之前拟定的会谈要点，1529 年。"英格兰王后 [即阿拉贡的凯瑟琳] 的事情"是要谈的第一点。第五点是"对 [洗劫] 罗马的事情的赦罪书的修改"，以及关于从西班牙教会获取资金并将西班牙教会纳入王室管辖的几点建议。查理五世用较浅的彩色墨水对该文件进行了修改。

14. 弗朗索瓦一世在帕维亚被俘。这是为了纪念查理五世的军队于1525年2月24日（他的二十五岁生日）取得的胜利而制作的七幅壁毯之一。六年后查理五世返回尼德兰时，人们向他献上了这些壁毯。在本图的背景中，西班牙步兵从树林中出来，向法军骑兵推进；在前景中，弗朗索瓦一世被从马背上拉下来（可以看见法王的鸢尾花纹章）。

15. 上图：查理五世及其祖辈的雕像，布鲁日，1531 年。1528 年，布鲁日自由领地（佛兰德伯国的一部分）聘请兰斯洛特·布隆迪尔为布鲁日城的司法宫设计一座合适的纪念碑来纪念查理五世。布隆迪尔花了三年时间才完成这套精美绝伦的壁炉饰物。它是用橡木、大理石和雪花石膏制成的，上有真人尺寸的皇帝及其祖辈的雕像。右侧是勃艮第的玛丽和马克西米利安；左侧是斐迪南和伊莎贝拉。三位男性均有超大的鼓囊，这无疑是提醒观众，是他们的婚姻，而不是战争，把他们的四块领地联合了起来。

16. 下图：胡安娜和查理五世，阿拉贡的两位君主，1528 年。这个精美的 100 埃斯库多金币可能是第一幅表现查理五世蓄着胡须的图像，不过图中他仍然按照勃艮第风俗把头发留到齐肩。胡安娜的形象是修女，但戴着王冠。这提醒大家，她和她的儿子是阿拉贡和卡斯蒂利亚的联合统治者。

五世为了获得帝位花掉了总计 150 万弗洛林的现金，其中 50
万是直接付给七大选帝侯及其谋臣以换取他们的选票的（普
法尔茨选帝侯获利最多，拿到了 14.7 万弗洛林，他的弟弟弗
里德里希得到 37108 弗洛林），随后还要给他们丰厚的年金和
礼物；查理五世征集并部署到法兰克福附近的军队的开销超过
25 万弗洛林；等等。[58]这些都是惊人的数字，并且只是开始而
已。查理五世当选之后，还不得不在德意志投入大笔资金，用
于抵抗外敌（土耳其人和法国人）的入侵和对付国内敌人
（路德派邦国）。不过，事实证明，1519 年的选举胜利是绝佳
的投资。从长远来看，它让哈布斯堡家族在随后四个世纪里几
乎无中断地控制皇位；即便从短期来看，查理五世和当时的许
多人都觉得不管胜利的代价多么沉重，选举失败的代价会更沉
重得多。马克西米利安驾崩不久之后，英格兰大使托马斯·斯
皮内利阐明了假如另一名候选人当选，潜在的灾难将会如何升
级。他推测，如果查理五世输给了弗朗索瓦一世，"极大的灾
难和损害将会降临到他头上"。尤其是，巴伐利亚公爵会变得
敌视哈布斯堡家族，因为"他们与奥地利有着历史悠久的世
仇，近期也有矛盾"；瑞士人、威尼斯人和"他的其他邻国与
邻居，都会背弃哈布斯堡家族，所以一次失败会带来更多失
败"。雪上加霜的是，假如弗朗索瓦一世成为皇帝，他不仅能
保留自己近期在意大利征服的新领土，假以时日也许还会征服
那不勒斯、奥地利，甚至尼德兰，而查理五世将永远没有机会
收复四十年前法国从勃艮第手中夺走的领土。简而言之，"此
次选举保障了他的繁荣，而如果失败，他必然会垮台"。[59]首相
梅尔库里诺·阿尔博里奥·德·加蒂纳拉也同意。根据他的
《自传》，有些大臣呼吁查理五世放弃争夺帝位。"他们抱怨

说，选举在将来会给查理五世的诸王国与领地带来更多伤害，
而不是更多益处"；但首相立刻教导他们：

> 在皇帝头衔的庇护下，［查理五世］不仅可以给
> 自己的世袭领地和诸王国带来好处，还能获得更多领
> 地，为帝国开疆拓土，直到它成为囊括全世界的君主
> 国。但如果他放弃帝位，帝国就可能落到法国人手
> 中……［那时］查理五世就没有办法维持他在奥地利
> 和勃艮第的世袭领地，甚至连西班牙诸王国也保
> 不住。

"查理五世很高兴听到这一席话，"加蒂纳拉继续写道，
"他的御前会议全体成员都转而支持他竞选。"于是查理五世
送出了争夺帝位所需的资金。[60]

避免潜在的灾难升级，将会成为哈布斯堡大战略的核心部
分。而另一个核心部分也是在 1518～1519 年查理五世参选皇
帝时出现的，涉及威望，或者用当时人的说法"声望"。强有
力地对领土和头衔提出主张（不管自己提出主张的基础是多
么薄弱），是近代早期国际关系的基石。任何一位统治者，如
果不强有力地捍卫自己提出的主张，就会遭到同时代人的轻
蔑。哈布斯堡家族已经有三代人拥有皇帝头衔[①]：如果查理五
世不能保住帝位，那么他不仅会损害自己的声望，还会危及整

---

① 这么说不太严谨。查理五世之前有不止三代哈布斯堡统治者成为罗马人
国王（德意志国王），但真正加冕为皇帝的只有弗里德里希三世（1415～
1493，即马克西米利安一世的父亲），而上文也说到，马克西米利安一世
实际上未曾加冕为皇帝，而采用"当选皇帝"的头衔。

个家族的声望。马克西米利安曾这样告诫他："为了我们的家族，请你像我一样把这件事情放在心上。"玛格丽特也同意：如果法国国王当选皇帝，对整个哈布斯堡家族来说将是"永恒的耻辱和责难"。[61]

查理五世领地的戏剧性扩张（地图 3），影响到了他的统治实践和政府理论。在仪式的层面，1519 年 3 月他主持金羊毛骑士团的又一次会议时，在巴塞罗那大教堂举行的隆重仪式中，他向一名那不勒斯贵族、两名阿拉贡贵族和八名卡斯蒂利亚贵族授予金羊毛骑士的身份。于是，金羊毛骑士团紧跟着王朝的扩张，也扩大了自己的地理范围。在大臣的层面，争夺德意志帝位的"激烈而漫长的扑克牌游戏"迫使查理五世属下各领地的官僚与支持者联合起来，作为同一支队伍并肩作战。在西班牙的外国大使（既嫉妒又焦虑地）观察到，银行家们多么轻松地计算西班牙未来的赋税收入，并将资金转移到奥格斯堡，那里有一支办事高效的大臣队伍在拿骚伯爵海因里希三世和雅各布·菲林格尔的领导下，协调一致地分配资金和其他贿赂。与此同时，奥地利世袭领地的官员虽然刚刚开始为查理五世服务，但坚定不移地服从这位从未谋面的主公的命令，"为了满足他的心愿"而"把所有东西都抵押出去借贷"。在尼德兰，奥地利的玛格丽特把当地的税收转换为信用证，发给查理五世在德意志的代理人，并提醒他们："先生们，我知道这是一笔巨款。但我们必须记住，它的用途是多么重大。如果我们因为缺钱而失败的话，将会损失更多。"[62]

如此高水准的整合，改变了查理五世宫廷处理事务的方式。在选举之前，外国大使已经在抱怨，想要觐见查理五世要等很长时间，而要等他做出决策往往需要更久。一位英格兰

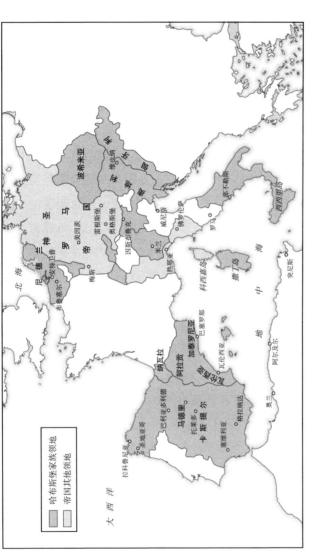

地图 3　查理五世在欧洲的领地

查理五世从祖父马克西米利安那里继承了哈布斯堡家族在中东欧的领地；从祖母勃艮第的玛丽那里继承了尼德兰和弗朗什－孔泰；从外祖母伊莎贝拉那里继承了卡斯蒂利亚及其美洲属地；从外祖父斐迪南那里继承了纳贡及阿拉贡及其地中海属地（不过，在查理五世的母亲胡安娜于1555年去世之前，在名义上，查理五世需要与母亲共享卡斯蒂利亚与阿拉贡的统治权）。查理五世于1519年获得神圣罗马帝国，1535年获得米兰。1522年，他把绝大部分东部领地让给弟弟斐迪南。斐迪南于1526年获得波希米亚和匈牙利的很大一部分地区。他们兄弟俩统治着欧洲的将近一半地区。

使节于 1518 年在萨拉戈萨哀叹道："在大多数情况下，他们说今天必须办的事情，在随后六天内也未必会办。"一位法国大使恶毒地补充道："如果他在巴塞罗那和巴伦西亚待的时间和在此地一样久，那么他三年也回不来。"但到 1519 年 2 月，同一位法国大使表示："每天都有一位信使从德意志抵达。"在随后几个月里，查理五世宫廷的通信数量肯定增长了不少，因为历史学家马里诺·萨努多①在日记里记载道，在 2 月至 7 月间，共有将近 200 份关于皇帝选举的文件被送到他的家乡威尼斯，平均下来一天不止一份。并且（他评论道）从西班牙来的书信"唯一的话题就是神圣罗马帝国"。[63]

查理五世的当选迫使他认识到，"我面对的艰巨而持续的任务在不断增加，我努力妥善处理我的诸王国、领地与臣民的大小事务"，所以他需要对行政系统进行大规模的改革。尤其是因为"一段时间以来，我没有办法回到尼德兰去运用我个人的知识、意志、权威和权力，亲自处理那里的事务……"，所以他又一次扩大了玛格丽特的权限，任命她为"摄政者和总督"，授权她"在我留在西班牙期间，像我一样处理尼德兰的一切事务"（有少数几个例外），"我以国王的名义批准和支持我高贵的姑姑的一切决定"。这将成为他在自己的帝国之内下放权力的标准模式。[64]

查理五世当选的消息传到巴塞罗那六天之后，加蒂纳拉向他呈送了一份改革中央政府的蓝图。加蒂纳拉先是告诫主公要感谢上帝，然后要尊重他的母亲、教宗和他的告解神父（按

---

① 马里诺·萨努多（1466～1536），又称"小萨努多"，威尼斯历史学家，他的日记详细记述了当时的一些事件，包括意大利战争和奥斯曼帝国的威胁。

照这个顺序），然后谈到了被送走的斐迪南王子："你必须尊重他拥有的一切继承权、分割财产权或获得封禄的权利"，并"带他一起旅行，在大事当中指导和运用他"，因为"那样的话你就能在重大事业当中更信任他，超过信任其他任何人"。此外，首相警示道："现在你拥有如此之多的王国和省份，又拥有了帝国，你会发现自己更缺人才而不是金钱。"并且，"因为你要处理的重大事务极多，有帝国的事务，也有你在西班牙、奥地利、佛兰德和勃艮第的诸王国与领地的事务，所以你不可能亲笔签署所有公文"，所以查理五世应当设立一个小规模的御前会议，将其始终带在身边，让御前会议随时就影响整个君主国的事务给他出谋划策，同时将日常工作放权给每个领地现有的当地机构。关键在于区分"需要尽快决策的事务"和"可以慢慢考虑和决定的事务"。如何区分这两者，是一个永久性难题，将始终困扰查理五世和他的继承者。对于如何做这种区分，加蒂纳拉提出了大量务实有效的建议（例如："为了加快理政的速度，避免那些需要决策的事情无限期拖延下去，陛下必须每天早晨起床穿衣时就听取三四件公务，这样的话公务就不至于像今天这样累积如山。"）[65]

这样的措施注定会失败，因为如卡尔·布兰迪所说："把如此之多各不相同的国家和民族统一在同一位君主手中，不可避免地会造成几乎完全不可能解决的问题。"[66]这很快就通过最基础的行政错误和疏漏体现得淋漓尽致。例如，马克西米利安驾崩不久之后，查理五世签署书信，授权大臣们帮助他说服选帝侯们投票给他，但这些授权书忽略了一个名字，即泽芬贝亨①领

---

① 泽芬贝亨（意为"七山"），是今天荷兰南部的一座城市。

主。这位被遗忘的大臣感到受挫和受伤，因为他现在没有得到授权。玛格丽特为了安抚他，说："这不是因为国王对你不悦，而是因为起草文书的秘书的错误、无知和愚蠢。"[67]

但查理五世还是花了好几周才纠正这个错误。泽芬贝亨领主已经抱怨过"在西班牙的"负责执行政策性决策的官僚的拖沓，并说："如果国王当真在意竞选皇帝的事情，那么应当更勤勉才对。"玛格丽特的另一名经验丰富的谋臣让·马尼克斯抱怨道："我发现陛下的书信有些怪异，没有把问题想清楚。"拿骚伯爵海因里希三世甚至更加直言不讳。1519 年 3 月他接到在德意志征募军队的命令，但这道命令要求这支军队只服役一个月。他告诉玛格丽特，这是无意义的事情，因为选举的时间是 6 月。他继续说道："我相信这支军队的契约期限应当是三个月。"并冷淡地通知她，他已经开始做相应的工作。也许料到玛格丽特会批评他擅作主张，拿骚伯爵补充道："夫人，您可以按照自己的想法发布所需的命令，但如果我是国王"（这是一个不那么巧妙的提醒，让玛格丽特知道，查理五世是他的密友，称他为"我的海因里希"），"我不会关心这么细枝末节的事情。唯一可能让陛下烦恼的事情就是粗心大意和欺骗"。[68]只要最终取得了成功，君主一定会原谅臣子没有严格遵守他的命令。

拿骚伯爵说得对。查理五世成功地在德意志境内动员了军队，这是弗朗索瓦一世没有做到的。并且哈布斯堡家族的信贷网络定期向选帝侯们输送现金，法国的网络也没有做到。于是，伊拉斯谟在 1516 年做出的阿谀奉承的预言成了现实：

您，高贵的查理王子，比亚历山大大帝更有福气。我们希望，您的智慧也将超越他。他曾征服一个庞大的帝国，但他借助的是血腥的杀戮，而且他的帝国注定不能延续千秋万代。您生来拥有一个辉煌的帝国，还注定要继承另一个更伟大的帝国。因此，当他不得不花费很大的力气对外侵略时，您也许要做的是确保自己自由地分配自己的部分领土，而不是去征服更多。您兵不血刃地获得了自己的帝国，无人为此受苦，这要感谢上帝；您的智慧一定会确保您兵不血刃地、和平地保全自己的帝国。[69]

查理五世确实可以说是在权力的游戏里大获全胜。他"兵不血刃"地成为卡斯蒂利亚国王、阿拉贡国王、那不勒斯和西西里国王，如今又成为罗马人国王。1519 年 7 月末，弗朗索瓦一世写信给他表示祝贺。两位君主再度承诺维护和平。威尼斯大使弗朗切斯科·科纳写道："现在所有基督教君主都已经向国王［查理五世］道贺，要么是直接道贺，要么是通过大使。"[70]

下面要做什么呢？皇帝当选的确定消息传到巴塞罗那之后，科纳立刻认识到，查理五世需要集结一支足够大的舰队，亲自从西班牙去神圣罗马帝国。然而，尽管他"已经抵押了卡斯蒂利亚议会投票拨给他的全部收入与赋税"，并"花掉了阿拉贡王国拨给他的经费"，"在六个月里，他的内廷人员却领不到薪水"。为了坐稳自己的新皇位，查理五世急需更多的金钱。科纳颇有先见之明地发问，查理五世在何时、何地能够筹集到足够的款项而不至于（如英格兰大使约翰·斯泰尔在三年前所说的）让自己的领土"动荡不堪、滋生麻烦"呢？[71]

注　释

1. *L&P Henry Ⅷ*，Ⅱ /1，486 – 8，John Stile to Henry Ⅷ，3 Apr. 1516；Walther，*Die Anfänge*，160 n. 4，Viceroy Cardona to Margaret，27 Mar. 1516；Aram，*Juana*，109，' Escritura otorgada por el lugarteniente del Justicia de Aragón'，12 Mar. 1516；*CDCV*，Ⅰ，58，Viceroy Moncada to Charles，12 Apr. 1516；Gayangos and La Fuente，*Cartas*，264 – 9，Cisneros to Charles，18 Mar. 1517，对于"殿下告知我您希望在非洲发动战争的心愿的亲笔书信"的回应。

2. Leonardo de Argensola，*Primera parte*，65 – 6.

3. Gayangos and La Fuente，*Cartas*，264 – 9，Cisneros to Charles，18 Mar. 1517. 关于 1517 年 6 月以布尔戈斯为首的一些城市发出的威胁信，见 Pérez，*La revolución*，108 – 9。

4. Gonzalo Sánchez-Molero，*El César*，113 – 15；ADN *B* 17，876，Chambre des Comptes at Lille to Charles，14 July 1517，还有胡安娜 1501 年和 1505 年花销的账本副本。

5. BL *Cott. Ms.* Vespasian C. Ⅰ /111 – 13，Spinelly to Henry Ⅷ，29 Sep. 1517.

6. Gachard，*Collection*，Ⅲ，89 – 95.

7. BL *Cott. Ms.* Galba B. Ⅴ /369，Charles to Margaret，1 Oct. 1517，copy；Gachard，*Collection*，Ⅲ，97 – 120 (Vital).

8. 这一段和下一段的细节都出自 Gachard，*Voyages*，Ⅲ，97 – 130 中维塔尔的每日记述。从谷歌地图的卫星图可以看出皇帝一行人的路线（从圣比森特德拉瓦尔克拉到雷诺萨）是多么难走。猫途鹰（TripAdvisor）上的说法是："在坎塔布里亚徒步旅行显然是不现实的。"猫途鹰显然需要学习一下哈布斯堡家族的历史。

9. Hess，' The Ottoman conquest '，55.

10. Keniston，*Memorias*，146（桑丘·科塔的记录，他是埃诺莉的秘书）；and Gachard，*Collection*，Ⅲ，135（洛朗·维塔尔的记录，Gachard 提供的来自 BNF *F. f.* 5627/65 – 6 的手抄本中少了一

行）。

11. Gachard, *Collection*, Ⅲ, 136.

12. Aram, *Juana*, 120.

13. *CSPSp Supplement*, 166 – 9, Denia to Charles, 30 July 1518, and 396 – 401, Infanta Catalina to Charles, 19 Aug. 1521.

14. *Ibid.*, 202 – 4 and 197 – 200, Denia to Charles, 未署日期但推定分别写于 1520 年和 1519 年，均为亲笔信。胡安娜直到 1520 年 8 月才发现真相。当时，查理五世的一群大臣（完全不知道查理五世授意之下对胡安娜的蒙骗）害怕她加入公社起义者那边，于是来到托尔德西利亚斯，向她禀报自天主教国王驾崩以来国内发生了什么事情。秘密就这样被揭穿了（*ibid.*, 204 – 5, 关于 1520 年 8 月 23 日与胡安娜的一次会面的公证记录）。

15. *Ibid.*, 154 – 6, Denia to Charles, undated but 1518. 关于贝尔根罗特的解释，参见 ibid., 'Introduction'。查理五世冷酷无情地对待母亲的更多例子，见下文。

16. Aram, *La reina Juana*, 340 – 3, Charles to Denia, 30 Oct. 1518; Aram, *Juana*, 221 n. 54, Charles to Beltrán de Fromont and Guillem Punçon, 28 Apr. 1519, 前者是副总管，后者是服装保管员; *CDCV*, Ⅰ, 82 – 3, Charles to Denia, 14 Jan. 1520。See also *CSPSp Supplement*, 257 – 60, Charles to Adrian, 26 Sep. 1520（批准了德尼亚侯爵的所有行动）。

17. *CDCV*, Ⅰ, 75 – 8, Charles to Cisneros and Adrian, 7 Sep. 1517（亦发表于 *PEG*, Ⅰ, 89 – 100）; La Fuente, *Cartas*, 135 – 41, 151 and 174 – 7, bishop of Ávila to López de Ayala, 23 Sep., 25 Sep. and 22 Oct. 1517。

18. Sandoval, *Historia*, Ⅰ, 112; Spielman and Thomas, 'Quellen', 29 – 34, Charles to Ferdinand, 7 Sep. 1517（又见 *CDCV*, Ⅰ, 71 – 4, 来自一个副本）and 26 Oct. 1517; *CDCV*, Ⅰ, 79 – 80, Charles to Cisneros, 27 Sep. 1517。

19. La Fuente, *Cartas*, 139, bishop of Ávila to López de Ayala, 23 Sep. 1517, 传达了西斯内罗斯的建议。*CDCV*, Ⅰ, 64 – 9, 包括一份显然是西斯内罗斯在这一时期写给查理的建议书，但该文件的诸多自相矛盾之处让人怀疑它的真实性。

20. Bietenholz, *Contemporaries*, Ⅰ, 367, s. v. Croÿ 详细介绍了纪尧姆得到提拔的细节。*CWE*, Ⅴ, 72 - 5（# 657），Erasmus to Beatus Rhenanus, 23 Aug. 1517 写道："我听说克罗伊现在是托莱多大主教的副手。"

21. Gachard, *Collection*, Ⅲ, 138 - 9；*CWE*, Ⅴ, 164 - 71（# 694），Erasmus to Willibald Pirckheimer, 2 Nov. 1517，根据伊拉斯谟的原文稍做修改，*Opus*, Ⅲ, 116。

22. Keniston, *Memorias*, 148（另见上文，科塔提出，阿方索煽动阿拉贡议会去反对他们的新国王）；Mártir de Anglería, *Epistolario*, Ⅲ, 285 - 7（# 602），给贝莱斯侯爵和蒙德哈尔侯爵的信，写于151 年 11 月 10 日（也就是西斯内罗斯去世的仅仅两天之后）。Martínez Millán, *La Corte*, Ⅰ, 158 - 66，描述了阿方索在阿拉贡摄政时期的重重麻烦，这可能让查理对阿方索产生了恶感。

23. Gachard, *Voyages*, Ⅲ, 141（卡塔利娜），144（葬礼），149（骑士团），151（入城式）。Sanuto, *I diarii*, XXV, cols 128 - 9, Ambassador Corner to the Signory, 19 Nov. 1517 也强调了入城式的盛大。

24. *CLC*, Ⅳ, 260 - 84 列举了 1518 年议会呈送的 88 桩申诉案件，以及查理对每个案件的回复。

25. Walter, *Die Anfänge*, 209 n. 5, Laurent Gorrevod to Margaret, 28 May 1518；Mártir de Anglería, *Epistolario*, Ⅲ, 306 - 8（# 613），letter to marquesses of Los Vélez and Mondéjar, 15 Mar. 1518. 关于查理直接与大使们交谈的例子，见 *BNP*, Ⅱ, 45 and 59, La Roche-Beaucourt to Grand Master, 15 May and 25 Nov. 1518。

26. Santa Cruz, *Crónica*, Ⅰ, 182 - 3；Keniston, *Memorias*, 151（科塔明确地指出查理在做出决定前没有给他的弟弟任何事先的提示）；*BNP*, Ⅱ, 42, La Roche-Beaucourt to Grand Master, Apr. 1518。

27. Gachard, *Collection*, Ⅲ, 179 - 81（神职人员的反对）and 234 - 5（'libelles diffamatoires'）；Pérez, 'Moines', 98 n. 8, Charles to president of the Chancery of Valladolid, Zaragoza, 16 May 1518；Mártir de Anglería, *Epistolario*, Ⅲ, 298 - 300（# 608），letter to marquesses of Los Vélez and Mondéjar, 12 Feb. 1518。

28. BL *Cott. Ms.* Vespasian C. I /196 and 181, Berners to Wolsey, 18 Sep. and 26 July 1518. 关于"杆子游戏"（Juego de cañas, 源自穆斯林统治下格拉纳达的"djerid"游戏），见 Fuchs, *Exotic nation*, 89 – 102。

29. BL *Cott. Ms.* Vespasian C. I /181, 203 and 232, Berners to Wolsey, 26 July, and to Henry VIII, 8 Oct. 1518, and the archbishop of Armagh to Wolsey, 17 Dec. 1518, all from Zaragoza.

30. Martínez Millán, *La Corte*, I , 177, a section written by Rivero.

31. Sanuto, *I diarii*, XXV , 242 – 3, 306, 326 – 7, Corner to the Signory, 11 and 14 Jan. , 24 Feb. and 8 Mar. 1518; Mártir de Anglería, *Epistolario*, III, 306 – 8（# 613）, letter to marquesses of Los Vélez and Mondéjar, 15 Mar. 1518; *BNP*, II , 40 and 49, La Roche-Beaucourt to Grand Master, Apr. and 25 Oct. 1518.

32. BL *Cott. Ms.* Vespasian C. I /226, Armagh to Wolsey, 6 Dec. 1518; Sanuto, *I diarii*, XXVI , cols 223 – 4, Corner to the Signory, 6 Oct. 1518. 关于加蒂纳拉对谢夫尔的称赞，见 Bornate 对于 1519 年 7 月建议的论文 Bornate, 'Historia', 413 中最后推荐语。

33. BL *Addl. Ms.* 18, 008, ' Ad Divum Carolum Maximum, Regem Catholicum, Mercurini Arboriensis di Gattinaria ... Oratio supplicatoria', 在 Boone, *Mercurino* 第二章中有讨论。我用的译文都出自 Boone 的著作。伊拉斯谟在同一年向查理五世献上了《论基督教君主的教育》（*Institutio principis christiani*），但查理五世不大可能读过。

34. *BNP*, II , 67, La Roche - Beaucourt to Grand Master, 22 Jan. 1519.

35. Keniston, *Memorias*, 152.

36. 这是德国一部很受欢迎的专著的书名，很是朗朗上口：Günter Ogger, *Kauf dir einen Kaiser: Die Geschichte der Fugger*, 初版于 1978。

37. Von Druffel, *Beiträge*, I , 673, Gerhard Veltwyk to Charles V , July 1551 叙述了弗里德里希（已经成为普法尔茨选帝侯）的说法，即马克西米利安在"他与英格兰人联合反对法王路易的战争结束之后的某天"，也就是 1513 年，表达过退位的想法。这是查理五世后来退位时遵循的先例之一。

38. Cohn, 'Did bribery', 1; ANF série J 995A pièce 7, Letter of credence by the Elector of Trier, 18 Nov. 1516; *ANF série J 952 pièce 1*, 'Promesse de l'ambassadeur de Brandenbourg', 27 June 1517; Knecht, *Francis*, 72. Mignet, *Rivalité*, 120 – 3 讨论了哈布斯堡家族与特里尔和勃兰登堡达成的交易，但对一些关键文件的日期给出了错误的说法。

39. Chmel, 'Review of Lanz', 186 – 93, Instructions to Jakob Villinger, Maximilian's treasurer, [17] Aug. 1517; RTA, I, 71 n. 4, Charles to Maximilian, 12/13 Nov. 1517.

40. *RTA*, I, 73 n. 2, Charles to Villinger and other ministers at Maximilian's court, 8 Mar. 1518, and 75 n. 1, Chièvres to the same, 15 Apr. 1518; Le Glay, *Négociations*, II, 125 – 33, Maximilian to Charles, 18 May 1518. Mignet, *Rivalité*, 122 – 3 给出了弗朗索瓦一世与每一位选帝侯谈成的条件。

41. Mone, 'Briefwechsel', cols 13 – 14, Maximilian to Charles, 24 May 1518. 查理后来运用"被动攻击性"手段的例子，见本书第 8 章和第 15 章。

42. *RTA*, I, 81 n 2, Villinger to Chièvres, 28 May 1518.

43. Walther, *Die burgundischen Zentralbehörden*, 203 – 4, La Chaulx to Margaret, 24 July 1518（具体说明了谢夫尔提出的权力下放的倡议）, and Margaret to Maximilian, 25 Oct. 1518 respectively; Laurent, *Recueil*, I, 656 – 7, Ordinance of Charles, 24 July 1518。

44. Gachard, *Rapport*, 149, Courtewille to Charles, 27 May 1518（引用了查理写于 5 月 1 日的信件）。

45. *BNP*, I, 57, La Roche – Beaucourt to Francis, Zaragoza, 20 Nov. 1518. 马克西米利安承诺支付的总金额来自 Mone, 'Briefwechsel', cols 407 – 9, 'Estat de l'argent'; and Gachard, *Rapport*, 151 – 5, Maximilian's instructions for Courtewille, Augsburg, 27 Oct. 1518。Núñez Contreras, *Un registro*, pp. LXX – LXXI 记录了查理在 1518 年 12 月和 1519 年 1 月写给罗马的十几封信，恳求教宗为他祖父加冕。

46. Le Glay, *Négociations*, II, 189 – 93, Zevenbergen to Margaret,

Augsburg, 1 Feb. 1519; Mone, 'Briefwechsel', cols 283 – 5, Henry of Nassau to Margaret, Bonn, 23 Mar. 1519; *RTA*, I , 169 – 75 and 198 – 200, Francis to his envoys, late Jan. and 7 Feb. 1519; *ANF* série J 952 pièce 10, Leo X to Francis, 12 Mar. 1519. 关于法国人提出的反对查理当选的论据，另见 Laubach, 'Wahlpropaganda', 210 – 25。关于弗里德里希与埃莉诺的不幸恋情，见第三章。

47. Le Glay, Négociations, II , 253 – 62, Margaret and her council to Charles, 20 Feb. 1519（上文讲到他们威胁要在"下一个大斋期的第一个星期日"把斐迪南送去德意志，在 1519 年就是 3 月 13 日，也就是三周之后）。

48. *RTA*, I , 352 – 8, Charles to Margaret, 5 Mar. 1519, cyphered; Le Glay, *Négociations*, II , 303 – 10, Charles's instructions to M. de Beaurain, 5 Mar. 1519.

49. Gachard, *Rapport*, 173, Margaret to Nassau, 13 Mar. 1519; *RTA*, I , 358 （'Ensieuvez ce que vous escrips cy-dessus, car autrement n'auroie cause me contenter'）。

50. *KFF*, I , 11, Charles to Ferdinand, 5 Mar. 1519, 亲笔信; Le Glay, *Négociations*, II , 303 – 10, 给博兰的指示（他负责向斐迪南和玛格丽特解释查理的立场）。

51. Le Glay, Négociations, II , 316 – 27, Margaret and her council to Charles, 9 Mar. 1519; Gachard, *Rapport*, 155 – 6, Margaret to La Chaulx, 18 Jan. 1519.

52. *RTA*, I , 633, Charles to the Elector Palatine, 2 May 1519（另一个例子可见 ibid., 747）。

53. Mone, 'Briefwechsel', cols 17 and 118 – 19, Maroton to Margaret, 21 Jan. 1519, and Frederick to Margaret, 2 Mar. 1519（'ma fasceuse lettre'）; Le Glay, *Négociations*, II , 278, Paul Amerstorff to Margaret, 25 Feb. 1519. 关于查理的讨好，参见 Mone, 'Briefwechsel', cols 132 – 3, Jean Marnix to the count of Hoogstraeten, 16 Mar. 1519（2500 镑的年金）, and 403, Le Sauch to Margaret, 26 Apr. 1519（投递查理的亲笔书信）; and Le Glay, *Négociations*, II , 333 – 40, Charles's instructions to Le Sauch, 13 Mar. 1519（'ayons desjà escript par deux fois *de nostre main* bonnes

et gracieuses lettres' to Frederick）。

54. *RTA*，Ⅰ，220 - 1，Jakob Fugger to Brandenburg，12 Feb. 1519，亲笔信。其他细节来自 von Pölnitz，*Jakob Fugger*，Ⅱ，ch. 18，and Häberlein，*The Fuggers*，ch. 2。

55. Mignet，*Rivalité*，174 - 5，Mainz to Brandenburg，1 Mar. 1519（来自寄给玛格丽特的一个副本）；Mone，'Briefwechsel'，col. 124，Nassau to Margaret，11 Mar. 1519，引述了柯尼希施泰因的争论；*RTA*，Ⅰ，317 - 19，Margaret to Zevenbergen，28 Feb. 1519. Laubach，'Wahlpropaganda'，225 - 38，也描述了查理的魅力攻势。

56. Mignet，*Rivalité*，188，Joachim von Moltzan to Francis，26 Feb. 1519.（他在这封信里恳求弗朗索瓦一世给他发送更多的钱，在信的末尾写道："快，快，快！"）

57. *RTA*，Ⅰ，734 - 5，Charles to Margaret，31 May 1519. Cohn，'Did bribery'，25 - 7 给出了强有力的证据，认为在 1519 年 6 月 27 日，也就是查理当选的前一天，选帝侯们要把帝位送给萨克森选帝侯弗里德里希三世，但他拒绝了。

58. BL *Cott. Ms.* Vitellius B. XX/161 - 2v，Richard Pace to Wolsey，Frankfurt，3 July 1518，亲笔信。150 万弗洛林的数字相当于最常见的说法（852189 弗洛林）的两倍，但后面这种说法完全基于查理五世在德意志的财政总管约翰·卢卡斯的记述，部分可见 Kohler，*Quellen*，63 - 70。852189 弗洛林的数字只包含在德意志境内支付给选帝侯们和军队等的款项，不包括在其他地方的开支，比如在尼德兰动员军队的开支。

59. BL *Cott. Ms.* Vespasian C. Ⅰ/257 - 60，Spinelly to Wolsey，9 Mar. 1519，亲笔信（斜体部分）。

60. Boone，*Mercurino*，91 - 2，Gattinara's *Autobiography*. 另可见 Crouzet，*Charles Quint*，29，查理在此时给出了自己"应当接受还是拒绝帝位"的一种类似的理由。关于西班牙朝廷后来运用的"为了防止潜在的灾难升级，查理应当接受帝位"的理由，见 Parker，*The Army of Flanders*，109 - 11。

61. Le Glay，*Négociations*，Ⅱ，194 - 202，Margaret's instructions to Jean Marnix，Feb. 1519. 关于"声望"对查理而言的重要性，参

见 Hatzfeld，'Staatsräson'。

62. BL *Cott. Ms.* Vespasian C. Ⅰ /247 – 54，Spinelly to Wolsey，20 Feb. 1519；Bruchet and Lancien，*L'itinéraire*，380，Margaret to Charles's agents，Apr. 1519. Häberlein，'Jakob Fugger'，73 – 8 研究并描述了在德意志办事如此高效的大臣团队；Reiffenberg，*Histoire*，346 – 53 记录了骑士团在巴塞罗那召开的会议。

63. BL *Cott. Ms.* Vespasian C. Ⅰ /196，Berners to Wolsey，18 Sep. 1518；*BNP*，Ⅱ，63 and 71，La Roche-Beaucourt to Grand Master，Nov. 1518 and 20 Feb. 1519；Sanuto，*I diarii*，XXⅦ，cols 1 – 543（在 col. 71 中有引用）。

64. Laurent，*Recueil*，Ⅰ，682 – 4，Royal ordinance，1 July 1519（凭借"我个人的知识、意志、权威和权力"发布，这种套话之前在西班牙也用过），and idem 687 – 9，玛格丽特在 7 月 28 日接受自己的新职务和某些约束（主要是她在政策问题上要咨询谋臣的意见，进行重要任命时要征求查理五世的意见）。Lanz，*Aktenstücke*，Ⅰ，92 – 103，and Gachard *Analectes*，V（'16ᵉ série'），306 – 11 也刊载了这些关键的文件。

65. Bornate，'Historia' 405 – 13，签署时间为 1519 年 7 月 12 日的建议书（关于一边穿衣一边处理公务）。另外可见 ibid.，414 – 20，加蒂纳拉在 1519 年 10 月至 11 月的另一份建议书，他将其呈送给查理五世，"因为陛下似乎没有按照我的建议采取措施和改正"。查理五世又一次对他的建议大体上不予理睬：Martínez Millán，*La Corte*，Ⅰ，184 – 6（date taken from 186 n. 261）。

66. Brandi，*The emperor*，84.

67. Gachard，*Rapport*，164 – 5，Margaret to Zevenbergen，28 Feb. 1519. 但玛格丽特错了。查理五世忽略了泽芬贝亨领主的名字，是因为他相信泽芬贝亨领主已经离开德意志、去瑞士担任一个职务。请注意，玛格丽特敦促泽芬贝亨领主谨言慎行，避免"失去国王对你的尊重，或者失去你的谨慎、勤勉与灵敏的美名"。

68. Gachard，*Rapport*，162，Zevenbergen to Margaret，18 Feb. 1519；Le Glay，*Négociations*，Ⅱ，359 – 63，Jean Marnix to Margaret，22 Mar. 1519；Mone，'Briefwechsel'，cols 127 – 8，Nassau to Margaret，14

Mar. 1519.

69. *CWE*，Ⅲ，239，Erasmus to Charles，Mar. 1516，preface to *The education.*

70. Sanuto，*I diarii*，XXⅦ，col. 581，Corner to the Signory，28 July 1519（科纳记录了没有这么做的一个国家，即威尼斯自己）。

71. Ibid. ，Corner to the Signory，28 July 1519.

五 从和平到叛乱到战争，
   1519～1521 年

前往英格兰的赛跑

查理五世当选为罗马人国王，这改变了欧洲的权力平衡。弗朗索瓦一世 1515 年在马里尼亚诺的胜利，加上他随后占领米兰和热那亚，让他成为基督教世界最强大的君主，也是最令人畏惧的统治者。一位英格兰外交官说："法国的地位提升，对任何一位基督教君主都不是好事，因为法国人野心勃勃、欲壑难填。"而另一位外交官说，欧洲所有麻烦的"主要的、最重要的、几乎是唯一的原因"就是"法国国王的傲慢、极端骄傲与永无止境的胃口"，他的野心是成为"整个基督教世界的君主"。现在，用一位法国外交官的话说："当上皇帝之后，［查理五世］对基督教世界的其他国王十分轻蔑，因为他认为自己是最伟大的君主。"[1]

这样的担忧并非空穴来风。选举的几周之前，玛格丽特在德意志的一个大臣预测，尽管帝国"对陛下来说是一件昂贵的商品"，但获得帝位之后他就可以"为整个基督教世界立法"。首相加蒂纳拉表示同意。查理五世当选的喜讯传来之后，他立刻禀报查理五世及其议事会："'皇帝'的头衔能够为统治全世界赋予合法性。"有德意志代表前来通知查理五世当选，他向代表们做了接受该头衔的演讲，在其中很自然地显露出上述的想法。他告诉他们，在最初的喜悦之后，他担心

"德意志与他的西班牙诸王国之间的距离会让他无法频繁地访问德意志，而这正是帝国和他的职责所要求的"。"再三考虑他应当接受还是拒绝皇位之后"，他意识到，如果土耳其人发动进攻，那么"帝国的资源对保卫奥地利来说具有极大的价值"，对"尼德兰也很重要，它与帝国毗邻，我们能够以它为基地，收复他的勃艮第公国"。这是对弗朗索瓦一世的明确挑战。最后，如果他放弃这项荣耀，"法国国王肯定会获得它"，那就是大家无法忍受的局面。[2]

　　这样的思路反映了欧洲新的政治地缘形势。在几十年前，有五个大国（英格兰、法国、西班牙、勃艮第和神圣罗马帝国）争夺欧洲的主导地位。现在后三个国家由同一位君主统治。一位英格兰外交官向自己的主公清晰地指出了这种局势的后果：亨利八世和查理五世"是亲戚，并且两个王朝之间自古以来关系融洽"，所以他们可以成为坚定的盟友，那样的话，"你们两家就一定能给整个基督教世界建立良好的秩序与太平，并增进你们双方的荣耀"；否则"这三位强大的君主"，即亨利八世（生于1491年）、弗朗索瓦一世（生于1494年）和查理五世（生于1500年）就可能争吵起来，那么"基督教世界将陷入混乱和无休止的战争，这将造成极大的损害……也会给那些原本可以及时挽救形势的人带来沉重的罪责"。[3]

　　在一段时期里，"这三位强大的君主"都认识到了"无休止的战争"的危险，所以遵守了他们已经签订的和约。1518年9月，查理五世得知弗朗索瓦一世的女儿（曾是查理五世的未婚妻）去世，于是立刻向他"亲爱的父亲"吊唁，并承诺根据《努瓦永条约》（见第三章）改娶她的妹妹。10月，亨利八世的首席大臣、枢机主教托马斯·沃尔西①说服弗朗索瓦一世、查理五世和其他许多基督教统治者的代表签署了《伦敦条约》。该条约要求签字国互不侵犯，并联合攻击任何破坏条约的签字国。尽管如此，各国之间的互不信任很快就暴露无遗了。弗朗索瓦一世提议与查理五世会晤，来解决两国之间的所有问题。谢夫尔男爵反对查理五世去会谈，说不要忘了"勃艮第公爵约翰受到了什么样的接待"（这是"体制化记忆"的一个突出例证，因为谢夫尔男爵指的是一个世纪以前勃艮第公爵无畏的约翰在与一位法国王公会谈时被谋杀）。⁴作为峰会的替代方案，谢夫尔男爵、加蒂纳拉和其他高级大臣前往蒙彼利埃，在那里与阿蒂斯·古菲耶（法国宫廷大总管，弗朗索瓦一世的教师和主要谋臣）领导的法国代表团会谈，希望能解决两国的所有纠纷。因为古菲耶曾经是参与《努瓦永条约》谈判的法国代表团团长，所以大家对此次会谈寄予厚望。但古菲耶于 1519 年 5 月 13 日突然去世，导致会谈中断。

颇具洞察力的法国外交官纪尧姆·迪·贝莱在事后回顾时说，这是一个致命的转折点："你们会知道，［古菲耶的］死导致了大规模战争，因为如果［他和谢夫尔男爵］完成了各自的使命，那么基督教世界一定会获得一段时间的和平。但在谢夫尔男爵和古菲耶之后办事的人不像他俩那样对基督教世界的和平感兴趣。"弗朗索瓦一世的将领当中至少有一人同意这

---

① 托马斯·沃尔西（约 1473~1530）是英格兰的约克大主教、枢机主教和政治家，曾任大法官（相当于后来的首相），权倾一时，深得亨利八世的信任。但他因为不能解决亨利八世希望与王后阿拉贡的凯瑟琳离婚并迎娶安妮·博林的问题，逐渐失宠，遭革职查办，甚至被指控叛国，在回伦敦向国王解释的途中去世。

种看法。弗洛朗日领主①写道，因为谢夫尔男爵和古菲耶"将各自主公的全部事务牢牢掌握在手中"，"所以在古菲耶死后有大约 20 万人死亡，而我相信，如果他能活得更久，这 20 万人是不会死的"。[5]

在随后一段时间里，查理五世继续寻求与弗朗索瓦一世维持友好关系。1519 年 5 月，查理五世遵照《努瓦永条约》的规定，向法国缴纳岁贡（换取法国放弃对那不勒斯的主张）；他和弗朗索瓦一世交换了一些亲笔信，承诺不管他俩当中谁获得帝位，都会继续维持和平。但查理五世当选之后，就不再需要像以前那样安抚法国人。他现在更需要安抚德意志人。[6]选帝侯们无疑记得，查理五世在还没有得到充分权利之前就抢先使用"西班牙国王"的头衔，于是规定他在加冕之前不能使用"罗马人国王"的头衔，而加冕礼只能在他宣誓遵守"选举契约"之后举行。"选举契约"是查理五世的代表在法兰克福的选举结果出来之后以他的名义接受的协议。

查理五世有没有认识到这份契约的重要性？他曾通知自己的西班牙臣民，选帝侯们派来的代表团已经抵达巴塞罗那，"请求我启程，并陪同我去德意志"。这时他承认，选帝侯的代表还向他呈送了"认可我当选的文书，以及他们向我们要求的让步"。但他没有详细解释选帝侯要求他做哪些让步，也许是因为这些条件是用辞藻华丽的德语写的，而"他现在还不太懂德语"。[7]"选举契约"中的很多条款是常规性的（比如

---

① 即下文提到的色当和弗洛朗日领主罗贝尔·德·拉马克（1491～1537），他是当时法国的名将，官拜"最高军务官"，也是历史学家，记录了当时瓦卢瓦王朝与哈布斯堡家族的战争。他是弗朗索瓦一世的好友，曾在帕维亚与国王一同被俘。

尊重德意志诸侯、高级教士和城市的权益与特权，维护正义，不得将帝国的任何部分分离出去），而有些条款反映了选帝侯对选举一位外国统治者为皇帝的潜在后果的担忧（比如规定查理五世在帝国行政机关中只能聘用德意志人，所有公文应使用德文或拉丁文；不得在帝国境外召开帝国会议，也不能带着外国军队到帝国境内）。还有一些条款可能会造成问题。比如，查理五世必须宣誓，在未经选帝侯同意的情况下不得让帝国与外国结盟或开战；不得让任何德意志诸侯或臣民受制于外国的司法机关。另外，他必须长期定居于德意志，他不在德意志期间必须通过一个全部由德意志人组成的摄政会议（必须包括选帝侯和若干诸侯）来统治；他还必须宣誓废除教廷做的任何与德意志教会的风俗习惯相悖的决策。[8]

"选举契约"要求查理五世立刻前往德意志接受加冕，这让他左右为难，因为他已经承诺从加泰罗尼亚去巴伦西亚，与该王国的议会见面并接受他们的宣誓效忠（还要接收另一笔经费）。谢夫尔男爵主张遵守这个时间上在先的诺言，然后从西班牙乘船去意大利，并从那里去亚琛加冕，尽管这意味着查理五世需要请求弗朗索瓦一世许可他经过法王的新领地热那亚和米兰。加蒂纳拉坚决反对这样的行程，主要是因为近期法国和英格兰的关系有所好转。1518 年 10 月，弗朗索瓦一世与亨利八世达成了三项协议：法王的儿子和继承人年满十四岁后将会迎娶玛丽·都铎公主（亨利八世的女儿）；亨利八世立刻将图尔奈归还法国；两位国王将通过面谈解决两国的所有纠纷。

英法两国的这些协议起初没有引起查理五世的大臣们的警觉，因为尽管图尔奈很快回到法国人手中，但订婚的王子和公主都还是婴儿，并且英法君主都没有宣布召开峰会的计划。但在 1520 年年初，弗朗索瓦一世向枢机主教沃尔西提议，英法两国王室应当于 5 月在加来附近参加一次壮观的"比武盛会"。[9]

现在，加蒂纳拉敦促查理五世穿过阿拉贡和卡斯蒂利亚，前往加利西亚的港口拉科鲁尼亚，在那里登船，率领一支舰队，"在英格兰国王与法国国王会面之间拦住前者……尽可能阻止他们会面"。然后查理五世可以取道尼德兰去亚琛加冕。加蒂纳拉的计划需要请求卡斯蒂利亚议会批准征收一笔新税，作为舰队的开支。考虑到卡斯蒂利亚国内的紧张气氛，加蒂纳拉的计划有很大的风险。但在 1520 年 1 月 22 日，查理五世宣布自己不会去巴伦西亚，而改为去加利西亚，然后从那里走海路去尼德兰和德意志。他于次日离开了巴塞罗那。[10]

在巴利亚多利德等待主公的彼得·马特·德·安杰拉直言不讳地向自己的意大利同胞加蒂纳拉警示道：

> 据说，根据山羊［谢夫尔男爵］和陛下身边的西班牙人的建议，陛下将会向卡斯蒂利亚提出两项要求：首先，议会必须在圣地亚哥－德孔波斯特拉开会，所有在议会拥有投票权的各城市行政长官都应参会，并服从国王的一切命令。有传闻说，国王的条件将会消灭自由，因为那样的法律把人民当作公共集市上被买卖的奴隶。我知道很多人倾向于反对。国王的第二个要求是征收一笔新税，尽管上一次征税的工作还没有完成。我看到，国王的两个要求引起了很大的民愤。

1520 年 3 月 4 日，在巴利亚多利德稍事停留之后的查理五世打算离开，这时城内警钟大作，人群跑到他们以为查理五世将要经过的城门，打算向他当面抗议。但他抢在人群聚集到城门之前就已经离开了，于是愤怒的市民"开始怒斥那些投票赞同征税"的议员。[11]

查理五世对这些危险的事态置之不理，在托尔德西利亚斯与母亲和妹妹卡塔利娜一起待了四天，然后前往圣地亚哥，在那里（和通常一样）"在当地一家修道院度过圣周"。他于 3 月 31 日召开议会，要求征收新一笔巨额的赋税，作为他去德意志的开销。[12]据加蒂纳拉说，查理五世的御前会议在这个问题上有分歧："谢夫尔男爵主张征收新的赋税。梅尔库里诺反对并指出，两年前那一笔赋税还没有征收完毕，所以现在征收新税是不合理的。他预测，这么做会导致民变。"乌得勒支的阿德里安同意首相的看法，后来提醒查理五世："我们当初在圣地亚哥的时候，我曾告诉陛下，您已经失去了所有这些臣民的爱戴，但您当时不相信我。"[13]

佩德罗·鲁伊斯·德·拉·莫塔（曾是逃到查理宫廷的腓力党人）"遵照御旨"向议会慷慨陈词，宣布：

> 西班牙的荣耀酣睡了许多年，如今觉醒了。曾经歌颂它的人说，其他的民族给罗马送去贡金，而西班牙给罗马送去皇帝［图拉真、哈德良、狄奥多西］。现在帝国到西班牙来寻找皇帝，我们的西班牙国王在上帝的佑助下已经成为罗马人国王和全世界的皇帝。

莫塔提醒市政长官们："守成和开拓同等光荣，而取得胜利之后不跟进，就像一开始就被打败一样可耻。"他以查理五世的名义保证："在上帝的佑助下，他将在出发之后顶多三年之内返回。"莫塔还承诺，在将来"这些王国的官职不会被封授给外国人"。此次议会的正式记录写道，莫塔的"这次演讲结束后"，"国王陛下亲自向聚集在议会的市政长官们"庄严地确认了刚才莫塔以他的名义做出的承诺。[14]

这次演讲的内容很快得到发表和传播。加蒂纳拉监督将演讲稿修改为一本拉丁文的小册子，题为《罗马人国王查理五世启程之前在西班牙议会发表的讲话》。根据这本小册子，查理五世吹嘘道：

> 谁要是相信，能够通过军力或财富，或非法的拉拢或策略，就能得到全世界的帝国，那就大错特错了。只有上帝能将帝国赐予凡人。我并没有为自己追求如此沉重的职责，因为我原本可以对西班牙帝国、巴利阿里群岛和撒丁岛、西西里王国以及意大利、德意志和法国的很大一部分，以及另一个盛产黄金的世界［即美洲］心满意足。

但是，查理五世补充道，"事关重大的必然性"迫使他接受皇位：

> 做这个决定的时候必须尊重我们的宗教，而基督教的敌人［土耳其人］已经在疯狂扩张，所以基督教世界的太平、西班牙的尊严，以及我的诸王国的福祉都无法应对这样的威胁。除非我将西班牙与德意志

联合，并在西班牙国王的头衔之外再接受皇帝的头衔，否则这一切都无法存续。

而为了达成这样的目标，他只需要 50 万杜卡特。[15]

这番言辞固然精彩，但如胡安·曼努埃尔·卡雷特罗·萨莫拉①所说，对现场的很多听众来说，"落到卡斯蒂利亚头上的新冠冕实际上是荆棘冠冕②"。与尼德兰、德意志，甚至阿拉贡的代表会议不同的是，卡斯蒂利亚（目前是查理五世最富饶的领地）议会"几乎没有任何'宪政'层面的防御手段（无论是体制的、民主的还是财政的）去抵抗这样一位把自己的新王国视为下金蛋的鹅的年轻君主"。好几个城市代表团拒绝合作。托莱多没有派任何市政长官来参会，而是由两名显赫市民提交了"请愿书，反对以如此赤裸裸的方式违反该王国的法律"，但（据马特说）查理五世"听他们发言时非常不悦"。[16]

查理五世急于抢在亨利八世会见弗朗索瓦一世之前见到前者，于是命令那些恼火的市政长官跟随他从圣地亚哥到拉科鲁尼亚，他的舰队已经在那里待命。他还宣布，在他不在西班牙期间，乌得勒支的阿德里安将担任卡斯蒂利亚、加那利群岛和美洲的"管理者和总督"。他为这个决定给出的理由是"我自己的深思熟虑和绝对王权。我作为国王和君主，不承认世间有

---

① 胡安·曼努埃尔·卡雷特罗·萨莫拉是当代的西班牙历史学家，为马德里康普顿斯大学的教授。

② 根据《圣经》，耶稣受难前，罗马士兵"给他脱了衣服，穿上一件朱红色袍子，用荆棘编作冠冕，戴在他头上，拿一根苇子放在他右手里，跪在他面前戏弄他说，恭喜犹太人的王啊"，以折磨和嘲讽他。

比我更优越的力量"。他之所以需要为自己辩护，无疑是因为这项任命违背了他前不久向议会做出的庄严承诺："这些王国的官职不会被封授给外国人。"[17]

一群卡斯蒂利亚贵族几乎立刻愤怒地"提醒他，根据卡斯蒂利亚的法律，当国王未成年时，必须将政府托付给西班牙人，而不是外国人"。但国王反驳道，"他不是未成年人，他已经下定了决心"（这是有历史记载的查理五世第一次强硬地为自己说话的例子）。[18]尽管国王通过贿赂和一些让步，说服了被孤立在拉科鲁尼亚的市政长官们同意批准征税，但有些城市仍然拒绝出钱，理由是"皇帝陛下不应当把本王国的收入花到他的其他领地上，这是不公平的"。他们还抱怨查理五世"没有征询这些王国的建议或许可"就擅自接受了皇位。[19]1520年4月和5月，卡斯蒂利亚好几座城市发生骚乱，当地的王室官员被迫逃跑，于是当地公社组建政府，控制了这些城市（所以有"公社起义"这个名字）。查理五世虽然在加利西亚花了六周时间等待有利的风向（和三年前他在泽兰等待的时间差不多），却对这些动态置之不理。他和大臣们把注意力集中到北欧事务上。

舰队终于在5月20日起航，仅仅七天之后就在多佛尔靠岸。沃尔西恭迎查理五世登陆，晚饭后亲自带他去当地城堡内准备好的卧室。亨利八世得知查理五世抵达英格兰后，立刻骑马来到城堡，"在皇帝陛下睡觉的时候走进卧室。他们在那里拥抱，互相表达爱意"。次日上午，查理五世第一次见到了自己的姨母阿拉贡的凯瑟琳以及亨利八世的妹妹玛丽，即曾经的"卡斯蒂利亚王妃"。两国王室成员享受盛宴和舞蹈，在娱乐活动的间歇进行了一些严肃的政策性探讨，为结成更紧密的盟约奠定了基础。三天之后，查理五世再次上船，驶向尼德兰。[20]

亨利八世则前往加来，在金缕地会见弗朗索瓦一世。[①] 这次奢华的盛会持续了将近三周，举行了很多比武大会和宴会。但此次峰会并不成功，部分原因是在一场即兴的摔跤比赛中，弗朗索瓦一世把亨利八世摔倒在地，羞辱了他；还有部分原因是谢夫尔男爵和沃尔西已经秘密约定，他们的主公将在这不久之后再次会晤，继续他们的政治"对话"（一位威尼斯外交官用的词是 abochamento）。1520 年 7 月 14 日，在加来附近，亨利八世和查理五世单独密谈，一边骑马一边谈了很久，"在面谈中，英格兰国王几乎是贴着皇帝的耳朵说话的"。然后"他们非常亲热地拥抱，手里拿着帽子"分开了。[21]

两位君主如此神神秘秘并且十分亲热，有着充分的理由：他们刚刚同意在对方的宫廷派驻常设大使；两年之内举行新一次会晤以探讨他们的外交政策，在那之前双方都不得与法国缔结新的盟约；最重要的是，"如果其中一方的领地遭到敌人攻击，另一方应当援助"。亨利八世成了国际事务的仲裁者，而查理五世在北欧事务当中赢了他的主要对手（弗朗索瓦一世）一步棋。[22]

西班牙熊熊燃烧

但查理五世在南欧的地位已经变得岌岌可危。尽管他这次

---

① 金缕地峰会的时间为 1520 年 6 月，地点为今天法国北部加来附近（当时属于英格兰），英王亨利八世和法王弗朗索瓦一世在此会晤，宗旨是增进英法两国友谊、维护和平。此次盛会是文艺复兴时代两大君主的会晤，以奢华著称。双方大量使用昂贵的金线织物搭建营帐和做装饰，所以峰会被称为金缕地峰会。不过金缕地峰会的政治影响甚微，两国关系很快恶化。

在西班牙只待了三十个月，其间却发生了两次大规模叛乱：一次发生在巴伦西亚，被称为行会起义；另一次发生在卡斯蒂利亚，被称为公社起义。马略卡岛和西西里岛也发生了一些规模较小的叛乱。1517 年还受到万众期待的君主，为什么在这么短的时间内就受到如此之多臣民的憎恨？

或许，1517 年查理五世在西班牙面对的期望太高，局势又太紧张，然而没有任何统治者能够满足所有民众的期望。首先，他的谋臣之间存在激烈的竞争。他的父亲腓力的很多勃艮第仆人在腓力突然死亡（见第一章）之后，不得不灰溜溜地逃离西班牙，并且吃尽贫穷的苦头，所以渴望报复西班牙人，并为自己的损失获得补偿。而腓力党人，即那些忠于腓力国王及其继承人的西班牙人，比如胡安·德·苏尼加和佩德罗·鲁伊斯·德·拉·莫塔，也渴望报复那些曾坚持忠于阿拉贡国王斐迪南的人，所以这些腓力党人看到查理五世在 1516 年之后恩宠洛斯·科沃斯那样的斐迪南党人（这些斐迪南党人来到布鲁塞尔，炫耀自己当政十年之后的财富与经验），感到十分怨恨。另外，在卡斯蒂利亚国内，好几个群体的期望是互相矛盾、无法共存的。例如，布尔戈斯城与尼德兰有着密切和融洽的关系，布尔戈斯的商人靠出口卡斯蒂利亚羊毛给佛兰德的服装商人而发了大财。1462 年朝廷颁布了一项法律，要求将卡斯蒂利亚生产的羊毛的三分之一留在国内，卖给本国的服装商人。布尔戈斯的羊毛商人对这项法律非常怨恨。而卡斯蒂利亚的服装商人（以塞哥维亚为大本营）同样怨恨这项法律，因为三分之一的羊毛不够他们维持生计。所以没有任何统治者能同时取悦布尔戈斯和塞哥维亚。还有其他许多难以弥合的鸿沟，让查理五世的卡斯蒂利亚臣民四分五裂。1517～1519 年的农业歉收和严重瘟疫更是雪上加霜。

在卡斯蒂利亚东面的巴伦西亚王国，瓢泼大雨和洪水导致农业歉收，随后又发生瘟疫，这也让原本就存在的国内矛盾更加激化。最重要的是，城市的行会抱怨市政长官的"暴政"，说"有些市政长官飞扬跋扈，把我们当作他们的囚徒看待"。此外，巴伦西亚还经常遭受穆斯林海盗的袭掠，这意味着所有主要城镇的行会成员都需要准备武器。1519年5月，查理五世抵达巴塞罗那不久之后，穆斯林的威胁引起了他的注意：一支来自北非的桨帆船舰队"在国王陛下及其宫廷人员的眼皮底下驶过"，向南航行。这是查理五世首次直接接触伊斯兰世界的军事和航海力量，他命令巴伦西亚的民兵动员起来。但他的命令传达下去之后，"〔巴伦西亚〕城里没有留下一名绅士：他们全都因为瘟疫逃走了"，于是"平民百姓控制了全城"，开始备战。

由事件的目击者马蒂·德·比西亚纳撰写的关于行会起义的详细编年史记载，巴伦西亚的行会领导人立刻意识到这是一个好机会，他们可以"将巴伦西亚市民从奴役中解放出来"，因为"我们现在有了一位新的年轻国王，他被大臣们主宰着；也正是因为他新近登基，他会聆听所有人，从而了解民间的冤情以及谁是受害者，所以他也许会为臣民申冤"。[23]行会成员说"年轻国王""被大臣们主宰着"，这是正确的；但他们没有意识到，那些大臣都是外国人，他们不会理睬行会的建议。行会成员在1520年5月终于看清了自己的错误，那时查理五世任命一位卡斯蒂利亚贵族为巴伦西亚副王，尽管根据当地风俗，应当由巴伦西亚人担任这个职位。市民在大街上奔走呼号："国王万岁！打倒副王！"但查理五世的回应是向不同人发布互相矛盾的命令，于是叛乱一下子星火燎原。[24]

第一批记载卡斯蒂利亚公社起义的历史学家也认识到，查理五世对外籍谋臣的依赖是激发叛乱的一个重要因素。胡安·德·马尔多纳多①在 1545 年指出，叛乱的最主要原因是："国王来到西班牙之后，很少将国家大事与西班牙权贵分享，也不征询他们的意见；而他准备离开西班牙的时候，也不将政府托付给他们。这让绝大多数西班牙权贵感到自己受了冒犯。"三年后，佩德罗·梅西亚声称，西班牙的精英阶层"抱怨国王对他们的态度过于疏远和冷漠，所以他们很难与国王交流"；据阿隆索·德·圣克鲁斯在 1552 年所说，谢夫尔男爵"让国王深居简出，很少有人能与国王交谈，所以西班牙人憎恨国王，觉得他冷漠而没有教养……简而言之，所有人都憎恨国王"。[25]

尽管这三位历史学家都经历了公社起义造成的创伤，但他们都没有直接参与其中。所以，他们在论述查理五世对叛乱应负的责任以及他的反应时利用的都是二手资料。不过，很多主要人物也有同感，包括乌得勒支的阿德里安，他在担任卡斯蒂利亚总督期间在给主公的一百多封信里大发牢骚。[26]他在 1520 年 6 月告诉查理五世："这里的人说，尼德兰人把能带走的东西都带走了。"并在几个月后补充说，每一个西班牙人都相信"陛下完全不关心这些王国的事务，一切事务都假手于他人，仿佛陛下是个不懂得审慎也不懂得关心他人的无知孩童"。1521 年 1 月，阿德里安发出警示："相信我，陛下，如果您不

---

① 一般被称为胡安·马尔多纳多（1485～1554），是西班牙文艺复兴时代的人文主义学者，与伊拉斯谟是通信好友，是将伊拉斯谟思想引入西班牙的重要人物，写过一本关于公社起义的书。

投入更多的注意力并停止把一切事物都委托给他人，那么西班牙永远不会真正爱戴您，也不会服从您和您的权威。"[27]

阿德里安还阐释了西班牙人提出的另外两个主要的抱怨，并多次批评主公的沉默。阿德里安在 1520 年 6 月写道："陛下至今没有回复我关于这些叛乱的信，这让我无比震惊。您写信如此缓慢和拖延，是非常危险的事情。"六个月后，他又说，"全世界都目瞪口呆"，因为查理五世还没有回复他之前的 9 封信。1521 年 1 月，阿德里安又抗议说，国王已经十周没有给他写信了。公社起义危机期间阿德里安发给查理五世的 105 封信里几乎没有一封得到查理五世及其谋臣的评论或批示，这肯定发人深思。[28] 阿德里安还批评自己曾经的弟子没有信守诺言："这里的人说：'国王给了诺言却从不兑现。'"阿德里安责备道，将来"陛下应当信守自己在议会上向臣民做出的承诺，尽管这在将来可能造成负面的后果"。[29]

最重要的是，阿德里安敦促国王立刻返回西班牙。1521 年 4 月，他颇有先见之明地告诉查理五世："始终可以用西班牙的资源维持尼德兰和德意志，但尼德兰和德意志的资源维持不了西班牙。"三个月后他发出了非同寻常的最后通牒：

> 这里的一切都变得乱七八糟，走上了彻底毁灭的道路。一些显赫的贵族对此深感困惑。所以我必须禀报陛下，如果您不在 5 月之前返回，那些贵族就会下定决心加入公社起义以保护他们的产业，转而抛弃陛下，让您自生自灭。[30]

1521 年 4 月 23 日，也就是阿德里安向他曾经的学生发出警示的三周之后，在托尔德西利亚斯附近的比利亚拉尔小镇，卡斯蒂利亚主要贵族征集的军队包围了公社起义领导人及其追随者。随后发生短暂的交战，数百名起义士兵阵亡，还有数百人被俘，包括几名叛乱领导人。次日上午，胜利者处决了抓获的叛乱领导人。用约瑟夫·佩雷斯①的话说："公社起义就这样结束了。"到 1521 年 5 月，只有托莱多还在继续抵抗。[31] 不久之后，在巴伦西亚，贵族征集和领导的军队打败了行会的力量，重新控制了首府城市。

查理五世与公社起义

查理五世在这场戏剧性的命运大逆转当中发挥了什么作用？答案是几乎没什么作用。"西班牙发生某种动荡"的最早消息于 1520 年 6 月 19 日，也就是叛乱开始两个月后，传到了身在布鲁塞尔的国王及其随从耳中。但因为消息的来源是"陌生人"，所以他们"不予置信"，直到一周后王室大臣的书信抵达，描述了卡斯蒂利亚多达十七座城镇的动乱。查理五世依旧没有意识到局势的严重性，因为（用英格兰大使托马斯·斯皮内利的话说）尽管"发生了叛乱"，叛军"并未阻止国王的官吏继续征税"。并且，"截至目前还没有一位大领主或贵族公开表示支持叛乱"。斯皮内利预测这种局面会发生变化，因为"西班牙贵族之间存在古老的分歧、敌意和嫉妒，他们互不信任。因此我相信皇帝不在西班牙坐镇，会造成一些动乱，但不会是特别大的动乱"。最后，斯皮内利指出，在他

---

① 约瑟夫·佩雷斯（1931～ ）是法国历史学家，专攻西班牙历史，曾在波尔多三大担任教授，出版了研究公社起义的专著。

看来，叛军的所有要求都是"公平合理的"。叛军的要求包括：各城市自行直接管理自己的营业税收入；不得任命外国人担任卡斯蒂利亚的世俗或教会职务；不得将金银运出国境；王室法庭应当迅速审理和裁决所有案件。阿德里安也建议妥协，因为"此时我们需要小心翼翼地对待城镇及其市民，仿佛他们是随时可能破裂的生鸡蛋"。他还（灵巧地换了一个比喻）发出警示："目前的局势是平衡在刀刃上的，所以任何轻微的动作都可能毁掉大局。"在叛乱的早期，查理五世还可以"体面地、不至于损害自己的海外声誉"地处置人民的冤情，所以阿德里安和斯皮内利看到"皇帝不肯同意"任何妥协，都目瞪口呆。[32]

皇帝的固执产生了严重后果，因为查理五世任命阿德里安为卡斯蒂利亚总督的时候没给他全权，而是自己保留了一些关键权力。最重要的是，只有国王有权赦免犯人。这是一个致命的约束，因为在 6 月，托莱多的一位公社起义领导人表示愿意投诚，换取赦免，而阿德里安得到查理五世的批准实施大赦的时候已经太晚了。[33]另外，阿德里安主张宽大为怀，御前会议主席安东尼奥·德·罗哈斯却不同意。

西斯内罗斯在自己的最后一封书信中警示查理五世，说罗哈斯是"奸佞小人，喜好制造纷争"，但枢机主教去世后，没有人注意他的警告。卡斯蒂利亚司厩长①是王国的资深贵族，他在一封信里表达了与西斯内罗斯差不多的意见："御前会议主席对我很生气，因为我坚持认为，如果我们赦免叛军并对其

---

① 司厩长（constable）的官职起源于罗马帝国，最初是管理马匹的官员，后来在中世纪欧洲演变成负责保管和维护国王的军械的官员，再后来变为军队的重要指挥官。

施加较轻的处罚，国家就会安定下来。但他主张对叛军实施焦土政策，把他们赶尽杀绝，所以我们现在面对的问题比之前严重得多，而我们将来要面对的问题会比现在还要严重。"³⁴查理五世不理睬司厩长的意见，就像他之前不理睬西斯内罗斯一样，也许是因为在一段时期内罗哈斯和御前会议主张的严酷镇压手段似乎取得了成功。

1520 年 7 月 6 日，斯皮内利报告称："皇帝从西班牙收到了捷报，那里的动荡已经停止。"三周后又有消息说，西班牙国内已经没有"贵族或显要人士公开反叛"。而"平民……说他们愿意在一切事务上忠于皇帝，服从他的旨意，除了不同意金钱流出境和任命外国人为官员"。³⁵尽管公社起义领导人组建了一个中央委员会来协调他们的活动，但起初只有四座城市派出了正式代表团去参加这个中央委员会。

但形势在 8 月发生急剧变化。阿德里安派军队去取存放在梅迪纳德尔坎波①的火炮，准备用它轰击叛军的要塞。但他的士兵遇到抵抗，于是纵火烧掉了梅迪纳德尔坎波城的很大一部分建筑。梅迪纳德尔坎波的大火给公社起义军提供了一个强有力的宣传工具，让他们更容易招兵买马。又有十座城市派遣代表团去参加公社起义的中央委员会。该委员会转移到托尔德西利亚斯，希望能说服胡安娜女王掌权并授权他们抵抗她的儿子。他们的事业还得到一位"显要人士"的公开支持：萨莫拉主教安东尼奥·德·阿库尼亚。

这些新事态令布鲁塞尔的宫廷大为震惊。据斯皮内利说，

---

①　梅迪纳德尔坎波是西班牙北部的一座城镇，今天是巴利亚多利德省的首府。

9月6日，查理五世及其议事会商讨了处置卡斯蒂利亚的"小麻烦"（这是查理五世的说法）的两种"方案"。一群大臣主张查理五世按原计划继续前往亚琛，加冕为罗马人国王，然后继续"进入德意志，并在众臣的良策辅佐下，尽快解决帝国各城市与贵族之间的分歧"，然后"率领尽可能强大的军队进入意大利"，最后才是乘船回去平定西班牙。议事会的其他人则激烈反对，并提出：

> 他越晚回西班牙，就越糟糕，因为那里的叛贼每天都更胆大妄为，体会到自由的滋味是多么甜蜜，并继续鱼肉百姓。因为金钱是战争的肌腱，如果没有西班牙，他就不可能方便地得到金钱；所以最明智的路线是到亚琛接受加冕，指定一个摄政会议来治理帝国，然后尽快返回西班牙，筹建一支军队在［1521年］3月镇压叛军。

这支平叛"军队"应当"有足够兵力，能够平定整个国家［西班牙］，并让它永久安定"。在这之后，查理五世才可以"去罗马"加冕为皇帝。[36]

皇帝选择了第二种"方案"，并宣布几项让步：他任命两位卡斯蒂利亚贵族和阿德里安共同担任总督；他同意放弃在拉科鲁尼亚批准征收的那一笔赋税；他授权各城市自行征收营业税。但这些让步太少，来得也太晚了。没过多久，位于托尔德西利亚斯的公社起义中央委员会就开始表现得仿佛它拥有行政权力，并（查理五世暴怒地抱怨道）"写信给我的尼德兰的若干城市，怂恿它们也起来造反"。与此同时，玛格丽特和谢夫

尔男爵"当着国王的面"公开争论谁应当为当前的乱局负责，
"他俩都指责对方玩忽职守"。[37]

但查理五世似乎仍然无法理解公社起义者的真正不满。枢
机主教克罗伊于 1521 年 1 月去世后，托莱多大主教的位置就
空缺了。皇帝提议将其交给谢夫尔男爵的另一个侄子，尽管他
的一位西班牙臣民教导他："我国最初的怨恨和不满就是从这
个大主教职位开始的……如果陛下在此刻再次将该职位送给谢
夫尔男爵大人的亲戚，将会带来多么大的麻烦！不仅陛下的臣
民会觉得受了冒犯，上帝也会愤怒，因为谢夫尔男爵大人的另
一个侄子年纪太小，并且也是外国人。"阿库尼亚主教强行控
制了托莱多大主教区的财产，才使查理五世没能重蹈覆辙。[38]

皇帝的《回忆录》和加蒂纳拉的《自传》都没有解释查
理五世及其大臣为什么花了这么长时间才做出反应，但路易
吉·马利亚诺（不仅是御医，而且是皇帝的亲信谋臣，当时
有人说他"差不多是皇帝的半个灵魂"）于 1520 年 10 月写的
一封信能够反映当时朝廷的主流意见。[39]马利亚诺给自己的亲
戚和同乡彼得·马特写信道："我收到了你谈到此次动乱的许
多封信。"马特在许多封信中怪罪查理五世。尤其是，他抱怨
说，查理五世没有征询西班牙臣民的意见，特别是在政策方
面。但马利亚诺指出："国王没有义务向人民解释自己的决
定。"无论如何，"这些决策的理由和必要性都是显而易见
的"，即"争夺世界帝国的重要性。他不能允许别人夺得帝
国，而如果他不采取措施，就会失败"。至于公社起义者关于
"金钱流出国境"的怨言，马利亚诺说：其实，在清偿天主教
双王的债务、送斐迪南去佛兰德、送埃莉诺去葡萄牙、出钱在
北非开展军事行动并派遣"两支舰队去新大陆，你自己也写

到过他们的伟大发现"（这是在绵里藏针地挖苦马特）之后，西班牙朝廷实际上已经几乎没有钱可以"外流"了。马利亚诺指出，最重要的是，"皇帝及其官员在西班牙都并没有表现得多么傲慢无礼"。[40]

马特做出了强有力的反驳。首先，他驳斥了马利亚诺为皇帝做的辩解，然后嘲笑了马利亚诺的说法，即"皇帝及其官员在西班牙都并没有表现得多么傲慢无礼"。事实恰恰相反：

> 你的说法"傲慢无礼"并不准确，因为你们的人对待西班牙人的态度不是"傲慢无礼"，而是"飞扬跋扈"。我们可以免去皇帝本人的责任，因为他还是个孩子。但西班牙人如果对尼德兰人哪怕有丝毫冒犯，也会遭到严惩；而即便宫廷的尼德兰人对西班牙人犯下丧心病狂的罪行，也没有一位法官敢于逮捕他们。这还不叫"傲慢"吗？

马特清楚地知道谁是罪魁祸首。"山羊［谢夫尔男爵］和他的随从在这位不幸的国王脑子里播下了灾祸的种子"，而其中最具破坏性的种子就是"山羊刚到西班牙就违反当地法律，把托莱多大主教的职位安排给自己的亲戚，招致全国人的憎恶"。马特几乎抑制不住怒火，最后说："皇帝不学无术，对这些王国没有丝毫的关心，他的廷臣为了更进一步欺骗他，甚至煽动他去仇恨西班牙人。我亲爱的马利亚诺，这些就是注定要毁灭帝国的收成的荆棘。"[41]

此时局势已经转为对公社起义者不利，但原因与查理五世及其廷臣完全无关。1520 年 9 月，卡斯蒂利亚多个地区的农民开始攻击他们的领主，摧毁其财产，并在一段时期内得到了公社起义中央委员会的支持。这让很多贵族克制了自己对查理五世的愤恨，转为支持他任命的总督们。此外，葡萄牙国王曼努埃尔一世（查理五世的姐夫）给阿德里安送去 5 万杜卡特，这鼓励了一些银行家给阿德里安提供资金，于是总督们得以招募军队，在比利亚拉尔击溃了公社起义军。[42]

于是，查理五世决定继续留在北欧，处理德意志事务，在那里颁布诏书（又一次援引“我作为君主的绝对权力”），授权他任命的总督们逮捕和审判犯有“背叛国王和主公”罪行的人，哪怕这些人在通常情况下享有卡斯蒂利亚法律的保护，甚至包括主教和贵族。总督们将差不多 250 人宣判为叛国贼，包括阿库尼亚主教和一些贵族。[43]

罗马人国王和当选的皇帝

1520 年 10 月 22 日，查理五世在盛大的入城式中进入亚琛。瞻仰了装着他的同名者和人生榜样查理曼（被后人称为“查理一世”）的头骨的黄金圣物箱之后，他走进大教堂，“匍匐在地，双臂伸直”。然后，他步入圣器收藏室，去瞻仰更多圣物，并宣誓遵守“我的代表前一年在法兰克福接受的”选举契约。次日上午，查理五世佩戴着奥地利大公的徽记（这是他有意识的决定，因为尽管“西班牙国王的徽记或许更崇高”，但他希望让世人觉得“当选的是一个德意志人，而不是外国人”）回到大教堂。在熙熙攘攘的人群的注视下，他再次拜倒在地，宣誓捍卫教会、保卫帝国，“努力增进帝国的福祉”。在场的人们山呼万岁，认可他为他们的统治者。随后查理五世受膏，戴上皇冠，手持帝国宝剑和圣球。他端坐在查曼的宝座上，册封了一些骑士（第一个是谢夫尔男爵）以象征自己的新权力。这景观让德意志最卓越的艺术家阿尔布雷希特·丢勒心驰神往，几乎说不出话来。他在日记中写道："我看见了各种各样尊贵的辉煌景象，比生活在我们这里的人们曾经见过的一切都更壮观。"[44]

在加冕礼的末尾，典礼官宣读了一份宣言："教宗已经批准查理五世的当选，命令他从今天起必须采用'皇帝'的头衔。"此外，参照加蒂纳拉的建议，查理五世采用了新的称号"神圣的天主教皇帝与国王陛下"，一直使用到他的统治结束。随后，在征询选帝侯们的意见之后，查理五世签署法令，传召帝国会议的所有成员于来年1月到沃尔姆斯见他。他后来在自己的《回忆录》中写道，"这是我第一次来德意志并在莱茵河上旅行"，并简练地补充道："此时路德的异端思想已经开始在德意志蔓延。"[45]

1519年11月，鲁汶大学神学系正式发文，谴责了"某个马丁·路德"的作品。路德是奥斯定会的修士，在萨克森的维滕贝格大学教书。鲁汶大学神学系将其文章的副本以及路德的一些作品寄给他们的前同事乌得勒支的阿德里安。如今的阿德里安已经是西班牙的宗教裁判所首席法官。他阅读了那些材料，觉得其中包含多处"显而易见的异端思想"。于是他下令焚毁路德的作品，并迫使路德为其异端思想负责。[46]此时阿德里安和查理五世都住在加泰罗尼亚，所以他们可能探讨过路德及其作品。但就算他们真的探讨过，也没有留下文献证据。因此查理五世第一次看到路德的名字，也许是在1520年5月12日他的驻罗马大使胡安·曼努埃尔发来的信中。曼努埃尔报告称，"据此地的人说，路德是一位饱学之士，他让教宗大为惊恐"，所以"如果教宗拒绝与皇帝结盟或者结盟之后背约"，那么查理五世"可以私下里对这个名叫马丁的修士表示一定程度的支持"。[47]

在随后的一个月里，教宗利奥十世颁布圣谕［以全文的最初两个词为题，称为《主起来吧》（*Exsurge，Domine*）］谴责路德的思想，并命令焚毁他的作品。"这个名叫马丁的修士"已经发表了好几篇拉丁文的檄文，批评教廷的教义与实践，尤其是赎罪券。1520 年 8 月，路德又发表了一篇影响很大的德文文章，题为《致德意志基督教贵族公开书：论基督教等级的改良》，在其中喜悦地宣称，"上帝赐予我们一位血统高贵的年轻领袖"，即查理五世，并呼吁他"从加冕的那天起"采取措施，恢复基督教会的纯洁性，哪怕这意味着要批判教宗。[48]两个月后，路德发表了一部言辞更激烈的作品，题为《教会被掳于巴比伦》。这部作品是对圣礼的阐释，其中对教宗发动了猛烈抨击，指控教宗是敌基督。教宗利奥十世的特使吉罗拉莫·阿莱安德罗向查理五世呈送了一份题为《主起来吧》的圣谕，敦促他焚毁路德的作品，并迫使路德公开悔过，或者把他送到罗马去自辩清白。查理五世起初很犹豫。毕竟他在 1518 年 3 月刚刚下旨在尼德兰查禁所有"从我的领地之外购买的赎罪券"，"除非我另有旨意"。查禁赎罪券恰恰就是路德的《九十五条论纲》所呼吁的。并且据一名目击者说，查理五世于 1520 年 6 月返回故乡尼德兰之后，"陛下的宫廷里随处可见"路德的作品，因为"只要路德的努力仅限于改革教会并谴责道德腐化……无人反对他的意见"。[49]但是，当查理五世在 1520 年 10 月 8 日下榻于大学城鲁汶的时候，当地官员遵照《主起来吧》的指示，将路德作品投入了公共篝火。尽

管我们找不到查理五世对此事下达的命令，但这种事情之所以
能够发生，是因为他肯定知情并且批准了。

《主起来吧》是一份有缺陷的文件。它详细阐述了路德作
品的四十一处错误，但（如研究宗教改革的卓越的历史学家
汉斯·希勒布兰德所说）"在一处似乎谴责了路德的全部作
品，但在另一处只谴责包含上述四十一处错误之一的作品"。
另外，"所谓的四十一处错误中有十二处没有准确引用路德的
原文"。[50]教廷的不宽容和无知令欧洲的许多天主教知识分子大
为警觉，包括查理五世最有威望的谋士之一：伊拉斯谟。鲁汶
焚书事件不久之后，伊拉斯谟向鲁汶大学校长抱怨道：

> 没有阅读和讨论路德的作品，没有当面指出他的
> 错误，没有用论据和《圣经》中的证据驳倒他，就
> 以这种方式镇压他，真是大错特错。我绝没有赞同，
> 也永远不会赞同这么做……焚书也许可以把路德从我
> 们的图书馆赶出去；但能不能把他从人民的心中赶
> 走，我就说不准了。[51]

不久之后，伊拉斯谟与一位更重要的大人物分享了自己的
意见。这位大人物就是萨克森选帝侯弗里德里希三世，即路德
任教的维滕贝格大学的创始人和恩主。1520 年 11 月 4 日，阿
莱安德罗向弗里德里希三世呈送了《主起来吧》的副本。次
日，虔诚但大感困惑的选帝侯在晨祷之后召见伊拉斯谟，就应
当如何回应教宗征询他的意见。伊拉斯谟显然重复了自己的立
场，即不能在没有聆听路德本人阐述的情况下直接查禁他的著
作。不久之后，弗里德里希三世就宣布："还不能确定路德是

否应当受到这样的待遇，因此相关的决定必须推迟到沃尔姆斯帝国会议之后。"[52]

所以帝国针对路德的政策仍然很暧昧。11月12日，查理五世下榻在科隆的时候，当地政府焚烧了路德著作。但两周后，皇帝命令弗里德里希三世把路德带到沃尔姆斯帝国会议，承诺给予路德安全通行权，并给他机会悔过。阿莱安德罗立刻认识到，皇帝的这个让步很危险。"如果路德不认错，并且皇帝给了他安全通行权，所以不能惩罚他，"阿莱安德罗预测，"那么这会在全世界造成混乱。"于是他试图说服查理五世及其主要谋臣改主意，但失败了。据阿莱安德罗说，谢夫尔男爵拒绝的理由是"皇帝是真正的天主教君主"，所以大家应当相信他一定能做出正确的决定。加蒂纳拉更进一步，说："让路德到帝国会议来是好事。"[53]

后来的事实证明阿莱安德罗是对的：给路德安全通行权，还给他公开平台让他能够发表自己的观点，对教廷来说是公共关系方面的灾难。但皇帝没什么选择：在法律上，他刚刚确认的选举契约迫使他必须尊重选帝侯的意见，还要保护他们的臣民不受外国法庭的审判。现在，萨克森选帝侯弗里德里希三世正式要求，在谴责路德并将其送往罗马之前，必须先在德意志召开一次听证会，查理五世不可能不理睬这个意见。[54]1521年2月，可能是在伊拉斯谟的鼓励下，查理五世更进了一步。他派遣自己的告解神父让·格拉皮翁去劝说弗里德里希三世，希望他出面，让路德至少放弃自己的部分观点，从而避免在帝国会议上发生高风险的冲突。

但选帝侯拒绝接见身为修士的格拉皮翁，于是格拉皮翁向弗里德里希三世的首相格雷戈尔·布吕克博士转达了皇帝的意思，并表示："在《教会被掳于巴比伦》发表之前，我原以为马丁修士追寻的是深度改革教会的高尚目标，从而涤荡令教会蒙羞太久的种种弊端。并且，他的勇气启迪了许多思想正派的人士的热情，赢得了他们的支持。"格拉皮翁以查理五世的名义承诺，只要路德仅仅放弃《教会被掳于巴比伦》表达的观点，或者否认自己是该文的作者，就不会受到起诉，并可以继续推行"有价值的改革，当然是审慎地、低调地进行"。他还向布吕克保证："皇帝相信，让这样一位杰出人士与基督教会和解，是至关重要的。"4 月初，格拉皮翁再次努力，这一次见到了路德的一群盟友，希望能安排一个私人场合让路德放弃他的部分观点，从而解除危机。但这个提议失败了，因为路德不肯放弃在帝国会议上公开阐释自己观点的机会。[55]

这些值得注意的活动的背后，当然是政治层面的考虑。在国内，查理五世不能无视一些在帝国会议有席位的诸侯与城市对路德观点的大范围支持。所以，如果不给路德自辩的机会就逮捕他并将他送往罗马，有可能激发又一场大规模叛乱。此时西班牙的叛乱还没有平息，查理五世没有资源同时处置两场叛乱。在国外，根据一些传闻，教宗支持弗朗索瓦一世在意大利的野心，并已经与他结盟，所以，对皇帝来说，路德这样的教廷批评者可能（如胡安·曼努埃尔大使预测的那样）成为有价值的政治资产。1521 年 3 月，阿莱安德罗"告诫"谢夫尔男爵要"动手镇压和消灭这种可鄙的异端"时，这位侯爵竟然反驳："你还是确保教宗尽好自己的职责，对我们光明正大些吧。然后我们再做教宗希望我们做的事情。"

当阿莱安德罗坚持自己的要求时，谢夫尔男爵变得更加咄咄逼人："如果你的教宗停止胡乱干涉我们的事务，他就会从我们这里得到他想要的东西；否则，我们就给他制造一大堆麻烦，让他难以脱身。"阿莱安德罗现在（也许是第一次）意识到，"自从皇帝在科隆与萨克森选帝侯谈话以来"，皇帝的大臣"一直企图利用路德的问题"与教宗作对。阿莱安德罗第三次质问谢夫尔男爵的时候，侯爵"微笑着说，他的意见是，让路德沉默并不是困难的事情"。阿莱安德罗尖刻地反驳道，如果他们不尽快行动起来，"很快就会燃起一场熊熊大火，你们整个北海的水都不够扑灭它"。[56]

查理五世回避执行《主起来吧》还有另一个务实的理由：在德意志，路德问题只是等待他解决的诸多问题之一。沃尔姆斯帝国会议将商讨一百多项议程，包括高利贷、垄断权、奢侈品，以及普通民众无法理解的"措辞冗长而烦琐的法律"（此时正在快速取代习惯法的所谓"罗马法"在德意志极其不得民心）。查理五世在尼德兰和西班牙已经发现，如果要劝说一个大型立法机构解决这样的棘手问题，需要的是巧妙的策略、耐心和忍耐。所以他努力做到让所有人都满意。

在沃尔姆斯帝国会议的第一天，他和所有参会者一起做弥撒，随后"用德语简单讲了几句"（这是有史可查的他第一次说德语的例子）。在随后四个月里，他定期征询选帝侯的意见，并与主要的参会者一起祈祷、狩猎和放鹰，希望能够形成共识。[57]

作为一场竞技的宗教改革

阿莱安德罗想方设法扰乱德意志的和谐。他急于给路德定罪，于是向帝国会议提交了一份定罪的法令的草稿，皇帝却传唤"我亲爱的、尊敬的奥斯定会马丁·路德博士"于三周内到沃尔姆斯。皇帝还发布了之前承诺给路德的安全通行证。4月17日"晚祷时分，也就是下午4点"，路德来到了查理五世和会议面前。所有的目击者在十年后仍然记得当时与会者普遍的激动："路德亲自到来时，整个世界都来看他。"[58]

　　帝国会议本身的成员有一百多人，在场的还有外国与德意志的达官贵人，以及皇帝内廷的成员（包括未来的宗教裁判所首席法官费尔南多·德·巴尔德斯）和许多普通公民。所以在场的总人数大约有一千人。查理五世坐在大厅的一处高台上，面向路德。路德穿着"奥斯定会修士的长袍，束着皮腰带"。至少在一个目击者看来，他看上去"非常魁梧，比大多数人高"。全场肃静，"皇帝和会议的发言人"约翰·埃克起立，宣读了据说是路德撰写的书籍的清单，并概括其内容。路德放肆地插嘴："你说的不全！"但埃克不予理会，而是向他提了两个问题（是阿莱安德罗设计的，并事先通知了路德）：刚才列举并描述的所有书籍，是否都是他的作品？如果是，那么"你现在是否愿意重新考虑，是否愿意与这些疯狂的、异端的思想保持距离？"路德先是"向皇帝宣誓效忠"，然后"面部表情和手势动作体现出他的焦虑不安"。他先后用拉丁文和德文回答，"对于第一点，这些书是他写的；但对于第二点，他请求等到次日再回答"。查理五世很惊讶，"带着他的枢密院成员去了另一个地方"讨论他们下一步如何操作；他们返回后，埃克再次对路德说，"他［路德］听到的问题关系到他自己所做的重要事情，他对此不可能一无所知，所以他应当立即答复，而不是索要一天时间。不过，皇帝陛下照例宽大为怀，愿意准许他在第二天同一时间答复"。于是，当天的议程结束，皇帝上楼去用膳了。[59]

查理五世犯了一个关键错误：路德已经事先得到了这两个简单问题的通知，所以皇帝没有理由给他更多时间去准备答复。

阿莱安德罗最害怕的情况现在成了现实。4月18日，经过一夜的思考，路德显然已经克服了他的"焦虑不安"，于同一时间来到会场，却发现"皇帝和诸侯在楼上的另一个房间"（肯定是在商量下一步如何是好）。于是，"马丁等了一个半小时"，周围簇拥着"与他一同前来的熙熙攘攘的人群"，这些支持者无疑给他注入了勇气。[60]最后，查理五世在谋臣的陪同下，"下楼来到大厅"，坐到高台上。"大厅内水泄不通，除了皇帝之外几乎无人有落座的空间。"和前一天一样，埃克起立，重复两个问题，室内鸦雀无声。这一次，路德不仅承认对方展示的书籍全是他的作品（"埃克还遗漏了一些作品"），而且开始解释，这些作品可分为三类。他说，第一类是"反对我们最神圣的圣父利奥十世的，因为他可以看到整个德意志民族都被罗马纠缠和压迫"。这时查理五世首次干预，"让他对此事保持沉默，继续谈别的"。于是路德开始讲第二类，即"他因为对自己的批评者感到恼火而写的书"，而"第三类是关于福音书的"。他宣称，"他不会收回自己写过的哪怕一个词……除非有人能够仅凭借《旧约》与《新约》的权威，在公开辩论中证明他是错的"。最后，他"恳求和告诫皇帝不要试图阻挠他的思想的传播，因为阻挠不仅对最著名的德意志民族有害，还可能损害皇帝的其他王国与领地"。[61]

查理五世一言不发，于是埃克提醒路德，"他承认自己写下的所有书籍的内容……都是异端思想，早就受过大公会议的谴责"，"教会已经讨论过这些东西，已经宣布它们是邪恶的，已经对其做了谴责和定罪；教会已经发布了神圣的法令，做出了很好的决策。所以再讨论这些东西是没有意义的"。埃克扬扬得意地指出，因此，如果路德"说的是真理，那么我们只能相信，在过去一千年里，我们的前辈都是异端分子，都不会得救；单单一个没什么权威的人，却想要谴责那么多优秀的基督徒，实在是过于鲁莽，实在是大错特错"。

查理五世仍然一言不发，于是路德抓住机会，进行了他最勇敢也最著名的演讲：

> 我不能单单相信教宗或大公会议的法令，因为它们显然是错误并且互相矛盾的。所以除非你们能用《圣经》中的证据或明晰的论理说服我……我不可以，也不愿意撤回自己的任何观点，因为那是违背良心的，既不安全，也是有罪的。那是我的立场，我别无选择。

埃克又一次起立，"开始否定"路德的话，但查理五世打断了他。尽管皇帝听不懂用德语进行的争论，对拉丁文也不熟悉，需要有人将拉丁文翻译为法文，"好让我更好地理解"，但他显然明白了路德发出的挑战的重大意义。皇帝"站起来说：'这就够了。我不愿意听胆敢否认大公会议权威的人继续讲话！'"他随即"上楼到自己的套房，诸侯和选帝侯们也去了自己的住处"。[62]

大厅里乱作一团。"站在门口等候主公的西班牙侍从们呼喊：'烧死他！烧死他！'"但他们敌不过德意志人的势力。德意志人把路德团团围住，严密保护他，把他抬在肩膀上，仿佛他刚刚赢得了一场竞技。路德是此时此刻的英雄，他离开大厅时"举起双臂，用双手和手指做出德意志骑士刚刚赢得一场比武时会做的表示胜利的手势"（马克西米利安皇帝若在世，也许会不情愿地表示尊重）。[63]不过胜利者并没有低估自己所处的危险。路德在自己的安全通行证过期之前匆匆离开沃尔姆斯，并在两天后写信给查理五世表示，如果大家能让他心悦诚服地相信自己是错的，那么他愿意撤回立场并接受焚书。但因为没人敢呈送这封信，所以它始终没有被送到皇帝手上。[64]

查理五世表达立场

路德的这封信虽然有致歉的意思，但即便送到了，也不会起什么作用。帝国会议上的这次对抗让查理五世深感不安，他在当天夜间准备自己的回应。

> ……（次日清晨）他和诸侯及选帝侯们在楼上的餐厅会合，并问他们："你们对马丁·路德怎么看？"但大家还没有回答，他就说："在听诸位的意见之前，我想把自己对这件事情的立场告诉你们。"然后他取出一张纸。

这张纸的许多抄本（有德文、意大利文、拉丁文、西班牙文和法文版本）留存至今，不仅是因为查理五世命令用这些语言制作了副本，而且因为他是（也许是第一次）在明确地表达自己对一个重大决策问题的意见。这份文件首先提醒所有人，他的祖先，无论是西班牙人、奥地利人、勃艮第人还是德意志人，"毕生都是罗马教会的忠诚儿子，始终保卫天主教会及其神圣仪式、法令与风俗"，并且"我在上帝的保佑下，截至目前都严格地遵循祖先的榜样"。然后，他重复了约翰·埃克在辩论中提出的一点："如果单单一个修士的观点与过去一千年里所有基督教的信仰和他们如今的信仰相悖，那么错的肯定是这个修士。"因此，查理五世继续写道，"我下定决心，要投入我的诸王国与领地、我的朋友、我的躯体、我的鲜血、我的生命和我的灵魂"，与异端思想做斗争，因为：

> 如果由于我自己的疏忽，竟允许异端思想或者对基督教的诋毁在人们的心中扎根，就会给我自己和我的继承者带来永恒的耻辱。昨天听了路德当着我们所有人的面给出的乖戾答复之后，我要告诉诸位，我后悔没有早些处置他和他的虚假教义。我已经决定再也不听他争辩。

尽管查理五世先前承诺保障路德的通行安全，现在却禁止他"宣讲或传授他的邪恶教义"，并宣布："我已经决定视其为臭名昭著的异端分子，给予其相应的处置和待遇。"他吩咐在场的诸侯效法他。[65]

查理五世就像路德前一天那样宣布"这是我的立场"，但路德的演讲流芳百世，而皇帝的演讲很快就被人遗忘了。原因很简单。如研究宗教改革的历史学家海科·奥伯曼所说，路德自认为是天启的先驱，他急于在"世界末日前的最后日子"召集信众，因为他相信"世界末日前的最后日子已经开始了，所以'最终的结局'已经在我们的历史时期展开了，末世的钟表已经在滴滴答答地走着了"。这就给了路德的讯息一种紧迫感，查理五世在这方面无法与他匹敌。印刷术让路德拥有更广泛的受众，也更凸显了上述区别。

路德出席帝国会议的时候，他的作品已经有 60 万册在市场上流通。他在议会发表的勇敢演说很快就有至少十个版本面世，有高地德语、低地德语和拉丁语版本的，这更加激励了他的支持者。[66] 查理五世宣言的接受度就差很多了。选帝侯们"请求更多时间来商讨和决定此事。他们后来多次回到皇帝面前，表面上同意他的法令，但实际上提出了很多反对意见，所以最后什么都没有决定"。有人主张"应当再做一次尝试，与路德对话并批评他"。也有人公开反对查理五世的立场：沃尔姆斯城里出现了许多海报，"宣称有 400 名骑兵和 1 万名步兵已经整装待发，要保卫路德的著作"。[67]

威尼斯大使在沃尔姆斯焦虑地写道："我不知道接下来会发生什么。"他预测："等皇帝离开、本届会议解散之后，路德必然会在整个德意志激起极大的动荡。"查理五世身边的西班牙籍秘书阿方索·德·巴尔德斯用几乎相同的措辞表达了同样的畏惧：

> 有些人以为这场悲剧就此宣告结束了，但我相信这不是结束，而是开端。我看到德意志人群情激奋、反对教宗。我还看到他们不把皇帝的敕令当回事，因为路德的书一经出版，就立刻在每一条街道、每一座广场销售一空，无人阻拦。你们很容易想到，等皇帝离开之后，这里会发生什么。[68]

在西班牙，乌得勒支的阿德里安表达了同样的担忧。他亲笔写信敦促自己曾经的学生"将马丁·路德送到我们的圣父那里，他会公正地惩罚路德"。查理五世不需要这样的提醒。在前一个月，他已经指示尼德兰的官员查抄并焚毁所有的路德著作；禁止印刷、销售、购买或持有任何攻击教宗的书籍；并再次确认现有的针对较早的异端分子以及"某个马丁·路德"的禁令。[69]但查理五世担心在比利亚拉尔事件不久之后激发又一次叛乱，所以犹豫不决，暂时还没有在德意志采取同样的措施。他批准了一道敕令的文本，却不准将其公布。该敕令宣布路德不受法律保护，谴责他的全部作品（并再次将其等同于已经受谴责的异端分子的作品），禁止（在未经教廷批准的情况下）印刷任何"提及或引用神圣经文或阐释经文的作品，不管其篇幅多么短小"。[70]

阿莱安德罗极其恼火，向教廷国务卿①抗议说，"目前的耽搁不是我们的错"，而是"皇帝的错，他说所有问题要向诸侯征询意见"。阿莱安德罗认为这是"非常危险的"想法，因为他已经认定，帝国会议上的好几位诸侯"就是路德的信徒"，所以他担心这些路德派诸侯会利用皇帝向他们征询意见的机会，把镇压路德的敕令的文本淡化。阿莱安德罗得知法国国王怂恿纳瓦拉国王和拉马克领主②攻击查理五世的领土后，变得更加焦虑，所以"实际上战争已经爆发，皇帝的支持者说他们想要集结尽可能多的德意志军队"去抵抗法国人，这就迫使皇帝向路德派诸侯做一些让步。阿莱安德罗说得对：在

---

① 教廷国务卿是圣座国务院的最高首长，负责教廷和梵蒂冈城所有的内政和外交，有点像教宗的首相。一般来讲，担任国务卿的人必须有枢机主教的身份。

② 即色当和弗洛朗日领主罗贝尔·德·拉马克。

帝国会议同意拨款组建一支军队保卫德意志、抵抗法国的进攻之前，查理五世拒绝疏远那些"路德派诸侯"。"愿上帝让基督教君主之间保持和平，"阿莱安德罗叹息道，"或者至少不要让路德的事情卷入世俗的国家大事。"[71]

帝国会议批准拨款组建一支有 2 万名步兵和 4000 名骑兵的军队，并批准设立一个摄政会议，由查理五世的弟弟斐迪南领导。次日，皇帝终于签署了宣布路德不受法律保护的拉丁文和德文敕令。阿莱安德罗立刻将敕令送到印刷商那里，并乐观地补充道："他们说印刷需要六天，但我确保他们连夜印刷。"[72]然而，两件事情粉碎了他的希望。1521 年 5 月 24 日，在查理五世宫廷的法国大使向皇帝申请回国的安全通行证（在当时和今天一样，这意味着战争迫在眉睫），而四天后，查理五世自亲政以来一直仰仗的谋臣，"到目前为止一直阻止皇帝与法国交恶"的谢夫尔男爵与阿尔斯霍特侯爵纪尧姆·德·克罗伊去世了。[73]

第二次解放

比利时历史学家埃内斯特·戈萨尔说得完全正确："1521 年在沃尔姆斯，谢夫尔男爵去世之后，查理五世在政治上才真正算是成年。"就在前一年，查理五世的外交官之一还曾对托马斯·沃尔西说，等他们从西班牙返回尼德兰之后，谢夫尔男爵可能离开在御前的位置，"在尼德兰颐养天年，让别人接替他"。沃尔西嘲笑道："你会这么想，说明你还不懂坐到这样位置的人的性格。"也就是说，没有一个手握重权的人会主动放弃它。[74]沃尔西说得对：谢夫尔男爵陪同查理五世一直到了沃尔姆斯，在那里继续主宰帝国会议上关于内政和外交政策的会谈，并以"皇帝陛下的名义"与外国大使和德意志诸侯谈判。1521 年 2 月，伊拉斯谟指出，谢夫尔男爵"在我们的查理皇帝身边占据了一人之下万人之上的位置，似乎整个帝国都在他一个人的手掌心里"。几周后，科纳大使在给威尼斯元老院的述职报告里说，谢夫尔男爵"把一切政务都抓在自己手里"，因为"皇帝陛下不仅爱他，而且非常尊重他"。[75]

但谢夫尔男爵毕竟已经六十三岁了，在疾病面前，皇帝的爱也救不了他。沃尔姆斯帝国会议期间有约 1 万名访客抵达这座小城，很快让当地的卫生条件变得很差。1521 年 3 月，查理五世"剧烈呕吐了一天一夜，他的廷臣说他有生命危险"。他刚刚恢复元气，马利亚诺和谢夫尔男爵就病倒了。马利亚诺于 5 月 10 日去世。5 月 20 日，医生表示对谢夫尔男爵的康复"不抱希望"。四天后，谢夫尔男爵接受了临终涂油礼，于 5 月 28 日去世。[76]他的权力和影响力都随他的生命一同消失。阿莱安德罗说："这个宫廷没有一个人公开提及他的名字，仿佛他从来没有存在过。"而新任威尼斯大使加斯帕罗·孔塔里尼注意到，查理五世没有按原计划前往奥地利，而是决定从沃尔姆斯返回尼德兰，"因为他需要回西班牙"，而"曾劝他先不要去西班牙的谢夫尔男爵大人已经辞世"。[77]

谢夫尔男爵留下了许多正面的遗产。1515 年，他告诉一名法国使节，他迫使查理五世亲自研读所有送抵的公文，"哪怕夜色已深"，然后"将其内容报告给自己的议事会，然后议事会当着他的面讨论；如果到我死的时候他还不能处理自己的事务，那么他就需要找别的教师"。谢夫尔男爵非常适合教导年轻统治者的行为举止，因为如查理五世所说，"谢夫尔男爵

先生睡在我的卧室里"，这样的话他醒来时如果想要说话，
"就有人陪他说话"。[78] 查理五世显然从谢夫尔男爵那里学到了
很多。据阿莱安德罗说，谢夫尔男爵离开政治舞台之后，查理
五世"每天都表现出强烈的意愿，要把所有事情都处理妥当。
现在他的教师不在了，他仍然百般勤勉。我们很多次看到，他
根据形势迅速做出恰当的、明智的决定"。在查理五世宫廷的
两位资深的英格兰外交官更加明确地表示：

> 皇帝处理公务的时候极其勤奋，他每天早晨六七
> 点就已经到了议事厅，在那里一直忙碌到做弥撒的时
> 间；吃完饭不到一个钟头，他又回去办事，一直待到
> 晚饭时间。自谢夫尔男爵大人去世以来，皇帝一直过
> 着这样的生活。

1538 年，查理五世向另一位英格兰使节解释，他之所以
如此勤奋地处理公务，是因为"上帝给他这样的位置，不是
为了让他轻松享乐"。"谢夫尔男爵大人"泉下有知一定会为
他骄傲。[79]

查理五世的勤奋似乎让他更加自信。1521 年 8 月，他邀
请沃尔西与他一起处理两国之间现有的所有纠纷，"因为你我
在一起，在一天之内就能比我的大使在一个月里做得更多"，
并（也许带着一丝威胁的意味）补充道："我还会请你看看我
的军队，你会看到，我不打算酣睡。"沃尔西对查理五世不肯
让步表示震惊，但（如加蒂纳拉所说）这是因为枢机主教
"原以为查理五世还是个蹒跚学步的小娃娃，就像谢夫尔男爵
大人教导他时的那样，但他发现皇帝已经不是那个小娃娃

了"，而是"把法国国王也不放在眼里的人"。几天后，沃尔西表示：

> 相对于他的年龄来说，［查理五世］非常睿智，理解力很强；讲话的时候冷淡而克制，仪态和语调沉稳，措辞恰当。从所有迹象来看，他将成为一位非常睿智的男子，并且真诚守信。[80]

这句证词可以说是对谢夫尔男爵作为教师的成绩的高度肯定。谢夫尔男爵在政策上的诸多成功也值得一提。他维持了尼德兰与几个邻国之间的和平，这就为他的学生创造了良好条件，让他在1517年能放心地去西班牙。到了西班牙之后，谢夫尔男爵说服了胡安娜女王，让她认可儿子为唯一的统治者，以她的名义统治国家；并筹集到足够的资金，让查理当选为罗马人国王。后来谢夫尔男爵又说服沃尔姆斯帝国会议采取措施，解决一些突出的问题：设立了可行的摄政会议，恢复法治，拨款动员军队抵抗法国，以及宣布路德为异端分子和不法之徒。最重要的是，谢夫尔男爵阻止了查理五世与法国的公开决裂。普鲁登希奥·德·桑多瓦尔说："如果他［谢夫尔男爵］还活着，那么皇帝与法国国王之间的敌意和战争不会这么早开始，因为他始终主张和平。"[81]像桑多瓦尔这么想的人有很多。但在另一些方面，谢夫尔男爵也理应受到批评。我们再引用一下桑多瓦尔的话：

> 谢夫尔男爵总是喜欢说每一项成功都是他取得的，并要求把功劳全部算在他一个人头上。但遇到失

败的时候，他就怪罪国王……我曾见过王室内廷的一
名绅士就此事撰写的备忘录，此人亲耳听到谢夫尔男
爵说，因为国王年少无知，任何人想要与国王谈话，
都必须把要谈的内容先禀报谢夫尔男爵，这样他就能
教导国王如何回应。如果人们拒绝先与谢夫尔男爵沟
通，他们就没法见到国王。[82]

另外，谢夫尔男爵想方设法排挤那些被他视为竞争对手的
谋臣，甚至排挤那些对年轻的查理非常有帮助的人，特别是奥
地利的玛格丽特、乌得勒支的阿德里安、普法尔茨伯爵弗里德
里希和年轻的斐迪南。1515 年，谢夫尔男爵通过让查理亲政，
把玛格丽特边缘化；然后在同年晚些时候把阿德里安送到西班
牙；在 1517 年让弗里德里希蒙羞（见第三章）；在 1518 年把
斐迪南排挤到尼德兰（见第四章）。

最糟糕的是，谢夫尔男爵贪得无厌地为自己和亲戚获取官
职和收入，最恶劣的表现就是把他的侄子任命为托莱多大主
教，这是激发公社起义的最重要原因之一。公社起义是查理五
世在位期间最危险的一次叛乱，而谢夫尔男爵对其的应对非常
拙劣，可以说是他最严重的错误之一。另一个可以与之相提并
论的严重错误，就是他没能认识到德意志路德派运动的危险
性，而是企图把它当作筹码来劝说教宗利奥十世放弃法国、改
为与查理五世结盟。不过，尽管国内付出了沉重代价，谢夫尔
男爵的两项赌博在短期内都取得了不错的效果：弗朗索瓦一世
终于向查理五世宣战的时候，卡斯蒂利亚已经安定下来，而亨
利八世和教宗都支持查理五世，所以查理五世是 1521 年无可
争议的胜利者。

注　释

1. BL *Cott. Ms.* Vespasian C. Ⅰ/257 – 60, Spinelly to Wolsey, 9 Mar. 1519，带解码的加密亲笔信；BL *Cott. Ms.* Vespasian C. Ⅲ/158 – 75v, Tunstal, Wingfield and Sampson to Henry Ⅷ, 2 June 1525；*BNP*, Ⅱ, 70, La Roche-Beaucourt to Grand Master, 20 Feb. 1519。

2. *RTA*, Ⅰ, 366 – 70, Marnix to Margaret, 7 Mar. 1519, 亲笔信；Boone, *Mercurino*, 92（*Autobiography*）；Crouzet, *Charles Quint*, 29（查理五世的基本理念）。

3. TNA *SP* 1/10/49, Robert Wingfield to Henry Ⅷ, Innsbruck, 7 Feb. 1515.

4. Le Glay, *Négociations*, Ⅱ, 166 – 9, Philibert Naturelli to Margaret, 24 Oct. 1518；BL *Cott. Ms.* Vespasian C. Ⅰ/261 – 2v, Spinelly to Wolsey, Barcelona, 20 Mar. 1519. 查理五世应当很熟悉 La Marche, *Mémoires*, Ⅰ, 197（写于 15 世纪 70 年代）中的预言，即约翰公爵于 1419 年遇害造成的仇恨永远不会消失。参见 Crouzet, *Charles Quint*, 124 – 5, and Huizinga, *Herfsttij*, 18 – 20，关于文艺复兴时代欧洲恐惧与猜疑的长期存在。

5. Du Bellay, *Mémoires*, Ⅰ, 95；Florange, *Mémoires*, Ⅰ, 257.

6. Sanuto, *I diarii*, XXⅦ, cols 416 – 17 and 514 – 15, Corner to the Signory, 2 and 29 June 1519，关于岁贡和亲笔信。

7. Lanz, *Aktenstücke*, 108 – 13, Charles's instructions to Bernardo de Mesa and Jean de le Sauch, 12 Dec. 1519（斜体部分）。Sanuto, *I diarii*, XXⅨ, col. 371, Corner to the Signory, Aachen, 23 Oct. 1520 说查理五世 "non parla anchora molto promptamente lo idioma aleman"。

8. RTA, Ⅰ, 864 – 76 刊载了 "选举契约"（Wahlkapitulation），查理的代表于 1519 年 7 月 3 日（也就是他当选的六天后）在法兰克福签署了该契约。Kohler, Quellen, 53 – 8 刊载了它的大部分内容。

9. *Ordonnances des rois de France. Règne de François* Ⅰ ^{er}, Ⅱ, 299 – 341 and 351 – 6, 1518 年 10 月 1 日和 8 日在伦敦达成的协议, and ibid., 565 – 75, 关于双方会见和举行 "比武盛会"（armatorum congressus）的安排, 于 1520 年 1 月 10 日达成协议, 3 月 26 日正式签约。

10. Boone, *Mercurino*, 94; Sanuto, *I diarii*, XXⅧ, cols 246 – 8, Corner to the Signory, 22 Jan. 1520; Santa Cruz, *Crónica*, Ⅰ, 221.

11. Mártir de Anglería, *Epistolario*, Ⅳ, 14 – 15（# 663）, to Gattinara, 24 Feb. 1520, and 17 – 18（# 665）, to the marquesses of Los Vélez and Mondéjar, 'From the rebellious city of Valladolid', 14 Mar. 1520. 另见 Pérez, *La revolución*, 147 – 8, 关于 1520 年 3 月 4 日的暴乱。

12. Sanuto, *I diarii*, XXⅧ, 488, Corner to the Signory, Santiago, 12 Apr. 1520. Foronda, *Viajes* 重构了查理五世的旅程。

13. Boone, *Mercurino*, 94（加蒂纳拉用第三人称撰写他的《自传》）; Danvila, *Historia crítica*, Ⅲ, 31 – 41, Adrian to Charles, 16 Jan. 1521。

14. *CLC*, Ⅳ, 293 – 8, speeches of Mota and Charles, 31 Mar. 1520.

15. *Caroli Romanorum regis recessuri adlocutio in conventu Hispaniarum*, 基于 Headley, *The emperor*, 10 – 11 的翻译。这本小册子是在罗马和奥格斯堡以拉丁文出版的, 在莱比锡出版了德文版。Headley, 'The Habsburg world empire', 52 – 3 and 72 n. 28 很有说服力地指出, 这份演讲稿的起草和后来文本的印刷出版是查理五世的大臣们的 "集体成果"。

16. Carretero Zamora, *Gobernar*, 397 – 8; Mártir de Anglería, *Epistolario*, Ⅳ, 19 – 20（# 666）, to the marquesses of Los Vélez and Mondéjar, 5 Apr. 1520.

17. Gachard, *Correspondance*, 237 – 42, 对查理和胡安娜的安排（在她于 1555 年去世之前, 在卡斯蒂利亚总是用这种说法）, 1520 年 5 月 17 日。关于查理五世使用他的 "绝对王权" 的前例, 参见 Sánchez Agesta, 'El "poderío real absoluto"', and Owens, 'By my absolute royal authority', ch. 2. 另见本书第十三章。

18. Sanuto, *I diarii*, XXⅧ, 488, Corner to the Signory, Corunna, 9

and 23 Apr. 1520.

19. Pérez, *La revolución*, 150, manifesto of the friars of Salamanca, and 232, letter to the king of Portugal.

20. Sanuto, *I diarii*, XXIX, cols 225 – 54, 'Ordine di lo abochamento del Serenissimo re d'Ingaltera, con la Cesarea et Catholica Maestà et con il Cristianissimo re', 包括很多来自 ibid. , XXVIII, cols 595 – 7, Corner and Surian to the Signory, 27 May 1520, and XXIX, cols 73 – 4, report of Lodovico Spinelli, 12 July 1520 的材料。

21. Sanuto, *I diarii*, XXIX, cols 225 – 54, 'Ordine'.

22. Bornate, 'Historia', 424 – 5, 亨利八世与查理五世之间的秘密协议，坎特伯雷，1520 年 5 月 29 日，批准于加来，1520 年 7 月 14 日（Lanz, *Aktenstücke*, 179 – 81; English précis in *CSPSp*, II, 312)。又见 Gwyn, 'Wolsey's foreign policy', 762。

23. Viciana, *Libro quarto*, 11 – 17, 引用了巴伦西亚一位卓越的行会成员霍安·略伦斯的演讲。

24. Ibid. , 126 – 7, and *poderes* issued by Charles to Diego Hurtado de Mendoza, count of Mélito, 4 May 1520.

25. Maldonado, *La revolución comunera*, 76; Mexía, *Historia*, 89; Santa Cruz, *Crónica*, I, 165 – 6.

26. Both Danvila, *Historia*, and Martínez-Peñas, *Las Cartas*, 出版了枢机主教的书信，有的完整，有的有删节，Martínez-Peñas 的版本用了现代的拼写方式，但这两部书在抄录原文时都有错。105 封信的原稿的扫描件，共 546 页，可见 PARES in a collection entitled 'Correspondencia de Florencio Adriano de Utrecht', with the etiquette 'AGS Patronato Real, leg. 2'。我引用的是 Danvila 的抄录版，除非有错；在有错的情况下，我引用原稿。

27. Danvila, *Historia*, I, 373 – 6, II, 515 – 16, and III, 31 – 41, Adrian to Charles, 25 June and 28 Nov. 1520, and 16 Jan. 1521. Pérez, *La revolución*, 121 证实"宫廷把西班牙当作一个被征服的国家"，他的题为 La codicia de los flamencos（pp. 121 – 6）的章节给出了许多例子。

28. Danvila, *Historia*, I, 373 – 81, II, 660 – 2, and III, 11 – 17, Adrian to Charles, 25 June 1520（两封信），15 Dec. 1520, and 16

Jan. 1521（在 1520 年 11 月 7 日的信之后查理五世一直保持沉默）。尽管 19 世纪的一些历史学家在这些信上写了摘要和评论，但查理五世和他的大臣不会这么做。

29. AGS *PR* 2 – I – 2（images 5 – 9），Adrian to Charles，25 June 1520.

30. Danvila，*Historia*，Ⅲ，31 – 41，Adrian to Charles，16 Jan. 1521（查理五世要在二十年后才认识到"只有我的西班牙诸王国才能维持我"，见本书第 10 章）；AGS *PR* 2/395 – 6（images 347 – 9），Adrian to Charles，3 Apr. 1521（斜体部分）。贵族们的威胁很像 1517 年卡斯蒂利亚一些城市的威胁，即如果查理不立刻赶来，它们就在没有国王许可的情况下召集议会，见本书第 4 章。

31. Pérez，*La revolución*，314.

32. BL *Cott. Ms.* Galba B. Ⅵ/191 – 5，Spinelly to Wolsey，Brussels，27 June 1520，"下午五点"；AGS *PR* 2 – I – 2（images 5 – 9），Adrian to Charles，25 June 1520，包含托莱多城于 6 月 8 日向其他在议会有投票权的城市提出的建议（see Pérez，*La revolución*，169 – 70）。

33. Pérez，*La revolución*，174 n. 56 记录了关于 Pero Laso de la Vega 的这个错误。

34. Gayangos and La Fuente，*Cartas*，225 – 6，'Quejas contra el consejo real'，dictated by Cisneros，28 Sep. 1517；Danvila，*Historia*，I，386 – 8，the Constable's instructions to Pedro de Guevara，his envoy to Charles，24 June 1520.

35. BL *Cott. Ms.* Galba B. Ⅵ/199 – 200 and 204 – 9，Spinelly to Wolsey，6 and 27 July 1520.

36. BL *Cott. Ms.* Galba B. Ⅵ/227 – 8v，Spinelly to Wolsey，未写日期（但可能是 1520 年 9 月 6 日）。斯皮内利写道，谢夫尔男爵（查理五世通常遵循他的建议）"相当困惑"，因为"人们窃窃私语地攻击他；我认为他自己也不知道该走还是该留，因为他永远没有办法掌控西班牙了"。

37. *CDCV*，I，83 – 4，Charles poder to his governors，Mechelen，22 Sep. 1520；BL *Cott.* Ms. Galba B. Ⅵ/ 360 – 1v，Spinelly to Wolsey，19 Sep. 1520 提到了地方行政长官 Hanneton 的不谨慎行为，他参加了那次大家互相指责的会议。玛格丽特曾是卡斯蒂利亚的王妃，在那里维持了许多关系。

38. *L&P Henry VIII*, III/2, 1574 – 7, Spinelly to Wolsey, 24 Jan. 1521. Sanuto, *I diarii*, XXIX, 561 and 581, Corner to the Signory, 11 Jan 1521 提出了相同的说法（查理五世已经提名罗贝尔·德·克罗伊来接替他的兄弟，担任康布雷大主教）。关于阿库尼亚和托莱多大主教职位之争，见 Pérez, *La revolución*, 316 – 49。

39. Mártir de Anglería, *Epistolario*, IV, 161 – 5（#722）to Los Vélez, 7 June 1521.

40. Ibid., IV, 86 – 9（#696）to Los Vélez and Mondéjar, Valladolid, 13 Nov. 1520, enclosing a letter from Marliano to Mártir de Anglería, Aachen, 20 Oct. 1520.

41. Ibid., IV, 102 – 4（#703）to Marliano, Valladolid, 29 Nov. 1520. 马利亚诺也是被查理五世任命到西班牙主教（图伊主教）位置上的外国人。Espinosa, *The empire*, 61 – 5 指出，托莱多的教士们因为一个外国人被任命为他们的大主教而大怒，于是掀起了该城的反叛。

42. CDCV, I, 106, 'Capitulaciones matrimoniales de Carlos V e Isabel', 24 Oct. 1526 记录道："曼努埃尔一世国王在卡斯蒂利亚公社起义期间借给他 5 万克鲁扎多金币。"

43. Danvila, *Historia*, II, 777 – 85, Edict of Charles V, Worms, 17 Dec. 1520, proclaimed in Burgos, 22 Feb. 1521.

44. 细节来自 RTA, II, 95 – 100，包括查理五世宣誓遵守选举契约；Sanuto, *I diarii*, XXIX, cols 370 – 9, Corner to the Signory, Aachen, 23 Oct. 1520; and Dürer, *Diary*, 70。查理五世于 1507 年成为勃艮第公爵之后，立刻册封了一些新骑士，以展示自己的新权力。

45. Volpi, *Opere*, 282 – 5, Baldassare Castiglione to Cardinal Bibiena, Cologne, 2 Nov. 1520（有关加冕礼的极佳见证者记录的总结）；Keniston, *Francisco de Los Cobos*, 57（新称号）；CDCV, IV, 489 – 90（查理五世的《回忆录》）。

46. LWS, VI, 174 – 8，鲁汶大学的神学家对路德著作的谴责，1519 年 11 月 7 日；阿德里安的回应，1519 年 12 月 4 日。这两份文献于 1520 年 2 月一同发表。

47. RAH *Salazar* A – 45/7 – 9, Manuel to Charles, Rome, 12 May 1520

（加密的原件 idem A-19/386-9 得到了部分解码，这里抄录自解码件）。查理五世肯定是在离开西班牙之后才收到它的。关于重要的腓力党人曼努埃尔的生涯，见 Martínez Millán, *La Corte*, Ⅲ, 264-9 和本书第二章。

48. Luther, *An den christlichen Adel deutscher Nation von des christlichen Standes Besserung*，开 篇 称 呼 查 理 五 世 为 "Der allerdurchläuchtigsten grossmächtigstenen Kaiserlichen Majestät" 并庆祝 "Gott hat uns ein junges, edles Blut zum Haupt gegeben"。

49. Laurent, *Recueil*, I, 620-1, Ordinance of 5 Mar. 1518；Redondo, 'Luther', 113（其他支持者）and 115-17（胡安·德·维尔加拉向托莱多宗教裁判所作的证词，1533 年夏季）。伊拉斯谟同意维尔加拉的观点，认为在当前阶段 "就连皇帝也同情路德的教导"（*CWE*, X, 452-60（#1526），Erasmus to Duke George of Saxony, 12 Dec. 1524）。很多人认为阿方索·德·巴尔德斯从查理五世宫廷写给彼得·马特的两封信（日期分别为 1520 年 8 月 31 日和 10 月 25 日）是对于帝国宫廷对路德评估的可靠分析，但文献内部的证据（特别是两封信都提到一些后来发生的事情）表明，这两封信肯定是在几个月之后写的，或者至少是几个月之后收到的，见 Tubau, 'Alfonso de Valdés', 23 n. 19, and Egido, 'Carlos', 226-7。

50. Hillerbrand, 'Martin Luther'. 该圣谕仅针对路德在 1518 年和 1519 年出版的著作，特别是他的《九十五条论纲》。

51. *CWE*, Ⅷ, 68-74（#1153），Erasmus to Godschalk Rosemondt, Leuven, 18 Oct. 1520.

52. Ibid., 77-9（#1155）and 105-8（#1166），伊拉斯谟给约翰·罗伊希林的信，科隆，1520 年 11 月 8 日；给一位不知名的恩主的信，鲁汶，1520 年 12 月。Mencke, *Scriptores*, Ⅱ, col. 604 刊载了弗里德里希三世的谋臣格奥尔格·斯帕拉廷（George Spalatin）的日记节选，谈到 1520 年 11 月 4 日和 5 日的事件；Erasmus, *Erasmi opuscula*, 329-37 刊载了 *Axiomata Erasmi pro causa Martini Lutheri*，其中有他给弗里德里希三世的建议。

53. *RTA*, Ⅱ, 466-7, Charles to Frederick, 28 Nov. 1520；Brieger, *Quellen*, 16-22, Aleandro to Cardinal Medici（未来的克雷芒七

世），Worms，14－15 Dec. 1520. Luttenberger，'La política'，46－9 强调帝国政府刻意选择了对路德的"暧昧策略"，直到路德亲身来到沃尔姆斯。Egido，'Carlos'，240 认为，帝国政府这么做"是因为别无选择"。

54. 据桑多瓦尔说，查理五世告诉尤斯特的修士，"我没有杀掉路德，是一个大错"；还说，"我不需要信守我给他的安全通行的承诺"，因为路德是异端分子，对于异端分子无须信守诺言。但皇帝显然忘记了，他曾给弗里德里希选帝侯发放安全通行证，如果违反的话，可能引起轩然大波（Sandoval，*Historia*，'Historia de la vida que el emperador ... hizo ... [en] Iuste'，Book X）。

55. *RTA*，Ⅱ，477－94，布吕克首相对 1521 年 2 月他与格拉皮翁会谈的记述（阿莱安德罗说布吕克是"最大的路德宗教徒"）；and Brieger，*Quellen*，63－5 and 131－42，Aleandro to Medici，18 Feb. and 13 Apr. 1521，描述了格拉皮翁和查理五世的宫廷总管保罗·冯·阿默斯多夫（Paul von Armersdorff）的来访，目的是与乌尔里希·冯·胡腾和马丁·布策讨论"路德问题"的解决。如 Luttenberger，'La política'，48－9 所说，"很难想象"格拉皮翁这么做没有得到查理五世亲信圈子的知情和同意。

56. Brieger，*Quellen*，89－95，阿莱安德罗给美第奇枢机主教的信，沃尔姆斯，1521 年 3 月 8 日，斜体是笔者添加的（另见 Balan，*Monumenta*，130－4，文字略有不同，日期为 1521 年 3 月 19 日）。关于法国与教廷的秘密条约，见 Barillon，*Journal*，Ⅱ，176－7，and Mignet，*Rivalité*，Ⅰ，232－3. Redondo，'Luther'，112 举例说明了查理五世在罗马的大使胡安·曼努埃尔如何利用利奥教宗对路德感到的焦虑来敲诈教宗，让他皇帝让步。Tubau，'Alfonso de Valdés'，25－6 支持阿莱安德罗的分析，即陪同查理五世的主要谋臣，包括谢夫尔男爵、加蒂纳拉、马利亚诺和巴尔德斯，都严重低估了路德。

57. *L&P Henry Ⅷ*，Ⅲ/1，428－30，Spinelly to Wolsey，Worms，2 Feb. 1521；*RTA*，Ⅱ，156－68，提供了查理与其他帝国会议参会者之间交流的细节。

58. *RTA*，Ⅱ，526－7，Charles to 'dem ersamen unsern lieben andechtigen doctor Martin Luther，Augustiner Orden'，Worms，6

Mar. 1521；Redondo，'Luther'，118，testimony of Vergara in 1533.

59. *RTA*，Ⅱ，632 - 8，'Relación de lo que pasó a el emperador en Bormes［Worms］con Lutero，año de 1521'［匿名，但是以"我的主公，皇帝"（el emperador mi señor）来写的］；Brieger，*Quellen*，144 - 9，Aleandro to Medici，17 Apr. 1521。

60. *RTA*，Ⅱ，555，'Doctoris Martini Lutheri Oratio coram Caesere Carolo'.

61. 此处及后面的段落基于 *RTA*，Ⅱ，533 - 94，各种各样用拉丁文和德文写的材料（尤其是 555，'Doctoris Martini Lutheri Oratio coram Caesere Carolo'），and 632 - 8，'Relación'；Brieger，*Quellen*，149 - 55，Aleandro and Nuncio Caracciolo to Medici，19 Apr. 1521；*RTA*，Ⅱ，879 - 82，Corner and Contarini to the Signory，28 Apr. 1521；and *CSPV*，Ⅲ，116 - 17，Contarini to Mateo Dandolo，26 Apr. 1521。

62. 此时查理五世对德文和拉丁文的理解力有限，见 Sanuto，*I diarii*，XXIX，cols 371 - 2（查理五世在亚琛的时候需要德语译员）和 Balan，*Monumenta*，249，Aleandro to Cardinal Medici，26 May 1521（查理五世不愿意阅读拉丁文的文件）。感谢詹姆斯·特雷西向我指出，许多神学家，包括路德，都认为大公会议是最高的宗教权威。所以质疑教宗的权威是一回事，反对大公会议的权威是另一回事。

63. *RTA*，Ⅱ，632 - 8，'Relación'. Brieger，*Quellen*，153，Aleandro and Nuncio Caracciolo to Medici，19 Apr. 1521 也报告了这一引人注目的反抗行为：when 'Martino uscitò fuora della sala Cesarea，alzò la mano in alto *more militum Germanorum*，*quando exultano di un bel colpo di giostra*'（斜体为笔者所加）。

64. *LWB*，Ⅱ，307 - 10，Luther to Charles，28 Apr.，1521，由 Spalatin 背书："Hae literae Caesari non sunt redditae，quod in tanta vi procerum ne unus quidem esset，qui redderet." 路德后来就不是这么愿意道歉了，而是大肆吹嘘自己在沃尔姆斯出席会议的举动，见其 'Table Talk' on the subject in Sep. 1533 and autumn 1536（LWT，Ⅲ，284 - 9 # 3357b，and 343 - 4 # 3474）；and summer 1540（LWT，Ⅴ，65 - 8，# 5342a）。

65. *RTA*, II, 594 – 6, 刊载了法文副本"fait de ma main"中关于 1521 年 4 月 18~19 日夜晚的文件，这份文件也被寄给亨利八世（TNA *SP* 1/22/9）。Sanuto, *I diarii*, XXX, cols 214 – 16 提供了意大利文译本；*RTA*, II, 636, 'Relación', 包括一段西班牙文（又见 Sandoval, *Historia*, Book X, ch. 10）。

66. Oberman, 'The impact', 21. Figures from Moeller, 'Luther', 240, 据 Moeller 估算，到路德去世时，他已经有 682 部作品出版，有的是单篇，有的是选集，共 3897 个版本，有的作品翻译成了十种语言。*LWS*, VII, 814 – 87 提供了得到出版的路德演讲稿的完整书目信息。

67. *RTA*, II, 632 – 8, 'Relación'; Sanuto, *I diarii*, XXX, cols 210 – 14, Contarini to Mateo Dandolo, Worms, 26 Apr. 1521, Latin（English précis in *CSPV*, III, 116 – 17）.

68. Sanuto, *I diarii*, XXX, cols 210 – 14, Contarini to Mateo Dandolo, Worms, 26 Apr. , 1521; Mártir de Anglería, *Epistolario*, IV, 161 – 5（# 722）, to the marquis of Los Vélez, 7 June 1521, with a copy of Alfonso de Valdés's letter to him from Worms, 13 May 1521.

69. Gachard, *Correspondance*, 244 – 6, Adrian to Charles, 9 Apr. 1521, 法文，亲笔信；Laurent, *Recueil*, II, 71 – 2, Ordinance of 20 Mar. 1521。又见 Danvila, *Historia*, III, 581 – 3, Adrian and the council to Charles, 12 Apr. 1521 向他发出警示，说路德作品已经有西班牙文版本在流传，这可能造成麻烦，"因为本王国的好几座城市正处于叛乱中"。

70. *RTA*, II, 640 – 9, 《沃尔姆斯敕令》的德文版，1521 年 5 月 8 日。

71. Balan, *Monumenta*, 232 – 4 and 240 – 7, Aleandro to Cardinal Medici, 22 [recte 18] and 24 May 1521.

72. Ibid. , 248 – 55, Aleandro to Cardinal Medici, 26 May 1521. Laurent, *Recueil*, II, 73 – 83, 1521 年 5 月 8 日的敕令是《沃尔姆斯敕令》的荷兰文版本，但阿莱安德罗表示，在 7 月之前尼德兰还看不到它：Balan, *Monumenta*, 271 – 3, Aleandro to Cardinal Medici, 16 July 1521。

73. BL *Cott. Ms.* Caligula D. VIII /46 – 7, Wingfield to Fitzwilliam and

Jerningham（查理五世在法国的使者），Worms, 29 May 1521（BL *Cott. Ms.* Caligula E. Ⅲ/33 - v 中原件的解码文本）。

74. Gossart, *Notes*, 55；Lanz, *Aktenstücke*, 135 - 45, Le Sauch to Chièvres, London, 7 Apr. 1520.

75. *RTA*, Ⅱ, 893 - 5, Corner and Contarini to the Signory, Worms, 4 May 1521；Sanuto, *I diarii*, XXX, 324 - 6, Relation of Corner, 6 June 1521；*CWE*, Ⅷ, 153 - 4（# 1184）, Erasmus to Guillaume Budé, 16 Feb. 1521.

76. Sanuto, *I diarii*, XXX, 61 - 3, Corner to the Signory, 14 Mar. 1521；Brieger, *Quellen*, 214 - 18, Aleandro to Medici, 18 May 1521（信件声称当天是"谢夫尔男爵发烧的第 14 天"）。

77. Balan, *Monumenta*, 248 - 55, Aleandro to Cardinal Medici, 26 May 1521；BNMV *Ms. Italiani*, Classe Ⅶ, cod. 1009/22v - 23, Contarini to the Signory, 28 May 1521.

78. Du Bellay, *Mémoires*, Ⅰ, 58；*CDCV*, Ⅰ, 75 - 8, Charles to Cisneros and Adrian, 7 Sep. 1517（also printed in *PEG*, Ⅰ, 89 - 100）.

79. Balan, *Monumenta*, 248 - 55, Aleandro to Medici, 26 May 1521；BL *Cott. Ms.* Galba B. Ⅶ/29 - 31, Wingfield and Spinelly to Wolsey, 19 June 1521（italics added）；Powell, *The complete works*, Ⅰ, 127, 'Note of remembraunce by Sir Thomas Wiat', Toledo, Dec. 1538.

80. BL *Cott. Ms.* Galba B. Ⅶ/102 - 3, Charles to Wolsey, 7 Aug. 1521；BNMV *Ms. Italiani*, Classe Ⅶ, cod. 1009/82, Contarini to the Signory, 22 Aug. 1521；TNA *SP* 1/23/28, Wolsey to Henry Ⅷ, 28 Aug. 1521, 亲笔信, 'To the king's grace, ys owne hands onely'（被收录于 Burnet, *History*, Ⅲ. ii, 11 - 12, 但有几处错误）。

81. *RTA*, Ⅱ, 729 - 43, *Reichsabschied*, and 659 - 61, Edict of Worms against Luther, both dated 26 May 1521；Sandoval, *Historia*, Book X, ch. 14.

82. Sandoval, *Historia*, Book V, ch. 2.

六 险中求胜，1521~1525年

查理五世的首次军事行动

查理五世和弗朗索瓦一世在德意志争夺影响力的竞争让一位英格兰外交官在 1518 年预言："这两人之间不可能有和平。"威尼斯外交官也同意：这两位君主也许会"适应风云变幻的形势，但实际上互相恨之入骨"。一位法国大臣表示，他"没有丝毫疑问"，1521~1529 年的战争爆发的"主要原因"是"查理五世当选为皇帝"，而弗朗索瓦一世担心这会导致他丢掉新近征服的米兰和热那亚，因为这两地都是神圣罗马帝国的附庸。[1]

当时的人并非全都认为战争不可避免。意大利军人、外交官和历史学家弗朗切斯科·圭恰迪尼①在 16 世纪 30 年代回顾的时候承认，1521~1529 年的战争有四个主要原因：查理五世企图收复他的祖先大胆查理公爵丢掉的勃艮第，并且怨恨法国人控制了米兰和热那亚；弗朗索瓦一世企图收复纳瓦拉（查理五世的外祖父阿拉贡国王斐迪南占领了这个国家），并且怨恨西班牙人控制了那不勒斯。圭恰迪尼继续写道："因为

---

① 弗朗切斯科·圭恰迪尼（1483~1540）是意大利佛罗伦萨的历史学家和政治家，与马基雅维利是朋友，对他也有批评。圭恰迪尼的《意大利史》开创了历史写作的新局面：用政府档案来支持自己的观点，并对他所在时代的人物与事件进行栩栩如生的描写。他是美第奇家族的支持者，曾任佛罗伦萨驻西班牙大使，还曾为三位教宗效力。

两国都非常强大，所以主动进攻的风险太大，于是他们都暂时没有轻举妄动。"圭恰迪尼举的一个例子是，当一个西班牙代表团向弗朗索瓦一世宣布查理五世打算竞选帝位的时候，法王打趣地说："那么我们必须像爱上了同一个女人的两个男人那样，各自想尽一切办法得到她，但两个对手不会为了这个原因而交恶。"[2]

起初弗朗索瓦一世优雅地认输，接受自己的竞争对手当选为皇帝。在西班牙的一位大使于 1519 年 6 月报告称："法国国王前不久写信给皇帝陛下，热情地道喜，说全世界除了他自己之外，他最愿意支持去获得这个位置的人就是皇帝陛下。"有些法国廷臣："法王没有当上皇帝，这对他来说是好事，对他的国家来说也是莫大的福祉，因为如果他当上了皇帝，就会让他忙得不可开交，让他的臣民变得贫穷，毁掉他们的生活。"[3]迟至 1521 年 1 月，弗朗索瓦一世还抗住了教宗利奥十世施加的压力，不肯去挑战查理五世。

法国国王承认，尽管"现在帝国、那不勒斯王国和西班牙都被掌握在同一个人手中，所以最好是预先处理未来可能出现的困难，而不是事后寻求补救"，尽管教宗认为"相对于天主教国王而言，目前是我占据优势，但等他入主德意志之后就不一定了"，但弗朗索瓦一世仍然认为"［查理五世］入主德意志之后面对的问题不会比现在更少，也许还更多"。并且，法王继续说道：

> 因为他［查理五世］的领地分散在不同地方，相距遥远，并且我们都知道他的领地桀骜不驯，经常制造事端，所以他将不得不努力守住它们，而不是设

法开拓新领土。因为他的领地如此广袤，他一定会致
力于维持和平，无论和平会索取何种代价，因为战争
的代价肯定更大，是他无力承受的。[4]

弗朗索瓦一世在 1521 年 2 月 14 日签署的一份文书揭示他
已经改了主意。在这份文书里，国王授权色当领主罗贝尔·
德·拉马克"以其人身和财产抵抗所有人，无一例外，哪怕
是皇帝"。作为回报，法王给了拉马克及其三个儿子多笔巨
款，于是他们几乎立刻集结了一支军队，攻击哈布斯堡家族治
下的尼德兰城镇。一位法国大臣承认，这就是"法国国王与
当选皇帝之间那场后来变得极其宏大而残酷的战争的第一枪、
起源和动因"。"这个小火星竟然发展为熊熊大火"，令这位大
臣感到惊愕。拉马克的攻击实际上只是多个小火星之一：弗朗
索瓦一世还秘密承诺支持纳瓦拉国王收复其王国；怂恿海尔德
公爵侵犯弗里斯兰和上艾瑟尔；还与利奥十世达成一项秘密协
定，教宗在其中承诺将那不勒斯王国从查理五世手中剥夺，并
拒绝将他加冕为皇帝。此外，弗朗索瓦一世还宣布，如果任何
德意志军队愿意为他效劳，"他们会玩得很愉快"。这显然意
味着如果必要的话，他会开战。用卡尔·布兰迪的话说："法
国瓦卢瓦王朝的君主弗朗索瓦一世和勃艮第君主查理五世之
间""关乎生死存亡的斗争即将正式拉开大幕"。[5]

法王的这些举动令仍然待在沃尔姆斯努力处理帝国事务的
查理五世大为警觉。他的一些谋臣"建议采取行动阻止法国
国王，而不是坐等对方进攻"。但查理五世"表达了自己的想
法"（他表达自己的立场，在当时还算新鲜事），即"他会让
法国国王先来侵犯他，并发誓，如果法王真的这么做了，他

［查理五世］将会仰仗上帝的佑助，与法王杀个你死我活"。⁶
因为患病，查理五世"呕吐了一天一夜"，一连几天"没有离
开房间，一边服药一边理政"，所以无法立刻把自己的决心化
为行动。但在 1521 年 4 月 1 日，他的私人密使向弗朗索瓦一
世宣布："皇帝认为法王的这些行动是宣战，是违背各项条约
的；因为皇帝是被攻击和受冒犯的一方，他已经决定奋起
自卫。"

　　与此同时，在罗马，西班牙大使胡安·曼努埃尔"几乎
要动手冒犯教宗"，"咄咄逼人地、面带怒容地"（这是法国大
使的说法）坚持要求教宗明确答复，是否立刻与查理五世签
订共同的反法条约。教宗很快屈服了。他撤销了自己与弗朗索
瓦一世签订的条约，承诺组建一支军队帮助查理五世将法国人
逐出意大利；在罗马为查理五世加冕；并祝福马克西米利安安
排的旨在保护中欧、抵抗土耳其人的两项婚约，即查理五世的
弟弟斐迪南与安娜（匈牙利与波希米亚国王拉约什二世的姐
姐和继承人）结婚，拉约什二世则与查理五世的妹妹玛丽结
婚。查理五世则承诺把帕尔马和皮亚琴察两公国归还教廷国
（利奥十世在马里尼亚诺战役后将这两个公国割让给法国），
并将教宗的所有美第奇亲戚置于帝国的保护之下。⁷

　　现在查理五世一心求战。得知弗朗索瓦一世公开把他在德
意志招募的一些部队派去支援拉马克之后：

　　　　……他［查理五世］向天空举起双手，说道：
　　"感谢你，我的天主，是你决定了不是由我开始这场
　　战争，并且法国国王很可能会让我变得比现在更强
　　大！永远感谢你，是你给了我自卫的手段。我希望过

不了多久，要么我变成一贫如洗的皇帝，要么他变成
穷困潦倒的国王。"

姑姑玛格丽特敦促他维持和平时，皇帝答道："不，夫
人，如果我现在与他谈判，那么两个月后他又重新开始给我制
造麻烦了。"1521年夏季，帝国军队在尼德兰、纳瓦拉和意大
利打退了敌人。一位英格兰外交官注意到，法国人"变换了
腔调。大约半年前，他们趾高气扬，仿佛已经征服了全世
界……但如今他们一心想要和平"。[8]法王和皇帝都派使者去拜
见亨利八世，抗议说是另一方发动了战争，所以违反了《伦
敦条约》的条款，因此英格兰应当向侵略者开战。枢机主教
沃尔西提议在加来召开一次和会，由他主持。

1521年7月，也就是和谈开始前不久，加蒂纳拉向查理
五世呈送了一份奏章，列举了继续战争或停止战争的理由。首
先他评估了支持议和的七条理由，其中大多数很宽泛，比如任
何战争的结局都是不确定的、战争必然会带来开销、现在的自
然条件不适合开战，等等；但也有一些具体的理由，比如拉马
克和纳瓦拉已经吃了败仗。然后是十条继续战争的理由，大多
数也很宽泛，比如：查理五世是正义的一方，所以能得到上帝
的支持；他享有国际上的普遍支持。也有一些是具体的，比
如：如果现在议和，就意味着已经花在军事动员上的钱就白费
了；已经招募的部队摩拳擦掌、求战心切。加蒂纳拉特别强调
了最后一条支持战争的理由：

　　最重要的是，陛下应当寻求获得声望，因为截至
目前您还没有参与过任何能让人得出正面或负面结论

的国家大事，全世界都在期盼您做一件无愧于强大皇
帝地位的大事，而您现在有了这么好的机遇……另
外，陛下，这是您征集的第一支军队。您已经为它花
费了大量金钱，动员了这么多的资源，这样的开端吸
引了全世界的关注。我们的职责是确保这样的开端产
生的结果不会损害陛下的声望，而是维持和增进它。

因此，首相敦促查理五世部署他在尼德兰的军队去攻
击一个比较容易对付的目标，比如图尔奈；同时在意大利
做主要的努力，争取将米兰和热那亚从法国人手中夺走。
他的结论是，这样的话，"您将会赢得声望，让您的敌人目
瞪口呆"。[9]

加蒂纳拉的阐述非常符合勃艮第的骑士传统，所以对他的
主公更有吸引力。这也是狡黠的加蒂纳拉有意为之。但查理五
世还是将他的奏章传给几位主要谋臣阅读，请他们讨论"皇
帝在今年冬季应当做什么"。根据这些讨论的详细会议记录，
有些大臣希望与英格兰缔结进攻性的条约，以增加在尼德兰获
胜的机会；也有的大臣主张与法国停战或议和，这样查理五世
就能返回西班牙，恢复那里的秩序。但查理五世在与沃尔西一
对一会谈之后，自己做了决定。[10]1521年8月25日的密约宣布
查理五世和亨利八世将"永远是朋友和盟友，并协调一致地
行动"，这既包括保卫他们各自现有的领土，也包括"无一例
外地行使他们那些被人阻挠而暂不能行使的权力"。该条约还
规定，等查理五世的表妹玛丽（亨利八世的女儿和继承人，
也就是查理五世曾经与之订婚的那个玛丽·都铎的侄女）年
满十二岁之后，查理五世就与她结婚。皇帝还将访问英格兰，

两位君主将在那里公开他们的盟约，并完善肢解法国的大战略。[11]

加蒂纳拉在加来待了三个月，同时沃尔西在大搞排场，表面上是讨论与法国人的停战条件，实际上这只是烟幕弹，是为了掩饰他与皇帝的密约。但加蒂纳拉这么久不在主公身边，严重损害了他自己的影响力。起初，查理五世向首相说，"你比其他任何人都更懂得我能做什么、应当做什么"，并请求加蒂纳拉"经常给我写信，至少每天一次，不得有误，因为我自掏腰包建立了一个驿站系统，专供你使用"。但这样洋溢着皇帝的温情、表明他对加蒂纳拉多么依赖的信很快就停了。[12]据一位尼德兰编年史家说，皇帝的"变心"显然是从1521年9月2日开始的，因为在这一天"查理五世皇帝穿上铠甲，第一次领兵与法国人作战"。不久之后，首相拒绝副署皇帝发布的文书之一，皇帝因此大怒，专横地写道："你知道这是我的明确命令。尽管你不同意，我还是命令你立刻副署该文件，并将其送回到我这里，因为这是我的意思。"在随后一个月里，沃尔西窜改了查理五世与玛丽公主结婚的条件，而皇帝没有通知自己的首相就宣布，他要撕毁整个条约，并"怒气冲冲地"宣称：

> 我能清楚地看到枢机主教［沃尔西］打算怎样对待我：故意对我提出无理要求，而我的荣誉和我的利益不会允许我同意这样的要求……但他大错特错了，因为即便一方拒绝我，另一方也会接受我。新娘有的是，我不需要为了一个新娘而付出那么沉重的代价。[13]

查理五世的大发脾气收到了丰厚的效益：沃尔西赶紧签署了要求英格兰、皇帝与教宗联手向法国开战的条约。并且，在意大利和尼德兰的帝国军队取得了一些重要的胜利。所以到 1521 年年末，皇帝可以吹嘘："上帝恩宠我，因为我在所有战线都高奏凯歌，迫使米兰和其他好几座［意大利］城市服从我，占领了图尔奈，并收复了纳瓦拉的所有失地。"1521 年 12 月，教宗利奥十世去世。一个月后，枢机主教们选举查理五世曾经的教师乌得勒支的阿德里安为新教宗。[14]

皇帝、教宗与英王的联合

皇帝赶紧着手利用这个意想不到的优势。"上帝不仅把我抬举到帝位，"他提醒新教宗，"还让我从这样一个人手里接受皇冠：我对他非常熟悉；他是我的同胞，自我年幼时就抚育和教导我，并且真诚地、深深地爱着我。当然，这个人就是圣父您。"他更刻意地敦促教宗阿德里安六世"不要忘记我当您的学生的时候您对我说过的话，我知道那些话都是真理。为了确保您还记得，我会提醒您：［法国人］嘴上甜言蜜语，但说到底只不过想欺骗和耍弄你"。不过，皇帝最后说："您如此睿智，一定知道如何避免做出可能会伤害我的事情。"[15]

阿德里安六世的当选给他曾经的学生制造了一个亟待解决的问题：新教宗不能继续担任卡斯蒂利亚总督，所以查理五世必须提前返回西班牙。这样的话他就需要在尼德兰和德意志都拥有强大的摄政者。他选择玛格丽特担任尼德兰摄政者，她既精明强干也愿意再次为他效力；他把德意志托付给斐迪南。在沃尔姆斯帝国会议上，他已经把哈布斯堡家族在奥地利的绝大部分土地割让给了弟弟。现在，因为急于返回西班牙，他把剩余的奥地利土地也交给斐迪南及其后代，并再次承诺，等他加冕为皇帝之后，立刻安排选举弟弟为罗马人国王。[16]查理五世还拟定了自己的第一份遗嘱。他指定斐迪南为自己全部领地的继承人。并且，和他父亲一样，查理五世还在遗嘱里规定，如果他死在西班牙，遗体应埋葬在格拉纳达，在天主教双王身边；如果他死在尼德兰，就葬在布鲁日，在他的祖母勃艮第的玛丽身边；但"如果在我辞世前，勃艮第公国回到了我手中，我希望被安葬在第戎修道院，在我的前任勃艮第公爵勇敢的腓力、他的儿子约翰以及好人腓力身旁长眠"。由此可见，此时的查理五世仍然主要将自己视为勃艮第公爵。[17]

皇帝及其随从于 1522 年 5 月 27 日从加来启航前往多佛尔，这是他们返回西班牙的旅途的第一段。伊拉斯谟客气地解释说，他们出发如此之晚是因为天气，"风是唯一有眼不识皇帝的东西"，但这只是部分原因。皇帝的启程推迟了一些日子，因为他经常不在办公桌前。在十二个月里，他至少有了三个私生子（见第十四章），并且他仍然痴迷于比武竞技、放鹰、狩猎和网球。一位在 1522 年 2 月来到查理五世宫廷的英格兰使节无法立刻呈送国书，因为查理五世"正在打球"，所以大使不得不"观战到差不多天黑，那时陛下才回到自己的房间"。[18]一个月后，查理五世和弟弟分别率领一支队伍，参加了一场大规模的比武：

> 他们向女士们行礼之后，绕场一周，然后皇帝开始了比武，与他弟弟的一名队友打斗时打断了对方的长枪。在下一轮，斐迪南王子与皇帝的一名队友较量时打断了对方的长枪。竞技持续了两个钟头，参战者

的一百支长枪——被折断。

这无疑是因为查理五世花了大量时间练习：

> 皇帝陛下打得极其英勇，打断了很多对手的长枪。最后，所有长枪都被折断之后，皇帝端坐在马背上，卸去了甲胄，说他已经向女士们致敬，并且表现出了精湛的骑术，我们可以说他是骑手们的恩主。

据威尼斯大使说，"所有人都认为"查理五世"在本次竞技中表现得比其他所有人都更精彩"，并且他的骑术"无人能敌"。[19]

查理五世并不总是把娱乐摆在公事的前面。1522 年 4 月 13 日，"清晨，英格兰的邮件送到了"，"皇帝及其谋臣在议事厅内从早忙到晚，午饭吃得晚，晚饭吃得晚，睡觉也晚"。两天后，查理五世亲笔写信给枢机主教沃尔西说，从今往后，如果遇到"与我个人有关的事情"，他就用"Ɛ这个符号表示"。此后一年多里，他给沃尔西的亲笔信里经常包括"Ɛ这个符号，只有你我知道它的意思，即此事对我非常重要"。[20]皇帝还花了大量时间亲自处置不是那么重要的公务。在他宫廷的几位英格兰大使都感到惊愕，因为他亲自监督了英格兰之旅开始前随从人员的登船。外交官们表达疑问时，一名官员给他们展示了一份登记表，上面有很多条是"皇帝亲笔写的"。[21]不过查理五世推迟行程的主要原因是缺钱。

根据加蒂纳拉起草的一份文件，近期军事行动和即将开始的西班牙之旅的开销让皇帝捉襟见肘，以至于"我们已经征服的土地有丢失的风险，并且我继承的领土也有风险，所以我的事务一片凋零，只能任凭上帝发落。此外，我也不知道我的西班牙臣民会如何迎接我"。查理五世先找葡萄牙国王曼努埃尔一世借钱，但这时亨利八世主动借给他 15 万杜卡特让他筹备帝国舰队，并且愿意提供舰船为他护航，以防备法国人可能发动的袭击。查理五世接受了英王的帮助，尽管（用他自己的话说）这种安排涉及"相当严苛的条件"，包括：查理五世必须承诺"在未得到亨利八世知情和同意的情况下不与法国议和或停战"；另外，查理五世在去西班牙的途中必须到英格兰停留。[22]

不过，对查理五世来说，1522 年开始得一帆风顺。4 月，帝国军队在比克卡①打败法军及其盟友，于是哈布斯堡家族不仅得到了伦巴第，还控制了热那亚。5 月，他渡海来到英格兰。6 月 6 日，他与亨利八世一同进入伦敦城，"不仅亲如兄弟，而且身穿同样的服装，照例举行了盛大庆典，仿佛皇帝即将被认可为英格兰国王"。十天后，亨利八世向法国宣战，并确认玛丽公主年满十二岁后会尽快与查理五世完婚。玛丽公主开始佩戴一枚胸针，上面的宝石排布成"皇帝"字样（见彩图 11）。亨利八世还给自己未来的女婿提供了一支强大的英格兰炮兵部队，"帮助他平定他的诸邦"，并派遣一支远征军去攻击布列塔尼。此外，两位君主还同意，他们将在 1524 年开启"大业"，即同时入侵法国，亨利八世计划从加来进军巴黎，而查理五世从比斯开进攻。[23]

在英格兰飨宴、比武和谈判六周之后，查理五世接受圣

---

① 比克卡现为米兰的一个区。

餐，然后登船启航。此时他的舰队运载着 3000 名德意志士兵，
比十八年前他父亲带到西班牙的兵力多得多。他于 1522 年 7
月 16 日在桑坦德登陆，然后进入内陆，"一路狩猎和玩乐"，
三周后抵达帕伦西亚。他在给亨利八世的信里写道，很多
"权贵、贵族、高级教士和显要人物来到我的宫廷，向我表达
他们的谦卑和忠实。无论贵贱，他们都证明自己是我的忠实子
民和仆人"；他感到国内足够安全，于是将他带来的德意志军
队派去保卫西班牙与法国的边境，而他自己"准备给这些王
国恢复秩序"。[24]

平定西班牙

但是，要按照谁的心意，来恢复怎样的秩序？查理五世得
知阿德里安当选为教宗（这意味着新教宗必须离开西班牙去
罗马）之后，立刻起草文书，任命他的姐姐埃莉诺（前不久
丧夫）为卡斯蒂利亚摄政者；在她上任之前，他授权卡斯蒂
利亚的海军司令和司厩长联合治理国家。海军司令敦促主公向
公社起义者让步并对其宽大处理，否则"没有人能够在夜里
安眠。一有风吹草动，他们就会以为行政长官来逮捕他们
了"。他大胆地提醒查理五世："只有上帝才能无处不在，您
不是上帝，而是必须在人间行走的皇帝。要保住您已经拥有的
一切，最好是借助人民的爱戴，而不是恐惧。"但是很少有大
臣同意海军司令的看法。就连阿德里安也主张镇压公社起义，
建议查理五世动用他的全部资源，"去惩罚那些敢于在您的诸
王国煽动造反的人"。曾受公社起义者羞辱和威胁的摄政会议
也开始囚禁他们能找到的曾经的叛军。[25]

皇帝的告解神父让·格拉皮翁曾告诉他："您拥有每一种

美德，除了这一种：您很难原谅别人对您的侮辱。"查理五世就像他的骑士传奇书籍里的勃艮第骑士一样，经常谈到、写到对他认为冒犯了自己的人"报仇雪恨"。[26]他返回西班牙之后立刻命令处决一些在吉普斯夸①战斗中被俘的为法军效力的德意志士兵，"以儆效尤，让所有敢于挑战我的人都明白，与皇帝作对的下场是什么"。他还立刻开始惩罚公社起义者：他在8月告诉姑姑玛格丽特，他已经"开始对去年抓获的托尔德西利亚斯中央委员会的10名或12名主犯提起刑事诉讼"，并补充道："我打算狠狠地惩罚他们，让世人永远记得。"在随后两个月里，查理五世批准了对将近100名曾经的公社起义者的定罪（包括一些曾得到临时性赦免的人），直到他说："这就够了。不要再杀人。"1522年11月1日，在巴利亚多利德的广场，查理五世当着常驻他宫廷的外国大使以及他的主要贵族和廷臣的面，宣布大赦，赦免了除293人之外的所有曾经的反叛者。没有得到赦免的犯人当中有63名贵族和绅士，以及21名神职人员。[27]

皇帝对惩罚反叛者的程序有着浓厚兴趣。斐迪南的使节马丁·德·萨利纳斯写道："皇帝陛下对每一名犯人的罪行了如指掌，仿佛他亲自记录了犯人的认罪。"[28]查理五世拒绝实施集体性质的惩罚，比如将王室文书官衙从巴利亚多利德搬迁到别处，或者将梅迪纳德尔坎波的商业集市迁往别处，所以公社起义的失败并没有改变卡斯蒂利亚的传统结构。但朝廷对参与叛乱的主要城市施加的罚金，以及为了补偿蒙受损失的保王党人

---

① 吉普斯夸是西班牙北部的一个省份，位于巴斯克自治区的东北部，今天是西班牙最小的省，靠近西班牙与法国的边境。

而征收的赋税，严重削弱了卡斯蒂利亚的工商业。[29]

查理五世对巴伦西亚的行会的惩罚要严酷得多。行会的领导人被称为"藏匿者"，他自称是天主教双王的继承人胡安王子的遗腹子，也就意味着他才是合法国王，而查理五世不是。皇帝任命自己的继外祖母热尔梅娜·德·富瓦为巴伦西亚副王，授权她重新控制该地区，"不做任何赦免"。据巴伦西亚编年史家马蒂·德·比西亚纳说，朝廷于 1524 年 1 月 10 日夜间开始秘密抓捕叛军领导人（和卡斯蒂利亚的情况一样，也包括已经得到临时性赦免的人），随后四年里热尔梅娜批准处决了 800 名曾经的叛军成员，其中很多人死前还受过酷刑折磨。比西亚纳估计，行会起义造成了价值 200 万杜卡特的物质损失，共有 12000 人死于"大大小小的战斗或司法审判"。仅仅因为与法国开战需要军费，查理五世才不得不停止惩罚巴伦西亚的行会，最终向剩余的叛军成员兜售赦免文书。[30]

皇帝拒绝赦免曾自封为公社起义总司令的萨莫拉主教安东尼奥·德·阿库尼亚。1520 年，西班牙驻罗马大使在毫无根据的情况下告诉教宗利奥十世，阿库尼亚是"另一个马丁·路德"，于是教宗剥夺了阿库尼亚作为主教在通常情况下享有的司法保护权。两年后，在巴利亚多利德，群众围观了王室官员罗德里戈·龙基略"将萨莫拉主教押过市中心，由一队西班牙骑兵护卫，将他押送到西曼卡斯①要塞"。查理五世要求阿德里安六世批准对阿库尼亚用刑，并威胁道："如果圣父不批准，我们就不得不采取在我们看来恰当的其他措施。"[31]

---

① 西曼卡斯是西班牙北部的一座城市，今天属于卡斯蒂利亚－莱昂自治区的巴利亚多利德省。

绝望之中，阿库尼亚表示愿意用 6 万杜卡特换自己的自由。他得知"陛下不愿意接受，尽管他非常需要金钱"后，刺死了西曼卡斯的城堡长官，企图逃跑，但失败了。查理五世现在命令将"萨莫拉主教带到刑讯室"。在那里，他的"双手被捆缚在身后，绳索连接着滑轮"，"身体被吊起来，脚尖离地"。主教最后招供出三名同党，其中之一是一名神父，遭受严刑拷打，最后无法签署认罪书，"因为他的手被打残了"。随后龙基略"没有走什么程序，直接将主教勒死"。[32]

查理五世还以其他略微缓和的方式报复。在主要的公社起义城市萨莫拉，他命令将一些反叛者的房屋夷为平地，并将另外一些反叛者房屋上的纹章抹去，作为羞辱（今天到访这座城市的游客仍然可以看见）。他对反叛者的怨恨始终没有完全平息。他继续纠缠葡萄牙国王和教宗，要求他们引渡逃亡到其领地的公社起义领导人，直到其中最后几人在流亡中死去。1532 年，查理五世得知摄政政府撤销了对一名前反叛者的流放判决，于是命令"将来除非首先征询我的意见，否则不得赦免任何公社反叛者"。四年后，他命令逮捕一名入境西班牙的为葡萄牙服务的信使，"因为他曾是公社反叛者"。甚至到了 1552 年，囊中羞涩到绝望程度的查理五世不情愿地同意出售卡斯蒂利亚的骑士身份，但仍然明确规定"不得卖给任何公社反叛者的儿孙"。[33]

如此睚眦必报的精神，产生了适得其反的效果。1522 年 6 月，"一些曾支持公社起义的神父"来到阿德里安六世面前"请求主持公道"的时候，新教宗犹豫不决，担心如果他拒绝帮助这些人，"他们会投奔法国，帮助我们的敌人"；但查理五世仍然固执己见，所以（如阿德里安六世预言的那样）在国外到处树敌。[34]其中"有一个叫卡德纳斯的"，于 1542 年领导了智利殖民者的反叛，并且曾经"在公社起义期间反对陛下，后来和林孔沆瀣一气"。这个安东尼奥·林孔是"梅迪纳德尔坎波的公社起义者之一"，后来为法国效力，成为弗朗索瓦一世及其反哈布斯堡的盟友之间备受信赖的中间人。卡德纳斯、林孔和其他人与不计其数的意大利流亡者会合了（帝国军队及其盟友将一些意大利城镇从法国人及其盟友手中夺走的时候，导致大量意大利人流亡）。

如法王弗朗索瓦一世所说，奥斯曼苏丹妥善利用了"因为战争而不得不从那不勒斯王国背井离乡的大批流亡者"。不过查理五世还算幸运，因为弗朗索瓦一世同样擅长把自己的主要臣民转化为不共戴天之敌。[35]

大　业

1522 年夏季，西班牙朝廷得到情报，法国司厩长波旁公爵夏尔三世正在准备反叛他的主公。起初西班牙朝廷觉得这个消息太好了，所以不可能是真的。波旁公爵是法国的"王室血亲"，是路易十二的亲戚，也是弗朗索瓦一世的亲戚。他曾为弗朗索瓦一世效力，在马里尼亚诺指挥法军前锋，并在金缕地参加比武。1521 年年末，波旁公爵占领了埃丹①（这是法军在这一年的少数几场胜利之一），但几个月后他的妻子苏珊（波旁家族主系的成员）去世之后，法国发生了天翻地覆的变化。弗朗索瓦一世的母亲萨伏依的路易丝立刻在巴黎高等法院（法国的最高司法机关）提出主张，说她最有资格获得波旁家

---

① 埃丹在今天法国的北部，属于加来海峡省。

族的产业。弗朗索瓦一世则宣布，波旁家族的整个领地都将被收归法国王室。

国王和太后采取这些令人绝望的措施，也许是因为实际上他俩都已经破产。弗朗索瓦一世为了自己登基的庆典、马里尼亚诺战役、金缕地峰会和随后一年里多条战线的战争一掷千金，债台高筑，债务已经超过了他的岁入。即便如此，企图夺走他手下最强大的封臣和主要将领的土地，实在是过于莽撞了，尤其在战时。夏尔三世公爵立刻向皇帝求助。皇帝于1522年8月派遣一名特使"与波旁公爵会谈，并推动他已经开始的事业"。[36]波旁公爵提议迎娶"皇帝的姐妹之一，从而敲定双方的盟约"；他还直接与亨利八世接触，提议"与英王和皇帝联手，对法国开战"。

三方最终决定于1523年（比原计划早一年）开始他们的征法大业，并且比原计划多了一个参与者。亨利八世从加来入侵法国，查理五世从南方进攻，波旁公爵则将从自己位于法国中部的领地征集500名骑兵和1万名步兵，直接进军巴黎。[37]

为了筹措军费，查理五世于1523年7月召开了卡斯蒂利亚议会。议会开幕时，加蒂纳拉先歌功颂德，叙述了查理五世自上一届议会以来取得的所有成绩，因为"上帝之手在佑助陛下"（加蒂纳拉的这次演讲中有十九处提到上帝）。加蒂纳拉在草稿里承认皇帝上次在西班牙期间犯了一些错误，并怪罪"并非出身于本地的大臣""不懂得卡斯蒂利亚的法律和风俗习惯"，导致了近期的一些不愉快。查理五世把这一段删去了。既然皇帝不道歉，那么议会代表也没表现出什么热情。尽管他们认可查理五世与上帝有一种特殊关系，"陛下口中的言辞都来自上帝之口，因为是上帝把陛下抬举到这样的位置"，但他们提醒他，在上一届议会期间"代表们没有得到应得的聆听"，所以他们要求在本届议会上，君主应当聆听并处理他们的申诉，然后他们才会投票批准拨款。根据本届议会的官方记录，查理五世立刻用流利的卡斯蒂利亚语回答：

> 现在你们有两条路可走。你们可以立即给我拨款（因为我昨天承诺过，今天又再次承诺，我在回应和处理你们的全部申诉之前不会解散议会），这样世人就会觉得我是主动向你们让步并得到你们的回报。或者，你们也可以先强迫我处理你们的申诉，那样世人就会说我之所以这么做，是为了换取你们的拨款。你们打算走哪一条路？

他提醒与会者，"素来的规矩就是议会首先拨款"，并问："你们为什么非要在我这里开始搞什么创新？""任何事情都不可能永远保密，"他继续说道，"你们对待我的方式不似对待其他国王即我的前任们，这样的消息传到别的统治者（无论是奥斯曼统治者还是基督教君主）那里的时候，会严重损害我的声誉，恶人就会弹冠相庆。"[38]

讨价还价一个月之后，查理五世获胜：议会同意给他一笔巨款，换取皇帝处理一百多项申诉，其中排在最前面的几条是要求他的内廷只任用卡斯蒂利亚人；要求他每周定期接见外臣；要求他撤销已经颁发给外国人的入籍文书，而且以后也不再颁发；并只任命"出生在本王国"的人担任卡斯蒂利亚的一切世俗、教会和外交职务。他还承诺改善卡斯蒂利亚的国防与司法；禁止公开携带武器，禁止"蒙面"（这是"本王国新近出现的"一种风俗）；任命有资格的学者编纂法律、编修王国的编年史。只有少量申诉涉及政策。议会代表们要求查理五世与他的表妹葡萄牙的伊莎贝拉结婚，并长期定居在西班牙；要求他"不要在香料贸易方面与葡萄牙达成协议，免得我们丧失优势和声望（因为发现摩鹿加群岛①造成了大量人员和金钱的损失）"；要求他"寻求与基督教统治者维持和平，而向异教徒开战"（这是阿拉贡国王斐迪南的口头禅）。最后，议会代表要求"陛下传令下去，在我国精疲力竭、濒临破产的时候，将我们批准的款项用于收复丰特拉维亚②"。[39]

公社起义被成功镇压还不到一年，而议会提出的申诉十分克制，说明卡斯蒂利亚和它的统治者已经和解。但有些臣民仍然心怀不满。1523 年 3 月，英格兰大使"觉得西班牙贵族和佛兰德贵族之间没有多少感情"。而在四个月后，萨利纳斯报告称，有一千多名士兵在巴利亚多利德街头游荡，高呼"国王万岁！佛兰芒人去死！"并打死了好几人。8 月，萨利纳斯或许是记起了查理五世上次到访巴利亚多利德时那些煽动性极强的布道文，也对"人们在街头和讲坛上说的话"表示担忧。[40] 尽管有这些不祥之兆，查理五世还是在 10 月离开卡斯蒂利亚，任命姐姐埃莉诺为摄政者，然后像议会要求的那样，前往纳瓦拉，去指挥从法国人手中收复丰特拉维亚的作战。

皇帝最终达成了这个有限的目标，但他这么做严重损害了

---

① 摩鹿加群岛位于今天印度尼西亚的苏拉威西岛东面、新几内亚西面以及帝汶北面，是马来群岛的组成部分。

② 丰特拉维亚在今天西班牙巴斯克自治区与法国交界处，属吉普斯夸省管辖。

征法"大业"。亨利八世（据沃尔西说）集结了"一支强大的军队，都是魁梧雄壮的精兵，配有专业和优秀的军官，这是百年来我国最强大的军队"，而与此同时，查理五世仍然留在西班牙境内。英格兰人的"强大的军队"快速推进，强迫他们经过的各城镇投降并向"法国国王亨利"宣誓效忠。1523 年10 月，英军攻克距离巴黎仅有 80 公里的蒙迪迪耶。[41]法国首都陷入恐慌，而旗开得胜的英军转向东方，希望与波旁公爵的军队会师，可是为时已晚：弗朗索瓦一世识破了夏尔三世公爵的背叛阴谋，公爵已经逃往哈布斯堡领土。

"谋事在人，成事在天"[42]

1523 年 11 月，查理五世向亨利八世建议，他们应当"放弃我们大业的计划"，改为"运用我在意大利的军队入侵法国"，并由两位君主共同为此行动出资。[43]计划的戏剧性改变不仅反映了波旁公爵反法图谋的失败，也反映了加蒂纳拉的信念，即米兰和热那亚是他主公的帝国的支点。他告诉查理五世必须保住这两地：

> ……不能低估其价值，也不能将其留给偶然性，因为它们是保全和维护那不勒斯与西西里的关键所在。只有通过米兰和热那亚，才能真正把威尼斯人和意大利其余地方牢牢控制在您的手里，令其对您绝对顺从；然后才能让整个德意志和瑞士畏惧您，让您能够对其随心所欲。有了这样的根基，您就能变得足够强大，可以向土耳其人和全世界的异教徒开战，并让他们臣服。[44]

在随后的一个月里，得知阿德里安六世的死讯后，加蒂纳拉向查理五世呈送了对其战略目标的又一次全面分析，并提出了如何达成这些目标的建议。其中两份文件，标题分别为"声望"和"掌控意大利"，谈的是外交政策。在第一份文件里，首相再一次强调，皇帝需要"维持您的声望……不管是为了获取有利的和平或停战条件，还是继续战争并将其结束"。因此，查理五世必须"维持与英格兰国王的友谊"；现在既然查理五世没有充分地支持亨利八世的作战，"我们不仅要道歉，还要弥补业已造成的损害……明确地证明我们过去的错误不是故意的"。加蒂纳拉随后解释了"掌控意大利"。为了这个目标，皇帝必须说服新教宗（此时西班牙还不知道谁是新教宗）与他签署一项攻守盟约，与他之前和阿德里安六世达成的协议类似；皇帝还需要把埃莉诺的女儿玛丽亚许配给米兰公爵弗朗切斯科·斯福尔扎①（这意味着公爵在短期内不会有继承人，因为玛丽亚此时只有两岁）；任命波旁公爵为皇帝的副将和在意大利北部的私人代表。查理五世命令陪同他的六名高级谋臣按照资历高低，写下自己对加蒂纳拉两份文件的意见。[45]大家都同意加蒂纳拉的看法，于是查理五世在1523年12月派遣信使去尝试拉拢新教宗克雷芒七世（和教宗利奥十世一样，是美第奇家族的成员），并任命波旁公爵为"意大

---

① 指的是弗朗切斯科二世·斯福尔扎（1495~1535），他是斯福尔扎家族最后一个统治米兰的成员。1521年查理五世从法军手中夺取米兰之后，帮助弗朗切斯科二世成为米兰公爵。但西班牙军队仍然驻扎在米兰，所以弗朗切斯科二世的权力非常有限。在1522年的比克卡战役中，弗朗切斯科二世为帝国军队效力。但他在1526年倒戈，加入了反哈布斯堡的科尼亚克联盟。1534年，他娶了查理五世的外甥女——丹麦公主克里斯蒂娜。他死后，米兰公国被哈布斯堡家族的西班牙分支吞并。

利副将"，因此（按照孔塔里尼大使的判断）也就是查理五世的代理人。查理五世相信，"法国人有很好的理由后悔得罪了波旁先生，因为在上帝的帮助下，他会用匕首抵住法国人的咽喉"。[46]

如今，在意大利的帝国将领掌握了战争的主动权。1523年与1524年之交的冬季，他们将残余的法国驻军逐出伦巴第，然后决定让那不勒斯副王夏尔·德·拉努瓦留下守卫这些新占领的土地，同时让波旁公爵入侵普罗旺斯，寄希望于英格兰人在西北方的又一次入侵能够吸引弗朗索瓦一世的注意力。但这个希望破灭了：之前针对法国的军事行动让亨利八世花掉了将近200万杜卡特，而没有给他带来任何收益，现在他要及时止损。于是，弗朗索瓦一世得以自由地集中兵力对付波旁公爵。尽管帝国军队占领了普罗旺斯地区的艾克斯城并攻打马赛，但法军优势部队的逼近迫使他们灰溜溜地撤回意大利，却发现弗朗索瓦一世已经从另一条路翻越阿尔卑斯山，抢先抵达伦巴第。帝国军队不得不躲进帕维亚城。弗朗索瓦一世穷追不舍，企图通过强攻拿下该城。强攻失败后，他准备全面围城。尽管在冬季打围城战总归是莽撞的行为，但法王的自信似乎很有道理，因为首先是教宗，然后是威尼斯共和国，背弃了查理五世，与法王结盟。[47]1525年年初，亨利八世效仿他们，没收了帝国驻伦敦大使的全部通信（这严重违反了外交礼节），并宣称，他不愿意把钱花在一个骗子（查理五世）、一个娼妇（玛格丽特）、一个孩子（斐迪南）和一个叛徒（波旁公爵）身上。[48]

教宗、威尼斯人和亨利八世没过多久就得后悔自己过早地改换阵营，因为皇帝拥有两项关键的优势。首先，西班牙征服者在美洲的成功使得越来越多的财宝被送抵西班牙。1524 年 3 月，威尼斯大使记载道，有"6 万金币，每个价值 1 个半杜卡特"送抵西班牙，1525 年 1 月又有"2 万金币和 400 马克①的珍珠"送抵。查理五世把美洲送来的每一笔财宝都当作抵押品，从而向意大利输送资金，或者如波兰大使所说："皇帝把收到的所有金钱都送到军队那里，而国内则忍受着极端的资金匮乏。"并且如加蒂纳拉所说，查理五世在意大利的最大资产，"除了上帝的支持之外，就是斐迪南大公及时送来援兵，加强了皇帝的军队"。[49]

另外，查理五世认识到自己缺乏军事经验，所以授权将军们便宜行事，无须禀报就可以主动采取行动、抓住一切机会。所以他在 1524 年 8 月给波旁公爵的指示里包括一些关于如何作战的泛泛之谈，但最后说："因为你身处一线，并且你知道我对你绝对信任，所以，为了我们共同事业的成功和维持我们的声望，我无须给你详细的计划。"几个月后，查理五世告诫弟弟，"为了我的事业投入你的全部力量，尽你所能"，并补充道："因为你距离我很遥远，所以我不会告诉你该做什么，又如何去做，而是给你完全的自由，让你根据自己的资源和机遇，自行决定最好的策略是什么。"[50]

不过，查理五世心中还是有一些严重的疑虑。根据英格兰大使理查德·桑普森的说法，在 1524 年年末，查理五世变得"非常脆弱，完全不适合作战；只有上帝能帮助他"，他开始对自己面对的整体形势感到非常不安。1525 年年初，他写了

---

① 马克是曾流行于欧洲的重量单位，一般用于测量金银，1 马克相当于 8 盎司（249 克）。

一份笔调忧伤的备忘录，帮助自己整理思路。他写道，如果他得不到体面的和平，"那么解决方案似乎就是战争"；但"我们该如何作战？我现在缺少维持军队的手段"，"我的朋友都在危急时刻抛弃了我、离开了我，因为他们不想看到我变得更强大"。他继续写道："每一种办法都有坏处，有的办法是不可能的，但我想写下自己的看法。"尤其是：

> 光阴似箭，人终有一死，我不想在这个世界上没有留下令人难忘的印迹就死去。今天损失的光阴，明天追不回来。但到目前为止，我还没有做成什么能给我带来荣誉的事情。如果我再耽搁，就要花更长时间才能弥补……我不希望任何事情阻止我做出一番事业。[51]

查理五世在这篇值得玩味的自我分析文章的末尾写道："除非有很好的理由，否则我绝不打算冒险。"但弗朗索瓦一世几乎马上就提供了"很好的理由"。法王傲慢地宣布，他不仅打算从皇帝手中夺走米兰，还要夺走那不勒斯，并派遣一支强大的远征军去征服这个南方王国。法军分兵两路，这使得伦巴第的兵力对比发生了决定性的变化。1525 年 1 月末，波旁公爵身边的一位英格兰使节认为，帝国军队现在"整装待发，可以大举攻击敌人"，"所以战斗随时可能打响"。[52]2 月 19 日，在罗马，教宗的主要谋臣透露，"圣父日夜担心""战争可能带来的危险"，并焦躁不安，因为"两军近在咫尺"，所以弗朗索瓦一世"可能在战场上豪赌一把"。一周之后，查理五世的大使向主公发出警示："此地的一切事务都处于不确定和危险的状态"，所以"陛下必须做好胜负的两手准备"。但大使不知道，在北方 500 公里之外发生的一场战役已经彻底改变了整个军事和战略形势。[53]

尽管查理五世努力将现有的全部资源投入伦巴第，他在那里的军队还是严重缺乏资金。"帕维亚守军再也不想遭这样的罪了，全军都濒临饿死。西班牙人变得傲慢无礼，德意志人开始开小差。"于是查理五世的前线将领做了一个命运攸关的决定：向围城的法军发动全面进攻，尽管法军拥有兵力优势。"我们不得不两害相权取其轻，"拉努瓦向君主解释道，"于是我们决定把自己托付给上帝，并仰仗将士们的勇敢。"尽管这么做"会有风险。三四天之后，要么我军与帕维亚守军会师，要么我会马革裹尸。我希望自己能活下来并取胜"。[54] 2 月 24 日，即皇帝的生日那一天，帝国军队的将领利用夜色掩护，把一批西班牙射手部署到法国人的围城工事里，准备在黎明时配合发动一次奇袭。

弗朗索瓦一世听到一些传闻说他的敌人正在行动，但估计敌人在撤退。也许是因为期望抓获他无比憎恨的波旁公爵，法王不明智地命令部队离开工事，他本人则率领重骑兵发动了好几次冲锋。法国骑士起初占了上风，但随即被西班牙射手射倒。帕维亚守军随即从城里冲杀出来，把弗朗索瓦一世和他的部下分隔开了。法王勇敢地搏斗了一段时间，杀死好几名敌人，但他的坐骑被击毙，于是"他跌倒在地。一些德意志人想要杀死他，但他因为怕死，大声呼喊，说他们不能杀他，因为他是法国国王"。波旁公爵的两名追随者（法王前不久宣布这些人是叛徒）看到法王"被剥去外衣，只穿着衬衫"，说服他投降。弗朗索瓦一世在当晚悲哀地写道："我所拥有的，只剩下我的荣誉和生命。"[55]（见彩图 14）

在现场的一位英格兰外交官评价道，帕维亚战役是"许多年来最伟大的胜利"，但这么说未免低估了此役的意义：这是 1415 年阿金库尔战役①以来法国贵族遭到的最严重的打击，被俘的不仅有弗朗索瓦一世，还有纳瓦拉国王（就是他在四年前推动这场战争的爆发）和其他许多显贵。威尼斯驻罗马大使报告称，"教宗胆战心惊，说他和威尼斯政府必须与皇帝达成协议"。[56]帝国驻热那亚的资深外交官洛佩·德·索里亚也同意：

> 让我们赞美和感谢上帝和光荣的圣马提亚，因为正是在这一天，上帝把皇帝陛下带到人间；也是在这一天，上帝赐予我们如此辉煌的胜利，让陛下拥有绝对的权力去处置基督教世界的事务并为全世界立法。[57]

欧洲的力量平衡发生了决定性变化。查理五世取代弗朗索瓦一世，成为基督教世界最强大也最受人畏惧的君主。

注　释

1. *L&P Henry Ⅷ*，Ⅱ/2，1293–4，Spinelly to Henry Ⅷ，20 May 1518；

---

① 阿金库尔战役发生于 1415 年 10 月 25 日，是英法百年战争中著名的以少胜多的战役。在英王亨利五世的率领下，以步兵弓箭手为主力的英军在法国的阿金库尔击溃了由大批贵族骑士组成的法军，为随后在 1419 年收复整个诺曼底奠定了基础。这场战役成了英国长弓手最辉煌的胜利，在战争史上影响深远。此役还成为后世大量文艺影视作品的主题，包括莎士比亚的名剧《亨利五世》。

Sanuto, *I diarii*, XXIX, col. 166, Antonio Giustinian 结束其法国大使任期后向元老院提交的报告，1520 年 9 月 7 日；Barrillon, *Journal*, II, 178 报告了 Barrillon 的主人、法国首相迪普拉的观点。

2. Guicciardini, *Istoria d'Italia*, 193, 187（1518 年的条目，写在 1537 年与 1540 年之间）。

3. Górski, *Acta Tomiciana*, V, 68 – 70, Dantiszek to Sigismund, 29 June 1519（Fontán and Axer, *Españoles y polacos*, 142 中的西班牙文译本）；Ellis, *Original letters*, 1st series I, 154 – 6, Thomas Boleyn, English ambassador in France, to Henry VIII, 4 July 1519。

4. Barrillon, *Journal*, II, 151 – 62, Francis to the count of Carpi, 31 Jan. 1520，法式风格的（收录于 *RTA*, II, 114 – 18，并被重点强调，但日期写的是 1521 年 1 月 1 日）。

5. ANF *série K* 82/1bis 是弗朗索瓦一世于 1521 年 2 月 14 日签发给拉马克及其子女的令状，赐给他们超过 1 万克朗的现金和 16000 克朗的年金；Barrillon, *Journal*, II, 177; *RTA*, II, 829 – 31, Tunstal to Wolsey, 22 Mar. 1521; Brandi, *The emperor*, 153。

6. *RTA*, II, 812 – 15, Tunstal to Wolsey, 6 Mar. 1521（斜体部分）。

7. Sanuto, *I diarii*, XXX, cols 61 – 3, Corner to the Signory, 14 and 16 Mar. 1521; Barrillon, *Journal*, II, 181, statement of Philippe Naturel, 1 Apr. 1521, and letter of Carpi to Francis, Rome, 17 May 1521; Dumont, *Corps*, IV, *Supplément*, 96 – 9, 'Tabulae Foederis stabiliter inter Carolum V Romanorum Imperatorem & Leonem X Pontificem Maximum contra Gallos', 8 May 1521.

8. Ruscelli, *Delle lettere*, I, ff. 93 – 5, Lorenzo Aleandri de' Galeazzi to his father, Brussels, 3 July 1521（English précis in *L&P Henry VIII*, III/2, 559 – 61）; Sanuto, *I diarii*, XXXI, cols 504 – 6, 'Edictum imperiale contra regem Gallum', Antwerp, 12 July 1521; *L&P Henry VIII*, III/2, 1579 – 80, Fitzwilliam to Wolsey, 6 Aug. 1521.

9. Lanz, *Staatspapiere*, 1 – 9, 'Gutachten' of Gattinara, 30 July 1521（也收录于 Le Glay, *Négociations*, II, 473 – 82; Lanz, *Aktenstücke*, 231 – 3 中给出了德文概述；英文概述见 *L&P Henry VIII*, III/2, 588 – 90）。

10. Lanz, *Aktenstücke*, 236 – 42, 'Sur ce que fera l'empereur durant cest hyuer' 给出了九位谋臣的意见，然后是加蒂纳拉的建议和查理五世的决定。

11. Sanuto, *I diarii*, XXXI, cols 318 – 19, Contarini to the Signory, 16 Aug. 1521; BL *Cott. Ms.* Galba B. VII/109 – 19, 1521 年 8 月 25 日的《布鲁日秘密条约》，最初由沃尔西和玛格丽特签署（收录于 Lanz, *Aktenstücke*, 244 – 67, 来源于一个副本；英文摘要见 *CSPSp*, III, 365 – 71, and *L&P Henry VIII*, III/2, 620 – 1）。Russell, 'The search', 174 – 5 记录了查理五世与沃尔西的秘密会面。

12. Lanz, *Aktenstücke*, 323 and 325, Charles to Gattinara, 15 and 'mid' Sep. 1521. Dunham, 'Henry VIII's whole council', 41 将沃尔西这段时间的外交策略称为"表演策略"（pageant politics）。

13. Weert, 'Cronycke', 88; Lanz, *Aktenstücke*, 399, Charles to Gattinara, mid – Oct. 1521; and ibid., 441 – 3, Margaret to Berghes, 14 or 15 Nov. 1521, 亲笔备注，提及"我今天听到〔皇帝〕说的话"。

14. *L&P Henry VIII*, III/2, 760 – 1, 英国国王、皇帝与教宗签订的条约，1521 年 11 月 24 日；Lanz, *Aktenstücke*, 496 – 500, Charles to his envoys in England, 13 Dec. 1521。

15. Gachard, *Correspondance de Charles*, 24 – 5, Charles's instructions to Lope Hurtado de Mendoza, his envoy to Adrian, 25 Jan. 1522; *LCK*, I, 58 – 60, Charles to Adrian, 7 Mar. 1522.

16. Laurent, *Recueil*, II, 167 – 9, 查理五世任命玛格丽特为尼德兰摄政者的命令，1522 年 4 月 15 日。Bauer, *Die Anfänge*, 239 – 64, 查理五世与斐迪南在沃尔姆斯达成的协议（1521 年 4 月）和在布鲁塞尔达成的协议（1522 年 1 月 30 日和 2 月 7 日）。

17. *PEG*, I, 252 – 6, 查理五世的遗嘱，布鲁日，1522 年 5 月 22 日（一份简短文件，没有规定除了斐迪南之外还有谁能继承他的位置）。关于他父亲的遗嘱，见本书第一章。

18. *CWE*, IX, 64 – 8, Erasmus to Jean Glapion, （查理五节的告解神父）, 21 Apr. 1522; BL *Cott. Ms.* Galba B. VII/5 – 6, Wingfield and Spinelly to Wolsey, 11 Feb. 1522。其他抱怨可见 BL *Cott. Ms.*

Galba B. Ⅵ/188 – 90, Spinelly to Wolsey, 19 June 1520; Sanuto, *I diarii*, XXⅨ, cols 665 – 6, Corner to the Signory, 8 Feb. 1521; ibid., LⅣ, col. 501, Tiepolo to the Signory, 1 July 1531; and LⅤ, col. 258, Tiepolo to the Signory, 30 Nov. 1531。

19. BL *Cott. Ms.* Galba B. Ⅶ/12 – 13, Wingfield and Spinelly to Wolsey, 3 Mar. 1522; BNMV *Ms. Italiani Classe* Ⅶ cod. 1009/ 195, Contarini to the Signory, 5 Mar. 1522.

20. L *Cott. Ms.* Galba B. Ⅶ/305, Wingfield and Spinelly to Wolsey, 14 Apr. 1522（这封令人震惊的信由帝国驻英格兰大使在 4 月 6 日送出，其中有法国人提出的停战条件：*CSPSp Further Supplement*, 113 – 16）; BL *Cott. Ms.* Galba B. Ⅷ/33 – 4, Charles to Wolsey, 15 Apr. 1522, 亲笔信（副本见 AGRB *Audience* 370/37 and HHStA *Belgien DD* Abt. B fasz. 4）; BL *Cott. Ms.* Vespasian C. Ⅱ/187, Charles to Wolsey, 18 Aug. 1523, 亲笔信（该符号也出现在 *Cott. Ms.* Titus B. Ⅰ/336 中）。最晚从 15 世纪 50 年代开始，就有欧洲统治者使用特殊符号来证实其书信的真实性，见 Ilardi, 'Crosses and carets'。

21. BL *Cott. Ms.* Galba B. Ⅶ/321, Wingfield and Spinelly to Wolsey, 15 May 1522.

22. Piot, 'Correspondance politique', 80 – 3, Gattinara to Barroso, 13 Jan. 1522（向葡萄牙请求贷款）; HHStA *Belgien PA* 2/2/13 – 14, 'Ce que le sieur de La Chaulx debvra dire et declarer à nostre sainct père, sans le comuniquer en Angleterre', 没有日期但推测为 1522 年 1 月 15 日，由加蒂纳拉记录（英格兰提出的要求）。

23. Gachard, 'Charles-Quint', 540, Charles to La Chaux, 9 June 1522; *CSPSp*, Ⅱ, 434 – 6 and 438 – 40, 温莎条约与密约, 1522 年 6 月 16 日和 19 日; *CSPSp Further Supplement*, 69 – 73, ambassadors in England to Charles, 5 Mar. 1522, Latin; *CSPSp*, Ⅱ, 442, 查理五世在 1522 年 6 月 20 日的令状，承诺偿还亨利八世的 15 万杜卡特贷款。又见 Robertson, 'L'entrée de Charles-Quint à Londres en 1522'。

24. *RVEC*, 55 – 9, Salinas to Salamanca, Palencia, 10 Aug. 1522; *CSPSp Further Supplement*, 142 – 3, Charles to Henry, Palencia, 11

Aug. 1522.

25. HHStA *Belgien PA* 2/2/15 – 16, Supplementary instructions to Lachaulx, 17 Jan. 1522, minute by Gattinara（关于阿德里安离开后的卡斯蒂利亚政府）；Danvila, *Historia*, Ⅴ, 198 – 201, Admiral to Charles, Aug. 1522; Gachard, *Correspondance de Charles*, 104 – 7, Adrian to Charles, 5 Aug. 1522. 关于镇压的早期阶段，见 Pérez, *La revolución*, 567 – 85。加蒂纳拉在其《自传》中说，他是少数"主张仁慈"的人之一，见 Boone, *Mercurino*, 98。

26. *BNMV* Ms. Italiani Classe Ⅶ, Cod. 1009/66v – 67, Contarini to the Signory, Ghent, 30 July 1521, 引用了与格拉皮翁的对话。这番对话显然发生在至少两个月之前，阿莱安德罗在 1521 年 5 月 26 日给美第奇枢机主教的一封信中提到此事：Balan, *Monumenta*, 248 – 55。

27. *RVEC*, 55 – 9 and 62 – 6, Salinas to Salamanca, 10 Aug. and 1 Sep. 1522; HHStA *Belgien PA* 2/4/68, Charles to Margaret, 25 Aug. 1522; *Pérez, La revolución*, 588（引用了 Mexía, *Historia*, Ⅰ, 320）, 585（全部定罪）and 628（惩罚）。

28. *RVEC*, 73 – 83, Salinas to Salamanca, 4 Nov. 1522. Danvila, *Historia*, Ⅴ, 239 – 51, 刊载了 *exceptuados* 的名单；Pérez, *La revolución*, 474 – 92 and 585 – 95 分析了他们以及他们被捕的情况（引用自 p. 477）。

29. Pérez, *La revolución*, 592 – 4（集体性质的惩罚）and 650 – 65（赔偿）。

30. Viciana, *Libro quarto*, 546 – 56，包括更多来自 García Cárcel, *Las Germanías*, 141 – 2, and Ríos Lloret and Vilaplana Sánchis, *Germana de Foix*, 40 – 9 的数据。

31. RAH *Salazar* A – 45/25, Manuel to Charles, 31 Dec. 1520; *RVEC*, 66 – 71 and 221 – 6, Salinas to Salamanca, 7 Sep. 1522 and 2 Oct. 1524, and 155 – 7, Salinas to Ferdinand, 16 Dec. 1523; Gachard, *Correspondance de Charles*, 171 – 2, Charles to Sessa, 10 Jan. 1523, 传达了这种威胁。

32. *Causa formada*, 54 – 9; *RVEC*, 308 – 14, Salinas to Ferdinand, 27 Mar. and 8 Apr. 1526; *CSPSp*, Ⅲ/1, 614, ' Bishop Acuña's

confession'。又见 Pérez, *La revolución*, 629 – 33：'Apéndice：la ejecución de Acuña', and p. 160 below（关于此次处决对洛斯·科沃斯、龙基略和其他人在宗教层面的影响）。

33. *CDCV*, Ⅰ, 375 – 9 and 482, Charles to the empress, 9 Aug. 1532 and 5 Mar. 1536（关于贡萨洛·德·阿约拉）；*CDCV*, Ⅲ, 472 – 3, Charles to Philip, 18 Sep. 1552。Pérez, *La revolución*, 565 – 680 分析了公社起义者的命运。

34. Gachard, *Correspondance de Charles*, 94, Adrian to Charles, 19 June 1522.

35. Anon., *Cartas de Indias*, 482, Cristóbal Vaca de Castro de Charles, Cuzco, 24 Nov. 1542；Charrière, *Négociations*, Ⅰ, Francis to Ambassador Dinteville, 25 Jan. 1532. 林孔的热那亚盟友是 Cesare Cantelmo 和 Cesare Fregoso。我推测林孔是法国间谍的依据如下：在波兰有 *LCK*, Ⅰ, 98 – 113, Jean Hannart to Charles, 13 Mar. 1524；在英国有 TNA *SP* 1/53/144, Rincón to Wolsey, 未署日期但应为 1529 年 4 月；在匈牙利有 Setton, *The papacy*, Ⅲ, 312 – 22。有些历史学家怀疑林孔是不是真的曾为公社起义者，但西班牙驻威尼斯大使在 1530 年明确表示，"林孔是来自梅迪纳德尔坎波的公社起义者"，见 AGS *E* 1308/58 – 9, Rodrigo Niño to Charles, 18 June 1530。

36. Gachard, *Voyages*, Ⅰ, 66 – 7（Vandenesse's 'Journal'）. *CSPSp Further Supplement*, 148 – 9, 查理五世给他的驻英大使的信，1522 年 9 月 5 日，也提到波旁公爵和他的"大业"。Crouzet, *Charles de Bourbon*, Part Ⅲ 很好地介绍了这起法律诉讼和阴谋。

37. TNA *SP* 1/26/51 – 56, Instructions to Sir Thomas Boleyn and Dr Richard Sampson, signed by Henry Ⅷ（未署日期但应为 1522 年 9 月 25 日）；*CSPSp Further Supplement*, 190 – 4, Charles to his ambassadors in England, 8 Feb. 1523。

38. *CLC*, Ⅳ, 334 – 51, 刊载了加蒂纳拉在 1523 年 7 月 14 日的开幕演说（*BKK*, Ⅱ, 153 – 4 刊载了草稿被省略的部分）；ibid., 354 – 8, 议会的请愿和查理五世的答复，1523 年 7 月 15 日。

39. *CLC*, Ⅳ, 363 – 402, 申诉的清单及查理五世的答复，1523 年 8 月 24 日。

40. BL *Cott. Ms.* Vespasian C. Ⅱ/106 - 20, Boleyn and Sampson to Wolsey, Valladolid, 8 and 18 Mar. 1523; *RVEC*, 122 - 30, Salinas to Salamanca, 2 July, and to Ferdinand, 14 Aug. 1523.

41. TNA *SP* 1/28/181 - 93, Wolsey to Sampson and Jerningham, 30 Aug. 1523. 关于英国的军事活动，可见 Gunn, 'The duke of Suffolk's march'。

42. Barrillon, *Journal*, Ⅱ, 151 - 62, Francis to the count of Carpi, 31 Jan. 1521.

43. *CSPSp Further Supplement*, 286 - 9, Charles to Louis de Praet, Pamplona, 15 Nov. 1523.

44. Claretta, *Notice*, 84 - 92, 'Deuxième représentation de Mercurin de Gattinara à l'empereur', 意大利文，并带有来自 Bornate, 'Historia', 311 n. 4. *BKK*, Ⅱ, 152 - 3 的法文原文，万无一失地证明了加蒂纳拉是在 1523 年 4 月或 5 月准备这份文件的。

45. Brandi, 'Aus den Kabinettsakten', 181 - 222, 'Denkschrift' 全文刊载了 HHStA *Belgien PC* 68/3 - 30 的版本。布兰迪还极具说服力地主张，该文件的起草时间是 1523 年 12 月初，见 p. 215 n. 1。Gossart, *Charles-Quint*, Appendix D, and 'Notes', 110 - 19 刊载了 AGRB 的一个删减版。Martínez Millán, *La Corte*, Ⅰ, 216 - 17, notes 422 - 4, 刊载了加蒂纳拉在 AS Vercelli 中的原文的很大一部分，不过有错。

46. Sanuto, *I diarii*, XXXV, col. 365, Contarini to the Signory, 11 Nov. 1524; RAH *Ms.* 9/4817/171 - 84, Charles to Sessa, 14 Dec. 1523.

47. 克雷芒七世于 1524 年 12 月 12 日签订条约，于 1525 年 1 月 5 日通知查理五世（RAH *Salazar* A - 34/3, Brief of Clement to Charles）；威尼斯于 1525 年 1 月 10 日签订条约，但企图对其保密，不过查理五世当然很快就发现了真相（Setton, *The papacy*, Ⅲ, 226 and 228）。

48. BL *Cott. Ms.* Vespasian C. Ⅲ/55 - 7, Tunstal, Wingfield and Sampson to Wolsey, Toledo, 2 June 1525（*L&P Henry* Ⅷ, Ⅳ/1, 616 中的摘要无法反映原文用词的辛辣。那些话是查理五世在一次接见会上自己说的，引用了沃尔西的话）。Rodríguez-Salgado,

'Buenos hermanos', 450 – 3 精彩地概述了亨利八世和沃尔西在 1524 ~ 1525 年执行的不幸政策。

49. Sanuto, *I diarii*, XXXVI, col. 419, and XXXVII, col. 661, Contarini to the Signory, 18 – 23 Mar. 1524 and 10 Jan. 1525; *CSPSp*, II, 691, Charles to his ambassadors in Rome, 10 Jan. 1525; Górski, *Acta Tomiciana*, VII, 172 – 9, Dantiszek to Sigismund, 7 Feb. 1525 (Fontán and Axer, *Españoles y polacos*, 165 – 70 中有西班牙语译文); Boone, *Mercurino*, 100 (加蒂纳拉的《自传》)。

50. AGS *E K* 1639 # 95, Charles to Bourbon, 14 Aug. 1524, 副本; *KFF*, I, 250 – 3, Charles to Ferdinand, 4 Feb. 1525; RAH *Ms.* 9/4817/239 – 44, Charles to his ambassadors in Rome, 19 Dec. 1524 (部分草稿出自加蒂纳拉之手)。

51. *L&P Henry VIII*, IV/1, 347 – 50, Sampson to Wolsey, 30 Oct. 1524; Brandi, 'Eigenhändige Aufzeichnungen', 256 – 60, 原件 (没有写日期，但肯定是在帕维亚大捷的消息于 1525 年 3 月 10 日传到查理五世那里之前写的，查理五世之所以写这封信，也许是因为收到了克雷芒七世 1 月 5 日发出的信，宣布他已与法国、佛罗伦萨、费拉拉和威尼斯结盟)。查理五世在这一时期的类似言辞，见 *PEG*, I, 427 – 41。

52. TNA *SP* 1/33/113 – 14, Pace to Henry VIII, 26 Jan. 1525.

53. *Ruscelli Delle lettere*, I, f. 147v, Giovanni Matteo Giberto to Girolamo Aleandro, Rome, 19 Feb. 1525; *RAH* Salazar A – 34/ 150 – 63, Sessa to Charles, Rome, 24 and 25 Feb. 1525. (塞萨公爵立刻补充道："我恳求陛下原谅我的直言不讳。这是因为我非常爱戴陛下，忠心耿耿地为您效劳。")

54. *CODOIN*, IX, 481 – 5, marquis of Pescara to Charles, 未署日期但推定为 1525 年 2 月 25 日; Brandi, 'Nach Pavia', 185 – 7, Lannoy to Charles, 25 Feb. 1525 (同样收录于 *LCK*, I, 150 – 1, 引自一份不完整的副本); RAH *Salazar* A – 34/133 – 4, Lannoy to Sessa, 21 Feb. 1525, 副本。

55. Valdés, *Relación*, sig. A iii^v – A iv, 引用了帕维亚战役获胜者发给查理五世的捷报; Champollion-Figeac, *Captivité*, 129, Francis to Louise of Savoy, 未署日期但很有可能是 1525 年 2 月 25 日。

56. BL *Cott. Ms.* Vitellius B. Ⅶ/75 – 7, Russell to Henry, Milan, 11 Mar. 1525，副本；Sanuto，*I diarii*，XXXⅧ，cols 47 – 8，Foscari to the Signory, 13 Mar. 1525. Champollion-Figeac，*Captivité*，85 – 8 列举了帕维亚战役中法军被俘和伤亡的情况。法国史料将被俘的亨利·德·阿尔布雷称为"纳瓦拉国王"，但在 1512 年之后，西班牙统治者对这个头衔提出了主张。所以西班牙史料把亨利称为"国王的儿子"，也就是说西班牙人仅承认他是阿尔布雷王朝末代国王的儿子。

57. Rodríguez Villa，*Italia*，10，Lope de Soria to Charles，26 Feb. 1525. 为了防止主公忽略这一点，索里亚在附言中重复道："这是一场伟大的胜利，陛下可以利用它来立法 ［poner ley］并建立您在整个基督教世界的显赫地位。"

七 功败垂成，1525～1528年

失败者的悲惨命运

1525年3月10日"大约中午时分"，"一名来自意大利、穿越了整个法国的信使"抵达马德里城堡。"患病、心情抑郁、职责压身"的查理五世就住在这里。

> （信使）被带去见皇帝陛下。皇帝正与两三位谋臣讨论意大利局势。信使说："陛下，帕维亚城下发生战斗。法国国王现在是陛下的俘虏，他的军队已被全歼。"［查理五世］听了这话，呆若木鸡，然后重复道："法国国王现在是我的俘虏，我们打赢了？"然后他一言不发，也没有试图了解更多情况，就走进另一个房间，在自己床头的圣母像前双膝跪下。

查理五世"单独待了半个钟头，赞美上帝"，然后出来，从信使手中接过得胜的将军夏尔·德·拉努瓦发来的信。[1]拉努瓦是马克西米利安麾下的老将，为查理五世效劳也有一段时间了，因此利用自己的老资格在信中发出严正的警示："陛下，我相信您一定记得德·贝尔塞尔先生［查理五世幼时的宫廷总管］曾说：上帝在每个人的人生中只给他一次丰收，如果他不能把好收成带回家，将很可能永远见不到第二次丰收。我这么说，不是因为我认为陛下会错失良机，而是因为您无论做什么决定，都必须尽快。"[2]

胜利的喜讯不胫而走，廷臣和大使蜂拥来到城堡。皇帝和
蔼可亲地依次接见他们，直到夜幕降临。唯一的例外是威尼斯
大使孔塔里尼，威尼斯此时是法国的盟友，查理五世为了惩罚
威尼斯的变节，不准孔塔里尼吻他的手。在场的人佩服地注意
到，"陛下不动声色，表情和仪态都和往常并无二致，尽管这
是个欢欣鼓舞的时刻"。因为"此次的敌人是其他基督徒"，
所以查理五世"禁止任何公开的庆祝，除了举行一次游行来
礼赞上帝并为阵亡将士祈祷"。次日，"做了告解、领了圣餐
之后，他来到阿托查①圣母教堂，在那里宣布此次胜利是上帝
赐予的，不是他的功劳，从而让所有人都更愿意为了胜利而感
谢上帝"。

皇帝告诉英格兰使节理查德·桑普森：

> 他认为此次胜利的原因是上帝的直接恩典，而不
> 是他本人的功劳，所以上帝的恩情更显得伟大。因
> 此，有三个原因让他更加重视和珍惜此次胜利：首
> 先，此次大捷让他知道，他享受着上帝的恩典；其
> 次，现在他有条件、有办法证明自己一贯的意愿就是
> 给基督教世界带来和平；最后，他现在可以宽恕自己
> 的敌人，给那些曾经伤害他的人一个新的机会，并奖
> 赏那些为他效力、建功立业的朋友和仆人。

桑普森在给枢机主教沃尔西的一封长信里转述了皇帝表示

---

① 阿托查是马德里的一个区域。

谦逊和克制的言辞（因为英王前不久决定背弃皇帝，改为与法国结盟，所以现在沃尔西肯定急于得到查理五世的善意），并补充道：

> （查理五世希望）此次胜利能给他的朋友们，而不是他本人，带来收益……他用谦卑的言辞感谢上帝，说他每天都祈祷上帝赐予他恩典，让他能妥善地治理自己的领地。至于他的敌人，他们会看到……他的心里没有残酷的念头，也没有复仇的意愿。[3]

不过，他的谦卑只不过是逢场作戏。如让·格拉皮翁所说，查理五世永远不会忘记自己受到的侮辱，也不会原谅侮辱自己的人。他已经为"复仇"制订了详细的计划。在 1521 年的最初军事胜利之后，他曾指示自己的外交官在与法国外交官的联络中"详细列举我提出的与帝国有关的所有主张，以及涉及卡斯蒂利亚、阿拉贡、纳瓦拉、西西里和勃艮第的所有主张"。换句话说，他的目标是收复他的祖先曾统治的所有土地。[4]这个目标始终没有变。1525 年 2 月，也就是刚刚得知教宗和威尼斯人与法国结盟反对他的时候，他告诉廷臣们：

> 我估计米兰和那不勒斯会传来坏消息，但我并不关心。我会去意大利，在那里能够更好地夺回属于我的东西，并向反对我的人复仇，尤其是那个恶棍教宗。也许将来我们会发现，马丁·路德才是正确的。

"这些话值得玩味，"一位大使写道，"因为说出这一席话的人是通常沉默寡言的皇帝。"⁵查理五世对自己的驻罗马大使塞萨公爵说过类似的语气激烈的话。他宣称，尽管威尼斯和教宗决定与法国结盟，但是：

> 我没有忽略，也不会忽略维持我的军队所需的各项支持。在上帝的佑助下，为了完成此项事业，我会投入我的所有王国与领地的全部资源，甚至不惜拿我本人的生命冒险，所以尽管法国人或许会用他们一贯的奸诈误导我们，但我们的朋友和盟友会看到，我们的力量不会衰减。和之前一样，我们将是难对付的对手。

他又一次表示（无疑是为了威吓教宗）："考虑到圣父对待我的方式，现在不是讨论路德问题的时候。"⁶

帕维亚传来的捷报大大增强了查理五世的自信。起初，他在写给官员们宣布胜利的书信里说一切都要感谢上帝，但没过多久，他开始强调此次大捷发生在他的生日那天，仿佛这也是冥冥天意。由加蒂纳拉的秘书阿方索·德·巴尔德斯撰写、查理五世的御前会议发表的官方记述指出，此役发生在"他［查理五世］通常依赖的所有朋友和盟友要么无动于衷，要么转而反对他"的时候，这表明是上帝"赐予他此次胜利，就像上帝帮助基甸打败米甸人①一样"。巴尔德斯热情

---

① 根据《圣经》和《古兰经》，米甸位于阿拉伯半岛西北部。另有传说称，犹太人的始祖亚伯拉罕与妾基土拉所生之第四子叫作米甸，他的后代就是米甸人。摩西的妻子就是米甸人。米甸人实际上可能是若干部落的联合。在以色列的士师时代，以色列遭到米甸人的攻击长达七年，直到士师（军事和政治领袖）基甸打败米甸人。

洋溢地写道：

> （尤其是）上帝行了神迹，赐此次胜利给皇帝，让他不仅能保卫基督教和抵抗土耳其人的势力……（还能）结束这些内战（因为这些战争是在基督徒之间打的，所以应当称其为内战）。他可以去攻打土耳其人和穆斯林的土地，就像他的祖先那样提升我们的神圣天主教信仰，赢得君士坦丁堡的帝国和耶路撒冷圣城（它们因为我们的罪孽而被异教徒占领），从而（如很多人的预言）让所有人都在这位最笃信基督教的君主的领导下接受我们的神圣天主教信仰，让我们救主的话成为现实：要合成一群，归一个牧人了①。[7]

为了达成这些崇高的目标，需要先结束"内战"，而为了结束"内战"，查理五世的大臣提出了两个选项：皇帝可以与亨利八世协调，征服和分割法国（也就是之前的"大业"的设想）；或者可以强迫弗朗索瓦一世用大片土地来换取自由。波旁公爵支持第一种方案，并向查理五世承诺，他可以"很快就把法国王冠戴在您的头上。以前也许需要 50 万克朗的资金才能达成这个目标，现在只需要 10 万克朗，因为我们可以俘虏并杀死法王和法国的大部分贵族与将领"。[8]其他人支持第二种方案。查理五世的驻罗马大使得知胜利喜讯后（就像拉努瓦那样）告诫主公，"必须抓紧每一分每一秒。必须采取必需的措施"，迫使法国人做出重大的让步。斐迪南表示同意，

---

① 《圣经·新约·约翰福音》第 10 章第 16 节。

建议兄长"好好利用你的好运，确保法国国王或其继承者永远不能有足够的力量威胁你或你的继承者"；尤其是，查理五世必须"避免汉尼拔在坎尼战役中打败罗马人之后的命运"，而最好的办法就是（斐迪南继续写道）"拔掉法国国王翅膀上的羽毛"，"让他以后想飞也不能飞，让皇帝及其继承者能够永享太平"。[9]

加蒂纳拉也同意，甚至引用了斐迪南提及的同一个古典历史案例："正如人们对汉尼拔的评价一样：他懂得如何赢得胜利，但不懂得如何利用胜利。"[10]随后首相向查理五世及御前会议呈送了二十条具体的建议，明确地展示如何拔掉法国公鸡身上的羽毛，并强调应当拘押弗朗索瓦一世，"直到我们谈妥并执行了和约，并且和约得到了法国各等级、法庭和其他机构的建议与同意"。他继续写道，另外，"因为与自由人而非俘虏谈判更好、更体面也更安全"，查理五世不应当与弗朗索瓦一世直接谈判，而应当与他的母亲即摄政者萨伏依的路易丝谈判。她必须以儿子的名义放弃对阿图瓦、勃艮第、佛兰德、米兰和那不勒斯的一切主张，并向查理五世交出"已故的查理公爵［大胆查理］根据《阿拉斯条约》《孔夫朗条约》《佩罗讷条约》而拥有的、后来被法国吞并的一切领土"（这三份条约分别签署于1435年、1465年和1468年）。她必须"停止庇护"海尔德公爵、罗贝尔·德·拉马克和其他曾攻击查理五世的人；她必须"赦免波旁公爵并归还其财产，并将普罗旺斯交给他，因此普罗旺斯是帝国的采邑"，还必须赦免波旁公爵所有被流放的追随者。加蒂纳拉还建议让教宗"召开大会"来改革教会；教宗和其他在前不久背叛查理五世的人（尤其是威尼斯人）必须为查理五世在意大利的军队提供军费。[11]

　　皇帝支持这些全面的要求。3月末，他的使节将其呈送给路易丝。"你们必须及时地将她对各条要求的回应通知我，"查理五世对使节们坚持道，"这样我就能知道会不会有和平，或者我是否应当走别的路线来得到理应属于我的东西。"在给拉努瓦的一封信中，他详细阐释了"别的路线"，并向这位副王保证："我不打算在任何战区解散军队。这样的话，如果我们不能通过温和手段获得和平，那么我们就可以做好准备，用强力来追寻并获得和平。"如果法国人拒绝他的条件，"或者通过拖延耽搁和巧言令色来浪费我们的时间"，他就亲自率军攻入朗格多克，同时拉努瓦和波旁公爵入侵多菲内或普罗旺斯，最后在阿维翁会师。

　　与此同时，尽管某些意大利统治者"对我和我的事务表现出敌意"，因此理应受到惩罚，但查理五世认为"现在不是严厉对待他们的时候。现在应当避免疏远教宗和威尼斯人，免得疏远了意大利的其余绝大部分"。因此副王必须"见机行事，要么慷慨大方地对待他们，要么虚与委蛇，直到时间告诉我们如何行事最为有利"。[12]除此之外，皇帝"觉得目前唯一能做的事情就是攻击异教徒，我早有这么做的打算"。他恳求拉努瓦"帮助我把事务处理妥善，从而让我能尽早做一些令上帝满意的事情"。[13]

丧失主动权

　　查理五世已经做了一系列灾难性的决定。首先，他给萨伏依的路易丝写的亲笔信（对和平条件做了解释）非但不合理，而且蛮横无理。他在过去给她写信的时候称她为"夫人，我的好母亲"，如今却冷冰冰地称她为"摄政夫人"，并最后冷冷地表示希望"您不会拒绝如此公正而合理"的要求。路易丝以牙还牙。她告诉皇帝的使节，她认为皇帝的要求"太过分了，是敲诈勒索"，并"以高傲的言辞"宣布，她"已经做好准备去保卫国家，尽管国王当了俘虏"。并且，尽管她可以讨论儿子的赎金，但她拒绝交出"法国的哪怕一寸土地"。[14]

查理五世的另一个错误是，尽管加蒂纳拉给了他相关的建议，他还是决定在与路易丝交涉的同时与弗朗索瓦一世直接谈判，给法王送去了和平条件的副本，还命令拉努瓦将这个俘虏从伦巴第运往那不勒斯。弗朗索瓦一世抓住了这个机会。阅读了"您提出的要求"之后，他提出了一些自己的建议，"希望能让您满意"（并避免被运往那不勒斯）。他宣称自己愿意接受查理五世对意大利和尼德兰的一切主张，条件是他能与皇帝的姐姐埃莉诺（此时被许配给了波旁公爵）结婚，并将勃艮第和米兰作为一块封地，由他和埃莉诺的儿子统治。此外，弗朗索瓦一世不仅同意全面赦免波旁公爵，还愿意把自己的小姨子勒妮（曾经是查理五世的未婚妻）嫁给他。法王的这些提议打动了拉努瓦。他命令自己的副手之一乌戈·德·蒙卡达向皇帝口头汇报这些情况，并敦促主公"为了您的事业的利益，在听取堂乌戈的汇报之前不要对意大利做任何决定"。但蒙卡达直到 6 月 6 日才来到御前。[15]

有些英格兰外交官听到弗朗索瓦一世的提议之后欢呼雀跃。"法国国王骄傲的心变得不是那么骄傲了，"他们窃笑道，"他给皇帝的提议相当不错。"但这些英格兰外交官也判断失误了。皇帝不得不等待蒙卡达，这意味着入侵和分割法国的计划被大大推迟了，这恰恰就是弗朗索瓦一世的用意。与此同时，在伦巴第，弗朗索瓦一世"对自己的口才和头脑十分自信，希望用三寸不烂之舌让皇帝改变主意"。他说服了拉努瓦，如果他能与查理五世面谈，他们"几句话就能解决所有问题"。[16] 所以，副王和这位尊贵的俘虏先前往热那亚，在那里按照皇帝的旨意登船前往那不勒斯，但出海之后立刻改为驶向西班牙。弗朗索瓦一世于 1525 年 8 月抵达马德里。

这样的消息传开后，产生了戏剧性的后果。帝国军队在伦巴第的最高指挥官安东尼奥·德·莱瓦向查理五世警示道，拉努瓦"带着法王启程，令整个意大利为之不安。所有人都认为陛下会和法王达成协议，这意味着很多意大利人最终要完蛋；所以他们想方设法地谈判和活动，希望与法国结盟，并将意大利统一起来，从而抵抗陛下的天威"。塞萨大使报告称，罗马方面有类似的担忧：那里的人们"非常害怕""陛下可能与法王达成协议，因为他们考虑之后相信陛下与法王的协议肯定是为了控制整个意大利，夺走在意大利掌权的人的权力，让他们一蹶不振，再也没有卷土重来的能力"。据塞萨说，威尼斯共和国已经开始建立反对皇帝的意大利诸邦的联盟。塞萨警示道，如果不立即给克雷芒七世吃定心丸，教宗也会加入威尼斯的联盟，给战争开辟第二战场。[17]

查理五世现在认识到了自己所处的窘境："只有我们施加更多武力"，法国人才会交出勃艮第，但"我们没有军费，所以办不到"。于是，他宣布："我不打算在今年继续作战，而是准备集中力量办自己的婚事，然后去意大利"，既是为了恢复意大利的秩序，也是为了在那里加冕为皇帝。随后他会去德意志，"在那里，我将投入全部资源，消灭路德异端"，然后去讨伐土耳其人。[18] 因为要达成这些宏伟目标就需要先与法国议和，查理五世终于开始遵循首相的建议：他拒绝与法国国王谈判，甚至不肯见他，而是将他拘押在马德里城堡并对其施加颇有羞辱性质的严密监视（狱卒在夜间会多次检查，确保弗朗索瓦一世还在床上）。与此同时，查理五世的谋臣们在讨论应当开出什么样的条件。

拉努瓦虽然浸淫于勃艮第宫廷的传统，但把帝国的战略需求摆在第一位。他主张：查理五世必须控制米兰和热那亚，因为它们能够把他分散的诸领地连接起来，这是至关重要的。加蒂纳拉虽然是土生土长的意大利人，却把勃艮第视为最重要的战利品。他拼命挖掘各种编年史和档案，为收复勃艮第寻找可遵循的前例和样板。皇帝最终选择了过去，而不是现今，因为（如他对英格兰大使的解释）他向法国人索要勃艮第，"要的只是自己应得的遗产，他的祖先一直拥有勃艮第，直到[1477 年]大胆查理公爵去世。那也只不过是四十多年前的事情，大胆查理的很多臣民仍然在世"。英格兰人不置可否，相信弗朗索瓦一世会比较容易放弃意大利，因为他在那里的领地是前不久才征服的，并且其中之一已经丢失了；但他不会愿意"把法国的一寸土地"交给他的头号敌人。[19]

起初，弗朗索瓦一世试图避免做任何让步。他先是尝试勾引埃莉诺。他无疑是想起了普法尔茨伯爵弗里德里希在八年前的策略，于是给她写了一封情书，但埃莉诺礼貌地回信说，在婚姻和其他所有问题上，她都会听从弟弟的安排。弗朗索瓦一世还大肆行贿，最后"皇帝内廷的人，无论高低贵贱，一直到侍童，没有几个人没有接受法王的贿赂"。他还试图越狱，有一次居然把脸涂黑，假扮给他的房间生火的非洲奴隶。[20]这些计谋都失败了，于是他请来一名公证人，签署了一份秘密的抗议书，说如果"他因为被长时间囚禁而被迫向皇帝割让勃艮第公国或法国王室的其他任何权益，也是完全无效的，因为这是在胁迫和威吓之下做出的让步"。[21] 然后法王病倒了，病得很重。

皇帝在塞哥维亚附近狩猎的时候收到侍奉弗朗索瓦一世的医生的紧急书信，其中警示说："如果陛下还想看到活着的法王，必须火速赶来。"皇帝立刻骑马赶往马德里，仅仅两个半小时就走了 50 公里（可见他的骑术的确非同小可），径直走入昏迷不醒的弗朗索瓦一世所在的卧室。法王苏醒后"张开双臂拥抱他，他俩待在一起，很长时间都一言不发"。随后查理五世告诉弗朗索瓦一世："先生，我最希望看到的是您恢复健康，我们会好好照料您。其他的事情都会按照您的心愿来办。"法王答道："不，我听凭您的吩咐。"然后补充道："先生，我恳求您，在我们之间不要有第三者。"两位君主单独谈了一个小时，拉着对方的手。随后法王说："让那些在我们之间制造分歧的人都下地狱吧！竟有人说您是畸形、丑陋、无才的口吃者！"然后他赞赏皇帝的审慎与雄辩。[22]

弗朗索瓦一世希望这样的甜言蜜语能够让查理五世与他直接谈判，但他的健康恢复之后，皇帝又继续通过"第三者"谈判。作为释放弗朗索瓦一世的前提条件，皇帝不仅要求"归还"勃艮第并建立四家女修院"为勃艮第公爵约翰的灵魂祈祷，他是受法国人邀请去会谈的时候被谋杀的"，还要求弗朗索瓦一世承诺：

> 抛弃他的所有朋友和盟友，将来只和皇帝认可的人结盟。除了这些条件之外，很多人说法王必须缴纳 400 万金币并亲自陪同皇帝去加冕；必须将米兰交给

波旁公爵，他将来不再向法国王室效忠，而是忠于皇
帝；还要将法国王太子交给皇帝作为人质，直到法王
承诺的条件全部落实。[23]

但是，查理五世一听说自己的竞争对手病重就惊慌失措，
这揭示了查理五世的一个重要弱点。法国国王立刻开始利用对
方的这个弱点来降低对方的要求。1525 年 11 月，侍奉弗朗索
瓦一世的医生派遣他们的一名同事紧急禀报查理五世，"他们
相信法王已经时日无多"，但狡黠的威尼斯大使安德烈亚·纳
瓦杰罗怀疑"法王说服了医生，让医生夸大他的病情，从而
促使皇帝尽快与他达成协议，并强调如果法王死了，皇帝就全
都白忙活了"。纳瓦杰罗猜得一点也不错。[24]最后，弗朗索瓦一
世同意了皇帝提出的苛刻条件，包括割让勃艮第，但有两个条
件：首先，必须允许他立刻返回法国，因为（按照他自己的
说法）只有他亲自干预才能说服他的臣民同意割让法国领土；
其次，他坚持要娶埃莉诺。

起初皇帝拒绝了这两个条件，说必须先由他的部下占领勃
艮第，然后才释放弗朗索瓦一世，并且他已经把埃莉诺许配给
了波旁公爵。弗朗索瓦一世给皇帝写了许多亲笔信，重述自己
的反对意见，有时带着讽刺意味（"其中有些条件是文书和银
行家处理的事情，而不是绅士应当管的"），有时责备皇帝
（"我患病期间您说的那些客气话最终没了下文"），但他还给
查理五世发了最后通牒。"如果您打算让我永远当囚徒，并向
我提出不可能办到的要求，"他警示道，"我就会骄傲地承受
这一切，因为我是在战场上被公平地俘虏的，所以我不应当受
到这样的待遇。上帝一定会给我力量来耐心地忍受。"

于是他签署文件，授权宣布他的长子为国王，并给查理五世列了一个六十人的名单，都是他希望在监狱里长期侍奉他的仆人。[25]这样的决心让皇帝感到自己必须释放弗朗索瓦一世，条件是他把自己较年长的两个儿子送作人质，直到勃艮第到了哈布斯堡家族手中。他还确认了，尽管"世人皆知法王患有性病"，埃莉诺还是更愿意当法国王后而不是波旁公爵夫人。于是在一次尴尬的私人会谈中，皇帝说服波旁公爵放弃与埃莉诺的婚约。[26]

加蒂纳拉激烈地反对向法王做这样的让步，提醒主公，在过去，"法国国王从来没有信守过向勃艮第家族做出的承诺"，并预测弗朗索瓦一世"也会食言，会说这些诺言都是他身陷图圄时被迫做出的"。首相还指出，既然查理五世和斐迪南都还没有合法子女，那么埃莉诺是他们的继承人，所以"通过这样一位妻子"，弗朗索瓦一世能够获得整个哈布斯堡帝国，就像查理五世的父亲腓力凭借与胡安娜结婚而成为卡斯蒂利亚国王一样。查理五世不听加蒂纳拉的话，而是授权拉努瓦接受法国国王的庄严誓言，即他返回法国后会立刻兑现诺言，做出皇帝要求的让步。于是首相拒绝执行皇帝的命令，即起草、执行和签发所需的文书。他的理由是，这会"毁了皇帝"。[27]

加蒂纳拉拒绝服从主公的时候，并不知道弗朗索瓦一世在1526 年 1 月 13 日已经传唤了一名公证人，记录了一份新的秘密抗议书，表示不会兑现自己在胁迫之下做出的割让法国领土的诺言。[28]几个钟头之后，法王签署了《马德里条约》，它完全满足了查理五世的要求：法王放弃自己在意大利和尼德兰的争议地区的全部主张；赦免波旁公爵及其追随者，归还其财产（或提供补偿）；法王返回法国后，六周内从勃艮第撤军；与查理五世缔结攻守同盟；与查理五世一同讨伐土耳其人和路德派教徒。以"君主和最虔诚的国王"的名义签署条约后，弗朗索瓦一世"承诺，如果他未能履行该条约，他将在六周内自行返回西班牙，再次成为囚徒"。他还"凭借他作为骑士的荣誉"单独向拉努瓦保证，他"宁死"也不违背自己刚刚做出的承诺。几天后，拉努瓦作为埃莉诺的代表走进法王的卧室，宣布埃莉诺和弗朗索瓦一世已经结为夫妻。[29]

查理五世现在拜访了自己的新姐夫，并把他介绍给埃莉诺。他还派遣官员去接收勃艮第，并命令拉努瓦确保在法王的两个儿子作为人质进入西班牙之后（而不是之前）释放弗朗索瓦一世。在人质抵达之前，法王必须继续忍受不间断的看押和监视。加蒂纳拉只取得了一项胜利：查理五世决定，等到弗朗索瓦一世公开"批准并宣誓遵守条约以及他与我达成的其他协议"之后，才把埃莉诺送到法王身边。[30]查理五世自信已经达成了自己的全部目标，于是在1526年2月21日南下去完婚。

婚　姻

查理五世此前已经订婚许多次，最近一次是与他的表妹玛丽·都铎。他承诺等她年满十二岁就娶她。前往西班牙向查理五世恭贺帕维亚大捷的英格兰外交官带去了一只绿宝石戒指，是玛丽公主赠给皇帝的礼物。玛丽公主"询问上帝何时会让他们相见，以及陛下是否像她一样保持了贞洁"（可能是影射皇帝已经有了几个私生子）。查理五世"非常感激地接受了戒指，将其戴在自己的小指上，说会为了她而戴着"。但他现在要求年仅九岁的玛丽立刻到西班牙来。他解释说，他的臣民希望他"在离开西班牙之前把我的夫人、我亲爱的公主殿下接到西班牙来，这样的话她身边的议事会能够在他身在海外期间维持西班牙的安定，免得像上次一样发生动乱"（指的是公社起义）。大使答道，玛丽"年纪太小"，"现在让她走海路，可能对她造成严重的损害，并且西班牙的炎热气候可能对她的健康不利"，"我们相信，为了能够生儿育女，皇帝一定会珍惜她的健康"。查理五世的弟弟斐迪南同意这种看法，但得出了不同的结论。"考虑到陛下的年龄和职责、英格兰公主的年纪，以及目前只有我们兄弟两人"，斐迪南建议皇帝立刻迎娶他们的表妹葡萄牙公主伊莎贝拉，"从而在上帝的恩典之下，您的婚姻能够合法地开花结果"（这也是影射查理五世有私生子）。查理五世表示同意。"这门婚姻如果能成，"他沉思道，"我就能把此地的政府托付给这位公主。"并且，他不仅能获得她的丰厚嫁妆，而且卡斯蒂利亚议会已经承诺，如果他娶了葡萄牙公主，议会就会征收额外的赋税。于是他发出最后通牒：玛丽·都铎必须立刻到西班牙来，并且带来事先约定的嫁妆的至少第一部分，否则他就取消婚约。[31]

查理五世甚至没有等待亨利八世回复。1525 年 10 月，查理五世的代表谈妥了与葡萄牙王室联姻的条件。但教宗因为害怕得罪亨利八世，一直拖延着，不肯批准查理五世与其表妹伊莎贝拉结婚。皇帝向他的驻罗马大使抱怨道："尽管为了与英格兰公主和如今的葡萄牙公主结婚，我已经从教宗那里得到了与任何女性血亲（除了一等亲①之外）结婚的普遍许可，但他

---

① 根据中世纪欧洲的教会法，某人与自己的父母或子女为一等亲的关系；与自己的孙辈、兄弟姐妹或祖辈是二等亲的关系。

们还是说这样的普遍许可不够，因为我和高贵的葡萄牙公主是多重血亲。"教宗的批准文件直到 1526 年 2 月才送抵西班牙，所以查理五世不得不耍了一些不光彩的诡计来推迟婚礼。[32] 首先，他挑选负责在葡萄牙边境迎接新娘的廷臣时故意耽搁了很久，然后命令廷臣将公主带到远离马德里的塞维利亚，并且行程越慢越好。此时伊莎贝拉已经开始佩戴一个上书"非皇帝不嫁"的挂坠。她直到 1526 年 3 月 3 日才抵达塞维利亚，然后在那里等了一周，她的新郎才抵达。[33]

皇帝终于骑马来到这座熙熙攘攘的南方大都市，这是他第一次临幸此地。"不计其数的民众从周边社区赶来观看皇帝陛下：有人说那一天有超过 10 万人在他前来的路两边恭候。"风尘仆仆的皇帝在塞维利亚城堡的庭院下马，大步流星地走进伊莎贝拉等待他的房间。礼貌地寒暄了十五分钟之后，查理五世换上华服，参加了婚礼弥撒，然后跳舞。一位意大利观察者直言不讳地说，最后，"新婚夫妇一起去睡觉"。[34]

他们的新婚生活当中有两道阴影。参加公社起义的萨莫拉主教遭受酷刑后被勒死的消息在皇帝新婚的第二天传到他耳边，他立刻取消了在当地一家修道院度过圣周的计划。他还向教宗请求赦罪，并列举萨莫拉主教"在本王国前不久的叛乱与骚动期间犯下的罪行，以及他煽动别人犯下的罪行"。在教宗的赦罪书送抵之前，"他没有参加任何教堂礼拜，因为他认为自己处于被绝罚的状态"。[35] 不过，查理五世对处死萨莫拉主教并无遗憾。起草了命令刑讯和处死萨莫拉主教的文书的弗朗西斯科·德·洛斯·科沃斯向执行这些任务的罗德里戈·龙基略保证，"陛下对你做的事情非常满意，你从他的信里会看到"，并补充道，"这个圣周我们过得不错"，尽管"陛下和我没有参加弥撒或其他礼拜"。[36]

第二道阴影是查理五世的妹妹、丹麦王后伊莎贝拉去世了。自从十年前他在她的婚礼上无节制地跳舞以来，他就一直没有见过她。但据罗马教廷大使巴尔达萨雷·卡斯蒂廖内（查理五世似乎向他透露过自己的想法）说，"皇帝为妹妹的死非常悲伤"，并且在"为他的婚礼筹备的庆祝活动和比武大会结束之后"，整个宫廷都开始服丧。[37]

不过皇帝夫妇还是过得很开心。婚礼一周之后，陪同皇后的葡萄牙外交官们满意地写道，她"每晚都在丈夫怀中度过，他们情意绵绵，非常幸福"，"他们直到早晨10点或11点才起床"。他们出现在大家面前的时候，"尽管所有人都在观察，他们却旁若无人地始终在一起说笑"。查理五世粗俗地向一位廷臣透露："我不能亲笔写字"，因为"我还是个新郎"。一个月后，佛罗伦萨大使抱怨道："自从陛下结婚以来，他就不像以前那样及时地理政，上午什么事情都办不成。"9月，查理五世身体欠佳的时候，就连高雅的卡斯蒂廖内也猜测他"过于努力地想当一个好丈夫"。[38]塞维利亚的天气变得酷热难当的时候，新婚夫妇就踏上了一段缓慢悠闲的旅程，经由卡尔莫纳和科尔多瓦去格拉纳达，向他们共同的长辈即天主教双王（安葬在格拉纳达大教堂刚竣工的王家礼拜堂内）致敬，然后住进曾属于穆斯林君主的阿尔罕布拉宫。查理五世不打算在那里久留，因为他答应了弟弟，要在6月底从巴塞罗那启航去意大利，然后在米兰与弟弟会合。但弗朗索瓦一世已经食言的确凿证据让查理五世不得不放弃这个计划。

1526年3月17日，在法西边境，接收两名人质（弗朗索瓦一世的年纪最大的两个儿子）并释放法王的仪式在严密监视之下进行。弗朗索瓦一世在离去之前向拉努瓦重申了自己的承诺，表示一定会信守诺言，在他抵达的第一座法国城镇批准《马德里条约》。但在当天晚些时候，在巴约讷，皇帝的大使请求批准条约的时候，法国首相答道："国王会做理智与诚实要求他做的一切事情。"这与法王之前的承诺大相径庭。三天后，皇帝的大使又试了一次，对方却说，需要更多时间才能把勃艮第交到哈布斯堡家族手里。查理五世感到这种回应"非常怪异，让我对其他事情产生了怀疑"。更糟糕的是，这"让我和我的事务处于上不着天下不着地的状态"。³⁹

在惴惴不安的同时，皇帝在格拉纳达也很忙碌。除了和新婚妻子享受床笫之欢外，他也勤奋地处理如雪崩般涌来的公函。他不断扩张的帝国让他的通信量大大增加（例如，他承诺为伊拉斯谟辩护，对抗他的批评者："皇帝站在你那边，因为他知道你是博学多闻并且真正虔诚的人，他会像捍卫自己一样捍卫你的荣誉和声望"）。⁴⁰他还采取措施，加快格拉纳达的基督教化（这项工作是天主教双王开启的）：他开办了一家学院，为王家礼拜堂培养神父；创办了另一家学院培训教师（课程包括逻辑学、哲学、神学和法学），这家学院后来发展为格拉纳达大学。查理五世还主持了一个委员会，该委员会负责制定法规，将摩里斯科人①（西班牙曾经的穆斯林君主的臣民及其后代）基督教化。

该委员会的部分法规禁止了伊斯兰教的风俗，比如给男孩行割礼和屠宰牲口时举行伊斯兰仪式，也有的法规禁止说阿拉

---

① 指改宗为基督教的西班牙穆斯林及其后裔。"摩里斯科"在西班牙语中的字面意思是"小摩尔人"，有轻蔑和贬低的意思。

伯语、写阿拉伯文和穿戴传统穆斯林服饰。不过这些法规都没有生效，因为皇帝几乎马上就同意将这些法规暂停执行四十年，换取摩里斯科人的一笔相当丰厚的献金，以充当军费。

居住在阿尔罕布拉宫的时候，皇后怀上了未来的腓力二世。英格兰大使是第一个报告这个消息的，时间是 1526 年 9 月："我们现在可以公开地、确定地说，皇后怀孕了，这里的宫廷和人民十分喜悦。"波兰大使在两周后确认了这个消息："他们说皇后已经怀孕将近一个月（真是喜事！），所以她大部分时间卧床。"[41]他还预测，皇帝会放弃自己去意大利而让怀孕的妻子治理西班牙的计划，因为法国人再次开战，让他很难安全地抵达意大利。

"心情压抑，经常独自沉思"

英格兰大使在离开塞维利亚之前报告称："皇帝自结婚以来，性情发生了很大的变化。他现在心情压抑，经常独自沉思，有时连续独处三四个钟头。他没有喜悦，也得不到安慰。"他这么郁闷的原因是，事实证明，弗朗索瓦一世不仅背弃了《马德里条约》，还违背了回到西班牙当囚徒的诺言。查理五世在法国宫廷的大使多次要求法王履行"您承诺回国之后立刻会履行"的条约，弗朗索瓦一世用一个辛辣的玩笑回答：他会遵循"他在西班牙从皇帝那里学到的程序：因为［和约的］每一个条款都经过皇帝谋臣的仔细研讨，从而最大限度地符合皇帝的利益，而他［弗朗索瓦一世］当时既没有谋臣，也无法自由地驳斥，所以他现在不妨运用自己的智谋来确认皇帝设计的条约"。[42]

与此同时，弗朗索瓦一世拒绝让出任何利益。

查理五世为什么没能把握住机会，把每个人一辈子只会遇到一次的"好收成"收入囊中？教宗与皇帝斗争当中的重要人物弗朗切斯科·圭恰迪尼在他的《意大利史》相关章节的开头提了这个问题。圭恰迪尼揣测道："也许，尼德兰人对收复勃艮第（他们古老的遗产，他们的统治者的头衔就是勃艮第公爵）的欲望太强烈了，所以被蒙住了双眼，看不到真相。"他还说："据说有些人受到了法国人的贿赂和承诺的影响。"但说到底，做出命运攸关决定的人是查理五世自己。尽管拉努瓦和其他与皇帝一起长大的尼德兰人肯定对皇帝有"巨大的影响"，但圭恰迪尼认为勃艮第才是"皇帝真正想要的"。威尼斯大使表示同意："皇帝的自信超过了他对其他任何人的信任。"[43]

表面上看，自欺欺人是最合理的解释，毕竟查理五世希望自己能被安葬在第戎，在他的勃艮第祖先身边长眠；他还梦想收复大胆查理公爵死后被法国占领的土地。但这种解释忽视了弗朗索瓦一世及其母亲明确做出的不计其数的承诺。萨伏依的路易丝听说《马德里条约》的内容之后，立即通知查理五世："我明天动身去巴约讷，决心履行我儿对你做出的一切承诺。"弗朗索瓦一世在圣塞瓦斯蒂安①的时候向"我的好兄弟"保证，他急于返回法国，"从而尽快履行我们一起做出的决定"。[44]我们现在知道，法王的这些承诺，以及另外几封类似的亲笔信，是彻头彻尾的谎言。但查理五世在当时相信，这样一位君主，并且是他的姻亲，绝不会如此厚颜无耻、持续不断、

---

① 圣塞瓦斯蒂安是西班牙吉普斯夸省的省会，属于巴斯克自治区，靠近法西边境。

明目张胆地说谎骗人。我们可以原谅查理五世这么想。

但是，当时的人们很少被法王的把戏蒙蔽。"整个基督教世界都对《马德里条约》感到惊愕，"圭恰迪尼写道，"因为条约规定，先释放法国国王，然后履行条约。所有人都想知道，法王获得自由后会不会真的割让勃艮第。"弗朗索瓦一世签订该条约的一个多月以前，驻查理五世宫廷的罗马教廷大使卡斯蒂廖内报告称："很多享有睿智之名的人说，法国国王获释不到六个月就一定会再次向皇帝开战，并且比以往更加野蛮。"1526 年 4 月，他写道："几乎所有人都相信法国国王会宣称，因为受胁迫而签订的条约是无效的。"[45] 在罗马，教宗也认为：

> 在法王弗朗索瓦一世答应皇帝的所有条件当中，他只会执行那些必须在他获释之前发生的，比如交出他的两个儿子；他会把其他所有事情，比如他与埃莉诺王后的婚姻以及割让勃艮第部分地区，都拖延到他获释之后。但等他获得自由，就绝对不会兑现诺言了。所以这项条约的唯一后果就是，皇帝控制了两个孩子，而不是他们的父亲。

在伦敦，枢机主教沃尔西得出了同样的结论。他写道：

> （《马德里条约》的有些条款）涉及出让法国王室的部分权益，这不是［弗朗索瓦一世］有权决定的。像他这样地位的人，一旦获得自由，不大可能真诚地履行这些条款；尤其是割让勃艮第公国……

［因此］我不相信法国国王获释后会遵守条约。[46]

沃尔西欢迎这样的局面，因为他担心，假如弗朗索瓦一世把查理五世想要的都拱手让出，那么英格兰就再也不能维持西欧的力量平衡。因此沃尔西写信给萨伏依的路易丝，祝贺"您的儿子脱离险境、摆脱了在西班牙遭受的残酷待遇"，并表示希望"从您的儿子手中用暴力手段榨取的如此可耻、如此不合理的条约不会得到遵守"。他还指出，既然查理五世已经统治了"德意志，即基督教世界最大的一部分"，以及尼德兰、意大利南部和西班牙，"那么法国在三面被皇帝的领地包围"，所以查理五世或其继承者无论在何时决定发动进攻，法国人都"不得不在三条战线设防"。对哈布斯堡势力包围法国的恐惧，将在随后一个多世纪里支配法国的外交政策。沃尔西建议，为了避免这样的局面，弗朗索瓦一世应当拒绝割让任何领土，并用"数额合适的金钱"赎回两个儿子。沃尔西承诺，在这方面，英格兰愿意担当"善意的调解人"。[47]

在一段时间里，弗朗索瓦一世继续欺骗对方。他继续给查理五世发去大量书信，重申自己愿意等时机成熟时履行自己的承诺。但他同时也在寻求外国的支持，无论是道义支持还是物质支持。教宗克雷芒七世是最早支持他的人之一。教宗宣布，法王"不仅没有义务履行条约，因为他是在胁迫之下同意条约的"，而且"众所周知，通过暴力获得的条约是没有效力的"。[48]拉努瓦和蒙卡达是对弗朗索瓦一世有恩的人，他俩前来敦促法王遵守诺言的时候，他客气地接待他们，但坚持说，"他没有义务遵守他的所谓诺言，因为那都是用终身监禁相威胁而从他那里勒索来的"。

拉努瓦认识到自己受骗了，向查理五世哀叹："上帝明鉴，我真希望自己从来没有参与过这事。"并补充说，他怀疑弗朗索瓦一世"企图继续欺骗，在别的地方为自己尽可能赢得优势"。这一次，拉努瓦的判断是正确的：弗朗索瓦一世在宫廷盛情款待拉努瓦的同时，与威尼斯、教宗、佛罗伦萨，以及不久前被查理五世废黜的弗朗切斯科·斯福尔扎缔结了盟约。亨利八世则同意担当法王的"保护者"。[49]

这几个签字方自称"科尼亚克联盟"，他们呼吁查理五世接受一笔合理的赎金并释放两位法国王子；允许意大利所有邦国恢复战前疆界；让斯福尔扎回到米兰公爵的宝座上；皇帝率领人数不能太多（具体人数由威尼斯和教宗决定）的队伍去意大利加冕；并偿清他欠英格兰的债务（现在已经高达 80 万杜卡特）。如果皇帝不同意，科尼亚克联盟同意共同出资，动员陆海军去占领米兰、热那亚和那不勒斯。[50]1526 年6 月 23 日，克雷芒七世给查理五世发了一封言辞尖刻的信，批评他近期对科尼亚克联盟成员国的行为：非法入侵法国；羞辱被俘的法王；废黜斯福尔扎；劫掠和破坏教廷国的物资和财产。

教宗写道，皇帝的这些罪过"让我与那些关心意大利与基督教世界和平的人们结成联盟"，最后还大胆地威胁道："现在，如果你想安宁地生活，固然很好；但如果你不想，那么不要忘了，我现在有军队和武器，我会运用它们保卫意大利和罗马。"纳瓦杰罗大使认为，这一切标志着"惊人的命运逆转。法国国王在自身被俘、损失了那么多兵员、蒙受那么大的损失之后，居然自由了，并且比以往更有能耐。他有能力提升自己、打击皇帝"。[51]

两线作战

乌戈·德·蒙卡达看到自己在弗朗索瓦一世那里的使命已经无法完成了，就从法国宫廷赶往罗马。他警觉地发现，意大利北部反对帝国的情绪十分高涨。他告诉查理五世："我不得不从长枪和大炮之间经过，耳边尽是'打倒西班牙人！'的呼喊声。"抵达罗马之后，蒙卡达发现塞萨大使"及其内廷人员都已经全副武装，因为教宗已经宣布陛下是他的敌人并开始动员军队"。塞萨和蒙卡达一起试图让克雷芒七世明白，既然弗朗索瓦一世和亨利八世都没有及时兑现承诺给意大利送来援军，那么科尼亚克联盟的意大利成员国就将独自面对皇帝的怒火。他们警告教宗，这意味着"圣座可能面临毁灭，基督教世界可能陷入混乱"，因为帝国军队将"向圣父宣战，不仅动武，还会运用其他一切手段，在教会推行改革"。他们还无耻地用克雷芒七世最害怕的事情来吓唬他："我们提醒他，路德异端的事情还没有解决，德意志人在呼吁召开宗教会议。"教宗说查理五世可能在对方的威胁之下减少自己的要求，塞萨和蒙卡达告诉他，皇帝"宁愿一个一个地丧失自己的全部领地和王国，让他的全部臣民和盟友流尽鲜血，也绝不屈服"。在怒气冲冲地最后一次拜见教宗时，两位西班牙使节"向圣父告辞，并说，如果我们为了保卫陛下的产业而被迫向教宗开战的话，我们恳求他原谅"。他们还告诉查理五世："经过这些对话之后，我们觉得陛下必须将教宗和英格兰国王、法国国王与威尼斯人一样视为敌人。这些敌人致力于损害陛下的荣耀。"[52]

查理五世在其他地方的好几位大臣也同样斗志昂扬。1526

年，他的驻萨伏依大使报告称："既然教宗想让基督教世界燃起熊熊大火，那么陛下应当在各地都点火，惩罚那些敢于拿起武器反抗您的军队的人。"驻热那亚大使洛佩·德·索里亚表示："考虑到教宗的忘恩负义，以及他对侍奉上帝、服务善良的基督徒毫无兴趣，陛下对教宗的任何攻击都是正当的。何况，只有陛下能够惩罚教宗的不作为。"[53]

查理五世非常重视这些要求"惩罚教宗"的呼吁。他问自己的告解神父加西亚·德·洛艾萨，"如果我的事业是正义的，我可否停止服从教宗"，并（也许是第一次）采取了后来西班牙的哈布斯堡统治者在遇到道德困境时的标准策略：他"召集一些神学家到他的议事会"，来决定"为了保卫和保护我的土地"，是否应当"集结一支军队与全世界所有人作战，哪怕是教宗"。[54]神学家们赞同这么做。1526 年 6 月，皇帝指示蒙卡达，如果教宗"向你提出了不可能的条件，或者继续虚与委蛇地拖延，从而争取时间与其他人结盟，那么你应当记住，最好是你来阻止他，而不是等着他阻止你"。皇帝还揭示，枢机主教蓬佩奥·科隆纳（西班牙的长期支持者，曾领导反对克雷芒七世成为教宗的派系）近期表示，"他有办法把教宗从罗马驱逐出去"。于是皇帝命令蒙卡达"与枢机主教科隆纳谈判，让他落实自己的计划，并让世人觉得他是独立行动的。你要秘密给他提供一切援助"。[55]皇帝还派了一支小舰队去伦巴第，把波旁公爵和数百名士兵送了过去。

这些举措与皇帝在这年早些时候的吹嘘（他将率领一支大军去意大利）相去甚远，克雷芒七世也公开嘲笑他的这番努力。据查理五世在罗马的大使说："他们对波旁公爵的到来不以为意，因为他没有带军队来。我听说教宗嘲笑此事，说陛下把波旁公爵派到这里，仅仅是为了甩掉他。"但是克雷芒七世笑不了多久了。

现在查理五世对自己的计划做了一项重要修改。"我最想做的事情就是去意大利"，他在一封长信里向弟弟解释道，"这不是因为我渴望成为伟人，而纯粹是为了履行上帝给我的职责，并确保我的旅程的结果能够给基督教世界带来福祉，让基督教世界安享太平，那样的话你我就可以联手讨伐异教徒，并铲除路德的错误和异端思想"，为了这个目标也许要"组织一次宗教会议来改革教会"。他想去意大利还有别的理由，即重组在伦巴第的军队，"因为如果我的军队瓦解或者被迫解散，那么我很快就会失去那不勒斯和西西里，以后再想收复它们就难了"。而"如果我在意大利能够占上风并加冕为皇帝，我就能为所有人立法，并成为所有人的君主"（他刚才还说自己不"渴望成为伟人"！）。但"那是教宗和其他统治者最害怕的事情，"他继续写道，"我相信这就是他们现在结盟反对我的原因。"皇帝又遗憾地说，如果他现在就乘船去意大利，他将会缺少"我的安全、荣誉和利益"所需的军队、舰船和金钱，更不要说"按照我的心愿支持和援助"匈牙利国王了。"如果我们能得到和平，我肯定会把全部资源部署到匈牙利；但如果围绕我自己领地的战争继续打下去，并且我相信它一定会打下去，那么我请你判断，我是否应当先自卫，并将自己的全部资源用于自卫。"所以皇帝建议在德意志采纳与之前大不相同的战略：他给斐迪南发去了一份敕令的草稿。该敕令暂停了他在沃尔姆斯帝国会议向路德派施加的惩罚，因为"我的一些谋臣认为，通过暂停处罚那些人，我们能够征集一支强大的步兵和骑兵部队，令其与你会合，投放到你希望用兵的地方，比如支援匈牙利"。另外，加蒂纳拉还精明地指出，宽容路德派（哪怕仅仅在一个短时期之内）"能够向教宗施加压力，迫使他变得理智"。[57]

宽容路德派从而换取军费来保卫匈牙利，这是之前想都不敢想的计划。而现在皇帝敢于这么想，是因为一些令人惊恐的消息传到了他的宫廷。1526 年 4 月，奥斯曼帝国的苏丹苏莱曼大帝率领一支庞大的军队，携带攻城器械，从伊斯坦布尔开拔。7 月，他首次进入匈牙利。斐迪南恳求紧急支援，但查理五世答道："我现在已经有一个讨厌的土耳其人要对付了，那就是法国国王。"[58]但这年 8 月，苏丹在摩哈赤取得了惊人的胜利，匈牙利的大多数贵族连同国王拉约什二世都在此役中阵亡。根据奥斯曼帝国的传统，此役让苏莱曼大帝成为匈牙利的主人。两周后，他进入布达城，将匈牙利王国封授给他的附庸之一。

斐迪南娶了拉约什二世的姐姐，所以几乎立刻就成功当选为波希米亚国王（因为拉约什二世还曾统治波希米亚）；然后斐迪南在妹妹玛丽（拉约什二世的遗孀）的支持下挑战苏莱曼大帝，对匈牙利王位提出主张。他呼吁西方的其他统治者一同对抗"基督教世界的共同敌人"，但基本上无人响应。尽管土耳其对西欧的威胁极大，并且极其紧迫，但意大利北部的斗争还是吸引了绝大多数西方统治者的注意力和资源。教宗克雷芒七世为匈牙利前线提供了 5000 名士兵的军饷，但他在伦巴第的战争中投入的资源比这多得多。1526 年 9 月，蒙卡达和科隆纳家族的联军进入罗马城，将克雷芒七世扣押。查理五世后来抗议说："堂乌戈的军队试图做的事情让我非常不高兴。"但他这是在撒谎：蒙卡达与科隆纳家族联手入侵罗马，恰恰是在执行皇帝的明确命令。[59]

罗马的消息传到查理五世宫廷的不久之前，科尼亚克联盟的四个主要成员国（英格兰、法国、教廷国和威尼斯）的大使请求向皇帝正式提交该联盟的要求。这次觐见还算顺利，直到法国使者"促请"（summon）查理五世释放两位法国王子（现年七岁和八岁）从而换取赎金。罗马教廷大使卡斯蒂廖内报告称，在这时，"所有人都看到陛下非常恼火"，而"陛下后来向我解释，他愤怒的原因是'促请'这个词"。因为这个词"一般是向遭受围攻的人勒令投降时用的，带有威胁要毁灭对方的意味"。英格兰使节报告称，查理五世愤怒地转向法国大使，说：

> 我不会用他们［两位法国王子］换钱。我当初就不肯用他们的父亲换钱，更不会用儿子换钱。我愿意用合理的条约来交换他们，但不是用钱。我也不会再相信法国国王的诺言，因为他欺骗了我，他的作为绝不符合一位高贵君主的所作所为。他说因为臣民的反对，他不能兑现某些承诺，那么就请他兑现自己有能力兑现的、他曾以君主的荣誉起誓要兑现的。也就是说，如果他不能履行条约，就请自己回来当俘虏。

在此次觐见的末尾，皇帝命令法国大使向其主公传达骑士决斗的挑战：如果弗朗索瓦一世拒绝回到监狱，"那么在上帝的保佑下，让我们用决斗单挑来解决分歧吧，免得许多基督徒为了我们的分歧而丧命"。[60]

几天后，查理五世给克雷芒七世发去了一封言辞愤恨的信，甚至没有使用通常的尊崇口吻。他用"你"称呼教宗，并写道，"你不可能不知道，你之所以能成为教宗，是因为我的干预和帮助"，然而你"对我不宣而战，你不仅想要把我逐出意大利，还要剥夺我的皇帝头衔"。皇帝说，他很遗憾没有早些处理他的德意志臣民对教廷的累累怨言，并威胁道，如果克雷芒七世不停止攻击他，他将亲自召开一次宗教会议，结束教廷的腐败，涤荡教廷的种种弊端。卡斯蒂廖内认为皇帝的措辞"比教宗的宣战书更尖刻"。[61]

加蒂纳拉命令皇帝的拉丁文秘书阿方索·德·巴尔德斯公开发表皇帝的这封信，并附加了一篇尖刻的评论，标题很不谦虚：《为神圣的查理五世辩护》。这本书很快有了西班牙文、德文和荷兰文版本。[62]此外，拉努瓦得到经费，在西班牙征集9000名士兵去支援波旁公爵。尽管科尼亚克联盟的桨帆船舰队在热那亚权贵安德烈亚·多里亚的指挥下拦截了拉努瓦，并迫使他驶向那不勒斯而不是伦巴第，但斐迪南派遣一支德意志军队翻越阿尔卑斯山去支援波旁公爵，所以帝国军队现在从南北两面威胁罗马。

此时，在"我①把自己能找得到的最后一个杜卡特送往意大利"的时候，匈牙利沦陷、拉约什二世死亡的消息传到了西班牙。斐迪南还紧急求助，要求兄长"与法国国王达成协议，并获得尽可能多的盟友"，从而让所有基督教君主团结一致，共同阻止土耳其人的进攻。查理五世此时仍在格拉纳达，他立刻向御前会议征求意见。大臣们和斐迪南一样"恳求陛下与法国国王达成协议，如果得不到您应得的条件，就接受当前

---

① 指查理五世。

形势能够允许的条件"。此外，"若上帝许可，陛下应尽快离开
此地"，并于 1527 年年初在巴利亚多利德召开卡斯蒂利亚议会。

有鉴于匈牙利传来的"令人悲伤的消息"，御前会议还建
议"告诫和指示所有高级教士、普通教士和市议会组织祈祷
和其他虔诚的活动"，"所有布道者应当强调基督教世界面临
的危险，从而激励民众"。查理五世本人必须把尽可能多的金
钱和军队尽快送给弟弟；他必须"削减内廷的开销，厉行节
约，尤其是食品和服装的费用，因为我们会命令全国人民效仿
陛下的榜样"；他还必须确保给王国的保卫者提供足够的军饷
和武器装备。[63]

查理五世不需要更多的劝导。"匈牙利的毁灭"深深震撼
了他。1526 年 11 月，他告诉罗马教廷大使，现在他愿意把自
己与弗朗索瓦一世的争端交给亨利八世或者克雷芒七世调停；
并且为了获得"普遍的和平，他愿意无偿释放两位法国王子，
条件是法王保证维持和平"，那样的话查理五世就能前往奥地
利，亲自领导基督教世界对抗土耳其人。查理五世还进行了一
次罕见的自我剖析，向卡斯蒂廖内承认：

> 他［查理五世］是凡人，也有缺点，比如他优
> 柔寡断，并且因为疏忽而耽搁了许多事情；但现在他
> 要克服自己的天性，变得非常勤奋，为了这个目标不
> 会放过任何机会。全世界可以随意向他开战，法国国
> 王如果愿意也可以占领西班牙，但为了打败土耳其
> 人，他［查理五世］没有什么是不可以放弃的。[64]

匈牙利的沦丧对克雷芒七世也有很大影响。他已经获释，

但深刻地感受到自己无力在波旁公爵或拉努瓦的兵锋下保卫罗马。于是教宗退出了科尼亚克联盟，与拉努瓦缔结了八个月的停战协定（教宗没有意识到，该协定并不适用于波旁公爵），然后开始解散自己的军队。

去罗马！

弗朗索瓦一世背弃《马德里条约》的决定严重削弱了波旁公爵的力量。法王没收了他的财产和收入，将其分配给忠诚的大臣与贵族，于是波旁公爵不仅一贫如洗，而且没有希望收回自己的财产。查理五世册封他为米兰公爵，但帝国军队已经耗尽了米兰的资源，所以波旁公爵不得不带领他那几乎已经处于哗变状态的军队南下，寻找新的可供劫掠的地区。他们起初威胁了佛罗伦萨，但发现那里防守森严，于是改为向罗马进军，并宣称：除非克雷芒七世支付他们被拖欠的军饷，否则他们绝不停下脚步。教宗冒失地再次加入科尼亚克联盟，宣布废黜查理五世的那不勒斯国王地位。在罗马的帝国大使沮丧地报告称："有人愿意以五对一的赌注下注，说教宗在四个月内就会成为那不勒斯的主人。"[65]

这么下注的人就输了。克雷芒七世的地位是不可能维持下去的。他已经解散了自己的大部分军队，而他的主要盟友（法国、英格兰和威尼斯）的军队都在遥远的地方，并且波旁公爵如今丢弃了他的攻城器械，利用罗马大道，率军以每天39公里的惊人速度南下。[66] 1527 名 5 月 6 日黎明，帝国军队（有许多渴望劫掠战利品的志愿者加入）向罗马城发动奇袭。对守城的人来说不幸的是，波旁公爵在最初的进攻中战死，在这之后没有一名军官有足够的权威来控制得胜的帝国士兵。罗马城惨遭洗劫十天之久，其间可能有 8000 名罗马人死亡。查理五世军队犯下的罪行（如一个目击者所说）"罄竹难书"。

"罗马城遭受的蹂躏意味着，在我们有生之年，罗马再也不是罗马了。也许在两百年之内都不行。"[67]克雷芒七世和几位枢机主教躲进了圣天使堡，但因为没有得到救援的希望，他们在一个月后向帝国军队投降。与此同时，教宗的美第奇亲戚逃离佛罗伦萨，他们的敌人宣布这个城邦再次成为共和国。

波旁公爵和他的军队第二次"让皇帝成为意大利的绝对主人"。洛佩·德·索里亚喜悦地说，"上帝显然在保佑陛下的事业，因为他用神奇的方式引导和推进您的事业"，从而让"所有基督教君主都知道，上帝希望借助陛下的手来惩罚他们"。斐迪南也对"占领罗马的捷报"道喜，并建议，既然"教宗如今在您手中，或者至少您可以按照自己的心愿处置他"，那么查理五世"在基督教世界的事务普遍恢复秩序之前"不要释放教宗。[68]

皇帝必须在没有加蒂纳拉的情况下决定下一步的行动，因为之前关于如何与法国人谈判的建议被皇帝置之不理，首相恼火地离开了宫廷，乘船前往意大利，去处理自己的事务。于是，在加蒂纳拉不在期间，查理五世召集所有外国大使，亲自解释罗马发生了什么事情。用一位英格兰外交官充满挖苦意味的话说，皇帝"自我辩解，经常手按前胸，发誓赌咒，说罗马的暴行不仅不是他命令的，而且违背了他的意愿，让他非常不悦和忧伤"。[69]大使们不相信他的辩解，他们是正确的。

1527 年 5 月 31 日，关于罗马城遭到洗劫和教宗逃亡的第一批消息送到皇帝宫廷时，佛罗伦萨大使报告称："皇帝不仅没有表示虔诚和同情，而是喜出望外，与随从谈话时一反常态地哈哈大笑，逗乐打趣，甚至顾不上吃饭。"佛罗伦萨大使怀疑"皇帝陛下已经开始幻想自己是一位专制君主，所有人都必须服从他的决定了"。[70] 一周后的 6 月 7 日，查理五世的行为就更让人担心了。他此时并不知道波旁公爵已死，还给他写了一封信，其中揭示，占领罗马和俘获教宗是他已经告知波旁公爵的宏大战略的一部分。因为"有利的和平是我最想要的东西"，皇帝在这封信中写道：

> 我希望你不要上当受骗，而是获取确凿可信的保证，即对方会遵守和约；还请你注意，如果能够保证安全的话，就把教宗送到我这里来，从而缔结普遍的和平……因为你很清楚，这对我们为上帝服务的事业会有很多好处，对整个基督教世界、我个人的利益以及你的利益都会大有裨益。

换句话说，查理五世已经指示自己的副手不仅要抓获教宗，还要将他送往西班牙，从而强迫他签署对皇帝有利的和约，就像两年前皇帝强迫弗朗索瓦一世一样。查理五世继续写道，"我不是很确定你进入罗马之后会如何处置教宗"（这进一步证明了他之前对波旁公爵的相关指示），"但在我给你的最后几封信里，我写过，关键在于，如果你能从教宗那里得到有利的和平条件，或者其他什么安排，那么你就可以随后率领我的军队进入威尼斯国境，迫使他们付出代价，强迫他们也与我们达成协议"。[71]

查理五世得知波旁公爵死亡和克雷芒七世已经向他的军队投降之后，就向拉努瓦授予作战或议和的全权，"选择对我的声望最有利的路线，因为我对你完全信任”。他还通知最受信赖的外交官之一韦雷男爵，因为“上帝赐给我们在罗马的胜利”，并且“教宗被俘似乎也是上帝的旨意，得到了上帝的许可，所以为了给基督教世界的普遍和平铺路，为了基督教世界的福祉与安宁”，现在时机已经成熟，应当“召开一次宗教会议来改革教会（所有人都知道如今的教会亟须改革），并消灭路德派的错误思想”。所以韦雷男爵现在必须前往罗马，同时拉努瓦继续施加外交和军事压力，劝说被俘的教宗做出重大让步。[72]

查理五世陷入困境

韦雷男爵于 1527 年 9 月抵达意大利后懊恼地报告：“此地的状况与我离开西班牙时陛下的判断已经大相径庭。”意大利局势“非常糟糕，不可能更严重了”：在罗马的哗变士兵（其中很多是德意志的路德派教徒）威胁杀死或绑架教宗；法国的一支新远征军在经验丰富的指挥官洛特雷克领主奥代·德·富瓦的率领下进入了伦巴第；拉努瓦的突然去世造成了新的权力真空。韦雷男爵哀求道：“陛下，求您看在上帝的分儿上与法国人议和，不管什么样的条件都可以。”他为“如果我让陛下感到绝望”道歉之后，又重复了他的紧急建议：“我恳求陛下与法国议和，因为议和不是那么可耻，您还会有机会报复那些在意大利企图伤害您的人。”[73]

但为时已晚：克雷芒七世的受辱为他赢得了国际社会的同情和支持。1527 年 8 月，亨利八世与弗朗索瓦一世结盟，并将女儿玛丽许配给弗朗索瓦一世的次子，还重申了他的诺言，即迫使查理五世在合理的赎金要求下释放两位法国王子。另外，亨利八世希望说服克雷芒七世批准他与凯瑟琳王后离婚，所以承诺，只要教宗仍然是皇帝的俘虏，他（亨利八世）就抵制查理五世发出的召开宗教会议的呼吁，并出钱出兵，支援在意大利的法国军队。[74]

起初，反对皇帝的联军一帆风顺。洛特雷克领主与威尼斯人会师后迅速占领了几乎整个伦巴第，同时一支海军为法国收复了关键的港口热那亚。被孤立在米兰的安东尼奥·德·莱瓦的一封信凸显了帝国军队在意大利北部的危险处境："两个多月前"，莱瓦写信给"陛下的所有将领，告知他们我的艰难处境"，然而，尽管"我给不同地方一共发了两百封信，却没有收到一条回复"。莱瓦最后发出严正警示："陛下相信自己的好运气固然是有道理的，但最好用行动来支援您的好运，并记得上帝不会每天都行神迹。"[75]

驻扎在罗马及其周边的帝国军队的处境也很糟糕：尽管他们仍然是一支令人生畏的作战力量，但他们没有了总司令，于是继续蹂躏罗马城，从而对克雷芒七世施压，让他支付他们被拖欠的军饷（约 40 万杜卡特）。其中一位指挥官恳求查理五世：

> ……不要忘记我们都欠上帝什么，不要放纵您的军队在意大利烧杀抢掠，败坏您的名声。除非部队得到军饷，否则这些暴行还会愈演愈烈……您的荣耀不可以建立在如此之多、如此严重的恶行的基础上，因为上帝和世人都不会允许。

和莱瓦一样，他最后也认为"与法国议和较好"，并建议

"如果陛下不再坚持索要勃艮第，也许法王会再一次成为您的朋友"。但他的恳求也是徒劳的。1527年，分别代表法国、英格兰、米兰、威尼斯、费拉拉和枢机主教团的外交官们签署了庄严的盟约，旨在"解放教宗"。[76]

据纳瓦杰罗大使说，皇帝此时"对自己应当怎么做充满疑虑。一方面，他认为释放教宗是比较体面的做法；另一方面，他不能确定教宗获释之后会对他友好"。不过，查理五世足够明智，愿意把关键的外交决策交给他的封疆大吏们负责：他指示斐迪南、玛格丽特和在意大利的将领"尽你们所能，不必事事禀报我，不必等待我的命令，因为我对你们绝对信任，所以给你们便宜行事的全权"。[77]

1527年5月21日，未来的腓力二世降生了，他是五十年来第一位在西班牙国土出生的王子。皇帝的心情因此大为好转。他在当天给自己的主要臣民写了欢欣鼓舞的书信，把自己描绘得像弥赛亚一样："我相信，这会对侍奉上帝、为国效力大有益处；我希望上帝会允许我在将来更好地服侍他。"据马丁·德·萨利纳斯大使说，"皇帝因为生了儿子而心情极佳、喜气洋洋，所以他不问政事，只是命令举行庆祝活动，不分昼夜地举办比武大会和各式各样的娱乐活动"。在6月5日小王子洗礼期间上演的戏剧中有一幕是先知预言这个孩子将来前途无量，就像先知预言新生的基督的前程一样。[78]

罗马城遭到洗劫的消息传来之后，庆典活动暂时停止，但在皇后的身体复原、能够观看皇帝安排的新一轮比武大会和其他表演之后，大家又欢呼雀跃起来。8月，萨利纳斯报告称，查理五世和伊莎贝拉"是全世界最幸福的一对夫妇"。三个月后，皇后再次怀孕。[79]但也有人说，查理五世在接见外臣时变得不耐烦，甚至情绪激动。1527 年 7 月，他"面色阴沉地"
听取法国大使又一次提议用金钱和"法国部分放弃对那不勒
斯的主张"来换取两位王子的自由和弗朗切斯科·斯福尔扎
重登米兰公爵的宝座。几天后，皇帝向英格兰大使预言："法
国国王在自己的羽毛被拔光之前永远不会老实。"他的意思是
要从法王手中夺走勃艮第。10 月，纳瓦杰罗报告称，查理五
世又一次"用了非常粗鲁的言辞，并且一反常态地在一次觐
见会上大发雷霆"，怒吼道，"法国国王已经决定用暴力迫使
他［查理五世］听从他的旨意，但法王这是自欺欺人"，因为
"他［查理五世］即便在胁迫之下也永远不会屈服"。纳瓦杰
罗认为，查理五世"年轻气盛，习惯了事事一帆风顺"，所以
他比较慷慨，但"如今他的事业不顺利"，所以"与他打交道
的人必须非常机敏"。[80]

　　好在加蒂纳拉于 1527 年 10 月回到了宫廷。根据首相的
《自传》，"为了获得和平，皇帝同意了太多让步，做了太多妥
协。他同意的一些条件对他自己、他的尊严和处境非常有
害"。[81]加蒂纳拉决心阻止这种局面。1528 年 1 月，法国、英格
兰、米兰、威尼斯和佛罗伦萨（科尼亚克联盟剩余的成员国）
的大使联合觐见皇帝，并以他们主公的名义要求查理五世把米
兰归还斯福尔扎，并接受赎金、交出两位法国王子；作为回
报，弗朗索瓦一世将交出热那亚，并从意大利撤军。

　　皇帝当场回绝这个最后通牒，因为（据波兰大使扬·但
狄谢克说）"他记得西塞罗曾说：'第一次上当是不愉快的事
情；第二次就可耻了；第三次只能说明你自己蠢。'他相信这
句格言，因为他自己也被欺骗过"。科尼亚克联盟的成员国已
经预料到皇帝不会同意，现在"法国和英格兰的传令官来了，

向皇帝陛下呈送消息，说他们愿意给他一份特殊文件，陛下已经等了这份文件六个月（因为这两位传令官在皇帝的宫廷待了六个月）。陛下在宫殿大厅当着所有权贵、高级教士和大臣的面，优雅地聆听"法国传令官"宣布在陆地与海洋向他开战"，然后，英格兰、佛罗伦萨、米兰和威尼斯大使也"呈上了他们的'战书'（这是他们的说法）"。[82]

查理五世熟悉骑士规则，所以知道下一步应当做什么。他"声如洪钟地讲话，让所有人都听得见"。他说，"在过去七年里，法国国王未曾向我正式宣战就一直对我作战，他居然等到如今才宣战，真是令人震惊。根据战争的法则，他绝对没有资格宣战，因为他是皇帝的俘虏，并且背叛了皇帝对他的信任……而现在你告诉我"，查理五世继续说道，你的主公"将强迫我释放两位王子。所以我要以与之前大不相同的方式答复：我打算留下两位王子，永远不会因为受到暴力威胁就交出他们，因为我从来不会在胁迫面前屈服"。然后他把法国传令官拉到一边，让他向法王传递一条特殊的消息："因为法王既不遵守也不尊重他对我发出的誓言，他现在应当做好准备与我决斗。请代我告诉他，并且用我下面的原话：他应当维护自己的荣誉，如果他还有一丁点儿荣誉的话。"[83]

根据骑士法则，查理五世必须让这两位宣战的传令官安全返回，但他逮捕了科尼亚克联盟成员国的其他所有外交官。他们还没来得及收拾行装，就灰溜溜地被赶出城然后投入监狱。"皇帝卫队的 50 名骑兵和 100 名步兵押送我们，仿佛我们是罪犯，全城居民都在窗口和门口观看。"他们被羁押了四个月（"让人感觉仿佛是四年"），直到查理五世得到确认，他自己的驻外大使都很安全。他还惩罚了两位法国小王子，把他们从一座生活条件严苛而不舒适的城堡转移到另一座。最后他们被送到偏僻的佩德拉萨德拉谢拉要塞（在塞哥维亚），并把他们的法国仆人都带走，其中一百多人被驱赶到巴塞罗那，在那里被迫在皇帝的桨帆船上服役。并且，"因为我们是受挑战的一方，所以我们必须捍卫我们的荣誉与声望，并保护我们的臣民与国家"。于是，他命令停止与英格兰和法国的一切贸易，并命令亨利八世和弗朗索瓦一世的臣民于四十天内离开西班牙。[84]

查理五世还提醒弟弟，这个事态"影响了我，也影响了你"，所以他期望斐迪南"派遣一名传令官去见英格兰国王和法国国王，下达战书"，并让斐迪南说服"帝国的选帝侯与诸侯效法，因为我是他们的宗主，我受到的挑战对他们（帝国的主要成员）也适用"。查理五世乐观地下结论道，这些行动"将会提升我们在朋友当中的声望，并令我们的敌人畏惧和震惊"。[85]

他的乐观并非没有道理。毛里齐奥·阿尔法约利[①]指出，弗朗索瓦一世再次入侵意大利"只是手段，不是目的"。在他的"两个儿子回国之前，法国对意大利没有真正的政策可言"，所以洛特雷克领主的军事行动只是为了"让他的主公能够以相对不是那么弱势的地位与皇帝继续谈判"。法王与他的盟友正确地判断，查理五世哪怕受到压力也不会轻易放弃他继承来的那不勒斯，但有可能放弃他前不久才获得的米兰。因此他们决心"在那不勒斯争夺伦巴第"。[86]1528年1月，洛特雷克

---

① 毛里齐奥·阿尔法约利是当代意大利的历史学家，研究领域包括军事史、近代早期欧洲史等，自2010年起为美第奇档案研究项目的高级研究员。

领主离开伦巴第，率领"超过 5 万军队南下，这个数字简直令人难以置信。他的行军队伍分布在将近 60 平方英里的地域"。

帝国军队的兵力远不如法军，于是不断撤退，最后在那不勒斯王国内只控制少数设防城镇。洛特雷克领主从陆地围攻那不勒斯城，同时多里亚的桨帆船在近海巡弋，拦截帝国军队的补给和增援。4 月，乌戈·德·蒙卡达（在拉努瓦死后成为那不勒斯副王）率领他的全部舰船出海，绝望地试图突破法军的封锁线，但"在我们时代最残酷而血腥的海战"中他和 1400 名部下葬身大海。[87]在区区三年内，皇帝在帕维亚获得的优势已经丢得一干二净。

并未发生的决斗

尽管贝尔塞尔先生会责备自己曾经的学生没能"把好收成带回家"，但他无疑会赞赏查理五世通过一场决斗来收复失地的尝试。1528 年 3 月，皇帝第三次向弗朗索瓦一世发出决斗的挑战，这一次是通过给法国大使的书信（此时这位大使仍然在狱中，但可以与外界自由通信）："你的主公，即法国国王，以卑贱的、邪恶的方式背弃了在《马德里条约》中对我做出的承诺。如果他想要驳斥我这句话，那么欢迎他与我单挑。"[88]这一次弗朗索瓦一世再也不能装聋作哑，于是给出了尖刻辛辣的回复。"如果你想指控我，"他警告查理五世，"说我做了爱惜自己荣誉的绅士不应当做的事情，那么我会说你在明目张胆地撒谎。因此，从今往后不要给我写信：将来你只要指定地点，我就会带着武器前来。"在这之前，皇帝必须停止对法王的嘲笑。"我相信，"法王在这封挑战书的末尾写道，"你会像一位绅士而不是讼师一样回复我，在决斗场上而不是在纸上回答我。"[89]

查理五世并不打算放弃纸张这种武器。恰恰相反，他把自己与弗朗索瓦一世的完整对话做成一本小书，公开发表。并且他第一次发现自己得到了西班牙臣民的爱戴。加蒂纳拉注意到，"如此鲁莽地发出的决斗挑战书大大激励了阿拉贡人、巴伦西亚人和加泰罗尼亚人，促使他们帮助皇帝，向法国人复仇"。萨利纳斯报告称，查理五世对英法传令官的最初答复"令在场的所有人大感满意"，"所有人都对挑战感到高兴，仿佛它是针对他们的"。[90]皇帝利用民众的好感，说服在巴利亚多利德开会的卡斯蒂利亚议会批准征收一大笔新税，从而在意大利发动新的作战，并册封婴儿腓力为阿斯图里亚斯亲王（卡斯蒂利亚王储的头衔），让议会向他宣誓效忠；皇帝还执行了九年前他曾逃避的巴伦西亚入城式，（第一次）把"皇后留下，担任整个卡斯蒂利亚的摄政者"。他返回后，在蒙宗①接见了阿拉贡议会成员，并说服他们也批准征税。[91]

在回复弗朗索瓦一世的挑战之前，查理五世就礼节的问题照例向他的主要臣民和大臣征询意见：他当面询问了阿拉贡权贵和大臣的意见，因为他们都在蒙宗；对卡斯蒂利亚的权贵和大臣，他则写信给他们。卡斯蒂利亚御前会议强调"神圣的律法和自然律法禁止这样的挑战"，皇帝作为基督教世界首要的统治者，应当立下好的榜样，避免决斗；并预测"即便您接受了这个挑战，战争与纷争也不会结束，而会愈演愈烈"。皇后此时已经生下了女儿玛丽亚。她也劝丈夫不要去决斗，因为"她害怕陛下会有不测"，让她成为寡妇。[92]

---

① 蒙宗是西班牙东北部的城市，属于阿拉贡。

卡斯蒂利亚的贵族、高级教士和市政长官均感谢查理五世"就下一步行动的问题征询我的意见，这是给我的荣誉"。但有些人表达了对皇帝拿自己生命冒险的担忧，因为现在他只有一个婴儿作为继承人；还有人指出（用因凡塔多公爵的话说），"骑士法则适用于我们这样的骑士，也适用于君主，不管他们是多么强大"，也就是说弗朗索瓦一世这样违背誓言的小人根本没有资格发出决斗的挑战，因此皇帝应当对其不予理睬。[93]

帝国在意大利的处境迅速恶化，促使查理五世没有听从上述建议，而是接受弗朗索瓦一世的挑战。他提议，在"分隔丰特拉维亚与昂代的比达索阿河附近"的一个安全地点决斗，并请弗朗索瓦一世选择"决斗的方式和所用兵器"。他补充道，除非弗朗索瓦一世在四十天内同意，否则就算是"你失约，你在违背马德里的誓言之后再次蒙羞"。6 月 24 日，皇帝吩咐自己的主要传令官（名字是"勃艮第"）向法王传递上述带有挑衅意味的消息，并详细指示了如何将其送到法王手中。不久之后，皇帝指示著名的奥格斯堡军械匠科尔曼·黑尔姆施米德"携带材料和工具"到西班牙来，"为我的决斗做准备"。黑尔姆施米德此前已经为查理五世打造了一套精美绝伦的铠甲，上面有缩写字母 KD，代表 Karolus Divus，即"神圣的查理"。（见彩图 12）[94]

查理五世愿意决斗的理由，恰恰也是他的对手拒绝决斗的理由。弗朗索瓦一世拒绝发放安全通行证给传令官"勃艮第"到法国传递战书，因为法军此时似乎即将主宰整个意大利，所以法王不能在此时冒失去一切的风险。在 1528 年 7 月 28 日的一封信里，法王吹嘘道，"我的感觉极佳，不可能更好了"，并说,前不久,"我打了两三次猎,每天都在花园里闲庭信步,观赏"他在枫丹白露的新宫殿的"建筑工地",然后为他的军队逼退伦巴第的帝国军队而欣喜。这是"绝佳的、不可能更好的喜讯":

> 这让目前在那不勒斯的敌军失去了得到救援的希望。洛特雷克先生执行余下的使命就变得非常简单和轻松了,所以我希望几天之后就能从那里听到更多好消息……我的敌人看到他们的军队越来越衰弱,而我的力量日渐增强、我的事业兴旺发达,该是多么震惊![95]

但"从那里"始终没有传来"更多好消息"。弗朗索瓦一世在枫丹白露洋洋得意的时候,在1500公里之外的那不勒斯,安德烈亚·多里亚向皇帝投诚,解除了针对那不勒斯的海上封锁线;痢疾和疟疾让围攻那不勒斯的法军损失惨重;洛特雷克领主本人也病得奄奄一息。看来上帝讨厌洋洋自得的人。

注 释

1. Sanuto, *I diarii*, XXXVIII, cols 205 – 7, Giacomo Suardino to the marquis of Mantua, 15 Mar. 1525(英文概要见 *CSPV*, III, 415 – 17)。Fernández de Oviedo, 'Relación', 407 说这名信使是 3 月 3 日抵达的,但其他史料都说是 3 月 10 日。
2. Brandi, 'Nach Pavia', 185 – 7, Lannoy to Charles, 25 Feb. 1525(也收录于 *LCK*, I, 150 – 2,来自一份不完整的副本)。

3. Valdés, *Relación*, sig. A vijv；Sanuto, *I diarii*, XXXVIII, cols 205 – 7, Suardino to Mantua, 15 Mar. 1525（引用了桑普森告诉他的话）；Ellis, *Original letters*, 1st series Ⅰ, 260 – 7, Sampson to Wolsey, 15 Mar. 1525。关于查理五世在听到帕维亚战役的捷报后做出谦卑举动的相似记录可见 Sanuto, *I diarii*, XXXVIII, cols 203 – 5, Contarini to the Signory, 12 and 14 Mar. 1525（英文概要见 *CSPV*, Ⅲ, 413 – 15）；Górski, *Acta Tomiciana*, Ⅶ, 188 – 200, Dantiszek to King Sigismund, 16 Mar. 1525（西班牙语译文见 Fontán and Axer, *Españoles y polacos*, 171 – 2）；Serassi, *Delle lettere*, Ⅰ, 146 – 8, Castiglione to Piperario, 14 Mar. 1525。

4. Lanz, *Aktenstücke*, 322, Charles to his diplomats at the conference of Calais, 15 Sep. 1521.

5. BNMV *Ms. Italiani Classe* Ⅶ, cod. 1009/410, Contarini to the Signory, 6 Feb. 1525 记述了皇帝在接见乔万尼·科尔西（同时是佛罗伦萨和教廷的代表）时的不谨慎行为。这也许能解释查理五世为什么发表了关于路德的挑衅性评论：他希望自己这些"值得玩味"的言辞能够警告克雷芒七世。

6. RAH *Ms.* 9 – 4817/249 – 52, Charles to Sessa, 9 Feb. 1525, 备忘录（最后的语句被粘住了；英文概述见 *CSPSp*, Ⅱ, 699 – 701）。

7. Redondo, 'La comunicación', 260, Charles to Germaine de Foix, 10 Mar. 1525；Villar García, 'Cartas', 69, Charles to Rodrigo Mexía, 12 Mar. 1525；Valdés, *Relación*, sig. A vijv – A viij.

8. BL *Cott. Ms.* Vitellius B. Ⅶ/75 – 7, Sir John Russell to Henry Ⅷ, Milan, 11 Mar. 1525（刊载于 Ellis, *Original letters*, 2nd series Ⅰ, 297 – 303, 但有错误）。

9. BNE *Ms.* 20214/52/9, Sessa to Charles, 26 Feb. 1525, 'a iiij horas de noche', 亲笔信；*KFF*, Ⅰ, 273 – 6 and 277 – 81, Ferdinand to Charles, and Instructions to Salinas, Innsbruck, 14 Mar. and 2 Apr. 1525（又见 *LCK*, Ⅰ, 154 – 6 and 683 – 90）。斐迪南引用了坎尼战役之后汉尼拔麾下一名将领对他的批评："汉尼拔，你懂得如何赢得胜利，但不懂得如何利用胜利"（Vincere scis, Hannibal; victoria uti nescis, 出自 Livy, *History of Rome*, 22.51）。此时斐迪南是兄长的继承人。

10. Górski, *Acta Tomiciana*, Ⅶ, 188－200, Dantiszek to Sigismund, 16 Mar. 1525, 引用了加蒂纳拉的话（西班牙语译文见 Fontán and Axer, *Españoles y polacos*, 173）。

11. Brandi, 'Nach Pavia', 195－211, 加蒂纳拉为查理五世撰写的奏章，没写日期，但呈送时间在 1525 年 3 月 10 日（捷报在这一天送抵）和 3 月 25 日（查理五世在这一天签署命令，落实首相的提案）之间。

12. Champollion-Figeac, *Captivité*, 149－59, 查理五世给他派到萨伏依身边的大使的指示，1525 年 3 月 28 日；Halkin and Dansaert, *Charles de Lannoy*, 267－70, Charles to Lannoy, 27 Mar. 1525。皇帝给弟弟发了一条类似的讯息：*KFF*, Ⅰ, 277－81, Charles to Ferdinand, 25/26 Mar. 1525。

13. *PEG*, Ⅰ, 265－6, Charles to Lannoy, 未署日期但很可能写于 1525 年 3 月 26 日［类似措辞见 *LCK*, Ⅰ, 157－9, Charles to M. de Praet（他在英格兰的大使），26 Mar. 1525］。

14. *PEG*, Ⅰ, 263－5, Charles to Louise, 未署日期但应为 1525 年 3 月 25 日（日期来自 Champollion-Figeac, Captivité, 136 n. 2），后面是她的回复；TNA *SP* 1/34/153 Sampson to Wolsey, Toledo, 2 May 1525, 亲笔信。尽管博兰（查理五世的使者）的报告未能存世，但他在 1525 年 4 月 10 日通知奥地利的玛格丽特，称路易丝"没有交出任何东西的意思"，见 Le Glay, *Négociations*, Ⅱ, 598－9。

15. *LCK*, Ⅰ, 161－2, Lannoy to Charles, 3 and 6 May 1525；TNA *SP* 1/35/17－18, 'Ce que don Hughe de Montcade … a dit à l'empereur notre seigneur que le Roy de France luy avoit divisé pour la paix'（从蒙卡达的西班牙文笔记翻译成法文，参见 Champollion-Figeac, *Captivité*, 170－3 中的术语）。

16. BL *Cott. Ms.* Vitellius B. Ⅶ/146－9, John Clerk to Wolsey, Rome, 14 June 1525（引用克莱门特关于弗朗索瓦一世"雄辩"的说法）；Rodríguez Villa, *Italia*, 52, Nájera to Charles, 7 May 1525。另见 Halkin and Dansaert, *Charles de Lannoy*, 278－9, Lannoy to Charles, 27 Apr. 1525："［弗朗索瓦一世］最想要的，就是与您面谈。"有些人怀疑，把弗朗索瓦一世带到西班牙是拉努瓦的主意，但国王的一位大臣后来给出了宣誓证词，说弗朗索瓦一世

"请求那不勒斯副王把他带到西班牙，甚至提供自己的桨帆战船来押运他"（procura envers le vis-roy de Naples d'estre mené en Espagne，et jusques à bailler ses propres gallères pour luy conduyre）。见 Champollion-Figeac, *Captivité*, 432 – 3, Report of Philibert Babou, 18 Dec. 1525。

17. BNE *Ms.* 20212/43/9, Leyva to Charles, 7 July 1525；BNE *Ms.* 20214/52/10, Sessa to Charles, 12 July 1525.

18. Halkin and Dansaert, *Charles de Lannoy*, 284 – 7, Charles to Lannoy, 15 June 1525. 有人说查理五世事先就知道弗朗索瓦一世要到西班牙来，但这封信（写于消息抵达宫廷的五天前）能够证明他不知道拉努瓦的举动。另见 RAH *Ms.* 9/4817/261, Charles to Sessa, 8 June 1525, 他命令大使征询拉努瓦的意见，看如何与教宗谈判。皇帝显然以为副王还在意大利。

19. BL *Cott Ms.* Vespasian C. Ⅲ/107 – 27, Tunstal and Sampson to Henry, 2 Dec. 1525 记述了他们在 10 月 19 日觐见查理五世的情况。另见 *BAV* Vat. Lat. 6753/18, Venetian ambassadors to the Signory, 13 June 1525, 报告了查理五世的一名尼德兰大臣的说法，即"勃艮第属于皇帝陛下，就像你身上的衬衣属于你，但法王路易十一奸诈地占领了勃艮第"。1544～1545 年，查理五世面临类似的选择：是牺牲祖产的一部分，还是牺牲具有战略意义的新领土。

20. BAV *Vat. Lat.* 6753/29v – 30 and 69v, 威尼斯大使给威尼斯政府的信，1525 年 7 月 10 日和 10 月 5 日（弗朗索瓦一世肯定知道这些情书的情况，因为他在 1519 年试图拉拢弗里德里希的时候引用过它们；见上文）；Serassi, *Delle lettere*, Ⅱ, 9, 卡斯蒂廖内给教廷国务卿卡普阿大主教的信，1525 年 12 月 9 日，附言（关于贿赂）；BAV *Vat. Lat.* 6753/97, 纳瓦杰罗给威尼斯政府的信，1525 年 12 月 11 日（关于法王涂黑脸逃跑失败：英文概述见 *CSPV*, Ⅲ, 508）。

21. *Ordonnances des rois de France. Règne de François* Ⅰ*ᵉʳ*, Ⅳ, 88 – 92, 'Première protestation' of Francis, 16 Aug. 1525, registered on 22 Aug.

22. Fernández de Oviedo, 'Relación', 418（一个目击者的记录）；

Górski, *Acta Tomiciana*, Ⅶ, 328, Dantiszek to Sigismund, 1 Nov. 1525（'Pereant illi, qui inter nos dissidia ista fecerunt. Istene est juvenis tam deformis aut monstrum et sine ingenio balbutiens?'；西班牙语译文见 Fontán and Axer, *Españoles y polacos*, 180）。弗朗索瓦一世的大脑似乎受到一种脓肿的压迫；脓肿破裂后，他就痊愈了。（*BAV* Vat. Lat. 6753/62v – 67, Navagero to the Signory, 24 Sep. 1525：'una appostema in la testa'. ）

23. BAV *Vat. Lat.* 6753/70v, Navagero to the Signory, 10 Oct. 1525.

24. BAV *Vat. Lat.* 6753/84v, Navagero to the Signory, 4 Nov. 1525. 弗朗索瓦一世后来证实自己用了这个计谋。他"几乎是嘲讽地"［quasi irridento］向一些外交官解释，在马德里的时候，"医生们告诉皇帝，我患有结核病，所以最好用我的儿子们来换我"。弗朗索瓦一世奸笑道："皇帝愿意考虑这个意见，这让我很高兴。" *CSPV*, Ⅴ, 613 – 15, Venetian ambassadors in France to the Signory, 17 Feb. 1531.

25. Champollion-Figeac, *Captivité*, 363 – 9, 'Les moyens de paix baillés par le conseil de l'empereur', 1525 年 10 月 9 日，以及弗朗索瓦一世在次日的拒绝；ibid. , 384，弗朗索瓦一世给查理五世的信，没写日期，但几乎可以肯定是同一天；and ibid. , 416 – 25, letters patent, Nov. 1525（日期空白）。又见 Le Glay, *Négociations*, Ⅱ, 650 – 2, de Praet to Margaret, Lyons, 22 Dec. 1525，传递关于弗朗索瓦一世"下定决心，宁可留在监狱也不归还勃艮第"的消息。

26. BAV *Vat. Lat.* 6753/29v, Contarini, Navagero and Priuli to the Signory, 10 July 1525（'che il re come si sapea da ognuno havea havuto et havea di molto mal francese'）.

27. Boone, *Mercurino*, 109 – 10（《自传》）；Sanuto, *I diarii*, ⅩLⅤ, cols 616 – 18, Suardino to Mantua, 12 Dec. 1525；Bornate, 'Historia', 318 n. 1, 478 – 9 and 482 – 3, Navagero to the Signory, 11 Dec. 1525, 29 Jan. and 8 Feb. 1526；Halkin and Dansaert, *Charles de Lannoy*, 289 – 91, Charles's commission to Lannoy, 16 Dec. 1525 提到五位谋臣表示赞同，但没有给出他们的名字。卡斯蒂廖内注意到加蒂纳拉"不能或不愿掩饰他的不满"。卡斯蒂

廖内还记载了皇帝和首相之间为了准备条约而发生的唇枪舌剑，见 Serassi, *Delle lettere*, Ⅱ, 29 – 33, Castiglione to Capua, 24 Mar. 1526。

28. *Ordonnances des rois de France. Règne de François Ier*, Ⅳ, 165 – 78, Second Protestation, 13 – 14 Jan. 1526. 尽管查理五世后来谴责这是不符合绅士风度的卑劣行为，但二十年前天主教国王斐迪南曾使用同样的法律手段。查理五世的父亲通过威吓强迫斐迪南让步时，斐迪南就在公证人面前"抗议"（见第三章）。二十五年之后，当查理五世的德意志反对派强迫他做出让步的时候，他也会运用这种手段。

29. Gachard, *Captivité*, 66 – 70，基于 Sandoval, *Historia*, Fernández de Oviedo,'Relación'和皇帝的国务秘书让·拉勒芒保管的一份对各庆典的正式记录（国王以骑士的身份发出的誓言见 pp. 66 – 8）; Ordonnances des rois de France. Règne de François Ier, Ⅳ, 178 – 219, treaty of Madrid, 14 Jan. 1526。

30. Sanuto, *I diarii*, XLⅠ, cols 36 – 8, Suardino to Mantua, 5 Feb. 1526; *LCK*, Ⅰ, 192, Charles to Louise, 16 Feb. 1526（又刊载于 Le Glay, *Négociations*, Ⅱ, 654 – 5; 英文译本见 Bradford, *Correspondence*, 216 – 18）。

31. TNA *SP* 1/34/118 – 19, Wolsey to Tunstal and Wingfield, 3 Apr. 1525; BL *Cott. Ms.* Vespasian C. Ⅲ/158 – 75v, Tunstal, Wingfield and Sampson to Henry Ⅷ, 2 June 1525; *KFF*, Ⅰ, 305 – 11 and 322 – 6, Charles to Ferdinand, 25 June 1525, and reply, 1 Sep. 1525; *L&P Henry Ⅷ*, Ⅳ/1, 621, Charles's ultimatum, delivered in London, 7 June 1525.

32. *CDCV*, Ⅰ, 100 – 15，签署于 1525 年 10 月 17 日的婚姻协议; RAH *Ms.* 9 – 4817/272 – 4，查理五世给塞萨公爵的信，1525 年 10 月 31 日，草稿经过加蒂纳拉的修改（英文概述见 *CSPSp*, Ⅲ/1, 419 – 23）; RAH *Salazar* A – 36/176 – 8，塞萨公爵给查理五世的信，1525 年 11 月 13 日（认为教宗之所以拖延，部分是因为他之前批准查理五世娶玛丽·都铎，所以不希望得罪亨利八世）; *CSPSp*, Ⅲ/1, 461 – 3，两个版本的批准诏书，1525 年 11 月 13 日，但查理五世直到 1526 年 2 月 8 日才收到。

33. Fernández Álvarez, *Carlos V*, 329 – 38 注意到查理五世的拖延；
BAV Vat. Lat. 6753/80, Navagero to the Signory, 28 Oct. 1525；
CDCV, Ⅰ, 100 – 15, 结婚条件, 17 Oct. 1525 规定嫁妆为 90 万
杜卡特, 减去原定给查理五世的妹妹卡塔利娜（前一年嫁给了
葡萄牙国王若昂三世）的未支付嫁妆, 再减去公社起义期间葡
萄牙借给西班牙的 5 万杜卡特。

34. Sanuto, *I diarii*, XLI, cols 171 and 342 – 5, Suardino to Mantua
and Zuan Negro to his father, both 15 Mar. 1526. Gómez-Salvago
Sánchez, *Fastos* 记载了这对璧人在塞维利亚的游行仪式及其
开销。

35. *RVEC*, 308 – 14, Salinas to Ferdinand, 27 Mar. 1526；Serassi,
Delle lettere, Ⅱ, 33 – 5, Castiglione to Capua, 30 Mar. and 9 Apr.
1526；RAH *Ms.* 9 – 4827/299 – 300, Charles to Sessa and to
Clement, 30 Mar. 1526；BAV *Vat. Lat.* 6753/169, Navagero to the
Signory, 8 Apr. 1526. 又见 BL *Cott. Ms.* Vespasian C. Ⅲ/239 –
41v, Lee to Wolsey, Seville 15 Apr. 1526, 赞许地说皇帝 "在复活
节前耐心地回避领圣餐"。

36. *Causa formada*, 61, Los Cobos to Ronquillo, 28 Mar. 1526. 查理五
世在 1526 年 4 月 30 日接受了恕罪,（BAV *Vat. Lat.* 6753/182,
Navagero to the Signory, 1 May 1526）, 但克雷芒七世拖延了一年
多才减轻了对洛斯·科沃斯的处罚（"因为他们说, 他是第一个
建议陛下镇压该主教的人"）并为龙基略等人赎罪, 见
Rodríguez Villa, *Memorias*, 226 – 8, Secretary Pérez to Charles,
Rome, 26 June 1527; and Serassi, *Delle lettere*, Ⅱ, 142 – 3,
Castiglione to Capua, 13 Mar. 1527。

37. *KFF*, Ⅰ, 376 – 80, Charles to Ferdinand, 30 Mar. 1526；*RVEC*,
308 – 14, Salinas to Ferdinand, 27 Mar. 1526；Sanuto, *I diarii*,
XLI, cols 342 – 5, Zuan Negro to his father, Seville, 15 Mar. 1526；
Serassi, *Delle lettere*, Ⅱ, 29 – 33, Castiglione to Capua, 24
Mar. 1526.

38. Braamcamp Freire, 'Ida', 609 – 12, Antonio de Azevedo Coutinho
to the count of Vimiosa, 16 Mar. 1526, and 616, marquis de Vila
Real to Antonio Carneiro, 17 Mar. 1526; Halkin and Dansaert,

Charles de Lannoy, 293 – 4, Charles to Lannoy, Mar. 1526（解释了为什么他的手过于虚弱，以至于无法写亲笔书信）; ASF *SDO* 58/21, Domenico Canigiani to the Eight, 7 Apr. 1526; Serassi, *Delle lettere*, Ⅱ, 64 – 71, Castiglione to Cardinal Salviati, 8 Sep. 1526（'troppo diligenza circa l'essere buon marito'）。

39. Hauser, *Le traité*, 150 – 3 'Mémoires délibérés au conseil du Roy touchant le traité de Madril', Bayonne, 17 Mar. 1526; HHStA *Frankreich*: *Varia*, Konv. D/1, 1526, 14/1 ff. 84 – 90 and Konv. E, 1526 ff. 24 – 9, French royal council to Louis de Praet, Bayonne, 20 Mar. 1526; Halkin and Dansaert, *Charles de Lannoy*, 298 – 9, Charles to Lannoy, 27 Mar. 1526.

40. *CWE*, Ⅻ, 266 – 7（# 1731）, Charles to Erasmus, 4 Aug. 1526, Latin, minute.

41. BL *Cott. Ms.* Vespasian C. Ⅲ/273 – v, Lee to Henry, 30 Sep. 1526; Górski, *Acta Tomiciana*, Ⅷ, 335 – 64, Dantiszek to Sigismund, 12 Oct. 1526（西班牙语译文可见 Fontán and Axer, *Españoles y polacos*, 186）。

42. BL *Cott. Ms.* Vespasian C. Ⅲ/239 – 41v, Lee to Wolsey, Seville, 15 Apr. 1526, 已解码的原件; BL *Cott. Ms.* Caligula D. Ⅸ/183 – 5, Taylor to Wolsey, 4 Apr. 1526, 叙述了前一周弗朗索瓦一世接见他时说的话。另见 Le Glay, *Négocations*, Ⅱ, 656 – 8, 'Explications du roi', 关于他为什么没有批准条约, 1526 年 4 月 2 日。

43. Guicciardini, *Istoria*, Ⅲ, 402（来自 Book ⅩⅥ, ch. 6, 写于 1537 年至 1540 年之间）; BAV *Vat. Lat.* 6753/183 – 7, Navagero to the Signory, 14 May 1526。另见卡斯蒂廖内的说法, 即弗朗索瓦一世贿赂了查理五世身边的大多数人, 见上文。

44. HSA *Ms.* B 2954/8, Louise to Charles, c. 31 Jan. 1526（这一承诺再次出现在 HSA *Ms* B 2954/7 中, 收寄人相同, c. 15 Feb. 1526）, and Champollion-Figeac, *Captivité*, 517 – 18, Francis to Charles, San Sebastián, Mar. 1526, 均为亲笔信。

45. Guicciardini, *Istoria*, Ⅲ, 405; Serassi, *Delle lettere*, Ⅱ, 9 and 35 – 9, Castiglione to Capua, 9 Dec. 1525, postscript, and 26

Apr. 1526.

46. *L&P Henry Ⅷ*, Ⅳ/1, 881 – 2, Ghinucci and Casale to Wolsey, Rome, 7 Feb. 1526（引用了克莱门特的话）; BL *Cott. Ms.* Galba B. Ⅸ/3 – 4, Wingfield to Wolsey, Antwerp, 9 Feb. 1526, 附有沃尔西口授的边注。

47. TNA *SP* 1/37/212, Wolsey to Louise of Savoy, 未署日期（但应为 1526 年 3 月 20 日）。法文，副本; BL *Cott. Ms.* Caligula D. Ⅸ/172 – 8, Henry's instructions to Sir Thomas Cheyne（英王驻法国的使节），未署日期（但应为 1526 年 3 月 22 日）。

48. HSA *Ms.* 2954/1 – 2, Charles to Francis and Louise, Mar – Apr. 1526, 都是亲笔信，回复了他们前不久承诺服从的信; Guicciardini, *Opere inediti*, Ⅳ, 6 – 8, Guicciardini to Gambara, the pope's special envoy to England, Rome, 21 Apr. 1526, 表达了克雷芒七世的观点。

49. Le Glay, *Négociations*, Ⅱ, 660 – 4, Lannoy to Charles, 16 and 25 May, and to Margaret, 18 May 1526.

50. *Ordonnances des rois de France. Règne de François Ier*, Ⅳ, 238 – 52, "神圣联盟" 的文本，科尼亚克，1526 年 5 月 22 日。Sanuto, *I diarii*, XL, cols 613 – 14, Navagero to the Signory, 11 Dec. 1525 给出了英格兰的所有声明。

51. *LCK*, Ⅰ, 217, Clement to Charles, 未署日期但应为 1526 年 6 月 23 日，很可能不完整; BAV *Vat. Lat.* 6753/183 – 7, Navagero to the Signory, 14 May 1526。

52. HHStA *Belgien PA* 65/4/122 – 31v, Moncada and Sessa to Charles, 20/24 June 1526.

53. Rodríguez Villa, *Memorias*, 16 – 18, Lope de Soria and Lope Hurtado de Mendoza to Charles, 20 and 28 June 1526.

54. Op. cit., 20 – 1, Pérez to Charles, 9 Sep. 1526; Sanuto, *I diarii*, XLII, cols 582 – 3, Suardino to Mantua, 9 Aug. 1526; Bornate, 'Historia', 489 – 96, Gattinara's 'Relación' to the royal council, and response.

55. *LCK*, Ⅰ, 213 – 16, Charles's instructions to Moncada, Granada, 11 June 1526, italics added.

56. Rodríguez Villa, *Memorias*, 18 – 19, Pérez to Charles, 9 July 1526.

57. *KFF*, Ⅰ, 407 – 21, Charles to Ferdinand, 27 July 1526, 草稿经过大量修改；Bornate, 'Historia', 503, 'Discorso del gran Cancelliere'（未写日期，但应当写于 1526 年 7 月 27 日之前，因为查理五世在这一天给斐迪南的信中多次大段重复这份文件里的文字，见 Brandi, 'Eigenhändige Aufzeichnungen', 248）。

58. *RVEC*, 323 – 7, Salinas to Ferdinand, 4 Aug. 1526.

59. Rodríguez Villa, *Memorias*, 41 – 2, Charles to Secretary Pérez in Rome, 16 Nov. 1526. 可以对比查理五世在 1526 年 7 月 11 日向蒙卡达下达的指令，见上文。

60. BL *Cott. Ms.* Vespasian C. Ⅲ/257 – 66, Lee to Henry, 7 Sep 1526; Serassi, *Delle lettere*, Ⅱ, 64 – 85, Castiglione to Cardinal Salviati and to Capua, both dated 8 Sep. 1526. BAV *Vat. Lat.* 6753/203v – 15, Navagero to the Signory, 6 Sep. 1526 也概述了这番对话，不过他承认："我当时没有听懂，因为我不太懂法语，不过后来一些谋臣向我解释了。"这次觐见的时间是 8 月 17 日。查理五世在《回忆录》中说这是法国、英格兰、威尼斯和教宗发出的正式挑战，见 *CDCV*, Ⅳ, 493。

61. *CSPSp*, Ⅲ/Ⅰ, 905 – 22, Charles to Clement, 17 Sep. 1526; *LCK*, Ⅰ, 219 – 21, Charles to Clement, 18 Sep. 1526; Serassi, *Delle lettere*, Ⅱ, 90 – 2, Castiglione to Capua, 20 Sep. 1526. BKK, Ⅱ, 178 – 9 提供了查理五世与克雷芒七世之间公开通信的比较，以及加蒂纳拉、巴尔德斯和其他人在当时准备的草稿。

62. Headley, *The emperor*, ch. 5 详细讨论了 *Pro Divo Carolo eius nominis Quinto Romanorum Imperatore invictissimo, pro felice semper Augusto, Patrepatriae* 及其传播。

63. *KFF*, Ⅰ, 486 – 92, Charles to Ferdinand, 23 Nov. 1526 (also in LCK, Ⅰ, 224 – 8); *CDCV*, Ⅰ, 117 – 19, 关于御前会议在摩哈赤战役的噩耗传来之后如何操作的奏章，没有标明日期，但应当是在斐迪南的书信于 11 月 13 日送抵不久之后。查理五世告诉弟弟，他之前已经得知了摩哈赤惨败的消息，但没有相信（参见 *L&P Henry* Ⅷ, Ⅳ/2, 1153, Lee to Henry, 1 Nov. 1526, 包括完整的记录）。

64. BAV *Vat. Lat.* 6753/232, Navagero to the Signory, 2 Dec. 1526，报告了教宗特使最近一次觐见时的不谨慎行为（英文概述见 *CSPV*，Ⅲ，620－3）。Serassi, *Delle lettere*，Ⅱ，125－7，Castiglione to Capua, 2 Dec. 1526，省略了这些自谦的评论。

65. RAH *Salazar* A－40/147－8, Pérez to Charles, 14 Feb. 1527.

66. *KFF*，Ⅱ/1，26－8 Charles to Ferdinand, 6 Mar. 1527. RAH *Salazar* A－40/212－20, Nájera to Charles, Rome, 3 Mar. 1527 注意到波旁公爵利用了"strada Romana andando hazia Bolonia"。

67. *AGS E* 847/180－1, Francisco de Salazar to Gattinara, 18 May 1527.

68. Rodríguez Villa, *Memorias*, 165－7, Soria to Charles, 25 May 1527；*KFF*，Ⅱ/1，81－3 and 85－8, Ferdinand to Charles, 30 and 31 May 1527.

69. BL *Cott. Ms.* Vespasian C. Ⅳ/166－8v, Lee to Wolsey, 27 June 1527（描述两天前觐见皇帝的情形）。另见 Górski, *Acta Tomiciana*，Ⅸ，216－17, Dantiszek to Sigismund, 17 Aug. 1527，描述查理五世在同一次觐见会期间的说法，并同样表示不相信皇帝的说法（西班牙文翻译见 Fontán and Axer, *Españoles y polacos*，201－6）。

70. ASF *SDO* 58/49, Domenico Canigiani to the Eight, Valladolid, 31 May 1527.

71. HHStA *Belgien PA* 66/3/281, Charles to Bourbon, 7 June 1527, minute, italics added.（Mignet, *Rivalité*，Ⅱ，330－1, followed by Rodríguez Villa, *Memorias*，203，这两份史料都引用了这封信的部分内容，但把原文中并非连贯的段落连了起来，并且给出的日期是错误的。）另有好几份史料揭示，皇帝曾计划让他的军队占领罗马（但不要洗劫它），并俘虏教宗。（i）查理五世本人不承认拉努瓦与教宗缔结的停战协定（Halkin and Dansaert, *Charles de Lannoy*，319－20, Charles to Lannoy, 12 May 1527）。（ii）在同一天，纳瓦杰罗说查理五世命令波旁公爵攻击罗马（BAV *Vat. Lat.* 6753/260v－3v, to the Signory, 12 May 1527）。（iii）HHStA *Belgien PA* 94/446, Gattinara to Charles, 28 May 1527 是在加泰罗尼亚沿海的帕拉莫斯写的，说："如果在我动身［前往意大利］之前有消息传来说教宗已经到了巴塞罗那，我就留在这里。"

（iv）Charvet, *Lettres et documents*, 131 – 2, Agrippa von Nettesheim to Bourbon, Lyons, 30 Mar. 1527 揭示波旁公爵已经透露了他的计划，即 "在几天围攻之后摧毁这些骄傲的城墙"，这是尤斯塔斯·沙皮（查理五世与波旁公爵之间的信使）说的，也能说明波旁公爵在遵循查理五世的命令。（v）堂胡安·曼努埃尔告诉佛罗伦萨大使，查理五世的议事会 "多次讨论过如何处置圣父，是把他带到西班牙，还是让他留在意大利。很多人的意见是，应当把教宗带到西班牙"（*ASF SDO* 58/52, Canigiani to the Eight, 12 July 1527）。Rodríguez Villa, *Memorias*, 202 – 3 给出了更多证据，能够证明查理五世对占领罗马是知情的。

72. Halkin and Dansaert, *Charles de Lannoy*, 321 – 7, Charles's instructions to Lannoy, 30 June 1527, and to Veyré, 21 July 1527.

73. *LCK*, Ⅰ, 248 – 56, Veyré to Charles, Naples, 30 Sep. 1527.

74. *Ordonnances des rois de France. Règne de François Ier*, Ⅴ, 87 – 99, 《亚眠条约》，1527 年 8 月 18 日（确认了 1525 年 8 月在莫尔和 1527 年 4 月在威斯敏斯特同意的条约条款）。

75. *LCK*, Ⅰ, 235 – 48, Leyva to Charles, 20 July 1527, 包括 8 月 4 日的附言。

76. RAH *Salazar* A – 41/1 – 3, Instructions of Hernando de Alarcón to Alonso Gayoso, his envoy to Charles, Rome, 1 Dec. 1527（刊载于 Rodríguez Villa, *Memorias*, 229 – 34, 但其中的日期 1527 年 6 月是错误的）；Muratori, *Delle antichità*, Ⅱ, 341 – 52, 'Capitoli della Lega... per la liberazione d'esso Papa Clemente', 15 Nov. 1527。

77. BAV *Vat. Lat.* 6753/283, Navagero to the Signory, 1 Aug. 1527（English summary in *CSPV*, Ⅳ, 81）；*KFF*, Ⅱ/1, 119 – 23, Charles to Ferdinand, 8 Sep. 1527.

78. Fernández Álvarez, *Felipe Ⅱ y su tiempo*, 621 – 2, Charles to the magistrates of úbeda and Barcelona, 21 and 23 May 1527；*RVEC*, 359 – 60, Salinas to Ferdinand, 29 May 1527.

79. *RVEC*, 363 – 71 and 387 – 9, Salinas to Ferdinand, 19 Aug. and 23 Nov. 1527.

80. BL *Cott. Ms.* Vespasian C. Ⅳ/145 – 52, Ghinucci, Poyntz and Lee to Wolsey, 17 July 1527；and BAV *Vat. Lat.* 6753/295 – 7v and

300，Navagero to the Signory，25 Oct. and 17 Nov. 1527（英文概述见 *CSPV*，Ⅳ，102 – 5）。另见 BL *Cott. Ms.* Vespasian C. Ⅳ/94 – 6v，Ghinucci to Wolsey，16 Apr. 1527：Charles 'visus est ultra solitum tristis，turbatus et asper'。

81. Boone，*Mercurino*，127（《自传》，见 Bornate，'Historia'，355 中的原文）。

82. Górski，*Acta Tomiciana*，X，61 – 5，Dantiszek to Sigismund，29 Jan. 1528，引用了 Cicero，*De inventione*，Ⅰ，71。拉丁文原件中的关键词 '*diffidatio*'。（西班牙语译文见 Fontán and Axer，*Españoles y polacos*，207 – 10。）

83. Loc. cit.，Dantiszek to Sigismund，29 Jan. 1528；*PEG*，Ⅰ，310 – 21，'Declaration de Guerre'，22 Jan. 1528（引自 pp. 319 – 20）。

84. Sanuto，*I diarii*，XLVII，cols 149 – 50，Zuan Negro，secretary of the Venetian ambassador，to his father，1 June 1528；RAH *Salazar* A – 42/80，Charles warrant to the governor of Cerdeña and Rossellon，22 Jan. 1528，minute. 关于对两位王子的无情待遇，见 Pascual Barroso，*Dos niños príncipes*。

85. *KFF*，Ⅱ/1，176 – 85，Charles's instructions to William of Montfort，his envoy to Margaret and Ferdinand，31 Jan. 1528.

86. Arfaioli，*The black bands*，36 and 99 – 100（引用了 Giovio，*Delle historie*）。查理五世的敌人正确了判断他在此时的战略优先目标，证据见 *KFF*，Ⅱ/1，148 – 52，Charles to Ferdinand，21 Nov. 1527，亲笔信的副本：如果米兰和那不勒斯都"陷入严重的危险，我更愿意去援救那不勒斯，因为它是我的祖先留下来的遗产，而米兰不是我继承来的"。

87. Sanuto，*I diarii*，XLVII，cols 26 – 7，Ludovico Ceresara to the marquis of Mantua，25 Feb. 1528；ibid.，XLVII，col. 389，Pompeo Colonna to Lorenzo Campeggio，Gaeta，1 May 1528. Arfaioli，*The black bands*，198 – 203 是对此役及其影响的最佳叙述。

88. *PEG*，Ⅰ，349 – 50，Charles to Jehan de Calvymont，ambassador 'estant à présent à Poza en Castille'，18 Mar. 1528.

89. *PEG*，Ⅰ，350 – 9，'Audience de congé' granted by Francis to Nicholas Perrenot de Granvelle，28 Mar. 1528（又见 *LCK*，Ⅰ，

265 - 70），and ibid. , 372 - 4, Cartel of Francis, 以法文和西班牙文发表。

90. Bornate, 'Historia', 362（Boone, *Mercurino*, 131, 将 Catellanis 错译为卡斯蒂利亚人，而不是加泰罗尼亚人）；*RVEC*, 392 - 8, Salinas to Ferdinand, 4 Feb. 1528. García Martínez, 'Estudio', 130 - 1 指出，巴伦西亚编年史家马蒂·德·比西亚纳将涉及 1528 年"皇帝事务的将近一半篇幅"用于"皇帝向弗朗索瓦一世发出的决斗挑战，这毋庸置疑地证明此事让当时的人们兴致盎然"。

91. *RVEC*, 404 - 10, Salinas to Ferdinand, 8 July 1528.

92. AGS *E* 8815/24 - 6, 御前会议给查理五世的奏章，1528 年 6 月 20 日，and f. 29, 御前会议主席塔韦拉给查理五世的信，1528 年 6 月 12 日。这一卷包括卡斯蒂利亚的若干贵族、城镇和高级教士以及卡斯蒂利亚御前会议给查理五世发送的 42 封建议信，几乎全都是亲笔信；*CODOIN*, Ⅰ, 47 - 95, 刊载了其中绝大多数书信。Villar García, 'Cartas', 85, Charles to Rodrigo Mexía, 79 - 81, 10 Nov. 1528 揭示了查理五世就决斗的事情征求意见的范围是多么广，涉及许多议事会、高级教士、贵族和"我与其分享此事的其他一些绅士［caballeros］"。

93. *PEG*, Ⅰ, 384 - 7, duke of Infantado to Charles, 20 June 1528. 商人群体坚决反对，他们认为用决斗来决定国家大事是"闻所未闻的事情，有失君王的身份"，见 *CWE*, ⅩⅣ, 258 - 61（# 2024），Schets to Erasmus, Antwerp, 14 Aug. 1528。

94. *LCK*, Ⅰ, 405 - 11, Cartel of Charles Ⅴ, and instructions to his herald 'Bourgogne', 24 June 1528；BMECB *Ms. Granvelle* Ⅰ/149, Charles to Baron Montfort, 19 July 1528, 亲笔附言（"不要忘了把科尔曼带来，帮助我为决斗做准备。"我们估计黑尔姆施米德及其团队会"装配"他们已经为查理五世打造完毕的一套甲胄，因为他们没有时间做一套新的）。Bond, 'Costume albums', 72 - 87 记录了黑尔姆施米德于 1529 年前往皇帝宫廷的旅程。

95. BNF *F. f.* 3001/15, Francis to Anne, duke of Montmorency, Fontainebleau, 28 July 1528.

八　西方世界的捍卫者，
1528～1531 年

恺撒的好运

1528 年 6 月 1 日，洛特雷克领主奥代·德·富瓦相信他对那不勒斯的围攻即将成功，于是告诉一个意大利盟友，帝国军队"在过去取得的胜利不是因为他们勇敢"，而是因为运气好。如今，他吹嘘道："命运转而反对他们，上天要惩罚他们。"[1]他错了：从海上封锁那不勒斯的安德烈亚·多里亚刚刚决定背弃法国。查理五世听说这位海军将领可能倒戈的传闻之后立刻采取行动，宣称他将"竭尽全力说服这位安德烈亚·多里亚为我效力，不惜一切代价"。他很少采取这样极端的立场。随后他批准了一份条件慷慨的条约，任命这位热那亚权贵为他的海军司令；宽恕他过去的一切行为；为他提供弹药、兵员和金钱去维持 12 艘为帝国效力的桨帆船；并认可他为热那亚及其曾经的领地的"永久执政官"（当然要等这些领地回到帝国的势力范围之后）。[2]

多里亚撤离那不勒斯湾，于是帝国军队得以给城内守军输送给养和援兵，而同时围城的法军因为疫病而元气大伤，洛特雷克领主本人也病死了。8 月，法军残部撤往距离海岸 20 公里的城市阿韦尔萨，但发现该城无险可守，于是不仅举手投降，还承诺法国人控制的"所有城市、土地、城堡、领地和要塞"都将投降，让意大利局势"恢复到洛特雷克大人入侵之前的状态"。³多里亚率领他的桨帆船舰队北上，返回他的家乡热那亚，于 1528 年 9 月胜利入城，驱逐了当地的法国驻军及其热那亚盟友（特别是弗雷戈索家族）。如毛里齐奥·阿尔法约利所说，法国人此次的双重失败比帕维亚战役的后果更严重，因为"在不到两周里，先是那不勒斯城，然后是那不勒斯王国，再然后是热那亚，即'意大利的大门与钥匙'"都永久性地脱离了法国人的控制。⁴

多里亚的倒戈让意大利的力量平衡长久性地转为对查理五世有利。那么他为什么要变节？皇帝说，主要原因是法国国王"可耻地对待"多里亚和热那亚。这无疑对多里亚的决定起到了一定作用。查理五世的诸多让步也很重要，比如"生活在皇帝属下各国的所有热那亚人享受与皇帝本国子民同等的待遇"，也就是说他们可以从事利润丰厚的美洲贸易。但多里亚自己的说法不是这样。有一天，在皇帝的套房，一名廷臣冒失地问多里亚为什么突然改换阵营。海军司令"答道，一连三夜，在天快亮的时候，有人给他托梦说'去侍奉皇帝'，于是他投奔了皇帝"。⁵

尽管一个目击者记录了这种说法，它当然可能只不过是一种比喻，但这很符合当时的人们对"恺撒的好运"（Fortuna Caesaris）的信念。这种信念自古典时代以来就很常见，指的是真正的皇帝拥有仁厚、耐心、天才、胜利和好运。

好运（或厄运）主宰人生的理念在文艺复兴时代的欧洲很普遍，在 16 世纪特别风行。查理五世经常强调自己欠了命运多少恩情，他的很多同时代人也同意。腓力王子于 1527 年出生，促使威尼斯大使安德烈亚·纳瓦杰罗评论道：

在查理五世的一生中，从开端到现在，他始终非

常幸运，他的事业总是兴旺发达，如今他的好运已经
登峰造极，因为到目前为止，他只缺一个儿子来给自
己的事业赋予稳定性，并让自己得到全国人民的爱
戴。如今他有了一个儿子。

三十年后，另一位威尼斯大使回顾了查理五世统治的得失，
评论道："所有人都同意，皇帝陛下的政府、诸王国和帝国的大
船，始终是由好运［favorevole Fortuna］来领航的。"佛罗伦萨
大使也同意："皇帝的运气极好，所以试图用理性的计算来衡量
和探讨他的事业是没有意义的。"1528 年收复热那亚之后，就连
通常脚踏实地的安东尼奥·德·莱瓦也向查理五世保证："我相
信上帝，相信陛下的好运气，相信您一定会成为天下共主。全
世界都会坚信不疑，正是出于这个目的，上帝才创造了您。"⁶

教士们也同意。1529 年，一位外交官问教宗克雷芒七世，
他为什么最终选择站在皇帝那边，教宗答道："世人已经看
到，因为他的贤明治理和他的好运气，皇帝陛下的事业总是繁
荣昌盛。"三年后，罗马教廷大使吉罗拉莫·阿莱安德罗揣
测，查理五世的成功"一定是出于天意，因为我们看到，尽
管他遇到重重困难，上帝总是给他幸福的结果"。1552 年，尽
管凛冬将至，查理五世仍然鲁莽地决定攻打梅斯，与他同行的
罗马教廷大使预测："如果他的军队今年还能取得什么战果，
那一定是因为他一贯的好运气。"主教保罗·乔维奥①在《当

---

① 保罗·乔维奥（1483 ~ 1552）是意大利的医生、历史学家、传记家和高
级教士。他曾担任教宗克雷芒七世的御医，还收藏油画和文物。他亲身
经历或者见证了意大利战争的许多重要事件，他的历史著作是了解这段
历史的重要史料。

代史》的第二部分（涉及查理五世在位的时期）里有多达五十次提到"幸运"的作用。[7]

平定意大利

但在1528年，皇帝的有些大臣仍然很悲观。得知从那不勒斯和热那亚传来的喜讯（"所有人为之精神大振"）之后，首相加蒂纳拉向查理五世警示："不要像之前那样让这些胜利白白地付诸东流。"一位西班牙大使也附和道："现在必须乘胜追击，不要像过去那样浪费机遇。"[8]查理五世听从了这些建议，开始与克雷芒七世修复关系。

教宗现在很愿意接受皇帝的示好，因为他渴望恢复美第奇家族在佛罗伦萨的统治，并收复被费拉拉与威尼斯占领的教廷国领土。如今只有在皇帝的支持下，教宗才能达成这两项目标。1529年4月，查理五世做出了关键的让步，把教宗争取过来。

在罗马的帝国大使认识到，"德意志人说必须举行宗教会议来解决教会的问题，这让圣父十分烦恼，并且他很难接受这一点"，所以大使在一次觐见教宗时建议通过举行一次"对话"而不是正式的宗教会议来"解决路德派的反叛与愚蠢造成的问题"。"教宗听了这个建议，高兴得从椅子上蹦起来，说：'你说得对，你说的有道理！那样的话我就可以取消一些不是那么有争议的要求！'从此我们就觉得教宗比以往更加开放，心情也更愉快。"查理五世现在向克雷芒七世承诺："如果您对我不满意，我愿意恳求您的原谅，从而让我们尽自己的职责。"于是克雷芒七世派遣一名全权特使去西班牙议和，并宣布，"他〔克雷芒七世〕无论生死都是皇帝的支持者"。[9]

查理五世承诺会迫使威尼斯和费拉拉归还他们在教廷国征服的全部土地；让佛罗伦萨共和国接受教宗的侄子亚历山德罗·德·美第奇为统治者；把他的私生女玛格丽塔（现年七岁）许配给亚历山德罗；并确认教宗对帕尔马和皮亚琴察的统治权。克雷芒七世则颁布诏书，"赦免那些曾参与或容忍洗劫罗马的人"，并承诺把亨利八世与查理五世的姨母凯瑟琳的离婚案放到罗马处置。他还同意再次将那不勒斯王国册封给查理五世（并授权他在该王国提名二十四名高级教士），并将他加冕为皇帝；任命加蒂纳拉为枢机主教；把查理五世与斐迪南领地内所有圣职收入的四分之一交给他俩，用作对抗土耳其人的军费；并与他们联手消灭路德派。只有米兰的命运还没有得到裁定：查理五世同意恢复弗朗切斯科·斯福尔扎公爵的地位，条件是他必须为自己曾参加科尼亚克联盟而恳求宽恕；如果他不肯，查理五世就把米兰公国分割，然后分配给其邻国。皇帝于 1529 年 6 月 29 日在巴塞罗那批准了与教宗的条约。[10]

查理五世此时在巴塞罗那，这并非偶然。得知那不勒斯已经得到救援之后，他宣布自己打算"去一个能够为我赢得并增进荣誉与声望的地方"。他继续说："有些人告诉我，目前要想得到荣誉与声望，最好的地方就是意大利。"他答应弟弟，他将在 1528 年年底之前到意大利，并组建一支军队，打算用它"平定意大利，从一端到另一端"，然后收复勃艮第，最后去德意志。尽管西班牙大臣们的蓄意阻挠让查理五世没能履行这个时间表，但现在的民意普遍支持他对于帝国霸业的雄心壮志："如今整个西班牙都遵从国王的意志，所有人都呼喊'皇帝，皇帝来了！世界之主来了！'"[11]

1529 年 3 月，查理五世签署了一系列重要文件，这表明他即将启程。这批文件包括：一份新遗嘱；一份诏书，宣布如果他有不测，腓力王子就是他的继承人；以及给他在西班牙期间设立或改革的各个议事会（卡斯蒂利亚御前会议、阿拉贡御前会议、陆军委员会、国务委员会、西印度事务委员会、宗教裁判所和修会委员会）的指示。他不在西班牙期间由皇后摄政，上述的委员会都要辅佐她。她也收到了详细指示，包括哪些事情是她可以自行决定的，哪些必须得到他的明确批准。此后查理五世启程了。要到四年多之后，他才会再次见到妻子。[12]

4月，查理五世授权大臣与葡萄牙签订了一份条约。根据该条约，卡斯蒂利亚放弃了对香料群岛（即今天的摩鹿加群岛）的主张，葡萄牙则给他35万杜卡特的现金。很多西班牙贵族还不知道皇帝的这个决定，前来陪同他们的君主去意大利。不过具体的目的地仍然没有确定。莱瓦给查理五世写来很有说服力的信，敦促他在热那亚登陆；奥兰治亲王①写信劝他先去那不勒斯；一时间他犹豫不决。"因为时间的流逝往往不仅会改变局势，还会改变人们的想法，"他告诉莱瓦，"我觉得，我应当等到我想要登陆的时候再决定登陆地点。"[13]直到5月中旬，他才决定去热那亚。

查理五世现在与大臣分享了自己对平定意大利的最大期望，以及为了达成协议他愿意做出哪些让步。米兰是"最重

---

① 这里指的是奥兰治亲王菲利贝尔·德·沙龙（1502～1530），他是沙龙家族最后一位奥兰治亲王，当时的奥兰治是今天法国南部的一个领地。菲利贝尔是查理五世麾下的将领，在意大利为皇帝作战，参加过洗劫罗马城，1530年在攻打佛罗伦萨城时阵亡。菲利贝尔没有子嗣，把奥兰治亲王的头衔和领地传给了外甥勒内，条件是他改用沙龙家族的姓氏和纹章。

要的问题"，在这方面他倾向于分割这个公国，让它的每个邻国都买下米兰的一部分，并成为他的附庸；但如果教宗坚持要弗朗切斯科·斯福尔扎复辟，那么"为了我的荣誉"，皇帝会同意，但会要求斯福尔扎缴纳一大笔罚金。费拉拉和威尼斯必须归还它们在那不勒斯、伦巴第和教廷国占领的土地，并缴纳一大笔赔偿金，但"只要能达成协议，怎么样都可以"。也就是说，为了得到和平，他的大臣可以减少对斯福尔扎的罚金金额。查理五世还宣称，他愿意承认佛罗伦萨共和国，条件是它允许他在城内驻军，共和国还需要缴纳一笔罚金，不过在这方面他也授权大臣们"如果用别的办法无法与他们达成协议的话"就放弃罚金的要求。皇帝知道，承认佛罗伦萨共和国会激怒教宗。但他也知道，在自己的指示传达到目的地之前还会有许多变数，所以他授予副手们便宜行事的全权。"我不希望因为来回的交流沟通而让这么重要的事情中断、没有被执行，或者被耽搁或延误"，他告诉大臣们，因此"我把自己的心愿告诉你们，但你们可以自行斟酌，无须征求我的意见。我承诺，不管你们最后谈成了什么样的协议，我都会批准，哪怕最终的协议超出了我给你们的指示，或者甚至与我的指示相矛盾"。[14]

6月，莱瓦击溃了另一支在意大利的法军，让敌人伤亡惨重，还俘虏了法军指挥官。除了丧失帕维亚和那不勒斯之外，法国如今不仅缺少兵员和军费，还缺少合适的将领，所以仗打不下去了。与此同时，大量舰船、军队、给养和金钱流入巴塞罗那，令喜不自胜的加蒂纳拉写下了一段狂热赞美上苍的文字，他几乎到了语无伦次的程度：

　　这一切都发生在世界不同地区的同一时间，仿佛

互相交织，全都指向同一个结局，超越了人类的希望
所能企及的范围。这是神赐的，令人肃然起敬。恺撒
的事业似乎得到了上帝的神奇指引。所有注定与恺撒
同行的人都聚到了一起。他们会带着自己的战马、武
器和所有给养，依次登上各自的船只。

最后，1529 年 7 月 27 日，查理五世登上了安德烈亚·多
里亚的皇家桨帆船，于当天扬帆起航，前往意大利。舰队驶向
外海的时候，船上的人们高声呼喊："皇帝万岁！皇帝万岁！
走得更远！走得更远！世界的统治者！"[15]

驯服法国

一连好几个月，意大利外交官们都在纷纷猜测皇帝将在何
时抵达意大利的何地，甚至他究竟会不会来都是大家谈论的话
题。所以他抵达热那亚时"让有些人大吃一惊，几乎不敢相
信"。不过消息不胫而走：帝国舰队有 100 多艘船，运来了
12000 名步兵和 2000 名骑兵，皇帝的随从"加上仆人和宫廷
常设的各种官员一定有 5000 人之多"。另外，"专家们说，陛
下这次带来了 200 万杜卡特的黄金"。于是大使、王公和枢机
主教纷纷奔向热那亚，去向皇帝请安，或者恳求皇帝原谅他们
在战争中误入歧途。不过战争还在继续。[16]

1528 年 10 月，查理五世写信给"多位国王和君主"，昭
告天下，弗朗索瓦一世拒绝了他的决斗挑战，并宣布他决定取
消通过决斗来解决两国争端的计划，"因为我已经充分地维护
了我的荣誉"。他指示将军们"做好战备，从而让我们的敌人
比此前更愿意接受合理的条件"。[17]玛格丽特女大公也是这么做

的：她的代表与英格兰和法国签订了为期八个月的停战协定，这样她就能腾出手来对付海尔德公爵卡雷尔二世。根据 1528 年 10 月的《霍林赫姆条约》，海尔德公爵承认了皇帝对于乌得勒支和上艾瑟尔（海尔德公爵曾希望攫取这两块领土）的宗主权；并同意，如果他死后无嗣，皇帝将继承他的领地；还宣誓"彻底背离法国国王，加入皇帝的阵营，并忠心耿耿地为他效力"。当初马克西米利安和他的儿子腓力都始终没能取得这样的胜利。[18]

兵败如山倒并且茕茕孑立的弗朗索瓦一世向玛格丽特表示，他愿意缔结"普遍的和约"。她问侄子愿意接受什么样的条件。查理五世高傲地回答："法国国王很清楚自己怎样才能得到和平并满足我的荣誉感。"也就是说，法王必须履行《马德里条约》的条款，除了割让勃艮第，因为皇帝同意将勃艮第留给法国，换取一笔数额不小的罚金。在此基础上，他于 1529 年 4 月授权玛格丽特"全权代表我，仿佛我本人在现场"，并承诺预先"无一例外地批准、遵守和执行"她可能同意的任何和约条件。[19]

玛格丽特与萨伏依的路易丝在幕后单独讨价还价了一个月，没有大臣在场。最后这项"女士们的和约"迫使弗朗索瓦一世放弃他在意大利和尼德兰征服的一切新领土、主张和盟友，从这两地撤出所有军队。此外，他承诺尊重波旁公爵的继承人的权益；与查理五世的姐姐埃莉诺结婚；并用超过 100 万克朗的现金赎回两个儿子（作为《马德里条约》规定的人质，两位法国王子仍然被拘押在西班牙）。他还同意偿清皇帝欠亨利八世的债务；把查理五世关于勃艮第提出的剩余主张交付仲裁；说服威尼斯人将其在那不勒斯王国占领的土地全部归还皇帝（如果威尼斯人拒绝，就帮助皇帝通过武力收回这些土地）；并强迫佛罗伦萨共和国向皇帝投降。玛格丽特的代表还谈妥了皇帝与英格兰的和约。两项条约于 1529 年 8 月 5 日在康布雷公之于众。[20]

查理五世对这些条件很满意，志得意满地告诉妻子："这些条件和我想要的一样好，在有些方面甚至更好。所以我很开心。夫人，看样子我已经按照我的荣誉以及基督教世界的福祉与太平所要求的那样缔结了和约。"但一位曾经因为《马德里条约》而受到弗朗索瓦一世羞辱的西班牙外交官就不是那么自信了："这样的和平条件对我们太有利了，所以有些人担心法国人是想欺骗我们。"[21] 果不其然！弗朗索瓦一世故伎重施，庄严地抗议说查理五世利用扣押两位王子的情况来勒索他，让他放弃在意大利的权益，尤其是割让米兰和热那亚，"众所周知这两地是属于我的"，所以他没有义务遵守新的和约。但这一次法王没有盟友，于是他只能不情愿地将军队从阿尔卑斯山以南撤回，交出自己在尼德兰新占领的土地，然后开始筹措赎回两个儿子所需的巨款。[22]

但皇帝继续虐待两位法国王子。有人试图密谋将两位法国王子营救出去，但阴谋败露，于是查理五世指示佩德拉萨德拉谢拉的警卫："两位王子在要塞内已有很好的套房，所以没有必要允许他们到乡下去。另外，不能允许任何法国人与他们交谈或面见他们。"也就是说，他不准外界的任何人用法语与两位王子（此时分别只有十一岁和十岁）交流。这种器量狭小的做法促使奥地利的玛格丽特（她与两位王子的祖母谈成了《康布雷和约》）批评查理五世："这两位小王子没有做任何错事，所以不能让他们为了父亲的罪过而受罚；最好是善待他们，因为这事关皇帝的荣誉。"

查理五世同意了，提供了 1000 杜卡特 "给两位王子添置一些好衣服，让前来看望他们的人不会觉得他们穿着寒碜"。但皇帝坚持要求，这么做的时候 "不能揭示我的真正理由"。这很符合他的性格。[23] 1530 年 6 月，确认弗朗索瓦一世已经履行其他承诺之后，西班牙官员在法西边境逐个检查和称量了法国官员送来的金币，因为部分金币的重量不足，所以额外索取了 22797 克朗。然后两位法国王子和埃莉诺一起跨过了边境。两位王子长达四年的不适和受辱终于结束，其中年纪较小的就是后来的亨利二世国王，他永远不会忘记自己幼年受到的屈辱，也不会原谅让自己受辱的人。[24]

查理五世刻意把弗朗索瓦一世的意大利盟友排除在《康布雷和约》之外，迫使他们各自单独向他求和。奥兰治亲王率大军从那不勒斯开往佛罗伦萨，同时皇帝率领另一支军队从热那亚出征，相信他的压倒性军事优势 "一定能在各项事务中维护我的声望，并让那些仍然用武力反对我的人"，即费拉拉、佛罗伦萨、弗朗切斯科·斯福尔扎和威尼斯，尽快求和。他威胁道，如果他们不尽快来求和，"我将动用在我看来恰当和必需的武力"。但这封信墨迹未干，就有一名快马加鞭的信使从斐迪南那里赶来，送来了令人惊恐的消息：一支庞大的土耳其军队由苏丹亲自统率，正在逼近维也纳。斐迪南狂躁地写道："这不但影响到我，也影响到陛下。"现在，查理五世必须立刻翻越阿尔卑斯山。[25]

意大利还是德意志？

如今哈布斯堡家族面对的困境并非出人意料。1520 年 10

月，也就是查理五世成为罗马人国王的同一个月，苏莱曼皇子继承了父亲的皇位，成为奥斯曼苏丹。这个巧合让一些观察者认为这两位统治者是"孪生兄弟"，他们的命运难解难分地交织在一起。比如伊拉斯谟就认为查理五世和苏莱曼大帝处于你死我活的竞争当中，"最终要决出谁是全世界的唯一统治者，究竟是查理五世还是土耳其苏丹。一个世界不能有两个太阳"。[26]新苏丹继位后几乎立刻开始炫耀武力，率领一支大军沿着多瑙河推进。1521 年，他占领了贝尔格莱德，把奥斯曼帝国的边境线推进到了匈牙利边疆。次年，他攻打地中海东部的基督教前哨阵地罗得岛。查理五世做出回应，宣布他将会组织一次大规模反攻，"因为我还在孩提时代就渴望这么做，也是为了履行我作为基督教的主要保护者与捍卫者的职责"。因此，"尽管我目前因为对法战争而无比繁忙并且财政紧张，我仍然决定尽快集结一支舰队去救援罗得岛"。查理五世还宣布自己将会"不惜一切代价从这些残暴的异教徒敌人手中保卫、捍卫和救援罗得岛，投入我的所有王国与领地的资源与力量，如果需要的话还会御驾亲征"。他还敦促其他君主议和并与他联手对付奥斯曼人。[27]这些吹嘘是皇帝于 1522 年 8 月在帕伦西亚发出的，但为时已晚：3000 公里之外，土耳其人于 12 月攻占了罗得岛。

1529 年的局势与先前不同。土耳其人攻打维也纳的时候，查理五世正在不到 1000 公里之外的皮亚琴察，并且手握一支强大的军队。9 月 23 日签发的两封信互相矛盾，反映了他的左右为难。其中一封信向姑姑玛格丽特保证："我已经下定决心，亲自去帮助我的弟弟，因为他急需帮助，并且那里的形势岌岌可危，受威胁的不只是他，而且是整个基督教世界。我不能，也绝不会背弃他，这是我身为皇帝的职责所在，也是兄弟亲情的要求。并且他是对我非常好的弟弟。"但皇帝给"非常好的弟弟"的信却画风大变。尽管他认同维也纳一旦陷落，会给整个基督教世界带来灾难性后果，尤其会危及哈布斯堡的世袭领地，但他担心"若不事先平定意大利，那么我在动身去援救你之后，威尼斯、佛罗伦萨、费拉拉和弗朗切斯科·斯福尔扎就会联手，把他们的资源凑在一起，并邀请法国人支持他们"。此外，《巴塞罗那条约》要求他首先归还教宗及其亲戚的土地。[28]因此，查理五世认为，与操之过急地离开意大利从而失去之前的所有收益相比，损失奥地利只是"较小的损害"，因此他指示将军们封锁佛罗伦萨，直到它同意美第奇家族复辟；攻击斯福尔扎，迫使"这位公爵做我们之前礼貌地请求他做的事情"；并"尽力蹂躏威尼斯领土"，让"他们的统治者找你们求和"。查理五世向斐迪南做出的唯一让步是放弃去罗马的计划，改为请教宗去博洛尼亚见他，并隐晦地威胁道，既然"我需要把"正在攻打佛罗伦萨的军队带去德意志，那么"我们需要圣父在此事上尽早决断"。[29]

防守维也纳的哈布斯堡军队的勇敢与强大战斗力解决了查理五世的难题。维也纳守军用火绳枪打退了奥斯曼人的进攻，就像四年前在帕维亚打退了法军一样。10月，围城的奥斯曼军队撤退。捷报传到皇帝手中不久之后，弗朗索瓦一世的私人代表也送来了法王批准《康布雷条约》的文书。现在，皇帝向玛格丽特解释道，尽管他的总体目标是"基督教世界的太平与安定、打退土耳其人和消灭现有的异端思想"，但他首先会"全身心地""平定意大利"。[30]

1529 年 11 月 5 日，查理五世进入博洛尼亚，他的前方是炮兵部队和数千士兵，其中有些"打扮成亚历山大大帝的方阵步兵"，也有的"两人一排前进，手持枝叶，象征胜利"。皇帝骑着白马，身穿全副铠甲，在华盖之下行进，直到抵达城门，在那里把钢盔换成帽子，"每当看见沿途窗口有美女就脱帽行礼"。两名官员走在他前方，向群众抛撒钱币，并"高声呼喊'查理皇帝！'"他来到城市主要广场的时候，"群众突然呼喊'查理，查理，帝国，帝国，胜利，胜利！'"到目前为止，这场仪式都在模仿为得胜的古罗马皇帝举行的"凯旋式"，但查理五世现在下了马，双膝跪倒在教宗克雷芒七世面前。尽管威尼斯大使加斯帕罗·孔塔里尼听不见"皇帝口中的言辞，因为他通常说话的声音很低"，但孔塔里尼不会错过"查理五世跪着说话"的象征意义。基督教世界的两位领袖下榻在同一座宫殿的相邻房间，所以"如教宗今晨向我展示的那样，只要打开一扇门，就能从皇帝的房间进入教宗的房间"，不会惊动外人。[31]

教宗不仅向孔塔里尼展示了两位统治者会见的地方，还介绍了他们处理公务的方式："［查理五世］来谈判的时候，带来了他想要讨论的事务的亲笔备忘录，免得遗忘。"其中一份这样的备忘录因为偶然而留存至今：共十九点，有的附带查理五世的批注，包括亨利八世的离婚计划、教宗宽恕查理五世洗劫罗马，以及从西班牙教会榨取财富并扩展王室对西班牙教会的管辖权等。（见彩图 13）[32]双方在其他秘密会议上谈的话题，只能从其后的结果当中推测，比如克雷芒七世允许查理五世提名尼德兰的所有教会职务，但其中最重要的决定在圣诞节之前被清楚地公之于众。那时，在博洛尼亚的全体主要外交官聚集在加蒂纳拉的住处，最终敲定这位首相谈成的三份具有里程碑意义的条约。其中一份条约恢复了弗朗切斯科·斯福尔扎的米兰公爵地位，条件是他支付查理五世 40 万杜卡特作为获得公爵地位的费用和另外 50 万杜卡特作为对之前不忠诚行为的罚金。在他交出这些钱之前，哈布斯堡军队将继续驻扎在米兰公国。另一份条约要求威尼斯向教宗和皇帝归还之前占领的所有土地，并支付查理五世一笔数额不小的补偿金。第三份条约是在意大利的几乎所有独立统治者之间建立一个防御同盟，并承诺向任何威胁意大利半岛和平的外国势力宣战。[33] 教宗和皇帝随后一同参加圣诞节的弥撒，主要的枢机主教宣读了预先约定的布道文之后，查理五世"起立，脱去皇袍，换上别的衣服，外面披了一件教士的法衣，佩上教宗赐给他的剑"。然后他自己宣读了一篇布道文。据教宗的一名幕僚人员说，这是"无比庄严肃穆的布道文，我相信在我们的时代不曾有过，将来也不会有"。查理五世的廷臣们"从未见过陛下如此高兴"。[34]

皇帝的大战略

查理五世有充分的理由感到喜悦，因为他已经顺利解决了自己面临的所有问题，并强迫曾经的敌人按照他的条件议和。但即便如此，他还是感到惴惴不安。1530 年 1 月 11 日，他为斐迪南撰写了一篇很长的"国情咨文"。这份文件是"机密的，因为除了你之外，我不希望任何人知道这些事情"。文件的开头强调了他真心实意地致力于帮助弟弟对抗土耳其人，并补充说，其他君主没有出手援助斐迪南，或许"主要是因为你我是兄弟，他们认为你我的核心利益是一致的。这当然是对的，因为我们是一致的"。他敦促斐迪南不要与苏丹缔结停战协定，不管期限多么短暂，因为"如果苏丹觉得自己在你那

里是安全的、自由的，就会攻击帝国的另一个地区"。查理五
世表示赞同教宗的意愿，即把基督教世界的全体君主都团结起
来，组成反对土耳其人的联盟。这样一个联盟在将来能为斐迪
南提供更多援助。他还重申自己的打算，即返回德意志解决那
里的宗教问题。[35]

随后查理五世介绍了他刚刚缔结的几项和约。他承认，这
些和约的条件并不十分理想，但因为他缺乏资金，所以不可能
把战争继续打下去。八年的战争已经让意大利十室九空、一贫
如洗，并且（查理五世悲哀地补充道）"你肯定知道，西班牙
人坚决反对我把西班牙的资源用到意大利"（从 1522 年到
1529 年，他从西班牙向意大利输送了超过 200 万杜卡特的资
金）。此外，亨利八世显然打算与凯瑟琳离婚，"这违背了公
义和理智，也没有得到教宗的同意。如果他真的离婚，我们就
肩负不可推卸的责任"去干预。主要的变数是弗朗索瓦一世
是否会遵守诺言、维持和平。查理五世推测，如果战争再次爆
发，那么很可能会从意大利开始，所以他建议在意大利维持
21000 人的德意志和西班牙常备军。

在此之外，前景并不明朗。所以查理五世征询弟弟的意
见。如果可能的话，查理五世仍然希望在罗马接受教宗加冕，
成为皇帝，然后去那不勒斯王国恢复秩序，再从德意志去尼德
兰，从那里返回西班牙。但如果斐迪南认为皇帝必须去德意
志，查理五世就愿意在博洛尼亚接受加冕，然后直接去德意
志。无论如何，"我向你保证，弟弟，你也可以代表我向帝国
会议保证，在渡海［去西班牙］之前，我一定会访问德意志
并确保你成为罗马人国王"（查理五世加冕为皇帝之后，罗马人
国王的位置就自动空出来了）。皇帝最后道歉说，尽管这封很多

页的"书信冗长，并且有很多重复和错误，我还有其他事情想要更详细地与你分享，但那些都可以等到我们见面时再谈"。

就像五年前帕维亚战役前夕他对局势的长篇分析一样，这一次查理五世或许同样主要是想把自己内心深处的思考记录在案，作为备忘录。在斐迪南回信之前，查理五世已经处理了好几样关键事务，尤其是关于是否留在博洛尼亚并在那里加冕的决定。加冕礼的筹备工作已经开始了。教宗克雷芒七世尝试把博洛尼亚装扮得更像罗马（或者说，更像被查理五世军队洗劫之前的罗马）。所以，加冕礼的举办场地圣佩特罗尼乌斯大教堂的内外都被改造了一番，让它更像罗马的圣彼得大教堂。查理五世询问加蒂纳拉，是否应当把伦巴第的铁王冠①弄来。首相建议不要这样做，因为在上一次皇帝加冕礼（那是一个世纪以前的事情了）上"弗里德里希三世皇帝没有接受铁王冠"，但最后在博洛尼亚还是举行了双重的加冕礼。[36]1530 年 2 月 22 日，克雷芒七世宽恕了查理五世的一切罪行（包括洗劫罗马），然后为他戴上铁王冠；两天后（即皇帝的三十岁生日和帕维亚大捷的五周年纪念日）为他戴上皇冠。教宗仔细地强调这些仪式的神圣性。在皇帝加冕礼上，查理五世被任命为教会的司铎，克雷芒七世赐给他一支仪式宝剑，象征他现在有权以教会捍卫者的名义发动战争；赐给他一个金球，象征他现在拥有整个地球。随后，教宗与皇帝在同一顶华盖之

---

① 伦巴第的铁王冠传说是君士坦丁大帝的母亲海伦娜命人用真十字架（耶稣被钉死在上面的那个十字架）的铁钉打造而成的。从 10 世纪开始，罗马人国王（德意志国王）去罗马加冕为神圣罗马皇帝的途中，往往在伦巴第停留，先加冕为名义上的意大利国王。最后一位用铁王冠加冕的神圣罗马皇帝是斐迪南一世（查理五世的弟弟）。1805 年，拿破仑也用铁王冠加冕自己为意大利国王。

下在全城游行。[37]

这些仪式令当时的人为之神往和陶醉。在威尼斯，马里诺·萨努多在他的《日记》里用二十五张对开纸抄录了对皇帝加冕礼的各种描述，并附上当时在全欧流行的诸多雕版画中的两幅。想要巴结查理五世的人纷纷请艺术家创作纪念性的作品：佛罗伦萨、罗马、维罗纳、佩萨罗和博洛尼亚都创作了壁画，塔拉索纳①的市政长官命人修建了一座华美的拱门，佛罗伦萨有人创作了大型雕塑，等等。[38]查理五世对这些阿谀奉承都很冷淡。有人在圣佩特罗尼乌斯大教堂建造了纪念他到访的礼拜堂和拱门，他拒绝为其买单。曼托瓦侯爵把大画家提香带到博洛尼亚，"为皇帝画像"，皇帝却冒犯了提香。据愤怒的曼托瓦大使说，查理五世给提香创作的肖像只支付了"区区一个杜卡特"，尽管"他每晚在陪睡的女人身上都要花两个杜卡特"。皇帝离开博洛尼亚的时候，用他自己的话说，"高兴得就像刚刚逃出监狱的人"。[39]

查理五世骑马北上去曼托瓦，在那里和曼托瓦侯爵一起放鹰、打猎。皇帝把曼托瓦侯爵提升为公爵，还安排把自己的亲戚之一嫁给他。皇帝还欣赏了图拉真柱②的一个复制品，上面装饰的图案是查理五世作为"世界之主"的胜利景象。他在曼托瓦差不多待了一个月，希望他的军队与此同时能够迫使佛罗伦萨投降，从而在他离开意大利半岛之前结束战事。但佛罗

---

① 塔拉索纳是西班牙北部的一座城镇，今天属于阿拉贡自治区萨拉戈萨省。

② 图拉真柱是一根石柱，位于罗马的图拉真广场，为罗马皇帝图拉真（53～117）所立，以纪念他打败达契亚人，于 113 年落成，以柱身的精美浮雕（表现达契亚战争，有 2662 个人物和 155 个场景）而闻名，包括基座总高 35 米。顶端原本有图拉真皇帝的雕像，1587 年被教宗西克斯图斯六世改为圣彼得的雕像，留存至今。

伦萨仍然在抵抗，所以他在 4 月不情愿地继续北上。查理五世在特伦托又耽搁了一段时间，又一次把享乐置于公务之前，在那里"花了些时日猎熊"，然后于 5 月 2 日在布伦纳山口会见了自己的弟弟。斐迪南后来竖立了一座纪念碑来纪念这次兄弟重逢。斐迪南已经将近十年没有见到兄长了。经历了那么多耽搁、食言和拖延，兄长终于来了，并且已经是得到加冕和祝圣的皇帝，这对斐迪南来说真是神迹。[40]

从布伦纳山口到布鲁塞尔

自查理五世 1521 年在沃尔姆斯帝国会议之后离开以来，德意志已经发生了很大变化。除了土耳其人无情地沿着多瑙河推进到维也纳城下之外，农民战争于 1524 年 9 月爆发，持续了将近一年。这是好几个世纪以来欧洲最大规模的民众起义。尽管斐迪南不断对兄长说，农民军将会吞没整个德意志，但查理五世对这次起义大体上置之不理（就像他没有理睬土耳其人一样），因为他希望这个问题会自行消失。在农民起义和土耳其人这两方面，皇帝的运气都很好，再加上斐迪南手腕娴熟地部署现有的资源，所以最终帝国取得了胜利。第三个问题——异端思想的传播——就不是那么容易处置了。

路德在沃尔姆斯勇敢地表达自己的立场之后，又带有挑衅意味地向皇帝指出："没有人站出来，以《圣经》为论据，驳斥我的小书里据说存在的信仰错误。"天主教徒拒绝与他辩论，这就给了路德一场重要的道义和智识上的胜利。查理五世不打算重复之前的错误。在尼德兰，他命令烧死所有追随十三个异端分子（包括路德）的人，并焚毁其著作；在德意志，他命令路德派教徒和天主教徒都在新一届帝国会议（在奥格斯堡举行）上表达自己的论点。[41]

从表面上看，皇帝的地位稳如磐石：法国、海尔德和意大利各邦都已经接受了对他们来说可耻的和平；土耳其人已经退却；教宗已经宽恕了他并为他加冕。他于 1530 年 6 月 15 日庄严进入奥格斯堡的入城式能够反映他的春风得意。查理五世向德意志的精英们致敬，"与他们分别握手并客气地问候之后"，全身穿着金光灿灿的华服，骑着白马，在华盖之下走过奥格斯堡的大街小巷。他两侧分别是斐迪南和阿莱安德罗。此时阿莱安德罗又一次成为教宗在皇帝宫廷的大使。选帝侯们走在他们前方，帝国会议和外交使团的大约 150 名成员跟在他们身后。但这种象征着权力与和谐的景象在次日就彻底粉碎了。在次日的基督圣体节庆祝活动中，皇帝走过街道，而德意志的路德派诸侯拒绝参加游行。此前路德派诸侯就因为他们的信仰受到谴责而发出了正式抗议。[42]

查理五世面对如此重大的挑战时，身边没有一位资深的政治家辅佐他。1530 年 6 月 5 日，就在皇帝一行人准备离开因斯布鲁克去奥格斯堡的时候，首相去世了。如丽贝卡·阿德·布恩①所说：

> 不管是因为他本身的才华，还是因为他受过的良好教育，加蒂纳拉作为谋臣拥有的最大优点就是他能够从对手、臣民和恩主的视角来审视问题。不管是新

---

① 丽贝卡·阿德·布恩是当代的美国历史学家，目前是得克萨斯州拉马尔大学的教授，研究领域为文艺复兴、宗教改革、近代早期欧洲等。

西班牙①的阿兹特克农民、德意志的路德派士兵、布
拉班特的公爵夫人、英格兰国王还是意大利的教宗，
他们每个人都有自己的利益和动机，而加蒂纳拉认真
地去理解他们的利益和动机。[43]

在博洛尼亚，首相不仅取得了他最精彩的外交胜利（说
服除了佛罗伦萨之外意大利所有邦国的统治者按照查理五世的
条件议和），还赢得了一项个人层面的胜利：他说服主公将他
憎恶的竞争对手、皇室告解神父加西亚·德·洛艾萨·门多萨
流放到罗马。不过这个胜利很快就没有意义了。洛艾萨已经帮
助查理五世做好准备，迎接没有加蒂纳拉的生活，并警示道：
"如果首相去世或者离开您的宫廷，您不应当任命一个继任
者"，"我建议陛下担任自己的首相，把所有事务都交给另外
两名大臣处置"，即弗朗西斯科·德·洛斯·科沃斯和尼古
拉·佩勒诺·德·格朗韦勒。洛艾萨得知自己的竞争对手去世
后，再次阐述了自己的想法："我始终认为，洛斯·科沃斯秘
书是陛下可以托付机密的人，因为他懂得如何弥补您的疏
忽……他对您十分爱戴、忠心耿耿，并且极其审慎。他不像其
他人那样挖空心思地在您面前抖机灵，也从不饶舌地谈论主公
的事情。"告解神父还赞扬了格朗韦勒："他彬彬有礼、知识
渊博、精通拉丁文、谈吐文雅、有权威，是个优秀的基督徒，
忠诚、值得信赖，并且他很熟悉自己的工作。他与好人结交，

---

① 新西班牙是西班牙帝国的一个副王辖区，1521 年设立，延续到 1821 年墨
西哥和中美洲独立时期。其管辖范围非常广袤，包括今天的墨西哥、美
国的一部分、古巴、加拿大的一部分、危地马拉、洪都拉斯、古巴、菲
律宾等国家和地区，首府为墨西哥城。

厌恶坏人。他讲话的时候不像秘书［洛斯·科沃斯］那样有魅力，但非常耐心，我相信他能够抵制诱惑。"⁴⁴这两位大臣在加蒂纳拉去世的时候都在查理五世身边，于是他接受了洛艾萨的建议：格朗韦勒成为"掌玺大臣"，主管北欧事务；洛斯·科沃斯负责西班牙及其在地中海与美洲的属地。这两位大臣配合得很好，成为长期在帝国核心掌舵的重臣。

查理五世不会因为接受洛艾萨的建议而后悔。1543 年，他在给儿子写的秘密指示中赞扬了两位大臣的优点和功绩（见第十一章），但在 1530 年 6 月，格朗韦勒和洛斯·科沃斯都还不像加蒂纳拉那样精明老练，所以无法安抚在德意志涌现的那些互相争斗不休的宗教群体。洛艾萨也做不到。他起初建议查理五世："如果您决定恢复德意志的秩序，我觉得最好的办法是用礼物和甜言蜜语拉拢领头的人物。"至于"平民百姓，如果在您颁布了皇帝敕令和警告之后他们还不就范，那么治疗他们的最好医药就是武力"。洛艾萨最后举了一个很危险的例子："平定西班牙叛乱［公社起义］的唯一办法就是武力，也只有这种办法能对付德意志对上帝的背叛。"⁴⁵

查理五世起初表示同意。在他进入奥格斯堡不久前，阿莱安德罗敦促他"用利剑"对付异端分子。"皇帝答道，处置异端分子的最好工具不是剑，而是绞刑架。"但佛罗伦萨围城战尚未结束，皇帝没有资源来恫吓路德派教徒，并且弗朗索瓦一世有可能在他的两个儿子回国之后再次宣战，所以查理五世决定暂时先安抚路德派教徒。一位参加帝国会议的路德派诸侯宣称，"他宁愿掉脑袋，也不愿失去上帝之言的指引"，这时皇帝用他蹩脚的德语着急地说："不砍头！不砍头！"⁴⁶

路德派教徒很清楚自己的目标是什么。4 月，在帝国会议之前，萨克森的一群官员会见了路德和其他一些神学家，最终敲定了路德派的教义。这份文件有二十一条概括了路德神学的核心元素，还有七条捍卫了他们的神学革新。6 月 25 日，他们将"一份由他们及其追随者签名的、德文和拉丁文双语的文件"呈送给帝国会议。这就是后来的所谓《奥格斯堡信条》。查理五世和帝国会议花了两个钟头听萨克森首相缓慢地用德语宣读全文。路德得意扬扬地说，谁能想到，他的"作品和教义如今被摆在皇帝陛下和整个帝国会议的鼻子底下，让他们非听不可，还不能提出反对？"一名萨克森官员认为这是"世界历史上最伟大的成就之一"。[47]

现在，洛艾萨敦促主公选择更温和的路线：

> 陛下应当与整个德意志达成协议。请假装异端思想不存在，允许德意志人按照他们的想法生活。您应当与他们合作，让他们放弃过去的一些错误，让所有人都接受比较容易接受的东西。这样的话，他们可以把您当作主公来侍奉，服从您的命令，与您一起保卫德意志和匈牙利，抵抗土耳其人。为了这个目标，他们应当在一段时间内为您提供军队和经费。

查理五世尽力而为。据路德派的一位风趣才子说，查理五世甚至在"公开场合表达中立，因为他在听我们的《奥格斯堡信条》时睡着了，后来听我们的对手回应的时候也睡着了"。[48]皇帝设立了一系列委员会，任命不同的人员到这些委员会，指示他们对神学问题达成共识。他还花了大量时间与主要诸侯一起宴饮和狩猎，努力促成和解。8 月，他向帝国会议发表了"长篇演讲"，告诫路德派教徒回归天主教信仰，"遵循他们的先辈数百年来的一贯风俗"，否则"他将不得不视他们为敌人，用武力对付他们，因为他曾经宣誓这么做"。但在这些慷慨陈词之后，他再次表示希望"在主要问题上找到某种和解的办法"，并宣布自己愿意允许路德派继续活动，直到举行一次全面的宗教会议。[49]

查理五世还运用恐惧来促成自己的目标。据在奥格斯堡的一个威尼斯人说："毫无疑问，除非路德派的问题能够解决，除非德意志诸侯能够与皇帝和解，否则当土耳其人再次进攻时，德意志就必定毁灭。"但在十周的商谈、演讲、宴会和一团和气之后，帝国会议"没有达成任何协议"就解散了。洛艾萨努力安慰主公："这些异端分子如此任性、如此无耻地固守他们的错误，这让我的心情很沉重。"但查理五世仍然很郁闷。他在 10 月 20 日告诉洛艾萨："这些异端分子如此冥顽不灵，没有一样政策有效，没有一种办法能让他们认识到自己的错误。"他继续说道："我明白，如果有什么办法强迫他们，我们就可以坦坦荡荡地对付他们；但现在的情况不是这样，我也没有对付他们的手段，因为我现在疲惫、茕茕孑立、孤立无援，而他们的势力太强，所以要想战胜他们，我需要强大的力量。真正的补救办法是召开宗教会议。"但随后查理五世又改了主意。1530 年 11 月 19 日，他和帝国会议的天主教成员颁布了一条法令，谴责那些之前在沃尔姆斯就"被禁止的学说"，因为"它们在普通民众当中传播了许多错误思想"。根据这条法令，所有在五个月内仍不接受天主教教义的人（法令当中明确解释了天主教教义包括哪些内容）将被宣布为不受法律保护。[50]

琳德尔·罗珀①认为，双方在奥格斯堡都浪费了一个黄金机遇，而这样的机遇一去不复返：

> 双方都表现出愿意妥协，并且说到底双方的分歧并没有严重到必然会发生后来的分裂。但双方始终存在隔阂，是因为相互之间缺乏信任。在婚姻、圣餐和其他问题上，新教徒根本不相信天主教徒说的话是真诚的，或者不相信他们会遵守诺言。新教徒害怕自己一旦妥协，会导致他们在宗教会议上被彻底打败，而这样的宗教会议在德意志境外举行，是专门用来打败他们的。天主教会的分裂并非不可避免，但双方错失了阻止分裂的良机。

萨克森选帝侯邀请其他的路德派诸侯到小城施马尔卡尔登会晤，组建了一个联盟"用来防御和保卫我们自己、我们的臣民以及我们的亲友，从而抵抗不公正的强制行为"。1531 年 2 月 27 日，路德派诸侯正式签约，组建施马尔卡尔登联盟，由萨克森选帝侯和黑森方伯菲利普领导。[51]

查理五世不仅没能给德意志带来宗教和平，也未能说服教宗去改革教会。他在博洛尼亚会见克雷芒七世的时候与教宗谈过此事。1530 年 10 月 20 日，也就是查理五世向洛艾萨表达怒气（见上文）的同一天，查理五世给教宗写了一封很长的

---

① 琳德尔·罗珀（1956~ ）是当代澳大利亚历史学家，研究领域为近代早期的德意志，写过一本马丁·路德的传记。2011 年，她成为牛津大学的御用历史学教授。她是第一位获得这个德高望重的职位的女性，也是第一个获得该职位的澳大利亚人。

亲笔信，"无比真诚地恳求圣父尽快召集宗教会议，因为这是形势的急迫需求；为了达成尽可能好的效果，圣父应当写信给其他君主与权贵，解释为什么"需要建立一个抵抗土耳其人即将发动的进攻的统一战线，并阻止"近期出现的异端思想"继续蔓延。查理五世建议在曼托瓦或米兰召开宗教会议，因为"这两地距离德意志最近，而德意志是异端思想最严重的地方，会议必须做出相应的处置"（这说明，此时查理五世认为新教主要是德意志的问题）。但克雷芒七世没有兴趣。给他送来皇帝的信的使者报告称，教宗"读了信，半途长叹一口气，读完了又长叹一口气"。克雷芒七世的叹气，以及他坚决反对召开宗教会议，导致又一次"错失了阻止分裂的良机"。[52]

不过查理五世在别的地方取得了两项胜利。在意大利，尽管佛罗伦萨共和国抵抗他的军队长达十个月，但还是在1530年8月投降。两个月后，皇帝给佛罗伦萨强加了一部宪法，让美第奇家族时隔三年之后恢复了统治权，并任命克雷芒七世的侄子亚历山德罗（与查理五世的私生女玛格丽塔订了婚）为佛罗伦萨统治者。另一项胜利与查理五世的弟弟有关。查理五世在奥格斯堡及其周边飨宴和狩猎的时候，说服了选帝侯们接受斐迪南为罗马人国王。只有属于路德派的萨克森选帝侯拒绝，其他选帝侯都同意投票给斐迪南，条件是：皇帝向其支付在1519年许诺的奖赏（此时还没有付清），处理他们每个人的申诉，并从"法国国王的儿子们的赎金"里拿出20万杜卡特分给他们。[53]1531年1月，查理五世举办了一次奢华的宴会，庆祝他的弟弟在亚琛加冕为罗马人国王。大多数路德派教徒抵制了这次宴会。德意志现在同时有一位皇帝和一位皇储，这是半个世纪以来的第一次。据一位大使说："皇帝陛下十分喜悦和诙谐，这表明他非常开心。此前从来没有人看见他这么高兴过。"[54] 时隔将近九年，查理五世终于在此时返回了他出生的国度。

整顿尼德兰

但奥地利的玛格丽特已经不能在尼德兰迎接他了。1530年11月，五十岁的玛格丽特口述了给查理五世的最后一封信，说自己唯一的遗憾是"我在死前不能再见你一次，与你谈一次"。这表明了她对自己抚养长大并为其效力的侄子是多么忠诚。她指定他为自己全部财产的继承人，于是他获得了勃艮第的弗朗什-孔泰（"我恳求你将它保留在自己手中，从而让'勃艮第'的名字不会消亡"）、她的精美藏书和艺术品收藏，以及"你的尼德兰，我不仅维持了你离开它时的模样，还大大扩张了它"。这指的是尼德兰在1515年购得弗里斯兰（但完全的实际控制要等到1524年）、1521年吞并图尔奈、1528年吞并乌得勒支和上艾瑟尔。[55] 玛格丽特去世后，她的两名资深大臣立刻执掌了政权，并向查理五世承诺，他们将每天两次征询议事会其他成员的意见，并"尽可能少地处置重要事务，等待陛下的指示"。查理五世表达了自己的哀恸，"因为我把她视为自己的母亲，像对待母亲一样对待她"，随后批准了上述的过渡安排，但没有告诉大家，他已经选定了玛格丽特的继任者——他的妹妹、孀居的匈牙利王后玛丽。[56]

玛丽于1513年离开梅赫伦，后来嫁给波希米亚与匈牙利国王拉约什二世。后者于1526年在摩哈赤战役中阵亡后，玛丽推动选举斐迪南为匈牙利与波希米亚国王。查理五世直到

1530 年夏季才再次见到妹妹，问她是否愿意在姑姑玛格丽特辞世或退休后接替她治理尼德兰。玛丽原则上同意了。查理五世在 1531 年年初给她发了正式的邀请函，但说：“等我们见面之后再谈你的具体地位，因为你我比较有空闲的时候就能更好地讨论最佳选择。我可以利用这段时间给你一些好的建议，让你能够更好地实现你那些值得赞扬的意愿，即把一切事物都处置妥当，我也能亲自向你介绍你的职责。”[57] 这一席唠叨话掩饰了一个重要的革新：从此之后，查理五世会亲自不厌其烦地培养那些他打算把帝国之内最重要的职责托付给他们的人。

尼德兰为了统治者的归来而喜悦。等级会议呈送给他一系列精美绝伦的挂毯，描绘的是在帕维亚打败勃艮第家族的宿敌的胜利（见彩图 14）。一些城镇请人写诗歌颂他的胜利和安全归来，或者竖立纪念碑。布鲁日建造了一座令人惊叹的壁炉，上有真人尺寸的查理五世及其祖父母和外祖父母的雕像（见彩图 15）。

这些热情的欢迎似乎让皇帝心情大好。在 1 月底的一份关于“陛下的健康状况”的公告中，费尔南·洛佩斯·德·埃斯科里亚萨（查理五世的御医）表示：“我从未见过他比如今更健康、更强健。”御医认为这是因为“陛下看到自己出生的土地，呼吸到了故乡的空气，并与那些和他一起长大的人谈话，这些让他无比喜悦”。埃斯科里亚萨医生的唯一担忧是，查理五世的饮食没有规律：晚上“他什么都不吃”，“因为他白天吃了很多，所以不吃晚饭”。这个问题会继续让他的御医们烦恼。不过，查理五世很快就用一个惊人的例子表明他的身体是多么强健有力。在根特的一次比武大会上，他“对各种武器的运用都极其熟练和精湛，足以与全世界最优秀的武士比肩”。[58]

但国内问题不是那么容易解决。他的妹妹玛丽后来回忆说，查理五世在 1531 年返回布鲁塞尔之后，"发现他的主要大臣之间有很多争斗，司法工作被忽视，各等级心怀不满"。荷兰的各等级尤其桀骜不驯，要求统治者先处理他们的申诉，然后他们才投票拨款。查理五世恼火地答道："我希望你们能信任我。我不会和自己的臣民讨价还价。"[59] 玛丽谈及的另一个问题让查理五世更为担忧。他向斐迪南透露："我发现，我的官员之间存在严重的敌意、私仇以及拉帮结派的现象"，"经常互相争斗"。因此，"为了查清真相，我跟进了我的财务官员受到的指控，审阅了他们从 1520 年到 1530 年的十年间的账目，看他们是不是真的有贪赃枉法行为"。不过，"尽管有些事务不是非常令人满意，但我没有发现贪污的现象"。西方世界最强大的君主居然亲自审查过去十年间的公共财政，这景象一定会让谢夫尔男爵高兴。查理五世的勤奋帮助他得出了一个重要结论："如果这里有问题的话，主要原因是所有人都期望得到许多特权，从而限制我的主权［hauteur］，让我变成和他们几乎平等的同僚，让我再也不能掌控全权［casy nous demouryons compagnons et moy non seigneur］。"[60]

因此，查理五世决定全面整顿尼德兰的中央政府。他设立了三个"平行的会议"来辅佐玛丽：国务会议负责外交、国防和宗教；枢密院负责立法的准备工作，并审理下级法院提出的民事与刑事上诉；财政会议负责监管赋税的征收和分配、贷款与还款，以及所有的国有资产。他给这三个会议以及玛丽的指示，都给他自己保留了很大的决定权，规定很多涉及范围广泛的事务只有他能够做决策。这无疑是为了防止玛丽像玛格丽特那样自行其是。在这方面，他失败了：不到一年之后，查理五世就允许玛丽拆开所有经过她的手但写给他的信，就像他们的姑姑之前做的那样；而玛丽给他的信往往包括他应当如何操作的评论和建议。查理五世还设立了"热线"。"如果发生了什么需要保密的事情，我就亲笔写信给你，"他告诉妹妹，"你也这样做。"[61]

除了放权给妹妹，查理五世别无选择。他和弟弟在亚琛的加冕礼宴会之后分别，没过多久斐迪南就恳求他返回德意志，应对土耳其人又一次入侵的威胁，并对付顽固不化的路德派。查理五世抗议说，尼德兰事务"需要我投入更多时间和更多精力，比我之前预想的要多"，另外，"你可以想象，我离开西班牙王国越久，那里的事务就越需要处理，这让我的西班牙臣民遇到许多困难、发出许多怨言，所以我不能再耽搁了，必须尽快返回西班牙"。

在随后的一个月里，查理五世用颇有"被动攻击性人格"色彩的言辞告诉弟弟，他将会返回德意志，即便这意味着"延误其他所有事务，尽管你可以想象，这些事务对我的诸王国、领地和臣民是多么重要"。他还警示道，他在德意志只能待"最多一个月，因为我的其他事务都亟须处理，再也不能耽搁了"。不过他还是找到一系列理由推迟启程去德意志，比如尼德兰的紧急政务和"长时间、令我身体虚弱的重感冒"。但外国大使们说，这些都没有妨碍查理五世经常参加比武竞技，并且"他几乎每天都打猎"，"他回避朝政，成天玩乐"。罗马教廷大使阿莱安德罗于 1531 年 11 月返回皇帝宫廷，才促使查理五世停止拖延。[62]

查理五世后来回忆说，罗马教廷大使在回来之后第一次觐见时，先是"提醒我［沃尔姆斯］帝国会议的议程，比我自己的记忆还要清楚，这让我很吃惊"。（也许皇帝认识到，他在沃尔姆斯帝国会议上的立场是错误的，而罗马教廷大使是正确的？）阿莱安德罗利用这个优势，大胆地说："历史证明，只有通过流血才能消灭严重的异端思想。"所以他敦促查理五世在德意志、西班牙、意大利和瑞士各邦征募军队。皇帝几乎立刻就同意了。1532 年 1 月 3 日，他通知弟弟："我之前一直没有给你写信，但现在我确定自己即将启程。我之前很多次告诉你我要来，但后来都食言了，但这一次我不会向你撒谎了，再也不会。"[63] 他承诺在两周内离开布鲁塞尔，在雷根斯堡召开帝国会议并亲自征讨土耳其人。这一次，他没有食言。

注　释

1. ASMa *AG CE* Napoli e Sicilia 810/125, Lautrec to the marquis of Mantua, 'From the camp before Naples', 1 June 1528. 感谢毛里奇奥·阿尔法约利提供了这份参考资料。

2. Robert, 'Philibert de Châlon', XXXIX, 174 – 81, Charles to the prince of Orange, 19 July 1528; Cadenas y Vicent, *El Protectorado*, 85 – 8, 在 7 月 19 日与多里亚达成一致的条款，8 月 10 日得到御前会议批准，查理五世于次日签名（英文概述见 *CSPSp*, III/2, 765 – 8）。查理五世在此前授予部下全权的例子只有一个，就是在 1519 年授权部下帮助他参选罗马人国王。

3. Sanuto, *I diarii*, XLVIII, cols 478 – 80, 'Capitoli et conventione afirmati' between the prince of Orange and the marquis of Saluzzo, Aversa, 30 Aug. 1528.

4. Arfaioli, *The black bands*, 165. 阿尔法约利对此次围城战的记述（'See Naples, then die': ibid., 115 – 62）是现有最好的一份。

5. *CDCV*, IV, 495（*Memoirs*）; Salonia, *Genoa's freedom*, 141; Keniston, *Memorias*, 171（Sancho Cota）. 关于多里亚的其他动机，

见 Pacini, *La Genova*, 42 - 5。

6. *KFF*, Ⅰ, 277 - 81, Charles to Ferdinand, 26 Mar. 1525; BAV *Vat. Lat.* 6753/264 - 5v, Navagero to the Signory, 23 May 1527; Firpo, *Relazioni*, Ⅲ, 60, Relation of Federico Badoer, Feb. 1557; ASF *MdP* 4301/209 - 13, Ricasole to Duke Cosimo, 27 Sep. 1543; Bornate, 'Historia', 545 - 8, Leyva to Charles, 7 Jan. 1529.

7. AGS *E* 848/64 - 5, Praet and Mai to Charles, Rome, 12 Aug. 1529; *NBD*, 2. *Ergänzungsband* 1532, 102 - 7, Aleandro to Sanga, 25 Mar. 1532; *NBD*, ⅩⅢ, 116 - 21, Nuncio Camaini to Cardinal del Monte, 16 Sep. 1552, 已解码的附言（所有引用均为斜体）。对于文艺复兴时代运气在人类事务中的作用，更广泛的阐释见 Buttay-Jutier, *Fortuna*, and Crouzet, *Charles de Bourbon*, 154 - 62 and 191 - 9。感谢毛里齐奥·阿尔法约利提醒我"恺撒的好运"的重要性。

8. Boone, *Mercurino*, 132（加蒂纳拉的《自传》显然引用了他于1528 年 12 月 29 日写给奥兰治亲王的亲笔指示："如果上帝愿意赐给我们胜利……我们不要白白丢掉胜利果实，就像过去那样。" HHStA, *Belgien PA* 66/4/379 - 82v）; RAH *Salazar* A - 43/184 - 9, Alonso Sánchez to Charles, 21 Sep. 1528.

9. AGS *E* 848/36, Mai to Charles, Rome, 11 May 1529, 汇报了他在 4 月 24 日的觐见（Heine, *Briefe*, 520 - 1 中收录了部分，但有些错误）; *LCK*, Ⅰ, 296 - 8, Charles to Clement, Apr. 1529, 亲笔原件的副本; AGS *E* 848/14, Mai to Charles, Rome, 8 June 1529（报告了克雷芒七世的宣言）。

10. Dumont, *Corps*, Ⅳ/2, 1 - 7, 'Tractatus confoederationis inter Carolum Ⅴ... & Clementem Ⅶ', Barcelona, 29 June 1529; AGS *E* 848/5 - 6, Brief of Clement Ⅶ, 6 Aug. 1529; *L&P* Henry Ⅷ, Ⅳ/3, 2583 - 4, English ambassadors in Rome to Wolsey, 16 July 1529. 根据克雷芒七世在 1529 年 8 月 13 日的宣言，加蒂纳拉成为枢机主教。

11. *PEG*, Ⅰ, 427 - 32, Charles's instructions to Baron Balançon, Sep. 1528, 亲笔信的副本; *KFF*, Ⅱ/1, 295 - 308 and 335 - 46, Charles's instructions to Baron Montfort, 8 and 28 Nov. 1528（后一份指示紧接着前一份指示送抵）; Sanuto, *I diarii*, L, cols 279 -

81, ambassador Malatesta to the marquis of Mantua, 24 Feb. 1529；*RVEC*, 424 – 30, Salinas to Ferdinand, 3 Apr. 1529。关于他的西班牙大臣阻挠他去意大利，见下文。

12. Sanuto, *I diarii*, L, cols 63 – 4, letter from Giovanni Battista Grimaldi to the Grimaldi company in Genoa, 10 Feb. 1529. *CDCV*, Ⅰ, 137 – 54 刊载了查理五世 1529 年 3 月 8 日签署的各种文件和指令。他在当天签署的遗嘱没有一份副本存世：我们之所以知道这份遗嘱的存在，单纯是因为他的姑姑玛格丽特说她收到了一份。我们没有办法确定大多数议事会的设立与改革的准确日期，因为查理五世曾多次重组各个议事会，例如 Carlos Morales, *El consejo*, 25 – 34 谈到了 1522 年中期到 1525 年 1 月 16 日（在这一天，洛斯·科沃斯让议事会全体成员宣誓）之间财政议事会的逐渐重组。Espinosa, *The empire*, 281 提供了当时查理五世中央政府架构的精彩图示。

13. RAH *Salazar* A – 44/37 – 41, Charles to Leyva, 16 Feb. 1529, 由加蒂纳拉起草，但被大幅修改。

14. AGS *E* 267/161 – 3, 'Traslado de los capítulos que se enviaron a Don Ugo de Moncada, y después de su fallecimiento al príncipe de Oranges', 那不勒斯，原本签署的日期是 4 月 19 日，但修订于 1529 年 5 月 16 日，备忘录。查理五世给莱瓦和其他在伦巴第的大臣发去了类似的指示。

15. Moone, *Mercurino*, 136, 加蒂纳拉的《自传》，写作时间显然是他和查理五世在巴塞罗那等待期间；Headley, 'The emperor', 35 note 20, 引用了一份德文的小册子："皇帝万岁！皇帝万岁！走得更远！走得更远！世界的统治者！"（Keyser/Keyser/for uber/for uber/herre der weldt！）

16. Sanuto, *I diarii*, LⅠ, cols 399 – 403, 'Raporto', 20 Aug. 1529；Boom, 'Voyage', 62. 从 Sanuto, *I diarii*, vol. 50（涵盖了 1529 年 3 ~ 6 月）的索引项 "Austria, Carlo di" 中可以看出威尼斯大使高度关注查理五世是否会来意大利、什么时候来，以及这可能导致何种后果。

17. *KFF*, Ⅱ/Ⅰ, 315 – 17, Charles to Ferdinand, 4 Nov. 1528（又见 *LCK*, Ⅰ, 291 – 2, and Le Glay, *Négociations*, Ⅱ, 675 – 6）；RAH

Salazar A‐44/37‐41, Charles to Leyva, 16 Feb. 1529（不过在一周后写了一份附言，说如果他碰巧在意大利遇见弗朗索瓦一世，"也许我们可以对付他的挑战"）。HSA *B* 2854, Charles to Henry Ⅷ, 31 Oct. 1528（草稿见 AGS *E* 16/285），是发给其他"帝王与君主"的书信之一。

18. *L&P Henry Ⅷ*, Ⅳ/2, 1918, treaty of Hampton Court, 15 June 1528（概要）；Dumont, *Corps*, Ⅳ/1, 514‐15, Treaty of Gorcum, 3 Oct. 1528（部分）。

19. Gachard, 'Charles Quint', 567 note, Charles to Margaret, 15 Oct. 1528；BL *Cott. Ms.* Galba B. IX/220‐1, 查理五世任命玛格丽特为他在和谈期间的"不可取消的特命全权代表"（procuratrix générale, spéciale et irrévocable），经过公证的文书（刊载于 *Ordonnances des rois de France. Règne de François Ier*, V/2, 253‐4, 随后是弗朗索瓦一世授予同等权力给路易丝的文书，1529 年 6 月 2 日）。

20. *Ordonnances des rois de France. Règne de François Ier*, Ⅴ/2, 221‐56, and Dumont, *Corps*, Ⅳ/2, 7‐17, peace of Cambrai, 5 Aug. 1529, 插入了《马德里条约》（但没有发表）。

21. AGS *GA* 2/29‐30, Charles to the empress, Genoa, 30 Aug. 1529；Le Glay, *Négociations*, Ⅱ, 693‐7, Praet to Granvelle, 31 Aug. 1529.

22. *Ordonnances des rois de France. Règne de François Ier*, Ⅴ/2, 276‐8, and Dumont, *Corps*, Ⅳ/2, 52‐3, 弗朗索瓦一世在巴黎高等法院对《康布雷和约》的"抗议"，1529 年 11 月 16 日。

23. AHN Nobleza *Frías* C. 457 D. 43, 'Sentencia del Condestable' on Juan de Jalón（他试图帮助两位王子逃走）28 May 1529（Jalón 在次日被处死）；AHN Nobleza *Frías* C. 23 D. 26, Charles to the Constable of Castile and marquis of Berlanga, Palamos, 1 Aug. 1529；*CDCV*, Ⅰ, 186, Margaret to the empress, 15 Dec. 1529；AGS *GA* 2/29‐30, Charles to the empress, 30 Aug. 1529；and AHN Nobleza *Frías* C. 23 D. 27, empress to Berlanga, 27 Sep. 1529（逐字逐句地传达了她丈夫的命令）。

24. AGS *CMC* 1a/590/1, 'Cuenta de Álvaro de Lugo' 是收取的"法

国国王儿子们的赎金"，记录了额外的金币。Sanuto, *I diarii*, L Ⅲ, cols 344 – 5, Andrea Corsoni to Guido Rangon, Bayonne, 2 July 1530 记载了释放人质之前"无休止地称量钱币"。今天，只要去一趟佩德拉萨德拉谢拉，就能理解亨利二世为什么始终没有原谅或忘怀他被关押在那里的遭遇。

25. *KFF*, Ⅱ/2, 484 – 9, Charles to Ferdinand, Voghera, 5 Sep. 1529; and 473 – 6, Ferdinand's instructions to Count Noguerol, Linz, 18 Aug. 1529（又见 *CDCV*, Ⅰ, 159 – 61）。

26. *CWE*, XⅧ, 19 – 22（＃2481）, Erasmus to Bernard Boerio, 11 Apr. 1531. 六十年后，葡萄牙编年史家蒂欧格·都·科托说苏莱曼"继承奥斯曼帝国的那一天，恰恰也是战无不胜的查理五世皇帝加冕的日子"，从而增强了他俩是"孪生兄弟"的意味。但实际上苏莱曼继承苏丹宝座的日子是 1520 年 10 月 1 日，而查理五世加冕为罗马人国王的日子是 23 日，见 Lima Cruz, *Diogo do Couto*, Ⅰ, 191 – 2（década Ⅷ, libro Ⅲ ch. 1）。感谢 Sanjay Subrahmanyam 和 Jane Hathaway 给我提供了这些数据。

27. *LCK*, Ⅰ, 66 – 8, Charles to La Chaulx（他派往罗马的特使）, and *BKK*, Ⅱ, 151, Charles to Margaret, both from Palencia, 25 Aug. 1522。

28. Gachard, 'Charles Quint', 573, Charles to Margaret, 23 Sep. 1529; *KFF*, Ⅱ/2, 499 – 509, Charles's instructions for Noguerol, returning to Ferdinand, 23 Sep. 1529.

29. AGS *E* 1555/130 and 131, Charles to de Praet and Mai, 16 and 20 Sep. 1529; AGS *E* 848/7, Charles's instructions to the archbishop of Bari, going to the pope, 9 Oct. 1529.

30. Gachard, 'Charles Quint', 575 n. 1, Charles to Margaret, 16 Nov. 1529. 又见 AGS *E* 1454/171, Gattinara to Charles, 1 Nov. 1529 是喜讯从维也纳传来之后立刻写的，"既然土耳其人如今已经撤退，陛下就不必那么着急去德意志了"，皇帝应当首先"安排意大利事务"。

31. 细节来自 Giordano, *Della venuta*, 24 – 37（'Carlo, Carlo, Imperio, Imperio, Vittoria, Vittoria!'）, and Sanuto, *I diarii*, LII, cols 180 – 1, Gasparo Contarini to the Signory, Bologna, 5 and 6 Nov.

1529（also in *CSPV*, Ⅳ, 234－5）。Sanuto, op. cit. , cols 182－99 包含对"凯旋式"的其他目击者记述。Stirling-Maxwell, *Entry* 重版了 1530 年发表的查理五世入城式的一套十六幅图，并做了评论。在 1515 年，弗朗索瓦一世和利奥十世在马里尼亚诺战役之后在博洛尼亚会晤时也住在一起。

32. Alberì, *Relazioni*, 2nd series Ⅲ, 255－74, Relation of Gasparo Contarini, 4 Mar. 1530（引自 264 and 269）; AGS *PR* 16/96, 'Las cosas que Su Magestad ha de tener memoria para hablar y suplicar a Su Santidad son las siguientes', 没写日期，但应当是在 1529 年年末（*BKK*, Ⅱ, 248－9, 刊载了这封信，有一些错误，而且没有查理五世本人的注释; *CSPSp*, Ⅳ, 239, 提供了一份概述，但有严重的错误，检索号也错了）。Cadenas y Vicent, *Doble coronación*, 96, Clement to Charles, 29 Oct. 1529, 揭示了另一个讨论主题，承诺"我们将继续面谈"，商讨攻击土耳其人的计划。Ibid. , Part Ⅺ列出了教宗与皇帝密谈的日期。

33. Laurent, *Recueil*, Ⅲ, 3－4, papal grant, Bologna, 20 Feb. 1530; Dumont, *Corps*, Ⅳ/2, 53－8, treaty of alliance, and Sanuto, *I diarii*, LII, cols 422－32, 查理五世与斯福尔扎的条约，以及他与威尼斯的条约，都在博洛尼亚签署，1529 年 12 月 23 日。佛罗伦萨暂时还没有与皇帝和解，因为它的共和国领导人拒绝接受美第奇家族的统治。

34. BL *Addl. Ms.* 28, 579/288－91, Los Cobos to the empress, 28 Dec [1529]; Sanuto, *I diarii*, LII, cols 308－9, letter of Federico（教宗驻威尼斯使节的秘书）, to his master, 20 [*recte* 26] Dec. 1529。

35. *KFF*, Ⅱ/2, 549－63, Charles to Ferdinand, Bologna, 11 Jan. 1530, 带有他亲笔修改的备忘录（另刊载于 *LCK*, Ⅰ, 360－73）。下文所有引文均出自这份文件。

36. AGS *E* 1454/170, Gattinara to Charles, 29 Oct. 1529. （*CSPSp*, Ⅳ, 319－20, 说加蒂纳拉指的是弗里德里希·巴巴罗萨皇帝，但这是错的; 关于弗里德里希三世在 1452 年的加冕礼，见 Sanuto, *I diarii*, LII, cols 622－4, 'Copia de una lettera', 加蒂纳拉说的弗里德里希指的是他）。

37. 细节来自 Stirling-Maxwell, *The procession*（复制了 Hogenberg 的纪

念雕版画）。其他细节来自 Boom，'Voyage'，92；以及刊载于 Cadenas y Vicent, *Doble coronación*，part Ⅸ中的资料。

38. Sanuto，*I diarii*，LII，cols 603－79（在他年度汇编的第 423～428 页）；Borrás Gualis，*La imagen triunfal*（尤其是第 247～375 页的 'Repertorio iconográfico'）。

39. Borrás Gualis，*La imagen triunfal*，32－4（提议但始终未实现的计划）；Bodart，*Tiziano*，209，莱奥纳尔迪大使给乌尔比诺公爵的信，1530 年 3 月 18 日，报告了曼托瓦大使的怨言（at ibid.，pp. 61－5，Bodart 讨论了这种说法，它也许仅仅反映了查理五世没有恰当地尊重曼托瓦侯爵而引起的失望，不过 Bodart 承认，其他关于皇帝"贪得无厌"的怨言能够支撑大使的说法）；*RVEC*，483－5，Salinas to Ferdinand，28 Mar. 1530。

40. *RVEC*，492－4，Salinas to Ferdinand，24 Apr. 1530. Bodart，'Algunos casos'，18，刊载了该纪念碑（显然已经不存在）的一幅雕版画。Soly，*Charles*，488，刊载了在曼托瓦竖立的图拉真柱复制品的石英复制品的图像。

41. *LWB*，Ⅱ，306－10（#401），Luther to Charles，28 Apr. 1521（同一天发出了一封类似的信给选帝侯、王公和"各等级"，用的是拉丁文和德文，pp. 310－18，#402）；Laurent，*Recueil*，Ⅱ，578－83，Ordinance published 14 Oct. 1529（被谴责的改革家包括威克里夫和胡斯，他们已经去世一个多世纪了，也许查理五世觉得，对付异端分子的时候必须绝对谨慎）；Förstemann，*Urkundenbuch*，Ⅰ，1－9，Charles V's 'Reichstag Ausschreiben'，Bologna，21 Jan. 1530。

42. *LWB*，Ⅴ，366－70（#590），Justas Jonas to Luther，18 June 1530，and Sanuto，*I diarii*，LIII，cols 318－19，Paxin Berecio to Thomas Tiepolo，16 June 1530，描述了这次游行。"抗议"是在 1529 年 4 月 19 日路德派诸侯的一次会议上提出的。

43. Boone，*Mercurino*，69.

44. Heine，*Briefe*，355－7，Loaysa to Charles，6 July 1530（又刊载于 *CODOIN*，XIV，36－9）。Nieva Ocampo，'El confesor'，661－2，记载了加蒂纳拉与洛艾萨之间的竞争；Martínez Pérez，*El confesor*，207－38，and Lehnhoff，*Die Beichtväter*，34－59，记载了

洛艾萨的生平与时代。值得注意的是，萨利纳斯大使在一年前就认识到，格朗韦勒将会成为位高权重的大臣，所以建议主公开始拉拢格朗韦勒，见 *RVEC*, 435 - 7, Salinas to Ferdinand, 22 June 1529。

45. Heine, *Briefe*, 357 - 9, Loaysa to Charles, 18 July 1530（又刊载于 *CODOIN*, XIV, 43 - 5）。

46. *NBD*, 1. *Ergänzungsband 1530 - 1531*, 60 - 1 and 63 - 74, Campeggio to Salviati, 14 and 26 June 1530; *LWB*, V, 383 - 4（# 1598）, Andreas Osiander to Luther, 21 June 1530.（Osiander 是用拉丁文写作的，但用德文并且用哥特字体来记录查理五世抚慰勃兰登堡 - 安斯巴赫边疆伯爵格奥尔格的话："皇帝答道：'不砍头！不砍头！'（Nicht kopf abhauen! Nicht kopf abhauen!）"

47. *CWE*, XVI, 343 - 5（# 2333）, Simon Pistoris to Erasmus, Augsburg, 27 June 1530; *LWB*, V, 453 - 9（# 1633）, Luther to Elector John of Saxony, 9 July 1530; Spalatin quoted by Roper, *Martin Luther*, 314.

48. Heine, *Briefe*, 359 - 62, Loaysa to Charles, 31 July 1530（又刊载于 *CODOIN*, XIV, 52 - 5）; *CR*, II, cols 245 - 6, Brenz to Isenmann, 4 Aug. 1530, 虽然反对意见可见 *LWB*, V, 426 - 9（# 1618）, Jonas to Luther, c. 30 June 1530：在聆听《奥格斯堡信条》时，"皇帝露出满意的表情"（Satis attentus erat Caesar）。

49. Sanuto, *I diarii*, LIII, cols 384 and 504 - 5, Marco Antonio Magno to Marco Contarini, 20 July 1530（关于宴饮）and 9 Aug. 1530（关于威胁）; and ibid., cols 474 - 5, Paxin Berecio and Niccolò Tiepolo to Thomas Tiepolo, 7 and 10 Aug. 1530。根据 Magno 的说法，查理五世是用法语写自己的回应的，请人将其译为德文，然后在帝国会议上宣读。

50. Sanuto, *I diarii*, LIII, cols 428 - 9, Benedeto de Rani to Francesco di Contissi da Faenza, 2 Aug. 1530; Heine, *Briefe*, 377 - 8, Loaysa to Charles, 8 Oct. 1530（又刊载于 *CODOIN*, XIV, 88 - 91）; AGS E 1558/62, Charles to Loaysa, 20 Oct. 1530, 会议记录（最后一个可怜兮兮的短语被删去，改为"此外，局势对我们十分不利"）; Förstemann, *Urkundenbuch*, II, 715 - 25 and 839 - 41,

Reichsabschied, Augsburg, 13 Oct. and 19 Nov. 1530。

51. Roper, *Martin Luther*, 339.

52. *CDCV*, Ⅰ, 247 – 50, Charles to Clement, 未写日期（但应为 1530 年 10 月 20 日），Pedro de la Cueva 寄送的查理五世亲笔信的副本；AGS *E* 849/6, La Cueva to Charles, Rome, 17 Nov. 1530。

53. AGS *CMC* 1a/590,'Cuenta de Álvaro de Luna', 1530 年 8 月 4 日在奥格斯堡签法的令状，授权支付 20 万杜卡特给斐迪南的特使（*CDCV*, Ⅰ, 256 – 9, 查理五世给皇后的信，1530 年 12 月 6 日，解释他的目的）；Lanz, *Staatspapiere*, 50 – 3, 计算了此次选举的开销，没写日期，但应当在 1530 年年末。Kohler, *Antihabsburgische Politik*, 132 – 59, 列举了向选帝侯们支付的全部款项，总计将近 50 万弗洛林。

54. Sanuto, *I diarii*, LIV, cols 268 – 72, Sigismondo de la Torre, Mantuan ambassador, to the duke, 11 Jan. 1531.

55. Gachard, *Analectes Belgiques*, Ⅰ, 378 – 9, Margaret to Charles, 30 Nov. 1530; Dumont, *Corps*, Ⅳ/2, 73, Codicil to Margaret's Will, 28 Nov. 1530.

56. Gachard, *Collection de documents*, Ⅰ, 293 – 4, Charles to Count Hoogstraeten, 3 Dec. 1530, and 296 – 9, Hoogstraeten and the archbishop of Palermo to Charles, 8 Dec. 1530.

57. *CMH*, Ⅰ, 15 – 20, Charles to Marie, 3 Jan. 1531, 亲笔信（又刊载于 Gachard, *Analectes Belgiques*, Ⅰ, 381 – 6）。查理五世为了自己没有在与她一同待在奥格斯堡的时候请她出山而道歉，但他显然说错了：匈牙利王后对这封信的概述提及"他在奥格斯堡提的建议"（ibid., 20），她还告诉斐迪南，得知玛格丽特去世后，"我记得很清楚，在奥格斯堡的时候，我向皇帝和向您做出的表示，即我愿意服务和服从"。（*KFF*, Ⅱ/2, Marie to Ferdinand, 26 Dec. 1530, 斜体部分。）

58. AGS *E* 496/94, Dr Escoriaza to the empress, Brussels, 29 Jan.（签署的年份是"1530 年"，但显然应为 1531 年）；Sanuto, *I diarii*, LIV, cols 430 – 2, La Torre to the duke of Mantua, 26 Apr. 1531。

59. AGS *E* 8335/109, Marie of Hungary to Philip Ⅱ, 4 Sep. 1558, 副本，回顾了 1531 年的情形；Tracy, *Emperor*, 90, 引用了荷兰各

等级的决议，1531 年 3 月 29 日。

60. *KFF*，Ⅲ/2，280 - 95，查理五世给斐迪南的信，1531 年 10 月 1
日。我感谢詹姆斯·特雷西指出，最好将"hauteur"译为"主
权"。查理五世说他的一些官员"大呼小叫地要害死我"（这是
非常强有力的说法），并在信的末尾写道："我不希望任何人写
下这些细节。只有我本人能写。我也只能写给你。因此我恳求
你将这封信妥善保管在其他任何人都看不到的地方。"

61. *CMH*，Ⅱ，28 - 33，Charles to Marie，1 Feb. 1533. Laurent，
Recueil，Ⅲ，236 - 54 and 260 - 79，包含 1531 年 9 月 27 日至 10
月 7 日查理五世签署的关于尼德兰摄政政府的大量任命状和指
示。Henne，*Histoire*，Ⅴ，ch. 18，审视了查理五世于 1531~1532
年在尼德兰取得的成就。

62. *KFF*，Ⅲ/1，89 - 100，129 - 35 and 152 - 6，Charles to Ferdinand，
3 Apr.，16 and 21 May，and 14 June 1531，均为亲笔信（又刊载
于 *LCK*，Ⅰ，429 - 36，456 - 7 and 479 - 84）；Sanuto，*I diarii*，LⅣ，
cols 501，Tiepolo to the Signory，1 July 1531，and 566 - 8，La Torre
to the duke of Mantua，7 Aug. 1531。

63. *NBD*，*1. Ergänzungsband 1530 - 1531*，399 - 404，Aleandro to
Salviati and Sanga，14 Nov 1531（两封信）；*KFF*，Ⅲ/1，152 - 6 1
and 183 - 90，and Ⅲ/3，Charles to Ferdinand，14 June and 7 July
1531（又刊载于 *LCK*，Ⅰ，479 - 84 and 490 - 4），and 3 Jan.
1532，均为亲笔信。

查理五世作为文艺复兴时代帝王的肖像

训诫皇帝

1531 年 12 月，查理五世在图尔奈主持了一次金羊毛骑士团的大会。图尔奈是他十年前从法国夺来的，他选择这个地点开会，是在强调自己保卫勃艮第遗产并开疆拓土的成功。根据骑士团的惯例，书记官搜集了关于每一位骑士的美德与恶行的信息，然后提交给与会者讨论。因为"骑士团团长的行为"也要接受这样的审视，所以在记载了"他听到的对［查理五世］的美德与光辉成就的赞扬之后"，书记官还记录了骑士们对他的五种怨言：

> 他们认为，他办事迟缓；他在鸡毛蒜皮的小事上浪费大量时间，忽视了最重要的大事；他很少征询议事会成员的意见，议事会的人数也不够；他没有认真选拔合适的人到法庭，法庭办事极慢；最后一点是，他给大臣和士兵的报酬极少。

查理五世"非常认真、非常客气地聆听了这些怨言"，然后给出了强有力的反驳：

> 他把司法领域的所谓缺陷归咎于：他指定在他出

国期间代理他执行司法的官员办事不力；他持续不断
地需要面对重大使命，所以没有办法把全部注意力集
中于自己的国内事务。至于他的谋臣，他说，因为他
找不到既有充分的经验又值得信赖的人，他不得不亲
自处理很多原本可以委派给他人的事务。对于另外几
个方面，他承诺尽其所能地尽快解决骑士们指出的各
种弊端。[1]

尽管任何地方的臣民都会抱怨自己的统治者，但很少有臣
民能够当面向统治者发出批评，更少有臣民能够期望得到通情
达理的答复。

梅尔库里诺·阿尔博里奥·德·加蒂纳拉在一段时间里也
有权利批评自己的主公。在 1523 年的一份长篇备忘录中，首
相告诉查理五世：

> 您需要找到一些有才干并且您能够信任的人，那
> 样您才能放松下来，仰仗他们。为了这个目的，您需
> 要遵循上帝通过叶忒罗①之口给摩西的建议。上帝把
> 统治和领导以色列人的使命交给摩西时，建议他选拔
> 品德高尚、睿智而敬畏上帝的人……担任大臣，为人
> 民主持公道；大臣们自己处理较小的事情，遇到大事
> 再请摩西定夺。

---

① 根据《圣经·旧约》，叶忒罗是摩西的岳父，是米甸人的祭司。他曾建议
摩西任命其他人来帮助他承担治理以色列人的职责。

加蒂纳拉滔滔不绝地说："陛下比摩西更需要选拔贤能并将权力下放，因为您肩负的职责比摩西多得多，因为上帝把帝位赐给您，您需要治理整个世界。"查理五世将这份备忘录送交御前会议，请大家讨论。御前会议的所有成员，无论勃艮第人还是西班牙人，都热情洋溢地赞同首相的"将权力下放"的呼吁。拿骚伯爵海因里希三世提出："在我看来，陛下必须这么做，因为陛下不可能对所有事情都亲力亲为。"查理五世没有给出回应，于是加蒂纳拉很快再度发动进攻。他提醒"年轻的君主"，上帝把他抬举到"高于世界上任何人的位置"，"这不是为了让他滥用上帝赐予的各种天赋与恩典，而是为了弘扬和增进基督教信仰"。

因此，"如果皇帝不纠正和惩罚他的军人与大臣的罪恶与歹行，如果他不主持公道，如果他不清偿债务，如果他不供养那些蒙受损失的民众，如果他不涤荡如此之多的弊端，义人就会说他是不义之人"。查理五世仍然不予理睬，于是加蒂纳拉在 1527 年离开宫廷，乘船前往意大利。他原以为皇帝会立即写信恳求他回去，然而皇帝让他失望了，因为（如纳瓦杰罗大使所说）"皇帝从不拒绝任何人辞职，因为他不认为自己缺了谁就做不下去了"。[2]

一种新的决策风格

查理五世不是一夜之间就在政治上取得独立的。即便在谢夫尔男爵去世之后，仍然有人觉得他优柔寡断。1521 年，玛格丽特女大公努力抚慰一位提出建议却被查理五世忽视的大臣的自尊心："我们的皇帝和其他人一样，有自己的头脑，有自己的耳朵，别人可以不分昼夜地对着他的耳朵窃窃私语，有时可以让他改变主意。"三年后，一位大使敦促查理五世迎娶葡萄牙公主伊莎贝拉，并说："请陛下与您的御前会议讨论，并做出您认为合适的决定。"皇帝恼火地反驳："不要以为我什么事情都和御前会议讨论。"（不过他承认："谢夫尔男爵先生在世的时候的确是那样的，因为他控制着我。"）[3]皇帝甚至撤销了其他人以他的名义做出的一些决定。1524 年，他撤销了玛格丽特做出的好几项任命。一位大臣提醒她，向皇帝抗议也没用，因为：

> 这是皇帝自己决定的，没有征询别人的意见。在涉及他的意志与权威的事务当中，他通常倒是会征询别人意见的。他的领地内没有一个人足够强大或者睿智，能让他回心转意，除非他相信常识要求他改变主意。我观察过许多不同年龄的君主，但我还从来没有见过这样一位费尽心思去理解自己的事务，并且决策时如此固执己见的统治者。无论在和平时期还是战时，他都亲自管理自己的财政；他自己决定授予官职、主教区和头衔，只听上帝的启发，不管别人的恳求。

随后几年里，好几位资深谋臣去世了，比如玛格丽特和加蒂纳拉在 1530 年去世，于是几乎没有一个人有能力约束皇帝，他也不打算用新一批意志顽强的谋臣来接替去世的老臣。1532 年，有人建议任用某位大臣来管理尼德兰事务，被他断然拒绝："因为我相信他会立刻想要参与决策。我更喜欢更容易掌控［manyable］的、只忙着文书工作的人。"[4]

随着皇帝越来越自信，很多人赞扬他的聪明和勤奋。伊拉斯谟说查理五世在尼德兰的时候，自己经常"在宫廷里"。他在 1523 年 3 月告诉一个通信伙伴，皇帝"很年轻，很聪明"。同一个月，几位英格兰大使报告称，"皇帝陛下每天都勤于政事，有时连续工作五六个小时"，并且"他对自己事务的了解程度不亚于御前会议的任何成员"。⁵很多观察者还注意到，他拒绝仓促行事。1526 年，教廷大使巴尔达萨雷·卡斯蒂廖内在讨论意大利政治时告诉查理五世，他"应当尽快下定决心，因为拖延耽搁是很危险的"。但皇帝冷静地答道，"他的政策始终是首先处理最容易解决的事情，把最棘手的留到最后"。这种习惯自然让那些受到困难决定影响的人感到恼火，包括卡斯蒂廖内，他在不久之后抱怨道："这里的办事习惯似乎是把事情无限期地拖延下去。"但也有人赞赏查理五世的审慎。三年后，一些廷臣指控查理五世的拉丁文秘书阿方索·德·巴尔德斯（伊拉斯谟的忠实追随者）是异端分子，"皇帝不习惯很快就信任别人，说他暂时不会做决定，而是要先看看有没有人能向他解释清楚［巴尔德斯］究竟犯了什么错误"。⁶

皇帝逐渐构建了一种决策系统，一方面广泛征求意见，另一方面自己深思熟虑。有时他会不辞辛苦地在纸上写出正反两方面的论点。1525 年 2 月他遇到问题时就进行了这样的分析，写下了各种意见，"尽管没有人比我更熟悉这些意见"，因为"我想把我的看法以一封密信的形式写下来"。在 1528 年与1529 年之交的冬季，查理五世有了一种新的行政手段。他计划从西班牙去意大利，但他的西班牙大臣设法阻挠，这让他十分恼火，于是他设立了一套由值得信赖的勃艮第官员组成的网络来绕过西班牙大臣。他给那不勒斯副王奥兰治亲王写了一封长篇亲笔信，说他"希望去一个能让我赢得荣誉与声望的地方"，并要求奥兰治亲王尽快建议如何行事。然后，他指示自己的内廷成员巴朗松男爵将这封信秘密送给奥兰治亲王。（"如果遇到紧急情况，你可以毫不犹豫地将这封信丢进大海；不管发生什么，务必确保只有亲王能读到这封信。"）。他甚至开始拆阅别人发给他的大臣的信。他命令安托万·佩勒南（当时是一名下级文员）破译一封书信，"但不能让他的上级知道"；皇帝把拦截到的一封信的副本连同他的答复发给孟福尔男爵（另一名长期为他效力的内廷成员），命令后者阅后将副本焚毁，并"用绳索和蜡将我写的信重新封印"，让人觉得它从来没有被拆封过。在给自己的信封印之前，他警示孟福尔男爵："我会让佩勒南送这封信给你。请告诉我，它有没有被拆阅过。"很显然，在这个阶段，皇帝除了巴朗松男爵、孟福尔男爵、奥兰治亲王和佩勒南（全都来自勃艮第）之外，不信任任何一位大臣。这真是不寻常的局面。[7]

他的西班牙官员无法（或不愿）筹集他去意大利所需的 30 万杜卡特，这让查理五世尤其恼火。"我无时无刻不在努力筹款"，他向孟福尔男爵咆哮道，"每天晚上我似乎已经成功了"，但"次日我发现自己距离目标更遥远了"。他得出结论，之所以出现这样的僵局，是因为"这里的每一个人都反对我去意大利，并且知道（或者相信）我筹款就是为了去意大利"。他威胁道，如果有必要，为了筹款他愿意"卖掉这座城镇"，即托莱多。[8]最后，他没有做这么极端的事情，而是绕过他的西班牙官员，用自己对摩鹿加群岛的主张向葡萄牙国王换取了一笔现金。这笔钱不仅让他能够旅行到意大利，还让他战胜了在意大利的各个敌人，并获得教宗的加冕。这种"另寻办法"的决策系统让查理五世达成了自己的目标。

1521～1525 年担任威尼斯驻西班牙大使的加斯帕罗·孔塔里尼于 1529 年与 1530 年之交的冬季在博洛尼亚再次见到查理五世时，注意到皇帝有好几个变化。尽管他"仍然审慎、城府极深并且极其关注一切与他有关的事情"，并且"比以往更加虔诚"，但孔塔里尼发现皇帝如今"说话比他在西班牙的时候多了，也更前后一致。有的时候我与皇帝陛下谈公事，一谈就是两个钟头。在西班牙从来没有过这样的情况。他也不像过去那样固执己见了"。孔塔里尼举了个例子：

> 有一天，皇帝陛下与我相谈甚欢。他说，他的天性是坚持己见。我希望安抚他，于是说："陛下，坚持好的决定就不是固执，而是坚定不移。"他立刻答道："我有时会坚持糟糕的决定。"我从这里看出，审慎和良好用意已经让皇帝陛下克服了他天生的一些弱点。

两年后，威尼斯大使尼科洛·蒂耶波洛写道："皇帝陛下只将例行公事委派给大臣。其他的方面，事无巨细，他都要知道，都要考虑。任何事情他都要干预，或者至少是知情。"卡斯蒂利亚御前会议的主席、枢机主教胡安·德·塔韦拉曾经（带着一丝讽刺的意味）告诉他的主公："尽管陛下或许已经决定只听自己的意见，不理睬别人的建议，但即便您听取别人的意见，事情仍然有可能办得好。"但查理五世固执己见。用蒂耶波洛的话说："他聆听每一位大臣的意见和观点，但只有他一个人能够决策。"[9]

皇帝的娱乐和祈祷

皇帝的工作量越来越大，但这几乎完全没有影响他把享乐置于公务之前的习惯。1530～1532 年的内廷账目能让我们了解他的一些消遣。他经常赌博（有时赌注高达 300 杜卡特）；他看戏；他经常当模特，让画家给他画像，其频繁程度令人吃惊。[10]他放鹰、打猎，一玩就是好几天，其间完全不问政事。他有一次向妹妹玛丽道歉："花了这么久才给你回信，因为你的信到的时候，我正忙着打猎 [tant enpesché en la chase]，于是没有给你及时回信。"弟弟恳求他尽快对一个关键事务做决定时，查理五世答道，他正在打猎，"我在这个乡间猎苑的时候没有办法决定该怎么办"，所以斐迪南不得不等待。[11]

在四十岁之前，查理五世似乎很少花时间读书，几乎没有一幅肖像显示他手里拿着书。但他的内廷账目显示，在 1530 年和 1531 年，他买了一些"反对马丁·路德的书"；几年后，对他位于布鲁塞尔的图书馆的盘点显示，他拥有好几部反对路德派的论战著作、一些游记、一些在今天可以算作软色情的书，以及一些关于放鹰和狩猎的手册。但他读书有多频繁呢？据威尼斯文人卢多维科·多尔切说，查理五世"只喜欢读三位作者的书，并命人将他们的作品翻译为西班牙文。这些书分别是"巴尔达萨雷·卡斯蒂廖内的《廷臣之书》，"因为它是文明生活的根基"；尼科洛·马基雅维里的《君主论》和《论李维》，"用于处理国家大事"；还有"波利比乌斯①的《历史》和其他著作，用来指导军务"。[12]但多尔切忽略了皇帝最喜欢阅读的另外两类图书：与骑士精神相关的书和宗教书籍（他的图书馆有 14 种时祷书，其中有些配有精美绝伦的插图）。[13]

查理五世始终对祈祷和礼拜非常重视。他退位不久之后，一位大使证实："皇帝陛下一辈子都是每天听弥撒……在瞻礼日和大斋节的四十天里听布道。有时他参加晚祷和其他礼拜，每天都让人读《圣经》给他听。他保持了每年四次告解并领圣餐的习惯。" 查理五世上床睡觉之前通常会跪在一幅圣像前，背诵一种简短版本的信条，并默念祈祷文，也许是在一本时祷书的辅助之下默念的。[14]

查理五世有时会进行更加招摇的礼拜活动。他拥有两根自我鞭笞用的鞭子，（据他的儿子在很多年后说）其中一根"经常使用"，仍然带有皇帝的血迹。[15]此外，皇帝在每年复活节都要修行一周。1529 年，在启程去意大利之前，"他在棕枝主日②抛下妻子儿女"，退隐到一家修道院"度过神圣的日子，暂不处理公务，因为这是恰当的做法"。1535 年，就在他的北

---

① 波利比乌斯（约前 200 ~ 前 118）是希腊历史学家，著有《历史》，记载罗马共和国打败迦太基、崛起为地中海霸权的过程，包括罗马征服希腊的历史。他是自己记载的不少事件的目击者或亲历者。他作为人质在罗马生活了十七年，得以近距离观察罗马的统治阶层，并成为名将小西庇阿的谋士。他极为推崇罗马人的政治制度，相信罗马的兴起是大势所趋。另外，他在密码学上也有建树。

② 棕枝主日又称受难主日，是基督教节日，圣周的第一天，也就是复活节前的星期日，纪念当年耶稣在众人欢呼簇拥下进入耶路撒冷。该节日的游行队伍通常由教友组成，他们手执棕榈枝，代表耶稣入城时人们撒在他面前的圣枝。其礼拜仪式包括对基督受难和死亡情景的描述。早在公元 4 世纪，耶路撒冷就开始庆祝棕枝主日，而西欧则始于 8 世纪。在有些国家，因为难以获得棕榈枝，也可以用本土其他树的树枝代替。

非战役之前，他又一次拒绝在圣周处理公务，而是待在一家修道院。类似的例子还有很多。唯一的例外发生在 1526 年，他在复活节前不久决定刑讯和处决萨莫拉主教阿库尼亚，这导致查理五世被绝罚，但他得到教宗的宽恕之后立刻就去了一家修道院，"在那里度过一周，代替圣周，并做告解，领圣餐"。[16]在这种时候，缺乏耐心的大臣也许会纠缠他们的主公，但这从来都没有用。在 1531 年的圣周，洛斯·科沃斯写了一份奏章，概述了九件（他认为）亟须皇帝决断的事情，并将其连同相关文件一起送到查理五世正在修行的修道院。皇帝对其不理不睬，直到复活节之后将其退回，并留下一句令人难忘的责备："很难一边告解，一边写很多字。"[17]

查理五世的高度虔诚让他的告解神父得以影响他的政治决策。方济各会修士让·格拉皮翁（伊拉斯谟的朋友）于 1520 年成为皇帝的告解神父，次年陪同皇帝参加沃尔姆斯帝国会议和军事行动。有人认为格拉皮翁"在宫廷的地位不亚于基督本人"。1520 年大斋节期间，他在御前做了一次言辞激烈的布道，谴责教会和教士的弊端，并坚持认为，如果教会的弊端继续蔓延下去，君主有责任施加干预："您的职责是手按利剑，确保这样的恶事不要因为教士的错误而发生。"这听起来像是路德会说的话。一年后，查理五世委托格拉皮翁去说服萨克森选帝侯弗里德里希三世劝路德收回至少部分立场，从而避免在沃尔姆斯帝国会议上发生高风险的对抗（见第五章）。所以，"皇帝陛下的告解神父"格拉皮翁的一本著作后来上了教会的禁书目录，一点都不奇怪。[18]

1522 年，格拉皮翁陪同查理五世去了西班牙，但不久之后就辞职了，因为他想和其他一些来自尼德兰的方济各会修士一起旅行去美洲，向那里的土著居民传教（不过格拉皮翁还没有去美洲就去世了）。将近一年之后，皇帝选择多明我会修士加西亚·德·洛艾萨·门多萨为他的新任告解神父。和格拉皮翁一样，洛艾萨成为国务会议的一分子，于1526年成为西印度议事会的主席。外国大使们拉拢他，因为"他深得皇帝陛下宠信，比我知道的任何人都更得宠"。[19]尽管洛艾萨和查理五世这一时期的通信很少存世，但他们在1530~1533年（洛艾萨担任皇帝驻罗马的特使）的通信能够帮助我们了解他们在过去的交流。

洛艾萨告诉查理五世："既然我保留了告解神父的头衔，那么只要我活着，我就有责任帮助您获得救赎。"他认为，这就让他有权"向陛下开诚布公，就像我过去在您身边那样"，所以"我的话语反映了我在私下里与您密谈的长期经验"。[20]洛艾萨义正词严地宣称，"陛下身上始终有懒惰和渴望荣耀这两种品质在斗争"，并补充说："懒惰、自我放纵、恶习和享乐不可能让人得到王冠和胜利。"他甚至运用皇帝过去的告解内容来批评他："陛下曾说想要将自己的生命奉献于捍卫信仰，因为您相信，只有这样才能报答上帝赐予您的无限恩典。现在时候到了，陛下需要证明自己的话是伪善的、虚假的，还是真挚的、诚实的。"[21]

洛艾萨对查理五世的自我放纵提出了特别的批评。1530年，他震惊地发现皇帝仍然在吃鱼，尽管"全世界都知道您的肠胃消化不了鱼肉"。"我听有些人说，有时您的肠胃发出的声音比您的嗓音还响。"次年，他愤怒地说："上帝创造了您，不是为了让您在教会陷入危急的时候去猎鹿！"他还责备查理五世拿自己的健康甚至生命冒险：

您贪杯，大吃特吃对您的健康有害的东西，睡眠没有规律。看在上帝的分儿上，请不要忽视我的恳求，请您放弃那些有害的享乐。上帝创造了您，不是为了让您在世间享乐，而是让您不知疲倦地工作，去挽救基督教世界！[22]

1532 年，有传闻说土耳其人将再度入侵匈牙利，这促使洛艾萨发出了新一轮炮轰："陛下不应当想着离开德意志，而是应当圆满地完成您的使命，完成您如此光荣地肩负起的事业。"简而言之："在您成功地处理好国家大事之前，您不能返回卡斯蒂利亚，不能回到妻儿身边。"最直言不讳的告诫是：

我冒昧地说，在此时此刻，陛下肩负着最大的责任，绝不可以浪费哪怕是一个钟头。每天您都必须征询谋臣的意见，并毫不耽搁地执行他们的决议……我历来知道，陛下对荣誉的爱，比对生命和财富的爱多一千倍。如今您的荣誉受到了挑战，您哪怕是吃饭和睡觉的时候也应当始终思考如何增进而不是减损自己的荣誉。[23]

洛艾萨很睿智，在批评的间歇也会给予积极的反馈。他赞扬"您的信仰和诚实是如此完美，因为世间没有一个人比陛下更纯洁，更敌视谎言与欺骗"（1530 年）；并说"世人皆知，陛下是一位天使"（1531 年）。[24]

查理五世似乎愿意为了得到这样的溢美之词而接受他的批

评。他在一封给洛艾萨的亲笔回信中保证："得到你的辅佐和建议，我心满意足。""我恳求你永远不要停止这么做。"或者，带着略微衰减一些的热情："十分感谢你给我的好建议。如果你继续这么做，并不断给我发来对于任何事情的建议，我会很高兴。我会用你给出建议的精神来接受它。"[25]

唯一动摇了查理五世信仰的挫折，似乎是他见证了十四岁外甥汉斯的死亡。汉斯是他已故的妹妹伊莎贝拉与她那个不讨人喜欢的丈夫丹麦国王克里斯蒂安二世①的儿子。"这给我带来了你能想象得到的最大的悲恸，"查理五世于 1532 年 8 月写道，"因为他是这个年龄最英俊的小男孩。他的死，甚至比失去了我的亲生儿子［费尔南多，于两年前夭折］更让我伤心，因为他年纪大一些，我对他更熟悉，将他视如己出。但是，我们必须接受上帝的意志。"但他随后愤怒地写道："愿上帝宽恕我，但我希望上帝把［克里斯蒂安二世］带走，而不是带走他的儿子。"[26]

---

① 克里斯蒂安二世（1481～1559）是最后一位以"卡尔马联合"的形式统治丹麦、瑞典和挪威的君主。他力图维持三国的联合，因此与瑞典贵族发生战争。他对瑞典贵族的屠杀招致瑞典人的普遍敌视，最终古斯塔夫·瓦萨领导瑞典人推翻了克里斯蒂安二世对瑞典的统治，建立瓦萨王朝。

在丹麦国内，克里斯蒂安二世努力加强中央集权，削弱教会与贵族的权力，扶植市民阶层。他的情妇迪弗克·西布里特施达被毒死，国王因此处死了一位大贵族，从而招致贵族阶层的敌视。另外，国王宠信和重用迪弗克的母亲（一个非常有才干的市民），让她主持财政，也引起贵族的不满。他那些倾向于市民阶层的改革更是令贵族愤怒。

1523 年，克里斯蒂安二世被自己的叔父（弗雷德里克一世）推翻，于是他在丹麦和挪威的统治也结束了。此后，克里斯蒂安二世人生的大部分时间在软禁中度过，不过他很长寿。

不幸福的家庭

查理五世对自己的亲人总是有着强烈的意见，并且经常把意见表达出来。根据玛丽亚·何塞·罗德里格斯－萨尔加多的观察，查理五世"出生于一个不寻常的、机能失调的家庭"。并且，他还把这种不正常的家庭气氛继续维持了下去。"我们检视他与其他家庭成员的关系时就会发现，他对他们中的任何人都很少有亲情。最突出的特点是，他企图掌控他们。"他对自己的一些亲人"抱有最深度的猜忌，有时简直到了偏执狂的程度"。[27]

得知姑姑玛格丽特去世的噩耗后，查理五世说："我把她当作自己的母亲看待。"但他经常对她表现得麻木不仁，尤其是在他开始亲政的时候。他对自己生身母亲的态度也很恶劣。他在西班牙与母亲第一次见面的时候，他向胡安娜女王保证，他和他的姐姐埃莉诺以"谦卑的、孝顺的子女"的身份前来"向您表达我们的尊重和顺从，并为您效劳"。但他把外祖父创造的那个充满谎言的虚幻世界维持下去，用它来蒙蔽母亲（见第四章）。即便在公社起义让胡安娜了解真相之后，查理五世仍然把她软禁在托尔德西利亚斯，并经常偷窃她的财物。1524 年，在他的妹妹卡塔利娜结婚不久前（此前她几乎完全与母亲一起度过，处于软禁之中），查理五世在托尔德西利亚斯待了一个月，搬走胡安娜收藏的壁毯、珠宝、书籍、银器，甚至教士法衣，当作妹妹的嫁妆（所以查理五世自己不需要掏钱）。他还从母亲的套房搬走了重 25 公斤的白银和 15 公斤的黄金，并用这些金银来资助卡塔利娜前往里斯本（还狡猾地在箱子里装了同等重量的砖块，让母亲暂时不会发现自己被儿子抢劫了）。[28] 查理五世还尽可能久地向胡安娜隐瞒卡塔利娜的结婚计划，当"新娘要去丈夫身边的时候，他为了避免在场而去了马德里，因为他担心母亲会伤心欲绝"。所以，查理五世尽管无疑拥有战场上的勇气，有时却是道德上的懦夫。[29]

查理五世对妻子也是没心没肺，有时显然把妻子视为帮助他治理国家的摄政者和生儿育女的机器。1522 年 1 月，尽管他已经与亨利八世的女儿玛丽订婚，却还是毫无浪漫之情地向葡萄牙国王若昂三世保证，"我更倾向于娶他［若昂三世］的妹妹伊莎贝拉公主，因为没有一位公主像她那样合适［si preste comme elle］"。三年后，他向弟弟吹嘘，他娶了伊莎贝拉意味着婚后"我可以立刻把政府托付给她"，然后他自己离开西班牙。在结婚前不久，他向斐迪南承诺，等他让妻子怀孕之后，他就立刻抛下她，启程前往意大利。[30] 他的姑姑玛格丽特提醒皇后，"为了保障上帝赐予他的各个伟大王国和领地，［查理五世］现在万事俱备，只缺孩子"。玛格丽特向皇后承诺："等我见到皇帝陛下时，我会请他回到你身边，让你再生一个孩子。"皇后一共怀孕九次，但除了头胎之外，查理五世在妻子怀孕之后就对她没了兴趣。他们的第二个儿子夭折时他在德意志，并对妻子的哀恸表示轻蔑："把费尔南多赐给我们的上帝想要他回去，所以我们必须服从上帝的意志，并感谢他，恳求他保佑剩下的。所以，夫人，我满怀爱意地恳求你节哀，忘记并抛下所有的痛苦与哀伤。"几年后，枢机主教塔韦拉向主公（当时在北非）宣布胡安娜公主降生时，感到有必要补充一句："臣私以为，陛下在给皇后的信中必须表现出对新生女儿的极大喜悦，因为这样皇后会非常高兴。"[31] 查理五世最麻木不仁的行为是没有告诉妻子，他已经答应奥地利的玛格丽特，把他们的第二个儿子托付给她在尼德兰抚养。直到收到了玛格丽特兴高采烈地恭喜费尔南多出生的信，皇后才得知丈夫的安排。玛格丽特写道："没有比这更让我欢喜的消息了。皇帝陛下已经答应我，所以我希望［费尔南多］能成为我的儿子，成为我风烛残年的依靠，抚慰我每天都感受到的悲伤。因此，我恳求您，夫人，不要说我错了。"[32]

尽管查理五世经常表现得很自私，但他显然非常爱妻子。1532 年的一天，他从德意志写信给妹妹玛丽，承诺送去一幅伊莎贝拉的肖像，"这是我拥有的最美的一幅，也是最像她的"。但他随后改了主意。他解释道："你的信送到的时候，我正在给妻子写信。"现在"我想自己看着她的肖像，看到其中光彩照人的美"。然后自吹自擂地写道："我对妻子忠心耿耿，其他的美女在我眼中如同草芥。"几个月后，他为了自己的信太短而向玛丽道歉："如果写得长的话，肯定会写得很差，因为在过去两个小时里我一直在给妻子写信。"[33]查理五世和伊莎贝拉不仅鸿雁传书，伊莎贝拉有时还派遣心腹信使"了解你的健康，以及那里的情况如何；也让陛下了解我和孩子们的健康，以及这里的情况"。1529 年查理五世动身前往意大利的次日夜间，他俩都自发地给对方派遣了一名信使；他们分开的时候，还会交换礼物。1537 年，皇后"给正在巴塞罗那的皇帝送去她亲手制作的一朵丝绸花，装在一个盒子里"。[34]不过，如罗德里格斯－萨尔加多敏锐地指出的那样，只有在伊莎贝拉死后，皇帝才真正完全"体会到自己曾经拥有什么，他表现出的刻骨铭心的爱是她在世的时候他从来没有表现过的。现在没了压力，没了愤恨的责备，再也没有什么东西能抵消她那令人敬慕的美德，再也没有疾病能歪曲她的美貌"。简而言之，她在死后成了"圣像，而不是肉体凡胎的女人"。[35]
1547 年，查理五世传唤提香来"修复他手中的皇后肖像，它
是两年前被送来的，如今已经有些损坏了"。他把这幅肖像带
到了尤斯特，在他意识到自己的疾病可能是不治之症的那一天
凝视了它很长时间。在临终前的痛苦当中，他按照自己早就做
好的计划，手里拿着伊莎贝拉临终时拿着的十字架。[36]

查理五世与姐妹和弟弟的关系也充满了爱意、职责和虐
待，他总是把姐姐埃莉诺称为"我最好的姐姐"（ma meilleure
sœur）。在 1518 年之前，她每天都陪伴在他身边。而在 1518
年，他强迫她嫁给葡萄牙国王曼努埃尔一世；她在丈夫去世后
返回西班牙，查理五世每天晚上都去看望她。至于职责，查理
五世于 1523 年去纳瓦拉作战时，埃莉诺在卡斯蒂利亚担任摄
政者；1530～1547 年，她以法国王后的身份竭力促成丈夫与
弟弟之间的和睦，和他们一起参加了多次峰会，并且至少有一
次给弟弟发了一封密信，泄露了法国的谈判立场（见第十
章）。弗朗索瓦一世于 1547 年驾崩之后，她到布鲁塞尔与查理
五世会合。十年后，她陪他返回西班牙。在纸面上，皇帝总是
表达对姐姐的挚爱。1522 年曼努埃尔一世驾崩后，查理五世
指示一名亲信大臣把埃莉诺接回西班牙，因为"她是我在全
世界最爱、最珍惜的人"。她去世后，他向儿子讲述了"我和
她之间特殊的、深沉的爱"。但现实不完全是这样。[37]1517 年，
查理五世残暴地拆散了"我最好的姐姐"和她的恋人普法尔
茨伯爵弗里德里希，并强迫她嫁给曼努埃尔一世。曼努埃尔一
世去世后，弗里德里希再次表示想娶埃莉诺，又被查理五世阻
止。不久之后，皇帝努力劝说埃莉诺从葡萄牙返回卡斯蒂利
亚，给她写了一封奉承的信。"如果你听到了风言风语，说等

你到了这里之后我会强迫你嫁给一个你不愿意嫁的人，请你千万不要相信"，因为"我没有强迫你结婚的打算，除非是你自己愿意嫁的人。你大可以放心"。但他很快就食言了，承诺把她嫁给波旁公爵。后来他又毁弃了这个承诺，而是把她安排给法王弗朗索瓦一世。尽管他后来说埃莉诺更愿意嫁给法王，而不是"按照我的安排与波旁公爵结婚"，但他仍然把她到新丈夫身边的时间推迟了四年之久。[38]

　　查理五世与斐迪南和玛丽的关系同样时好时坏。他让弟弟妹妹都担任他的副手，给他们极大的权力（斐迪南在德意志，玛丽在尼德兰），但在 1531 年，他让玛丽治理尼德兰时，坚持要求她先解雇自她 1514 年离开布鲁塞尔以来就一直侍奉她的内廷官员，并以他批准的人（全部是尼德兰人）取而代之。他还要求她在不知道自己将会获得哪些权力的情况下接受任命，因为"在我们聚在一起商讨之前，我也不知道会给你哪些权力"。最后查理五世向妹妹授予了超出寻常的极大权力，比他给皇后的权力大得多，并且让她担任他的遗嘱的最终执行人，授权她在他和腓力王子都去世的情况下决定王位继承顺序。[39]通常情况下，只要是她做出的决定，他都会批准，哪怕她事前征询过他的意见而他不同意。1532 年他们的外甥——丹麦王子汉斯去世后，发生了一件令人发指的事情。查理五世认定，"别无办法，只能为"已故王子的两个妹妹，即十二岁的多罗特娅和十岁的克里斯蒂娜"寻找丈夫"。这两个少女的母亲去世了，父亲在狱中，所以玛丽把她们带到自己的宫廷抚养。次年，查理五世安排米兰公爵弗朗切斯科·斯福尔扎娶两位丹麦公主之一，但查理五世这么做的时候"犯了个错误，说公爵可以娶年纪较大的那位，而皇帝的本意是让斯福尔扎娶年纪较小的那位，因为他打算把年纪较大的那位嫁给苏格兰国王"。皇帝发现自己的错误后，"告诉公爵，他想娶两姐妹的哪一位都可以"。弗朗切斯科选择了克里斯蒂娜（他的年龄差不多是她的四倍），因为他得知她更美貌。[40]结婚的契约规定婚后立刻圆房，玛丽坚决反对这一点。但查理五世否决了她的意见，部分是因为他仍然搞不清楚自己要嫁出去的是哪一个外甥女。他是这样回复玛丽的："至于我的外甥女多罗特娅的婚姻"（其实是克里斯蒂娜），"她会对公爵满意的，因为说到财富，他很富有；说到相貌，尽管他的肢体和动作看上去有点奇怪，但他的头部和躯干都很匀称。据说他没有女人就过不下去，但在这方面我们可以帮他解决"。皇帝的麻木不仁让玛丽更加愤怒："我们的外甥女把你当作主公和父亲看待，对你百般信任"，但"她只有十一岁半，年纪这么小就结婚既违背了上帝的律法，也是缺乏理智的行为"。此外，"截至目前她还没有已经成为女人的迹象"（意思是还没有月经），"如果她的身体还没有发育完全就怀孕，会对她自己和孩子都造成风险"。查理五世仍然不理睬妹妹的明智意见，傻笑道："年龄差距对公爵造成的问题比对我们的外甥女的问题更大。"玛丽想方设法把克里斯蒂娜留在自己的宫廷，但在1534年，十三岁的克里斯蒂娜被送到米兰。[41]一年后，因为与苏格兰的联姻谈判破裂了，查理五世安排"我的外甥女多罗特娅"嫁给埃莉诺王后曾经的追求者弗里德里希，尽管他比多罗特娅大三十八岁。这两门婚事都没有好的结局：弗朗切斯科·斯福尔扎在克里斯蒂娜抵达米兰的十八个月后去世，多罗特娅和弗里德里希都皈依了路德宗，两对夫妇都没有子女。

　　查理五世对玛丽最恶劣的一次欺凌发生在他的晚年。1555

年，治理尼德兰二十多年的玛丽退休了，与哥哥和埃莉诺一同前往西班牙。在那里，玛丽"向上帝庄严宣誓，再也不参与政事，无论是直接的还是间接的"。但查理五世的儿子腓力在布鲁塞尔仍然认定，只有西班牙能为他提供打败法国所需的资金，而只有他本人在西班牙才能获取资金，所以他需要玛丽帮助他治理尼德兰。腓力知道玛丽一定会拒绝再次担任尼德兰摄政者，于是恳求皇帝劝说她。查理五世一度考虑召唤玛丽与他面谈，但（据一个目击者说）他回忆道，他上一次提起让她在尼德兰摄政时，"我发现她非常恼火，所以我估计她不会同意；所以为了避免重蹈覆辙，我最好不要让自己落到只会与她吵架的境地"。于是，在 1558 年 8 月，他给妹妹写了一封信，奉承地说腓力"是我的儿子，但也可以算是你的儿子"，然后命令"你绝不能让我在有生之年失去从我们的父母和祖先那里继承的荣誉和遗产，为了保卫它们，我已经付出了极大的代价，经历了极其严酷的考验"。他说自己相信"当你考虑了如此严重的风险之后，一定会放下手头的一切"，返回尼德兰，"因为那是你能为上帝和我们的王朝做的最大贡献"。为了防止她犹豫，他还亲笔写了一段，重复道："我的儿子即国王以及我们的王朝是得救，还是丧失土地、蒙受耻辱和毁于一旦，都取决于你。"[42]

这真是经典的查理五世风格的敲诈：无耻地利用玛丽对他本人、对他们的王朝和对她曾经辛勤努力去治理的国家的忠诚，然后威胁，如果她不同意，上述的一切都会完蛋。查理五世在去世三周前仍然能做出敲诈最亲密的亲人的事情，并且和往常一样，他这次也成功了。尽管玛丽发出了激烈抗议，但她还是收拾行装，准备回到尼德兰帮助侄子和"我们的王朝"。

在得知查理五世去世之后，她仍然继续勤勉地工作，但这种努力似乎耗尽了她最后的心血：她在兄长去世四周后也与世长辞。

查理五世对斐迪南也是同样的奉承和欺凌双管齐下，从1517 年（他们还没见面的时候）就开始了。当时查理五世担心弟弟的某些亲信企图推举他为卡斯蒂利亚摄政者，于是命令他开除这些亲信，同时向斐迪南保证，"我对他［斐迪南］的挚爱总是压倒一切的。他必须将我视为兄长和真正的父亲"。与此同时，他向尼德兰等级会议承诺，等他抵达西班牙之后，他的弟弟会到尼德兰生活；但他一直没有通知斐迪南，而是有一天突然命令他离开西班牙。年仅十四岁的斐迪南王子"非常明智，非常忠顺于兄长，答道，他愿意服从陛下的安排"，于是立刻离开家乡，前往姑姑玛格丽特的宫廷。两年后，玛格丽特试图让斐迪南成为罗马人国王的候选人，查理五世坚决反对。这一次，斐迪南也顺从兄长，向他保证："我把自己的命运完全置于你的手中，因为你是我的主公和父亲，我就是这样看待你的，也会终身这样看待你。"[43]

斐迪南的顺从得到了回报。1521 年，查理五世将自己继承的奥地利土地割让给弟弟，并立下遗嘱，确定斐迪南为自己全部领地与财产的继承人；次年，他任命弟弟为帝国的摄政者；1526 年，他授予斐迪南在意大利的全权，"有权像我一样封授土地和官职、出售财产和处理一切事务，仿佛我本人在场，因为我非常爱你，非常信任你"。[44]斐迪南的灵活性情（与皇帝大不相同）在中欧也收获了果实：他拥有足够的策略和耐心去哄骗奥地利和德意志的政治精英；他于 1526 年成为波希米亚和匈牙利国王之后，又以同样的策略和耐心去拉拢这两

国的精英。查理五世学会了珍视弟弟的建议。"世界上我最
爱、最信任的人就是你，我把你当作另一个自己［ung autre
moy mesmes］。"查理五世于 1524 年这样写道，并在几个月后
重复了这种说法，还说："我不仅把你当作弟弟，还当作我的
长子。"[45]

　　但是，查理五世有时也会怪罪弟弟。1535 年，有传闻说
斐迪南的内廷"管理不善"，查理五世因此在一次公开接见外
臣时羞辱了斐迪南的私人代表马丁·德·萨利纳斯。皇帝粗暴
地开始说：

> "告诉我，我的弟弟真的像他们说的那样穷吗？"
> "是的，陛下。"
> "他能给内廷官员发薪水吗？"
> "不，陛下，发不了多久了。"
> "他欠了他们很多钱吗？"
> "他欠了有些人一年的薪水，陛下，欠其他人的
> 更多。"
> ……"他们说，我弟弟的内廷规模很大。"
> "是的，陛下，我觉得它甚至比……"

　　对萨利纳斯来说幸运的是，这时一份紧急快件送抵，打断
了皇帝的厉声斥责。查理五世继续接见萨利纳斯的时候，已经
冷静下来，说："我弟弟很聪明。我不希望让他觉得我想干涉
他治理国家的方式。让他按照自己的想法办吧。"[46]只要对自己
有利，查理五世随时可以背弃对斐迪南的承诺。皇帝在 1525
年 7 月保证："我会确保你什么都不缺，你理应得到更多，因

为"帕维亚战役的胜利是斐迪南的功劳，"并且，你知道，我的事情就是你的事情，你的事情就是我的事情"。但这封信也体现出了皇帝对弟弟的感激是有限度的："有人建议我，为了保障我在意大利的地位，必须做三件事"，"我已经做了"，但其中两件让斐迪南吃了亏。尽管皇帝之前的行动是为了迫使威尼斯给斐迪南一些好处，但查理五世宣布自己已经与威尼斯单独媾和，"条件是他们给我 12 万杜卡特"；皇帝已经同意让弗朗切斯科·斯福尔扎当米兰公爵，以换取 60 万杜卡特，尽管他之前答应把米兰公国交给斐迪南。换句话说，为了解决自己的债务问题，查理五世戳破了弟弟的梦想。[47]二十年后，在斐迪南的军事援助帮助他打败施马尔卡尔登联盟的时候，他故伎重施。斐迪南有充分的理由期待查理五世把符腾堡公国给他，因为施马尔卡尔登联盟的军队在 1534 年驱逐了斐迪南在符腾堡的驻军。但是皇帝在符腾堡安排了西班牙驻军，自己直接管理该公国。最糟糕的是，在 1550 年与 1551 年之交的冬季，查理五世强迫斐迪南接受腓力（而不是斐迪南的儿子马克西米利安）为下一任罗马人国王，这在兄弟俩之间造成了灾难性的分裂，险些毁掉整个王朝（见第十四章）。

魅力十足的查理五世

如此冷酷无情的行为自然引起了世人的注意。加斯帕罗·孔塔里尼在 1525 年写道："皇帝的天性就是不关心任何人［non sa accarezzare alcuno］。"孔塔里尼认为，极端的自私能够解释"为什么很少有人喜欢他"。[48]但孔塔里尼说错了。即便是那些遭受过查理五世怠慢和欺侮的人，也仍然对他忠心耿耿。他的姑姑玛格丽特知道自己时日无多时口授了自己的最后一封信，在其中说，她唯一的遗憾就是，"我在死前不能再见你一面，与你谈一次"。埃莉诺给他的最后几封信之一也表示："至于我自己，我在做任何决定之前都想先知道陛下的意思，我把陛下视为自己的君主和父亲。"玛丽也说："除了上帝之外，对我来说陛下就是一切。"即便在查理五世死后，斐迪南也仍然对他忠心耿耿，告诉一位亲信："我热爱和尊崇我的兄长即皇帝陛下，仿佛他是我的父亲。"[49]

他们最小的妹妹卡塔利娜可能是查理五世的头号仰慕者。她在给他的信里称他为"我真正的父亲和主公"，并欢迎他给"女儿和妹妹"分享任何建议。尽管他们只见过两次面，查理五世始终是她心目中的大英雄。1528 年，她说，阅读他向法王发出的挑战书"给我造成了我体验过的最严重的痛苦，因为我永远不想听到、不想知道可能给陛下带来哪怕是一丁点儿风险的事情"。四年后，土耳其人入侵匈牙利时，她坚信不疑，"陛下是我们所有人的父亲，一定会拯救和挽救"一切。[50]不管查理五世身在何方，卡塔利娜都会从里斯本给他送去包裹，里面装着她希望能取悦他的美食和其他礼物：带香气的手套和刺绣手绢、姜和肉桂，以及她亲手制作的果酱和蜜饯。1553 年，她派人去布鲁塞尔照料他。他退位之后搬到尤斯特，她给他送去一只会说话的鹦鹉和两只印度猫，供他取乐，并且每周给他送去一批大西洋的鱼。她还竭尽全力推动查理五世的政治目标，帮他与她的丈夫若昂三世国王谈判。[51]

查理五世的亲人是他最主要的支持者，但除了他们之外，他还拥有许多死心塌地的拥护者。很多外交官赞扬过他赢得身边的人爱戴的本领。在 1530 年，他第一次翻越阿尔卑斯山之后，一个老妇人走到他的坐骑前，哀求施舍。查理五世"将手放在她头上，和气地对她说话"，然后命令负责赈济穷人的官员满足她的需求。几周后，当他快到奥格斯堡时，140 名德意志权贵前来迎接他，"皇帝立刻下马，与他们每一个人握手和交谈"。次年，在尼德兰，一位大使震惊地发现，"全体国民普遍对皇帝忠心不二。除了那些把他当作神明来尊崇和仰慕的人，这里没有一个人不充满爱意地赞扬皇帝陛下"。不久之后，在他的妹妹玛丽就任尼德兰摄政者的典礼上，"皇帝讲了一个多钟头，极其动人，和蔼可亲，几乎令听者落泪"。他讲完的时候，听众"万众一心，仿佛都变成了他的奴仆"。[52]

1535～1536 年查理五世在西西里和意大利举行胜利巡游期间多次展现出赢得群众好感的能力，成功地拉拢了一些曾经反对他的臣民，甚至化敌为友。一群法国战俘想要亲吻他的手以示臣服，查理五世拒绝了，"但用手拍他们的肩膀，说着温和的话语，与他们聊天"。十年后，一个德意志观察者注意到了皇帝的那种优雅："不管我何时看到皇帝从套房走出来，进入庭院"，如果有任何一位贵族在等候，查理五世"总是第一个脱帽行礼，带着亲切的姿态或神情，与每一个人握手"。他回来时，"在楼梯底端转过身，脱下帽子，和所有人握手，然后优雅地向大家道别"。[53]

接见外臣的时候，查理五世"彬彬有礼、聚精会神、百般耐心地聆听，不仅听大使、使节和贵族的话，还愿意听任何一个无足轻重的人或者穷人的话，只要他们想要向皇帝解释或者索要什么东西。他总是认真听他们说完，从不打断"。他通常每天这样接见客人两次："每当他走出自己的套房，就停下脚步，要么聆听，要么伸手接过请愿书，所以大家都有机会勇敢地与他分享自己的所思所想，并公开喊冤，无须害怕。"用过晚膳之后，"他站起身，谦卑地站立着聆听每个人的发言，对大家一视同仁"。[54]

很多观察者还注意到，皇帝的自制力极强。1525 年 3 月，查理五世得知帕维亚大捷和弗朗索瓦一世被俘的喜讯后表现得十分冷静，并没有欣喜若狂，这让曼托瓦大使肃然起敬。他说，查理五世通常情况下"不会为了成功喜不自胜，也不会因为挫折而垂头丧气"。五年后，他得知自己的幼子费尔南多夭折，"皇帝没有表现出当父亲的人遇到这样的灾祸时通常会表现出的悲恸"。他的弟弟安慰他时，"皇帝告诉他，人不应当为了我主上帝决定做的事情而生气"，他"最后说，他和妻子都处于合适的年龄，身体状况也很好，还可以生更多的孩子"。[55]最后，外国使臣们都赞扬查理五世在饮食方面的节制。一位威尼斯外交官在 1530 年写道："他总是独自吃饭，并且一言不发。"仆人会把 25 ~ 30 个"盖着的盘子端到他的餐桌上，并掀开盖子，请他指示留下哪些"；他会选择"10 ~ 12 种菜肴，每种吃两三口，用一个白银的大浅盘盛菜，用双手直接抓着吃"，并"从一个酒罐里饮葡萄酒三四次"。他"很少吃面包，不吃沙拉"。[56]

在大约同一时期，皇帝的布道师和编年史家安东尼奥·德·格瓦拉修士写了一篇文章，题为《论皇帝的相貌与品格》，对皇帝进行了细致的描绘，与桑丘·科塔在十年前的描绘相吻合。"他身材中等，眼睛很大也很美，鹰钩鼻，红色头发……蓄着小胡子，脖颈很强壮；胳膊强健有力；双手很小而粗糙；双腿匀称。"和其他人一样，格瓦拉只发现了一处缺陷："那就是他的嘴。他的上下颚对不齐，所以上下牙始终不能合拢。这造成了两方面的不幸后果：他口齿不清，别人很难听懂他的话；吃饭对他来说是一种很辛苦的事情，因为他的牙齿无法咀嚼自己吃的东西，所以他有消化不良的毛病，经常生病。"[57]孔塔里尼于 1525 年顺利结束出使西班牙的使命、安全回国后，也指出了这一点：皇帝的"下颚大且长，看上去很不自然，仿佛是假的"。他用的词是"posticcio"，即假肢或假体。但不久之后皇帝就采取措施来掩盖自己的生理缺陷。[58] 1529 年有人在意大利看到他下船，描述道，尽管"他的嘴巴始终张开"，但他看上去完全不像近期的肖像，因为"陛下按照意大利风格修剪了头发"，并且"蓄了尖尖的山羊胡子"。[59] 我们不知道他在什么时候改变了自己的打扮风格。1528 年在阿拉贡铸造的一枚金币显示皇帝蓄着胡须，但按照勃艮第风格留着长长的直发。他肯定是在那之后把头发剪短的（见彩图 16）。在通常情况下，外国大使会报告如此显著的变化，但查理五世在 1528 年 1 月囚禁了绝大多数外国使节，所以他们没有机会观察他。因此，他抵达意大利的时候，大家的惊讶增强了他的"变身"效果。他到博洛尼亚参加自己的加冕礼时，"他的金色胡须和金发给他增添了格外的庄严感，他的发型就像古罗马皇帝，剪到耳边那么长"。如今查理五世不再是勃艮第公爵，而是摇身一变，成了马可·奥勒留（见彩图 18）。[60]

由于格瓦拉的努力，马可·奥勒留给查理五世提供的不仅仅是新发型。格瓦拉声称（几乎可以肯定是撒谎）自己在意大利一家图书馆发现了马可·奥勒留的回忆录和一些书信，并在自己担任查理五世宫廷布道者的时候（从 1518 年开始）将其先翻译成拉丁文，然后翻译成卡斯蒂利亚文。十年后，《马可·奥勒留皇帝黄金之书》的第一个印刷版在塞维利亚问世；到 1550 年，已经有了十七个西班牙文版、九个意大利文版和九个法文版。有人说，这是文艺复兴时代除了《圣经》之外读者最多的书。

格瓦拉在给查理五世的长篇献词中写道："我可以看到，陛下，您只是一个人，却要与许多人打交道；您独自一人，不可能始终有人陪伴。我还可以看到，您为了诸多事务忙得不可开交。"格瓦拉表示愿意帮助皇帝渡过这片孤独之海，方法是"劝说您效仿和遵循马可·奥勒留的榜样"，因为马可·奥勒留通过耐心和公义，而不是通过战争和征服，扩张了自己继承来的帝国。在这本书的一个增补本（也是献给查理五世的，1529 年初版）中，格瓦拉用了五章的篇幅谈战争的邪恶，用三章讨论征服战争或强制殖民的邪恶。[61]

查理五世有没有读过格瓦拉的书？格瓦拉在 1525 年写道："陛下患病发烧的时候，让我陪伴他，想办法给他退烧。于是我向陛下献上马可·奥勒留的书，尽管当时它还没有完成，还没有修订。"格瓦拉在另一部著作《君王宝鉴》的序言中表示，希望"陛下能够不时地阅读本书，也许您会发现一些有价值、有帮助的建议。"查理五世肯定拥有该书的一个插图抄本，而且肯定是作者赠送的；1542 年之前查理五世旅行时携带的图书中都有格瓦拉的两部作品，后来皇帝将它们与他珍惜的其他一些书一起保存在西曼卡斯城堡，正是这些书构成了帝国图书馆的核心。[62]

但如果查理五世真的读过格瓦拉的书，也是有选择性地读的，集中注意力于《马可·奥勒留皇帝黄金之书》前言的一个段落。该段落赞许地引用了尤利乌斯·恺撒的例子，并表示希望"那些为您所在的世纪著史从而启迪后人的作者将会作证，为了实现您的座右铭'走得更远'，您曾尝试征服全世

界"。把尤利乌斯·恺撒而不是马可·奥勒留当作榜样，将会
让查理五世和他的臣民，以及他的敌人，都付出沉重的
代价。[63]

注 释

1. Reiffenberg, *Histoire*, 375 – 6 是 1531 年 12 月金羊毛骑士团在图尔
   奈举行的第二十届大会的决议的摘要，由骑士团的文书官编纂。

2. Brandi, 'Aus den Kabinettsakten', 190 – 2, 加蒂纳拉于 1523 年年
   底呈交的建议书，附有御前会议和查理五世的批注（Gossart,
   Notes, 100 – 19 也刊载了这份重要文件，但用的底本有错误）；
   Boone, *Mercurino*, 112 – 13（来自加蒂那拉《自传》中关于 1526
   年的内容）；BAV *Vat. Lat.* 6753/260 – 3v, Navagero to the Signory,
   12 May 1527。

3. Lanz, *Aktenstücke*, 441 – 3, Margaret to Berghes, 14 or 15 Nov.
   1521, 亲笔备忘录；BNMV *Ms. Italiani*, *Classe* Ⅶ, cod. 1009/399,
   Contarini to the council of Ten, 4 Dec. 1524, 传达了一个间谍关于
   查理五世与主教交流的报告。

4. AGRB *MD* 156/126, La Roche to Margaret, 17 Jan. 1524; *CMH*,
   Ⅰ, 89 – 92, Charles to Marie, 18 Feb. 1532, 亲笔信。（被拒绝的
   那位大臣让·德·拉·索绪，确实有自己的独立头脑，见上文。）
   Cauchies, ' "No tyenen" ', 128 注意到，在 16 世纪 20 年代，所有
   可能对查理五世施加约束的人都去世了：谢夫尔男爵和马利亚诺
   卒于 1521 年，拉·罗什卒于 1524 年，拉努瓦卒于 1527 年，戈尔
   沃（Gorrevod）卒于 1521 年，拉薛尔（Lachaulx）卒于 1529 年，
   玛格丽特和加蒂纳拉卒于 1530 年。

5. *CWE*, Ⅸ, 441 – 52, Erasmus to Udalricus Zasius, [23 Mar.] 1523;
   BL *Cott. Ms.* Vespasian C. Ⅱ/106 – 20, Boleyn and Sampson to
   Wolsey, 8 and 18 Mar. 1523.

6. Serassi, *Delle lettere*, Ⅱ, 11 – 17, 29 – 33, Castiglione to the

archbishop of Capua（教宗的国务卿），19 Jan. and 24 Mar. 1526（也注意到查理五世"固执己见"）；*CWE*，ⅩⅤ，255 – 61，Valdés to Erasmus，15 May 1529。巴尔德斯得到赦免，查理五世放逐了指控巴尔德斯的头号人物——国务秘书让·拉勒芒。

7. BMECB *Ms. Granvelle* Ⅰ/151 – 5，Charles to Montfort，16 Nov. and 23 Dec. 1528，均为亲笔信，and idem，ff. 172 – 7，Instructions to Balançon，Sep. 1528，亲笔信的副本（刊载于 *PEG*，Ⅰ，427 – 47，但有一些错误）。Stirling-Maxwell，*The chief victories*，76 – 7 刊登了第一封信的影印件，给出了有错误的转录。查理五世在 1528 年任命佩勒南为国务秘书。

8. BMECB *Ms. Granvelle* Ⅰ/153 – 60，Charles to Montfort，23 Dec. 1528 and 24 Jan. 1529，均为亲笔信（刊载于 PEG，Ⅰ，441 – 7，但有一些错误）。

9. Alberì，*Relazioni*，2nd series Ⅲ，255 – 74，Relation of Gasparo Contarini，4 Mar. 1530（引自 pp. 269 – 70）；Walser，'Spanien und Karl V'，167 – 73，Tavera to Charles，Jan. 1535（斜体部分）；Firpo，*Relazioni*，Ⅱ，203 – 4，Relation of Niccolò Tiepolo，23 Aug. 1533。

10. Gachard，'Notice des archives de M. le duc de Caraman'，243 – 4，描述了布叙男爵保管的一份登记簿，1530 年 8 月至 1531 年 1 月。1532 由查理五世在每个月的月底亲笔签字（这卷材料如今已经佚失）。

11. *CMH*，Ⅰ，12 – 13，Charles to Marie，Augsburg，18 June 1530，亲笔信；*KFF*，Ⅳ，240 – 6，Charles to Ferdinand，Galapagar，28 May 1534。

12. Checa Cremades，*Inventarios*，Ⅰ，104 – 29（查理五世在 1536 年拥有的 635 本书的书目）；Dolce，*Le vite*（1561），f. 525v. 1533 年，查理五世授权印刷 *Los quatro libros del Cortesano... traducidos en lengua castellana por Boscán*（Barcelona，1534）；1550 年，"我有时为了消遣会阅读尼科洛·马基雅维里的一本题为《论李维》的书"，所以他授权印刷该书的一个西班牙文译本（Howard，*Discursos*）。迭戈·格拉西安将自己翻译的好几部普鲁塔克的著作献给皇帝，见 Morales Ortiz，*Plutarco*，199 – 200。

13. Reiffenberg, *Lettres*, 14 – 16, van Male to Praet, 13 Jan. 1551，声称查理五世在前一年将 *Le chevalier délibéré* 译为西班牙文；Gonzalo Sánchez-Molero, *Regia biblioteca*，I，253 – 62 讨论了那些时祷书。

14. Firpo, *Relazioni*，III，52 – 3. Relation of Federico Badoer, June-July 1557; Sandoval, *Historia*，III，565 – 6（睡前祈祷）。

15. 1598 年，腓力二世要看装着他父亲的十字架和一根鞭子的箱子。埃斯科里亚尔的一名修士注意到鞭子上有血，问国王这是不是他的血。国王说不是的，是他父亲的血，见 Sigüenza, *Historia*，184 – 5。几年后，桑多瓦尔在他那部史书中题为"皇帝的天主教美德"（Virtud católica y cristiana del emperador）的章节的开头也写了这个故事，但说资料来源是国王的贴身男仆胡安·鲁伊斯·德·贝拉斯科。

16. Boone, *Mercurino*，135（《自传》）；Poumarède, 'Le voyage', 265 引用了费拉拉大使的一段抱怨，因为查理五世不肯接见他；BAV *Vat. Lat.* 6753/181v – 3, Navagero to the Signory, Seville, 1 June 1526。

17. BNE *Ms.* 18, 634 no. 58（formerly ff. 260 – 2），'Lo que el Comendador Mayor scrivió a Su Magestad desde Gante con Ydiáquez, estando Su Magestad en Grumendala，[Groenendaal] y su respuesta.'虽然这份材料没有给出日期，但文本内部的证据表明洛斯·科沃斯是在圣周写信的，而只有在 1531 年这一年的复活节，他是和查理五世一起在尼德兰度过的。洛斯·科沃斯在"星期二"写信，那就是 1531 年 4 月 4 日。查理五世在回信中说他即将去鲁汶，而 Foronda, *Viajes* 表明他在 4 月 13 日抵达鲁汶；所以他回信的日子可能是 4 月 11 日或 12 日。Sanuto, I *diarii*, LIV, cols 384 – 5, the Mantuan ambassador to the duke, Ghent, 4 Apr. 1531 说查理五世刚刚进入格勒嫩达尔修道院，准备在那里待一周。*CDCV*，I，260 – 3 刊登了这份很有意思的意见书，但抄录有很多错误，也没有准确的日期。

18. *CWE*，IX，137 – 41, Erasmus to Pierre Barbier, [14 July] 1522，记载了伊拉斯谟与格拉皮翁的接触（又见 *CWE*，IX，64 – 8, Erasmus to Glapion, [21 Apr.] 1521，这是他俩的几封信中唯一

存世的）。Godin, ' La société ', 344 – 59, and Lippens, ' Jean Glapion ', XLV, 50 – 7 and 66 – 9, 概述了他在 1520 年和 1522 年大斋节的布道文。Bujanda, *Index*, 186 – 7 提到，1546 年，一本关于朝圣的书的荷兰文译本被查禁，该书作者是"皇帝陛下的告解神父让·格拉皮翁"。

19. *RVEC*, 347 – 55, Salinas to Ferdinand, 11 Mar. 1527.

20. Heine, *Briefe*, 381 – 2, 450 – 3 and 494 – 5, Loaysa to Charles, 16 Oct. 1530, 2 Oct. 1531 and 8 May 1532（第二封信也刊载于 *CODOIN*, XIV, 221 – 3）。

21. Heine, *Briefe*, 350 – 2, Loaysa to Charles, 26 May 1530（又见 *CODOIN*, XIV, 25 – 8）。

22. Heine, *Briefe*, 403 – 5, 462 – 5 and 444 – 5, Loaysa to Charles, 20 Dec. 1530, 1 Sep. 1531（又见 *CODOIN*, XIV, 203 – 5), and 9 Nov. 1531（又见 *CODOIN*, XIV, 242 – 7）。

23. AGS *E* 25/211, Loaysa to Charles, 7 Mar. 1532; Heine, *Briefe*, 495 – 500, same to same, 17 May 1532.

24. Heine, *Briefe*, 390 – 5, Loaysa to Charles, 30 Nov. 1530（又见 *CODOIN*, XIV, 104 – 11）; *CODOIN*, XIV, 134 – 6, same to same, 27 Mar. 1531; Heine, *Briefe*, 494 – 5, same to same, 8 May 1532。

25. AGS *E* 1558/60 and 66, Charles to Loaysa, 2 Aug. 1530 and 16 Feb. 1531. 更多关于洛艾萨的信息见 Nieva Ocampo, ' El confesor '。

26. *CMH*, I, 399 – 401, Charles to Marie, 13 Aug. 1532, 亲笔信。

27. Rodríguez-Salgado, ' Charles V and the dynasty ', 56.

28. Gachard, *Collection*, III, 136（account of Vital）. Checa Cremades, *Inventarios*, 890 – 3（by Miguel Ángel Zalama）and 3017 – 18（by Annemarie Jordan Gschwend），记录了关于查理五世可耻行为的同时代证言：1524 年，查理五世 "mandó sacar muchas joyas de oro e joyas e piedras que estaban en la cámara de la reina nuestra señora . . . y de allí tomó lo que su majestad quiso, así para su majestad como para la reina de Portugal［Catalina］"（891 – 2）。Gonzalo Sánchez-Molero, *Regia biblioteca*, I, 160 – 3 指出，1524

年之后，胡安娜的很多藏书出现在卡塔利娜的财产清单中。两年后，查理五世故伎重施：他把母亲收藏的一些壁毯和其他物品拿走，送给自己的新婚妻子。

29. Tamalio, *Ferrante*, 213 - 18, Pandolfo di Pico della Mirandola to Isabella d'Este, 7 Nov. 1524.

30. HHStA *Belgien PA* 2/2/1 - 12, Charles's instructions to M. de Lachaulx, 15 Jan. 1522；*KFF*，Ⅰ，322 - 6 and 366 - 8, Charles to Ferdinand, 1 Sep. 1525 and 2 Feb. 1526.

31. *CDCV*，Ⅰ，292 - 4, Charles to Isabella, 13 June 1531（这些话不是皇帝亲笔写的，而是洛斯·科沃斯起草的，另外还谈及了一些使皇帝在近期无法返回西班牙的政治问题）；AGS *E* 30/113, Tavera to Charles, 24 June 1535。关于儿子费尔南多的死对伊莎贝拉造成了多么大的打击，见 *RVEC*，499 - 502, Salinas to Ferdinand, 14 Sep. 1530。

32. *CDCV*，Ⅰ，186, Margaret to Isabella, 15 Dec. 1529（斜体部分）。

33. *CMH*，Ⅰ，221 - 2 and 447 - 8, Charles to Marie, 7 May and 4 Sep. 1532，亲笔信。Mazarío Coleto, *Isabel* 发表了皇后写给丈夫的一些书信，并说其中对其他书信的指涉表明"这个系列里佚失的书信应当不多"（pp. 102 - 3），但没有包含查理五世的亲笔信，比如他在 1532 年 9 月花了两个钟头写的那封信，它似乎没有存世。相比之下，西曼卡斯的档案馆保存了大量关于教会职位任免的书信。Alvar Ezquerra, 'El gobierno' 分析了 1531 年和 1532 年皇后发布的 1099 份存世的令状，注意到有充分证据表明查理五世参与了她的决策。

34. Mazarío Coleto, *Isabel*, 99 - 101 and 262, Isabella to Charles, 25 Jan. 1530；BL *Cott. Ms.* Vespasian C. ⅩⅢ/258, John Brereton to Wriothesley, Valladolid, 23 June. 我们之所以知道皇后的礼物，单纯是因为一位英格兰外交官记载道，萨拉戈萨当局"坚持要求对信使搜身"。这位外交官还写道，仔细检视礼物之后发现它"不值几个杜卡特"，不过礼轻情意重。

35. Rodríguez-Salgado, 'Charles V and the dynasty', 74.

36. AGS *E* 644/107, Charles to Juan Hurtado de Mendoza, 21 Aug. 1547. 皇帝最后日子的细节见本书第十六章。

37. Tamalio, *Ferrante*, 259 – 63, Pandolfo di Pico della Mirandola to Isabella d'Este, 9 Aug. 1526（查理五世每晚出去骑马，“皇帝陛下返回后，去拜访他的姐姐”）；HHStA *Belgien PA* 2/2/1 – 12, Charles's instructions to M. de Lachaulx, 15 Jan. 1522；GRM，Ⅱ，365，Charles to Philip, 31 Mar. 1558。关于埃莉诺在 1536 年给查理五世的密信，见本书第十章。

38. Piot,‘Correspondance’, 109 – 10, Charles to Eleanor, 18 Dec. 1522；GRM，Ⅱ，334 – 5, Charles to Quixada, 19 Mar. 1558（斜体部分）。关于埃莉诺与弗里德里希的关系，见本书第三章和 Moeller, *Éléonore*；与波旁公爵和弗朗索瓦一世的婚姻谈判，见本书第八章。埃莉诺被迫与弗朗索瓦一世分离四年，她对此的感受可以从她几年后的一些不谨慎的言辞中了解：她告诉一位大使，弗朗索瓦一世抱怨道，“他与［埃莉诺］同寝的时候，他睡不着；当他不与她同寝的时候，就睡得极好。我说：‘夫人，这是什么原因？’她说，‘她在床上热情如火，非常渴望得到拥吻爱抚’”。（*L&P Henry Ⅷ*，Ⅵ，308 – 11, Lord Norfolk to Henry Ⅷ, 19 June 1533.）

39. Brandi,‘Die Testamente’, 104 – 5，查理五世的遗嘱附录，于 1544 年 6 月 21 日签署；*CMH*，Ⅰ，15 – 20, Charles to Marie, 3 Jan. 1531，亲笔信。Gorter-van Royen,‘María’, 197 – 8 注意到了皇帝授予玛丽和伊莎贝拉的权力的差别。

40. *CMH*，Ⅰ，399 – 401, Charles to Marie, 13 Aug. 1532；Sanuto, *I diarii*，LⅧ, cols 71 – 2, 乔万尼·巴萨多纳（威尼斯驻米兰大使）给威尼斯政府的信，1533 年 4 月 14 日（报告了格朗韦勒对皇帝的错误及其解决方案的叙述）；Dumont, *Corps*，Ⅳ/2，96 – 8，克里斯蒂娜与斯福尔扎的婚姻协议，巴塞罗那，1533 年 6 月 10 日。

41. *CMH*，Ⅱ，244 – 61, 282 – 5, and 293 – 4, Charles to Marie, 31 July 1533；Marie to Charles, 25 Aug. 1533, and his reply 11 Sep. 1533（后两封信又可见 *LCK*，Ⅱ，87 – 9）。Cartwright, *Christina*，刊载了克里斯蒂娜给丈夫的许多亲笔信，说明他们在短暂的婚姻期间关系不错。当她于 1537 年返回尼德兰之后，一位大使报告称：“她既是寡妇也是处女。”（*SP*，Ⅷ，6 – 7, John Hutton to

Thomas Cromwell, 9 Dec. 1537.）四年后，查理五世安排她嫁给
洛林公爵，她和他生了三个孩子。她于1590年去世。

42. AGS *E* 8335/109, Marie to Philip, 4 Sep. 1558, copy sent to
Charles（GRM，Ⅰ，341 - 52刊载了这封信，但用的是一个较差
的版本，日期错误地写成了9月7日）；GRM，Ⅱ，495 - 9,
Garcilaso de la Vega to Philip, 7 Sep. 1558；GRM，Ⅰ，xliv,
Charles to Joanna, 27 Aug. 1558（描述了他发给玛丽的那封信，
用来说服她。这封信现已佚失。我把第三人称换成了第一人
称）。

43. *CDCV*，Ⅰ，79 - 80, Charles to Cisneros, 27 Sep. 1517；Keniston,
Memorias，151；Fagel，'Don Fernando'，270, Ferdinand to
Charles, Feb. 1519.

44. *KFF* Ⅰ，407 - 21, Charles to Ferdinand, 27 July 1526.

45. *KFF* Ⅰ，216 - 19 and 250 - 3, Charles to Ferdinand, 7 Sep. 1524
and 4 Feb. 1525.

46. *RVEC*，667 - 84, Salinas to Ferdinand and Secretary Castillejo, 6
Dec. 1535. Laferl，'Las relaciones'，112 - 14给出了查理五世训
斥弟弟的更多例子。

47. *KFF*，Ⅰ，312 - 17, Charles to Ferdinand, 20 July 1525（附言的日
期为7月31日）。十年后斯福尔扎去世后，查理五世吞并了米
兰公国，又一次让斐迪南大失所望。

48. Firpo，*Relazioni*，Ⅱ，120 - 1, Relation of Contarini, 16 Nov. 1525.
另见孔塔里尼的前任温琴佐·奎里尼在1506年的负面评价，见
上文。

49. Gachard，*Analectes Belgiques*，Ⅰ，378 - 9, Margaret to Charles, 30
Nov. 1530；GRM，Ⅱ，113, Eleanor to Charles, Nov. 1556；*PEG*,
Ⅳ，469, Marie to Charles, Aug. 1555；Neefe，*Tafel - Reden*，2 -
3，谈到1563～1564年与斐迪南的谈话。在1536年，查理五世
的继外祖母热尔梅娜·德·富瓦的遗嘱也谈到"我对皇帝陛下，
我的主公和孩子"的"热忱的爱"，见 AGS *PR* 29/59，公证
的副本。

50. Viaud，*Lettres*，107 and 176, Catalina to Charles, 21 Aug. 1528 and
31 Jan. 1532.

51. Details from Checa Cremades, *Inventarios*, Ⅲ, 3, 018 – 19（by Jordan Gschwend）. 卡塔利娜似乎只违抗过皇帝一次：她的丈夫于 1557 年去世后，她确保自己，而不是查理五世的女儿胡安娜，成为葡萄牙摄政者，见本书第十六章。

52. Sanuto, *I diarii*, LIII, cols 215 – 16 and 318 – 19, Paxin Berecio to Thomas Tiepolo, Innsbruck, 9 May 1530, and Augsburg, 16 June 1530；idem, LIV, cols 384 – 5, La Torre to the duke of Mantua, 4 Apr. 1531；idem, LV, cols 68 – 9, copy of a letter from Brussels, 7 Oct. 1531.

53. García Cerezada, *Tratado*, 133；Sastrow, *Herkommen*, Ⅱ, 629（另一种翻译见 *Social Germany*, 272）。

54. Firpo, *Relazioni*, Ⅱ, 212, Relation of Tiepolo, 23 Aug. 1533；Sanuto, *I diarii*, LⅡ, cols 209 – 10, 'L'ordine del mangiar de l'imperatore'（没有日期，但应为 1529～1530 年）。

55. Sanuto, *I diarii*, XXXⅧ, cols 205 – 7, Suardino to Mantua, 15 Mar. 1525；idem, LIII, col. 505, Camillo Ghilini to the duke of Milan, 28 July 1530. 也许吉里尼夸大其词了：洛斯·科沃斯报告称，查理五世"深感悲痛"，并"随身携带已故王子的肖像"，见 AGS *E* 635/89, Los Cobos to the empress, 1 Aug. 1530。

56. Sanuto, *I diarii*, LIII, cols 95 – 6, Antonio Zorzi to his brother, Vicenza, 30 Mar. 1530；ibid., LII, cols 209 – 10, 'L'ordine del mangiar de l'imperatore'（没有日期，但应为 1529～1530 年）。

57. Santa Cruz, *Crónica*, Ⅱ, 37 – 40. Redondo, *Antonio*, 330 证明圣克鲁斯从格瓦拉于 1527 年到 1536 年创作但未发表的《编年史》（*Crónica*）中抄袭了这个段落。

58. Firpo, *Relazioni*, Ⅱ, 83 – 150, Final Relation of Contarini, 16 Nov. 1525. 又见 Bodart, 'Ⅱ mento "posticcio"', 以及以下文献中的类似观察：Sanuto, *I diarii*, XXXⅧ, cols 203 – 5, Contarini to the Signory, 26 Mar. 25；and LVII, cols 212 – 14, Marco Minio 及其他外交官写回国的报告，没有日期，但应是 1532 年 11 月。

59. Sanuto, *I diarii*, LI, cols 369 – 72, letter from Genoa to the cardinal of Mantua, 17 Aug. 1529.

60. Giordano, *Della venuta*, 35（引自一份同时代文献 *Cronaca*）。

Giordano, op. cit., Tavolo Ⅻ，复制了加冕礼纪念章，全都显示查理五世有胡须，头发蜷曲而较短。Bodart，'Algunos casos'，复制并讨论了查理五世在这个时期的图像；Civil，'Enjeux et stratégies'，107–8 将书面描述和查理五世大约 1530 年的肖像做了比较。

61. Guevara, *Libro áureo*（1528 edition），prologue.《马可·奥勒留皇帝黄金之书》的 52 个章节出现在《君王宝鉴》（*Relox de príncipes*）的 144 个章节当中，所以两本书实际上成了同一部书。Part Ⅲ, chs 3–4 and 12–16 涉及战争。

62. Guevara, *Libro áureo*（1528 edition），prologue（《马可·奥勒留皇帝黄金之书》献给皇帝的那一册如今在 BSLE *Ms.* g–Ⅱ–14，献词中有一个奇怪的错误，说"堂卡洛斯六世"；Guevara, *Relox de príncipes*（1529 edition），prologue；Gonzalo Sánchez-Molero, *El César*, 176–7，关于转移到西曼卡斯（专门写"格瓦拉，查理五世最喜欢的作者"的章节的一部分）。

63. Guevara, *Libro áureo*（1528 edition），prologue. Redondo, *Antonio*, 693–4 引用了查理五世在 1543 年和 1548 年给儿子的指示的部分段落，很像《君王宝鉴》中的段落，并说这证明皇帝读过并吸收了格瓦拉的著作；但这些段落都只是泛泛之谈，在文艺复兴时代给帝王提供建议的书里很常见。

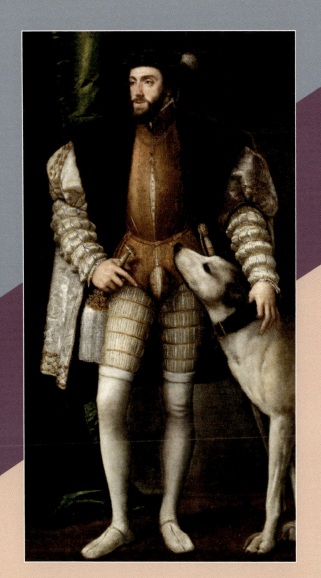

让我们

一起追寻

查理五世
传

A NEW LIFE OF CHARLES V

〔英〕杰弗里·帕克 著

陆大鹏 刘晓晖 译

Emperor: A New Life of Charles V
©2019 by Noel Geoffrey Parker
Originally published by Yale University Press
Simplified Chinese edition copyright © 2021 by Social Academic Press (China)

皇

下

GEOFFREY PARKER

帝

社会科学文献出版社
SOCIAL SCIENCES ACADEMIC PRESS (CHINA)

目 录

·上　册·

第一部　年轻的查理

第二部　权力的游戏

第三部
"日不落帝国"

"现在［查理五世］不妨写封信给他的朋友，就像［尤利乌斯·］恺撒写给朋友的那封信一样：我来，我看见，我征服。"

——尼古拉斯·沃顿，英格兰驻帝国宫廷的大使，1543 年 9 月

九 最后的十字军战士，
1532～1536 年

患病的皇帝

1532 年 1 月 18 日，也就是皇帝不情愿地从布鲁塞尔启程去德意志的次日，他给妹妹玛丽写了一封信，一反常态地流露出极大的热情。"尽管我离开你只有很短的时间，"他写道，"我却感到无聊和烦恼，主要是因为我离开了你。你大可以相信，我不会忘记和你一起度过的愉快时光，不会忘了你，也不会忘了我的故乡，不管我距离它多么遥远。"十天后，他在信中告诉玛丽，他仍然"很不情愿离开你、离开生养我的土地，因为这些都是我有充分理由去热爱的"。[1]

查理五世还努力用狩猎来排解自己的无聊和寂寞。看到莱茵兰有一个由多达 500 头鹿组成的鹿群时，他不禁大喜过望，但这份喜悦很快消失了："他策马狂奔，试图追赶一群鹿时，猎犬的皮带缠绕在马腿上，马扬起蹄子，导致他从马背上摔落，脚撞上了一块大石头。"查理五世说，这"着实伤了我的腿，虽然腿没有断，也没有脱臼，但疼痛难忍"。他并没有夸张：19 世纪 70 年代他的棺材被开启之后，观察者注意到"一条腿的骨折没有愈合好，因为好几块骨头交织在了一起"。[2]

随后五个月，查理五世的身体状况一直很差。他拒绝接受放血或催吐治疗（这都是当时的绝大多数医生治疗绝大多数病症的手段），起初的恢复情况不错，但他又开始打猎，腿就肿了，而且有溃疡，疼得他夜里睡不着觉。有些人担心他会失去这条腿，医生们让他卧床休息并节食减肥。查理五世怒道："治疗和伤痛同样让我难受。"但医生们对这位尊贵的病人有很好的把握。埃斯科里亚萨医生向皇后透露："他当然可以外出，但我们几个医生担心陛下会得寸进尺。"因此，"我们达成共识，要尽力抵抗他的意志"。[3]截肢的可能性让查理五世"开始考虑木腿"。"我不否认自己很害怕"，他告诉玛丽，但"我忍不住去挠溃疡的地方"。他为不遵医嘱付出了沉重的代价。埃斯科里亚萨报告称，"他全身都痒，所以经常用手去挠，尤其是腿部。挠痒导致他身体的很多部分乃至面部出现了皮疹"，并且他的"左眼红肿起来"。查理五世出席公共场合的时候"左眼戴着绿色眼罩"。他私下里抱怨："他们给我涂了一种药膏，让我看上去仿佛得罪了狂欢节国王，因为我的脸上黑的地方比白的地方多。实话告诉你，我同时生了这么多种病，这让我非常生气。"据一位感到沮丧的外国大使说，皇帝的唯一慰藉是"遵照医生的命令，皇帝陛下不处理任何事务"。[4]

5月，查理五世觉得自己已经康复了。"现在我早睡早起。10点吃正餐，随后只吃一顿分量不大的晚餐。"他又开始打猎，但果然又病倒了："骑马三个钟头，追击一头雄鹿"之后，他发烧了。不过，一周后，他"花了两天时间狩猎"，"徒步走了半里格①"，他觉得这"相当神奇"；但好景不长。他在雷根斯堡街头参加一次游行，"与一名廷臣说话时""突

---

①　里格这个长度单位曾在英国和拉美等地流行，原意是一个人步行一小时的距离。自中世纪以来，不同国家的里格的长度不一。西班牙古时的里格也有浮动，官方曾规定1里格合4180米。

然感到腿部一阵剧痛"。作为预防措施，御医让他去附近的温泉疗养。他对妹妹开玩笑说，泡温泉"给了我两大好处"："首先是我可以挠痒了，因为皮疹已经好了；另一个好处是，经过医生的同意，我可以重新按照自己的习惯来生活"，也就是说又可以随时尽情地吃喝了。另外，"我现在有更多闲暇，因为我不允许外人来这里见我"。就连查理五世在外交领域的主要谋臣尼古拉·佩勒诺·德·格朗韦勒也只被允许每隔一天见皇帝一次，呈送重要的信函，商讨政务，并（如果可能的话）请主公给文件签字。查理五世甚至在 7 月中旬之前放弃了狩猎。之后他"花了三天时间追踪一头熊"。他的健康状况在这个时间好转，恰好让他有能力面对奥斯曼苏丹苏莱曼大帝亲自指挥的又一次大举进攻。[5]

查理曼的继承人对抗亚历山大的继承人

在一定程度上，奥斯曼人的此次进攻是因为查理五世及其弟弟的刺激。1529 年维也纳得救不久之后，斐迪南收复了匈牙利的好几座城镇，并寻求与波斯国王结成反奥斯曼的联盟。这两个举动都激怒了苏丹。查理五世加冕为皇帝，也让苏丹恼怒。在伊斯坦布尔的一名间谍报告称，苏莱曼"总是说'去罗马！去罗马！'并且他憎恨皇帝和他的恺撒头衔"。苏莱曼"也自称为恺撒"。他的代表请威尼斯珠宝匠制作了西方风格的、代表皇帝主权的宝器，包括一顶四重冠冕（比教宗的冠冕还要多一重），并开始宣传攻势，把他们的主公的形象打造为亚历山大大帝的继承人。威尼斯人对他肃然起敬，开始称他为苏莱曼大帝。[6]1532 年 4 月，这位新的亚历山大大帝从伊斯坦布尔启程，发动了沿着多瑙河的第三次攻势，与此同时他的舰队则驶向地中海西部。

这些事态令查理五世左右为难。尽管他需要竭尽全力地支持斐迪南对抗苏丹，但他不敢把在意大利的军队都调去德意志，因为害怕意大利遭到奥斯曼海军（也许得到了法国人的支持）的袭击。事实上，因为被迫缴纳巨额赎金，弗朗索瓦一世已经没有力量再次攻击查理五世，但他依然在用外交手段给自己的竞争对手下绊儿，尤其是让安东尼奥·林孔（曾是公社起义者，如今为法国效力）执行一项秘密使命，试图让奥斯曼军队从进攻匈牙利改为进攻意大利。苏莱曼大帝客客气气地接待了林孔，但拒绝改变自己的战略。1532 年 7 月 12日，他发出了自己的挑战："西班牙国王［苏丹拒绝承认查理五世的皇帝头衔］早就宣布要讨伐土耳其人；而我如今在真主的保佑下，要率军向他发动进攻。如果他是个有勇气的真汉子，就请他带着军队来，准备好与我的帝国大军对阵。"苏丹最后说："真主将决定谁胜谁负。"[7]

查理五世很欢迎对方的挑战。此时他已经恢复健康。他通知妹妹玛丽："我已经下定决心要努力保卫德意志。""因为在我的一切事务当中，我都把自己的希望与力量托付给上帝，而他，我的慈悲的造主，总是佑助我"，所以查理五世请她在尼德兰全境安排"宗教游行和祈祷"，以获得上帝的支持。他还动员了凡间的力量，在自己的所有领地招兵买马（12000 名德意志士兵、10000 名西班牙士兵、10000 名意大利士兵和 4000名尼德兰士兵）；并且通过谈判劝说德意志的路德派教徒帮助他保卫"我们的家园"。最终，路德派诸侯和天主教诸侯都聚集到雷根斯堡，与皇帝一起召开新一届帝国会议。全部七位选帝侯、七十多位世俗诸侯与教会诸侯，再加上五十五座城市的代表前来参会，每位参会代表都带来一大群谋士和官员，一共有大约 3000 人。[8]

帝国会议面对着三个主要问题：德意志的宗教纷争；动员力量对抗土耳其人；法国可能趁机开战的风险。吉罗拉莫·阿莱安德罗担心皇帝的决心可能动摇，因为"尽管他用意良好……他的天性是自私自利的"。阿莱安德罗尤其担心查理五世可能会"未经教宗许可就与路德派达成协议"。在觐见皇帝时，阿莱安德罗轻率地提醒他：

> 当陛下还比较年轻、对自己的力量还不是那么自信的时候，当陛下在沃尔姆斯帝国会议上遭到那么多教会之敌的攻击的时候，只有您一个人意志坚定，只听上帝的话，只听自己的良心，于是我们有了那份美丽的、神圣的敕令。陛下正是通过这份敕令，才获得了凡间的长久荣耀和来世的永恒奖赏。如今的陛下比当年审慎得多，也更自信，因为上帝已经赐给您许多光荣的胜利。如果您竟允许在这些谈判中向路德派做出不合理的让步，那么这就会损害我们全天下的教会。

查理五世听了大怒。"《沃尔姆斯敕令》的确很好，很神圣，也很明智，"他反驳道，"如果教宗在当时按照我的请求履行了自己的职责，那么《沃尔姆斯敕令》就会收到效果！同样，如果在奥格斯堡帝国会议之后圣父做了他与我讨论过的事情，即召开宗教会议，那么我们现在就不会被迫寻求与路德派教徒达成协议。"皇帝的凌厉反击让教廷大使吃了一惊，于

是他明智地离开了御前，并说："所罗门所言极是，'君王之心也测不透'①。"⁹

阿莱安德罗此时并不知道，查理五世在他那位曾经的告解神父的鼓励下，已经"与路德派达成了协议"。加西亚·德·洛艾萨·门多萨向皇帝建议，"既然您不能使用武力，而武力才是真正的解决办法"，那么皇帝应当允许路德派诸侯"作为异端分子过自己的生活，条件是他们不能将错误思想传播给其他基督徒"，并"与他们达成尽可能有利的协议，让他们帮助您对抗土耳其人……虽然他们是异端分子，但您使用他们的时候不必有顾虑，因为您的心是纯洁无瑕的，他们的错误不会妨碍您的成功"。¹⁰查理五世遵循了洛艾萨的建议。1532 年 7 月，根据《纽伦堡和约》，他向德意志路德派承诺，他将暂停执行《沃尔姆斯敕令》，等待教宗召开宗教会议。作为回报，路德派诸侯同意提供 4 万步兵和 8000 骑兵去对抗土耳其人。就连路德也赞赏皇帝。有一天路德告诉自己桌边的客人："皇帝是个正派人。他很虔诚，也安宁。"不过路德还是忍不住补充道："我觉得，他在一年里说的事情和我一天里做的一样多。"¹¹

威尼斯共和国派驻皇帝宫廷的大使马尔科·安东尼奥·孔塔里尼立刻认识到皇帝此次转变政策的意义。"土耳其人指望路德派不会与皇帝合作，"他评论道，"但他们要失望了，因为路德派很快给帝国军队送来他们承诺的兵力的两倍。"在雷根斯堡，"几乎每天都能看见一队队的步兵行军走过"以及"皇帝陛下购买的大约 80 门火炮"。¹²8 月中旬，孔塔里尼报告

---

① 《圣经·旧约·箴言》第 25 章第 3 节。

称："现在所有人都团结起来了，无疑会有 12 万名步兵和 2 万名骑兵。"他热情洋溢地说："我相信，八百多年来没有人见过比这两支更雄壮的军队，也没有人见过两位如此强大的皇帝冒如此大的风险。"行政档案也同意这些数字。当时对基督教军队所需粮草的估算列出了 114000 名士兵、74000 名其他人员和超过 73000 匹马。查理五世于 9 月 23 日进入维也纳，"向全世界展示他不会畏惧冲突"。一个月后，苏莱曼大帝及其军队开始漫长的撤退，返回伊斯坦布尔。与此同时，安德烈亚·多里亚指挥下的帝国海军，"比许多年来任何一支舰队都更加装备精良、组织有序"，从土耳其人手中夺取了希腊的两座要塞——科罗尼和帕特雷。[13]

查理五世认为自己应当感谢命运。他写道，1532 年 6 月和 7 月匈牙利河水猛涨，严重阻滞了奥斯曼军队的推进，这"对我们非常有利，因为洪水给了我们时间去修复和加强维也纳的城防工事和其他更暴露的要塞，并为其输送给养、火炮和弹药"。[14]查理五世的另一个幸运之处在于，尽管他庞大的陆海军开销巨大，迫使他征税和借贷，但其中最大一笔资金来自法国。1532 年 4 月，他命令自己的妻子将法国人的赎金中的超过 40 万杜卡特"绝对保密地"转移到意大利。"如果你不得不说自己要把一些钱转走，也决不能说有这么多钱，要让西班牙国内外的人都以为钱还在西班牙境内。"两个月后，他又命令她"绝对保密地"再转移将近 50 万杜卡特。[15]

尽管开销巨大，并且不得不向德意志路德派让步，但查理五世未能与奥斯曼军队交锋，更不要说打败他们了。不过他展现出了绝佳的领导力，把野战指挥权托付给普法尔茨伯爵弗里德里希（他有三十年的作战经验），同时向安东尼奥·德·莱瓦和费尔南多·阿尔瓦雷斯·德·托莱多（阿尔瓦公爵）① 等有军事经验的谋臣征询建议并采纳他们的建议。[16]另外，集结规模庞大、史无前例的大军去对抗"异教徒"的能力彰显了勃艮第王朝的十字军传统，也就是查理五世自幼阅读的那些骑士编年史里的那种传统。1532 年 9 月 21 日，皇帝在林茨登船，去多瑙河下游亲自指挥他的大军。此时的他身穿金色外衣，帽子上有一根神气活现的羽饰，显得踌躇满志。他的确是西方世界自查理曼以来最强大、最成功的统治者。世人也认同这一点（见彩图 17）。

重返西班牙

如此辉煌的成功令教宗如坐针毡。尽管克雷芒七世认识到自己需要利用苏莱曼大帝的撤退"打破他的脑袋，让他再也不敢来威胁基督教世界"，但教宗担心如果皇帝"亲自征伐苏丹……法国会立刻入侵意大利，在那里如入无人之境，随心所欲，让圣父陷入危险"。于是他恳求皇帝到罗马与他做更多的政策讨论。洛艾萨极力反对。他以告解神父和谋臣的身份向查理五世详细解释"对您的良心和荣誉来说最合适的办法是什么"。他警示道："即便陛下在意大利期间每天只睡四个小时，

---

① 费尔南多·阿尔瓦雷斯·德·托莱多（1507～1582），第三代阿尔瓦公爵，绰号"阿尔瓦大公爵""铁公爵"等，是西班牙的贵族、将领和外交官。他是查理五世及其儿子腓力二世的肱股之臣，曾任米兰总督、那不勒斯副王、尼德兰总督等。他是当时最优秀的军事家之一，在 1535 年的突尼斯战役、1547 年的米尔贝格战役中表现出色。在腓力二世时代，阿尔瓦公爵残酷地镇压尼德兰革命，多次打败奥兰治的威廉，但无法阻止尼德兰最终脱离西班牙的统治。在 1580 年的葡萄牙王位继承危机期间，阿尔瓦公爵奉腓力二世之命率军占领葡萄牙，实现了西班牙与葡萄牙的合并。

其余时间全部用来处理为了维护意大利和平所必须处理的事务……您也做不到在 1533 年 5 月之前启程［去西班牙］。"所以洛艾萨敦促皇帝顶多只去博洛尼亚与教宗讨论"与您和意大利相关的事情"。[17]

皇帝也是这么想的。10 月中旬，维也纳暴发瘟疫，他赶紧离开那里，马不停蹄地来到奥地利阿尔卑斯山区的小镇菲拉赫。二十年后，他将如丧家犬一般再次来到这里。从菲拉赫去博洛尼亚的唯一路线要经过布伦纳山口和威尼斯领土，这就造成了一个微妙的局面，因为查理五世此时率领着 1 万名久经沙场的步兵、3000 名骑兵和一队炮兵，以及他的宫廷人员和"6000 多名妇孺"。他记得自己十年前曾威胁要入侵威尼斯，所以现在需要向前来请安（并监视这位贵宾）的威尼斯外交官明确表示自己的和平意图。在一次觐见会期间，他"身穿骑装，始终站立着"，解释道，"他在去西班牙的途中"，但"他首先要与教宗会谈"，并建立一个旨在"保卫意大利及其各邦的联盟，让各邦都维持现有的疆界；而且，他不是在以皇帝或西班牙国王的身份讲话，而是以那不勒斯国王和一位意大利统治者的身份"。他预测自己将在圣诞节前返回西班牙。[18]

但他的计划几乎立刻就泡汤了，因为克雷芒七世推迟了从罗马去博洛尼亚的行程，所以皇帝不得不推迟自己去西班牙的行程。于是他在曼托瓦额外待了一个月，在那里（这是在他的宫廷的威尼斯外交官的带有批评意味的说法）"天亮刚一个小时，皇帝陛下就带着贵族们去打猎"，直到他"在追猎一些特别大的野猪时弄伤了自己右手的食指"，所以他的签名变得无法辨认（洛斯·科沃斯在文件上附加了说明，证实这些以皇帝的名义发出的文件确实是皇帝签署的）。[19]作为一种康复治疗，查理五世在雄伟的贡扎加城堡参加了许多舞会、宴会和游戏。下雪的时候，他让人准备"德意志风格的雪橇"，"这让贵妇小姐们非常开心，因为这种雪橇很新奇、很稀罕"。

所有人都说，查理五世在曼托瓦"如鱼得水，仿佛在自己家中"，"身边没有自己内廷的仆人也不以为意"，并且出门的时候"不带卫兵，独自走过城镇和乡村"。[20]他参观了安德烈亚·曼特尼亚①的住宅，它的设计很独特，是个立方体，内含一个圆形庭院。查理五世对其印象深刻，在 1532 年 11 月 "命令连续四年每年拨款 12000 杜卡特，用于翻新格拉纳达的王室城堡和宫殿。他打算在那里安享太平，因为那是全世界最美丽的地方"。于是他的建筑师制作了模型，打算在阿尔罕布拉宫的核心位置建造一座意大利风格的"查理五世宫殿"，并于次年春季开始施工。[21]

在曼托瓦度过的这个月还留下了另一种引人注目的艺术影响。自从查理五世年幼时，就有艺术家为他画像。他来到曼托瓦的那天，当地的公爵唤来了提香。提香创作了一幅著名的查理五世站立的全身肖像，画中皇帝的胡须大体上遮挡住了他的凸颚，一条猎狗在他硕大无朋的股囊②旁嗅着。不是只有提香前来为皇帝画像。斐迪南的宫廷画师雅各布·塞森艾格尔陪同查理五世来到曼托瓦，画了一幅几乎与提香作品一模一样的肖

---

① 安德烈亚·曼特尼亚（约 1431～1506）是意大利文艺复兴早期的著名画家，对透视法做了很多尝试，以创造更宏大更震撼的视觉效果。他的知名作品有《哀悼死去的基督》《婚礼堂》《恺撒的胜利》等。

② 股囊（codpiece）为欧洲古时男子裤子的一部分，是档部的一个布盖或囊，以保护阳具。

像，所以黛安娜·博达尔①提出，也许皇帝是同时给两位艺术家当模特，让他俩竞争，就像亚历山大大帝让留西波斯②和阿佩莱斯③比赛一样。[22]在随后将近十年里，提香和塞森艾格尔的这两幅肖像实际上成为皇帝的"官方肖像"，所有希望拥有皇帝肖像的人都临摹这两幅画（见彩图19）。

克雷芒七世最终在 1532 年 12 月 10 日抵达博洛尼亚，查理五世于三天后到了那里。和之前一样，"教宗和皇帝下榻在同一座房屋的两个相邻房间"，这样他们可以单独谈话，避开外人的耳目。他俩这次见面的时候，"皇帝极其谦卑和尊敬地亲吻教宗的脚"，而克雷芒七世"扶他起来，拥抱他，亲吻他的面颊"。随后查理五世花了两个钟头"描述自他俩上次分别以来发生的所有事情"，但（威尼斯大使抱怨道）随后"皇帝继续与教宗单独会谈，所以我们没办法知道他们谈了什么"。出席公共场合的时候，教宗与皇帝表现得非常融洽。在圣诞节的一次礼拜期间，克雷芒七世"为皇帝的宝剑祝圣"，而查理五世宣读了一篇布道文。"弥撒结束后，他们一起返回宫殿"，继续密谈。[23]

新年过后不久，克雷芒七世宣布了他与皇帝会谈的一项惊人成果：他将召开一次宗教会议来解决现有的宗教问题，并邀

---

① 黛安娜·博达尔（1970~　）为当代意大利历史学家，在社会科学高等学院获得博士学位，研究领域为文艺复兴与巴洛克艺术等，目前在美国的哥伦比亚大学任教。

② 留西波斯是古希腊雕塑家，生活在公元前 4 世纪，为希腊化时代的雕刻艺术带来了革新，曾为亚历山大大帝创作塑像。

③ 阿佩莱斯是古希腊画家，生活在公元前 4 世纪，曾作为马其顿宫廷画家为亚历山大大帝创作肖像，最著名的作品包括《跃出海面的阿佛洛狄忒》《携有霹雳的亚历山大》等。老普林尼认为他是空前绝后的卓越画家。

请基督教世界的所有统治者亲自参加。然后他任命了一个由枢机主教组成的委员会，该委员会"几乎每天都"与皇帝的大臣（包括洛斯·科沃斯和格朗韦勒）会谈，来确认要召开的宗教会议的细节，从而"让两位大人物免去亲自商谈的麻烦"。在博洛尼亚至少有一个观察者认识到，教宗这么做仅仅是为了"浪费皇帝待在这里的时间，而不是真正推动宗教会议的召开"：

> 教宗嘴上说愿意召开宗教会议，却用言辞搪塞皇帝，欺骗所有人。他俩永远不会对宗教会议举办的时间和地点达成一致。如果查理五世足够明智，能够看到自己和整个意大利面临的急迫危险的话，就会认真采取行动，而不是寄希望于……时间会解决一切问题；因为拖得越久，麻烦可能越大。

然而，查理五世表现得很愚蠢：向克雷芒七世告辞不久之后，他自信地向斐迪南保证，宗教会议将在博洛尼亚、曼托瓦或皮亚琴察召开，将会采取措施来"消灭路德异端，惩罚路德的追随者"。[24]

在《回忆录》里，皇帝懊恼地承认，他上了克雷芒七世的当。他写道，他们的第二次（也是最后一次）会议"没有产生皇帝陛下期望的效果"。就在七年前，他上了弗朗索瓦一世的当，如今为什么又上了教宗的当呢？这两件事情有一个明显的相似点。除了"内廷人员和谋臣"之外，皇帝把将近1万人的军队带到了博洛尼亚，每晚有500人守卫他和教宗居住的宫殿外围，另有200人在宫殿内守卫。面对如此强大的军力，克雷芒七世可以（像之前的弗朗索瓦一世一样）说，他之所以做出让步，是因为受到了胁迫，所以他的诺言没有约束力。[25]此次教宗的让步超出了查理五世最大的期望。

1533年2月24日，即皇帝的生日，如今也是帕维亚战役和他的加冕礼的纪念日，克雷芒七世签署了一项秘密协定，"非常机密，仅有四人知情"，在其中承诺：劝说弗朗索瓦一世支援皇帝抵挡土耳其人的下一次进攻；拒绝亨利八世与阿拉贡的凯瑟琳离婚的申请；在缔结任何条约之前首先征求查理五世的同意。三天后，教宗又签署了"保卫意大利的联盟"的条约。根据该条约，教宗以及绝大多数意大利邦国不得给任何外国势力干预意大利事务的借口，更不得邀请外国势力干预；并设立一个战争金库，用于共同防务，抵抗入侵的外敌。[26]

克雷芒七世在用这些外交手段转移皇帝注意力的同时，与来到博洛尼亚的英法特使进行了会谈。英法特使此行的目的是传达弗朗索瓦一世的提议，即他的次子奥尔良公爵亨利与教宗的侄女卡特琳·德·美第奇结婚，以及克雷芒七世在"皇帝离开意大利之后"与弗朗索瓦一世面谈。特使还提出了一项秘密提议：十八个月内，弗朗索瓦一世将入侵意大利并收复米兰公国，然后克雷芒七世将米兰公国册封给奥尔良公爵亨利和卡特琳。[27]

家庭生活

查理五世不知道教宗的两面三刀，于1533年3月离开博洛尼亚，去参观帕维亚战场。他的将军们指出了当初他们迫使弗朗索瓦一世投降的具体地点，以及皮齐盖托内要塞，法王曾被羁押在那里。随后皇帝返回热那亚，安德烈亚·多里亚的桨帆船在那里待命，要送他回西班牙。但此次航行耗费的时间是正常情况的两倍。据威尼斯大使说，"日夜都无法休息"，因为"每一艘桨帆船，包括皇帝所在的那艘，运载的人数都比通常情况多了七八十人，所以甲板上的情况很糟糕，甲板下就更可怕了"。简而言之，"犹如地狱"。最后一段航程是最糟糕的，因为桨帆船舰队靠近西班牙海岸的时候风向突然逆转，"桨手们全都赤身露体，拼命划了两夜和差不多两个白天，累得半死"。

皇帝的桨帆船接近加泰罗尼亚海岸后，皇帝"禁止任何人跟着他，然后什么都不说"，带着少量廷臣乘一艘小船上了岸，然后征用了"在附近村庄里能找得到的马匹"。皇帝隐姓埋名，骑马夜行，仅仅 24 小时就走了 150 公里，抵达巴塞罗那，"发现皇后还在床上，因为她还没有起床。皇帝也跳上床，然后一直睡到下午 2 点，然后他俩都起床吃饭"。[28]

查理五世之前已经指示妻子，等他登陆之后，把他们的两个孩子带来见他。六十多年后，腓力二世仍然记得这次激动人心的团圆："1533 年，我和母后去了巴塞罗那，在那里等待皇帝"，"我在巴塞罗那过了六岁生日"。[29]自四年前父子分别以来，腓力王子已经长大了许多，皇后也发生了很多变化。在她担任摄政者的最初几个月里，她还觉得自己需要"征询熟悉相关事务的臣民和大臣的意见"，然后请查理五世定夺；但她渐渐变得很自信。1530 年 9 月，她的丈夫指示她准备于次年在地中海打一场战役时，她坚决反对："每天我们都发现新的匮乏。我们需要立刻开始准备舰队需要的装备，否则就赶不上来年夏天的作战季节。"她还责怪丈夫有事不向她通气："我恳求陛下在将来不要这么长时间不给我写信。请让我每隔差不多二十天就得到你的新消息。"她还持续不断地唠叨，让他回家，因为"我比任何人都更有理由想让你回来"。[30]

查理五世在巴塞罗那和妻子一起待了将近两个月，然后去蒙塞拉特①庆祝基督圣体节，随后在蒙宗与阿拉贡王国的议会见面。但他刚刚在议会发表开幕讲话，就有消息传来，皇后"病得很重，生命垂危"。我们差不多可以确定这是因为流产。他飞奔回去，花了两天时间从蒙宗赶到巴塞罗那，全程 230 公里。这是他一生中速度最快的一次旅程。一直到她恢复元气，他才离开。[31]

这一年的余下时间里，查理五世被蒙宗的"议会死死缠住"，随后在萨拉戈萨与皇后一起度新年。然后皇帝与皇后来到托莱多，以那里为首都，直到暑热迫使他们北上。皇后和宫廷大部分人员去了巴利亚多利德，而查理五世经过了老卡斯蒂利亚②的一些城镇，比如塞哥维亚、阿维拉、萨拉曼卡、萨莫拉和托罗，这些城镇曾是公社起义势头最旺的地方。[32]他甚至去了比利亚拉尔，即公社起义最后的决定性战役的地点；然后在萨拉曼卡大学待了一段时间，并"说这所大学是宝库，提供了王国所需的法官和行政长官"。查理五世先是问候了路易斯·卡韦萨·德·巴卡主教，即他的第一任教师，然后"在大学礼拜堂参加弥撒，随后听了一场辩论"，辩论的主题与局势紧密联系：基督徒君主可否发动战争为盟友复仇？随后，皇

---

① 蒙塞拉特在巴塞罗那附近。
② 老卡斯蒂利亚是相对于新卡斯蒂利亚而言的，都是西班牙的地区名。老卡斯蒂利亚在北；新卡斯蒂利亚在南，比老卡斯蒂利亚更晚从穆斯林手中收复。

帝听了大学的几位顶尖学者的课：弗朗西斯科·德·维多利亚讲神学，胡安·马丁内斯·德·西利塞奥（不久之后成为腓力王子的教师）讲哲学，另外几位学者讲医学和法学。在每一堂课上，皇帝都"一进屋就坐在长凳上"，仔细听课（不过，上课都是用拉丁文，他可能听懂的不多），然后去参观大学图书馆。他一共像大学生一样度过了四个小时。[33]

这时发生了一桩家庭悲剧。查理五世在托尔德西利亚斯看望母亲时，"皇后流产，失去了一个八个月大的胎儿"。编年史家佩德罗·希龙用一个经过大幅修改的段落记述这个悲剧事件。他写道，有些医生认为，之所以发生这样的悲剧，"是因为她在巴塞罗那染上的重病还没有恢复的时候就怀孕了"；也有人说，皇后"去看儿子即腓力王子的时候""跌倒了，胎儿因此而死。只有上帝知道真相"。就像之前的另一个儿子费尔南多死时一样，皇帝"以基督教君主应有的态度面对皇后的流产"，劝她接受现实，因为这是上帝的旨意。他亲自做出表率，继续从事狩猎和体育运动，直到"打网球时打得太猛"，导致"一只脚有点瘸了"。他还继续过夫妻生活：到圣诞节时，皇后又一次怀孕。[34]

此时，重要的事态已经改变了国际形势。亨利八世不仅正式抛弃了妻子凯瑟琳，宣布他与凯瑟琳的女儿玛丽是私生子，还娶了安妮·博林，并让她成为英格兰王后。教宗克雷芒七世将亨利八世绝罚，亨利八世则威胁要停止对罗马效忠。随后教宗来到马赛，主持了他的侄女与奥尔良公爵的婚礼。教宗还与弗朗索瓦一世协调制定了一项反对哈布斯堡家族的政策；他们一致反对召开宗教会议（因为一旦召开，就会提升查理五世在德意志的地位），也反对建立新的意大利联盟（因为它会阻碍法国人征服米兰）。

亨利八世欺侮查理五世的姨母，查理五世不能坐视不管，于是敦促自己的弟弟和姐妹（在德意志的斐迪南、在尼德兰的玛丽、在法国的埃莉诺、在葡萄牙的卡塔利娜）与他一起宣布支持凯瑟琳，"因为这不仅是关系到良心的事情，并且，考虑到当前基督教世界的国际形势，我们必须支持教会的裁决和宣言"。[35]值得注意的是，他的信里包含一个条件，即"暂且"不要采取行动，因为克雷芒七世和亨利八世都留出了通过谈判解决问题的余地，教宗推迟了绝罚令的公布，英王则推迟批准立法去切断英格兰与罗马的联系。但在1534年，教宗打破了这个僵局，宣布亨利八世与凯瑟琳的婚姻有效，他们的女儿玛丽是合法的婚生子。

皇帝的一名外交官从罗马写信，禀报了教宗的决定，并自鸣得意地说，这是皇帝的最大胜利，因为它为征服英格兰铺平了道路。但查理五世的西班牙谋臣不是那么热情。三周后，他们得知了教宗的决定，于是敦促皇帝派遣使节去罗马、巴黎和伦敦试探各方，假如哈布斯堡家族入侵英格兰，大家会做何反应，因为"如果我们单方面地、突然地向英格兰发动进攻，这几方会怀疑陛下想要在没有他们的情况下单方面解决问题"。因此，查理五世应当宣布他"暂且"不会做任何事情，从而"根据事态发展进行更有效的筹划"。[36]

查理五世听从了谋臣们的建议。尽管西班牙人普遍憎恶亨利八世的新王后（比如西班牙人称她为 anabolena，这个词的意思是惹麻烦的人，有时也指娼妓。甚至到今天，卡斯蒂利亚的有些地方仍然用这个词），但皇帝没有做任何事情去帮助自己的姨母。[37]在给弟弟的信里，他说自己无动于衷是因为"自马赛峰会以来，德意志和意大利越来越动荡与麻烦"。尤其是黑森方伯菲利普领导的路德派军队得到了法国的资助，入侵符腾堡公国，扶植被查理五世和斐迪南废黜的旧统治者①，然后驱逐了哈布斯堡家族在符腾堡的驻军。这一次查理五世仍然没有行动，他还建议弟弟"通过拖延和欺骗来争取时间"。9 月，他给斐迪南写信说，为了维护德意志的和平，"你最好忘记过去的事情，或者假装忘记"。[38]

历史证明这是一条审慎的建议，因为一支拥有 160 艘桨帆船的奥斯曼舰队刚刚闯入地中海西部，占领了突尼斯。这个位于北非的小国此前是西班牙的附庸，距离西西里岛仅有 250公里。

非洲征服者查理五世

苏丹苏莱曼大帝在 1532 年受挫之后，采取了一种新的战略去对付西方。他把海雷丁·巴巴罗萨（他长期以阿尔及尔

---

① 即符腾堡公爵乌尔里希（1487～1550），他因为骄奢淫逸、横征暴敛而受到臣民的憎恨。1514 年，爆发了反对他的"穷康拉德"农民起义。乌尔里希与妻子萨比娜（巴伐利亚公爵的女儿、马克西米利安一世皇帝的外甥女）关系很差。乌尔里希因为觊觎骑士汉斯·冯·胡滕的妻子而杀害了胡滕，招致更多人的反对。萨比娜从凶残的丈夫身边逃走，得到皇帝和巴伐利亚公爵的庇护。1519 年，施瓦本联盟（一个由诸多自由城市、高级教士和骑士组成的联盟）出兵驱逐了乌尔里希。施瓦本联盟随后将符腾堡公国卖给了查理五世皇帝。乌尔里希流亡到瑞士、法国等地，一度为法王弗朗索瓦一世效力。1523 年，他皈依路德宗，正好赶上德意志农民战争，趁机回国，但被打败。在流亡过程中，他与黑森方伯菲利普（另一位路德派诸侯）成为好友。1534 年，菲利普帮助乌尔里希复位。因为受到法国的威胁，德意志国王斐迪南不得不承认乌尔里希的复位。乌尔里希控制符腾堡之后，大肆镇压天主教，没收教会财产，推行路德宗。1536 年，乌尔里希加入施马尔卡尔登联盟，与查理五世为敌。1547年，查理五世打败乌尔里希，但允许他保留公爵爵位，详见下文。

为基地，运用他的桨帆船袭掠地中海西部的基督徒领地）召唤到伊斯坦布尔，任命他为帝国舰队总司令。两年后，巴巴罗萨率领舰队西进，占领了突尼斯，驱逐了亲哈布斯堡的突尼斯统治者。与此同时，苏丹率军东征，去讨伐波斯国王。查理五世不能忽视这个机遇和挑战。一位英格兰外交官写道，因为"突尼斯是与罗马一样大的城市，巴巴罗萨可以轻松地在那里维持自己的舰队，并持续不断地威胁西班牙和意大利"，所以皇帝"要么需要拥有足够强的力量与巴巴罗萨的舰队正面对垒，要么需要持续不断地动员力量来自卫"。查理五世同意这个看法，于是通知他在意大利的大臣们，他已经命令"准备给养和其他需要的物资，于明年春季集结一支有能力抵抗和攻击敌人的强大舰队，将敌人从基督徒的海域驱逐出去"。[39]

1534年9月，教宗去世了。尽管克雷芒七世是个反复无常的盟友，经常企图利用法国来遏制哈布斯堡家族对意大利的主宰，但他始终坚定不移地支持皇帝与土耳其人对抗。查理五世担心新的教宗会背弃他的前任签署的防御条约并怂恿弗朗索瓦一世去争夺米兰和热那亚；但最终，枢机主教亚历山德罗·法尔内塞成为教宗保罗三世，他立刻宣布将会遵守所有现存的盟约，并采取严厉措施来改革教会。在他的第一次秘密会议上，他还宣布支持查理五世在北非作战的计划，并宣布授予其十字军东征的地位。1535年3月，得知苏莱曼大帝留在巴格达并开始了讨伐波斯的新战役之后，保罗三世宣布，"这对皇帝来说是千载难逢的良机，他不仅可以全身心地对付北非，还可以开启一项更伟大、更光荣的事业"，即征服伊斯坦布尔。教宗还敦促皇帝"不要浪费上帝赐予的良机"。[40]

查理五世的谋臣们仍然没有什么热情。格朗韦勒预测，如果查理五世亲征北非，将会发生一连串灾难，因为法国人会趁机入侵意大利，支持奥尔良公爵对米兰的主张，随后"找到某种借口去占领那不勒斯"，甚至还会侵占意大利半岛的其他一些独立国家。枢机主教塔韦拉（御前会议主席，也是皇后在摄政时期的主要谋臣）强调了"过于依赖运气的危险。陛下已经使用了太多次来自命运的善意，如果您离开这些国度〔西班牙〕，亲自冒险到并不属于您的海域和陆地……正如我们不久前发现的那样，发动战争是危险、漫长而充满不确定性的事情"。塔韦拉不客气地补充道："陛下应当记得，马克西米利安皇帝尽管是一位勇敢的君主，并且久经沙场，但他的伟大事业却胎死腹中，这是因为他的目标太宏伟，却没有足够的资源。"最后，塔韦拉重复了他曾用来反对与法王弗朗索瓦一世决斗的理由：查理五世不应当"像一名没有什么东西可以失去也无须向任何人负责的年轻骑士那样冒险……假如陛下被俘，或发生了其他什么灾祸"，腓力王子那样的"幼童"如何能接管大局？[41]

起初，皇帝似乎愿意听从这些警告，因为在 1535 年 2 月，他从马德里写信给弟弟，保证说，尽管他打算去巴塞罗那，但"那只是为了从那里观察和回应巴巴罗萨的行动，并改良我的海军"。查理五世承诺，他随后会返回德意志。有些人相信了他。尽管陆海军"在北非向巴巴罗萨开战"的准备工作令佩德罗·希龙肃然起敬，但"当时没人想到皇帝陛下会御驾亲征"。斐迪南在西班牙的代表也志得意满地报告称，皇帝去巴塞罗那仅仅是为了"让那里的舰队做好出海的准备工作，并准备应对法国人制造的麻烦"。[42]人们判断错误首先是因为粗心大意。2 月 28 日，查理五世立了新遗嘱，明确表示，"他已经

决定亲自率领舰队出征"。他的秘书把遗嘱的一个副本发给了
皇帝的妹妹玛丽，她立刻把这条惊人的消息分享给斐迪南，并
补充说，他们兄长的"声望会受到损失，因为不管怎么说"，
他"要去讨伐的仅仅是个海盗而已"。[43] 查理五世在签署遗嘱的
三天之后动身前往巴塞罗那，又一次把怀孕并且抑郁的妻子留
下。据皇后的一名侍从女官说，皇后"茕茕孑立，愿上帝怜
悯她"。[44] 三个月后，皇后生下一个女儿，取名为胡安娜。她这
次分娩时，丈夫仍然不在身边。

　　查理五世将御驾亲征的传闻令他的臣民激动不已，他们成
群结队地来到巴塞罗那。据一个目击者说："人们欢呼雀跃，
渴望去攻击异教徒，路上人山人海。父亲鼓励儿子去参加正义
的战争……妻子跟随丈夫，准备上前线。"参加此次远征的人
当中有皇后的弟弟——葡萄牙王子路易斯、阿尔瓦公爵和其他
数十位西班牙显贵。当时的人们赞扬了聚集在巴塞罗那的舰船
和士兵的数量和质量。一支葡萄牙分舰队于 4 月底来到巴塞罗
那，包括二十多艘舰船，其中有一艘盖伦帆船①，据说是全世
界最大的战舰，能够运载约 2000 人。还有一些舰船从比斯开、
安达卢西亚和马拉加②赶来。安德烈亚·多里亚也率领一队桨
帆船从热那亚赶来了。"它们从皇帝面前驶过时三次降旗，船

---

① 盖伦帆船是至少有两层甲板的大型帆船，在 16～18 世纪被欧洲多国采
　用。它可以说是卡拉维尔帆船及克拉克帆船的改良版本，船身坚固，可
　用作远洋航行。最重要的是，它的生产成本比克拉克帆船便宜，生产三
　艘克拉克帆船的成本可以生产五艘盖伦帆船。盖伦帆船被制造出来的年
　代，正好是西欧各国争相建立海上强权的大航海时代。所以，盖伦帆船
　的面世对欧洲局势的发展亦有一定影响。
② 马拉加是位于西班牙南部安达卢西亚地区、地中海海岸的一座港口城市，
　也是马拉加省的省会。

上的人们呐喊："帝国！帝国！'"随后多里亚上岸向皇帝请安，然后"他们单独会晤，秘密制订计划"。[45]

皇帝采取了一些重要的措施，确保他远征北非期间欧洲能维持和平。他已经争取到了新教宗，期望他会阻止法国攻击皇帝的领地；然后皇帝指示自己的封疆大吏们不要攻击他人，包括亨利八世。在尼德兰的帝国军队的指挥官拿骚伯爵海因里希三世收到命令，"今年不要征集新的部队"，因为"同时开展两次大规模军事行动即便不是不可能的，也会非常困难"。拿骚伯爵发出抗议，查理五世坚定地答道："我很清楚，英格兰的事情是不可以被遗忘的，但我们必须适应当前形势，集中力量于最紧迫的事务。"他还提醒斐迪南，"我们的意图和决心是，除非迫不得已，不在任何地方开启战端"。[46]与此同时，在巴塞罗那，"皇帝日夜不休地勤奋工作，不时去视察或者处理别的事务"。他主持巴塞罗那的铸币厂用从美洲运来的黄金铸造金币，并监管长枪、火绳枪和弹药的生产（见彩图20）。他得知一支运载兵员与给养的舰队从马拉加驶来，快到巴塞罗那了，就"骑马来到蒙特惠奇山顶端，因为在那里看得见远方的船帆"。[47]随后，查理五世"坐在官员当中，检阅了全副武装的"军队。有些廷臣问，此次远征要去哪里，指挥官是谁。皇帝答道：

> "不要试图打探主公的秘密，但我会向你们介绍你们的指挥官。"这时他命令升起他的大旗（上面有光辉璀璨的十字架图案，显得十分虔诚），并说："这就是你们的将军［指上帝］，你们要服从我，因为我是他的副将。"[48]

5 月 28 日，查理五世"在黎明前访问了蒙塞拉特修道院"，在那里"做了告解，领了圣餐，当晚返回巴塞罗那"。两天后，"王室的喇叭响彻全城"，召唤官兵登船。查理五世做了弥撒之后登上多里亚的桨帆船。"他画了十字，举目望天，做了私人的祈祷，恳求上帝佑助。"随后他的舰队（将近250 艘舰船，运载着 27000 人）扬帆起航（地图 4）。[49]

因为启航前做了一丝不苟的后勤安排，查理五世抵达撒丁岛的卡利亚里的六天前有另一支帝国舰队（超过 125 艘舰船）从德意志、尼德兰和意大利运送部队和弹药抵达撒丁岛。这支舰队还送来了许多贵族，包括曼托瓦公爵的兄弟费兰特·贡扎加和瓦斯托侯爵阿方索·德·阿瓦洛斯。在随后的作战期间，这些人将和他们的伊比利亚同袍结成生死兄弟，在哈布斯堡君主国的核心打造出一个强大的、国际化的精英集团，查理五世可以始终信赖这些人。还有一些经过精挑细选的文化精英陪同皇帝前来（包括编年史家让·旺德内斯、诗人加尔西拉索·德·拉·维加和擅长战场场景画的艺术家扬·科内利斯·维尔摩恩），准备随时歌颂和宣扬皇帝的丰功伟绩。由于他们的记录，以及远征军当中大量外国大使的报告，我们能够精确地还原突尼斯战役的情况，以及查理五世在其中发挥的作用。

舰队在撒丁岛补充了给养，与此同时，皇帝与主要大臣商讨策略，并在好几座教堂祈祷。6 月 15 日，雄壮的舰队（现在有超过 400 艘舰船，运载约 5 万名士兵）浩浩荡荡地出航，驶向北非，并于次日抵达。"皇帝很想第一个上岸，"士兵马丁·加西亚·塞雷萨达在日记中用赞许的笔调写道，"但作战会议的成员不准他这么做。"舰队来到了古迦太基的遗址，查理五世和他的军队在那里登陆，并向突尼斯的港口

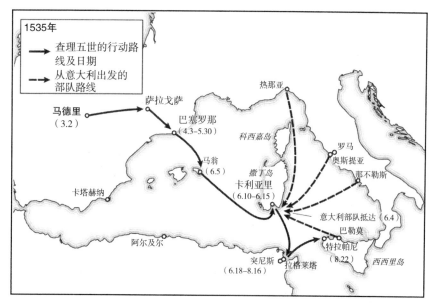

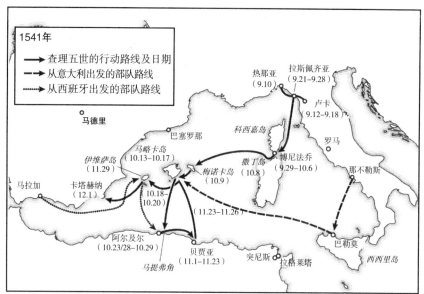

地图4　非洲征服者查理五世的行动路线

在1535年和1541年的北非战役中，查理五世制订了详细计划，动用陆海军的强大兵力，从西班牙和意大利同时发起作战。这种复杂计划必然会造成延误和困难，在风帆时代尤其如此，所以多支部队能够在北非海岸顺利会师，这本身就是后勤调度方面了不起的成绩。

拉格莱塔进发。[50]

巴巴罗萨已经有所防备，因为弗朗索瓦一世派往伊斯坦布尔的一名外交官在突尼斯停留时，向他介绍了皇帝的准备工作。但这位海盗国王相信，酷暑和他在拉格莱塔周围临时搭建的防御工事能够重创入侵的帝国军队。所以他没有去阻拦帝国军队的登陆，这使得查理五世有时间在距离拉格莱塔约 1 英里的地方安营扎寨。皇帝花了差不多一个月时间"指挥建造堑壕、工事和堡垒，保护他的军队"。他既是"将军、士官也是士兵，把一些士兵称为'我的兄弟'，把另一些人称为'我的孩子'"，并参加了持续不断的小规模交锋。一天，"他抓起长枪，高呼'圣雅各！'骑马冲出去攻击摩尔人①"；另一天，他走进堑壕，要了一支火绳枪，向敌人射击了三次。然后，"开始炮击的时间快到了，皇帝更加努力，更加勤奋地提供作战所需的物资"。他宣布要奖赏"第一个冲进拉格莱塔的人"：

> 他视察了德意志和意大利士兵的住宿地，与他们交谈；他来到西班牙人当中的时候说："我知道，我不需要用言辞来增强你们的斗志，因为我知道你们是多么坚决，我对你们没有任何疑问。在过去的战役中，你们为我赢得了胜利。但如今你们是在为上帝而战。在此役中，我仅仅是上帝的副将。"

7 月 14 日，皇帝及其随从听了弥撒之后，堑壕内和桨帆

---

① 在中世纪，北非、伊比利亚半岛、西西里岛和马耳他岛等地的穆斯林被欧洲基督徒称为"摩尔人"。摩尔人并非单一民族，而是包括阿拉伯人、柏柏尔人和皈依伊斯兰教的欧洲人等。"摩尔人"也被用来泛指穆斯林。

船上的大炮同时开始轰击拉格莱塔。半个小时后之后，炮火打开了一个缺口，步兵蜂拥而入，突袭成功，随即洗劫了全城。[51]

此时，查理五世宣称：“我的整个议事会已经决定，我们应当放弃此次战役。他们说，我应当登船离开，因为我已经达成了此行的目标。”起初，“作为一名新将领，我接受了他们的意见”，正如三年前他在匈牙利听从了谋臣的建议；但如今他推翻了将军们的建议，改为采取主动。“对此事做了进一步讨论之后，我改了主意，于是在本月［7月］20日，星期三，我开始向突尼斯进军。”[52]

这是个鲁莽的决定，因为突尼斯虽然就在10公里之外，但这10公里都是荒无人烟的沙漠，而他的“军队缺少运载辎重的大车”，查理五世命令每个人“携带两天的口粮与饮水”。水很快就用完了，就连查理五世也不得不忍受干渴之苦。他在部队当中巡视的时候，加西亚·塞雷萨达“看了看他的嘴，注意到他的牙齿上盖着一层黑色的灰尘和污泥。这很让人惊讶，因为这毕竟是皇帝的牙齿”。[53]巴巴罗萨把部队部署在城外，他的大炮向逼近的基督教军队开火时，查理五世冷静地排兵布阵，用每一群士兵的母语向他们讲话鼓劲。一名高级军官建议他后撤，因为实在太危险了，但“皇帝哈哈大笑，向他保证，‘没有理由害怕，因为不曾有一位皇帝死于敌人的炮火’”。帝国军队随后向前推进，顶着酷热打退了敌军。但不久之后，胜利者就“干渴得瘫倒在地”。有些士兵精疲力竭地坐或者躺在地上。这时，突尼斯城内的基督徒奴隶发动起义，“高呼‘自由！’和‘皇帝万岁！’”帝国军队胜利入城，解放了所有的基督徒奴隶（据查理五世说，有2万人），然后开始抢劫战利品。清真寺、伊斯兰神学院和住宅都被洗劫一空。据一个英格兰目击者说，城内的所有穆斯林"都像牲口一样被卖为奴隶，其中有很多妇孺，这景象真是凄惨"。[54]

查理五世体会到了"普通的军事指挥官在战时持续不断的焦虑、高度警惕和辛劳"，所以精疲力竭。费拉拉大使前来道喜时，看到胜利的皇帝"半裸着"躺在床上，因为"在与巴巴罗萨作战期间，他从马背上跌落，被马压倒在地"，摔伤了右腿。次日，"入城之后，他希望亲自干预，阻止某些士兵的胡作非为，结果在一些湿漉漉的铺路石上滑倒，又被马压倒在地，摔伤了左腿"。皇帝不得不卧床休息，并且认识到自己是多么幸运。他承认，"他之前没有想到巴巴罗萨能够集结这么多军队"，并且"这座要塞如此坚固，储备了这么多的火药、弹丸、硝石和粮食"，完全能坚持很长时间。他还愤恨地抱怨道，他在当地的盟友没有按照之前的协议给他提供支援。皇帝很快把北非作战的危险抛在脑后，感谢上帝赐予他这场胜利，让他"在一场举步维艰、需要果敢与决心的战役中打败了一个不像我们想象的那样羸弱或卑贱的敌人。他是在陆地与海洋都非常强大的劲敌"。然后皇帝恢复了之前被巴巴罗萨废黜的当地统治者的地位，并迫使他接受一项允许天主教徒在城内做礼拜的条约，然后皇帝撤回拉格莱塔。他的工兵已经修复并改善了那里的防御工事。[55]

此时还只是 8 月中旬，并且苏莱曼大帝仍然在对波斯国王作战，所以有些人建议查理五世听从教宗的呼吁，尝试更伟大的事业。据洛佩·德·索里亚（此时是帝国驻威尼斯大使）说，"所有人都坚信不疑，陛下应当直取君士坦丁堡"，因为巴巴罗萨和苏莱曼大帝此时都不在君士坦丁堡。他警示道，这样的有利时机"千载难逢"。皇帝不为所动。"考虑到季节和作战的可能性，"他宁愿见好就收，"我与群臣讨论、斟酌和考虑了方方面面，看到适合航海的季节已经接近尾声，并且我们的许多官兵患病或负伤……考虑到季节的因素和可能性的限制，我决定带领官兵登船，前往我的那不勒斯王国和西西里王国。"他公开悬赏巴巴罗萨的人头："活捉他的人，赏 5 万杜卡特；送来他的脑袋的人，赏 1 万杜卡特。"然后他登上旗舰，于 8 月 21 日驶向西西里。[56]

庆祝胜利

据一位英格兰外交官说，全欧洲的人们"都在等待皇帝远征的消息，因为如果他失败了，整个世界"都会背弃他。并且，"如果皇帝丢了性命或者损失惨重，或者他撤退"，法国人就会"以保卫意大利不受巴巴罗萨侵犯为借口入侵意大利"，而"巴巴罗萨等皇帝撤退之后会用他的舰队骚扰热那亚、托斯卡纳、罗马、那不勒斯和西西里，因为那些地方得不到保护"。在拉格莱塔的教廷国部队的指挥官表示同意："巴巴罗萨不缺桨帆船、奴隶和奥斯曼军队，所以他很容易从"失去突尼斯的失败中恢复元气。[57] 这个预言在一个月后成了现实：巴巴罗萨洗劫了梅诺卡岛上的马翁城，将那里的几乎全部居民，即约 5000 人杀死或贩卖为奴隶。

所以，尽管查理五世付出了巨大的努力，花费了巨款，却还是未能达成他的目标，即将巴巴罗萨"从基督徒的海域""驱逐出去"。皇后很快就提醒了他这一点。"上帝在突尼斯赐予陛下的胜利为意大利带来了好处"，她刻意这样写道，但这场胜利在西班牙产生的后果仅仅是敌人洗劫了马翁，"比其他时候造成的损害更大。这里的人们除了这个，什么都不谈"。[58]

为了掩盖这个令人不快的真相，皇帝举行了一系列庆祝胜利的活动。在随后八个月里，他取道西西里和卡拉布里亚去了那不勒斯，然后从那里去罗马。皇帝把他在北非的胜利描述为决定性的成功，同时宣传他的设想——统一的意大利在他的保护之下兴旺发达，并把自己装扮成古罗马的凯旋将军和基督教的十字军战士。在这方面，他又一次没有听从西班牙谋臣的建议。在皇帝离开西班牙之前，枢机主教塔韦拉曾警示道："如果陛下去意大利，就不会像在西班牙时那样强大、那样物资充裕"，因为"意大利人不像西班牙臣民那样爱您，也不服从您。您将不得不依赖意大利人，而他们把自己的利益摆在为您效劳的前面。意大利人会试图让陛下流尽最后一滴血……如果您遇到危险，他们也不会担心，因为他们只想着如何利用这个机会来为他们自己服务"。[59]

塔韦拉的警示有着充分的根据。在 1527～1528 年的围城战期间，那不勒斯精英集团的很多成员曾支持法国人；而 1516～1517 年西西里从特拉斯塔马拉王朝转移到哈布斯堡家族控制之下的时候，西西里贵族曾发动反叛；16 世纪 20 年代，好几位西西里贵族企图将西西里岛卖给法国人。不过，作为一个世纪以来首位访问西西里的君主，查理五世自 1535 年 8 月在西西里岛西海岸的特拉帕尼登陆以后就受到了热烈欢迎。在沿途的每一座城镇，当地权贵都到城外恭候，往往还带来了当地的童男童女，也许是为了表明下一代人会更加忠诚。

皇帝从当地权贵手中接受城门钥匙和一些贵重礼物之后，确认了当地享受的特权，把一些战利品分发给大家，然后率领一支游行队伍正式入城。队伍里有被解放的基督徒奴隶、穆斯林俘虏、士兵和廷臣。他还参观了西西里的一些主要的宗教场所，这让他的巡视颇有朝圣的味道。他身穿金色和白色服装，骑在马背上，头顶有华盖。他欣赏了一些用图像和铭文庆祝他近期胜利的凯旋门，上面的图画和文字将他比作古典时代和《圣经》里的英雄：伊阿宋、西庇阿、奥古斯都、基甸、大卫王。他在巴勒莫看到了一句铭文，后来在墨西拿又看到过。这句话后来成为他的格言：A SOLIS ORTU AD OCCASUM（"从日出之地，到日落之处"，出自《旧约·诗篇》第 113 章第 3节）。[60]另外，皇帝还观看了比武、竞技、戏剧和历史重演（往往是西庇阿打败汉尼拔或者是迦太基的毁灭）。他经常去打猎，但也很勤政。据一位编年史家记载，皇帝"立刻开始接见各色人等，聆听他们的争吵和冤情"；"他希望了解民政机关，于是研究了行政长官主持司法的方式，甚至去了王家档案馆"。通常不知疲倦的格朗韦勒抱怨说自己忙于西西里岛的事务，"目前忙得不可开交"，"陛下对其无比专注和投入，让我简直没有喘气的时间"。[61]

由于查理五世仔细地把祈祷、工作和玩乐结合起来，他此次对西西里的访问取得了辉煌的胜利。他亲自主持了该王国的议会，议会投票决定拨 25 万杜卡特的税款给他。他到访的每一座城镇似乎都请人制作了这位得胜君主的雕像，或至少是半身像，其中有不少屹立至今（见彩图 21）。他此次访问还留下了其他一些痕迹：墨西拿的城墙是按照皇帝的指示用"现代"风格设计的，至今仍然代表了该城的基本布局；锡拉库萨附近的新城镇卡尔伦蒂尼是为了纪念他而建立的，也是以他的名字命名的，如今有 18000 人口；皇帝在尼科西亚城仅待了一天，该城保存了他坐过的椅子，每年还重演他访问时的盛况。

　　11 月，查理五世渡海来到意大利大陆，并经过他的重要支持者的领地以及与古罗马人打败汉尼拔有关联的地方，最后来到那不勒斯。这年冬季，那不勒斯暂时成为他的首都，他的宫廷举行了比武、宴会、狩猎、戏剧演出、观光和诗歌竞赛。有一次，查理五世"在斗牛时表现得极其敏捷和优雅"；另一次，他参加了杆子游戏，"穿的是摩尔人服装，以纪念他在突尼斯的胜利"。后来，他"戴着面具与一些贵妇跳舞，暂时放下了他通常的严肃"。1536 年 2 月，罗马教廷大使尖酸地说，尽管查理五世在为阿拉贡的凯瑟琳（于上一个月去世）服丧，但他还是参加了一次宴会，"跳舞庆祝到天明，让人看不出来凯瑟琳王后的去世对陛下有什么影响"。[62]

　　在那不勒斯，皇帝和在西西里时一样劳逸结合。他在那不勒斯王国议会发表了一次演讲，说他"不仅是来访问的，还要整顿当地的秩序，并为这个王国提供一切有利于诸君福祉的东西，不仅涉及妥当的司法、人民的安康，还有你们关心的其他所有问题"。查理五世任命佩德罗·德·托莱多（阿尔瓦公爵的叔父）为那不勒斯副王。这位副王的政策是处决或严惩那些曾在法国人入侵期间支持他们的人，这让他很快变得不得人心。有些人希望查理五世将他免职，但皇帝让他们失望了。托莱多担任那不勒斯副王一直到 1553 年，把当地贵族和各城市管得服服帖帖，并征收了巨额赋税去支持皇帝的各种项目，起初是让那不勒斯议会拨款 50 万杜卡特"用作过去和现今的开销，并在若干年内给皇帝提供 100 万杜卡特"。查理五世希望用这些钱帮助实现保罗三世设定的目标，即夺取奥斯曼首都，因为（用皇帝的国务秘书的话说）"拉格莱塔、突尼斯、博恩①和比塞大②一切都好。苏丹没有实力夺取拉格莱塔，但皇帝肯定有实力夺取君士坦丁堡。我祈祷上帝佑助他，让我们能看到他得胜"。[63]

1536年3月，查理五世继续春风得意地向罗马进发。尽管帝国军队洗劫罗马城仅仅是九年前的事情，教宗还是精心准备来迎接他。据在法国大使馆担任医生的作家弗朗索瓦·拉伯雷说，保罗三世"把自己宫殿的一半和3000个床位"提供给皇帝使用，并"拆除了古代的圣道③沿途的超过200座房屋和三四座教堂"，从而让这位新的恺撒能够率领5000名西班牙老兵、400名骑兵和廷臣（包括来自西西里、那不勒斯和西班牙的贵族）走过君士坦丁、提图斯④和塞普蒂米乌斯·塞维鲁⑤的凯旋门，穿过鲜花广场⑥、渡过台伯河，来到圣彼得大教堂，去面见教宗。[64]

---

① 博恩今称安纳巴，是位于阿尔及利亚北部、地中海沿岸的一座城市。
② 比塞大是突尼斯北部的一座城市。
③ 圣道（Via Sacra）是古罗马的主街道，始于卡比托利欧山的山顶，经过罗马广场上一些最重要的宗教遗迹（这里是最宽的一段），到达斗兽场。这条路是传统的凯旋式路线，开始于罗马郊区，经过罗马广场。
④ 提图斯（39~81）是罗马皇帝（70~81年在位）。他以主将的身份，在70年攻破耶路撒冷，摧毁第二圣殿，大体上终结了犹太战争。他经历了三次严重灾害：79年的维苏威火山爆发、80年的罗马大火与瘟疫。他是一位在当时普遍受到人民爱戴的有作为的皇帝。
⑤ 塞普蒂米乌斯·塞维鲁（145~211）是罗马皇帝（193~211年在位）。他在康茂德皇帝死后天下大乱的形势下夺取帝位，建立塞维鲁皇朝。他远征帕提亚帝国，取得辉煌胜利，占领其都城泰西封，大大扩张了罗马帝国的东部疆土。他还曾远征不列颠，加强了哈德良长城的防御。
⑥ 鲜花广场（Campo dei Fiori）是罗马的一座长方形广场，是拉特兰圣约翰大殿与梵蒂冈之间的必经之路。1600年2月17日，哲学家布鲁诺（日心说的提倡者）在此被宗教裁判所执行火刑，后来人们在广场为他建造了纪念碑。

查理五世抵达罗马的时候正逢圣周，于是他"只带少数几名随从，以私人身份参观了古典名胜和珍奇景点"（这与他大摆排场地访问那不勒斯和西西里形成了鲜明对比）。和往常一样，他在圣周花了很多时间祈祷。他参加了棕枝主日的游行，手捧一束棕榈枝，"当着教宗和枢机主教们的面，无比虔诚地听了圣彼得礼拜堂内的每日礼拜"。在濯足节①，他为十三名穷人洗脚；在复活节星期六，"他参观了七座教堂，有二十名廷臣陪同，但没有带卫兵"。次日，在圣彼得大教堂，他"身穿教士长袍"，戴着"主教那种"手套，参加了弥撒。有 3 万人在场。在整个礼拜过程中，教宗与皇帝表现得特别融洽友好：他们一同起立和坐下；每当教宗脱下和戴上三重冕，查理五世也脱下和戴上自己的皇冠，"就像旧时皇帝做的那样"。[65]

卡尔·布兰迪指出，来到罗马对查理五世来说"如同回家"，因为"这是他的全部心愿的巅峰"：

> 他与自己统治的每一个国家都有私人的联系……他召开并参加尼德兰的等级会议、卡斯蒂利亚议会、阿拉贡议会；不仅召集德意志帝国的选帝侯、诸侯与各等级在地方开会，而且召开帝国会议；最后还召开了西西里和那不勒斯的等级会议。他从上述每一个国家都吸纳一些显贵加入他的金羊毛骑士团。

为了显示如此之多的胜利累积起来的影响力，人文主义学

---

① 濯足节又叫神圣星期四，是复活节前的星期四，纪念耶稣为门徒洗脚以及最后的晚餐。

者纽伦堡的克里斯托弗·朔伊尔发表了一本小册子，其中援引"很多用意大利文和德文写的书信"来描述"查理五世皇帝进入古老的帝都"。在该书的书名页，在皇帝肖像下方，是押尼珥对大卫王的预言："你就可以照着心愿作王。"① （见彩图22）[66]朔伊尔不应当这么写，因为发出预言的押尼珥不久之后就被大卫王的追随者谋杀了。这条预言对查理五世来说也不吉利。

注　释

1. *CMH*，Ⅰ，41－2 and 57－60，Charles to Marie，18 and 28 Jan. 1532，均为亲笔信。

2. Sanuto，*I diarii*，LV，col. 597，Tiepolo to the Signory，25 Feb. 1532；*CMH*，Ⅰ，89－92，Charles to Marie，18 Feb. 1532，亲笔信；Vilar Sánchez，*Carlos* Ⅴ，397－9（描绘了皇帝的遗体情况）。

3. *CMH*，Ⅰ，110－12 and 126－8，Charles to Marie，8 and 12 Mar. 1532，亲笔信；*CDCV*，Ⅰ，334－5，Dr Escoriaza to the empress，未署日期（但应为 1532 年 4 月 6 日）；Sanuto，*I diarii*，LV，cols 658－9 and 671，Mantuan ambassador to the duke，and Venetian ambassadors to the Signory，Regensburg，5 and 12 Mar. 1532.

4. *CMH*，Ⅰ，151－7 and 211－17，Charles to Marie，24 Mar. and 3

---

① 根据《圣经·旧约》，押尼珥是以色列第一位国王扫罗的堂兄弟，也是他的军队总司令。扫罗死后，押尼珥协助扫罗的儿子伊施波设称王，与大卫分庭抗礼。在这场内战中，押尼珥曾在战场上杀死大卫的外甥亚撒黑。伊施波设指控押尼珥与扫罗的妃嫔有奸情，于是押尼珥向大卫倒戈，但被亚撒黑的哥哥约押杀死（约押是为弟弟报仇，并非受大卫指示）。大卫厚葬了押尼珥。不久之后，伊施波设遇刺身亡，大卫成为统一的以色列王国的国王。

May 1532, 亲笔信；Sanuto, *I diarii*, LVI, cols 109 – 10, Tiepolo and Contarini to the Signory, 18 Apr. 1532, and 364 – 5, Contarini on 21 May 1532；Beltrán de Heredía, *Cartulario*, Ⅱ, 450 – 1, Escoriaza to the empress, 22 Apr. 1532。

5. Pocock, *Records*, Ⅱ, 259 – 62, Augustus Augustinus to Thomas Cromwell, Regensburg, 16 May 1532；Sanuto, *I diarii*, LVI, cols 250 and 261 – 3, Contarini to the Signory, 3 and 11 May 1532；*CMH*, Ⅰ, 221 – 2, 295 – 9 and 347 – 50, Charles to Marie, 7 May, 19 June and 15 July 1532, 均为亲笔信。

6. *CSPV*, Ⅴ, 619 – 21, Giovanni Antonio Venier to the Doge, 8 May 1531, 报告了一次觐见弗朗索瓦一世的经历。Necipoglu, 'Suleiman', 描述了苏莱曼大帝的威尼斯四重冠冕和其他宝器。

7. Von Gévay, *Urkunden*, Ⅰ, part Ⅴ, 87 – 9, Suleiman to Ferdinand, Esseg (Osijek), 12 July 1532, 拉丁文以及不太完美的意大利文翻译, 后者也可见 Sanuto, *I diarii*, LVI, cols 784 – 5, 来自林孔带去威尼斯的一份副本。

8. *CMH*, Ⅰ, 281 – 2, Charles to Marie, 12 June 1532, minute. *RTA*, Ⅹ, 149 – 55 讨论了帝国会议期间雷根斯堡居民人口的暴涨。

9. *NBD*, 2. *Ergänzungsband 1532*, 102 – 7 and 179 – 86, Aleandro to Sanga, 25 Mar. and 30 Mar. /23 Apr. 1532 (叙述了 20 日觐见查理五世的经历, 把第三人称换成第一人称)。

10. *CODOIN*, ⅩⅣ, 201 – 2, Loaysa to Charles, 31 July 1531 (又见 Heine, *Briefe*, 369 – 70, 但其日期被错误地写为 1530 年)；AGS *E* 25/207, 'Relación de las cartas' of Loaysa to Charles, 15 Feb. 1532；Heine, *Briefe*, 500 – 1, Loaysa to Charles, 8 June 1532；*CDCV*, Ⅰ, 375 – 9, Charles to the empress, 9 Aug. 1532 (提及 7 月 27 日与德意志路德派达成《纽伦堡和约》的消息)。一年多之前, 查理五世曾指示弟弟 "向路德派和其他偏离 [天主教] 信仰的人让步, 从而让他们更愿意去打退土耳其人", 见 *KFF*, Ⅲ/1, 49, Charles to Ferdinand, 4 Mar. 1531。

11. *LWT*, Ⅱ, 182 (# 1687) and Ⅲ, 233 (# 3245) 是两份关于 1532 年 6～7 月这一场桌边谈话的资料。

12. Sanuto, *I diarii*, LVI, cols 656 – 7, 717 – 18, 757 – 9, 812 – 13,

Contarini to Doge, 18 July and 2, 4 and 10 Aug. 1532.

13. Ibid., cols 864 – 5 and 989 – 90, Contarini to Doge, 17 Aug. and 16 Sep. 1532, and cols 1, 023 – 4, 帝国舰队的集结, 1 Sep. 1532; Turetschek, *Die Türkenpolitik*, 364 – 8, ' Überblick über das Kriegsvolk des Kaisers, König Ferdinands und des deutschen Reiches', 16 Aug. 1532。

14. *CDCV*, Ⅰ, 375 – 9, Charles to the empress, 9 Aug. 1532.

15. *CDCV*, Ⅰ, 345 – 8, Charles to Álvaro de Lugo and to the empress, 6 Apr. 1532; ibid., 361, Charles to the empress, 11 June 1532; AGS *CMC* 1a/590, ' Cuenta de Álvaro de Lugo '. Tracy, *Emperor*, 149 – 54 提供了查理五世为 1532 年的军事活动筹措军费的细节。

16. 孔塔里尼详细记载了查理五世收到和接受的建议，安东尼奥·德·莱瓦建议皇帝只进行小规模战斗，避免正面对垒；阿尔瓦公爵建议在给养耗尽之前拔营撤离。Sanuto, *I diarii*, LVI, cols 865 – 7 and 989 – 90, letters of 21 Aug. and 16 Sep. 1532.

17. *NBD*, 2. Ergänzungsband 1532, 559 – 80, Cardinal Ippolito de' Medici to Charles, Vienna, late Sep. 1532; Heine, *Briefe*, 512 – 15, Loaysa to Charles, Rome, 31 Oct. 1532. 这个月早些时候，洛艾萨批评了查理五世的决定，即不追击撤退的苏丹，因为如果追击的话，就可以 "增进上帝的荣耀和您的永恒荣誉"（Heine, *ibid.*, 510, letter of 5 Oct. 1532）；而斐迪南宣称，"白白丧失了这样好的侍奉上帝的机会" 让 "我十分懊悔，我不知道将来要发生怎样的喜事才能让我忘记这一切"（*KFF*, Ⅲ/3, 628, Ferdinand to Marie, 21 Oct. 1532）。

18. Sanuto, *I diarii*, LVII, cols 165 – 6, Venetian embassy with Charles to the Signory, 28 Oct. 1532, and 171 – 2, 次日科内利亚诺执政官对帝国主人的描绘。

19. *Ibid.*, cols 284 – 6 and 309 – 10, Contarini and Basadonna to the council of Ten and the Signory, 24 Nov. and 1 Dec. 1532. Foronda, *Viajes*, 368, 之后也有很多其他文献（e. g. Keniston, *Francisco de Los Cobos*, 153）说查理五世在曼托瓦度过了 1532 年 11 月 7 日的夜晚，于 11 月 13 日进入博洛尼亚，但这种说法不正确：他在曼托瓦待了一个月，直到 12 月 13 日才进入博洛尼亚。

20. Sanuto, *I diarii*, LVII, cols 332 – 5, Contarini to the Signory, 7 and 18 [*recte* 8] Dec. 1532.

21. Ibid. , cols 308 – 9, Contarini and Basadonna to the Signory, Mantua, 27 Nov. 1532. Rosenthal, *The palace*, 57 and 266 – 7 表明新宫殿的工程于 1533 年 5 月开始，预算为 5 万杜卡特，分六年支付。Brothers, ‘The Renaissance reception’, 91 – 2, and Tafuri, *Interpreting*, ch. 6 都注意到查理五世在格拉纳达的宫殿与曼托瓦的建筑的相似之处，但似乎没有意识到皇帝是在曼托瓦居住期间开始格拉纳达宫殿的工程的。Rosenthal, ‘The house’, 343 写道，“安德烈亚·曼特尼亚的宅邸”是“有史以来第一座文艺复兴风格的别墅”，在 1532～1533 年，它成为贡扎加家族“普斯特拉宫”（Palazzo della Pusterla）的一部分，所以查理五世肯定见过它。

22. Bodart, ‘Frédéric Gonzague’, 28. 其他在这个时期为皇帝画像的艺术家包括帕尔米贾尼诺、维尔摩恩、安贝格尔和倍海姆。

23. TNA *SP* 1/71/154 – 5, Ambassador Nicholas Hawkins to Henry, 24 Dec. 1532，亲笔信；Sanuto, *I diarii*, LVII, cols 368 – 9, 383 – 5 and 388, Marco Antonio Venier（派驻教宗处的大使）to the Signory, 16, 18, 21 and 26 Dec. 1532；TNA *SP* 1/74/18 – 19v, John Hackett to the duke of Norfolk, 8 Jan. 1533。关于他们讨论的话题，见本书第八章。

24. Pocock, *Records*, Ⅱ, 365 – 6, Clement to Henry, 2 Jan. 1533；*L&P Henry VIII*, Ⅶ, 7, Clement to Francis, 2 Jan. 1533，包括委员会成立的原因（也发给了查理五世）；ibid. , 70 – 2, Augustus Augustinus to Thomas Cromwell, 13 Feb. 1533；*KFF*, Ⅳ, 89 – 92, Charles to Ferdinand, 4 Mar. 1533。

25. *CDCV*, Ⅳ, 500, Charles's *Memoirs*；TNA *SP* 1/71/154 – 5, Hawkins to Henry, 24 Dec. 1532.

26. *PEG*, Ⅱ, 1 – 19, 查理五世与克雷芒七世之间的秘密协定，1533 年 2 月 24 日；保卫联盟的条约，1533 年 2 月 27 日（Sanuto 制作了后一份文件的副本，尽管威尼斯并没有加入，见 *I diarii*, LVII, cols 600 – 10）。

27. Hamy, *Entrevue*, CCLXXXV – CCXCVI, Francis's instructions to

Cardinals Grammont and Tournon, 10 Nov. 1532, and CCLXXX –
CCLXXXI, Francis's project for a secret treaty with Clement,
holograph, Mar. 1533.

28. Sanuto, *I diarii*, LVIII, cols 196 – 9, Contarini to the Signory, 26
and 29 Apr. 1533 详细描述了这次无比艰难的桨帆船之旅（同时
愤恨地说，帆船只需要四天就能完成相同的航程）；Girón,
Crónica, 30 计算了查理五世与妻子同床的时间。

29. AHN *Inquisición* libro 101/695 – 7, Licenciado Hernando Arenillas de
Reynoso to Philip Ⅱ, 4 Dec. 1594, with rescript.

30. Mazarío Coleto, *Isabel*, 292 – 5, 262, 301 – 5 and 329 – 31, the
empress to Charles, 16 Sep. 1530, 25 Jan. 1530, 12 Jan. and 16
Dec. 1531. 皇后越来越独立的例子见 *ibid.*, 119 – 38。

31. TNA *SP* 1/76/174 – 174v and 1/78/1, Hawkins to Henry VIII, 11
June and 16 July 1533; Sanuto, *I diarii*, LVIII, cols 472 – 4,
Contarini to the Signory, 23 – 24 June 1533; Foronda, *Viajes*, 377 n.
1（查理五世旅行的速度）。

32. *RVEC*, 545 – 7, Salinas to Castillejo, 12 Oct. 1533. Girón,
Crónica, 41 – 4, and Foronda, *Viajes*, 388 – 90 提供了旅程路线。

33. González de Ávila, *Historia*, 475 – 6; Girón, *Crónica*, 42 – 4 报告
了那场辩论；BL *Cott. Ms.* Vespasian C. XⅢ/327 – 8v, Mason to
Starkey, 3 July 1534 记录了题目。

34. *RVEC*, 604 – 7 and 614 – 17, Salinas to Ferdinand, 15 July and 4
Sep. 1534；BNE Ms. 3825/337（显示了大幅修改，另见 Girón,
Crónica, 44）。因为胡安娜公主出生于 1535 年 6 月 23 日，所以
我推测她的母亲是在 1534 年 10 月或 11 月怀孕的。

35. *KFF*, Ⅳ, 121 – 5, Charles to Ferdinand, 23/28 May 1533.

36. BL *Addl. Ms.* 28, 586/191, Dr Ortiz to Charles, 24 Mar. 1534;
and BL *Addl. Ms.* 28, 586/223, 'Los puntos que se consultaron con
su Magestad en Toledo a xij de Abril 1534 para responder a Roma
sobre la sentencia de Inglaterra'.

37. 根据一封日期为 1536 年 12 月 14 日的新闻稿，西班牙的"全体
达官贵人"请求查理五世准许他们"自掏腰包，集结一支军队，
驶往英格兰，在那里为他的姨母凯瑟琳王后受到的冤屈复仇"

(*TNA SP* 1/238/162)。Salvador, 'El hablar', 80 - 1 记载了 20 世纪西班牙对 anabolena 这个词的多种侮辱性用法；在今天，一年一度的托莱多基督圣体节游行当中，仍然会展出木制的 "女像"，代表已故的凯瑟琳王后，它坐在可怕的巨龙身上。安妮·博林在梅赫伦待过一年（本书第二章），所以查理五世也许见过她。

38. *KFF*, IV, 227 - 36 and 314 - 22, Charles to Ferdinand, 24 Apr. and 3 Sep. 1534. 然而，Brandi, *The emperor*, 330 - 1 发出的惊叹是很有道理的："哈布斯堡皇朝为了米兰愿意战斗几十年，而如今失去了符腾堡却十分淡定。"

39. TNA *SP* 1/86/48 - 9, Sir Gregory Casale to Lord Rochford, Rome, 15 Oct. 1534；*CDCV*, I, 405 - 6, Charles to Soria, 4 Sep. 1534.

40. Poumarède, 'Le voyage', 267, papal secretary of state to Nuncio Poggio in Spain, 4 Mar. 1535.

41. *PEG*, II, 206 - 21, 'Arraisonnement sur ce á quoy le roy de France parsiste pour parvenir á establissement de paix' by Granvelle, Oct. 1534（关于为了避免潜在灾难升级而接受帝位的论点，见本书第四章）；Walser, 'Spanien' 167 - 71, *consulta* by Tavera, 没有日期，但应为 1535 年 1 月中旬，亲笔信。枢机主教自 1524 年以来就主持卡斯蒂利亚御前会议。

42. *KFF*, V, 161 - 72, Charles to Ferdinand, 3 Feb. 1535；Girón, *Crónica*, 49；RVEC, 631 - 2, Salinas to Ferdinand, 21 Feb. 1535. 不过他也说，洛斯·科沃斯 "自从他们宣布启程就没有笑过"，并想知道这是为什么（*ibid.*, 632 - 4, to Castillejo, 同一天发出）。

43. *KFF*, V, 211 - 12, Marie to Ferdinand, 12 Apr. 1535，斜体部分（斐迪南的答复，充满了受到查理五世欺骗后的愤怒，见 *ibid.*, 223 - 7）。这份遗嘱没能存世。查理五世还给玛丽送去了他给皇后（当时担任卡斯蒂利亚摄政者）的指示的副本，但指示中说他要去阿拉贡，而不是非洲，见 *CDCV*, I, 408 - 19。

44. March, *Niñez*, II, 224, Doña Estefanía de Requesens to her mother, Madrid, 3 Mar. 1535.

45. BNE *Ms.* 1937/102v and 104v, from Fray Alonso de Sanabria's

Comentarios y guerra de Túnez. Girón, *Crónica*, 56，列举了贵族的名单；BL *Cott. Ms.* Vespasian C. XⅢ/334 也说："西班牙和意大利的贵族们都随同皇帝去征服非洲的突尼斯城。"

46. AGS *E* 1458/102 – 8，'Lo que se consultó en Barcelona'，Apr. 1535；*LCK*，Ⅱ，177 – 9，Charles to Nassau, 10 May 1535；*KFF*，Ⅴ，161 – 72，Instructions to Roeulx, Charles's special envoy to Ferdinand, 1 Feb. 1535, and letter to Ferdinand, 3 Feb. 1535.

47. BNE *Ms.* 1937/103v，Sanabria，*Comentarios*；BL *Cott. Ms.* Vespasian C. VⅢ/43 – 4，'Anno 1535. La Armada que o emperador leva de Barcelona'.

48. García Cerezada, *Tratado*，Ⅱ，7 – 8. Licenciado Arcos 是另一个目击者，在他的 *Conquista de Tunez por el emperador Carlos*（BNE *Ms.* 19，441/33）中提供了对同一事件的十分类似的记录。

49. BNE *Ms.* 1937/108，from Sanabria's *Comentarios*（作者是方济各会修士，特别注意查理五世的祈祷活动）；总兵力的数字出自 TNA *SP* 1/239/188，'Minuta de l'armata e gente Cesariane'。

50. García Cerezada, *Tratado*，Ⅱ，21. 舰队先是抵达加尔米勒赫（Ghar el Mehl，曾被称为乌提卡和法里纳港）外海，然后继续航行。

51. Ibid.，Ⅱ，24，37，43；BNE *Ms.* 1937/150v – 1（萨纳夫里亚）；TNA *SP* 1/97/32 – 3，Peter Rede to Geoffrey Loveday, 27 Sep. 1535（一份非常生动形象的记录）。

52. Gachet, 'Expédition' 37 – 40, Charles to Marie, 26 July 1535（萨纳夫里亚也注意到在拉格莱塔被劫掠的那天夜里 "en el consejo de guerra secreto ouo diversidad de opiniones"，见 BNE *Ms.* 1937/160v）。

53. Foucard, *Ferrara*，24 – 30, Alfonso Rossetti to the duke of Ferrara, 22 July 1535；Guyon, *Mémoires*，61 – 2；García Cerezada, *Tratado*，Ⅱ，58.

54. Giovio, *Delle historie*，377（book X X X Ⅳ：这件事是瓦斯托侯爵说的，增加了它的可信度）；Guyon, *Mémoires*，63 – 4；TNA *SP* 1/97/32 – 3，Rede to Loveday, 27 Sep. 1535。另可见 Nordman, *Tempête*，253 – 6 中引用的关于劫掠的记录。

55. Foucard, *Ferrara*, 28 - 9, Rossetti to Ferrara, 22 July 1535；Gachet, 'Expédition', 37 - 40, Charles to Marie, 26 July 1535. *PEG*，Ⅱ，368 - 77，刊载了查理五世与穆雷·哈桑的条约（1535年8月6日）的部分条款。

56. AGS *E* 1311/20 - 3, Soria to Charles, 21 May 1535；*CDCV*, I, 441 - 4, Charles to Soria, 'data en nuestra galera, cerca de La Goleta de Túnez', 16 Aug. 1535；*LCK*, Ⅱ, 200, Charles to Jean Hannart, 16 Aug. 1535；BL *Cott. Ms.* Nero B. Ⅶ/115, Bernardino Sandro to Thomas Starkey, Venice, 19 Aug. 1535.

57. TNA *SP* 1/94/173 - 8v, Sir Gregory da Casale to Thomas Cromwell, Ferrara, 27 July 1535，严重破损的意大利文和拉丁文文本，*L&P Henry VIII*, VIII, 439 - 40中的英文翻译对其进行了增补和扩展；Charrière, *Négociations*, I, 272 - 5, Virginio Orsini, count of Anguillara, to 'Monsenor Pietro', La Goletta, 28 July 1535。

58. Mazarío Coleto, *Isabel*, 410 - 11, the empress to Charles, 24 Sep. 1535. Vidal, 'La defensa', 562 - 80，描述了马翁城的失陷及其后果。

59. Walser, 'Spanien', 167 - 71, *consulta* by Tavera, 没写日期，但应为1535年1月中旬，亲笔信。

60. Morales Foguera, 'El viaje', 100, 106（在拉丁文通行本《圣经·诗篇》的第113章第3节中写的是"a solis ortu usque ad occasum laudabile nomen Domini"）。

61. Rosso, *Istoria*, 63（关于查理五世在那不勒斯）；Di Blasi, *Storia*, 174（关于查理五世在巴勒莫）；*L&P Henry VIII*, Ⅸ, 146, Granvelle to Eustace Chapuys, Palermo, 26 Sep. 1535。

62. Rosso, *Istoria*, 66, 70；Poumarède, 'Le voyage', 282, Fabio Arcella to Secretary of State Ricalcati, 5 Feb. 1536（Arcella写道，'si stette in danze et festa fin alle X hore'，根据当时意大利计算时间的方法，指的是日落之后十个半小时）。

63. Cernigliaro, *Sovranitá*, 299，查理五世在1536年1月8日那不勒斯议会上致的开幕词；*CDCV*, I, 469 - 73, Charles to the empress, 18 Feb. 1536；Gilliard, 'La política', 229, Antoine Perrenin to Leonard de Gruyères（派驻瑞士的特使），31 Dec. 1535。

64. Rabelais, *Lettres*, 33 – 64, to Geoffroy d'Estissac, 30 Dec. 1535 and 28 Jan. 1536; *KFF*, Ⅴ, 452 – 8, Charles to Ferdinand, 18 Apr. 1536.

65. *L&P Henry VIII*, Ⅹ, 265 – 74, Richard Pate to Henry VIII, Rome, 14 Apr. 1536; Cadenas y Vicent, *Discurso*, 35 – 7; *RVEC*, 714 – 19, Salinas to Castillejo, 22 Apr. 1536.

66. Brandi, *The emperor*, 371; Scheurl, *Einritt*, 书名页，引用了《撒母耳记下》第 3 章第 21 节。

十 失败的年月，1536～1541 年

与法国再开战端

1535 年 11 月 1 日，查理五世的墨西拿臣民热情洋溢地欢呼："查理、查理、恺撒、恺撒、帝国、帝国！"他备受激励，开始筹划于次年返回北非、夺取阿尔及尔。但就在这一天，在墨西拿以北 1300 公里的地方发生了一件事，彻底改变了历史的进程：膝下无子的米兰公爵弗朗切斯科·斯福尔扎去世了。得知此事之后，在罗马的法国大使预测："不管是以温和还是暴力的方式，他的死不仅会彻底改变意大利局势，还会改变整个基督教世界。"这个预言差不多是正确的。[1]

因为斯福尔扎长期以来的健康状况令人担忧，并且米兰是神圣罗马帝国的采邑，所以查理五世已经采取了一些预防措施。尽管他在 1530 年宽恕了弗朗切斯科并恢复了他的公爵地位，但帝国军队继续在米兰公国境内的若干据点驻扎。三年后，查理五世安排把自己的外甥女丹麦公主克里斯蒂娜嫁给弗朗切斯科，希望她能生下忠于哈布斯堡家族的孩子。如果不能，那么米兰公国最终将回到皇帝手中。现在，弗朗切斯科已经死了，而克里斯蒂娜仍然没有孩子，于是米兰的元老们立刻"向皇帝陛下宣誓效忠"，并认可"安东尼奥·德·莱瓦为他们的总督，等待陛下新的命令"。[2]

查理五世很高兴看到"米兰公国回到我的手中，因为它是帝国的采邑"，并宣布"将以我的名义维护该国的安宁与太

平，直到我采取对它的福祉、对基督教世界和意大利的福祉最为有利的措施"。起初他设想了三种路线：将米兰公国割让给法国王室的某个成员；由帝国直接控制该国；或将它册封给某个有功的意大利人。[3]在一段时间里，最后一种办法，也是唯一能够维持现状的办法，似乎是最有可能被皇帝采纳的。莱瓦报告称："我们在公国的档案里发现了马克西米利安皇帝颁发的特权证书，其中规定，如果斯福尔扎家族的合法血脉断绝，那么可以让私生子继承。"他建议查理五世册封已故公爵的一个私生的侄子为新公爵。这个候选人动身前往那不勒斯，希望为自己争取公爵的位置，但在途中离奇死亡。[4]于是只剩下两个选择：由帝国控制米兰，或者将它册封给某位法国王子。莱瓦花了大半辈子时间南征北战就是为了帮助查理五世夺取这个公国，所以他强烈主张第一种选择：

> 上帝将一个太平、安宁的米兰归还到陛下手中；我坚信上帝这么做是有原因的，尽管目前我们还看不清这个原因是什么。陛下比我更明白这个公国对您意味着什么；请不要忘记，它与热那亚紧密相连，而热那亚拥有海军，所以与米兰同等重要。当然，陛下比任何人都更清楚这一点的重要性。

但莱瓦认识到，如果由皇帝继续持有米兰，"将会导致一场大战"，而且会"比之前的战争更为残酷和凶险"。[5]

查理五世从墨西拿去罗马途中，在那不勒斯主持宫廷的时候考虑了自己的几个选项。根据一名那不勒斯官员的日记，"皇帝在这里停留的时间里，他表面上在参加娱乐活动和宴会，但内心里在认真考虑，如果法国发动进攻，他应当如何应对"。[6]皇帝的秘密计划的最明显表现就是一连串忙碌的外交活动。佛罗伦萨的新任公爵亚历山德罗·德·美第奇前来与皇帝的私生女玛格丽塔结婚（这是查理五世与教宗克雷芒七世的条约的规定之一，见上文）。其他在那不勒斯的权贵还有曼托瓦公爵、乌尔比诺公爵、费拉拉公爵，以及保罗三世、威尼斯和另外几个国家的使节。

他们的困境是显而易见的。用洛佩·德·索里亚（他作为西班牙在意大利的大使，有三十多年的经验）的话说，"即便他们把陛下当作朋友，他们将来也会考虑，如果陛下希望征服意大利，他们该怎么办"。按照索里亚的说法，查理五世的任务是让大家相信，他是意大利和平的最佳担保人，而弗朗索瓦一世是意大利的主要威胁；最重要的是，皇帝必须争取时间。[7]

查理五世也是这么想的。在尼德兰的玛丽和在西班牙的皇后都抗议说，她们没有足够的资源来支撑一场新的战役。1536年1月，皇帝指示外交官们"不要中断"与弗朗索瓦一世的谈判，而是"争取时间，直到我抵达罗马，然后我再根据法王的行为来决定如何操作"。[8]他不需要等很久：在随后一个月里，弗朗索瓦一世以日内瓦城的争端为借口，入侵了萨伏依公爵（这位公爵娶了皇后的妹妹）的领地。此时日内瓦正在企图脱离萨伏依独立。1535 年年末，萨伏依公爵曾试图制服日内瓦，并请皇帝借兵支援。查理五世派驻瑞士邦联的特使莱昂纳尔·德·格吕耶尔主张答应萨伏依公爵的请求，并提醒皇帝："必须两害相权取其轻，因此我认为，在国外打仗胜过在国内打仗。"但查理五世及御前会议不同意。"因为适合作战的季节快结束了，并且瑞士人不习惯花自己的钱长期作战"，所以皇帝和御前会议认为日内瓦发动进攻的风险很小。[9]但这个判断是错的。日内瓦与瑞士的一个亲法的小邦伯尔尼缔结了防御性联盟，并于1536年1月派遣一名传令官向萨伏依宣战。2月，弗朗索瓦一世也向萨伏依开战，说他与伯尔尼的盟约迫使他不得不这么做。3月，法军占领了萨伏依和几乎整个皮埃蒙特，逼近了米兰边境。[10]

这说明皇帝的情报工作出现了重大失误。查理五世的主要谋臣格朗韦勒后来懊恼地承认："我们没有预想到伯尔尼的突然入侵，也没有想到法王竟会用这样一个不幸的、可鄙的、丧心病狂的借口来攻击"萨伏依。[11]现在查理五世必须做出回应。在一段时间里，他寄希望于法国人的动员"仅仅是为了改善他们的谈判地位"，但"假如他们有所动作，我们必须做好防备"，于是他开始在伦巴第、德意志、尼德兰和西班牙征募军队。他还命令立刻把40万杜卡特（"是用秘鲁的金银铸造的"）从塞维利亚运往热那亚，并把3000名西班牙官兵调往热那亚，不过他"仍然希望不会真的打起来"。查理五世最后充满希冀地表示，如果没有与法国打起来，"今年夏季我的使命就是按原计划征讨阿尔及尔"。[12]

在一段时间里，教宗的一项提议似乎能避免战争：教宗建议让查理五世的外甥女、孀居的米兰公爵夫人克里斯蒂娜嫁给弗朗索瓦一世最小的儿子昂古莱姆公爵查理，让他们及他们的子孙统治米兰。皇帝接受了这个提议，条件是昂古莱姆公爵永远放弃对法国王位的主张，并且如果他和克里斯蒂娜没有子嗣，米兰公国将回到帝国手中，"因为这是帝国采邑的惯例"。[13]弗朗索瓦一世拒绝了教宗的提议，坚持让他的次子奥尔良公爵成为下一任米兰公爵。但埃莉诺王后的"亲笔密信"表明，尽管她的丈夫在公开场合那么说，但他实际上愿意让昂古莱姆公爵成为米兰公爵。皇帝愚蠢地无视姐姐的密信，并指示自己在法国宫廷的使节宣布，他愿意讨论把米兰公国册封给奥尔良公爵。但在给使节的密文中，他明确表示刚才的公开说法是在欺骗法国人："我要让你万无一失地明白，我始终拒绝，如今仍然拒绝把奥尔良公爵册封为米兰公爵。"[14]因此皇帝指示皇后"准备迎接上帝的安排。我希望上帝的旨意对我们有利。请万般勤奋地在西班牙做好一切准备工作，这样的话，在上帝的佑助下，我们能够打碎法国人的脑袋"。他向自己在法国宫廷的大使保证，他"在做极其周密的备战工作，要么法国国王接受我们给他的条件，要么我们会让他为了重开战端而追悔莫及"。[15]

查理五世在公开场合继续假装一切都好。他定期会见教宗，向他保证："我很乐意讨论将米兰公国册封给法国国王的第三子，当然要有一些恰当的条件。"皇帝表示，作为回报，保罗三世应当"在一年之后在曼托瓦召开宗教会议"。但一位新的法国大使来到皇帝面前，表示自己只得到授权讨论将米兰公国册封给奥尔良公爵，于是皇帝主动进攻了。[16]1536 年 4 月17 日，复活节星期一，教宗、枢机主教团和外交使团按照皇帝的请求，聚集在教宗位于罗马的宅邸，大家都以为皇帝会报告他的突尼斯战役并请求支持去攻打阿尔及尔。不料查理五世花了一个多钟头的时间，"十分沉着、面无怒色地，用西班牙语"谴责弗朗索瓦一世背信弃义。[17]

据萨利纳斯记载，"皇帝的演讲持续了很长时间，因为他从头到尾叙述了意大利的战事，为我们的行为辩护，并详细描述了法王的过分行为"。查理五世先是引用"马克西米利安皇帝与法王最后一次讲和时的睿智言辞，即'这是我第十一次与法王议和。与之前的每一次一样，我这一次议和也是因为我渴望给基督教世界带来和平，而不是因为我相信法王会遵守条约，毕竟他之前每一次都食言了'"。

随后查理五世列举了法王背弃的每一项条约，然后谴责弗朗索瓦一世与巴巴罗萨和苏丹沆瀣一气。他随后说，他"始终希望自豪地运用上帝赐予我的全部力量去讨伐异教徒、邪教徒和我们神圣天主教信仰的敌人"，但"法王总是妨害基督教世界的和平，阻挠我向上帝之敌发动战争"。他否认"我想当世界的统治者"，并指出弗朗索瓦一世无故侵犯了萨伏依并且执意要获得米兰，也不管这"是否正当"。为了应对这些不义行为，查理五世宣布，他将于次日与自己在伦巴第集结的军队会合，然后攻入法国，"除非法王与我单独决斗，要么双方全副武装，要么只穿衬衫、只装备剑和匕首，无论在海上还是陆地上，在桥上还是岛屿上，无论是当着双方军队的面，还是以他希望的任何方式进行。除了给他二十天时间考虑之外，我没什么要说的了"。皇帝建议两位君主以米兰和勃艮第为赌注，胜者将获得这两地。[18]

皇帝向竞争对手发出这样的决斗挑战，违背了大臣们的意思。据萨利纳斯说，"洛斯·科沃斯和格朗韦勒预先都不知道皇帝的演讲内容。陛下完全是按照自己的想法表达的。我想，如果这两位大臣预先知道，就会让皇帝的演讲更克制一些，至少不会发出决斗挑战"。在场的法国外交官请求洛斯·科沃斯和格朗韦勒解释，他俩回答说："应当只对第一部分严肃对待。"也就是说，弗朗索瓦一世应当无视决斗的挑战。[19]但查理五世对自己的挑战非常看重。5 月 4 日，他问自己在罗马的大使，法王是否有回复，因为"我在圣父面前的演讲中给法王的二十天期限将于下周日到期"。

弗朗索瓦一世最终拒绝了，并开玩笑说，他俩的剑"太短，不能隔着这么远的距离打斗"。但查理五世立刻紧紧抓住法王轻佻的答复，将其与 1528 年那次没有下文的决斗挑战进行比较："［法王］说我们的剑太短，不能隔着这么远的距离打斗，这是对的。上一次我在西班牙而他在巴黎的时候，他用非常侮辱人的言辞邀请我与他决斗，不知道是不是出于同样的原因？"[20]

查理五世指挥作战

皇帝离开罗马，与集结在伦巴第的军队会合，在锡耶纳、佛罗伦萨和卢卡（这三座城市分别是三个独立国家的首都）走过凯旋门，接受人们的欢呼赞颂。萨利纳斯报告称，"陛下在这些城市受到了非常热烈的欢迎，部分是因为人们爱戴他，部分是因为有些人怕他"，因为"除了宫廷人员之外，他还带来了 5000 名久经沙场的西班牙步兵与 300 名骑士。其他道路上挤满了轻骑兵，所以整个意大利都有军队在行进"。萨利纳斯还说，查理五世"对这场战争热情洋溢，一心想要入侵法国，我相信他不会欢迎能够转移他注意力的事情"。"他在与军队会合的途中花了一些时间练习小规模战斗……他的健康极佳，比我之前看过的情形都要好。"[21]

查理五世还命令皇后、玛丽与斐迪南动员资源，同时向弗朗索瓦一世发动进攻。"我不知道法王要战争还是和平，"他告诉玛丽，"但我首先会准备我的武器，然后再谈判。"玛丽表示同意，向斐迪南透露道："尽管我一直憎恨战争，但现在最好还是打仗，因为我不确定在别的时间所有条件都会对皇帝陛下有利。"[22]6 月 9 日，查理五世向弟弟宣布："我做好行军准备的时候会立刻派遣一名传令官向法王宣战。"并补充道："我会竭尽全力向他复仇。"和往常一样，复仇在他的政治思考中占据重要地位。"我希望，在上帝的佑助下，我能从海陆两路向法王发动猛烈进攻，让他后悔自己发动了这场战争。"在意大利消息灵通的英格兰人理查德·莫里森预测，皇帝很快就会得胜，因为尽管法国人开场打得不错，但他们还没有遇到"像样的对手，所以那算不上什么胜利"。等到法军遇到莱瓦的士兵就不一样了，因为莱瓦的士兵"对饮血比喝酒更习以为常"。[23]

皇帝很清楚应当如何部署这些嗜血的精兵。他已经请莱瓦和多里亚制订弗朗索瓦一世再次开战时的应对计划。莱瓦和多里亚都主张再次入侵普罗旺斯，但建议做一个改变：1524 年"波旁公爵攻打马赛的时候"，"法国为了援救该城不得不集中全部力量。如果当初我们有海军，就能拿下马赛"，所以这一次多里亚必须运用他的舰队去封锁马赛。剩下的唯一问题就是，查理五世是否应当像在北非时那样，亲自指挥作战。尽管莱瓦"提出很多理由，主张陛下不要亲自进入法国"，但皇帝"还是犹豫不决，所以请作战会议讨论此事。最终，经过认真讨论之后，陛下决定御驾亲征"。1536 年 7 月 17 日，他动身去法国，"选择了最短但是最难走的路线，率领着一支西班牙和德意志步兵部队"。[24]

起初一切进展顺利。查理五世就像他的祖父马克西米利安一样，开始翻山越岭的时候"打扮得像一名士兵"，"身穿紧身裤、束腰外衣和铠甲，身上佩戴一条鲜红色缎带，这是表明身份的唯一符号"。一名西班牙老兵报告称："我们全速前进，像蚂蚁一样背负重物，因为我们每人都携带了六天的口粮。"皇帝与士兵一同受苦，因为"我们开始爬山……每天午夜开拔，举着火把前进"。7 月 25 日，他们跨越法国边境，但因为查理五世"为了整顿全军的秩序而到处视察，精疲力竭"，于是全体官兵休整了三天。皇帝对掉队士兵和逃兵毫不留情。

> （有一天，）他看见一名士兵脱离队伍，于是跟着他。皇帝在一片树林里堵住了这个逃兵，命令将他绞死。逃兵恳求皇帝饶恕他，陛下拒绝了，于是逃兵被吊死在那里的一棵树上。皇帝这么做是为了让将来每一名士兵都服从命令。[25]

与此同时，拿骚伯爵海因里希三世率领另一支军队从尼德兰出发，奔向索姆河。起初，这个威胁更让弗朗索瓦一世担心，因为巴黎距离索姆河只有 150 公里。于是他把一些部队从普罗旺斯调往皮卡第。他放弃了普罗旺斯，"命令尽可能地搬走该地区的粮草，销毁不能搬走的部分，让敌军在那里无以为继"。所以，弗朗索瓦一世制造了一个庞大的陷阱，对查理五世来说唯一的出路就是原路返回。[26]

但查理五世一意孤行地继续前进。他于 8 月 5 日抵达普罗旺斯地区的艾克斯，自立为普罗旺斯伯爵和阿尔勒国王。历史上的神圣罗马皇帝曾经用过这两个头衔。他这么做也许是想吞并该地区，但其他地区的事态发展让他很难这么做。在伊斯坦布尔，弗朗索瓦一世的代表与苏莱曼大帝达成了军事和经济合作的正式条约，期限为两位君主的有生之年。苏丹立刻兴兵入侵匈牙利，所以斐迪南无法像之前承诺的那样派遣一支远征军去法国。[27]在尼德兰，玛丽对"英格兰、法国和海尔德之间"越来越深度的合作和"大家都在招兵买马"的情况感到担忧。她恳求兄长授权她与法国签订中立条约，但他拒绝了，并命令她支持他们那位被废黜的姻亲丹麦国王克里斯蒂安二世去夺回王位。尽管她的军队占领并吞并了格罗宁根城及其周边地区，但他们在针对丹麦人的作战中没有取得多少进展。更糟糕的是，根特和佛兰德省的其他城市拒绝继续纳税，这让拿骚伯爵向索姆河的进军举步维艰。[28]

在普罗旺斯，一名法国传令官抵达，请查理五世解释为什么要入侵法国。皇帝提醒对方："你的国王说过，我和他的剑相距遥远，无法决斗。所以我尽量缩短了双方之间的距离，随时准备与他单挑，或者两军对决。为了这个目的，我会全副武装地恭候他，就像我向教宗承诺的那样。"[29]这一次，法王仍然不理睬决斗的挑战。他的长子，即法国王太子，于 8 月 10 日突然去世，这给解决冲突带来了一个潜在的转机，因为意大利统治者不太可能接受奥尔良公爵亨利（他现在成了王太子）成为米兰公爵。但弗朗索瓦一世表示，只要查理五世"仍然率领一支强大的军队留在法国境内"，他就拒绝与查理五世谈判。弗朗索瓦一世在等待饥饿迫使入侵者自行撤退。1536 年 9 月 4 日，果然发生了这样的事情：皇帝"自抵达法国以来，已经因为疾病和饥饿而损失了七八千名士兵"。"秘密征询了谋臣的意见之后"，他通知拿骚伯爵，他不得不从法国撤军。[30]他承诺，最后一次尝试攻打马赛后再撤退；但他攻打马赛的努力也失败了，因为切萨雷·弗雷戈索（弗朗索瓦一世任命他为

"热那亚总督"）率领一群流亡者偷袭了热那亚，迫使多里亚和他的桨帆船放弃普罗旺斯外海的封锁线，匆匆赶回去保卫自己的基地。9 月 12 日，查理五世和他的军队开始了漫长的撤退。[31]

法军在推进的过程中发现，帝国军队抛弃的营地里"到处是死人死马，有的人被埋葬时还穿着甲胄，野地里随处可见长枪和其他兵器"。法军追击帝国军队的时候，"能看见成堆成堆的人和马，有奄奄一息的，也有已经死亡的，这景象真是恐怖和凄凉，让最坚定、最顽固的敌人看了也心生怜悯。看到这些惨景的人都会觉得，这比约瑟夫斯①描绘的耶路撒冷被毁灭的景象还要恐怖"。[32]

此次惨败对查理五世的影响极大。萨利纳斯描述他"心情极为郁闷，身体状态不佳。这也许是因为他积劳成疾，也许是因为他［1532 年］在雷根斯堡的疾病复发了，因为他的阴囊瘙痒"。病痛也许能解释皇帝的一次极端行为：十二名法国射手和两名男童藏在一座塔楼里，射杀了皇帝的朋友、军人和诗人加尔西拉索·德·拉·维加。最终皇帝承诺不会把这群法军送去当划桨奴隶，于是他们投降了。皇帝没有食言，但"把那十二个人绞死，把两个男童的耳朵割掉"。[33]此后，查理五世日夜兼程，直到抵达热那亚。他肯定对敌人造成了许多损害，有一个目击者估计法国的损失高达 300 万杜卡特；另一个

---

①　弗拉维乌斯·约瑟夫斯（37～约 100）是一位犹太历史学家，出身豪门，曾参与犹太人反抗罗马帝国的战争，投降后为罗马人效力。罗马将军提图斯（后成为皇帝）于 70 年攻破并摧毁耶路撒冷时，约瑟夫斯是他的亲信谋士。他的作品《犹太古史》《犹太战史》是了解犹太人在古代和罗马统治时期历史的重要史料。

目击者说，普罗旺斯需要半个世纪才能恢复元气。但皇帝的可耻撤退以及军队损失过半（莱瓦和许多"对饮血比喝酒更习以为常"的老兵都命丧黄泉），意味着他已经输掉了此次战役。他幸存的士兵不得不在热那亚及其周边地区过冬，"一贫如洗，因为没有面包，不得不吃蘑菇度日"。[34]

很多人对皇帝的失败幸灾乐祸。在普罗旺斯，市民们撰写了攻击查理五世的韵文史诗。一位法国外交官挖苦道，皇帝指挥此役的基础就是"一幅阿尔卑斯山和普罗旺斯平原的地图，他时刻把地图拿在手里或捧在眼前。他经常认真地研读地图，用它来执行自己的计划、实现自己的心愿，他开始幻想自己手里拿的不是地图，而是真实的土地"。在意大利，仍在为自己的家乡佛罗伦萨的命运而愤恨不平的米开朗琪罗也嘲讽道：

> 如果皇帝在进入普罗旺斯之前让人绘制了罗讷河的地图，他就不会蒙受如此惨重的损失，也不会如此狼狈地撤军；那么罗马也不会有人把他描绘成倒着走路的螃蟹，两边还画上赫拉克勒斯之柱和"走得更远"的座右铭。

罗马的另一幅海报画的不是赫拉克勒斯之柱，而是一条河，配图的文字为"NON PLVS VLTRA RHODANVS"（走得不能比罗讷河更远）。最残酷的挖苦是，还有一幅画描绘皇帝骑在马背上，文字为"PLVS RETRO"（撤得更远）。[35]这些讽刺笑话包含一定的真相：在过去一年多里，查理五世一直享受着夸张的赞美和浮夸的颂词，说他比古典时代和《圣经》里的英雄更伟大。也许他真的相信自己是不可战胜、无懈可击的，"幸运"必然会给他无穷无尽的胜利，所以他愿意冒着极大风险去豪赌。

回到和平的奇怪道路

1536年11月15日，尽管"患了重感冒，并且政务极其繁忙，导致他无法像很多人希望的那样高效率地理政"，但查理五世又来了一次豪赌：他命令多里亚的桨帆船把他从热那亚送回巴塞罗那。这一次，命运对他微笑，他于三周后安全抵达。他已经让家人到托尔德西利亚斯与自己见面，于是他骑马横穿西班牙去与家人团圆。"一路无事，"萨利纳斯写道，"尽管他几次从马背跌落。骑行过快的人经常会这样。"这提醒了我们，在近代早期的道路上，骑马旅行仍然是一件危险的事情。随后，"他在托尔德西利亚斯休息了七天"。[36]

但他休息不了多久，因为1537年给他带来了一系列新的挫折。1月，皇帝得知，弗朗索瓦一世宣布没收佛兰德、阿图瓦和夏洛莱这三个伯爵领地。它们虽属于查理五世，却是法国王室的附庸。并且，在佛罗伦萨，希望恢复共和国的亲法派密谋者杀害了查理五世的女婿亚历山德罗公爵。4月，查理五世请求卡斯蒂利亚议会给他提供更多资金，这时一群城市代表在塞维利亚的胡安·德·门多萨的领导下坚决反对。"陛下得知堂胡安说了什么之后大怒，厉声辱骂他"。议会闭幕后，门多萨要求得到其他代表都得到的奖赏，"陛下答道，为了以儆效尤，不会给堂胡安他想要的东西"。[37]

复活节期间，皇帝尽量和家人一起放松心情，举办了一些比武和斗牛，他偶尔参加。一头公牛戳伤了路易斯·德·

阿维拉①，查理五世亲自来救援，"投掷长枪，刺入公牛的身体"，但不久之后"他得知皇后怀孕"，于是再次准备离开宫廷。皇后发出抗议，告诉丈夫"她也要来，哪怕她的子宫翻腾到喉咙口"。但她这是白费口舌：查理五世在 7 月动身前往阿拉贡，没有带她。伊莎贝拉皇后又一次在没有丈夫陪伴的情况下分娩，这一次生了一个儿子，按照特拉斯塔马拉王朝的习惯取名为胡安。但这个孩子于六个月后夭折，于是腓力王子又一次成为皇帝和皇后唯一的儿子。[38]

查理五世担心妻子的生育年龄已经快结束了，于是匆匆赶回，想"再造一个孩子"。但佩德罗·希龙（身为王室内廷的主要管理者，他拥有特殊的视角）惊讶地注意到，尽管皇帝陪在皇后身边，但这一次"皇后非常悲伤，她的面容和服饰让人一看就知道她的心情很差。她再也不像过去那样，丈夫在身边的时候就打扮得漂漂亮亮，而是只穿黑色，仿佛他还在远方"。如果她这么做是想让丈夫感到内疚，那么就失败了，因为不到一个月后，皇后怀孕，而查理五世又一次离开了她。[39]

皇帝急于在北非继续作战，于是来到巴塞罗那，监督与法国的和谈。10 月，他授权妹妹玛丽与法国缔结地区性的停火协定，尽管他对她提议的一些条件感到不安，因为这些条件：

> ……可能在我的其他王国与领地的臣民当中造成
> 怨恨情绪。不过，因为我对你完全信任，并且你比我

---

① 即下文的重要人物路易斯·德·阿维拉·苏尼加（约 1490～约 1560），西班牙历史学家，曾任帝国驻罗马大使，1541 年陪同查理五世远征北非，还参加了德意志的施马尔卡尔登战争。他根据自己的见闻和经历写了一部《德意志战记》。

更了解这对我的尼德兰臣民意味着什么，更何况你在
现场而我在远方，所以我授权你按照你的判断自行裁
决，我承诺一定会批准你谈成的条约。[40]

现在，皇帝授权洛斯·科沃斯和格朗韦勒前往加泰罗尼亚
边境的萨尔塞斯，与法国人正式开始谈全面的停火协定。尽管
查理五世留在巴塞罗那，但他还是密切关注谈判的结果。有一
次，一名信使在深更半夜从萨尔塞斯抵达，送来了停火协定的
草案，"陛下立即接见了我"。与洛艾萨（仍然是查理五世的
良心导师）"详细谈了如何回应"之后，"陛下说，他之前在
考虑别的办法，但现在还不是将其公开的时间，甚至不能告诉
他的大臣或妻子，他必须等到时机成熟才能将其公开"。洛艾
萨督促他至少要征询洛斯·科沃斯的意见，查理五世"答道，
他想自己找到解决方案"，所以不准其他大臣或外交官去萨尔
塞斯。[41]

之所以这么神神秘秘的，是因为查理五世秘密接见了一名
法国使节。"你可以看到，"皇帝狡黠地告诉这名使节，"说到
底，所有的困难都是因为缺乏信任。"尽管两位君主可以继续
"通过各自的使节来传递自己的心愿和意图"，但查理五世相
信，他与弗朗索瓦一世面对面沟通才是"缔结和约的最真诚
也是最好的办法"。他开玩笑说，两位君主"还算年轻，还能
一起捕猎一头公鹿，并且距离也不算太远，为了一项好的事业
可以聚到一起来"。不过，他认识到，"两位君主之间互不信
任，所以需要第三方在他们之间调停，并保证他们的安全"。
他提议让保罗三世担任第三方。[42]

教宗同意了，并建议在尼斯港会谈，这是萨伏依公国所剩

无几的没有被法国人占领的地方之一。查理五世于 1538 年 5 月 9 日乘桨帆船从巴塞罗那抵达尼斯，他和弗朗索瓦一世分别单独与教宗会谈了很长时间。经过三个星期的讨价还价，皇帝同意把米兰册封给弗朗索瓦一世的幼子昂古莱姆公爵查理（现在被提升为奥尔良公爵），并将斐迪南的一个女儿许配给他；弗朗索瓦一世则同意停止支持海尔德公爵卡雷尔二世。

两位君主同意停战十年，然后于 6 月 20 日离开了尼斯。尽管他们始终没有见面，但同意在不是那么正式的场合继续谈判，地点选在艾格莫尔特，这是尼斯和巴塞罗那路途中点的一个港口城市，算是中立地点，表示双方互惠互利。7 月 14 日，弗朗索瓦一世看见查理五世的桨帆船接近艾格莫尔特，于是冲动地带领一些卫兵去欢迎贵宾。查理五世同样冲动地"走下两级阶梯去迎接法王，两人一起上船"。他们站在艉楼甲板上，当着两国廷臣的面，"笑容可掬地拥抱了五六次"。随后（据查理五世说）他们单独谈了两个小时，"优雅地互相恭维，确认我们的意愿是永远当真正的好朋友。我们还同意，我们本人不会谈具体的细节，而是将其托付给双方的大臣"。两位君主用膳时，争先恐后地表达自己的谦卑：他们争论谁应当先落座。皇帝开玩笑说："您的年纪比我大。"法王回答："我承认，我更老，也更蠢。"席间"皇帝通常都只在法王先尝了某道菜之后才吃，以示谦让"。这一定是个漫长的夜晚。[43]

法王敢于登上曾经的敌人的桨帆船，这表现出对皇帝的极大信任，令查理五世肃然起敬。尽管一个世纪以前勃艮第公爵约翰被法国人杀害的记忆还没有淡去，查理五世在次日为了表达自己对法国人的信任，接受了上岸的邀请。不过，法国王太子和弟弟来迎接他时，他还是让所有人大吃一惊：皇帝双膝跪下，拥抱两位王子。有些人认为，皇帝这种自谦的表现是因为当初虐待在西班牙当人质的法国王太子而请求宽恕。又一次盛宴之后，两位君主继续友好协商，并同意"不相信于对方有害的谣言，不做于对方有害的事情"；为了进一步团结两家而"缔结几门婚姻"；并互相配合，对付路德派和土耳其人。他们随后交换了戒指。弗朗索瓦一世宣布："我以绅士的身份宣誓，所有敢于与您的领土为敌的人，都将是我的敌人。我发誓用我的全部财产和力量与其作战，不惜拿我本人的生命冒险。"皇帝"也发出了类似的誓言"。[44]

两国的外交取得了如此重大的突破，对此最感到惊讶的可能就是两位君主本人。7 月 18 日晚上，回到自己的桨帆船之后，查理五世写信告诉玛丽，"是上帝促使我们和解并恢复了友谊"，并指示她避免做任何可能危及他与弗朗索瓦一世的"真诚的、完美的友谊"的事情。弗朗索瓦一世则在当晚指示自己的大使们，"从来没有两位君主像我们这样互敬互爱"，并命令"从今往后，必须把皇帝的事务视为我本人的事务，给予最大的重视"。[45]

皇帝给儿子的指示

查理五世从艾格莫尔特返回西班牙之后，"决心亲自"去讨伐阿尔及尔。他这个计划已经酝酿了很长时间。他认识到，他需要"先向我们在此地的臣民隐瞒这个计划"，因为西班牙人不会希望他这么快又离开。但他向斐迪南保证："我不仅想要进行这项事业，而且觉得自己非去不可。此事比任何事情都更重要，对你很重要，对我和我的领地也很重要。"[46]地中海中部的事态很快就让他更加坚定了决心。1538 年 9 月，在亚得里亚海入口处的普雷韦扎，巴巴罗萨指挥下的奥斯曼舰队与安德烈亚·多里亚指挥下的基督教联合舰队对决。多里亚最终撤退，遭到巴巴罗萨的追击。但在随后一个月里，风暴摧毁了土耳其人的很多桨帆船，多里亚抓住这个机会，在一场短暂的围攻之后占领了新堡要塞（今天黑山的新海尔采格），在那里留下 4000 名西班牙士兵作为驻军。[47]

现在，查理五世召开了卡斯蒂利亚议会。以他的名义发表的长篇开幕演说里详细记录了他在近期战争中取得的成就（都发生在伊比利亚半岛之外）以及相应的开销（超过 600 万杜卡特的贷款，需要西班牙偿付），最后要求征收更多赋税，从而为他在地中海"计划发动的军事行动提供军费"。其中包括一笔所有臣民必须缴纳的临时税。参加议会的七十五位贵族对此事讨论了三个月，然后决定"陛下不应当再提这笔消费税，近期也不应当离开本王国"。[48]皇帝起初"没有表现出恼火，而是一种睿智的超然"，因为他认识到，议会的反对"不是因为骄傲或者对他的憎恨，而是因为考虑到王国的疲敝"。但在若干年后，历史学家胡安·希内斯·德·塞普尔韦达"偶然向皇帝提到了这一届在托莱多召开的议会"，皇帝答道："我尽量不去想那次议会。"从此他再也没有召集贵族去参加卡斯蒂利亚议会，此后的每一届议会都只有三十六名代表（十八座城镇，分别派两名代表）出席。[49]

萨利纳斯悲哀地写道："不管何处，天空都在变得昏暗。我不知道这次日食将在何时结束，也不知道我们的下场是什么样的。"但查理五世表现得若无其事。他"狩猎十二天或两周，纵情享受"，回来之后组织了一场壮观的杆子游戏，他全家和一大群民众观看了比赛。[50]他肯定和皇后也有一些独处的时间，因为她第九次怀孕了。但在 1539 年 4 月 21 日，她又产下一个死胎。"自从她怀孕以来"，查理五世说，他的妻子"始终有恙"；尽管她在分娩之后身体似乎有所好转，但还是在十天后去世了。[51]

这场出乎意料的悲剧对查理五世的打击非常大。"蒙受了如此沉重和可怕的损失，我的焦虑和悲痛是你能够想象得到的"，他写信给斐迪南，然后隐居到托莱多城外拉西斯拉的圣哲罗姆会修道院，在那里哀悼了七个星期。萨利纳斯明白，皇后的去世对帝国的影响极大。首先，萨利纳斯狡黠地提醒斐迪南（他在 1527 年之前一直是查理五世的继承人）："因为皇帝现在没有配偶，也不打算再婚，所以这些王国的继承人就只是一个男孩和两个女孩。我们不知道上帝对我们每个人的打算是什么，但我们凡人必须考虑每一种可能的情况。"他预言："近期的事件会导致皇帝的计划发生一些变化。"他还提到，尼德兰发生了针对哈布斯堡家族的公开反抗。[52]

查理五世的妹妹玛丽为尼德兰设计的 1538 年年度预算表明，尼德兰的年收入为 233628 镑，支出为 441184 镑，债务为1356381 镑（将近 70 万杜卡特）。她认为，尼德兰的财政状况如此糟糕，是因为针对法国与丹麦的战争开销太大。她还警示道，她不敢征收更多赋税，尤其是因为根特城拒绝继续纳税，尽管皇帝的一封信提醒该城的行政长官："我一直相信和希望，我不在尼德兰期间，你们会努力比其他城市更加勤勉地帮助、辅佐和服务我，因为根特是我的家乡。"[53]皇帝还警告，如果根特人不主动纳税，他会强迫他们，但根特人不理睬他。根特的精英集团拒绝向尼德兰中央政府纳税，也拒绝提供兵员，甚至拒绝参加玛丽派遣的为皇后致哀的代表团。

1539 年 8 月，根特的行会控制了市议会，不久之后审判并处决了一名据说践踏了该城特权的行政长官。随后一个月里，根特市民派遣了一个秘密使团去巴黎，请求军事援助。[54]大约在同一时间，消息传到西班牙：在六周的围攻之后，巴巴罗萨终于迫使新堡守军投降，随后他冷酷无情地处决了西班牙籍的城防司令和几乎全部守军将士。

对查理五世来说幸运的是，在这个危急时刻，弗朗索瓦一世仍然遵守在艾格莫尔特达成的协议。皇帝表示想"从西班牙取道法国去尼德兰，从而再次与法王面谈和狩猎，并与法王和王后，即皇帝的姐姐［埃莉诺］多待一些时间，放松一下"。法王表示欢迎。在一段时间里，皇帝"因为皇后的去世而感到无比悲痛，所以离群索居"，但他不能对尼德兰越来越严重的危机置之不理，因为此时佛兰德的很大一部分地区已经掀起公开反叛。[55]玛丽直言不讳地告诉兄长："陛下在这里是当主人还是仆人，已经成了问题。"她说，只有他立即亲自干预，才能恢复秩序、迫使尼德兰服从他。北欧的其他一些事态也令人不安。膝下无子的海尔德公爵卡雷尔二世去世后，海尔德的等级会议接受克莱沃公爵威廉为新的统治者；亨利八世娶了威廉的姐姐——克莱沃的安娜为自己的第四任妻子，安娜的一个姐姐则嫁给了萨克森选帝侯约翰·弗里德里希一世①，他是施马尔卡尔登联盟的领导人。如果英格兰与那些对皇帝心怀不满的德意志诸侯结盟，就对皇帝的利益构成了显而易见的威胁。[56]

---

① 这个萨克森选帝侯约翰·弗里德里希一世（1503～1554，绰号"宽宏的"）是前文讲到的萨克森选帝侯弗里德里希三世（绰号"智者"）的侄子。

查理五世原打算让多里亚的桨帆船到巴塞罗那来接他去热
那亚，然后他在热那亚准备对土耳其人发动新的海上作战，随
后再翻越阿尔卑斯山去尼德兰。但在 1539 年 10 月，北方的严
重形势迫使他改变计划。现在他要穿过法国的心脏地带。这个
决定需要双重的欺骗。一方面，他需要向教宗和威尼斯人
（即他在神圣联盟①中的盟友）以及他自己的大臣解释这个戏
剧性事态。但是，如他向自己的驻意大利特使路易斯·德·阿
维拉·苏尼加解释的那样，"尽管他们都需要知道这个决定，
但目前最好不要让他们知道更多"，这个决定也反映了他当前
所处的整体弱势。[57]另一方面，他还需要欺骗他的西班牙臣民。
查理五世担心，如果西班牙臣民知道他要仰仗宿敌（法国）
的好意，就会发出普遍的抗议，所以他恳求弗朗索瓦一世及其
廷臣写来"热情洋溢的书信，劝我进行这趟旅行，而不要说
你们已经知道这是我自己想去的"。他还请求法国人保证，他
在法国期间，不与他谈国家大事。[58]

法国人寄来他需要的书信（用来掩盖他去法国的真实目
的）之后，查理五世回想起他第一次离开西班牙期间险些让
他丢掉王位的叛乱，于是采取措施，建立一个民众可以接受的
摄政政府。他任命儿子——十一岁的腓力为摄政王，但把行政
大权交给枢机主教塔韦拉，让他担任王国总督、御前会议主席
和宗教裁判所首席法官。查理五世还准备了两套指示：第一套
是写给他的大臣们的，详细规定了他们的行政职责和义务

---

① 指教宗保罗三世在 1538 年组织的神圣联盟，包括威尼斯、教廷国、马耳
　他骑士团和西班牙，目的是对抗奥斯曼帝国的海军（当时主要是在海雷
　丁·巴巴罗萨的领导下）。神圣联盟集结了约 300 艘舰船的联合舰队，由
　安德烈亚·多里亚指挥，但在当年 9 月 29 日的普雷韦扎海战中兵败。

（既有对皇帝的义务，也有互相之间的义务）。第二套是写给腓力的"警示、意见与建议"。假如在查理五世还没有达成自己的政策目标之前"上帝就把我召唤到他身边"，"腓力王子能够通过这些指示知道我的计划"，做好准备，采纳正确的宗教策略、王朝策略和政治策略，"从而能安享太平与繁荣"。这是皇帝给儿子的许多建议书当中的最早一篇，它能够揭示皇帝内心最深层的思考。腓力王子漫长的政治学徒期就这样开始了。[59]

皇帝先是告诫腓力要热爱上帝、保卫教会，然后敦促他要仰仗自己的亲人：

> 他［腓力］应当与我的弟弟罗马人国王［斐迪南］及其子女，即我的侄子和侄女们；与法国王后［埃莉诺］和匈牙利王后［玛丽］；与葡萄牙国王和王后［卡塔利娜］及其子女……维持良好、真诚、完美的友谊与谅解……延续我们与他们现有的、一贯的友谊与谅解。

随后查理五世谈了三个有争议的话题：法国、尼德兰和米兰。他认为这三个问题是一体的，因为目前与法王弗朗索瓦一世的友好关系的前提是，双方能够"顺利解决"关涉到尼德兰和米兰的"所有争端与竞争"，并用联姻来敲定相应的条约。尽管查理五世刚刚同意奥尔良公爵（就是过去的昂古莱姆公爵）娶他的女儿玛丽亚，并用米兰作嫁妆，但皇帝向儿子揭示，他和皇后在遗嘱里规定，"如果除了腓力王子之外我们没有别的儿子"，那么玛丽亚将会嫁给斐迪南的儿子之一，然后这对夫妇将统治尼德兰。尼德兰的问题已经变得非常关键，因为尼德兰发生了动乱，原因是"有许多教派反对我们的神圣信仰，他们表面上是要争取自由，并建立新形式的以共识为基础的政府，但这不仅会导致我们的王朝失去尼德兰，还会导致我们的神圣信仰失去尼德兰"。所以，皇帝打算背弃之前的所有打算，让玛丽亚嫁给奥尔良公爵，而把尼德兰"传给我们的儿子即腓力王子，如果可能的话，让他继承尼德兰"。不过，他向腓力保证，如果最终"我将尼德兰册封给玛丽亚及其未来的丈夫，是为了避免上述的风险，也是为了基督教世界的福祉和我儿子的好处，为了他将要继承的诸王国与其他领地的利益"。皇帝令人费解的复杂安排包含了两项引人注目的洞见：查理五世愿意背弃向自己的亲弟弟做出的庄严承诺（皇帝后来于 1551 年在奥格斯堡又对斐迪南食言了一次）；并且他预测到，如果腓力同时继承了西班牙和尼德兰，那么尼德兰可能发生反叛（查理五世退位十年后，果然发生了这样的事情）。随后，皇帝指示腓力针对另外三个国家，即葡萄牙、萨伏依和英格兰必须采纳以下政策：皇帝的女儿胡安娜必须嫁给葡萄牙的王位继承人若昂王子；法国人必须从萨伏依撤军，并将其归还给萨伏依公爵；在英格兰方面，腓力"必须小心谨慎，不能粗心大意地同意可能损害我们的［天主教］信仰的条件"，因为那样可能会让新教得胜。另外，家庭关系要求腓力促进玛丽（亨利八世与阿拉贡的凯瑟琳的女儿）的利益，并"在对你方便的前提下尽可能地帮助她、支持她"。查理五世在同一天给自己的遗嘱签署了一份附录，在其中重复了给腓力的指示，并补充了一条：皇帝死后，大臣们"必须将米兰公国交给我的弟弟……罗马人国王，他也是我的皇位继承人"，并要求斐迪南执行他的其他遗愿。[60]

因为查理五世活过了这个关头，所以这份遗嘱附录和给腓力王子的指示都没有被执行，但这两份文件揭示了将在 16 世纪余下时间里主宰西班牙外交政策的几大问题：与哈布斯堡家族的奥地利分支维持友好关系；与葡萄牙王室联姻；将米兰或尼德兰或这二者从西班牙分离；恢复萨伏依公爵的地位；捍卫天主教信仰，保护英格兰王位的天主教徒继承人。这两份文件还体现了两种将在 16 世纪余下时间里损害西班牙外交政策的思维：随时可以背弃曾经做出的庄严承诺；不肯放弃任何领土。所以，查理五世在 1539 年的指示以惊人的方式凸显了他的儿子将要继承的这个君主国的长处和短处。

从法国去尼德兰

1539 年 11 月 11 日，查理五世向孩子们道别，带着一小队随从启程去法国。他的行动让几乎所有人都大为惊愕。资深外交官和历史学家弗朗切斯科·圭恰迪尼告诉一个密友："就连皇帝本人也不会相信这条新闻，因为它令人难以置信。"法国驻伦敦大使报告称："所有人都大为震惊，尤其是国王的大臣们。"[61]大家的惊愕很容易解释。仅仅在十三年前，落败的弗朗索瓦一世来到西班牙，相信自己能通过与查理五世面对面会谈来解决争端，结果自己被投入监狱、受到持续监视；他把两个儿子送来当人质才换得了自己的自由，而查理五世百般虐待两位法国王子。即便如此，如今的法国王太子，即当年的人质之一，再次进入西班牙，迎接和欢迎皇帝一行人，并引领他们去巴黎。查理五世于 1540 年 1 月 1 日抵达巴黎，有多达 20 万人欢呼迎接他。不到两年前，查理五世还被法国人怒斥为邪恶

帝国的统治者，而如今法国人用凯旋门、盛大的排场和欢迎演
说来迎接他。人们的惊愕还有另一个原因：在 12 月和 1 月做
这样漫长的陆路旅行似乎是极其愚蠢的事情，但恺撒的好运气
又一次救了他：1539 年与 1540 年之交的冬季是有记载以来西
欧最温暖、最干燥的冬季之一，有些地方在 10 月至次年 3 月
之间没有降水。和往常一样，查理五世认为自己受到的热烈欢
迎都是理所当然的。"我受到了非常热情的接待和欢迎，人们
对我表现出极大的爱意和热情，我不可能要求更多了，"他写
道，"我整天狩猎、放鹰，晚上跳舞跳到睡觉时间。"[62]

　　他受到热烈欢迎有两方面的原因。在多年战乱和不计其数
的挫折之后，绝大多数法国人很高兴看到和平终于回来了；而
且弗朗索瓦一世热切希望用自己王国的广袤和富庶来让客人眼
花缭乱。两位君主见面时，弗朗索瓦一世赠给对方一套价值 4
万杜卡特的华服。尽管查理五世谢绝了，继续穿"黑色衣服，
戴黑色毡帽，不戴任何徽章，因为他还在给皇后服丧"，但他
一定注意到了法国的繁华富庶的种种表现。[63]

　　皇帝从巴黎去尼德兰，弗朗索瓦一世陪他来到边境。按照
之前的约定，法王没有提起米兰的问题，并高声宣称，绅士不
会占客人的便宜（他当初在西班牙被囚禁时曾指控查理五世
占客人的便宜），但查理五世还是承诺，"等我的弟弟即罗马
人国王来到布鲁塞尔、我征求了他的意见之后，我会做需要做
的事情"，即把米兰交给奥尔良公爵。[64]但他得先对付佛兰德的
反叛者。

　　皇帝做了周密的准备。他于 1540 年 2 月进入根特之前部
署了超过 3000 名德意志士兵"到宫殿四面八方，若有必要，
他们可以迅速集结起来"。在"我率领随从和卫兵，即五个连

的武士""通过市集广场之前，这些部队都集结在那里"。[65]查理五世认真查看了根特市民和佛兰德其他地区的人造反的证据，最终将一百多名男女处决、处以肉刑或放逐（往往是在酷刑折磨之后）。他还没收了这些人的财产并收缴高额罚金，还收缴了佛兰德省之前拒绝缴纳的所有赋税。他撤销了根特城的特权，废除或削弱了当地的各种机构，没收了所有火炮和其他重武器。

然后，就像他在巴利亚多利德的公社起义之后做的那样，他主持了一场最后的戏剧性表演。5月1日，他来到一家修道院，纪念亡妻的一周年忌日。两天后，他再一次部署了"驻扎在城内的全体士兵，令其全副武装地据守街道和十字路口"，然后从高台上观看根特城的全体精英从他面前走过。他们都不戴帽子，脖子上套着绞索，只穿衬衫。他们跪下恳求饶恕，但皇帝在一段时间里"目视远方，一言不发，似乎在思考根特人究竟做了什么，他是否应当宽恕他们"，直到玛丽恳求他宽恕他们，"以纪念他在那里出生"。这时他才雍容大度地宽恕大家。他还为一座即将施工的要塞奠基。该要塞的地址就在他的祖父马克西米利安在之前的一次叛乱结束之后选定的地方。[66]

斐迪南来到根特，与兄长和妹妹会合。兄妹三人显然讨论了查理五世百年之后如何分割他的领土，因为皇帝在这时向弗朗索瓦一世提出了一个与之前截然不同的方案来解决他们的纠纷。他提议把尼德兰册封给自己的女儿玛丽亚，让她嫁给奥尔良公爵；弗朗索瓦一世则放弃对米兰和萨伏依的一切主张。查理五世也将放弃对勃艮第的主张。但皇帝坚持要求，他的女儿和未来女婿只是他在尼德兰的"副手"，皇帝本人在世的时候将继续担当他们的宗主；并且如果玛丽亚没有留下继承人，尼德兰将回到哈布斯堡家族手中。他还要求弗朗索瓦一世承诺帮助皇帝消灭德意志的路德派；帮助斐迪南将土耳其人逐出匈牙利；准许腓力王子迎娶纳瓦拉的女继承人胡安娜·德·阿尔布雷①；并把法国的一些广袤土地册封给奥尔良公爵。[67]

这个提议与之前的方案相去甚远，法国人完全不能接受。但查理五世似乎注意不到这一点。即便在十年后，他在《回忆录》中还写道，他"写信给法王，做出了极大让步，但法王居然不接受，于是大家都期待的和平化为泡影"。皇帝显然不理解，从萨伏依撤军会严重地削弱法国，腓力与胡安娜·德·阿尔布雷的婚姻会巩固西班牙的北部边境，而奥尔良公爵在法国境内获得大量土地将会威胁法国的稳定，就像一个世纪以前勃艮第公爵获得自己的庞大封地，几乎毁掉了法国一样。

在皇帝宫廷的法国大使警告道："众所周知，国王〔弗朗索瓦一世〕不喜欢皇帝的提议，此地的平民百姓相信两国的和谈已经谈崩，有些人已经在害怕战争会爆发。"英格兰大使托马斯·怀亚特②也同意。他写道："法国的事情已经没戏了，仿佛只不过是一场梦。"他预测："米兰永远不会到法国人手里。"他还认为，查理五世严重冒犯了法王。简而言之，怀亚

---

① 胡安娜·德·阿尔布雷（1528～1572）即纳瓦拉女王胡安娜三世。她的母亲是法国国王弗朗索瓦一世的姐姐。胡安娜与旺多姆公爵安托万·德·波旁结婚，生下了波旁的亨利，也就是法国波旁王朝的首位君主亨利四世。她是法国胡格诺派（加尔文宗的新教徒）的精神领袖，也是法国宗教战争的重要人物。后来，她的孙子路易十三正式吞并了纳瓦拉王国。

② 托马斯·怀亚特爵士（1503～1542）是英格兰政治家、外交官和著名诗人。一般认为是他将十四行诗这种文学体裁引入英语文学。传说他曾是安妮·博林的恋人。

特认为法国人必然会再次宣战。事实的确如此。[68]

尽管弗朗索瓦一世在 1540 年 5 月建议 "暂时搁置问题"（查理五世接受了这个建议），但双方都开始秘密地采取措施来改变现状。7 月，皇帝通知弟弟，"在考虑了你和我的公事之后，我决定返回西班牙"，既是 "因为我与法国的关系处于当前的状态"，也是因为一旦发生战争，"只有我的西班牙诸王国能够维持我的力量"。三个月后，他又设计了一次重大的欺骗。皇帝担心，一旦米兰 "落入敌人手中，或者无力保卫它的人手中"，会发生一场 "对整个基督教世界有害，对我的儿子、我的诸王国、领地与臣民以及我的兄弟有害的大规模战争"，于是他把米兰公国册封给了腓力王子；并给自己的遗嘱起草了新的附录，撤销了之前的命令，即把米兰直接交给斐迪南。皇帝说，"我相信他［斐迪南］一定能理解我这么做的苦衷"，这说明查理五世在没有通知弟弟的情况下，已经单方面决定减少弟弟将来得到的遗产。[69]弗朗索瓦一世则赐了 5500 杜卡特给 "他的宫廷总管和驻黎凡特①大使" 安东尼奥·林孔。苏莱曼大帝接见了林孔，与他谈了好几个小时。苏丹此前 "从来没有如此久地接见过世界上的任何人"。随后林孔返回法国，协调苏莱曼大帝与他的 "挚友和兄弟" 弗朗索瓦一世如何联合攻击哈布斯堡家族。[70]

与此同时，查理五世利用夏季不寻常的干燥天气，巡视了尼德兰各省，在佛兰德的动荡之后恢复自己的权威。他还说服尼德兰的等级会议批准了一系列重要的经济、法律和宗教提

---

① 黎凡特（Levant）是历史上的地理名称，一般指中东、地中海东岸、阿拉伯沙漠以北的一大片地区。在中古法语中，黎凡特一词即 "东方" 的意思。黎凡特是中世纪东西方贸易的传统路线上的重要地区。

案。等级会议通过了一些管理破产、垄断权、高利贷和货币的法律，监督世俗法官与宗教法官的法律，将地区性法典标准化的法律，以及将所有被判定为异端分子的人处以死刑的法律。查理五世还给三个议事会（负责在他离开之后辅佐玛丽）发布了修改后的指示，调整了三个议事会的人员构成和工作程序。和往常一样，他监控了自己其他领地的局势，批准了洛斯·科沃斯提出的一项提议，即在西曼卡斯要塞设立新的档案馆。卡斯蒂利亚中央政府的所有现存档案都将被转移到那里。[71]

雷根斯堡帝国会议

此时，查理五世决定先去德意志，然后从那里返回西班牙。他希望在德意志解决所有的宗教纷争，然后在北非发动第二次作战。他深知解决宗教纷争是多么困难。自九年前离开德意志以来，为了换取路德派支持他对抗土耳其人，他搁置了《沃尔姆斯敕令》，暂停惩罚路德派，并同意在未来的宗教会议上讨论路德派与天主教徒之间的所有分歧。因为路德派觉得未来的宗教会议不大可能决定宽容路德派，于是施马尔卡尔登联盟的成员在 1535 年投票决定将该联盟的存续延长十二年，并请求外国君主（尤其是丹麦国王、英格兰国王和法国国王）支持。这刺激了一些天主教诸侯，于是他们组建了自己的防御性联盟。

1539 年，施马尔卡尔登联盟和天主教联盟都因为查理五世与法国改善关系而大为警觉，于是都宣布，两个联盟之间不会动武，也不会吸收新成员。他们还承诺派遣神学家参加皇帝组织的一系列致力于解决宗教争端的"友好对话"；而查理五世寻求了"我的告解神父和渊博神学家的意见"，来安排下一届帝国会议的议程。[72]

教宗企图破坏这些会谈，于是打算在威尼斯共和国的维琴察召开一次宗教会议，还请查理五世禁止在帝国会议上讨论宗教问题。查理五世答道，路德派不会参加任何在帝国境外召开的宗教会议。他还指出，宗教会议与帝国会议不同，不会为保卫匈牙利、抵抗土耳其人的事业拨款。路德也在一篇言辞激烈的文章《论宗教会议与教会》中表示，宗教会议不可能带来改革的希望。他也主张仅仅为德意志寻找一个解决方案。于是德意志新教徒与天主教徒的"友好对话"继续进行。[73]

到1541年1月，德意志的神学家们取得了相当大的进展。查理五世命令在下一届帝国会议（预定在雷根斯堡举行）上，当着他的面讨论一份协议的草案。他还努力建立天主教的统一战线。加斯帕罗·孔塔里尼（曾任威尼斯驻皇帝宫廷的大使，如今是教宗派往帝国会议的特使）报告称，他首次觐见皇帝的时候，皇帝表示，天主教阵营里的每个人"必须用统一的声音讲话，不要互相矛盾，这样才能把事情圆满解决"。[74]为了实现这个目标，查理五世挑选了六位神学家（两个阵营各三位），指示他们寻求共识；他还命令格朗韦勒和普法尔茨伯爵弗里德里希主持这些神学家的讨论。4月6日，帝国会议聆听了"关于皇帝自上一届帝国会议以来所做一切工作的长篇报告"：他成功地将苏丹逐出匈牙利；他尝试让教宗"按照在前几次帝国会议期间做出的承诺"召开一次宗教会议；他在北非的作战（为了保卫基督教世界）与在普罗旺斯的作战（为了恢复萨伏依公爵的地位，因为公爵是帝国诸侯之一）；他成功地与法国议和并恢复尼德兰的秩序。随后议会听取了"用德语发表的、以皇帝的名义所做"的报告（皇帝的德语说得不流利），为本届帝国会议设定了两大目标：为帝国寻找宗教和谐的方案；准备保卫帝国，抵抗土耳其人。[75]

5 月，令人普遍感到惊讶的是，神学家们就"称义"①的话题达成了共识，然后开始讨论关键的圣餐问题②。但孔塔里尼谴责道，圣餐的问题早就由之前的宗教会议决定了。查理五世坚决反对孔塔里尼，原因之一是此时苏莱曼大帝再次率领一支大军逼近了匈牙利，所以（就像 1532 年一样）皇帝必须向路德派让步，从而获得他们的兵员和军费。皇帝再次表示，教宗不理解他的困境，这让他颇感挫折。孔塔里尼于 5 月 14 日觐见皇帝，并"解释路德派在圣餐和告解问题上的错误"，以及"除非他们改变主意，否则我们不可能与他们达成一致"。查理五世"认真聆听"，然后告诉这位枢机主教，"我［孔塔里尼］成功地履行了我的职责，因为他自己［查理五世］不是神学家"（皇帝也许是在挖苦孔塔里尼，因为孔塔里尼曾经是外交官，四年前才成为神父）。皇帝虽然缺乏神学训练，但

---

① "称义"（Justification）是基督教神学的一个概念，指上帝使一个有罪的人具有"公义""无罪"的身份。在宗教改革期间，关于称义的分歧，是新教与天主教分裂的原因之一。新教主张"因信称义"（justification by faith alone），指一个罪人得到拯救的唯一原因是上帝的恩典，即对上帝的信仰，而不是靠个人的行为。这有别于罗马天主教与东正教的思想，即人要蒙恩得救，除了信仰之外，还必须加上足够的善功补赎。

② 天主教认为无酵饼和葡萄酒在神父祝圣时化成基督的身体与血（神学术语称之为"变体"），而新教一般不认同此观点：路德宗认为，基督的圣体、圣血在祝圣之后与饼、酒的元素共存，与饼、酒之质合二为一；加尔文宗认为，圣餐中的饼和酒仍属物质，然而圣灵的光照，使信徒在领受圣餐时，既领受了物质上的饼和酒，同时也与饼和酒中的基督精神有了联结。另外，在当时，按照天主教的传统规矩，信众只领取圣饼，神职人员才可以领取两种（饼和酒）。而按照新教的规矩，信众可以领取两种。

仍然指出，"两大阵营关于圣餐的分歧可以用一个词概括：变体论。他问，找到一个大家都能接受的定义能有多难"。两周后，格朗韦勒重复了皇帝的说法："变体论这个词"是"一个微妙的概念，仅仅对饱学之士才有意义。它对平民百姓来说是无关紧要的，他们只需要知道基督的圣体存在于圣餐中，所以他们必须尊崇圣餐就可以了"。格朗韦勒预言："等我们解决了这个难题之后，在其他问题上达成一致就比较容易了。"但如果双方没有"在皇帝离开德意志的三个月内找到解决方案，那么整个德意志都会信奉路德宗"。[76]

　　次日，即 1541 年 6 月 21 日的黎明，斐迪南抵达雷根斯堡。查理五世得知消息后，立刻起床，"只穿着衬衫在窗前等候。他俩拥抱之后单独待了一段时间，然后各自休息"。然后，兄弟俩向帝国会议恳求拨款，去救援正遭受奥斯曼人围攻的布达，但议会的路德派成员要求皇帝首先保证继续实行宗教宽容，然后他们再考虑是否拨款。和通常情况一样，他们的心愿达成了。在本届帝国会议的闭幕仪式上，两个阵营同意把所有宗教分歧留到下一次大公会议上解决，并且大公会议必须在德意志的土地上举行；如果不举行大公会议的话，就举行一次德意志范围内的宗教会议；如果十八个月内没有举行上述的两种会议，就在下一届帝国会议期间讨论。在此之前，《纽伦堡和约》规定的宗教宽容仍然有效。帝国会议还同意调拨 24000 名士兵去保卫匈牙利。但这个妥协来得太晚，布达在不到一个月后就失陷了。[77]

阿尔及尔的风暴

　　查理五世离开雷根斯堡之后去了意大利，而不是匈牙利，这让当时的很多人感到惊愕。但这表明他的大战略发生了重大变化。三年前在尼斯与教宗会谈的时候，他曾向一名威尼斯使节解释："苏丹向维也纳进军的时候，我看到，想要迫使他与我们正面交锋，并不总是容易办到的，因为他拥有大量骑兵，可以随意前进和撤退，并蹂躏乡村。"查理五世解释道，这让他更倾向于在匈牙利采取守势，"改良那里的防御工事，在边境要塞驻军，但不主动出击"。在将来，他会在海上向土耳其人开战。他告诉大使们，"我在北非作战期间了解到"，要想成功，就需要比以前强大得多的远征军，所以他计划征募和指挥 6 万人、200 艘桨帆船以及"尽可能多的其他舰船"，取道达达尼尔海峡去攻打"君士坦丁堡，它三面环海。我听说拿下它是很容易的事情"。[78]

玛丽得知皇帝的这番言论之后，写了一份言辞激烈的备忘录，提醒查理五世这么做的风险是多么大：

> 尽管陛下是最崇高的基督教君主，拥有最多的领地和臣民，但陛下没有义务单枪匹马地（或者在仅仅得到少量援助的情况下）保卫基督教世界，更没有义务单独去攻击基督教世界的共同敌人，尤其是像土耳其人那样强大的敌人。何况，即便陛下有这样做的打算，也得考虑您有没有打胜仗所需的力量……不管这样的冒险是多么正当，多么符合基督教精神，如果没有胜算的话，就不应当开始。

玛丽承认，战争"不是我的行当"，但提醒兄长，"我听过很多熟悉土耳其人的人士的介绍"（因为她曾是匈牙利王后）。她还提醒他，自从他的突尼斯远征以来，局势变得多么不利："如果当初巴巴罗萨没有出来交战，您和您的军队会怎么样？"但突尼斯"位于您的领地的大门口"：如果在遥远的地中海东部遇到了类似的问题，皇帝该怎么办？随后玛丽批评了皇帝御驾亲征的决定（她的丈夫在针对土耳其人的作战中阵亡，这一点让她的意见更有说服力）。"假如陛下在作战期间遇到不测，"她反问道，"您的家庭和我们，您的臣民和您的土地，以及整个基督教信仰，将会怎么样？众所周知，这一切完全依赖于您的生命和声望。如果因为您自己的错误而发生这样的灾祸，您如何在上帝面前问心无愧？"她残酷地继续说道："陛下的任务是取胜，而不是被战胜。"

　　即便作战起初很顺利，陛下能够占领一些城镇并开始进军，但如果您缺少继续作战的手段，那么这将是多么大的耻辱、多么大的遗憾。并且，如果陛下希望保住新征服的土地，那么也请考虑一下这么做的开销会有多大；考虑到路途遥远，为新领土提供资源、在如此强大的敌人面前保护新领土又是多么困难。[79]

也许是因为被玛丽批评得有些灰头土脸，查理五世抑制住了自己的雄心壮志，把目标改为夺取阿尔及尔。它是巴巴罗萨的行动基地，所以是查理五世的西班牙臣民更愿意去攻击的目标。和突尼斯战役一样，这次他的战略也需要两支陆海军分进合击，一支从西班牙出发，另一支从意大利出发。他将亲自指挥两路大军，但本次作战与突尼斯战役相比有两大差别：这一次他将与意大利那一路军队一同出征，并且战役将在秋季进行。

作战行动之所以这么迟，有好几个原因可以解释。最重要的是，雷根斯堡帝国会议拖得比查理五世预想的久得多。但他认为，在想尽一切办法寻找宗教和解方案和为保卫匈牙利获得军费之前，他不能离开会议。7 月 28 日，皇帝终于命令内廷人员收拾行装。次日，"他身穿骑装来到帝国会议"，批准了会议的最终决议。[80] 随后他全速前进，有时一天能走 60 公里，通过布伦纳山口，前往伦巴第的克雷莫纳。但他没有尽快去舰队那里，而是去了米兰，在那里停留了一周后才去热那亚。[81] 他在那里又逗留了一段时间，与谋臣商讨下一步的行动。据皇帝随从队伍中的弗朗西斯科·洛佩斯·德·戈马拉说：

> 皇帝在热那亚的时候收到了弟弟的信，说苏莱曼大帝已经占领了布达和整个匈牙利。于是皇帝的谋臣们对于讨伐阿尔及尔的计划产生了分歧。瓦斯托侯爵[伦巴第总督] 主张最好留在意大利，那样的话皇帝可以援助斐迪南，如果有必要的话可以亲自去匈牙利，并保卫正受到法国国王威胁的米兰。

"安德烈亚·多里亚也是这么认为的，"戈马拉补充道，"因为此时已经错过了在北非海岸作战的合适季节。"但皇帝认为，此时巴巴罗萨及其桨帆船去了多瑙河与苏丹会合，所以阿尔及尔实力空虚，这是一个千载难逢的机会。[82]

查理五世于 9 月 10 日在热那亚登船，但随即又停留了一周，到卢卡与教宗会谈。保罗三世劝他不要去攻击阿尔及尔，"因为适合海战的季节已经过去了，并且这些部队应当去匈牙利才对"。查理五世则敦促教宗在德意志召开宗教会议，并支持帝国与法国的停战协定，"这样他［查理五世］才能继续保卫基督教世界、反抗土耳其人"。[83] 在为期三天的徒劳的会谈之后，在离开雷根斯堡两个月之后，查理五世及其舰队终于在 9 月 28 日起航，前往马略卡岛外海，与来自西班牙的远征军会师（地图 4）。

因为天气恶劣，查理五世及其舰队直到 10 月 13 日才抵达马略卡岛。他们在那里又停了下来，因为查理五世"感到胸部剧痛"。他不得不休息，于是利用这段时间来筹划来年的行动：首先，他将在返回西班牙之后立即在塞维利亚召开卡斯蒂利亚议会；随后去格拉纳达，视察他在阿尔罕布拉宫的新宫殿的进度；然后去阿拉贡，"让王子接受阿拉贡的宣誓效忠"。他的胸部感染不见好转，于是他唤来自己的主要秘书阿隆索·德·伊迪亚克斯和胡安·巴斯克斯·德·莫利纳，告诉他们：

> 他可能死于此次疾病，要么死在海上，要么在阿尔及尔登陆之后、本次战役结束之前死亡，所以他希望留下一些指示，让大家都知道他的意图。于是他拟定了两套指示，一套的签名是"查理"［写给来自意大利的部队］，交给伊迪亚克斯保管；另一套的签名是"我，国王"，交给我保管［由巴斯克斯·德·莫利纳保管，写给来自西班牙的部队］。

尽管皇帝制定远期规划的能力令人敬佩，但这弥补不了西班牙远征军（指挥官为阿尔瓦公爵）的迟到。该舰队直到 9 月 30 日才离开伊比利亚半岛，花了两周才抵达距离马略卡岛

130 公里的伊维萨岛。因为时间太晚了，查理五世现在决定让两支舰队分别径直驶向北非，在那里会师。这是一场风险极高的赌博。巴斯克斯·德·莫利纳叹息道："上帝保佑他的计划能够成功。"[84]

　　起初，上帝似乎站在查理五世那边。帝国舰队于 1541 年 10 月 19 日，也就是离开马略卡岛的次日，接近了阿尔及尔海岸。尽管风浪太大导致不能立即登陆，但在四天后，来自西班牙的舰队也抵达了。于是他们立即开始登陆。皇帝迅速将攻城火炮部署到阿尔及尔周围，准备像在拉格莱塔时那样，用攻城火炮和桨帆船上的重型火炮一同向敌人的城市开火（桨帆船上的火炮处于守军火炮的射程之外，但仍能摧毁城墙）。但 10 月 24 日夜间突然刮起了猛烈的风暴。

　　随后三天里，惊涛骇浪摧毁了查理五世的许多舰船，迫使幸存的船只寻找避难处。与此同时，狂风、冻雨和冰雹令他的部队士气低落，"他们上岸时没有携带帐篷，也没有带遮风挡雨的大衣或斗篷"。"每一名士兵都瞬间成了落汤鸡，仿佛被丢进了大海。"暴风雨也让帝国军队丧失了他们的战术优势。一名士兵抱怨道："大雨毁坏了火药和火柴，所以我们的火枪完全无用。"但"我们不熟悉使用弓弩、石块和其他投射武器的打法"，而敌人特别擅长使用这些武器。暴风骤雨使得帝国军队无法将给养运上岸，所以他们缺乏"面包、葡萄酒、肉类、盐和其他所有物资"。部队之所以能够幸存，是因为皇帝命令士兵屠宰军中的马匹。可能有 2000 匹马因此死亡。10 月 26 日，风暴平息，帝国军队的士兵逃向幸存的船只，但他们刚刚上船，又刮起了一场风暴，"每艘船各自逃命，很多船驶向了与正确方向相反的方向"。查理五世躲到设防的前哨据点贝贾亚①，在那里组织大家斋戒，并祈祷天气好转。直到11月23日，暴风才平息，他终于率领舰队残部返回马略卡岛。绝大部分幸存的官兵与舰船从那里返回意大利，而皇帝和其他一些官兵前往卡塔赫纳，于12月1日"半死不活"、跌跌撞撞地上岸。[85]

寻找替罪羊

同情查理五世的目击者强调，他在此役中与士兵同甘共苦。热那亚的一位分舰队指挥官说："尽管困难重重，但这是自他加入帝国阵营以来亲眼见过的组织最好的一次行动。"据戈马拉说，在阿尔及尔登陆之后，"皇帝四处奔忙，无所不在"，表现出大无畏的勇气。皇帝在阿尔及尔城下与部下谈话时，"一些听皇帝讲话的士兵突然被敌人的炮火打倒，但皇帝面无惧色，既没有中断讲话，也没有改变神情。他镇定自若地继续讲话，像平时一样威风凛凛"。风暴开始后，"尽管他全身湿透，雨水浸透了他的衬衫，尽管他自登陆以来就忙个不停所以精疲力竭"，他仍然"不去自己的营帐避雨，并请自己的侍从在所有伤员被转移到安全地方之前不要休息"。

他的部下开始屠宰马匹为食的时候，"皇帝想尝尝马肉。为了鼓励大家，他吃了之后说马肉非常美味可口"。自始至终，"在所有人眼中"，他的表现都是"一位极其优秀的将领，既勤奋又审慎"。但这都不足以挽回败局。[86]参加远征的威尼斯大使在自己乘坐的船在贝贾亚外海被风暴捶打的时候既愤怒又害怕，把自己的困境完全归咎于查理五世愚蠢的自负："此次

---

① 贝贾亚位于阿尔及利亚东北部的地中海沿岸，今天是贝贾亚省的首府。

冒险是皇帝陛下在自己的脑子里想出来的，他不顾所有谋臣和主要盟友的反对；行动的指挥方式也是他在自己的脑子里想出来的。他犯了严重错误"，导致"这支军队怯懦地、凌乱地从阿尔及尔撤退"。威尼斯大使补充道："皇帝陛下逃不过此次错误的罪责……这里的所有西班牙人和意大利人都抱怨他。"勃艮第人也满腹怨恨：二十五年后费里·德·居永撰写回忆录的时候抗议道，"当时，作战季节已经结束了，但既然皇帝陛下下了决心，我们都不得不去"北非。[87]

查理五世本人对此次惨败给出了两个解释：战役开始之前他绕道去见教宗（"与圣父的会谈耽搁了陛下的行程"）；上帝做出了裁决（"因为上帝掌控着天气，于是我们上船出发"）。换句话说，因为讨伐异教徒的事业是神圣的，并且他之前在突尼斯也是遇到极其不利的条件但仍然获胜，所以查理五世期望上帝会赐给他好天气。穆斯林方面的观察者表达了与之惊人相似的情感。一个穆斯林写道："至高无上的真主送来了一阵风暴"，"把许多舰船抛掷到岩石上"。传说是一位伊玛目①的祈祷让真主送来了风暴，于是这位伊玛目成为穆斯林尊崇的对象。[88]

决定此次战役结局的，无疑就是那场风暴。查理五世判断得对，巴巴罗萨及其桨帆船恰巧不在阿尔及尔，这给了查理五世一个重要的优势，他也努力去利用这个优势了。他一方面利

---

① 伊玛目是伊斯兰社会的重要人物。在逊尼派中，伊玛目等同于哈里发，是穆罕默德指定的政治继承人。逊尼派认为伊玛目也可能犯错误，但假如他坚持伊斯兰教的仪式，仍要服从他。在什叶派中，伊玛目是拥有绝对宗教权力的人物，只有伊玛目才能明晓和解释《古兰经》的奥秘含义，他是真主选定的，不会犯错。这里指的是主持礼拜的德高望重的穆斯林，是一种荣誉称号。

用了出其不意的效果，另一方面假装自己仍然计划去攻打伊斯坦布尔。尽管阿尔及尔守军担心自己才是皇帝的真正目标，于是"驱使400名基督徒奴隶修理城墙，重建已经坍塌的部分，并建造塔楼、部署大炮"，以及"砍伐城镇周围园林的树木，让敌人在战斗时无法利用树木作掩护"，但守军并不知道查理五世将在何时发动进攻。

据一名阿尔及尔目击者说，该城的最大弱点是，"如果敌人发动登陆作战，那么在敌人的舰队启航三天之内，无法判断敌人的攻击目标"。而帝国舰队从马略卡岛到阿尔及尔的航行只需要两天，所以守军难免有些措手不及。所以他们未能阻止帝国军队（4万步兵和4000骑兵）并然有序地登陆。截至10月24日晚上，帝国军队已经建立了自己的阵地，部署了大炮，把桨帆船停泊在靠近城墙的地方。在自称拥有将近二十年军事经验的居永看来，"如果上帝没有降下风暴，我相信我们在两天之内就能攻克该城"。一部德文著作的匿名作者也同意："后来的情报表明，当时阿尔及尔城内仅有2000名骑兵和800名土耳其近卫军，所以该城的防御并不稳固。如果我们的军队有给养，无疑能够轻松地占领该城。"[89]

查理五世应当预见到发生灾难的可能性吗？毕竟马格里布的生态条件并不适合大规模的军事行动，因为基督徒和穆斯林在该地区几乎持续不断的冲突严重制约了当地的农业生产，所以当地的大多数港口城市永久性地依赖进口。把44000名官兵及大量马匹运到这里，无疑会给当地的资源造成极大压力。查理五世预见到了这一点，所以用船运来了大量物资，但因为风暴，物资无法上岸，所以军中严重缺粮。不过，这不是关键问题。如一个幸存者所说，"皇帝允许屠宰马匹，所以在饥荒面前我们得到了一定程度的保护"，但"我们始终没有办法抵御暴风骤雨"。[90]

这方面的风险也应当是显而易见的。在阿尔及尔及其周边地区，10 月、11 月和 12 月通常是降水量最高的月份，而且经常下瓢泼大雨。例如，在 2001 年 11 月，阿尔及尔在 48 小时之内降水 285 毫米；2012 年 9 月，阿尔及尔在 50 小时之内降水 227 毫米。1541 年 10 月 24 日开始下倾盆大雨，忍受这场磨难的人们无法精确测量降水量（当时七十四岁的安德烈亚·多里亚仅仅说，他"从未见过如此猛烈、如此恐怖的暴雨"），但他们注意到，大雨和冰雹持续不断地下了 50 小时，这与 2001 年和 2012 年的情形很类似。露天宿营的军队不可能在这样的暴雨中毫发无损。[91]

在风帆时代，任何复杂的两栖作战都有很大的风险，而在深秋时节、资源不足的情况下发动入侵，就极大地增加了风险。如保罗·乔维奥所说，他在卢卡见到查理五世之后，"绝不会相信，皇帝原本极其冷静的头脑竟然变得如此愚蠢，因为尽管多里亚和瓦斯托侯爵极力反对，并且尼普顿和埃俄罗斯〔分别为海神和风神〕也显然对他不利，他却仍然坚持在 10 月初全速驶往阿尔及尔"。[92]他的这个决定让全军将近一半官兵丧命。有些阵亡，有些死于饥饿和寒冷，也有一些溺死，或者从毁于风暴的船上逃到海岸时被杀死。此次远征还损失了大量装备（包括 200 门火炮）、几乎全部马匹以及超过 100 艘舰船（其中 17 艘为桨帆战船）；很多幸存者失去了自己的全部财产（英格兰大使遭遇海难，被救起时只剩身上的衬衫，他说自己损失了超过 7000 杜卡特的财物和现金，以及英王借给他用的昂贵银器；埃尔南·科尔特斯丢失了一些珠宝首饰）。查理五世损失了部分档案文件，并且在一段时间里，他的卫队在西班牙境内旅行时不得不骑骡子，"因为我们在阿尔及尔损失了太多马匹"。一名法国观察者说，"物质损失总计超过 400 万金币"，更不要说皇帝的威望蒙受了多么沉重的打击。这个法国人预言："皇帝在余生会永远铭记自己刚刚蒙受的损失。""他在此次冒险中损失太大，在很长时间内都没有办法组织起另一支军队。"因此，对法国人来说，眼下就是撕毁《尼斯条约》、强迫查理五世以劣势条件议和的大好机会。弗朗索瓦一世现在只需要一个说得过去的开战借口。[93]

注　释

1. Scheurer, *Correspondance*，Ⅱ，140－4，Jean du Bellay and Hémard de Denonville to Francis Ⅰ，Rome，12 Nov. 1535.

2. AGS *E* 1368/105，Gómez Suárez de Figueroa to the empress，Genoa，13 Nov. 1535. *SP*，Ⅷ，6－7，John Hutton to Thomas Cromwell，Brussels，9 Dec. 1537 说米兰的克里斯蒂娜（当时十六岁）回到布鲁塞尔的时候"既是寡妇也是处女"。所以，她的姑姑玛丽担心克里斯蒂娜结婚时年龄太小（见上文）是多虑了。Chabod，*Storia*，6－9 描述了查理五世及其大臣在 1534～1535 年为了在弗朗切斯科去世且无嗣的情况下控制米兰而做的准备。

3. *CDCV*，Ⅰ，451，Charles to the empress，Naples，18 Jan. 1536；AGS *E* 1180/86，Leyva to Charles，Milan，27 Nov. 1535；*RVEC*，667－71，Salinas to Ferdinand，6 Dec. 153，在格朗韦勒对米兰的命运"给出了他对三种选项的意见"的会议之后。萨利纳斯提到的"选项"肯定是格朗韦勒所说的"Discours fait incontinent après le trespass du duc François-Marie Sforce sur la disposition de l'estat de Milan"，刊载于 *PEG*，Ⅱ，395－410。

4. AGS *E* 1180/86, Leyva to Charles, 27 Nov. 1536. 关于 Giovan'
   Paolo Sforza 在 1535 年 12 月 12 日的死亡（有可能是中毒），见
   Leva, *Storia*, Ⅲ, 153, and Scheurer, *Correspondance*, Ⅱ, 141 note。

5. *BKK*, Ⅱ, 254 - 5, Leyva to Charles, 3 Dec. 1535; BL *Cott. Ms.*
   Nero B. Ⅶ/113, Bernardino Sandro to Thomas Starkey, Venice, 14
   Nov. 1535.

6. Rosso, *Istoria*, 65.

7. AGS *E* 1311/11 and 34 - 7, Soria to Charles 22 Aug. 1535（索里亚
   在 1535 年 8 月 9 日的信中对威尼斯对查理五世的暧昧立场进行
   了类似的评判，见 AGS *E* 1311/40 - 2）。*RAH* Salazar A - 40/446 -
   7, Soria to Charles, 25 May 1527 写道："我在意大利已经待了二十
   八年了。"

8. *PEG*, Ⅱ, 427, Charles to Hannart, 23 Jan. 1536. 又见 Mazarío
   Coleto, *Isabel*, 430, the empress to Charles, 4 Dec. 1535, and *LCK*
   Ⅱ, 657, Marie to Charles, 8 Feb. 1536 都抱怨他们缺钱。

9. Gilliard, 'La política', 233, Gruyères to Granvelle, 22 Dec. 1535;
   AGS *E* 1024/26, 'Lo que ha sido acordado, so el buen placer de Su
   Magestad, en lo que toca a los negocios de estado generalmente y a
   otros particulares deste reyno' of Naples, 31 Dec. 1535（不完美的英
   文翻译见 *CSPSp*, Ⅴ, 304 - 8, 其错误地将日期写为 1536 年 12 月
   26 日）。

10. *CODOIN*, ⅩⅣ, 201 - 2, Loaysa to Charles, 31 July 1531（另见
    Heine, *Briefe*, 369 - 70, 但年份误作 1530 年）; AGS *E* 25/207,
    'Relación de las cartas' of Loaysa to Charles, 15 Feb. 1532; Heine,
    Briefe, 500 - 1, Loaysa to Charles, 8 June 1532; *CDCV*, Ⅰ, 375 -
    9, Charles to the empress, 9 Aug. 1532（带来了 7 月 27 日与德意
    志路德宗教徒签署《纽伦堡和约》的消息）。一年多前，查理
    五世曾指示弟弟"向路德宗和其他偏离天主教信仰的人让步，
    从而使他们更愿意去打退土耳其人"，见 *KFF*, Ⅲ/1, 49,
    Charles to Ferdinand, 4 Mar. 1531。

11. *PEG*, Ⅱ, 445 - 50, 'Mémoire remis à l'empereur sur la question de
    la guerre et de la paix', 没写日期，但应为 1536 年 3 月。情报工
    作的失败部分反映在格吕耶尔从瑞士发来的报告中，这些报告

过于乐观，到了荒诞的地步，他坚持说"此地一切进展顺利，毫无风波"（Gilliard，'La política'，231，Gruyères to the empress，22 Dec. 1535）；也有部分原因是弗朗索瓦一世明确保证"他不会尝试做任何对萨伏依公爵不利的事情"（*LCK*，Ⅱ，226，Charles to Hannart，17 Apr. 1536）。

12. *CDCV*，Ⅰ，455 – 64，Charles to the empress，1 Feb. 1536.

13. Leva，*Storia*，Ⅲ，163 – 4，引用了如下文字：Minuta de las condiziones que se dieron al papa del parte de Su Magestad cerca de tratar del estado de Milan para el duque de Angouleme，en Roma，año de 1536。

14. *PEG*，Ⅱ，414 – 18 and 431 – 6，Charles to Hannart，14 Dec. 1535（总结了埃莉诺的密信）and 21 Feb. 1536（with 'ung billet apart ziffré'）。

15. *CDCV*，Ⅰ，473 – 6，Charles to the empress，20 Feb. 1536，亲笔信；*PEG*，Ⅱ，443，Granvelle to Hannart，30 Mar. 1536。

16. *CDCV*，Ⅰ，485 – 90，Charles to the empress，18 Apr. 1536. Leva，Storia，Ⅲ，164 – 5 令人信服地指出，法国大使 Vély 仅仅带着谈割让米兰给奥尔良公爵的权限前来，促使皇帝发表了这一席话。

17. Cadenas y Vicent，*Discurso*，35 – 7，同时代的记载。

18. *RVEC*，712 – 14，Salinas to Ferdinand，22 Apr. 1536 概述了这次演说，并发出了"可以传播的文本，如有需要可以印刷"，可能就是指 Morel-Fatio 发表的版本，'L'espagnol'，212 – 14（再次刊载于 Cadenas y Vicent，*Discurso*，61 – 3）。另见 *LCK*，Ⅱ，223 – 9，Charles to Hannart，即查理五世派驻法国的大使的说法，1536 年 4 月 17 日；以及法国驻罗马大使根据回忆写下的版本：Charrière，*Négociations*，Ⅰ，304，Macon（他不懂西班牙语）and Vély to Francis，19 Apr. 1536（两份文献均重新刊载于 Cadenas y Vicent，*Discurso*，and in Rassow，*Die Kaiser-Idee*，Beilage 4 and 5）。大使记录道，皇帝是拿着笔记讲话的（'lisoit en ung billet qu'il avoit á la main'），他在 1555 年的告别演讲（见本书第十五章）期间也拿着笔记。

19. *RVEC*，712 – 14，Salinas to Ferdinand，22 Apr. 1536；Charrière，*Négociations*，Ⅰ，304，Macon and Vély to Francis，19 Apr. 1536.

20. AGS *E* 1564/40，Charles to the count of Cifuentes，4 May 1536（又
    见 *PEG*，Ⅱ，459，Charles to French ambassador Vély，7 May 1536，
    查理五世问了相同的问题）；Du Bellay，*Mémoires*，Ⅱ，402 – 12，
    Francis to Paul Ⅲ；*Recueil d'aucunes lectres*，unfol.，Charles to Paul
    Ⅲ，19 May 1536。

21. *RVEC*，707 – 9，Salinas to Castillejos，21 May 1536（并不是编者提
    出的 3 月 31 日）；and ibid.，726 – 30，Salinas to Ferdinand，30
    May and 10 June 1536。

22. *LCK*，Ⅱ，658 – 9，Charles to Marie，2 Mar. 1536；*KFF*，Ⅴ，495 – 9，
    Marie to Ferdinand，25 May 1536.

23. *KFF*，Ⅴ，514 – 20，Charles to Ferdinand，9 June 1536；TNA *SP*
    1/103/120 – 1，Richard Morison（后来派驻查理五世处的英格兰
    大使）to Thomas Starkey，12 Apr. 1536。

24. Pocock，*Records*，Ⅱ，365 – 6，Clement to Henry，2 Jan. 1533；
    L&P Henry Ⅷ，Ⅶ，7，Clement to Francis，2 Jan. 1533，并解释了
    为什么要举行此次会议（也发给了亨利八世）；ibid.，70 – 2，
    Augustus Augustinus to Thomas Cromwell，13 Feb. 1533；*KFF*，Ⅳ，
    89 – 92，Charles to Ferdinand，4 Mar. 1533。

25. *RVEC*，756 – 72，Salinas to Castillejo and to Ferdinand，17 July
    1536，4 and 5 Aug. 1536；García Cerezada，*Tratado*，Ⅱ，151，
    157 – 8.

26. Decrue，*Anne de Montmorency*，271，Montmorency（普罗旺斯防务
    负责人）to Francis，1 Aug. 1536。

27. *KFF*，Ⅰ，99，Charles to Ferdinand，23 Jan. 1524（提议收复阿尔
    及尔、普罗旺斯和多菲内）；Leva，*Storia*，Ⅲ，169（关于查理五
    世是否打算吞并普罗旺斯）。*Ordonnances des rois de France. Règne
    de François I*ᵉʳ，Ⅷ，29 – 37，刊载了弗朗索瓦一世与苏莱曼大帝
    在 1536 年 2 月达成的草案；Setton，*The papacy*，Ⅳ，401 nn. 20 –
    1 证明了其真实性。

28. *LCK*，Ⅱ，657 – 67，概述了玛丽与查理五世 1536 年的往来书信。

29. García Cerezada，*Tratado*，Ⅱ，160.

30. *PEG*，Ⅱ，480 – 1，1536 年 8 月 11 日教宗大使报告的"实质性
    内容"；BNF *F. f.* 3008/144，Montmorency to M. de Humières，2

Sep. 1536（伤亡人数）；*LCK*，Ⅱ，248 – 52，Charles to Nassau，4 Sep. 1536。

31. 1536 年的撤退，见 Pacini，*La Genova*，588 – 90。

32. BNF *Ms. Dupuy* 265/297，Jean de Breton，royal secretary，to Jean du Bellay，Arles，20 Sep. 1536；Du Bellay，*Mémoires*，Ⅱ，299，by Martin du Bellay，他强调"我写下的都是我亲眼所见"。

33. *RVEC*，772 – 86，Salinas to Castillejo，14 Sep. 1536；García Cerezada，*Tratado*，Ⅱ，195 – 8；Cienfuegos，*La heroyca vida*，64. 关于皇帝与诗人的亲近关系，见 *BNE Ms.* 20212/7/2，Garcilaso de la Vega to Charles，Genoa，20 May 1536，签名仅仅为加尔西拉索（这是他写的最后几封信之一）。

34. Decrue，*Anne de Montmorency*，286（威尼斯大使对损失的估计）；Bourrilly，*Histoire*，Ⅰ，295（马赛的奥诺雷·德·瓦尔贝尔的预测）；Guyon，*Mémoires*，71。

35. Du Bellay，*Mémoires*，Ⅲ，118 – 19；Holanda，*De la pintvra*，181 – 2（报告了与米开朗琪罗的一次对话）；Bourrilly，'Charles-Quint'，277 – 80（普罗旺斯人和罗马人的喜悦）。

36. *RVEC*，789 – 99，Salinas to Ferdinand，14 Nov. 1536 and 18 Mar. 1537.

37. Girón，*Crónica*，99 – 100. 关于亚历山德罗公爵遇害的后果，见本书第十二章。

38. March，*Niñez*，Ⅱ，337，Doña Estefanía de Requesens to her mother，18 May 1537；*RVEC*，794 – 9 and 820 – 2，Salinas to Ferdinand，18 Mar. 1537，and to Castillejo，18 Nov. 1537；Girón，*Crónica*，110.

39. Girón，*Crónica*，125.

40. HHStA *Belgien PA* 27/5/227，Charles to Marie，6 Oct. 1537.

41. Rassow，*Die Kaiser-Idee*，431 – 2，Idiáquez to Los Cobos and Granvelle，and to Los Cobos alone，15 Jan. 1538. 佛罗伦萨的赛里斯托利大使在通常情况下消息很灵通，但他抱怨说，查理五世向全体外国外交官"隐瞒"了他的意图，见 Serristori，*Legazioni*，47 – 8，dispatch to Cosimo，29 Dec. 1537。

42. Rassow，*Die Kaiser-Idee*，433 – 7，'Las pláticas que el emperador passó con el señor de Pressiu por la misma forma y palabras syn dejar

nada', sent by Idiáquez to Los Cobos and Granvelle, Feb. 1538.

43. BNF *F. f.* 3015/123, 'Double des lettres' sent from Aigues Mortes, probably to Cardinal du Bellay, 15 July 1538; TNA *SP* 3/17/49 – v, report sent by Sir Francis Bryan, English ambassador in France, 16 July 1538; *LCK*, Ⅱ, 284 – 9, Charles to Marie, 18 July 1538.

44. Le Person, 'A moment', 20（出自一位目击者的记述）; *LCK*, Ⅱ, 284 – 9, Charles to Marie, 18 July 1538; TNA *SP* 3/17/49 – v（同上一条注释）。*RVEC*, 869 – 71, Licenciado Gamiz to Ferdinand, 18 July 1538，另一份目击者记录对宣誓和交换戒指的记述几乎完全相同。奥尔良公爵亨利于 1336 年成为法国王太子，因为他的兄长去世了。这对兄弟在 1526 年 3 月到 1530 年 6 月期间被查理五世囚禁。关于他们受到的粗暴待遇，见本书第八章。

45. *LCK*, Ⅱ, 284 – 9, Charles to Marie, 18 July 1538; Kaulek, *Correspondance*, 69 – 70, Francis to Châtillon, 18 July 1538.

46. AGS *E* 867/64, Charles to the marquis of Aguilar, his ambassador in Rome, 7 Sep. 1538; *BKK*, Ⅱ, 273, Charles to Ferdinand, 22 Sep. 1538.

47. 普雷韦扎战役及其意义，见 Guilmartin, *Gunpowder*, 42 – 56（极有价值的地图见 p. 49）；另见 Colin Heywood 对 Guilmartin 一书的评论，见 *Bulletin of the School of Oriental and African Studies*, XXXVIII (1975), 643 – 6，其中引用了奥斯曼帝国方面关于此役的史料。

48. *CLC*, Ⅴ, 46 – 95，提供了贵族们辩论过程的记录，此后只有五名贵族支持阿尔瓦公爵的意见，即批准征收新税。

49. Sepúlveda, *Historia*, XⅧ, 18（作者说这番对话发生在"马德里，时间是若干年后"，这只能是指 1542 年与 1543 年之交的冬季）。对托莱多议会的精彩讨论，见 Fortea Pérez, 'Las últimas Cortes', 245 – 60；查理五世于 1543 年指示腓力如有必要就以自己的名义要求征税，见下文。

50. *RVEC*, 879, Salinas to Ferdinand, 28 Oct. 1538; and 887 – 95, to Castillejo, 26 Nov. 1538（两封信）; idem, 897, Salinas to Ferdinand, 4 Feb. 1539（两个月后再次 "el emperador se va a holgar a la caza por algunos días"，见 ibid. , 903 – 6, same to same,

18 Apr. 1539）。

51. *BKK*，Ⅱ，288，Charles to Ferdinand，21 Apr. 1539. *RVEC*，903 – 6，Salinas to Ferdinand，18 Apr. 1539，声称 "en este mes de Mayo que viene，entra［the empress］en el noveno mes de su preñado"，所以她是在前一年 9 月怀孕的。

52. *BKK*，Ⅱ，289，Charles to Ferdinand，2 May 1539；*RVEC*，913 – 15，Salinas to Ferdinand，3 May 1539.

53. AGRB *Audience* 868/110 – 14v，' Estat ' of expenditure ' procédent des guerres de France，de Dennemarcke et d'Overyssel '；Gachard，' Charles-Quint '，col. 617，Charles to the magistrates of Ghent，31 Jan. 1538.

54. Arnade，' Privileges '，精彩而精练地叙述了根特起义，并说当地行政长官还允许该城的 "修辞院" 上演主题明显具有路德宗涵义的戏剧。

55. Ribier，*Lettres*，Ⅰ，368 – 70，Ambassador Tarbes to Montmorency，6 Feb. 1539；*RVEC*，920 – 4，Salinas to Ferdinand，11 July and 7 Aug. 1539.

56. Gachard，' Charles-Quint '，col. 625n，Marie to Charles，9 June 1538. *SP*，Ⅷ，203 – 5，Stephen Vaughan to Henry，Brussels，19 Nov. 1539 精彩地分析了当时的局势，认为查理五世愿意冒险经由法国去尼德兰有三个原因："这些地区某些城市的反叛"；亨利八世 "与克莱沃家族联姻，这个家族是皇帝的敌人"；以及 "皇帝陛下与德意志人的盟约（这是他们的说法）"。沃恩随后（正确地）预测，等到查理五世镇压了国内的反动派之后，就会 "扑向海尔德"，随后去攻击德意志路德派。

57. AGS *PR* 45/6 – 7，查理五世给路易斯·德·阿维拉·苏尼加的指示，1539 年 10 月 24 日和 26 日。（两份文件都提到路易斯·德·苏尼加，但随后的通信表明使者是路易斯·德·阿维拉·苏尼加。）

58. Gachard，*Relation*，249 – 51，Los Cobos and Granvelle to François Bonvalot，imperial ambassador in France，27 Sep. 1539. Gachard，*Relation*，258 – 62，刊载了来自法国的邀请信及其他书信，1539 年 10 月 7 日；Paillard，' Voyage '，517 – 18 列出了所有寄信者。

59. *CDCV*，Ⅱ，32 - 55，刊载了给腓力的指示和给塔韦拉与洛斯·科沃斯的指示，日期都是 1539 年 11 月 5 日。给腓力的指示的一个法文版见 *PEG*，Ⅱ，549 - 61。曼努埃尔·费尔南德斯·阿尔瓦雷斯主张，查理五世是用法语写给腓力的指示的，也许得到了格朗韦勒的帮助，而西班牙文版是一个不完美的译本。这种说法很有道理。

60. *PEG*，Ⅱ，542 - 8，附录的日期为 1539 年 11 月 5 日，原文为拉丁文，这里是法文副本，还有两个副本是西班牙文的，也得到签名。这些文件，就像查理五世在 1535 年立的遗嘱一样，现已佚失。

61. Guicciardini, *Opere inedite*, Ⅹ, 324 - 5, letter to Roberto Pucci, Florence, 29 Nov. 1539; Kaulek, *Correspondance*, 143 - 4, Marillac to Francis, London, 14 Nov. 1539. 查理五世的随行人员包括阿尔瓦公爵和路易斯·德·阿维拉。

62. Gachard, *Relation*, 653 - 8, Charles to Tavera, Paris, 6 Jan. 1540, and 'Relation du voyage'. Wetter, 'The year-long unprecedented European heat and drought of 1540', 357, and 'Supplementary Information', 记载了 1539 年与 1540 年之交的冬季天气温暖、没有雨雪。

63. ASF *MdP* 4297/7, Alessandro Giovanni Bandini to Agnolo Niccolini, 7 Dec. 1539, from Loches, 当天查理五世与弗朗索瓦一世会面。Paillard, 'Voyage', and Knecht, 'Charles V's journey' 提供了有价值的概述（后者的第 154 页包括查理五世的旅行路线图）。

64. Gachard, *Relation*, 662 - 3, Charles to Tavera, 21 Jan. 1540. BL *Addl. Ms.* 28, 592/1 - 2, Granvelle to Los Cobos, 6 Jan. 1540 证实"没有讨论婚姻或其他事务"。

65. Gachard, *Relation*, 668, Charles to Tavera, Ghent, 14 Feb. 1540.

66. Henne, *Histoire*, Ⅶ, 62 - 5 and 88 - 95（在根特和佛兰德其他地方受惩罚的人的名单）；Gachard, *Relation*, 156 - 60 是当时的人对 1540 年 5 月 3 日的"光荣惩罚"（amende honorable）仪式的记述。后来每年 7 月，根特大街上都会重演这场仪式，作为"根特节"的一部分。Boone, 'From cuckoo's egg' 写道，查理五世在研究了 1469 年为大胆查理和 1492 年为马克西米利安绘制的图纸之后，为要塞选址。参见 *Recueil des ordonnances*，Ⅳ，170 - 91，关于惩罚根特的敕令（1540 年 4 月 30 日）；198 and 200，关于要塞的敕令（1540 年 5 月 5 ~ 6 日）；and 206 - 7 and 211 - 16，惩罚奥德纳尔德的敕令（1540 年 6 月）和惩罚科特赖克的敕令（1540 年 7 月 17 日）。*SP*，Ⅷ，339 - 41，Dr Wotton to Thomas Cromwell, 30 Apr. 1540 写到对皇后的纪念。

67. *PEG*，Ⅱ，562 - 72，Charles's instructions to Bonvalot, Ghent, 24 Mar. 1540.

68. *CDCV*，Ⅳ，509（*Memoirs*）; Ribier, *Lettres*，Ⅰ，514 - 16, ambassadors de Selva and Hellin to Montmorency, Ghent, 11 Apr. 1540; Powell, *The complete works*，Ⅰ，246 - 59, Wyatt to Cromwell, Ghent, 5 and 12 Apr. 1540（"不是现在，也会是将来"，译自拉丁文）。

69. *PEG*，Ⅱ，597 - 9, Charles to Bonvalot, 9 June 1540，接受弗朗索瓦一世的建议，即"暂时维持现状"; and 599 - 604, codicil to Charles's will, 28 Oct. 1540; *NBD*，Ⅵ，338 - 41, Charles to Ferdinand, 2 July 1540（乌得勒支的阿德里安在 1521 年表达的相同观点，见上文）。Dumont, *Corps*，Ⅳ/2，200 - 2，刊载了查理五世于 1540 年 10 月 11 日将米兰册封给儿子的文书。

70. *Catalogue des Actes*，Ⅳ，106（nos 11，485 - 6），warrants to Rincón, 1 May 1540; Setton, *The papacy*，Ⅲ，456（原件为土耳其文）。

71. *Recueil des ordonnances*，Ⅳ，229 - 30，232 - 8 and 240 - 53, edicts enacted by Charles in Oct. 1540; AGS E 49/81 - 5, Los Cobos（西曼卡斯要塞司令）to Juan Vázquez de Molina, 26 June 1540（命令他的外甥确保皇帝在"于西曼卡斯设立一个新档案馆的文书上"签字）; AGS *CC*，247/1, royal warrant, Brussels, 16 Sep. 1540。

72. *NBD*，Ⅵ，319 - 23, Charles to Ferdinand, Brussels, 9 June 1540，分享了他的告解神父佩德罗·德·索托的建议。

73. Martin Luther, *Von den Conciliis und Kirchen*（Strasbourg, 1539）.

74. Schultze, 'Dreizehn Depeschen'，150 - 6, Contarini to Cardinal Farnese, 13 Mar. 1541.

75. *CSPV*，Ⅴ，96 - 8, Francesco Contarini to the Signory, Regensburg,

6 Apr. 1541.

76. Schultze, Dreizehn Depeschen, 159 – 61, Gasparo Contarini to Cardinal Farnese, 18 Mar. 1541（1215 年第四次拉特兰大公会议规定“圣餐”的特性是“era giá stato determinato”）；Pastor, 'Correspondenz', 388 – 90, Contarini to Farnese, 15 May 1541; Dittich, 'Nuntiaturberichte', 465 – 72 and 620 – 3, Morone to Farnese, 29 May and 21 June 1541。

77. *CSPV*，Ⅴ，105 – 6 and 107 – 8, Francesco Contarini to the Signory, 22 June and 26 July 1541. 实际上，路德派教徒通过计谋，从雷根斯堡帝国会议决议中获得的利益比从纽伦堡和约获得的更多。

78. Turba, *Venetianische Depeschen*，Ⅰ，67 – 76, Tiepolo, Corner, Contarini, Venier and Mocenigo to the Doge, Nice, 24 May 1538.

79. Lanz, *Staatspapiere*, 263 – 8, memorandum by Marie, [10] Aug. 1538. 又见玛丽在同一天写给查理五世的关于同一主题的信：*LCK*，Ⅱ，289 – 90。

80. ASF *MdP* 652/256, Agnolo Niccolini to Lorenzo Pagni, 1 Aug. 1541. 他后来发现，他签署的《帝国会议决议》（*Reichsabschied*）与他的大臣们确认过的那份不同，给了路德派大幅度的让步，见上文。

81. Gachard, *Collection*，Ⅱ，189 – 90, Journal of Jean Vandenesse for Aug. 1541, 表明查理五世在 8 月 18 日抵达仅仅 150 公里之外的克雷莫纳。随后他向北转往米兰，离开了热那亚。

82. Nordman, *Tempête*, 451. 查理五世相信进攻阿尔及尔可以减轻匈牙利受到的压力，证据见 ibid.，239 – 40. See also Guyon, *Mémoires*，87，另一个目击者对出征如此之晚的评估。

83. *CDCV*，Ⅳ，511（*Memoirs*）；Friedensburg, 'Aktenstücke', 38 – 42，两份关于“在卢卡要谈的事情”的文件，一份是与查理五世一同旅行的教廷特使写的（他列举了“私密的事情和特殊的事情”），另一份是格朗韦勒写的。

84. AGS *E* 53/67 – 8, Vázquez de Molina to Los Cobos, 15 Oct. 1541. 两份指示似乎没能留存至今，但应当和查理五世在 1543 年 5 月为儿子准备的作战计划类似，见下文。

85. Nordman, *Tempête*, 493 and 495（Magnalotti）；356 – 7 and 381 – 3

（Nicholas Durand de Villegaignon）；and 225 – 7（关于被吃的马匹数量的基督教徒和穆斯林两方面的史料）；Sandoval, *Historia*, 347；Guyon, *Mémoires*, 90；*CDCV*, Ⅳ, 512。

86. ASF *MdP* 4298, unfol., Alessandro Giovanni Bandini to Duke Cosimo, Bougie, 4 Nov. 1541（引用了詹内蒂诺·多里亚的话）；Nordman, *Tempête*, 456（Gómara）, 493（Antonio Magnalotti）and 358（Villegaignon）；Guyon, *Mémoires*, 92；and 'P. P.', 'L'expédition', 187。

87. Turba, *Venetianische Depeschen*, Ⅰ, 434 – 6, Francesco Giustiniani to the council of Ten, Bougie, 10 Nov. 1541；Guyon, *Mémoires*, 87（'néantmoins'）.

88. *CDCV*, Ⅳ, 511 n. 105, Charles to Cortes of Castile, 1542；and *ibid.*, 511（*Memoirs*）；Nordman, *Tempête*, 564, 引用了一个阿尔及尔人的证词；and 212 – 13, the imam. Idem, 248 – 60 给出了充分的证据，证明是突尼斯的胜利"诱惑"查理五世如此鲁莽地行事。

89. Nordman, *Tempête*, 178；Guyon, *Mémoires*, 91；Anon., *Warhafftige und gewise newe Zeytung*, unfol.（感谢 Alison Anderson 帮我翻译了这份文献。）

90. Nordman, *Tempête*, 381 – 3, Villegaignon to du Bellay, 25 Oct. 1541.

91. Op. cit., 497, Antonio Magnalotti, 引用了多里亚的话。

92. Giovio, *Opera*, Ⅰ, 269 – 71, Giovio to Cardinal Pio di Carpi, 17 Sep. 1541.

93. *CSPSp*, Ⅵ/2, 105, Charles to Eustache Chapuys, his ambassador in England, 12 Aug. 1542（道歉说他找不到什么与"ayant esté les aultres perdues au voyage d'Algey"相关的文件）；*CDCV*, Ⅱ, 453 – 8, Charles to Prince Philip, 17 Mar. 1546（用骡子代替马匹）；Charrière, *Négociations*, Ⅰ, 522 – 4, 'Rapport d'un agent á François Ier sur l'expédition d'Alger', Dec. 1541。

十一 秋后算账：海尔德和法国，
1541～1544年

最恶劣的谋杀

1541年7月2日，查理五世还在雷根斯堡准备远征阿尔及尔的同时，在都灵（位于法国人控制下的皮埃蒙特），切萨雷·弗雷戈索和安东尼奥·林孔率领一小队随从登上两艘内河船，准备从波河顺流而下去威尼斯。他俩现在的身份都是为弗朗索瓦一世效力的外交官。法王命令弗雷戈索在威尼斯代表他，林孔则将从威尼斯去伊斯坦布尔，向苏莱曼大帝报告，法王已经接受了结盟的提议（见第十章）。有朋友向弗雷戈索和林孔发出警报，说有人企图伏击他们。于是"为了欺骗敌人的间谍，他们把自己的全部行李和仆人送上另一艘船"，让它在几天前先启程，"并且派了十到十二人，乔装打扮，骑马行进，让敌人以为是他们"。但这些欺敌手段都失败了：两位大使进入伦巴第公国之后，西班牙士兵拦住他们，将他们劫持并杀害，随后掩埋了尸体，销声匿迹。[1]

查理五世在这之前就曾尝试消灭林孔。1532年，林孔从伊斯坦布尔回法国的途中，三个西班牙人来到威尼斯，企图刺杀他；这次失败之后，查理五世悬赏刺杀林孔。[2]尽管皇帝的间谍持续监视法国外交官们，"让他们的一举一动都尽在皇帝的掌握之中"，但查理五世在1541年6月23日命令伦巴第总督瓦斯托侯爵放过林孔，因为"即便你能扣押他，也违反了

《尼斯条约》，而我们必须不惜一切代价遵守该条约；如果你已经扣押了他，就必须立即将其释放，并明确表示，之前扣押他没有得到我的批准（事实的确如此），我听说之后立刻命令释放他"。[3]

瓦斯托侯爵在林孔遇害之前就收到了这道命令，但故意抗旨。他后来奴颜婢膝地道歉说："我宁愿自己死一千次，也不愿此事让陛下动怒，或者损害陛下的利益。"但他补充道："我做这件事情［谋杀林孔］的唯一原因是，我知道这对您有利。"为了让查理五世理解他的动机，他派一名信使送去了更多的解释，恳求查理五世"在绝对私密的地方聆听信使"的解释。[4]

皇帝对瓦斯托侯爵抗命不从的回应具有关键意义，因为谋杀两位大使将导致帝国与法国之间爆发战争。查理五世的大臣们对此事不抱任何幻想。"考虑到两国在过去的分歧，以及目前的关系，而且陛下不希望给对方开战的借口"，大臣们认为，"陛下不可以赞同瓦斯托侯爵做的事情。但是"，他们继续说道，"我们不能否认，此事做得很漂亮，有助于避免更糟糕的事情"。因此"［瓦斯托侯爵］表现出的机敏应当得到赞赏。不过，为了回避风险，赞赏他必须在严格保密的情况下进行"。尽管皇帝拒绝赞赏瓦斯托侯爵，但既没有批评他，也没有表示与他划清界限。皇帝的这个举动导致帝国不仅与法国之间发生战争，而且与土耳其人也发生了战争。[5]

查理五世居然会同意掩盖瓦斯托侯爵的行为，这令人惊讶，因为当时的政治和现代政治一样，为了某个行为撒谎，往往会比该行为本身造成更严重的损害。他肯定有能力否决瓦斯托侯爵的行为，因为在次年，瓦斯托侯爵威胁要违反另一道直接命令、从皮埃蒙特撤军（理由是缺乏经费，无力维持这支军队）的时候，查理五世向他发出了严厉的批评：

> 我拒绝相信你会这么想，也不相信你会考虑这么做，除非你这么说是为了强调自己多么缺钱。即便如此，我不愿听到也不愿读到这样的话，因为你这样身份的人、你这样地位的人不应当说出这样的话来，脑子里甚至都不应当有这样的想法，更不要说表达出来了。[6]

那么，查理五世为什么不这样批评瓦斯托侯爵竟敢谋杀两位法国大使？现有的证据表明，皇帝以为自己可以通过撒谎来蒙混过关，他也确实撒了谎。谋杀事件的三周后，他给自己的驻法大使发了一封信，声称："不管那两人出了什么事，都与我无关。"他向罗马教廷大使保证，尽管瓦斯托侯爵向他报告称有机会逮捕那两名大使，但"我告诉他，不可以这么做，因为这会危害和平"。并且"按照法国国王的要求"，他任命了一名特别调查员去米兰"寻找和解救"林孔和弗雷戈索。[7]几周后，瓦斯托侯爵请求皇帝允许让杀害林孔和弗雷戈索的刺客们越狱，并让其中一人写一份认罪书，表明他们是独自行动的，不是受人指使。瓦斯托侯爵还发来了认罪书的草稿。皇帝不仅批准这种进一步的欺骗，还建议对草稿做一处修改。"如果你决定允许刺客逃走，并且让其中一人写认罪书给你"，他告诉瓦斯托侯爵，最好再补充一句，说刺客们已经烧掉了所有相关文件，"除了他们身上的一些文件，其中详细记录了他们酝酿的邪恶阴谋"，即将热那亚从安德烈亚·多里亚手中夺走的所谓阴谋。查理五世还建议："写认罪书的人应当有比较高的衔级，这样其他人才会服从他。"[8]

林孔从阴间复仇

查理五世决定撒谎，这在作战的组织工作方面和政治领域都酿成了灾难。他急于到已经集结完毕、准备远征阿尔及尔的军队那里，却中断了从雷根斯堡去军队集结地的行程，庄严进入米兰城，在那里和瓦斯托侯爵表达了互相的尊重。瓦斯托侯爵聘请当时最优秀的艺术家和建筑师之一朱利奥·罗马诺来设计凯旋门，为查理五世歌功颂德（其中一座凯旋门的顶端是查理五世的骑马像，打扮成古罗马皇帝，马蹄下践踏着一个摩尔人、一个土耳其人和一个美洲土著）；并且无论皇帝走到哪里，瓦斯托侯爵都陪同着。"皇帝陛下在两名枢机主教以及他的宫廷的全体公爵、王公与领主的簇拥下，抱着瓦斯托侯爵的儿子，走向大教堂，为这个孩子洗礼"，并担任他的教父。不久之后，瓢泼大雨和狂风摧毁了大多数凯旋门，有些人认为这是凶兆。皇帝在米兰逗留了十天。不管这是不是为了展示他对瓦斯托侯爵的信任，这么长时间的逗留让后来的阿尔及尔战役从一开始就注定失败了。很多人相信，如果查理五世提前十天抵达北非，就能在灾难性的风暴摧残他的舰队之前占领阿尔及尔。[9]

查理五世对谋杀的掩饰也导致了一场政治灾难。法国驻威尼斯大使评论道，两位大使被劫持的消息传来之后，"所有人都只谈这个话题"。他（正确地）预测："这就像一场瘟疫：它传播的时候，人们就不谈别的疾病。"法王弗朗索瓦一世在林孔启程之前给了他大约 1 万杜卡特。现在法王请求亨利八世

"建议我应当如何处理此事"，并派了一名特使去"把大使遭遇的真实情况禀报给苏丹"。法国首相愤怒地表示："谋杀大使的恶行不仅违反了各种条约和承诺，也违反了国际法，因为大使是受国际法保护的。"[10]

尽管瓦斯托侯爵和查理五世都继续狡辩，说自己对那场谋杀不知情，但他们选择措辞时非常小心。瓦斯托侯爵坚持说，他绝不会违背"皇帝陛下在林孔去法国时发布的命令，即不要骚扰林孔或他身边的人"（这与事实根本不相干，因为林孔遇害时并不是在去法国的途中，而是刚从法国出来）。皇帝则向外国外交官们保证，"他从来没有向大臣发布过命令，让他们抓捕弗雷戈索和林孔"，并"庄严保证，他的官员绝不敢在他不知情和未批准的情况下做出如此重大的事情"。[11]这些声明在技术上是正确的，但也是刻意误导别人。弗朗索瓦一世很快就意识到了这一点。于是他向查理五世施加压力，要求他释放两位外交官，或者至少揭示他们的下落。法王向皇帝施压的手段是逮捕并囚禁了正在法国境内旅行的奥地利的格奥尔格（马克西米利安皇帝的诸多私生子之一，因此是查理五世的叔父），还扣押了一些西班牙商人。法王还派遣一名特使去卢卡，在皇帝与教宗会晤的时候提出此事。不过查理五世"拒绝接见这名特使，也不准在他面前谈论此事"。保罗三世没有表现出顾虑，而是"声称自己有权管辖、审理和裁决此案"，理由是"基督教君主之间的和约或停战协定，尤其是《尼斯和约》，属于他的管辖范围"，何况《尼斯和约》是他斡旋谈成的。皇帝后来说，教宗坚持要求"我［查理五世］立即交出弗雷戈索和林孔，仿佛这两人在我手中，我能把他们交出来似的！"在离开卢卡之前，查理五世又一次做了伪证，"以皇后的灵魂起誓，他对弗雷戈索和林孔的下落一无所知"，然后不情愿地同意将这个外交事件交给教宗仲裁。[12]

1541 年 10 月，两名大使残缺不全的尸体在米兰境内被人发现，弗朗索瓦一世更加愤怒。他告诉教宗的一名特使，"在皇帝从阿尔及尔远征回来之前，他不会对皇帝采取行动，但等皇帝回来之后，他期望皇帝能给出令人满意的回答"。据一位旁听到这番对话的英格兰使节说，法王对"令人满意"的定义非常清楚："如果皇帝把米兰及其附属领地都给法王，'那么我们就能拥有和平'；但如果皇帝不肯，'就没有必要奢谈和平了'。"有人提醒法王，查理五世建议把尼德兰（而不是米兰）割让给奥尔良公爵。弗朗索瓦一世答道，他"不会让自己的幼子将来有能力向法兰西王国开战"。法王"只想要米兰"。不过，即便知道了查理五世在北非的灾难中幸存并返回西班牙之后，弗朗索瓦一世仍然保持谨慎：受到罗马教廷大使催促的时候，他承认，尽管立刻开战是很容易的事情，但"火里要打的铁块太多，现在时机还不成熟"。[13]

苏格兰国王詹姆斯五世就是法王要打的"铁块"之一。1537 年，他在巴黎举行盛大婚礼，娶了弗朗索瓦一世的一个女儿。她去世后，詹姆斯五世续弦，娶了法国宫廷的重要成员玛丽·德·吉斯。这门婚事也是为了保证苏格兰继续亲法。弗朗索瓦一世运用类似的策略争取到了克莱沃公爵。膝下无子的海尔德公爵卡雷尔二世于 1538 年去世后，查理五世凭借《霍林赫姆条约》很有优势去主张继承他的领地，但海尔德公国的代表选择邻国的克莱沃公爵威廉为他们的新统治者。玛丽敦促兄长赶紧返回尼德兰，并警示道："如果现在置尼德兰于不顾，将会严重损害他的声誉。"查理五世答道："适合作战的季节已经快结束了，现在不能对海尔德开战，而他来年还要去讨伐土耳其人。"玛丽勇敢地反驳道，"如果去打土耳其人，而把此地的事务留在当前的状态"，会使得"您在此地的许多忠实臣民失去对陛下的爱戴"。根特的叛乱迫使查理五世改了主意。他返回尼德兰不久之后，威廉公爵就来请求皇帝认可他作为海尔德公爵的新地位，并寄希望于他的姐姐安娜与亨利八世的婚姻能够让他在皇帝面前硬起腰杆，但皇帝当场拒绝了。[14]

也许是查理五世在法国和尼德兰的成功巡视让他过于自信了。驻皇帝宫廷的英格兰大使托马斯·怀亚特报告称，在1539 年 12 月他觐见皇帝时，查理五世吹嘘道，克莱沃公爵"'应当对我通情达理……'皇帝手按胸膛说，'那么他［克莱沃公爵］就会拥有一位君主、一位邻居和一位亲戚；否则他将失去这三样'"。次年 1 月，在讨论海尔德事务时，怀亚特注意到查理五世"有一种我之前从未见过的激烈情绪。我注意到他的嗓门提高了，表情很严肃，尤其是言辞非常专横跋扈"。在 1540 年 2 月的另一次觐见时，怀亚特为克莱沃公爵说了几句好话，皇帝"微微一笑，摇摇头，让我闭嘴"。[15] 自负或许能解释为什么查理五世似乎没有注意到两件事情：他旅行经过法国时，当地人为了欢迎他而竖立的"所有凯旋门""在他离开法国时都还屹立着，但如今被拆除并捣毁"；以及克莱沃公爵受到弗朗索瓦一世的欢迎。法王与克莱沃公爵签订了一项互助条约，规定如果其中任何一方遭到第三方攻击，另一方必须援助；并允许法国在克莱沃招募军队；还承诺把纳瓦拉王国的女继承人胡安娜·德·阿尔布雷许配给威廉公爵（皇帝希望把她嫁给他的儿子腓力）。[16]

1541～1542 年，法国朝廷开展了更多的外交活动。法王欢迎来自根特和其他地方的曾挑战查理五世的流亡者；与丹麦签署了一项"以汝敌为吾敌，以汝友为吾友的攻守同盟"；派遣使节与萨克森选帝侯约翰·弗里德里希一世和瑞典国王缔结条约；与德意志的好几位雇佣兵统帅缔结契约，让他们随时待命，准备为法国效力；授权法国驻英格兰大使提议让奥尔良公爵迎娶玛丽·都铎。[17]最凶险的是，弗朗索瓦一世与苏丹确定了协同作战的计划。苏莱曼大帝将率领 6 万大军重返匈牙利，并让巴巴罗萨率领 150 艘桨帆船进犯地中海西部；弗朗索瓦一世承诺派遣一支桨帆船分舰队与土耳其舰队合作，允许两国的联合舰队在法国的一处港口过冬，并攻击哈布斯堡家族统治下的西班牙和尼德兰。

1542 年 7 月，弗朗索瓦一世的准备工作均已完成，于是在多条战线发动了进攻，授权他的臣民武装起来，在各地攻击皇帝及其"臣民和盟友"。他的宣战书中的主要开战理由是：

> 皇帝对人类犯下了极其严重、极其恶劣和极其怪异的罪行，尤其是对那些拥有王公的头衔与身份的人犯罪，这是我们永远不能忘记、永远不能忍受、永远不能宽容的。他通过自己的大臣，以极其奸诈和惨无人道的手段谋杀了正在前往威尼斯为我们办事的大使切萨雷·弗雷戈索（一位骑士）和安东尼奥·林孔……皇帝此举违反了他与我缔结的停战协定，他的行为让人神共愤，违背了自上帝创世到今天为止君王、国家与共和国之间历史悠久的传统。[18]

苏莱曼大帝的开战理由与之类似。1541 年 8 月，他警告斐迪南，要求他"释放代表法国皇帝前来我朝公干的大使[林孔]，你的兄长查理扣押和逮捕了他……如果不释放大使，你就等于是想要毁灭自己的国度"。苏丹还逮捕了在他宫廷的哈布斯堡大使，并威胁要像"查理对待前来拜见我的安东尼奥·林孔大使一样对待他"。后来苏莱曼大帝把针对哈布斯堡家族的作战称为对杀害林孔的"罪大恶极行为"的复仇。就这样，皇帝的两面三刀让曾经的公社起义者在死后完成了全面的复仇。[19]

查理五世与弗朗索瓦一世之间的新一轮战争

法国人的宣战并没有让查理五世感到意外。1541 年 11 月，在卢卡峰会之后留在意大利的尼古拉·佩勒诺·德·格朗韦勒起草了一篇颇具洞察力的奏章，以"我们与法国人或土耳其人迟早必有一战，或甚至同时与这两国交战"为基础分析了国际形势。他预测，首当其冲的将是纳瓦拉或米兰，也许在此之前尼德兰会遭到"克莱沃公爵的攻击"。格朗韦勒认为，有效回应的主要障碍在于，"在不同地方同时发生这么多事情"，所有人都会要求查理五世亲临他们那里，所以皇帝必须"考虑到所有这些问题，而不是只处理一方面，而忽视了其他方面"。

例如，尽管皇帝待在德意志能够"鼓励德意志人反抗土耳其人，对意大利和尼德兰局势有帮助，并且能够遏制法国国王和路德派"，但他离开了西班牙，就会让西班牙臣民不满，因为他刚刚到西班牙不久。"并且，如果陛下去了德意志而不是去援救那不勒斯和西西里，那两地就会陷入绝望。"在务实的层面，格朗韦勒推荐延长宽容德意志路德派的期限，如果需要的话可以延长二十年，换取路德派不仅帮助皇帝对抗土耳其人，还去反对法国人。他还主张与英格兰结盟。亨利八世或许是个异端分子，但这并没有妨碍弗朗索瓦一世和其他天主教统治者与他打交道。并且（格朗韦勒狡黠地补充道），"陛下经常与德意志路德派谈判，而这些人不仅否认教宗的权威，还否认天主教教义的一些重要问题"。最后，他分析了哪种路线更好，是坐等弗朗索瓦一世进攻，还是发动先发制人的攻击，最后结论是"因为陛下远离尼德兰和米兰"，所以最好谨慎行事。但他敦促向皇帝在这两地的副手输送资金，从而创建战略预备队。[20]

查理五世将格朗韦勒的奏章发给他的西班牙大臣们，得到他们的正面评价之后就落实了格朗韦勒的主要建议。1541 年12 月，他通知斐迪南，"考虑到法国与我当前的状况"，如果"路德派要求我们保证继续宽容他们，换取路德派以军事手段支援皇帝"，斐迪南应当向路德派让步（不过宽容的时间越短越好）。同一天，皇帝向玛丽承诺，他将"筹集一大笔经费，将其输送到意大利、德意志和尼德兰，做好应变准备，不管会发生什么"。他还颇有先见之明地预测，冲突可能以法国、丹麦和海尔德军队联合攻击卢森堡开始。[21]

几天后，查理五世在托尔德西利亚斯看望母亲时开始筹划自己的反制措施。"如你所知，"他在一封给玛丽的长篇亲笔信中透露，"我希望避免战争。"但因为大量证据表明弗朗索瓦一世"企图在能够给我造成最大损害的地方发动进攻"，即尼德兰和纳瓦拉，所以"我需要挫败他的阴谋，从而保护自己"。在之前的夏季，他已经制订了"计划，在随后两年里尽我所能地收复海尔德，并惩罚克莱沃公爵"，"我之所以选择这样的时间框架，是因为我需要处理好其他事务，并在西班牙筹集我目前缺乏的资金。但如果法国现在向我开战，这些计划就失效了"。所以，查理五世在考虑，也许"进攻是最好的防御"，也许他可以穿过意大利和德意志，向海尔德发动突然袭击？

他请求玛丽尽快就这个问题给出建议，因为"我吃不准究竟怎样才是最好的路线，因为格朗韦勒先生不在我身边，没人能给我出谋划策"（皇帝这是承认了格朗韦勒的重要性），"而如果我向此地［西班牙］的议事会提出这个问题，他们肯定永远不会同意我离开这些王国，而是想尽办法阻止我离开"。[22] 1542 年 5 月，他下了决心。他通知斐迪南，他打算去巴塞罗那，"从那里登船"去意大利，但"考虑到各方面情况，我恐怕要到作战季节结束才能抵达德意志……我的计划是在冬天抵达德意志，在施派尔召开帝国会议"，他继续写道，"随后采取措施，收复海尔德，若有必要就动武"。[23]

皇帝后来严格遵守了这个计划，但他又病倒了，所以不得不推迟计划的执行。他的"躯干、身侧和脖子疼痛难忍，我不敢相信这些病痛可以同时出现在一个人身上。我经常不得不使用手杖。所以你可以判断"，他对玛丽开玩笑道，在即将开始的战争中"我能不能担当你的勇敢的捍卫者"。最后他带着超然的语气写道："时间会告诉我，我需要做什么。我希望上帝会指引我，并告诉我在哪里可以最多地行善。"[24] 但在当前，上帝的指引似乎很暧昧。战争于 1542 年 6 月开始，丹麦人扣押了所有属于皇帝臣民的船只与货物，并给克莱沃公爵送去军队和资金。克莱沃公爵动员了 14000 名步兵、2000 名骑兵和 18 门大炮。

7月，这支军队吸收了根特和其他地方的一心要向皇帝复仇的流亡者，然后大胆地冲向安特卫普，以丹麦国王和法国国王的名义勒令该城投降。此时，一支丹麦舰队在荷兰沿海游弋；一支法国陆军在奥尔良公爵的指挥下征服了卢森堡的绝大部分地区；另一支陆军在法国王太子的指挥下整装待发，准备入侵阿图瓦；弗朗索瓦一世本人准备攻打佩皮尼昂；纳瓦拉国王也动员了军队，企图收复他的失地。好几路敌人的配合相当有力，让查理五世及其大臣措手不及。玛丽向他发出警示：

> 我相信，自我们的祖父即已故的皇帝［马克西米利安］的那些战争以来，尼德兰还没有遇到过今天这样的危险。因为我们腹背受敌，我不知道应当先对付哪一条战线。最糟糕的是，敌人做了充分的准备，而我们毫无准备。我们被打得措手不及。

她匆忙逮捕、拷问并处决所有被怀疑通敌的尼德兰人，从而消灭潜在的第五纵队，但她主张，只有查理五世亲临现场才能挽救他祖先的土地。她这么说是白费口舌，因为只要法军还在西班牙的土地上，查理五世就不敢离开伊比利亚半岛。[25]

最终，查理五世熬过了1542年的危机，而且受到的损失相对较小。阿尔瓦公爵在加泰罗尼亚边境组织了有效的防御，迫使入侵者撤退。但这次是险胜。英格兰驻西班牙大使写道："皇帝像一位睿智的君主和经验丰富的统帅，做好了最坏的打算，在各地都做了充分的准备，但敌人为数众多，并且从四面八方发动进攻，差一点就把他压垮了。"查理五世自己也同意。他向弟弟承认：

　　法国国王进攻了鲁西永和纳瓦拉。他觉得在这里
一定能打得我措手不及。他相信这一切都会属于他，
我不会抵抗；他通过奇袭拿下佩皮尼昂之后就可以推
进到巴利亚多利德。让我把真相告诉你：如果他的军
队在他预定的时间出发，我就处于严重的劣势，因为
我之前没想到他还可以这么做……但上帝给了我时间
来加固和修理佩皮尼昂的防御工事，并为其输送给养。

　　尼德兰能够得救也主要是因为法国人的无能。奥尔良公爵
听到他父亲计划与查理五世打一场大决战的传闻之后立刻率军
南下，于是玛丽得以收复绝大部分失地。不过，和西班牙的情
况一样，"法国国王及其追随者计划的针对尼德兰的攻击如此
猛烈，并且筹备得如此仔细和机密，我们觉得他们在这里没有
造成更多破坏，简直是奇迹"。[26]

　　危机解除之后，查理五世访问了加泰罗尼亚和巴伦西亚，
说服这两地的议会批准征税并认可腓力王子为他的王位继承
人。随后查理五世返回卡斯蒂利亚去过圣诞节，身边带着他的
全部三个合法子女（这也是他们父子四人最后一次聚在一
起）。1543 年 1 月 15 日，他命令自己的内廷人员准备陪他去
意大利。六周后，他动身前往巴塞罗那。"我不可能无所不
为、无所不在"，他提醒斐迪南，所以"你不能指望我的帮
助，因为我自己也有很多问题。问题实在是太多了"。但他还
是以挖苦的语气写道："我希望很快就能让我亲爱的兄弟和朋
友，那位最虔诚的国王恢复理智。"（查理五世在更为愉快的
时期用这个称号来称呼弗朗索瓦一世。）[27]

　　但这个过程需要一些重要的外交活动。经过激烈的谈判，

查理五世的使节在葡萄牙谈成了两门亲上加亲的婚姻：胡安娜公主将嫁给葡萄牙王位继承人若昂王子，而若昂王子的姐姐玛丽亚·曼努埃拉将与腓力王子结婚。这两对未婚夫妇之间有好几重血亲关系，所以他们的婚姻需要教宗的批准，这需要时间（见彩图 28），但葡萄牙国王若昂三世（查理五世的妹妹卡塔利娜的丈夫）同意预先支付女儿嫁妆的一半。查理五世立刻把这笔钱当作他去意大利的旅费。[28]

他还去找亨利八世。这位英王一度遭到整个基督教世界的唾弃，但如今受到查理五世和弗朗索瓦一世的拉拢。与法王相比，皇帝有好几个优势。首先，尽管弗朗索瓦一世在公开场合表示很想让自己的幼子与亨利八世的女儿玛丽·都铎结婚，但法王私下里对此有很深的顾虑；其次，法王与苏格兰国王詹姆斯五世的亲密联盟让亨利八世很恼火；最后，帝国派驻英格兰的大使尤斯塔斯·沙皮已经说服法国大使馆的一名官员抄录和分享法王的大量书信，沙皮利用这些情报来阻挠法国人的一举一动。[29]

1543 年 1 月，查理五世授权沙皮直接与玛丽和格朗韦勒联络，从而设计出"达成我的目标的最佳办法"。2 月，他签署了一项条约，解决了帝国与英格兰之间现有的全部问题，并约定两国君主联合入侵法国，查理五世将获得勃艮第和皮卡第，亨利八世则垂涎诺曼底和吉耶讷①。[30]

---

① 吉耶讷是法兰西西南部的一个地区，在 12 世纪与加斯科涅一起构成阿基坦公国。因为阿基坦女大公爵埃莉诺嫁给英格兰王亨利二世，阿基坦此后长期受英格兰王室统治，但理论上的最高宗主是法兰西国王。1360 年《布雷蒂尼条约》之后，英王爱德华三世获得吉耶讷的完整主权。1451 年，吉耶讷被法兰西王室征服。

至于两国对付法国的最佳策略究竟是什么，皇帝还不是很确定。他授权沙皮与亨利八世谈条件的同一封信还告诉沙皮，尽管安德烈亚·多里亚的桨帆船会"送我亲自去最危险的地方，从而用我的全部力量抵抗敌人，但目前我还不能告诉你，我会亲自去哪些地方，因为我还不是很确定敌人的意图是什么"。[31]不过，为了准备自己的旅程，皇帝在巴塞罗那集结了军队和舰船，集中了资金和弹药，并欢迎贵族和其他志愿者参加他的下一次作战。他还签署了一些指示，留给他不在西班牙期间治理当地的人。他在附近的一家修道院度过圣周，然后在1543 年 5 月 1 日，"为皇后举行追思仪式和弥撒之后"（这一天是她的四周年忌日），查理五世登上了多里亚的桨帆船，前往热那亚。[32]

如何当国王

皇帝的舰队启航不久之后遇上了逆风，不得不在加泰罗尼亚的小港口帕拉莫斯（位于巴塞罗那以北 130 公里处）停了十天。有些人认为，查理五世在那里停留是为了方便后来者加入他的舰队，但英格兰大使埃德蒙·邦纳知道真相："这既是为了甩掉在巴塞罗那整天纠缠他的一大群人，也是为了在这个安宁的地方为西班牙做好充分的安排。"查理五世利用这里的"安宁"撰写了他一生中写过的最长的文件：给腓力的两份亲笔指示。十六岁的腓力将担任西班牙摄政王。在第一份文件里，"虽然我不认为自己有资格给你立下恰当的规矩，但我相信上帝会引导我的笔，让我告诉你需要做什么"。随后查理五世列举了负责任的统治者应当如何行事的清单：尊崇上帝，公正地统治；尽量不要许下难以兑现的诺言；诸如此类。[33]第二份文件或许是由一位近代早期统治者付诸笔端的最重要的政治分析。尽管很多君主会为自己的继承人提供书面的建议，但查理五世自己没有得到过这样的建议；并且，他的跨大西洋的帝国极其广袤和复杂，前人的经验不能为他提供可参考的样板。

皇帝强调："我写下并发送给你的这份机密文件，是仅供你一人阅读的，所以你必须对其严格保密，将其严密保管，让任何人都看不到，连你的妻子也不行。"然后他对自己前往北欧之旅的风险做了悲观的评估："这是对我的荣誉与声望、我的生命和我的财政来说最危险的旅程。"他表示抱歉，说自己"把我将来要传给你的诸王国与领地置于如此极端危险的处境"；如果他有不测，"我的财政会处于不理想的状态，你会遇到许多困难，你会看到我如今的收入是多么少、负担是多么重"。不过，他豪迈地表示，如果他为了保卫这些王国与领地而献出生命，"我会心满意足，因为我是为了履行自己的职责和帮助你而死的"。然后他阐述了自己的大战略，这样的话，"如果我在此次旅途中被俘或被扣押"，他的儿子就能够知道"我现在的计划是什么"。

> 如果法国国王预料到了我的行动，在我航海和陆路旅行期间动员力量来攻击我，我会努力自卫；因为我的财力有限，不能把战争长时间拖下去，所以我可能不得不孤注一掷地与他决战。但如果他没有在我旅行途中攻击我，我会通过佛兰德或德意志攻击他，希望能够借此与他正面交锋，当然也是以他愿意与我交锋，或者被迫与我交锋为前提。为了削弱他的力量，

我打算让阿尔瓦公爵率领目前在佩皮尼昂的德意志和
西班牙军队，再加上权贵和高级教士们以及各城市将
要征集的军队，去入侵朗格多克；并用桨帆船从海上
袭掠普罗旺斯，用我在意大利的军队袭掠多菲内和皮
埃蒙特。

这是绝佳的计划，但查理五世懊恼地承认："到目前为止
还没有办法执行它，部分原因是缺乏所需的粮草，部分原因是
缺少金钱和给养，部分是因为很多人不愿意让这些部队在本王
国境外作战，还因为在我明确知道土耳其人的意图之前，我的
桨帆船舰队不能自由行动。"无论如何，"此次旅程对我的荣
誉和声望的风险在于，我要做的事情充满了不确定性，所以我
不知道它能带来什么样的利益或好处：时间不多了，我手头拮
据，而敌人做好了充分准备"。不过，他指出了解决财政危机
的一个潜在办法。尽管在 1538 年的卡斯蒂利亚议会之后"我
发誓永远不请求它"征收消费税，但他不认为这个誓言对腓
力有约束力。因此，在紧急情况下：

我会立刻写信给你，粗略地告诉你需要做什么，
并亲笔添加注释。我会告诉你，现在就是证明你的能
力的时候了，你必须做自己应当做的事情，既是为了
援助你的父亲，也是因为你应当解决我缺乏资金的问
题。在那个时候，你可以坚定地向所有人发言，敦促
他们推动［征收消费税］。

"有了这些税款，再加上从西印度来的资金（如果有的

话），以及我在其他地方的臣民提供的资金"，皇帝希望他的大胆战略能够"快速将我们的敌人打倒在地，为我们争取恢复元气的时间和空间，并让我们不再为了御敌而每天付出巨大的代价"。[34]

查理五世重复说，他的指示"仅供你一人阅读，你必须对其严格保密"，然后审视了他培养来辅佐腓力治理西班牙的每一位大臣的长处和短处，以及王子"在我不在西班牙期间，尤其是如果上帝在我这趟旅途中召唤我的话"，应当仰仗哪些人的意见。皇帝已经口头警示过儿子："我的大臣们互相之间的敌意或结盟，以及他们当中正在形成或已经形成的密谋集团，在他们当中造成了严重的不安情绪，对我们的利益造成了很大损害。"如今，尽管他的这些私下里的顾虑有可能在将来被公之于众（的确如此），他还是以书面形式重复了自己相关的思考，因为"大臣们在公开场合逢迎奉承，口吐空洞的甜言蜜语，但私下里他们做的事情恰恰相反，所以你必须非常清楚他们在做什么"。查理五世警示道，每一位高级大臣"都会试图通过巧言令色来接近你，让你相信你必须而且只能依赖他一个人"。[35]皇帝从塔韦拉开始，说他"会以谦卑和圣洁为掩护来接近你。你应当尊崇他，在道德问题上相信他，因为他在这些方面会给你很好的建议。你应当要求他与你讨论事务时给你良策，做到公平公正，并且把优秀的、公正的人士任命到重要的岗位上。但在其他事务方面，不要仅仅信赖他一个人，现在不行，将来也永远不行"。然后是阿尔瓦公爵，尽管在军事问题上"他是我们在这些王国拥有的卓越人才"，但查理五世把他排除在王子的亲信谋臣圈子之外，因为"最好不要让大贵族①参与王国的治理"，还因为"自从我认识他以来，我就觉得他野心勃勃，企图获得尽可能多的权力，尽管他表面上奴颜婢膝，表现得非常谦卑和谦虚；而你更年轻，所以你可以想象他在你面前会是什么模样！"

随后皇帝谈到了洛斯·科沃斯。"他不像过去那样勤奋了"，查理五世哀叹道；并且，尽管"到目前为止他都表现得不偏不倚，在我看来他最近开始表现出倾向性"。不过，"他对我的所有事务都经验丰富，相关的知识非常渊博。我相信，在这些事务当中，你肯定找不到比他更适合辅佐你的人。我也相信他会做得很好，并且清正廉洁"。因此，"你最好像我一样与他交往，永远不和他单独接触，永远不让他的权限超出你给他的具体指示"。最后皇帝总结道："恩宠他，因为他为我服务得很好。我相信很多人想要伤害他，但他不应当遭到那样的对待。"[36]

查理五世对胡安·德·苏尼加的批评者的态度是相同的：

> 你必须认识到，因为在过去和现在围绕在你身边的人都对你很宽纵，都想讨好你，所以你也许会觉得堂胡安很严苛；如果他像其他人一样，那么你一定事事如意，但这对任何人都没有好处，甚至对那些资格

---

① 此处的"大贵族"，英文为 Grandee，西班牙文为 Grande，指西班牙的一种高级贵族头衔，拥有超出其他贵族的地位和特权，比如在国王面前无须脱帽、被国王称呼为"我的堂亲"等。西班牙的所有公爵都算是大贵族，但其他衔级（侯爵到男爵）就只有少数才算作大贵族。无头衔的人也可能有大贵族的身份。如果两名贵族的衔级相同，比如都是伯爵，那么有大贵族身份的伯爵高于无大贵族身份的伯爵。另外，有大贵族身份的男爵的地位高于无大贵族身份的侯爵。

老的人也没有好处，更不要说缺乏知识或自制力的青年了。知识和自制力都是通过年龄增长和经验积累才能获得的。

但是，皇帝继续写道，苏尼加"有偏见，主要是针对洛斯·科沃斯，但也针对阿尔瓦公爵……我认为，他的偏见主要是因为他没有从我手中得到他认为自己应得的那么多的奖赏，并且他认为洛斯·科沃斯不但没有帮助他获得奖赏，甚至减少了他得到的"奖赏。"此外，他认为他们几个人的血统高贵程度不同，为我服务的年限和资历也不同。"这指的是苏尼加属于贵族中的名门望族，并且自1506年开始就为查理五世效力；而洛斯·科沃斯出身卑微，而且1516年才到查理五世身边。"虽然他们有这些毛病，"皇帝总结道，"你不会找到比这两人更有能力辅佐你也更让我喜欢的人。"

至于这些王国的外交事务，以及意大利、尼德兰、德意志、法国、英格兰和其他国王与权贵及其政府的事务，我相信没有比格朗韦勒更懂行的人，也没有比他在这些事务上更有经验的人。在这些领域，他过去给了我很好的辅佐，现在依旧能给我上佳的建议。他很忠诚（我相信我的判断是正确的），你任用他是不会错的。

查理五世还赞扬了格朗韦勒的儿子安托万·佩勒诺，他在前一年成为阿拉斯主教，腓力参加了他的就职典礼。"他还年轻，但头开得很好。我相信他也会很好地辅佐你。"[37]

查理五世对另外三名高级大臣的评价就不是那么正面了。他对王子曾经的教师西利塞奥没有什么好印象。"你知道，我们都知道他是个好人。但他肯定不是最适合教导你的人。他过于热忱地想要讨好你。"目前"他是你的私人神父和告解神父。他已经在你的教育方面宽纵了你，如果他在道德方面再宽纵你的话，不是好事"。因此皇帝建议"你任命一位优秀的修士当你的告解神父"。然后皇帝谈到了自己曾经的告解神父洛艾萨，他现在是塞维利亚大主教和负责美洲事务的大臣。"他曾经是极好的大臣，如今大体上还是，不过因为健康状况不佳，不如以前能干了。我过去经常征询他的意见，尤其是在任用大臣和其他人事问题上，他也确实给了我极好的建议。"

腓力可以"试一试，看他是否合适，但请记住，我觉得他现在是个随大流的人。如果他表示想去自己的主教区，那么你可以鼓励他去，但要有策略，不要对他失礼"。最后，皇帝评价了卡斯蒂利亚御前会议主席费尔南多·德·巴尔德斯。[38] 尽管"他是个善良的人，但在我看来，他不适合担任这样的职务，不过我找不到更称职的人，也不知道有更称职的人"。所以王子必须尽可能地运用巴尔德斯的有限才干。

所以，皇帝不仅坦诚地为腓力评估了每一位大臣，还教导他如何与那些自私自利或者才干平庸的人打交道，以及如何除掉令人不满的高官，"但要有策略，不要对他失礼"。做出这些关键性的评估肯定是很困难的，相应的页面上有大量补充和删改（多于其他页），就足以证明这一点（见彩图 9）。

掌权将近三十年之后，皇帝比绝大多数政治家更清楚地懂得"可能性"的局限。"吾儿，我很清楚自己可以告诉你更多，也应当告诉你更多"，但是：

那些我可以告诉你的东西，有些与当前的主题无关，而我已经把最关键的东西告诉了你；如果有需要的话，我还会随时向你重复。至于我应当告诉你的事情，它们极其晦涩并且具有不确定性，我都不知道如何向你描述，我也不知道是否应当就其向你提供建议，因为它们充满了自相矛盾和糊涂之处，要么是因为事情的状况本身，要么是因为良心的缘故。

所以，假如查理五世在本次作战期间死亡，腓力必须：

采纳良策，与上帝维持安宁的关系，因为我对于自己应当做什么也是犹豫不决、倍感困惑，所以没办法给别人具体的建议。并且，给我造成这些困惑的，恰恰就是我所处的困境。我努力去做必须做的事情时，我发现最好的办法就是把自己托付给上帝之手，让他安排一切事务。上帝的作为和命令，我都会满意。

查理五世起草这两份文件时用了四十八页对开纸，然后审读和修改，最后签名"我，国王"，并将其秘密送给儿子。

卓越的比利时档案研究员和历史学家路易·普罗斯佩·加沙尔赞誉这两份指示为"智慧与远见卓识的纪念碑，源于对治国艺术的娴熟经验和对人与事的深刻理解。单凭这两份文件就足以让查理五世名列那个时代的一流政治家之列"。查理五世给儿子上了一堂"如何当国王"的大师课。英格兰大使邦纳注意到，尽管皇帝在"很长时间之内"都不会返回西班牙，因为他需要"在其他地方停留，尤其是佛兰德和德意志"，但他在开始自己的高风险行动之前，"已经把西班牙诸王国的事务都安排妥当"。[39]

海尔德的灭亡

1543年5月25日，查理五世率领拥有140艘舰船的舰队抵达热那亚。尽管皇帝急于开始去德意志的旅程，但还是绕道再次去拜会保罗三世，努力解决双方的分歧。洛艾萨提醒他："经验告诉我们，与教宗的会议很少能给我们带来优势或美名，但我还是建议陛下忍受这样的会谈，掩饰自己的真情实感，从而从教廷获得最大的好处。"在这次为期四天的峰会期间，查理五世敦促教宗向弗朗索瓦一世宣战（因为法王与土耳其人公开结盟），但这是白费功夫。教宗拒绝的理由是，如果他向法王宣战，法王就可能效仿亨利八世，不再服从罗马。

查理五世在劝说保罗三世召开宗教会议的时候更为成功。新的宗教会议将在帝国南部边境的城市特伦托举行，这个地点是他的德意志臣民能够接受的。查理五世还说服了教宗征募4000名士兵去匈牙利对抗土耳其人。然后，令查理五世意外的是，保罗三世提出，如果皇帝册封他的儿子皮耶路易吉·法尔内塞为帕尔马和皮亚琴察公爵（这两地原本是米兰公国的一部分），他就给皇帝提供100万杜卡特。教宗的理由是，这样对意大利的和平有利。查理五世答应考虑此事。[40]

皇帝准备离开的时候会见了当时最著名的历史学家保罗·乔维奥。"他［查理五世］笑容可掬、漫不经心地对我说：'乔维奥，你需要再次拿起笔了，抓紧时间在你的历史书里把截至目前发生的一切都记录下来吧，因为即将开始的战争会给你一个全新的任务。'"皇帝还略微谦虚地向他的尼德兰臣民保证："我已经决定亲自来营救你们"，从而"在你们的帮助下，在造物主的佑助下，我们能够确保我们的敌人将来永远不再骚扰你们，不管他们是否愿意"。[41]

起初，查理五世被群敌包围。他对此早有预料。苏莱曼大帝率领一支庞大的军队杀进了匈牙利，占领了埃斯泰尔戈姆和塞克什白堡；巴巴罗萨率领土耳其舰队闯入地中海西部，与法国舰队会师，攻打尼斯；法军还入侵了埃诺。皇帝决定无视这些威胁，而是率领他的西班牙和意大利军队前往施派尔，在那里与好几个团的德意志老兵、配备 120 门火炮的攻城部队和一队船只与驳船会合，"让他的全军从水路［莱茵河］顺流而下"。这样查理五世就掌握了主动权，因为他可以选择"先对付克莱沃公爵"还是"进入摩泽尔河，取道卢森堡进入法国，或者径直去"尼德兰。与查理五世同行的佛罗伦萨大使乔万尼·巴蒂斯塔·里卡索利排除了第一个选项，因为"向自己的诸侯国开战不会带来多少光荣，何况战争充满不确定性，皇帝完全可能输给这个诸侯国"。但里卡索利错了。[42]

查理五世及其军队于 8 月 3 日离开施派尔，顺流而下，进展迅速，在波恩登陆。随后，皇帝检阅全军，然后开往迪伦，这是克莱沃公爵威廉统治下防备最森严的城市之一。查理五世命令该城投降，遭到拒绝，于是下令"惩罚它的抗命不遵和犯上作乱，以儆效尤"。他的西班牙和意大利军队很乐意执行这道命令。在一次勇敢的突击之后，他们屠杀了约 700 名守军。其余守军全部被俘，皇帝命令："那些罪大恶极的人，尤其是我在尼德兰的诸侯，将受到惩罚。"据一名参与者说，他看到"他们绞死了俘虏当中曾臣服于皇帝的人，并砍掉所有德意志俘虏的两根手指，因为他们曾用这两根手指宣誓服从皇帝"。[43]

　　和之前的历次作战一样，这一次查理五世也是身先士卒。在最后的总攻开始之前，他与士兵们在一起，只见他"身穿全副甲胄，身披金线制成的上衣，英姿飒爽，鼓舞士兵们，并表达自己对这个地方是多么憎恨，多么渴望向其复仇"。有人看到他"全副武装、骑在马上"，于是建议他退后，免得被炮弹击中，这时"皇帝陛下答道，现在不是抛弃部下的时候，哪怕炮弹把他的双眼打瞎"。里卡索利大使嘲笑道："他既是将军，也是上校，也是军士长，什么都是。他身穿全副甲胄，亲临所有地点，持续不断地操劳，事必躬亲，什么都要看，什么都要做，这真是令人惊愕。他实在太勤奋了，很快就会受到责难，因为他什么都想知道，反而耽搁了作战。"[44]但大使又说错了。

　　其他城镇为了避免重蹈迪伦的覆辙，纷纷献城投降。1543年 9 月 7 日，克莱沃公爵威廉在得到安全通行的担保之后，来到皇帝的军营，"双膝跪下，合掌哀求宽恕"。皇帝就像三年前在根特做的那样，表情严肃地"提醒公爵，他在过去犯了多少罪过"，并在一段时间内假装自己将从重处罚对方。即便在威廉获准亲吻皇帝的手之后，他也不得不签署一份可耻的协议，将整个海尔德割让给查理五世。不久之后，皇帝的新公国的各等级向他宣誓效忠，他则承诺保护他们的传统特权。[45]

　　对于和查理五世一同旅行的英格兰外交官尼古拉斯·沃顿来说，这是：

　　　　许多年来发生的最奇怪的事情之一，我永远也不

会相信，仅仅因为一座城镇在敌人的攻击下失陷，整
个国家就完全沦陷了，而没有做坚决的抵抗。所以恺
撒［查理五世］可以像［尤利乌斯·］恺撒那样告
诉他的朋友：我来，我看见，我征服。

尽管这位新恺撒没有使用这句目空一切的狂言，但他告诉
阿尔瓦公爵："上帝在海尔德赐予的胜利让我很是喜悦。感谢
上帝给我如此丰厚的奖赏，除掉了我的眼中钉。"[46]他的确有充
分的理由高兴：此次战役保障了尼德兰东部边境的安全（他
的父亲和祖父都没能做到这一点），并且"他赢得了极高的声
誉，尤其是在德意志诸侯当中，他们全都战栗不止，因为他在
几天之内就办成了他们相信和希望他需要许多个月才能做到的
事情"。而法国国王"在德意志名誉扫地，受到所有人的贬
低、怪罪和责备"，因为他抛弃了自己的盟友。

沃顿写道："看来上帝打算惩罚法国国王。他没有支援克
莱沃公爵。而如果克莱沃公爵的力量还在，哪怕力量不强，也
能给皇帝造成很多困难，比法王单独给皇帝造成的困难多得
多。"现在弗朗索瓦一世"可能不得不在自己的土地上打仗，
导致他自己的国家生灵涂炭"。[47]

不过，亲临前线也让查理五世付出了代价。他的体重急剧
下降，以至于他穿上铠甲的时候发现"铠甲对他来说过于宽
大，于是让人给他做了一件塞满棉花的上衣"作为穿铠甲时
的衬垫。他宣布自己要去正在攻打朗德尔西（在法国边境上）
的军队那里，并迫使弗朗索瓦一世冒险与他正面对垒。这让格
朗韦勒大感惊恐，赶紧劝他不要去。他告诉主公，这是"我
见过您做的最危险的事情，我宁愿自己死一百次，也不愿赞同

您的这个决定"。在"遍地沼泽、即便健康的人也容易染病死去的地方"作战，是非常鲁莽的行为。因此查理五世拿自己的生命冒险的决定是"逆天之举，任何告解神父或神学家都不会赞同。您再也不是年轻人了，再也不能进行只有年轻人能胜任的冒险"，格朗韦勒总结道，"您不应当拿自己的身体冒险，因为您的健康不允许。假如您有什么不测，您已经取得的成绩就全白费了，没有任何理由可以向上帝或世人解释"。查理五世冷淡地听自己的主要谋臣讲了这一席话之后，做了告解，领了圣餐，然后赶往朗德尔西城下的军营。[48]

起初，皇帝集中注意力于他的攻城大炮，其中有一些是臼炮，能以很大的弧度将炮弹投入城内（臼炮在当时显然是一种新发明）。他的至少一名高级指挥官说攻打该城是"浪费时间"，因为"不可能通过强攻拿下这座要塞，但皇帝对这些大炮很着迷"。不过，此时指挥着 36000 名步兵和 6000 名骑兵的查理五世寻求与敌人决战，也许是因为受了洛艾萨的鼓励，他敦促皇帝引诱法国人"再打一场，让他们比在帕维亚输得更惨"。[49]弗朗索瓦一世及其野战军逼近的消息传来后，查理五世召开作战会议，于 1543 年 11 月 3 日"排兵布阵。然后他的军队开始推进，越过极其平坦的原野，敌人不可能看不见他们"。皇帝希望他的敌人"还记得自己吹过的所有牛，即希望与皇帝正面交锋"。

查理五世指挥作战的时候发了脾气。"一位大贵族不停问他问题，直到皇帝粗暴地命令他闭嘴。大贵族问：'陛下生气了吗？'皇帝答道：'是的，我生气了，因为你是个老头子，却不停问我问题！'"这句责备无疑反映了此役的极大风险。威尼斯大使贝尔纳多·纳瓦杰罗写道，如果帝国军队和法军这次真的正面对垒，"这将是我们时代最壮观的景象"。但最后没有打起来。弗朗索瓦一世或许是记起了帕维亚的惨败，于是借助夜色掩护，率军"全速"撤退。帝国军队"发现法军撤退之后立即追击，皇帝亲自骑马参加"，但只抓获了少量敌军士兵，"皇帝命令处死这些俘虏，因为他们是帝国的臣民"。[50]

查理五世再次召开作战会议，指出"今年为时已晚，恶劣天气即将降临"，并且"这里的周边地区已经被蹂躏得很惨，很难找到粮草，所以今年不可能有什么战绩了"。弗朗索瓦一世让他的部分士兵复员，然后"将很大一部分士兵驻扎在要塞里"。查理五世提议"如法炮制，并征求我们所有人的意见，问我们是否同意"。大家都同意，但在军队解散之前，皇帝先进入康布雷城，命令修建一座要塞。康布雷在理论上是帝国的采邑，其统治者在上一次战役期间支持法国。皇帝告诉斐迪南："若没有这座要塞，神圣罗马帝国就会失去康布雷及其周边地区。"而"正在施工的要塞将会保障帝国在康布雷的权威"。查理五世洋洋自得地告诉纳瓦杰罗，法王或许占领了朗德尔西，"但我迫使他逃之夭夭"，并补充道，"法王越是想当土耳其人和路德派教徒，我就越是高兴，希望上帝会捍卫自己的事业"。[51]

战　备

两位统治者都在为下一场战役做准备，首先是心急火燎地寻找盟友。巴巴罗萨的 115 艘桨帆船和 43 艘帆船的船员在土伦港过冬，由法国人承担相应的开销，准备来年春季与法国人联合攻击热那亚、那不勒斯或撒丁岛。为了安顿这些奥斯曼水手，弗朗索瓦一世已经强迫土伦市民撤离。但在 1544 年 3 月，巴巴罗萨意识到，他的东道主并没有资源在地中海发动作战，于是他在两个月后率领舰队返回了伊斯坦布尔。弗朗索瓦一世与奥斯曼帝国的公开结盟疏远了其他所有基督教统治者，不管他们是路德派教徒还是天主教徒，而法王没有从这次结盟中得到任何好处。[52]查理五世则确定了在下一场战役中与亨利八世合作的宏伟战略。

> （1544 年 1 月，皇帝和英王）达成一致，皇帝将率军入侵法国的香槟地区，然后向巴黎进军；英王将在最适合渡河的时间渡过索姆河，入侵法国，然后从那里开往巴黎。

两位君主都将御驾亲征，时间不迟于 1544 年 6 月 20 日，各自率领 32000 人的军队并配备 100 门大炮。[53]

弗朗索瓦一世不知道皇帝与英王的盟约，所以调动他的精锐部队，企图再次攻打米兰。1544 年 4 月 14 日，法军在切雷索莱亚尔巴①大败瓦斯托侯爵。马丁·迪·贝莱（法王任命的皮埃蒙特总督，他统治皮埃蒙特的梦想快要成真了）说：“如果皇帝看到米兰公国遭到蹂躏、随时可能失陷，并且那不勒斯王国有强大的亲法派系，那么他将不得不重新部署军队，去保卫自己现有的领土，而不是冒着竹篮打水一场空的风险去试图征服别人的领土。”但迪·贝莱对战争的理解已经过时了。驻

---

① 切雷索莱亚尔巴在意大利西北部的皮埃蒙特地区，在都灵东南约 30 公里处。

皇帝宫廷的英格兰大使得知帝国军队的此次失败之后评论道："看来法国人在切雷索莱亚尔巴得到的荣耀比实际收益要多。因为我不觉得他们有机会夺得任何一座城镇或城堡，伦巴第的整体局势也不大可能有什么变化。"查理五世同意这种看法，对威尼斯大使说："我只怜悯那些为了我的事业而牺牲的可怜士兵"，因为"我把伦巴第的防御准备得很好，给养也充足"。[54]

皇帝说到的现象是西方战争的一个新发展，被后人称为"军事革命"：阵地战发生了变革，防守一方占据优势，于是野战大体上变得多余。建筑师吉安·马利亚·奥尔贾蒂先是在热那亚周围建造了一系列构成交叉射界的堡垒，后来去米兰，重新设计了现有的防御工事，并补充了一系列装备大炮的星形堡垒，来保卫这个公国。他一共设计或建造了将近七十处新式防御工事。他在米兰周围营造的防御工事以庞大的斯福尔扎城堡为核心，一直到 18 世纪 90 年代都能成功地保卫这座城市，甚至今天仍然能控制进入内城区的交通。哈布斯堡家族也在阿尔卑斯山以北营造了一些配备火炮的要塞。在匈牙利，意大利工程师为主要的边境要塞增添了堡垒；在尼德兰，他们在尼德兰与法国的边境上修建了数量众多的新式防御工事，并安排了强大的预备据点。根特要塞是在 1540 年叛乱之后建造的，拥有全长 385 米、厚度超过 7 米的城墙；安特卫普的城墙是 1542 年遭到海尔德军队攻击之后建造的，全长近 5 公里，包括 9 座堡垒。

在边境的另一侧，1544 年，一百多名意大利工程师在吉罗拉莫·马里尼的领导下升级了法国的若干要塞，但他们集中力量于法国北部边境的要塞和意大利的几个前哨阵地，大体上忽视了法国东部边境。因此，就像 20 世纪 30 年代的马奇诺防线没有延伸到比利时一样，弗朗索瓦一世的新式防线也没有延伸到香槟地区。这两个例子都被历史证明是致命的错误。

查理五世发现了敌人的弱点，于是试图利用它。首先，他在施派尔召开帝国会议，寻求它的军事支持去攻击法国。起初他似乎觉得这是白费功夫，所以告诉罗马教廷大使，"我想到几乎每个钟头都降落到我头上的灾祸与负担时，简直想死"（对他这样坚定的天主教徒来说，这真是不寻常的告白），但他还是坚持下去了。1544 年 5 月 23 日，他承诺永远放弃他的妹婿克里斯蒂安二世，然后与丹麦外交官签署了和约。6 月 10 日，他承诺继续奉行宗教宽容政策，"直到举行德意志民族的普遍的、自由的基督教会议"来解决所有宗教分歧。随后，帝国会议宣布："法王和苏丹一样是基督教世界的敌人，我们必须用武力对抗土耳其人和法王。"帝国会议授权查理五世征募 24000 名步兵和 4000 名骑兵，"部分用来对付土耳其人，部分用来对付法国人，具体由"皇帝决定。[55]

赢得此次胜利之后，查理五世在梅斯等了三周，等待他的攻城炮兵和增援部队，包括萨克森公爵莫里茨和勃兰登堡－库尔姆巴赫边疆伯爵阿尔布雷希特·亚西比德（德意志的两位重要的路德派领袖）征募的骑兵部队。因为战争必然会有风险，查理五世给自己的遗嘱增添了一个新附录，明确废除了他在艾格莫尔特与弗朗索瓦一世会谈之后订立的几门婚事。他写道，因为"经验一再告诉我们"，一个人不可能同时统治西班牙和尼德兰，因为"统治者需要从其中一国去另一国了解当地所需的措施，我本人就经常被迫这么做，其间蒙受了极大的风险，付出了极大的努力和开销"，所以假如皇帝和腓力都辞世了，皇帝的女儿玛丽亚将嫁给皇帝的侄子马克西米利安，这对夫妇将共同统治西班牙及其附属地。皇帝的女儿胡安娜将嫁给马克西米利安的弟弟，"而无视我之前与葡萄牙国王订立的条约，即让胡安娜嫁给他的儿子"，胡安娜和马克西米利安的弟弟将共同统治尼德兰。也许是因为这个决定悍然违背了之前的承诺，查理五世将新遗嘱附录的一个密封副本交给洛斯·科沃斯，命令将附录与他的遗嘱一同保存，暂时不得启封。尽管他"概括了新附录的要点，你可以把它分享给"腓力王子，但洛斯·科沃斯必须"口头传达给他，也就是说只能有你和他两人可以知道内容"。[56]

现在，查理五世集中注意力于打败和羞辱法国。八年前他入侵普罗旺斯的时候对地图的依赖曾招致嘲笑，但他如今仍然请人制作了一幅巨幅地图，将勃艮第首府第戎画在最左边，将巴黎画在最右边，还画了所有的主要河流（马恩河、塞纳河和约讷河）以及河上的桥梁（见彩图23）。最终，查理五世没有跨过这些河流中的任何一条，但他和他的军队仍然前进到距离法国都城只有70公里的地方。[57]

"将我们的敌人打倒在地"

帝国军队的作战于1544年5月开始，首先是一次突然袭击，收复了法国人在前一年占领的卢森堡领土。随后帝国军队转向南方的香槟，入侵法国。这不仅遵循了不久前与亨利八世达成一致的战略计划，走的也是几十年前勃艮第公爵大胆查理进军巴黎的路线（皇帝最喜欢的书之一《菲利普·德·科米纳回忆录》记录了此事，科米纳①是那次进军的目击者）。查理五世的军队像他那位祖先的军队一样，起初进展神速。弗朗索瓦一世指望科梅尔西能够抵抗三周，但该城遭受三天的猛烈炮击之后就投降了，于是帝国军队得以渡过默兹河，于 7 月 13 日抵达圣迪济耶处的马恩河。但在那里，帝国军队首次遭遇了火炮要塞，并且是马里尼本人设计和防守的（地图 5）。

皇帝心情极佳。有些人觉得他们"在过去十年里从未见过他如此健康、俊朗和开心"。但也有人对作战的风险感到担忧。费拉拉大使评论道："计算一下他在各领地的军队，那么此次战争给皇帝陛下带来的开销不会少于 50 万杜卡特。"大使无疑是回想起了不久前的阿尔及尔惨败，于是补充道："如果耽搁十二天或二十天，或者发生意想不到的事情，就会产生极其严重的后果。"威尼斯大使也同意：每耽搁一天，"对皇帝就越不利，对法王就越有利……一切都按计划进行是罕见的现象，即便最巧妙的计划也会遇到意想不到的障碍"。⁵⁸查理五世抵达圣迪济耶不久之后就遇到了第一个障碍。

他担心粮草和弹药快用完了，于是命令他的西班牙和意大利军队发动一次突然袭击，就像在迪伦做的那样。但这一次，他们被守军打退，伤亡惨重。不过，在 400 公里之外，亨利八世率军在加来登陆，与正在攻打蒙特勒伊和布洛涅的英格兰与尼德兰军队会师，迫使弗朗索瓦一世从意大利撤军，并且无法援救圣迪济耶。于是，皇帝又一次占据了主动权。

召开作战会议讨论"今年余下时间做什么"之后，查理

---

① 菲利普·德·科米纳（1447～1511）是勃艮第与法兰西政治家、外交官和作家。他的回忆录是 15 世纪欧洲历史的主要资料来源之一。

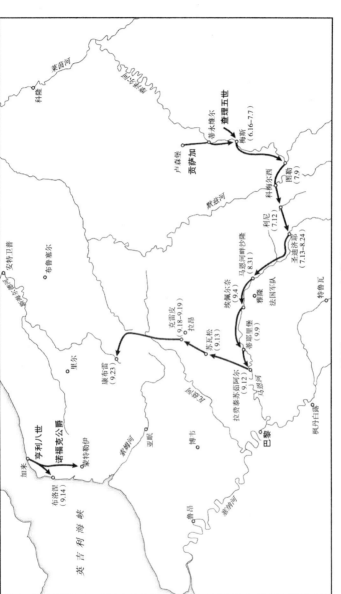

地图 5　1544 年战役

在 1544 年 8 月和 9 月，查理五世率领 4 万军队和一支炮兵部队横穿法国，如入无人之境。他沿着马恩河北岸前进，从圣迪济耶进到距离巴黎 70 公里的拉费泰苏茹阿尔。随后他转向北方，试图与亨利八世率领的英军会师，但在克雷皮，查理五世与法国单独媾和，签订了一项对自己有利的条约。

地图中文字标注：

莱茵河
科隆
罗讷河／默兹河
卢森堡
贡萨加
蒂永维尔
梅斯
查理五世
(6.16-7.7)
图勒
7.9
科梅尔西
利尼
(7.12)
马恩河畔沙隆
(8.31)
圣迪济耶
(7.13-8.24)
埃佩尔奈
(9.4)
雅隆
蒂耶里堡
(9.9)
法国军队
特鲁瓦
枫丹白露
巴黎
马恩河
拉费泰苏茹阿尔
(9.12)
苏瓦松
(9.13)
克雷皮
(9.18-9.19)
拉昂
康布雷
(9.23)
里尔
布鲁塞尔
安特卫普
斯海尔德河／斯凯尔特河
瓦兹河
索姆河
塞纳河
亚眠
博韦
加来
亨利八世
诺福克公爵
蒙特勒伊
布洛涅
(9.14)
英吉利海峡

五世于 7 月 20 日向玛丽解释了自己的战略。首先，他要用大炮和炸药攻破圣迪济耶，"否则敌军就能骚扰我的军队并切断我军的补给线"；然后，"按照我之前的计划，向沙隆进军"，沙隆位于马恩河下游。亨利八世的参战让皇帝"暂时搁置了我在此役中的个人利益，即占领勃艮第公国，在那里或许可以占领一些地方并建功立业"；但现在"我觉得没有比沙隆更好的目标"，因为"这会让法国国王及其臣民震惊，给他们造成极大损害，并且我军的目标一直是深入法国的心脏，迫使敌人变得通情达理"。和通常情况一样，查理五世还考虑了后勤状况，尤其是"我能够在多长时间内给这支军队支付军饷。做了各方面的考虑和计算之后"，他告诉玛丽，"我觉得我们应当能支撑到 9 月 25 日，但那之后就不行了"。虽然他（像在他宫廷的大使们一样）也认识到"在战争中，任何事情都是不确定的"，但他最后虔诚地总结道，"我想不出还有什么更能让上帝喜悦的事情。所以，在他的佑助下，我们将竭尽全力"迫使弗朗索瓦一世屈服。[59]

由于马里尼设计和建造的军事建筑固若金汤，圣迪济耶坚持到 8 月 17 日才投降，随后胜利者不得不花几天时间修理他们自己破坏的防御工事，从而让这座城镇能够担当为前进中的军队提供粮草与弹药的仓库。这个意想不到的耽搁迫使查理五世改变了他的战略：现在他计划"对沙隆实施侦察，仿佛我要攻打它，但我的意图其实是在上帝的佑助下进军巴黎"。"弗朗索瓦一世在马恩河南岸雅隆的一处设防营地集结了45000 人"的情报也是查理五世改变计划的原因。他于午夜开拔，率领军队和炮兵借着月光强行军，奔向埃佩尔奈，希望在那里渡过马恩河，然后从敌人意想不到的方向攻击雅隆。但查理五世抵达埃佩尔奈的时候，法军已经控制了该城，并在唯一可以过河的桥梁上构建了防御工事。

六年后，皇帝在口述《回忆录》时对这个结局做了"架空历史"的谨慎推测：

> 如果我们能够对原本可能发生的事情做评判，那么我们也许可以相信，假如皇帝在那一天能够抵达埃佩尔奈（他做不到，尽管埃佩尔奈就在 3 里［5 公里］之外），他就能率军从该城的石桥过河，或者架设舟桥过河……那样的话，他们就能从敌人尚未设防的方向攻击法军在山顶上的营地，上帝就会把胜利赐给他喜欢的那一方。[60]

于是皇帝回到最初的计划，即沿着马恩河进军巴黎。

在皇帝军中的外国外交官对法国人几乎毫无抵抗一事感到惊愕：帝国军队向四面八方分散兵力去搜粮和劫掠的时候，没有法军的散兵骚扰他们；也没有法军部队保护帝国军队前进路线上的村镇。如纳瓦杰罗所说："谁能想到，法国人竟然这样敞开了他们自己的毁灭之路？"曼托瓦大使卡米洛·卡皮卢波有相当多的军事经验，他注意到："敌对的两军分别在河流两岸纵火，整个乡村似乎都在熊熊燃烧。这真是恐怖的景象，最铁石心肠的人也会被打动。"[61]

尼古拉斯·沃顿写道，因为"皇帝蒙蔽了法王，法王没想到皇帝在今年就打到距离他这么近的地方"，还因为"天气晴朗，对我们极其有利，并且我们在途中找到了大量物资"，所以帝国军队势如破竹，就连较大的城镇也来不及准备恰当的防御，只能一枪未发地举手投降。有一次，与前锋部队一起行动的查理五世召唤一个勃艮第骑兵单位，"问我们，这里是什么地区"。据乔维奥说，在罗马，"人人都屏住呼吸，汗流满面，两位君主的支持者都是既满怀希望又感到害怕"，焦急地等待战局的消息。[62]

他们无须等待很久。9 月 12 日，帝国军队的部分单位已经抵达距离巴黎只有 70 公里的拉费泰苏茹阿尔，查理五世在这时突然转向北方，迫使苏瓦松投降，于是在埃纳河对岸获得了一个桥头堡。埃纳河是他与亨利八世之间的唯一主要障碍。英军在两天后迫使布洛涅投降。帝国军队和英军终于可以自由地会师并向巴黎挺进。

这样的双重打击给弗朗索瓦一世施加了极大的压力，他不得不求和。自本次战役开始以来他就一直试图与皇帝谈判，但（皇帝在《回忆录》中得意扬扬地写道）法王"看到皇帝陛下率军绕过沙隆之后，就更加努力地求和"。皇帝以缓兵之计来争取时间，提醒弗朗索瓦一世，他不可能抛弃亨利八世而与法王单独媾和，但（皇帝洋洋自得地补充道）"他已经深入法国腹地，却不知道英王在做什么，也没有办法把自己的好消息送到英王那里"。9 月 7 日，查理五世为安托万·佩勒诺获得了安全通行的保证，让他去布洛涅，把正在讨论的和平条件通知亨利八世，并摸清"英王是否愿意继续作战，以及还要打多久？他是否打算立即开始进军？如果是这样的话，他会选择哪条路线？"佩勒诺还送去了秘密的最后通牒：除非亨利八世"准备立即开始进攻，我将不得不撤军并接受法国人提出的和平条件"。[63]

皇帝的虚张声势掩盖了他所处的困境。他是否应当与弗朗索瓦一世签订一项能够达成他的绝大多数目标的单独和约，尽管这意味着背弃他的英格兰盟友？或者他是否应当与亨利八世配合，联手向巴黎进军，从而迫使弗朗索瓦一世做出更多让步？格朗韦勒强烈建议采取第一种办法。他认为，继续作战将意味着蹂躏更多的法国领土，"这只会增强法王及其臣民对我们的仇恨，并无好处"。并且，那样的话，查理五世还不得不在新占领的城镇驻军并为其提供军饷和给养，却不能给基督教世界带来团结，从而为针对土耳其人的新一轮十字军东征做准备。格朗韦勒最后提出的建议在后世会被称为"现实政治"："陛下，国家大事和其他事务一样，有一条准则：我们必须关注所议事务的现实状况，来决定哪些事情是可能的，哪些事情根据上帝的意志和人类的理智是可以办得到的，而不是仅仅因为个人的考虑而冒很大的风险，就像现在的情况一样。"格朗韦勒警示道，亨利八世永远不会兑现诺言向巴黎进军，他在巩固了布洛涅的防务之后就会班师回朝。所以查理五世必须在这之前与法国单独议和。[64]

还有两方面的务实考虑能够支持格朗韦勒的论点。尽管自圣迪济耶投降以来天气极其有利，但现在已经是秋季，随时可能下起瓢泼大雨，这就会阻碍进一步的行动；没有军饷，部队就会变得焦躁不安，一些德意志官兵"已经发生哗变，所以皇帝命令将其中二十人溺死在马恩河里，然后亲手殴打了另外几人"。[65]查理五世原本计算自己可以支撑到 9 月 25 日，这个日子很快就要到了。洛斯·科沃斯警示道："在今年和明年，整个西班牙已经没有办法筹集到哪怕是一个杜卡特。"洛艾萨敦促皇帝尽快与法国人达成协议，"哪怕这意味着放弃您的一些权利"；腓力王子强调"我在西班牙没有办法筹钱"，然后表示："如果世人看到您在有能力彻底消灭敌人的时候却选择宽大为怀，缔造和平，那么世人都会赞颂您。"至于尼德兰，皇帝抱怨道，"尽管他在那里有足够的钱给部队支付军饷，他却没有办法拿到尼德兰的资金"。[66]

所以皇帝没有办法维持现状。恰在这时，弗朗索瓦一世得知布洛涅陷落，于是在绝望之下同意了查理五世提出的几乎全部条件，换取立刻停战。不久之后，佩勒诺来到帝国军队的大本营，带来了亨利八世的书信：英王不情愿地同意皇帝与法国单独议和。9 月 18 日，在拉昂附近的克雷皮，弗朗索瓦一世及其两个儿子的代表承诺放弃对那不勒斯和尼德兰的一切主张；废止与土耳其人的盟约，改为出兵参加查理五世领导的新的十字军东征；归还《尼斯条约》之后征服的所有土地（包括朗德尔西）；并交出人质，以保证法王履行本条约。作为回报，皇帝同意归还他在法国境内占领的全部土地，并永久性放弃对勃艮第公国的主张。

他还重复了自己之前的提议，即奥尔良公爵可以娶他的长女玛丽亚，以尼德兰为嫁妆（不过查理五世在世的时候仍然是尼德兰的君主）；或者娶斐迪南的女儿安娜，以米兰为嫁妆（在条约签署一年后生效）。皇帝承诺在四个月内在这两种方案中做决定，而弗朗索瓦一世发誓在条约履行之后立刻从萨伏依 - 皮埃蒙特撤军，并把法国心脏地带的一大块领土册封给奥尔良公爵。[67]

次日，弗朗索瓦一世签署了一份密约，承诺向查理五世和斐迪南提供"全心全意的支持，去平息德意志的宗教纷争"；法王宣布自己是"任何企图阻挠上述行动的人的敌人"；并允许"将我承诺用于对抗土耳其人的骑兵和步兵改为用于镇压上述异端分子"。此外，法王还将派遣一个代表团参加在特伦托"或皇帝指定的其他地方"举行的宗教会议，纠正教会的弊端，终结宗教分裂；他还将劝说瑞士各州归还曾属于萨伏依公爵的全部领土，包括日内瓦。最后，如果亨利八世将来向查理五世宣战，弗朗索瓦一世承诺"我将公开宣布自己是英格兰国王的敌人"。[68]

查理五世赢得了惊人的胜利。在十周里，他率领约 4 万军队和强大的炮兵部队横穿法国，行程近 300 公里，占领、洗劫或烧毁了沿途的所有城镇与村庄。事实证明，他最大的竞争对手根本无力阻挡他，最终不得不满足他的每一项要求。皇帝不仅收复了在阿尔及尔损失的"声望"，还达成了十八个月前他向儿子表达的雄心壮志："将我们的敌人打倒在地，为我们争取恢复元气的时间和空间。"[69]

保罗·乔维奥表示同意。得知《克雷皮条约》的可以公开的部分条件之后，他向一个朋友吐露心迹："我不知道该为了这样的和平欢笑还是哭泣。"因为这样的和平虽然结束了战争、让无辜平民免于兵燹残害，并且创建了对抗土耳其人的基督教统一战线，但也让查理五世成为意大利的主宰者。乔维奥也很难相信，弗朗索瓦一世"花了二十三年的时间，几乎持续不断地为米兰公国而战斗，为了维护自己的声望花费了这么多金钱和力气，蒙受了那么大的损失，最后居然大笔一挥就全盘放弃了"。法王承诺交出人质而对方不需要交出人质，这似乎尤其耻辱。乔维奥窃笑道，查理五世能够对法国人耍出的"唯一花招"就是"勾引他们的女人"。[70]但乔维奥不知道《克雷皮条约》的秘密条款：皇帝的下一个花招不是勾引法国女人，而是镇压德意志的路德派。

注　释

1. 细节来自 AGS *E* 638/106, Vasto to Charles, 7 July 1541, copy；AGS *E* 1374/167, Vasto to Los Cobos, 6 July 1541, and f. 238, Gómez Suárez de Figueroa to Charles, 8 July 1541；Ruble, *Le mariage*, 149 – 51, Charles de Boisot to Marie of Hungary, 12 Aug. 1541；and Tausserat-Radel, *Correspondance*, Ⅰ, 361 – 3, Guillaume Pellicier, French ambassador in Venice, to Georges d'Armagnac, French ambassador in Rome, 23 July 1541；and ibid. , 434 – 8, Pellicier to Francis, 6 Oct. 1541。

2. Sanuto, *I diarii*, LVI, col. 781, entry for 20 Aug. 1532, 记载道，威尼斯有"三个西班牙人，他们企图谋杀"林孔。1541 年，瓦斯托侯爵和亨利三世都证实，查理五世"重金悬赏"缉拿林孔，见 Tausserat-Radel, *Correspondance*, Ⅰ, 349 – 53, Pellicier to Francis, 9 July 1541（引用了瓦斯托侯爵的话），and Kaulek, *Correspondance*, 326 – 8, Marillac to Francis, 12 Aug. 1541（引用了亨利三世的话）。

3. Tausserat-Radel, *Correspondance*, Ⅰ, 349 – 53, Pellicier to Francis, 9 July 1541；Alba, 'Correspondencia', 83 – 6, Charles to Vasto, Regensburg, 23 June 1541.

4. Alba, 'Correspondencia', 119 – 20, Vasto to Charles, 9 July 1541；AGS *E* 638/106, same to same, 7 July 1541, 以及 7 月 9 日的附言（不完整的副本见 Alba, 'Correspondencia', 117 – 19）。信使是 Pirro Colonna, 由瓦斯托侯爵于 7 月 5 日派往雷根斯堡。

5. AGS *E* 52/359, 'Lo que paresce que se deve screvir al marqués del Gasto', 国务秘书伊迪亚克斯给查理五世准备的意见书（*consulta*），没有日期，但应为 1541 年 7 月中旬（斜体部分）；Alba, 'Correspondencia', 93, Charles to Vasto, Regensburg, 19 July 1541（并非文本中声称的 1542 年）。

6. Alba, 'Correspondencia', 93 – 4, Charles to Vasto, 20 July 1542

（查理五世在一周前写给瓦斯托侯爵的信表达了相同的责备，见 ibid. , 91 - 3 ）。

7. *LCK*, II, 315 - 18, Charles to Bonvalot, 23 July 1541; *NBD*, VII, Contarini to Cardinal Farnese, 2 Aug. 1541; Alba, 'Correspondencia', 120 - 1, Charles's commission to Charles de Boisot, 23 July 1541. 又见 Ruble, *Le mariage*, 149 - 51, Boisot to Marie, 12 Aug. 1541, 报告了他的使命。

8. Alba, 'Correspondencia', 94 - 6, Charles to Vasto, 8 Aug. 1541（这封信的印刷版的日期是 1542 年，但提到了"昨天从因斯布鲁克发出"的另一封信，而查理五世在因斯布鲁克的时间是 1541 年 8 月 6 日和 7 日，他的整个 1542 年都是在西班牙度过的）。这封信是"烟幕弹"，因为它揭示了尽管皇帝可能没有亲自下令谋杀两位大使，但他肯定赞同这种行为，并尽力去保护主要的谋杀犯。弗雷戈索是反对多里亚的热那亚流亡者的领袖，见 Pacini, *La Genova*, 591 - 3。

9. Albicante, *Trattato del'intrar in Milano*, 第四幅和最后一幅版画展示了凯旋门。又见 Mitchell, *The majesty*, 175 - 6; and Venturelli, 'L'ingresso trionfale'。Chabod, *Storia*, 412 注意到了那场毁灭性的风暴。

10. *Catalogue des Actes*, IV, 198（no. 11, 914）and 203（no. 11, 935）, warrants to Rincón; Tausserat-Radel, *Correspondance*, I, 353 - 4 and 379 - 80, Pellicier to d'Armagnac, 9 and 30 July 1541; Kaulek, *Correspondance*, 322 - 3, Francis to ambassador Marillac, 26 July 1541; and *LCK*, II, 324 - 6, Bonvalot to Charles, 3 Aug. 1541（法国首相说"le droit de la société des hommes"）。

11. AGS E 1374/167, Vasto to Los Cobos, 6 July 1541; Tausserat-Radel, *Correspondance*, I, 398 - 403, Pellicier to Francis, 22 Aug. 1541.

12. Tausserat-Radel, *Correspondance*, I, 439 - 41, Pellicier to Captain Polin, 6 Oct. 1541; *LCK*, II, 326 - 7, Charles to Marie, 26 Sep. 1541; Giovio, *Opera*, I, 269 - 71, Giovio to Cardinal Pio di Carpi, 17 Sep. 1541.

13. Lestocquoy, *Correspondance*, 99 - 102, Niccolò Ardinghello to

Cardinal Farnese, 1 and 3 Dec. 1541; *SP*, Ⅷ (part Ⅴ, vol. 3), 639 – 44, Ambassador William Paget to Henry, 7 Dec. 1541（此处重复并翻译了弗朗索瓦一世在法国对 Ardingh ello 说的话）；Lestocquoy, *op. cit.*, 95 – 8, Nuncio Capodiferro to Farnese, 27 Dec. 1541。

14. *LCK*, Ⅱ, 683 – 4, Marie to Charles and his reply, July 1538, and 289 – 90, Marie to Charles, 10 Aug. 1538. *SP*, Ⅷ, 307 – 15, Wotton to Henry, 9 and 15 Apr. 1540, and to Cromwell, 27 Apr. 1540, 其中都是克莱沃公爵努力的细节。

15. Powell, *The complete works*, Ⅰ, 163 – 70, 182 – 201 and 201 – 12, Wyatt to Henry, 12 Dec. 1539, 7 Jan. 1540 and 3 Feb. 1540.

16. *SP*, Ⅷ, 374 – 6, Pate to the duke of Norfolk, 4 July 1540; Dumont, *Corps*, Ⅳ/2, 196, treaty between France and Cleves, 17 July 1540.

17. Dumont, *Corps*, Ⅳ/2, 216 – 17 and 228 – 30 介绍了 1541 年 11 月 29 日法国与丹麦之间的条约，以及 1542 年 6 月 1 日法国与瑞典的条约；*SP*, Ⅷ, 635 – 44, Paget to Henry, 21 Nov. and 7 Dec. 1541（参见 p. 640 n. 1 的 "法国国王委托德意志的一些首领商定的条款"）；Kaulek, *Correspondance*, 327 – 31 and 347 – 51, Marillac to Francis, 12 Aug. and 12 Oct. 1541。弗朗索瓦一世授权马里亚克在 1542 年 2 月 10 日敲定婚约的条件, 见 *ibid.*, 388。

18. *PEG*, Ⅱ, 628 – 31, 'Cry de la guerre ouverte', 12 July 1542（英文翻译见 *CSPSp*, Ⅵ/2, 62 – 3; Guiffrey, *Cronique*, 392 – 6, 刊载了来自另一份副本的同一文件, 日期是 1542 年 7 月 10 日）；Kaulek, *Correspondance*, 431, Instructions to L'Aubespine, 8 July 1542, 包括宣战书。一年后, 弗朗索瓦一世仍然用两位大使被谋杀为理由去索要新税, 从而继续对查理五世作战, 见 BL *Eg. Ms*. 38, Mandement to raise the taille in Quercy, 31 Aug. 1543。

19. Williams, 'Re-orienting', 21 – 2, Suleiman to Ferdinand, 12/21 Sep. 1541, and Jerome Laski to Ferdinand, Nov. 1541; Kaulek, *Correspondance*, 340 – 1, Rustem Pasha to Laski, 由贝尔格莱德的一个代理人带给弗朗索瓦一世, 1541 年 8 月 18 日, 又被转交给英国的马里亚克大使。弗雷戈索和林孔谋杀案直到 18 世纪 90 年代仍然是外交界臭名昭著的事件, 关于其诸多后续影响, 见

上文。

20. Friedensburg, 'Aktenstücke', 45 – 57, 格朗韦勒的奏章，开头写道："为了让皇帝能更好地决策和发布他的决定。"写于锡耶纳，1541 年 11 月 28 日。格朗韦勒显然收到了皇帝的弟弟和姐妹发给皇帝的信的副本（e. g. Árpad, 'Kiadatlan', 490 – 3, Ferdinand to Charles, 20 Oct. 1541; and BKK, Ⅱ, 434, 及彩图6，格朗韦勒关于如何回复玛丽在 1541 年 10 月 15 日的信的建议）。

21. Árpad, 'Kiadatlan', 497 – 9, Charles to Ferdinand, and BKK, Ⅱ, 430 – 3, Charles to Marie, both dated 29 Dec. 1541.

22. HHStA Belgien PA 32/1/7 – 10, Charles to Marie, Tordesillas, 26 Jan. 1542, 这是一份经过大量修改的草稿，大部分是查理五世亲笔写的（很好的副本，很有可能是给玛丽制作的解码版本，见 Belgien PA 32/1/11 – 14）。查理五世是在 1541 年 7 月提到"我离开德意志时准备的"收复海尔德的计划的。早在 1539 年 11 月，就有一位英格兰外交官预言，一旦查理五世从西班牙来到尼德兰，他就会首先镇压"该地区某些城市的叛乱"，然后攻击海尔德，随后攻击德意志路德派，见 SP, Ⅷ, 203 – 5, Stephen Vaughan to Thomas Cromwell, Brussels, 19 Nov. 1539。

23. Árpad, 'Kiadatlan', 514 – 18, Charles to Ferdinand, 10 [not 19] May 1542.

24. HHStA Belgien PA 32/4/332 – 4v, and BKK, Ⅱ, 323, Charles to Marie, 13 May and 10 June 1542，均为亲笔信。

25. HHStA Belgien PA 32/3/242 – 7v, Marie to Charles, 30 June 1542, minute, sent 'tout en cyffre forte'.

26. SP, Ⅸ, 157 – 63, Bonner to Henry, 9 Sep. 1542; HHStA Hs. Blau 596/1/38 – 40v, Charles to Ferdinand, 9 Oct. 1542, register copy; LCK, Ⅱ, 364 – 7, M. de Praet to Charles, 24 Sep. 1542.

27. HHStA Hs. Blau 596/1/44 – 5, Charles to Ferdinand, 3 Nov. 1542, 亲笔信，存档副本（发表在 árpad, 'Kiadatlan', 537, 但有一些错误）。

28. BL Addl. Ms. 28, 706 收录了与葡萄牙联姻的契约相关的所有主要文件；HHStA Belgien PA 38/2/183 – 87v, Charles to Marie, 12 Apr. 1543 提到了葡萄牙国王给查理五世未来的儿媳预付的 15

万杜卡特嫁妆，查理五世打算用这笔钱"维持我的开销"，从而安排"我（离开西班牙）的旅程"。

29. 例如 Jehan de Hons 提供的情报，见 *CSPSp*，Ⅵ/1，341 - 3，and Ⅵ/2，8 - 9，Chapuys to Charles，16 July 1541 and 7 May 1542。关于他的身份，见 idem Ⅵ/2，427，Chapuys to Marie，5 July 1543。David Potter 的评论入木三分："de Hons 如何能够有时间抄录主公的这么多加密信函，这才是个谜。"（Potter，*Henry* Ⅷ，67 - 8.）

30. *CSPSp* Ⅵ/2，236 - 8，Charles to Chapuys，23 Jan. 1543；Rymer，*Foedera*，ⅩⅣ，768 - 80，treaty between Charles and Henry 'contra Franciscum cum Turcha confoederatum，de guerra indicenda & Franciae invadenda'，11 Feb. 1543（Roman style）.

31. *CSPSp* Ⅵ/2，236 - 8，Charles to Chapuys，23 Jan. 1543.

32. *SP*，Ⅸ，355 - 60 and 374 - 6，Bonner to Henry，15 Apr. and 14 May 1543.

33. *SPs*，Ⅸ，374 - 6，Bonner to Henry，14 May 1543；Ball and Parker，*Cómo ser rey*，149 - 59，1543 年 5 月 4 日和 6 日的指示的引文都出自这里。

34. 皇帝使用"我们"和"我们的"这样的词，这很值得注意。他也许是第一次觉得自己和儿子是一个"团队"。

35. 事实证明这个警示是有道理的，因为查理五世的大臣分成许多派系，见 Tellechea Idígoras，*Fray Bartolomé*，Ⅰ，1559～1562 年卡兰萨审判期间五十位廷臣的证词就能体现这些派系斗争。

36. 皇帝在评估洛斯·科沃斯时花的时间比用在别人身上的都多。关于洛斯·科沃斯的缺点，查理五世告诉儿子："我已经警告过他。我相信他会改过自新。"

37. 安托万·佩勒诺（1517～1586），在 1561 年之后是格朗韦勒枢机主教，他将会在德意志和尼德兰为皇帝及其儿子服务到 1564 年，在意大利从 1564 年工作到 1579 年，于 1579 年回到西班牙担任首相。查理五世的预言一点不错："他会很好地辅佐你。"

38. 费尔南多·德·巴尔德斯·萨拉斯（1488～1568）曾任巴利亚多利德文书官衙的主席（1535～1539 年）、卡斯蒂利亚御前会议主席（1539～1546 年）；并自 1546 年开始，担任塞维利亚大主教和宗教裁判所首席法官，直到他去世。1520～1522 年，他曾陪同查理五世去英格兰、尼德兰和德意志，见 Colón de Carvajal，'Don Fernando de Valdés'。关于他后来与皇帝的交往，见第十五章。

39. *Bibliographie nationale de Belgique*，Ⅲ（Brussels，1872），col. 666，Gachard's entry on Charles；*SP*，Ⅸ，355－60，Bonner to Henry，15 Apr. 1543.

40. AGS *E* 60/193－4，洛艾萨（1530 年和 1533 年教宗与皇帝在博洛尼亚的"峰会"的仍然在世的亲历者）给查理五世的信，1543 年 9 月 28 日，亲笔信；AGS *PR* 16/75，查理五世给他的新任驻罗马教廷大使胡安·德·维加的指示，1543 年 7 月 5 日，详细记录了他在布塞托与保罗三世的会谈。Chabod，*Storia*，84－7，讨论了教宗从查理五世手中买下米兰的提议，指出皇帝刚刚从佛罗伦萨公爵科西莫手中接受了 15 万杜卡特，换取帝国军队占领的两座要塞。

41. Giovio，*Delle Istorie*，693（book XLⅢ；at Busseto in June 1543）；Gachard，'Notice historique'，45－6，Charles to the Estates of Flanders，13 June 1543（HHStA *Belgien PA* 38/3 包含 12 封类似信件的备忘录）。

42. *SP*，Ⅸ，450－2，Nicholas Wotton to Henry，Brussels，21 July 1543，holograph；ASF *MdP* 4301/104－10 and 141，Ricasoli to Duke Cosimo，Speyer，2 Aug. 1543，and Mainz，11 Aug. 1543.

43. *SP*，Ⅸ，484－7，Bonner to Henry，Cologne，24 Aug. 1543；Gachard，*Analectes historiques*，Ⅰ，246－57，Charles to Philip，25 Sep. 1543；Gayangos，*Relaciones de Pedro de Gante*，97. Arfaioli，'A clash of dukes'注意到，尽管迪伦不是火炮要塞，它的防御工事部分得到了现代化（就像佛罗伦萨的防御工事在 1529～1530 年、梅斯在 1552 年得到现代化一样）。

44. Brantôme，*Oeuvres*，Ⅱ，4；Gayangos，*Relaciones de Pedro de Gante*，96；ASF *MdP* 4301/179，Ricasoli to Duke Cosimo，from the imperial camp，30 Aug. 1543.

45. ASF *MdP* 4301/182，Ricasoli to Duke Cosimo，from the imperial camp，12 Sep. 1543；*PEG*，Ⅱ，669.

46. *SP*, Ⅸ, 505－7, Wotton to Henry, 9 Sep. 1543（引用了拉丁文中关于恺撒的说法）; AA 4/95, Charles to Alba, 27 Oct. 1543, 亲笔附言（copy at f. 46）。

47. ASF *MdP* 4301/182－5, Ricasoli to Duke Cosimo, 12 Sep. 1543; *SP*, Ⅸ, 505－7, Wotton to Henry, 9 Sep. 1543; *PEG*, Ⅱ, 678－82, 查理五世给尚托奈男爵的指示, 尚托奈男爵是皇帝派到亨利八世身边的特使, 奉命提议英格兰与帝国在"明年"联手入侵法国, 1543 年 9 月 12 日。

48. *SP*, Ⅸ, 522－5, 英格兰远征军总司令约翰·沃乐普爵士给亨利八世的信, 1543 年 10 月 21 日, 沃乐普在前一天觐见了查理五世; Gachard, *Analectes historiques*, Ⅱ, 216－19, Granvelle to Marie, 29 Oct. 1543（将大臣的叙述改为第一人称）。

49. ASF *MdP* 4301/280－1, Ricasoli to Duke Cosimo, 27 Oct. 1543, 引用了马里尼亚诺侯爵的话（'batterla era una *obstinatione* di Sua Maestá); *SP*, LⅨ, 527－9 and TNA *SP* 1/182/39－41, Wallop to Paget, 22 and 26 Oct. 1543（详细描述了白炮发射的"炮弹""向四面八方喷火"); AGS *E* 60/193－4, Loaysa to Charles, 9 Sep. 1543, 亲笔信。

50. Gayangos, *Relaciones de Pedro de Gante*, 105－6（进军）and 109（责备）; Gachard, *Trois années*, 22, Navagero to the Signory, 2 Nov. 1543; *SP*, Ⅸ, 538－42, Wallop to Henry, 6 Nov. 1543。

51. *SP*, Ⅸ, 538－42, Wallop to Henry, 6 Nov. 1543; ibid. , 543－5, Wallop to Paget, 7 Nov. 1543, 带有 11 月 10 日的附言; HHStA *Hs. Blau* 596/1/57, Charles to Ferdinand, 19 Nov. 1543; Gachard, *Trois années*, 23, Navagero to the Signory, 28 Nov. 1543, 包括他的佛罗伦萨同僚无意间听到的另一消息, 见 ASF *MdP* 4301/357, Ricasoli to Duke Cosimo, 10 Dec. 1543。又见 Gachard, *Analectes historiques*, Ⅱ, 34－8, Charles to Marie, 4 and 5 Nov. 1543。

52. Isom-Verhaaren, '"Barbarossa"', 419, 引用了巴巴罗萨写给苏莱曼大帝的信, 1544 年 3 月 22 日。

53. TNA *SP* 1/182/157－64, "总督［贡扎加］和国王陛下为入侵法国签订的条约", 草稿经过好几个人的大量修改, 不过主要是由佩吉特修改的（部分用法文）, 没写日期, 但在 1544 年 1 月 4

日发给了沃乐普：*SP*，Ⅸ，576 – 81. See also AGS *E*，806/79，Chapuys to Prince Philip，18 Jan. 1544，概述并更新了同意的条件。

54. Du Bellay，*Mémoires*，Ⅳ，236；TNA *SP* 1/187/86 – 8，Wotton to Henry，7 May 1544；Gachard，*Trois années*，36 – 7，Navagero and Morosini to the Signory，26 Apr. 1544，在觐见查理五世之后。

55. ASF *MdP* 4301/464，Ricasoli to Duke Cosimo，1 Mar. 1544，解码信，引用了罗马教廷大使的话；*PEG*，Ⅲ，21 – 5，帝国会议对皇帝提议的回应，施派尔，1544 年 6 月 10 日。至于丹麦方面，见Bregnsbo，'Carlos V'，494 – 5。

56. Brandi，'Die Testamente'，96 – 107，遗嘱附录被见证签署于 1544 年 6 月 21 日，后被密封送至斐迪南处；AGS *E* 500/73，Charles to Los Cobos，7 July 1544。

57. BNE *MR*/43/283，'Descripció de parte de Francia por donde entró el emperador'，56cm × 107cm，没写日期，但应为 1544 年。

58. ASF *MdP* 4301/503，Ricasoli to Duke Cosimo，14 Mar. 1544；Rozet and Lembey，*L'invasion*，545 – 6，Ambassador Heironymo Feruffino to the duke of Ferrara，7 July 1544；ibid. ，539，same to same，23 June 1544；ibid. ，666 – 8，Navagero to the Signory，22 June 1544. Rozet and Lembey，op. cit. ，511 – 743，刊载了威尼斯、费拉拉和曼托瓦的使节发给各自政府的将近 200 份战地报告的长篇节选。*SP*，Ⅸ and Ⅹ 包括英格兰大使的报告。

59. HHStA *Belgien PA* 40/3/293 – 8，Charles to Marie，20 July 1544. 查理五世于 9 月 23 日，也就是比他预计早两天，在康布雷结束了作战。

60. HHStA *Belgien PA* 40/3/363 – 8，Charles to Marie，31 Aug. 1544；*CDCV*，Ⅳ，522（《回忆录》）。Rozet and Lembey，*L'invasion*，574 – 6，Feruffino to Ferrara，4 Sep. 1544，and 638 – 48，Camillo Capilupo to the regents of Mantua，19 Sep. 1544，这两封信都对夜间行军做了精彩的叙述。

61. Rozet and Lembey，*L'invasion*，713 – 15，Navagero to the Signory，'16 leagues from Paris'，6 Sep. 1544；ibid. ，638 – 48，Capilupo to the regents of Mantua，19 Sep. 1544.

62. TNA *SP* 1/192/36 Wotton to Paget, 6 Sep. 1544; Guyon, *Mémoires*, 109; Giovio, *Opera*, Ⅰ, 348 – 50, Giovio to Cardinal Farnese, 23 Sep. 1544. 因此，法国在 1544 年的军事崩溃差不多和 1940 年 (另一个敌人从东方发动突然袭击) 一样迅速而彻底。

63. *CDCV*, Ⅳ, 523 – 4 (*Memoirs*); Rozet and Lembey, *L'invasion*, 574 – 6, Feruffino to Ferrara, 4 Sep. 1544; von Druffel, 'Kaiser Karl Ⅴ', 266 – 70, Charles's instructions to Perrenot, 7 Sep. 1544.

64. AGS *E* 64/95, Los Cobos to Charles, 17 Sep. 1544; BMECB *Ms. Granvelle* Ⅲ, 166 – 8, 格朗韦勒关于议和的建议，没写日期，但于 1544 年 9 月 14 日或 15 日呈送给查理五世，草稿经过大量修改 (ext in *PEG*, Ⅲ, 26 – 9, 没有体现修改的情况)。格朗韦勒的分析是正确的：亨利八世的军队刚刚占领布洛涅，他就开始计划返回英格兰。

65. Rozet and Lembey, *L'invasion*, 577 – 8, Feruffino to Ferrara, 11 – 14 Sep. 1544.

66. AGS *E* 64/95, Los Cobos to Granvelle, 17 Sep. 1544; AGS *E* 64/197, Loaysa to Charles, 5 Jan. 1544; *CDCV*, Ⅱ, 282 – 4, Philip to Charles, 28 Sep. 1544 (对萨拉曼卡大学神学家的观点的有趣表达，他们认为胜利者不应当消灭失败者，而是应当主动赐予他们和平); *CDCV*, Ⅳ, 523 – 4 (*Memoirs*)。

67. Dumont, *Corps*, Ⅳ/2, 279 – 87, treaty of Crépy, 18 Sep. 1544.

68. Hasenclever, 'Die Geheimartikel', 420 – 2, 文本签署于 1544 年 9 月 19 日。

69. HHStA *Hs. Blau* 596/1/69v – 72, Charles to Marie, 19 Sep. 1544, 存档副本 (部分刊载于 von Druffel, 'Kaiser Karl Ⅴ', 270 – 1)。

70. Giovio, *Opera*, Ⅰ, 352 – 4, letter to 'a friend', Rome, 14 Oct. 1544; Zimmerman, *Paolo Giovio*, 197.

十二 秋后算账：德意志与意大利，1545～1548年

两种方案的选择

又一次打败法国之后，查理五世现在必须设法赢得和平。这并不容易，因为在帝国军队复员之后，法国面临的直接威胁就消失了，很多法国人开始谴责《克雷皮条约》。其中为首的就是法国王太子，他通过法律手段正式抗议条约的要求，即要他放弃对那不勒斯、佛兰德和其他地区的主张。他还怨恨条约给他的弟弟奥尔良公爵的有利条件，因为奥尔良公爵除了在法国得到广袤领土之外，还将得到尼德兰或米兰，而这将对法国王室的权威构成严重的威胁。

查理五世则对把自己帝国的任何一块分离出去感到懊恼，不过起初他还是用自己一贯的方式来排忧解闷：消遣和祈祷。1544年11月2日，在姐姐埃莉诺和奥尔良公爵的陪同下，他在布鲁塞尔市场观看了"60名武士打扮成摩里斯科人的模样，展现自己玩杆子游戏的本领"。随后他去了一家修道院，"安心做告解并与上帝交流"，因为他在万灵节那天没有这么做。随后他去打猎，又伤了膝盖，处理政务时不得不"坐在一张非常低矮的椅子上，双腿用黑布缠着，把身体尽可能架高"。[1]

《克雷皮条约》让查理五世有四个月的时间来决定是把米兰还是尼德兰割让给奥尔良公爵。他用这段时间征询了近亲、大臣和盟友的意见。亨利八世出于"我对你的友谊与爱"，首

先给出意见，强烈反对割让尼德兰给法国人，"因为皇帝为了这些战争已经付出了沉重的代价，花费了极多的资源，并且他的臣民因为这些战争已经蒙受了严重的损失和麻烦"，并且考虑到，假如腓力王子有什么不测，玛丽亚公主将"成为皇帝的全部产业的继承人"。因此亨利八世建议查理五世安排奥尔良公爵与斐迪南的女儿之一结婚。并且，米兰是帝国的采邑，所以"在皇帝百年之后，不管谁继承了它，都会遇到许多争议；要想保住米兰就必然会遇到重重困难"。换句话说，米兰是一杯毒酒。[2] 英王的分析很精彩，查理五世的很多大臣都同意。

1544 年 11 月 1 日，"皇帝身边负责西班牙事务的主要人物"阿隆索·德·伊迪亚克斯来到巴利亚多利德，向腓力及其谋臣解释了"理解皇帝陛下的两个选择所需的全部信息"。腓力王子去询问自己的妹妹玛丽亚的意见，而他的高级大臣则"开了四五次会"（腓力没有参加），讨论两个选择。[3] 腓力王子命令一名秘书将每次会议上每位大臣的意见记录在案。这份记录（负责记录的秘书在其中哀叹道，有些大臣"讲话过于冗长"，而有些人"讲得太琐碎，此处没有必要全部写下来"）清楚地表明，查理五世在两年前向儿子做的描述是多么正确：他的大臣之间存在"互相之间的敌意或结盟，以及……密谋集团"。

首先发言的洛艾萨说，查理五世前不久提议割让尼德兰给法国人，但"他们不肯接受"，所以现在再重复谈这些没有意义。并且，因为弗朗索瓦一世"历来更倾向于米兰公国，所以他［洛艾萨］相信，即便我们把尼德兰给法王，也不会带来长期和平，因为那不是他想要的"。枢机主教塔韦拉第二个发言，意见与洛艾萨类似，但理由不同。1529 年查理五世离开伊比利亚半岛不久之后，这位枢机主教曾敦促他"将思绪转向征服北非"，因为"那才是最终……能够延续千秋万代的基业，能够传给他的继承人"，而"在意大利获得的收益只是转瞬即逝的光荣"。现在塔韦拉重复自己的观点，即"没有一位西班牙国王能够守住米兰，因为这么做的开销太大，又需要持续不断地花钱"。相比之下，"对陛下来说最重要的，也能够维持他在帝国与德意志的地位的，是尼德兰"，因为"它是遏制法国国王的重中之重"。阿尔瓦公爵是会议当中唯一对主公在欧洲的每一块领地都有实际经验的人，他不同意：

> ［米兰］是我们在西班牙与德意志和尼德兰之间来往的门户，并且米兰有助于我们保住那些国家，并维护我们在帝国的权威，确保帝国的服从。没了米兰，我们就没办法治理帝国，陛下的诸王国与领地也会永远互相分隔。

阿尔瓦公爵用"多米诺理论"来支撑自己的观点："法国人贪得无厌、野心勃勃，所以一旦他们在米兰站住脚，就必然会尝试获得那不勒斯和西西里，到那时陛下就没有办法支援那两国"，因为控制米兰的人就能控制热那亚，那样的话"我们就没办法从西班牙输送援兵去那不勒斯和西西里，因为我们在加泰罗尼亚和那不勒斯之间缺少一个能够让舰队躲避风雨的港口"。所以查理五世必须保留米兰，而把尼德兰交给法国人。[4]

腓力王子主持了高级大臣的最后一次相关会议之后，写了一封信给父皇，概括了大臣们的不同观点。五位大臣支持洛艾萨和塔韦拉，即认为查理五世应当保住尼德兰，而让奥尔良公爵与斐迪南的女儿结婚，以米兰为嫁妆。另外五位大臣赞同阿尔瓦公爵，即西班牙没有办法有效地保护尼德兰不受法国侵犯（他们指出，之前保卫尼德兰的努力已经严重消耗了原本用来保卫西班牙和西属意大利的资源），而米兰是整个帝国的枢纽与核心。腓力王子支持第二种观点，建议父亲让奥尔良公爵与玛丽亚结婚，以尼德兰为嫁妆。[5]

但查理五世的尼德兰大臣们坚决反对。玛丽及其议事会准备了一份文件，题为"确定《克雷皮条约》涉及的方案时需要考虑的问题"。这份文件是问答形式的，包括：

> 皇帝应当就此事征询哪些尼德兰贵族的意见？是分别单独谈，还是同时询问他们？（回答：应当分别单独谈，因为这样比较容易对征询意见的过程保密。）
>
> 有无可能找到某种便利条件来争取时间、推迟做决定？（回答：那样的话，法国人可能会怀疑皇帝变卦。）
>
> 如果陛下决定把自己的女儿嫁给奥尔良公爵，以尼德兰为嫁妆，那么"他如何获得尼德兰臣民的同意"？（回答：所有尼德兰人都更愿意继续当皇帝陛下及其后代的臣民，如果不行的话，他们愿意接受罗马人国王［斐迪南］的儿女的统治。他们不肯接受其他人。）

尼德兰的议事会还提醒查理五世，"他出生在尼德兰，知道此地的臣民对他多么忠诚，他们为了他做出了多么大的贡献，付出了多么沉重的代价，蒙受了多么巨大的损失，他们被敌人包围的处境是多么危险，以及宗教方面的混乱是多么危险"。他们恳求他"不要抛弃他们，也不要在我们的有生之年把他们交给别人"。[6]

查理五世的米兰臣民提出了类似的请求。一个代表团于1544 年 11 月抵达，"恳求皇帝不要将米兰公国交给奥尔良公爵"，部分是因为一旦米兰从哈布斯堡家族手中转到瓦卢瓦王朝手中，那些曾经支持皇帝的人就不得不流亡，而他们的敌人将会掌权。查理五世本打算去德意志与斐迪南面谈自己的困境，但"我的健康状况不允许我按照原计划旅行"。于是他"借助书信和一些值得信赖的官员"来打探弟弟的意见，并得知，斐迪南也主张割让米兰。[7]

据威尼斯大使贝尔纳多·纳瓦杰罗说，查理五世宫廷内关于此难题的激烈争论让"皇帝颇为烦恼，因为他不想食言，但每天他都越来越深刻地认识到，如果兑现诺言，就会伤害他自己和他的后代"。纳瓦杰罗大使认为皇帝因为承受沉重压力而损害了健康，并且他的痛风病又发作了。查理五世告诉弟弟，痛风"从我的左肩发端，整个胳膊都疼痛难忍，现在发展到了我的手"。他开始用一根绷带支撑左臂。痛风病发展到脚部之后，他不得不卧床。他开始服用愈创木酚（lignum vitae），这是前不久从加勒比海地区进口的治疗痛风病的药。但它的副作用是产生了黄疸、尿道感染和高烧不退，导致皇帝"身体虚弱、焦躁、不时上床下床"。但他没有办法把问题无限期地拖下去，于是在 1545 年 2 月宣布："我已决定将米兰公国册封给奥尔良公爵"，并把斐迪南的女儿嫁给他。[8]

准备彻底消灭路德派

根据查理五世的《回忆录》，海尔德在 1543 年的快速垮台"让他看清了局势，察觉到了新的机遇，从此之后，他相信可以用武力让路德派低头，并且如果他巧妙地选择时机和策略的话，就能非常轻松地达成这一目标"。[9]现在，德意志境内和境外的一系列彼此毫无关联的事件让皇帝有机会把那些"新的机遇"变成现实。

1531 年，施马尔卡尔登联盟的建立让路德派诸侯与城邦得到了一定程度的保护。皇帝的宫廷多次试图限制诸侯在宗教和世俗事务方面的自由（包括限制诸侯对教会财产进行世俗化），但联盟的律师阻挠了皇帝的这些企图；联盟的军队也能提供有效的防御力量，有时还能发动进攻。1534 年，黑森方伯菲利普率领联盟的军队迫使哈布斯堡军队撤出符腾堡，恢复了符腾堡先前的统治者的地位，并在该公国境内恢复路德宗信仰。但在 1541 年，查理五世与黑森方伯缔结了一项条约：皇帝宣布，因为"你已经赢得了我的好感与友谊，所以我赦免和宽恕你对我或我的兄弟不利的一切计划或行为"；作为回报，黑森方伯承诺不与皇帝的任何敌人（包括法国）结盟，而是在帝国会议和国际事务中支持皇帝。[10]

次年，黑森方伯利用自己与皇帝的新盟约，与萨克森选帝侯约翰·弗里德里希一世联手进攻并占领了信奉天主教的不伦瑞克公爵海因里希二世的领地，借口是他威胁了两座信奉路德宗的城镇。这一次，黑森方伯和萨克森选帝侯没有征询联盟其他成员的意见就动武，所以当他们向联盟索要军费时，路德派诸城市（它们提供了联盟预算的一半以上）拒绝了，并表示，对不伦瑞克的占领"截至目前没有给我们带来任何好处。恰恰相反，这件事情让我们蒙受了损失、处于下风，我们也没有任何理由可以期望此事在未来能给我们带来什么利益"。[11]查理五世提议，在冲突各方解决争端时可以将不伦瑞克公国交给"第三方"，但他们拒绝了。1545 年 9月，战火复燃，不伦瑞克公爵海因里希二世得到对方的承诺，"他将得到自己应得的待遇"，于是投降了。黑森方伯旋即将海因里希二世投入监狱，不准他与外界接触，并强迫他皈依路德宗。[12]

不伦瑞克的这场战争在黑森方伯和他的女婿萨克森公爵莫里茨之间造成了矛盾，因为莫里茨曾亲自向不伦瑞克公爵海因里希二世保证，如果他投降，就会得到宽大的条件。而莫里茨和萨克森选帝侯约翰·弗里德里希一世之间原本就有矛盾。在帝国之内，萨克森领土仅次于哈布斯堡家族的领土，但在半个世纪之前，萨克森的统治者分家了：约翰·弗里德里希一世拥有选帝侯头衔，并统治较大的一块领土，包括路德曾生活和传道的维滕贝格；而约翰·弗里德里希一世的亲戚莫里茨占据较小的一块领土。同一家族的两个分支之间的竞争在 1542 年达到高潮。这一年，约翰·弗里德里希一世占领了一些他曾与莫里茨联合管理的土地，驱逐了莫里茨的部下。莫里茨没有办法对抗强大的亲戚，于是决定讨好哈布斯堡家族：1542 年，他与斐迪南在匈牙利并肩作战，对抗土耳其人；1543 年至 1544年，他与查理五世一起攻打克莱沃和法国，并暗示，如果皇帝支持他对付约翰·弗里德里希一世，他或许会给皇帝提供更多支持。[13]

但若不是国际形势发生了变化，查理五世或许还不敢去利用德意志路德派内部的这些矛盾。1545 年，弗朗索瓦一世向英格兰发动海陆两路的进攻，占领了怀特岛；次年，苏莱曼大帝派陆军攻打波斯，派海军在印度洋对抗葡萄牙人。所以施马尔卡尔登联盟同时失去了几个最强大的外国支持者。但查理五世还是命令在沃尔姆斯召开帝国会议，再次努力促成他的路德派和天主教臣民之间和解。他于 5 月 16 日抵达该城，疼痛难忍的左臂仍然打着绷带。两天后，他接见了枢机主教亚历山德罗·法尔内塞（教宗保罗三世的国务秘书，也是他的孙子）。法尔内塞开口先为过去的分歧道歉，这时查理五世大度地打断了他的话："不必谈过去，让我们从头开始吧。"然后法尔内塞揭示了自己的秘密使命：传达保罗三世教宗的提议，即如果皇帝向路德派动武，教宗将提供兵员和军费，作为支持。[14]

皇帝已经派遣一名使者去伊斯坦布尔，让使者与斐迪南和法王派去的外交官联络，从而签订一项协议，防止"那些偏离了我们神圣信仰的人，即那些自称新教徒的人利用匈牙利的战事来巩固他们的错误信仰，并提出敲诈勒索的要求"。新教徒在以前就这么干过。几天后，皇帝告诉枢机主教法尔内塞，尽管他欢迎教宗的提议，但在皇帝下决心用兵之前，教宗最好提出更好的条件。一个月后，教宗送来了新的提议：如果皇帝现在就向路德派宣战，教宗将提供 20 万杜卡特的现金，以后再付 10 万杜卡特，并为一支拥有 12000 名步兵和 500 名骑兵的远征军提供军费。此外，保罗三世承诺批准出售教会在西班牙拥有的价值 50 万杜卡特的修道院土地，从而支持皇帝的作战。[15]

查理五世命令大臣们制订详细的作战计划，但他们很快就得出结论："要在今年夏季作战，已经来不及了"，尤其是：

> 在 9 月中旬之前我们无法将军队集结完毕，而在 9 月中旬之后，秋雨和寒冷天气非常不适合作战，在德意志尤其如此。如果开始了战争却不能将其结束，就会白白耗费我们的资源，也会让我们的敌人做好准备、壮起胆来、更加冥顽不灵。到那时，我们就很难占上风。

但查理五世补充道："就算目前无法开战，我在明年会同样积极。"[16]8 月，皇帝中止了帝国会议（它在解决德意志的宗教争端方面几乎止步不前），乘船由莱茵河来到科隆，在那里"为了自己良心的缘故"训斥了科隆大主教赫尔曼·冯·韦德，因为他偏向路德派。随后皇帝从科隆去了布鲁塞尔，准备册封奥尔良公爵为米兰公爵。但在 1545 年 9 月 9 日，奥尔良公爵突然去世了。[17]

五年后，查理五世在《回忆录》中记载道，奥尔良公爵的死讯送到他那里的时候，正是"《克雷皮条约》规定的册封奥尔良公爵为米兰公爵的期限的九天之前"，所以"这消息来得真是太巧了，仿佛是上帝为了自己的秘密目的而安排的"。皇帝当然不会在此时公开这么说，而是向弗朗索瓦一世保证，他"下定决心要信守诺言，绝不食言"，并提议，腓力王子（他的妻子、葡萄牙公主玛丽亚·曼努埃拉刚刚去世）可以娶一位法国公主，然后皇帝把米兰册封给他们的头生子。尽管弗朗索瓦一世似乎愿意接受这一点，但拒绝了查理五世的要求，即法国人从萨伏依公爵的领地撤军。法王要求先对其他事务达成一致再考虑撤军。皇帝没有催促他撤军，因为只要英法战争还在继续，弗朗索瓦一世就没有办法伤害皇帝。皇帝鼓励这样的说法向四面八方传播：他正在筹集资金、集结军队，是为了第三次远征北非。[18]

保罗三世利用这些事态，采取了两方面的关键行动。他把自己的私生子皮耶路易吉·法尔内塞（卡斯特罗公爵）册封为帕尔马和皮亚琴察公爵（这两地都是帝国的采邑）。如果奥尔良公爵成了米兰公爵，教宗绝对不敢这么做。虽然皇帝拒绝认可教宗的这个举动，但也没有公开反对，因为他需要保罗三世支持他在德意志的行动。1545 年 12 月，教宗在意大利与德意志边境上的特伦托召开了已经被耽搁许久的宗教会议。教宗命令与会者先重新确立教义，然后考虑改革教会、涤荡弊端。这和查理五世的意愿恰恰相反，但他这一次也只能接受，免得教宗撤销支持他在德意志对新教徒采取行动的承诺。

皇帝在准备战争，而他的主要谋臣敦促他审慎行事。在西班牙，洛斯·科沃斯表示担心"即将对德意志新教徒采取的措施未必能奏效；因为他们为数众多、顽固不化，所以恐怕会造成很大麻烦"。腓力王子则"提醒陛下，您应当仔细审视自己的行动计划，准备好有利的结局所需的预防措施与资源"，这不仅仅是因为尽管"圣父现在表达善意、愿意支持您，但这种事情有时候会落空，那样的话所有责任和负担就落到陛下一人肩上了"。

在布鲁塞尔，玛丽哀叹道："那个受诅咒的教派已经声势浩大，我们很难知道哪些人是善良的天主教徒。"她还提醒兄长，一个世纪以前，西吉斯蒙德皇帝曾"试图用武力镇压波希米亚人［指胡斯派］①，并在德意志全体诸侯的支持下派遣了好几支军队去讨伐他们，但始终未能成功。最后他们不得不放任波希米亚人自行其是"。她还说："匈人和汪达尔人就是来自今天的路德派所在的地区，后来那些野蛮人毁坏了法兰西、西班牙与意大利，最后去了非洲。"所以最好不要管路德派。[19]

后来的历史证明，腓力、洛斯·科沃斯和玛丽都是卓越的预言家，但查理五世不理睬他们的建议。不过他行动的时候极其小心谨慎。1546 年 2 月，他收到消息，苏丹签署了与帝国为期一年的停战协定。于是皇帝再次来到德意志，率领约 500 名骑兵去雷根斯堡主持又一次帝国会议。途中他邀请遇见的所有人"亲眼来看，他只带了自己一贯带在身边的随从，因为他希望和平解决德意志的问题，而不是诉诸武力"。[20]

尽管这种说法是完全虚假的，但查理五世借此得以在德意志安全地旅行，并与好几位路德派诸侯举行了非正式会谈，其中有黑森方伯菲利普。关于他俩的会谈的存世史料揭示了皇帝在鸡毛蒜皮的事情上也随时会撒谎。他的《回忆录》里说：

① 胡斯派产生于宗教改革之前的一场教会改革运动，得名自捷克改革家扬·胡斯。胡斯派主要在波希米亚、摩拉维亚、西里西亚和斯洛伐克传播。1415 年的康斯坦茨会议宣布胡斯派为异端，教廷后来敦促神圣罗马皇帝出兵镇压捷克胡斯派，即 1419～1434 年的胡斯战争。在捷克民族英雄扬·杰式卡的卓越领导以及波希米亚当地先进的兵器制造业的支援下，胡斯派屡次击败帝国军队。后来，胡斯派分裂为圣杯派和塔博尔派，也称温和派和激进派。前者主要为上层人士，后与天主教会合作，镇压了主要代表社会下层阶级的塔博尔派。此后两个世纪，波希米亚和摩拉维亚由圣杯派占主流，直到三十年战争初期神圣罗马皇帝重新在这些地区推行天主教。

"在黑森方伯与皇帝陛下于施派尔举行的会谈中，黑森方伯表现得极其傲慢无礼，于是皇帝陛下用几句话打发了他。"但皇帝不知道的是，黑森方伯详细记录了他俩的会谈内容。根据这些史料，菲利普告诉查理五世，尽管他不太相信大公会议能够解决宗教争端，但"我相信仅仅由德意志人参加的宗教会议更有希望"。随后两人谈到了科隆大主教对路德派的倾向。据菲利普说，皇帝快活地问道：

> "那个人怎么能开展改革？他不懂拉丁文。我听说他一辈子做弥撒的次数不超过三次，连悔罪经[弥撒中的关键祈祷文之一]都不懂。"我答道："我希望陛下知道，他读过许多德文书，对宗教有很深的理解。"皇帝随后说："宗教改革的意思并不是引进新教义。"[21]

此次会议的另一位目击者也证实了会议期间气氛的轻松愉快。皇帝问到施马尔卡尔登联盟的情况时：

> 方伯神秘莫测地答道："尊敬的皇帝陛下，我们只缺一个人。"皇帝小心地问，缺的是什么人。方伯答道："我希望皇帝陛下也加入虔诚信徒的行列。"两人都哈哈大笑起来。皇帝说："不，不，我不会加入那些有错误思想的人。"

这显然不是查理五世后来所说的"傲慢无礼"。并且，在谈了"三个多钟头"之后，皇帝、方伯及双方的廷臣一起去打猎了。佛罗伦萨大使报告称："从这些外部证据来看，他们全都很开心。"[22]

尽管黑森方伯表面上自信满怀，但施马尔卡尔登联盟其实让他很伤脑筋。此时联盟有三十六个成员国，但"分布过于零散、不够集中"，从斯特拉斯堡到波美拉尼亚，从康斯坦茨到汉堡都有联盟的成员国。这些邦国的唯一的共同点就是宗教信仰，除此之外它们"没有共同的经济利益、政治传统，各自面对的区域安全问题也各不相同"。联盟"太大了，也过于去中心化，所以没办法像一个 16 世纪的国家那样有效地行事"。黑森方伯在会见查理五世的两个月前向一些同僚哀叹道：

> 我们曾经拥有的精神和感情，如今都荡然无存。我们当初组建联盟的时候，还没有这么多成员，那时我们自己承担起赋税的负担，在上帝的佑助下做了很多大事，有时是各自行事，有时是集体努力。但如今，当幸运女神站在我们这边的时候，当我们的宗教急需我们慷慨解囊并且我们面临战争的时候，我们却如此心胸狭隘、如此吝啬钱财。[23]

黑森方伯发出这些哀叹的时候，查理五世已经抵达雷根斯堡，在那里待了四个月。他抽出时间去打猎（"为了娱乐，我与巴伐利亚公爵会合，然后花了七八天时间打猎"），还引诱了少女芭芭拉·布隆贝格（该城一位手工匠人的女儿）；但他并不是事事顺利。[24]尽管路德于 1546 年 2 月去世，他的教义仍然风生水起，获得了不少重要的新信徒，其中有普法尔茨选帝

侯弗里德里希二世①，即查理五世的姐姐埃莉诺曾经的追求
者，如今是皇帝的外甥女丹麦公主多罗特娅的丈夫。弗里德里
希二世和多罗特娅在海德堡接待查理五世的几周前，已经将自
己境内的天主教神职人员驱逐出境，并让路德派教徒入境。于
是路德派选帝侯的人数增至三人，并且他们都没有参加雷根斯
堡帝国会议。斐迪南也没有参加帝国会议，说自己忙着处理自
己的问题，没有时间去。查理五世震怒，要求弟弟在三周之内
前来与自己会合，因为"我想要讨论的事情极其重大，所以
我们必须面谈……不能通过中间人，也不能通过书信"。他承
诺："我们谈了四五天之后，你就可以回去处理自己的事情。"
（这颇能揭示皇帝对峰会外交的重视。）他还命令斐迪南"检
查和维修你的火炮，尽量收集弹药"，并让驻扎在匈牙利的西
班牙步兵部队进入待命状态。这暗示了皇帝打算要讨论的究竟
是什么方面的事务。皇帝最后以经典的"被动攻击性人格障
碍"的语气写道："你能看到，此事对我是多么重要，因为被
浪费的时间都是一去不复返的。因此我恳求你快马加鞭，尽快
到我这里来，因为这事对你的影响最大。"于是斐迪南搁置了
手边的事务，于 1546 年 5 月 28 日骑马来到雷根斯堡。

　　几天后，兄弟俩说服了巴伐利亚公爵允许他们用他的领土
作为作战基地，并为皇帝和斐迪南提供军费，条件是巴伐利亚
公爵的儿子可以娶一位哈布斯堡家族的女大公。皇帝和斐迪南
还说服了萨克森公爵莫里茨在皇帝与施马尔卡尔登联盟之间爆
发战争的情况下保持中立。[26]查理五世还与教宗的代表签订了

---

①　他的头衔原本只是普法尔茨伯爵，于 1544 年继承兄长的选帝侯位置之
　　后，称为普法尔茨选帝侯弗里德里希二世。

正式协议，于是教宗从意大利送来部队和金钱；另外，皇帝还命令自己的德意志支持者开始动员。6月9日，他授权比伦伯爵在尼德兰征募1万名步兵和3000名骑兵，准备用于帝国境内的作战，因为"我在此处的问题除了动武之外别无解决的办法"。他通知玛丽：

> 我已经决定向萨克森选帝侯和黑森方伯开战，理由是他们扰乱了太平盛世，违反了法律，拒不服从帝国的权威，还囚禁了不伦瑞克公爵及其儿子，侵占了他的土地。尽管我给出上述开战理由，新教徒肯定仍然会认为这是一场宗教战争，但上述理由也许有助于分化他们，或至少延缓他们的动员，或者让他们的动员变得复杂化……和上一次战争［针对不伦瑞克公爵的战争］的情形一样，也许这样的理由还能威慑［路德派城市］，让它们不敢给萨克森和黑森提供资金。

查理五世还签署了一系列给主要的诸侯与城市的书信，确认"这场战争的目的是恢复不伦瑞克公爵的地位与领土……并镇压反叛者，而不是因为宗教"。一周后，他签署了一些委任状和指示，发给即将在德意志的一支新军队里为他效力的参谋军官。

查理五世在过去曾多次向路德派保证自己希望和平，那么他是不是始终口是心非、一直企图攻击他们？长期担任英格兰驻帝国宫廷外交官的约翰·梅森爵士不肯相信皇帝竟然会这样厚颜无耻地撒谎，所以告诉普法尔茨选帝侯弗里德里希二世：

　　我简直难以置信，皇帝经常以口头和书面方式表
示自己最想要的就是基督教世界的太平、福祉与安
宁，而如今他居然在世界已经安享太平的时候发动战
争，而且我认为这就是自残，因为德意志是他的一部
分。他要对这个民族发动战争，简直就像是要撕扯自
己的五脏六腑。

　　弗里德里希二世更明白真相。梅森问他，这支新的帝国军
队的攻击对象是谁。"'当然是新教徒了，'弗里德里希答道，
'还能有谁？'"[28]

　　四个世纪之后，卡尔·布兰迪得出了相同的结论。布兰迪
认为，查理五世向自己的德意志臣民保证过，"他最想要的就
是和平与秩序，除非被逼无奈，绝不动武。在某种意义上讲，
他说的是实话"；但"这不是完整的真相"。曼努埃尔·费尔
南德斯·阿尔瓦雷斯①不同意："我们不能忘了，查理五世诉
诸战争，是因为他相信新教诸侯不会愿意与他谈判。但出于谨
慎，他不能把自己的这个想法公之于众。这意味着，如果他在
雷根斯堡得到了施马尔卡尔登联盟的更多尊重，那么他也许不
会继续考虑开战。"[29]也许是这样吧，但阿尔瓦雷斯忽视了查理
五世的备战工作的规模与代价。皇帝在《回忆录》中说自己
决定在打败海尔德之后立刻向德意志路德派开战。我们可以将
这种说法理解为皇帝的事后偏见。但在 1545 年 2 月，他在给
儿子的一封信（在这封信里，他把自己的一个重要决定——

_____

　　①　曼努埃尔·费尔南德斯·阿尔瓦雷斯（1921～2010）是西班牙历史学教
　　　授，研究领域为 16 世纪、查理五世、腓力二世、塞万提斯等。

为了巩固对法和平，要把米兰交给奥尔良公爵——告诉了儿子）中宣布，他暂时不能返回西班牙，因为北欧"有要事缠身"，尤其是德意志事务。一年后，他向儿子透露，他打算运用自己在海尔德屡试不爽的策略去消灭他的德意志路德派臣民：如果他能"占领一些领土并对其施加严惩，以儆效尤，其他人都会举手投降……完成如此重要的大业，能够极大地推进上帝的事业、提升我的声望，并保障我的各领地的安全，尤其是尼德兰"。[30]

我们也许可以像费尔南德斯·阿尔瓦雷斯那样，认为路德派领袖在雷根斯堡的执拗意味着谈判都是徒劳的。但查理五世既没有抓住有利的国际形势，也没有利用自己几乎是赤裸裸的备战来迫使对方让步，这说明他对谈判早已不感兴趣，一心只想打仗。[31]

施马尔卡尔登战争

不过，查理五世算计错了。1546 年 6 月，施马尔卡尔登联盟的好几个重要成员命令其代表离开帝国会议，并派遣代表去法国和英格兰请求经济援助。不久之后，这几个新教诸侯开始动员军队。到 7 月中旬，联盟已经在多瑙沃特（距离雷根斯堡只有 130 公里）集结了 7 万名步兵、9000 名骑兵和 100 门大炮。据一位英格兰外交官说："此地人人都说，皇帝发动了一场危险的战争。本次战争将会严重威胁他的产业。这将是一场是事关重大的战争。"威尼斯大使表示同意："考虑到当前的局势以及皇帝所处的环境，发动此次冒险是他做过的最勇敢，或者更准确地说，是风险最大也最危险的决定。"[32]

根据路易斯·德·阿维拉·苏尼加撰写的此次战争的半官

方战史《最伟大的查理五世在德意志的战记》（下文简称《德意志战记》），如果路德派军队在此刻"抵达，就能把皇帝从雷根斯堡驱逐出去，也就能把他从整个德意志驱逐出去"。[33]但联盟军队没有统一的指挥体系，所以没有办法利用这个机会。因为之前萨克森选帝侯和黑森方伯单方面决定攻击不伦瑞克，联盟的其他成员坚持要求将来的一切军事行动都由作战会议定夺，各城市和诸侯共同提名十人组成作战会议。事实证明这是个灾难性的决定：作战会议甚至连谁当总司令都不能达成一致。约翰·弗里德里希一世、黑森方伯菲利普与塞巴斯蒂安·谢尔特林·冯·布尔滕巴赫（他是各城市派遣的军队的指挥官，是一位久经沙场的老将）拼命争夺总司令的位置。对于最佳战略是什么，联盟也没有一致意见。谢尔特林主张占领阿尔卑斯山的各山口通道，从而阻止帝国军队从意大利派遣援军。萨克森选帝侯害怕自己的本土基地遭到攻击，因此反对谢尔特林的意见。尽管谢尔特林起初占了上风，但他的部队还没有达成目标就被作战会议召回了。[34]

此时，查理五世面临的军事形势十分微妙，所以当教宗没能如约送来20万杜卡特时，皇帝大发脾气。他传罗马教廷大使觐见。大使发现皇帝"心情极其恶劣"，因为"他原以为教宗会立刻支付全款。而教宗没有这么做，让我们大为震惊，因为整个战事都仰仗着这笔钱"。皇帝愤恨地抱怨道，如果没有这笔军费，"他将不得不去亲吻黑森方伯的脚"。[35]虽然查理五世并没有向黑森方伯屈服，但还是在几天后逃离雷根斯堡，骑马南下去巴伐利亚的设防城镇兰茨胡特，在那里给儿子写了一封赤裸裸的敲诈信，催促他尽快筹款并把钱送来给他，因为：

我必须维持军队至少到 10 月底，否则不仅会危及我们的天主教信仰，还会损害我的荣誉、我的声望，甚至还会威胁到尼德兰与意大利。我无法预测事态将如何发展，也不知道我本人和我身边的人的命运如何，但我们决不能为了区区 30 万或 40 万杜卡特，就把一切都拿去冒险！

查理五世还向洛斯·科沃斯施压，不过是通过奉承他，而不是羞辱他。皇帝承认自己给腓力的信的措辞有些夸张，仿佛皇帝担心"上帝很快会把我带走"。他用近期的事态展示"他[查理五世]已经损失了什么"。皇帝在信中表示对忠诚的大臣洛斯·科沃斯绝对信任，相信他凭借自己的经验知道该怎么做：尽管皇帝对金钱的要求之高"会让你流泪，但不要吃惊，因为你和我一起经历过许多这样的处境。你在过去每一次都帮助我脱离了险境，所以我相信这一次你也一定能行"。毕竟皇帝是在捍卫上帝的事业，"上帝为了他的信仰，为了让我侍奉他，把我带到了此地"。[36]

查理五世签发了这两封信之后，局势就转为对他有利。谢尔特林的军队于 8 月 5 日抵达多瑙沃特，但因为长途跋涉去阿尔卑斯山又无功而返，已经精疲力竭，所以要求休整四天。联盟的作战会议利用这个时间起草了正式的宣言书，宣布不再效忠于查理五世，理由是他违背了自己的诺言，即宽容那些信奉《奥格斯堡信条》的人。萨克森选帝侯主张，他们甚至不应当称查理五世为"皇帝"，而将他称为"根特的查理"。尽管选帝侯的这个意见被大家推翻了，但宣言书送到皇帝那里时，使者还送来了"一根分叉的树枝，这是德意志人的习俗，象征着一位统治者向另一位宣战"。[37]

传递宣言书的使者抵达皇帝营地的日子，恰恰就是来自意大利的援军（有的是教宗派来的，有的原本就是皇帝的军队，这公然违反了查理五世当选皇帝时的承诺，即永远不把外国军队带到德意志）抵达的次日。皇帝拒绝接见联盟的使者，并指示阿尔瓦公爵（皇帝的主要野战司令官）告诉使者和陪同他的侍从，"皇帝理应将他俩绞死，但皇帝宽大为怀，因为他只想惩罚有罪的人"。使者及其侍从带回了一道皇帝敕令的副本，它宣布联盟的领袖为叛徒和逆贼，并威胁要处死任何敢于支持他们的人，并没收其财产。[38]

现在皇帝的军队有1万名意大利士兵和8000名西班牙士兵，以及16000名德意志士兵。他颇有挑衅意味地率军来到距离多瑙沃特不到60公里的巴伐利亚城市因戈尔施塔特。查理五世亲自寻找合适的扎营地点，并发布了一次"模拟警报"，看看他的部队各就各位需要多少时间。萨伏依大使斯特罗皮亚纳伯爵报告称，此次演习"十分精彩，鼓舞人心。我们很高兴看到皇帝陛下全副武装、戴着头盔在军营中行动，视察每一个单位，检查堑壕、火炮和敌人可能发动进攻的地点"。查理五世命令在营地建造堡垒和护墙，材料是"装满泥土的木桶"。这项工程不仅动用了士兵，还调动了"军营中的大量妇孺"。[39]

这些准备工作在1546年8月31日受到了考验。路德派军队在几百米外摆开阵势，开始"快速而猛烈地炮击，弹如雨下"。将近1500发炮弹落入帝国军队的营地，有些炮弹"比人头还大"。斯特罗皮亚纳伯爵报告称，此次炮击"令我的心猛跳不止，但皇帝表现出大无畏的精神。超过27发炮弹从他

的马脚之间飞过，或者从马头附近掠过，如果再近一些就会
打中皇帝"。但皇帝即便"目睹炮弹向他飞来，也不躲闪，
而是稳如磐石，面带微笑"。过了一段时间，"陛下站在堑壕
里观察敌情，这时敌人准备放炮。皇帝向周围的人呼喊，命
令他们隐蔽，自己却傲然屹立"。斯特罗皮亚纳说，"若没有
上帝在特殊时刻的全能保护，我相信皇帝早就不在人世了"
（见彩图 24）。[40]

皇帝对自己的勇敢轻描淡写。他用辛辣讽刺的语调告诉斐
迪南："我在这里与我的邻居和好朋友交换炮火"，"他们能给
我的最大愉悦，就是来亲吻我们的防御工事，因为上帝必然会
让他们付出沉重的代价"。斐迪南并不欣赏这种蛮勇，责备兄
长拿自己的生命冒险，因为整个事业的成功都依赖于皇帝的存
活。他敦促兄长多多珍重。但查理五世答道："事实是，我们
遭到攻击的时候并没有足够的兵力。所以在这种情况下我不能
畏缩，不能给大家立下糟糕的榜样，这就是我为什么会以身犯
险。"[41]查理五世答应将来会更好地保护自己。9 月 4 日，联盟
军队撤退，皇帝的压力就减轻了。

有些人推测，联盟军队之所以撤退是因为缺水，也有人说
是因为他们"想要引诱皇帝追击他们"。但不管真实原因是什
么，联盟的将领都丧失了取胜的最佳机会，他们自己对此心知
肚明。谢尔特林在自传中写道："我建议立即向皇帝的军营发
动强攻。如果大家遵照我的建议，那么奥地利王朝就灭亡了。
皇帝一辈子都没有体会过这样的焦虑和忧愁。"黑森方伯也同
意。他在一封密信中写道："如果大家听我的建议，我们就能
迫使皇帝出来交战。但太多的谋士、太多的领导人和太多的主
意毁掉了我们的事业。"他还写道：

　　我多次告诉选帝侯和作战会议，在因戈尔施塔
特，我主上帝给了我们一个千载难逢的良机。可惜我
们不懂得如何利用这个机会。如果是我说了算，我就
命令发动强攻。但他们害怕敌人的护墙和壁垒。我相
信，如果我们发动强攻，蒙受的损失会比后来疾病造
成的损失少。[42]

　　联盟军队撤退了，并且不断损兵折将，黑森方伯变得绝望
起来。首先他向对手发出决斗的挑战："如果皇帝陛下和阿尔
瓦公爵带 1000 名骑兵来决斗，方伯也会带 1000 名骑兵与他们
对战。"然后他辱骂对手。一名意大利外交官"提到'皇帝陛
下'的一些提议时，方伯驳斥道，'什么皇帝陛下？他只不过
是根特的查理，就像我是黑森的菲利普。如果德意志人能选他
为皇帝，那也能废黜他'"。[43]皇帝暂时对黑森方伯的辱骂置之
不理，不过此时皇帝的兵力已经上升到与对方相当，因为比伦
伯爵于 9 月 14 日带着 12000 名步兵、5000 名骑兵和 12 门野战
炮从尼德兰赶来了。

　　这次调兵遣将在后勤方面是一项了不起的功绩，也证明了
皇帝在军事上享有明显的优势。他于 6 月 9 日命令比伦伯爵集
结军队，比伦伯爵于 7 月 20 日开始率军开往德意志，尽管那
时他和查理五世都不知道两军应当在何地会师（比伦伯爵甚
至需要请求"陛下告诉我，哪些人是您的朋友，哪些人是敌
人，这样我才能选择恰当的路线"）。8 月 23 日，比伦伯爵的
远征军在美因茨附近顺利渡过莱茵河。比伦伯爵在那里接到了
查理五世的命令，即穿越敌境向莱茵河进军。这意味着比伦伯
爵的部队每夜都需要设防，以免遭到攻击，并且黑森方伯宣称

打算拦截比伦伯爵（从而"迫使皇帝贸然出战"或者让比伦伯爵"一头闯进伏击圈"），所以比伦伯爵遭到攻击的可能性很大。但查理五世不断给比伦伯爵发去关于如何避开路德派军队的情报，所以比伦伯爵率领全军安全抵达因戈尔施塔特城外的皇帝军营。他在 8 周内行军超过 800 公里。[44]

皇帝之所以能够做出巧妙的指引，是因为他"携带了大量图画和地图，有的描绘德意志全境，有的描绘具体的省份，所以他知道每一个地方的位置和不同地点之间的距离，以及河流山川的走向"。不过他还是接受了阿尔瓦公爵提出的尽量小心谨慎、降低风险的战略：避免正面交锋，而是通过持续不断的小规模战斗把联盟军队向北驱赶，占领沿途的城市，直到（用查理五世自己的话说）"敌我两军之一因为力竭、恶劣天气、饥饿或其他不得已的原因而被迫解散"。[45]

首先土崩瓦解的是路德派军队。莫里茨和斐迪南签订了攻守同盟并计划入侵萨克森的消息传到联盟军队的营地后，约翰·弗里德里希一世率领自己的军队回去保卫家园，丢下他的盟友自生自灭。11 月 16 日，联盟军队的作战会议不情愿地决定，他们必须解散，各自准备过冬。[46]斯特拉斯堡的代表雅各布·施图尔姆向黑森方伯抗议说，这"不仅会让皇帝，还会让罗马的敌基督"逐个"吃掉"新教徒的城市和南德各邦，那样的话"我们德意志人将丧失在全世界的声誉，新教信仰也会受到威胁"。施图尔姆说，联盟的成员国或者他们的法国或英格兰盟友肯定可以提供足够的军费，把路德派军队再维持一段时间。黑森方伯在从"我们的营地"发出的回信中训斥施图尔姆不懂当前的军事形势。"我们的骑兵比过去少 2000 人，步兵少 8000 人，"黑森方伯抱怨道，"而且由于士气涣散、疾病和开小差，部队仍然在持续减员。"而皇帝"得到了增援，如今他的兵力超过了我们"。至于军费，"之前承诺的军费有三分之一还没有支付到我们手里……我们从英格兰和法国也没有得到一个铜板"。方伯总结道："我们不能在此地久留，因为我们仅仅用祈祷和诺言维持军队，已经足够久了。"他似乎是骑在马背上签署这封信的，因为他在同一天解散了"我们的营地"，把军队分散，放弃了符腾堡和多瑙河以南的所有城市，甚至抛弃了他的伤兵。[47]

皇帝竭尽全力去利用极佳的天气条件（天气好到不正常）给他带来的优势。据帝国军队中的一位外交官说："他们说，此地在这个季节有这么好的天气，实属百年未见。有时下雨，有时起大雾，夜间寒冷，但没有当地历年常见的鹅毛大雪，也没有发生霜冻，所以人畜都没有损失。"[48]不过查理五世的身体状况不佳。有时他"乘轿行军，因为他的痛风很严重"；有时他能勉强骑马，但"因为右腿患有严重的痛风，他只能用一块布当作马镫"。即便如此，他仍然"亲自观察敌人的阵地，免得因为过度依赖别人的报告而做出错误决定"。每当可能发生战斗的时候，他就"披挂整齐，不断从一个单位走到另一个，与不同民族的士兵谈话，鼓舞他们奋勇作战"。官兵们"看到皇帝陛下如此平易近人地在他们当中行走，仿佛他是他们的战友、与他们平等，无不高举手臂，高声呼喊'皇帝！冲啊！皇帝！冲啊！'"[49]

尽管 1546 年没有发生大战役，但联盟军队解散之后，南德的路德派统治者别无选择，只能像施图尔姆预言的那样，一个个与查理五世议和。有些诸侯在他的军队逼近时就投降，有的则在一次屈辱的公开仪式上表示臣服，不得不在皇帝面前

"双膝跪地"。皇帝索取了大笔罚金之后宽恕他们，就这样（用参加仪式的一个西班牙人的话说），"削减了我们的敌人的力量，我们自己却没有任何损失"。[50]普法尔茨选帝侯弗里德里希二世曾莽撞地给符腾堡公爵送去援兵，如今他第一个向皇帝屈服。12月17日，他"走进皇帝所在的房间，只见皇帝陛下因为腿疼而坐在椅子上"，然后向皇帝哀求宽恕。

据一个目击者说，查理五世面无表情地听了对方的哀求之后，"从口袋里掏出他截获的一封选帝侯写的信，然后粗暴地说：'读读这个。'并补充道：'去和格朗韦勒谈你的事。'"弗里德里希二世这时泪流满面，皇帝答道：

> 我的亲人，你在近期起兵反对我，这让我非常痛苦。你是我的亲戚，我在自己的内廷里抬举你，你却派兵支援我的敌人，并且反对我，你支持我的敌人很长时间。不过，因为我是在你身边长大的，而且你已经表达了悔过……我决定宽恕你，并忘记你对我做过的坏事。

阿维拉写道，"看到如此尊贵的家族的这样一位显赫的绅士，并且是皇帝的亲戚，这样泪流满面地跪在皇帝面前，白发苍苍，没有戴帽子"，"见证此情此景的人们不禁对他产生了极大的同情"。但查理五世仍然对普法尔茨选帝侯弗里德里希二世有疑心。他向玛丽透露："对他要听其言观其行。"[51]

下一个前来恳求宽恕的人是符腾堡公爵乌尔里希。查理五世也宽恕了他，条件是符腾堡公爵缴纳30万弗洛林的罚金（"因为此次战争给皇帝陛下带来了巨额开销"），交出自己的所有火炮和弹药，并允许帝国军队在符腾堡公国的三座设防城市驻扎，"作为履行条约的担保"。乌尔里希犹豫了一段时间才接受这些屈辱的条件，但最终"拿起笔来，仰望苍天，说：'如果上帝愿意让皇帝在德意志一年之内收获两次，那么我为什么不满足陛下的要求？'然后他在条约上签了字"。记述这个场景的威尼斯大使报告称，就连平素极其冷静的格朗韦勒在亲眼看到"恺撒的幸运"又一次得到证明时，也不禁欢欣鼓舞："皇帝陛下的事业表面上看去处于最低潮的时候，往往能够逢凶化吉，转败为胜，这真是了不起。"[52]

斐迪南曾希望收复十年前丢失的符腾堡公国（见第九章），查理五世向他保证，对于是否饶恕乌尔里希，他"思考了很久"，但"考虑到当前局势"，还是决定宽恕他，这既是因为萨克森选帝侯和黑森方伯仍然掌握着自己的军队，也是因为"征服符腾堡的开销是我们无法承担的"，并且皇帝需要避免让世人觉得"我们把自己的利益摆在第一位，因为世人普遍忌妒我们奥地利王朝"。查理五世思忖道，如今"我还不能决定如何利用上帝赐予我的优势"。他的三项远景目标没有变："改善德意志的宗教局势"；"恢复我们在帝国的权威"；以及"缔造和平与团结"，从而让德意志能够更好地抵御外敌入侵。但达成这些目标的最好办法是什么呢？

他向弟弟征求意见：他是否应当再次召开帝国会议，并与参会者结盟，反对那些仍然武力对抗皇帝的人？或者他是否应当"打败和消灭那些仍然武力顽抗的人，从而获得召开帝国会议所需的权威与声望，然后解决尚未解决的问题，特别是宗教问题？"[53]

查理五世倾向于第二种办法。他告诉斐迪南，"有必要消灭"约翰·弗里德里希一世和黑森方伯，"否则就没有办法平定德意志，让它侍奉上帝并为你我的权威服务"。斐迪南与莫里茨联手入侵萨克森选侯国，以此配合皇帝。然后消息传来，弗朗索瓦一世终于表示愿意支持仍然在武装对抗皇帝的路德派诸侯，并征募军队去支持他们。查理五世在公开场合表示对这个事态不以为然，提醒法国大使："我在两周内就能杀到你们的王国。我知道不止一条去法国的道路。若有必要，我还懂得如何在那里待下去。"但私下里，他很担心弗朗索瓦一世会发动突然袭击，就像1542年那样。"我不知道如何是好，"他向斐迪南解释了自己的困境，"因为我很想尽快亲自来帮助你，但我也需要到别处。"[54]

最终，帮助查理五世做决定的人是约翰·弗里德里希一世。他攻打了莫里茨的主要要塞莱比锡，并说服斐迪南的一些波希米亚臣民起来造反。现在查理五世率军东进，开往波希米亚，不过他因为患病，只能乘轿，或者乘一辆有炉子取暖的马车。斐迪南、莫里茨和查理五世的联军向萨克森选帝侯发动进攻。1547年4月23日，皇帝的联军在易北河西岸发现路德派军队就在东岸的村庄米尔贝格扎营。路德派教徒自以为安全无虞，于是把火炮送往易北河下游的维滕贝格，并放心大胆地睡觉。但查理五世在午夜起身，准备立刻采取行动。他的军队借助浓密晨雾的掩护渡河，皇帝亲临前线，身穿全副铠甲，骑着"一匹深栗色的西班牙骏马"，"马衣是红色天鹅绒的，饰有金色流苏，马衣之上只有一条金边的深红色宽饰带。他头戴一顶德式的宽帽檐头盔，手持镀金利剑和一支几乎可以算是标枪的长矛"。在提香为他画的那幅威风凛凛的骑马像（见彩图25）里，他就是这幅装束。[55]

米尔贝格战役更像是狩猎而不是作战。路德派军队分散在好几公里的范围内，所以几乎毫无抵抗。不过，皇帝还是"在长达 21 小时的时间里骑马行动，全副武装，没有休息"，并且（根据威尼斯人的一份报告）"他回营之后下了马，快活地说：'给我准备饭菜，因为我打了一整天的猎，抓获了一头野猪，是非常肥胖的一头。'"[56]此言不虚。约翰·弗里德里希一世极其肥胖，所以很容易被认出。他骑马逃跑时被查理五世的士兵包围。令他们吃惊的是，选帝侯拔出手枪打死了一名士兵，并用剑砍倒另一人。但有人"用重剑猛击他的左颊"，让他再也无力战斗或者逃跑。于是他只得投降，被押到皇帝面前，这时他脸上血流如注。"他三次尝试下马，都因为身体肥胖并且缺乏通常会得到的帮助，没有成功"，只是说："最尊贵的皇帝和主公，命运让我作为俘虏来到陛下面前。因此我请求陛下按照我的衔级和姓氏的要求来对待我。"皇帝冷淡地答道："你现在倒是称我为皇帝了。你过去可不是这么称呼我的！"因为选帝侯和黑森方伯在之前的作战期间都把查理五世称为"自诩为皇帝的根特的查理"。查理五世结束了这次会面，最后用了黑森方伯曾对不伦瑞克公爵海因里希二世说的那句阴森森的话："你将得到你应得的待遇。"[57]

尽管有不伦瑞克公爵的殷鉴（并且海因里希二世公爵此时仍在狱中），约翰·弗里德里希一世还是相信，皇帝这句话的意思是，他将得到善待。但在此次胜利之后，查理五世的告解神父佩德罗·德·索托就在御前会议上主张处死选帝侯。但阿尔瓦公爵和佩勒诺反对，因为这可能让约翰·弗里德里希一世成为新教的殉道者，从而延长战争。他们认为，更好的办法是"留他一命，把他牢牢控制住，把他带到"所有曾经支持他叛乱的地方示众。5 月 10 日，皇帝签署法令，判处萨克森选帝侯死刑并没收他的土地和财产，撤销他的所有职务，以惩罚他的武装叛乱；但皇帝开出了条件，如果戒备森严的维滕贝格城向皇帝投降，就可以饶他一命。九天后，维滕贝格城投降了。[58]

1547 年 5 月 25 日，查理五世进入维滕贝格，参观了路德的埋骨之地城堡教堂和其他几个地方。曾居住在维滕贝格城下的皇帝军营的巴托洛梅乌斯·萨斯特罗在自己的《回忆录》中写道，查理五世及其随从回营之后，"说路德墓前有长明灯和日夜燃烧的蜡烛，人们在那里持续祈祷，那景象和天主教堂的圣人墓地一模一样"。但萨斯特罗没有记录一段后来成为传奇的对话。根据一个口头流传的传说，阿尔瓦公爵主张将路德开棺戮尸，查理五世答道："让他安息到审判日吧。"佩勒诺也说要挖掘路德的墓地，皇帝怒道："我不向死人开战，我只和活人打仗。"有人怀疑这段对话的真实性，但一位在此时访问皇帝营地的英格兰外交官注意到，皇帝身边的人普遍憎恨新教徒和路德："西班牙士兵们嘴里只有一个词：路德、路德。"所以，查理五世入城之后若是没有人主张破坏路德的墓地反而会显得奇怪。皇帝有能力这么做，但拒绝了。[59]

维滕贝格投降之后，查理五世兑现诺言，饶恕了约翰·弗里德里希一世的性命，但坚持要求他放弃选帝侯地位、将绝大部分土地交给莫里茨，并庄严宣誓"在得到进一步命令之前亲身到皇帝陛下的宫廷，或者到西班牙，去皇帝的儿子的宫廷。皇帝陛下将决定他［约翰·弗里德里希一世］居住的地点和时间"。在随后五年里，就像阿尔瓦公爵和佩勒诺建议的那样，约翰·弗里德里希一世以囚徒的身份陪在皇帝身边，这是在不断提醒人们，背叛皇帝的下场是什么。[60]对约翰·弗里德里希一世的严酷待遇表明，查理五世所处的整体形势（无论是国内还是国外的）已经有了极大改善。亨利八世于1547年1月驾崩，弗朗索瓦一世在两个月后薨逝，这都让查理五世至少在短时期内不必害怕英格兰或法国。在3月曾与约翰·弗里德里希一世谈判的波希米亚人得知米尔贝格战役的消息之后，也赶紧向斐迪南表忠心。皇帝的大捷也推动了他与苏莱曼大帝的停战谈判，双方于6月19日签订了协议。苏丹现在集中力量对付波斯，查理五世不必再担心奥斯曼人的进攻。[61]

这些事态使得黑森方伯陷入了危险的孤立状态。起初他对自己的困境不以为意。得知米尔贝格战役的消息之后，黑森方伯菲利普阴森森地表示，除非查理五世同意合理的条件，"我们会在上帝的佑助下坚决自卫，再坚持一整年"。一个月后，他命令自己的臣民准备一场新战役。[62]但在6月，他授权莫里茨和勃兰登堡选帝侯（也是他的亲戚）与安托万·佩勒诺和皇帝的副首相格奥尔格·赛尔德会谈，谈他（黑森方伯）投降的条件。通过谈判，黑森方伯获得了比约翰·弗里德里希一世有利得多的条件：他不用割让领土，也保住了性命，只需要缴纳15万弗洛林的罚金，交出全部火炮和弹药，并拆除他的领土内的几乎全部防御工事，只保留一座（由查理五世挑选）。他还不得不背弃自己的全部盟友（无论是德意志境内还是境外的），并释放在战争期间抓获的全部俘虏。作为回报，两位选帝侯①以皇帝的名义承诺，黑森方伯不会被终身监禁。

---

① 指的是莫里茨和勃兰登堡选帝侯，因为查理五世将萨克森选帝侯的地位作为奖赏交给了莫里茨。详见下文。

他们还敦促他尽快到皇帝面前下跪臣服，并向他保证，他们为他这趟旅程发放了安全通行证。[63]

看协议要看完整

黑森方伯不情愿地承认，自己不大可能获得更好的条件。于是，1547 年 6 月 19 日，他批准了佩勒诺、赛尔德和两位选帝侯谈成的协议，然后步入皇帝所在的房间。只见皇帝周围簇拥着"一大群人，简直数不清有多少观众"。但黑森方伯在下跪之前"停在两位选帝侯之间，与他们说笑打趣。这让皇帝颇为恼火"。黑森方伯下跪之后，皇帝拒绝伸手给他亲吻（对于其他的投降者，皇帝都会伸手允许对方亲吻，表示友好）。据在现场的巴托洛梅乌斯·萨斯特罗说，查理五世在这时"怒气冲冲地用手指着黑森方伯，说道，'哼，我会教你怎么笑'"。[64]黑森方伯显然没有把这个威胁当回事，因为他臣服之后立刻接受与阿尔瓦公爵一同用膳的邀请。而阿尔瓦公爵立刻将黑森方伯逮捕，并指示若干西班牙士兵看押他。

两位选帝侯大惊失色，因为说服菲利普接受皇帝条件的人就是他俩，并且他们还以自己的名义给菲利普发放了安全通行证。当夜，两位选帝侯与阿尔瓦公爵和佩勒诺发生了激烈争论，一直吵到次日凌晨 2 点。两位选帝侯言辞激烈地抗议道，囚禁菲利普等于损害了他俩的荣誉。皇帝的两位大臣则反驳说，各方都读过并批准的投降协议仅仅保证不会将菲利普终身监禁，并没有说不能将他监禁一段时间。次日，查理五世得知这场争论之后，选择站在两位大臣那边。他还否认自己知道菲利普曾得到安全通行的保证。这让两位选帝侯更加义愤填膺，于是派遣一个使团去见斐迪南（他前不久还与莫里茨并肩作战），抱怨说，他们之所以给黑森方伯发放安全通行证，就是因为他们相信查理五世会保证黑森方伯"不会被处死，也不会坐牢"。[65]

我们有必要搞清楚查理五世在此事当中扮演的角色，因为就像五年前刺杀林孔和弗雷戈索的事件一样，他对待黑森方伯的方式也会成为战争的导火索。有些同时代人和许多历史学家认为，皇帝刻意在协议草案中使用了"任何监禁"（einiger Gefencknus）的措辞，这样只要一笔就能把它改成"终身监禁"（ewiger Gefencknus），还不会引起任何人的注意。这种说法很巧妙，但难以令人信服。查理五世会说德语，但德语水平不够，不可能想出这样的文字游戏。赛尔德后来在与朋友吃饭时给出了一种更有说服力的解释。他回忆道，当时他和佩勒诺（都是优秀的律师，也都精通德语）先是给两位选帝侯灌酒，然后趁他俩的法律顾问不在场的时候与他们谈判。所以两位选帝侯没有注意到，佩勒诺提出"不将他终身监禁"（nit in ewiger Gefencknus halten）的说法仍然允许查理五世判处黑森方伯有期徒刑。[66]

不过，即便查理五世不是设计这个诡计的人，他也利用了协议文本的模棱两可。6 月 15 日，也就是黑森方伯下跪臣服的四天前，查理五世向弟弟指出，黑森方伯"明确同意无条件投降"。皇帝继续写道：

> 我承认，两位选帝侯要求我承诺，除非协议里有具体规定，不惩罚黑森方伯本人，也不没收他的财产，也不将他终身监禁。因为他们用的词是"终身"，我接受了他们的提议。你已经知道我这么做的

理由：为了把他控制在我手中至少一段时间。所以我
打算等他来臣服的时候将他逮捕。两位选帝侯不能反
对，因为我并没有违背自己给他们的诺言，因为我的
承诺是不将他终身监禁。

皇帝随后向弟弟征求意见，在黑森方伯兑现了投降协议的
其他所有条款之后，应当以什么形式囚禁他，以及囚禁多长时
间，因为"如果我离开了德意志，他可能会兴风作浪"。斐迪
南建议，等黑森方伯履行协议并为自己将来的忠诚给出恰当的
保证之后就释放他，免得得罪"卷入此事的两位选帝侯，也
是为了防止黑森方伯狗急跳墙"。但查理五世不同意。[67]在黑森
方伯下跪臣服不久之后，皇帝写信给弟弟，说除非把黑森方伯
控制在监狱里，否则"无法保证他能履行协议。目前他在争
取时间，等待我解散军队"。并且，皇帝现在感到自己的荣誉
受到了威胁。两位选帝侯"竟敢问我会不会遵守诺言，这是
对我的荣誉的侮辱！"

查理五世怒不可遏，因为（按照他自己的说法）："我素
来一言既出驷马难追，哪怕遵守诺言意味着放弃获得个人利益
的绝佳机会。"所以他告诉弟弟："此事已经发展到我不可能
让步的地步：如果我不囚禁他，世人就会认为我这么做是错误
的，我是被别人强迫改主意的。"他打算先等等，"看黑森方
伯会不会尽快诚实守信地行事"，然后再决定囚禁他的期限。[68]

斐迪南又一次敦促兄长慎重。斐迪南也认为，在黑森方
伯履行全部条约义务之前必须囚禁他，但在那之后，"我认
为陛下不能疏远两位选帝侯，而是应当同意释放他，当然前
提条件是这么做不会损害您的利益"，也许可以把黑森方伯

的儿子当作人质。但查理五世拒绝对黑森方伯开恩，并指示西班牙士兵严密羁押和监视菲利普。萨斯特罗阴郁地评论道，黑森方伯发现，"皇帝的那句话'我会教你怎么笑'绝不是说说而已"。[69]

查理五世后来会后悔自己没有听斐迪南的建议，但在当时他似乎已经取得了压倒性胜利。黑森方伯得到的唯一安慰发生在几天之后。他被装在一辆大车上，在西班牙士兵的簇拥之下被押走，这时查理五世走过来炫耀，"头戴天鹅绒帽子，身穿天鹅绒镶边的黑斗篷"，这时突然下起了瓢泼大雨，皇帝"不得不把斗篷翻了个里朝外，然后用斗篷给帽子挡雨，导致他自己被淋成落汤鸡。真是可怜！"萨斯特罗挖苦道："他为了打仗已经花了这么多钱，现在为了保护自己的天鹅绒帽子和斗篷，居然宁愿自己淋雨！"[70]

萨斯特罗说得对，这场德意志战争的经济代价极其昂贵。1546 年，查理五世在西班牙贷款将近 300 万杜卡特，次年又贷款 70 万杜卡特；玛丽在尼德兰贷款 75 万杜卡特。而皇帝能够用来还款的资金只有教宗提供的 20 万杜卡特、向曾经挑战他的人征收的罚金（大约一共 80 万杜卡特），以及从路德派城镇与诸侯那里没收的重型火炮能够换到的钱。而他已经把这些火炮分发到自己领地的各地，以宣扬自己的胜利。[71]缴获的大炮还不是唯一的胜利象征。查理五世在去奥格斯堡参加新一届帝国会议之前解散了自己的很大一部分军队，但保留了3000 名官兵"守卫奥格斯堡城的各城门与广场"，另外派遣 2万名步兵和 4000 名骑兵驻扎在乌尔姆、符腾堡和奥格斯堡"周边地区"。所以新教徒将此次帝国会议称为"武装会议"。根据好几种史料，在米尔贝格大捷之后，查理五世曾吹嘘：

"我来，我见，上帝征服。"现在在他的目标是，利用自己的压倒性军事优势，一劳永逸地解决德意志的宗教和政治问题。[72]

武装会议

据佩勒诺说，查理五世来参加本届帝国会议时"希望快速办好自己的事情"，但佩勒诺补充道："我相信，如果我们为了把所有事情都办得井井有条而加速谈判，反而会适得其反。"[73]他说得对。本届帝国会议从 1547 年 9 月 1 日开到 1548 年 6 月 30 日，持续了整整十个月，形成的文件多达 2760 页。皇帝的官员提出了一系列方案，旨在加强皇帝在德意志的权威：将执法和铸币标准化；加强和精简帝国枢密法院（Reichskammergericht）；认可皇帝在尼德兰的诸领地为一个单独的帝国行政圈（Reichskreis）①；建立一个新的帝国联盟（Reichsbund），将帝国臣民与哈布斯堡家族（而不是帝国）紧密联系起来；筹集军费保卫匈牙利，抵抗土耳其人可能发动的进攻；设立预备金库，准备动员一支 27000 人的军队，"以防将来有人企图违逆皇帝与帝国的敕令与命令"。最具争议的一点是，他们还为帝国之内的宗教统一提出了新的框架。[74]

最终，本届帝国会议要么批准这些措施，要么允许皇帝设立特别委员会来处理相关事务，但我们很难准确判断查理五世在这些辩论与决策中发挥了什么样的具体作用。根据他的贴身男仆让·旺德内斯记录的详细旅行日志，皇帝在这年冬季仅出

---

① 帝国行政圈是近代早期神圣罗马帝国的行政组织体系，主要用于国防和收税。1500 年奥格斯堡帝国会议开始设置行政圈。从 1512 年到帝国解体，帝国共分为十个行政圈。也有一些领土没有被划入任何一个行政圈，比如波希米亚王国、瑞士邦联等。

席了几次大型公共活动：1547 年 11 月 30 日，他出席了金羊毛骑士团的一次宴会；1548 年的主显节，他参加弥撒，就像东方三博士一样"献上三个杯子，分别盛有黄金、乳香和没药"；1 月 30 日，他召集选帝侯们商讨认可尼德兰为单独的帝国行政圈的事情；2 月 24 日，即他生日那天，"他身穿皇袍、端坐在宝座上"，庄严地册封莫里茨为新的萨克森选帝侯。

根据旺德内斯的记载，皇帝没有参加其他一些庄严的场合，甚至没有参加帝国会议的开幕典礼（由斐迪南的长子马克西米利安代表他）。但实际上参会代表会定期到安东·富格尔（雅各布·富格尔的侄子）家，因为查理五世下榻在那里。大家就在那里与皇帝面谈。[75]

查理五世没有经常公开露面的另一个原因是他生病了。有时他"坐着见客，一只胳膊支撑脖子，两脚搭在配有软垫的凳子上"；在冬天，为了缓解病痛，他爬进一座巨大的金属炉子，"或者更准确地说是熔炉，绝大多数人在里面只能待一刻钟，他却能待一整天"。[76]查理五世有时大发脾气无疑是因为病痛。1547 年 2 月，他告诉教廷的一位外交官，保罗三世患有梅毒，并补充说："我忍不住想起意大利人说的话：你可以原谅一个年轻人染上法国病［梅毒］，但不能原谅老年人得这种病。"外交官抗议说自己对这种事情一无所知，所以这肯定是"新近"发生的事情。皇帝"继续这个话题，说教宗患梅毒很长时间了"；外交官又一次试图反对，"我［查理五世］就向他告辞，说听弥撒的时间到了"。[77]

即便不是病魔缠身，查理五世也有两个理由对教宗发火。保罗三世已经把自己的远征军从德意志撤走了（理由是查理五世没有让那些落败的统治者恢复天主教信仰）；还把宗教会议的地点从特伦托搬到教廷国境内的博洛尼亚，这是德意志新教徒不能接受的，所以查理五世也不能接受。"我绝不接受改换地点，"皇帝告诉自己在此次宗教会议的代表，并命令高级教士们留在特伦托，"为上帝和我服务"（皇帝现在越来越经常把自己与上帝并列，这真是很傲慢的态度）。[78]他还重新考虑寻找一种能让全体德意志人都接受的宗教模式，路德在其最后几部重要著作中也主张这么做："让我们亲爱的皇帝迫使教宗在德意志某地举行一次普遍的、自由的基督教会议，或者召开德意志民族的宗教会议。"和往常一样，这项工作也是由格朗韦勒打头阵。他于1547年8月向教宗发布了最后通牒："要么会议地点改回特伦托，要么暂时中止宗教会议，直到本届帝国会议的结果出来。"[79]

　　但在随后一个月里，局势发生了戏剧性变化，因为查理五世的军队占领了皮亚琴察，在这过程中杀死了教宗的儿子皮耶路易吉·法尔内塞（详见下文）。现在保罗三世宣布，除非皇帝归还皮亚琴察，他绝不把宗教会议的地点改回特伦托。查理五世的回应是，暂时只为德意志寻求临时性的宗教解决方案。[80]1548年2月，皇帝、斐迪南、七大选帝侯以及在帝国会议中有代表的诸侯、高级教士和各城镇挑选了若干代表，召开会议，宗旨是寻找各方都能接受的宗教教义。天主教诸侯很快就明确表示，他们不接受查理五世自称拥有的宗教权力。他没有办法强制他们，于是授权天主教各邦维持现有的宗教习俗。但他同时坚持要求路德派诸侯遵循新的教义，它被称为《奥格斯堡临时敕令》，因为它仅在大公会议做出永久性决定之前有效。这种临时性的地位能够解释该教义为什么有许多自相矛盾之处。例如，它宣布，"教士可以结婚"和"信徒可以兼领圣饼和圣酒"这两种最明显的路德派教义是"错误"的，但为了维护和平，暂时对其予以容忍；尽管《奥格斯堡临时敕令》认为救赎需要信仰和恩典而不一定需要善功，但又明确许可了一些受到路德派谴责的天主教习俗（比如崇拜圣徒和为死者举行追思弥撒，后者暗示相信炼狱的存在）。

教会史学家内森·莱因指出，《奥格斯堡临时敕令》与1530 年的《奥格斯堡信条》有太多"相似之处"，所以这"不可能是无意的。《奥格斯堡临时敕令》的措辞和对比喻的选择表明，其作者在有意识地指涉路德派的一些常用表达方式。熟悉这些方面的读者一定会注意到这一点"。《奥格斯堡临时敕令》的作者还巧妙地将救赎神学与仪式的执行分隔开，把仪式的执行留给世俗统治者，他们现在能够以维护公共秩序为理由，掌控臣民的宗教仪式生活（至少在大公会议做出与之相反的决定之前是这样）。[81]

查理五世决定在教宗及其代表那里尽量隐瞒《奥格斯堡临时敕令》的内容，直到瞒不住为止。1548 年 5 月 15 日"午餐时"，他"传所有诸侯于下午 4 点到他面前，因为他打算发表《奥格斯堡临时敕令》"。安托万·佩勒诺"在下午 4 点前不久"拜访了罗马教廷大使，"根据皇帝陛下的命令"把《奥格斯堡临时敕令》的内容通知给他。佩勒诺还说："陛下已经等待了尽可能久的时间，现在再也不能耽搁了。"下午 4 点，当着皇帝和帝国会议全体参会者的面，副首相赛尔德宣读了《奥格斯堡临时敕令》。该敕令的拉丁文和德文版本随即公开发表。[82]

现在困难的部分刚刚开始：确保大家都服从。保罗三世不愿帮忙，反而派遣一名特使去斥责查理五世"没有经过圣座的授权就发表《奥格斯堡临时敕令》"。在长达两个小时的觐见期间，教宗特使抗议道："《奥格斯堡临时敕令》不符合神圣教会的教义与惯例，却涉及基督教生活的几乎所有方面。"查理五世立刻承认，"《奥格斯堡临时敕令》并非他希望的那样尽善尽美，但必须一点点把人们吸引回天主教信仰与我们的神圣教会这边来"。他相信"大公会议和教宗的权威能够完成余下的工作，把《奥格斯堡临时敕令》变得完美"。在这之前，"当德意志人接受《奥格斯堡临时敕令》时，也会接受教宗与教会的权威，所以皇帝认为自己理应为此得到祝贺而不是抱怨"。教宗特使问，查理五世是否愿意对《奥格斯堡临时敕令》做修改，比如在弥撒和教士可否结婚方面。皇帝答道，不能做任何修改，因为帝国会议已经闭幕。[83]

有些路德派统治者愿意服从《奥格斯堡临时敕令》。据萨斯特罗说，勃兰登堡选帝侯接受了《奥格斯堡临时敕令》，条件是皇帝帮他还债；符腾堡公爵和黑森方伯支持《奥格斯堡临时敕令》，因为他们希望借此改善自己的投降条件；莫里茨选帝侯已经向查理五世承诺会服从《奥格斯堡临时敕令》，并向维滕贝格大学的神学家们（如今是莫里茨的臣民）施压，要求他们合作。这些神学家几乎全都服从了，但其他地方的一些路德派教徒仍然拒绝接受《奥格斯堡临时敕令》，其中为首的就是曾经的萨克森选帝侯约翰·弗里德里希一世。格朗韦勒和他的儿子向他施压，先是暗示如果他服从，就可以释放他；被拒绝之后，格朗韦勒父子将他因禁在房间内，拿走了他的书籍，并关押了他的亲信神父。即便如此，约翰·弗里德里希一世仍然坚守路德的教诲。在随后几十年里，路德教会将处于分裂状态。[84]

天气暖和起来之后，查理五世又公开露面了。他主持了1548年6月30日帝国会议的庄严闭幕。五周后，他把士兵部署到奥格斯堡的所有战略要地，封闭城门，并传所有官员来见他。赛尔德命令他们向皇帝下跪，以惩罚他们曾给施马尔卡尔登联盟出钱出兵，然后命令他们重新向皇帝宣誓效忠。随后赛尔德宣布撤销给奥格斯堡城的特许状，罢免所有官员，废止所有行会（之前是各行会选举市议会成员），然后任命一批新的官员来管理该城，其中绝大多数属于该城的精英集团。为皇帝办事的两位银行家安东·富格尔和巴托洛梅乌斯·韦尔泽都是该城新的枢密会议（总共由七人组成）的成员。

几天后，皇帝的西班牙军队去镇压另一座曾经给施马尔卡尔登联盟出钱出兵的新教城市康斯坦茨。当地的行政长官魂飞魄散，赶紧向斐迪南臣服。斐迪南撤销了该城的特许状，恢复了天主教信仰，然后将该城纳入自己的领地。查理五世曾短暂考虑在康斯坦茨建立一座要塞（就像他在根特、乌得勒支和康布雷做的那样），但因为担心引起帝国之内的骚乱，就放弃了。[85]

随后，皇帝着手处置另一座曾支持施马尔卡尔登联盟的城市乌尔姆，接受了当地权贵的下跪臣服。随后，赛尔德撤销了该城的特许状，罢免其官员，解散各行会，建立了一个由城市权贵组成的新政府。他还命令该城的路德派布道者接受《奥格斯堡临时敕令》（不过在奥格斯堡没有这么做），逮捕那些拒绝的人，并强迫那些接受《奥格斯堡临时敕令》的神职人员抛妻别子。在施派尔、沃尔姆斯和莱茵兰地区其他城市的路德派布道者为了避免遭到同样的处置，纷纷逃亡。1551～1552年，皇帝的官员在南德的二十五座城市撤销特许状、解散行会并设立由城市权贵组成的新政府。[86]

当时有些人（后来则有更多人）说查理五世的这些行动都是出于宗教动机。路德维希·菲尔斯滕维尔特在 1893 年写道："对城市政体的改革，是反宗教改革的前驱，最终目的是在各城市保全或恢复天主教信仰。"但这种说法不能解释皇帝为什么不仅加紧控制路德派城市，还采取措施去加强控制天主教城市，其中一些在近期的内战中坚定地支持他。著名历史学家沃尔夫冈·莱因哈德研究了查理五世和斐迪南的现存档案，试图找到"某种显而易见的纲领"，但没找到，于是得出结论："之所以找不到什么纲领，不是因为它躲过了历史学家的搜寻，而是因为它根本不存在。"也就是说，皇帝在这些城市采取行动意在普遍地遏制城市的独立性，尤其是行会的权力；镇压路德派只是他的次要目标。

所以，奥格斯堡、乌尔姆和其他一些德意志城市的戏剧性受辱，与 1540 年查理五世对根特的处置很类似。[87]锡耶纳流亡者巴尔托洛梅奥·卡瓦尔坎蒂观察到了一种普遍的行为模式。他在 1552 年写道："皇帝的大臣们总是奉行同样的政策。他们总是尝试煽动城市的内部纷争，然后通过寡头暴政来压制自由与公民福祉。"他说的不只是查理五世对尼德兰和德意志各城市的压制，还有皇帝在意大利的所作所为。[88]

在意大利秋后算账

施马尔卡尔登联盟初期的成功让查理五世在意大利的一些对手备受鼓舞，于是纷纷起来挑战皇帝。在卢卡（一座小城市，是帝国的采邑，几乎持续不断地与佛罗伦萨争斗），城市权贵弗朗切斯科·布拉马基和一群流亡者图谋推翻美第奇家族的统治，并将卢卡、锡耶纳和佛罗伦萨统一成一个托斯卡纳共和国。1546 年 8 月，布拉马基被出卖，在米兰被判终身监禁。[89]随后，"1547 年 1 月 3 日午夜，热那亚城险些发生革命"。"曾研读尼科洛·马基雅维里的著作《君主论》"的颇得民心的显赫人物吉安·路易吉·菲耶斯基伯爵把一艘军用桨帆船带进了热那亚港，船上藏有他的 200 名追随者。他邀请安德烈亚·多里亚及其继承人詹内蒂诺赴宴，企图在席间将他俩谋杀，从而控制热那亚城。[90]

安德烈亚·多里亚接受了邀请，但因为患病而没有赴宴。菲耶斯基仍然决定按原计划发动政变。他的一半追随者夺取了城门，另外一半人占领了兵工厂内的多艘属于多里亚的桨帆船，释放了其桨手。他们的热烈呼喊引起了詹内蒂诺的注意，他企图恢复对兵工厂的控制，但不幸中弹身亡。安德烈亚·多里亚逃离了这座他自 1528 年以来就一直掌控的城市。群众在大街上奔走呼号："自由！自由！"身穿全副铠甲的菲耶斯基在港湾落水溺死，仅仅因为这起事故，此次政变才失败。资深的西班牙驻热那亚大使戈麦斯·苏亚雷斯·德·菲格罗瓦认识到，菲耶斯基的死亡"是上帝的恩赐，因为如果他活下去，热那亚就完了"。[91]

几个月后，那不勒斯也险些发生革命。根据副王佩德罗·德·托莱多的请求，教宗任命了一位特别宗教法官来铲除那不勒斯王国境内的异端思想。这引发了大规模骚乱。当地的精英集团立即发出抗议，但副王对他们置之不理。1547 年 5 月，三名当地人企图营救一名被宗教法官逮捕的同僚，副王下令将这三人处死。这引发了大规模的游行示威。托莱多用西班牙部队驱散群众，并用大炮瞄准城市的一些热闹区域，"仿佛"

（这是一位编年史家的说法）"那不勒斯是一座法国或土耳其城市，而不是皇帝陛下的财产"。[92]1528 年皇帝取胜之后被迫流亡的那不勒斯人现在开始返回，皇帝的权威摇摇欲坠，直到多里亚于 8 月从热那亚派来一队桨帆船，运来了 3000 名西班牙士兵。军队恢复了那不勒斯的秩序之后，查理五世为了谨慎起见，赦免了大部分反叛者。

哈布斯堡霸权在意大利受到的这一系列挑战，既反映了意大利人一种强烈的怀旧感（渴望回到"没有一位君主能够将自己的意志强加于另一位君主"的往昔），也反映了查理五世及其大臣惊人的洋洋自得。[93]菲耶斯基曾参加弗雷戈索于 1536年企图夺取热那亚的行动，但在五年后，在多里亚的请求之下，查理五世赦免了菲耶斯基，还赐给他一笔年金。1545 年 5月，消息传到热那亚，说菲耶斯基的一个亲戚正在巴黎，试图求得法国人的帮助发动政变。但多里亚和菲格罗瓦都没有把这消息当回事。当有消息传来，说菲耶斯基已经从皮耶路易吉·法尔内塞那里购买了四艘桨帆船时，菲格罗瓦却向主公保证："我相信，这些桨帆船在菲耶斯基手中，而不是在别人手中，对陛下更为有利。"[94]

如此漫不经心的态度险些酿成大祸，因为查理五世与热那亚的关系完全依赖于二十年前他和安德烈亚·多里亚缔结的私人纽带（condotta）。1546 年成为米兰总督的费兰特·贡扎加提醒查理五世："热那亚这样的地方，对陛下在西班牙和意大利的事业都极其重要，却依赖于一个八旬老人的生命，并且对于他死后将会发生什么没有任何计划，这是十分危险的，因为他随时可能去世。"贡扎加请求皇帝指示"一旦多里亚去世，我们该怎么做"。一天之后，菲耶斯基及其支持者发动了政变。[95]

菲耶斯基的失败（这是恺撒的好运气的又一个例证）让皇帝的政策变得更加咄咄逼人。贡扎加立刻率领1000名西班牙老兵开赴热那亚共和国边境，一旦有需求就施加干预。他主张没收菲耶斯基在米兰公国的全部财产，以儆效尤。他还派遣一名信使去"绝对保密地［con ogni dissimulatione］了解陛下的打算"。皇帝起初感到无助，"在更多了解此事的源头以及其他可能发生的事情之前，我暂时无话可说"。但在几天后，皇帝考虑了"如果我们能控制该城及其要塞，是多么有利"以及"最好早做准备，在多里亚去世之后让我们不必担心当地局势"，于是让菲格罗瓦给出建议，控制热那亚的最好办法是什么，比如可否建造一座要塞。[96]与此同时，他批准了贡扎加的请求，即没收菲耶斯基的全部领地。

查理五世还授权对新任帕尔马和皮亚琴察公爵皮耶路易吉·法尔内塞采取行动，因为他卖桨帆船给菲耶斯基是"不利于我的事业的行为"。因此，贡扎加必须"掩盖自己的真实意图，严加保密"，"尝试劝说当地的一些绅士"推翻法尔内塞。查理五世甚至明确规定了时间表：贡扎加应当在帕尔马和皮亚琴察"赢得支持者"，"做好准备，一旦出现教宗位置空缺的有利时机……就立即执行"。[97]等待教宗位置空缺（即前一位教宗去世和他的继任者当选之间的时间，教廷国在这个时期会陷入混乱）是个好主意，因为保罗三世（和安德烈亚·多里亚一样）将近八十岁了，一旦他去世，他的儿子就失去了主要的盟友。但查理五世很快改了主意。

被俘的菲耶斯基阴谋分子供认，教宗和他的儿子为皇帝的敌人提供了支持：除了卖桨帆船给菲耶斯基之外，据说皮耶路易吉还承诺从皮亚琴察派遣1000名士兵去热那亚，"牢牢占据那里，让其他军队奈何不了他们"。据西班牙驻罗马大使说，"我们越来越怀疑，热那亚发生的事情是教宗一手策划的"。但查理五世还在犹豫不决，不愿授权贡扎加自由地执行"收复帕尔马和皮亚琴察的计划，尽管我觉得这个计划甚好"，因为"当你决定好了要执行该计划的时候，德意志或法国的局势可能发生变化，使情况变得不适合攻击圣父及其利益，所以最好等等再说"。因此，"在你执行该计划之前，你必须征询我的意见，因为耽搁一点时间是不要紧的"，"我会根据整体形势给你最好的方案"。[98]

但这时消息传来，法尔内塞承诺支持又一起推翻多里亚对热那亚的统治的阴谋（这一次的领导人是菲耶斯基的一个兄弟和马萨侯爵朱利奥·奇博·马拉皮斯纳），于是查理五世终于放弃了谨慎的立场。贡扎加逮捕了马萨侯爵，并于 1547 年 6 月 13 日向皇帝提出两个理由，敦促皇帝立刻批准他在皮亚琴察招募的密谋者行动起来：首先，皮亚琴察的新要塞快竣工了，一旦竣工，皮亚琴察就将固若金汤；其次，因为密谋者需要在要塞竣工之前行动，所以如果查理五世现在不承诺支援和庇护他们，他们就会寻求法国人的帮助。"如果我们丧失了这个收复皮亚琴察的机会，"贡扎加补充道，"那么也许很久都不会有新的机会出现。"因此他"派遣一名信使，谦卑地"（可真是谦卑！）"恳求陛下下定决心，尽快裁决此事"。两周后，查理五世在德意志的主要敌人要么已经归顺，要么已经在押，于是他批准了贡扎加的请求，但有两个前提条件："绝不可以伤害"皮耶路易吉本人，而是将他流放；"绝不可以让别人说此事是我命令的"。[99]

这两个限制条件让贡扎加的处境变得很尴尬。他担心，如果法尔内塞逍遥法外，将来会报复他（贡扎加）和推翻法尔内塞的密谋者；并且贡扎加犹豫不决，不肯"承担做这个决定的责任，这里就不重复弗雷戈索和林孔那件事情了"。于是贡扎加设计了一个巧妙的计谋来表明他和他的主公都没有参与此事：密谋者控制皮亚琴察之后立刻献城给查理五世，条件是他能在二十四小时内派兵将其占领（查理五世显然办不到这一点）；否则他们有权将城市献给法国人。所以贡扎加只需要在密谋者发动政变前不久率领 400 名骑兵来到皮亚琴察附近。他向皇帝指出，这条计谋"需要我独立行动，来不及征询陛下的意见，也能说明我的行动是不得已而为之，而不是我有预谋"。

查理五世批准了该计划。1547 年 9 月 10 日，密谋者控制了皮亚琴察，在这过程中谋杀了皮耶路易吉·法尔内塞，随即向皇帝献城。[100]次日，贡扎加提前秘密派遣到边界附近的骑兵部队抵达了。9 月 12 日，他以皇帝的名义占领了该城。尽管他通过奇袭占领帕尔马的计划失败了，但帝国军队于 10 月进驻锡耶纳，并开始在那里修建一座要塞。[101]

查理五世的这些胜利决定了他在意大利的其他敌人的命运。根据贡扎加的命令，卢卡的弗朗切斯科·布拉马基于 1548 年 2 月在米兰被斩首，马萨侯爵朱利奥·奇博·马拉皮斯纳于 5 月步其后尘。贡扎加还消灭了查理五世的两个佛罗伦萨敌人。他逮捕了著名的佛罗伦萨流亡者皮耶罗·斯特罗齐，在贡扎加宅邸（今称西蒙内塔别墅）将其谋杀；还派遣两名刺客去威尼斯，杀死了洛伦齐诺·德·美第奇，此人在十一年前杀害了查理五世的前女婿亚历山德罗·德·美第奇公爵。[102]

现在看来，查理五世似乎一帆风顺，但这只是表面现象而已。1548 年 9 月 2 日，在施派尔，查理五世签署了一封给腓力王子的信，夸耀自己成功地"改变了好几座德意志城市的政府"，并"以更恭顺的人取而代之，还驱逐了新教布道者"。但随后查理五世承认了一件惊人的事情：他现在需要解散军队，因为"我再也没有办法维持兵员如此之多的军队，因为开销实在太大"。现在他不得不返回尼德兰，因为没有了军队，"我不想冒险留在这里［德意志］，否则我的人身安全难以保证；也是为了避免当着我的面发生一些无法弥补的事情，导致我损失新近获得的声望"。为了节约经费，他提议把目前驻扎在符腾堡的德意志部队撤走，以 2000 名西班牙士兵取而代之，让当地居民供养这支部队。一个月后，斐迪南向兄长警示了另外两方面的威胁。北方的一些路德派邦国仍然"拒绝臣服于陛下"，也不接受《奥格斯堡临时敕令》；此外，尽管萨克森公爵莫里茨已经被皇帝提升为选帝侯，但他仍然对皇帝囚禁黑森方伯的事情愤愤不平。斐迪南写道："因为他［莫里茨］是个莽夫，我们不能把他逼到绝望的地步，也不能刺激他，否则他可能与周边城市与诸侯结盟。"[103]

此时，查理五世的权威还受到了另一方面的挑战：大约 1 万公里之外，秘鲁的西班牙征服者们发动了叛乱。据一位廷臣说："尽管皇帝遭受过他的西班牙臣民的反叛，也受过德意志人的背叛，但他对西班牙和德意志反叛者的怨恨都远远比不上他对秘鲁反叛者的憎恨。"秘鲁叛乱的领导者也是个莽夫，他的名字是贡萨洛·皮萨罗。[104]

注　释

1. *SP*，Ⅹ，178－87 and 202－7，Hertford，Gardiner and Wotton to Henry，7，9 and 17 Nov. 1544.

2. *SP*，Ⅹ，71－2，Henry to Wotton，［15］Sep. 1544（因此正好写于《克雷皮条约》缔结之前）；Gachard，*Trois années*，43，Chapuys and Corrières to Charles，16 Sep. 1544，基于相同的消息。亨利八世的分析中唯一的错误是，"尼德兰是皇帝安稳继承来的，没有任何疑问"，所以如果把尼德兰与西班牙联合，"不需要多少花费就能很好地治理尼德兰"。

3. TNA *SP* 1/194/39－40，Wotton to the Privy Council，21 Oct. 1544（描述了伊迪亚克斯及其使命）；*CDCV*，Ⅱ，300－1，Philip to Charles，14 Dec. 1544（并非如 ibid.，p. 311 中所说的 24 日）。

4. Chabod，'Milán o los Países Bajos?'，244－51，'Los puntos que se apuntaron por los del consejo de Estado en las dos comunicaciones que se tuvo sobre la alternativa que ofreció Su Magestad'，没有日期，但应为 1544 年 11 月。沙博还对这场辩论做了精彩分析，将其置于帝国大战略的瞬息万变的背景之下，见 *ibid.*，211－44。

5. *CDCV*，Ⅱ，299－311，Philip to Charles，14 Dec. 1544（错误地落款为 12 月 24 日）。正如查理五世在 1543 年 5 月预测的那样，洛斯·科沃斯支持阿尔瓦公爵，而苏尼加支持塔韦拉，见 Ball and Parker，*Cómo ser rey*，117。

6. *PEG*，Ⅲ，67－87，"Ce que l'on doibt considérer sur la déclaration de l'alternative contenue au traité de Crespy"，随后是"Discours et arraisonnement des considérations que l'on peult prendre sur l'Alternative"，没写日期，但应在 1545 年 2 月 17 日之前，当查理五世通知他的儿子"las personas más principales y aceptas a Nos destos Stados"已经"dado por scripto"他们在两种选择中的倾向了，见 *CDCV*，Ⅲ，336－43，17 Feb. 1545。

7. *SP*，Ⅹ，236－7，Wotton to Henry Ⅷ，27 Nov. 1544；AGS *E* 872/

129，Charles to Juan de Vega，没写日期，但应为 1545 年 2 月 17 日（附带通知教宗的命令）。

8. Dumont, *Corps*, IV/2, 288, 刊载了查理五世的宣言。其他细节见 Gachard, *Trois années*, 68 - 9 and 71, Navagero to the Doge, 22 Jan. and 27 Mar. 1545; ASF *MdP* 4302, unfol., Ricasoli to Duke Cosimo, 14 and 22 Feb., 1, 6 and 22 Mar. 1545; *PEG*, III, 55 - 8, Charles to Ferdinand, 1 Feb. 1545; *CDCV*, III, 336 - 43, Charles to Philip, 17 Feb. 1545. Gachard, *Voyages*, II, 306（旺德内斯的刊物），说皇帝还在 1545 年 2 月 10 日和 3 月 15 日之间服用了"印第安木"；另见 ASF *MdP* 4302, unfol., Ricasoli to Duke Cosimo, 3 and 23 Jan. and 8 Feb. 1545 中对查理五世罹患疾病的生动描述，皇帝在这个时期恰好在苦苦思考"两种方案"。

9. *CDCV*, IV, 527 and 538. 在 1543 年夏季，格朗韦勒通知教廷特使，查理五世打败了海尔德和法国之后会尽快攻击德意志路德派，见 *NBD*, VII, 441 - 4, Poggio to Farnese, 10 July 1543。

10. Lenz, *Briefwechsel*, III, 91 - 6, 刊载了查理五世和黑森方伯之间的条约，1541 年 6 月 21 日。

11. Close, 'City-states', 214 - 15, 乌尔姆给联盟其他城市的信，1544 年 6 月 18 日。

12. Winckelmann, *Politische Correspondenz*, III, 504 - 7, Jacob Sturm to Strasbourg, Speyer, 18 Mar. 1544, 写道，皇帝建议将不伦瑞克交给"第三方"（'in eine dritte hand'）来扣押。*RTA* XVI, 1474 - 94 记载了帝国会议解决不伦瑞克问题的尝试；Brady, *Protestant politics*, 260 - 72 清晰扼要地介绍了不伦瑞克战争。

13. Brandenburg, *Politische Korrespondenz*, I, 564 - 6, 克里斯托弗·冯·卡洛维茨给莫里茨的关于他和格朗韦勒会谈的报告，1543 年 2 月 28 日；HHStA *Belgien PA* 37/1/120 - 3, 格朗韦勒给查理五世的信，1543 年 5 月 1 日，报告了他与卡洛维茨的会谈。

14. Maurenbrecher, *Karl* V, 37 * - 40 *, Charles to Philip, 16 Feb. 1546; Gachard, *Trois années*, 83 - 4, Navagero to the Doge, 20 May 1545.

15. *LCK*, II, 435 - 45, Instructions to Gerhard Veltwyck, 22 May 1545; *NBD*, VIII, 170 - 7, Fabio Mignanello to Cardinal Santa Fiora, 28

May 1545, and 231 – 6, cardinal of Augsburg to Farnese, 6 July 1545.

16. AGS *E* 641/2, ‘ Relación de los negocios que embía el secretario Idiáquez’ to Los Cobos, undated but c. 20 June 1545, 要求对该文件“阅后即焚”（历史学家们很幸运，洛斯·科沃斯没有遵照这个指示，英译本见 *CSPSp*，Ⅷ，225 – 7）。*NBD*，Ⅷ，221 – 6, Nuncio Verallo to Farnese, 1 July 1545, 提到格朗韦勒“给我看了一份五十节的文件，全都涉及”讨伐路德派的事情，说他即将与查理五世讨论该文件；*NBD*，Ⅶ，685 – 6, Granvelle to Marie, 8 July 1545, 报告了推迟行动的决定。*RTA*，ⅩⅦ，1201 – 1375 包含沃尔姆斯的宗教辩论，斐迪南在其中发挥了重要作用，直到查理五世于 5 月 16 日抵达，那之后格朗韦勒担任皇帝的主要发言人。

17. *NBD*，Ⅷ，Mignanello and Verallo to Farnese, 9 July 1545 (‘ non per altro che per esser Sua Maestá quanto a Dio sicura *in conscientia*’). Gachard, *Trois années*, 98 更详细地记叙了查理五世与大主教的这次气氛紧张的会谈。

18. *CDCV*，Ⅳ，529 – 30 (*Memoirs*)；TNA *SP* 1/208/38 – 40, Fray Gabriel de Guzmán to Charles, 20 Sep. 1545, 报告了他前去安抚法国的任务；*SP*，Ⅺ，19 – 20, Mont to Henry Ⅷ, Frankfurt, 17 Jan. 1546, 转述了关于皇帝远征非洲的流言（他并不相信这是真的）。又见 *PEG*，Ⅲ，186 – 204, 格朗韦勒主张，尽管奥尔良公爵死了，仍要维持和平，并说“如果上帝用地震摧毁了条约规定要归还的城镇之一”，条约仍然有效。

19. *CSPSp*，Ⅷ，229, Los Cobos to Charles, undated but 3 Sep. 1545；*CDCV*，Ⅱ，418 – 22, Philip to Charles, 3 Sep. 1545；*BKK*，Ⅱ，356 – 7, Marie to Granvelle, undated minute, late 1545. 玛丽的建议当然可能被在她宫廷的路德派添油加醋了，何况她自己在 16 世纪 20 年代与路德本人也有接触。

20. *CDCV*，Ⅱ，453 – 8, Charles to Philip, 17 Mar. 1546.

21. *CDCV*，Ⅳ，532 (*Memoirs*)；von Druffel, *Briefe*，Ⅲ，1 – 24, ‘ Protokoll der Verhandlung des Landgrafen Philipp mit Kaiser Karl zu Speier’, 28 and 29 Mar. 1546 (部分也刊载于 *RTA*，ⅩⅦ，64 – 78)。

22. Bernays, *Urkunden*, Ⅳ, 93 note 1, Sebastian Erb to Heinrich Bullinger, 1 May 1546（拉丁文，但有关于汇报讲话的德文）; *NBD*, Ⅷ, 623 - 4, Serristori to Duke Cosimo of Florence, 29 Mar. 1546。

23. Brady, *Protestant politics*, 273, 276; Lenz, *Briefwechsel*, Ⅱ, 437 - 46, landgrave to Martin Bucer and Jacob Sturm, 15 May 1546.

24. *CDCV*, Ⅱ, 471 - 4, Charles to Philip, 20 May 1546. 关于芭芭拉·布隆贝格，见本书第十四章和第十六章。

25. HHStA *Hs. Blau* 596/1/103 - 4, Charles to Ferdinand, 18 Apr. 1546.

26. For details, see *LCK*, Ⅱ, 648 - 52, 查理五世、费迪南与巴伐利亚公爵于 1546 年 6 月 7 日签订的秘密协议; and Brandenburg, *Politische Korrespondenz*, Ⅱ, 660 - 4, 查理五世、费迪南与莫里茨于 1546 年 6 月 19 日签订的秘密协议。

27. Kannengiesser, *Karl* Ⅴ, 199 - 201, Charles to Buren, 9 June 1546; *LCK*, Ⅱ, 486 - 91, Charles to Marie, 9 June 1546; *SP*, Ⅺ, 219 - 21, Thirlby to Paget, Regensburg, 15 June 1546; AGS *CMC* 1a/1455, Accounts of García Portillo, patents signed at Regensburg, 21 June 1546.

28. *SP*, Ⅺ, 223 - 7, Mason to Paget, 25 June 1546, 报告了在海德堡与弗里德里希的一次会谈。关于梅森在帝国宫廷的服务，见 *ODNB* s. v.。

29. Brandi, *The emperor*, 541; *CDCV*, Ⅳ, 531, n. 144.

30. *CDCV*, Ⅱ, 336 - 43, and Maurenbrecher, *Karl* Ⅴ, 37 * - 40 *, Charles to Philip, 17 Feb. 1545 and 16 Feb. 1546（三封信）。战前准备工作的例子可见 *CSPSp*, Ⅷ, 183 - 4, Juan de Vega to Philip, Rome, 20 July 1545。

31. 关于 1546 年雷根斯堡帝国会议的失败谈判，见 *RTA*, ⅩⅦ, 433 - 89 中的文件。又见查理五世的告解神父佩德罗·德·索托于 1546 年 2 月呈送给皇帝的坚决支持战争的意见，见 Maurenbrecher, *Karl* Ⅴ, 29 * - 32 *, 英译本见 *CSPSp*, Ⅷ, 353 - 6。

32. TNA *SP* 1/123/100 - 3, Vaughan to the Privy Council, Antwerp, 12

Aug. 1546；Firpo, *Relazioni*，Ⅱ，605，Relation of Mocenigo，1548. Mariotte，'Charles Quint'，379 说皇帝在集中兵力之前就决定重启战端是"**孤注一掷**"。*RTA*，ⅩⅧ，484－9 刊登了联盟成员国将其代表从帝国会议召回的信件；Brady, *Protestant politics*，299 列举了 1546 年动员的联盟成员国及其对战争的贡献情况。

33. Ávila y Zúñiga, *Comentario*, f. 10v.

34. Firpo, *Relazioni*，Ⅱ，610，Relation of Mocenigo 详细描述了联盟军队指挥结构的缺陷。1546 年 5 月或 6 月初为查理五世准备的一份作战计划认为，在即将开始的战争中，皇帝的最大优势就是联盟的指挥结构有严重缺陷，见 Friedensburg，'Am Vorabend'，142－3。

35. *NBD*，Ⅸ，158－66，Verallo to Cardinal Farnese，30－31 July 1546；BL *Addl. Ms.* 28，595/42－4，Charles to Juan de Vega，31 July 1546.

36. *CDCV*，Ⅱ，489－92，Charles to Philip，10 Aug. 1546；AGS *E* 73/239，Charles to Los Cobos，11 Aug. 1546，解码亲笔信。

37. Núñez Alba, *Diálogos*，48（Ávila y Zúñiga, *Comentario*, f. 13 给出了类似的叙述）。*RTA*，ⅩⅦ，567－74 刊载了拒绝效忠于皇帝的宣言书（Absagebrief），日期为 1547 年 8 月 11 日，由八位诸侯和五座城市的代表签字；Sleidan, *De statu*，533（book ⅩⅦ），记载了选帝侯不肯称呼查理五世为"皇帝"；HHStA *Hs. Blau* 596/1/104－6，Charles to Ferdinand，17 Aug. 1546（部分内容刊载于 von Druffel, *Briefe*，Ⅰ，14－15）说该宣言书送来的时候放在"一根分叉的树枝上，这是德意志人的习俗，表示挑战"，这被称为"战书"（*Fehdebrief*）。西班牙史料称之为 desafío（挑战）。

38. Ávila y Zúñiga, *Comentario*, f. 13（类似记载见 Núñez Alba, *Diálogos*，48）。*RTA*，ⅩⅦ，552－62，刊载了敕令，它签署于 1546 年 7 月 20 日，但直到 8 月 14 日才公布。Von Druffel, *Des Viglius van Zwichem Tagebuch*，54，记录"Advenit Italicus exercitus"在 8 月 13 日，"Litterae ab lantgravio cum trompeta, quibus renunciabant jus vasallagii et fidelitatis"在 8 月 14 日。

39. Greppi, 'Extraits'，123－4，Stroppiana to the duke of Savoy，6 Sep. 1546；Turba, *Venetianische Depeschen*，I，662－3，Mocenigo to

the Doge, 1 Sep. 1546. Núñez Alba, *Diálogos*, 72 – 8 也强调了堡垒和参加营地防御的"骑士"；路德派指挥官注意到"皇帝不分昼夜地加强营地的防御"，见 Schertlin von Burtenbach, *Leben*, 46。此次攻防战的地图见 Schüz, *Der Donaufeldzug*, 39。

40. Greppi, 'Extraits', 125 – 31, Stroppiana to the duke of Savoy, 6 Sep. 1546; Mugnier, 'Les faictz', 279 – 80; Ávila y Zúñiga, *Comentario*, f. 21; Núñez Alba, *Diálogo*, 60.

41. HHStA *Hs. Blau* 596/1/106 – 7v and 108v – 9v, Charles to Ferdinand, 2 and 19 Sep. 1546, 亲笔附言（部分发表于 von Druffel, *Beiträge*, I, 19 and 21）。其他人也批评查理五世"以身涉险，而整个基督教的命运取决于他的生命"，见 Greppi, 'Extraits', 127, Stroppiana to the duke, 6 Sep. 1546。Even Ávila y Zúñiga, *Comentario*, f. 31v，质疑皇帝"se ponga en estos peligros como vn capitan o soldado particular"是否明智。

42. *NBD*, IX, 226 n. 4, Serristori to Duke Cosimo, 4 Sep. 1546（路德派撤退的动机）；Schertlin von Burtenbach, *Leben*, 46；Möllenberg, 'Die Verhandlung', 49 – 50, and Duller, *Neue Beiträge*, 60 – 1, Philip of Hesse to his wife Margareta, 11 and 21 Sep. 1546, 均为亲笔信。

43. Mogen, *Historia*, 291 – 2 § 89（摘自黑森方伯秘书的日记）；Turba, *Venetianische Depeschen*, I, 673 – 7 and II, 66 – 7, Mocenigo to the Doge, 7/8 Sep. and 24 Oct. 1546（一名被扣押在路德派营地的外交官报告了黑森方伯的侮辱性话语）。

44. Kannengiesser, *Karl V*, 207 – 9, Buren to Charles, Roermond, 24 July 1546（Kannengiesser 精彩地叙述了此次军事行动，还给出了查理五世与比伦伯爵的通信的文本）。*SP*, XI, 256 – 9, Carne to Paget, 27 Aug. and 14 Sep. 1546 生动地叙述了比伦伯爵如何率军渡过莱茵河；*ibid.*, 299 – 300, Wotton to Paget, 17 Sep. 1546 评估了其中的风险。

45. Busto, *Geschichte*, 112；*CDCV*, IV, 550（*Memoirs*）。关于两军的兵力变化，见 Schüz, *Der Donaufeldzug*, 88 – 94 中的图表。

46. Brandenburg, *Politische Korrespondenz*, II, 872 – 7, 斐迪南与莫里茨的攻守同盟，布拉格，1546 年 10 月 14 日；Hortleder, *Der*

Römischen Keyser，Ⅱ，506－8，"在 1546 年 11 月 16 日做了道别"，联盟军队"撤退并进入冬季营地"。

47. Bernays，*Urkunden*，Ⅳ/1，494－7，施图尔姆给黑森方伯的信，1546 年 11 月 21 日，及方伯于次日的回信，有亲笔修改的痕迹。关于此次战役，见 Schüz，*Der Donaufeldzug*，基于作者本人对战场地形的观察以及书面文献，有七张地图；and Crouzet，*Charles Quint*，ch. 15。

48. *SP*，Ⅺ，350－1，Thirlby to Paget，Dillingen，21 Nov. 1546.

49. Ávila y Zúñiga，*Comentario*，ff. 35－6；Turba，*Venetianische Depeschen*，Ⅱ，10－14 and 19－22，Mocenigo to the Doge，22 and 27 Sep. 1546（引用了查理五世的医生 Cornelis van Baersdorp 的话）；Mugnier，'Les faictz'，290－1（entry for 4 Oct. 1546）。

50. Núñez Alba，*Diálogos*，173－4. Soly，*Charles*，305 刊登了 Matthias Gerung 作于 1551 年的一幅画，表现查理五世在五年前接受劳因根城的臣服。

51. Ávila y Zúñiga，*Comentario*，ff. 61v－2v；Turba，*Venetianische Depeschen*，Ⅱ，125－6，Mocenigo to the Doge，19 Dec. 1546；von Druffel，*Briefe*，Ⅰ，26－8，Charles to Marie，23 Nov. 1546. 关于查理五世之前与弗里德里希选帝侯（之前是普法尔茨伯爵）打交道的情况，见本书第二、三和四章。

52. Dumont，*Corps*，Ⅳ/2，326－7，treaty between Charles and Duke Ulrich，3 Jan. 1547；Turba，*Venetianische Depeschen*，Ⅱ，151－2 and 156－60，Mocenigo to the Doge，29 Jan. and 2 Feb. 1546.

53. *LCK*，Ⅱ，524－7，Charles to Ferdinand，9 Jan. 1547（副本见 HHStA Hs. Blau 596/1/117－19v）。四年后，马克西米利安不谨慎地向一名威尼斯外交官揭示了斐迪南是多么怨恨兄长没有把符腾堡给他，见 Friedensburg，'Karl Ⅴ.'，72－81，Giovanni Michele to the council of Ten，Dec. 1551。

54. *LCK*，Ⅱ，529－31 Charles to Ferdinand，2 Feb. 1547（副本见 HHStA *Hs. Blau* 596/1/126－7v）；von Druffel，*Briefe*，Ⅰ，39－46，Charles to St. Mauris，19 Jan. 1547；*LCK*，Ⅱ，539－41，Charles to Ferdinand，19 Feb. 1547（副本见 HHStA *Hs. Blau* 596/1/131－3v）。又见 *LCK*，Ⅱ，34－7，Marie to Charles，10 Jan.

1547，警示说法国人可能会发动突然袭击，就像"他们在 1542 年做的那样"。Glagau, 'Landgraf Philipp', 37 - 44，记述了法国与黑森之间的谈判。

55. Ávila y Zúñiga, *Comentario*, f. 85. Crouzet, *Charles Quint*, ch. 16，是关于此次战役最好的现代记述。

56. Turba, *Venetianische Depeschen*, Ⅱ, 234 - 42, Mocenigo and Lorenzo Contarini to the Doge, 25 and 26 Apr. 1548.

57. ASP *CF* 510/1, 'Avvisi mandati da Mr. Valerio Amano', 25 Apr. 1547；Mugnier, 'Les faictz', 341 - 2；Ávila y Zúñiga, *Comentario*, f. 90v；Núñez Alba, *Diálogos*, 210. 对此事的描述，另见 Turba, *Venetianische Depeschen*, Ⅱ, 242 - 3, Mocenigo and Contarini to the Doge, 27 Apr. 1547。Sastrow, *Herkommen*, Ⅱ, 16（*Social Germany*, 196）说这句阴森森的话是斐迪南说的，但萨斯特罗当时还没有抵达皇帝营地；另一方面，只有萨斯特罗记载了选帝侯用德语向皇帝致敬的说法："最仁慈的皇帝和主公（Allergnedigster Keyser und Herr）。" Crouzet, *Charles Quint*, ch. 18 是关于查理五世在易北河的胜利的很好的现代记述。

58. Kohler, *Quellen*, 373 - 5，刊载了御前会议的辩论；Dumont, *Corps*, Ⅳ/2, 332，刊载了查理五世对约翰·弗里德里希一世的死刑判决，1547 年 5 月 10 日。又见 von Druffel, *Briefe*, Ⅰ, 58，佩勒诺于 1547 年 4 月 25 日"从易北河大捷的战场"发给玛丽的信："据我所知，皇帝陛下打算砍掉约翰·弗里德里希一世的脑袋。"

59. TNA *SP* 1/226/152, Christopher Mont to Walter Bucler, 24 Nov. 1546；Sastrow, *Herkommen*, Ⅱ, 22（另一个译本见 *Social Germany*, 200）。Junghans, 'Kaiser Karl', 102，引用了维滕贝格大学神学教授约翰·格奥尔格·诺依曼（Johann Georg Neumann）于 1707 年首次发表的对话，以及其他一些史料（不过没有蒙特和萨斯特罗的证词），并得出结论，在这个问题上我们可以接受口传的传统说法。阿道夫·弗里德里希·泰克斯（Adolf Friedrich Teichs）于 1845 年创作的一幅纪念此事的名画，至今悬挂在维滕贝格的路德大厅。仁慈的皇帝等待维滕贝格投降的景象，见上文。

60. Benavent Benavent and Bertomeu Masiá, *El secuestro*, 41 – 7, 'Artículos acordados con el prisionero Juan Federico de Saxonia debaxo de los quales el emperador a moderado la pena que avía meresçido por aver sido rebelde', Halle, 19 May 1547.

61. Petritsch, 'Der habsburgisch-osmanische Friedensvertrag', 68 – 70, 刊载了条约文本，条约于 1547 年 6 月 19 日在伊斯坦布尔签署，查理五世于 1547 年 8 月 1 日批准；Pánek, 'Emperador', 143 – 8 记述了施马尔卡尔登战争的波希米亚战区的情况。

62. Glagau, 'Landgraf Philipp', 42, Philip to Maurice of Saxony, 30 Apr. 1547; von Rommel, *Philipp*, Ⅲ, 231 – 2, Philip to his regency council, 28 May 1547.

63. Von Rommel, *Philipp*, Ⅲ, 248 – 53 刊载了 1547 年 6 月 19 日投降的条件，菲利普在这一天签字，但条约肯定是 6 月 3 日或 4 日拟定的。另见 Benavent Benavent and Bertomeu Masiá, *El secuestro*, 50 – 2 中的西班牙文本 "Capitulación dada al Landgrave de Hessen sobre su libertad, sumisión y perdón"。

64. Preuschen, 'Ein gleichzeitiger Bericht', 148 （一份发给美因茨选帝侯的匿名记述，说菲利普 "与两位选帝侯聊了一会儿，笑了笑"；Sastrow, *Herkommen* Ⅱ, 29 – 30 （说黑森方伯 "可耻地嬉笑"，皇帝威胁他："哼，我会教你怎么笑。"）。又见 *NBD*, X, 24 – 7, Nuncio Verallo to Cardinal Farnese, 20 June 1547; and *LCK*, Ⅱ, 585 – 95, Perrenot to Marie, 20 and 21 June 1547 中的记录。

65. *LCK*, Ⅱ, 585 – 95, Perrenot to Marie, 20 and 21 June 1547, and 'Touchant le prinse du landtgraue' （西班牙文译本见 Benavent Benavent and Bertomeu Masiá, *El secuestro*, 52ff）；Brandenburg, *Politische Korrespondenz*, Ⅲ, 443 – 5, 莫里茨给他派往斐迪南身边的使者的指示，1547 年 6 月 21 日。

66. Stumpf, *Baierns politische Geschichte*, Ⅰ, part 2, 287, note，赛尔德的说法，即佩勒诺在 1548 年 6 月与两位选帝侯会见时用了计谋（正确日期出自 Mariotte, 'Charles-Quint', 401）。Von Rommel, *Philipp*, Ⅲ, 235 – 6, 在他的版本的黑森方伯投降书中同时刊载了 einiger 和 ewiger 两个词。这种欺骗被 Rabelais, *Les cinq livres*, book Ⅳ 提及，在第 17 章末尾，高康大乘船经过 "Enig 岛和 Evig

岛，黑森方伯就是在这里完蛋的"（原文用的是哥特字体；出版时黑森方伯还在狱中）。罗杰·阿斯卡姆在 1553 年 7 月记载了同一个故事：Giles, *The whole works*, Ⅲ, 51 – 2. Issleib, *Aufsätze*, 258 – 64 对查理五世有没有欺骗对方的意图做了精彩的分析。

67. HHStA *Hs. Blau* 596/1/144v – 5, Charles to Ferdinand, Halle, 15 June 1547, 存档副本（部分刊载于 Issleib, *Aufsätze*, 458 n. 88, and von Bucholtz, *Geschichte*, Ⅸ, 427 – 8）；HHStA *Hs. Blau* 597/2/251v – 3, 斐迪南给查理五世的信，1547 年 6 月 17 日，提出了一种有趣的观点：既然约翰·弗里德里希一世是危险分子，不能让他留在德意志，那么应当派西班牙士兵将他押送到蒂罗尔，然后押往西班牙（部分刊载于 Issleib, *Aufsätze*, 460 n. 89, and von Bucholtz, *Geschichte*, Ⅸ, 428 – 9）。

68. HHStA *Hs. Blau* 596/1/148v – 51, Charles to Ferdinand, 28 June 1547, 存档副本（另见 HHStA *Belgien PA* 5/2/70 – 5 的经过大量修改的记录，揭示了查理五世记录时是多么仔细。部分文字刊载于 von Druffel, *Briefe*, Ⅰ, 63 – 8, and in von Bucholtz, *Geschichte*, Ⅸ, 429 – 33, 但抄录和日期有多处错误）。

69. HHStA *Hs. Blau* 597/2/254v – 5v, Ferdinand to Charles, 14 July 1547（部分刊载于 von Bucholtz, *Geschichte*, Ⅸ, 433 – 4）；Sastrow, *Herkommen*, Ⅱ, 48（另一份翻译见 *Social Germany*, 217）。

70. Sastrow, *Herkommen*, Ⅱ, 31（另一份翻译见 *Social Germany*, 206）。

71. Tracy, *Emperor*, 223 – 8；AGS *CMC* 1a/1189, accounts of Alonso de Baeza, and *CMC* 1a/1491, accounts of García Portillo. 格雷戈尔·勒夫勒在 1546 年之前铸造的好几门重炮在 1588 年被西班牙无敌舰队携往英格兰，见本书第十七章。

72. Busto, *Geschichte*, 185（Ávila y Zúñiga, *Comentario*, f. 92 讲述了同样的故事）。军队解散的信息来自 *NBD*, Ⅹ, 377 – 80, Santa Croce to Farnese, 15 June 1548。

73. *LCK*, Ⅱ, 599 – 602, Perrenot to Marie, 11 July 1547.

74. Rabe, *Reichsbund*, 仍然是研究 1547~1548 年"武装的帝国会议"的经典著作；另见 Press, 'Die Bundespläne', 71 – 85. *RTA*, Ⅹ

Ⅷ，发表了一些相关的文献，包括 1548 年 6 月 30 日帝国会议决议（*Reichsabschied*）的 108 条（pp. 2，651 - 94）。关于勃艮第行政圈的设立，见本书第十四章。

75. Gachard，*Voyages*，Ⅱ，349 - 71，刊载于 Vandenesse's Journal between 1 Sep. 1547 and 30 June 1548，见按照时间排布的相关条目。Rabe，*Reichsbund*，197，注意到，马克西米利安于 1547 年 9 月 1 日在富格尔家族宅邸主持了帝国会议的庄严开幕式，尽管查理五世也在场。

76. *NBD*，Ⅹ，76 - 9，Nuncio Verallo to Cardinal Farnese，11 - 12 Aug. 1547；idem 185 - 9，Mignanelli to Farnese，4 Nov. 1547；ASF *MdP* 3101a/1085，Francesco di Paolo Vinta to Duke Cosimo，2 Apr. 1548；von Ranke，*Deutsche Geschichte*，Ⅴ，370 - 1，'Sommaire de l'Ambassade de feu monsieur de Vienne vers l'empereur Charles V，en l'année 1550'. 查理五世带着他的德式桑拿房去了尤斯特，见本书第十六章。

77. AGS E 644/77，Charles to Diego de Mendoza，11 Feb. 1547.

78. AGS E 643/32，Charles to Francisco de Toledo，11 Apr. 1547. 腓力二世同样使用这样的等位称呼，见 *FBD*，ch. 5。

79. *LWS*，LⅣ，208，in *Wider das Babstum zu Rom vom Teuffel gestifft*（Wittenberg，1545）；AGS E 644/99，Granvelle to Mendoza，29 Aug. 1547.

80. Beltrán de Heredía，*Domingo de Soto*，212 - 17 and 221 - 30，表明了皮亚琴察如何决定了整个宗教会议的命运，以及教廷与皇帝的关系，直到保罗三世去世。

81. Rein，'Faith and empire'，51，译自《奥格斯堡临时敕令》，and 54. 我对《奥格斯堡临时敕令》的概括要感谢莱因的分析。*RTA*，XⅧ，1910 - 48，刊载了该文件的拉丁文全文，它的完整标题很能说明问题：罗马皇帝陛下的宣言，为了神圣罗马帝国境内的宗教，在大公会议召开之前，于 1548 年 5 月 15 日发表和公布，得到各等级的接受（*Der Römischen Keyserlichen Maiestat Erklärung，wie es der Religion halbe，imm heyligen Reich，biss zü Ausstrag dess gemeynen Concilii gehalten warden soll，auff dem Reichsstag zü Augspurg，den* ⅩⅤ *Maij im M. D. XL* Ⅷ *Jar publiciert*

und eröffnet und von gemeynen Stenden angenommen）。有意思的是，腓力二世一直到驾崩时都在办公桌旁摆着一份《奥格斯堡临时敕令》的副本，这是他从玛丽手中继承的。这个副本如今保存在埃斯科里亚尔圣洛伦索修道院图书馆，102 - Ⅲ - 43。

82. *BD*, Ⅹ, 327 - 33, Nuncio Sfondrato to Cardinal Farnese, Augsburg, 16 May 1548. 在同一天给玛丽的信中，佩勒诺更直言不讳："因为教宗没有做他应当做的事情，所以我们坚持自己的立场。"（ibid., 329 n. 1. ）

83. *NBD*, Ⅺ, 15 - 18, Bertano to Farnese, Augsburg, 2 Aug. 1548（觐见会在那天早上举行）。

84. Sastrow, *Herkommen*, Ⅱ, 335 - 46, 一名目击者的观点（另一种翻译见 *Social Germany*, 247 - 52）。*NBD*, Ⅺ, 29 - 32, Bertano to Farnese, 10 Aug. 1548, 确认了约翰·弗里德里希一世受到的严酷待遇。

85. Naujoks, *Kaiser Karl*, 57 - 8（奥格斯堡）; Dobras, 'Karl Ⅴ', 215 - 21（康斯坦茨）。

86. Naujoks, *Kaiser Karl*, 61 - 4（乌尔姆）; Sastrow, *Herkommen*, Ⅱ, 345 - 7（作者在几天后走了和查理五世相同的路线；另一个译本见 *Social Germany*, 249 - 50）。见 Naujoks, op. cit., ⅩⅩⅢ and 169 - 99, 查理五世修改其特许状的二十五座城市。

87. Fürstenwerth, *Verfassungsänderungen*, 101, 34; Reinhard, ' "Governi stretti" ', 160; von Druffel, *Briefe*, I, 180 - 2, Charles to Ferdinand, 10 Dec. 1548. 根特受到的待遇令一些德意志城市的居民感到惊恐：斯特拉斯堡的行政长官于 1540 年决定 "考虑根特的例子。在各方面我们都要更加小心"（引用于 Brady, *Protestant politics*, 354）。

88. Cavalcanti, *Trattati*, 231, 出自一篇 1552 年写给法王亨利二世的专著，但直到 1571 年才印刷出版（关键词是 governi stretti e tirannici, 严苛和残暴的统治）。

89. Details in Hewlett, 'Fortune's fool'. 布拉马基后来被视为意大利统一的英雄先驱，见 Carlo Minutoli, *Il primo martire dell'unitá italiana*（1844），1863 年在卢卡为纪念他而竖立了雕像。

90. Levin, ' A failure of intelligence '（引自 p. 20）; Pacini, *La*

Genova, 595（菲耶斯基对《君主论》的研究）。

91. Ha-Kohen, *Sefer divre ha-yamin*, II, 421 – 32; Spinola, 'Documenti', 30 – 2, Figueroa to Prince Philip, 6 Jan. 1547. 和布拉马基一样，菲耶斯基后来也被视为意大利统一的先驱，见莱茨（Retz）枢机主教写的关于他的歌剧 *La congiura*（1655/1990）的一个近期版本的引言。

92. Castaldo, *Historia di Napoli*, 113. Hernando Sánchez, *Castilla*, 311 – 12，证明派遣宗教法官到那不勒斯的缘由是副王请他的兄弟——罗马的一位高级宗教法官——从教宗那里获取许可，而不是像桑多瓦尔和其他历史学家说的那样，是因为查理五世的请求。

93. Vigo, *Uno stato nell' impero*, 14，引用了 Guicciardini（'*dove non ci fusse principe che potesse dare le leggi agli altri*'）。

94. AGNM *Mercedes* II /257, 'Provisión del rey para la libertad de los de Tascala', 29 Mar. 1541, reissued 4 Apr. 1542. Gibson, *Tlaxcala*, 80 – 2 讨论了互相矛盾的立法。

95. Spinola, 'Documenti', 11 – 13, Gonzaga to Charles, 2 Jan. 1547.

96. Spinola, 'Documenti', 40 – 4, Gonzaga to Charles, 9 Jan. 1547; idem, 47 – 8 and 55 – 7, Charles to Figueroa, 10 and 14 Jan. 1547; AGS *PR* 45/71，贡扎加给他派往腓力王子身边的使者 Juan Gallego 的指示，谈到 1548 年在热那亚 "城内建造一座要塞"。

97. Spinola, 'Documenti', 57 – 60, Charles to Gonzaga, 14 Jan. 1547.

98. Ibid. , 64 – 5, Juan de Vega to Charles, 17 Jan. 1547; idem, 121 – 3, Charles to Gonzaga, 11 Feb. 1547.

99. Bertomeu Masiá, *La guerra secreta*, 458 – 9, Gonzaga to Charles, 13 June 1547; Podestà, *Dal delitto*, 90 n. 34, Charles to Gonzaga, 28 June 1547. Podestà, op. cit. , 166 – 73，证明这座要塞的工程真正开始施工是在 1547 年 8 月，那时罗马才送来工程所需的资金，并主张贡扎加担忧过早了。但是总督当时在米兰，看不到 Podestá 使用的财政档案：贡扎加和查理五世一样依赖于道听途说，而他听到的东西让他很惊恐。

100. AGS *E* 1193/31, Gonzaga to Charles, 12 Oct. 1547; Bertomeu Masiá, *La guerra secreta*, 459 – 61, Gonzaga to Charles, 10 and 23

July 1547；Podestà, *Dal delitto*, 101, Charles to Gonzaga, 24 July 1547. 密谋者对报复的担忧是很有道理的：法尔内塞家族的人不久之后就刺杀了其中两个密谋者，其余人也时刻战战兢兢，担心自己遭到报复。

101. AGS *E* 1465/248, Gonzaga to Charles, Piacenza, 12 Sep. 1547，描述了占领该城市的过程，仿佛查理五世对此一无所知；AGS *E* 1193/31, same to same, 12 Oct. 1547，宣布他计划"干掉"斯特罗齐，"佛罗伦萨公爵的大臣"；Brizio, ' "The country" ', 55，关于锡耶纳的要塞。

102. 关于贡扎加在 1548 年策划的多起司法谋杀事件，见 dall'Aglio, *The duke's assassin*。

103. *CDCV*, Ⅱ, 659 – 62, Charles to Philip, 2 Sep. 1548；von Druffel, *Briefe*, Ⅰ, 170 – 1, Ferdinand to Charles, 15 Oct. 1548（莫里茨"是个莽夫"）。查理五世后来吹嘘自己"在符腾堡的三座要塞留下了 2000 名西班牙驻军"，见 *CDCV*, Ⅳ, 567（《回忆录》）。

104. Calvete de Estrella, *Rebelión*, Ⅰ, 101 – 2.

十三　驯服美洲[1]

西属美洲的开端

弗朗西斯科·洛佩斯·德·戈马拉在 1553 年的著作《胜利的西班牙：美洲通史第一部与第二部，涉及截至 1551 年的所有发现与重大事件》（后文简称《胜利的西班牙》）的献词中告诉查理五世："自创世以来，除了基督的降生与受难之外，最伟大的事件就是发现美洲。"他还写道，"西班牙人将自己的风俗、语言和武威传播到如此遥远的国度，在这过程中又在海陆两路行进了那么远，没有一个民族在这些方面能与西班牙人媲美"，尤其是西班牙人完成这些伟业所花费的时间极短。[2]戈马拉的论断的第二部分很容易得到证实。查理五世首次踏上西班牙土地的时候，卡斯蒂利亚在大西洋彼岸的领地仅限于巴拿马地峡的几处前哨据点和加勒比海的几个岛屿，总面积约 25 万平方公里（相当于西班牙国土面积的一半），人口约有 200 万名土著、5000 名欧洲人和几百名非洲奴隶。四十年后皇帝退位时，他的美洲领地不仅包括加勒比海的若干岛屿，还有美洲大陆上的 200 万平方公里土地（相当于西班牙面积的四倍），人口多达约 1000 万名土著和 5 万名欧洲人，这些居民全都算作卡斯蒂利亚王国的臣民，（至少在理论上）享有与"我们的卡斯蒂利亚王国臣民同等的待遇，因为他们确实是卡斯蒂利亚王国的臣民"，此外还有数千名非洲奴隶。[3]

西班牙在美洲的政府也越来越活跃。16 世纪 40 年代，墨西哥副王每年向官员和民众（其中一半是西班牙人）发布超过 500 道命令（mandamientos）。到 50 年代，命令的总数上升到 800 道。[4]新大陆的教会组织也相应地扩大了。查理五世登基时，美洲共有四位主教，全都听命于塞维利亚大主教。他退位时，美洲有两个独立的教省①，有三位大主教和二十一位副主教，全都由王室直接任命；另外还有宗教裁判所的非正式前哨据点，向西班牙的宗教裁判所首席法官负责。

如研究拉丁美洲的历史学家霍斯特·皮奇曼所说："在美洲建立政府，或许是查理五世最成功的一项事业。"皮奇曼承认，"在皇帝与其亲人和亲信谋臣的卷帙浩繁的通信里，很少详细提及美洲"，但有三个主要的例外。[5]首先是金钱。查理五世于 1516 年登基为西班牙国王的几个月之后，就命令自己在卡斯蒂利亚的摄政者在"从美洲运来的金钱"当中抽取 45000 杜卡特，送往意大利，"从而承担我在那里的开销"。他在整个统治时期经常会用来自美洲的金银为他的帝国霸业买单，尤其是 1535 年突尼斯战役和 1551～1552 年攻打帕尔马那样代价高昂的事业（这两场战役的经费大部分来自秘鲁的财宝）。

在查理五世于 1555 年退位的几周前，他在财政方面仍然有极高的要求：他命令卡斯蒂利亚摄政者确保将墨西哥的现有金银立刻全部运往西班牙，以承担他的对法战争的开销。[6]

查理五世一辈子都对充满异国情调的动植物感兴趣，也许是因为他在孩提时代在尼德兰见过一些珍奇的动植物（见第一章）。所以，1518 年，他从巴利亚多利德写信感谢西印度贸

---

① 教省（ecclesiastical province）是基督教的教会管区制度中的一种行政区划，等级在教区之上，通常由数个教区组成。天主教会、东正教会、圣公会等都实行此制度。

易总署（Casa de la Contratación，设在塞维利亚，负责管理与美洲的所有商贸活动）的官员"送来了曾属于斐迪南国王的两只美洲火鸡和一只鹦鹉，我很喜欢它们"，并请求"再给我送一些来自美洲的鸟儿和类似的动物，因为我喜欢这些稀奇古怪的动物"。将近四十年后，在埃斯特雷马杜拉的退隐之地，查理五世还兴高采烈地谈到有人给他送来的用于保暖的"两张镶嵌了美洲鸟类羽毛的床罩"，并订购"用同一种材料制成的晨袍和床单"。[7]

查理五世对美洲的第三方面兴趣涉及美洲的居民。1518年，他签署了一份令状，向他的一位勃艮第谋臣授予八年的垄断经营权，"从几内亚或非洲其他地方向美洲运送 4000 名男女黑奴"。[8]十年后，他签署了另一份合同，授权奥格斯堡韦尔泽公司的代表类似的垄断经营权，在四年内向美洲输送 4000 名非洲奴隶。该公司需向皇帝的国库缴纳 2 万杜卡特，算作进口税和关税。这份合同明确规定，这批奴隶将在金矿里劳作，甚至指示韦尔泽家族"送 50 名德意志高级矿工去美洲"。韦尔泽公司还积极地在王室法庭起诉那些侵犯了他们垄断经营权的人。查理五世后来还颁发了许多旨在将非洲奴隶送往美洲的授权书以换取现金：1511～1515 年，被送往美洲的非洲奴隶不到 400 人；但在 1516～1520 年，被送往美洲的非洲奴隶接近4000 人；查理五世在位期间被送往美洲的非洲奴隶总数超过了 3 万人。[9]

颇具讽刺意味的是，非洲奴隶的增加其实反映了查理五世对美洲土著居民的关爱。1517 年，在他首次抵达西班牙的三个月后，他主持了由主要谋臣组成的一个委员会的会议，议程之一就是研讨巴尔托洛梅·德·拉斯·卡萨斯修士撰写的

《关于美洲印第安人福祉的指导书》。拉斯·卡萨斯对大西洋彼岸的殖民地有丰富的经验，他起初是那里的殖民者，后来是传教士。他以令人毛骨悚然的措辞谴责了那些负责管理新大陆的人对它的残酷压榨，并呼吁对政策做出大范围的改革（包括从非洲运送奴隶到美洲，理由是这样能挽救美洲土著，使其免受剥削）。他后来说，正是他的言论让查理五世决定"采取一些有利于上帝与我自己的事业、有利于美洲及其居民福祉的措施"。[10]

在其他涉及新大陆的事务上，查理五世起初依赖于两位辅政大臣勒·绍瓦热和谢夫尔男爵的建议。斐尔南·麦哲伦于1518 年年初来到巴利亚多利德之后就发现了这一点。当时麦哲伦热切希望查理五世资助他远航去摩鹿加群岛（即传说中的香料群岛），他将走"一条葡萄牙人不会走的航线，即通过他知道的某些海峡"。为了阐明自己的计划，"麦哲伦带了一台彩绘的地球仪"去见勒·绍瓦热，"向他展示了自己将会选择的航线，但特意没有指出他要经过的海峡的位置，免得被别人知道"。勒·绍瓦热最终"与国王和谢夫尔男爵谈了此事"，但没有证据表明查理五世拨冗接见了这位探险家或观赏了他的地球仪。[11]

不过，在 1518 年 3 月，查理五世签署了一份合同，承诺给麦哲伦提供五艘舰船以及可供其船员使用两年的物资和薪水，让他们"去发现香料群岛"，并补充道："我以国王的身份向你承诺，我会兑现向你做出的每一项诺言。"有意思的是，这样的承诺并不能让麦哲伦满意。查理五世注意到，麦哲伦"恳求我确认和批准"相关的承诺，于是查理五世为了满足他，采用了过去卡斯蒂利亚国王在处理可疑的法律文件时常用的措辞：

> 根据我本人的意愿、深思熟虑和绝对的王权（我将
> 以国王和君主的身份在此事中运用这样的权威，不承认世
> 界上有比我更高的世俗权威）……我废除和取消任何可
> 能［与对麦哲伦的承诺］矛盾的法律、宣言、命令、惯
> 例和权益……

查理五世还命令"我最亲爱的、挚爱的兄弟和儿子"斐
迪南（当时也是查理五世的继承人）以及卡斯蒂利亚王国的
全体贵族与官员，"永远"遵守他对麦哲伦做出的承诺。[12]麦哲
伦这才放下心来，前往塞维利亚，结果发现那里的西印度贸易
总署还缺 16000 杜卡特才能兑现查理五世的诺言。所以麦哲伦
直到 1519 年 8 月才从西班牙启航去摩鹿加群岛。[13]

征服墨西哥

查理五世与麦哲伦签了合同不久之后，古巴总督迭戈·贝
拉斯克斯就请求皇帝准许他自费发动一次远征，将他的部下不
久前在加勒比海西部发现的尤卡坦（估计也是一个大岛）"置
于我们的统治和主宰之下"。查理五世同意了，从自己的军械
库调拨了"二十支火绳枪"（每支的重量是 18 公斤）给此次
远征使用，并授权总督从西班牙在加勒比海的各殖民地招募
200 人去"发现并平定"尤卡坦。在得到皇帝的这些授权之
前，贝拉斯克斯就已经指示自己的秘书埃尔南·科尔特斯去指
挥另一支强大得多的部队。1519 年 2 月，11 艘舰船载着 600
名士兵与水手、14 门火炮和 16 匹马，从古巴启航，驶向

西方。[14]

科尔特斯抵达美洲大陆之后发现了前一次远征的一名幸存者，此人现在已经精通土著语言。他告诉科尔特斯，内陆有一个富饶强大的国家。科尔特斯在加勒比海沿岸侦察了几周时间，寻找合适的基地，然后率领约 600 人上岸，在"尤卡坦岛"上建立了一个定居点，并给它取了一个吉利的名字"韦拉克鲁斯"（意思是"真十字架城"）。舰队的军官们成了这座新城市的市议员，并立即选举科尔特斯为该城的行政长官。1519 年 6 月，他们给查理五世发去一封长信（就算不是科尔特斯口述的，也经过了他的批准），宣称："我们认为，此地的黄金就像所罗门在耶路撒冷圣殿积攒的一样多。"他们还给皇帝送去一些"样品"，包括将近两百个当地的物件，有黄金、白银和珠宝，由六名身穿民族服装的托托纳克印第安人护送；还给皇帝送去一份请愿书（pedimiento），其上有大约 500 名殖民者的签名，请求皇帝任命科尔特斯为"这些土地的征服者、总司令和总法官"，直到尤卡坦得到"完全的平定，并将土著居民在我们当中分配。在他〔科尔特斯〕征服并平定了此地之后，陛下可以按照自己的心愿任命他为总督，任期多久全凭陛下的吩咐"。[15]

科尔特斯请求皇帝背书的时机很巧：那封信、请愿书、六名托托纳克印第安人和韦拉克鲁斯的"样品"送抵西班牙的时候，正逢梅尔库里诺·阿尔博里奥·德·加蒂纳拉接替勒·绍瓦热成为首相和负责新大陆事务的大臣。加蒂纳拉在"其官邸摆了一张桌子，备好纸张和写字台"，命令拉斯·卡萨斯在那里阅读所有发给查理五世的关于美洲事务的书信与文件，然后将"每段内容提炼为一两句话，并附上处理意见，如：

'对于陛下问我的第一个问题，我的答复为……'"加蒂纳拉还向主公呈送了拉斯·卡萨斯草拟的一些关于和平地殖民美洲大陆并传教的建议。随后"国王命令巴尔托洛梅修士处理此事"。[16]拉斯·卡萨斯的设想与韦拉克鲁斯定居者的要求（即将新土地"平定，并将土著居民在我们当中分配"）截然相反。

来自"新西班牙"（王室的文书人员用的是这个词，也许是第一次用）的信使和货物抵达的消息传到查理五世耳边的时候，他正在加泰罗尼亚。他写的相关的信表现出他立即对美洲产生了兴趣，也清楚地表明拉斯·卡萨斯对他的影响是多么大："我很高兴，并感谢上帝，因为在我有生之年［en mi tiempo］我们发现了一片富饶的土地，并且那里的居民表现出有能力接受洗礼和学习基督教教义与我们的神圣天主教信仰。传教是我的主要意愿和希望。"皇帝还命令让那六名托托纳克印第安人穿上特制的欧洲服装（其中"两名领袖"穿丝绸和金线织物的服装，其他人穿精美的布衣），并要求把他们和来自美洲的"其他所有东西"尽快送到"我身边，不管我身在何处"。[17]

1520 年 3 月，六名托托纳克印第安人和美洲货物被送到巴利亚多利德。查理五世正在那里心急如焚地想办法筹钱去英格兰和尼德兰（见第五章）。他立刻将托托纳克印第安人和美洲货物公开展示，以证明自己拥有了新的财富来源。这产生了极好的效果。罗马教廷大使神经紧张地揣测，这是一位强大的外国君主向查理五世纳贡并派遣大使寻求结盟，这将极大地增强查理五世在欧洲的权威。威尼斯大使报告称："皇帝陛下召见我，亲自向我展示了新发现国度的统治者给他送来的礼物"，其中有"一块周长六尺的很大的满月形金盘”和一块银盘，“用黄金打造或装饰的动物”雕像，以及用“鹦鹉和其他我们不认识的鸟的羽毛做成的”物件。托托纳克印第安人也配合皇帝，告诉威尼斯大使，“他们的国家拥有大量金银”。[18]

1520 年 5 月，查理五世的大臣们在拉科鲁尼亚等待合适风向去英格兰的时候，讨论了如何最妥善地推进皇帝在新大陆的利益。贝拉斯克斯总督派来的代表坚持认为科尔特斯是个抗命不遵的叛贼，必须将他审判、定罪和处决。但御前会议拒绝杀死下金蛋的鹅。他们建议查理五世采取能将来自美洲的收益最大化的折中方案：他们起草了文件，支持贝拉斯克斯在古巴的权威，但没有提及美洲大陆。于是科尔特斯得以自由地遵照韦拉克鲁斯殖民者的要求，去征服和分割美洲内陆。[19]

查理五世离开拉科鲁尼亚的时候带着科尔特斯送来的许多物品，到了布鲁塞尔之后立即在那里公开展示，这又一次取得了惊人的效果。阿尔布雷希特·丢勒在日记中写道："我一辈子没有见过如此令我喜悦的东西，因为我在其中看到了巧夺天工的艺术品，不禁称赞这些远方国度的人们心灵手巧。"丢勒（和查理五世一样）并不知道，这些"巧夺天工的艺术品"当中只有少部分来自韦拉克鲁斯周边的沿海平原，其余的是蒙特祖马派遣到科尔特斯那里的使者送来的礼物。蒙特祖马是特诺奇提特兰、特斯科科和特拉科潘这三个城邦组成的三国联盟（通常称为阿兹特克帝国，控制着墨西哥谷）的最高统治者。[20]

科尔特斯把书信和礼物发往西班牙不久之后，率领 500 名西班牙人和数百名土著从韦拉克鲁斯出发，深入内陆，途中与一些土著结盟，与另一些土著交恶。蒙特祖马密切监视西班牙人的行程，于 1519 年 11 月欢迎他们到他的首都特诺奇提特兰，并把他们安顿在自己的宫殿里。也许他的意图是将他们逮捕并用于宗教仪式的人祭，但科尔特斯先发制人，扣押了东道主，并派遣伙伴们去搜寻和掳掠阿兹特克帝国的资源。[21]

尽管阿兹特克领袖们，尤其是祭司（西班牙入侵者阻止他们从事他们习以为常的宗教仪式，包括为了安抚神灵而进行的人祭）越来越敌视西班牙人，科尔特斯大胆的行动还是取得了成功。但这时消息传来，贝拉斯克斯总督派来了一支远征军，奉命要逮捕或杀死他。于是科尔特斯留下一小队西班牙士兵看押蒙特祖马及其臣民，然后匆匆赶往海岸，在那里把贝拉斯克斯的几乎全部部下拉拢到自己这边。但特诺奇提特兰的居民趁他不在，发动了起义。蒙特祖马被杀，欧洲人及其盟友逃往特诺奇提特兰以东超过 100 公里处的特拉斯卡拉。

科尔特斯明白，自己必须在其他人在皇帝耳边攻击他之前，抢先向皇帝解释这些惨案，于是在 1520 年 10 月给皇帝写了一封长信，粉饰了自己的所作所为。"臣私以为，"他谄媚地写道，"此地最好的名字就是'新西班牙'。"并且因为此地极其富饶，查理五世"可以自立为此地的皇帝，这个头衔不会比德意志皇帝低。陛下已经蒙上帝洪恩统治了德意志"。[22]尽管这封信写得豪情万丈，但科尔特斯不能掩盖事实，即新西班牙已经丧失。如果是在正常的时期，为了这次灾难性的失败他肯定要付出代价，被罚得倾家荡产，或许还会丢掉性命。但公社起义救了他。

加蒂纳拉在西班牙期间一直对美洲兴趣盎然。中央政府的档案显示，从他于 1518 年 10 月上任到 1520 年 5 月从拉科鲁尼亚启航，他阅读和审批了每一份发往新大陆的公文。相比之下，1520 年 8 月到 1521 年 4 月，王室的美洲事务委员会档案却没有留下一道命令。这是档案中独一无二的空白。该委员会随后重启工作的时候，在发给一些海外官员的文书里抱怨称，已经"很多天"没有收到海外官员的信。委员会为此怪罪公社起义："那些信件有可能被在此地煽动各城市造反的叛贼截获了。"直到 1521 年 9 月，委员会才通知其属下的官员："蒙上帝保佑，这里一切安宁和谐了。"在这之后，委员会才又一次表现出对美洲事务的勤勉。[23]

在西班牙中央政府因为公社起义而无暇管理海外殖民地期间，科尔特斯与墨西哥谷的一些反阿兹特克的势力（最重要的是特拉斯卡拉）结盟，在他们的帮助下封锁特诺奇提特兰，一直到 1521 年 8 月最后一批土著守军投降。此时城市已经化为瓦砾堆。科尔特斯立刻论功行赏，向大约 2000 名欧洲人授予监护征赋权（encomiendas），即从某个特定的土著群体榨取劳役和赋税的权利。这恰恰是拉斯·卡萨斯希望阻止的局面。[24]科尔特斯还给皇帝送去新一批财宝，用财宝来支撑自己在另一封信里的说法。他不仅送去了"价值 1 万杜卡特的珍珠、珠宝和其他贵重货物"，还送去了他找到的全部贵金属和宝石的五分之一，以及所有"帝王"宝器（权杖、饰有雄鹰的装饰品以及更多宗教仪式所用的金盘和银盘）。科尔特斯还吹嘘了墨西哥距离太平洋是多么近，而在太平洋"一定能发现许多蕴藏大量黄金、珍珠、珠宝与香料的岛屿"。他暗示，只有他担当远征的领导人，才能发现那些岛屿。[25]

大约在同一时期，麦哲伦远航的幸存者返回了西班牙，宣布"我们已经环游世界，向西航行，从东方回来"，并带回了"各种香料的样品"和出产香料的"所有岛屿的国王与君主希望和平与友谊"的宣言。查理五世兴高采烈地告诉姑姑玛格丽特，麦哲伦的远航船队"去了葡萄牙人和其他民族都不曾去过的地方……我决定把他们带回来的香料送到尼德兰"，从而昭示全欧洲，他现在有了获取香料的新渠道。[26]

驯服新西班牙

这些重大事件让皇帝和他的首相决定更加仔细地审视大西洋彼岸的"盛产黄金的新世界"。查理五世于 1522 年返回西班牙不久之后设立了一个特别委员会，由加蒂纳拉主持，再次考虑如何处置科尔特斯和贝拉斯克斯之间的竞争关系。该委员会的裁决（用研究加蒂纳拉的著名专家路易吉·阿翁托的话说）"更多基于对国家利益的考虑，而不是严格意义上的公正"。委员会撤销了科尔特斯受到的叛乱指控，建议任命他为"新西班牙总督和总司令"，并敦促给他送去武器、马匹和其他物资，从而巩固和扩张西班牙在美洲的统治。至于涉及新西班牙的事务，王室直接控制的领域将仅限于财政。王室将任命一名财政主管、一名监察官、一名会计师和其他一些官员，去尽可能地扩张王室在新西班牙的资产。[27]

一年后，加蒂纳拉向查理五世呈送了一份涉及范围广泛的备忘录，谈及他面临的问题，并附有每一位亲信大臣给出的建议。备忘录的第一条谈的是"敬畏上帝"。尽管加蒂纳拉认识到皇帝"天生敬畏和尊崇上帝"，但还是"请陛下注意某些事务，如果您处理得当，上帝会对您满意，更加佑助您的事业"。其中之一就是需要"派遣足够多的有资质的人士去上帝为您揭示的新大陆"，"从而让基督教信仰在那里得到尊崇和弘扬，而不至于压迫和奴役"土著居民。美洲事务委员会的一致意见是支持这条建议，并建议组建一个常设的西印度议事会，由"学识渊博、经验丰富的人士组成，每周至少开两次会"。美洲事务委员会还接受了加蒂纳拉的另一项建议，即应当由查理五世的告解神父主持西印度议事会。1524 年 8 月，皇帝任命加西亚·德·洛艾萨·门多萨为王家西印度事务最高议事会（Consejo Real y Supremo de las Indias，以下简称"西印度议事会"）主席，弗朗西斯科·德·洛斯·科沃斯担任该议事会的秘书，首相则是议事会成员之一。[28]

几个月后，在墨西哥，科尔特斯又给主公写了一份给自己"涂脂抹粉"的报告，并随信送去另一批财宝的样品。由于科尔特斯的努力，现在皇帝可以支配墨西哥的大宗财富了。威尼斯大使惊叹地欣赏了"一只来自那些土地的鸟，那是世界上最美丽的生物"，以及"许多用精美绝伦的羽毛制成的物件"，最后说："我们每天都能见到一些新鲜玩意儿。"查理五世及其大臣更感兴趣的不是鹦鹉而是黄金，所以特别欢迎科尔特斯送来的 12 万金比索，因为（如加蒂纳拉刻意低调地告诉一个英格兰使团的那样）这笔钱对皇帝在意大利与法国人作战"有所助益"。[29]

但新建的西印度议事会反对科尔特斯的行为。查理五世已经下达了明确的命令，不准强迫新西班牙的土著居民为征服者劳动，而是必须"允许土著自由生活"，只要求土著向西班牙人提供"他们曾向蒙特祖马提供的赋税和劳役"。但科尔特斯似乎违反了这道御旨。查理五世写信责备他："很多人当面或者通过书信向我投诉你和你设立的政府。"皇帝承认，"有些人反对你，是因为嫉妒你为我做的贡献。但为了履行我的职责，即根据当地的法律和风俗来维持公道"，也是为了"我的良心能够坦荡"，皇帝需要采取激进的措施。[30]

起初，加蒂纳拉希望查理五世宣布"他将组建并派遣一支强大的舰队去真正征服科尔特斯发现的土地……从而从那些土地蕴含的财富当中获益"，因为加蒂纳拉相信，单是这样的一道宣言，"而无须真正派遣舰队"，就能让科尔特斯老老实实地遵循皇帝的路线。随后首相想到了一些更具有长期性的办法，即把王室用于掌控在西班牙的官员的一种机制引进新大陆：委派一名监察官（juez de residencia）去调查和报告"我们在新西班牙的官员是如何行使职权的"。监察官在与科尔特斯"和我们的官员商量之后，并征询了其他人，尤其是修士们的意见之后"，将决定"让美洲土著居民皈依我们的神圣天主教信仰的最佳办法，并确保土著居民得到公正的善待。传福音是我最主要的愿望和意图"。这些指示显然也是源自拉斯·卡萨斯的观点。[31]但消息传来，王室委派的监察官抵达美洲不久之后就去世了，后来派去的另一个人也很快去世了。于是西印度议事会尝试另一种办法。1526 年，科尔特斯从墨西哥给查理五世发了一封长篇报告，表示希望返回西班牙、解释自己的行为。次年，洛艾萨写了一封信"要求他、建议他到西班牙来，从而觐见和认识陛下"。[32]

科尔特斯无法抵御这条建议的诱惑。1528 年 5 月，他来到西班牙，"打算回应"一些人对他的批评。他的随行队伍中包括蒙特祖马的一个儿子和一个侄子，"墨西哥、特拉斯卡拉和其他城市的其他显赫人物"，以及"几位主要的西班牙征服者"和大约 40 名土著，其中有 12 人是曾为蒙特祖马表演的运动员和杂耍艺人。"简而言之，"戈马拉写道，科尔特斯"是以一位大贵族的身份回来的"。[33]凑巧的是，德意志艺术家克里斯托弗·魏蒂茨在同一时间来到了西班牙。他创作了一幅描绘这个多元文化宫廷的水彩画，反映了科尔特斯及其随行人员给大家留下的深刻印象。魏蒂茨为科尔特斯画像，标题是《这就是为查理五世皇帝赢得了几乎整个美洲的人》。魏蒂茨还给好几位"在皇帝陛下面前献艺"的墨西加运动员和杂耍艺人画了像。[34]

科尔特斯的策略奏效了。皇帝在 1529 年 4 月的一封信中告诉他，洛艾萨和洛斯·科沃斯"已经向我禀报了你的请求"，并说他（皇帝）已经指示议事会起草相关的文件。5 月，查理五世签署文件，册封科尔特斯为瓦哈卡山谷侯爵，并赐予他在墨西哥城以南约 500 公里处的"土地和不多于 23000 名臣属"。皇帝坚持说，这是"永久性的、不可撤销的册封"，为的是奖赏科尔特斯自十年前离开古巴以来为王室立下的汗马功劳（这算是事后追认，赦免了他当初抗命不遵的罪行）。为了保证这次册封，皇帝用的措辞与当初给麦哲伦的保证相同。他命令腓力王子（现在是他的继承人）和全体臣民尊重科尔特斯得到的册封，"无视一切可能与其相悖的法律"，因为皇帝"根据我本人的意愿、深思熟虑和绝对的王权"撤销一切可能与此次册封相矛盾的法律。[35]此外，查理五世还采取了第一批措施，为他的土著居民建立真正得到法律保护的社区。根据新晋侯爵和陪同他的特拉斯卡拉代表的请求，皇帝命令官员们"调查特拉斯卡拉居民在征服墨西哥的过程中发挥的作用，如果他们确实有功，可保护特拉斯卡拉居民，使其免受监护征赋制之苦"。[36]

扫尾工作

向美洲发号施令很轻松，但要确保命令得到执行就很难了。1527 年 11 月，皇帝决定把西班牙的另一种体制引进新大陆：他在墨西哥城设立了检审庭（Audiencia），即上诉法庭，由一名院长和五名法官组成，直接向西印度议事会负责。但对这个计划来说不幸的是，有些法官花了一年时间才抵达墨西哥，有两名法官抵达不久之后就去世了。挑选庭长则花了更长时间。一个由枢机主教塔韦拉担任主席的特别委员会（有来自卡斯蒂利亚御前会议、财政委员会和西印度议事会的人）建议任命"一位理智而审慎的绅士"，但他们的第一个人选自称患病，无力渡过大西洋。塔韦拉愤恨地报告称，尽管另外两人"说他们愿意为陛下效劳，但索要的报酬太过分，看来他们并不像自己口口声声说的那样愿意为陛下服务。所以我们开始考虑其他人"。[37]

在开发美洲之外的其他殖民地的工作当中，皇帝取得的成绩很有限。麦哲伦的部下于1522年返回不久之后，查理五世与一群军械匠签了合同，计划装配第二支舰队返回香料群岛，因为"我一贯希望为西班牙诸王国开疆拓土，并让其居民即我的臣民发家致富"。但他也告诉姑姑玛格丽特："还因为这些事业可能对我本人有利。"他同意出资在拉科鲁尼亚建造一座新的香料交易所，并建造一座新码头和三座用来保护当地港口的要塞。[38]

但因为葡萄牙人的抗议，皇帝不得不推迟这次远航的启动时间。葡萄牙人提出，根据《托尔德西利亚斯条约》，摩鹿加群岛理应属于他们。《托尔德西利亚斯条约》规定了一条分界线，把伊比利亚半岛上的两个国家在全球范围内提出的领土主张分隔开了。确定分界的子午线很容易（非洲、亚洲和巴西属于葡萄牙，美洲除巴西之外属于西班牙），但180度经线几乎无法确定，因为没人知道亚洲和美洲之间土地的经度。麦哲伦远航时携带了大量航海仪器，试图确定分界线，但失败了。所以在 1525 年，查理五世派遣了一些外交官、领航员和水手（包括麦哲伦环球航行的一些幸存者）去参加一次会议，与葡萄牙人辩论。

这次会议开了六周，没有达成任何决议就散会了。皇帝命令在拉科鲁尼亚的舰队追踪麦哲伦前往香料群岛的航线，并批准了科尔特斯的请求，即派遣一支小舰队沿着美洲的太平洋海岸航行，去寻找"那里有没有一条水道"通往香料群岛。[39]

1526 年 3 月，也就是查理五世迎娶葡萄牙的伊莎贝拉的不久之前，另一个特别委员会（包括加蒂纳拉和洛艾萨）讨论了如何解决伊比利亚半岛两位君主在海外的争端。查理五世也许是因为刚刚打败和俘虏弗朗索瓦一世而振奋，所以拒绝放弃对"我们在摩鹿加群岛的岛屿"的主张，而是重复了给科尔特斯的命令，即从墨西哥派遣一支舰队去寻找和增援已经到了摩鹿加群岛的西班牙人。[40]随后查理五世又与法国交战，所以愿意放弃自己对摩鹿加群岛的主张以从葡萄牙换取金钱。但葡萄牙国王若昂三世察觉到形势对自己有利，于是拖延谈判，希望得到更多好处。"我在考虑彻底中断与葡萄牙人的谈判，"1528 年 12 月，查理五世在给一位勃艮第谋臣的密信中写道，"相信我，尽管［若昂三世国王］是我的妹夫，他也不会从我的国家得到任何粮食、船锚、兵器或他需要的其他任何一种商品。"皇帝希望自己停止谈判的威胁能够促使葡萄牙人妥协，从而迅速给他带来一笔资金，"但如果我能找到别的资金来源，我会拒绝他开出的任何价码"。他继续暴跳如雷地写道：

［与葡萄牙人谈判的僵局］比其他任何事情对我的伤

害都更大，因为我的全部计划都以此次谈判的成功为基础。现在我看到机会在流失，大厦将倾，再也没有希望挽回败局，我［对去意大利的旅程］绝望了。你们也许想知道我对此事的态度是不是积极的、耐心的，我可以告诉你们，我绝不是这样的。我觉得自己从来没有这么愤怒过。[41]

最终，1529 年 4 月，为了筹集经费去意大利并支持斐迪南在匈牙利的作战，皇帝不得不让步。他放弃了对摩鹿加群岛的主张，并同意，今后如果他的臣民出现在摩鹿加群岛，将被视为"海盗和扰乱和平的罪犯，受到严惩"。作为交换，葡萄牙同意立即向查理五世支付 25 万杜卡特现金，随后再付 10万。现在皇帝有了足够的经费去意大利，但西班牙的香料交易所关门大吉了。也就是说，为了王朝的利益，他牺牲了西班牙的利益。[42]

对皇帝来说，新西班牙是另外一种类型的问题。他抱怨道，对于下一步如何是好，群臣议论纷纷、意见不一，而且"那些省份太遥远，并且那里的事务与西班牙诸王国的事务大不相同"，所以他感到困惑。最终，出于为新西班牙"做出正确选择"的意愿，以及"为了我的良心"，他决定采取措施，在新西班牙建立一种长期性的力量平衡。根据新西班牙代表的请求，皇帝于 1535 年 3 月"以君主的身份承诺，特拉斯卡拉城及其领土将永远直属于我和我的继承人，永不从王室领地分离出去"。这座城市将被永久性"纳入""卡斯蒂利亚王室领地"。查理五世甚至支付了一名宫廷画师 3 杜卡特，让他为特拉斯卡拉设计纹章。[43]4 月，他任命安东尼奥·德·门多萨为新西班牙副王和总督，兼任检审庭庭长。

查理五世给了新副王三项主要使命。门多萨必须确保向全体土著居民传授正确的基督教教义，因为"我确信不疑，这是让他们敬畏我的最佳方式"，并确保土著居民"安享太平、忠心耿耿"。与此同时，必须增加税收，因为"众所周知，目前为了在欧洲保卫我们的神圣信仰，我们需要大量资源"。因此，门多萨必须在新西班牙征收与卡斯蒂利亚相同种类的赋税（尤其是 alcabala，一种营业税），并重新审核所有的免税特权，尤其是授予第一代西班牙殖民者（在公文中被称为"第一批征服者"）及其亲眷的免税特权。最后，副王必须遏制科尔特斯，尽管科尔特斯已经从皇帝本人手中获得了极其广泛的权力。为了达成这个目标，查理五世授权门多萨"任命瓦哈卡山谷侯爵之外的人去执行我的命令，如果你认为有此必要的话"。[44]

这些措施，以及皇帝的其他一些措施，令科尔特斯怒不可遏，于是他在 1540 年返回西班牙，"亲吻陛下的手"，并"为我在堂安东尼奥·德·门多萨那里遭受的臭名昭著的挑衅与不公而申冤"。为了得到皇帝的好感，科尔特斯带着几个儿子参加了皇帝那次悲剧性的阿尔及尔远征，并在远征期间丢失了自己的珠宝，但最终没能遂愿。1544 年，他在三张大页纸上抒发了自己压抑已久的愤怒：

> 致神圣的、虔诚的皇帝陛下：我原以为自己年轻时的劳作会为自己的老年挣得一分安闲，因为四十年来我兢兢业业地为陛下效劳，日夜操劳，饮食粗劣，枕戈待旦，以身涉险，挥霍了我的青春和财产……全都是为上帝服

务……与此同时传播我的国王的威名，扩大他的疆土。

但是，科尔特斯说："在陛下的律师面前自卫，比征服敌人的土地要困难得多。"不过他的申诉是徒劳的：一名秘书拦截了这封信，在背面潦草地写下"无须回复"。没有证据表明查理五世读过这封信。[45]科尔特斯此后再也没有离开西班牙，但至少能够寿终正寝，而不是像为查理五世赢得另一个美洲殖民帝国的那些人一样死于非命。

秘鲁问题

征服墨西哥之后，西班牙人兵分几路，去美洲大陆的其他地方寻找新的财富。其中两人——弗朗西斯科·皮萨罗和迭戈·德·阿尔马格罗——侦察了今天厄瓜多尔的沿海地区，那里处于印加帝国的边缘。印加帝国幅员辽阔，物产丰富，可以与阿兹特克帝国媲美。巴拿马总督不准皮萨罗和阿尔马格罗用更强大的兵力做进一步探索，于是皮萨罗返回西班牙，希望得到查理五世的支持。1529 年 5 月，皇帝接受了西印度议事会的建议，即"应当殖民秘鲁，并任命皮萨罗为秘鲁的终身总督，负责该地的开发"。但皇帝坚持要求，殖民秘鲁的过程必须是和平的：

因为根据关于该地区的现有情报，当地居民有足够的聪明才智，能够理解我们的神圣天主教信仰，所以没有必要通过武力征服和压倒他们。我们应当善待他们，报之以爱与慷慨。因此我准许［皮萨罗］带领 250 人前去。

1530 年 12 月，皮萨罗带领阿尔马格罗和其他一些不安分的冒险家，从巴拿马启航，前往秘鲁。[46]

　　和十年前的科尔特斯一样，皮萨罗来的时间很巧。尽管印加帝国的国土面积将近 100 万平方公里，并且由复杂的官僚机构和绝佳的道路与桥梁网络连为一体，帝国却缺少清晰的继承政策：每一位统治者驾崩后，他的男性亲戚将开展一场血腥的斗争，直到其中一人战胜或杀死所有的竞争对手。1527 年印加皇帝驾崩后，发生了一场争夺皇位的残酷斗争，战争持续了五年之久，直到前任皇帝的儿子阿塔瓦尔帕的支持者打败并俘虏了他的竞争对手。1532 年 11 月，阿塔瓦尔帕率领 4 万大军，胜利进军都城库斯科，快走到卡哈马卡的时候邂逅了皮萨罗。此时皮萨罗带领着 167 个欧洲人（其中三分之一是骑兵）和一些野战炮，也正在前往库斯科。阿塔瓦尔帕自恃拥有绝对的兵力优势，愚蠢地接受了进入卡哈马卡城市广场的邀请。不料皮萨罗在广场周围的房屋里埋伏了大炮和士兵。印加皇帝走进广场后，皮萨罗一声令下，"炮手就向人山人海的广场中央开炮"，他的骑兵趁着混乱立刻发动冲锋。根据胜利者之一的记述：

　　　　他们中没有一个人动手反抗西班牙人，因为他们看到［皮萨罗］在他们当中，并且第一次看到大炮轰鸣和骑兵冲锋的景象，不禁呆若木鸡……这都是他们闻所未闻的。所以他们乱作一团，各自抱头鼠窜，而不是留下来抵抗。

　　尽管这次战斗持续的时间不到半个钟头，但结束时"有 2000 名美洲土著倒毙在广场上，这还不算负伤的人"。也就是说，在卡哈马卡的每一个欧洲人都在不到一小时里杀死了超过十个敌人。[47]

阿塔瓦尔帕是少数幸存者之一。尽管在这次大屠杀之后西班牙人剥去了他的金色长袍和珠宝首饰，给他换上"普通的土著服装"，但皮萨罗尊重他身为印加皇帝的地位，就像科尔特斯对待蒙特祖马那样，允许阿塔瓦尔帕继续发号施令（包括处决皇室的绝大多数成员）和征收所有贵金属作为自己的赎金，并诱骗他相信西班牙人会释放他，让他统治自己赢得的帝国。1533 年 3 月到 7 月，超过 6 吨的黄金和 12 吨白银被送到卡哈马卡，在那里被熔化后铸造成金条银条。拿到赎金之后，皮萨罗立刻命令将阿塔瓦尔帕勒死。

和老前辈科尔特斯一样，皮萨罗为了获得查理五世对其行动的批准，也把相当多的战利品送回西班牙，用来支持皇帝的霸业。其中有"美洲此前从未见过的精美绝伦的工艺品，我相信任何基督教君主都不曾拥有"，它们一定能帮助"皇帝陛下讨伐土耳其人，即我们的神圣信仰的敌人"。[48]来自秘鲁的财宝在 1534 年被公开展示，就像当年科尔特斯从墨西哥送来的宝物一样，十分引人注目。二十年后，编年史家佩德罗·谢萨·德·莱昂回忆了他当初看到"在塞维利亚展出的神奇物件，都是阿塔瓦尔帕在卡哈马卡答应给西班牙人的宝物"时的兴奋。但查理五世不是那么热情。"我很高兴看到这一切，"他告诉在塞维利亚的官员，"但考虑到把财宝运到这里需要耗费的时间，我认为把最稀罕的金银器物送来给我就可以了。其余的都可以铸造成钱币。"1535 年 1 月，因为准备远征突尼斯而"急需军费"，所以皇帝命令将剩余的金银分配给各家王室铸币厂，在两个月内将其铸成钱币，用来付账。[49]

查理五世懂得如何表达感激。他逆转了之前的政策，"根据议事会的建议，也是为了表示我愿意奖赏该地区的征服者与定居者，尤其是那些愿意留在那里的人士"，他通知皮萨罗，"我同意，将在秘鲁永久性地分配土著居民"。尽管皇帝责备皮萨罗在卡哈马卡的所作所为，"杀死了阿塔瓦尔帕，这让我不高兴，因为他是一位君主"，但皇帝补充道："既然你认为有必要这么做，我现在就批准。" 1537 年，他赐给皮萨罗"2万名臣属和侯爵头衔"，以及"从你的家族当中挑选任意一人"作为继承人的权利。[50]

尽管得到了这些丰厚奖赏，皮萨罗在秘鲁的处境还是变得岌岌可危。他把阿塔瓦尔帕的几乎全部赎金分给参与抓获阿塔瓦尔帕的人，从他自己和他的几个兄弟开始。他给自己发了超过 4 万比索的金银，他的几个兄弟共得到超过 6 万比索。而阿尔马格罗及其部下因为是在印加皇帝被俘之后才抵达的，一共只得到 2 万比索。这加剧了西班牙征服者们当中原本就有的矛盾，引发了一场内战，导致数千人死亡，包括皮萨罗和阿尔马格罗。1538 年，皮萨罗的兄弟打败阿尔马格罗并将他处死。但三年后，阿尔马格罗的一群支持者包围了皮萨罗总督。尽管他杀死了两名敌人，但他的剑卡在第三名敌人的身体里拔不出来，于是阿尔马格罗的儿子趁机一剑戳进他的咽喉。皮萨罗倒在地上，其他人挥剑向他砍了二十多次。这种骇人听闻的杀戮属于近代早期欧洲典型的血亲仇杀，如今（和其他很多东西一样）传播到了海外殖民地。[51]

新　法

这些血淋淋的事件很快就在欧洲广为人知，因为好几位西班牙征服者出版了详细描写血腥征服秘鲁过程的畅销书。萨拉曼卡大学最有地位的神学教授、多明我会修士弗朗西斯科·德·维多利亚向一位同僚哀叹道，他阅读的东西很少能吓到他，但"秘鲁发生的事情令我毛骨悚然"：

> 我看不到这场战争有何公道可言。我从前不久与阿塔瓦尔帕对战的人们那里得知，阿塔瓦尔帕和他的追随者都并没有以任何形式反对基督教，也没有做任何需要我们对其宣战的事情……我担心，随后在那里发生的事情恐怕会更恶劣。[52]

维多利亚的担心很有道理。多年后，门多萨副王对美洲的暴力活动进行了令人胆寒的详细描述。他吹嘘道，他有三种办法来处决土著居民："用大炮轰击他们，直到他们粉身碎骨；放狗咬他们；或者把他们交给非洲奴隶杀死。"他对这些暴行的辩解是，"我们需要放狗咬他们，或者炮轰他们，既是为了惩罚罪犯，以儆效尤"，也是在遵循欧洲的先例。门多萨年轻的时候曾参与收复格拉纳达的战争，在那期间（他提醒查理五世）"我们曾经殴打许多穆斯林，用乱石砸死了很多穆斯林，因为他们违背我们的神圣信仰。在这样的案例里，无须劳烦法庭"。门多萨补充道，没有被残酷处死的土著"将被当作奴隶"，在西班牙殖民者当中分配。[53]

教宗保罗三世听到这些消息之后极为震惊，于1537年颁布了一道诏书，宣布美洲土著不是"为了给我们服务而被创造出来的愚蠢牲畜"，而是真正的人类，所以"理应自由地、合法地享有自己的自由与财产。绝不能以任何形式奴役他们。

如果发生了奴役他们的事情，那也是无效的"。他还命令枢机主教塔韦拉将违令者逐出教门。次年，卡斯蒂利亚议会就查理五世关于征收消费税的要求辩论时，参会的资历最深的贵族把皇帝在欧洲和美洲的帝国霸业的高昂代价联系起来：

> 陛下年纪还轻，还能享有西班牙诸王国许多年，而他让诸王国肩负如此沉重的财政负担，这对他自己极其不利。要不了几年，西班牙的居民就会被毁掉，就像新大陆的土著居民一样。如果我们按照当前的速度继续下去，几年之后西班牙诸王国的资源就会枯竭，就像在海外最初找到的黄金很快就耗尽了一样。

1539 年年初，维多利亚在萨拉曼卡发表了一系列公开演讲，严厉谴责了西班牙征服者对美洲土著的虐待。他说，西班牙人奴役土著的时候是不是在遵循王室的命令并不重要，因为他们违反了自然的律法，也违反了神圣的律法。他的演讲还质疑了西班牙统治美洲的法理依据。[54]

查理五世对这些批评做了激烈的回应。他禁止在西班牙发表教宗的诏书，并请教宗将其撤销。1539 年 11 月，在开始那趟横穿法国的旅行之前，皇帝命令萨拉曼卡的多明我会修道院（维多利亚及其多位同僚居住在那里）的院长"立刻召见"所有"曾讨论我对于西印度的权利的学者，不管他们是在布道时讨论还是在课堂上讨论，不管是公开还是秘密讨论；并让他们宣誓之后供认自己在何时何地、在何人面前讨论过此事"。修道院院长随后还必须向一位特别专员呈送调查结果，专员则需将结果禀报朝廷。另外，"除非得到我的特别许可，否则现在和将来任何人都不能就该话题发表布道或讨论，也不允许印刷任何与之相关的作品。如果有人违反我的意志，我将视之为对我的严重冒犯"。[55]

1541 年远征阿尔及尔的惨败似乎让皇帝改了主意。他开始怀疑，他之所以失去上帝的眷顾，或许是因为他没有保护他的美洲臣民。他返回西班牙不久之后就开始彻底地审视以他的名义在海外执行的政策。[56]这项工作于 1542 年 4 月开始，当时卡斯蒂利亚议会发出的请愿之一就是："我们恳求陛下纠正美洲土著居民遭受的残酷待遇，因为纠正这些弊端才是为上帝服务，才能保住美洲。否则美洲将会十室九空。"查理五世的回应是设立了一个由 13 名专家组成的特别委员会，由洛艾萨（查理五世曾经的告解神父）主持，委员包括佩德罗·德·索托（查理五世当时的告解神父）以及"一些高级教士、绅士、修士和我的一些谋臣"（其中有洛斯·科沃斯和苏尼加）。

这个特别委员会当着皇帝的面听取了一些专家证人的证词，其中包括像维多利亚那样的神学家，也包括像拉斯·卡萨斯那样不久前刚从美洲回来的传教士。这些传教士与大家分享了关于西班牙人暴行的令人毛骨悚然的证据。十年后，拉斯·卡萨斯以这些材料为基础撰写了《西印度毁灭述略》。拉斯·卡萨斯说，腓力王子的教师胡安·马丁内斯·德·西利塞奥向他要了一份材料，送给腓力王子看。特别委员会随后起草了《关于治理美洲以及要求善待和保护土著居民的新法律法规》。查理五世在委员会的会议上听到的东西让他感到羞愧，他下定决心要改革，于是在 1542 年 11 月签署了这部"新法"。[57]

这份法律文件的开头比较不寻常，是皇帝的道歉：

多年来，我非常愿意并且热切地希望细致地研究美洲事务，因为美洲对我们为上帝服务和弘扬我们的神圣天主教信仰都是至关重要的，并且我们需要保护生活在那里的居民，并妥善地治理他们……［但是］尽管我努力抽出时间处理此事，却因为事务繁忙，也因为我难免需要经常离开西班牙，所以始终未能如愿。

现在，他设立了上述的美洲事务特别委员会来"研讨和处理我发现亟待处理的最重要的事务，并多次听取了委员会在御前的辩论。在吸收了委员会所有成员的意见之后，我做出下列决定……"随后是大约四十个条款，旨在"保护土著人口并使其繁荣昌盛，向其教导和传播我们的天主教信仰，将其视为自由人民和我的臣民，因为这确实是他们的身份"；有一些条款坚持要求，向土著居民索取的赋税和劳役"必须在他们能够承受的范围之内"；还有一些条款改革了西印度议事会的办事程序，为秘鲁设立了一个副王职位和一个王家检审庭，还为危地马拉设立了一个王家检审庭。[58]

有三个条款令美洲各地的西班牙殖民者勃然大怒。其中一条规定，除了因为战争或叛乱而被奴役的人之外，全体土著居民（以及所有印第安妇女儿童）应当立即获得自由；并且在将来，西班牙人不得奴役任何土著，哪怕是"卷入叛乱"的土著。另一条规定，今后不再向任何人授予监护征赋权，并规定"每个监护征赋主去世后，为他劳作的奴隶将被纳入王室的庄园"；还命令拥有监护征赋权的王室官员和宗教机构立即放弃该权利。第三个有争议的条款是，"在近期的战争"，即在秘鲁发生的阿尔马格罗与皮萨罗两派之间的战争中"发挥

主要作用的人""将失去土著居民的劳役服务，这些土著将被
纳入王室的庄园"。这三个条款最具有决定性，原因之一就是
它们与皇帝之前发布的一系列指示相抵触。

皇帝在 16 世纪 30 年代发布的一些令状向若干西班牙征服
者群体授予了"永久性分配的土著居民"，所以每个监护征赋
主去世后，他的合法儿女或遗孀可以继承一批土著劳工。同
样，根据查理五世在 1534 年发布的明确命令，被指控抵抗西
班牙人的土著、战俘或者被殖民地法庭判定犯有死罪但减刑为
苦役的土著，都被视为奴隶。很多殖民者拥有大量这样的奴
隶。墨西哥检审庭尖刻地提醒查理五世："陛下曾告诉我们，
这些做法您都批准。"[59]

在很多西班牙殖民者看来，"新法"似乎是皇帝对他们的
宣战书，所以他们迅速发动了强有力的反抗。墨西哥城的行政
长官赫罗尼莫·洛佩斯也是"最早的征服者"之一，他于
1543 年 10 月写信给西印度议事会，发出了或许是最雄辩的抗
议。他承认，"陛下的一些命令非常公道，将会有助于按照您
的意愿保护和维护这个国度"，但抗议道，如果皇帝食言，废
除"监护征赋权可以世袭"的决定，那么"这个国度将无以
为继，会完全荒废，被土著居民控制"。而"不可以奴役任何
土著，即便他们起来造反"的命令是"非常危险的，因为陛
下在鼓励他们明天就起来犯上作乱，因为他们看到，您已经决
定不惩罚他们"。

洛佩斯写道，皇帝应当记得，他在美洲的新领地"距离
陛下的人身和控制范围极其遥远，并且美洲的土著人口至少是
在美洲的西班牙人的一千倍"，所以如果发生动乱，"陛下不
可能从塞维利亚或格拉纳达援救我们，因为我们没有时间向您

求助，您也没有时间派人来援助。所以陛下必须在美洲维持预备队"。因此：

> 如果美洲像尼德兰、那不勒斯、纳瓦拉或格拉纳达一样是陛下能够亲自视察的地方……那么您最好亲自来看看如何改善当地的条件，但我们距离您太遥远，陛下没办法亲自来看，也没办法从西班牙发号施令，等到您的决定送达我们这里的时候，形势已经发生了变化。

这就是第一个跨大西洋帝国的核心问题之一：遥远的距离让查理五世不得不依赖其他人的建议，"但每个人都按照自己的想法和自己对美洲的有限见闻来给您意见"。洛佩斯特别批评了修士们给皇帝的政治建议，因为"修士们很少有治理城乡的经验，甚至对管理自己的家仆也缺乏经验"，"他们不懂得，要维持如此庞大的事业正常运转，需要多少辛劳、多少鲜血和多少人的生命"。"他们给陛下的建议会让您失去美洲的一切。"所以皇帝应当只听那些真正懂行的人的建议，尤其是像洛佩斯那样的征服者，因为他"亲眼见过美洲的一切"。[60]

和他之前的科尔特斯一样，洛佩斯是在白费功夫。收到这封信的人是西印度议事会主席洛艾萨，他和拉斯·卡萨斯、索托与维多利亚一样，是多明我会的修士。他不大可能放弃自己刚刚说服皇帝采纳的政策，但为了以防万一，他还是给洛佩斯的信做了这样的批示："已阅。无须回复。"西印度议事会任命了自己的成员之一弗朗西斯科·特略·德·桑多瓦尔神父为墨西哥的总监察官，并指示他立刻去墨西哥执行"新法"。西印度议事会还任命对军事和航海都有丰富经验的贵族布拉斯科·努涅斯·贝拉为首任秘鲁副王，向他发布了与桑多瓦尔类似的命令。皇帝的亲信圈子赢得了一场大胜，而他们的胜利险些让西班牙在美洲的统治就此结束。

秘鲁的叛乱

在墨西哥和中美洲，门多萨副王立刻看到了"新法"蕴含的危险，于是决定暂缓将其公布，先向皇帝汇报反对的理由。用一个在危地马拉的殖民者 1545 年的话说："西班牙的'新法'没有得到遵守，也无人服从。"[61]努涅斯·贝拉就不像门多萨那样审慎了：他于 1544 年 5 月抵达秘鲁之后就执行皇帝的"新法"，开始撤销王室官员、神职人员和参与了近期内战的人的监护征赋权。他的这些行动自然疏远了西班牙殖民者，他们现在至少有 5000 人。其中很多人向已故的弗朗西斯科·皮萨罗的兄弟和继承人贡萨洛寻求庇护。贡萨洛·皮萨罗自己也是一位富有魅力的领袖。

贡萨洛先是起草了一份正式的抗议书，以秘鲁的各城市与监护征赋主的名义向皇帝抗议说，"新法"的某些条款威胁到了西班牙在秘鲁的统治。他（像墨西哥副王）一样请求暂缓执行"新法"，直到皇帝听取受"新法"影响的人们的反对意见。[62]和门多萨不同的是，努涅斯·贝拉不理睬殖民者的怨言，而是专横跋扈地行事，还捅死了一位反对他的高级财政官员。于是，利马的检审庭宣布废黜努涅斯·贝拉，将他囚禁起来，并认可贡萨洛为秘鲁总督。

这些令人警觉的消息传到查理五世耳边的时候，他正在尼德兰，所以首先由腓力王子的摄政会议讨论对策。阿尔瓦公爵主张立即派遣一支军队去恢复秩序，因为"这样的抗命不遵、放肆和暴虐行为，只有通过严刑峻法才能纠正或惩罚"。但他的同僚指出，西班牙距离加勒比海非常遥远（大约5000公里），所以大多数士兵会死在横跨大西洋的航行途中，并且皮萨罗的舰队控制着王家军队必须经过的太平洋。[63]

秘鲁局势继续恶化。1545年，努涅斯·贝拉副王成功越狱，重整旗鼓，但皮萨罗穷追不舍，率领800人（其中一些曾经是公社起义者）打败了贝拉和他麾下少量忠于皇帝的人，并将他斩杀。现在整个秘鲁副王辖区掀起了公开叛乱。据一位廷臣说，秘鲁叛军的"大胆和轻率"比公社起义更让皇帝愤怒，"因为公社起义者在西班牙造反的时候，皇帝的权威和声望还比较低，他当时还年轻，缺乏治国经验"。查理五世尤其怨恨身为平民百姓的贡萨洛·皮萨罗竟然企图自立为"秘鲁国王"。"解决秘鲁的问题，"洛斯·科沃斯在1545年7月写道，"已经成为很长时间以来我们面对的最大挑战。"[64]

到此时，已经有大量反对"新法"的书信、备忘录和个人证词被从墨西哥送到西班牙，全都敦促皇帝保留世袭的监护征赋权，理由是，监护征赋制虽不完美，却是美洲所有商业、工业和传教事业的基础。就连新西班牙的多明我会修士也声称，他们的传教工作依赖于印第安人的劳动，所以如果他们不能运用印第安人劳动，就不得不离开美洲。于是，查理五世的谋臣们建议做出重大让步，免得（这是胡安·德·苏尼加的话）将来需要第二次征服美洲，不过这一次是从西班牙殖民者手中征服。腓力王子概括了谋臣们的意见，发给父亲："大家都同意，光靠努力和武力是不足以平定和收复秘鲁的，我们必须授权某位极其审慎、睿智和经验丰富的人士去谈判。"在另一封信里，洛斯·科沃斯向皇帝建议，理想的谈判代表是佩德罗·德·拉·加斯卡。[65]

　　拉·加斯卡出身于普通人家，曾获得奖学金在阿尔卡拉大学和萨拉曼卡大学攻读法律和神学，师从维多利亚和西利塞奥。后来拉·加斯卡成为神父。1541 年，御前会议主席和宗教裁判所首席法官塔韦拉任命拉·加斯卡为宗教法官。拉·加斯卡自信得到了枢机主教和洛斯·科沃斯的支持，所以立刻接受了去秘鲁与叛军谈判的使命，但向皇帝索要史无前例的极大权力，否则他就不去秘鲁。他要求获得：赦免任何罪行的权力，不管是民事犯罪还是刑事犯罪，是违反了公法还是私法；开战与议和的权力；若有必要，有权征收王室金库的资金从而组建和维持军队。这样的要求实在放肆，"御前会议讨论了拉·加斯卡的要求，意见不一"；但面对大西洋彼岸大规模叛乱这样前所未有的挑战，他们最终建议查理五世接受。[66]

　　皇帝犹豫了一段时间，因为他知道"美洲的事务极其重大，我必须仔细审视和斟酌必须采取的措施"。但在 1545 年秋季，他授权向殖民者做一些重要的让步。尽管他仍然不准奴役印第安人，但他撤销了"要求土著居民在监护征赋主死后成为王室的直接臣属的法律"：从今往后，最早一批征服者的遗孀和儿女有权继承他们的监护征赋权。"导致叛乱的其他法律也暂缓执行"，"我命令一切恢复之前的状态"。[67]

　　此外，查理五世命令召回努涅斯·贝拉（皇帝还不知道他已经死了），并授权拉·加斯卡将副王和利马检审庭的法官停职并送回西班牙，"如果他们犯有任何错误的话"；还授权他"向任何敢于反抗他的神职人员开战"。拉·加斯卡得到了他索要的每一项权力，还领到了"四十份已经加盖御玺的空白委任状，可以将其发给用行动证明自己对陛下忠诚的人"。

最后，"有鉴于旅途遥远、险象环生"，查理五世授权拉·加斯卡"提名你认为最有资格"接替他的人；皇帝还指示美洲其他地方的官员"为你提供你需要的一切便利，执行你的一切命令"。[68]

查理五世还给拉·加斯卡写了一封信，提了很多好建议。"因为小事有时会升级为政府无法解决的大问题"，拉·加斯卡必须"谨言慎行……因为如果你言行不一，人们会认为你反复无常、是无足轻重之辈"。"水至清则无鱼。不要审判每一句话、每一个行动；你应当只审判受到指控的人的言行。你必须假装不知道其他人的言行，因为如果要调查每一种违法行为的话，很少有人（或者没有一个人）是完全无辜的。"和三年前给腓力王子的秘密指示一样，这封信也展示了皇帝对于统治的艺术已经有了多么深刻的体会。[69]

1546 年 8 月，也就是查理五世在因戈尔施塔特面对德意志叛军的同时，拉·加斯卡抵达巴拿马，在那里设立大本营，同时开始设法攻击秘鲁的叛军。直到 1547 年 12 月，他向库斯科进发的时候，才感到自己已经足够强大，能够指控贡萨洛·皮萨罗谋反和叛国，将他的行为举止与新西班牙的殖民者做对比：新西班牙的殖民者"没有动武、没有骚乱"地表达了对"新法"的反对，而皮萨罗"不满足于和平地表达不满，而是为非作歹，仿佛已经忘了谁是国王"。他谴责皮萨罗处决异己，怒斥皮萨罗"反叛陛下的恶行"消耗了王室的财政资源。皮萨罗还向拉·加斯卡行贿，"如果我［拉·加斯卡］愿意回到西班牙并建议陛下任命你［皮萨罗］为总督"，皮萨罗就给他 2 万比索。拉·加斯卡写道："我对这种贿赂嗤之以鼻。阁下［皮萨罗］居然幻想陛下会派一个可能被金钱腐蚀的人来对付你，真是可笑之至。"他最后向皮萨罗描述了恐怖的前景：如果皮萨罗拒绝"悔过并重新为上帝和皇帝服务，你将失去肉体和灵魂。你很快就会看到"。[70]

拉·加斯卡不是开玩笑的人。1548 年 4 月，他把自己 1500 人的军队（配备 11 门火炮）部署到库斯科城外的一处平地，刺激皮萨罗出来应战。随后发生的战斗的参战人数和伤亡人数都比一年前的米尔贝格战役少得多（拉·加斯卡一方只有 1 名士兵死亡，叛军有 45 人死亡），但同样具有决定性。在一轮大炮对轰之后（这在美洲大陆上是第一次），许多叛军溜之大吉，而皮萨罗"和他的一些军官既没有抵抗，也不逃跑"，束手就擒。拉·加斯卡考虑"我们是把他们押解到库斯科，在那里处置他们，还是就地处置他们"，最后得出结论："还是立刻采取行动为好，免得夜长梦多，让他们逃跑了；并且，只要贡萨洛·皮萨罗还活着，此地就没有和平的希望。"贡萨洛和他的四名副将在战场上被斩首，其首级被送到库斯科示众。[71]

如果说此时拉·加斯卡对自己的决定还有所顾虑的话，等他发现库斯科的叛军从旗帜上除去了王室纹章并将其丢在火盆里烧掉"并且"计划在打败我的军队之后立即推举贡萨洛·皮萨罗为王"之后，就全然没有顾虑了。当地主教放逐了为数众多的曾支持皮萨罗的神职人员，包括胡安·科罗内尔，他"之前是基多①的教士……写了一本叫《论正义的战争》（De bello justo）的书，为此次叛乱辩护"。世俗法官处决了至少 50 名皮萨罗的同党，其中有些人死前曾遭受酷刑折磨，肢体被毁

---

①　基多即今天厄瓜多尔的首都。

坏；另有约 1000 人受到或轻或重的处罚，通常是流放。这些清洗，再加上"贡萨洛·皮萨罗及其追随者在叛乱期间处死了约 340 人"，消灭了第一代西班牙征服者的大约三分之一，以及印加皇室的绝大多数成员。

就像二十五年前对待卡斯蒂利亚和巴伦西亚的反叛者一样，查理五世对秘鲁反叛者也毫不手软。有些反叛者曾将金钱和货物送到在西班牙的家属手中，现在查理五世命令西班牙的法官严厉处罚这些亲属，没收其土地、房屋和其他资产，直到被罚没的资产的价值相当于他们从秘鲁获得的资产。他甚至命令没收一些反叛者为了安排自己的女性亲属进修道院而向修道院缴纳的费用。[72]

平定秘鲁的那个人很快闻名遐迩。1550 年 1 月，编年史家贡萨洛·费尔南德斯·德·奥维多写信祝贺拉·加斯卡"奉皇帝之命进行的冒险"大获全胜，并阿谀奉承地恳求他写一份详细叙述，好放在奥维多的《西印度通史》（是皇帝让他撰写的）里。奥维多宣布，他的史诗将从哥伦布的远航开始，以平定秘鲁的故事结束，因为相关的消息"来得正巧，能够放在我的第三卷里"。拉·加斯卡成为奥维多的巨著当中两章的主角。[73]拉·加斯卡的成功也让查理五世肃然起敬：读了他对打败皮萨罗以及"处置他和他的同伙"的叙述之后，"我十分满意"。皇帝兴高采烈地说，上帝和拉·加斯卡已经创造了合适的条件，让皇帝可以"继续执行我一贯的计划"：弘扬我们的神圣天主教信仰，同时恢复太平与公道，使我的子民与臣属不再遭受残酷的暴行、抢劫和谋杀。查理五世随后宣布，他已经任命安东尼奥·德·门多萨为下一任秘鲁副王，而拉·加斯卡在向门多萨汇报之后，"我准许你在上帝的祝福下返回西班牙，并请你携带尽可能多的金银回国"。[74]拉·加斯卡的成绩又一次超出了皇帝的期望：他于 1550 年 9 月在塞维利亚上岸时带来了超过 200 万杜卡特现金，这是一大笔惊人的意外之财，查理五世一边幻想着应当怎么花这笔钱，一边将它与二十年前法王弗朗索瓦一世支付的赎金相提并论。这笔钱"极大地增进了我的声望，让我得以执行我构想的所有计划"。[75]

不过，拉·加斯卡的这次冒险其实是险胜。门多萨副王给出了一句精练的评价："陛下和御前会议的大人们采取的措施是神圣的、正义的，但我们不能否认，正是陛下的'新法'毁了秘鲁。"他回忆道："秘鲁发生叛乱的很多年前我就向皇帝警示过，那里会发生什么事情。""我当时没有更清楚地解释自己的意思，因为我如果解释了，肯定会吃苦头：我很遗憾，陛下、他的谋臣以及修士们联合起来消灭了那里的那些可怜人。"[76]拉·加斯卡发现，不仅有必要在秘鲁维持监护征赋制，甚至还需要将其扩大，把每年超过 100 万杜卡特的收入分发给支持他的人，但即便这样的数字仍然不够：有些背弃了贡萨洛但没有得到朝廷奖赏或者只得到很少奖赏的人，在 1553 年弗朗西斯科·埃尔南德斯·希龙①的短暂叛乱期间投奔到他的麾下。

在积极的方面，皮萨罗的覆灭不仅揭示了查理五世对其美洲领地的强大控制力，还展现了他协调美洲资源的能力。1546 年 12 月，拉·加斯卡抵达巴拿马不久之后就提醒其他王室官

①　弗朗西斯科·埃尔南德斯·希龙（？～1554）是一个西班牙征服者，曾支持秘鲁副王布拉斯科·努涅斯·贝拉平定秘鲁，后来又加入佩德罗·德·拉·加斯卡的王室军队，但在 1553 年发动了一次叛乱，后被打败，在利马被处决。

员，"我们需要美洲的所有地方都服从陛下的命令，听从他的旨意"，并补充道，"在对他的帝王权威与利益如此重要的事情上"，必须"让所有人都聚拢到他的旗帜下，仿佛他本人亲临现场"。拉·加斯卡认为，美洲必须向皇帝展示，"此地的良民愿意为陛下献出自己的生命和财产，就像西班牙民众愿意全力支持皇帝在匈牙利、突尼斯和阿尔及尔的作战"。他的这种言论产生了极佳的效果，尤其是在新西班牙。那里的副王门多萨花了19.2万比索，组建了一支600人的军队在秘鲁服役，由他的儿子指挥。1547年3月，门多萨庄严地检阅了这支远征军。此前美洲还没有过这样的景象。[77]

"一片盛产黄金的新大陆"

1520年在拉科鲁尼亚召开的卡斯蒂利亚议会期间，一篇以查理五世的名义发表的演讲一方面阐述了西班牙人为什么要接受他当选为神圣罗马皇帝；另一方面做出承诺，因为他获得了"一片盛产黄金的新大陆，它是上帝专门为了他而创造的，因为在我们的时代之前新大陆并不存在"，所以他的西班牙臣民不必承担他在中欧的新事业的全部开销。在一定程度上，这个承诺得到了兑现。1523年，马丁·德·萨利纳斯注意到，"从美洲来的船只运来了80万比索的黄金"，并得出结论："看来上帝在掌管皇帝陛下的事业，因为他的事业一帆风顺。"[78]十年后，阿塔瓦尔帕的赎金在被运往西班牙的途中经过巴拿马时，当地的一位财政官员惊呼道：

因为陛下行走在上帝的正道上，兢兢业业地侍奉他，保卫基督教社会和我们神圣天主教的教会，所以上帝援助陛下，鼓动您的斗志，增加您的资源，帮助您从事神圣的事业，向土耳其人、路德派和其他的信仰之敌开战。

1535 年，在巴塞罗那，萨利纳斯惊愕地发现，查理五世"命令他的各王国的铸币师傅都来到这座城市，并把从美洲来的金银都运到这里，将其全部铸成钱币"。他估计这批金银的价值为 50 万杜卡特。用詹姆斯·特雷西①的话说："突尼斯远征之所以能够发动，完全要感谢弗朗西斯科·皮萨罗征服了秘鲁，充实了皇帝的金库。"[79]

从美洲来的财富的绝大部分出自一种起源于卡斯蒂利亚的赋税——"国王的五分之一税"，这意味着在针对信仰之敌的战争中获得的战利品的五分之一，以及全部矿产的五分之一，都属于国王。在查理五世在位期间，他在墨西哥的收入的一半以上，在秘鲁的收入的五分之四，都来自这种税。其余部分大多来自土著向王室缴纳的贡赋或者没收的财物。查理五世有九次充公了原本发送给个人的资金，并运用欺骗手段掩饰自己的意图。1523 年，为了给入侵法国的行动筹集军费，他命令塞维利亚的官员扣押和存储从美洲运来的全部金银、珍珠和商品，不管它们是运给王室的，还是运给"商人和其他个人的。不能让任何人知道是我命令扣押的"。

1535 年，他命令，如果有任何船只"从秘鲁或其他地方运来大宗黄金，就用欺骗或你认为最适合掩饰你意图的手段将其扣押，并派遣一名快速信使［con correo volante］给我送来

---

① 詹姆斯·D. 特雷西为当代美国历史学家，研究领域为近代早期欧洲、尼德兰等。他著有一部查理五世的传记。

船上货物的详细清单"。如果这批货物的主人发出抗议并要求收回自己的金钱，那么王室官员必须对其撒谎，"让所有人都相信，你不能将其归还，因为需要时间将这些金银铸造成钱币"。1543年，皇帝准备讨伐海尔德和法国的时候，又一次命令："从今往后，如果有船只运送8万杜卡特或更多的黄金抵达，你必须将运送给个人的金银和珍珠扣押，绝无例外，然后运用谎言或你喜欢的任何欺骗手段，不让任何人知道这是我的命令。"[80]财产被扣押的人得到的补偿是利率极低的政府债券（juros）。

查理五世对这些欺诈的辩解是，他需要捍卫"我的声望和权威，并保卫我的各领地"，但一再发生的扣押大宗资产的行动带来了巨额的经济上的机会成本：出境的金钱，不管是用来支付军饷还是偿还欠银行家的债务，都不能用于投资国内产业；而他在位期间，每年支付政府债券的利息的支出增长了一倍以上。即便如此，真金白银的诱惑还是太大了。巴伦西亚编年史家马蒂·德·比西亚纳后来评论道："皇帝陛下从美洲获得了极大的好处。有了美洲的财富和西班牙的士兵，他随时都可以比其他任何一位基督教君主做更多的事情。"用今天的话说，在好几个关键时刻，美洲"让查理五世再次伟大"。[81]

经验主义的帝国

为了将自己的资产最大化，查理五世需要克服好几个根本性的障碍，才能有效地对大西洋彼岸的殖民地施行治理。在欧洲，他运用四种策略来控制自己七零八落的领地：他尽可能频繁地访问每一块领地，并在那里停留尽可能久的时间；他授权自己的近亲代表他理政；他通过婚姻来缔结联盟；他创建了以分权制衡为基础的体制结构。他在美洲无法运用前三种策略，所以更加依赖第四种。但和其他领地的情况一样，在美洲，朋党利益和个人私利也往往会影响他的统治。1551 年，安东尼奥·德·门多萨根据自己担任副王十六年的丰富经验，给查理五世发了一份报告，抱怨"新西班牙的人更喜欢多管闲事，而不是管好自己的事情"，"他们主要关心的事情就是公共管理，尤其是批评和评判政府的一举一动"。副王继续写道，不幸的是，"给我提意见和批评我的人多如牛毛，但真正出麻烦的时候能够帮助我的人却少之又少"。[82]这种根本性的障碍又产生了另一种障碍。我们不妨再次引用门多萨的报告："陛下任命我和像我一样的人为副王和总督的时候，我们对自己的新岗位还没有经验；然后陛下又任命一些在西班牙不配得到行政长官职位的人为美洲的法官。您把新大陆托付给一群没有资格、毫无准备的人。"他继续愤恨地写道："那么陛下期望在 2000 里格之外会发生什么？当他们尝试做自己不懂的事情的时候，一切都会乱七八糟。"[83]

　　查理五世很熟悉这些结构性的问题。1526 年，他对自己无法有效地处理古巴殖民者的请愿（"因为我没有关于那些殖民地及其居民的详细信息或完整数据"）而感到沮丧，于是签署了一份文件，声称："我希望你们禀报在该岛拥有的房屋、庄园、收入和其他方面的情况。"他还命令古巴总督"收到此文件后立刻详细汇报各方面情况"。十年后，他命令门多萨"始终把你在那些国度的见闻和行动禀报给我……"新任副王必须命人制作"主要城镇与港口的地图……向我汇报每个定居点的位置和海拔，以及它们互相之间的距离"，并将这些信息发送到西班牙。[84]

查理五世还批准了一些处理这些信息的新手段。1526 年他和西印度议事会在塞维利亚的时候，他们视察了西印度贸易总署，命令它整理现有的凌乱的地图与文件，并建立一个系统性的地理资料库，"有文字的也有图像的，你们看怎么合适就怎么处理。要咨询每一个懂得航海、对其有经验的人的意见"。官员们还必须确保所有驶过大西洋的领航员"每天记录自己的航行数据，从港口或他们启航的地方开始，一直记录到他们返回塞维利亚时……记录他们每天走过的航程、方位、他们遇到的陆地的纬度"。据阿恩特·布兰戴克①说："全部数据似乎都被收集在一本书里，其中包括超过 150 名领航员提供的信息。"[85]

通过这些途径获得的海量信息，成为查理五世的一系列立法的基础，他通过这些立法来管理新大陆的经济、社会和行政："为了增进伊斯帕尼奥拉岛的繁荣，我命令不得解放结婚的非洲奴隶及其子女"（1526 年）；"如有必要，可以在圣多明各城开办妓院"（1526 年）；在墨西哥和圣多明各的新铸币厂铸造的钱币的图案必须"一面是城堡、雄狮和石榴"（分别是卡斯蒂利亚、莱昂和格拉纳达的象征），"另一面是两根石柱和一面旗帜，上书'走得更远'，那是我作为君主的象征"（1544 年）；诸如此类。到 1556 年查理五世退位时，他已经为自己在西半球的领地签发了超过 1000 道法案，而为西班牙签发的法案仅有 700 道。有些法案的存续时间很短暂，或者后来被撤销，但 1680 年西属美洲法典中的法案有 15% 是查理五世颁布的。[86]

---

① 阿恩特·布兰戴克（1970～ ）是当代德国历史学家，目前在慕尼黑大学担任历史学教授。

皇帝还签发了成千上万份公文以处理具体的问题。1536
年，他得知尼加拉瓜有个西班牙人强奸了一名土著女子然后纵
火烧掉她的房屋，将她烧死，而当地总督虽然"起诉他，却
仅仅对他罚款 5 比索"。对于如此严重的罪行，这样的处罚显
然是不够的。于是查理五世命令当地总督重审此案，"并将判
决发送给我的西印度议事会"。[87] 在这两年前，他授权支付 1000
杜卡特给某人，设计后来的巴拿马运河的一个原型，因为在巴
拿马地峡的官员发来的报告说"改善查格雷斯河的适航性会
非常有用"，并且需要提升从巴拿马到农布雷德迪奥斯①的货
运量。[88] 这是"次级帝国主义"（sub - imperialism）的教科书式
范例：处于帝国边缘的官员自行做出决策，仅在事后寻求王室
的批准。另一个引人注目的例子发生在 1550 年，当时查理五
世收到了西印度议事会的一份奏章，其中有门多萨副王的一份
报告（他因为长期担任副王，显然自信满怀），提醒大家，他
曾多次请求在新西班牙建立"一所大学，在那里传授各学科
的知识，并为土著居民和西班牙定居者的孩子提供教育"。门
多萨现在"任命了一些人开始教课，希望陛下会同意建立和
庇护这样一所大学"。门多萨设想的大学的宪章参考了萨拉曼
卡大学和阿尔卡拉大学。议事会注意到当地教士强烈赞成建立
新大学，于是建议查理五世为其提供每年 1000 金比索的经费。
相关的王室文件写道："看来我应当按照议事会的建议来办。"
1551 年 9 月，一道御旨授权墨西哥的财政官员每年拨款 1000
金比索给新的大学。这所大学的教学工作于 1553 年开始，延
续至今。[89]

---

① 农布雷德迪奥斯（字面意思是"上帝之名"）是巴拿马中部的一座城镇。

在这之前，查理五世已经在美洲创办了一所大学，并且也是为了回应来自帝国边缘的压力。1548 年，多明我会新近在秘鲁设立的分支的修士请求为他们在利马的修道院建立一所附属大学，并派遣他们的分支领导人去请求皇帝批准。这位领导人首先去找利马的市议会，它任命这位修士为利马的代表之一（拉·加斯卡后来也担任过利马的代表），让他去请求皇帝建立"一所学院，令其享有与萨拉曼卡大学相同的特权、豁免权和宪章"，因为"这些地区距离西班牙十分遥远，如果本地人把儿子送到西班牙读大学，花费太大；于是有些人就会因为没有机会上大学而处于无知的状态"。当年晚些时候，查理五世听取了代表们的陈情，然后从"王家金库拨款 3000 金比索用于维持"这所新学院。这就是延续至今的利马大学（今天的名字是国立圣马尔科斯大学）。[90]

查理五世真的关心美洲吗

很多人会说，查理五世在这项事业，以及美洲的其他事业当中发挥的作用微乎其微，尤其是在那些他本人没有签字的法案方面。比如，1551 年创办利马大学和墨西哥大学并为其拨款的令状发布的时候，皇帝正在奥格斯堡。在令状上签字的人是他在巴利亚多利德的摄政者。[91]但这两件事情，以及其他类似的措施，都需要皇帝的批准，皇帝还花了相当多的精力来研讨部分事务。例如，安东尼奥·德·门多萨的那份报告（指责查理五世对美洲事务的处理前后矛盾、不够完整）送到皇帝手里的时候（1552 年 3 月），他正在因斯布鲁克。"我仔细听人朗读了这份报告"，他告诉儿子，因为该报告包含了"一些需要仔细斟酌的方面"。因此他命令，必须对门多萨提出的所有事项"加以讨论和考虑，从而让我做决策的时候已经掌握了全部事实"。[92]

有些官员抱怨皇帝对美洲事物的干预过于频繁，他又经常改主意（也就意味着改变政策），造成了没必要的纷扰。"皇帝陛下及其议事会和修士们，"门多萨抗议道，"浪费了太多时间、太多纸张和墨水，左右踌躇，发布互相矛盾的命令，每天都改变政府的体制。"[93]这样前后不一致的情况非常多。例如，尽管皇帝在1535年庄严宣布，在1541年和1542年又重申，"我和我的继承人"永远不会"将特拉斯卡拉城及其领土从王室直接控制的范围分离出去"，但他多次食言，把那个省份的土地册封给一些西班牙人。尽管副王们支持特拉斯卡拉人的抗议，但皇帝对这些土地的封授很少被撤销。[94]"新法"的情况大体上也是这样，它们于1542年颁布，1546年就被部分撤销。1550年路易斯·德·贝拉斯科成为墨西哥副王时，查理五世给他的指示是："维护我为了妥善治理美洲而颁布的'新法'的所有条文。"但贝拉斯科和他的前任一样，也颁布了许多令状，允许第一代西班牙征服者的儿子继承科尔特斯授予的监护征赋权。这公然违反了"新法"。[95]

不过这样的措施仍然只是例外。查理五世坚决反对"永久性"地授予监护征赋权。1553年他曾请腓力王子考虑"从美洲的监护征赋主那里可以征收什么类型的税费。我觉得监护征赋制很复杂和棘手，因为有很多互相抵触的意见"。腓力王子恪尽职守地召集了一个由神学家组成的委员会考虑此事，但他后来报告称，该委员会的一致意见是："要保全和平定那些土地"，唯一的办法是出售永久性的监护征赋权。查理五世断然拒绝："你们知道，我从来不喜欢这种措施，并且一直努力避免它。"腓力必须等到自己成为卡斯蒂利亚及其美洲殖民地的统治者之后，那时"你就可以按照自己的心愿办事，可以签署相关的命令，因为美洲将全部属于你；而且那样的话，我也不需要克服自己的顾虑"。[96]

"自己的顾虑"，查理五世用这个词是什么意思？1549 年拉斯·卡萨斯和多明各·德·索托的一次对话能够帮助我们理解。拉斯·卡萨斯不明白，皇帝既然想要执行最好的殖民政策，那么为什么几乎什么都没做。索托是查理五世当时的告解神父，他承认，他们的主公的确没有采取恰当的行动，但部分原因是"很难为美洲事务找到补救的办法，因为它太遥远；尤其因为从美洲来的人们的说法大相径庭，我们很难确定应当相信谁"。拉斯·卡萨斯表示同意，并补充道，不仅美洲"距离皇帝太遥远，即使是为了较近地区的繁重公务，皇帝已经忙得不可开交"。所以要找到合适的解决办法，"需要的不单单是一个人的脑力与体力，还需要很多人的努力"。[97]这样的建议产生了结果：不久之后，查理五世设立了一个委员会来"讨论征服、探索和垦殖"美洲的"最恰当的方法"，"并检查皇帝陛下在美洲的臣民的正确状态，而不至于危害陛下的良心"。这个委员会在巴利亚多利德（西班牙的行政首都）开会，有来自各个中央议事会的九位大臣参加，还有两位主教和四位神学家（包括多明各·德·索托）。在好几个星期的会议期间，他们听取并讨论了拉斯·卡萨斯和人文主义学者胡安·希内斯·德·塞普尔韦达的提案。委员会的好几位成员有美洲经验，有的人亲身去过美洲（比如拉·加斯卡和特略·德·桑多瓦尔），有的人拥有关于美洲的间接经验（比如主持会议的蒙德哈尔侯爵是门多萨副王的兄弟，索托曾参与派遣传教士去美洲的工作）。最后，他们给查理五世的意见是：通过赤裸裸的武力征服在美洲获取更多的领土和臣民将会"危害皇帝陛下的良心"，因为"在这些征服过程中会造成极大的破坏和罪孽"。拉斯·卡萨斯把自己在委员会发表的演讲作为一本小书发表，题为《西印度毁灭述略》，献给腓力王子，希望他能"更有效地劝告和说服皇帝陛下拒绝"继续执行某些恶政（比如授予监护征赋权）。[98]

查理五世本人也倾向于这样的意见。让·格拉皮翁向教宗申请去美洲传教并得到批准之后，于 1522 年辞去了御前告解神父的职务。接替格拉皮翁的洛艾萨成为西印度议事会主席，担任这个职务一直到他于 1546 年去世。索托在成为查理五世的告解神父之前也打算去美洲传教，后来在 1550 ~ 1551 年巴利亚多利德的美洲事务委员会的工作中发挥了主导作用。[99]难怪查理五世关涉到美洲的好几道御旨中说，索托"代表我身为帝王的良心"。相关的例子很多，这里举出两例：1528 年"关于如何对待土著居民"的法令中说，当前的做法"是对上帝的犯罪"，也给"我身为帝王的良心带来了沉重负担"；次年，皇帝命令西印度议事会提出恰当的法案来"维护我身为帝王的良心，也是为了保住新西班牙"。[100]

查理五世的大臣和子民不仅很快就学会了尊重他的道德顾虑，还学会了如何利用他的顾虑。1530 年，科尔特斯派往西班牙的一名代表向皇帝请愿的形式就是诉诸"陛下的良心"。次年，墨西哥检审庭的法官声称，为了"陛下的良心"，有必要派遣更多的传教士。1533 年，科尔特斯声称"将整个国家［墨西哥］分割并分配给""征服者和第一批殖民者，不仅对于保全墨西哥是至关重要的，也是为了陛下的良心考虑"。[101]拉·加斯卡在 1549 年给阿里卡行政长官的一封信中也巧妙地运用了这个理由。阿里卡是秘鲁的一座城市，虽然已经有了"新法"，却仍然把土著送到波托西的银矿里做苦工。拉·加斯卡强调，"禁止将土著居民送去矿里"的法律条款并未被撤销，并且也不可能被撤销，因为"当皇帝陛下发现伊斯帕尼奥拉岛、古巴和［加勒比海］其他岛屿的土著居民因为被送去矿里做苦工而大批死亡后，就坚信不疑，如果他允许这样的事情继续下去，他就会下地狱。因此他永远不会同意"。拉·加斯卡还警告道："把土著居民送到 170 里格之外的矿井，这样的事情是掩盖不了的。这是对上帝的冒犯，也是对皇帝陛下的良心的冒犯，很容易激起他的怒火。"[102]因此必须停止这种恶行。

拉·加斯卡的这些言论并不是孤立的。人们经常用"为上帝和皇帝陛下服务"这句话来解释查理五世那种神圣的使命感。他的官员认为，阿塔瓦尔帕的赎金是天赐的礼物，让皇帝得以"继续对土耳其人、路德派和其他的信仰之敌作战"。在西班牙出版的第一本关于平定秘鲁的小册子描述了"这个路德派教徒贡萨洛·皮萨罗犯下的累累暴行，他不尊重宗教事务和宗教信仰，也不尊重国王的事业"。尽管没有任何证据表明皮萨罗或其追随者同情新教，但把他定性为异端分子很符合查理五世的思想。为了他的"良心"，也是为了物质和意识形态方面的考虑，皇帝不可能对新大陆事务置若罔闻。[103]

注　释

1. 查理五世及其同时代人说到新大陆的时候，通常用的是哥伦布所说的"印度"一词。在本书中，我通常使用"美洲"的说法，但有一些例外，尤其是"西印度议事会"，即负责处理王室美洲事务的顾问机构。我通常把 cédula 翻译为"令状"（warrant），把 provisión 翻译为"宪章"。对 encomiendas（授予强制劳动力的文书）、encomenderos（得到这种授权的定居者）和 repartimiento（原指分配 encomiendas 的过程，后来与 encomiendas 同义），我没有找到合适的翻译，所以还用西班牙语。

2. Gómara, *Hispania Victrix*, dedication. 查理五世不以为然，命令查禁该书。见第十四章。Brading, *The first America*, 44 – 50 对该书及其接受史做了精彩的分析。

3. Konetzke, *Colección*, Ⅰ, 216 – 20, from the New Laws, 20 Nov. 1542. 对于 16 世纪初美洲的人口（包括欧洲人和土著）有很多互相矛盾的估测。我遵循的是 Newson, 'The demographic impact', in Boyd – Bowman, 'Patterns' 及其引用的文献中的数字。

4. 数字出自 Semboloni Capitani, *La construcción*, 71, 185 – 6 and 314, 根据最初几位副王留存至今的"政府文献"（Libros de Gobierno）计算得出。

5. Pietschmann, *Alemania*, 109; idem, 'Carlos Ⅴ y la formación', 469; and idem, 'Carlos Ⅴ y América', 265.

6. Cedillo, *El cardenal Cisneros*, Ⅱ, 268, Charles to Cisneros, 28 June 1516; AGNM *Mercedes* Ⅳ/331v – 332v, order of Viceroy Velasco, Mexico, 10 Apr. 1556, 引用了卡斯蒂利亚摄政者胡安娜公主的令状，1555 年 9 月 4 日。

7. Giménez Fernández, *Las Casas*, Ⅱ, 77, Charles to the Casa de la Contratación, 25 Feb. 1518; *SLID*, Ⅲ, 234 – 6（'Retiro, estancia y muerte'）. 又见 ibid., 235 n. 183, Quijada to Vázquez de Molina, 12 Nov. 1556 传递出查理五世对该床罩的赞美及他的更多要求。

8. AGI *IG* 419/7/78, warrant to Laurent de Gorrevod, Zaragoza, 18 Aug. 1518; AGI *IG* 420/8/37 – 8, warrant to Adam de Vivaldo, Tomás de Forne 'and company', 24 Jan. 1519. 查理五世还签署令状给其他一些人，允许他们进口奴隶，例如 AGI *IG* 419/7/110 是 1518 年 9 月 24 日给萨拉戈萨的阿斯托加侯爵的授权书，允许他运送 400 名奴隶，其中 100 名是在被授权的垄断期内，剩余的是

在那之后。

9. AGI *IG* 421/12/296 - 7，与 Enrique Ehinger 和 Jerónimo Sayler 的契约，布尔戈斯，1528 年 2 月 12 日；AGI *Justicia* 1169/4/2，西印度议事会的财政主管起诉侵犯韦尔泽家族垄断权的人，1530 年 2 月 ~ 1533 年 8 月。数字出自 http：//www. slavevoyages. org/assessment/estimates。

10. Las Casas，*Historia*，IV，368；Giménez Fernández，*Las Casas*，II，90 - 1，royal warrant of 13 Jan. 1518. Idem，II，57 - 60，"1517 年 12 月 11 日东印度议事会全体会议"讨论了这份文献（据 Giménez Fernández 的说法，查理五世主持了这次会议）。

11. Las Casas，*Historia*，IV，377（拉斯·卡萨斯说，麦哲伦送来地球仪的时候，"我就在首相的房间里"）。在环球航行的幸存者返回的时候，查理五世显然认识到了地球仪的好处，因为他给弟弟送去一个地球仪（Morsolin，'Francesco Chiericati'，231，Chiericati to Isabella d'Este，Nuremberg，10 Jan. 1523）；次年，他在巴达霍斯会议的谈判代表带去了两台地球仪，见 Brendecke，*Imperio*，164 - 9。

12. Fernández de Navarrete，*Colección*，IV，116 - 21，'Capitulación y asiento' between Charles and Magellan，22 Mar. 1518，copy. 关于来自卡斯蒂利亚的先例，见 Owens，'By my absolute royal authority'，ch. 2. 关于涉及美洲的最早例子，见 Nader，*The Book*，265 - 7，the Catholic Monarchs to Columbus，23 Apr. 1497。

13. AGI *Patronato* 34 ramo 2，Magellan to Charles，Seville，24 Oct. 1518，亲笔信（刊载于 Fernández de Navarrete，*Colección*，IV，124 - 7，但是没有关键的签注 "Recibida y proveydo en vj de noviembre"）。如果麦哲伦于次年抵达，那么他申请资助的努力可能失败，因为那时查理五世及其大臣的头等大事是为皇帝的德意志之行做准备。

14. *CODOIN* ⋯ América，XXII，38 - 46，contract with Velázquez，13 Nov. 1518. Martínez，*Hernán Cortés*，131 - 41 评估了对于科尔特斯远征规模的不同估算；但不管他麾下有 12 艘船还是 11 艘船，远征队的规模都远远大于贝拉斯克斯发动的两次远征（只有 3 ~ 4 艘船）。

15. Cortés，*Cartas*，65，'Carta de Relación' of the town council of

Veracruz to Charles and Joanna, 10 July 1519；AGI *México* 95/1，
'Pedimiento que hiso Francisco Aluares Chico, procurador desta Villa
Rica de la Vera Cruz'，20 June 1519（抄录见 Schwaller and Nader，
The first letter，有所出入）。请愿书出现在 AGI 里，表明它是由
给查理五世送去汇报的使者一同送去的。请愿书中也提到了汇
报。Russo，'Cortés's objects'，描述了 1519 年的样品（*muestra*），
说其中的大金轮代表"国王的五分之一税"，而剩余的东西是征
服者们送给国王的礼物，"在五分之一之外"。

16. Las Casas, *Historia*，V，95，98，Giménez Fernández，*Las Casas*，
Ⅱ，742 – 53 讨论了此事并给出了日期。

17. AGI *IG* 420/8/173 – 5，Charles to the Casa de la Contratación and to
the messengers from Veracruz, Molins del Rey, 5 Dec. 1519，存档
副本，由 Los Cobos 背书 "Sobre la Nueva España"。见 Ramos，
Hernán Cortés，175 – 6 and 199 notes 22 and 25，谈到六名年轻的
托托纳克印第安人的身份（四男两女）；and Giménez Fernández，
'El alzamiento'，关于查理五世本人对他们的兴趣。

18. Cosenza，'Copia litterarvm'，Valladolid，7 Mar. 1520；Sanuto，*I
diarii*，ⅩⅩⅧ，cols 375 – 6，Cornaro to the Signory，6 Mar.
1520. Cortés，*Cartas*，71 – 6，说查理五世 "4 月初复活节期间在
巴利亚多利德"收到样品，但这是不可能的，因为 1520 年的圣
周查理五世是在加利西亚度过的，不在巴利亚多利德。Cosenza，
Corner 和其他人的证词证明了查理五世 "在 3 月初"收到礼物。
See Ramos，*Hernán Cortés*，178 – 93 仅通过政府档案来确定时间
地点的努力失败了。

19. Giménez Fernández，*Las Casas*，Ⅱ，790 – 810，描述了 1520 年 5
月 12~19 日议事会关于美洲问题的辩论，pp. 794 – 9 刊载了
1520 年 5 月 17 日的拉科鲁尼亚宣言。

20. Dürer，*Diary*，64，entry for 27 Aug. 1520. 尽管样品中很少有东西
留存至今，但其中来自韦拉克鲁斯周边地区的 "印第安人的两
本书"现存于 ÖNB *Codex Vindobonensis Mexicanus* Ⅰ，and BL
Codex Zouche – Nutall。

21. 我接受 Matthew Restall 的说法，即蒙特祖马可能企图逮捕科尔特
斯及其部下（Restall，*When Montezuma*，144 – 8）。除了 Restall

给出的理由之外，十三年后在秘鲁，阿塔瓦尔帕肯定也有类似的计划，见 Pogo，'The Anonymous'，246。

22. Cortés，*Cartas*，80 and 181，Cortés to Charles，30 Oct. 1520.

23. Giménez Fernández，*Las Casas*，Ⅱ，1182 and 1103 n. 3785，引用了在 1521 年 4 月 11 ~ 14 日发的令状，以及 1521 年 9 月 6 日发给 Diego Colón 及其他西班牙官员的令状。*Ibid.*，Ⅱ，1254 - 86 记载道，每一份涉及美洲事务的令状都有加蒂纳拉的标记（señal）。我十分钦佩 Pérez 的研究，但不同意他在 *La revolución*，667 的说法，即"似乎卡斯蒂利亚的事件对美洲没有影响"。

24. Cortés，*Cartas*，182，科尔特斯的第二封信的附录被收入第一个印刷版。Sanuto，*I diarii*，ⅩⅩⅩⅢ，cols 501 - 3 and 557，Contarini to the Signory，24 Sep. and 24 Nov. 1522，明确表示特诺奇提特兰失陷的消息是和它被收复的消息同时传到西班牙的。

25. Cortés，*Cartas*，275，Cortés to Charles，15 May 1522；Haring，'Ledgers'，175，记载了财政主管 Julián de Alderete 送到西班牙的资金。一支法国分舰队拦截并夺走了这批财物，但没有抢走相关的记录档案，所以查理五世知道议会能拿出什么来，参见 Johnson，*Cultural hierarchy*，113 and 117 - 19。

26. AGI *Patronato* 48/20，Juan Sebastián El Cano to Charles，Seville，6 Sep. 1522，copy；LCK，Ⅰ，73，Charles to Margaret，31 Oct. 1522.

27. Avonto，*Mercurino*，47 - 51，关于官员的使命（p. 49 的引文）；CODOIN，Ⅰ，97 - 100，and CODOIN … *América*，ⅩⅩⅥ，59 - 70，Charles to Cortés，15 Oct. 1522（三份令状）；AGI *IG* 415/2/451 - 63，"1522 年 10 月分发给新西班牙"的指令的存档副本。

28. Brandi，'Aus den Kabinettsakten'，183 - 6，加蒂纳拉的建议书，1523 年 11 ~ 12 月，以及加蒂纳拉、戈尔沃、拉薛尔、拉罗什、拿骚和埃尔南多·德·维加（委员会里的唯一西班牙人）的投票，以及查理五世的书面指示；AGS *Quitaciones de Corte* 20，*nómina* of Loaysa，4 Aug. 1524。

29. *Libros de Antaño*，Ⅷ，368 - 76，Navagero to Giovanni Battista Ramusio，Toledo，12 Sep. 1525；BL *Cott. Ms.* Vespasian C. Ⅲ/158 - 75v，Tunstal，Wingfield and Sampson to Henry，2 June 1525 报告了

他们与首相的会面。

30. *CODOIN* ⋯ *Ultramar*, Ⅸ, 214 – 26, instructions to Luis Ponce de León, 4 Nov. 1525；*CODOIN*, Ⅰ, 101 – 2, Charles to Cortés, 4 Nov. 1525（答复他在 1524 年 10 月 15 日写的"Carta de Relación"）。

31. Bornate, 'Historia', 458 – 76, 'Consigli del gran cancellier all' Imperatore', Sep. 1525, 亲笔备忘录（p. 460 有所引用）；*CODOIN* ⋯ *Ultramar*, Ⅸ, 214 – 26, instructions to Luis Ponce de León, 4 Nov. 1525（Avonto, *Mercurino*, 93 – 7, 讨论了这个指示及同一天的另一个指示）。

32. Gómara, *Hispania Victrix*, book 192, on 'Cómo vino Cortés a España', 包括洛艾萨的信的文本。1528 年 4 月 5 日，查理五世签署了一份令状，授权科尔特斯前来（Martínez, *Documentos*, Ⅲ, 11 – 12），但科尔特斯在 4 月中旬就离开了韦拉克鲁斯，所以他显然是在皇帝的令状送抵之前就出发了。

33. Gómara, *Hispania Victrix*, book 192. Van Deusen, 'Coming to Castile', 叙述了在 1528 年与科尔特斯一同到西班牙并留在那里的 200 名谦卑的美洲土著的人生经历。

34. Germanisches Nationalmuseum *Ms.* 22, 474, pp. 1 – 14（美洲土著）, 77（科尔特斯）and 83（多里亚）。这些美丽的图画可见 http：// dlib. gnm. de/item/Hs22474/213/html；另见 Cline, 'Hernando Cortés' 中的讨论。

35. AGI *Patronato* 16/2/8, Charles to 'gouernador don Hernando Cortés marqués del Valle', 1 Apr. 1529（不完整且有错误的版本见 *CODOIN* ⋯ *América*, Ⅻ, 379 – 80）；AGI *IG* 737/1, 查理五世给西印度议事会的命令，1529 年 5 月 24 日，命令准备相关文件；AGI *Patronato* 16/2/13, 14 and 15, 日期为 1529 年 7 月 6 日的王室令状，得到公证的副本（又见 AGI *México* 1088/1 ff. 23 – 7, and printed in *CODOIN* ⋯ *América*, Ⅻ, 291 – 7 and 380 – 6; and Martínez, *Documentos*, Ⅲ, 49 – 61）。Martínez, *Hernán Cortés*, 505 – 10, 列举了 1529 年册封给科尔特斯的村庄，并描述它们与他索要的村庄有何种不同。

36. AGI *México* 1088/1/38 – 9, Charles to the Audiencia of Mexico, 10

Aug. 1528.

37. AGI *IG* 737/4，Tavera to Charles，10 Dec. 1529. 后来成为墨西哥副王的安东尼奥·德·门多萨是索要"报酬太过分"的人之一。

38. Cadenas y Vicent，*Carlos* I，261 – 71，'Capitulación con los armadores sobre la dicha Specería'，13 Nov. 1522（指的是García Jofré de Loaysa 领导的殖民香料群岛的远征，这支远征队于1525 年离开拉科鲁尼亚）；*LCK*，I，73，Charles to Margaret，31 Oct. 1522。

39. Brendecke，*Imperio*，164 – 9；Cortés，*Cartas*，325，'Carta de Relación' to Charles，15 Oct. 1524.

40. Fernández de Navarette，*Colección*，V，440 – 1，Charles to Cortés，20 June 1526. Cabrero Fernández，'El empeño'，1093 注意到了塞维利亚谈判的失败。

41. BMECB *Ms. Granvelle*，I，153 – 5，Charles to Baron Montfort，23 Dec. 1528，亲笔信（刊载于 *PEG*，I，441 – 4，但一些错误）。

42. Cabrero Fernández，'El empeño'，记载了关于《萨拉戈萨条约》条款激烈的讨价还价，并刊载了最终文本，由加蒂纳拉和洛艾萨在 1529 年 4 月 22 日签字。

43. AGI *Patronato* 275/20，查理五世给墨西哥检审庭的信，马德里，1535 年 3 月 13 日（Gibson，*Tlaxcala*，229 根据 AGNM 内的一个副本，认为日期是 5 月 13 日，但 AGI 的副本清楚地说是 3 月 13 日）；AGI *IG* 422/16/201，royal warrant to pay Diego Rodríguez de Narváez，12 May 1535。

44. AGI *IG* 415/2/352 – 364，给门多萨指示的草稿，1535 年 4 月 25 日（背书"dezima"）以及 1536 年 7 月 14 日的（背书"duodezima"，带有大量注解）。*CODOIN … América*，XXIII，423 – 45 and 454 – 67，and Hanke，*Los virreyes*，I，21 – 38，刊载了这些文件，但没有注释。Merluzzi，'"Con el cuidado"'，158 – 65，详细讨论了查理五世给门多萨的各种指示。

45. BNE *Ms. Res.* 261/70，Cortés to Charles，Madrid，26 June 1540；AGI *Patronato* 16/1/19，same to same，3 Feb. 1544（背面写着"无须回复"及 Francisco de Eraso 的说明）。

46. AGI *IG* 737/1，Charles to council of the Indies，Barcelona，24 May

1529（这封信还宣布授予科尔特斯一个贵族头衔和土地）; Porras Barrenechea, *Cedulario*, Ⅰ, 18 – 30, royal warrants, 26 July 1529。

47. 细节来自 Pogo, 'The anonymous'（Cristóbal de Mena）, 242; and Xérez, *Verdadera relación*, 91 – 2 and 96。

48. *Libro primero de Cabildos*, Ⅲ, 127, Hernando Pizarro to Charles, Seville, 14 Jan. 1534.

49. Cieza de León, *Primera parte*（1553）, f. 234（Part Ⅰ, book 94）; *Libro primero de Cabildos*, Ⅲ, 127 – 8, Charles to the Casa de la Contratación, 21 Jan. 1534; Medina, *La imprenta*, Ⅰ, 163 – 70, 'Relación del oro del Perú que recibimos', Feb. 1534, and Charles to the Casa, 30 Jan. 1535.

50. *CODOIN* … *Ultramar*, 2ª series Ⅹ, 160 – 7, idem, ⅩⅤ, 113, and AGI *Patronato* 90A/1/10, royal warrants to Pizarro, 8 Mar. 1533, 21 May 1534 and 10 Oct. 1537.

51. Maples, 'The death', 将皮萨罗 1541 年被杀的书面记录与他在 1984 年检查的骸骨上的伤痕进行了精彩的匹配。

52. Vitoria, *Relectio de Indis*, 137 – 9, Vitoria to Fray Miguel de Arcos, 8 Nov. 1534.

53. AGI *Justicia* 259/2/25 – 26v, 'Descargos del Virrey', Mexico, 30 Oct. 1546, descargo 38, 回应他在战时残害土著居民的指控。（我感谢贝瑟尼·阿拉姆核实了这个说法。）Martínez, *Hernán Cortés*, 135, 讨论了放狗咬人（aperreamiento）的做法，并配了一幅来自本地史料的令人不安的插图。

54. Hanke, *The Spanish struggle*, 73（教宗诏书）; Sandoval, *Historia*, Ⅲ, 70（Book 24, ch. 8: the Constable of Castile）; Vitoria, *Relectio de Indis*, 99。维多利亚在 1538 年写了他的演讲稿，1539 年 1 月发表演讲。它于 1557 年在法国首次出版。查理五世有没有回忆起 1534 年他访问萨拉曼卡大学时听过维多利亚的课？（见上文）

55. Pereña Vicente, 'El emperador Carlos Ⅴ', 385 – 6; Vitoria, *Relectio de Indis*, 152 – 3, Charles to the prior of San Esteban, 10 Nov. 1539. 他在第二天便启程前往法国。

56. Pereña Vicente, 'El emperador Carlos Ⅴ', 379, and Fernández

Álvarez，*Carlos* Ⅴ：*el César*，641 - 3，都认为阿尔及尔的失败和"新法"之间有联系。虽然他们没有给出根据，但这种说法令人信服。

57. Danvila y Collado，*El poder civil*，Ⅴ，313，petición 94 of the Cortes of Castile，Valladolid，Apr. 1542；Las Casas，*Brevíssima relación*，ff. 3 - 3v，说腓力曾经的教师西利塞奥"即卡塔赫纳主教，向我要了一些材料，并献给王子殿下"。Pereña Vicente，'El emperador'，393 给出了令人信服的证据，表明拉斯·卡萨斯的朋友和敌人都正确地认为他就是"新法的教父"。

58. *CODOIN*，LXXⅥ，340 - 55，新法的文本，由皇帝于 1542 年 11 月 20 日在巴塞罗那签署，但直到 1543 年 7 月才在塞维利亚颁布。查理五世的道歉见法律文本的序言：idem，340 - 1。

59. *CODOIN* ⋯ *Ultramar*，2ᵃ series Ⅹ，86 - 93，charter of the empress to the governor of Santa Marta，4 Apr. 1531；*CODOIN* ⋯ *América*，XLI，198 - 204，royal warrant，26 May 1536；Paso y Troncoso，*Epistolario*，Ⅳ，60 - 1，the Audiencia of Mexico to Charles，8 Oct. 1543.

60. Ibid.，60. Paso y Troncoso，*Epistolario*，Ⅳ，64 - 75，López to the emperor 'en su consejo'，Mexico，25 Oct. 1543. 又见 Tomás López Medel，*Colonización*，62 - 80，López Medel to Regents Maximilian and María，25 Mar. 1551 中类似的批评。

61. Cortijo *Ocaña*，*Cartas*，60 - 5，Gómez Díaz de la Reguera to Alonso Díaz de la Reguera，San Salvador（先是在危地马拉，现在是在萨尔瓦多的首府），1 Aug. 1545。

62. Pérez de Tudela Bueso，*Documentos*，Ⅱ，383 - 95，Gonzalo Pizarro to Charles，未写日期（很可能是 1544 年 8 月 2 日或 3 日），and 193 - 7，199 - 203，same to the Cabildo of Lima and to Blasco Nuñcz Vela，2 Aug. 1544，and to the Audiencia of Lima，3 Aug. 1544。英文概述见 *From Panama to Peru*，17 - 25。

63. Calvete de Estrella，*Rebelión*，Ⅰ，97 - 9. 尽管卡尔韦特是在 1565～1567 年根据拉·加斯卡的请求撰写他的专著的，但卡尔韦特在辩论时是王子的教师，也是王子宫廷的重要成员，因此没有理由怀疑其叙述的真实性。*CDCV*，Ⅱ，398，腓力给查理五世的信，

1545 年 6 月 30 日，确认了当月进行的议事会辩论的主旨。

64. Calvete de Estrella, *Rebelión*, Ⅰ, 101 - 2; Hampe Martínez, *Don Pedro*, 77, Los Cobos to La Gasca, 29 Aug. 1545. 关于美洲反叛者当中有曾经的公社起义者，见 Calvete de Estrella, *Rebelión*, Ⅰ, 280, and pp. 140 - 1 above。Pietschman, 'Carlos Ⅴ y la formación', 446 - 54 将皮萨罗反叛与公社起义做了对比。

65. *CDCV*, Ⅱ, 398 - 9, Philip to Charles, and Hampe Martínez, *Don Pedro*, 76, Los Cobos to Charles, both 30 June 1545.

66. Calvete de Estrella, *Rebelión*, Ⅰ, 110, 议事会围绕拉·加斯卡的要求进行的辩论。比较 1529 年议事会拒绝推荐索要 "报酬太过分" 的人担任墨西哥副王，见上文。

67. AGS, *E* 641/10, Charles to Los Cobos, Worms, 2 Aug. 1545; Konetzke, *Colección*, Ⅰ, 236 - 7, Charles to the Audiencia of New Spain, Mechelen, 20 Oct. 1545; RAH *Ms.* 9/4846/66, Charles to the council of the Indies, 未写日期，但很有可能是在 1546 年 2 月。

68. *CODOIN … América*, ⅩⅩⅢ, 507 - 19, 查理五世给拉·加斯卡的指示，芬洛，1546 年 2 月 14 日。又见 BR *Ms.* Ⅱ/1960 no. 12/85 - 93, 拉·加斯卡手中的指示草稿的副本，以及他亲笔写的对每一条的评论，揭示了他的要求没有商量的余地。Merluzzi, 'Mediación', 96 - 7, 概括了皇帝最终授予拉·加斯卡的权限。

69. *CODOIN*, ⅩⅩⅥ, 274 - 84, 关于拉·加斯卡应当如何行动的建议书，没写日期，也没有地点（可能和指示一样，地点是芬洛，日期是 1546 年 2 月 14 日），档案被错误地归档为腓力二世的作品。Hampe Martínez, *Don Pedro*, 84 - 8 精彩地讨论了所有这些文件。

70. Pérez de Tudela Bueso, *Documentos*, Ⅰ, 375 - 84, La Gasca to Gonzalo Pizarro, Jauja, 16 Dec. 1547（又刊载于 *CODOIN*, XLIX, 260 - 76; 英文概述见 *From Panama to Peru*, 439 - 44）。

71. Pérez de Tudela Bueso, *Documentos*, Ⅱ, 401 - 21, La Gasca to Los Cobos, 3 May 1548.

72. Ibid., Ⅱ, 401 - 21 and 258 - 77, 拉·加斯卡给洛斯·科沃斯的信，1548 年 5 月 3 日，以及给西印度议事会的信，1548 年 9 月

26 日（*CODOIN*, XLIX, 359 – 427 刊载了同一批信，但日期不同；英文概述见 *From Panama to Peru*, 474 – 82 and 486 – 8）。

73. Pérez de Tudela Bueso, *Documentos*, Ⅱ, 607 – 9, Fernández de Oviedo to La Gasca, 3 Jan. 1550（又见 *From Panama to Peru*, 517）。

74. Hunt *PL* 122, Charles to La Gasca, 26 Feb. 1549（一封被 Pérez de Tudela Bueso, *Documentos* 忽略的信）。

75. *CDCV*, Ⅲ, 250 – 5, Charles to María, Augsburg, 30 Dec. 1550, and 243 – 6, Charles to Maximilian and María, 20 Oct. 1550.

76. AGI *Patronato* 180/7, 'Parecer del virrey don Antonio cerca de los seruicios personales', and *CDCV*, Ⅲ, 255 – 7, 'Relación de don Antonio de Mendoça', 都没写日期，但应当是 1550 年。恺撒的好运气的其他例子，见本书第八章。

77. Saville, 'Some unpublished letters', facsimile of letter no. 2, La Gasca to the Audiencia of Guatemala, 15 Dec. 1546. Aiton, *Antonio de Mendoza*, 175 – 6 记载了为了回应拉·加斯卡的求援而组建的墨西哥远征军的情况。

78. *CLC*, Ⅳ, 293 – 8, speech to the Cortes of Corunna, Apr. 1520; *RVEC*, 146 – 50, Salinas to Ferdinand, 4 Oct. 1523. 在一封日期为 1523 年 12 月 16 日的信中，萨利纳斯将最初的数字从 80 万金比索修改为 180 万金比索。

79. Porras Barrenechea, *Las relaciones*, 38 – 40, Licenciado Espinosa to Charles, Panama, 21 July 1533; *RVEC*, 645 – 52, Salinas to Castillejo, 11 May 1535; Tracy, *Emperor*, 155.

80. García – Baquero González, 'Agobios carolinos', 313 – 14, royal warrants of 3 Sep. 1523, 22 and 30 Jan. 1535 and Jan. 1543（斜体部分）。数据来自 Haring, 'Ledgers'. García – Baquero González, op. cit., 说查理五世授权了八次扣押，但 Carretero Zamora, *Gobernar*, 382 认为有九次。

81. Viciana, *Libro tercero*, 324（写于约 1564 年）。数据来自 Tracy, *Emperor*, 111。

82. Hanke, *Los virreyes*, Ⅰ, 38 – 57, 'Relación, apuntamientos y avisos que por mandado de Su Majestad di a Luis de Velasco' by Mendoza, 1551 – 2.

83. *CDCV*, Ⅲ, 255 – 7, 'Relaçión de don Antonio de Mendoça', 未写日期，但应为 1550 年（又刊载于 Hanke, *Los virreyes*, Ⅰ, 57 – 8）。见赫罗尼莫·洛佩斯在 1543 年的类似指责，引用于 pp. 361 – 2 above。

84. *CODOIN … Ultramar*, Ⅰ, 354 – 61, Royal warrant to the governor and officials of Cuba, 9 Nov. 1526; AGI IG 415/2/352 – 64, instructions to Mendoza, 25 Apr. 1535 and 14 July 1536.

85. Brendecke, *Imperio*, 184 – 5, 附有对 1526 年 7 月 20 日和 10 月 6 日，以及 1527 年 3 月 16 日的皇帝令状的引用。

86. *CODOIN … Ultramar*, Ⅸ, 239 – 46, royal charters of 11 May and 21 Aug. 1526; Cadenas y Vicent, *Carlos* Ⅰ, 258 – 9, royal warrant on coinage, 6 June 1544. Konetzke, *Colección*, Ⅰ, 68 – 338（nos 31 – 243）刊载了查理五世颁布的与美洲有关的社会立法；Cadenas y Vicent, *Carlos* Ⅰ, 299 – 512 刊载了 1516 年到 1556 年《西印度诸王国的法律汇编》（*Recopilación de Leyes de los Reynos de las Indias*）中的全部法律；Pérez Bustamente, 'Actividad legislativa' 分析了这些法律并计算了总数。Bonal Zazo, 'Disposiciones Carolinas' 概述了查理五世为西班牙立的法。

87. Konetzke, *Colección*, Ⅰ, 175 – 6, royal warrant to the governor of Nicaragua, 9 Sep. 1536.

88. AGI *Patronato* 193/18/213 – 33, 关于查格雷斯河的档案，包括一份发给大陆省总督 Francisco de Barrionuevo 的王室特许状（没写日期，但应当是 1534 年 1 月）。我感谢贝瑟尼·阿拉姆提醒我注意这一点。

89. AGI *IG* 737/63, 'Lo que resulta para consultar a Vuestra Magestad lo que scriven los del consejo de Indias', mid – Nov. 1550（没写日期，但奏章提到议事会财政主管 Licenciado Villalobos 在前不久去世，日期为 1550 年 11 月 8 日，所以肯定是在这不久之后写的）；AGI *México* 1089/4/419v – 423v, 三份王室特许状，签法地点为托罗，日期为 1551 年 9 月 21 日，关于墨西哥的新 "大学"。该措施发挥了效力的证据见 Gerhard, *Síntesis*, 63, *mandamiento* 253, 其中写到副王在 1553 年 11 月 20 日命令给当地多明我会修道院的院长支付 100 比索，作为他担任神学教授

的薪水，因为他在过去的六个月里"在他被要求教书的每一天都履行了教学职责"。

90. Lee, *Libros de Cabildos*, Ⅳ, 258, instructions to procuradores, 23 Jan. 1550；AGI *Lima* 566/6/368 – 368v and 382v – 383, 给利马检审庭的令状，1551 年 5 月 1 日，以及命令在墨西哥创办新大学的特许状，1551 年 5 月 12 日，都是在巴利亚多利德签发的。

91. 国立圣马尔科斯大学的网站上说，该大学的创办令状是 1551 年 5 月 12 日在巴利亚多利德签发的，签署人要么是查理五世（他当时在奥格斯堡），要么是胡安娜（她在托尔德西利亚斯）。实际上令状上的签名是"La reyna"（王后），这是查理五世的女儿玛丽亚（波希米亚王后和西班牙摄政者）当时使用的称号。

92. *CDCV*, Ⅲ, 403 – 4, Charles to Philip, Mar. 1552. 皇帝特别重视葡萄牙人对他的跨大西洋领地的潜在威胁，门多萨的"报告"（见下一条注释）也花了很多篇幅谈这个问题。这个巧合让我们能够确认这两份文件。

93. *CDCV*, Ⅲ, 255 – 7, 'Relación de don Antonio de Mendoça'（又刊载于 Hanke, *Los virreyes*, Ⅰ, 57 – 8, 有一处重要的改正：把"mandar"改为"mudar"）。

94. AGNM *Mercedes* Ⅱ/257, 'Provisión del rey para la libertad de los de Tascala', 29 Mar. 1541, reissued 4 Apr. 1542. Gibson, *Tlaxcala*, 80 – 2 探讨了这些相互冲突的法令。

95. Hanke, *Los virreyes*, I, 131, instructions for Velasco, 16 Apr. 1550；AGNM *Mercedes* III/102（*expediente* 253），照顾已故塞巴斯蒂安·罗德里格斯的儿子的令状（mandamientos），时间为 1550 年 7 月 18 日，这是许多类似的命令之一。

96. *CDCV*, Ⅲ, 577 – 92, Charles to Philip, 2 Apr., 带有 1553 年 4 月 27 日的附言；Kamen, *Felipe*, 60 – 1 引用了他们自 1554 年 9 月以来关于美洲土著居民的意见交换。

97. Bataillon, 'Pour l' epistolario', 384 – 7, Las Casas to Soto, May 1549 提到了两人之前的书信交换。

98. Las Casas, *Brevíssima relación*, ff. 3 – 3v（提案）and ff. 63v – 64（多明各·德·索托修士的控诉的"概述"）；Beltrán de Heredia, *Domingo de Soto*, 645, Maximilian and María, regents, to Soto, 7

July and 4 Aug. 1550；Castilla Urbano，'La superación'，41，council of the Indies to Charles，15 Dec. 1554. Castilla Urbano 给出了对该委员会工作最好的简明介绍，委员会于 1550 年 8～9 月和 1551 年 4～5 月在巴利亚多利德开会。拉·加斯卡只参加了第二轮会议。

99. Lippens，'Jean Glapion'，XLV，39－41（格拉皮翁没有离开西班牙就去世了）；Castet，*Annales*，Ⅷ，225（写到格拉皮翁努力组织并带领一群方济各会修士从尼德兰去美洲）；Beltrán de Heredía，*Domingo de Soto*，Part Ⅱ 收录了索托收到和发出的几封关于美洲事务的信。

100. Konetzke，*Colección*，113－20，'Ordenanzas' issued 4 Dec. 1528，and 131－2，'Consulta del consejo'，10 Dec. 1529. 1525～1535 年的其他例子见 pp. 350 and 354 above，and in Konetzke，*Colección*，103－6（1528：charter of Charles and Joanna 'queriendo en esto descargar nuestras conciencias reales'），130－1（1529：charter issued 'para descargo de nuestras conciencias'）；诸如此类。

101. Martínez，*Documentos*，Ⅲ，136（Petition of Francisco Núñez to Charles，May 1530）and 266－77（Relación of the Audiencia to Charles，1531），and Ⅳ，62－77（*Relación* of Cortés to Charles，1533）. 科尔特斯的其他例子（此外还有许多例子）见 ibid.，132－5（1535），190（1539），210－15（1540），243－5（1543），257－70（1544）and 328（will of Cortés，clause XXXⅧ，12 Oct. 1547）。

102. Pérez de Tudela Bueso，*Documentos*，Ⅱ，544－7，La Gasca to the magistrates of Arica，28 Sep. 1549，minute. 尽管拉·加斯卡没有说出这份不寻常的信（多处提及查理五世的"脆弱的良心"）的收件人的身份，但我推断收件人在阿里卡，因为它距离波托西恰好 170 里格。

103. Espinosa to Charles，Panama，21 July 1533（p. 368 above）；*Este es vn traslado*，f. 4（我感谢 Danielle Anthony 提醒我注意这份罕见的小册子）。

查理五世鼎盛时期的肖像

精通多种语言的皇帝

1557年，一位威尼斯大使回忆道："曾经，所有人，或者说几乎所有人，都觉得查理五世蠢笨而懒惰，但他突然间出人意料地觉醒了，变得机敏、专注而勇敢。"几年后，一位资深大臣评论道："哈布斯堡家族的男人都很晚熟，我们看到已故的查理五世皇帝就是这样。"[1]查理五世最惊人的"晚熟"表现在于他的语言技能。他于1517年抵达西班牙时，他的臣民惊愕地发现，他只会说也只能听得懂法语。但不到一年之后，他的卡斯蒂利亚语就说得很流利了。1536年，他只借助一些笔记，用西班牙语做了一次一个多小时的演讲。七年后，他用西班牙文给儿子写详细的秘密指示，写满了四十八张纸，其中他犯了少量语法错误，还用了一些法语和意大利语的借词与短语，但通篇的表达清晰晓畅。[2]皇帝的意大利语交流能力也经历了类似的进步。他于1529年第一次到意大利半岛时，接受了一些欢迎礼物，但"他无法用意大利语感谢赠送礼物的人，于是他的一名意大利廷臣代替他道谢"。但八年之后，一位意大利大使就报告称："皇帝陛下总是用意大利语回答我，他还确保我理解他说的每一句话。"年纪大了之后，他的意大利语水平也没有退步。在1553年接见一位英格兰大使时，"皇帝陛下起初嗓子有些嘶哑"，大使"听不清楚，除非皇帝陛下愿意说意大利语；他愿意说意大利语，然后声音也变得洪亮了一些”，在本次接见的余下时间里查理五世一直说意大利语。[3]他的德语水平也有进步。在1520年位于亚琛的加冕礼上，一位大使注意到查理五世需要译员，“因为他还不会说德语”；不过几周之后沃尔姆斯帝国会议开幕时，“皇帝就说了几句简短的德语”。1525年，波兰使节扬·但狄谢克在一次觐见时对皇帝说德语，查理五世“面带微笑，略微脸红”地答道：“我不知道如何回答你。如果我说西班牙语，你可能不会完全理解，而我的德语说得不流利。”但狄谢克阿谀奉承地答道：“‘陛下可以自由地用德语表达自己的意思。’然后皇帝看看四周，看首相［加蒂纳拉］在不在。因为他不在，所以皇帝用德语回答我。我根据记忆尽可能地记录了他的原话……”随后但狄谢克抄录了将近100个词的德语，虽然句子有些奇怪，但能表达意思。[4]1530年查理五世主持奥格斯堡帝国会议的时候，德语已经说得相当好；1543年施派尔帝国会议上，查理五世又一次在所有辩论中都“用德语回答”。[5]截至此时（如果不是更早的话）皇帝还掌握了荷兰语，也许是因为他在孩提时代就学会了一些荷兰语，也许是因为“他说的德语方言和他的‘佛兰芒语’几乎没有分别”。[6]

最终，查理五世甚至掌握了拉丁语。1526年，英格兰大使报告称，除非加蒂纳拉“在场，否则皇帝不接见我，因为他虽然听得懂拉丁语，但不愿意用拉丁语回答”。三年后，抵达意大利时，查理五世哀叹自己听不懂人们的拉丁语演讲的“优雅修辞”，并懊恼地补充道：“如果我当初听了我那位值得钦佩的教师［乌得勒支的］阿德里安的话，我现在就不会需要译员才听得懂你们的话。”1540年，他用了同样的借口：“我无法完全理解［一份重要文件］，因为它是拉丁文的。”三年后，他告诉儿子："没有什么比拉丁文是更必需的、更具有普适性的。所以我强烈建议你努力学习拉丁文，免得将来不敢说。"但皇帝本人直到 1552 年梅斯围城战期间才采纳了自己给出的建议。他的内廷总管纪尧姆·范·马勒用《圣经武加大译本》向主公传授拉丁文，"皇帝有时吹嘘此事"。[7]

当时的很多人赞扬了查理五世的语言能力。1530 年在奥格斯堡，一位外交官赞许地报告称："皇帝和他的弟弟都能言善辩，能够即刻回答别人的问题，并且会说很多种语言。"他列举了荷兰语、法语、德语、意大利语和西班牙语，"看着他们在多种语言之间切换自如，真是令人愉悦"。两年后，另外一些外交官表示仰慕皇帝"能说四种语言，即法语、西班牙语、葡萄牙语和德语（不过他觉得德语很难）的能力，另外他还懂意大利语"。[8]最终，皇帝的语言能力成为一个笑话的主题：

> 查理五世皇帝曾说，如果我需要和上帝交谈，我用西班牙语，因为西班牙人的语言具有庄重感和威严感；和朋友交谈，我用意大利语，因为意大利人的语言听起来亲切友好；为了勾引女人，我用法语，因为没有比法语更有诱惑力的语言；但如果我要威胁或训斥某人，我就用德语，因为他们的整个语言都是咄咄逼人、严酷和强硬的。[9]

查理五世是如何掌握这么多种语言的？乌得勒支的阿德里安于 1515 年去西班牙的时候，查理五世的正式教育就算结束了，他似乎也没有聘请别的教师。但在 16 世纪，和今天一样，熟练掌握一门外语需要专注、不厌其烦的训练和自信。[10]也许

他给儿子的建议能给我们一条线索：他告诫儿子要学会足够多
的拉丁语，"免得将来不敢说"。但狄谢克的证词表明，皇帝
愿意练习外语，如果有必要的话还在公开场合练习，从而提高
自己的知识水平。人文主义学者和外交官吉罗拉莫·阿莱安德
罗在 1531 年的一封信为我们提供了第二条线索：皇帝觉得语
言饶有趣味。一天晚上，阿莱安德罗刚坐到"桌边，借着灯
光阅读我［用希伯来文］写的一份备忘录，这时皇帝正好经
过"，"问我这是什么文字"。阿莱安德罗告诉他之后，查理五
世"用拉丁语背诵了《圣经》的最初两节，问我能不能用希
伯来语背诵。我遵命，皇帝陛下掩饰不住自己的喜悦"。他让
阿莱安德罗用希腊语背诵一段《圣经》，他也背诵了，然后皇
帝"问我能不能用希腊文书写，我给他看了备忘录的背面，
那就是用希腊文写的，他说：'这太了不起了：真的很美，很
神奇。'"阿莱安德罗很高兴"看到皇帝陛下对语言的多样性
感到喜悦"，并猜测"他从祖父马克西米利安那里遗传了对语
言的兴趣"（这是相当令人信服的猜测）。[11]

查理五世成年之后，还努力学习他幼年受教育时不曾学过
的一门学科——数学。据弗朗西斯科·德·博吉亚（查理五世
最信任的谋臣之一）的一位传记作者说，1533 年皇帝回到
西班牙之后，"为了从繁忙公务当中寻得几个钟头的安宁，用
这些时间学习数学"，但"如果直接从宇宙学家那里学习，会
让他窘迫"，于是他问博吉亚"懂不懂这门学科"。后来成为
圣徒的博吉亚承认自己不懂数学，于是查理五世让他去咨询专
家，随后博吉亚：

把自己从著名的宇宙学家阿隆索·德·圣克鲁斯和皇

帝麾下其他数学家那里学到的知识再传授给皇帝；在六个月多一点的时间里，他们就掌握了这门学科当中最有价值的原理，精通了欧几里得《几何原本》、狄奥多西①的假说和阿波罗尼奥斯②的学说……[12]

皇帝懂数学的消息很快传播开来。1543 年，"因为我知道陛下热爱数学"，富格尔公司在纽伦堡的一名代表敦促著名天文学家彼得鲁斯·阿皮亚努斯完善查理五世在两年前订制的一种用来计算纬度的特殊器具。他还给皇帝送去一本新书，它提出了"一种神奇的史无前例、闻所未闻的新理论：太阳是宇宙的中心，没有自己的运行轨道。这与之前所有作者的说法都不同"。这本书就是尼古拉·哥白尼的《天体运行论》。[13]

统治第一个全球帝国的危险

有些同时代人抱怨说，皇帝对数学的着迷分散了他的注意力，让他无法及时处理紧急公务。查理五世去世几年后，斐迪南向他的医生透露，他认为查理五世在这方面"有些疏忽大意"：

> 我不止一次问他："陛下为什么不通读您的臣民发来的请愿书和公文，而是花费大量时间和闲暇在数学书上？"他笑道："晚上我精疲力竭，没有办法处理公务。"[14]

---

① 指的是比提尼亚的狄奥多西（约公元前 169～前 100），他是古希腊天文学家和数学家，著有《球面学》，对太阳运动和天象有研究。

② 即佩尔吉的阿波罗尼奥斯（公元前 3 世纪末～前 2 世纪初），他是古希腊天文学家和数学家，著有《圆锥曲线论》等。

但是，查理五世亲自处理了数量惊人的公务，哪怕是在旅行途中。1541 年，一位外交官惊讶地报告称："我今天看到一个为皇帝陛下准备的木制的办公室，内有一张床、一张写字台和一个小凳子。整个办公室可以拆解，然后装在箱子里用骡子拖运。"查理五世还继续亲笔处理最敏感的事务，不过同样的东西他不会写两遍。他有一次向洛斯·科沃斯道歉："这封信我原本是亲笔写的，后来把墨水瓶打翻了，弄脏了信纸。因为我太懒了，不想再写一遍，于是命令［弗朗西斯科·德·］埃拉索将其加密。"[15]皇帝还确保自己在决策之前完全理解了要处理的事情。

一位威尼斯大使评论道，皇帝通常会"接受各方面的建议，坐在椅子上，对每一件要务都一口气讨论四五个小时，然后写下正面和反面的意见，看哪一种更好"。[16]1546 年 6 月，教宗对皇帝迟迟不向德意志路德派开战表示沮丧，这时一位有经验的外交官解释道："皇帝陛下耽搁的原因有很多，五花八门［molte e diverse］，但最主要的原因是：他需要先征求几位诸侯的意见，然后才能在德意志开始这么大规模的冒险。"三个月后，查理五世在一些务实的事务上也表现出同样的审慎。皇帝军营中的威尼斯大使报告称："昨天晚上，皇帝陛下召开作战会议到午夜之后，今天又开到正午，讨论该做什么。"[17]（见彩图 26）

查理五世认识到，他的大臣可能会试图蒙蔽他，所以他设计了一些特定的行政程序来防止这种情况发生。费兰特·贡扎加（在皇帝宫廷长大，后来成为西西里副王、米兰总督和帝国军队的指挥官）曾告诉查理五世，他花了太多时间聆听某些人批评他的大臣①。"皇帝陛下答道，他从不相信，现在也

---

① 即贡扎加自己。

仍然不相信任何人对我［贡扎加］的指控，但他希望给所有想与他谈话的人一个机会。"贡扎加愤恨地说："我的理解是，任何想要说我坏话的人都会得到皇帝的倾听。"

于是，贡扎加指示他在宫廷的代表纳塔莱·穆西抗议某些人的背后中伤。但查理五世的一位主要的政策顾问提醒他："我们始终会倾听针对任何大臣的任何形式的批评。如果不肯听，就意味着皇帝成了暴君，并且冒犯了神圣律法和人间的律法。"穆西建议，查理五世应当"惩罚诽谤大臣的人"。顾问答道："这是绝对不可以的，因为这样的惩罚会吓退其他真正有冤情、真正要控诉这位大臣的人。"[18]提香那幅著名的肖像，即 1548 年皇帝在奥格斯堡时的肖像，精彩地展现了皇帝的这种品质：查理五世的"鹰眼"（当时的人们是这样说的）冷酷地审视着观看者，寻找口是心非或故意欺骗的迹象（见彩图 27）。

皇帝继续在公事和私事上寻求告解神父的指导，不过他并不总是喜欢，也并不总是接受告解神父给出的指导意见。有一次，查理五世向一个亲信抱怨，彼得罗·德·索托修士（1543 ~ 1547 年担任皇帝的告解神父）"说自己不知道皇帝如何才能得到救赎，并为皇帝感到绝望；修士对皇帝陛下缺乏信心，这让陛下很受伤"。这番对话可能发生在查理五世拒绝索托关于更严格地执行《奥格斯堡临时敕令》的建议时，索托因此辞职了。皇帝表示，如果索托愿意回来，可以给他安排一个主教职位或者至少一笔年金，但索托严词拒绝，并警告道，"陛下应当记得他给过陛下的宗教方面的建议"。[19]1550 年，查理五世（或许是过迟地）采纳了索托的一个棘手的建议。皇帝告诉他在西班牙的摄政者："我的告解神父经常敦促我在我的所有王国和领地禁止并废除利息和借贷，说这是对我的良心的负担。"皇帝继续说道，"如果能解决的话，我比任何人都更希望处理这个问题。这既是为了缓解道德方面的顾虑，也是为了防止"高利息损害他的财政；但他担心，拒付利息可能会毁掉他的信用。不过，"我们知道，这关系到我的良心的安全与安宁，所以这些事情（以及其他一些事情）必须停止"，于是他命令大臣评估政府单方面拒绝缴纳利息可能产生的影响。[20]

此时查理五世已经失去了另一位告解神父——多明各·德·索托修士（与他的前任佩德罗·德·索托没有亲戚关系）。据一位御用编年史家说，"当有人问"索托为什么离开皇帝、返回西班牙时，索托说是因为皇帝不理睬到宫廷请愿的"可怜请愿者"，以及皇帝为了筹钱而兜售各种特权（比如公职、军事修会的骑士身份以及对法律的豁免权），却不考虑购买者的品格。索托对皇帝不满的传闻显然传到了皇帝耳边，因为六个月后索托抗议道："我没有把自己返回西班牙的原因告诉任何人。"恰恰相反，"对于陛下的事情，我一向严格保密"。他感谢查理五世"将愿意与我分享的那部分良心"（这真是耐人寻味的说法）托付给他，并补充道，自他返回西班牙以来，"我宣称陛下没有任何过错，过错全部在我；我还说，我给陛下提供了一些建议，陛下在深思熟虑之后认为不可能接受"。[21]尽管索托没有具体说是什么事情，但他存世的通信表明，他与皇帝可能在好几个方面有分歧。宗教裁判所首席法官费尔南多·德·巴尔德斯好几次写信，请索托确保查理五世及时处理宗教裁判所议事会向御前呈送的事务；其他议事会可能也拜托过索托。巴尔托洛梅·德·拉斯·卡萨斯敦促索托劝说皇帝停止对美洲的征服并停止授予永久性监护征赋权（见

第十三章）。其他人也许采取了类似的措施，试图通过索托来获得查理五世的注意和恩宠。[22]

不过，如一位英格兰外交官在 1546 年说的那样，皇帝"经常我行我素，不征询朋友的意见"（这里的朋友指的是亨利八世）。六年后，教廷特使也说："皇帝喜欢按照自己的想法办事。"尤其是，查理五世喜欢"花很长时间深思熟虑，希望在不付出任何代价的情况下达成自己的目标"。[23]很多人觉得这种决策方式太折磨人了。金羊毛骑士团于 1546 年召开正式大会时，骑士们向查理五世发出的许多怨言与十五年前的上一次会议上的怨言相同：查理五世在做出重大决定之前不跟他们打招呼（尤其是两次北非战役）；"他在战时过多地亲身涉险"；"他处理事务太慢"；"他债台高筑，让他的债主叫苦连天"。和往常一样，查理五世"优雅地答复"，坚定地为自己辩护。他提醒骑士们，他的两次北非战役"都需要严格保密，以免被敌人识破意图"（不过他说自己"通知了一些当时在他身边的金羊毛骑士"）；"至于办事的速度太慢，他说这种方法一直对他很有帮助，效果很好"。皇帝还说，他已经命令自己的财政总管查明他的债务究竟有多少，从而准备还债。他继续说道，"至于其余的问题，如果他有错，也是无心之过，绝非恶意为之。他最后向与会者保证，他在将来会更加注意以恰当的方式履行自己的职责"。[24]

距离的暴政

查理五世"办事速度太慢"其实还有一个原因：他的政府所依赖的通信系统本身就很慢。费尔南·布罗代尔是第一位持续关注这个问题的历史学家。他在 1949 年写道：

如果我们理解了距离在 16 世纪的重要性，理解了距离造成的障碍、困难和延迟，我们就能用一种全新的视角来审视 16 世纪的行政问题。尤其是，西班牙帝国幅员辽阔……它需要（对当时来说）极其庞大的海陆交通基础设施，不仅需要军队一刻不停地运动，还需要每天传送数百份命令和报告。这些链接都是沉默的，但至关重要。

布罗代尔提出："腓力二世的大约一半行动，只能用'需要维持这些链接'来解释。"而他父亲的情况也是这样。借用布罗代尔那句令人难忘的话，对查理五世和腓力二世来说，"距离是头号公敌"。[25]

查理五世及其同时代人的许多抱怨都能佐证这种理论。1525 年，伊拉斯谟在巴塞尔发牢骚说，他写信给在西班牙的一位御前秘书，但"我还没办法知道，你有没有收到那封信。你我之间隔着如此之多的高山、平原和大海，仿佛我们生活在两个世界！"四年后，另一位御前秘书从巴塞罗那写信给伊拉斯谟，提醒他："您在给我或首相［加蒂纳拉］写信之前请务必先查明我们身在何处，因为我们的目的地还没有确定。"长期担任那不勒斯副王的佩德罗·德·托莱多开玩笑说："如果他必须等待死神，那么他希望死神在一封从西班牙寄来的信里，因为那样的话死神就永远不会抵达了。"[26]

也许他们夸大其词了？因为查理五世及其大臣拥有一个规模和发达程度都史无前例的邮政系统。1505 年，他的父亲任命弗朗切斯科·德·塔克西斯为邮政总长，并给他经费，让他管理由 35 名员工组成的连通布鲁塞尔和西班牙边境的驿站系统。次年，马克西米利安皇帝与塔克西斯签了合同，建立 15

个连通奥格斯堡和布鲁塞尔的驿站。十年后，查理五世与塔克
西斯签署合同，设定了德意志、意大利和西班牙的主要城市之
间信件传输的标准时间表，比如布鲁塞尔和托莱多之间在夏季
的传输时间是 12 天，冬天是 14 天，等等。到 16 世纪 30 年
代，塔克西斯家族的成员在奥格斯堡、布鲁塞尔、因斯布鲁
克、罗马和西班牙担任邮政总管，还有一名成员经常与查理五
世一起旅行，以确保不管皇帝身在何处都能享受到高效的邮政
服务。[27]

查理五世经常表示希望他的信使"能飞起来"，从而让他
更好地追踪局势。有时信使仿佛真的会飞。1519 年，选帝侯
们在法兰克福选举查理五世为罗马人国王的消息，借助"快
马加鞭的信使"，仅仅花了 17 天就走了超过 1300 公里，送到
正在巴塞罗那的查理五世那里。三年后，一名信使仅仅花了
12 天就从罗马到了布鲁塞尔，行程超过 1500 公里，让查理五
世得知"乌得勒支的阿德里安先生当选为教宗"。1545 年，一
名信使用了不到 6 天就从罗马抵达沃尔姆斯，行程 1300 公里。
这都是非常了不起的成绩，平均速度分别达到每天 76 公里、
125 公里和 220 公里。到查理五世的统治结束时，信函的传输
速度似乎已经达到近代早期的巅峰。[28]

问题在于，信件传输速度的差别很大。尽管我们缺乏对
查理五世通信节奏的系统性研究，但皮埃尔·萨尔代拉提供
了一个可以参照的例子（见表 1）：他分析了 1497～1532 年
威尼斯政府从欧洲各地收到的 10000 封信。萨尔代拉确定了
通过不同邮路送往威尼斯的信件的"标准时间"，即从发信
到收信之间最通常的时间间隔。距离越近，在标准时间内送
抵的信件的比例就越高，这当然是不言而喻的：从因斯布鲁

克发往威尼斯的 10 封信中只有 1 封在标准时间内送抵；从伦敦、巴黎和巴利亚多利德发出的信有八分之一准时到达；但从巴勒莫和维也纳发出的信中这一比例是五分之一；从那不勒斯和罗马发出的信有超过三分之一能准时送抵。即便如此，威尼斯从罗马收到的 1053 封信当中有差不多三分之二没有在标准时间送达；有的信不到两天就送到了，有的则需要一周以上。邮件传输的不可预测性让威尼斯政府很难制订和执行计划。

表 1　公函送抵威尼斯所需的时间，1497～1532

发件地点	信函数量	最短时间（天）	最长时间（天）	标准时间（天）	在标准时间收件的比例
罗马	1053	1.5	9	4	38%
那不勒斯	682	4	20	8	38%
维也纳	145	8	32	13	22%
巴勒莫	118	8	48	25	19%
布鲁塞尔	138	9	35	10	17%
巴黎	473	7	34	12	13%
巴利亚多利德	124	12	63	23	12%
伦敦	672	9	52	24	12%
因斯布鲁克	163	4	16	6	10%
奥格斯堡	110	5	21	12	6%

　　两个威尼斯人，马里诺·萨努多和吉罗拉莫·普留利，在日记中记录了超过 1 万封公函抵达威尼斯的日期，以及这些公函的发件时间与地点。皮埃尔·萨尔代拉根据这些原始数据计算了从不同地点去威尼斯的最长时间、最短时间和"标准时间"。他的研究结果表明，"标准时间"是一个没意义的概念，尤其是对于比较遥远的地点：从西班牙的行政首都巴利亚多利德发来的 124 封信中，只有 15 封在'标准时间'（23 天）抵达，其他的花了不到两周，有一封信花了两个多月。如此不靠谱的通信严重妨碍了政府的计划。

　　资料来源：Sardella, *Nouvelles*, 56-7。

查理五世的政府受到这个问题的影响更大，因为他的领地最终占到整个地球的四分之一。16 世纪 20 年代查理五世与斐迪南的通信表明，尽管他们之间的信平均需要 40 天才能送达，但有的信只需要不到一个月，而有的需要两个多月。这样的差距会直接影响决策，因为发件人和收件人都说不准他们的信件何时能到。就连关系重大的信件的传递也不靠谱，比如斐迪南于 1526 年 9 月 22 日发出的信里包含将近一个月之前摩哈赤战役惨败的消息，这封信花了 51 天才送到查理五世手中。[29] 就连那些最常规的、最常用的邮路，在时间上也很不靠谱。1558 年，查理五世于 9 月 21 日在尤斯特去世的消息直到 11 月 1 日才送到他儿子（当时在尼德兰）手中。前一年，西班牙的一位主教抱怨道，从布鲁塞尔发出的一封信来得太慢，"相同的时间可以去美洲两三趟了，即便那样还是比送到西班牙要快"。这位主教当然是在夸张：从墨西哥发出的信很少有在三个月内送抵宫廷的，从秘鲁发出的信往往需要六个月。1555 年 8 月 20 日，一位廷臣"从秘鲁来到西班牙，带来了暴君弗朗西斯科·埃尔南德斯·希龙被处决的消息"，这件事情发生在前一年 12 月，也就是说，如此重要的消息花了将近 9 个月才送抵。[30]

即便一封信以创纪录的速度送达，收件人也未必能马上根据其内容采取行动。尤其是密码的运用可能会造成严重的耽搁。1525 年，英格兰驻西班牙大使收到了他主公的一封密文信件，"于是我们对其进行解码，这项工作花了我们将近两天时间"。三年后，在法军攻打那不勒斯的关键时刻，那不勒斯副王花了五天时间才破译一封截获的关键书信。1546 年，菲耶斯基伯爵（正在筹划夺取热那亚的阴谋）的一名代表粗心大意地将一封密文书信的一部分留在了罗马,尽管西班牙驻罗马大使很快搞到了信,他还是不得不将其送往佛罗伦萨破译。[31] 如果很多封需要解码的信同时送达,就会造成延误。1543 年,亨利八世派驻西班牙的大使埃德蒙·邦纳正急着为他的主公办事,这时一艘桨帆船从热那亚抵达,送来了"大量给皇帝的书信,有的是从尼德兰摄政者 [匈牙利王后玛丽]那里发来的,有的是格朗韦勒和其他人从德意志发来的,有的是瓦斯托侯爵从意大利发来的,还有皇帝在意大利的其他朋友发来的"。于是,"尽管我想方设法,不辞辛苦",邦纳还是花了好几周才从查理五世那里得到他想要的决定,因为查理五世一直忙着处理上述信件。[32]

空前复杂的信息网络和空前广袤的疆土,这两方面结合在一起,给皇帝造成了一种特殊的困境。詹姆斯·特雷西用一个巧妙的比喻来解释这种困境:"查理五世及其亲信定期收到关于欧洲和海外的几十个王国与公国的报告,有时还收到更多关于更多国家的报告。追踪这些方方面面的信息,就像同时收看三四十个电视频道的实况转播,需要超凡的脑力劳动。"[33] 为了吸收和消化这么多信息,皇帝采纳了多种策略。他一边把权力下放给可信赖的大臣,一边坚持要求他们给他提供大量信息。1522 年,他打算返回西班牙,而这个计划需要从亨利八世那里借钱和借船,于是他指示自己的驻英大使"每天写信给我,把你听到的都告诉我,这样我才能更好地准备行程"。

抵达西班牙不久之后,他提醒姑姑玛格丽特(在尼德兰担任摄政者):"我非常希望听到新闻,从而知道你那里发生了什么。因此我请求你尽可能频繁地写信给我。"1525 年,他提醒自己的驻罗马大使"持续向我汇报那里发生的事情"。四年后，他指示自己的新任驻热那亚大使"始终注意，通过不同的路线——海路和陆路——多多写信给我，汇报你认为我应当知道的一切信息"。1543 年，他把胡安·德·维加派去罗马当大使，对他提出了同样的要求，并承诺："我会写信告诉你需要密切关注哪些事情，因为局势每天甚至每个钟头都会发生变化，我需要根据形势不断调整自己的立场。"[34]

皇帝还指示他的官员互相之间保持密切联系。他告诉阿尔瓦公爵："如果我的大臣们能够齐心协力，互相之间保持良好的交流和通信，我会很高兴，因为，如你所知，这样有助于促进我的利益。"[35]1529 年，他任命戈麦斯·苏亚雷斯·德·菲格罗亚为驻热那亚大使，命令他向长期担任这个职务的前任洛佩·德·索里亚（调任驻威尼斯大使）讨教和取经，"趁他没走之前去请教他，机密地、谨慎地从他那里了解热那亚共和国每一位领导人的地位如何，他们当中哪些人对我们更为友好，哪些人更敌视我们，他通常从哪些人那里获得情报"。十年后，查理五世把索里亚从威尼斯调走的时候坚持要求，等他的继任者到了威尼斯之后，"你还要在那里再待二十天或三十天"，从而"通过口头和书面形式"向继任者介绍威尼斯的情况，并将全部相关文件移交给他，"从而让他更好地了解情况，更好地工作"。索里亚还必须将"我和意大利的大臣们通信时用的一般密码本"分享给继任者，并花些时间"与他联合处理公务，从而让他更好地理解自己的职责以及处理事务的方法"。[36]

战争之王

颇有洞察力的威尼斯大使贝尔纳多·纳瓦杰罗写道，查理五世"无法掩饰自己对战争的酷爱。打仗的时候，他就开心，就精神抖擞"。通常情况下"他总是很庄重严肃，但在军中他就奔来跑去，无处不在，似乎什么都看，什么都管。他忘了自己是一位伟大的皇帝，甚至愿意去做一名普通上尉的活儿"。纳瓦杰罗继续写道：

> 很多人说，皇帝希望亲自参加作战，这带来了很多负面影响，因为当他亲身在前线的时候，部队在行动时必须格外小心，在作战时必须更加谨慎，只打胜算很大的仗。而皇帝不在前线的时候，他的将军们更为大胆，更敢于冒险，因为他们知道自己即便损失了一支军队也能轻松地组建一支新的军队。

据纳瓦杰罗说，"很多人，尤其是西班牙人，说皇帝最好不要御驾亲征"，并以他的外祖父斐迪南为例，因为斐迪南"不曾离开西班牙，就获得了那不勒斯王国和非洲的许多城市"。纳瓦杰罗写道："皇帝把作战托付给大臣的时候，总是能赢得惊人的辉煌胜利。但也有人说，因为他指挥的军队很特殊，所以如果他不在前线，局面可能更糟糕。有的时候，幸亏有他在，才转败为胜。"[37]

纳瓦杰罗很准确地概括了查理五世的大臣们对这个话题的激烈争执。玛格丽特女大公在1529年得知侄子打算去意大利并"亲自冒战争的风险"时，提醒他："我的外祖父〔大胆〕查理公爵就是在战场上失败并身亡的。"还挖苦说："我相信你肯定听过这个故事很多次了。"并且，"已故的法王查理八世想去那不勒斯，发现人人都支持他"，直到他的钱花光，在那之后"所有人都背弃了他，最后他只剩下 5000 人或 6000 人。为了返回法国，他不得不带着这么点可怜兮兮的部队，冒着极大风险，不止一次亲临险境"。因此玛格丽特恳求侄子不要御驾亲征，只派他的军队去作战，直到敌人全都求和。

六年后，查理五世的妹妹玛丽得知他准备进攻突尼斯，于是说："皇帝陛下不应当亲自出马，因为如果他不在，军队可以冒险尝试很多事情；他在的话，大家就束手束脚。"[38] 有时，查理五世自己也对是否应当御驾亲征有所顾虑。他听说妻子的弟弟葡萄牙王子路易斯在与摩洛哥谢里夫①作战时曾参加夜袭，就斩钉截铁地表示：

> 我坚决反对他参加任何作战行动，哪怕他得到很好的支援和补给，因为这样做的风险实在太大，尤其是因为谢里夫的军队太强，［王子］能做的很少。他最好是留在后方，这样就能自由地命令和安排战局所需的救援或其他行动。

但查理五世没有遵从自己给别人提的建议。1544 年，他来到正在围攻圣迪济耶的军队那里后亲自接管指挥，就像他在两次北非战役时做的那样，因为"我的军队里""有十几个民族的士兵"，并且他们经常产生分歧，所以"如果我不亲自去那里，我相信没有人能管束他们"。[39]

皇帝对自己组织作战的本领很自豪。在针对萨克森选帝侯

---

① "谢里夫"这个阿拉伯词的本义是"高贵"，一般用来指先知穆罕默德的长外孙哈桑·本·阿里的后代（先知的另一个外孙侯赛因·本·阿里的子孙被称为"赛义德"）。摩洛哥历史上好几个王朝属于谢里夫家族。

约翰·弗里德里希一世的军事行动开始时，尽管"小便时感
到刺痛，让我昼夜不得安宁"（可能是某种尿道感染），他还
是于 1547 年 3 月 26 日给弟弟提供了详细的作战计划。他承诺
于次日率军从纽伦堡开拔，"在上帝的佑助下"到海布（埃
格）①与斐迪南的军队会师。全程 150 公里，查理五世预计需要
9 天："我不可能走得更快了，因为部队每天行军不能超过 2 里
格。你距离我有 18 里格，所以我需要 9 天。"他率军于 8 月 5
日，也就是刚好 9 天之后，抵达海布。这是很了不起的成就。

对皇帝的近距离观察

很多观察者对皇帝的健康状况有着几乎着迷的兴趣，一看
到不寻常的现象就记录下来。他有时表现出惊人的体力和耐
力，让所有人肃然起敬。在 1547 年的米尔贝格战役之后，据
一个目击者说，皇帝"一连二十四小时没有下马，凌晨 1 点才
回到住所"。四年后，一位大使报告称，查理五世仍然热衷于
狩猎，"有好几夜，他和衣而睡，准备天一亮就骑马出发"，
并补充道："他的身体足够强健，有需要的时候做什么都吃得
消。"但御医科内利斯·范·贝尔斯多普的描述不是这样。在
米尔贝格战役之后写的一系列健康报告中，贝尔斯多普写道：
查理五世患了重感冒（5 月）；胃疼，用了强有力的泻药才好
（"皇帝陛下自己说，他腹泻了三次，然后就感觉好多了"，6
月）；脚被一只啮齿动物咬了（7 月）；"因为哮喘，一连几夜
睡不着觉"（8 月）。[41]1550 年，法国大使夏尔·德·马里亚克

对皇帝的总体健康状况给出了悲观的评估。他说，皇帝"患
有三种慢性疾病，每一种都不时地发作：首先是痔疮，这导致
他失血很多"；其次，"他有哮喘病，不断有液体流入肺部，
有时咳嗽不止，他能熬得过来简直是奇迹"；最后，"他的双
臂、肩膀和头部患有严重的痛风，在冬季他会爬进某种桑拿浴
室［un poisle, ou pour mieux dire en une fournaise］，大多数人
在里面只能待一刻钟，他却能待一整天"，从而缓解痛风造成
的痛苦。马里亚克最后（显然以遗憾的语气）总结道："他居
然还活着，真是奇迹，真是逆天。"[42]

查理五世自己也同意这种看法。他在给亲戚的信里写满了
他的各种疾病的细节，详细得令人头昏。他在 1550 年写《回
忆录》的时候强迫症一般地记载了他的十七次痛风发作的时
间和地点。[43] 我们很容易理解他为什么这么做。据马里亚克说，
皇帝的痛风造成的疼痛有时特别剧烈，让皇帝"流下眼泪，
向世界道别，匆忙领最后的圣餐"。查理五世于 1545 年 1 月离
开根特，过了一段时间之后，纳瓦杰罗说："每一个看见这位
可怜君主的人都对他充满同情，因为他看上去羸弱不堪、面色
惨白。他缠着绷带，躺在轿子里。上轿子的时候要花很大力
气。"三年后，皇帝的痛风再次发作，佛罗伦萨大使说，皇帝
在近期的一幅肖像（可能就是提香在 1548 年画的那幅）中
"看上去非常苍白，面无血色"，并补充道："这也难怪，因为
他经常用通便疗法，并且在节食。"[44]

对查理五世来说，"节食"是个很有"弹性"的词。这位
在年轻时因为饮食有度受到赞扬的统治者上了年纪之后时不时
胡吃海喝。贝尔斯多普医生在 1548 年抱怨道，皇帝有时暴饮
暴食，尤其是水果（"一顿饭吃了 60 个樱桃"，一口气吃大量

西瓜）。两年后，罗杰·阿斯卡姆①亲眼看到查理五世狼吞虎咽地吃"烤羊肉、烤兔肉"和一只鸡，并纵情痛饮（"他喝酒的时间是我们当中任何人的五倍，并且每次喝的莱茵葡萄酒不少于1夸脱②"）。马里亚克认为皇帝"在吃喝方面是全世界最放纵的人"。[45]但通常会严厉批评查理五世的巴托洛梅乌斯·萨斯特罗讲了一个不同的故事：在16世纪40年代，"我经常看见皇帝在公共场合吃饭"，他"每顿饭只喝三杯酒"，用的是一个"水晶高脚杯"，不过"他每次都把酒杯喝干，其间有两三次停下来喘气"。至于食物，"尽管总是有四套菜，每套六盘"，但根据萨斯特罗的回忆：

> 仆人掀开每一盘菜的盖子，皇帝如果不要就摇摇头，如果要，就点点头，把盘子往自己那边拉。他们撤走了大量甜点、大块的肉和最可口多汁的菜，而皇帝陛下只吃了一片烤肉或牛犊头肉，或者类似的什么东西。没有人替他切肉，他也很少用餐刀，除了用来切面包和把他选中的菜切成能够整吞的小块。切完之后，他放下餐刀，一手把盘子托在自己嘴边，另一只手直接拿菜吃。[46]

尽管萨斯特罗认为"皇帝吃得很自然，同时吃得很干净，所以他吃饭的样子十分悦目"，但查理五世优雅的吃饭动作可

---

① 罗杰·阿斯卡姆（约1515~1568）是英格兰学者和作家，曾在爱德华六世到伊丽莎白一世的政府中任职，曾是伊丽莎白一世的希腊文和拉丁文教师。他还是箭术大师，写过第一本关于箭术的英语著作。他曾担任英格兰驻查理五世宫廷大使理查德·莫里森爵士的秘书，因此对查理五世有很多观察。他还担任过玛丽一世的拉丁文秘书。
② 英制1夸脱 = 1136.5225毫升。

能是因为他的下颚前突症让他无法咀嚼食物。几起事故加剧了这个问题。1550 年，佛罗伦萨大使在惊叹皇帝的精湛枪法（"他绝对是个神枪手"）时报告称，皇帝使用了"一支射程极远的火绳枪，也许本不应当用它，因为强劲的后坐力导致他的一些牙齿被撞得松动了"。次年，查理五世乘坐一辆"他自己设计"的炮车在奥格斯堡及其附近旅行时，不慎从车上跌落，"把原本就所剩无几的牙齿摔掉了"。[47]

皇帝健康状况的大起大落让有些人怀疑他夸大了自己的病痛，从而为自己争取时间，或者逃避棘手的决定。英格兰大使威廉·佩吉特对此没有任何疑问。佩吉特在 1545 年 3 月写道：

> 我去见他的时候，没发现他有什么要紧的理由不能接见任何大使。至于他的疾病，我不知道他是多么痛苦，但从他的面色和快速、洪亮而活泼的讲话方式来看，我觉得他的身体比我在夏天见到他时好得多。所以，我觉得，他其实没有生病，而仅仅是把生病当借口。

九个月后，佩吉特做了类似的评论："皇帝的痛风对他很有帮助。"教廷特使觐见了查理五世，只见他"坐在一张低矮的椅子上，一条腿架高"，于是说："有人怀疑皇帝仅仅在装病。"[48]

直到 19 世纪 70 年代查理五世的遗体被赤裸裸地展示在公众面前的时候，才真相大白（见彩图 39）。尽管一个观察者评论了他的"肥胖"和"宽阔的胸腔与肩膀"，但研究者对他的一节指骨做的测试证明了他确实患有严重的痛风。研究者发现"大范围的痛风结节瘤已经完全破坏了指间关节，发展到邻近的软组织"。估计皇帝的其他关节也受到了类似的损害，难怪他说自己长期痛苦不堪，需要躲在桑拿浴室里寻找安慰。[49]

同时代人也持续关注皇帝的行为举止的变化。萨斯特罗在 16 世纪 40 年代写道，查理五世"当着他的弄臣［Schalksnarren］的面吃饭，弄臣就站在他旁边"，但"皇帝很少注意弄臣，只有他们说了特别滑稽的话时，皇帝才微微一笑［mit einem halben Lachlin］"。[50]不过，皇帝很有幽默感，有时会自嘲。例如，1538 年他试图安排与弗朗索瓦一世单独会谈时，向一位法国使节强调了"缔造互信气氛的重要性，因为有的时候单单一个词就能发挥很大作用。不过前提条件是（说到这里，他微笑起来）不准咬人。尽管皇帝陛下经常把嘴巴张着，但你可以放心，他没有牙齿，所以不会咬人"。在十年后的一次觐见会上，佛罗伦萨大使概述了一份文件，随后查理五世请他朗读全文，以确保自己完全理解了。大使感到尴尬，"因为我之前给皇帝陛下读东西的时候从来不需要戴眼镜，但现在需要。所以我试图逃脱这个局面。但他开始哈哈大笑，说：'这里除了你，还有别人也需要眼镜。'并指着自己"。[51]查理五世对其他人也很亲切。托马斯·怀亚特于 1537 年第一次觐见皇帝的时候，皇帝"没有趾高气扬、目中无人，而是和蔼可亲地接待他，说了一些理智而审慎的话，如同一位智者"。得知亨利八世的儿子和继承人爱德华出生后，皇帝"很高兴，开怀大笑，我还从来没有见过他如此开心、如此讨人喜欢"。[52]1543 年，据西班牙流亡者弗朗西斯科·德·恩西纳斯①说，查理五世每天

---

① 弗朗西斯科·德·恩西纳斯（1518？~1552）是西班牙的古典学者、翻译家、作家和新教改革家。他将《新约》翻译为西班牙文。他拿着这个译本拜见查理五世不久之后，被皇帝的告解神父佩德罗·德·索托下令逮捕，但成功越狱，一度流亡英格兰，最后在斯特拉斯堡死于瘟疫。

饭后"都起身，拄着拐杖站立很长时间"，聆听聚集在那里的请愿者的申诉，"仿佛他没有别的事情可做，只想听他们讲话"。轮到恩西纳斯的时候，他向皇帝献上了自己的《新约》西班牙文译本。皇帝问："翻译成了卡斯蒂利亚文?"恩西纳斯点头称是，然后说自己将此书献给查理五世，并请求授予他特许执照来销售该书。"你要求的，我同意了"，皇帝答道，然后谨慎地补充道："当然前提条件是里面没有被禁止的内容。"随后他拿着恩西纳斯的《新约》，"走进隔壁房间"。[53]

不过查理五世并不是始终如此和蔼可亲。1551 年，他在接见法国大使时"用了尖刻辛辣的言辞"，"挥舞拳头，表示挑战，然后对大使说：'告诉你的国王，我不会容忍'对他［皇帝］或者他的盟友的敌对行为"。几天后，皇帝对英格兰使节发飙："我不会容忍"玛丽·都铎"受到虐待……我的姨母，即她的母亲，受到已故英王的虐待，难道还不够? 我的表妹难道还要受到谋臣们的欺凌?"[54]有些人认为，这样的爆发揭示了皇帝的真情实感。马里亚克在这一年说："如果你仔细审视这件事情，你就会发现，他从来没有关心过任何人，除非他有需求。"马里亚克举的例子包括查理五世如何对待自己的妹夫丹麦国王克里斯蒂安二世、姨母阿拉贡的凯瑟琳，尤其是弟弟斐迪南受到的没心没肺的待遇。[55]1552 年，一位派驻查理五世宫廷的教廷特使得出了相似的结论。"皇帝天性善良，是一名优秀的基督徒，"特使写道，"但在我看来，他已经变成了守财奴，并且他严重缺乏金钱。只要是对他的利益有帮助的东西，他都缺。"所以"我们不能仰仗和信赖他的友谊，除非是能给他带来直接好处的事情"。[56]

对皇帝没有好感的斯特拉斯堡宗教改革家马丁·布策尔在

1543 年的施派尔帝国会议上观察了查理五世，随后精彩地概括了他的个性当中的种种矛盾之处。布策尔告诉一个同僚："皇帝是个聪明绝顶的人，追寻自己的目标时极其坚定果断"，"他的言辞、行为、姿态、天赋，都是帝王风格的。就连在他身边已经很长时间的人，都对他表现出的热情、强烈意愿、决心和威严感到惊愕"。布策尔预言："如果他能像一位德意志皇帝和基督之仆那样行事，就能取得极大的成就。"布策尔和其他新教徒很快就会了解到，当查理五世像一位中世纪皇帝那样镇压异端分子时，也能取得很大的成就。[57]

注　释

1. Firpo, *Relazioni*, I, 336, Relation of Giovanni Micheli, 13 May 1557 (部分英文翻译见 *CSPV*, VI/2, 1, 043 – 85); *BMECB* Ms. Granvelle, 8/189, Gonzalo Pérez to Antoine Perrenot de Granvelle, 19 Feb. 1564 (备注见 AGSE 525/81) 试图为查理五世的孙子堂卡洛斯的发育迟缓做辩解。

2. Ball and Parker, *Cómo ser rey*, instruction of 6 May 1543. 关于这份文件，参见本书第十一章和彩图 9；关于他在 1517～1518 年语言水平的限制，见本书第四章。

3. Sanuto, *I diarii*, LII, cols 302 – 7, letter of Hironimo Bontempo, Bologna, 25 Nov. 1529；ASF *MdP* 4296/57v, Alessandro Serristori to Duke Cosimo, 16 Oct. 1537 ('Sua Maestá nelle riposte che mi faceva sempre parlò in lingua Toscana')；TNA *SP* 68/11 no. 611, Dudley and Morison to Privy Council, 25 Jan. 1553. MacCulloch, *Thomas Cromwell*, 27 – 8 and 587 – 8 说亨利八世的很多大臣，包括理查德·莫里森，都精通意大利语。

4. Sanuto, *I diarii*, XXIX, cols 371 – 2, 科纳对于亚琛加冕礼的报道

（"因为他还不会说德语"）；*L&P Henry* Ⅷ，Ⅲ/1，428 - 30，
Spinelly to Wolsey，2 Feb. 1521；Górski，*Acta Tomiciana*，Ⅶ，197，
Dantiszek to King Sigismund，Madrid，16 Mar. 1525，拉丁文，但用
德文的哥特字体抄录了查理五世说的德语句子（西班牙文翻译见
Fontán and Axer，*Españoles y polacos*，172）。

5. Lenz，*Briefwechsel*，Ⅱ，225 - 32，Martin Bucer to Heinrich Bullinger，
23 Dec. 1543（Charles 'germanica respondebat'）. 关于 1530 年奥
格斯堡帝国会议上皇帝说的怪异德语，见上文。

6. 萨斯特罗作为目击者，记载了查理五世于 1547 ~ 1548 年用低地
德语或荷兰语说的话："Wel，Carlevitz，how zal het nu wel
worden?"（对萨克森的莫里茨的主要谋臣克里斯托弗·冯·卡洛
维茨）；"Wel，ik zal u leeren lachgen"（对黑森方伯）；还有
"Vesali，gy zult naar Carlevitz gaan，die zal ieswat schik zyn；ziet，dat
gy hem helpt"（安德烈·维萨里是查理五世的主要御医，也是当
时最伟大的解剖学家之一），见 Sastrow，*Herkommen*，Ⅱ，16，29 -
30 and 84。Weinrich，'Sprachanekdoten'，185 指出，查理五世的
低地德语和荷兰语可能是混淆的（不过没有给出资料来源）；de
Grauw，'Quelle langue'，158 说查理五世可能在他的梅赫伦宫殿
周围听到过"布拉邦特语"（荷兰语），而马克西米利安一世鼓
励他学习荷兰语，见上文。

7. BL *Cott. Ms.* Vespasian C. Ⅲ/227 - 31，Lee to Wolsey，21 Mar 1526；
Illescas，*Segunda parte*，197 - 8（也许引用了最早出现在 Giovio，
Delle Historie，book ⅩⅩⅦ中的一个逸闻，他说这件事情发生在查
理五世 1529 年抵达热那亚的时候）；*NBD*，Ⅴ，193，Nuncio Poggio
to Paul Ⅲ，20 Apr. 1540（引用查理五世在一次觐见会上的话）；
Ball and Parker，*Cómo ser rey*，151，Instructions of 4 May 1543；
Reiffenberg，*Lettres*，76 - 8，van Male to Praet，23 Nov. 1552（范·
马勒用的是表示"吹嘘"的希腊词）。

8. Sanuto，Ⅰ *diarii*，LⅢ，col. 384，Marco Antonio Magno to Marco
Contarini，20 July 1530；idem，LⅦ，cols 212 - 14，Marco Minio 及
其他大使的叙述，1532 年 11 月，在"始终与皇帝陛下在一起"
（sempre cavalcando con la Cesarea Magestad）的 18 天之后。这些
证据与阿尔弗雷德·莫雷尔 - 法蒂奥的断然论调，即查理五世

"始终做不到一口气讲九十分钟的意大利语"并且"不懂德语",截然相反,见 Morel – Fatio,'L'espagnol',218。

9. Fabrizi d'Acquapendente, *De Locutione*, 23 给出了这个逸闻的两个版本,说其中之一来自"一个德意志人"。这似乎是这个故事首次被印刷出版,但 Fabrizi 出生于 1533 年,而且他关于语言的短篇论文是在 1601 年才出版的,所以他记载的显然是道听途说。后来,这个"不胫而走的逸闻"出现在英语、法语、德语和俄语的不同版本当中,细节可见 Buceta,'El juicio',11 – 14, and Weinrich,'Sprachanekdoten',182 – 3。

10. 伊拉斯谟强调过,统治者必须学习语言,见 Pollnitz,'Old words',146 – 7,但没有证据表明查理五世注意过他的建议。

11. *NBD*, 1. Ergänzungsband 1530 – 1531, 414, Aleandro to Cardinal Salviati, 19 Nov. 1531. 阿莱安德罗起初感到紧张,因为他的好几个同时代人说他是犹太人,所以"我微笑着答道,如果我告诉陛下这是希伯来文,我不希望陛下会像路德派一样勃然大怒"。关于马克西米利安一世坚持要求学好语言,见本书第二章。

12. Cienfuegos, *La heroyca vida*, 47 – 9(部分基于 Ribadeneyra, *Vida*, f. 11v – 12)。又见 p. 235,关于查理五世在同一时期访问萨拉曼卡大学。

13. Bataillon, 'Charles – Quint', 257 – 8, Nicholas Curtz to Charles, Nuremberg, 21 Mar. 1543. Gonzalo Sánchez – Molero, *Regia biblioteca*, I, 331 – 2 揣测了阿皮亚努斯的器材和哥白尼的书的下落。

14. Neefe, *Tafel – Reden*, 2 – 3,叙述了他与斐迪南在 1563 ~ 1564 年的谈话(我感谢安娜玛丽·约尔丹·克施文德提醒我注意到这一点)。

15. ASF *MdP* 652/355, Agnolo Niccolini to Lorenzo Pagni, 25 July 1541; AGS E 73/239, Charles to Los Cobos, 11 Aug. 1546,解码版。查理五世在 1532 年的那张令人印象深刻的写字台,现存于伦敦的维多利亚与阿尔伯特博物馆(# 11 – 1891),对其的描述见 Jordano, 'The plus oultra writing cabinet', and Rosenthal, 'Plus Ultra', 226 – 7。有时,查理五世坚持要求亲笔写信,造成了耽

搁，例如，*CMH*，I，551 – 3，Granvelle to Marie，16 Nov. 1532 解释说查理五世命令一名秘书起草给玛丽和皇后的信，"但他一直不肯签字，希望能抽出时间来亲笔给你们写信"。然而他抽不出时间，所以格朗韦勒决定解释一下为什么其他人比她更早得知消息。

16. Firpo，*Relazioni*，II，829，马里诺·卡瓦利的叙述，写于 1551年，即他在查理五世的宫廷待了三年之后。

17. *NBD*，IX，71 – 3，Cardinal Otto Truchsess von Waldburg to Cardinal Farnese，9 June 1546；Turba，*Venetianische Depeschen*，I，673 – 7，Mocenigo to the Doge，7/8 Sep. 1546. 大使写道，开会时间是 fino alle 5 hore di note，根据威尼斯的计时方法，这是日落之后五个半小时。在 9 月中旬（因为根据格列高利历，9 月 8 日相当于 9 月 18 日）的因戈尔施塔特，日落时间大约是晚上 7 点 20 分，所以 5 hore di notte 意味着刚过午夜。

18. ASP *GG* busta 43，unfol.，Gonzaga's instructions to Gonzalo Girón，20 Dec. 1553，copy；and ibid.，Musi to Gonzaga，13 Dec. 1553，copy 报告了穆西与胡安·德·菲格罗亚的对话。

19. Tellechea Idígoras，*Así murió*，96，弗朗西斯科·德·托莱多给宗教裁判所的证词，叙述了他的兄弟奥罗佩萨伯爵的不谨慎行为；*NBD*，XI，72 – 3，Bertano to Farnese，13 Aug. 1548。关于这番对话，见本书第十五章；索托建议处决约翰·弗里德里希一世，见本书第十二章。Maurenbrecher，*Karl V*，pp. 29* – 32* 刊载了唯一一存世的索托写给查理五世的建议书，这是 1546 年 2 月写的一份言辞激烈的"关于德意志的事业"的文件。另见关于索托的短文 Carro，'Influencia'。

20. *CDCV*，III，177 – 8，Charles to María and Maximilian，25 Jan. 1550. 尽管皇帝在贷款方面从未违约，但腓力二世在成为卡斯蒂利亚国王的不到六个月后，就下旨暂停支付所有贷款利息，并将未偿还的贷款强制转换为低息债券。

21. BNE *Ms.* 9937/23 – 23v，弗洛里安·德·奥坎波为其编年史所做的笔记，1550 年 1 月；Beltrán de Heredia，*Domingo de Soto*，642 – 4，索托给查理五世和给弗朗西斯科·德·埃拉索的信，萨拉曼卡，1550 年 7 月 1 日，都是亲笔信。所有被认为是索托发出的关于胡乱兜售资产的批评都有充分的根据，见上文。

22. Beltrán de Heredía, *Domingo de Soto*, 636 – 7, Valdés to Soto, 16 Apr. 1549（几封类似信件之一）; Bataillon, 'Pour l'epistolario', 384 – 7, Las Casas to Soto, May 1549，提及以前的书信交流。又见 Lehnhoff, *Die Beichtväter*, 71 – 5。

23. Lefèvre - Pontalis, *Correspondance*, 10, Selve to Francis I, 10 July 1546，引用了 Chancellor Wriothesley; *NBD*, XII, 235 – 8, Nuncio Camaiani to Cardinal del Monte, 12 Mar. 1552。查理五世绕过自己的大臣和盟友的更早的例子，见上文。

24. Reiffenberg, *Histoire*, 415 – 17, 对 1546 年 1 月骑士团在乌得勒支举行的会议的记述（乌得勒支和图尔奈一样，是查理五世获取的新领土）。这份记述比通常情况要简略，也许是因为记录不完整，见 ibid. , p. VIII。

25. Braudel, *La Méditerranée*, 320 – 1 and 326. 布罗代尔有一次告诉我，他更喜欢用英文 "Distance: public enemy number one"（距离是头号公敌）来翻译 L'espace: ennemi numéro 1，而不是用英文版里的那句话 Distance, the first enemy, 见 F. Braudel, *The Mediterranean and the Mediterranean world in the age of Philip* II , vol. I (London, 1972), 355。

26. *CWE*, XI, 54 – 6 (# 1554), Erasmus to Lallemand, 24 Feb. 1525; *CWE*, XV, 265 – 7 (# 2198), Valdés to Erasmus, July 1529; *CCG*, IV, 558, Granvelle to Morillon, 11 May 1573.

27. ADN *B* 2177, register of Simon Longin for 1502, unfol. , included payments to Francisco de Taxis among the 'menus voyaiges et messageries'; Alcázar Molina, 'La política postal española', 227 – 9 (on the contract of 1516); Behringer, *Im Zeichen des Merkur*, 65 – 98; Pettegree, *The invention*, 17 – 18 and 169.

28. *LCK*, II , 361, Charles to Ferdinand, 11 Jan. 1530; Mártir de Anglería, *Epistolario*, III , 364 – 5 (# 643), to the marquesses of Los Vélez and Mondéjar, 15 July 1519; BNMV, *Ms. Italiani, Classe* VII , Cod. 1009/164v, Contarini to the Signory, Brussels, 22 Jan. 1522; Behringer, *Im Zeichen des Merkur*, 81 [一名信使在 1545 年 6 月 17 日 "20 点"（ore 20）从罗马出发，6 月 23 日 "11 点"（ore 11）

抵达沃尔姆斯]。

29. *KFF*, Ⅰ, xxⅷ, and Ⅱ/1, ⅸ–ⅶ. Strohmeyer, *Die Korrespondenz*, 61–6，表明奥地利和西班牙的哈布斯堡家族在 16 世纪 60 年代的通信要花 19 天到 85 天才能送抵。

30. RAH *Salazar* A–60/125, bishop of Osma to Perrenot, 1 Feb. 1557; Fagel, *De Hispano–Vlaamse Wereld*, 317.

31. *SP*, Ⅵ, 451–76, Tunstal and Sampson to Henry Ⅷ, 11 Aug. 1525（查理五世在信上的落款时间是 7 月 3 日）; *LCK*, Ⅰ, 270, prince of Orange to Charles, 14 June 1528; AGS *E* 874/8, Vega to Charles, 8 Feb. 1547。

32. *SP*, Ⅸ, 355–60, Bonner to Henry, 15 Apr. 1543.

33. Tracy, *Emperor*, 109.

34. Lanz, *Aktenstücke*, 496–500, Charles's instructions for his ambassadors in England, 13 Dec. 1521; HHStA *Belgien* PA 2/4/68, Charles to Margaret, 25 Aug. 1522, copy; RAH *Ms.* 9/4817/247, Charles to his ambassadors in Rome, 10 Jan. 1525, minute; AGS *PR* 17 no. 35, Charles's instructions to Figueroa, Feb. 1529; AGS *PR* 16 no. 75, Charles's instructions to Juan de Vega, 4 July 1543.

35. AA 4/95, Charles to Alba, 27 Oct. 1543, holograph.

36. AGS *PR* 17 no. 35，查理五世给菲格罗瓦的指示，1529 年 2 月; *PR* 45 no. 21，查理五世给索里亚的指示，1529 年 4 月 19 日。索里亚的私人文件有很大一部分保存至今，揭示了他与皇帝在意大利的其他臣仆之间通信的惊人体量，见 Ibarra y Rodríguez and Arsenio de Izaga, 'Catálogo', and Pizarro Llorente, 'Un embajador'。又见 BNE *Ms.* 20214/62，这是索里亚写给年轻的安托万·佩勒诺（1538~1539 年，当时他在帕多瓦上大学）的 17 封拉丁文的信。

37. Firpo, *Relazioni*, Ⅱ, 465–6, Relation of Navagero, July 1546. 有些大使注意到，查理五世在参加比武和其他体育运动时也失去了他的"庄重严肃"。Sepúlveda, *Historia de Carlos* Ⅴ, Book XXX ch. 24，说皇帝"在战斗中亲身涉险，超过了君主或将军冒险的限度"。

38. *LCK*, Ⅰ, 300–8, Margaret to Charles, 26 May 1529（大胆查理于

1477 年阵亡；玛格丽特曾经的未婚夫法王查理八世于 1495 年在福尔诺沃战役中惨败）；*KFF*, V, 211 - 12, Marie to Ferdinand, 12 Apr. 1535。玛丽在 1538 年反对查理五世亲临火线，见本书第九章。

39. HSA *B* 2032, 查理五世给他的驻葡萄牙大使洛佩·乌尔塔多·德·门多萨的信，1549 年 8 月 30 日（他忘记自己曾在突尼斯战役期间任命路易斯为副将）；*SP*, Ⅸ, 683 - 93, Paget and Wotton to Henry Ⅷ, 2 June 1544（查理五世在突尼斯战役中用过相同的说法）。

40. HHStA *Hs. Blau* 596/1/139v - 140v, Charles to Ferdinand, 21 and 26 Mar. 1547, holograph postscripts. Movements from Foronda, *Viajes*, 589.

41. García Fuentes, ' Testigo ', 93, from the chronicle of Bernabé de Busto; ASF *MdP* 4308, unfol., Bernardo de' Medici to Cosimo, 8 June 1551; De Witte, ' Cornelis ', 184 - 8, letters to Marie of Hungary, Apr. - Aug. 1548（怪异的是，德·维特坚持让贝尔斯多普把信写给伊莎贝拉皇后，而她在 1539 年去世了。实际上他写给了玛丽）。

42. Von Ranke, *Deutsche Geschichte*, V, 370 - 1, ' Sommaire de l'Ambassade de feu monsieur de Vienne vers l'empereur Charles V, en l'année 1550 '. 查理五世把一台德意志蒸汽浴设备带到了尤斯特，见本书第十六章。

43. Morel - Fatio, *Historiographie*, 171, 列举了皇帝在《回忆录》中记载的 1528 年到 1550 年的十七次痛风发作。

44. Gachard, *Trois années*, 69, Navagero to the Signory, 18 Jan. 1545; ASF *MdP* 3101A/1085, Francesco di Paolo Vinta to Duke Cosimo, 2 Apr. 1548（从米兰发出，所以他特别注意肖像而不是真人）。

45. De Witte, ' Cornelis ', 187 - 8, letters to Marie of Hungary, 10 July and 7 Aug. 1548; Giles, *The whole works*, Ⅰ, ⅱ, 267 - 8, Roger Ascham to Edward Raven, Augsburg, 29 Jan. 1551; Von Ranke, *Deutsche Geschichte*, V, 370 - 1, ' Sommaire ' of Marillac, 1550 - 1.

46. Sastrow, *Herkommen*, Ⅱ, 86 - 8, 基于他对皇帝在布鲁塞尔时、在奥格斯堡帝国会议期间、施派尔帝国会议（两次）和沃尔姆斯帝国会议期间用餐时间的观察（另一个译本见 *Social Germany*，230 - 1）。上文有更早的对查理五世用餐习惯的观察。Rijksmuseum, Amsterdam, BK - NM - 562 - 566 是 1532 年在意大利为查理五世制作的一套便携餐具（一把叉子和四把餐刀），也许就是萨斯特罗观察到的那一套。

47. ASF *MdP* 4308, unfol. , Bernardo de'Medici to Cosimo, 22 July 1550（'certo è eccellentissimo imberciatore'）；Reiffenberg, *Lettres*, 19 - 21, van Male to Praet, 9 June 1551.

48. *SP*, Ⅹ, 319 - 21, and TNA *SP* 1/212/42, Paget to Petrie, 1 Mar. and 16 Dec. 1545；*NBD*, Ⅷ, 68 - 70, Verallo to Cardinal Farnese, 9 Feb. 1545（斜体部分）。

49. Alarcón, *Viajes*, 66 - 9（1872 年 9 月的描述）；Ordi, 'The severe gout', 519。又见 Appendix Ⅱ。

50. Sastrow, *Herkommen*, Ⅱ, 88（另一个译本见 *Social Germany*，231）。在德国哈雷的阿德尔斯霍夫酒店，查理五世的粉丝可以享用他在 1541 年和 1546 年下榻在这个地点的一座大房子时用的菜单上的佳肴，见 Ozment, *The bürgermeister's daughter*, 145。尽管酒店可提供饮食，但如果要真正像皇帝一样用餐，请自带小丑和弄臣。

51. Rassow, *Die Kaiser - Idee*, 433 - 6, 'Las pláticas que el emperador passó con［el embajador francés］por la misma forma y palabras', by Idiáquez, 1538（斜体部分）；ASF *MdP* 4306/71, Bernardo de'Medici to Duke Cosimo, 28 June 1548。

52. BL *Cott. Ms.* Vespasian C. ⅩⅢ/258, John Brereton to Wriothesley, Valladolid, 23 June 1537；Nott, *The works*, Ⅱ, 518 - 23, 'Sir Thomas Wyatt's memorial', Nov. 1537.

53. Enzinas, *Mémoires*, Ⅰ, 205 - 7，描述了 1543 年 11 月 25 日的觐见，他向皇帝献上了一部《新约》西班牙文译本。恩西纳斯运气很好：查理五世在两周前查禁了他的书，视其为异端，但没有意识到禁书的作者如今就站在他面前（Enzinas, *Mémoires*, Ⅰ, 642 - 4）。萨斯特罗也说，查理五世每天晚饭后"坐在一扇飘窗上，所有人都可以来找他，或者呈送请愿书并解释自己的事情。皇帝会当场做出决定"（Sastrow, *Herkommen*, Ⅱ, 88）。

54. ASF *MdP* 4308, unfol., Bernardo de' Medici to Cosimo, 29 June 1551; *CSPF Edward* Ⅵ, 137–8, Dr Wotton to the Privy Council, 30 June 1551. 关于 1548 年一次觐见时说的其他"尖刻辛辣的言辞", 见上文。

55. Von Ranke, *Deutsche Geschichte*, Ⅴ, 366–70, Marillac's report on his embassy, 1550. 见 1538 年托马斯·怀亚特大使的相同结论: "皇帝对别人毫不关心, 除非他需要他们。"(Brigden, *Thomas Wyatt*, 374, 翻译自怀亚特对一位意大利大使的抱怨。)

56. *NBD*, Ⅻ, 198–200, Camaiani to Pope Julius, 22 Feb. 1552.

57. Lenz, *Briefwechsel*, Ⅱ, 225–32, Bucer to Bullinger, 23 Dec. 1543, Latin.

第四部
衰落

"你需要扪心自问……"

"我什么都不需要做：我是国王！"

——瑟曦·兰尼斯特与她的儿子
乔佛里·拜拉席恩一世的对话，
《权力的游戏》第 3 季第 2 集（2013）

十四 一家之主，1548～1551 年

皇帝的私生活

1. 三个私生女

　　1530 年，一位曼托瓦外交官说，查理五世"每晚在陪睡的女人身上都要花两个杜卡特"。1548 年，一位威尼斯大使声称，皇帝的"御医和非常熟悉他的人都说，皇帝曾经是、现在仍然是贪恋女色的男人，与许多女人发生过关系"。下一任威尼斯大使在 1557 年说，皇帝"不管到了哪里都会纵情享受肉体的欢愉，不介意对方是上流贵妇还是下贱阶层的女人"。这几位外交官都没有给出信息来源，所以他们的说法很容易被视为没有根据的飞短流长。但查理五世本人承认了自己的四个私生子女，其中两个孩子的母亲在怀孕时是十几岁的女仆（谱系 2）。[1]

　　1521 年年末，查理五世在尼德兰的奥德纳尔德城堡居住了六周，在那里勾引了女仆让娜·范·德·根斯特。让娜生孩子的时候，皇帝已经返回西班牙。但他留下了指示，给他与让娜的女儿取名为"玛格丽特"（用的是他的姑姑的名字），然后把孩子送到布鲁塞尔，交给一名廷臣抚养。让娜同意放弃自己的孩子，作为交换，查理五世赐给她一笔数额不大的年金，并安排她嫁给一个社会地位比她高得多的人。二十年后，他得知让娜去世后，就将她的年金转交给她的合法子女。[2]玛格丽特

谱系 2　查理五世和伊莎贝拉的家谱

查理五世
（1500～1558）
＝
葡萄牙的伊莎贝拉
（1503～1539）

玛格丽塔
（1522～1586）
母亲是范·德·根斯特
（死于1542）
（1）＝1536
亚历山德罗·
德·美第奇
佛罗伦萨公爵
（1511～1537）
（2）＝1538
奥塔维奥·
法尔内塞
帕尔马公爵
（1524～1586）

卡洛·法尔内塞
（1545～1549）
亚历山德罗·
法尔内塞
（1545～1592）

塔代娅
（1523～1562以后）
母亲是
乌尔苏利娜·
德拉·潘纳
母亲不详

胡安娜
（1523～1530）

腓力二世（1527～1598）
（1）
玛丽亚·曼努埃拉
（1527～1545）
（2）
玛丽·郁铎
（1516～1558）

堂卡洛斯
（1545～1568）

玛丽亚
（1528～1603）
＝
马克西米利
安二世
（1527～1576）

九个子女

费尔南多
（1529～1530）
另有一个死产儿

胡安娜
（1535～1575）
＝
葡萄牙
王子若昂
（1537～1554）

塞巴斯蒂昂一世
（1554～1578）

胡安
（1537）
另有三个
死产儿

赫罗尼莫,
即奥地利的
堂胡安
（1547～1578）
母亲是芭芭
拉·布隆贝
拉（死于1597）

安娜
（1568～1629）

胡安娜
（1573～1630）

私生子女

伊莎贝拉皇后共怀孕九次,但只有三个孩子长大成人,而其中只有两人生了不止一个继承人;玛丽亚生了九个孩子;查理五世另有四个私生子长大成人。查理五世另有四个私生子;玛格丽塔生了一对双胞胎（其中一人夭折）;另一个私生女叫塔代娅,即后来有名的赫罗尼莫,即奥地利的堂胡安。

女大公很关爱与自己同名的侄孙女，给她买礼物，教她骑马和打猎，有时还邀请她参加宫廷的活动。查理五世曾考虑"把我那个生活在尼德兰的私生女"嫁给一位意大利王公，从而拉拢他。皇帝首先考虑的是费拉拉公爵的儿子，然后是曼托瓦的继承人，最后是教宗的侄子亚历山德罗·德·美第奇。1529年，他授权女儿使用"奥地利的玛格丽特"的名号，并颁布宣言，将她的身份合法化。两年后他返回布鲁塞尔时第一次见到了女儿。不久之后，根据教宗克雷芒七世的请求，他同意让"我亲爱的、挚爱的女儿"在罗马生活，并指示她的女家庭教师教"玛格丽塔"（这是她后来为人熟知的名字）哪些课程、行为举止应当是什么样的。1536 年，她在十三岁时嫁给了当时的佛罗伦萨公爵亚历山德罗·德·美第奇，查理五世亲自主持婚礼。但这门婚事的结局不好：一年之后，亚历山德罗被一名心怀不满的亲戚刺杀。[3]

尽管年轻的寡妇开始在书信里署名为"悲伤的玛格丽塔"，但她很享受自己新近获得的自由，直到查理五世再次干预她的生活。1538 年 1 月，皇帝通知她的宫廷总管（是他任命的）："我知道公爵夫人［玛格丽塔］有时外出打猎，一去就是两三天，甚至四天。"并命令总管"用你能想得到的任何办法阻止她这么做。如果她外出打猎，不准她夜不归宿"。2月，查理五世接受了教宗保罗三世的建议，让他的孙子奥塔维奥·法尔内塞①迎娶玛格丽塔。不久之后，婚礼在西斯廷教堂举行。[4]这门婚事也不美满。在新婚之夜，年仅十四岁的奥塔维

---

① 即前文讲到的皮耶路易吉·法尔内塞（被与帝国军队勾结的密谋者杀害）的儿子。

奥无法圆房，此后玛格丽塔拒绝与他同房。

她给父亲写了一封信，粗鲁地抱怨自己的不幸处境，这促使皇帝"第一次亲笔给你写信"。他先是批评她的措辞，"你不应当对任何基督徒说这样的话，尤其对我，因为我是你的父亲"，然后采用了他经常用来对付亲人的那种"被动攻击性人格障碍"的语调："截至目前我还没有强迫过你，我也不希望对你使用强制手段。我更愿意以父亲的身份教导你该怎么做。我希望，也相信，我的教导、建议和恳求会比其他人的强迫和威胁对你更有好处。"最后他表示，希望上帝"会教导、指引和促使你恪守本分，履行你对我和对你自己应尽的义务，因为你是个孝顺的女儿；我承诺，我会永远当你的慈父"。

玛格丽塔显然又发出了针对丈夫的抱怨。几周后，查理五世又亲笔写信给她。这一次，他道歉说，如果他"一开始就知道是这种情况"，他就不会把这门婚事强加于她。但是现在，"如果我不建议和告诫你维护自己的荣誉与良心的话，我作为父亲就失职了，也会辜负你对我的信任"。皇帝的建议是，当"奥塔维奥的好妻子"。[5]不过，皇帝还是想方设法为女儿排忧解难：1541 年，皇帝带奥塔维奥参加了阿尔及尔远征，并把他留在自己身边两年。这暂时缓解了夫妻之间的矛盾。据一个消息灵通的人说，他俩再团圆之后，"奥塔维奥公爵第一次与妻子同房，一夜四次。1545 年 8 月，她生下了一对双胞胎男孩。查理五世很喜欢［对他的两个外孙］嘘寒问暖，想知道他们有多高了、长得胖不胖，兄弟俩有什么不同"。[6]两年后，皇帝发现奥塔维奥染上了梅毒，于是态度又变了，"想方设法避免公爵夫人被传染"。玛格丽塔后来没有再生孩子，她和奥塔维奥不情愿地服从了查理五世的要求，即把双胞胎中唯一存活的那个，即亚历山德罗，送到西班牙抚养。[7]

　　查理五世还引诱了佩鲁贾的乌尔索莉娜·德拉·潘纳，这个"大美人"是一位贵族的遗孀，1522 年在尼德兰宫廷期间与查理五世有一段情缘。皇帝发现潘纳怀孕后就立刻把她送回意大利，她在那里生下了他们的女儿塔代娅。这个孩子被托付给附近一家女修院的修女，但在八年后，即查理五世加冕的不久前，他让塔代娅去博洛尼亚见他。他公开承认她是他的女儿，然后"命人在她右腿膝下做了一个标记"，也就是说让人（可能是用某种尖利的器具）在她身上做了一个永久性标记（耶稣之名的缩写）。这真是不寻常的事情。[8]塔代娅随后被送回女修院，直到 1532 年查理五世让她第二次来见他，这次见面的时间不久。随后她又被送回，皇帝还指示："若无皇帝陛下的许可，不可以将她交给其母或其他任何人。"他无疑打算把她（就像玛格丽塔一样）当作联姻的工具，所以当乌尔索莉娜同父异母的兄弟闯进女修院劫走塔代娅并强迫她嫁给当地一位贵族时，皇帝大发雷霆。他给乌尔索莉娜写信，责备她，但很快就冷静下来："尽管我对你很生气，但夫人一定会感激我，因为我会让递交此信的信使给你送去 3000 金克朗，供我们的女儿使用。"1550 年，塔代娅的母亲和丈夫都已经去世，她来到罗马，当了修女，但当她听说查理五世已经退位并搬到尤斯特之后，便写信给他，请求允许她去西班牙。她一直没有收到回复，于是在 1562 年派人去找腓力二世，提出同样的请求，还送去了能够证明她的高贵身份的文件。但是查理五世一贯没心没肺，所以没有告诉过腓力二世，他还有另一个同父异母的妹妹，所以这很可能是腓力二世第一次知道塔代娅的存在。他在这方面和父亲一样冷漠麻木，所以只是把塔代娅的信存档，然后什么也没做。[9]

查理五世的第三个私生女于 1523 年出生于巴利亚多利德，母亲可能是一位流亡的威尼斯贵族的女儿。[10]孩子被取名为胡安娜。皇帝立刻把母子送到马德里加尔－德拉斯阿尔塔斯托雷斯①的一家女修院，那里的院长玛丽亚·德·阿拉贡（天主教国王斐迪南的私生女，所以是查理五世的姨妈）奉命照顾她们。次年，院长报告称，那个女婴"年纪虽小，发育却极好，大约一个月前开始蹒跚学步，只需要大人拉着她的小胳膊"，并特意补充道："她的相貌越来越像皇帝。"她还说，孩子的母亲"非常伤心，因为陛下自从把胡安娜送来这里之后，从来不想她，也没有派人来问她过得怎么样"。孩子的母亲哀求查理五世下一次到托尔德西利亚斯（距离这家修道院不远）看望胡安娜女王时顺便来看望她们母子。但在 1530 年，小胡安娜跌进修道院的水井溺死了，被埋葬在马德里加尔，自始至终没有见过父亲。[11]

查理五世在婚后不再像以前那样放荡，但诱惑很少远离他。1531 年他为妹妹玛丽（即将担任尼德兰摄政者）建立内廷的时候，任命"年轻的寡妇埃格蒙特"为玛丽的侍从女官之一，并在给弟弟斐迪南的信中花了大量篇幅为自己的这个选择辩护。这种辩护本身就很可疑："为了向你证明我并没有因为喜欢年轻女人而昏头，我一直等到现在，也就是我即将离开的时候才做了任命，这样任何人都不能说我有所企图。我不是那么糟糕的丈夫。"[12]但查理五世的告解神父加西亚·德·洛艾

---

① 马德里加尔－德拉斯阿尔塔斯托雷斯是一座城镇，在今天的西班牙西部，属于卡斯蒂利亚－莱昂自治区的阿维拉省。

萨就不是这么确定了。他曾告诫皇帝："永远不要让你邪恶的肉欲支配你。"好几个观察者都谈到过皇帝"对年轻女子的明显兴趣"。

所以，在 1530 年，"六十名本地女子，有老有少，有俊有丑"，欢迎查理五世到因斯布鲁克的时候，"他和她们每一个人都握手，并亲吻了比较年轻的女人"。五年后，查理五世在那不勒斯举行入城式的时候，承认自己有打情骂俏的轻浮行为。"众所周知，这座城市非常美丽，生活在这里的女人同样美丽又优雅"，他告诉廷臣们：

> 我和别的男人一样，也想讨得她们的欢心。我抵达的那天上午，我让理发师给我修剪头发、剃须并洒香水。他在我面前摆了一面镜子。我看看镜中的自己，看见［一些白发］……我震惊地问："那是什么？"理发师答道："两三根白头发。"实际上有十几根。"把那些都剪掉，"我告诉他，"一根不留。"
>
> "你们知道下面发生了什么吗？"皇帝自问自答，"不久之后，我又照照镜子，发现新生的白发数量是之前剪掉的三倍。如果我现在还要把白发都剪掉，那么要不了多久我就会满头白雪了。"[13]

尽管早生华发，皇帝于 1535～1536 年居住在那不勒斯期间，（据他身边的一些人说）还是"利用各种节庆活动，结识了那不勒斯的所有贵妇小姐"。尤其是他每天都见萨莱诺公爵夫人。一天晚上，在化装舞会上，他"一而再再而三地请求亲吻她的手"。为了得到她的青睐，不管她要求什么，皇帝都满口答应（包括赦免了一个已经被判刑的谋杀犯，后来皇帝为此事表达过懊悔）。[14]两年后，在巴塞罗那的一次化装舞会上，"皇帝和其他绅士一样谈天、欢笑。他告诉一位与他交谈的女士，他就是皇帝，并摘下面具让对方辨认，然后让她假装不认识他，继续像对待其他绅士一样对待他"。关于皇帝"乔装打扮"的传闻很快传到了宫廷。皇后的秘书胡安·巴斯克斯·德·莫利纳责怪自己的舅舅洛斯·科沃斯也参加化装舞会。洛斯·科沃斯答道："他们说我半夜才回来，这是一派胡言。"然后又承认自己有三次乔装打扮出门，其中一次是"和皇帝一起。既然皇帝陛下很享受，那么那些流言蜚语就没什么分量"。但这些流言蜚语很快对皇后产生了影响。查理五世又一次把怀孕的皇后抛下，自己外出。据皇后的一位侍从女官说，"皇后对他的离去十分愤恨"。[15]

2. 一个私生子

皇后去世后，查理五世更加放肆地与女人们调情。1546年4月至8月，他住在雷根斯堡、参加帝国会议并准备镇压德意志路德派期间，引诱了少女芭芭拉·布隆贝格。芭芭拉与他的儿子腓力同龄，是一个皮革工匠的女儿，与查理五世下榻的客栈的老板有亲戚关系，所以她能来去自如而不引起注意。1547年2月24日，也就是查理五世的生日那天，她生下了一个儿子，取名为赫罗尼莫。他后来被称为奥地利的堂胡安。[16]

查理五世起初的反应和玛格丽塔出生之后类似：他安排把孩子与母亲分开，把孩子送到布鲁塞尔。不过，虽然他公开表达对"我的小私生女"的宠爱并把她当作联姻政治的棋子，却隐瞒私生子的存在。1550年，他强迫自己的乐师之一弗朗索瓦·马西签署一份经过宣誓的文件，说皇帝的近侍阿德里安·迪布瓦授权马西把阿德里安的私生子送到西班牙，"因为阿德里安不想让妻子知道"，并在西班牙抚养这个孩子，直到有新的指示。我们之所以知道有这份文件，是因为查理五世将它的一个副本放在了他在 1554 年起草并签署（没有证人）的遗嘱的秘密附录里，并在其中承认，他，而不是迪布瓦，才是那孩子的父亲："皇后去世后，我在德意志期间与一个未婚女子生了一个私生子。他的名字是赫罗尼莫。"皇帝命令将马西的宣誓证词和秘密附录都封印起来，严格保密，在他死后才能拆封。这无疑是因为皇帝对自己在四十六岁时与一个少女发生关系感到羞耻。[17]与此同时，皇帝安排玛格达莱娜·德·乌略亚夫人（皇帝的战友路易斯·门德斯·德·基哈达的妻子）负责在他们的城堡比利亚加尔西亚–德坎波斯（距离巴利亚多利德 50 公里）抚养皇帝的秘密私生子。这孩子就在那里一直待到 1558 年，皇帝在这一年命令基哈达把赫罗尼莫带到尤斯特附近。查理五世在去世前只见过这个儿子一面，但拒绝承认他，而是让皇帝的合法子女自己去发现他们还有一个兄弟（见第十五章）。

查理五世对芭芭拉·布隆贝格比较好。她后来嫁给了皇帝属下的一名下级书记员希罗尼穆斯·克格尔，皇帝赐给他 100 镑，"以表彰他为皇帝提供的高水平服务，并在他从皇帝那里获得合适的职位之前解决他的开销"。不久之后克格尔还获得了 100 弗洛林的年金，"条件是他必须居住在尼德兰，并根据摄政者［玛丽］的需求随时侍奉她，执行她的命令"。芭芭拉和丈夫以布鲁塞尔为家，在那里生养了三个孩子。[18]尽管 1553 年至 1556 年芭芭拉和查理五世都生活在布鲁塞尔，但她可能仅仅远距离见过他。不过皇帝在临终时很想念芭芭拉，命令一名亲信助手从他的私人账户支取"600克朗的金币"（这是一笔厚礼）送给她。随后皇帝失去知觉，于次日去世。[19]

教育继承人

查理五世始终对儿子和继承人腓力王子关怀备至。儿子出生前，皇帝陪在皇后身边，这是很稀罕的事情。有人建议给这孩子取一个特拉斯塔马拉家族的传统名字，比如费尔南多或胡安，皇帝拒绝了，并用自己父亲腓力的名字给孩子取名，尽管皇帝与自己的父亲几乎没见过面。据一位大使说，"皇帝对自己的新生儿子万般宠爱，喜不自胜，除了组织庆祝活动之外什么都不做"（见第七章）。1529年查理五世乘船去意大利的时候，在西班牙留下了两个合法子女，腓力和玛丽亚（这个女儿生于1528年）。他启程不久之后，皇后又生下一个儿子费尔南多，不过他一年后夭折了。1535年皇帝在北非期间，皇后又生下一个女儿，取名为胡安娜。

1529～1533年，查理五世在各地旅行期间，邀请他遇见的三个仰慕伊拉斯谟的人来担任王子的教师：在萨拉曼卡大学任教的弗朗西斯科·德·博瓦迪利亚·门多萨；帕多瓦大学的法学教授、来自弗里斯兰的约阿希姆·维格利乌斯·范·埃塔；还有当时最卓越的人文主义学者之一胡安·路易斯·比韦斯，他当时生活在尼德兰。这三位后来都在不同岗位上为皇帝效力，但都没有接受王子教师的职位。于是查理五世设立了一个小型委员会来选拔一名教师。该委员会很快在十五名候选人当中挑出了三人，其中之一是胡安·马丁内斯·德·吉哈罗（一般用他的姓氏的拉丁文形式"西利塞奥"来称呼他），他是一位四十八岁的神父，出身卑微，曾在巴黎大学读书，出版过关于哲学和数学的书，后来成为萨拉曼卡大学的哲学教授，皇帝在 1534 年 6 月视察该大学时听过他的讲座。不久之后，皇帝任命西利塞奥为腓力王子的教师。[20]

一年之后，查理五世为腓力设立了单独的内廷，并选择胡安·德·苏尼加·阿韦利亚内达为内廷总管。此人是二十五年前流亡到尼德兰为皇帝效劳的腓力党人之一。皇帝并没有参照勃艮第的模式来组织儿子的内廷（皇帝自己的内廷是勃艮第风格的），而是努力模仿他的舅舅胡安（最后一位土生土长的卡斯蒂利亚王子）的内廷。于是皇帝指示苏尼加从已故胡安王子的内廷成员那里搜寻关于该内廷的详细信息。其中一人，即历史学家贡萨洛·费尔南德斯·德·奥维多来到宫廷，后来奉命写下了他能记得的关于胡安王子内廷的所有信息，因为皇帝希望自己的儿子"得到的教养和侍奉像他的舅公一样"。腓力将会成为"一位真正的卡斯蒂利亚王子"。[21]此后，腓力王子的随从人员就只有男性仆人（皇帝任命了大约四十人）。苏尼加（或其副手）晚上睡在腓力的房间内，白天也时刻密切监护他。苏尼加说："只有在我写信给陛下的时候"，或者王子"在学习，或者与他的母亲在一起、我不能打扰的时候"，"我才不在王子身边"。[22]

苏尼加在王子学习的时候不能陪在旁边，这反映了卡斯蒂利亚的传统，即"王子应当有两人教他不同的东西：一位教师教他读书写字和良好的习惯，还有一位教师教他军事和骑士的武艺"。[23]西利塞奥负责教王子及其六名侍童读书写字和祈祷，不过因为这位教师很宽纵，所以学生的进步不快。1536 年 2 月，西利塞奥禀报查理五世，他要把王子的拉丁文学习

"暂停一些日子"，"因为基础语法太困难"；四年后，王子十三岁时，西利塞奥宣布："我们刚刚开始学拉丁文作文。"[24]西利塞奥的宽松课程，以及他对人文主义的敌视，都不能促进王子的智力发育：到 1538 年年末，王子的图书室仅有十六种书，除了一本"皇室谱系"和三本西班牙文与拉丁文语法书之外，全都是祈祷书。另外，如何塞·路易斯·贡萨洛·桑切斯－莫莱罗①所说，"1535 年至 1541 年，用来教导未来的腓力二世的很多书都是抄本形式"，所以，就像二十年前腓力二世的父亲一样，"他的学业参考的是上一个世纪的审美和文化标准"。[25]

西利塞奥在鼓励腓力的宗教虔诚方面取得了更多成功。就连严厉而虔诚的苏尼加在 1535 年就任内廷总管时也肃然起敬，说："王子自然而然地敬畏上帝，我还从来没见过他这个年纪的人就如此虔诚。"王子很快得到了好几件宗教器物，包括三本开本很小但装帧精美的礼拜书，他可以将其悬挂在腰带上，或者摆在他的床头柜上；一本时祷书；还有一本插图精美的袖珍本《玫瑰经》。[26]1535 年之后，腓力的大多数早晨用于祈祷，然后（如果他身体健康的话）在苏尼加的儿子们，以及洛斯·科沃斯和弗朗西斯科·德·博吉亚的陪伴下读书学习。这年 8 月，八岁的腓力得知父皇在突尼斯取得胜利，不禁欢呼雀跃，"决定亲笔给陛下写一封信"。但他很少主动写东西。苏尼加抱怨道："他一旦离开学校就能学得很好！"[27]

皇后于 1539 年意外去世，这促使查理五世给他儿女的生活带来了三种重要的改变。他命令让女儿们先搬到老卡斯蒂利

---

① 何塞·路易斯·贡萨洛·桑切斯－莫莱罗为当代西班牙文献学家和图书馆学家，也是马德里康普顿斯大学的教授。他研究过 16 世纪西班牙宫廷藏书、西班牙的伊拉斯谟思想、塞万提斯生平等。

亚的阿雷瓦洛，然后搬到阿兰胡埃斯以南的奥卡尼亚，她们可以在这个远离宫廷尘嚣的地方长大成人。此后，查理五世对女儿们的生活既有直接的控制（尽管他自称公务繁忙，连回复公函的时间都没有，却有时间亲自起草命令让女儿们搬家），也有间接的控制（指示腓力执行关于姐妹们的命令，比如1544 年把玛丽亚嫁给奥尔良公爵查理的计划，以及四年后把玛丽亚嫁给马克西米利安的计划，见第十一章）。[28] 玛丽亚结婚后，查理五世命令让胡安娜居住在偏僻的小地方，远离她的兄长和姐姐，让任何贵族都没有办法拜访她。最终，皇帝把她送到了卫生条件不佳的小镇——杜罗河畔的阿兰达，让她在那里照料他的孙子堂卡洛斯①（比她小十岁）。皇帝不准玛丽亚去看望妹妹，在1550 年让十五岁的胡安娜搬到托罗时也禁止她在途中去拜访姐姐。次年，他不情愿地允许胡安娜在玛丽亚和马克西米利安前往德意志之前拜访他们，但这对姐妹此后再也没有机会相见。[29]

查理五世还严密地管教自己的儿子。皇后去世后，皇帝增加了腓力内廷的人手，把苏尼加提升为内廷大总管（mayordomo mayor），同时让他继续担任王子的教师。两年后，因为西利塞奥给王子传授拉丁文的努力失败，查理五世感到受挫，于是命令苏尼加、塔韦拉和洛斯·科沃斯开会提议一名新教师。他们推荐的人选是出生于加泰罗尼亚的胡安·克里斯托瓦尔·卡尔韦特·德·埃斯特雷利亚，据说他不仅"学识渊博"，而且"血统纯净"（limpio de sangre），意思是他没有犹太人或穆斯林祖先。于是查理五世指示卡尔韦特"向王子及

---

①　即腓力二世的儿子。

其所有侍童传授语法"。没过多久，皇帝又任命了另外三名教师：来自巴伦西亚的奥诺拉托·胡安负责教王子数学和建筑学；来自科尔多瓦的胡安·希内斯·德·塞普尔韦达教历史和地理；来自托莱多的弗朗西斯科·德·巴尔加斯·梅西亚教神学。尽管这四名教师都是西班牙人（虽然来自不同地区），但都曾在欧洲广泛游历，眼界广阔，能够开拓王子及其学伴的视野。[30]卡尔韦特与西利塞奥不同，对人文主义学术热情洋溢。在不到一年里，他就为王子购买了 140 种图书，使他的藏书数量增加了一倍还不止。

1542 年，皇帝带儿子去了纳瓦拉、阿拉贡、加泰罗尼亚和巴伦西亚。此行的主要目的是确保每一个王国都认可腓力为他的继承人。卡尔韦特、胡安和塞普尔韦达都陪伴腓力及其父皇旅行，抓住每一个机会向腓力传授他未来的臣民的不同语言、文化和历史。途中，王子欣赏了古迹、钱币和铭文；接见了波斯国王的大使和刚果国王的兄弟；从巴尔托洛梅·德·拉斯·卡萨斯修士手中接受了《西印度毁灭述略》的一份抄本（见第十三章）。法国人在攻打佩皮尼昂（加泰罗尼亚的第二大城市）的消息传来后，塞普尔韦达领导廷臣们讨论了救援佩皮尼昂的最佳办法，这是腓力第一次接触军事策略。

此外，在这趟旅途中，以及返回马德里之后，查理五世都在教导儿子治国理政的艺术。他无疑打算定期向儿子传授这方面的知识，但皇帝于 1543 年启程去指挥针对法国和海尔德的军事行动，于是不得不中止对儿子的教导。这轮战争也让皇帝无法亲自主持腓力的婚事。

1542 年 9 月，查理五世"请求葡萄牙国王把他的长女"玛丽亚·曼努埃拉嫁给腓力，因为"我儿已经到了娶亲的年

纪，从而延续王朝的血脉"。这位公主不仅是查理五世的妹妹
卡塔利娜的女儿，还是已故皇后的侄女，所以查理五世需要获
得教宗的多重许可，从而豁免"王子和公主之间的每一种血
亲关系"（见彩图 28）。[31]因此婚礼不得不推迟，于是查理五世
写信向儿子解释婚姻的责任。在 1543 年 5 月给腓力的指示中，
皇帝用了将近四页的篇幅谈性的话题。

> "我儿，上帝保佑，你很快要结婚了"，皇帝这样开
> 始道。不过在十六岁时就发生性关系"对身体的发育和
> 力量可能是危险的事情，因为这可能造成身体虚弱，影响
> 生育能力，甚至导致死亡"。他已经盘问了儿子，确保他
> 还是处男（"我确信你对于自己的过去说的是实话，你信
> 守了对我的诺言［即在结婚前守贞］"）。现在他要求王子
> 在婚后表现出同样的节制。"我要求你在圆房之后称病，
> 尽量远离你的妻子，不要很快再次去拜访她，也不要经常
> 去。并且你与她相聚的时候，也不要久留。"[32]

对于这种令人惊愕的要求，查理五世给出的理由是，如果
王子死于房事过频，"你的妹妹们和她们的丈夫将会继承你的
位置：想象一下，这会给我的老年带来怎样的悲伤！"他还采
取措施，确保年轻的夫妇服从他关于节欲的指示。他把指示发
给苏尼加，命令王子"当着他［苏尼加］的面朗读，从而让
他觉得有必要的时候就提醒你"。另外，"为了确保此事不出
纰漏"，皇帝说，"我已经命令［苏尼加］按照自己的判断劝
诫你，还要采取措施，确保你服从我的指示，尽管这可能会激
怒你"。更加具有侮辱性的是，等玛丽亚·曼努埃拉来到西班

牙之后，皇帝命令弗朗西斯科·德·博吉亚及其妻子对她"如法炮制"，"让她与你［腓力］保持距离，除了你的健康状况能够承受的时候"。皇帝的这一系列操作显然在不到十六岁的少年心中制造了对性的复杂情结。[33]

腓力长大成人

后来，腓力二世把自己亲政的时间从父亲离开西班牙时算起。1574 年，腓力二世提醒一位大臣："我从 1543 年开始治国。"两年后，他拒绝改变自己的统治风格，因为"我处理公务已经将近三十六年了"。[34]他说得对。皇帝原本打算让儿子只签署那些"与他的内廷有关的委任状和其他公文"，在其他方面都严格遵守皇帝的指示，但皇帝很快就发现自己的算计出错了。1543 年 10 月，在一封指示儿子送钱给他从而维持对法作战的信中，查理五世亲笔在末尾处添加了一段，其内容简直是情感勒索："我儿，我坚信不疑，等你读到我这段话并看到它对我的影响有多大的时候，你作为孝子一定会竭尽全力，不会把父亲抛弃在这样的处境里……一定要按照我的要求给我送来士兵和金钱，不得有误。"不到两周后，皇帝再次提笔，继续向儿子施压。在花费大量笔墨向西班牙索要援兵和金钱之后，皇帝温情地写道："我儿，我再一次请求你表现自己多么孝顺。"但王子不为所动。他的西班牙谋臣们担心财政的压力会引发骚乱，所以在他们的鼓励下，王子一直拖到 1544 年 2 月，也就是收信的四个月后（！）才回复，并且花了不少篇幅解释自己为什么打算什么都不做：

我无比真诚地恳求陛下理解我写下这封信时的本意。

我并不是想限制陛下的宏图大略（它是陛下的勇气的果实），而是想提醒您，当前局势不妙，基督教世界处于悲苦之中，您的诸王国精疲力竭，大规模战争必然带来严重的破坏（无论战争是多么合理合法），而且我们自己处于危险之中，敌人的舰队虎视眈眈，我们没有足够的资源抵抗敌人。

腓力强调，"如果陛下希望避免不可逆转的灾难的话"，结束所有战争才是唯一务实的策略。[35]

何塞·路易斯·贡萨洛·桑切斯 – 莫莱罗指出，在这封信里，"腓力首次揭示了自己的政治立场"。他的立场无疑让查理五世极其恼火。[36]其他一些事态也让皇帝不满。1545 年 2 月，皇帝给苏尼加发去一封长信，里面满是对儿子（快十八岁了）的牢骚，哀叹"我不在西班牙期间，有些小事开始萌芽"。查理五世承认，很多"小事"是无法挽回的。所以，皇帝希望"他［腓力］最好不要外出打猎时这么晚才回来"，也不要荒废学业。

但我知道他已经结婚了，忙于国家大事，并且已经过了听得进告诫的年龄，所以在我看来，应当允许他按照自己的心愿行事。我不应当对他唠叨，那样他会对一切都感到恼火。

皇帝对其他一些"小事"表达了更密切的关注，比如"他的糟糕习惯，他起床和上床睡觉、穿衣和脱衣都浪费了很多时间"；"对祈祷和告解不够全神贯注"；尤其是在王子的弄臣家中"发生了某些事情"。不过皇帝仍然没有采取任何措施。[37]

查理五世不情愿地认识到，自己过于依赖来自西班牙的资源和支持，这就限制了他作为父亲的权威。他给苏尼加写信发牢骚的同一天，还又一次写信给腓力索要金钱："相信我，如果这一次不能创造奇迹的话，我的各项事业将无以为继"，因为如果没有经费，"我会被打倒在地"，而只有腓力能够筹集到经费，所以查理五世绝对不能疏远自己的儿子。此外，玛丽亚·曼努埃拉怀孕之后，皇帝就不再唠叨青少年性生活过频的风险，而是对王子的性能力开玩笑："祝贺她怀孕：你做得比我预期的要好，因为我原以为你还需要一年时间！"此后皇帝不再像过去那样频繁地干预儿子的私生活，并告诉苏尼加："我不会像以前那样经常给你写信了，因为我这个可怜的老罪人已经做不了什么了。我也会减少对儿子的干预。"[38]

随着奉皇帝之命来指导腓力的"年岁较长的成熟人士"逐渐离开，腓力的独立性越来越强。腓力"最忠实的谋臣"（也是督促他节欲的人）苏尼加于1546年去世以后，查理五世没有任命新的人来取代他。同年，资深大臣枢机主教塔韦拉也去世了。阿尔瓦公爵离开西班牙，去德意志与皇帝会合。弗朗西斯科·德·洛斯·科沃斯因为患病，退隐到自己的庄园，不久之后在那里去世。1546年6月，查理五世正式认可了迟早要来的事情：作为册封腓力为米兰（帝国的采邑）公爵的序曲，他签署了一份宣言，宣布从此之后他的儿子"获得独立，不再受我作为家长的控制"。[39]

此后，查理五世主要是试图通过书信来控制腓力的行为。但就像和皇后通信时一样，给腓力的绝大多数信也是口授给秘书的，皇帝只是偶尔亲笔添加一小段文字。这也许能解释为什么他给儿子的信（就像之前给妻子的信一样）显得冷淡，而他给妹妹玛丽和弟弟斐迪南的信却显得很亲热，其中很多是他亲笔写的，并且往往包含生动的细节，甚至自嘲。在查理五世给儿子写的大约 500 封存世的信里，怕是很难找到这样的亲热劲头。甚至当腓力的妻子于 1545 年 8 月去世时，皇帝的吊唁信都是口授的，但皇帝在给洛斯·科沃斯的信中表达了自己的悲伤："科沃斯：既然上帝要以这种方式打击我和我的儿子，那么我无话可说。但要悔恨的事情太多。在一切事务当中我们都必须接受上帝的意志，我现在就要这么做。请安慰我的儿子，让他也接受上帝的意志。"[40]

保障大统的传承

1. 帝国的蓝图

粉碎了他在欧洲的最后一批敌人之后，查理五世把思绪转向自己产业的未来。1547 年圣诞节，皇帝从奥格斯堡写信给儿子："我已经决定，你应当尽快到这里来。"皇帝还让玛丽亚陪兄长一起来。"既然我已经敲定了"她与马克西米利安的婚姻的条件，腓力必须让妹妹同意。几周后，查理五世得知，他的女儿表示希望留在伊比利亚半岛，于是他发去了更加紧迫的命令。"我坚信不疑"，查理五世告诉儿子，玛丽亚"会服从我，因为她理应服从我，因为我非常爱她。我比其他任何人都关心她的福祉和幸福"；但假如玛丽亚继续抵抗，腓力必须"晓之以理，动之以情，向她详细解释她为什么非这样不可"。就像四年前的"两种方案"一样，查理五世期望女儿为了家族的利益牺牲自己。[41]

1548 年 1 月 18 日，皇帝为儿子撰写了一份长篇的政策分析，它有时被称为他的"政治遗嘱"。就像五年前皇帝给腓力的秘密指示一样，他之所以写这份文件，是因为担心自己可能很快会死亡，所以他必须向儿子解释自己的宏图大略。皇帝承认，"我过去的辛劳导致一些旧疾复发，并且近期我的生命经常受到威胁"，因此"我说不准自己会是什么样的结局，不知道上帝的意志是什么，于是我决定在这封信里向你告知我当前的考虑，以备不测"。与 1543 年的秘密指示不同，这份文件的受众很广。至少有二十八个副本保存至今，其中之一被保存在格朗韦勒的档案当中，这表明查理五世在起草文件的时候可能让自己的主要大臣参加了。1606 年，桑多瓦尔在他半官方的《查理五世皇帝的生平与事迹》中发表了该文件的全文。[42]

在文件的开头，就像 1539 年和 1543 年的建议书一样，皇帝敦促腓力"将自己的全部意愿和行动置于上帝的意志之下"，并将保卫天主教信仰视为自己的主要责任。然后他表示，为了保卫帝国，"他不得不在许多地方打了许多场战争"，造成了极大的开销，不过他自鸣得意地写道："在上帝的佑助下（感谢上帝！），我坚持了下来，保卫了自己的领土，并获得了一些优质的、重要的新领土。"因此，腓力的主要需求是确保一段时期的和平，让他的臣民能够休养生息。但是：

> 希望避免和遏制战争的人未必总是能成功……尤其是像我这样的统治者，拥有极其广袤的领土和极多的国家，其分布又特别分散。上帝仁慈地把这些领土和国家给了我，如果他愿意的话，我会把它们都传给你。和平与否，

取决于邻国和其他国家的善意或者恶意。

所以腓力必须保持警惕，时刻准备作战，保住自己的领土。

随后查理五世概述了每一块领土的防御能力，把重点放在他的儿子可能遇到的挑战上。他写道：

> （常识和经验）告诉我们，你必须认真观察并花费力气去理解其他国家与统治者的行动，并在所有地区维持自己的朋友和线人，否则难以（或者根本不可能）维持和平，也难以避开、抵制或制衡敌人对你或你的领土的图谋……尤其是因为你的各领地是分散的，并且招人嫉妒。

因此，首先，"你最好的朋友、最值得信赖的伙伴"必然是查理五世的弟弟斐迪南，他已经被确定为下一任神圣罗马皇帝。一方面，叔叔斐迪南能为腓力出谋划策；另一方面，身为皇帝，他的支持对腓力控制意大利北部和尼德兰，以及保障这两地之间的通畅交通具有至关重要的意义。

其次，腓力必须始终与教宗保持良好关系。不过，就像皇帝在之前的建议书当中写过的那样，他也知道这一点说起来容易做起来难。查理五世抱怨道："你已经知道当前的教宗保罗三世是怎么对待我的。"虽然他表示，也许换了教宗之后局势会改善，但他指出，有两方面的问题会继续制造冲突：教宗自称对那不勒斯和西西里拥有宗主权；西班牙王室对西班牙教会的庇护。因此他建议儿子"以忠顺的教会之子的身份服从"未来的教宗，"不要给他们对你不满的理由。但也不能损害你的诸王国的显赫地位、繁荣与太平"。也就是说，腓力不可以放弃自己的任何领土，哪怕是割让给天主教会的最高领袖也不行。

随后查理五世审视了他与意大利的主要独立国家的关系。他写道，威尼斯共和国曾反对西班牙，但 1529 年的条约已经解决了之前的所有纠纷，所以腓力必须遵守该条约，"［与威尼斯人］维持友谊，尽可能地把他们当作好盟友，优待他们"。查理五世还写道，自从 1537 年"我将佛罗伦萨托付给"科西莫·德·美第奇公爵①，"他一直对我和我的事务十分殷勤；我相信他也会对你友好，因为他已经从我这里得到了许多好处"。另外，这位公爵"头脑聪明，有很好的判断力，把自己的领地管理得井井有条"，所以腓力必须"在所有事务当中支持他"。同样，"你可以像我一样信任曼托瓦公爵"。

皇帝还相信卢卡共和国和锡耶纳共和国将会继续保持亲帝国的立场，因为这两国的最重要政治目标就是维护意大利的普遍和平。热那亚共和国是西班牙在意大利最重要的盟友，既是因为它与哈布斯堡家族各领地之间的经济纽带，也是因为热那亚是从那不勒斯、西西里、撒丁岛和西班牙去伦巴第、德意志和尼德兰的必经之路。所以腓力必须竭尽全力维护和增强安德烈亚·多里亚及其盟友的权威，一旦他们遇到困难就必须尽快

---

① 科西莫·德·美第奇（1519～1574）是第二代佛罗伦萨公爵（第一代公爵就是查理五世的女婿亚历山德罗·德·美第奇），也是第一代托斯卡纳大公。科西莫出身于美第奇家族的幼支，但亚历山德罗没有留下合法儿子，所以查理五世皇帝支持科西莫成为佛罗伦萨公爵。科西莫是一位精明强干且雄心勃勃的政治家，为美第奇家族带来了中兴的局面。他也是文化和艺术的赞助者。1569 年，教宗庇护五世赐给他一个新的头衔——托斯卡纳大公。

援助他们（就像前一年查理五世做的那样，见第十二章）。

　　皇帝只对两位意大利统治者表示担忧。费拉拉公爵娶了法国公主勒妮（她曾是查理五世的未婚妻）。尽管他在近期表现得忠心耿耿（比如，派遣一支部队加入帝国军队，去讨伐施马尔卡尔登联盟），但他毕竟与法国有瓜葛，所以腓力应当"谨慎对待他，仔细地监视他的一举一动"。皇帝还建议儿子小心监视新任帕尔马公爵奥塔维奥·法尔内塞。尽管帕尔马公爵夫人就是查理五世的女儿玛格丽塔，并且她"一向对我恭顺"，但查理五世担心自己保留皮亚琴察（不给奥塔维奥）的决定可能造成麻烦。皇帝向腓力保证，有充分的理由"让你必须把皮亚琴察留在自己手里，因为你是它的合法合理的主人"，但腓力应当"向教宗提议重新审视局势，争取达成协议"。[43]

　　威尼斯、佛罗伦萨、曼托瓦、卢卡、锡耶纳、热那亚、费拉拉和帕尔马仅仅是意大利北部将近三百个独立国家当中最大的几个。其余国家绝大部分在当地的贵族家系掌控之中，查理五世已经创建了一个错综复杂的"体系"（或许是近代早期的第一个国际体系）来确保西班牙在那里拥有主宰地位。在积极的方面，皇帝有时会割让领土给这些小国，安排其统治者与哈布斯堡家族的公主结婚，或者任命当地统治家族的成员到哈布斯堡君主国的威望很高的位置上（比如他提携了曼托瓦公爵的兄弟费兰特·贡扎加）。他在自己的宫廷招待其他一些意大利王公家族的成员，给他们提供奢华的娱乐，鼓励他们透过哈布斯堡家族的视角来看世界。查理五世给这些意大利王公提供年金、礼物、官职和荣誉（最高的荣誉是金羊毛骑士的身份，金羊毛骑士的特权之一是被皇帝称为"我的表弟"）。皇帝建议腓力如法炮制。

意大利近期的一系列反叛表明，外交必须有武力作为后盾。查理五世在西西里、那不勒斯，尤其是米兰，建造了最先进的防御工事，并在每座要塞驻扎了一个训练有素的西班牙大方阵①和一些骑兵队伍。他还维持了好几支桨帆船舰队来保卫地中海西部。皇帝警示道，"尽管你将会继承大宗债务，你要继承的国度的财政也已经枯竭，所以你需要想方设法寻求积蓄，但你不可以为了这个理由放弃在意大利长期驻军的政策"，因为驻军是最好的防御，能够阻止"战争爆发，挫败敌人侵占你的领土的图谋"。出于同样的原因，腓力还必须继续维持负责保卫西班牙在地中海各个主要港口的桨帆船舰队。

和往常一样，查理五世认为法国是最大的潜在威胁，因为众所周知，法国国王"经常与我缔结和约或停战协定，却从不遵守，除非他们无力再战，或者想等待机会对我放冷箭"。皇帝通过《马德里条约》《康布雷条约》《克雷皮条约》迫使法国人放弃了一些领土和权益，他相信法国人一定会继续试图将其收复。但腓力必须保持坚定：

> 你必须坚持要求法国人永久性遵守这几项条约，绝不背离，因为我占领了那些土地，你将继承和占有它们，对其享有充分的、正当合法的权利。如果你在任何方面表现

---

① 西班牙大方阵（Tercio）是西班牙哈布斯堡王朝军队的一种军事单位，在16世纪和17世纪上半叶取得了不计其数的胜利，对西班牙的陆上霸权起着至关重要的作用。一个大方阵理论上有3000人（实际上一般是1000~2000人），讲究长枪兵与火枪兵的互相配合。每个方阵都保留着许多经验丰富的老兵，由出身下级贵族的军官指挥。在一个半世纪的时间里，西班牙大方阵是世界上最精良的步兵。

出软弱，那就会敞开一扇大门，让一切都受到质疑……最好是现在守住一切，而不是在将来冒着满盘皆输的风险，被迫保卫残山剩水。如果你的前任能够在上帝的佑助下保住那不勒斯、西西里和尼德兰，并成功打退法国人，那么你应当相信，上帝一定会帮助你保住自己继承的领土。

腓力还必须尝试迫使法国人撤离他们之前占领的所有土地，包括属于腓力的盟友（特别是萨伏依公爵）的土地，"从而让所有人都看到、都知道，你对自己的安全和盟友的安全是非常上心的"。

随后，皇帝比较简略地审视了其他的国际问题，重述了在之前的指示里谈过的几点。他的儿子必须"与葡萄牙维持友好关系"；"与英格兰维持友谊，遵守我与已故的英王［亨利八世和爱德华六世］签订的条约"；与苏格兰达成贸易协议；维持与现任丹麦国王的条约，"但不要卷入关于克里斯蒂安二世国王的争端"，克里斯蒂安二世即查理五世已故妹妹伊莎贝拉的丈夫、已经被废黜的那位国王。查理五世还冷酷无情地写道，腓力应当确保"克里斯蒂安二世永远不能获得自由，这样他就不能发动战争去伤害尼德兰，就像他过去做的那样"。

最后，皇帝讲到自己的领地在未来应当得到怎样的治理。在欧洲，即便已经安排了斐迪南接替他当皇帝，查理五世还是在考虑，是否应当把自己领地的其余部分也分割成几块。这种想法并不新鲜。1505 年他父亲的遗嘱规定查理和斐迪南为共同继承人，暗示这兄弟俩将分别统治部分领地。因为奥地利土地是"可分割的"，所以十年后，西斯内罗斯在查理五世宫廷的代表推测，既然"上帝给了他如此丰富的遗产，将来还有

更多，他会将其与弟弟分享"。[44]这种分割发生在 1521～1522
年，但在那之后查理五世在尼德兰和意大利北部都获得了重要
的新领土。尼德兰"已经得到了一些新的防御工事，并且正
在按照我批准的设计方案建造更多防御工事，各省份也忠心耿
耿"。但腓力因为在西班牙和意大利肩负重担，所以"不能居
住在尼德兰，也不能经常视察那里"，那么他能否有效地统治
尼德兰呢？如果将尼德兰托付给皇帝的女儿玛丽亚和她未来的
丈夫马克西米利安，是不是更好？查理五世拿不定主意，"因
为此事极其重大。所以在你抵达这里、亲自察看了这个国家并
理解其重要性与个性之前，我不打算做决定……上帝保佑，等
你来了这里之后，我就能在各方面都做出决定"。

在这份文件的末尾，查理五世谈到了西属美洲，敦促腓力
"小心提防法国人派遣舰队去美洲"；如果法国人尝试这么做，
必须阻止。即便没有法国人的挑战，腓力也必须紧密控制所有
的殖民地官员，"如果你不这么做的话，副王和总督们会变得
更加独断专行，让你的臣民求告无门"。另外：

> 你必须注意了解美洲的情况，既是为了让它始终为上
> 帝服务，也是为了让它服从你；你应当公正地统治美洲，
> 使其人口繁衍，恢复其繁荣，从而让人们忘记征服者们的
> 压迫。

特别重要的一点是，腓力必须"调查土著的监护征赋制，
因为关于它的信息和意见各不相同"。这么说真是低调，因为
腓力很清楚，就在皇帝写下这些指示的时候，秘鲁正在公开造
反！但为了应对自己的权威受到的挑战，查理五世采取的方式

是把注意力放在新西班牙（而不是秘鲁）的稳定上，这清楚
地揭示了，在他看来，什么样的策略可能在别的地方奏效。[45]

皇帝的政治遗嘱建立在他之前三十年治国理政的经验之
上。他的经验往往是通过试错而逐渐积累起来的。政治遗嘱比
1543 年他给腓力的指示（那时皇帝还觉得"至于我应当告诉
你的事情，它们极其晦涩并且具有不确定性，我都不知道如何
向你描述，我也不知道是否应当就其向你提供建议"）要高明
很多。如今，他已经打败了在欧洲的所有敌人，因此无比自
信。根据霍斯特·皮奇曼的洞见：

> 此时，查理五世主要关心的不是自己遇到的问题的性
> 质或细节，而是如何解决这些问题，同时保全君主的崇高
> 地位。他面临的问题数不胜数，所以唯一理智的统治方式
> 是借助现有的机构，并确保这些机构始终处于他可以信任
> 的人的掌控之中。[46]

因此，查理五世的政治遗嘱既是对他帝国的现状与问题的
坦率概览，也算是处理未来的问题（暂时还不能预测其具体
性质）的蓝图。在文艺复兴时代的欧洲，怕是很难找到与它
类似的、由统治者亲自撰写的文件，更不要说比它更高明的文
件了。

2. 尼德兰

政治遗嘱写完仅仅三个月之后，查理五世就对其中的计划
做了首次重大修改，因为他担心如果腓力和玛丽亚都离开了西
班牙，"一些权贵可能进入政府，这可能会招致臣民的怨恨"。

他拒绝在腓力和玛丽亚都不在西班牙的情况下任命女儿胡安娜为摄政者（因为她只有十三岁，年纪太小），也不肯单独任命她的姐姐玛丽亚，"因为让未婚女子参政永远不会是好事，我也决不会接受"。他认为，"最好的办法是让我的侄子马克西米利安王子去西班牙，按照已经敲定的协议正式结婚并圆房"，然后留在西班牙，与玛丽亚共同摄政。在马克西米利安抵达之前，腓力必须留在西班牙，然后"向他［马克西米利安］指示你认为他应当知道的事情……向他介绍权贵们和其他到宫廷来的绅士，以及他必须与之打交道的议事会和大臣们"。换句话说，腓力必须把自己五年前从皇帝那里接受的秘密指示传授给马克西米利安。[47]1548 年 9 月，皇帝返回布鲁塞尔之后，对政治遗嘱做了第二个重要的修改。在布鲁塞尔，他的臣民"燃放烟花，在集市上演他们自己语言的戏剧，表达对皇帝驾临的喜悦，随后全体教士参加了一场体面的、壮观的游行，为皇帝陛下在德意志取得的胜利和他的健康而感谢上帝"。[48]查理五世深受感动，于是命令儿子到尼德兰而不是德意志来见他。

当腓力成功说服卡斯蒂利亚议会通过征税来筹措玛丽亚的嫁妆和他去尼德兰的旅费，并向马克西米利安和玛丽亚介绍了统治的秘密之后，他率领一大群随从前往巴塞罗那，从那里搭乘桨帆船去热那亚。在布鲁塞尔，查理五世担心"要过很久才能再见到儿子，他的慈爱让他一时间想不到别的事情，所以他变得罕见地慷慨，没有注意到儿子此行的巨额开支"。在随后几个月里，"出于慈父之情，皇帝陛下派了四到六个人逐步向他报告他的儿子已经到了何地、估计何时能够抵达"。[49]

因为皇帝及其大臣近期在意大利做了许多咄咄逼人的事情

（见第十二章），腓力王子的到来引起了意大利人的恐惧和激动。并且他最初的行为让人非常不放心。在热那亚，他支持那些主张建造一座要塞的人。当费拉拉公爵和其他人带着厚礼来拜见他时，"王子对他们不屑一顾，于是他在整个意大利有了傲慢无礼的名声"。[50]王子到了特伦托之后放松了一些，接见了萨克森选帝侯莫里茨率领的一群德意志权贵组成的欢迎队伍，其中有路德派教徒也有天主教徒。这是腓力第一次见到新教徒，但他没有表现出不安，而是与他们一起吃喝了很长时间。从那里，他骑马穿过德意志，前往布鲁塞尔，于1549年4月1日与六年未曾相见的父亲团圆。

尽管查理五世在政治遗嘱里向儿子承诺，关于尼德兰大统传承的问题"等你来了这里之后，我就能在各方面都做出决定"，但皇帝已经采取了两个重要的初步措施。他说服了"武装的帝国会议"认可他统治下的尼德兰的十七个省（有的是他继承的，有的是他以别的方式获取的）为一个单独的帝国行政圈。[51]这项措施在两个重要的方面加强了布鲁塞尔中央政府的权力。首先，尼德兰无须遵守帝国的法律，包括关于宗教妥协的法律（正是这样的法律允许路德派在德意志快速发展壮大）；其次，如果尼德兰遭到攻击，帝国会议的德意志成员有责任保卫尼德兰。

查理五世的另一项重大决定（最终也是灾难性的决定）是，腓力除了继承西班牙之外，还将继承尼德兰。皇帝说服了尼德兰每个省的代表会议认可他的儿子为继承人，并同意，尽管各省都有自己的特权，但它们从今往后将会遵守同一套继承法规，选择同一位君主，从而确保十七个省永远统一。

腓力抵达不久之后，查理五世就带他去视察尼德兰最富庶的南部各省：佛兰德、阿图瓦、埃诺和布拉班特。这些省份的地方政府庄严宣誓，接受腓力为他们的下一任君主。父子俩不管走到哪里，人们都用具有象征意义的凯旋门和含义浮夸的戏剧来欢迎他们。有人把他们比作大卫和所罗门，或者阿特拉斯和赫拉克勒斯。有人强调，尽管父子俩被强敌包围，但神圣的武器和世俗的武器一定能帮助他们旗开得胜。腓力多次展示自己身为骑士的高超本领，在根特参加了一次杆子游戏，在安特卫普参加比武，还在玛丽位于班什①的宫殿及其周围参加了奢华的庆祝活动。这是查理五世一生中至今仍然得到纪念的少数事件之一，因为每个忏悔星期二②，班什市民都会身穿 1549年庆祝活动那种风格的稀奇古怪的服装，在街头游行。⁵²

但回到布鲁塞尔的时候，父子俩的关系却冷淡了。有些尼德兰人不肯向腓力宣誓效忠，部分理由是"他们不愿意被外国人统治"，尤其是西班牙人；"但更重要的理由是，他们害怕腓力王子那种拒人于千里之外的个性，而他也没有做任何努力去拉拢他们"。据一位大使说，"尽管皇帝陛下每天都劝告王子，格朗韦勒也更为委婉地提醒他，但王子的态度始终没有改变"。也许就是与儿子的摩擦让查理五世决定留在布鲁塞尔，而让腓力和玛丽去视察尼德兰北部的主要城市。不管怎么说，他们回来的时候，父子关系已经有了明显的改善：在 1549 年 11 月 30 日圣安德鲁日的金羊毛骑士团年度弥撒期间，上面提到的那位大使注意到："王子离开了自己的座位，坐到

---

① 班什位于今天比利时南部的埃诺省，属于法语区。
② 在基督教多种教派（天主教、英国圣公会、路德宗等）的风俗中，忏悔星期二（也叫薄饼日）是圣灰星期三的前一天。圣灰星期三就是大斋期的第一天。在有的地方，人们举行狂欢节来庆祝忏悔星期二。

皇帝陛下旁边。在整个礼拜期间，他俩一直在谈话……看来他们已经解决了之前让他们不满的纠纷。"[53] 随后，皇帝新近获得的领土的代表和他继承的领土的代表欢聚一堂，组成等级会议，再次集体宣誓接受腓力为继承人。随后七个月，王子一直待在布鲁塞尔，飨宴、跳舞、狩猎、比武，并接受父皇关于"若干要务"的指示。"皇帝让他每天到他的套房待两三个小时，部分是为了开会，部分是为了面授机宜。"[54]

对历史发号施令

1550 年 5 月，在庄严肃穆地纪念皇后的第十一个忌日之后，查理五世和儿子离开了布鲁塞尔，去参加帝国会议。在科隆，皇帝一行人登上莱茵河上的驳船，"那些船有高质量的玻璃窗，有冷杉木做成的座椅，在船上就像坐在室内一样"，所以他们"不知道船是在航行还是止步不前"。[55] 随后两周里，他们逆流而上，"皇帝在闲暇时光开始记载自己的旅行和作战经历"，用的是法文。据他的宫廷总管纪尧姆·范·马勒（来自布鲁日的人文主义学者）说，"这部作品文笔优雅，其文风足以彰显作者的聪明才智与雄辩"。范·马勒还屈尊俯就地说："我之前绝对想不到，皇帝居然还有这样的能耐，因为他自己告诉过我，他在读书期间没有学到什么东西，只是单纯依赖自己的思考和行动。"[56] 抵达奥格斯堡之后，皇帝仍然继续笔耕。一位大使写道："皇帝每天都花两三个钟头亲笔写作，从而让他的事迹永垂不朽。纪尧姆·范·马勒帮助他。"最终，皇帝的《回忆录》的篇幅达到了 150 页手抄本。[57]

查理五世为什么要花费力气写《回忆录》？1557 年弗朗西斯科·德·博吉亚前去尤斯特拜访的时候，皇帝问他："在你看来，一个人记录自己的事迹，是不是有虚荣的成分？"但皇帝不等对方回答，就表示：

> 他记录了自己的南征北战……不是因为渴求荣耀，也不是出于虚荣，而是因为需要让大家知道真相，因为他读过的本时代的历史学家的作品扭曲了真相，要么是出于无知，要么是出于偏见和不公。[58]

这也许能解释皇帝为什么在《回忆录》中使用第三人称，并省略了许多私人细节，比如完全没有涉及他的整个童年。尽管他写到自己在 1513 年与祖父马克西米利安一起见到了亨利八世，"在那里，他们讨论并同意宣布大公［查理］成年"，但《回忆录》的叙述是从两年后尼德兰的各省等级会议"接受他为他们的主公"开始的。结尾是 1548 年夏季他从德意志返回布鲁塞尔。[59]根据文风的不同，《回忆录》可分为两部分。在记述对海尔德的征服之前，查理五世简明扼要地叙述了他身为君主亲力亲为的事件。他甚至列举了某些活动的次数：会见英格兰国王和法国国王的次数（分别是三次）；任命姑姑和妹妹为尼德兰摄政者的次数（玛格丽特是三次，玛丽是五次）；在大西洋航行的次数（三次），在地中海航行的次数（八次）；痛风病发作的次数（1528 年之后是十七次）；诸如此类。[60]但写到 1543 年之后，《回忆录》的节奏和内容都发生了很大变化。它从游记变成了作战日志，对随后五年所用的篇幅达到之前三十年所占篇幅的两倍。皇帝详细叙述了自己在讨伐法国和施马尔卡尔登联盟的作战中发挥的作用，为他自己的多个重要决定（比如 1544 年如果他占领了沙隆的马恩河桥梁会发生什么）辩护，分析了敌人的一些决定（他记录了 1546 年 3 月到 1547 年 4 月德意志路德派领袖的六个"错误"），并解释，"在上帝的支持下"，他们如何把敌人打得"一败涂地"。[61]

文风的变化，其实是查理五世及其亲信重写历史、粉饰他形象的大规模活动的一部分。1548 年，塞维利亚历史学家佩德罗·梅西亚撰写的一部溜须拍马的马克西米利安皇帝传记被送到了正在奥格斯堡的查理五世手中，"他、他的告解神父多明各·德·索托和其他显赫的廷臣读了之后大感满意"。于是，查理五世请梅西亚撰写一部类似的关于他的统治时代的史书。[62]两年后，保罗·乔维奥（或许是当时欧洲最有名的历史学家）的"通史"杀青，他给查理五世送了关于突尼斯战役的那一章的副本，"请陛下过目和审定，然后我再送去印刷"。乔维奥谄媚地承诺"修改、增补和删减，完全听从陛下的意思，因为陛下拥有过目不忘的记忆力和完美无瑕的判断力"。乔维奥这么说显然只是客气话。令他大吃一惊的是，皇帝把这事当真了。他把书稿交给路易斯·德·阿维拉·苏尼加（突尼斯战役的老将，后来担任查理五世与其他历史学家之间的联络人）评估。据佛罗伦萨驻查理五世宫廷的大使说，"皇帝陛下渴求荣耀，认为乔维奥贬低了他的成就"，并且"持续不断地试图贬低他"，而查理五世希望自己的事迹"得到比现在更多的赞颂"。于是，阿维拉给乔维奥发去了修改要求："突出皇帝无私的勇气，以及他义无反顾地直面危险的大无畏精神"，从而确保皇帝的"威名和荣誉不被激情的迷雾所遮蔽"。因为这本书将在佛罗伦萨出版，阿维拉还请求科西莫公爵"确保修正［乔维奥的］错误，在全部改正之前不准出版"。尽管乔维奥修改了若干事实错误，但他拒绝修改自己对查理五世的描绘。[63]

　　查理五世对乔维奥著作的审查失败了，但成功地修改了另一本让他恼火的书，即弗朗西斯科·洛佩斯·德·戈马拉的《胜利的西班牙》，该书于 1553 年 8 月在梅迪纳德尔坎波出版。该书不仅把征服墨西哥描绘成几乎完全是埃尔南·科尔特斯一个人的功劳，而且怪罪查理五世忽视美洲："如果陛下不是忙于别处的战争，那么我们在美洲就能有更多的发现和征服，让更多人皈依基督教。"这一次，阿维拉请他的门客范·马勒出马，为了更正戈马拉作品里的错误，专门请求佩德罗·德·拉·加斯卡详细记述他平定秘鲁期间的主要事件。三个月后，一道御旨宣布："不得出售或阅读《胜利的西班牙》；不得印刷；已经发行的书应当收回，并送交西印度议事会。"政府官员审讯了每一个书商，了解他们经手的该书的情况，包括"他们从何人手中获得该书、售给何人、价格如何。因为皇帝陛下需要知道这些信息"。[64]

　　阿维拉本人在皇帝的《回忆录》中受到了不公正的待遇。查理五世抄袭了阿维拉的《德意志战记》的若干细节，并且歪曲了好几个事件，当然是尽可能地美化自己。最过分的一点可能是关于阿尔瓦公爵的记述：查理五世很少提到他，如果提到，就说他是"皇帝麾下的指挥官"，并把每一次重大军事行动的功劳都揽到自己身上。皇帝甚至说，在米尔贝格战役不久前发现易北河上关键渡口的功劳属于他自己，而阿维拉（目击者）和皇帝本人（在关于此役的第一篇记述中）都清楚地表明，这是阿尔瓦公爵的功劳。另外，尽管皇帝提及那些他巧妙运用的盟友的名字，比如比伦伯爵和尼德兰军队、奥塔维奥·法尔内塞和教廷军队、萨克森公爵莫里茨，以及"罗马人国王，即皇帝的弟弟"（不过斐迪南出场较晚），但查理五世自己永远是最核心的人物。[65]

　　如理查德·L. 卡根[①]所说，"查理五世主持着一个机构，用今天的说法就是宣传部"。在米尔贝格战役之后，皇帝及其支持者聘请写手和艺术家，创作了大量文学和艺术作品，把他美化为基督教世界的头号捍卫者。查理五世把提香请到奥格斯堡，提香就在那里创作出了最令人难忘的两幅查理五世肖像：在战争中春风得意的皇帝；在和平时期英明睿智的皇帝（见彩图 25 和彩图 27）。[66]不久之后，查理五世请莱昂内·莱昂尼[②]创作了一系列英雄主义风格的雕塑（包括全身像、半身像和浮雕，材质有青铜的，也有大理石的），其中七座是皇帝的雕像，三座是腓力的，三座是皇后的，两座是玛丽的。其中尺寸最大的一座是真人尺寸的皇帝雕像，铠甲可以取下，露出皇帝的裸体像；皇帝警惕地站在被打倒的敌人之上，做好随时再次拿起武器的准备（见彩图 29）。与此同时，玛丽聘请威廉·德·潘纳马克制作了一套以维尔摩恩的草图为蓝本的巨幅壁毯，纪念突尼斯战役的胜利（见彩图 20）。查理五世在威尼斯的大使监督了阿维拉的《德意志战记》和一系列纪念皇帝近期每一次胜利的雕版画的出版。[67]不过，并非所有宣传图画都是皇帝及其大臣找人制作的。尼德兰的一些书籍装订工会在自己的作品中添加他们君主的肖像（往往身着铠甲）和他"走得更

---

　　① 理查德·劳伦·卡根（1943～ ）是美国历史学家，为约翰·霍普金斯大学的教授，研究领域为哈布斯堡家族统治下的西班牙帝国。

　　② 莱昂内·莱昂尼（约 1509～1590）是意大利雕塑家，他为神圣罗马皇帝查理五世及其儿子西班牙国王腓力二世创作的塑像非常有名。他的儿子蓬佩奥·莱昂尼（约 1533～1608）也是著名的雕塑家。

远"的纹章。很多市政厅，甚至教堂，也会展示皇帝的雕像和肖像。1521 年，施瓦本哈尔市市长的那个"淘气、放肆、桀骜不驯的女儿"安娜·比希勒，曾请她的秘密情人之一（当时正在参加沃尔姆斯帝国会议）"为我画一幅皇帝的素描肖像，描绘他的真实相貌，不要画得比他真人更英俊，也不要更丑，因为这样的一幅素描会很有价值"。她的很多同胞收集带有皇帝肖像的象棋或跳棋棋子，无疑也会用它们下棋（在查理五世在位时期，象棋和跳棋这两种游戏风行一时，大受欢迎，见彩图 30）。[68]1550 年，莱昂尼偶然看见一块饰有恺撒和奥古斯都肖像的"珍稀奇妙的宝石"，这让他产生了一个想法：用缟玛瑙制作一块精美的浮雕宝石，背面是皇后肖像，正面是腓力和查理五世，皇帝头戴桂冠，身穿米尔贝格战役时的铠甲。这也是在提醒世人，皇帝是战争的胜利者，也是和平的守卫者，并且他拥有一个优秀的继承人（见彩图 31）。[69]

3. 德意志

皇帝撰写《回忆录》至少部分是为了对弟弟施加影响。皇帝不厌其烦地说自己如何支持斐迪南并增加他的利益，对弟弟既有直接的支援（帮助他当选为罗马人国王；派遣军队和调动资金去保卫他的领地，抵抗土耳其人），也有间接的帮助（迫使教宗召开大公会议，这主要是为了给德意志带来宗教和平；击溃施马尔卡尔登联盟）。皇帝命令范·马勒将《回忆录》从法文翻译成拉丁文，做好付梓的准备，但后来没有实现，也许是因为查理五世在奥格斯堡召开的家族峰会（目的是讨论他的各领地的传承）激起了大家的怒火：在意大利，皇帝册封腓力为米兰公爵，于是斐迪南获取米兰的希望破灭了；在尼德兰，皇帝原本承诺让马克西米利安和玛丽亚继承他的位置，后来食言；在西班牙，假如查理五世比她的母亲更早去世，那么斐迪南可能会挑战腓力，索取卡斯蒂利亚共治君主的地位；但麻烦最大的地区是神圣罗马帝国。[70]

来自斯特拉斯堡的雅各布·施图尔姆可能是第一个猜到了查理五世的宏大设计的人。1547 年 12 月，施图尔姆在"武装的帝国会议"期间报告称，他听到了一些传闻，说皇帝把他的儿子召唤到德意志，目的是安排他成为下一任皇帝。四个月后，威尼斯大使也报告了这种说法。1548 年 6 月，在奥格斯堡的罗马教廷大使报告称，不仅"很多人怀疑皇帝陛下想安排他的儿子成为罗马人国王，从而把帝位留在自家"，而且很多人反对皇帝的这个企图。教廷大使带着挖苦的口吻补充道，不过，"皇帝陛下以他惯常的权威和威严，完全无视"反对意见。"他过去会庄严地接见选帝侯，如今他们很少能见得到他。就算见到了，他们还要先在他的前厅等待一个钟头，甚至更久。"罗马教廷大使还报告了马克西米利安大公在一次晚宴上的爆发："他说自己是真正的德意志人，决不容忍不是真正德意志人的家伙成为皇帝"，并厉声谴责"西班牙人企图统治德意志"的想法。[71]

斐迪南暂时对这些证据置之不理，直到 1549 年春季，他向玛丽抗议了"一些在我看来难以置信的事情"，即有传闻说，"在我的侄子腓力王子的宫廷，以及在帝国境内，人们公开说，皇帝陛下已经和我讨论过把罗马人国王的地位和头衔转交给腓力王子的事情"。斐迪南否认有过这样的讨论，并补充道："我不相信皇帝陛下的脑子里有过这样的念头，哪怕是在睡梦中，也不相信他将来会有这样的念头，因为我一直把他当作好哥哥。他不仅是我的哥哥，还是我真正的父亲。"玛丽向斐迪南保证，这样的传闻都是无聊的流言蜚语，不过她也补充了一句："我坚信不疑，这么大的事情，陛下一定会当面与你谈。"[72]

此事就这样暂时平息了一年。在这一年里，查理五世、腓力和玛丽在尼德兰；斐迪南在奥地利；马克西米利安在西班牙。但就在 1550 年 5 月，皇帝和他的儿子启程去奥格斯堡之前，玛丽写信给斐迪南："此信应绝对保密，仅供你一人阅读，阅后即焚。"她在信里把"我对我们的兄长和侄子的意图了解到的情况"告诉斐迪南，并补充说，"如果你能安排与我见面，我更愿意和你面谈"。在这封信里，她证实了之前自己否认的全部传闻。她写道：

> （腓力王子）非常想在你之后接管帝国，并提出了方方面面的理由，因为这似乎是维持我们整个皇朝的关键步骤。皇帝觉得这样做有利有弊，所以在与你见面之前不会拿定主意。他会让你决定，什么才是对我们的皇朝和整个基督教世界最有利的办法。

她还强调，相关的决定必须得到马克西米利安的同意，因为如果马克西米利安公开反对腓力，"将会造成永久性的敌意和竞争，这必然会毁掉他们俩"。最后她提醒斐迪南，他欠了查理五世多少恩情，尤其是"他恩宠你，推举你为罗马人国王，而不推举他自己的儿子"。现在斐迪南应当知恩图报，支持腓力当皇帝，而不是自己的儿子。[73]

玛丽的论辩很巧妙，显然得到了皇帝的支持。但这就违背了查理五世多次向斐迪南做出的承诺，即让马克西米利安继承斐迪南的位置。斐迪南对如此蛮横的要求感到很受伤，但又不愿意冒犯"他真正的父亲"，于是来到奥格斯堡，建议让腓力及其继承人永久性担任帝国在意大利的摄政者。这是一个很理智的提议，给腓力的东西比他最终得到的要多得多，但查理五世拒绝了，并重复了自己的要求，即斐迪南必须说服选帝侯们选举腓力为皇帝的直接继承人，也许可以先给腓力一个"皇帝的第二副手"的身份（第一副手是斐迪南）。斐迪南预感到这将酿成大祸。"如果我们在时机尚未成熟之时通过暴烈的、不合适的手段来确保我们的家族继续控制帝国，"他向玛丽警示道，"我们就会失去帝国，并给我们的敌人一个机会去夺取它。"改变皇位继承顺序"也许会让那些强大的、比西班牙距离帝国更近的人产生想法"。因此，他忧心忡忡地继续说，"我希望我们能暂不讨论"预选腓力为罗马人国王的想法。

> 在我看来，［暂不讨论］才是最好的办法。理由很多，其中之一就是，我认为［让腓力成为罗马人国王］得不到选帝侯们的同意，如果提出来，就会在许多地方招致各种形式的敌意和抵制，我希望避免这种局面。我相信，一旦提出你的计划［让腓力成为罗马人国王］，你就会发现我的预测是正确的：最好还是从一开始就不要提出来。[74]

查理五世不同意，并且命令玛丽放下手中的一切事务，立即赶来，帮助他说服斐迪南，因为"在奥格斯堡要决定的事情比其他一切事情都更重要"。就在她抵达之前，格朗韦勒于

1550 年 8 月 27 日突然去世，于是皇帝身边少了一个重要的温和派。尽管查理五世命令佩勒诺接过亡父的工作，但他缺少父亲的权威。[75] 查理五世与斐迪南的兄弟关系迅速恶化，直到 11 月的一天晚上，斐迪南宣布，因为有传闻说奥斯曼军队将再次入侵匈牙利，他将再次要求帝国会议提供帮助。查理五世又一次打断弟弟的话，说匈牙利并没有受到迫在眉睫的威胁，所以不应当动用本届帝国会议筹集的资金，他打算用那笔钱在德意志办一些事情。但斐迪南不肯让步。他说，他的良心、他的荣誉，以及保护他自己的产业的需求，都要求他动员德意志的资源，去匈牙利打一场新的战役。查理五世听了大怒，怒斥弟弟"总是以良心和荣誉为借口，替自己想做的事情辩解"。他还说，帝国会议之前征收的所有赋税的大部分都被斐迪南拿去了，而"我什么都没得到。你却仍然想把一切据为己有。最终"，查理五世告诉斐迪南，"我们得搞清楚，谁才是皇帝。是你还是我"。他还威胁，如果弟弟继续坚持要求帝国会议拨款给他，他（皇帝）就公开反对斐迪南。斐迪南怒气冲冲地拂袖而去。[76]

将这轮激烈争吵的情况告诉玛丽之后，查理五世怒道，"已故的法国国王［弗朗索瓦一世］对他做的任何事情"都不像"我亲爱的兄弟即罗马人国王对待我的方式那样恶劣。我最恨的一点是"，"我和他在一起的时候，我看不见他脸上有懊悔或羞耻的痕迹。所以我别无选择，只能信赖上帝，恳求他赐给我弟弟一点理智和智慧，赐给我力量和耐心"。求上帝也没用。两兄弟不肯对话。[77] 查理五世把玛丽叫到奥格斯堡。1551 年 3 月，经过好几周的激烈争论，她从中斡旋，促成了两个哥哥之间的一项协议：帝位将在家族的两个分支之间轮流，斐迪南将继承帝位，但承诺将帝国对意大利的统治权交给腓力，并安排选举腓力为罗马人国王；腓力当上皇帝之后，将确保选举马克西米利安为他的继承人，并且腓力不在德意志期间，马克西米利安担任帝国摄政者。腓力还承诺支持斐迪南和马克西米利安在帝国与匈牙利的事业，不干预帝国事务（除非斐迪南请求），并迎娶斐迪南的女儿之一。[78]

尽管马克西米利安不情愿地口头同意这项"家族契约"，但拒绝签字，抱怨说他的伯父（现在也是他的岳父）的"标准操作流程""始终是高人一等，牢牢控制身边的人"。斐迪南签署了该协议，但仍然满腹怨恨。

若干年后，斐迪南回忆说，当年他曾警示查理五世，"这会在帝国境内造成困难、反叛和动乱，他不会成功"，但皇帝坚持要求斐迪南父子"服从他的意志，所以我们不得不遵命[hubimos de hacer lo que se hizo]；不久之后我们就发现，我的预言一点不错，因为德意志诸侯发现了我们的计划之后就起兵反对皇帝陛下"。[79]

"家族契约"对查理五世自米尔贝格战役以来辛辛苦苦取得的所有成绩都构成了严重威胁。如罗杰·阿斯卡姆所说，到1551 年夏季，"整个帝国之内没有几个诸侯是皇帝没有得罪的。他的弟弟斐迪南和侄子马克西米利安……却表现得很精明"。但查理五世和他的儿子似乎都看不清形势。

腓力坚信他和父皇已经取得胜利，于是在 1551 年 5 月离开奥格斯堡，回西班牙去摄政。不久之后，查理五世也动身了。或许，理查德·莫里森（阿斯卡姆的继任者，英格兰驻帝国大使）的精明判断是正确的，皇帝之所以离开奥格斯堡，是因为"奥格斯堡是他们父子久别之后的团圆之地，现在他们再次分开了，所以他想离开那个地方一段时间"。腓力要在四年多之后才会再次见到父亲，那时哈布斯堡的世界已经发生了天翻地覆的变化。[80]

注 释

1. Bodart, *Tiziano*, 209, Ambassador Leonardi to the duke of Urbino, 18 Mar. 1530；Firpo, *Relazioni*, Ⅱ, 541（Mocenigo）and Ⅲ, 55（Badoer）.关于查理五世第四个私生女的错误说法，见附录四。

2. Crutzen,'L'origine', 159 – 62 引用了查理五世于 1522 年 8 月 1 日赐给让娜 24 镑年金的令状，时间肯定是在她分娩不久之后；1542 年 10 月 31 日，也就是让娜去世不久之后，皇帝命令将这笔年金转给她的几个女儿；1559 年，让娜的两个姊妹向她们的外甥女"帕尔马的玛格丽特"（当时是尼德兰摄政者）申请一笔金钱，并提醒她，她们是"贫穷的体面人"，"靠编织壁毯谋生"。

3. *KFF*, I, 474 – 8, Charles to Ferdinand, 4 Oct. 1526［计划将"我在佛兰德斯的私生女"（ma bastarde qu'est en Flandres）嫁给费拉拉公爵的儿子］；AGS *PR* 45/18, Instructions to Leyva and Caracciolo, 27 June 1529（将她许配给曼托瓦的继承人）；AGS *PR* 45/84, 1529 年 7 月 23 日订立的婚约；RAH *Ms. Salazar* A – 44/135，查理五世赋予玛格丽塔合法身份，1529 年 7 月 9 日。

4. AGS *E* 867/3 and 6, Charles to Lope Hurtado de Mendoza, 2 Jan. 1538, and to the marquis of Aguilar, 3 Feb. 1538.

5. Gachard, *Correspondance de Marguerite*, Ⅱ, Ⅴ – ⅶ, Charles to Margarita, 11 Apr. and 15 Aug. 1540，均为亲笔信。玛格丽塔给查理五世的信都佚失了，但英格兰大使曾偶然听到皇帝的廷臣"谈到玛格丽塔与奥塔维奥要离婚"，见 Powell, *The complete works*, I, 242, Thomas Wyatt to Thomas Cromwell, Ghent, 2 Apr. 1540。

6. Giovio, *Pauli Iovii opera*, I, 312 – 13, Giovio（与皇帝一起旅行）to Nicolas Raynce and Girolamo Angleria, 7 June 1543（'Il bel duca

Ottavio chiavò in Pavia quattro volte la prima notte la sua Madama'）；*NBD*, Ⅷ, 520 - 6, Nuncio Dandini to Cardinal Farnese, 5 - 6 Jan. 1546（关于查理五世对双胞胎的兴趣）。

7. AGS *E* 644/101, Charles to Diego Hurtado de Mendoza, 19 Sep. /7 Oct. 1547（关于"卡玛利诺公爵的疾病"）。关于玛格丽塔后来的人生，见 d'Onofrio, *Il carteggio intimo*; de Iongh, *Madama*; and Steen, *Margaret*。亚历山德罗·法尔内塞长大之后成为西班牙最成功的将领之一。

8. 原文是：le yzo hazer una señal nela pierna derecha。那么 señal 是什么意思？两年前，查理五世抱怨西班牙殖民者对美洲土著"hierran de una señal en el rostro"以表示他们是奴隶（并试图将这种做法常规化），见 Konetzke, *Colección*, I, 109 - 11, royal order of 20 Nov. 1528, issued 'after consultation with me, the king'。这里的意思显然是烙印，所以查理五世可能下令在女儿身上烙印（而不仅仅是文身）。

9. GS *E* 142/135, Camillo Enobarbo 于 1562 年呈送给腓力二世的《关于乌尔索莉娜·德拉·潘纳夫人的简要报告》（Breve Relación del caso de la Señora Orsolina de la Peña），以及相关的支持文件，包括 f. 134，查理五世给乌尔索莉娜·德拉·潘纳的两封亲笔信，日期分别为 1536 年 4 月 13 日和 19 日，用法文和意大利文写成；及 f. 142，塔代娅给腓力二世的信，1536 年 10 月 12 日。这些文件的不完美抄录版见 *CODOIN*, LXXXVIII, 512 - 21。Gossart, 'Deux filles'讨论了这些文件。

10. BNMV *Ms. Italiani*, Classe Ⅶ, cod. 1009/408v, Gasparo Contarini to the Council of Ten, 28 Jan. 1525（提及"皇帝陛下的女儿，她在巴利亚多利德待了十八个月"）。关于 Girolamo da Nogarola 和皇帝在 1524 年 5 月给他的神秘礼物，即"2000 斯库多，用作他女儿的嫁妆"，见 Cicogna, *Delle Inscrizioni*, Ⅵ, 240 - 1。

11. AGS *E* 5/231, Prioress María de Aragón to Henry of Nassau, 28 Mar. 1524，亲笔信（部分刊载于 *CODOIN*, L XXXⅧ, 510 - 11）。Díaz del Valle y de la Puerta, *Historia del reyno de León*, Ⅱ, parte 1ᵃ, f. 86，说（未给出资料来源）"皇帝的另一个女儿是奥地利的胡安娜，1530 年去世，年仅七岁，是马德里加尔城的奥斯定会的新

修女，她就被埋葬在那里"。Zurdo Manso and Cerro Calvo,
Madrigal, 40 说（同样未给出资料来源），胡安娜在 1530 年 "溺
死在修道院的水井里"。我感谢 Ruth MacKay 和 Felipe Vidales del
Castillo 与我一起讨论了胡安娜的命运。

12. *KFF*, III/2, 223 - 33, 查理五世给费迪南的信，1531 年 7 月 29
日，亲笔信。尽管他说自己 "即将离开"，但还是在尼德兰停留
了超过五个月。

13. *CODOIN*, XIV, 16 - 17, Loaysa to Charles, 8 June 1530; Sanuto, *I
diarii*, LIII, cols 208 - 10, letter of Zuan Francesco Masardo,
Innsbruck, 5 May 1530; Ribier, *Lettres*, II, 633 - 7（也刊载于
Cimber and Danjou, *Archives curieuses*, 1e série, III, 296 - 306），查
理五世在 1556 年一次觐见会上的回忆，由一名不知名的法国目
击者记录下来。

14. Rosso, *Istoria*, 70; Poumarède, ' Le voyage ', 283, Ambassador
Alfonso Rossetti to Ercole of Este, 1 Mar. 1536; Cosentini, *Una
dama*, 66 - 80（p. 76 记载了他的懊悔）。

15. Gayangos, *Relaciones de Pedro de Gante*, 17 - 19; Keniston,
Francisco de Los Cobos, 204, Vázquez to Los Cobos, 13 Feb. 1538;
March, *Niñez*, II, 345, Doña Estefanía de Requesens to her mother,
23 Mar. 1538. 皇帝于 1537 年 11 月 27 日与妻子团聚，又于 12
月 21 日离开她。

16. Panzer, *Barbara*, ch. 2 说芭芭拉可能是在查理五世去雷根斯堡
附近的盖斯林（她的父母在那里有地产）狩猎的时候吸引了他
的注意，后来又到雷根斯堡的 "金十字" 客栈（Gasthof Zum
goldenen Kreuz, 见 Panzer 的书的彩图 5）见他。Ozment, *The
bürgermeister's daughter*, ch. 2 揭示了在查理五世时代的德意志，
秘密的私情是多么容易发展。

17. BMECB *Ms. Granvelle* V/423 - 4, 查理五世于 1554 年 6 月 6 日签
署的遗嘱附录，附有马西的宣誓证词，日期为 1550 年 6 月 13 日
（1624 年根据原件制作的副本）。*PEG*, IV, 495 - 500 刊载了两
份文件，但都省略了抄写者的描述和批注。皇帝对赫罗尼莫的
孕育和出生的准确描述表明，赫罗尼莫是皇帝在皇后去世后唯
一的私生子，或者至少是 1554 年还存活的唯一私生子。对于遗

嘱的附录，详见本书第十五章。

18. Gachard, *Études*, 9 – 10 and 21（尼德兰财政部于 1551 年发给希罗尼穆斯·克格尔·皮拉姆斯的令状），and 14（1571 年芭芭拉家庭的详情）。没有存世文献谈到芭芭拉在什么时间嫁给了希罗尼穆斯，但她的儿子的名字与继父相同，说明芭芭拉在查理五世带走那个男孩之前就认识未来的丈夫。

19. *GRM*，Ⅱ，506 – 7，Quijada to Philip，12 Oct. 1558（送钱的密使是奥吉耶·博加特，他是 1550 年授权弗朗索瓦·马西照料赫罗尼莫的文书的见证人）。芭芭拉于 1597 年去世，关于她的悲剧人生，详见 Lafuente，'La madre'，Lozano Mateos，'Noticias'，and Panzer，*Barbara*。

20. Gonzalo Sánchez – Molero，*Felipe* Ⅱ：*la educación*，198 – 241 描述了如何选择教师。查理五世在 1534 年 7 月 1 日，也就是听西利塞奥讲课的几天后签署命令，赐予他教授头衔，见 March，*Niñez*，I，104。Gonzalo，op. cit.，237 说皇后陪同丈夫去了萨拉曼卡，所以可能在选拔西利塞奥的过程中发挥了作用，但实际上她直接从塞戈维亚去了巴利亚多利德（Girón，*Crónica*，43）。

21. Gonzalo Sánchez – Molero，*Felipe* Ⅱ：*la educación*，242 – 56（关于选择苏尼加）；Fernández de Oviedo，*Libro de la Cámara Real*，1 – 3。

22. March，*Niñez*，I，230，Zúñiga to Charles，11 Feb. 1536 解释了腓力在他的两名侍童的斗殴中受伤时，苏尼加为什么不在场。Martínez Millán，*La Corte*，Ⅱ，100 给出了腓力内廷的规模。

23. Gonzalo Sánchez – Molero，*Felipe* Ⅱ：*la educación*，243，引用了 Francisco de Monzón，*Libro primero del espejo del prinçipe christiano*（Lisbon，1544）。

24. March，*Niñez*，I，68 – 70，72，Silíceo to Charles，25 Feb. 1536 and 19 Mar. 1540. 另见 López de la Cuadra 在 1543 年年初的抱怨，即"在过去两年里，王子殿下花在学习写作上的时间为十五天到二十天"，并且"在过去四个月里，只花了五个小时学拉丁文"，见 Martínez Millán，*La Corte*，Ⅱ，143 n. 724。

25. Gonzalo Sánchez – Molero，*Felipe* Ⅱ：*la educación*，258 – 9.

26. March，*Niñez*，I，230，Zúñiga to Charles，9 Feb. 1536. Gonzalo Sánchez – Molero，*Felipe* Ⅱ：*la educación*，260 – 73 描述了腓力的

宗教教育，并说这本《玫瑰经》就是西蒙·贝宁绘制插图的那一本，今天存放在都柏林的 Chester Beatty Library（*ibid.*, 266 – 7）。

27. March, *Niñez*, I, 227, Zúñiga to Charles, 25 Aug. 1535（苏尼加自 1506 年起就侍奉查理五世，当时这位未来的皇帝年仅六岁，所以这种比拟非常有力）。

28. Martínez Millán, *La Corte*, II, 129 – 46, 很能说明皇帝为什么努力把腓力及其妹妹分隔开。一个例子见 *CDCV*, II, 229, Charles to Philip, Metz, 6 July 1544, 也就是说，皇帝在刚刚开始入侵法国的时候居然抽出时间来操控子女生活的细枝末节。

29. 查理五世对女儿们的待遇与腓力二世在 16 世纪 80 年代给自己的女儿写的那些温情脉脉而关怀体贴的信形成了鲜明对照，见 Parker, *Imprudent king*, 167 – 70。

30. AGS *CSR* 106/470 – 1, Albalá to ' el bachiller Christobal de Estrella', 4 Feb. 1541. Gonzalo Sánchez – Molero, *Felipe* II : *la educación*, 499 – 572 提供了每名教师令人钦佩的简历。

31. HHStA *Ms. Blau* 596/1/45v – 46, Charles to Ferdinand, 4 Nov. 1542; BL *Addl. Ms.* 28, 706/1 – 16 包含 1542 年 9 月 23 日发给查理五世派驻里斯本的大使的关于腓力迎娶葡萄牙公主的主要文件。即便在那时，教宗的诏书也没有覆盖所有的亲缘关系，查理五世不得不获取另一份诏书，见 *CDCV*, II, 636 – 9, Charles to Philip, 8 July 1548。

32. Ball and Parker, *Cómo ser rey*, 70 – 7, Charles to Philip, 4 May 1543（对这份文件的引用都出自这里）。查理五世不关心自己的女儿玛格丽塔或外甥女克里斯蒂娜年纪太小就过性生活可能造成的问题，见上文。

33. 通常情况下对皇帝言听计从的博吉亚这次拒绝服从皇帝的过分要求，所以他和公爵夫人待在家中，直到腓力与妻子圆房很久之后，见 *Sanctus Franciscus Borgia*, II, 460 – 4 and VI, 609 – 11, Francisco de Borja, duke of Gandía, to Charles, Philip and Los Cobos, 全部写于 1543 年 10 月 2 日。

34. BZ 144/39 and Riba García, *Correspondencia*, 25 – 6, Mateo Vázquez to Philip II with rescripts, 28 Dec. 1574 and 21 Mar. 1576.

35. *CDCV*, II, 172 – 3 and 183, Charles to Philip, 27 Oct. and 15 Nov.

1543, and 189 – 93, Philip to Charles, 4 Feb. 1544，备忘录。

36. Gonzalo Sánchez – Molero, *Felipe* II. *La mirada*, 124.

37. March, *Niñez*, I, 323 – 6, Charles to Zúñiga, 17 Feb. 1545.

38. *CDCV*, II, 332 and 343, Charles to Philip, 13 Jan. and 17 Feb.
    1545；March, *Niñez*, I, 324, Charles to Zúñiga, Brussels, 17 Feb.
    1545，均带有亲笔附言。

39. Gonzalo Sánchez – Molero, *El aprendizaje*, 166，刊载了该文件的一
    部分，它是在 1546 年 9 月 16 日的一次私密的册封仪式上被呈送
    给腓力的。

40. *CDCV*, II, 407, Charles to Philip, 2 Aug. 1545，附言；AGS E
    641/11 – 12, Charles to Los Cobos, 3 Aug. 1545，亲笔附言。

41. AGS *E* 644/20, Charles to Philip, 25 Dec. 1547；*CDCV*, II, 564 –
    9, Charles's instructions to Alba, [18 Jan. 1548].

42. *CDCV*, II, 569 – 92, Instructions, 18 Jan. 1548，所有引文均来自
    这里。格朗韦勒的那一份文件似乎是较早的草稿，刊载于 *PEG*,
    III, 267 – 318。查理五世可能是在格朗韦勒准备的草稿的基础上
    动笔的，就像他在 1539 年起草指示时可能做的那样（见本书第
    十章）；或者他是独自起草的，就像 1543 年起草指示时那样
    （见本书第十一章）。因为原稿似乎没有留存至今，所以我们无
    从知道。

43. 格朗韦勒档案里的文本省略了关于皮耶路易吉·法尔内塞和皮
    亚琴察的段落，所以这个段落可能是查理五世亲笔添加的
    （*CDCV*, II, 576 n. 691）。保罗三世是奥塔维奥的祖父，所以对
    这个话题有特别强有力的意见。

44. Gachard, 'Mémoire', 29, Manrique to Cisneros, 8 Mar. 1516. 另见
    奥地利的玛格丽特及其议事会在 1519 年向查理五世提出的分割
    计划（该计划后来流产），见本书第四章。

45. Pietschmann, 'Carlos V y la formación', 440 – 4, and idem, 'Carlos
    V y América', 267 – 75，对查理五世政治遗嘱中关于美洲的三
    个段落进行了精彩的分析。这是皇帝唯一一次花大量精力考虑
    美洲事务。值得注意的是，他忽略了另外两件重要的事情：西
    班牙统治美洲的"正当性"和教会事务。

46. Pietschmann, 'Carlos V y la formación', 444 – 5.

47. *CDCV*，Ⅱ，612 – 15，Charles to Philip，9 Apr. 1548. 皇帝这么选择的部分理由是马克西米利安在奥格斯堡帝国会议期间"代表我处理帝国事务"时表现出的"理智与审慎"。

48. ASF *MdP* 4307，unfol.，Bernardo de'Medici to Duke Cosimo，28 Sep. 1548.

49. ASF *MdP* 4307，unfol.，Bernardo de'Medici to Duke Cosimo，9 Nov. 1548 and 6 Apr. 1549.

50. BL *Eg. Ms.* 2148/16v，目击者托马斯·霍比（Thomas Hoby）对"西班牙王子"进入曼托瓦城的记述。

51. *RTA*，XVIII，2082 – 2176，刊载了 1548 年 3 月至 6 月的帝国会议上关于"勃艮第协议"的辩论。

52. Frieder，*Chivalry*，133 – 58 描述并分析了"班什的节庆"（les fêtes de Binche）。2003 年，联合国教科文组织宣布班什一年一度的狂欢节是"人口口述和非物质遗产代表作"。

53. ASF *MdP* 4307，unfol.，Bernardo de'Medici to Duke Cosimo，28 June 1549；and *MdP* 4308，unfol.，same to same，7 Dec. 1549.

54. Firpo，*Relazioni*，Ⅱ，831，Relation of Marino Cavalli，1551.

55. Giles，*The whole works*，I/2，255，Roger Ascham to Edward Raven，29 Jan. 1551（描述莱茵河上的客运驳船）。

56. Reiffenberg，*Lettres*，12 – 13，van Male to Louis de Praet（他的赞助人），17 July 1550。有人说皇帝向范·马勒口授了自己的回忆录，但他的信明确表示查理五世"在船上写作"。Morel – Fatio，*Historiographie*，160 认为查理五世于 6 月 18 日抵达美因茨之后停止写作自己的回忆录，但这种说法似乎没有根据：他于 6 月 14 日在科隆开始莱茵河之旅，乘驳船逆流而上，6 月 23 日抵达施佩尔（Foronda，*Viajes*，617 – 18）。关于皇帝的《回忆录》，更多信息见本书的附录一。

57. Reiffenberg，*Lettres*，12 – 13，van Male to Louis de Praet，17 July 1550；Zimmerman，'The publication'，89，Bernardo de'Medici，bishop of Forlì，to Duke Cosimo，Augsburg，19 Dec. 1550.

58. Ribadeneyra，*Vida*，109v – 10. 不幸的是，Ribadeneyra 没有给出日期，而只是说这番对话发生在"我不知道是弗朗西斯科神父哪一次去尤斯特拜访皇帝的时候"；但最有可能的时间是 1557 年

　　17. 查理五世皇帝的光辉盖过苏莱曼苏丹，1532 年。在这个引人注目的青铜奖章上，查理五世在一位天使的支持下，风头完全盖过了苏丹。我们几乎可以肯定，这个奖章是为了纪念 1532 年在匈牙利取得的胜利而铸造的。铭文写道："哦，幸运的恺撒，你注定要走得更远；皇帝的宝剑将会斩下敌人的首级。"

18. 查理五世拿着一本书和手套，克里斯托弗·安贝格尔创作，1532 年。这是表现皇帝拿着书的少数肖像之一。图中可见人们描述的"金色短发"和几乎无法掩饰突出下颚的金色胡须。注意拿书的那只手戴着手套，仿佛他正准备放下书去打猎。

19. 雅各布·塞森艾格尔和提香创作的查理五世肖像，1532~1533 年。查理五世于 1532 年与 1533 年之交的冬季在曼托瓦和博洛尼亚长期居住期间，可能为两位著名的艺术家当了模特。提香是曼托瓦公爵最喜爱的画家，而雅各布·塞森艾格尔是查理五世的弟弟斐迪南的宫廷画师。塞森艾格尔说，在这两幅肖像里占据重要位置的狗是"一条大型英格兰寻回犬"。

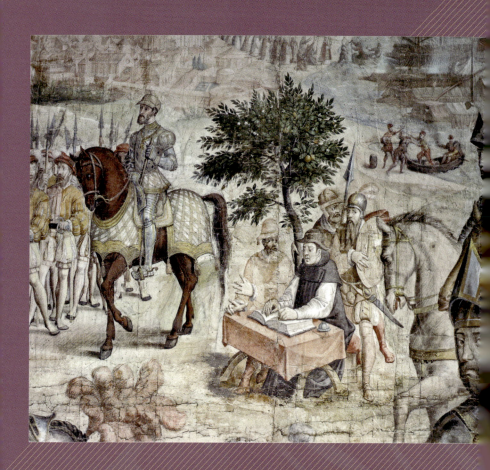

20. 出征突尼斯之前，查理五世在巴塞罗那检阅军队，1535 年。艺术家扬·科内利斯·
尔摩恩陪同查理五世参加了突尼斯战役，并奉命制作十二幅纪念此役的壁毯。其中第二幅
示皇帝（手持将军的节杖，身披铠甲，头戴一种很像现代棒球帽的帽子）骑马走过，书记
在记录集结在巴塞罗那的军队的详细情况。查理五世看上去更像是后勤组织者而不是战士
背景中的蒙塞拉特修道院（皇帝在出征前去那里做祷告）让观看者想起此次冒险的宗教意义

21. 左图：巴勒莫的博洛尼亚广场上的查理五世雕像，1631 年竖立。希皮奥内·利·沃西创作的这尊充满力量的青铜像展现皇帝身穿罗马式服装，头戴桂冠，左手握着指挥棒，右手宣誓捍卫一个世纪以前的西西里王国的法律与特权。

22. 右图：查理五世胜利进入罗马城，1536 年。这是一部歌颂查理五世于 1536 年 4 月日庄严进入"古老的帝都罗马"的小册子的卷首插图。皇帝入城的三周后，克里斯托弗·朔尔出版了这部小册子。下方文字出自《撒母耳记下》第 3 章第 21 节，是押尼珥对大卫王的言："你就可以照着心愿作王。"朔伊尔显然忘记了，押尼珥这么说后不久，就被大卫的部谋杀了。

23. 法国东部的地图，1544 年。这幅巨幅全景图（54 厘米 × 107 厘米）显示的是查理五世从梅斯看见的法国的景象，指出了通往三个潜在目标的路线：左侧，从特鲁瓦去第戎；右侧，从特鲁瓦去巴黎（在蒙马特山下）；中间，从第戎取道欧塞尔和桑斯去巴黎。地图清晰显示了马恩河、约讷河和塞纳河的流向，以及主要桥梁的位置。这些都是行军时需要的关键信息。

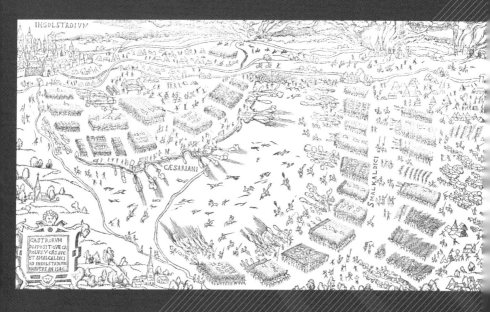

24. 上图：查理五世在因戈尔施塔特城外的营地遭围攻，1546年9月。根据路易斯·德·阿维拉（他是目击者，后来写了一部相关的编年史）的说法，巴伐利亚城市因戈尔施塔特之处的帝国军队营地遭到了长达九个小时的炮轰，大地战栗如地震，但查理五世坚定不移地站在帝国旗帜旁。这让他成为敌人的清晰目标，但激励了他自己的将士。

25. 右图：查理五世在米尔贝格战役，1547年。查理五世在奥格斯堡居住期间请提香创作了一幅巨幅油画来纪念他前不久取得的胜利。图中，皇帝显得踌躇满志、精神抖擞、坚定不移，用的是轻骑兵军官的披挂打扮，手持短矛，携带一支簧轮手枪，佩戴哈布斯堡军队常用的红色徽记，身穿黑尔姆施米德打造的铠甲，上有圣母与圣子的图像。这幅油画把罗马的德意志和基督教的图像元素结合起来。与纪念帕维亚战役的壁毯（彩图14）不同，本图中没有出现敌人，无疑是因为查理五世希望为自己打造的形象是慷慨大方、能让德意志路德派接受的统治者。路德派的领导人已经同意接受一项宗教协议，即《奥格斯堡临时敕令》。

26. 上图：查理五世召开作战会议，1545 年。皇帝很享受战争。在这幅木刻画中，坐在一棵树下，听麾下将领发言，同时发号施令。指挥官之一是索尔姆斯伯爵莱因哈德，曾陪同查理五世在法国作战（指挥炮兵和坑道工兵，迫使圣迪济耶投降），也曾在德意志作战。背景中的利希城（在黑森）是莱因哈德的家乡。

27. 右图：查理五世在奥格斯堡，提香作，1548 年。查理五世身穿黑衣，唯一的装饰是他的金羊毛勋章。他显得镇定自若，威风凛凛，有一种低调的霸气。提香于 1548 年在奥格斯堡待了好几个月，一群助手帮助他完成了查理五世的好几幅肖像。可能是安东·富格给提香支付的报酬，这能解释为什么提香把查理五世画成银行客户，而不是得胜的将军，能解释这个时间的重要性（皇帝在富格尔宫殿居住的时期标志着一个新时代的开始）。

28. 为腓力王子的第一次婚姻获取一切必需的许可，1543 年。阿拉贡、卡斯蒂利亚和葡萄牙王室连续好几代通婚，导致近亲结婚的现象非常多，所以即便在列举了四种主要的"亲缘"关系（每一种都需要得到教宗的专门许可）之后，查理五世仍然觉得有必要获得"更普遍的许可"，以免他忽略了某种可能的乱伦关系。

29. 查理五世战胜复仇女神，莱昂内·莱昂尼与其子蓬佩奥的作品，1549~1564 年。观察这尊巨大的青铜像可以看到，查理五世打扮成古罗马皇帝，脚踏复仇女神（古罗马人视其为战争的象征）。复仇女神尽管已经落败，但拿着一支燃烧的火炬，随时可能点燃战争之火。查理五世保持警惕，镇定自若。这恰恰就是他的宫廷神父和编年史家安东尼奥·德·格瓦拉在那本赞颂马可·奥勒留的书中描写的美德。青铜像的每一件铠甲都可以取下，可以露出皇帝的裸体。

30. 跳棋棋子上的查理五世。16世纪的人们对那些与军事和骑士有关联的游戏，比如象棋和跳棋，越来越感兴趣。这个棋子是用梨木做的，被染成黑色，可能被制作于16世纪40年代的奥格斯堡，上有查理五世的石膏像，边缘刻有 CAROLVS IMPERATOR（查理皇帝）字样。它肯定是一套跳棋的三十二个棋子之一。

31. 查理五世与腓力二世，莱昂内·莱昂尼作。莱昂尼在 1550 年看见尤利乌斯·恺撒和他的养子奥古斯都的一幅联合肖像，从中得到灵感，用缟玛瑙雕刻了查理五世和他的儿子的肖像，另一面是皇后的肖像。莱昂尼的存世书信显示，他又用三个月就完成了这套"狂想的作品"，皇帝"得到它之后赞不绝口"。

32. 查理五世退位，1555 年。弗朗茨·霍根贝格的这幅雕版画（作于 1569~1570 年）展现了 1555 年 10 月 25 日布鲁塞尔宫殿大厅内举行的退位典礼的好几个阶段：在图中央上部，查理五世在豪华壁毯的环绕之下，感谢妹妹马丽担任他的摄政者；下方，他将权力移交给儿子腓力，然后离开大厅；在中央，一名官员打碎了他的印章，梅斯博士准备代表等级会议讲话。

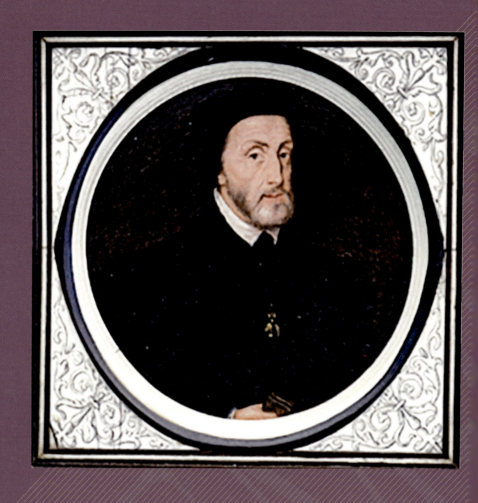

33. 上图：退位后的查理五世，1556 年。在这幅细密画（作者可能是西蒙·贝宁）中皇帝穿着"市民常穿的长及膝的上衣，用佛罗伦萨哔叽制成；还有一件黑色的德意志风格紧身上衣"，戴着黑色帽子，和 1556 年 3 月法国外交官在布鲁塞尔拜访查理五世时看到一模一样。这可能是查理五世生前留下的最后一幅肖像，因为他在三个月后就动身去西班了，此后再也没有请人画过像。

34. 右图：提香的《最后审判》，1551~1554 年。皇帝原本请提香创作的时候，把这巨幅油画称为《三位一体》，但查理五世抵达尤斯特之后就把它称为《最后审判》，因为它示的是他和他的近亲（皇后和他们的儿子腓力、他的姐妹埃莉诺与玛丽）在他死后片刻的象。查理五世身穿白色亚麻服装，与亲人一起祈祷，恳求上帝的怜悯。图中没有他的弟弟迪南，这应当不是偶然，因为查理五世订购此画时斐迪南就在奥格斯堡。

35. 尤斯特修道院的皇帝套房。腓力二世请荷兰艺术家安东·范·登·韦恩戈尔德创作了一系列西班牙"景观画"。1567 年，韦恩戈尔德来到尤斯特的圣哲罗姆修道院。韦恩戈尔德的关注重点是皇帝的宫殿，它坐落于修道院教堂隔壁，可以通过图中左侧的斜坡（今天仍然可以看到）抵达。从图中可以清楚地看到查理五世建造的花园和扩建的建筑。

36. 布鲁塞尔的查理五世追悼会，1558 年。这年 12 月 29 日，葬礼队伍从王宫到圣古都勒大教堂。四十年前，就是在这座教堂，查理五世被宣布为卡斯蒂利亚、拉贡、那不勒斯和西西里国王。

37. 巴利亚多利德的查理五世追悼会上的灵柩台，1558年。胡安·克里斯托瓦尔·卡尔韦特·德·埃斯特雷利亚从1533年起就侍奉查理五世，后来根据自己对皇帝的了解，设计了巴利亚多利德（当时是西班牙的行政首都）的灵柩台，其中包含了查理五世最喜爱的书《果敢的骑士》（彩图6）当中的场景。卡尔韦特出版了对自己设计的灵柩台的描述，附上了表现《果敢的骑士》三个场景的插图。

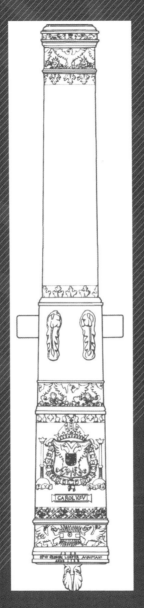

38. 图中描绘的是西班牙无敌舰队使用的一门大炮，它是从德意志路德派手中缴获的。1547年，查理五世打败施马尔卡尔登联盟之后没收了曾经挑战他的人们手中的大炮，其中有许多是格雷戈·勒夫勒为奥格斯堡城铸造的。四十年后，查理五世的儿子腓力二世把至少九门勒夫勒的大炮分配给无敌舰队，包括这门在1538年铸造、重5230磅的大炮。勒夫勒的大炮（包括图中这一门）几乎全都在苏格兰和爱尔兰沿海随舰船沉没。

39. 石棺中的查理五世，1870 年。皇帝于 1558 年去世后，遗体被安放在尤斯特的一个地下墓穴中。1574 年，腓力二世把先皇的遗体转移到埃斯科里亚尔修道院。每年冬季尤斯特地下墓穴的气温都会降到零下，所以查理五世的遗体受到了类似于腌制火腿的处理，就像著名的哈武戈火腿往往被储藏在高海拔的山洞里，一放就是好几年一样。石棺被开放游客参观时，比森特·帕尔马罗利为皇帝遗体画了"油画的写生"，后来这幅画被拍照并制成明信片出售，清楚地显示了查理五世突出的下颚和强健有力的胸膛。

12 月，当时弗朗西斯科·德·博吉亚（后来成为圣徒）花了两天时间拜访皇帝，见 GRM，Ⅰ，235。

59. *CDCV*，Ⅳ，486，我在全书中自始至终都引用的是这个版本。

60. Morel – Fatio，*Historiographie*，170 – 1 列举了《回忆录》中各种各样的"次数"。

61. *CDCV*，Ⅳ，532，描写了"施马尔卡尔登联盟"的"第一个错误"，and ibid.，560，强调了"第六个错误"。

62. Pacheco，*Libro de descripción*，no. 84. 梅西亚在其《皇帝的历史》（*Historia Ymperial*，出版于 1547 年 4 月）的末尾呼吁未来的人们写一部真正配得上查理五世的史书。梅西亚自己随即开始新的创作，运用了他的家乡塞维利亚的哥伦比纳图书馆（Biblioteca Colombina）的文献，但他只写到 1530 年的事件就去世了。

63. Giovio，*Pauli Iovii opera*，Ⅱ，170 – 1，Giovio to Charles，14 Aug. 1550；ASF *MdP* 4308，unfol.，Bernardo de'Medici，bishop of Forlì，to Cosimo，8 Nov.，1，9 and 19 Dec. 1550，and 9 Jan. 1551（部分发表于 Zimmerman，'The publication'，87 – 90）。更多关于查理五世及其历史学家的信息见 Kagan，*Clio*，ch. 2；关于将阿维拉的作品视作"*protocronista*"的例子，见 Gonzalo Sánchez – Molero，'Acerca'，177 – 8，and idem，*El César*，275 – 83。

64. Pérez de Tudela Bueso，*Documentos*，Ⅰ，207 – 9，La Gasca to van Male，Palencia，23 Aug. 1553，回应了索要细节的请求；Gómara，*Hispania Victrix*（印刷于 1533 年"8 月 20 日停止"；前一年，一个早期版本在萨拉戈萨印刷）；Pérez Pastor，*La imprenta*，94 – 7，*real cédula* of 17 Nov. 1553，随后是塞维利亚书商于 1554 年 2 月的声明。

65. *LCK*，Ⅱ，562，Charles to Marie，25 Apr. 1547；*CDCV*，Ⅳ，559 注意到了阿维拉作品和《回忆录》中对渡口事件的描绘有出入。

66. Kagan，'La propaganda'，213 – 14 列举了皇帝的宣传机构在 1548~1549 年的作品。

67. Plon，*Leone Leoni*，370 – 2，Leoni to Perrenot，14 Aug. 1555，描述了他的各项创作的进展情况；Sepponen，'Imperial materials'，n. 5 在 2014 年给出其位置。

68. Ozment，*The bürgermeister's daughter*，52，Anna Büschler to Erasmus

Schenkin of Limpurg, then at Worms, 9 May 1521. 维也纳的艺术史博物馆珍宝馆藏有 16 世纪 40 年代在奥格斯堡制作的带有查理五世肖像的一套跳棋的一枚棋子（Inv. – Nr KK_ 3853）。Gunn, *War*, 250，概述了在尼德兰宣传查理五世形象的媒体。

69. Plon, *Leone Leoni*, 362 – 3, Leoni to Perrenot, 1550. Ando, *Imperial ideology*, especially chs 7 and 8 精彩地叙述了古罗马皇帝（查理五世视其为榜样）如何通过形式多样的媒介来宣传自己。

70. Reiffenberg, *Lettres*, 12 – 13, van Male to Praet, 17 July 1550, postscript（关于翻译拉丁文版本的计划）。Morel – Fatio, *Historiographie*, 172 – 3 令人信服地提出，斐迪南是《回忆录》的目标读者。

71. Bernays, *Urkunden*, 2e Abteilung, Ⅳ/2, 822 and 826, Jacob Sturm and others to the magistrates of Strasbourg, 15 and 31 Dec. 1547；Turba, *Venetianische Depeschen*, Ⅱ, 412 – 14, Mocenigo and Badoer to the Signory, 19 Apr. 1548；*NBD*, Ⅹ, 377 – 80, Cardinal Santa Croce to Cardinal Farnese, 15 June 1548. AGS *E* 1199/26, Granvelle to Alba, 19 Oct. 1548，报告称皇帝的敌人在散播谣言，说"腓力王子将成为意大利国王和罗马人国王"。

72. Von Bucholtz, *Geschichte*, Ⅸ, 726 – 8, Ferdinand to Marie, 29 Mar. 1549, and 729 – 30, Marie's reply, 13 Apr. 1549. 我遵照了 Rodríguez – Salgado, 'El ocaso', 53 – 7 对查理五世何时、为什么对帝位继承问题改变主意的精彩分析。

73. Von Bucholtz, *Geschichte*, Ⅸ, 495 – 7, Marie to Ferdinand, 1 May 1550（我将 nostre maison 译为"我们的皇朝"）。腓力的"方方面面的理由"可能就是 Lanz, *Staatspapiere*, 450 – 61, 'Denkschrift über die Succession in der Kaiserwürde' 刊载的那些。

74. Von Druffel, *Beiträge*, Ⅲ, 161 – 5, and Gachard, 'Charles-Quint', col. 793 note, 斐迪南给玛丽的两封信，第一封无日期，第二封是 1550 年 7 月 19 日发出的。

75. *CSPSp*, Ⅹ, 156 – 7, Perrenot to Marie, 16 Aug. 1550；*PEG*, Ⅲ, 448, Perrenot to Renard, 2 Sep. 1550.

76. *LCK*, Ⅲ, 12, Ferdinand to Charles, 14 Dec. 1550, and 15 – 21, Charles to Marie, 16 Dec. 1550（将查理五世关于这次争吵的叙

述改为直接引语）。Rodríguez - Salgado，'El ocaso'，57 - 8 对这次争吵进行了精练的叙述。

77. *LCK*，Ⅲ，15 - 21，Charles to Marie，16 Dec. 1550；Turba，*Venetianische Depeschen*，Ⅱ，508 - 10，Mocenigo and Badoer to the Signory，15 Feb. 1551.

78. Von Dollinger，*Dokumente*，168 - 77，and von Druffel，*Beiträge*，Ⅲ，196 - 201，刊载了腓力和斐迪南于 1551 年 3 月 9 日在奥格斯堡签署的大量文件，其中很多是玛丽起草的。*CSPSp*，Ⅹ，245 - 6 刊载了最终协议的英译本。

79. Friedensburg，'Karl V.'，76 - 81，Giovanni Michele to the council of Ten，Dec. 1551，报告了马克西米利安的不谨慎言行；*CODOIN*，XCVIII，24 - 8，斐迪南于 1558 年 7 月 22 日给腓力二世的大使阿奎拉主教的信，在信中背弃了任命侄子为帝国在意大利的摄政者的承诺。Edelmayer，'Carlos V'，and Laubach，'Karl V.'，专业地分析了在奥格斯堡关于帝位继承的复杂辩论。

80. Giles，*The whole works*，Ⅲ，9，Ascham，*A report*；TNA *SP* 68/7 no. 358，Morison to the English Privy Council，26 May 1551. 旺德内斯还报告称"父子分别很艰难"，见 Gachard，*Voyages*，Ⅱ，463。

十五　皇帝的最后战役，1551～1554年

皇帝与“基督教世界之团结”

腓力在奥格斯堡辞别父亲之后，于南下途中在特伦托逗留，见证了查理五世最重要的成就之一：特伦托宗教会议的第二轮。1547年皮耶路易吉·法尔内塞的惨死损害了他的父亲教宗保罗三世与皇帝的关系，使双方停止在宗教会议方面的合作。但保罗三世于两年后去世。教宗尤利乌斯三世于1550年2月当选不久之后宣布，宗教会议可以在特伦托重启，或者“如果那个地点不合适，可以选择德意志内陆某地”，从而让皇帝能够接受。查理五世喜不自胜。他告诉他的驻罗马大使，尤利乌斯三世的这个决定“是我最为欣赏的”。皇帝赶紧利用这个新的机遇，去达成他在宗教领域的长期目标。不过，他忍不住指出，如今“德意志境内偏离正道的宗教观点五花八门”，所以要促成和解会很困难，而“若干年前是比较容易促成和解的，因为那时的宗教分歧仅限于少量问题，并且每种观点的追随者也没有今天这么多”。查理五世坚持要求，必须聆听德意志路德派“对他们愿意讨论的任何话题的观点”，从而“让他们将来不能说自己没有得到恰当的聆听”。[1]所以皇帝看到召开会议的教宗诏书没有具体提及路德派时不禁大怒，签署了一份经过公证的抗议书，由腓力王子、安托万·佩勒诺和阿尔瓦公爵担当见证人。他暂时把抗议书保密，然后写信给他的诸领地内所有高级教士和一些精挑细选的神学家，命令他们前

来参会。由于皇帝的努力，特伦托会议的参会者有一半以上是皇帝的臣民。帝国大使弗朗西斯科·德·托莱多非常巧妙地利用了这种数量优势，所以（据教宗说）罗马在流传一个笑话："特伦托会议其实是托莱多会议。"[2]

起初，皇帝接受尤利乌斯三世的要求，即本次会议应当首先解决亟待解决的教义问题，因为很多天主教徒渴望澄清什么是正统、什么是异端。但皇帝坚持要求本次会议（与上一次不同）也要花时间改革教会的弊端，"从而消灭教会内部滋长的丑闻，因为如果不改革的话，错误思想就会继续抢占人心，异端分子就会继续批评教会"。皇帝还表示："我不打算削减圣父的权威……但也请圣父尽力涤荡教会的弊端，因为那才是德意志出现这些问题的根源。"

在写下这些话的不久之后，1551 年 11 月，查理五世带着一小队随从来到因斯布鲁克（距离特伦托不到 200 公里）。他此行的目的之一就是确保特伦托会议讨论和处理教会的至少部分"令信众义愤填膺的弊端……这是我们欠上帝的、欠全世界的"。[3]

1552 年年初，一些路德派神学家来到特伦托。皇帝认为，让他们参会是"医治教会所患疾病的唯一药方"。所以皇帝不知疲倦地努力确保路德派神学家得到与会者的聆听。因此，当尤利乌斯三世威胁"如果路德派教徒发言，他就解散会议"的时候，皇帝大怒。他向他的驻罗马大使迭戈·乌尔塔多·德·门多萨咆哮道："我不想听解散会议的事情。这种事情根本不应当被提出来，更不要说让我同意了，因为它显然会损害我的声望。要知道，维护我的声望和侍奉上帝是一回事。"（这种狂妄自大的说法真是惊人。）皇帝坚持要求大使亲自告诉教宗："如果圣父及其大臣们做了别的什么事情并引发了混乱，那么我们必须明确……这不是皇帝陛下的错，他在上帝和世人面前是无辜的。"尤利乌斯三世对这些"被动攻击性人格障碍"的狂言嗤之以鼻。他告诉自己在特伦托的特使："我坚信不疑，皇帝陛下的所有观点都是稳健合理的，他对我们也满怀善意，但他必须和其他所有人一样，尊重上帝直接赐予我的权力。"[4]

查理五世还是很乐观。1552 年 2 月底，他提醒门多萨，"因为这些事情取决于时间和具体的形势"，所以大使必须持续不断地给皇帝发送最新情况，这样皇帝才能"根据形势的变化"来调整自己的计划。而此时的查理五世绝对想不到，仅仅几周后，"形势"（一支敌对他的德意志军队）不仅会迫使特伦托会议的与会者逃离，从而结束了最后一次促使路德派与天主教徒和解的努力，还迫使皇帝本人狼狈地逃离了因斯布鲁克，以免被自己的臣民俘虏。[5]

死　敌

1553 年，在查理五世宫廷已经居住了一段时间的罗杰·阿斯卡姆惊讶地注意到，三年前还"与全世界处于和平状态的皇帝""没过多久就四面受敌"。阿斯卡姆认为，皇帝处境的急剧恶化是因为"联盟、纷争、劫掠、战争、命运无常以及非常严重的动乱；所有这些灾祸因为忘恩负义、背信弃义、奸佞歹毒、欲求不满、贪得无厌、狼子野心、残忍暴虐和敌视上帝而变得更加严重。自由被驱赶，法律遭践踏，宗教受玷污，上帝也受到嘲弄"。[6]在国际关系方面，"灾祸"于 1550 年 3 月开始：英格兰国王爱德华六世的摄政者急于获得对外和平，于是同意把布洛涅归还法国，从苏格兰撤出全部军队，还允许苏格兰女王玛丽嫁给法国王储。

得知这些消息后，皇帝"不禁忧心忡忡地沉思起来"，因为"英法这次签订和约没有请他参与，并且内容与他的预期相反。所以他觉得自己的声望受到了严重损害。的确，无论在德意志还是意大利，都是如此"。与英格兰签订和约之后，亨利二世①统治下的法国的西翼就得到了保障，他可以为自己 16 世纪 20 年代被囚禁在西班牙的四年以及屈辱的《克雷皮条约》报仇雪恨了。据威尼斯大使说："法王掩饰不住对皇帝的仇恨，渴望向其报复。除非这个敌人死亡或者垮台，任何医药都治不了法王的心病。"[7]

查理五世不知道这些事态，并且做了一件削弱自己地位的事情：他授权安德烈亚·多里亚及其舰队去占领北非的港口城市马赫迪耶，这座城市是当时的头号巴巴里海盗②图尔古特的巢穴，他靠打劫从哈布斯堡家族统治下的那不勒斯和西西里出发的船只为生。多里亚旗开得胜的消息于 1550 年 9 月传到皇帝的宫廷，整个宫廷"欣喜若狂"，举办了一场比武大会，腓力王子亲自参加。但落败的图尔古特去了伊斯坦布尔，请求苏丹帮助对抗他眼中的哈布斯堡家族的赤裸裸侵略。查理五世写信给苏丹，请求（几乎是恳求）将这些作战视为清缴北非海盗的行动，而没有违反两国在三年前签订的停战协定。但查理

---

①　即弗朗索瓦一世之子。

②　欧洲人称之为巴巴里而阿拉伯人称之为马格里布的地区，也就是今天的摩洛哥、阿尔及利亚和突尼斯一带。此地的海盗曾经很猖獗，他们袭击地中海及北大西洋的船只和沿海居民，又从欧洲及撒哈拉以南非洲掳走人口作为奴隶贩卖。

五世拒绝归还马赫迪耶，于是图尔古特在 1551 年率领一支庞大的奥斯曼舰队攻打马赫迪耶，然后又进攻了马耳他岛。这两次攻势都失败了，但图尔古特又偷袭了基督徒在北非的重要前哨据点的黎波里。法国驻奥斯曼帝国的大使就在土耳其舰队中，帮助谈成了该城投降的条件。[8]

　　阿斯卡姆认为，查理五世在地中海的侵略行径是一个灾难性的错误，因为"一旦土耳其人成为皇帝的公开敌人，很多歹人就会开始放肆地蠢蠢欲动，希望公开地解决他们的私怨；法国则支持和怂恿所有敌视皇帝的人，帮助每一个有理由怨恨皇帝的人"。[9]其中就有帕尔马公爵奥塔维奥·法尔内塞（查理五世的女婿）。他的父亲被谋杀（见第十二章）之后，皮亚琴察被伦巴第总督费兰特·贡扎加夺走，法尔内塞对收复该城已经不抱希望。1551 年 6 月，腓力王子在返回西班牙途中在贡扎加的引导下访问了皮亚琴察，然后去了帕尔马，在那里第一次见到了自己同父异母的姐姐玛格丽塔和她的丈夫。

　　尽管这次访问很顺利，但不久之后教宗尤利乌斯三世宣布奥塔维奥是叛徒，并宣称"在一切事务当中，我都支持皇帝陛下"。奥塔维奥的报复手段是与法国人签订条约，将自己的领地置于法国人的保护之下。亨利二世的军队很快就践踏了教廷国的部分地区，并占领了皮埃蒙特的多处要塞。贡扎加恳求皇帝从德意志给他派遣援军去攻打帕尔马。[10]

　　查理五世很乐意这么做，因为帕尔马对于保障米兰公国的安全具有重大意义（帕尔马曾经是米兰公国的一部分）。皇帝向弟弟解释道："我不可能把目前驻扎在符腾堡各要塞的西班牙军队继续维持在当地，因为他们给我原本就难以为继的财政增加了更多开支。"查理五世自信《奥格斯堡临时敕令》和

"家族契约"已经巩固了他对德意志的控制，于是在 1551 年
10 月命令符腾堡的西班牙驻军翻越阿尔卑斯山，他的很多德
意志老兵也跟着去了。[11]

查理五世还犯下了另一个灾难性错误，因为北德的好几个
路德派邦国在挑战他。1550 年年初，梅克伦堡公爵和他的一
些新教徒邻居"为了保卫诸侯的自由和路德派信仰"而组建
了一个联盟。马格德堡的印刷商出版了将近 150 种图书和小册
子来谴责《奥格斯堡临时敕令》，为他们的城市赢得了"上帝
的文书官衙"的称号（不过只有新教徒这么说）。尽管萨克森
选帝侯莫里茨以查理五世的名义组建了一支军队去攻打马格德
堡，但莫里茨对此事并没有什么热情。[12]

查理五世忽视了上述事态的重要性，部分原因是他在布鲁
塞尔逗留太久，直到 1550 年 7 月才抵达奥格斯堡，在那里召开
新一届帝国会议。对他来说幸运的是，亨利二世在一段时间里
同样没有意识到这些事态的重要性。他哀叹道："在德意志很少
有人是值得我信赖的，我几乎完全看不到改善局势的希望，因
为德意志人四分五裂，并且他们的心已经变得非常软弱，我看
不到他们在任何事情上达成一致的可能。"法王只看到两方面有
渺茫的希望：首先是查理五世与他的弟弟之间"关于帝位继承"
的矛盾，"这可能激起某种冲突，不过我觉得可能性不大，因为
我相信皇帝把自己的事务处理得极好，在这方面不会出麻烦"；
其次是萨克森选帝侯莫里茨派了一名密使到法国。[13]

这位新的选帝侯对查理五世颇有怨言。和其他的德意志路
德派教徒一样，莫里茨感到重新召开的特伦托会议对他构成了
威胁。他遵照皇帝的要求派了代表去参会，这些代表坚持要
求，特伦托会议在他们抵达之前做的任何决定都应被视为无效

的。查理五世当然拒绝了。把腓力选为罗马人国王的计划也疏
远了莫里茨（以及其他的选帝侯），因为预先"内定"帝位传
承（就像 1530～1531 年发生的那样）破坏了皇帝选举制度。
在这方面，查理五世也不肯听莫里茨的。最后也最让莫里茨愤
恨的是，他的岳父黑森方伯菲利普仍然身陷囹圄。

起初，莫里茨试图通过结交查理五世的亲戚来争取释放黑
森方伯。1549 年，莫里茨访问了布拉格。据斐迪南说："波希
米亚王国与萨克森家族之间的纠纷得到了解决，并且结果对我
方特别有利，我十分满意。"新任萨克森选帝侯还与西班牙王
子腓力一起狩猎和玩乐，并说服他在"他父亲面前为黑森方
伯说情"，但查理五世拒绝了。阿斯卡姆认为这是皇帝的又一
个严重错误：

> 皇帝拒绝腓力王子的请求，这不是皇帝做过的最明智
> 的决定。因为如果腓力王子能够帮助两位诸侯［黑森方
> 伯和曾经的萨克森选帝侯约翰·弗里德里希一世］获得
> 自由，就能赢得全德意志的好感。此时王子已经被任命为
> 皇帝的副手，与他的叔父罗马人国王并列，将来还可能成
> 为皇帝。[14]

查理五世的秘书处起草了一份秘密宣言，判处黑森方伯
"十年徒刑"。查理五世亲自修改了文件，将量刑提高为"十
五年"。这相当于终身监禁，因为犯人此时已经四十六岁了。[15]

1550 年 12 月，黑森方伯设下计谋，企图在法国、德意志
和尼德兰的一些密谋者的帮助下从梅赫伦越狱，结果与他的西
班牙狱卒发生枪战。越狱失败了，但这种在查理五世的"祖

传领地对他的司法权的挑战，以及企图杀害狱卒队长及其士兵的行为"令皇帝暴跳如雷，他指示官员威胁黑森方伯菲利普，如果他"不主动向你们供认全部真相，我会用武力强迫他招供"。这种策略奏效了：黑森方伯泪流满面，供出了他的同谋（其中很多人很快也被投入监狱）。随后，查理五世命令将黑森方伯搬到一个没有窗户的牢房，剥夺了他的随身现金和仆人，不准他与外界接触。

莫里茨由此得出结论，认为查理五世永远不会释放他的岳父，于是莫里茨与梅克伦堡公爵及其盟友秘密谈成了一项协议，宣誓要争取解放黑森方伯并"捍卫德意志的自由"，若有需要，他们愿意与法国结盟。[16]

1551 年 10 月，西班牙军队离开符腾堡、去参加围攻帕尔马的战役时，莫里茨及其北德盟友与法国国王签订了秘密的"联盟条约，共同反对查理五世皇帝，保卫选帝侯、诸侯和帝国各等级的特权与自由"，挫败查理五世"将野蛮、不可忍受和永久性的奴役强加于他们的"企图，"他已经在西班牙和其他地方建立了这样的暴政"。亨利二世承诺每月提供一笔经费，维持一支联盟军队，为德意志的自由、路德派信仰和解放黑森方伯而战。他还承诺占领洛林境内属于帝国的一些法语区城市，包括梅斯、图勒和凡尔登，并"在尼德兰点燃熊熊大火，迫使敌人分散兵力"。作为回报，参加联盟的德意志诸侯承诺帮助亨利二世收复之前被查理五世占领的全部法国领土，并支持他参选下一任皇帝。[17]

团体迷思

涉及面如此广泛的密谋是不可能保密的，查理五世的很多大臣向宫廷报告了令人担忧的蛛丝马迹。但令人震惊的是，宫廷里无人理睬这些警报。部分原因在于一种后来被称为"团体迷思"的思维模式：决策者不鼓励别人表达不同意见，同时用尽可能减少分歧的方式来引导讨论，从而创建意见一致的虚假表象。这种问题并不新鲜。1519 年，奥地利的玛格丽特派去德意志安排选举查理为罗马人国王的一位大臣就察觉到了这种危险。"对您实话实说，"他向玛格丽特吐露，"诸位大臣因为害怕得罪国王，不敢开诚布公。"然后这位大臣恳求玛格丽特不要把他的不同意见告诉别人。查理五世依赖于对报告的概述，而不看报告原件，这就让"团体迷思"的问题雪上加霜，因为这种制度让他身边的大臣能够扣押不发他们不喜欢的文件。例如，1544 年，加西亚·德·洛艾萨的一封信祝贺皇帝打败了克莱沃，然后恳求"陛下采取措施议和，哪怕这意味着要丢掉您的一些正当权益"。但查理五世始终没有读到这封信，而是依赖一名秘书向他朗读这封信的概要。秘书省略了议和的建议。[18]据阿斯卡姆说，到 1551 年，皇帝"要考虑的事情太多，每一件事情都足以让他忙得不可开交：土耳其人在海陆两面的威胁、法国人在他四面八方惹的麻烦"，以及马格德堡和北德的其他抵抗中心；但"皇帝对自己的智慧评价过高，冲昏了头脑，只喜欢自己的意见；轻率地否决其他人的所有建议（聪明人往往会盲目自大，这也往往会伤害聪明人）"。就这样，查理五世让自己受到了种种蒙蔽。[19]

查理五世愿意向其征询意见的大臣越来越少。1545 年，一名廷臣指出："皇帝陛下决定只和德·格朗韦勒先生讨论他的事务，因为皇帝认为他忠心耿耿、老成谋国。"三年后，罗马教廷大使报告称，现在阿拉斯主教安托万·佩勒诺和他父亲格朗韦勒一起，垄断了皇帝的事务："所有事情都由他俩处理。除非经过他们的手，否则任何事情都办不成，因为皇帝陛下只不过是这个朝廷第三重要的人。"这种评价真是有意思。罗马教廷大使还表示："在这个朝廷，要想把事情办成，必须行贿。"他举的例子是佛罗伦萨公爵科西莫。据这位大使说，科西莫给格朗韦勒和他的儿子送了厚礼，因此才能"在这个朝廷得到自己想要的东西"。威尼斯大使说得更具体。他说，科西莫给格朗韦勒每年 15000 克朗的年金，如果另有特殊需求的话，还会给他更多，"如果算上德意志、西班牙和尼德兰的人士的所有贿赂，那么格朗韦勒每年能得到 10 万克朗"。[20]

也许很多人会说这些指控是恶意的流言蜚语，但科西莫留下了极好的档案，所以历史学家能够查明他的许多贿赂。例如，1543 年年初，公爵给格朗韦勒送去冬季用的暖和的床具与卧室饰物，"因为我知道你要去气候寒冷的德意志"。两年后，公爵送去好几箱甜葡萄酒、阿纽洛·布龙齐诺①创作的祭坛画，还派去一名工程师，为格朗韦勒庄园内的沼泽排水，科西莫承担了该工程师的薪水长达"三四个月，如果更久的话也没问题"。1547 年，公爵给格朗韦勒送去一些红色缎子床罩，并请求把特雷莫利（一座从热那亚反叛者菲耶斯基伯爵手中充公的庄园）以 25000 克朗的便宜价格卖给他。[21]

那些想要或者需要从查理五世那里得到一些东西的人，似乎容忍了格朗韦勒经营的腐败体制，但他于 1550 年去世后，就开始有人愤恨地抱怨他的儿子安托万贪得无厌。据费兰特·

---

① 阿纽洛·布龙齐诺（1503～1572），原名阿纽洛·迪·科西莫，是来自佛罗伦萨的画家。"布龙齐诺"是他的绰号，可能指他黝黑的肤色或偏红的发色。他是托斯卡纳大公科西莫·德·美第奇的宫廷画家。

贡扎加说，格朗韦勒始终"懂得，永远不能不尊重皇帝陛下的大臣们"，而佩勒诺在 1551 年到 1553 年间二十三次批评贡扎加作为米兰总督的表现，包括他夺取皮亚琴察的行动（"佩勒诺认为这是一切挫折的原因"）以及他未能夺取帕尔马一事（"此事花费了 50 万杜卡特的金币"），所以"在当前，哪怕我〔贡扎加〕是恺撒或汉尼拔，他〔佩勒诺〕也不会对我满意"。[22]

不顺从格朗韦勒父子的人，要么被边缘化，要么被罢免。这也是"团体迷思"的一个关键方面。就连皇帝的告解神父也不能幸免。1548 年 8 月，格朗韦勒安排朝廷与奥格斯堡的路德派布道者达成妥协，允许他们保住自己的生计，条件是他们支持和遵守《奥格斯堡临时敕令》。一直敦促查理五世武力镇压德意志路德派的佩德罗·德·索托修士坚决反对格朗韦勒的这个措施，呼吁颁布一道御旨，剥夺那些布道者的生计，除非他们承认错误并遵循天主教的全部教义。皇帝命令格朗韦勒设立一个由大臣和神学家组成的委员会（包括索托）来讨论此事。除了索托之外，所有人都同意，"皇帝陛下缺乏足够的资源来执行这样一道御旨"。次日，索托向查理五世发出抗议。皇帝支持多数派意见，于是索托辞去了御前告解神父的职务，随即返回西班牙的一家修道院，还说了"一些放肆犯上的话"（至少格朗韦勒是这么说的）。[23]

有些人认为皇帝已经脱离实际。他的侄子兼女婿马克西米利安曾在萨克森近距离观察查理五世指挥作战，后来在奥格斯堡帝国会议上也与皇帝有过近距离接触；马克西米利安在西班牙担任摄政时还从远距离观察过皇帝。马克西米利安认为，查理五世最大的错误是，"他处理自己的事务时通常表现得极其固执、缺乏变通"。佩勒诺则发出了不同的怨言。他向玛丽抱怨道："我发现皇帝陛下过于消极和懒散。"

> 在每一件事情当中，皇帝陛下都对找到解决办法不抱希望；不管别人给他提什么意见，他都回答："对每一个问题，都必须寻找最不坏的解决方案……"有人向他建议，我们应当拉拢英格兰人、威尼斯人、德意志诸侯和其他人，并赢得人民的好感，他似乎嗤之以鼻，对这些人都非常轻蔑。[24]

查理五世统治的最低点

"团体迷思"，再加上皇帝及其亲信全神贯注于其他问题，导致他们忽视了德意志，包括萨克森选帝侯莫里茨对他们的潜在威胁。"尽管我并不是很依赖莫里茨的善意"，佩勒诺告诉玛丽（她是向查理五世报告有人阴谋反对他的人之一）：

> 我不相信［莫里茨］敢公开反对皇帝陛下，因为……他胆子太小，做不了这样的大事；他太穷，承担不了这样大的开销；并且他在萨克森太不得民心。他也害怕我们会释放约翰·弗里德里希一世，因为后者虽然已经垮台，但在萨克森颇受爱戴，能够轻松地［把莫里茨］赶走。[25]

玛丽强调"我们的敌人太多，希望我们倒霉的人太多；朋友却太少，希望我们过得好的人太少"，并重复，"所有人都同意，莫里茨选帝侯与法国也有联系"，并且与"所有那些敌视皇帝的德意志人建立了联系"。因此她敦促兄长从奥格斯堡北上，进入德意志心脏地带，从而更好地把握那里的局势。[26]但查理五世仍然不肯听，并且南下去了因斯布鲁克，更加使自己无法及时了解帝国的局势发展。

阿斯卡姆的分析和玛丽类似：查理五世确实已经冒犯了他的很多德意志朋友和支持者。阿斯卡姆举的例子是路易斯·德·阿维拉不久前出版的关于施马尔卡尔登战争的《德意志战记》（见第十二章），其中贬低或批评了好几位德意志诸侯的行为，包括普法尔茨选帝侯弗里德里希二世（他当面向查理五世抱怨了该书对他的描绘）、勃兰登堡边疆伯爵阿尔布雷希特·亚西比德（他大发雷霆，向阿维拉发出了决斗的挑战）和巴伐利亚公爵（"他变得对新教徒联盟更为友好"）。阿斯卡姆指出，尽管一位廷臣可以在短期内"取悦他的主公"，"但他最终可能给主公带来很多损害，正如路易斯·德·阿维拉的这本书伤害了皇帝"，因为皇帝后来"最需要朋友的时候却丧尽民心"。[27]

查理五世的女儿玛丽亚及其两个孩子（这是查理五世第一次见到自己的孙辈）于圣诞节前夜抵达因斯布鲁克，也许他因此而分了神。据佛罗伦萨大使说，皇帝一看到玛丽亚"就从座椅上起身，脱帽，笑容满面地向她走去"。他"无比温柔地亲吻了她的面颊，然后父女俩一起欢笑"。随后他亲吻了两个孩子"许多次，这表明了他是多么疼爱他们，见到他们是多么开心"。新年不久之后，"为了让皇帝更开心"，斐迪南的几个年纪较小的女儿也"来到皇帝身边，她们很享受在这个僻静地方的生活"。但皇帝为了天伦之乐付出了代价：罗马教廷大使恼火地写道，"这意味着［皇帝及其大臣］在这段时间不问朝政，他的朝廷在这段时间办事极慢，耽搁极多"。[28]

罗马教廷大使还表示遗憾，尽管"皇帝陛下和优秀的角斗士一样，在做决定之前会征询别人的意见"，但"如今为他操办事务的人少之又少"。一言以蔽之，朝廷仍然有严重的"团体迷思"的问题。[29] 1552 年新年，有人写信给皇帝说，观察到法国人向德意志境内输送黄金，佩勒诺却对此嗤之以鼻。至于"萨克森、勃兰登堡、黑森、梅克伦堡和波美拉尼亚之间的联盟，我向陛下保证，这无关紧要［che non è niente］"。三周后，佩勒诺又一次否定了关于反对皇帝的阴谋和国内外势力勾结的传闻，并且对"莫里茨在马格德堡投降之后拒绝解散自己的军队"的消息不以为然，因为，根据佩勒诺的高傲宣言，萨克森选帝侯没有理由与皇帝决裂；并且即便莫里茨敢反对皇帝，他和他所谓的盟友也都"既没有头脑也没有资金"来维持一场成功的反叛。

迟至 1552 年 2 月 26 日，查理五世在莫里茨的行为当中仍然"未发现任何值得批评的东西"，"找不到理由对他采取措施"。但就在当天，玛丽发现了反帝阴谋的铁证：莫里茨写给他的一些德意志盟友的书信被截获，其中包含他的阴谋的细节，以及一些招兵买马的命令状。她派人快马加鞭把这些书信送给皇兄。[30]

查理五世如梦初醒。他赶紧签署了一些给德意志各城镇与诸侯的书信，敦促他们拒绝新教徒联盟的提议。他请求斐迪南安抚莫里茨，承诺释放黑森方伯，并偿付皇帝欠路德派统治者的债务。但他这是空口说白话，因为他的金库空空如也。"让这场帕尔马战争见鬼去吧！"皇帝向妹妹哀叹，"它毁了我，因为我把从美洲来的全部金钱都用于帕尔马方面，现在钱都花完了。"[31] 两支路德派军队，分别由莫里茨和阿尔布雷希特·亚西比德指挥，挥师南下，沿途的几乎每一座城镇都主动开门归顺。在每一座城镇，新教诸侯都帮助之前被查理五世赶走的行政长官和路德派布道者卷土重来。新教军队于 1552 年 4 月 4 日胜利进入奥格斯堡。几天后，梅斯向法国人开门献城，当地行政长官认可"在本城下榻的"亨利二世为"德意志自由的保护者与捍卫者"。[32]

此时的皇帝财政破产、孤立无援。他悲哀地向玛丽解释："我一个铜板也找不到，也没人愿意借一个铜板给我，在德意志也找不到一个人愿意支持我。"他甚至怀疑弟弟的忠诚："我看到此次动乱如此普遍，他［斐迪南］给我提供的关于当前局势的消息如此含糊，而且他既没有给我提供帮助，也没有建议我应当如何操作"（这是极不公正的指控），"我开始怀疑，他是不是与此次阴谋的始作俑者有什么秘密的谅解，所以他才对我的事务不是那么上心"。[33] 最糟糕的是，因斯布鲁克距离查理五世的主要基地太远，增援部队很难抵达他身边。他恳求儿子从西班牙送来金钱和军队，但自己也不知道该把金钱和军队送往何地：攻入德意志的法军将他与尼德兰之间的交通线切断了；如果他去维也纳与斐迪南会合，就等于欠了弟弟的恩情，也许会危及"家族契约"。于是，统治半个世界的皇帝不情愿地得出结论，要想安全，唯一办法是留在因斯布鲁克。不过即便在那里，他也觉得不安全，所以把《回忆录》的手抄本寄给儿子，"以免丢失。请务必妥善保管，不得拆封"。[34]

奥格斯堡的陷落令查理五世的处境急剧恶化。得知这个消息后，他向斐迪南分析了自己的处境："如果我继续在这里逗留，迟早会一觉醒来被敌人俘虏。"但如果他翻越阿尔卑斯山逃跑，"我相信整个意大利会立即反叛，尼德兰会任凭法国发落"。皇帝悲愤地总结道："那将是任何一位帝王经受过的最严重的耻辱。"因此：

> 我信赖上帝，将自己托付于上帝之手。我决定，我宁愿被世人当作一个老傻瓜，也不愿在患病而衰弱的老年失去自己的一切，却不曾努力去抗争。看到我目前的处境，以及上述的障碍，我深知自己要么经受莫大的耻辱，要么将自己置于极大的危险之中。我选择了危险的道路，因为那样的话，我的命运将由上帝主宰。我不会在这里坐等敌人的羞辱。

他宣布自己打算秘密离开因斯布鲁克，尝试前往尼德兰，到了那里他就安全了。"如果上帝愿意给我一个有利的结局，再好不过；如果他另有打算，我也宁愿自己在抗争和努力的过程中死亡或者被俘，而不是继续舒舒服服地等死。愿上帝做出对他最有利的安排。"[35]

事实证明查理五世对天意的信任是错误的。尽管他悄无声息地离开了因斯布鲁克的宫殿，但他向尼德兰的方向刚刚走了80 公里就得知，莫里茨的军队阻断了他的前进路线。于是他忧心忡忡地返回因斯布鲁克，再次向西班牙求援。他认识到莫里茨的意图是"向我逼近，将我逐出德意志"，所以恳求腓力"火速"给他送来尽可能多的西班牙士兵，"最重要的是还要送来金钱，因为你知道这对我的荣誉和声望会产生怎样的影响，以及这对保住上帝赐予我们的土地是多么重要"。他用

"我们"这个词，又一次巧妙地提醒腓力：查理五世失去了东西，等于腓力也失去了。[36]

现在，皇帝下定决心要克制自己的傲气，去维也纳避难，但（他抱怨）斐迪南"在很多信里反复说，我绝对不可以去他那里，因为那样会毁掉他和他的事务，并且他在那里无法为我提供任何支援"。皇帝在前一年强加于斐迪南的"家族契约"让斐迪南没有理由为自己侄子的家产而战斗。[37]

斐迪南试图保持中立。他首先去了莫里茨的大本营，查明莫里茨的意图，然后去了因斯布鲁克，摸清查理五世愿意做出什么样的让步。但皇帝愿意给出的最好条件仅仅是：叛军解散两周之后，他释放黑森方伯；并请帝国会议最终解决宗教纷争，而帝国会议是被天主教徒主宰的。于是莫里茨率军继续推进，冲向阻隔在他们与因斯布鲁克之间的阿尔卑斯山隘道。桑多瓦尔的《查理五世皇帝的生平与事迹》设想了查理五世于5月19日得知这个惊人消息时的情景："连带走御用衣服和饰物的时间都没有。他星夜逃遁，有人说他逃脱得极为侥幸，他刚走出一扇门，莫里茨的士兵就从另一扇门进来了。"[38]

桑多瓦尔说得可能有点夸张，但查理五世确实蒙受了极大的羞辱：他不得不逃往50公里之外的布伦纳山口，去寻求避难所。一位大使抱怨道："在这个风雨交加的夜晚，我们骑马行进了几乎一整夜，周围伸手不见五指。"皇帝一行人终于抵达"一个条件恶劣的小村"之后，征用了"几张床单，好让皇帝有地方睡觉，因为他的行李还没到"。五天后，在300公里之外，查理五世"因为痛风而无法行走，只能躺在轿子里"，和他的随从一起抵达了相对安全的菲拉赫，这是奥地利克恩滕省的一个偏僻城镇。他们在那里待了两个月。[39]

萨伏依大使斯特罗皮亚纳伯爵概括了查理五世目前面对的战略困境。他不仅需要恢复自己在德意志的权威，从而"洗雪狼狈逃离因斯布鲁克的奇耻大辱"；还需要"打击法国人的放肆，收复被他们占领的土地"，否则"他的处境很危险，可能被逐出德意志和他的世袭领地"。更糟糕的是，如果亨利二世"为了反对皇帝而动员法国的全部力量，以及德意志、波兰和土耳其人的部分力量，并在意大利煽风点火，那么皇帝可能失去意大利和尼德兰。皇帝唯一的办法是"，斯特罗皮亚纳伯爵总结道，"阉割法国雄鸡，把它变成阉鸡"。[40]

查理五世同意这种大胆的分析，但他需要争取时间。于是他派弟弟再次与莫里茨（此时在帕绍）谈判，并指示斐迪南尽量拖延时间，等待援兵和金钱从西班牙送抵。但斐迪南担心法国干预，所以没有服从皇帝的指示。他向新教徒做出了重要的让步：所有路德派统治者及其臣民获得永久性的信仰自由；立刻释放黑森方伯；不再要求德意志诸侯帮助皇帝反对法国；承诺将来召开诸侯大会，处理大家对皇帝的怨言。斐迪南甚至承诺，如果查理五世不遵守这些条件，斐迪南和他的儿子马克西米利安将向皇帝开战。斐迪南把这些条件发送给皇帝，并亲笔写了一封短信。在信中，"你最谦卑、最忠顺的弟弟"警告查理五世，除非他准备打一场全面战争，否则他必须接受这些条件。[41]

查理五世读这些文件的时候简直不敢相信自己的眼睛。他写了一封怒气冲冲的回信。尽管"我不打算向路德派开战，目前我也没有那么做所需的资源"，但他认为这些条件，尤其是要求他施行普遍的宗教宽容的条件，简直是"敲诈勒索"：

> 我不能接受他们企图强加于我的桎梏……如果我接受他们的条件，我就不得不承诺永远不会镇压异端。将来有朝一日，我的良心会迫使我去反对异端……我经常写信或者口头告诉你，我绝对不会同意做违背我的职责与良心的事情……

他指出，如果授予普遍的信仰自由，那就"毁掉了上两届帝国会议做出的决定，而没有征询可能受影响的人的意见。我不能这么做，也绝不会做，尤其是因为此事对他们极其重要"。查理五世继续写道，更何况，这样的让步会毁掉"《奥格斯堡临时敕令》，以及我们之前花费极大力气、付出了极大代价才在宗教问题上取得的成绩"。他说，自己的决定不是因为骄傲，"因为如果问题仅仅是我个人的荣辱的话，为了和平我甘愿受辱……但问题在于，个人的屈辱是我可以承受的，但良心的重担是我不能承受的。所以我不能接受这样的条约"。[42]

查理五世表示愿意"担保，不管下一届帝国会议对宗教问题做出什么样的决定，我都接受"，也就是说，他的良心允许他再做一次临时性的让步，但不能做永久性的让步。和之前的很多次情形一样，他这次也授予斐迪南全权，以皇帝的名义谈判，"因为你身处一线"。但这一次，皇帝提出：

> 有一个条件，现在就告诉你：除了上述的让步之外，我不愿意做任何妥协，也不认为自己受任何妥协的约束。在这一层意思上，对方的条件越苛刻就越好，因为我打算让下一届帝国会议知道［新教徒联盟的］大奸大恶，以及我现在是受到胁迫才做让步的，所以我不认为自己受到

［暂时做出的让步］的约束。

这恰恰就是 1526 年弗朗索瓦一世签订《马德里条约》之前对查理五世要的花招，并且当时让查理五世大发雷霆。现在，除了亲笔短信之外，皇帝还敦促弟弟尽可能地拖延谈判，因为"时间是我们的最大优势。有了时间，敌人就会被削弱，而我们能集结兵力。我只需要十五到二十天"。

这个时期的另外两封信能够体现皇帝受到极端威胁时的坚忍不拔。他得知，玛丽亚和马克西米利安的第一个儿子，也就是前一年冬季在因斯布鲁克得到过他的宠爱的那个孩子，夭折了。尽管"我的右手有根手指疼痛难忍"，他还是亲笔写了吊唁信，提醒斐迪南，"说到底，我们必须接受上帝的意志"，随后祈祷"上帝佑助你处理当前的问题，从而为上帝效力，保障我们的事业的繁荣"。随后他给马克西米利安也写了一封类似的亲笔信（并称他为"我儿"，署名为"你的慈父查理"）："赞美上帝的一切旨意。我们必须接受他的意志，同时恳求他保佑我们这些尚在世间的人，并赐福于我们。"尽管在个人和政治层面都遇到挫折，查理五世还是坚信上帝会推进他和他的家族的利益。[43]

几天后，查理五世告诉玛丽，他打算"离开德意志，把皇位交给"斐迪南，并授权他向路德派诸侯做出他们想要的让步，因为"他［斐迪南］说他的良心允许他这么做，而我的良心不允许"。在信使带着这封信出发之前，查理五世返回了因斯布鲁克。他告诉玛丽，他的这个行动会"激励一些人，让另一些人震惊"。因为力量平衡已经戏剧性地变为对他有利：阿尔瓦公爵率领 5000 名西班牙步兵驰援，"还来了很多绅士，他们愿意为了侍奉皇帝陛下献出自己的私产"，另外还送来了"200万杜卡特的钱币，或者随时可以铸币的金银"，这笔财富来自秘鲁。皇帝的副将们还在各地招兵买马，准备为他效力。与皇帝同行的罗马教廷大使认识到，查理五世现在"不仅可以自卫，还可以攻击敌人，报仇雪恨"。[44]

皇帝的反击

"阿尔瓦公爵带着西班牙军队和大笔资金抵达，这极大地鼓舞了我们的斗志，"查理五世身边的一名随从写道，"现在大家在公爵的套房里召开作战会议，进行了长时间的详细讨论。"援军的抵达也增强了斐迪南的谈判地位。一周后，在帕绍，他和莫里茨达成了初步协议。斐迪南代表兄长承诺：无条件赦免所有曾拿起武器反叛皇帝的人；立即释放黑森方伯菲利普和萨克森的约翰·弗里德里希一世；召开一次帝国会议来最终解决宗教问题；处理米尔贝格战役以来皇帝及其下属的所谓滥权行为。作为回报，新教徒联盟的成员同意要么在十天之内解散军队，要么把军队送去保卫匈牙利。

莫里茨几乎是立刻率军去对抗土耳其人，而查理五世进入因斯布鲁克，"骑着马，表现得比通常情况下更为强健有力，马鞍上放着火绳枪"。几个月前还显得"衰老，被多重疾病折磨得十分憔悴"的皇帝如今在德意志统领着超过68000人的军队，在尼德兰还有41000人，在意大利北部有24000人。现在他要用这些军队做什么呢？[45]

他可以在意大利发动一次战役，因为帕尔马的犯上作乱让查理五世在意大利发号施令的能力受到质疑。但在1552年7月，威尼斯拒绝了法国的结盟提议，于是意大利的其他绝大多数统治者也在皇帝与法国之间保持中立。只有锡耶纳共和国鲁莽地与皇帝作对，其首都的市民驱逐了西班牙驻军，并高呼"法国、自由和胜利！"查理五世相信他在意大利的大臣有足够的力量阻止锡耶纳的反叛"传染"到意大利的其他地方。他宣布："我已经决定，目前的主要任务是为德意志事务寻找解决方案，因为我的事业的成功依赖于德意志的太平。"[46]

这个决定导致了查理五世在位时期最糟糕的一次战略灾难——梅斯围城战。对历史学家来说幸运的是，留存至今的大量史料，尤其是皇帝本人以及他的宫廷的大使们的书信，让我们能够详细地复原他走向灾难的路径。

尽管《帕绍条约》恢复了德意志大部分地区的和平，但查理五世仍然面对着两个重要的敌人。勃兰登堡边疆伯爵阿尔布雷希特·亚西比德率领约 12000 人占领了特里尔，蹂躏了附近的天主教地区，并威胁哈布斯堡家族统治下的卢森堡公国；法国人则在梅斯留下了一支强大的驻军。帝国军队现在分成两个梯队，向莱茵河进军。查理五世又一次身穿全副铠甲，率领主力部队前进。阿尔瓦公爵指挥前锋部队，每晚扎营，次日早晨出发，查理五世率领的主力部队当晚进驻前锋留下的营地。罗马教廷大使卡马亚尼报告称（语气夹杂着敬慕和恼怒），他猜不透帝国军队的目的地。尽管在 9 月，他认识到查理五世企图在斯特拉斯堡附近渡过莱茵河，但他还是吃不准查理五世的最终目的地是特里尔还是梅斯。

尽管"在此地的几乎所有廷臣都相信皇帝陛下打算竭尽全力从法国人手中收复梅斯"，但罗马教廷大使还是忧心忡忡，因为当年适合作战的时间所剩无几，瓢泼大雨和刺骨寒风的季节快要到了。不过，他承认，占领梅斯或者打败阿尔布雷希特·亚西比德"将会提升皇帝陛下的声望"，尤其是如果皇帝御驾亲征的话。[47]查理五世已经得出了相同的结论。他的御医告诫他"不要亲自参战，既是因为他的健康状况不允许，也是因为他身临前线反而会比待在后方制造出更多的问题"，但皇帝"答道，不管怎么样，他都打算继续前进"。他还告诉儿子：

> 尽管有困难（因为时节已晚，并且在这样的大业当中必然会出现其他的问题），但我希望上帝把一切都掌握在手中，并指引我得到一个成功的结局。至少我会竭尽全力、尽我所能，如果有必要的话不惜以身涉险。[48]

查理五世表面上自信满怀，但心中也有疑虑。早在6月，他就预测，法军会潜伏到"卢森堡边境附近，牵制我军，与此同时完成梅斯的防御工事"。三个月后，也许是回忆起了自己在因戈尔施塔特的经历，他担心一旦梅斯有了现代化的防御工事，"我们就没有办法占领它了"。并且，"如果这座城市留在法国人手中，它就能为他们提供一条深入德意志、直逼莱茵河的通衢大道"，并"切断尼德兰和勃艮第之间的交通线"。因此他必须抓紧时间，尽快拿下梅斯。他承认，因为缺乏粮草、时节已晚、梅斯的法国守军兵强马壮并且资源充足，以及他自己缺钱，所以"我们无法长期围城，无法用饥饿迫使敌人守军投降"。

因此他请求玛丽向每一个"熟悉那个地方，尤其是近期去过那里"的人征询意见，从而判断"能否通过强攻拿下梅斯"。如果不行的话，她请教的专家必须"告诉我，我指挥的这支军队应当做什么，才能在今年剩余的适合作战的时间里尽可能地重创敌人"。不管怎么样，她必须给他送来一些坑道工兵（以及额外的掘壕工具，"因为有些工具在使用时损坏了，有时需要让士兵们挖掘"）；给他送来她能够提供的全部炮兵（"因为在火炮方面永远需要专家"）；还需要工程师（"因为如果我要建造攻城工事的话，我需要优秀的工程师，既是为了向其他人解释应当做什么，也是为了设计攻城工事并监督其建造"）。[49]

考虑到皇帝面临的诸多不利条件，玛丽（不足为奇地）建议他不要去攻打梅斯，而是进攻距离尼德兰和安全的冬季营地较近的某地。查理五世（同样不足为奇地）表示反对，和十年前阿尔及尔战役时他坚持硬撑下去的理由相同。"在我看来，我们没有别的行动路径，因为如果我们放弃围城，我就不得不解散我的军队；那么我就花费了巨资，却没有得到任何结果。因此我决定花费更多金钱，并等着看上帝的旨意是什么。我不会不等着看看命运会给我带来什么，就自己半途而废。"[50]

根据卡马亚尼对军事形势的评估，皇帝的决定显得特别轻率。"从兵力来看，皇帝的军队足以承担任何作战行动"，这位罗马教廷大使说：

> 但从兵员的状态和质量来看，大部分德意志步兵的素质都很差：装备差，并且缺乏军事经验。西班牙步兵里有一些曾参加帕尔马围城战的最优秀的老兵，但大部分人是刚刚从西班牙来的，素质也很差，并且病号很多……骑兵的兵力也不如敌人。

卡马亚尼同意查理五世的意见，即"如果这支军队在今年能够取得任何战果，更多要感谢皇帝一贯的好运气，而不是其他什么"。[51]

在一段时间里，命运又一次向查理五世露出笑脸。在尼德兰，他的军队占领了埃丹，迫使亨利二世从法国东部边境调遣部队和资源去北部边境。在德意志，阿尔瓦公爵说服阿尔布雷希特·亚西比德接受了《帕绍条约》，并与他合兵一处，去攻打梅斯。查理五世哀叹自己不得不与阿尔布雷希特·亚西比德这样讨厌的家伙（此人自称"吃神父的狂魔"）结盟。"如果可以不与他结盟，我会很高兴，因为我想给他应得的惩罚。"但皇帝不情愿地驳回了自己的良心的要求，因为如果没有阿尔布雷希特·亚西比德的军队，"我们就不能完成对这座大城市的合围，那样的话，敌军就可以随时向其增援"。与查理五世同行的国务秘书弗朗西斯科·德·埃拉索也感到悲观。他认为，围攻梅斯"比什么都不做要强"，因为如果什么都不做，批评者就会嘲弄说"这支庞大的军队之所以集结起来，仅仅是为了陪皇帝陛下去尼德兰"。[52]

"史上最精彩的围城战"

1552 年 10 月 23 日，帝国军队开始在梅斯城周围挖掘堑壕，但皇帝没有留在那里观看。据埃拉索说，在前一个月，贝尔斯多普医生"坚持要求皇帝陛下绝不能去堑壕里，因为他的健康状况不允许，并且他到最前线会造成更大的困难"，但皇帝"告诉他，不管怎么样，他都下定决心要冒一次险"。他快到梅斯的时候才改变主意，因为"我的痛风病发作得很厉害，今天我不得不卧床"。于是，他决定去梅斯以北 30 公里处的蒂永维尔，"在那里比待在军营稍微舒适一些，能让我比较快地恢复"。[53]

他部署在梅斯城下的军队就不是那么"舒适"了。在这年夏季，法国守军修建了厚厚的壁垒，建造了许多碉堡，拆除了城墙外的所有建筑物，创建了一座配备火炮的要塞。这让帝国军队里尼德兰部队的指挥官十分担忧，因为"我从来没有听说过这样一座戒备森严的城镇被人通过强攻拿下"。他很快就抱怨"守军每天都发动袭击，他们都是勇敢的战士，能征善战"。[54]僵持一个月之后，查理五世担心"战局进展不顺利，我本人的声望也受到了影响，因为我距离战场很近，仿佛我亲临前线。另外，如果我真的在前线的话，我也许可以处理一些事情"。于是他离开了蒂永维尔的病榻，南下开赴前线，"兴高采烈"地来到梅斯城下的军营。

11 月 22 日，在阿尔瓦公爵和阿尔布雷希特·亚西比德的陪伴下，皇帝"骑马巡视堑壕和炮兵阵地，看上去神采奕奕"。次日，他进入堑壕，指挥了一轮猛烈炮击，200 公里外的"斯特拉斯堡都听得见雷鸣般的炮声"。[55]

但是，长达一周的狂轰滥炸仅仅在外层城墙上打开了 25 米长的缺口。他的部队拒绝发动强攻，因为敌军堡垒的大炮俯瞰缺口，虎视眈眈。随后，"为了在此役中想尽一切办法，免得将来追悔莫及"，查理五世命令在城墙下安置炸药并引爆。但如之前的炮轰一样，爆破也没有取得什么成果。有些人认为这是白费功夫，因为"不可能用爆破的手段占领梅斯"。他们责怪皇帝"固执己见，可以说是顽固"。一周后，查理五世返回了蒂永维尔。据威尼斯大使说："现在宫廷和军队都明显地灰心丧气了，他们不相信还有希望攻克梅斯。"[56]

十年后，法国军人和作家布朗托姆领主皮埃尔·德·布尔代耶说，皇帝尝试攻克梅斯的战斗是"史上最精彩的围城战"，但当时在堑壕里的士兵可不是这么想的。萨伏依大使写道："天寒地冻，大批士兵被冻死；其余士兵逃之夭夭，因为他们找不到粮草。"英格兰大使声称："自我出生以来，还从没经历过今年圣诞节这么冷的天气。"即便在二十年之后，佩勒诺仍然"两腿都感受到在梅斯城下体验过的那种酷寒"。[57]查理五世也吃了不少苦头。他在蒂永维尔的病榻上悲愤地写信给玛丽："我吃得很少，以至于我开始相信，人是不可能饿死的。我身上的肥肉都没了。我完全没有目前的行当［mestier］所需的力量。"他的行当就是打仗。"我在床上听弥撒，除了吃午饭之外不起床。寒冷和体弱迫使我下午四五点钟就睡觉。"纪尧姆·范·马勒给皇帝高声朗读古典著作的段落，尤其是约瑟夫斯的《犹太战争》（这部历史书记载了许多成功的围城战），以及《旧约》，特别是《但以理书》和《诗篇》（里面有很多关于勇气和坚忍不拔、最终战胜千难万险的故事）。查理五世甚至撰写了"一本书，其中摘录了《诗篇》的一些精彩段落"。拉·加斯卡（平定秘鲁的英雄，如今是西班牙的一位主教）认为皇帝的这本书"非常虔诚，证明了皇帝陛下神圣而虔诚的意图"。[58]

但这样的虔诚还不足以打动造物主：当皇帝的主力部队在梅斯城下束手无策时，法军封锁了埃丹。于是战局转为对查理五世不利。"我的好妹妹，"他写信给玛丽，"法国人针对埃丹的行动也许会产生重大后果。我已经对这座城市［梅斯］尝试了一切办法，却看不到占领它的希望。为了避免因为疾病而白白地损兵折将，也是为了救援埃丹……我最终决定放弃围城。"阿尔瓦公爵巧妙地伪装了撤军的行动。1553 年新年夜间

11 点，帝国军队静悄悄地放弃了他们的堑壕。[59]

胜利的守军升起旗帜，颁发了一种勋章来挖苦查理五世的座右铭。在这种勋章上，一只鹰被拴在赫拉克勒斯双柱上；勋章的铭文是"NON ULTRA METAS"，有双重意思，一是"不能通过梅斯"，二是"不能越过这些界线"。[60]据威尼斯大使说，此次围城战"夺去了 25000 名士兵的生命，这还不算男孩、妇女、随军商贩和其他人；另外损失了 25000 匹马"。斯特罗皮亚纳报告称："帝国军队的损失比公开的说法多得多。廷臣们要么已死，要么奄奄一息。"还有很多士兵因为患病或负伤而被丢下，只能听凭法国人发落。阿尔瓦公爵抛弃了大量"甲胄、大炮、长枪、刀剑和其他兵器，还丢弃了不计其数的辎重和绝大部分帐篷"，在撤退途中还把另外 30 门火炮及其炮车丢进河里。[61]不过，如果不撤军的话，说不定更惨。

七十五年前，就在 60 公里之外的地方，勃艮第公爵大胆查理做出了一个愚蠢的决定，在冬季攻打南锡，结果一败涂地，公爵本人死亡。皇帝很熟悉这个先例，因为两年前他命人将这位祖先的遗骸从位于南锡的简陋坟墓中挖掘出来，然后大张旗鼓地运到哈布斯堡领地下葬。[62]

尽管皇帝放弃了梅斯围城战，保住了自己的性命，但他很快在大臣们当中引发了一场激烈争吵，因为他命令，"既然他没有钱支付给德意志官兵，[阿尔瓦]公爵应当对官兵好言相劝，承诺到了特里尔之后支付军饷。公爵回答，他不知道如何创造奇迹"，并建议查理五世将这个任务托付给"那些建议皇帝坚持攻打梅斯，却没有准备所需的金钱与物资的大臣"（主要指的是佩勒诺），"这在他的大臣们当中造成了极大的混乱"。就在他们大吵特吵的时候，法军收复了埃丹。[63]

皇帝进退维谷

查理五世的每一项计划都流产了。帕尔马、锡耶纳和梅斯向他挑战并取得胜利；他丢失了埃丹；他还不得不同意继续宽容德意志的路德派。并且，这次史无前例的长期动员损耗了他的财政。根据詹姆斯·特雷西的计算，1552 年卡斯蒂利亚国库签署的贷款合同"是查理五世在位期间涉及金额最大的一宗"，多达 370 万杜卡特，而"金额第二高的贷款是 1553 年的"，为 220 万杜卡特。在尼德兰，国库开支从 1550 年的 130 万杜卡特飙升到 1552 年的 600 万杜卡特，1553 年的数目甚至更高，达到了他统治时期的最高峰。[64]

皇帝还损害了自己的健康。1552 年圣诞前夜，范·马勒报告称，他的主公"经常抱怨自己的肠胃问题和腹泻"，但皇帝仍然坚持喝"在寒冷地方放了一夜的冰冷啤酒。他沉迷于这样的极端饮食习惯已经有一段时间了，不肯改正"。范·马勒警示道："就算是身体健康、强壮有力的人，也不能承受在冬季破晓之前喝冰啤酒，何况是他这个年纪的人，而且他的健康早已经受到了疾病、舟车劳顿和艰苦工作的损害。"他还抱怨说，查理五世经常"猛吃牡蛎，无论是生的、煮熟的还是煎的，他都狼吞虎咽，还吃几乎所有种类的鱼"，尽管"每天黎明前我都听见他的痛苦呻吟和叹息"。一周后，"皇帝的肠胃和痔疮好了些"，但是贝尔斯多普医生注意到，查理五世已经完全没了胃口，"靠鸡蛋和汤维持生命"。

英格兰大使理查德·莫里森在 1553 年 1 月觐见皇帝后写道，他从未见过查理五世"如此濒临死亡，如此面如死灰，他的手如此枯瘦和苍白；在过去，即便他身体的其他部位患病，眼睛也洋溢着活力，如今却变得眼神黯淡、迟钝，看上去时日无多了"。[65]皇帝花了一个多月才回到布鲁塞尔，这段路程他在过去只需要一周。他进城时"坐在敞篷的轿子里，眼睛始终盯着天空"。据斯特罗皮亚纳说："皇帝陛下身体羸弱，对吃喝没有兴趣。他忍受着极多的痛楚，却没有任何具体的疾病。他的状态让我不寒而栗。"[66]

查理五世仍然在梦想复仇。1553 年 2 月，尽管身体状况很差，他还是出席了尼德兰的等级会议，要求他们批准征收 150 万杜卡特的新税。但他首先愤怒地控诉了法国人的奸诈。他说，亨利二世国王占领了帝国的一些地区，"企图接管它们，像他奴役自己的王国一样奴役那些地区"；法王煽动德意志人造反；最重要的是，他怂恿土耳其人在地中海和匈牙利发动进攻。这番痛斥让查理五世精疲力竭，他随后到冷山宫的套房休息。之后的四个月里，（据威尼斯大使说）他"对每件事情"和每个人大发牢骚。[67]

皇帝似乎在身体上和精神上都垮了。据他的尼德兰谋臣尼古拉斯·尼古莱说，"关节炎蔓延到了皇帝的全部肢体、关节和神经"，寒冷的天气又增加了他的痛苦。此外，他还患有黏膜炎，"发作的时候他不能说话；说话的时候声音太小，仆人听不见或者听不懂"。最后，"他的痔疮肿得很厉害，给他造成了很多痛苦，但要将其归位，又会让他疼得流出眼泪"。尼古莱写道，这些疾病组合起来，压垮了皇帝的精神，所以他不再"像过去那样"优雅而和蔼，而是变得悲哀和抑郁，"他经常号啕大哭，泪如雨下，仿佛是个孩童……皇帝陛下不想听国事，也不想签署大臣准备的少量文件"。

他拒绝接见外臣，也不肯公开露面。他把资深大臣路易·

德·普莱特从御前赶走，"因为他经常要和皇帝谈国事"。安托万·佩勒诺抱怨自己尽忠职守却遭到公众的辱骂，以此为由索要一个油水丰厚的职位。皇帝听了他的话，不禁大发雷霆："你说别人因为自己的功劳得到奖赏，而你没有得到奖赏。你办的事情太多，如果每件事情都要得到奖赏的话，我可没有本事满足你。"尼古莱说：

> （查理五世）不分昼夜地忙着调整他的许多时钟，将其同步……夜间，他因为失眠，经常唤醒贴身男仆和其他人，命令他们点燃蜡烛和火把，帮助他拆解某些钟，然后将其重新组装起来。他花了大量时间阅读大卫王的《诗篇》以及对其的评论。

据尼古莱说，为了防止发生灾祸，玛丽接管了政府，但大家都知道这只能是临时性的措施。[68]

在玛丽的坚持下，查理五世于 1553 年 4 月 2 日签署了一封信，命令他的儿子返回尼德兰，从而"扬名立威，让世人了解你，让所有人，包括你的敌人，都明白，你不会给他们机会为所欲为"。宫廷的其他人可能不知道这封信。皇帝相信，腓力扬名立威的最好办法就是亲自指挥一场针对法国的军事行动并取胜。但尼德兰已经无力承担军费，所以"你必须自己带来一大笔钱，必须足以恰当地维持这些省份。这是对当前局势的唯一补救办法"，也会避免"你刚到尼德兰就向各省索取新的赋税。这些省份已经财力枯竭，所以如果你要求征税，不仅会丧失他们的好感，还会导致他们格外怨恨你"。"既然局势如此绝望"，查理五世考虑了一些在西班牙筹款的不太正派的办法。他建议兜售骑士身份，每人 2000 杜卡特（但不向犹太人、穆斯林和公社起义者的后代出售）；他请求教宗允许他出售更多的教会财产；他甚至授权讨论"从美洲的监护征赋制能够得到多少钱"。与此同时，查理五世宣布，如果"我的健康状况允许，并且手边没有别的要务的话"，他计划"于 6 月底返回德意志，召开帝国会议"，然后"在秋季先去意大利，再从那里去西班牙"。他继续写道：

> 我非常希望你［腓力］在我动身之前来到这里，好让我与你谈谈那些在我看来很重要的事情，并当面听你汇报关于国家［西班牙］的一些不适合留下文字的情况。我觉得，在当前的局势里，你我当中应当至少有一人在尼德兰，所以等我去德意志的时候，我希望你来坐镇尼德兰。[69]

随后查理五世把注意力转向监管儿子（已经二十六岁了）的性生活，就像十年前他做的那样："自王妃［玛丽亚·曼努埃拉］去世已经过去很长时间了，我觉得你有必要续弦，因为你的年纪还轻，并且需要继承人。"和往常一样，最佳选择是一个表姊妹，具体来讲就是查理五世的姐姐埃莉诺与已故的葡萄牙国王曼努埃尔一世的女儿玛丽亚，她现年三十二岁，是欧洲最富有的女人之一。不过，"此事有一个很大的障碍"：作为"家族契约"的一部分，腓力已经承诺迎娶自己的堂姊妹，即斐迪南的女儿之一。

查理五世觉得只要对自己有利，可以随时毁约，但这一次他担心，如果他的儿子"毁弃这门婚约，［斐迪南］会说婚约与'家族契约'是捆绑在一起的"，于是背弃安排腓力成为皇帝的承诺。"不过，"查理五世继续写道，"我们之前同意，你要当选［为罗马人国王］之后才会娶斐迪南的女儿，而目前几乎没有希望举行选举，因为德意志乱作一团。在局势有所改善之前，我不能建议你接受帝国，哪怕有人主动把帝国献给你。""你［腓力］现在是适婚年龄，出于这个原因，也是为了取悦我们的臣民，你不应当被之前的约定捆住手脚，而应当按照自己的心愿结婚"，因此查理五世指示儿子向斐迪南发出最后通牒："既然你与他的女儿之一的婚约是和你的选举捆绑在一起的，你应当请他采取措施帮助你当选，否则就解除婚约，允许你娶自己愿意娶的其他女子。"因为除了斐迪南的几个女儿之外，"我在别处找不到合适的对象"，所以皇帝敦促儿子尽快与里斯本达成协议，尽快结婚和圆房，然后把妻子留在西班牙，自己来尼德兰。[70]1553 年 6 月，腓力遵从父命，派遣亲信鲁伊·戈麦斯·德·席尔瓦与他的姑姑（还是前岳母）卡塔利娜及其丈夫若昂三世国王敲定婚约。

与此同时，法国人的军事压力迫使查理五世在尼德兰又打了一场战役，而不是按照他的计划去德意志。这一次，他得胜了。首先，他派遣经验丰富的将领勒尔伯爵去占领泰鲁阿讷，这是一座设防城镇，是法国在尼德兰的飞地。勒尔伯爵认识到，"除非我们在战争中心狠手辣，否则我们永远不能达成目标"，因此在三周的围城战中，他的炮兵平均每天发射 800 发炮弹（在梅斯的时候每天仅有 300 发）；他还在城墙的五个地方实施爆破，迫使目瞪口呆的守军投降。在守军投降之前，皇帝已经宣布该城"将被立即洗劫，然后被夷为平地。不仅要摧毁世俗建筑，还要铲除教堂、修道院和医院。它的城墙将不

会留下任何踪迹"。这次他言出必行。据敌视皇帝的法国评论
家弗朗索瓦·德·拉比唐说，当皇帝得知泰鲁阿讷陷落后，
"眉开眼笑，仿佛那是君士坦丁堡"。在随后两个月里，帝国
军队用更多的火药将该城夷为平地。今天能看到，1553 年之
前的防御工事的地基上已经林木葱葱，只留下一片荒野，城市
和大教堂已经踪迹全无。胜利者随后攻打了埃丹。据拉比唐
说，"不分昼夜，每个钟头，他们都猛烈炮轰这座城市，还没
有人经受过如此凶悍的炮击"。守军投降后，帝国军队又一次
实施爆破，摧毁了这座城市。[71]

随后消息传来，亨利二世亲自率军围攻康布雷。皇帝又一
次奋起迎战。5 月 28 日，罗马教廷大使发现查理五世"虚弱
不堪，连说话的精气神都没有"，并报告称，就连玛丽和她的
大臣"也很难让皇帝在一周之内说出哪怕一个词"。但几天
后，佩勒诺声称：

> 我们在为皇帝陛下的公开露面做准备，有时给他披挂
> 整齐，仿佛他身体很健康；有时让他佩剑、穿斗篷。因为
> 他身体虚弱、没力气，我们还让他讲话时比平时更加洪
> 亮、格外有力。简而言之，我们想方设法让他显得比实际
> 情况更活泼和精神（più bella et vivace）。

这种装扮似乎很有效，因为查理五世于 1553 年 6 月 9 日
接见外臣（这是他从梅斯撤退之后的第一次觐见会）时，罗
马教廷大使声称，"尽管他的面色有些苍白，不过他已经苍白
了很多年了"，但如今他的"眼睛炯炯有神"，"他聆听和讲话
时都像过去一样专注和庄重"。皇帝的脾气也没有变：当罗马

教廷大使传递法国的和平建议时，查理五世说亨利二世和他父亲一样，总是试图更改早就决定的事情；并且亨利二世尽管拥有"最虔诚的基督教国王"的称号，却与土耳其人沆瀣一气，"所以我们不能信任他做出的任何承诺"。因此，查理五世说，"他相信继续打仗是更好的选择，因为打仗不会让他损失任何东西，而且即便他输掉了战争，他也宁愿输在战场上，而不是被意外地暗杀"。[72]8 月，出于"对法国国王的深仇大恨，以及担心如果缺少优秀的领导，他的军队会遇到灾祸"，查理五世决定御驾亲征，"即便这对他的健康有很大损害，因为他整整七个月没有离开过自己的小套房"。据负责照料他的玛丽说，他去了蒙斯，与他的野战军会合，直到亨利二世国王撤退。为了庆祝此次胜利，皇帝花了一整天"猎杀野猪"，"这一天玩得非常开心"，于是"次日又狩猎了一整天"。[73]

英吉利海峡对岸的事态无疑让皇帝心情舒畅，身体状况也大有好转。英格兰与爱尔兰国王爱德华六世于 1553 年 7 月 6 日驾崩，尽管他生前（在谋臣的引导下）签署了一份"御旨"，钦定他的新教徒外甥女简·格雷女士为王位继承人，但支持她的人寥寥无几。经过悬而未决的几天之后，爱德华六世同父异母的姐姐、天主教徒玛丽·都铎打败了简·格雷的支持者，登上王位。这位三十七岁的未婚女王随即向查理五世（她的表兄和曾经的未婚夫）征询意见，并表示她愿意接受他再次求婚。皇帝在妹妹玛丽和佩勒诺的辅佐下，巧妙地利用了这个意想不到的好机会。皇帝说自己年老体衰，无法与玛丽女王结婚，但把他的儿子推出来。皇帝小心翼翼地向她解释了与腓力结婚的好处：玛丽女王能得到"一个丈夫，他在战时能够掌管军队，并履行其他一些不适合由女性承担的职责"，比如组织入侵苏格兰，将其"变成英格兰王国的臣属"，以及发动远征去"收复被外敌侵占的吉耶讷，甚至还可以占领法兰西王国"。此外，在获得了英格兰的王冠之后，腓力即便不能成为罗马人国王，也能够更加稳健地统治西班牙和尼德兰，同时建立一个新的英格兰－尼德兰国家，由腓力和玛丽的继承人统治。这将永久性地巩固哈布斯堡家族对英吉利海峡和北海的主宰，从而"遏制法国人，迫使他们通情达理"。[74]

但玛丽·都铎对这样的婚姻前景不是很热情。她登基几天后告诉查理五世的大使西蒙·勒纳尔，她一直过着单身生活，从未体验过爱情。玛丽继续说，身为女人，她不愿改变自己的单身状态；但作为女王，她认识到，为了国家的福祉，她必须结婚，必须有孩子。与勒纳尔讨论这些不熟悉的话题时，她尴尬地"笑了好几次"，并表示希望查理五世"提议的人选应当是天主教徒；她希望有机会先见见对方；并且不能是太年轻的男人"。

谈到腓力时，女王答道，她听说腓力已经与葡萄牙公主玛丽亚有约在先，并且他比她（玛丽女王）小十二岁，"何况王子殿下会想要留在西班牙，统治他的其他领地［而不是英格兰］"。勒纳尔把她的担忧传达给查理五世，他赶紧给出回应。他指出，玛丽"希望预先见一见未来的丈夫"，"这很难安排"，因为"没有任何一位与她地位平等的王子愿意承担辛辛苦苦跑了一趟却遭拒绝的风险"。他给她送去腓力的一幅肖像，是三年前在奥格斯堡的时候由提香绘制的，画得比真人好看。他还向她保证，腓力与她结婚后会在英格兰长期居住。[75]

皇帝的这些操作险些就太晚了。腓力此时已经批准了与葡萄牙公主玛丽亚结婚的契约条件，向葡萄牙宫廷传达此消息的廷臣已经动身。这时，查理五世的紧急信使抵达了，指示腓力迎娶玛丽·都铎。王子赶紧召回那位送信的廷臣，所以相关的文件始终没有送到目的地。腓力授予父亲全权，代表他与英格兰朝廷商谈他的婚姻。[76] 玛丽的谋臣和查理五世的使者（以勒纳尔为首）展开了激烈的讨价还价。勒纳尔之所以取得成功，是因为他"向女王解释了，如果通过她的儿女，英格兰王国能与尼德兰联合，这将给英格兰带来多么大的好处"。1553 年10 月，勒纳尔春风得意地禀报腓力，玛丽·都铎已经拿定主意要嫁给腓力，所以"殿下不妨练习一下说法语或拉丁语"。[77]

皇帝希望通过代理人来举行婚礼，这样的话婚姻就算立即生效；但英格兰人希望"夫妻都能亲身参加婚礼"。于是查理五世要求儿子发来"两份代理授权书，参照所附的草稿的格式，这样我就能根据具体形式选择其一，而无须浪费时间"。王子又一次服从了，但有自己的保留意见。1554 年 1 月 4 日，他在一位公证人面前签署了一份文件，声明他会"批准、授权和宣誓遵守相应条款，从而让他与最高贵的英格兰女王结婚，但这不会约束或迫使他或他的领地或他的继承人去执行或批准任何条款，尤其是关涉到他的良心的条款"。[78]

王子别无选择，只能接受英格兰人愿意给出的婚姻条件，因为他已经背弃了与斐迪南的女儿和葡萄牙公主玛丽亚的婚约，所以没了退路。不过皇帝像往常一样，对两次背弃婚约不以为然。一名葡萄牙使者抵达布鲁塞尔，"表达葡萄牙朝廷的不满时……我［查理五世］把他需要知道的东西告诉了他，并不打算为自己辩护，也不打算继续讨论此事"。查理五世指示儿子也这么做，"这种事情过去了就是过去了，所以最好是若无其事地对待"。[79]

谈成了与英格兰的联姻之后，查理五世对公务的兴趣似乎
又一次淡薄了。一位大使在 1553 年 12 月说，此时的皇帝很少
签署公文，"尽管他接见了一些人，但这些接见仅仅是走过
场，因为觐见皇帝的人被预先指示不要谈公事……有些大臣用
计谋诱导他聆听了一些公务，签署了很多文件，但这种状况无
以为继"。埃拉索（他长期陪伴在皇帝身边，所以对主公的心
态有相当准确的了解）向腓力警示了当前岌岌可危的局面。
如今的查理五世似乎下定决心要"抛弃一切公务，他的唯一
目标似乎就是去西班牙"，但"有迹象表明，假如上帝在此时
把陛下带走，而殿下〔腓力〕不在这里坐镇的话，很快就会
出现重大危机"。查理五世本人也告诉儿子，他的身体快不行
了。"我近期受到一次挫折。痛风造成的痛苦已经扩散，现在
我的整个身体左侧疼痛难忍，右臂也疼，不过没有那么厉
害。"不久之后他又道歉说："因为痛风和其他疾病，我卧床
整整五个星期，没有办法理政。"他告诉儿子：

> 我很清楚，我最好是在你离开西班牙之前返回那里，
> 我也真的很想这么做；但我的健康状况不允许我旅行。并
> 且即便我现在能旅行，也没办法及时集结一支舰队……所
> 以我觉得，我最好还是等你到了这里、与你讨论了〔尼
> 德兰的〕事务并做好安排之后再离开。所以我会尽力做
> 好准备，争取在明年 8 月或 9 月动身。[80]

这一时期，查理五世住在布鲁塞尔王宫周边园林内的一个
小屋：这是一个套房，"门口有十级或十二级台阶"，有一个
前厅"连通他的接见室和卧室，没有一个房间的面积超过 24

平方英尺"；一条走廊把他的卧室和他做祷告的小礼拜堂连接起来。公共空间里唯一的装饰是他的纹章和座右铭"走得更远"。墙上和每扇窗户的特制小圆盘上都有纹章和座右铭。如一位罗马教廷大使所说（不过他的说法令人难以置信），这是"一座小房子，不比一个加尔都西会修士的住所更大，也不比它更舒适"。[81]另一位教廷外交官报告称，"在小屋内，皇帝陛下部分时间会待在一座大钟旁，它包含了行星运动的天体模型"，皇帝把这座八边的、由弹簧驱动的行星钟称为"小宇宙"。这座设备是由克雷莫纳的贾内洛·托利亚尼制作和维护的，查理五世赞颂他是"钟表匠中的帝王"。钟面是"圆形的，宽近2英尺，高比2英尺多一些"，由多达1800个齿轮驱动，"能够演示行星的各种运动和我们的全部星相学知识"。[82]于1554年4月拜访皇帝宫廷的一位外省律师记载了这座钟及其发明者从意大利抵达时引起的普遍兴奋："它的新奇让皇帝高兴得手舞足蹈，真让人惊愕。他对这座钟喜爱得不得了。"查理五世对时钟的痴迷在当时成为一个笑话。有一天，他向宫廷总管蒙法尔科耐托男爵抱怨，给他送来的食物总是平淡无味，令人没有胃口。"男爵答道：'我不知道如何让陛下满意，除非我能为您发明一种新菜肴：钟汤。'皇帝听了哈哈大笑，没有一个人见过他笑得这么开心、这么久。"[83]

皇帝长期不在西班牙，再加上他对时钟的痴迷、他糟糕的健康状况以及他在别的地方的职责，都让腓力王子有机会自行决定很多事情。一位贵族粗鲁地说："我恳求殿下授权，对我在马德里给您的备忘录做出回应，因为我们都知道您可以直接处理所有事务，无须等待德意志方面的批准。"也就是说，无须征求查理五世的意见。[84]腓力于1554年春季准备前往英格兰的时候，赤裸裸地证明了这种看法是多么正确。

皇帝坚决反对在腓力出国期间任命胡安娜（皇帝的女儿）为摄政者。他警示腓力："你知道胡安娜公主非常傲慢，我还听说她把内廷经营得乱七八糟。"但腓力说服胡安娜在她的丈夫（葡萄牙王储若昂）去世后返回卡斯蒂利亚，然后和她一起待了几天，"向她介绍她需要知道的情况"，也就是说他将请她担任摄政者。在这个关键问题上，腓力完全按照自己的心愿办事，然后亲手挑选了胡安娜的顾问会议的成员，仍然刻意不理睬父亲的提名和建议。最后，腓力给妹妹下达指示的时候也明确不理睬查理五世的指示，或者推翻他的命令。腓力要求，胡安娜"除了我指定的秘书起草的文件之外，不得签署任何文件"；她必须把她与查理五世的所有通信抄送给腓力；她在做任何关涉到西班牙、西属意大利或西属美洲的决定之前，必须征求腓力的意见。[85]

最后，1554 年 7 月 13 日，腓力携带着大笔现金（足以在尼德兰发动一次新的战役），指挥着一支强大的舰队（足以威慑任何企图拦截他的敌人），启航离开西班牙，去迎娶玛丽·都铎，然后去尼德兰接替查理五世。耽搁了一段时间之后，舰队仅仅花了七天就从拉科鲁尼亚来到南安普敦，英格兰和尼德兰两国使者都在那里恭候他。英格兰使者带来了他的新娘的问候和礼物。尼德兰使者则带来了查理五世的一份声明：他放弃那不勒斯国王的头衔，让位给儿子，于是腓力在结婚前夕成了一位名正言顺的国王。此外，还有一位特使给玛丽女王送来了纪念 1535 年征服突尼斯的成套壁毯，"这是本时代最精美的艺术品之一"。[86]

皇帝做出了上述的慷慨姿态，还给儿子送去了他的新遗嘱的副本。这份遗嘱是用西班牙文写的，但在布鲁塞尔签发，能够帮助我们了解皇帝在其统治末期的所思所想。[87]首先是传统的虔诚的指示：在皇帝去世一年之内必须举办 3 万场弥撒；必须将他的遗体送到格拉纳达，安葬在王家礼拜堂，让他与妻子、父亲和天主教双王一同长眠。在这份遗嘱里，他不像之前那样提到布鲁日或第戎，这表明在他的帝国霸业的视野中，西班牙已经取代了尼德兰和勃艮第。他敦促腓力始终主持公道、保护孤儿寡妇、尊崇天主教会；"我特别命令你恩宠神圣的宗教裁判所"。然后是一系列更具体的指示。皇帝要求将 3 万杜卡特放到西曼卡斯要塞，装在一个上锁的箱子里，只有皇帝一人拥有钥匙。这笔钱将用来资助他心爱的三项慈善事业："赎回被囚禁在异教徒土地上的基督徒……优先赎回那些在我亲身参加的战役中被俘的人"；为贫穷少女准备嫁妆；赈济值得帮助的穷人。查理五世曾许诺给他的女儿玛丽亚和胡安娜准备嫁妆，但一直没有落实，现在他命令儿子向两个妹妹分别支付一笔款项作为嫁妆。皇帝还要求儿子把已故的皇后在遗嘱里留给两个女儿的金钱和珠宝首饰都交给她们；并且，"为了我的良心安宁"，腓力王子不仅要清偿查理五世的所有债务，还要清偿查理五世的父亲腓力、姑姑玛格丽特以及祖父母和外祖父母的全部债务（这些是查理五世自己没能履行的职责），还要准备 1 万杜卡特"用于做善事，为胡安娜女王的灵魂祈福"。此时胡安娜女王仍然隐居在托尔德西利亚斯，腓力必须与她共同统治，"就像我之前做的那样"。此外，年轻的腓力国王还必须尊重刚刚与英格兰缔结的婚姻条约中的一个重要条款：他与玛丽亚·曼努埃拉的儿子堂卡洛斯"必须被排除在我的尼德兰领地的继承顺序之外"。腓力还必须保住和守卫米兰，这既是因为"每当米兰被除它之外不拥有任何领地的人统治之时"，意大利就会爆发战争，也是因为"为了保住这个公国，我们的卡斯蒂利亚王国和阿拉贡王国已经付出了沉重代价，我们来自各地的大量臣属与子民为了保卫它而献出了生命或鲜血"。但另一方面，腓力必须"立即采取措施，公开地、真诚地考虑，出于公义和理性，是否应当归还"纳瓦拉王国，"或者是否向第三方给出补偿"。纳瓦拉王国是阿拉贡国王斐迪南在1512年征服和吞并的。

皇帝命令腓力"尊重和恩宠"皇帝的私生女玛格丽塔（不过腓力"没有义务为她做更多，除非他自己愿意"）。但在这份长达四十九页的新遗嘱中，皇帝只字未提自己另外两个在世的私生子女——在罗马当修女的塔代娅和赫罗尼莫（后来被称为奥地利的堂胡安）。在签署这份遗嘱的当天，皇帝还撰写并签署了一份单独的附录，其中提到了赫罗尼莫，但规定"除了腓力王子之外，任何人不得开启这份文件"（如果腓力比皇帝先去世，这份文件将被交给堂卡洛斯）。查理五世甚至没有揭示赫罗尼莫的下落，只是告诉儿子（或孙子），"如果你不知道赫罗尼莫在哪里"，皇帝的一名副官会讲出全部实情。

查理五世希望赫罗尼莫"成为规矩较严格的某个宗教修会的成员"，但"如果他愿意过世俗生活，我希望并要求为他设立每年2万或3万杜卡特的固定收入"，这相当于一位伯爵或侯爵的岁入。[88]这项慷慨的规定又给腓力增加了一份财政负担，并且，这样一个同父异母的弟弟的存在会不断提醒他，父亲在四十六岁时和一个十几岁的女仆做了怎样的荒唐事。皇帝没有把这些情况当面告诉腓力，这表明皇帝在道德上是个懦夫。查理五世还给腓力送去"一份拉丁文的文件，以及我的遗嘱。我把自己的全部财产和领地都留给他，让他从遗嘱生效之日起能够管理这些财产和领地，视其为全部属于他自己"。[89]

皇帝的最后一战

和之前的遗嘱与附录一样，查理五世这次起草遗嘱也是因为担心自己时日无多，因为他又上前线了。根据英格兰驻皇帝宫廷的大使在 6 月 4 日（查理五世签署遗嘱的两天前）写的一封信："皇帝的身体状况很好，白天能连续行走两三个小时。"一周后，"他处于这四年来最好的状态"，"身强体壮"，"试穿铠甲的时候发现，上身铠甲和铠甲下的鹿皮上衣比通常情况下紧了三根手指的宽度，这意味着他比过去胖了一些"。查理五世当然依旧抱怨自己的健康不佳。6 月 9 日他接见佛罗伦萨大使的时候，一开始就"告诉我，他身体染恙，尤其是痔疮给他造成了很大的痛苦。然后，他突然想起我过去也因为这种疾病吃过很多苦头，并且他觉得我现在看上去很健康，于是让我分享一些细节"。查理五世也克服了痔疮造成的困难：现在"他能自己穿铠甲，有时在园林里能一口气骑马三个钟头"。[90]

查理五世并没有打算再打一场战役，但亨利二世御驾亲征，入侵了尼德兰，占领了新建的要塞马利亚堡。查理五世这样告诉儿子："这在当前对我们特别危险，因为他能以那里为跳板，轻松地入侵布拉班特公国。这里没有一座要塞能阻挡他。"尽管皇帝的野战军的实力不如法军，他还是决定亲自指挥，并期望腓力也来参加。"请制订来此地的计划"，皇帝写道，并冷冷地补充了一句："你与女王［玛丽·都铎］结婚并（在上帝的祝福之下）圆房六到八天之后就离开她。"[91]

1554 年 7 月 7 日，皇帝坐着敞篷轿子离开了布鲁塞尔，他的主要贵族陪伴在身边，市民为他欢呼送行。"他离开时说，如果法国人想打仗，他愿意一劳永逸地结束这场战争。"皇帝的亲自出征受到了"他的御前会议和其他所有人"的反对，他们劝他不要这么做，强调"敌人的强大，他的军队暂时还没有力量与敌人对抗，敌人有可能切断他与这座城市［布鲁塞尔］之间的联系，以及一旦他战败，他、他的产业以及所有这些国家将会遇到多么大的危险"。"但这些劝说都无济于事，［查理五世］命令他们不要再争辩，而是与他一同出征。"英格兰大使约翰·梅森爵士觉得前景非常不妙，回忆起了查理五世的"莽撞经常让他遇上极大的障碍，尤其是在梅斯的陆战，还有在阿尔及尔的海战"。梅森警示道："此次战役比那两次更加危险。"[92]

起初，梅森大使的悲观似乎是很有道理的。查理五世无法阻止法军攻占了好几个地方，包括班什。"那些地方的城防工事都是老式的，缺乏能够适应今天的战争的防御工事。"法军在班什一把火烧掉了玛丽的豪华宫殿。[93]不久之后，查理五世的一些部队哗变了，但他勇敢地骑马走向哗变士兵，扭转了局势。"他按照自己的习惯，与每一位德意志上校和上尉握手，向其他所有人点头致意。"然后他走近哗变士兵，认真听他们的怨言，随后告诉他们：

> 我的士兵们，你们这样乱哄哄地来找我，是不合适的，因为这玷污了你们、你们的长官和你们的民族的荣誉，也让我丢脸。我看到你们受到了委屈，很不高兴，但如果将来再发生这样的事情，请一定要通过你们的上校或

上尉向我禀报。我一定会为你们主持公道。我会当你们的好皇帝和好国王。至于你们说自己蒙受的冤屈，我会采取措施，查明真相，一定会惩罚那些犯错的人。

"听了这番话，哗变士兵都回到自己的岗位上。"查理五世"在军营中，在部队当中睡觉"，"然后骑马四处巡视，处理各种事情"。在全军集合点名的时候，"他身着全副铠甲，骑马来了，鼓舞大家的士气"；据在场的一名骑兵说，"'皇帝万岁！'的呼喊持续了一个钟头，振聋发聩，法国国王在他的营地里也一定听得见"。有传闻说法军将发动偷袭，于是"皇帝排兵布阵，骑马在队伍前走来走去，他前方有士兵举着一面大红旗，还有鼓手敲鼓"。[94]

由于腓力王子的舰队送来了大笔金钱，查理五世占了上风，迫使法军从班什撤退，然后"神速地"追击敌人，"一天就前进了21英里；但始终未能追上敌人"。8月4日，受挫的皇帝召开作战会议，商量"在当前的局势下，我们的军队能够做什么；我们决定以牙还牙，入侵法国，在法国境内大搞破坏"。但具体去哪里呢？讨论了好几个目标之后，查理五世弱势地向儿子承认："我们没办法做决定，因为一切取决于敌人的意图。"皇帝和谋臣们唯一能够达成一致的一点就是，现在腓力"绝对不可以"离开英格兰、与父皇会合，因为"你到了这里之后，更可能损失而不是赢得声望……而你在第一次作战时获得声望是至关重要的，因为你需要让全世界肃然起敬"。于是他允许儿子在英格兰停留不止"六到八天"，多与妻子新婚宴尔一些时日。[95]

一周后，法军围攻了朗蒂，这座城镇也"缺乏能够适应今天的战争的防御工事"。法军希望查理五世会为了给朗蒂解围而冒险打一场正面对垒的战役。他没有让敌人得逞，而是巧妙地前进，保护好自己的部队，同时朗蒂在继续抵抗。8 月 14 日，亨利二世不情愿地"借着夜色和次日清晨浓雾的掩护撤军"，并且"名声扫地，因为他们不得不放弃［对朗蒂的进攻］，也不敢与皇帝交锋，尽管他们经常吹嘘自己渴望交锋"。法军撤回法国境内之后才停下脚步。[96]

梅森对这次胜利的意义以及查理五世在其中发挥的作用没有任何疑问。"皇帝在追击敌军的九到十天当中展现了莫大的勇气和高超的指挥技艺，但更值得注意的是"，皇帝主动出击并向法军主力部队发起挑战，这受到了"他的全体将领的反对"。但如果皇帝没有坚持己见，尼德兰就会惨遭蹂躏，其惨状将"令人很久以后都无法忘怀。但他凭借自己的智慧和大无畏的勇气"决定性地打退了敌人。法国人在本次战役中除了"纵火和劫掠了形形色色的穷苦人（这做起来轻松，也很容易遭到报复）之外"没有取得什么战果。[97]

查理五世和往常一样，将此次胜利归因于天意。8 月 15 日，也就是法军撤退的次日，他给儿子（仍然在英格兰）写信："儿子，上帝像他惯常的那样指引了我们。如果有什么错误的话，那都是我的责任，但上帝给了我们超过预期的成绩。"当天他给阿尔瓦公爵（也在英格兰，负责辅佐腓力）也写了一封信，这封信的内容就不是那么乐观了："公爵：你可以想象我是什么感觉……尽管昨天有人说我们应当撤退，那样做的风险会很大。但上帝让敌人撤退了。此外，我们之前以为朗蒂已经丢了，但如今它得救了。"现在，查理五世宣布，他领兵打仗的时代已经结束了："尽管我目前的健康状况比预期的要好，但我还是不够强壮，不足以承受去年和今年那样的健康问题。"他还告诉玛丽："我的状态很不好，我害怕自己会垮掉。"所以"我需要尽可能避免上前线"。[98]两天后，他最后一次离开了军队。两周后，他通知腓力，既然"上帝让局势有了令人满意的结局，让我们恢复了之前损失的一些声望"，而且腓力"已经距离我这么近"，他希望儿子接管大局。查理五世希望能够在 1555 年 1 月交接权力，那时"我们可以一起待一段时间，玩一玩"，最好是和玛丽一起，"地点随你定。然后，在给你祝福之后，我会离开你，继续旅程"，返回西班牙。[99]皇帝的设想真是太美好了，怕是很难实现。

注　释

1. Gutiérrez, *Trento*，Ⅰ，74 - 80，107 - 10 and 290 - 5，查理五世给迭戈·乌尔塔多·德·门多萨的信，1550 年 3 月 18 日和 10 月 30 日，以及 1551 年 4 月 19 日（草稿）。查理五世从 1524 年起就在敦促教宗们在塔兰托召开大公会议，见 RAH *Ms.* 9/4817 f. 216 - 25v，Charles to Sessa，18 July 1524。

2. Gutiérrez, *Trento*，Ⅰ，132 - 5，Protest，3 Jan. 1551；ibid.，Ⅲ，22 - 9，关于召集的信件；Buschbell, *Concilium Tridentinum*，Ⅺ/2，771 - 7，Julius to his legate at Trent，16 Jan. 1552，关于笑话。

3. Gutiérrez, *Trento*，Ⅰ，425 - 8，and Ⅱ，63 - 77，Charles to Toledo，8 Oct. 1551 and 5 Jan. 1552（*CSPSp*，Ⅹ，431 - 5 提供了后者的一份英文全译本）。

4. Gutiérrez, *Trento*，Ⅱ，240 - 6，'Resultan los puntos que se han consultado a Su Magestad'，未写日期，但应为 1552 年 2 月；Buschbell, *Concilium Tridentinum*，Ⅺ/2，771 - 7，Julius to his legate at Trent，16 Jan. 1552. Gutiérrez, op. cit.，Ⅲ，397 - 8 赞扬查理五

世的成就，因为他至少说服了部分路德派邦国（包括勃兰登堡、符腾堡和斯特拉斯堡）派遣正式代表团去特伦托。

5. Gutiérrez, *Trento*, Ⅱ, 281 - 91, Charles to Diego Hurtado de Mendoza, 27 Feb. 1552, minute (*CSPSp*, Ⅹ, 457 - 64, 提供了后者的一份英文全译本）。腓力二世同样会在他自己的利益与上帝的利益之间建立联系，见 *FBD*, 225。

6. Giles, *The whole works*, Ⅲ, 10, Ascham's Report; Vos and Hatch, *Letters*, 236, Ascham to Cheke, 7 July 1553. 法国大使马里亚克在不久前做出的类似评价，见上文。

7. Tytler, *England*, Ⅰ, 301 - 7, Sir John Mason to the Privy Council, 29 June 1550; Rymer, *Foedera*, ⅩⅤ, 211 - 17, treaty of Boulogne, 24 Mar. 1550; Alberì, *Relazioni*, serie Ⅰ, vol. 2, Final Relation of Giovanni Capello, 1554.

8. ASF *MdP* 4308, unfol., Bernardo de' Medici to Cosimo, 29 Sep. and 3 Oct. 1550 （关于查理五世的宫廷为庆祝占领马赫迪耶而举办的"大规模庆典"）; *LCK*, Ⅲ, 9 - 11 and 55 - 7, Charles to Suleiman, 31 Oct. 1550 and 8 Mar. 1551。除了马赫迪耶（也叫"阿非利加"）之外，多里亚还占领了现代突尼斯境内的莫纳斯提尔和苏萨，作战的详细情况见 Alonso Acero, 'Cristiandad', and idem, 'El norte de África'。

9. Giles, *The whole works*, Ⅲ, 14, Ascham's *Report*.

10. *PEG*, Ⅲ, 504 - 10, instructions of Julius to the bishop of Imola, 31 Mar. 1551; Dumont, *Corps*, Ⅳ, part Ⅲ, 26 - 7, secret treaty between Henry Ⅱ and Farnese, 27 May 1551. Philip's visit is mentioned in AGS *E* 646/53, Charles to Philip, 9 July 1551.

11. *LCK*, Ⅲ, 68 - 71, Charles to Ferdinand, 15 Aug. 1551; AGS *CMC* 1a/1231, García Portillo 的账目，1551 年 10 月给下列部队支付军饷："负责守卫符腾堡公国三座要塞的西班牙步兵与骑兵部队……与此同时他们离开了符腾堡的设防要塞……南下去意大利，去攻打帕尔马"，并支付军饷给拿骚伯爵指挥下的三个连的德意志卫兵。皇帝对帕尔马的战略价值的理解，见 *CDCV*, Ⅱ, 128, Charles to Philip, 19 June 1543, and 576, his Political Testament of 1548。

12. Vos and Hatch, *Letters*, 132 – 8, Ascham to Cheke, 11 Nov. 1550, 描述了查理五世的路德派对手；Rein, *The Chancery of God*, and Moritz, *Interim und Apokalypse* 详细描述了马格德堡的反抗。

13. Von Druffel, *Briefe*, I, 474 – 6, Henry to Marillac, his ambassador at the imperial court, 10 Aug. 1550.

14. *Ibid.*, I, 234 – 7, Ferdinand to Charles, 21 June 1549; *LCK*, II, 622 – 6 and 637 – 8, Maurice to Philip, 27 Jan. 1549 and reply 31 Aug. 1549; Giles, *The whole works*, III, 57, Ascham's Report. Issleib, *Aufsätze*, 494 – 7 记录了莫里茨和其他人如何努力向腓力王子施压，请他为黑森方伯求情，但查理五世于 1549 年 4 月 10 日拒绝了。因禁黑森方伯的代价不小：负责看押黑森方伯的 300 名西班牙士兵在 1547 ~ 1552 年花了查理五世 67000 杜卡特 (AGS *CMC* 1a/1519/V, payment to Diego de Torralva)。

15. Turba, 'Verhaftung', 228 – 31, 刊载了针对黑森方伯和约翰·弗里德里希一世的宣言 (他被判处 "终身监禁")，见 ÖNB *Codex Vindobonensis Palatinus* 9363, 这一卷收录了关于两位路德派领袖被囚禁的大量文献。

16. *LCK*, III, 60 – 7, Charles to Viglius, 17 Mar. 1551, and Viglius's reply, 25 Mar. 1551. Benavent Benavent and Bertomeu Masiá, *El secuestro*, 82 – 99, 刊载了关于黑森方伯出逃失败的文献。见 Mariotte, *Philippe*, 273 – 5。

17. Dumont, *Corps*, IV, part III, 31 – 3, treaty of Lochau, 5 Oct. 1551, ratified by Henry at Chambord, 15 Jan. 1552 (德语文本见 von Druffel, *Briefe*, III, 340 – 50)。Weber, 'Le traité' 精彩地叙述了在《尚博尔条约》签署之前进行的艰难曲折的谈判。

18. Gachard, *Rapport*, 171, Marnix to Margaret, 12 Mar. 1519; AGS *E* 64/197, Loaysa to Charles, 5 Jan. 1544, 文件背面有 "批示"，都附有查理五世的回复。

19. Giles, *The whole works*, I/2, 313, Ascham to the Master and Fellows of St John's College, Cambridge, Augsburg, 12 Oct. 1551; and III, 19 – 20, Ascham's Report, written in June – July 1553 (另见查理五世的其他大臣在这个时期发出的书信，表示不相信灾难迫在眉睫，被引用于 von Druffel, *Briefe*, I, 854 n. 1)。Lutz,

Christianitas afflicta，72 - 84 讨论了此时皇帝宫廷的有缺陷的决策方式；Janis，*Groupthink* 分析了更广泛的"团体迷思"现象。

20. *NBD*，Ⅷ，717，report of the nuncio's conversation with the cardinal of Augsburg，8 June 1545；*NBD*，Ⅺ，48 - 54，Pietro Bertano，bishop of Fano，to Cardinal Farnese，Augsburg，29 July 1548；ibid.，563 - 4，Marino Cavalli to the council of Ten，Augsburg，21 Aug. 1548（因此是在 Bertano 揭示了这件事之后不到一个月内）。

21. References located through the Medici Archive Project：Doc IDs # 3820（1543），# 2367（1545），and # 4480（1547）. 我感谢毛里齐奥·阿尔法约利与我分享这些资料。

22. ASP *GG* b 43，unfol.，Natale Musi to Gonzaga，13 Dec. 1553，and Gonzaga's instructions to Gonzalo Girón，his envoy to Charles，20 Dec. 1553，都涉及前两年贡扎加受到的批评。

23. *NBD*，Ⅺ，73 n. 1，Granvelle to Marie，15 Aug. 1548. 索托最终在这件事情上获胜：查理五世后来坚持要求城市内的路德派传道者要么放弃其信仰，要么离开城市（见本书第十二章）。Beltrán de Heredía，*Domingo de Soto*，231 说格朗韦勒把佩德罗·德·索托排挤走，十八个月后还排挤走了接替他的新任御前告解神父多明戈·德·索托。Juan Ginés de Sepúlveda，*Historia de Carlos V*，Book ⅩⅩⅩ，ch. 36 说，在洛斯·科沃斯和格朗韦勒死后，查理五世身边只有"极少数人"能与皇帝一起讨论他的决策。

24. *NBD*，ⅩⅥ，121 - 4，Martinengo to Cardinal del Monte，29 Mar. 1552；Gachard，'Charles - Quint'，col. 831 n. 1，Perrenot to Marie，17 Nov. 1551. 又见 *NBD*，Ⅻ，28 - 30，Bertano to Julius Ⅲ，8 June 1551，抱怨得到觐见机会太难，得到查理五世的决定就更难了，因为他花了大量时间狩猎。

25. Gachard，'Charles - Quint'，col. 830 n. 3，Perrenot to Marie，14 June 1551.

26. *LCK*，Ⅲ，78 - 83，Marie to Perrenot，5 Oct. 1551. 查理五世于 11 月 2 日离开奥格斯堡去因斯布鲁克。

27. Giles，*The whole works*，Ⅲ，9 and 28 - 30，Ascham's *Report*（遗憾的是，莫里茨开始向因斯布鲁克进军之后，这份记录就中断了）。Von Druffel，*Beiträge*，Ⅰ，674，Gerhard Veltwyk to Charles

V，July 1551，记录了弗里德里希对阿维拉的愤怒。

28. *NBD*，Ⅻ，155 – 60，Nuncio Camaiani to del Monte，27 Jan. 1552.
查理五世自 1543 年起就没有见过他的女儿；他见到的孙辈是两
岁的安娜（后来嫁给了他的儿子腓力二世）和九个月大的斐迪
南（次年夭折）。玛丽亚此时身怀六甲（她的儿子鲁道夫，即
后来的鲁道夫二世皇帝，在这一年 7 月出生），她在因斯布鲁克
和父亲一起待到 1552 年 2 月 11 日。

29. ASF *MdP* 4313 # 44，Pandolfini to Duke Cosimo，28 Dec. 1551；
NBD，Ⅻ，143 – 6，Camaiani to del Monte，12 Jan. 1552.

30. Grata，*Des lettres*，258 – 60，Perrenot to Niccolò Belloni，1 Jan.
1552；von Druffel，*Beiträge*，Ⅱ，54 – 9，Perrenot to Viglius，24
Jan. 1552；Gachard，'Charles – Quint'，col. 834 n. 1，Perrenot to
Marie，27 Jan. 1552，and Charles to Marie，26 Feb. 1552.

31. *LCK*，Ⅲ，98 – 106，Instructions to M. de Rye，3 Mar. 1552，列举
了此时查理五世准备做出的让步；von Druffel，*Briefe*，Ⅱ，70 – 1，
Charles to Marie，28 Jan. 1552，亲笔附言。

32. Dumont，*Corps*，Ⅳ，part ⅲ，33 – 4，Oath of the city of Metz，21
Apr. 1552.

33. Gachard，'Charles – Quint'，col. 838 n. 2，Charles to Marie，21
Mar. 1552；*LCK*，Ⅲ，107 – 8，Secret instructions to M. de Rye，3
Mar. 1552.

34. Fernández Álvarez，*Política mundial*，306 – 17，Instructions to Juan
Manrique de Lara，28 Mar. 1552，and AGS *E* 90/7 – 9，further
instructions on 29 Mar. 1552；*CDCV*，Ⅳ，485，Charles to Philip，
［29］Mar. 1552（费尔南德斯·阿尔瓦雷推测出了日期和转移
的方式，见 ibid.，p. 471）。

35. *LCK*，Ⅲ，159 – 62，查理五世给斐迪南的亲笔信，1552 年 4 月 4
日。查理五世命令秘书等到他离开因斯布鲁克之后才能发送此
信，这表明了他多么不信任自己的弟弟。

36. *CDCV*，Ⅲ，420，Charles to Philip，9 Apr. 1552；Fernández
Álvarez，*Política mundial*，306 – 17，Instructions to Juan Manrique，
28 Mar. 1552. 腓力同时收到了这两条消息。

37. Gachard，'Charles V'，col. 838 n. 6，Charles to Marie，15

Apr. 1552.

38. Sandoval, *Historia*, Ⅱ, 534.

39. *NBD*, ⅩⅢ, 1 n. 1, Ambassador Savoie to the duke of Ferrara, 22 May 1552；AST *LM Vienna*, 2/348, Stroppiana to Emanuel Philibert of Savoy, 20 May 1552. 佛罗伦萨大使报告称：“皇帝离开因斯布鲁克的时候极其匆忙，我都没有时间收拾行李”，然后“皇帝整夜骑行，天亮四个小时后之后抵达”斯特尔青（Sterzing），见 ASF *MdP* 4314/134, Pandolfini to Duke Cosimo, 20 May 1552。据传说，皇帝离开因斯布鲁克的时候乘坐一顶行军用的轿子，它现存于马德里的王家军械库（Real Armería）。

40. Greppi, ‘Extraits’, 219 - 20, Stroppiana to Emanuel Philibert, Villach, 30 May 1552.

41. *LCK*, Ⅲ, 300 - 3 and 305 - 8, Ferdinand to Charles, Passau, 27 and 28 June 1552.

42. Ibid. , 318 - 29, Charles to Ferdinand, 30 June 1552（von Druffel, *Briefe*, Ⅱ, 645 - 50，刊载了同一封信的一个不同版本，然后是查理五世愿意做的让步的清单，见 ibid. , 650 - 5）。这封信也是下一段的所有引文的来源。关于条约的辩论的更多细节见 Greppi, ‘Extraits’, 227 - 8, Stroppiana to Emanuel Philibert, 10 July 1552。

43. *LCK*, Ⅲ, 329, Charles to Ferdinand, 30 June 1552, 亲笔附言；von Druffel, *Briefe*, Ⅱ, 658, Charles to Maximilian, Villach, 1 July 1552, 亲笔信。

44. BNE *Ms.* 7915, unfol. , Raimundo de Tassis to Perrenot, Madrid, 9 June 1552；von Druffel, *Briefe*, Ⅱ, 681 - 7, Charles to Marie, Lienz, 16 July 1552；*NBD*, ⅩⅢ, 20 - 2, Camaiani to del Monte, 5 July 1552（斜体部分）。

45. AGS E 647/30, Luis de Orejuela to Gonzalo Pérez, Brixen, 28 July 1552；Turba, *Venetianische Depeschen*, Ⅱ, 536 - 9, Marc’Antonio Damula to the Signory, Innsbruck, 4 Aug. 1552. Von Druffel, *Briefe*, Ⅲ, 532 - 5 刊印了查理五世对 1552 年 8 月 15 日在慕尼黑帕绍达成的协议的批准。

46. *CDCV*, Ⅲ, 478, Charles's instruction to Figueroa, [6] Sep. 1552

（关于这个日期，见 n. 48 below）。

47. *NBD*, XIII, 107 – 11, Camaiani to del Monte, Esslingen, 9 and 11 Sep. 1552. 佛罗伦萨大使注意到了查理五世 "身穿全副铠甲骑马前进"，见 ASF *MdP*, 4314, unfol. , Pandolfini to Cosimo, 13 Sep. 1552。

48. AGS *E* 90/97 – 8, Eraso to Philip, 27 Sep. 1552；*CDCV*, III, 478, Charles's instruction to Figueroa, his envoy to Philip, [6] Sep. 1552. Fernández Álvarez（loc. cit.）记录该文件的日期为 9 月 18 日，但 Lutz, *Christianitas afflicta*, 106 合理地推测该文件的日期应该为 9 月 4~6 日。

49. AGS *E* 648/85, Charles to Ferrante Gonzaga, 28 June 1552；Brandi, 'Karl V. vor Metz', 26 – 30, Charles to Marie, 23 Sep. 1552.

50. *LCK*, III, 512 – 13, Charles to Marie, 13 Nov. 1552, 亲笔信；AGS *E* 90/97 – 8, Eraso to Philip, 27 Sep. 1552。

51. *NBD*, XIII, 92 – 6 and 116 – 20, Camaiani to del Monte, 22 – 23 Aug. and 16 Sep. 1552, 均为加密信。

52. *CDCV*, III, 542, 查理五世给腓力的信，1552 年 12 月 25 日，解释他为什么、如何攻打梅斯；AGS *E* 90/97 – 8, 埃拉索给腓力的信，1552 年 9 月 27 日。佛罗伦萨大使注意到，查理五世 "不希望阿尔布雷希特·亚西比德亲吻他的手"，但阿尔瓦公爵说服他需要这么做，见 ASF *MdP*, 4314, unfol. , Pandolfini to Cosimo, 23 Nov. 1552。

53. AGS *E* 90/97 – 8, Eraso to Philip, 27 Sep. 1552；Zeller, *Le siège*, 105 – 6, Charles to Marie, 21 Oct. 1552.

54. GRM *Introduction*, 28 n. 1, Bossu to Marie, 23 Oct. and 21 Nov. 1552；Le Petit, *La grande chronique*, II, 208.

55. *CDCV*, III, 543, Charles to Philip, 25 Dec. 1552；ASF *MdP*, 4314, unfol. , Pandolfini to Cosimo, 29 Nov. 1552. 又见 Zeller, *Le siège*, 126 – 7, Charles to Marie, 14 Nov. 1552, 批评 "那些说我如果失败就会毁掉我的全部声誉的人"。

56. Zeller, *Le siège*, 145 – 6, Charles to Marie, 11 Dec. 1552（关于爆破）；*NBD*, XIII, 395 – 402, 卡马亚尼的秘书关于他在 1552 年 11 月 20 日至 12 月 12 日秘密查看梅斯周围攻城工事的报告；

Turba, *Venetianische Depeschen*, II, 578 - 80, Damula to the Signory, 20 Dec. 1552。

57. Brantôme, *Oeuvres complètes*, IV, 89 (' Ç ' a été le plus beau siège qui fût jamais '); Greppi, ' Extraits ', 233 - 4, Stroppiana to Savoy, 31 Dec. 1552; TNA SP 68/11 no. 604, Richard Morison to the Privy Council, Jan. 1553; *CCG*, IV, 554, Perrenot to Morillon, 18 Mar. 1573.

58. Zeller, *Le siège*, 153 - 4, Charles to Marie, 20 Dec. 1552; Reiffenberg, *Lettres*, 76 - 8, van Male to Praet, 23 Nov. 1552 (ibid. , 44 - 5, same to same, 5 May 1551, 也提到皇帝 "反复阅读大卫王的《诗篇》，这给了他启迪"; Pérez de Tudela Bueso, *Documentos*, I, 207 - 9, La Gasca to van Male, 23 Aug. 1553, 评论皇帝近期从尼德兰送来的书籍。

59. Zeller, *Le siège*, 154 - 5, Charles to Marie, 22 Dec. 1552 (他还不知道埃丹已于 18 日投降)。他给儿子的解释是相同的，见 *CDCV*, III, 553, Charles to Philip, 25 Dec. 1552。

60. Zeller, *Le siège*, 258 - 63, and Rosenthal, ' Plus Ultra ', 216 讨论了这些庆祝胜利的勋章。

61. Greppi, ' Extraits ', 238, Stroppiana to Savoy, 10 Feb. 1553; Turba, *Venetianische Depeschen*, II, 590 - 2, Damula to the Signory, 11 Feb. 1553; Rigault, ' Une relation inédite ', 302.

62. Linas, *Translation*, and Finot, ' Compte ', 记载了 1550 年公爵的骸骨被从南锡运往卢森堡（以及 1562 年运往布鲁日）的情形。

63. Turba, *Venetianische Depeschen*, II, 587 - 9, Damula to the Signory, 23 Jan. 1553 (详细介绍了查理五世宫廷中互相对立的派系的构成)。

64. 西班牙贷款的计算来自 Tracy, *Emperor*, 240 - 5; 尼德兰总支出的数据来自 ADN B 2482, 2493, and Henne, *Histoire*, X, 87, Accounts of Receiver-General Robert de Bouloingne for 1550, 1552 and 1553。又见 Braudel, ' Les emprunts '。

65. Reiffenberg, *Lettres*, 89 - 92, van Male to de Praet, 24 Dec. 1552; GRM *Introduction*, 30 n. 1, Cornelis van Baersdorp to Marie, 30 Dec. 1552; TNA SP 68/11 no. 604, Morison to the Privy Council,

Jan. 1553，亲笔信。

66. Turba, *Venetianische Depeschen*，Ⅱ，590 – 2，Damula to the Signory, 11 Feb. 1553；Greppi. 'Extraits', 237, Stroppiana to Savoy, 4 Feb. 1553. 一位佛罗伦萨的公使也担心查理五世时日无多，见 ASF *MdP*，4314, unfol. , Bartolomeo Concini to Duke Cosimo, 5 and 10 Jan. 1553。

67. Henne, *Histoire*，Ⅹ，13 – 17 记录了查理五世在 1553 年 2 月 13 日发表的讲话内容；Turba, *Venetianische Depeschen*，Ⅱ，603 – 7，Damula to the Signory, 19 May 1553。

68. AGS *E* 98/274 – 5，弗朗西斯科·杜阿尔特的备忘录，1533 年 9 月发给腓力，但写作时间在这很久以前，并收入了 NN（即尼古拉斯·尼古莱）的一份口头报告，也没写日期，但肯定是在 6 月之前完成的，因为杜阿尔特在 6 月离开了尼德兰；Turba, *Venetianische Depeschen*，Ⅱ，603 – 7，Damula to the Signory, 19 May 1553（on Praet）；*PEG*，Ⅲ，639 – 41，Charles to Perrenot, 20 Apr. 1553。

69. *CDCV*，Ⅲ，577 – 92，查理五世给腓力的信，1553 年 4 月 2 日，附言的日期为 4 月 27 日，显然是查理五世将信托付给阿尔瓦公爵的日子，因为王子回复了这封信；ibid. , 592 – 5，腓力给查理五世的信，1553 年 5 月 18 日。此处和下一段的所有引文都出自这封信。

70. *CDCV*，Ⅲ，583 – 4，Charles to Philip, Brussels, 2 Apr. 1553.

71. Martens, *Militaire architectuur*，225，Roeulx to Marie of Hungary, 5 Apr. 1553；ibid. , 283 – 4，Order of Charles Ⅴ, 19 June 1553；Rabutin, *Commentaires*，Ⅰ，199（关于泰鲁阿讷），and 203（关于埃丹）。

72. *NBD*，ⅩⅢ，259 – 61 and 269 – 78，bishop of Imola to the pope, 28 May, 8 and 10 June 1553（佩勒诺在第二封信中引用了它）。查理五世无疑知道 1546 年有人企图刺杀他，见 Henne, *Histoire*，Ⅷ，298，letter from Roeulx to Marie。

73. *NBD*，ⅩⅢ，298 – 9，Imola to the pope, 29 Aug. 1553，带密码的插页；TNA SP 69/1/69, Bishop Thirlby to the Privy Council, 10 Sep. 1553, and SP 69/1/113, Thirlby and Mason to Queen Mary, 10 Oct.

1553。关于 1553 年的军事行动，见 Martens, *Militaire architectuur*, ch. 5。

74. AGS *E* 1498/6，无标题的文件，1554 年年底，开头为"爱德华国王去世的时候"（Al tiempo que falesció el Rey Eduardo）；*PEG*，Ⅳ，108 - 16，Charles to Renard，20 Sep. 1553，提出了将要告诉玛丽及其议事会的支持"与西班牙联姻"的论点。

75. *PEG*，Ⅳ，78 - 7 and 97，Renard to Perrenot，15 Aug. and 8 Sep. 1553；Gachard，*Voyages*，Ⅳ，99，ambassadors in England to Charles，16 Aug. 1553，叙述了他们觐见玛丽的情况；ibid.，105，Charles to his ambassadors in England，22 Aug. 1553；and *PEG*，Ⅳ，113 - 15，Charles to Renard，20 Sep. 1553。

76. Gachard，*Voyages*，Ⅳ，12，11/15 Sep. 1553（使者是 Diego de Azevedo，"从皇帝身边来，拜见过英格兰女王玛丽"）；*CSPSp*，XI，177 - 8，Philip to Charles，22 Aug. 1553，亲笔备忘录，回复皇帝在 1553 年 7 月 30 日的信。直到这封信于 9 月 11 日送抵布鲁塞尔，婚姻谈判才真正开始，见 *PEG*，Ⅳ，102 - 4，Perrenot to Renard，13 Sep. 1553. Rodríguez - Salgado，*Changing face*，77 - 9，记载了 1553 年 8 月 8 日那封未投递的信的奇怪经历，腓力在其中承诺迎娶自己的表妹葡萄牙公主玛丽亚。

77. *PEG*，Ⅳ，108 - 16，Charles to Renard，20 Sep. 1553，指示他做出关键的让步，即堂卡洛斯不会继承尼德兰；*CSPSp*，XI，326，Renard to Philip，29 Oct. 1553，敦促学外语（很讽刺的是，这封信是法文的，王子看不懂，所以他的文书人员不得不准备西班牙文的译本）。

78. *CDCV*，Ⅲ，636 - 9，Charles to Philip，16 and 26 Dec. 1553；*CODOIN*，Ⅲ，451 - 3，same to same，21 Jan. 1554；AGS E 807/ 36 - 2，'Escriptura ad cautelam'，4 Jan. 1554.

79. *CDCV*，Ⅲ，667，Charles to Philip，13 Mar. 1554.

80. ASF *MdP* 4316，unfol.，Pandolfini to Duke Cosimo，31 Dec. 1554；AGS *E* 90/147 - 8，Eraso to Philip，12 Dec. 1553，minute；*CDCV*，Ⅲ，641 - 4，Charles to Philip，30 Dec. 1553；*CDCV*，Ⅲ，645 - 6，Charles to Philip，19 Jan. 1554. 当天，秘书迭戈·德·巴尔加斯抱怨查理五世的大臣"全都稀里糊涂，因为在四五个月里，他

没有回复其中任何一位的书信"，见 AGS *E* 508/13，Vargas to Philip，19 Jan. 1554。

81. *NBD*，XIII，298 – 9，Nuncio Imola to Cardinal del Monte，24 June 1553. 对查理五世的小屋（常被称为他的 casita 或 casino）的其他描述，见 Ribier，*Lettres*，II，633 – 7；GRM *Introduction*，77 – 9；and Heymans，*Le palais du Coudenberg*，196。

82. *NBD*，XIV，62 – 4，Nuncio Muzzarelli to Monte，Brussels 5 May 1554；Zanetti，*Janello*，53，Charles charter in favour of Janello，7 Mar. 1552. Zanetti 的书是在克雷莫纳（贾内洛的家乡）举办的一次展览的目录，其中展示了"钟表匠中的帝王"及其作品的许多有趣材料。

83. Morales，*Las antigüedades*，ff. 91v – 94v（关于"小宇宙"的条目是整本书里关于当时的纪念物的最长一条）；Thieulaine，'Un livre'，179；Firpo，*Relazioni*，III，54 – 5，Relation of Badoer，spring 1557（'pottaggio di relogi'）。

84. Fernández Álvarez，*Felipe* II *y su tiempo*，761，count of Buendía to Philip，2 Sep. 1552.

85. *CDCV*，IV，40，Charles to Philip，30 Apr. 1554；46，Philip to Charles，11 May 1554；and 109 – 10，Philip's instructions to Joanna，12 July 1554. 关于胡安娜成为摄政者的过程，详见 Rodríguez – Salgado，*Changing face*，86 – 8。

86. TNA *SP* 69/4/147，Mason to Queen Mary，Brussels，20 June 1554.

87. AGS *PR* 29/10，查理五世的第五份也是最后一份遗嘱，1554 年 6 月 6 日（刊载于 *CDCV*，IV，66 – 98，有出入，指出了 Sandoval，*Historia*，II，639 – 56 中的文本的几处错误和省略）。Fernández Álvarez，*Carlos* V，761 – 79 精彩地分析了这份文件，注意到它引用了天主教女王伊莎贝拉的遗嘱（并只引用了她的遗嘱）。

88. BMECB *Ms. Granvelle*，V/265 – 8，查理五世遗嘱的附录，1554 年 6 月 6 日由"皇帝亲笔书写"，1624 年根据一份已佚失的原稿做的抄本（部分刊载于 *PEG*，IV，495 – 6）。尽管皇帝在那一天当着三名公证人和七名见证者的面签署了遗嘱，但遗嘱的附录是他单独书写并签署的，用了他的"机密的小印章"。关于查理五世如何对待他的四个私生子及其母亲，见本书第十四章。

89. AGS *PR* 55 no. 30, Instructions of Charles to Eraso, Béthune, 1 Sep. 1554, 备忘录提及 "我在那慕尔起草的" 那份 "拉丁文的文件"（显然没有保存至今）（根据 Foronda, *Viajes*, 皇帝于 1554 年 7 月 27 日至 8 月 2 日待在那慕尔）。在 1556 年 1 月 16 日的退位仪式上，查理五世给了儿子一个匣子，里面装着他所有的现存遗嘱，见 Mayr, 'Die letzte Abdankung', 156 - 8, 'Ragionamento'。

90. TNA *SP* 69/4/119, 127 and 153, Mason to Mary, 4, 11 and 26 June 1554; ASF *MdP* 4317, unfol. , Pandolfini to Cosimo, 10 June 1554（这次觐见的时间一定很长，不过好在大使在报告中省略了皇帝喜欢的治疗痔疮的秘密疗法，"因为这真的不重要"）; *CSPV*, V , 516 - 17, Damula to the Signory, 30 June 1554。教廷特使也注意到，查理五世现在每天都在园林里骑马，见 *NBD*, XIV, 58 - 62 and 79 - 82, Girolamo Muzzarelli, archbishop of Consa, to del Monte, 5 May and 15 June 1554。

91. *CDCV*, IV, 98 - 102, Charles to Philip, 29 June 1554, minute.

92. *NBD*, XIV, 93 - 4, Muzzarelli to del Monte, 8 July 1554; TNA *SP* 69/4/165, Mason to Secretary Petrie, 10 July 1554. 教廷特使还报告称，查理五世的战争议事会反对他的战略（*NBD*, XIV, 90 n. 1, Muzzarelli to del Monte, 6 July 1554）; 佛罗伦萨大使也报告了这一点（ASF *MdP* 4317, unfol. , Pandolfini to Cosimo, 4 July 1554）。

93. TNA SP 69/5/18, Mason to the Privy Council, 13 Aug. 1554 注意到，如果 "那里有两座米兰那样的城堡"，战事就会大不相同。

94. ASF *MdP*, 4317, unfol. , Pandolfini to Cosimo, 22 July 1554（补充道："这表明他多么喜欢与军队在一起"）; *NBD*, XIV, 97 n. 8 and 100 - 2, Muzzarelli to del Monte, 15 and 22 July 1554; Thieulaine, 'Un livre', 185, 191; Anon. , 'Dagverhaal', 282 - 3, 286。

95. TNA *SP* 69/5/2, Mason to Mary, 2 Aug. 1554; AGS *E* 508/187, 'Lo que vos, Mos de Obremon, gentilhombre de nuestra cámara, hauéys de hazer en Inglaterra', 'del campo', 4 Aug. 1554, minute.

96. Salignac, *Le voyage*, sig. Gi^v, 一名法国目击者关于这次军事行动的部分记述; Gachard, 'L' abdication', 882 n. 2, Marie to the bailli of Brabant, 17 Aug. 1554。

97. TNA *SP* 69/5/18，Mason to the Privy Council, 13 Aug. 1554. 大使知道他说的是什么，因为他在查理五世的宫廷断断续续地待了二十年，见 *ODNB* s. v. 'Sir John Mason'。

98. AGS *E* 508/194，Charles to Philip and to Alba，'de nuestro exército cerca de Renti'，15 Aug. 1554，圣母升天节，同一封信带有不同的亲笔附言，均为备忘录。(*CDCV*, IV, 121 - 2，错误地将这些信的日期定为 8 月 25 日)；Gachard，'L'abdication'，883 n. 1，Charles to Marie，16 Aug. 1554。

99. AGS *PR* 55 no. 30，Instructions of Charles to Eraso, Béthune，1 Sep. 1554, minute.

十六 退而不休，1555~1558年

双头政治

1554 年 10 月 9 日，查理五世又一次凯旋布鲁塞尔。据约翰·梅森爵士说，皇帝"乘轿经过大街"，"群众看到他经历那么多辛劳之后仍然精神矍铄，无不欢欣鼓舞"。他的健康很快有很大好转，可以再次去狩猎了。在一个月后的一次觐见会上，梅森发现"他快快活活地坐在桌前。他的面庞曾经显得比较浮肿，如今恢复了正常的模样；他的脸色有很大改观；他的胳膊也很听使唤……我很久没有见过他这么精神了"。但这种精气神没能维持多久。11 月底，一位大臣哀叹道："大街上有很多可怜人在抱怨，说他们一直苦等皇帝的签名，而皇帝明明只需要一个小时多一点就能满足他们。"但在圣诞节前夕的一次觐见会上，梅森又看到皇帝"状态极佳，心情愉快，简直十年没有这么好的状态了"。随后查理五世"开始讨论两种统治风格的区别，一种是严苛的统治，另一种是君主与臣民之间能够互相理解和欣赏"。[1]

查理五世觉得儿子不懂这种区别。腓力抵达英格兰不久之后，一位廷臣报告称，腓力王子"让女王非常幸福，也懂得忽略她的缺点……至于他对待那里的贵族的方式，他们都承认，没有一位英格兰国王能像他那样，如此迅速地赢得所有人的好感"。在布鲁塞尔，国务秘书埃拉索收到了"赞美我们的老板"的消息，立刻将其与查理五世分享，他"听了十分高

兴，再三感谢上帝的恩宠"，随后却恶毒地补充了一句："国王 ［腓力］进步神速嘛！"²查理五世对儿子的社交技能和政治才干如此没有信心，以至于他在 9 月派遣埃拉索去英格兰，指示他告诉腓力，尽管"我一直因为女王感到幸福和满意而感谢上帝"，但他听到一些怨言，说他的儿子很少征询他的英格兰臣民的意见，"我还听说，他们不满意，因为他们看到太多西班牙人来来回回 ［去见你］"。³

直到玛丽·都铎宣布她怀孕之后，这样的批评才有所消退。女王坚持要求丈夫留在她身边，陪伴和支持她，因为她的预产期快到了。现在查理五世向梅森大使提了一些直言不讳的问题，比如："我的儿媳的肚子向前凸出多少？"梅森答道，女王在完全确定之前什么都不会说，但主动表示："她的衣服已经显得很紧。"皇帝说："我从不怀疑，上帝已经为她创造了那么多奇迹，一定会让她的人生圆满，赐给她一个孩子。并且我敢说一定是男孩。"梅森说，孩子只要健康就好，因为"那样的话我们终于有了一些确定性，知道了上帝打算指定谁为我们国家的继承人"。他还向查理五世警示道，假如女王驾崩"却没有留下子嗣，那么国家必然灭亡"。皇帝说："不必怀疑，上帝一定会赐给你们一个继承人。"⁴

在玛丽女王怀孕期间，腓力给他在西班牙和意大利的大臣发去了一连串的命令。因为查理五世同时也在这么做，所以（按照威尼斯驻布鲁塞尔大使的说法），"每个有事要办的人都抱怨说，他们从大臣们那里得不到皇帝或国王的命令"，因为没人知道该服从查理五世还是腓力。⁵最重要的是，腓力企图在最重要的政策（结束与法国的战争）方面胜过父亲。在这方面，他与英格兰枢机主教雷金纳德·波尔密切合作。尤利乌斯三世给波尔的任务是推动基督教世界的和平，并促使英格兰与罗马和解。1554 年 11 月，腓力通知父亲，由于波尔的努力，一位法国使者刚刚抵达伦敦，请求英格兰调停亨利二世与查理五世之间的冲突。腓力言不由衷地声称，"女王和我来不及征询陛下的意见"，就同意了法国人的请求。他们立刻开始在加来附近建造一座特殊的会议中心，"在田野中央为每个国家搭建一座营帐，内有富丽堂皇的壁毯"。在那里，帝国和法国的代表可以与教宗的代表波尔以及代表腓力和玛丽的英格兰大臣会谈。[6]

查理五世不情愿地宣布自己愿意参加谈判，不过坚持说，他之所以打这场战争，"不是因为他渴望开拓疆土（上帝已经给了他足够广袤的领土），而是为了保卫原本就属于他的领土"。不过，直到 1555 年 3 月尤利乌斯三世去世，谈判仍然没有进展。教宗的去世让这轮和谈流产了。[7]两个月后，吉安·彼得罗·卡拉法成为教宗，称号为保罗四世。新教宗不仅公开敌视查理五世（教宗是那不勒斯人，认为查理五世的那不勒斯政府腐败而残暴），而且敌视波尔，认为他对异端的立场太软弱。保罗四世大言不惭地说，哈布斯堡家族的"领地就像一座老房子，只要拆掉一块石头，整座房子就会土崩瓦解；只要我们在意大利轻轻动它一下，一切都会化为废墟"。保罗四世当选的消息于 6 月 2 日传到了和谈会场。四天后，法国代表团离开了。现在，教宗开始计划让法国和几个意大利邦国在奥斯曼舰队的支援下攻击查理五世。[8]

漫长的告别

此时在布鲁塞尔，查理五世已经很少接见外臣，也尽量回避政务。1555 年 5 月，佛罗伦萨大使向他呈送了科西莫公爵的一封信，皇帝却告诉大使，"因为吃饭时间快到了，并且这封信包含了烦人的话题，所以他会把信带走；明天早晨他会听取这封信的概要，然后决定怎么做"。不过，据一个法国访客说，尽管查理五世仍然"对公务了如指掌，并且掌握着权威"，但他几乎完全依赖佩勒诺，"佩勒诺把皇帝的意见传达给腓力王子和御前会议"。[9]

但佩勒诺没有办法帮助主公抵御寒冷。尽管皇帝的内室有好几个炉子，但随着气温下降，他的痛风病还是越来越严重，让他整个冬天都"痛苦不堪"。1555 年 4 月 1 日，他"躺在床上"接见了梅森，其间他"停了下来，似乎太疲惫了，所以不想讲话"。几天后，皇帝向为他服务了二十五年的费兰特·贡扎加道别时流下眼泪，向对方透露，他的疾病让他"十分厌世，还展示了自己因为痛风而残废的双手，说这是他人生中最糟糕的一个时期"。到圣乔治瞻礼日（4 月 23 日），皇帝有所恢复，"在近侍面前非常庄严地"纪念自己成为嘉德骑士团的成员，思考了"这个骑士团的悠久历史，以及他享受此种荣誉的漫长时期：他现在是整个骑士团里最年老的成员，因为他作为嘉德骑士已经度过了四十四个春秋"。梅森预测，"随着天气转暖……皇帝的健康状况很可能会越来越好"。[10]

这个预测过于乐观了。一个葡萄牙访客报告称，皇帝的"牙齿看上去很糟糕，全都乌黑"。阿尔卡拉的康普顿斯大学的教授西普里亚诺·德·韦尔加修士问："是谁让皇帝发生了如此大的变化，让我们几乎都认不出他来？"然后继续问道："是谁让他早生华发？是谁让他过早地生出了那么多皱纹，让他曾经活泼的眼睛变得如此哀伤？是谁夺走了他的牙龈，让他的双腿瘫痪，让他的双手饱受痛风病的折磨?"西普里亚诺修士对这些问题的答案没有疑问：皇帝油尽灯枯，是因为他"渴望解放上帝在德意志的羔羊，用剑与火，也用圣言的香膏去解放他们"。[11]

查理五世心急如焚地等待着自己的英格兰孙子降生（孩子出生后，腓力就可以渡过海峡到皇帝身边），偶尔骑骡子（他再也不能骑马了）在王家园林里转悠，观赏附近动物园里充满异国情调的动物，就像他少年时常做的那样。除了佩勒诺、他的姐妹埃莉诺与玛丽，以及内廷仆人之外，他很少与人说话。不过，这年春天有两个棘手问题得到了解决。在西班牙，他的母亲胡安娜女王于 1555 年 4 月驾崩，享年七十五岁。尽管查理五世宣誓在余生为她戴孝，但他现在终于成了西班牙和西西里的唯一统治者。腓力将来不需要像皇帝的遗嘱规定的那样，与祖母分享君主的头衔。[12]

在德意志，萨克森选帝侯莫里茨伤重不治身亡，他的死缓和了政治气候，促成了宗教纷争的解决。但查理五世不想参与这个过程。1552 年，他不情愿地同意在下一届帝国会议之前宽容路德派。现在他通知斐迪南，尽管"上帝知道，我对神圣罗马帝国和德意志民族的热忱与挚爱，以及我为了支持你和捍卫我们的奥地利王朝而做出的努力……让我想为德意志的纷争找到解决方案，并亲身参与其中"，但如今他"对解决宗教纷争的方案有"太多顾虑。因此，他授权弟弟在奥格斯堡召开新一届帝国会议，"仿佛我身在西班牙。不要用我的名义，不要动用专属于我的权威"。

得知奥格斯堡帝国会议打算永久性宽容路德派之后，查理五世再次表示"我一贯不愿意卷入这个宗教问题"，并将最终的决定权下放给"你〔斐迪南〕和你的大臣，因为你们在现场"。1555 年 9 月 25 日，斐迪南签署了《奥格斯堡宗教和约》，承认德意志诸侯有权合法地信奉天主教或路德宗，也有权将自己的宗教强加于自己的臣民（这种原则后来被称为"教随国定"，即 cuius regio，eius religio）；《奥格斯堡宗教和约》还规定，放弃通过使用武力达成宗教目标，并允许出于宗教原因而希望移民的臣民自由出境。[13]

此时情况已经很清楚：玛丽·都铎一再说自己怀孕了，但其实她并没有。腓力离开英格兰，于 9 月 8 日返回布鲁塞尔，骑马径直来到皇帝的小屋。父亲"亲热地拥抱和亲吻他，热泪盈眶"。他们已经四年没有见面了。查理五世"指示大臣向腓力汇报他离开奥格斯堡〔1551 年〕以来的所有公务"。此后两位君主"每天上午和下午都待在一起，每次互相陪伴两个钟头"，有时坐在桌前，"桌上摆着放公文的托盘"，他们就这样处理公务。两周后，查理五世签署了一项声明，宣布将尼德兰的全部领土移交给腓力，并命令各省的代表会议选择"人数充足的代表"到布鲁塞尔开会，见证这次权力交接。[14]

令人对未来感到悲观的是，皇帝不得不推迟权力交接的仪式，因为两个省份拒绝派遣代表，理由是合法的权力交接必须在它们境内进行，而且还有两个省份甚至根本就没有派人来回话。但最终，哈布斯堡家族治下尼德兰的精英阶层的约一千名代表聚集到布鲁塞尔，参加截至当时尼德兰历史上规模最大、参会者最多元化的等级会议。在向大会讲话之前，查理五世最后一次召集了金羊毛骑士，通知他们，他打算不仅把领土交给儿子，而且把金羊毛骑士团大团长的身份也移交给他。他请骑士们改为向腓力效忠，并告诫儿子始终要征询金羊毛骑士们的意见，遵从他们的建议。[15]

1555年10月25日（星期五）下午，查理五世骑上骡子，从小屋来到布鲁塞尔的宫殿。一个小时之后，他最后一次缓步走入大厅，拄着拐杖，奥兰治亲王威廉①搀扶着他。玛丽、腓力和金羊毛骑士们跟在他后面。皇帝身穿"一件朴素的黑色上衣，戴着律师那种四角帽，佩戴金羊毛骑士团的双重徽记"。为了表示尊重，"代表们在皇帝一行人步入大厅时全都起立"，然后一位谋臣解释了皇帝为什么决定退位并返回西班牙。一名代表进行了优雅的答复，紧接着查理五世摇摇晃晃地起身，"思考片刻"，随后"戴上眼镜，看着自己手里拿的一张纸，上面有七页内容"。[16]然后他向臣民发表讲话。在讲话的一开始，他极富历史感地说："你们当中的有些人还记得四十年前的主显节前夕，我的祖父［马克西米利安］皇帝陛下决定宣布我成年，当时我只有十五岁。那场仪式就发生在今天我们所在的地方，也差不多是我向诸位讲话的这个钟点。"随后他按照时间顺序叙述了自那之后他的旅行：

---

① 奥兰治亲王威廉一世（1533～1584），即著名的"沉默者"威廉。他原本为德意志的拿骚-迪伦堡伯爵，1544年继承了堂兄勒内·德·沙龙的奥兰治亲王头衔，建立了奥兰治-拿骚家族。

威廉在匈牙利王后玛丽（西属尼德兰摄政者，查理五世的妹妹）的宫廷长大，得到玛丽和查理五世的宠信，为哈布斯堡家族效力，后来在西属尼德兰摄政者——帕尔马的玛格丽特（查理五世的私生女，本书作者称她为玛格丽塔）的宫廷服务。

后来，腓力二世加强中央集权，剥夺尼德兰当地人的政治权力并迫害新教徒，激起了尼德兰人的反抗。威廉成为尼德兰起义（也叫尼德兰革命或八十年战争）的主要领袖，对抗他曾经的主公西班牙国王。他被推举为尼德兰联省共和国的第一执政，被尼德兰人誉为"祖国之父"。他的后代是尼德兰共和国的世袭统治者，后来成为荷兰国王。

九次去德意志，六次去西班牙，七次去意大利，十次去尼德兰，四次去法国（有的是在和平时期，有的是在战时），两次去英格兰，两次去北非，一共是四十趟旅行……在这过程中，我八次横渡地中海，三次在大西洋航行，再加上我即将在上帝的佑助下做的航行，那就是四次。

随后，查理五世列举了他的历次战役，它们都是为了"保卫尼德兰和我的其他领地"，以及"为了保卫帝国和宗教"而进行的。但如今，他"感到无力承担治理如此之多国家的重担，也知道他的儿子有能力接过这些重担，于是他希望把自己的余生全部用于侍奉上帝，并将这些国家和其他领地都交给儿子"。此时"他似乎悲伤不已，抽噎起来，讲不下去，泪水从两颊滚落"。梅森想，皇帝流泪也许是因为"看到面前的听众都在流泪。据我观察，在场的人没有一个"在皇帝演讲期间"没有泪流满面"。最后，"皇帝控制住了自己的呼吸，又戴上眼镜，看着手里的文件，说道：我的视力和记忆力都大不如前了，我越来越感到衰弱无力，无法承担保护诸位、保卫这个国家的使命。这就是我决定返回西班牙的主要原因。我这么做，不是为了让自己能多活一些日子，因为那是只有上帝才能决定的"。查理五世最后督促大家坚守天主教信仰，将其视为唯一的宗教。"如果因为偏离天主教信仰的正道而发生什么灾祸，他请大家吸取邻国的教训"（指的是德意志的宗教纷争）。他还敦促大家服从他的儿子，"因为他是他们的天然君主"。[17]

皇帝站立着讲了半个多钟头，累坏了，最后跌坐到椅子上。这时腓力站起来，用西班牙语恳求父亲再留一段时间，再统治一段时间，好让他"从父亲那里学习治国的经验"。然后腓力也坐下，转向与会者，说了一句法语（世人只听他说过这么一次法语）："先生们，虽然我听得懂法语，但说得还不流利。所以请阿拉斯主教［佩勒诺］代表我向你们发言。"[18]腓力没有掌握他的臣民的语言，并且在发言期间坐着，而不是按照勃艮第的礼仪规矩站着，这都引起了一些原本不必产生的失望。佩勒诺竭尽全力抚慰大家，再三强调国王并不希望父亲退位，并向听众保证，腓力会尽可能久地待在北欧，以确保尼德兰的太平与繁荣。在那之后，只要尼德兰有需求，腓力会随时回来（这是一个睿智的承诺，但腓力后来食言了）。在仪式的末尾，有人宣读了查理五世的正式宣言，即将他在尼德兰的全部权力移交给儿子。宣言的最后一句是："我凭借自己充分的、绝对的权力，撤销一切与上述决定抵触或矛盾的法律法规，因为这就是我的意愿。"随后皇帝命令销毁他的私人印玺，就像在四十年前他的亲政仪式上，在同一个房间里，玛格丽特和马克西米利安皇帝的印玺被销毁一样。"六点多的时候，这次重要的仪式宣告结束，皇帝立刻穿过园林，返回自己的小屋。"（见彩图 32）[19]

尽管仪式很隆重，也很煽情，但其实皇帝仅仅将他在尼德兰的领地和头衔移交给了腓力。皇帝打算先返回西班牙，然后再放弃对卡斯蒂利亚、阿拉贡和海外领地（美洲、撒丁岛和西西里）的权利。但在 11 月，"皇帝的痛风病严重恶化"，"以至于无法亲手吃饭"，并且"因为发高烧而卧床不起"。12 月，尽管移交权力的所有文件都已经起草完毕，查理五世却无法签字，因为"皇帝的手被包扎起来了"。[20]最后，1556 年新年，查理五世的身体有所恢复。他做了告解，领了圣餐，两周后把儿子和一小群廷臣唤到他的小屋，"与他们谈了将近一个小时"：

> 他首先说，他感谢上帝终于给了他力气，让他能够履行对自己和对臣民的义务，放弃权力……他知道，因为他耽搁了很久还没有放弃权力，有些人在窃窃私语；不过，在落实自己的决心的时候，他宁愿因为动作迟缓被指责，也不愿做任何仓促鲁莽的事情……然后，就像他放弃尼德兰统治权时做的那样，他以相同的顺序历数了他一生中所有的远征和事业，解释他做那些事情都是因为形势所迫，而不是因为自己想要那么做，并向国王介绍他忠诚而勇敢的臣民，告诫他为臣民主持公道、给予他们应得的尊重。[21]

他还给了儿子一个盒子，里面装有"许多份拉丁文和卡斯蒂利亚文的遗嘱和许多指示"，接着签署了放弃卡斯蒂利亚及其海外领地统治权的退位书，然后是阿拉贡王国的退位书，最后是西西里国王的退位书。查理五世还签署了放弃帝位的退位书，但根据斐迪南的要求，他没有将其公开。他任命腓力为帝国在意大利的摄政者。[22]

查理五世的精神状态越来越好。在退位仪式的三天之后，威尼斯大使费德里科·巴多厄报告称，皇帝"比之前的很长时间都更欢快，多次说他感谢上帝，因为在他放弃了自己的所有领地之后，上帝赐予他希冀已久的精神安宁"，"他对侍从说了一些幽默风趣的话，问他们将来怎么称呼他"，最后说，等他从皇帝的位置上退下来之后，"他愿意被称为'奥地利的堂卡洛斯'"。他还对侄子（也是女婿）马克西米利安说："我放弃了所有头衔之后，感到比以前好多了，开心多了。"[23] 1556年3月，巴多厄发现皇帝"健康状况极好，眼神快活，动作灵敏，比我之前看到的情况好得多"。皇帝也更健谈了。他告诉巴多厄："我完全是自愿放弃权力的，也是为了满足自己长久以来的心愿。我对这事很满意。因为衰老和疾病把我弄得很虚弱，我儿子接管政府的时候也到了。我从来没有主动要求肩扛统治国家的重担，我早就期待退位了。之前很多人说我企图成为世界之王，现在大家都可以看清这句话有几分真实了。我向你保证，我从来没有想过要主宰世界。即便那是办得到的，我也绝不会有那样的念头。"然后他举起因为痛风而残废的双手，停顿片刻，继续说道："我现在唯一想的就是，尽可能无忧无虑、远离病痛地度过余生。我希望退隐到某个地方，在那里用余下的全部时间侍奉上帝。"[24]

法国海军司令加斯帕尔·德·科利尼①率领的法国代表团奉命来签署两国君主前不久缔结的停战协定。科利尼也留下了对这一时期的查理五世的生动描绘。起初，科利尼的使命很不顺利，因为双方刻意互相羞辱。科利尼的随从包括已故的切萨雷·弗雷戈索（见第十一章）的几个儿子（选择他们当谈判代表很不合适），而腓力接见法国代表团的地点是布鲁塞尔宫殿大厅，那里悬挂了贝尔纳德·范·奥利创作的纪念帕维亚战

①　加斯帕尔·德·科利尼（1519～1572）是法国贵族、军事家和政治家，在法国宗教战争期间是新教徒（胡格诺派）的领袖。在法王弗朗索瓦一世和亨利二世对抗查理五世与腓力二世的时代，科利尼作为法军将领表现出色。后来他皈依了新教。在法王查理九世（亨利二世的儿子）在位时期，科利尼是宫廷中举足轻重的人物。最后，科利尼死于1572年8月24日针对新教徒的圣巴托罗缪大屠杀。

役（法军惨败）的壁毯，"这是 16 世纪最宏伟的全景画"（所以法国人不可能对其视若无睹），"展现的是已故的伟大的法王弗朗索瓦一世被俘的故事"（见彩图 14）。

法国代表团来到查理五世的小屋时可能感到如释重负。皇帝因为痛风病，只能坐着接见他们，穿着一件朴素的"市民常穿的长及膝的上衣，用佛罗伦萨哔叽制成；还有一件黑色的德意志风格的紧身上衣；戴着帽子"（见彩图 33）。科利尼先是呈送了亨利二世的亲笔信，但因为"它的封印比通常情况下要紧一些"，查理五世患有关节炎的手指打不开，于是他不情愿地将信递给佩勒诺。然后他抬起头，"优雅地微笑着"对科利尼说："你会怎样描述我，我的海军司令大人？当我连一封信都打不开的时候，是不是还像一位勇敢的骑士，随时准备参加比武大会，折断一根长枪？"

这时，双方又开始互相羞辱。查理五世评论道，"我听说你们的国王已经有白头发了"，并补充道："他还是一位年轻王子的时候在西班牙待过，那时他连一根胡须都没有。真是恍如隔世。"皇帝指的是亨利二世被囚禁在佩德拉萨德拉谢拉的时候，现在提起这事真是有失大体，并且毫无必要。随后，查理五世看见了著名的法国弄臣布吕斯凯，于是问："你还记得马刺之战吗？"（指的是 1513 年法军在昂吉内加特的溃败。）但这一次皇帝失算了。布吕斯凯伶牙俐齿地回答："当然记得了，陛下。我记得很清楚，您就是在那个时候得到了那些美丽的红宝石，现在把它们藏在手指上。"他指的是查理五世已经残废的双手。此时"在场的所有人都哈哈大笑起来，然后皇帝说：'我一定会记住从你这里得到的教训：永远不要嘲笑一个看上去像傻瓜的人。'"[25]

这一轮唇枪舌剑或许改善了查理五世的心情，因为不久之后佛罗伦萨大使报告称："所有看见皇帝陛下的人都说，他看上去比过去四年都更精神，眼神活泼，极富幽默感。"1556年6月，梅森写道："皇帝骑着骡子，非常活跃，在过去七年都没有这么活跃过。"[26] 不过查理五世仍然继续推迟他的旅行计划。首先，他说自己没钱支付将要留在尼德兰的内廷人员的薪水，这些人的薪水已经被拖欠一段时间了；随后，他说英吉利海峡和北海的天气太危险；然后有传闻说，教宗保罗四世打算宣布废黜查理五世和他的弟弟，因为在前不久的帝国会议上，斐迪南"已经同意德意志人可以遵守［路德派的］《奥格斯堡信条》，皇帝也批准了"。

得知这个消息后，查理五世"大发雷霆"，"每天不等通常开会的时间"就召集国务会议的成员"到他面前，他滔滔不绝地只谈教宗的问题，始终怒气冲冲"。皇帝告诉大臣们，"必须这样办，那样办"（bisogna far così e così），"总是拿他之前如何与好几位教宗打交道的经历来打比方"。这是一个不祥的比方，因为他的军队曾经洗劫罗马。[27]

斐迪南和马克西米利安也让查理五世推迟了行程。1555年11月，查理五世写道，如果能在布鲁塞尔见到弟弟和侄子，"并在我启程去西班牙之前商讨一些事务"，"将是对我的莫大慰藉"。然而，斐迪南断然拒绝去布鲁塞尔（兄弟俩余生再也没有见过面）。马克西米利安和玛丽亚虽然接受了邀请，但没有旅费，所以一再耽搁，直到1556年7月18日才抵达布鲁塞尔。[28] 在随后几天里，他们见了查理五世好几次，讨论了他放弃皇位的问题，说服他允许斐迪南自己选择最佳的时机和地点去召开选帝侯大会，让他们认可他成为皇帝。在那之前，查理五世将继续担任皇帝，只是不再处理帝国的政务。次日，他离开布鲁塞尔，"有人看见他走的时候哭泣，并多次转身回头去看他熟悉的那些宫墙。他再也看不到那些宫墙了"。[29]

查理五世不是孤身旅行的。尽管他已经把自己的内廷规模从超过750人削减到150人，让很多内廷人员退休，并让其他人为他的儿子或弟弟服务，但他的两个姐妹决定与他一同去西班牙。埃莉诺最想做的事情是看望自己的女儿玛丽亚。埃莉诺自从三十多年前离开葡萄牙以来就没有见过女儿，因此她想回西班牙（"她更喜欢西班牙而不是尼德兰"）。匈牙利王后玛丽与姐姐埃莉诺一起在尼德兰生活了十年，和她的关系变得很亲密。玛丽担心，埃莉诺和查理五世离开之后，"我会孤身留在一个我不得不从头开始重新认识的国度，并忍受自己不习惯的生活方式"。尽管玛丽从未去过西班牙，但她也希望陪同姐姐和哥哥，并得到了他们的允许。[30]

8月，姐弟三人去了根特。在那里，查理五世向腓力和他的尼德兰大臣们道别，并最后一次接见了一些外国外交官，首先是佛罗伦萨大使。皇帝"讲话的时候很困难，吐字不清"。他宣布："大使先生，我这次肯定要走了。你可以相信，如果连我的儿子都解决不了世界上的问题，那么我即便留在这里，也无能为力。"他把所有的"问题"都归咎于"教宗的虚伪和邪恶"，并洋洋自得地补充道："教宗年纪已经很大了，活不了多久了。"他的这个判断是错误的。[31]

皇帝一行人从根特出发，乘轿子和画舫来到泽兰的弗利辛恩，一支拥有五十多艘船的舰队在那里等候。皇帝"在两人的搀扶下走下画舫"。有旁观者说："从未见过面色如此惨白、如此瘦骨嶙峋和虚弱的君主，他两手残废，嗓音虚弱而断断续续，似乎只有他的精神还在。"就像四十年前第一次去西班牙的那趟旅程一样，查理五世在等待有利风向的时候游览了瓦尔赫伦（这一次乘坐一辆小马车）。他于 9 月 13 日登上旗舰，住进一个 17 平方英尺的特殊舱房。二十名廷臣各有自己的舱房（其中有纪尧姆·范·马勒，"他给皇帝朗读了很多不同的书籍"；还有贾内洛·托利亚尼，"带着他制作的时钟"）。但没过多久刮起了风暴，他们不得不返回岸边。

腓力听到这消息后，骑马来到泽兰，与父亲"谈了一个半钟头"，然后"乘坐一艘小型帆船返回弗利辛恩"。9 月 17 日，皇帝的舰队再次启航，这一次乘风破浪地驶入北海。自此以后，查理五世再也没有见过儿子，也没有见过他的故乡。[32]

最后的旅程

查理五世决定退隐到西班牙格雷多山区尤斯特的圣哲罗姆修道院。教宗说这是"史上最奇怪的事情"。对于皇帝何时、如何下定决心这么做，皇帝本人给出了三种不同说法。在他曾经的廷臣弗朗西斯科·德·博吉亚有一次访问尤斯特时，皇帝问他：

> "你还记不记得，1542 年我在蒙宗告诉你，我有朝一日会退隐。我现在的确这么做了。"
>
> "我记得很清楚，陛下。"弗朗西斯科神父答道。
>
> "你可以确信，"皇帝说，"除了你和某某某之外，我没有告诉任何人。"这里的某某某是一位显赫的绅士。

圣哲罗姆隐修会的历史学家何塞·德·西根萨修士重复了

这个故事，并补充说，查理五世不仅在 1542 年就下定决心要退隐，而且在那时就确定了地点，派遣了一些"渊博而审慎的人去考察尤斯特的圣哲罗姆修道院的建筑、位置、外观和布局。他们给他发去了详细的报告"。[33]

1554 年 9 月，在给儿子的密信中，查理五世给出了另外一些说法。他证实"我在七年前就决定退隐，只是在等你长大成人、积累对公务的经验……我觉得我可以在今年，等你来到［北欧］和结婚之后，就立刻退隐。所以我命人在尤斯特的修道院建造一座套房"。随后与法国的战争迫使皇帝推迟退隐，但现在"我认识到，我既不能做良心要求我做的事情，也不能做我的臣属和子民需要我做的事情"，所以下定决心退位。十八个月后，在离开布鲁塞尔不久前，查理五世在接见威尼斯大使时"手按胸膛"，谈到更多细节："自从我打败萨克森公爵和黑森方伯［1547 年］以来，我就一直在考虑退位。"他说自己已经开始起草必需的文件，将其始终带在身边，但在 1554 年（这一年，"我在朗蒂打仗，决心与法国国王交战"）之前什么都没做。他在那时意识到：

> 要是真的与法国国王打起仗，如果我运气不好、输掉了战役（当时我的兵力逊于法王，所以很可能会输），那么我要么会战死沙场，要么被俘，没有办法逃脱这种或那种命运。如果我战死了，那么我的儿子会继承我的全部产业；如果我落入敌手，我希望［腓力］不必用帝王的赎金来赎回我，而仅仅需要把我视为一位普通的绅士。[34]

1558 年年初，查理五世向一位到访尤斯特的葡萄牙大使讲述了自己决定退隐到修道院的另一个故事。首先他重复了之前的说法，即1547年"德意志的战争结束之后"他开始认真考虑退位，"承认他当时就应当退位，因为那时他不会损失声望；而后来发生了那么多事情，导致他声望大跌"；但他这次说，自己第一次考虑退位是在1535年的突尼斯大捷之后，不过他当时什么都没做，是因为儿子年纪还太小。[35]

上述的三种说法都是可信的。考虑到查理五世很熟悉《果敢的骑士》（这位骑士也计划退隐到修道院），以及他的祖父马克西米利安也曾想退位，说不定查理五世甚至更早就下了放下重担的决心。有一份当时的文献说，"他自从童年时代就计划退位"。[36]但不管他之前是怎么想的，又是如何打算的，他在1553年6月之前什么都没做。而在1553年6月，他签署了一份文件，向圣哲罗姆隐修会的总会长支付了3000杜卡特，"用于我已经下令去办的一些事情"。他在给儿子的一封亲笔信中解释了，这笔钱专门用来"在尤斯特修道院隔壁建造一座房屋，让我以普通人〔persona particular〕的身份居住在那里，无需仆人和官员"。[37]皇帝还命令儿子亲自去视察那家修道院。腓力于1554年5月视察了那里，表示认可。随即"皇帝陛下命在尤斯特建造的房屋所需的建材就开始交付"。皇家建筑师路易斯·德·维加勘察了那个地点，画了图纸。该图纸表明"修道院内有一个大房间，作为见习修士的宿舍。如果按照图示将该房间分割，就可以分出一间起居室和一间卧室，从床头可以看见教堂的主祭坛"。皇帝批准了。[38]

查理五世还开始收集他准备带去修道院的物品。1551年，他传唤提香到奥格斯堡见他，请提香创作了一幅题为《三位一体》的巨幅油画（后来被称为《最后审判》）。据提香说，查理五世"一直打算把它挂在他将要度过余生的修道院的祭坛之后"。在皇帝为自己的最后旅程准备的画作清单中，排名第一的就是《三位一体》（见彩图 34）。[39]查理五世还请一些尼德兰艺术家创作了其他一些绘画或绘画的副本：1555 年，他付钱给扬·维尔摩恩，请他画了"一幅《忧愁的男人》，就像提香那幅一样"。这幅画被按期送到皇帝的宫廷总管手中，和另外二十四幅宗教题材的油画以及他最喜爱的亲人的肖像放在一起。其中有皇后和腓力的肖像（提香作）、儿媳玛丽·都铎的肖像（安东尼奥·莫罗作，但皇帝的清单说这是"托马斯·莫尔的作品"，真是令人难以置信）、玛丽亚和马克西米利安的儿女的肖像，以及皇帝本人在不同年龄的几幅肖像。[40]

清单里还有一些将要陪伴查理五世的"金银器物和其他物品"，首先是他的私人礼拜堂的器物：一只圣餐杯和做弥撒所需的其他器物，神父的法衣，祭坛的饰物，弥撒书和祈祷书，十字架和耶稣受难像（包括"一只镀金的十字架，上有耶稣受难像，两侧是圣母和圣约翰，十字架底座的中央是皇帝陛下的纹章"）。然后是家用器物，包括"陛下的内室所用的两只小型银花瓶"和"一只白银的尿壶"[ung pispot d'argent]；御用理发师、药剂师、御厨和侍奉他用餐的人所需的金银器；还有查理五世希望带走的时钟的清单，包括托利亚尼设计的"小宇宙"、另外两座大钟（其中一座标出了二十四小时），还有"三个小型的圆形便携时钟"。[41]

和 1517 年他第一次到西班牙时一样，查理五世为自己的旅途挑选了一些书籍。但这一次他挑的书大多是印刷版的，不是抄本。其中有《果敢的骑士》的法文版和西班牙文版；尤利乌斯·恺撒的《高卢战记》和路易斯·德·阿维拉的《德

意志战记》（也许是为了帮助他修改自己的《回忆录》）；彼得
鲁斯·阿皮亚努斯那部卷帙浩繁的《御用天文学》；用来悬挂
在墙上的各式各样的大型地图和城市风光图（往往是他去过
的地方）；还有弥撒书、诗篇集和《圣经》（可能包括一本法
文版的），祈祷书和用来慰藉心灵的书，其中大多数是关于如
何准备迎接死亡的。除了《金羊毛骑士团团规》（西蒙·贝宁
等人于 1531 年至 1547 年绘图制作）之外，皇帝带的泥金手抄
本很少。《金羊毛骑士团团规》展示了 214 名骑士（古人和今
人都有）的纹章。他一共带了五十卷书，装在一个箱子里。[42]

　　查理五世还花了大量时间做精神上的准备。1556 年 1 月，
他告诉侄子马克西米利安，他在放弃了所有头衔之后，终于得
以“自由地检视和净化我的良心”。据尤斯特的一名修士说，
“皇帝在离开尼德兰、到西班牙之前的大约一年里，请了五位
学识渊博的神学家和律师，与他们分享了他的所有事务，以及
他现有的疑问和顾虑”。查理五世自己也证实了这种说法。他
抵达西班牙不久之后，胡安·雷格拉修士（查理五世选择这
位圣哲罗姆隐修会修士当自己的告解神父）抗议道：“陛下，
我觉得自己没有资格，也没有足够的才能为您服务。”……皇
帝答道：“胡安修士，你大可不必担心。我和尼德兰的五位饱
学之士一起待了一整年，所以我良心坦荡：现在剩下要做的，
就是每天起床。”胡安修士听了这话，就放下心来。[43]

　　查理五世在 1556 年的驾临和 1517 年那一次一样，让很多
西班牙人大吃一惊。消息传到尤斯特之后，圣哲罗姆隐修会的
总会长“十分喜悦，因为之前很多人怀疑皇帝退隐的决心，
认为他不可能愿意到尤斯特来。现在这些质疑都被驳倒了”。
西班牙的中央政府显然也不相信皇帝会真的退隐到修道院，因

为尽管腓力在 7 月 23 日和 8 月 11 日写信确认皇帝"等天气转晴之后立刻启航"，可是当他于 9 月 28 日在拉雷多①登陆的时候，当地政府却没有做任何准备，也几乎无人迎接他。御前秘书马丁·德·加斯特卢写道："皇帝陛下对这种疏忽很恼火，因为他需要的很多东西都没有准备好。"没有"为他唱弥撒的神父"，没有医生，"没有邮政官员"。最重要的是，"没人给他写信，也没人派人来向他请安"，这让查理五世"说了一些很难听的话"。⁴⁴更糟糕的是，秋雨瓢泼，延绵不绝。即将担任皇帝内廷总管的路易斯·基哈达于 10 月 5 日抵达拉雷多时发现"所有人都无比腻烦、幻想破灭，不知道他们会怎么样"。因为"道路糟糕、住宿条件更恶劣"，并且在这个穷乡僻壤很难找到给养，所以基哈达将皇帝的随从队伍拆散，"只有我一人陪伴陛下，坐轿子行进"，只带"一名行政长官和五名卫兵"。他们先行出发，比大队人马领先一天的路程。基哈达抱怨道，"我看到我们的人太少，感到羞耻"，然后补充道："我看到有许多司法官员陪伴我们，仿佛皇帝和我是被押解的犯人。"⁴⁵最终，皇帝于 10 月 21 日进入巴利亚多利德，在那里第一次见到了自己的孙子，即十一岁的堂卡洛斯②（与皇帝同名）。

查理五世最后一次去西班牙的旅程在另一个方面也与他的第一次西班牙之旅相似：在他旅行期间，别的地方发生了重大事件。1556 年 7 月，在皇帝离开布鲁塞尔之前，教宗逮捕了帝国驻罗马的邮政总管，毒刑拷打他，扣押了他的邮件。两个月后，查理五世乘船穿过英吉利海峡的时候，保罗四世发表了

---

① 拉雷多是西班牙北部坎塔布里亚自治区的一个市镇。
② "卡洛斯"是"查理"的西班牙文形式。

言辞激烈的演说，怒斥奥地利王朝及其支持者的奸诈，回忆了他的前任保罗三世给皇帝提供的军事援助如何"让皇帝成为德意志的主宰"，以及"皇帝忘恩负义，派人暗杀了教宗的儿子，还夺走了他名下的一座城市"（指皮亚琴察）。保罗四世对自己受到的怠慢有着超强的记忆力。他还追溯了更久远的事情，谴责"皇帝的御前会议在路德派刚刚兴起时决定姑息和怂恿它，只是为了让皇帝成为罗马的主人"。一个月后，在查理五世抵达巴利亚多利德不久前，教宗又在威尼斯大使面前公开谴责皇帝是"恶魔般的［indiavolato］、无灵魂的［senza anima］、渴求基督徒的血、生来注定要毁灭世界的教会分裂者"。保罗四世这样热了身之后，开始描述查理五世如何毁掉了他统治的每一个国家：尼德兰、米兰、西班牙，尤其是那不勒斯。然后教宗预测"等我们被他吞噬之后，你们威尼斯人将成为他的一道沙拉［una insalata a costoro］……不要自欺欺人：皇帝的这些走狗……企图成为意大利的主人"，最终还要主宰整个世界。不久之后，教宗起诉皇帝和他的儿子，罪名是反叛。[46]

查理五世对教宗的咆哮丝毫不在乎。基哈达在拉雷多与主公会合后，震惊地报告称，皇帝"急于把公务抛到脑后，不肯为了任何公务说话、聆听或者做事"。尽管查理五世在巴利亚多利德与女儿胡安娜（摄政者）和胡安·巴斯克斯·德·莫利纳（洛斯·科沃斯的外甥，接替他担任国务秘书）谈了一些国家大事，但他于 11 月 4 日向他们以及他的姐妹和孙子告辞。除了大约一百人的随从队伍之外，他不准任何人跟随他。经过西曼卡斯并在梅迪纳德尔坎波过夜之后，他离开了邮政大道（这么做是为了让政府的信使较难确定他的行踪），并呼喊："感谢上帝！从今往后，我不见任何客人，也不举行任何正式的接待会！"他直截了当地拒绝讨论内政。"至于你想和我讨论的事情，"他粗暴地告诉一位大臣，"我离开了自己的国度之后，也离开了那些政事。"现在他的书信里会说某些事情是"在我在位期间"发生的，意思是，他认为自己的统治已经落下大幕。[47]

终于退隐

但查理五世无法对寒冷的天气置若罔闻。随着冬天降临，"他开始在夜间感到寒冷。因为我们过夜的地方没有烟囱，我们搬进来一台很好的铁炉子，让负责照看炉子的童仆先去我们的住所，给皇帝的卧室供暖"。[48]查理五世还蒙受了一些来自其他方面的痛苦。据基哈达说，进入格雷多山区的道路是"我走过的最差的路"，所以"骡子抬皇帝的轿子时险象环生，随时可能连骡带轿滚下"陡峭的山坡。在一段3里格的路程当中，当地人"肩扛皇帝陛下"，直到抵达哈兰迪利亚，那里有奥罗佩萨伯爵的城堡，距离尤斯特只有14公里。皇帝不得不在哈兰迪利亚暂住，因为修道院里他的套房还没有被准备好。[49]

在哈兰迪利亚只过了一夜之后，查理五世就抱怨自己的套房不好，坚持要求搬进其他的套房，"卧室旁边要有一条整天有阳光照耀的走廊，还要能看到果园和绿树，有不错的风景"。不过他在这里也很少看见太阳，因为"浓雾从不消散"，"相隔二十步的距离，就看不见人了"。基哈达抱怨道："这里真的很冷，非常潮湿。"此后连续下了二十七天的雨。基哈达说："这里一个钟头的雨量比巴利亚多利德一天的雨量还多。"此外，此地食物匮乏，而且价格昂贵，所以"皇帝陛下过得还好，但我们其他人都很讨厌这里"。[50]

加斯特卢和基哈达在哈兰迪利亚生活了四个月，一直在抱怨下雨、沉闷无聊和主公的各种要求。查理五世索要西班牙其他地区出产的"安慰性食物"：鹧鸪、牡蛎、香肠、橄榄、石榴和凤尾鱼。他的贪吃造成了一些负面影响。威廉·斯特林－麦克斯韦爵士①在《查理五世皇帝的隐居生活》中的描述只算有一点点夸张：

> ［基哈达］每次从巴利亚多利德收到高档食品之后，都会沮丧地预言这可能造成不良后果。他订购食品的时候往往会发出暗示，如果找不到办法履行订单，反而更好。如果皇帝大吃大喝一顿之后没有什么坏的后果，内廷总管会大喜过望……他挡在主公和鳗鱼馅饼之间，就像过去他挡在皇帝和摩尔人的长枪枪尖之间那样。[51]

1556年圣诞节，皇帝的痛风病发作得很严重。他卧床不起两周之久，右手"只能刷牙"。两个月后，他给了一些仆人退休金，允许他们各自回家。此后，在五十一名仆人和八头骡子的陪伴下，皇帝乘轿子来到尤斯特。[52]在礼拜堂做礼拜之后，他接见了住在这里的三十八名修士，并参观了修道院，然后入住自己的套房（位于修道院的南面，也就是阳光明媚的那一面），打算在那里度过余生。

皇帝于1557年2月抵达尤斯特，在那里生活了仅仅十九个

---

① 威廉·斯特林－麦克斯韦爵士（1818～1878），是苏格兰历史作家、艺术史学家和政治家。

月后去世，这扭曲了我们对尤斯特的认识。1858 年，英格兰旅行者查尔斯·克利福德在"这个偏僻而荒凉的地方待了两天两夜"并首次拍摄这家修道院之后宣称，这里是"那位伟大君主的最后休息之地，他在这里远离国家大事的纷扰，过着修士一般与世隔绝的生活，为最终的结局做准备。他越来越糟糕的健康状况清楚地表明，他漫长而光辉的一生行将结束"。这是典型的马后炮思维。如艺术史学家安东尼奥·佩拉所说："查理五世想要的是一个能够退隐的地方，而不是等死的地方：他要的是一个被绿植、人工湖和各种动物环绕的休闲娱乐场所。"[53]

皇帝抵达不久之后，扩建和改良他的住处（我们姑且称之为宫殿）的工程就开始了，由他亲自指挥。虽然没有计划书留存至今，并且这个地方在 19 世纪被彻底荒废，但根据现存的史料和 1567 年的一幅详细素描（当时皇帝的新建筑仍然完好，见彩图 35），我们可以复原皇帝所做的主要改动。建筑工人给宫殿增添了完整的两翼：东翼的底层是御厨（旧的厨房被一场火灾严重损毁），上层是基哈达的新住处；南翼的底层包括皇帝的药房和食品储藏间，上层是他的御医和其他人的住处。在宫殿之外，查理五世命令建造了"一座小的隐士小屋，称其为伯利恒"，距离他的宫殿约 100 米，他有时去那里放松。皇帝还建造了一座斜坡，这样他就能乘轿在上层的住处和下方的花园与鱼塘之间行动。花园与鱼塘也经过了翻新：皇帝套房的南面有两个池塘，它们之间有一座喷泉，泉水注入一个铺着蓝瓷砖的池子，皇帝在池子里养了丁鲷。整座建筑四面都有窗户，这是它最宜人也最美丽的特点之一。透过窗户飘进来柠檬树、苹果树和橘子树的芬芳……他的套房的东面是一座大天井，中央有喷泉。

基哈达写道："皇帝陛下花了很多时间监督建造这座有喷

泉的花园。"[54]

　　查理五世在尤斯特度过的第一个冬天开始之前，他还监督工人在套房内安装了一个金属的大型桑拿浴室，这是特地从德意志运来的。这是一套相当了不起的装置，对其建造过程的叙述提到"十二个铁十字架，用于承载桑拿浴室窗户的玻璃"，"一张胡桃木的桌子，摆在桑拿浴室内，用来放陛下的书籍"，还有"一张小写字台"。就像几年前在奥格斯堡时那样，在冬天的大部分日子里，查理五世都待在桑拿浴室内。[55]

　　基哈达确保宫殿的药房始终备好草药、香脂、药膏和大家相信有治疗作用的物品（比如一只独角兽的角，还有"两个包含骨头的手镯，据说对痔疮有疗效"）。理发厅有大量香水（用来掩盖厨房和厕所发出的气味），还有用来给皇帝清洁牙齿、耳朵和舌头，以及剪指甲和趾甲的器具（绝大多数是金银的）。查理五世身边的家具和装饰都是简单雅致的。他用一个饰有"走得更远"字样的小银铃召唤基哈达；用一支金笔"在一个小本子里写下自己想要记住的事情"；他的套房拥有二十五张壁毯和七张地毯。查理五世不知道自己命不久矣，还在继续添置器物。1558 年 7 月 4 日，"三箱衣服和皇帝陛下的书籍"被送到尤斯特。他去世后，他的私人物品被拍卖，总价值将近 2 万杜卡特，需要六十多头骡子才能运走。[56]

　　修士埃尔南多·德·科拉尔是皇帝最后岁月的见证者，后来写了一本书《我们的主公查理五世皇帝如何决定退隐到尤斯特圣哲罗姆修道院的简史》，其中有专门一章讲的是"皇帝陛下如何度过每一天，他做了些什么"。科拉尔写道，每天早晨，"皇帝的套房开门之后，贾内洛［托利亚尼］就立刻走进来，查看行星钟［即'小宇宙'］并给它上发条。行星钟就摆在皇帝身边的餐具柜上"；随后，皇帝让"他的告解神父胡安·雷格拉修士进来，与他一起祈祷"。这与何塞·德·西根萨修士在几十年后撰写的《圣哲罗姆修道会史》中的说法不太一样。根据他的说法，是雷格拉，而不是托利亚尼，"每天早晨在皇帝的套房开门后立刻进来"，与皇帝一起祈祷，然后"向皇帝解释《时祷书》中显示的异象，从而让皇帝一大清早就产生崇高的思想，并维持一整天"。如果这里说的《时祷书》指的是查理五世收藏的那部精美绝伦的法文泥金手抄本（是在帕维亚战役中从弗朗索瓦一世的营帐缴获的战利品，现存于西班牙国家图书馆），那么皇帝使用它的时候可能会产生一种不是很崇高的思想：那本书原本是属于他的对手的，现在被他拿来使用，这一定让他格外地满意。[57]

根据科拉尔的说法，皇帝在每日例行的祈祷之后，会让理发师和御医进入他的套房：

> 马泰斯医生也来了，他们根据皇帝陛下当前的疾病状况，进行相应的治疗。与此同时，他的官员们各自执行自己的任务。到上午 10 点，一切准备就绪，要在桌边侍奉皇帝的所有人，包括负责宫廷内务的绅士，都去用早餐。皇帝在此时更衣，准备好之后，官员们也吃完了早餐，和皇帝一起去听弥撒。然后，刚才伺候皇帝穿衣的人去吃早餐。皇帝听弥撒的时候，执勤的官员摆好桌子，做好一切准备，让皇帝听完弥撒之后立刻就能吃早餐。

查理五世吃饭的时候经常有人陪伴。十年前在奥格斯堡的时候，他吃饭的时候有弄臣助兴，但如今的情形是这样的：

　　皇帝吃饭的时候，马泰斯医生和纪尧姆·范·马勒在
一旁辩论某些话题，因为他俩都是睿智而饱读诗书的人：
有时他们讨论历史，有时谈战争……有时皇帝吃饭时让胡
安·雷格拉修士进来，并带来一部圣伯纳德［克莱尔沃
的伯纳德］的著作或其他有教育意义的书。饭后，修士
会朗读一段时间，直到皇帝犯困去午睡，或者一直读到听
布道或听课的时间。

　　科拉尔著作的下一章描述了"皇帝的每一天如何度过"。
在星期日、星期三和星期五的下午 3 点，他会听布道；在其他
日子，他"阅读《圣经》（通常是读《罗马书》）"，周围簇拥
着"身穿长袍的修士，非常庄严肃穆"。此外，"根据皇帝的
命令，这家修道院每天要做四次弥撒"：一次纪念他父亲；一
次给他母亲；"早晨 8 点的那一次纪念皇后"；另外一次给他
自己，"他每天都听，不过有时他睡不好，所以很晚才听"。
另外，修道院还为他的儿子腓力以及"皇帝居住在尤斯特期
间去世的金羊毛骑士"举行弥撒。每个星期四都以"音乐齐
鸣的弥撒"开始，不过"因为皇帝很难起那么早"，所以通常
派一名宫廷总管代表他，他本人则待在卧室内听弥撒。[58]
　　尤斯特的修道院院长后来记得，查理五世非常爱听合唱的
祈祷，所以有时会干预。一天，"一位来自普拉森西亚的非常
优秀的女低音歌唱家"前来为他献艺，但皇帝不喜欢，于是
给修道院院长送去了一条消息，要求"将那名歌手从唱诗班
开除"。有时他听合唱时，"如果有人唱错了，他就喃喃低语：
'混账！那家伙唱错了。'"[59]普鲁登希奥·德·桑多瓦尔重述了
这个故事，并根据自己的经验增添了一些细节（桑多瓦尔的

书里经常有这种情况）。他说，一位来自塞维利亚的唱诗班歌手，"名叫格雷罗，我认识他"（即弗朗西斯科·格雷罗，后来成为著名的作曲家）来到了尤斯特：

> 向皇帝呈上他作曲的一套赞美诗和弥撒曲。皇帝命令唱诗班为他演唱其中一首弥撒曲。弥撒之后，他唤来告解神父，告诉他："混账［hideputa］，那个格雷罗是个狡猾的贼！这一段出自某某某的作品，这一段出自另外一个人的作品。"听到这话，所有歌手都目瞪口呆，因为他们都没发现格雷罗的剽窃。[60]

查理五世还在尤斯特花了很多时间美化自己的历史形象。他和范·马勒不时修改他的《回忆录》。1557 年 4 月，他同意了胡安·希内斯·德·塞普尔韦达的采访请求，让这位历史学家能够在自己撰写的皇帝传记中澄清一些细节。据塞普尔韦达说，皇帝承诺："如果你想从我这里知道什么，尽管问就是了，我一定会回答你。"在这次拜访期间，路易斯·德·阿维拉向塞普尔韦达展示了一册《对查理五世皇帝在位期间宗教与公共事务的评论》，该书是前不久在斯特拉斯堡出版的，作者是施马尔卡尔登联盟的官方史官约翰内斯·斯莱登①。后来阿维拉给塞普尔韦达送了一册，"向我保证，当我修改关于德

---

① 约翰内斯·斯莱登（1506～1556）是卢森堡的历史学家。他收集了大量与宗教改革有关的史料，所以马丁·布策尔建议黑森方伯菲利普任命斯莱登为新教的官方史官。施马尔卡尔登联盟给了斯莱登一笔薪水，并准许他阅读相关史料。斯莱登还曾在法兰克福与沃尔姆斯的帝国议会以及塔兰托宗教会议上代表斯特拉斯堡。

意志事件的章节时，这本书会很有帮助"。查理五世在去世两个月前坚持要求，如果塞普尔韦达或编年史家弗洛里安·德·奥坎波"在其著作付梓之前去世（因为这两位作者都年事已高），应当注意将其著作妥善出版，切勿佚失"。[61]

脾气暴躁的老人

除了试图修改历史，查理五世还努力掌控当下。科拉尔说，在尤斯特的时候，"皇帝陛下会参加每一次弥撒和讲道，除非他从儿子腓力二世国王或者女儿胡安娜公主那里收到了重要的信：在这种时候，他就派人通知我们不要等他，因为他正忙着"。加斯特卢也告诉一位同僚，"皇帝陛下很高兴"听到关于外交事务的最新消息，"信使抵达时，他会询问他们，从而通过各种途径获取信息"。有将近 250 封查理五世在尤斯特签发的书信留存至今，也就是说，他居住在尤斯特的时候平均每两天就会发出一封信以上。[62]

这也许会让人觉得，如玛丽亚·何塞·罗德里格斯 - 萨尔加多所说的那样，皇帝"仍在影响，甚至操控儿子的政策"。但她随即就证明，"事实并非如此"，并列举了查理五世企图操控局势但失败的许多例子。[63] 在查理五世统治初期，他就在《努瓦永条约》中承诺解决纳瓦拉的主权归属问题，后来也多次做出类似的承诺，现在他又尝试解决这个问题，但胡安娜（查理五世的女儿）和她位于巴利亚多利德的摄政政府挫败了他。他还试图将外甥女葡萄牙公主玛丽亚（埃莉诺的女儿）吸引到卡斯蒂利亚，但若昂三世国王拒绝了。若昂三世驾崩后，胡安娜尚在襁褓中的孩子塞巴斯蒂昂被指定为葡萄牙王位继承人，查理五世又试图让胡安娜成为葡萄牙摄政者，但他的妹妹卡塔利娜

（若昂三世的遗孀）战胜了他，自己成了摄政者。上述的每一个事件，以及另外几起事件，都让查理五世写了大量书信，还让许多使者和大使来到尤斯特，但直到最后，皇帝都没能称心如意。

皇帝还丧失了在腓力二世那里的影响力。的确，查理五世抵达尤斯特不久之后，儿子就请他再次掌管西班牙：

> 我无比谦卑而坚持地恳求陛下同意，不仅用您的建议和意见（这是我能够得到的最宝贵资产）帮助我、协助我，还请您离开修道院，去对您的健康最有裨益、最适合处理政务的地方居住，运用您的权威……因为万事万物的命运都依赖于您的决定。

此外，腓力二世还请求"陛下就战争的问题给我提供意见，以及为了获得最好的结果，我应当在何处、如何开展和参加本次战役"。[64] 于是查理五世给儿子发去了他要求的大量建议，但腓力二世很快就不再理睬他的意见了。1557 年 11 月，消息传来，法军正在从意大利半岛回国，这让皇帝大为惊慌。他向腓力二世发出警示："如果敌人发现你已经解散了军队，他可能会决定集中兵力，在今年冬天尝试收复一些失地，或者征服新的土地。"所以腓力二世应当在冬季维持一支强大军队，"运用这支军队，更放心大胆地挑战敌人，阻止敌人达成自己的目标"。但腓力二世根本没有读这封信。他对父亲啰唆并且往往以自我为中心的书信感到腻烦，所以只读了埃拉索准备的概要。这一次，国务秘书给这封信的标注是"无须回复"，并省略了查理五世"在 8 月 8 日、9 月 17 日和 22 日，以及 11

月 15 日给陛下的信中提到的几个问题"。[65]1558 年 1 月，从意大利撤回的法军攻击了英格兰的飞地加来，腓力二世只能无助地眼睁睁看着法军在三周之内征服了整个加来。

查理五世的很多旧臣如今也对他不理不睬，可以说是人走茶凉。1557 年 4 月和 5 月，他试图从费尔南多·德·巴尔德斯那里借钱，支付儿子在尼德兰的军队的军饷。巴尔德斯曾任卡斯蒂利亚御前会议主席，查理五世在私下里说他"不适合担任这样的职务"（见第十一章）。查理五世后来任命巴尔德斯为塞维利亚大主教，这是西班牙最富裕的一个教区，但这位大主教拒绝贷款给皇帝，"这让我［查理五世］颇为震惊，因为是我抬举了你，你享受那个教区的收益已经有那么久"。皇帝怒气冲冲地威胁，如果大主教不立刻掏钱，"国王［腓力二世］会毫不犹豫地拿你开刀，以儆效尤，而我会支持他"。但巴尔德斯继续支吾搪塞。[66]他的一位同僚听说一位高级大臣曾在 1557 年秋季花了很多时间"在尤斯特和皇帝在一起"，于是评论道："与皇帝谈判，仿佛与一个死人谈判。"据摄政者的一位谋臣说，几个月后，从尤斯特传来命令，要求"我们向皇帝解释，为什么我们口口声声说要执行皇帝的命令，却阳奉阴违"。这是哈布斯堡君主国每一个地方的官僚都遵循的经典法则："我服从，但不执行。"（obedezco pero no cumplo）[67]

随着时光流逝，查理五世对公共事务越来越直言不讳。法军在圣康坦惨败①，而腓力二世不在现场，皇帝毫不掩饰对此

---

① 圣康坦战役发生在 1557 年 8 月 10 日，地点是今天法国北部的圣康坦。萨伏依公爵埃马努埃莱·菲利贝托指挥下的哈布斯堡西班牙军队决定性地打败了法军。据说腓力二世在战斗结束后看到战场上的惨景，产生了对战争的憎恶。

的失望（"他的儿子没有亲身参加此役，这让他很不高兴"）。
腓力二世给了教宗保罗四世慷慨的条件，皇帝也公开表示不赞
同（"这项和约让他暴跳如雷，因为他认为这是丧权辱国"）。[68]
他告诉胡安娜，如果奥兰①失陷，"我不会愿意待在西班牙或
美洲，我要去一个听不见这噩耗的地方"。他还向腓力二世抱
怨，加来被法国人占领"比其他任何事情都更让我悲哀和焦
虑"。[69]他曾明确命令塞维利亚西印度贸易总署的官员将最近一
批从美洲运抵的香料充公并送往尼德兰。但官员没有执行这道
命令，导致查理五世大发雷霆。他怒斥道："如果我身体健康
的话，我就亲自去塞维利亚，查清楚这件坏事究竟是谁干的。
我会逮捕西印度贸易总署的每一位官员，并把此事一查到
底。""逮捕他们之后，我会把他们投入大牢，把他们披枷带
锁地在大白天运到西曼卡斯［的要塞］，我不会把他们关进那
里的牢房或塔楼，而是把他们扔进地牢。"[70]

　　但大家都把他的话当耳旁风。摄政者的一位谋臣对一位同
僚冷淡地表示："尤斯特接二连三地给我们发来命令"，"有的
命令让我们流泪，有的让我们哈哈大笑"。他继续说道，"有
一件让我发笑的事情"是，皇帝命令"御前会议把西印度贸
易总署的官员绞死"，因为"在本王国，无人为那件事情负
责"。在这件事情以及其他许多事情里，因为没有人"愿意用
自己的良心去承担我们的主公即皇帝命令的极端措施"，所以
皇帝的旧臣们也对他置之不理。[71]

　　有人在巴利亚多利德、塞维利亚和西班牙的其他一些地方
发现了路德派的组织，这让皇帝又一次大发雷霆。查理五世敦

---

　　①　奥兰在今天的阿尔及利亚西北部。

促胡安娜摈弃处理异端分子的常规程序（即承认错误的异端分子"如果是初犯并且表现出悔恨的话，可以得到赦免"），而是"把他们当作叛徒、暴乱分子和扰乱和平的歹徒来处置，绝不姑息"，"查明真相之后，你应当将顽固不化的人活活烧死，砍掉认罪的人的脑袋"。他在这封信的末尾写道："相信我，女儿，如果不将异端消灭在萌芽状态，如果不铁面无情、一视同仁地阻止这种邪恶，我相信国王或其他人将来都没有办法。"他把这封直言不讳的信的副本发给腓力二世，并亲笔添加了一个类似的严正警示："你一定能想象得到，这里发生的邪恶之事让我极为震惊。你看看我为了此事写给你妹妹的信。你需要写信给她。你必须极其严肃地处理此事，并对罪人严惩不贷。"[72]

像查理五世这样（据说）为了寻得安宁而隐居到修道院的人，却发出如此毫无节制的怒火，也许有些奇怪。罗德里格斯－萨尔加多把在尤斯特的查理五世比作莎士比亚笔下的李尔王：放弃权力的君主发现，他再也没有办法强迫儿女服从他。罗德里格斯－萨尔加多非常敏锐地指出，查理五世每一次爆发都可能是因为他回忆起了某种不愉快的经历，要么是他被挫败，要么是让他显得很无能的事情。[73]所以，腓力二世没能很好地利用圣康坦大捷以及教宗发出的挑战，都让查理五世回忆起了自己当年的失败：未能充分利用帕维亚战役的胜利，以及罗马城遭洗劫。丧失奥兰的风险让他想起自己的那场灾难性的阿尔及尔战役。发现塞维利亚的官员无视他的命令、没有扣押货物，他大为震怒，"因为我自己处在类似的困境中、岌岌可危之时，那里的官员仍然我行我素；有一大笔钱从美洲运抵，他们却始终没有告诉我"。最后，发现路德派在西班牙生根发芽也让他震怒，部分是因为"这就发生在我眼皮底下"，"并且是在我到西班牙退隐和休息的时候"，还有部分原因是此事让他想起"我在德意志忍受了那么多挫折，付出了那么多代价，还牺牲了我的健康"，就是为了消灭路德派，但最终也是徒劳。[74]

查理五世在信中提到了"我的健康"，实际上查理五世在这几次大爆发的时候，几乎无时无刻不受到病痛的折磨。他在尤斯特的随从代他写的几乎每一封信都提到某种让皇帝痛苦不堪的疾病。有时他变得听天由命，有一次告诉基哈达："你知道我是什么感觉吗？如果我的痛风病不发作，我会感到遗憾，因为如果不是痛风让我痛苦的话，也会有其他的疾病让我难受。我可能会得哮喘或其他什么给我制造更多麻烦的疾病，所以我不会因为得了痛风而懊恼。"四个月后，他告诉一位医生，"在他的诸多造成痛苦的疾病当中，如果非选不可的话，他通常会选择那些他的耐受力最强的疾病"。[75]

老朋友的拜访能够让他暂时振作起来。他的随从注意到，他很高兴与弗朗西斯科·德·博吉亚（来了尤斯特两次）和路易斯·德·阿维拉（"他住在普拉森西亚，所以经常来亲吻皇帝陛下的手"）谈话，也喜欢与姐姐埃莉诺和妹妹玛丽相伴。另一件让他高兴的事情是第一次见到他与芭芭拉·布隆贝格的儿子（此时仍然被称为赫罗尼莫）。查理五世把这个孩子托付给基哈达和他的妻子玛格达莱娜·德·乌略亚，他们在自己位于巴利亚多利德附近的偏僻城堡悉心抚养赫罗尼莫。1558年7月，查理五世让基哈达把他的妻子和"其他人"（y lo demás，指的是赫罗尼莫）带到尤斯特附近居住。这个月晚些时候，玛格达莱娜"把那个男孩"带到了皇帝的宫殿，无疑把他打扮成侍童，因为皇帝仍然坚持要求在腓力二世"抵达之前"对赫罗尼莫的存在严格保密。[76]

查理五世明确邀请玛格达莱娜和"其他人"到他身边生活，所以肯定是期望更多地见到儿子。他肯定下了命令，让他的幼子"学习与他的年龄和身份相称的知识"，以便在腓力二世回到西班牙之后参与宫廷生活。但死神阻止了这些计划。赫罗尼莫下一次来到尤斯特修道院的时候，将会站在基哈达身旁，目睹修士们为他的亡父举行庄严的葬礼。[77]

最后的日子

"三个袋子分别装着一套精细丝绸制成的床帷，它们被挂在床帘下用于防蚊。"[78]这是皇帝驾崩一周之后，人们对他在尤斯特的财产所列清单中的一条。这是当时唯一一次提及皇帝的真正死因：恶性疟原虫。它会造成人类可能感染的最严重的一种疟疾，这种疾病通过疟蚊的叮咬传播。尽管查理五世随从中的高级成员（基哈达、加斯特卢、马泰斯和贝尔斯多普）都对他的健康极其关注，但在绝大部分时间里，他们的注意力主要集中于皇帝的痛风病或"他的通常疾病"，即慢性痔疮，以及相应的疗法（1556 年与 1557 年之交的冬季，他们为皇帝搜寻一种草药，请了意大利、尼德兰和西班牙的专家）。他们还密切观察他的身体状况，准确记录他每天的饮食、睡眠时间以及每晚失眠多长时间，以及大小便的次数和性状。[79]

1558 年 2 月，查理五世已经显得虚弱了很多。此时，阿维拉报告称："我看到皇帝卧床不起，极其虚弱，脸色很差，毫无食欲。"两个月后，一名御医哀叹道，"他一整天很少步行超过十五步或二十步"，导致他的脚变得"有些麻木，生了疮"。[80]8月的暑热迫使皇帝"睡觉时开着门和窗"，他的健康状况因此进一步恶化。基哈达抱怨道，他的一名仆人死了，"还有十三人或十四人患病，包括我自己：我发烧了好几次"。这可能是因为蚊子从敞开的门窗飞进来，侵入了精细丝绸制成的床帷。[81]

根据科拉尔的说法，查理五世在 1558 年 8 月 31 日对自己的死亡有了一种突然的预感，因为"今天皇帝陛下想走出套房内面向西方的那个房间"，但是：

> 他坐在那里的一张椅子上，命令将皇后的肖像取来。他凝视亡妻的肖像一段时间，然后命令把《花园中的祈祷》取来。他花了很长时间阅读这本书，并深思熟虑。最后他要求看《最后审判》，在看的时候，全身战栗着转向马泰斯医生，说："医生，我病了。"[82]

次日，查理五世"感到背部有一种深入骨髓的寒意扩散到身体两侧和头部"，三个钟头之后"他开始觉得热，头很疼"。据马泰斯医生说："我们看得出，皇帝陛下对这次新的发烧很害怕，因为他立刻想要修改遗嘱。"但还没来得及这么做，查理五世就"恍然出神，记不得这一天发生的任何事情"。

他恢复精气神之后，口渴难耐。尽管廷臣们尽量限制他的饮水量，但"他一刻不停地要求喝水"。基哈达补充道："我还从未见过他不穿外衣，但今天他只穿着贴身的衬衫，用一条床单盖到胸部，此外一丝不挂。"他还注意到，"皇帝陛下的全身看上去有些蜡黄"。[83]

9月9日，查理五世"命令将他的遗嘱的一个副本取来，让人读给他听，看有没有需要增添或删除的东西。然后他起草了一个附录"。该附录的开头是告诫儿子铲除异端，用一句话概括就是："应严惩路德派教徒。"查理五世随后指示，将他安葬在修道院的教堂内（不过他也授权腓力二世决定他的最终安息之地，条件是必须与皇后葬在一处）。如果他被安葬在尤斯特，他希望儿子提供"一套雪花石膏或大理石的祭坛装饰"，是他和亲人的塑像，"参考提香画的那幅《最后审判》里的模样"。他还指示腓力二世向在尤斯特侍奉他的人支付一系列"赞助金和年金"。随后他最后一次提笔，写下了"查理"字样，写得几乎和五十年前他第一次签名时同样艰难（见彩图2）。[84]

皇帝的健康状况急剧恶化，他"虚弱不堪，精疲力竭"。基哈达谨慎地建议"我们应当考虑一下该怎么办，以防上帝让他的疾病继续发展，造成生命危险"。他的谨慎是很有道理的。在随后两周里，皇帝连续发寒、痉挛、发烧、头痛、呕吐、腹泻，这一切令他的体力衰竭。他什么都不吃，不断抱怨疼痛。9月19日，"在长达二十二个小时里，我们没法让皇帝陛下说一句话"，他"后来说自己不记得昨天发生的任何事情"。[85]

查理五世在9月20日有所恢复，将思绪转向了芭芭拉·布隆贝格。尽管他们在十年前的一段私情之后就再也没有见过面，查理五世现在却召唤基哈达，命令他向一名特殊信使"支付600金克朗，从皇帝的私人金库支取，用这笔钱为他指定的某人购买200弗洛林的年金"。为了向腓力二世解释这笔神秘的馈赠，基哈达明确表示，这笔年金的受益人是"陛下知道的那个人的母亲"，即赫罗尼莫的母亲。[86]这笔馈赠似乎是皇帝的最后一个举动。当天晚些时候，巴尔托洛梅·卡兰萨（腓力二世提名他为托莱多大主教，派他回西班牙，把一些秘密文件交给父亲）抵达尤斯特。

皇帝临终前皈依了路德宗？

尽管查理五世在晚年曾发表过一些激烈的言辞，说要用西班牙宗教裁判所来镇压路德派，但他其实有时对路德派表现出善意。在《教会被掳于巴比伦》发表之前，查理五世和他身边的一些亲信（包括他的告解神父让·格拉皮翁）一样，似乎对路德批判教会感到一些同情。1525 年，他甚至揣测："也许将来我们会发现，马丁·路德是对的。"（见第七章）1530年，查理五世庄严地主持了帝国会议，路德派的发言人宣读了《奥格斯堡信条》。皇帝后来批准暂时对德意志路德派统治者实施宽容。尽管他在 1546 年攻击他们，但不久之后他任命两个后来被判定为异端分子的人（科斯坦蒂诺·庞塞·德·拉·富恩特和阿古斯丁·卡萨利亚）为他的宫廷神父和布道者，还任命另一个后来被谴责为异端分子的人（胡安·希尔，通常被称为埃吉迪奥博士）为托尔图沙主教。尤斯特的小图书馆里有一些书籍（其中不仅有科斯坦蒂诺的小册子，还有路易斯·德·格拉纳达修士与伊拉斯谟的作品）的作者后来被谴责为异端（皇帝驾崩后，科斯坦蒂诺的书被立即交给宗教裁判所，格拉纳达的作品被就地烧毁）。此外，查理五世可能还拥有一本非拉丁文的《圣经》，他的姐妹埃莉诺和玛丽以及马泰斯医生就拥有这样的书。1558 年 5 月，马泰斯宣称，"得到皇帝的批准后，他在尼德兰买了一本法文版的《圣经》"，并"问我可否保留并阅读该书"。宗教法官不准他保留，于是在随后一个月里，"当着皇帝陛下的告解神父的面，我将该书焚毁"。查理五世去世后的财产清单里也没有法文版的《圣经》，所以如果皇帝曾经拥有一本，那么可能被马泰斯连同他自己的那本一起烧毁了。无论如何，何塞·路易斯·贡萨洛·桑切斯－莫莱罗尖刻地评论道："异端思想跟随皇帝的行李来到了尤斯特。"[87]

在临终前，查理五世可能与异端思想有过另一次亲密接触。为了证明大主教卡兰萨有路德宗思想，宗教裁判所首席法官费尔南多·德·巴尔德斯收集了见证皇帝临终时刻的二十人的宣誓证词。这是皇帝一生中被记载得最为详细的一段时间。

有些人觉得，查理五世对卡兰萨的接待有些冷淡，也许是因为有传闻说，卡兰萨可能有异端思想。皇帝对卡兰萨的最初一句话的确带着责备的意味："你来晚了，大主教。"但随后皇帝振作起来，"问：'我儿子怎么样？'大主教答道：'他很好，在为陛下效劳。'"随后皇帝问："对巴利亚多利德的异端分子是怎么处置的？"卡兰萨答道："现在唯一要紧的事情就是陛下的健康。"这时"皇帝闭上眼睛，躺倒在枕头上"。[88]

卡兰萨退下了，但几个钟头之后，查理五世的随从请他回去，因为皇帝似乎已经奄奄一息。皇帝命人取来"他在妻子去世后为自己的这个时刻准备的耶稣受难像，然后凝视着耶稣像，也许是为了抵抗撒旦的诱惑。他恳求宽恕他的所有罪孽"。[89]卡兰萨朗读了《诗篇》第130章"从深处向你求告"。查理五世请他不要读了，大主教安慰他说："陛下一定要把全部希望寄托于我们的救主基督，因为其他事情都无关紧要

[todo lo demás es burla] 。"在聚集于皇帝病榻周围的好几个人听起来，这句话似乎有路德宗的意思，后来宗教裁判所以异端罪起诉卡兰萨的时候，这几个人就是这么做证的。但就算查理五世注意到了，也没有流露出来。随后他的脉搏稳定下来，一直休息到午夜，但在那时又发生了新一轮痉挛。

卡兰萨匆匆赶来，把皇后临终前攥在手里的那个十字架塞到皇帝手里。大主教的手碰到了皇帝的手。大主教警示道："请陛下不要让魔鬼扰乱您的心绪，不要回忆自己的罪孽。在这种时刻，魔鬼经常会诱骗人去回忆那些事情。请将希望寄托于已经为您赎罪的上帝。因为陛下已经做了天主教基督徒应当做的一切，并且领了圣餐，所以您不会受到任何伤害。"从皇帝此时的"虚弱手势来看"，"有些人相信这一席话对陛下起到了宽慰的作用"。但卡兰萨还想要更多。一位"坐在皇帝的床脚"，也就是坐在大主教旁边的贵族说："'做过那么多大事的人，临终时却如此安详，这让我惊愕。'大主教答道：'这样的自信一点都不让我高兴。'"不过卡兰萨还是给皇帝做了临终涂油礼，但没有得到皇帝的进一步告解。

其他人注意到了这种不合常规的现象，后来以此为证据反对卡兰萨。9月21日凌晨2点，查理五世气若游丝地说："救我，我要死了。"在卡兰萨的坚持下，皇帝一手抓住一根蜡烛，另一手拿着妻子的十字架，"举到自己唇边"。在痉挛五次之后，"他深深叹息，说'时辰到了'"，"又呼吸了两三次，然后把自己的灵魂交给了上帝"。[91]

死亡与手指

查理五世发生痉挛的规律和强度让他的医生得出了正确的

结论：他患有"一种非常严重的双重疟疾"，因此他们加强了放血和通便疗法，但这进一步削弱了病人的体质。不过医生无法确定他的病因，更不要说设计出有效的治疗方法了。这一点并不奇怪，因为传播疟疾的疟原虫直到 1880 年才被发现；尽管 1558 年就有人知道金鸡纳树皮可以治疗疟疾，但在当时拥有这种知识的仅限于遥远的秘鲁的克丘亚人。直到 2004 年，一个医学小组对查理五世的一根指骨进行了临床检查，发现了"大量疟疾寄生虫"，我们才明确知道他的健康衰弱和死亡的原因。

这个医学小组认为，他们通过显微镜拍摄的照片可以作为"热带医学史或医学史的教科书级别的案例：寄生虫的化石清晰可见"，显示出有"两代寄生虫"。这说明皇帝两次感染了恶性疟原虫疟疾。[92]

我们几乎可以确定，查理五世是到了尤斯特之后才感染这种致命疾病的，因为尤斯特"在不久前还是西班牙最严重的疟疾疫区之一"。带头指导相关测试的专家胡利安·德·苏卢埃塔博士认为，查理五世可能是在 1558 年 8 月才感染的。

> 在关于该地区疟疾易感性的研究中，研究人员在尤斯特修道院附近发现了高密度的疟蚊，这是疟疾在西班牙的主要媒介生物……皇帝在尤斯特患病的时间是夏末秋初，正好是恶性疟原虫在西班牙传播最广的时间。[93]

查理五世在自己的套房附近建造了鱼塘和喷泉，这为蚊子的繁衍提供了绝佳环境，也成为疟疾的绝佳培养皿。

注　释

1. TNA *SP* 69/5/58，Mason to Queen Mary，Brussels，10 Oct. 1554；
NBD，ⅩⅣ，140 n. 6，Nuncio Muzzarelli to Cardinal del Monte，14
Oct. 1554（查理五世"昨天去狩猎了"）；Tytler，*England*，Ⅱ，
456，Mason to Philip and Mary，9 Nov. 1554；AGS *E* 508/235 – 6，
Secretary Diego de Vargas to Philip，30 Nov. 1554；Tytler，*England*，
Ⅱ，462 – 6，Mason to the Privy Council，25 Dec. 1554（斜体字的
部分是梅森用法文写的，并补充道："因为太长了，我就省略
了。"这对历史学家来说很不幸）。

2. *CODOIN*，Ⅲ，531 – 6，Ruy Gómez to Eraso，12 Aug. 1554，and
reply，29 Nov. 1554（腓力对埃拉索的回信做的批示表明，腓力
读到了父亲那些充满恶意的文字）。

3. AGS *PR* 55 no. 30 and no. 27 ff. 124 – 7，Instructions of Charles to
Eraso，1 Sep. 1554（只有第 30 号文件有日期，但埃拉索显然也
带走了没有日期的第 27 号指示）。

4. Tytler，*England*，Ⅱ，451 – 7，Mason to Philip and Mary，9
Nov. 1554.

5. *CSPV*，Ⅵ/1，Badoer to the Signory，3 Jan. 1556. *CDCV*，Ⅳ，118 –
232，刊载了查理五世和腓力互相竞争，都与胡安娜通信的部分
信件。

6. *CDCV*，Ⅳ，127 – 30，Philip to Charles，London，16 Nov. 1554；
Morel – Fatio，'Une histoire'，30 – 1.

7. TNA *SP* 69/6/67 – 9，Mason to Queen Mary，11 Apr. 1555.

8. Pastor，*History of the popes*，ⅩⅣ，130，威尼斯使者在 1555 年 7 月
一次觐见保罗四世之后的报告。Lutz，*Christianitas afflicta*，374 –
98，精彩地叙述了这些事态的发展。

9. ASF *MdP* 4318 unfol.，Pandolfini to Duke Cosimo，31 May 1555；
Ribier，*Lettres*，Ⅱ，633 – 7（Mar. 1556）。

10. TNA *SP* 69/6/67 – 9，Mason to Queen Mary，11 Apr. 1555；*CSPV*，

VI/1，39 - 41，Badoer to the Signory，6 Apr. 1555；TNA *SP* 69/6/ 75，Mason to the Privy Council，26 Apr. 1555（刊载于 Tytler，*England*，II，466 - 8，但有一些错误）。实际上查理五世在 1509 年 2 月，也就是四十六年前就得到了嘉德骑士团的徽章。

11. Jordan Gschwend，'Verdadero padre'，3，030 - 1，Anna de Andrade to Catalina（查理五世最小的妹妹，也是葡萄牙王后）Brussels，15 Aug. 1554；Bataillon，'Charles - Quint'，402，引用了普里亚诺·德·韦尔加修士于 1556 年 4 月 19 日在阿尔卡拉的布道。Sepúlveda，*Historia de Carlos* V，Book XXX，ch. 25 说，"他五十岁时开始掉牙"。

12. Aram，*Juana*，277 - 8 注意到腓力的廷臣们得知他的祖母去世后如释重负。Stirling - Maxwell，*Notices*，27 记载了皇帝在 1556 年的命令，即允许其他人穿戴丝绸，但说他自己会继续给母亲戴孝，直到他辞世。

13. *LCK*，III，622 - 8 and 681 - 3，Charles to Ferdinand，8［*recte* 10］June 1554 and 19 Sep. 1555（查理五世写道，他决定"再也不为宗教问题烦扰自己"，这是语气非常强烈的说法）。*RTA*，XX/4，3，012 - 3，158，刊载了 1555 年 9 月 22 日发布的帝国会议决议（*Reichsabschied*）的全部 144 条，核心问题就是宗教。Tüchle，'The peace'，精彩地概述了此次和约的构建与执行。

14. *CSPV*，VI/1，186 - 8，Badoer to the Signory，Brussels，14 Sep. 1555；*NBD*，XIV，302 - 4，Muzzarelli to Paul IV，15 Sep. 1555；Gachard，*Analectes Belgiques*，70 - 2，Charles to the governor of Hainaut，26 Sep. 1555.

15. Gachard，'L'abdication'，891 - 4，关于犯上作乱的省份（埃诺和海尔德，上艾瑟尔和德伦特），and 901 and 923 - 48 关于其他省份。另见 *CSPV*，VI/1，214 - 16 and 218 - 20，Badoer to the Signory，Brussels 16 and 23 Oct. 1555；and GRM *Introduction*，82 n. 3 on the total（"大厅里有超过 1000 人"）。Le Petit，*La grande chronique*，II，235，刊载了查理五世此次的演讲稿。

16. Gachard，*Analectes Belgiques*，77 - 9，引用了一个目击者的话；ASF *MdP* 4319/240v，Ricasoli to Duke Cosimo，22/26 Oct. 1555；*SLID*，III，142 n. 111，'Escrito de Corte'。其他目击者注意到皇

帝说话时“眼镜起雾了”（*mist ses lunettes*），而且他拿着“几张纸”（*zekere rolleken*），见 GRM *Introduction*, 87 n. 1, and *CSPV*, Ⅵ/1, 221－4, Badoer to the Signory, 26 Oct. 1555。

17. 演讲和事件是根据 Gachard, *Analectes Belgiques*, 87－91, ‘Receuil de ce que l'empereur dit de bouche aux estatz generaulx’ 还原的，几乎可以肯定是佩勒诺根据查理五世用的“笔记”编纂的（我用的是第一人称）; Le Petit, *La grande chronique*, Ⅱ, 236; Stirling－Maxwell, *Notices*, 14－19, Badoer to the Signory, 26 Oct. 1555; and Kervyn de Lettenhove, *Relations politiques*, Ⅰ, 4－7, Mason to Petrie, 27 Oct. 1555, 带有一份关于过程的“笔记”。其他细节来自 ASF *MdP* 4319/240v, Ricasoli to Duke Cosimo, 22/26 Oct. 1555; *SLID*, Ⅲ, 142 n. 111, ‘Escrito de Corte’; and the Spanish *Cancionero* and Ieper Manuscript cited in GRM。将关于此次仪式的各种记述协调的困难，见下文。

18. *GRM* Introduction, 98, 刊载了 Joachim Viglius 记录的“国王说的每一个字”。约翰·梅森爵士表示不认可，说“国王不能很好地用恰当的语言向民众讲话”，见 Kervyn de Lettenhove, *Relations politiques*, I, 6。*PEG*, Ⅳ, 486－9 刊登了查理五世在 1555 年 10 月 25 日让出尼德兰统治者地位的诏书。

19. Gachard, *Analectes Belgiques*, 102－6, letters patent, 25 Oct. 1555. 因为仪式把所有人累坏了，腓力和等级会议直到次日才交换誓言，见 *ibid.*, 79－80。

20. *CSPV*, Ⅵ/1, 242－3 and 288－9, Badoer to the Signory, 11 Nov. and 22 Dec. 1555.

21. Stirling－Maxwell, *Notices*, 28－33, Badoer to the Signory, 16 Jan. 1556（*CSPV*, Ⅵ/1, 317－18 做了概述）。另见 Mayr, ‘Die letzte Abdankung’, 156－8 刊登的同时代人对仪式的叙述。至于查理五世为了这次演讲有没有使用相同的笔记，史料没有提及这个问题。

22. *GRM* Introduction, 110－42 详细描述了每一次退位; AGS *PR* 45/9, 查理五世于 1556 年 1 月 16 日任命腓力为他在意大利的摄政者。由于阿拉贡官吏的阻挠，查理五世不得不在 1556 年 7 月又一次宣布退位，而腓力二世直到于 1564 年亲自去阿拉贡，才被正式认可为阿拉贡国王，见 Buyreu Juan, *La corona de Aragón*, 85 - 90。

23. *CSPV*, Ⅵ/1, 321 - 2, Badoer to the Signory, 19 Jan. 1556; Rodríguez - Salgado, ' Los últimos combates ', 97, Charles to Maximilian, Jan. 1556.

24. Stirling - Maxwell, *Notices*, 14 - 19, Badoer to the Signory, 31 Mar. 1556（概述见 *CSPV*, Ⅵ/1, 394 - 5）。

25. Ribier, *Lettres*, Ⅱ, 633 - 7（刊载于 Cimber and Danjou, *Archives curieuses*, 1e série, Ⅲ, 296 - 306），目击者对 1556 年 3 月法国大使的记录; *CSPV*, Ⅵ/1, 389 - 90, Badoer to the Signory, 28 Mar. 1556（弗雷戈索的孩子们）; Paredes, ' The confusion '（挂毯）。查理五世无疑记得《果敢的骑士》接近末尾的第 330 ~ 333 诗节，那里入木三分地描写了衰老所必然带来的人体功能丧失，见 La Marche, *Le chevalier délibéré*, 283 - 5。

26. ASF *MdP* 4319/528, Ricasoli to Duke Cosimo, 31 Mar. 1556; Kervyn de Lettenhove, *Relations politiques*, I, 43, Mason to Peter Vannes, 29 June 1556.

27. *CSPV*, Ⅵ/1, 468 - 71, Badoer to the Signory, 31 May 1556.

28. *LCK*, Ⅲ, 693, Charles to Ferdinand, 3 Nov. 1556. Ibid. , Ⅲ, 698 - 9 and 702 - 3, same to same, 5, 16 and 28 May 1556 充满了对推迟行程的抱怨。

29. Badoer 注意到查理五世离开布鲁塞尔时流泪了，见 Stirling - Maxwell, *Notices*, 51 - 2。关于皇位空缺了 600 天，见 Neuhaus, ' Von Karl Ⅴ. zu Ferdinand I. '。Kohler, *Quellen*, 480 - 2, 其中刊载了查理五世将全部权力移交给弟弟的文书，日期为 1556 年 8 月 3 日。

30. *PEG*, Ⅳ, 469 - 80, 玛丽给查理五世的信，没写日期，但应当是 1555 年 8 月（一封很有意思的信）。关于玛丽打算和兄长一起回西班牙的传闻早就在宫廷流传了，见 *NBD*, ⅩⅣ, 176 - 7, Muzzarelli to Monte, 18 Nov. 1554, relating ' li discorsi de speculativi '。

31. ASF *MdP* 4320/152 - 3, Ricasoli to Duke Cosimo, 29 Aug. 1556. 大使补充道：“他对我吐露心迹那么久，让我惊愕。”保罗四世

刚刚过了八十岁生日，他比查理五世多活了将近一年。

32. *CSPV*, Ⅵ/1, 622 - 4, Badoer to the Signory, 16 Sep. 1556；BNF *F. f.* 16, 121/295 - 316, ' Discours de l'embarquement de l'empereur'，由法国大使的一名部下在 1556 年 10 月 30 日编纂。又见 *SLID*, Ⅲ, 169 n. 137, 查理五世的舰队司令路易斯·德·卡瓦哈尔的日志的条目。

33. AGS *E* 883/15, Juan Manrique de Lara to Princess Joanna, Rome, 1 Apr. 1556（教宗说"史上最奇怪的事情"）；Ribadeneyra, *Vida*, f. 98v（基于博吉亚"若干年后告诉我的话"，并补充说，尽管查理五世起初保密，但后来告诉博吉亚："现在既然我已经退位，你可以谈这件事情了。"）；Sigüenza, *Historia*, Ⅱ, 148（说查理五世在 1554 年腓力王子到访的"十二年前"命令考察尤斯特，也就是说在 1542 年或那之前）。"某某某"指的肯定是路易斯·德·阿维拉·苏尼加，他居住在尤斯特修道院附近，所以对尤斯特应当比较熟悉（而查理五世不熟悉尤斯特）。阿维拉或许是西根萨说的"渊博而审慎的人"之一。

34. AGS *PR* 55/30, Instructions to Francisco de Eraso on what he must say to Philip, 1 Sep. 1554；Stirling - Maxwell, *Notices*, 28 - 33, Badoer to the Signory, 16 Jan. 1556（概述见 *CSPV*, Ⅵ/1, 317 - 18），将两份文件里的第一人称换成第三人称。

35. Mignet, *Charles - Quint*, 188 n. 1, Lorenzo Pirez de Tavora to John Ⅲ, Yuste, 15 Feb. 1558.

36. Anon. , *La renunciación*, first item（1556 年出版的一份两页的大幅报纸，其中包括"他自从童年时代就计划退位"的说法）。1550 ~ 1551 年，查理五世将《果敢的骑士》从法文翻译为西班牙文，见 Gonzalo Sánchez - Molero, *Regia biblioteca*, Ⅰ, 314 - 15, and Checa Cremades, ' El caballero'。

37. GRM *Introduction*, 40 - 1, Charles's warrant to García de Castro, 30 June 1553, and to Philip, 17 Dec. 1553（加沙尔认为两份文件都写于 1554 年而不是 1553 年，但这没有道理，因为尤斯特的修士在 1554 年 6 月 25 日实际收到了 3000 杜卡特）。Pizarro Gómez, ' El monasterio', 97 - 9 and 103, 描述了 1539 年，也就是皇后去世的那一年开始的施工：也许查理五世在这时就考虑

退隐到尤斯特了。这种可能性很吸引人。

38. GRM, Ⅱ, 4（Corral）; GRM *Introduction*, 163 - 4, Fray Juan de Ortega to Charles, 9 Aug. 1554. 后来腓力二世在埃斯科里亚尔的套房也是这种格局。

39. Checca Cremades, 'Venezia', 140, Titian to Cardinal Farnese, 16 Jan. 1567; Checa Cremades, *Inventarios*, Ⅰ, 265, Inventory dated 18 Aug. 1556（'Premièrement de la Trinité, faicte par Tisiane, en grande forme, sur toile'）.

40. ADN *B* 2510/636, Account of Receiver - General Robert de Bouloingne for 1555（Vermeyen）; Checa Cremades, *Inventarios*, Ⅰ, 266 and 299, the 1556 and 1558 inventories: portrait of 'la rreyna de Ynglaterra' by '*Tomás* Moro'. Both Mancini, 'Los últimos cuadros', and Baker - Bates, 'The "cloister life"', 刊载并讨论了查理五世带到尤斯特的宗教绘画。

41. Checa Cremades, *Inventarios*, Ⅰ, 261 - 5（'Inventario de vajillas, pinturas y objetos litúrgicos', Brussels, 18 Aug. 1556）, and 597 - 8（Inventory post - mortem of Charles's goods）. Zanetti, *Janello*, 包括与查理五世带在身边的钟类似的"小型圆形便携钟"。

42. Gonzalo Sánchez - Molero, *Regia biblioteca*, Ⅰ, 311 - 37, 讨论了查理五世带到尤斯特的书籍和它们关注的焦点，即"死亡的艺术"（ars moriendi）（《果敢的骑士》也属于这一类），并说在尤斯特，皇帝可以阅读并且确实阅读了访客带来的其他书。Ibid., Ⅰ, 263 - 94 讨论了 1543 年储存在西曼卡斯要塞档案馆的书籍。Estatutas 书籍现存于 IVdeDJ signatura 26 - Ⅰ - 27（1998 年出版了影印本）。

43. Rodríguez-Salgado, 'Los últimos combates', 97, Charles to Maximilian, Jan. 1556; GRM, Ⅱ, 8 and 19（来自 Corral's 'Historia breve'）。雷格拉在 1551 年得到查理五世的青睐，当时皇帝派他去参加特伦托大公会议，"好让那里有阿拉贡王国的代表"，见 AGS *E* 646/49, Charles to María, 9 July 1551。

44. GRM, Ⅰ, 4, Fray Juan de Ortega to Juan Vázquez de Molina, Yuste, 5 Oct. 1556, and 5 - 6, Gaztelú to Vázquez de Molina, Laredo, 6 Oct. 1556. SLID, Ⅲ, 166 - 7 and nn. 130 - 1, 刊载了

腓力关于迎接皇帝准备的书信。

45. GRM，Ⅰ，7 - 11，Quijada to Vázquez de Molina, 6 and 8 Oct. 1556.

46. *CSPV*，Ⅵ/1，638 - 40，Giovanni Michiel to the Signory, 22 Sep. 1556, and 631 - 3, Bernardo Navagero to the Signory, 19 Sep. 1556；*CSPV*，Ⅵ/2，719 - 23，Navagero and Pebo Capella to the Signory, 20 Oct. 1556. 关于1556~1557年腓力对皇帝采取的法律措施，见 Tellechea Idígoras，'Lo que el emperador no supo'。保罗四世曾于1516~1517年在查理五世的尼德兰宫廷里担任教廷使节，1518~1519年在西班牙宫廷里担任使节，后来说他之所以辞职，是"因为他不堪忍受查理五世的暴政"，见 *CSPV*，Ⅵ/1，700 - 4，Navagero and Capella to the Doge, Rome, 12 Oct. 1556, after an audience。

47. GRM，Ⅰ，6 - 7，Quijada to Vázquez de Molina, Laredo, 6 Oct. 1556；*SLID*，Ⅲ，232（'Retiro, estancia y muerte'）；GRM，Ⅱ，lxvii n. 1, Charles to the count of Alcaudete, 6 Sep. 1557（以及查理五世拒绝参与公共事务的更多例子）。皇帝使用"在我在位期间"（en mi tiempo）的说法，见 GRM，Ⅰ，300，and Ⅱ，485 - 6。

48. *SLID*，Ⅲ，234 - 6（'Retiro, estancia y muerte'）。关于查理五世赞扬美洲羽毛制成的保暖床具，见上文。

49. GRM，Ⅰ，39 - 43，Quijada to Vázquez de Molina, and Gaztelú to the same, Jarandilla, 14 and 15 Nov. 1556；*SLID*，Ⅲ，236. 又见 *SLID*，Ⅰ，map facing p. 144, 'Itinerario de Carlos Ⅴ, desde Bruselas a Yuste'。

50. GRM，Ⅰ，41 - 51，Gaztelú to Vázquez de Molina, 15, 18 and 20 Nov. 1556, and Quijada to the same, 18 and 20 Nov. 1556，这些书信里满是怨言。加斯特卢在后来的一封信里提到雨下了二十七天，见 GRM，Ⅱ，145 n. 1, to Vázquez de Molina, 28 Dec. 1557。

51. Stirling - Maxwell, *The cloister life*, 50.

52. GRM，Ⅰ，84 - 6，Quijada to Vázquez de Molina, 6 Jan. 1557.

53. Clifford, *Photographic scramble*, 19（我感谢 Patrick Lenaghan 提醒

我注意到这一点）；Perla，'Anton van den Wyngaerde'，35（同一篇文章令人信服地将该绘画的年代确定为 1567 年）。

54. GRM，Ⅱ，13（Hernando del Corral）；GRM，Ⅱ，264 - 5，Quijada to Joanna，31 Oct. 1557（查理五世的园丁）。其他信息来自 Perla，'Una visita'，and idem，'Anton van den Wyngaerde'。

55. GRM，Ⅰ，234 - 5，Quijada to Vázquez de Molina，27 Dec. 1557（桑拿房）；Martín González，'El palacio'，XXIII，39 - 40（建筑记录）。

56. 细节来自 Checa Cremades，*Inventarios*，Ⅰ，281 - 834，Inventory post-mortem of Charles's goods；and Martín González，'El palacio'，XXIII，51（17500 杜卡特，加上腓力二世未做补偿就侵吞的财物）。

57. Gonzalo Sánchez-Molero，*Regia biblioteca*，Ⅰ，324 - 5，引用了西根萨的说法，并试探性地提出，这部《时祷书》就是 BNE *Ms.* Vit/24/3，可在线查阅，http：//bdh - rd. bne. es/viewer. vm？id = 0000051953&page = 1。

58. GRM，Ⅱ，22 - 6. 西根萨后来在他的《圣哲罗姆修道会史》中几乎一字不改地照抄了科拉尔的记述，也没有给出资料来源，GRM，Ⅱ，pp. vi - x，and *SLID*，Ⅱ，233 - 7，notes，指出了一些差异。

59. *SLID*，Ⅱ，35，来自 'Vida y fin'，由 Prior Martín de Angulo 写作（'¡Oh，hideputa bermejo！Aquél erró'）。

60. Sandoval，*Historia*，'Historia de la vida que el emperador Carlos V rey de España hizo retirado en el monasterio de Iuste'，Book Ⅶ，斜体部分。弗朗西斯科·格雷罗（1528～1599）可能献上了他的 *Sacrarum cantionum quae vulgo moteta nuncupata*，4 et 5 vocum（塞维利亚，1555 年）。查理五世的女儿胡安娜去世前拥有一个抄本，可能是从皇帝手中继承的。

61. Sepúlveda，*Historia de Carlos* V，Ⅵ，p. CIV（Sepúlveda to van Male，1 June 1557，关于斯莱登）and 155 - 6（Book XXX：31，关于采访）；GRM，I，308 - 10，Charles to Vázquez de Molina，9 July 1558. 见本书后文关于《回忆录》的附录一。

62. GRM，Ⅱ，25（Corral）；GRM，Ⅰ，89 - 90，Gaztelú to Vázquez de Molina，16 Jan. 1557. Cadenas y Vicent，*Carlos*，97 提到了现存的

237 封信。

63. Rodríguez – Salgado, *Changing face*, 132.

64. Kervyn de Lettenhove, *Relations politiques*, Ⅰ, 54 – 9, Philip's instructions to Ruy Gómez, 2 Feb. 1557（将第三人称改为第一人称）。

65. AGS *E* 128/326, Charles to Philip, Yuste, 15 Nov. 1557, 带有亲笔附言；and *E* 128/317, 'Relación de cartas del emperador a Su Magestad.' 埃拉索在两份文件中都有签名。

66. GRM, Ⅱ, 186 – 7 and 195 – 6, Charles to Valdés, 18 May and 2 June 1557（言辞激烈的通信的余下部分见 pp. 188 – 203）。1546 年洛艾萨去世后，查理五世任命巴尔德斯为塞维利亚大主教；巴尔德斯最终借出了 5 万杜卡特，而不是皇帝索要的 15 万杜卡特。

67. BNE *Ms.* Caja 18, 667/90, Secretary Vargas to Juan de Vega, 4 Nov. 1557, copy（这位访客是鲁伊·戈麦斯·德·席尔瓦）；*CODOIN*, XCVII, 335 – 9, 一位身份不明的大臣，几乎可以肯定是 Gutierre López de Padilla, 写给鲁伊·戈麦斯的信，巴利亚多利德，1558 年 1 月 4 日。

68. GRM, Ⅰ, 170, Quijada to Vázquez de Molina, 4 Sep. 1557; ibid., Ⅰ, 218, Gaztelú to the same, 23 Nov. 1557.

69. *CDCV*, Ⅳ, 296 – 7, Charles to Joanna, 31 Jan. 1557; and 415, Charles to Philip, 31 Mar. 1558, 亲笔附言。尽管奥兰得救了，但在 1558 年 7 月，一支法国与土耳其联合舰队占领并洗劫了梅诺卡岛上的休达德拉城，"这是 16 世纪西班牙君主国在地中海蒙受的最大灾难"，但查理五世可能在得知此事之前就去世了，见 Vidal, 'La defensa', 586 – 7。

70. *CDCV*, Ⅳ, 309 – 11, Charles to Joanna, 1 Apr. 1557, 亲笔信的副本；GRM, I, 148 – 9, Gaztelú to Vázquez de Molina, 12 May 1557（报告了皇帝的一次怒吼）。

71. *CODOIN*, XCVII, 335 – 9, 一位身份不明的大臣，几乎可以肯定是 Gutierre López de Padilla, 写给鲁伊·戈麦斯的信，巴利亚多利德，1558 年 1 月 4 日。

72. Tellechea Idígoras, *Tiempos Recios*, Ⅳ, 329 – 32, Charles to

Joanna, and AGS *E* 128/1, Charles to Philip, both from Yuste on 25 May 1558. 很讽刺的是，虽然查理五世热心于镇压异端，但他在尤斯特的藏书包括好几部受到宗教裁判所谴责的作品，详见 Gonzalo Sánchez – Molero, *Regia biblioteca*, Ⅰ, 322 – 4，他不客气（但准确）地总结道：“异端思想跟随皇帝的行李来到了尤斯特。”

73. Rodríguez – Salgado, *Changing face*, 211；and 'Los últimos combates', 104.

74. 引文出自上面引用的信件，我增添了斜体。

75. GRM, Ⅱ, 120 – 3, Quijada to Vázquez de Molina, 6 Dec. 1557；SLID, Ⅲ, 544, Mathys to Philip, 1 Apr. 1558.

76. GRM, Ⅱ, 22（埃尔南多·德·科拉尔修士在强调查理五世允许来见他的客人多么少的一章里提到了未来的堂胡安的造访）。记载了玛格达莱娜夫人（“皇帝陛下请她来看望他”）到访的另外唯一一名目击者没有提及赫罗尼莫，无疑是因为他不知道这个孩子的真实身份，见 GRM, Ⅱ, 454 – 5, Gaztelú to Vázquez de Molina, 19 July 1558。

77. GRM, Ⅰ, 449 – 50, Quijada to Philip, 13 Dec. 1558，向他的新主公解释了他打算如何抚养赫罗尼莫，直到腓力二世返回西班牙，并表示，查理五世希望“对此保密，知道国王陛下回国，在那之后我们应当听从国王陛下的命令”（当然了，查理五世相信等腓力二世归国的时候，他还在世）。科拉尔说，未来的奥地利的堂胡安在葬礼期间一直站在基哈达身旁（GRM, Ⅱ, 54 – 5）。Uslar Pietri 的历史小说 *La visita en el tiemp* 一开始就是十一岁的堂胡安看着基哈达和其他人编纂已故皇帝的财物的清单，此时堂胡安还不知道皇帝就是他的父亲（我感谢何塞·路易斯·贡萨洛·桑切斯 – 莫莱罗提醒我注意这一点）。在 1563 年，皇帝的一些遗物被买下，“供奥地利的堂胡安使用”，见 Checa Cremades, *Inventarios*, Ⅰ, 558 – 62。

78. Checa Cremades, *Inventarios*, Ⅰ, 288, 'Inventario Postmórtem', commenced 28 Sep. 1558.

79. 关于用草药治疗皇帝的痔疮，见 GRM, Ⅰ, 121 – 5 and 144 – 6, and Ⅱ, 109 – 10 中的信件。García Simón, *El ocaso*, ch. 6，描述

了皇帝在尤斯特期间的一连串健康问题。

80. GRM，II，314 - 15，Ávila to Vázquez de Molina, 28 Feb. 1558；
   SLID，III，544，Mathys to Philip, 1 Apr. 1558（译自拉丁文）。

81. GRM，II，470 - 2，Quijada to Vázquez de Molina, 9 Aug. 1558
   （'por el gran calor que haze y él [Charles] siente, duerme ventanas
   y puertas abiertas'）。

82. GRM，I，lxxxix - xc，'Historia breve' by Corral, reprinted *SLID*，
   II，125. 尽管西根萨在他的 *Historia*（*SLID*，II，249 - 50）中美
   化了这个故事，他显然依赖于埃尔南多修士的叙述。尤斯特的
   一处铭文记载道："皇帝于 1558 年 8 月 31 日下午 4 点病倒时就
   坐在这里。"（Fernández Álvarez, *Carlos* V : *el César*, 846 n. 20.）

83. GRM，I，331 - 6，Dr Mathys to Vázquez de Molina, 3 and 4 Sep.
   1558, and Quijada to Vázquez de Molina and Joanna, 4 Sep. 1558
   （两封信）；ibid., I, 353 - 4, Mathys to Vázquez de Molina, 8 Sep.
   1558；ibid., I, 370 - 3, Quijada to Philip, 17 Sep. 1558。

84. AGS *PR* 29/11，'Codicillo original que otorgó el emperador Don
   Carlos', 9 Sep. 1558（刊载于 Sandoval, *Historia*，II，657 - 61，
   但没有指出附带的大量宣誓书、补充和签名）。

85. GRM，I，365 - 6 and 377，Quijada to Vázquez de Molina, 14 and
   18 Sep. 1558，均为亲笔信；and ibid., 374 - 5, Mathys to Vázquez
   de Molina, 18 Sep. 1558. *SLID*，III，633 - 75，刊载了皇帝最后三
   周情况的逐日记录，由档案员托马斯·冈萨雷斯根据西曼卡斯
   现存的史料编纂（见上文）。

86. GRM，II，506 - 7，Quijada to Philip, 12 Oct. 1558.

87. GRM，II，413 - 14，Mathys to Vázquez de Molina, 30 May and 19
   June 1558；Gonzalo Sánchez - Molero, *Regia biblioteca*，I，323 -
   4. Gonzalo Sánchez - Molero, *El César*, 346, 提出查理五世拥有一
   本法文版的《圣经》，在死前将其焚毁了；在第344页，他证明
   了尤斯特的皇帝藏书当中包括伊拉斯谟的一部著作（他的
   Precatio Dominica），尽管之前的所有学者都否认这一点。关于
   得到查理五世喜爱并由多明各·德·索托为之辩护的埃吉迪奥
   博士，见 Luttikhuizen, *Underground Protestantism*, 188 - 99；关于
   陪同腓力二世在 1548 年旅行并陪他去英格兰的科斯坦蒂诺，见

e ibid. , 200 – 11。

88. Tellechea Idígoras, 'Carlos V', 51 – 2, and idem, *Así murió*, 79 – 80, 路易斯·德·圣格雷戈里奥修士的证词，他亲耳听到了这番对话。胡安娜曾警示父亲见到卡兰萨时要"谨慎些"，因为据巴尔德斯说，在巴利亚多利德被囚禁的一些路德派教徒指认了卡兰萨大主教（AGS *E* 128/393 – 5, Joanna to Charles, 8 Aug. 1558, 亲笔的插入语，这很不寻常）。堂弗朗西斯科·德·托莱多后来做证说，"他曾听到皇帝陛下说不想要［卡兰萨］在那里"，见 Tellechea Idígoras, *Así murió*, 93 – 4。

89. Tellechea Idígoras, *Así murió*, 14 – 15, 引用卡兰萨的未出版手抄本 *De recta spe filiorurm Adae* 中一个后来被删去的段落，大主教在这个段落里描述了查理五世临终的痛苦。这幅画也许是维尔摩恩的《忧愁的人》。

90. Tellechea Idígoras, *Así murió*, 67 and 69, 弗朗西斯科·德·安古洛修士的证词，他是这番对话的目击者。

91. *GRM*, Ⅰ, 385 – 6 and 405 – 7, Quijada to Vázquez de Molina, 21 and 26 Sep. 1558, and 408 – 11, Quijada to Philip, 30 Sep. 1558; Tellechea Idígoras, *Así murió*, 70, 61 – 2 and 94 – 6, 弗朗西斯科·德·安古洛修士、马尔克斯·德·卡尔多纳修士和弗朗西斯科·德·托莱多修士的证词（还报告了他从自己的兄弟奥罗佩萨伯爵那里听来的说法）。Tellechea Idígoras, *Así murió*, 51 – 101, 刊登了所有目击者的证词。宗教裁判所首席法官巴尔德斯在 1559 年命令逮捕卡兰萨，后者在狱中度过了随后的十七年。与此同时，先是西班牙的宗教法官，然后是罗马的宗教法官，在寻找他有异端思想的证据。*FBD*, 330 – 48 概述了这场"世纪审判"。

92. Ordi, 'The severe gout', 引自 p. 519; Zulueta, 'The cause', 109; and Zulueta, *Tuan nyamok*, 336 – 43。关于指节的真实性，见附录二。

93. Zulueta, 'The cause', 107; idem, *Tuan nyamok*, 342 – 3.

十七　历史与传说中的查理五世皇帝

有很长一段时间，我早早就上床了。有时，刚吹灭蜡烛，眼皮就合上了，甚至没来得及转一下念头："我要睡着了。"但过了半小时，我突然想起这是该睡觉的时候呀，于是就醒了……方才睡着的那会儿，脑子里仍然不停地想着刚读过的故事，不过想的东西都有点特别。我觉得书里讲的就是我自己：教堂啊，四重奏啊，弗朗索瓦一世和查理五世之争啊，都是在讲我的事情。

——马塞尔·普鲁斯特，《去斯万家那边》（巴黎，1913）[1]

已故的神圣皇帝

查理五世驾崩的几个小时之后，侍奉了他三十七年之久的路易斯·基哈达写道："史上最伟大的人，刚刚在基督的怀抱中去世。将来也不会有比他更伟大的人。"他随后补充道："我不敢相信他已经死了。"不敢相信查理五世已死的人不止基哈达一个。路易斯·德·阿维拉和马丁·德·加斯特卢都"呼喊，哭泣，捶胸顿足，以头撞墙，目睹主公去世的痛苦让他们似乎失去了理智"。六个月后，在尼德兰，查理五世的图书馆员威廉·斯努卡特·范·斯豪文堡给他那本谄媚的皇帝传记的书名增添了"神圣"这个词：《查理五世皇帝的公务、生平、习惯、事迹、声望、宗教与神圣》。[2]

这种想法并不新鲜。在 1515 年庆祝查理五世进入布鲁日的盛典中，人们就将他与基督相提并论（见第三章、彩图 7）；他聘请的艺术家创作的雕像将他描绘为东方三博士之一；他自己还成为预言的主题人物。其中特别值得注意的一条预言是 1515 年的：这位年轻的君主将征服英格兰人和意大利人；将用烈火毁灭罗马；将会占领耶路撒冷。"无人能抵挡他，"这条预言继续写道，"因为上帝的臂膊与他同在，他将……主宰整个地球。"[3] 1532 年，查理五世与两个自称弥赛亚的人打过交道。其中之一便是奥斯曼苏丹苏莱曼大帝，他戴特制的四重冠冕，象征他是最后一位普世皇帝；还采用"世界征服者"的头衔，并鼓励历史写作者和预言家把他与所罗门王和亚历山大大帝相提并论，或者赞颂他是"复兴者"，即伊斯兰神学当中在每一个时代出现然后"复兴"伊斯兰世界的救世主。与此同时，查理五世在准备与苏丹对战的时候，接见了一个名叫所罗门·莫尔霍的人。此人是皈依基督教的葡萄牙犹太人，后来改信犹太教，并给自己行割礼。他带来了"一面希伯来旗帜，上有盾牌和剑，以希伯来的上帝的名义对其祝圣"，并提议用这些神秘的武器"领导全体犹太人向土耳其人开战"。据罗马教廷大使阿莱安德罗（他也见过莫尔霍，一见面就不喜欢他）说，"皇帝陛下认真听他说了两个小时，提了很多问题"，显然对这位访客的魅力肃然起敬。但在次日，查理五世就改变了想法，命令将莫尔霍逮捕。莫尔霍被押到意大利，在那里被处以火刑。[4]

不久之后，"我们的查理五世国王"在墨西哥部分地区获得了半神的地位，因为"他是第一位"向当地很多社区"授予宗主权与财产权"的君主，这些社区在城市宪章里感谢他和"圣三位一体"建立了这些城市。[5]在西班牙，1654年，埃斯科里亚尔的圣洛伦索修道院的修士开启了查理五世的棺材（后将其搬到新建的先王祠①），注意到皇帝的遗体"依旧完好，尽管距他去世已经九十六年了"，于是得出结论："这样的奇迹一定是上苍的杰作。既然这件事是自然而然发生的，它必然是逾越自然世界之界限的稀罕之事"，换句话说，是一场小型的神迹。一个世纪之后，有人参观了先王祠内的查理五世之墓，报告称："此地的修士视他为圣徒。"[6]

缅怀查理五世皇帝

查理五世驾崩的消息传开之后，人们举行了奢华的追思仪式，纪念他的生平与成就。格雷戈里奥·莱蒂说，有超过2400家教堂为纪念已故的皇帝而组织了游行并搭建灵柩台：西班牙有527座，那不勒斯有382座，教廷国有292座，等等。在很多地方，"缅怀皇帝的群众人山人海，仿佛整个世界都聚集起来了"。[7]一些特制的小册子描述了1558年12月巴利亚多利德的纪念活动（在那里，他的孙子堂卡洛斯是主要的哀悼者）和同月在布鲁塞尔举行的追思仪式（他的儿子腓力二世居住在那里），以及奥格斯堡的纪念活动（他的弟弟斐迪南在1559年2月24日，即查理五世冥寿那天主持了"隆重的追悼活动"）。[8]这些活动的形式差别很大，部分原因是依照了不同的葬礼传统。胡安·卡尔韦特·德·埃斯特雷利亚为巴利

---

① 埃斯科里亚尔修道院的先王祠内有西班牙哈布斯堡王朝和波旁王朝的二十六位国王或王后的大理石棺，最后一位安葬在那里的国王是阿方索十三世。

亚多利德的悼念活动设计了精美的灵柩台，描绘了1547年德意志路德派教徒受辱、查理五世在美洲和北非的征服、从法国人手中夺取泰鲁阿讷和埃丹，以及《果敢的骑士》中的场景；在"不可战胜的灵魂"（ANIMO INVICTO）的字样下，还有一幅"因戈尔施塔特的图画，表现的是两座针锋相对的军营。在其中一座军营，皇帝出现在自己营帐的门口，全副武装，敌人大炮发射的许多炮弹在他脚边和营帐周围纷纷落下。他面不改色，英姿飒爽，没有畏惧的神情，而是在鼓舞和激励部下"。[9]这些肯定都是查理五世本人愿意选择的光辉时刻（见彩图37）。

与之对比，在记录布鲁塞尔追悼仪式的书中，相关的文字描述很少（这是为了方便翻译成五种语言），配有三十四幅精美图片（有的副本是手绘涂色的），展现的是腓力二世和金羊毛骑士在布鲁塞尔大街上游行，从冷山宫走向圣古都勒大教堂的情景。四十年前，就是在这座教堂，查理五世被宣布为卡斯蒂利亚、阿拉贡、那不勒斯和西西里国王（见彩图36）。根据在场的英格兰人理查德·克拉夫的生动描述，本次仪式也严格遵循了之前的先例：

> 有一位贵族走向灵柩台（据我所知，是奥兰治亲王），他站在灵柩台前，挥手捶胸，说："他死了。"然后肃立了片刻，说："他永远死了。"接着，又等了片刻，他再次捶胸，说："他死了，有一个比他伟大的人，在他的位置上复生了。"
>
> 随后一位骑士走上前来。其他骑士以戏剧性的动作摘掉他的兜帽，原来这位骑士就是腓力二世。他引领游行队

伍穿过布鲁塞尔的街道，返回宫殿。"为了看到这幅景象，走 100 里路也值得，"克拉夫满怀敬畏地写道，"我相信从未有过这样的景象。"[10]

格雷戈里奥·莱蒂可能夸大了在欧洲为查理五世举办的悼念活动的数量，但他忽略了美洲举办的活动。1559 年 7 月，在利马，秘鲁副王得知"皇帝陛下驾崩"的消息后，立刻着手准备，参考了他在西班牙见过的为逝世的王室成员制作的灵柩台。1559 年 11 月 11 日和 12 日，大约 250 人的游行队伍前来向朴素的木制灵柩台（饰有旗帜和盾牌，代表已故皇帝的各领地）致意。因为利马此时还没有印刷机，所以这些悼念活动的官方记录是手抄本形式，不过仍然强有力地象征了在几十年的征服、混乱与内战之后，利马城和秘鲁副王辖区已经多么深刻地融入了西班牙君主国。[11]

1559 年 11 月 30 日（圣安德鲁瞻礼日，是查理五世通常为金羊毛骑士团举办宴会的日子），在墨西哥举行了更宏大的悼念活动，估计有 4 万人到场参加。副王率领游行队伍走向灵柩台，灵柩台上用拉丁文和西班牙文写满了已故君主的丰功伟绩（尤其是在美洲取得的成就）。唱诗班唱起了克里斯托瓦尔·德·莫拉莱斯创作的经文歌①《死亡的绳索缠绕我》（"Circumdederunt me"）。莫拉莱斯在 1536 年见过查理五世，这是跨大西洋文化在查理五世治下多么繁盛的一个突出例证。在灵柩台描绘的二十二幅场景中，有九幅直接指涉了西班牙人对美洲的征服。其中一幅画表现的是"卡斯蒂利亚国王斐迪

---

① 经文歌（motet）是中世纪到文艺复兴时期的一种宗教音乐体裁。

南"（原文如此，应为阿拉贡国王斐迪南）跪在教宗面前，"用双手接受新大陆"；还有一幅画描绘了"新大陆的皇帝们"蒙特祖马和阿塔瓦尔帕，跪在查理五世面前，"喜气洋洋，表现自己很高兴被他征服"；第三幅画表现的是"皇帝在墨西哥创办大学，教导土著居民"。灵枢台被画得像是特松特雷石，这是当地的一种石料，曾用于重建墨西哥城。灵枢台上还有对当地习俗的一些指涉，比如有一幅描绘灵枢台的画里包含一具骷髅（根据墨西加人的传统，每一位死去的统治者都会在一具骷髅的陪伴下前往冥界）。殖民元素和前殖民传统的融合表明，尽管是西班牙人设计和描述了灵枢台，负责绘画的却是特拉特洛尔科①的圣克鲁斯学院的墨西加学生。[12]

在西班牙，皇帝的遗嘱执行人按照他的要求，为他的灵魂安排了 3 万场弥撒，并开始使用他放在西曼卡斯要塞一个锁着的箱子里的 3 万杜卡特，将其分配给战俘、贫穷少女和值得帮助的穷人（见第十五章）。我们能够了解在每一事项中支出的金钱数额，是因为卡斯蒂利亚的很多修道院送来了记录它们安排的弥撒的次数与频率的文件，奉命去北非赎回战俘的官员做了详细记录，好几位主教发来了他们认为值得帮助的贫民的名单。[13]但要满足查理五世的其他要求，就困难得多了。

1559 年 7 月，腓力二世给了父亲的遗嘱执行人 8 万杜卡特，但他们很快就发现，查理五世的负债比这多得多，并且他不仅欠自己的仆人钱，他的父母、祖父母和外祖父母的债务也都没有被偿清。"因为他自从宣誓成为卡斯蒂利亚和阿拉贡国

① 在西班牙人抵达美洲之前，特拉特洛尔科是墨西哥谷地的一座城邦，居民为墨西加人。西班牙人在这里建立了圣克鲁斯学院，它是美洲的第一所高等学府。今天特拉特洛尔科的遗址在墨西哥城内。

王以来，一共打了四场大规模战争，开支极大"，所以没有足够的资金帮助长辈还债。遗嘱执行人提醒腓力二世："自皇帝陛下驾崩已经过去了十六个月，但各项债务还没有偿付一个铜板。"但他们写信给腓力二世也不过是徒劳。1579 年，他们再次向国王索取更多金钱以支付给皇帝的债务人时，国王不屑一顾地答道："我肯定想立刻处理此事，但我要做的事情太多，手里的钱却太少。"他的建议是："查查皇帝陛下还有没有什么资产，如果有的话就用它来还债。"[14] 一直到 17 世纪，查理五世的遗嘱执行人及其继任者都在努力帮他还债。

皇帝身后的影响力

腓力二世的上述命令集中体现了他对父亲的复杂感情。在公开场合，他总是表现得对父亲无比尊重。1572 年，他批准了一项计划，为七位逝去者立像，分别是他的父母和他们两个夭折的儿子，他的姑姑埃莉诺和玛丽，以及他的妹妹玛丽亚。蓬佩奥·莱昂尼的工作室创作了七座大于真人尺寸的镀金铜像，这些铜像跪在埃斯科里亚尔修道院的主祭坛旁，仿佛他们本人在和修士一起做永恒的祈祷。如罗斯玛丽·马尔卡希①所说，这七座铜像是"欧洲艺术中最了不起的王室葬礼雕刻"。[15] 两年后，腓力二世花了 318 杜卡特，把查理五世的遗骸从尤斯特转移到埃斯科里亚尔修道院，并且花了好几个钟头决定皇帝棺材上的铭文。1577 年，腓力二世授权翻修塞维利亚的王家城堡，命人在那里用一套精美绝伦的瓷砖画（azulejos）来纪

---

① 罗斯玛丽·马尔卡希（1942～2012）是一位爱尔兰学者，研究领域为 16～17 世纪西班牙艺术与西班牙文艺复兴。

念他的父母五十一年前在那里喜结连理。1584 年 9 月 20 日和 21 日，一位大臣注意到，腓力二世没有批阅公文，"因为昨天他参加了晚祷，今天又做了礼拜，纪念他父亲的忌日"。[16]但在私下里，国王对皇帝就不是那么热情洋溢了。他始终没有公开展示 1549 年请莱昂内·莱昂尼创作的查理五世的罗马皇帝风格的真人尺寸青铜骑马像（见彩图 29），它至今仍然在马德里的莱昂尼工作室，也就是莱昂尼设计和铸造它的地方。腓力二世还把提香创作的查理五世在米尔贝格战役（见彩图 25）的巨幅油画放进马德里城堡的储藏室。

在统治风格方面，腓力二世对父亲的态度比较清楚，那就是学习和效仿。1574 年，腓力二世觉得自己必须离开西班牙的时候，就搜寻了查理五世"在 1543 年，也就是我开始治国的时候给我的"指示，希望能"从皇帝给我的亲笔信当中找到"有价值的指导。[17]国王显然还从父亲那里学到了其他一些政治习惯，包括给教宗写"被动攻击性人格障碍"风格的信。1569 年，庇护五世似乎拒不理睬他的意愿，于是腓力二世指示西班牙驻罗马大使："等你单独和教宗在一起的时候，你要代表我向他发出抗议，就说，此事造成的不良后果，以及圣父拒绝相信我、不肯采取行动而造成的损害，都请他后果自负。我的良心是坦荡的。"这种语调一定会让皇帝满意。[18]但是，在更危险的方面，腓力二世也继承了父亲那种全面的、弥赛亚式的憧憬。他俩都相信，上帝给了他们特殊的使命，让他们去实现上帝对世界的计划；上帝给了他们特殊的保护，就是为了让他们能够达成这些目标（不过，这些目标或许不会很快实现，或许不是那么显而易见，并且过程可能不会很轻松）。他俩都相信，如果他们的力量和资源不足以实现上帝的愿景，那么上帝会创造神迹来帮助他们。这种自负让他俩都会愚蠢地冒险。在查理五世坚持攻打阿尔及尔的灾难性决定的三十年后，腓力二世不顾专家们的反对，授权向英格兰发动了一次复杂的海陆两路攻势，因为"我内心里对此事极其热衷，并且我坚信不疑，我们的救主上帝一定会支持这些事业，视其为自己的事业，所以我心意已决"。在皇帝坚持围攻梅斯的灾难性决定的三十五年之后，也就是1587年，腓力二世命令无敌舰队驶向英格兰，尽管"我深知，在没有安全港口作为基地的前提下，在冬季派遣一支大舰队横渡英吉利海峡，是有风险的事情"。他还向指挥官们保证："因为这都是为了上帝的事业，上帝会赐给我们好天气。"[19]最后，父子俩都十分骄傲。如果认输会危及他们的"声望"的话，他们死也不会承认失败。查理五世决定坚持攻打梅斯，是因为"如果我们放弃围城，我就不得不解散我的军队；那么我就花费了巨资，却没有得到任何结果。因此我决定花费更多金钱，并等着看上帝的旨意是什么。我不会不等着看看命运会给我带来什么，就自己半途而废"。他的儿子在镇压尼德兰起义的时候运用了同样的逻辑："如果［尼德兰的］战争的开销这样持续下去，我们会无力承担，我对此没有任何疑问。但既然已经花了这么多钱，如果现在罢手，就太遗憾了，因为说不定再投入一点点，我们就能收复整个尼德兰。"[20]

查理五世去世很久之后，他的愿景仍然在影响西班牙的战略思维。1548年的政治遗嘱至少有二十八个手抄本副本保存至今。1600年的西班牙驻萨伏依大使显然手里有一本，因为他曾提醒君主腓力三世："皇帝陛下在给已故的国王，即我们的主公［腓力二世］的指示中谈到过法国人的阴谋诡计，还

说我们应当对与法国人的和约一概持不信任态度。"大使坚持
认为，皇帝的这条建议基于天意，所以仍然有效。六年后，普
鲁登希奥·德·桑多瓦尔在他的畅销书《查理五世皇帝的生
平与事迹》中全文刊出了查理五世给腓力二世的建议。从此
以后，所有人都可以阅读、欣赏和遵循查理五世的指示。[21]

　　皇帝死后还"出现"在很多不同的地方。洛佩·德·阿
吉雷①（这个"残酷的暴君"于 1561 年在秘鲁发动叛乱时吸引
了很多支持者）向"西班牙国王腓力二世、不可战胜的查理五
世之子"发出过正式挑战。几年后，咄咄逼人的洛伦索·德·
比利亚森西奥修士对新教在尼德兰的迅速传播感到惊恐，于
是向腓力二世警示道："您的父亲，即皇帝的神圣骨头在唉声叹
气。如果您丢失了这些对西班牙的安全来说至关重要的省份，
他的鬼魂会要求上帝惩罚您。"比较正面的例子是，16 世纪 60
年代，赫罗尼莫·森佩雷和路易斯·萨帕塔·德·查韦斯都在
长篇史诗（1560 年出版的《查理之歌》和 1566 年出版的《著
名的查理》）中赞颂过查理五世的功绩，路易斯·德·阿维拉·
苏尼加还在他位于普拉森西亚的宫殿的"查理五世大厅"内的
皇帝大理石半身像上添了一句慷慨激昂的铭文：

　　　　查理五世
　　　　这就够了，
　　　　因为全世界都知道他是谁。[22]

---

①　洛佩·德·阿吉雷（1510～1561）是在南美活动的西班牙征服者之一，
　　是巴斯克人，以残酷和犯上作乱著称。1561 年，他写信给西班牙政府，
　　挑战腓力二世的权威，宣布建立独立的秘鲁国家，但最终被西班牙政府
　　军杀死。传说他曾在亚马孙流域寻找"黄金国"。

1568 年，曾陪同查理五世远征突尼斯的奥利瓦雷斯伯爵想为他在塞维利亚的藏画添加新品，于是请帕尔马公爵奥塔维奥"帮我购买一幅皇帝全副武装跨越易北河的油画，因为曾为他效力的人竟然缺少这样一幅精彩的肖像，实在不成体统。我相信提香拥有这幅画的原作。既然他住在距离阁下很近的地方，请命令他为我制作一个副本"。奥利瓦雷斯伯爵还写道："全世界都有义务铭记这样一位勇敢而幸运的帝王的事迹。"1570 年，腓力二世给弟弟堂胡安写了一份建议书，谈及如何镇压格拉纳达造反的摩里斯科人时，在末尾写道："我告诉你这些，是因为我爱你，希望看到你事事顺利，因为你是我们的父亲的儿子。"

1588 年，西班牙无敌舰队的许多舰船在苏格兰和爱尔兰沿海沉没，其中好几艘载有奥格斯堡的格雷戈尔·勒夫勒铸造的重型火炮。这些火炮是查理五世在打败施马尔卡尔登联盟之后没收来的。每一门炮上都有查理五世的华丽徽章（见彩图38）。次年，曾在皇帝身边担任侍童的阿隆索·德·埃尔西利亚在关于征服智利的史诗《阿劳卡纳》中十五次提到"伟大的查理五世"和"伟大的皇帝，战无不胜的查理五世"。[23]

即便在认识他的人相继去世（芭芭拉·布隆贝格卒于1597 年，腓力二世于 1598 年驾崩，查理五世的女儿玛丽亚卒于 1603 年）之后，皇帝仍然获得了许多正面的评价。1604年，赫罗尼莫·德·门迭塔①在他关于墨西哥皈依基督教的史书中赞扬了"最虔诚的、永垂不朽的皇帝查理五世"。两年

---

① 赫罗尼莫·德·门迭塔（1525～1604）是多明我会修士和历史学家，人生的大部分时间待在墨西哥和中美洲，著有《美洲教会史》。

后，普鲁登希奥·德·桑多瓦尔在他的史书中叙述了查理五世在尤斯特的葬礼，说那些认识皇帝的人"安葬他时都泪流满面"，并补充道："这很正常，因为我虽然只通过阅读对他有所了解，但也忍不住落泪。"1611年，塞瓦斯蒂安·德·科瓦鲁维亚斯在他的《西班牙文词典》的"查理"词条中写道："我们有五位叫这个名字的皇帝，其中第五位是世界之王。"不久之后，米格尔·德·塞万提斯的《堂吉诃德》里两次提到查理五世，一次是1535年攻克突尼斯城外拉格莱塔要塞的"战无不胜的查理五世"，另一次是于次年访问罗马的"伟大的皇帝查理五世"。1638年，腓力四世的首席大臣奥利瓦雷斯伯爵兼公爵①请他的主公注意尤斯特的"皇帝套房"已经半壁倾颓，并请求国王任命他为"皇宫"守护者，让他在那里监管翻修工程，为这座"皇宫"的第一位也是唯一一位住户建造配得上他的荣耀的纪念建筑。奥利瓦雷斯后来在自己位于洛埃切斯的庄园复制了尤斯特"皇宫"和修道院的许多建筑特点。[24]皇帝在尼德兰也长期享有盛誉，这部分要归功于《查理五世皇帝英勇和有趣的事迹》这样的著作，该书的法文版和荷兰文版于1675年首次出版，将他描绘成"读者诸君能够效仿的最了不起的英雄"。1999年，一项对荷兰文的传说、轶

---

① 加斯帕尔·德·古斯曼（1587～1645），奥利瓦雷斯伯爵兼公爵，是西班牙国王腓力四世的宠臣，1621～1643年担任首相，力主改革、强化中央集权、复兴工商业、提高航运竞争力，在伊比利亚半岛实行大团结，继而推动西班牙哈布斯堡家族与奥地利哈布斯堡家族联合称霸欧洲。这些计划在十多年内接连失败，让西班牙最终损失惨重，不但导致西班牙的"黄金时代"与海陆霸权彻底结束，而且中央集权与加税政策引发了加泰罗尼亚叛乱和葡萄牙独立。1643年，奥利瓦雷斯被免去首相职务并流放，客死异乡。

闻、童话和谜语所做的调查显示，有大约 160 种故事提及"善良的老查理"。[25]

皇帝去世很久之后，人们仍然不断兴建纪念他的公共建筑，例如 1631 年巴勒莫的真人尺寸的雕像（见彩图 21）。多明我会修士托马索·康帕内拉①在关于西班牙王国之伟大的著作中提议在南极竖立一座查理五世雕像，以象征他的统治范围囊括整个世界。这还真是"走得更远"。[26]同样惊人的是，从 16 世纪 90 年代（如果不是更早的话）开始，意大利、德意志和英格兰流传了一份题为《查理五世皇帝临终前给儿子腓力二世的最后指示》的文件，到 1750 年，该文件至少有 50 种手抄版本和 2 种印刷版本。然而这些文件都是伪造的，或者以伪书为基础，因为皇帝从来没有写过这样一份文件。但他的成就，以及他的真实指示的广泛流传，都让他拥有一种近乎神话的权威，所以有人会给伪书冠以他的名字。[27]

到了 20 世纪依然如此。弗朗西斯科·佛朗哥将军的法西斯政权鼓励西班牙历史学家将查理五世视为统一国家的伟大英雄和西班牙价值观的代表：1942 年，巴利亚多利德大学设立了"帝国历史研讨班"，专门出版西曼卡斯档案馆的相关文件。1958 年，一个纪念查理五世逝世四百周年的委员会安排了一些纪念会议，监管了对尤斯特和格拉纳达的查理五世宫殿的维修，并于当年 9 月 21 日在埃斯科里亚尔修道院举行追思

---

① 托马索·康帕内拉（1568～1639）是意大利的多明我会修士、哲学家、神学家、占星学家和诗人。康帕内拉的宗教思想较为激进，曾多次被捕，前后在狱中度过近三十年。他最著名的著作是《太阳城》。这本书借助航海家与招待所管理员的对话，描绘了一个完全废除私有制的社会，启发了后来空想社会主义的众多理论与实践。

仪式，佛朗哥亲自参加。"帝国历史研讨班"的著名成员曼努埃尔·费尔南德斯·阿尔瓦雷斯后来成为"查理五世的欧洲视野"史学观点的热情倡导者，将皇帝描述为"基督教欧洲的政治统一的伟大先驱"。[28]这么看的人不止他一个。法国总统夏尔·戴高乐在1962年发表了一次演讲，把查理五世算作"梦想欧洲统一"的人士之一。三年后，夏尔·特尔林登子爵①出版了《查理五世，两个世界的皇帝》，该书配有精美绝伦的插图。这本书一共出版了十九版，有七种语言的版本，其中说查理五世是欧洲统一思想的先行者。这种说法显然说服了比利时和西班牙政府，它们都在20世纪80年代发行了印有提香笔下查理五世肖像的埃居硬币（在当时看来，埃居，而不是欧元，可能成为欧洲的统一货币）：皇帝骑着马在米尔贝格，他的西班牙军队击溃德意志路德派教徒。竟然选择这个图像作为欧洲统一的象征，真是怪哉。1994年，曾任欧洲议会议长的恩里克·巴龙·克雷斯波发表了题为《查理五世的欧洲和马斯特里赫特的欧洲》的演讲，认为查理五世"创建了一个本质上与今天的欧共体契合的欧洲，只不过法国不在其范围之内"。但既然法国不被包括在查理五世的欧洲之内，那么这个比喻其实没有意义。[29]

皇帝与他的批评者

戴高乐、特尔林登和巴龙·克雷斯波都忽视了彼得·拉

---

① 夏尔·特尔林登子爵（1878~1972）是比利时的历史学家，为鲁汶大学的教授，曾任巴黎和会期间比利时代表团的顾问，激烈批评协约国对奥匈帝国的肢解。

索①在 1958 年发出的警示："谁会想把这样失败的人当作理想化的领导人？历史上的查理五世不能成为欧洲统一的象征。"戴高乐等人还忽视了查理五世的同时代人对他的批判。在意大利，用卡拉布里亚方言写成的"滑稽剧"《皇帝在卡瓦得到接待》嘲讽了 1536 年皇帝在卡瓦德蒂雷尼镇（位于萨莱诺和那不勒斯之间）的巡游。在这部滑稽剧中，当地居民往往被描绘为无知而好争辩的乡巴佬，而皇帝的形象是"德意志小家伙"（tedeschino），额头上有一行字"只要有钱，做什么都行"，并且他对臣民无比轻蔑、不管不问。他拒绝停下脚步品尝当地美食（一根香肠和一杯葡萄酒），也不尊重当地不计其数的圣物（据说包括巴兰的驴②的半个耳朵和基督本人打喷嚏时从鼻子里喷出来的液体，后者被储藏在一个小玻璃瓶里），因此激怒了当地市民。[30]有些法国作家更过分，把查理五世描绘成对人类生存的威胁。编年史家克洛德·阿东在皇帝去世不久后写道："法国人可以把他称为阿提拉，因为他是法国的头号敌人和迫害者。"绝大多数新教徒也是这么看的。约翰·诺克斯③在《苏格兰宗教改革史》中自豪地回忆道，1554 年他

---

① 彼得·拉索（1889～1961）是德国历史学家和科隆大学的教授。

② 根据《旧约·民数记》，以色列人在摩西的领导下出埃及，在沙漠中漫游了四十年，来到约旦河东的摩押平原。摩押王看到希伯来人这么多，心里非常害怕，于是派人去请先知巴兰来诅咒他们。巴兰骑上驴前去。上帝为了保护以色列人，就派天使拦阻他。只有驴能看见天使，不敢再往前走。巴兰就打驴。上帝给了驴说话的能力，并让巴兰看见天使。天使说："你为什么三次打你的驴呢？因为你走的道路不正，所以我前来阻挡你。驴看见我就三次偏转过去，它若不这样偏转，我早就把你杀了。"巴兰表示认罪，但天使允许他继续去见摩押王。后来巴兰不顾摩押王的反对，忠实地表达上帝对以色列人的祝福。

③ 约翰·诺克斯（约 1514～1572）是苏格兰神学家、加尔文宗牧师和作家，是苏格兰宗教改革的领袖，建立了苏格兰的长老宗。

流亡德意志的时候曾说皇帝"像尼禄一样，是基督之敌"，因为皇帝"维持和倡导偶像崇拜"。[31]

在西班牙也有批评皇帝的人。胡安·希内斯·德·塞普尔韦达的《查理五世传》于16世纪60年代完成，其中说查理五世打了太多的战争（"有些战争是出于国防的需要，也有些虽然是为了正义的事业，但并不是非打不可"），这些战争的昂贵代价让他的臣民变得贫穷。塞普尔韦达还批评了皇帝的固执（"一旦他做了决定，就很难让他放弃"）；批评皇帝为了筹钱而兜售法律豁免权；批评皇帝在统治后期只向极少数人征询意见；还批评皇帝"五十岁之后"拒绝快速、及时地处理朝政，"因为他陷入抑郁"。不足为奇的是，腓力二世拒绝将塞普尔韦达的著作出版印刷。[32]1611年，住在巴利亚多利德的方济各会修士安东尼奥·达萨出版了他写的修会历史，其中记述了他的几位同僚的梦境。其中有一位叫作贡萨洛·门德斯的修士，他在危地马拉传教期间报告说自己见过一个幻象，看到已故皇帝的灵魂"在他去世四年后"，也就是1562年，升上天堂。达萨认为，上帝把查理五世留在炼狱煎熬了四年，"是因为他在沃尔姆斯帝国会议上原本可以抓捕路德，却没有处罚他"。不过即便在想象的空间里，恺撒的好运气仍然有效：与查理五世相比，查理曼驾崩不久后，有人梦见他堕入地狱，"一头野兽撕扯他的阳具"。[33]

后来的绝大多数新教徒敌视查理五世，这也是不足为奇的。苏格兰哲学家和历史学家大卫·休谟得知他的同行威廉·罗伯逊打算写一部查理五世传记时说："你的主人公不是很有意思"，"尽管他的故事的有些部分也许很有趣，但枯燥乏味的故事还是太多，整体看来没什么魅力"。不过罗伯逊还是坚持写作，并取得了成功。他的三卷本《查理五世皇帝统治史》于 1769 年出版，很快成为一部权威著作，被翻译成德文（1770～1771 年）、法文（1771 年）、俄文（1775～1778 年）、意大利文（1836 年）、阿拉伯文（1842 年），最终在 1846 年被翻译成西班牙文。罗伯逊为这部书获得了 3500 镑的预付金，这是史无前例的数字。这部书的出版"为他奠定了欧洲最卓越历史学家之一的声望"。

罗伯逊赞扬了查理五世对"每一件需要他关注的事情"给予的"仔细而审慎的斟酌"，但同时认为"他的政治品格有不计其数的缺陷"。尤其是，他"野心勃勃"；他"持续不断地打仗，这不仅压榨他的臣民，使其精疲力竭，还让他没有时间去关注国内的治安，去改良他的诸王国"；最重要的是，他"从事的事业极其复杂又艰难，使他感到自己的力量不足以实现自己的目标，于是往往运用卑劣的欺骗手段，这与他的极高才华是不相称的。他有时行事卑鄙，与这样一位伟大帝王的荣誉也是不匹配的"。罗伯逊对皇帝的负面评价甚至体现在索引中："查理五世"这个条目下方列有皇帝的"残忍""不公""傲慢"行为、他的"欺骗手段"（有三个次级条目）、"被成功冲昏头脑"，当然还有"他的偏执和不宽容"。[34]

罗伯逊写作的时候，还没有条件运用公共档案馆里的材料，但即便等到学者们能够使用档案馆里的手抄本之后，皇帝的形象也仍然得不到改善。在德意志，以档案为基础进行历史研究的先驱利奥波德·冯·兰克和赫尔曼·鲍姆加登（都是路德派牧师的后代）都主要把查理五世视为与时代格格不入的落伍人物，所以他建立多民族国家和阻止新教传播的努力都是必然失败的。与这两位德意志学者同时代的苏格兰人威廉·

斯特林－麦克斯韦爵士则运用多重比喻，如此谴责查理五世：

> 他是历史上曾经从事政治或外交通信的最令人腻烦的写作者之一……即便在争吵时，他也缺乏活力，永远受到谨慎与保守的羁绊。在对他每日的辛劳理政、自私阴谋和可耻竞争的枯燥记录当中，鲜有人类情感或激情的火星迸发出来；他的计划繁多，但他的野心永远不能超越哈布斯堡家族的利益。[35]

法国历史学家也对查理五世有很多贬抑。儒勒·米什莱在他那部颇有影响的《法国史》中写道，与弗朗索瓦一世相比，查理五世"是个苍白无趣的书虫，学识渊博、能言善辩，但文风拙劣，演讲的时候也是自吹自擂、毫无风雅可言"。绝大多数意大利历史学家对查理五世同样持批判态度，大谈特谈皇帝如何"掐灭了佛罗伦萨和锡耶纳的自由，征服了米兰，排挤了威尼斯，掌控了热那亚，洗劫了罗马，并帮助教宗消灭所有敢于反对现存秩序的声音"。朱塞佩·加拉索①在 2001 年评论道，查理五世讨人喜欢的地方不多。[36]

很多西班牙历史学家也把他们的第一位哈布斯堡统治者视为"外来的君主，骄傲而顽固不化，是专制君主的典型"。如果他们关注这个历史时期的话，一般倾向于集中关注查理五世的同时代人，比如他的母亲胡安娜女王、枢机主教西斯内罗斯、美洲征服者，以及主要的公社起义者，而把查理五世视为"二流人物"。在 1877 年至 1901 年西班牙王家历史学院《学

---

① 朱塞佩·加拉索（1929～2018）为意大利历史学家和政治家。

报》发表的 265 篇涉及 16 世纪的论文中，没有一篇是直接探讨查理五世的。最具说服力的事实是，当摄影师查尔斯·克利福德于 19 世纪 50 年代探访尤斯特时，他骑骡子从夸科斯村"穿过庞大的橡树林和蜿蜒曲折的山区小径，只有当地农民才知道这些小径，也只有他们会在这里行走"，然后却只发现了"凄凉的废墟和残垣断壁"："所有东西都潮湿、毁坏和腐烂了"，"完全荒废，没有任何维修保养"。有人愿意帮助克利福德把"我们的床搬到皇帝的房间"，但他拒绝了，"因为我不愿意与那个房间现在的主人竞争，它们就是蝙蝠和夜鸟，在向着没了屋顶的破败教堂呼号"。[37]

一个世纪之后，曼努埃尔·费尔南德斯·阿尔瓦雷斯追寻克利福德的路线，从夸科斯来到尤斯特，发现与克利福德的见闻相比，这里没有什么变化。"修道院和皇帝套房完全破败"的景象让他"为那个逝去的世界感到无比悲凉。那个已经不复存在的世界有时光荣，有时混乱，从今天的废墟里几乎完全看不见它了"。但在那时，西班牙人已经着手恢复那个逝去的世界。最重要的是，卡尔·布兰迪花了三十年研究查理五世，在 1937 年至 1941 年发表了具有开拓意义的两卷本传记，"几乎完全基于对现存最有价值的第一手史料的全新而深入的研究"。不过，布兰迪对自己的研究主题有所顾虑，因此他用这样的警句开始全书："历史上，有些人的创造力超过了凡人。他们用自然之力从事创造，为后世奠定思想与行动的律法。但查理五世皇帝不属于这样的人。"不过，布兰迪继续写道：

> 查理五世一生中的自相矛盾之处不胜枚举，但他的人生有一种内在的统一性。主宰他的帝王生涯的是王朝原

则。该原则在他身上，比在世界历史中的其他任何一位统治者身上，都体现得更加淋漓尽致。无论是作为个人还是作为君主，他都受到该原则的道德压力，这就给他的道路设置了许多危险的诱惑。[38]

布兰迪的"能动性与结构"框架曾被用于阐释很多政治家。查理五世曾经的谋臣德西德里乌斯·伊拉斯谟在皇帝出生的那天用过一个"狐狸与刺猬"的比喻，并使之闻名于世："狐狸见多识广，但刺猬只知道一件特别重要的事情。"布兰迪的"能动性与结构"框架也经常被伪装成"狐狸与刺猬"的形式。伊拉斯谟的这句名言暗示，刺猬的世界观是集中于一点的，它有着强烈的信念，并将其运用到所有的情境当中；而狐狸更务实，它根据不同的情境来调整自己的视角。简而言之，刺猬受信仰驱动，狐狸则把实证作为审时度势的基础。在布兰迪看来，查理五世是经典的刺猬。但是，一个更基本的问题是：不管是狐狸还是刺猬，有人能够比查理五世更成功地统治他继承的广袤领地吗？我们究竟应当如何评价他的统治？[39]

注　释

1. 年轻的马塞尔可能是在读儒勒·米什莱的童书《弗朗索瓦一世与查理五世，1515～1547》（巴黎，1887）时睡着了。

2. *GRM*，Ⅰ，405–7，Quijada to Vázquez de Molina，26 Sep. 1558；*SLID*，Ⅱ，136（Corral）；Snouckaert van Schouwenburg，*De republica* 于1559年5月在根特首次获准出版，后来多次再版。

3. Marín Cruzado，'El retrato'，123写到将查理五世表现为东方三博

士之一的三个例子；Archivo Municipal de Zaragoza，caja 7775，Pope Leo X to Ferdinand of Aragon，1 Nov. 1515（感谢贝瑟尼·阿拉姆与我分享这份惊人的文献）。Checa Cremades，*Carlos* V，163 – 71 对"皇帝作为新弥赛亚的形象"做了精彩的概述。

4. *NBD*，2. *Ergänzungsband 1532*，424 – 8，Aleandro to Sanga，21 Aug. 1532，and 441 – 4，Aleandro to Pope Clement，1 Sep. 1532. 关于查理五世与莫尔霍的更多事情，见 Lenowitz，*The Jewish Messiahs*，103 – 23（Fig. 5.2，on p. 106 展现了莫尔霍的旗帜和长袍），and Fraenkel – Goldschmidt，*The historical writings*，187 – 99 and 323 – 4（Joseph of Rosheim's account）. 关于更多与查理五世同时代的弥赛亚的信息，见 Parker，'The place'，167 – 73。

5. Menegus Bornemann，'Los títulos'，225 – 30 刊登了 Ocoyoacac（从墨西哥城去托卢卡的路上的一座小镇）的原始地契，其中多处写到"我们的伟大国王查理五世"。又见 Ruiz Medrano，*Mexico's indigenous communities*，112 – 24 and 175 – 8。

6. Los Santos，*Descripción*，167 – 8 and 176；[Caimo]，Lettere，II，32 – 53，letter from El Escorial on 22 Aug. 1755. 关于皇帝的遗骸，详见本书附录二。

7. Leti，*Vita*，IV，412 – 13（总数）and 463（引文）。Auernhammer and Däuble，'Die exequien'，154 – 7，and Schraven，*Festive funerals*，table 2.1，（不完整地）列举了为查理五世举行的葬礼仪式。Thomas，*Gesammelte Schriften*，I，435 – 6，列举了到 1743 年为止的提及奥格斯堡"大追悼会"（grosser Totenfeier）的出版物，从当时的一幅插图版抄本开始，见 ÖNB *Ms. Codex* 7566。

8. Calvete de Estrella，*El tvmvlo*（巴利亚多利德）；*La magnifiqve et svmptvevse pompe fvnèbre*（布鲁塞尔）；Anon.，*Aigentliche vnnd wahrhaffte Beschreibung* and Thomas，*Gesammelte Schriften*，I，433 – 52（奥格斯堡）。

9. Calvete de Estrella，*El tvmvlo*，f. 6v. Abella Rubio，'El túmulo'，包括卡尔韦特描述的图像的三幅复原图；Redondo Cantera and Serrão，'El pintor portugués'，记载了卡尔韦特设计灵柩台用的时间。其他西班牙城市的悼念活动，见 Bouza Brey，'Las exequias'（圣地亚哥德孔波斯特拉）；Checa Cremades，'Un programa'（阿

尔卡拉德埃纳雷斯）；and Noguiera，'Les répercussions'，211 – 13。Sandoval，*Historia*，Ⅱ，620 – 37，刊载了布鲁塞尔和罗马（1559年3月4日）举行的悼念活动的详情。

10. Burgon，*Life and times*，Ⅰ，254 – 5，Richard Clough to Thomas Gresham，2 Jan. 1559. 关于1516年的仪式，见上文第三章。

11. Rose，'La hija pródiga' 描述了利马举行的纪念活动，并说波托西，也许还有库斯科和基多，也举行了追悼会。

12. Cervantes de Salazar，*Túmulo Imperial*，191，195（概述见 Peset Reig，'Fundación'，552 – 3，对 Sanchis Amat，'Los poemas' 中的文本做了分析）。马德里康普顿斯大学图书馆收藏的该著作的副本包括灵柩台的完整图像（其他副本只有该图像的一部分），见 http：//alfama. sim. ucm. es/dioscorides/consulta ＿ libro. asp? ref = B22329791&idioma = 0。Olton，'To shepherd'，复制并讨论了《特拉特洛尔科册子本》（Tlatelolco Codex）中的图像，完成于1562年。Bossuyt，'Charles'，160，记载了莫拉莱斯的故事。

13. Aguirre Landa，'Viejos y nuevos'，41 – 4，分别描述了 AGS *CSR* 180，134 and 142 的目录。Varela，*La muerte*，85 and 145 说天主教双王的遗嘱只要求为他们举办1万场弥撒，而腓力四世的遗嘱要求10万场，腓力五世则要求20万场。

14. AGS *CSR* 133 legajo 11，f. 108（债务总额超过20万杜卡特）；f. 129，*real cédula* of July 1559；and f. 113，*Consulta de descargos*，and Philip's rescript，11 Feb. 1579。

15. Mulcahy，*Philip* Ⅱ，50. Pérez de Tudela，'El cenotafio' 精彩地描述了埃斯科里亚尔修道院的查理五世及其亲人的塑像，以及塑像是如何被运到那里的。腓力二世也许是希望在自己有生之年能看到雕像完成，所以把葬礼塑像的数量从七座减少到五座，即减掉了他的两个幼年夭折的兄弟的塑像。

16. *CCG*，Ⅺ，277 – 8，Juan de Idiáquez to Cardinal Granvelle，El Escorial，22 Sep. 1584. See *CODOIN*，Ⅶ，90 – 118（'Memorias' of Fray Juan de San Jerónimo'）and Varela，*La muerte*，27 – 8 谈到查理五世的遗体如何被运到埃斯科里亚尔修道院。塞维利亚王家城堡的瓷砖画（作于1577 ~ 1578年）于2015 ~ 2017年向游客开放。

17. *BZ* 144/39, Mateo Vázquez to Philip and rescript, 28 Dec. 1574（其文本内容请见上文第十一章）。皇帝给他儿子带来的更多影响的例子，见 Tellechea Idígoras, *Fray Bartolomé*, Ⅰ, 319 – 21, Interrogation of Philip by the Inquisition, 11 Jan. 1560, and Ball and Parker, *Cómo ser rey*, 26 – 7。

18. Fernández Terricabras, 'La reforma de las órdenes', 193, Philip to Luis de Requesens, May 1569, 斜体部分。更多例子见 *FBD*, chs 5 and 8。

19. Parker, 'The place of Tudor England', 205, Philip to the duke of Alba, 14 Sep. 1571（这是 1569~1571 年腓力二世关于推翻伊丽莎白的讨论的一部分）; AGS *E* 165/2 – 3, Philip to Archduke Albert, 14 Sep. 1587。

20. *LCK*, Ⅲ, 512 – 13, Charles to Marie, 13 Nov. 1552, 亲笔信; BZ 144/61, Vázquez to Philip, and rescript, 31 May 1575。更多类似的战略坚持，见 Parker, 'Incest'。

21. Plaisant, *Aspetti e problemi*, 111, Mendo Rodríguez de Ledesma to Philip Ⅲ, 14 Sep. 1600.

22. AGI *Patronato* 29/13, challenge of Aguirre, 1561; AGS *E* 531/91, Fray Lorenzo de Villavicencio to Philip Ⅱ, 6 Oct. 1566. 半身像（由莱昂内·莱昂尼及其子蓬佩奥创作）下面的铭文为："CAROLO QUINTO/ ET E ASSAY QUESTO PERCHE SE/ SA PER TUTO IL MONDO IL RESTO"。http：//plasenciahistorica. blogspot. com/2009/07/busto – de – carlos – v. html

23. ASP *CF* 127 [*Spagna* 4], unfol. , count of Olivares to Octavio, duke of Parma, 2 Nov. 1568; BNE *Ms.* 20210/69/20, Philip to Don John, 3 Mar. 1570, 亲笔信; AGS *CS* 2a/280/1485 – 6, 1519 – 20, 1532 – 3, 1540 – 1, 1646 – 7 and 1655 – 6 描述了 1587~1588 年西班牙无敌舰队携带的德意志人格雷戈尔·勒夫勒铸造的重型火炮。我感谢 Colin 和 Paula Martin 帮助我确认了失踪的勒夫勒大炮。

24. Mendieta, *Historia*, 470（Book Ⅳ, ch. 29); Covarrubias, *Tesoro de la lengva castellana*, f. 202v; Sandoval, *Historia*, Ⅱ, 618（Book Ⅹ ⅩⅢ, ch. 17); Cervantes, *Don Quijote*, Ⅰ, ch. 39 and Ⅱ, ch. 8;

Elliott ' Monarquía ', 699, petition of Olivares, June 1638; Ponce de León, ' La arquitectura ', 关于在洛埃切斯复制尤斯特建筑的情况。

25. De Grieck, *De heerlycke ende vrolycke daeden*, introduction; Lox, *Van stropdragers*, passim.

26. Campanella, *De monarchia*, 98 – 9.

27. Brandi, ' Die politische Testamente ', 277 – 86 (the ' last instructions '). 这些伪书的详细情况，见本书附录三。理查德·卡根提醒我，查理五世还出现在 1941 年的好莱坞电影《马耳他猎鹰》中。

28. 细节来自 Peiró Martín, *En los altares*, 167 – 86，引用了 Fernández Álvarez, *Evolución del pensamiento histórico en los tiempos modernos* (Madrid: Editora Nacional, 1974), 127。他的观点到 1999 年还没有变：费尔南德斯·阿尔瓦雷斯的传记题为《查理五世：新大陆与旧大陆的唯一一皇帝，2000 年的欧洲需要的人》(Carlos V, el único emperador del Viejo y Nuevo Mundo: un hombre para la Europa del año 2000) (*Carlos V: el César*, 853)。

29. De Gaulle, *Discours*, 428 (根据 1962 年 7 月 3 日发表的一次演讲); Terlinden, *Carolus Quintus* (1975)，插图非常精美，这要感谢巴黎与尼德兰银行的一笔资助；Barón Crespo, ' La Europa ' (在一次关于查理五世与欧洲的会议上发表)。2018 年，克雷斯波男爵从尤斯特欧洲学院基金会获得了"查理五世欧洲奖"，以表彰他推动欧洲一体化的努力。

30. Rassow, ' Das Bild ', 15 (斜体部分); Torraca, *Studi*, 104 – 16 and 543 – 70。《皇帝在卡瓦得到接待》(*La ricevuta dell' imperatore alla Cava*) 的文本首次出现在 17 世纪初的一份"狂欢节滑稽剧"手抄本中，但肯定是几年前创作的。查理五世于 1535 年 11 月 22 日通过卡瓦的细节及其开销，见 Saletta, ' Il viaggio ', part Ⅱ, 86 – 8。

31. Haton's *Mémoires* translated by Potter, ' Emperor Charles ', 138 n. 18; Knox, *The history*, 79, 引用了 ' A faithful admonition of Johne Knox to the professours of God's truthe in England ' (1554)。这部作品还把"邪恶的玛丽·都铎"比作耶洗别。

32. Sepúlveda, *Historia de Carlos* Ⅴ, Book ⅩⅩⅥ: 88, Book ⅩⅩⅦ: 34, Book ⅩⅩⅩ 的绝大部分批评了皇帝。尽管弗洛里安·德·奥坎波（和塞普尔韦达一样）始终没有发表他写的查理五世历史，但他在 16 世纪 50 年代记的笔记包括很多关于中央政府的政策对卡斯蒂利亚有害的怨言，见 BNE *Ms.* 9937，'Noticias de varios sucesos'。

33. Daza, *Quarta parte*, Book Ⅱ ch. 36（pp. 137 – 8，又见 Sandoval, *Historia*, Ⅱ, 637 – 9 and *SLID*, Ⅱ, 63 – 6：门德斯直到 1582 年临终时才说出了自己看到的幻象）；Ganz, 'Charlemagne in Hell'（我感谢弗里茨·格拉夫讲出了这个精彩的故事）。

34. Burton, *Life*, Ⅱ, 84 – 5, Hume to Robertson, c. 1760；Robertson, *The history*, Ⅲ, 276 – 80（评价）and 518 – 26（"查理五世"的索引条目）。在积极的一面，罗伯逊是第一个提出这样的观点的人：查理五世的统治意味着欧洲出现了一种新的政治体制，它以均势的理念为特点。查理五世如何让他的第一位苏格兰传记作者致富，见 *ODNB*, s. v. William Robertson。

35. Von Ranke, *Deutsche Geschichte*；Baumgarten, *Geschichte Karls V.*；Stirling – Maxwell, *The cloister life*, 260. 另见本书引言中引用的古斯塔夫·贝尔根罗特对查理五世的负面评价。

36. Michelet, *Histoire*, 263（"书虫"的说法很奇怪，因为查理五世很少读书）；Galasso, 'La storiografia', 155 – 6。

37. Peiró Martín, *En los altares*, 111 – 13；Clifford, *Photographic scramble*, 18 – 19（出版于约 1860 年，配有已知最早的尤斯特现场照片）。米盖尔·德·乌纳穆诺于 1908 年参观尤斯特之后，以类似的说法抱怨了从夸科斯村去尤斯特的小径非常难走，以及他抵达修道院时看到的破败景象，见 Unamuno, *Obras completas*, Ⅵ, 277 – 82, 'Yuste'。

38. Fernández Álvarez, *Carlos V: el César*, 849（描述了他"于 1955 年或 1956 年"首次访问尤斯特的情景）；Brandi, *The emperor*, 12, 15（'Introduction：Charles's character and place in history'），斜体部分。

39. Erasmus, *Adages*（Paris 1500，经常被再版），87 – 91（Adage 1 – Ⅴ – 18：'Multa novit vulpes, verum echinus unum magnum'）。

尾声：盖棺论定

历史永远不能被浓缩为一本账簿的区区一个条目……查理五世的历史必须是对他的生平、他的成就和他的时代的所有解读的总和。绝不能省略任何东西，不管是金钱、行动、意图、确定性还是运气。

——费尔南·布罗代尔，1958 年[1]

重新审视恺撒的好运气

1550 年年底，资深的法国外交官夏尔·德·马里亚克试图向他的主公解释查理五世"如此光辉的原因"。此时皇帝的辉煌正处于巅峰状态。马里亚克首先把重点放在查理五世本身之外的因素上。他认为，查理五世获得成功的"第一原因，也是主要原因"，是"与他打交道的人犯了错误"。马里亚克先以自己的同胞为例。虽然他没有讲得很具体，只是说"我们应当前进的时候却撤退，应当等待的时候却冒进"，但法国人犯错误的例子是很容易找的：如果弗朗索瓦一世在 1525 年的帕维亚围城战中不是那么莽撞，在伦巴第的帝国军队就很难长期维持下去；如果他在 1546 年向施马尔卡尔登联盟提供军事援助，查理五世就很难打败德意志路德派；诸如此类。马里亚克继续写道，皇帝的"光辉的第二个原因"是，他能够"分化敌人的联盟，拉拢那些对他有好感的人"，并"在敌人当中播撒猜疑的种子，让他们不是那么愿意攻击他"。马里亚克举的例子包括波旁公爵、安德烈亚·多里亚和法国的"另外一千人"。马里亚克指出，查理五世得胜的第三个原因是，"他让全世界相信他是一位虔诚、公正而守信的君主，所以人们比较容易信任他"，结果就是"如果他的某个举动被认为是错误的，那么也是他的大臣背黑锅，大家不会觉得始作俑者是他这样虔诚的君主"。马里亚克愤怒地写道："这是彻头彻尾的虚伪。"他给出了很多例子：查理五世饶恕了洗劫罗马的行为；把纳瓦拉、米兰、皮亚琴察和乌得勒支留在自己手中；镇压佛罗伦萨共和国；在锡耶纳和康布雷建造要塞；抛弃自己的亲人，比如丹麦国王克里斯蒂安二世和阿拉贡的凯瑟琳，任其自生自灭。[2]

马里亚克的论断过于简单化了。虽然敌人自己犯下的愚蠢错误对查理五世的成功有帮助，但他身上也有积极的因素，特别是他的好运气。在马里亚克对皇帝做出如上分析的差不多同一时间，佛罗伦萨大使也写了一篇文章，强调皇帝的好运气："恺撒的运气极好，所以他能战胜一切困难，打败竞争对手，避开他们设下的圈套；哪怕他的事业处于低潮，甚至处于绝望的低谷时，他也能驱散任何抑郁的情绪。"[3]佛罗伦萨大使肯定想到了查理五世在不计其数的政治和军事情境中交的好运，从帕维亚战役开始，到敌人接二连三的错误使得他战胜了兵力超过他的路德派军队（见第十二章）。但皇帝的好运气还不止这些。

1488 年到 1509 年间发生的一系列婚姻、出生和死亡（高潮是阿拉贡国王斐迪南和热尔梅娜·德·富瓦的独生子夭折）共同作用，使得年轻的卢森堡公爵成为四个独立国家的唯一统治者。只要诸多因素当中有一个发生变化，查理五世就不会拥有这么多领地。1545 年，奥尔良公爵的死使得查理五世避开了《克雷皮条约》的要求，无须割让米兰或尼德兰给法国人。此外，好运气也让查理五世好几次绝境逢生。在 1538 年的尼斯峰会期间，他带领廷臣走上一座将海岸与一艘桨帆船连接起来的桥，他的姐姐刚刚乘这艘船抵达。"他们互相拥抱的时候"，桥突然塌了，姐弟俩都落入水中，"浑身湿透，但很快被搭救"。次年，皇帝访问法国昂布瓦斯的时候，骑马走进一台将城堡各层连通起来的原始升降机，有火炬和蜡烛为升降机照明。升降机突然起火，但查理五世成功逃脱，毫发无伤。[4]

查理五世的生活方式导致他经常遇险，但几乎每一次他都毫发无伤。1535 年占领突尼斯不久之后，他两次从马背上摔下，被马踢伤了双腿（见第九章）；两年后，他从巴塞罗那骑马火速赶往托尔德西利亚斯与家人团圆，据一位大使报告称，在这趟旅途中"皇帝几次落马，骑马疾驰的人往往会这样摔跤"。但在 1532 年他就不是这么幸运了，在打猎时被坐骑甩到地上，虽然双脚先着地，但是重重地撞上岩石，导致一条腿负伤，从此他走路一直有点一瘸一拐。不过，他还是要比祖母勃艮第的玛丽和女婿葡萄牙王子若昂幸运得多，这两位都是因为坠马伤重不治而亡的。[5]查理五世运气好的另一个表现是，他多次亲临前线，在突尼斯、阿尔及尔、迪伦、因戈尔施塔特和其他地方遭遇敌人的火力袭击，但都得以生还。在帝王当中，他的曾外祖父勃艮第公爵查理和他的妹夫匈牙利国王拉约什二世都战死沙场，另一个妹夫丹麦国王克里斯蒂安二世在战斗中被俘，死在狱中。在查理五世的将领当中，波旁公爵马革裹尸，奥兰治亲王菲利贝尔和勒内都死于战伤，后者"坐在皇帝通常坐的位置时"被一发炮弹击中。[6]查理五世还参加过许多次比武大会，都安然无恙，并且躲过了至少一次暗杀：1546 年，"三个意大利人向法国国王承诺，他们在四个月内一定会杀死皇帝"。次年，查理五世面对荷枪实弹的哗变士兵，他们向他索要"金钱或鲜血"，一名醉酒的士兵还用火绳枪向查理五世射击，但他都毫发未伤。[7]其他人就不是这么幸运了：1547 年，皇帝的国务秘书阿隆索·德·伊迪亚克斯骑马穿过萨克森时被一群新教徒伏击并谋杀；皇帝的竞争对手法国国王亨利二世则于 1559 年死于比武时发生的事故。

当然，如果查理五世的运气能够比这更好，历史就会大不一样。如果法王弗朗索瓦一世在帕维亚战役中死亡，那么就会留下一个只有六岁的继承人；如果首相加蒂纳拉多活几个月，就能在 1530 年的奥格斯堡帝国会议上调解天主教徒和路德派的纠纷；如果教宗利奥十世或克雷芒七世召开了大公会议来处理教会的弊端并阐明教义（就像后来的特伦托会议那样），宗教改革的路径也许会不同；如果查理五世在阿尔及尔早几天率军登陆，也许能在他的部队和舰队毁于风暴之前占领那座城市；如果玛丽·都铎的寿命和她妹妹伊丽莎白一样长，活到 1587 年（或者仅仅像她母亲凯瑟琳一样活到 1567 年），而不是 1558 年，那么也许会有充分的时间在英格兰彻底恢复天主教信仰。如果上述的情况发生，查理五世就会取得更多的成就。

如何让局面更糟？

如果查理五世能够避免一些搬起石头砸自己脚的举动，也能取得更多的成就。1551 年，拿骚伯爵威廉（查理五世曾经的宠臣"我的海因里希"①的弟弟和继承人）向一位朋友抱怨道："现在还想为皇帝效力的人，肯定是西班牙人：而对于我们的民族［德意志人］，他仅仅在有需求或者有企图的时候才召唤我们。"[8]我们很容易说这种指控是有偏见的，因为就在前不久，拿骚伯爵由于支持施马尔卡尔登联盟而失去了皇帝的宠信。但查理五世自己的行动也能证明这一点。让·格拉皮翁于 1522 年离开皇帝之后，皇帝就只选西班牙人当他的告解神父。1522～1523 年，他还愿意把自己的三个私生女托付给尼德兰人；但在 1550 年，他把私生子（后来的堂胡安）托付给了西班牙人。他还确保自己的继承人腓力成长为一位"真正的卡斯蒂利亚王子"。[9]在公务方面，他也变得倾向于西班牙。1523 年，英格兰外交官注意到，查理五世现在每天都"征询西班牙大贵族的意见"，而"之前他们从未参加过任何高端会议"。十年后，查理五世的绝大多数亲信谋臣来自伊比利亚半岛。他的大部分资金也来自那里：1540 年，他向弟弟透露，他已经耗尽了尼德兰的资源，所以在那里"无法筹措更多资金"去执行他的计划，"现在只有我的西班牙王国能够支持我"。他对西班牙的偏向越来越厉害：16 世纪 50 年代，为了筹措军费，皇帝在卡斯蒂利亚贷款的金额达到在尼德兰贷款的四倍。[10]

　　拿骚伯爵威廉有一点说得对，查理五世身边确实很少有德意志谋臣。尽管他的一些亲戚与德意志的显要诸侯结了婚，

---

① "我的海因里希"即拿骚伯爵海因里希三世。拿骚伯爵威廉是他的弟弟，也是奥兰治亲王沉默者威廉（即荷兰国父）的父亲。

比如他的几个外甥女或侄女分别嫁给了普法尔茨选帝侯、克莱沃公爵和巴伐利亚公爵，但他始终没有建立起一个致力于帮助他在德意志达成政治与宗教目标的统治者网络，也没有建立起一支得力的德意志大臣的队伍。因此，1541 年年末他努力解决德意志的宗教纷争时，他的德意志秘书奥伯恩贝格尔病倒后，皇帝居然"找不到一个人把我的指示翻译成德文"，于是他不得不给自己的主要谈判代表送去"一张签了名的白纸，以后再写上指示的内容"。皇帝对德意志人的忽视很快就酿成恶果。1542 年 5 月，斐迪南抱怨道，查理五世签署的文件甚至对天主教统治者领地内的路德派教徒也予以宽容。斐迪南问，为什么要做出这种史无前例的让步。奥伯恩贝格尔抗议道，"文件传到他手里的时候已经一切就绪，只等皇帝签名，因为事先已经得到处理文件的议事会成员的批准。因此"，查理五世向弟弟解释道，"我相信文件应当是我希望的样子，并且因为文件是德文的，我没有读就签名了"。他继续说，不幸的是，"我不能撤销这些让步，因为我这里没有该文件的副本"，而且他还"缺少一位能用拉丁文或德文写作的秘书"。查理五世在神圣罗马帝国的许多政策最终流产，一点都不奇怪。[11]

　　查理五世偶尔还会发现他的大臣的其他缺点。1520 年，他的两位驻英格兰大使，一个是西班牙人，另一个是尼德兰人，为了自己用明文发送密信而道歉：

　　　　尽管我们收到了您的命令，即所有重要事务都必须加密，但目前我们不知道如何加密，我们的秘书也不懂法文。

八年后，查理五世怀疑国务秘书让·拉勒芒叛国和贪腐，于是将他解职，但在国外的官员仍然继续发来只有拉勒芒能解读的密文，于是皇帝"只能回复那些我能看得懂的讯息"。他给拉勒芒发去一份紧急讯息，"请他给我发来一份密码本"；但密码本到了之后，查理五世却忘记了自己在罗马的代表的名字，因此口述了一封信给"我的大使某某某和某某某"。[12]

这些都是疏忽大意造成的错误，而查理五世有时还会出于个人原因犯下错误，雪上加霜。他的告解神父让·格拉皮翁在1521年说，皇帝不肯原谅和忘怀别人的错误，因此造成了许多麻烦。次年，加蒂纳拉告诉一位同僚，他们的主公"渴望向伤害过他的法国人复仇"。三十年后，皇帝率领一支庞大的帝国军队穿过德意志时，罗马教廷大使认识到，查理五世现在"不仅可以自卫，还可以攻击敌人，报仇雪恨"。[13]霍斯特·皮奇曼指出，"与路德的冲突、宗教团结的破碎，再加上公社起义"，都让查理五世下定决心要让反叛者付出代价，哪怕他的严厉反而让更多人成为他的不共戴天之敌：1520～1521年他的臣民的两次反叛"对年轻的皇帝造成了深刻的影响，让他后来面对索取自由的城镇和宗教异端时都做出凶暴的反应，不仅对德意志和西班牙是这样，对美洲也是如此"。查理五世大概会同意皮奇曼的看法。1522年，他宣布自己打算"极其严厉地惩罚"公社起义领导人，"让后世铭记不忘"。三十年后，他仍然在惩罚曾经的公社起义者的"儿孙"。1531年，得知布鲁塞尔发生暴乱和抢劫之后，他命令妹妹玛丽"严惩那些丑恶的暴徒，以儆效尤"。她抗议说他太严苛了，他答道："你也许觉得我在无故镇压，但我不会道歉。"所以，在随后四年里，叛乱的嫌疑犯仍然不断遭到逮捕、审判和处决，并且往往在死前受过酷刑折磨。[14]查理五世还会严惩那些并非他的臣民的人，比如法王弗朗索瓦一世为保证履行《马德里条约》而作为人质交出的两位法国小王子。1529 年，查理五世命令，不准两位小王子外出打猎，不准他们接待来自法国的访客；还让他们穿寒酸的衣服，他的姑姑玛格丽特为此责备道："这两位小王子没有做任何错事，所以不能让他们为了父亲的罪过而受罚。"几年后，一位反叛领袖被不公正地处死，查理五世只用这样一句冷冰冰的话批准此事："死人不会再打仗。"[15]

查理五世的自私（或者说是别人眼中他的自私）也制造了许多问题。在最后一次离开尼德兰不久前，一位大使注意到："皇帝陛下更喜欢索取，而不是给予。"之前也有很多人发表过类似的评论。1539 年，驻查理五世宫廷的英格兰大使认为皇帝"睿智而狡黠"，总是"爱惜自己的羽毛，不肯为了别人冒险，除非这样能获得荣耀和丰厚的利益"。五年后，一位法国大臣问："皇帝总是撒谎，那么他的友谊算什么？只要他贪得无厌的欲望得到满足，他才不在乎自己的朋友、父亲和其他所有人都毁灭……他是个欲壑难填的人。"1547 年，保罗三世在一次接见皇帝时更精练地说："陛下是忘恩负义之徒，只在自己有需要时才记得朋友。"[16]

最重要的是，查理五世撒的谎给自己造成了严重的问题。他肯定会否认自己曾撒谎，因为他有一次向弟弟斐迪南保证："我素来一言既出，驷马难追，哪怕遵守诺言意味着放弃获得个人利益的绝佳机会。"[17]不过，有很多证据表明，只要撒谎对他有利，他就经常撒谎，哪怕是对最亲的亲人（例如，蒙蔽他的母亲，让她生活在一个虚幻的世界里）。1541 年，他庄严地"以皇后的灵魂起誓，他对弗雷戈索和林孔的下落一无所知"，尽管他已经采取措施保护谋杀了这两位外交官的官员，使其免受法律追究。

十年后，尽管曾经承诺不会判处黑森方伯菲利普终身监禁，查理五世还是秘密地将他的刑期延长了十五年。因为方伯已经四十六岁了，这意味着他很可能死在狱中。1547 年，查理五世麾下的将领费兰特·贡扎加从教宗保罗三世的儿子皮耶路易吉·法尔内塞手中夺走了皮亚琴察，查理五世否认自己事前知道贡扎加的图谋，但仍然拒绝把皮亚琴察归还法尔内塞的继承人奥塔维奥。这样的谎言自然会造成严重后果。弗朗索瓦一世以他的两位大使被刺杀为由，向查理五世宣战；皇帝把黑森方伯关在监狱里，促使方伯的女婿萨克森选帝侯莫里茨反叛；保罗三世拒绝重启特伦托会议，除非查理五世将皮亚琴察归还奥塔维奥。皇帝的一些谎言还对后世造成了非常深远的影响。弗朗索瓦·拉伯雷在 1552 年首版的小说《巨人传》中谴责查理五世囚禁黑森方伯菲利普是一种背叛行为。1576 年，让·博丹①在《国家六论》中谴责"卑劣而可耻地谋杀弗雷戈索和林孔"是臭名昭著的违反国际法的罪行。国际法领域的很多作者将会重复让·博丹的批评。1799年，两名法国外交官在前往一次和会途中，在奥地利境内被谋杀，法国政府将这桩罪行描绘为"哈布斯堡家族令欧洲震惊的一系列暴行中的最新一起，其最早的例子就是查理五世

---

① 让·博丹（1530～1596）是法国的法学家和政治哲学家，代表作为《国家六论》。博丹出生于法国宗教改革的动荡时期，著书反对法国的宗教冲突。他虽然名义上仍为天主教徒，但对教宗的权威高于法国君主持批评的态度，主张由法国国王实施中央专制来取代派系纷争。他还主张各种宗教和谐共存。

自认为凌驾于法律之上，命令刺杀法国国王派往威尼斯和君士坦丁堡的大使"。[18]

16 世纪上半叶的三场革命

尽管查理五世的这些"自残"行为削弱了他，但这些事件的影响与 16 世纪上半叶的三场革命带来的挑战相比，就不值一提了。这三场革命分别是军事革命、宗教革命和行政革命。

火炮要塞的横空出世给欧洲的陆战艺术带来了一场革命。火炮要塞是一种犬牙交错的防御体系，由星形堡垒和加固城墙之外的前哨阵地构成，被称为"新式"（alla moderna 或 à la manière moderne）要塞。通常只有在规模空前强大的军队的全面封锁之后，火炮要塞才会投降。据斯蒂文·冈恩[①]估计，在 16 世纪 60 年代，"拥有 4 万人或更多兵力的军队的作战区域在 16 世纪 20 年代只能支撑 1 万军队"。通过封锁迫使火炮要塞投降，通常需要几周甚至几个月之久，所以围城战成为整个战争的关键。[19]

查理五世第一次发现这种真理是在 1529 年。在这几年前，佛罗伦萨共和国为了预防遭到围攻，把现有的塔楼和门楼改建成棱角分明的堡垒，用厚厚的泥土护墙加固中世纪的城墙，并在城外建造堡垒来掩护薄弱点。查理五世麾下的将领奥兰治亲王菲利贝尔在攻打佛罗伦萨时，上述的防御工事让双方僵持不下，菲利贝尔暴跳如雷。他在给皇帝的亲笔信中反复抱怨，他

---

① 斯蒂文·冈恩是当代英国历史学家，牛津大学的研究员，专攻中世纪晚期和近代早期的英国与欧洲史。

缺乏火炮、兵员和金钱，这都会影响本次围城战的结局。1529年10月，菲利贝尔描述自己是"全世界最绝望的人"，并向查理五世警示道："如果陛下真的想要这座城镇，您肯定可以得到，但就凭我手里的这么点兵是不行的，因为，请相信我，我仅靠现有的力量需要好几年才能拿下这座城镇。如果您现在就要胜利，必须立刻给我增援10000人或12000人，在河的另一侧完成攻城工事，还要给我一些优秀的炮兵。"[20]他并没有夸大其词：佛罗伦萨坚守了十一个月之久。1544年，火炮要塞再一次破坏了查理五世的作战计划（圣迪济耶阻挡他对法国的入侵一个多月）；1551年他的军队围攻帕尔马失败，破坏了他的战略计划；1552年，他攻打梅斯又铩羽而归。

要攻克敌人的火炮要塞，就需要强大的军队，而要维持强大的军队，就面临新的问题：有组织的哗变。奥兰治亲王在佛罗伦萨围城战期间抱怨道："因为缺钱，您的全军处于哗变的边缘……如果上帝不像他平素那样创造奇迹，如果您不想办法解决，我相信必然会发生普遍的哗变。"其他一些人也同意奥兰治亲王的担忧。在意大利的帝国军队的犯上作乱行为促使费拉拉公爵告诉皇帝："我们目前不敢接受这样一支桀骜不驯、恣意妄为［exfrenato］的军队的指挥权。"费拉拉公爵很明智：在帕维亚大捷前夕，在伦巴第的西班牙军队曾短暂地哗变，1537～1538年成千上万名西班牙军人又一次哗变（在普罗旺斯战役失败之后），在1547年又一次哗变（在打败施马尔卡尔登联盟之后），1553年在尼德兰又一次哗变（在攻打梅斯之后）。[21]

火炮还给查理五世时代的海战带来了变革。在地中海，桨帆船的中线上可以安装大炮，用于轰击岸上的目标（比如

1535 年在拉格莱塔）或互相轰击（比如 1538 年在普雷韦扎）。与此同时，桨帆船舰队的作战半径大幅增长。西西里副王在 1557 年忧虑地评论道：

> 今天的情况与三四十年前大不相同。当年我们说到土耳其人，仿佛他们在地球的另一端；如今他们距离如此之近，对基督教世界的事务如此熟悉，以至于西西里发生的事情很快就传到了君士坦丁堡，就像传到了西班牙。他们的舰队每年都从西西里岛经过，已经成了见怪不怪的事情。[22]

在大西洋，海战的形式也变得越来越复杂，因为风帆战舰开始在下层甲板装备重型火炮（这要感谢船体上的炮门的发明）。1545 年，一支法国远征军企图在怀特岛登陆，随后弗朗索瓦一世和亨利八世的盖伦帆船之间发生了一场炮战。1558 年，停泊在岸边的西班牙盖伦帆船用炮火帮助陆军打败了被困在格拉沃利讷①附近沙滩上的法军。

这些科技上的发展极大地增加了海战的开销。与步兵团或骑兵团不同，战舰（不管是盖伦帆船还是桨帆船）不可能在战役开始时动员，然后等战役结束就解散。统治者要么维持一支常备海军，要么找到合适的人并为其提供资金，让他维持海军。1522 年，皇帝之所以能够在大西洋航行、前往西班牙，是因为亨利八世借给他一些英格兰海军的船只。1529 年、

---

① 格拉沃利讷在今天法国的北部，在敦刻尔克西南 24 公里处，在近代早期处于法国与西属尼德兰的边境，所以有大量防御工事。

1535 年、1541 年和 1543 年，查理五世之所以能够横穿地中海，是因为有安德烈亚·多里亚维持的桨帆船舰队护送他。

根据詹姆斯·特雷西的计算，陆战和海战的革新使查理五世的战争开销从 16 世纪 30 年代的平均每年 43 万杜卡特猛增到 40 年代的 90 万杜卡特，增长了一倍还多，50 年代又有新的增加。并且，意外之财（无论是法国国王的赎金还是从阿兹特克帝国和印加帝国获取的战利品）在 30 年代帮助皇帝解决了军费开支的将近一半，但在 40 年代就只能覆盖不到五分之一，50 年代就更少了。于是他从银行家那里贷款，并扣押他的臣民的私人财产，这就产生了一种永远不能偿付的国债。腓力二世登基几个月之后，他的财政顾问计算得出，他在各领地一共负债超过 1000 万杜卡特，并且他已经将随后四年的全部收入都用来还债。

不久之后，国库未能如期还债（这是西班牙历史上的头一遭），于是强行将尚未偿付的高息贷款转化为低息贷款。[23]查理五世的战争还造成了高昂的机会成本：皇帝御驾亲征（1532 年至 1554 年，他亲自指挥作战的时间累计至少有 600 天）的时候，几乎没有时间做别的事情。一位在查理五世最后一次战役期间陪同他旅行的外交官抱怨道："皇帝陛下在战时不处理其他朝政。"[24]

马丁·路德引发的宗教革命也让查理五世不时地需要集中注意力应付。通过每一届帝国会议发表的《会议纪要》，我们能对宗教辩论占用的时间有个概念：简单地清点一下《会议纪要》的页码，我们就会发现，在沃尔姆斯，"与路德的讨论和关于路德的讨论"占据了该届会议超过四分之一的时间。1532 年在雷根斯堡对宗教妥协所做的讨论也占用了差不多的

时间；1547～1548 年奥格斯堡帝国会议期间，创造一种让路
德派和天主教徒都能接受的教义的努力占用了八分之一的时
间。[25]有时皇帝会亲自干预（比如 1521 年他在沃尔姆斯的时
候）；有时他旁听辩论（比如 1530 年在奥格斯堡，他聆听了
新教徒缓慢地宣读路德派信条）；在幕后，他还花了大量时间
与主要的德意志诸侯飨宴和狩猎，从而争取他们支持他的宗教
计划。他花了大量宝贵的时间与教宗会谈、接见教宗的使节，
以及给教宗写亲笔信，从而争取罗马支持他的宗教提案。

　　查理五世曾试图封住路德及其支持者的口，但失败了，这
主要是因为奥斯曼人多次沿着多瑙河进攻，迫使他授权在宗教
问题上让步，从而换取路德派统治者的军事支持。路德派领导
人很清楚自己拥有的优势：黑森方伯菲利普在 1529 年告诉路
德，因为他和他的伙伴们是哈布斯堡家族抵挡土耳其人的
"最大的、最主要的力量来源"，所以"我们认为，我们都不
应当同意为皇帝陛下提供任何援助，除非他先承诺给我们安
宁，不要为了福音书而骚扰我们"。[26]这种政策让查理五世不得
不做出一系列让步，于是路德宗不仅在其已经扎根的邦国发展
壮大，还向别的邦国扩张。直到在 1547 年与苏丹签署了为期
五年的停战协定，皇帝才有机会尝试强迫在德意志实现宗教
和解。

　　查理五世在统治他的帝国的时候，还遇到了前所未有的行
政管理方面的挑战。杰里米·苏里在研究美国最高权力及其陷
阱的卓越著作《不可能的总统制》中指出，有时大国变得过
于复杂，不是单单一个人能够治理的。具体来讲，苏里认为，
"创建了战后美国总统制"的富兰克林·罗斯福也是"最后一
位能够主宰总统制的总统"。

罗斯福的后继者们面临的问题是：权力太大，责任太重，诱惑太大。罗斯福是最后一位伟大的总统，因为这个官职在当时还足够小，他还控制得住，不过也是勉强能控制住。在他之后，总统的权力持续扩张，超出了行政的能力……［直到］21世纪开始的时候，这个官职向其担任者提出了非人类的苛求，以至于任何人都不可能成功地当好总统……总统承受的压力极大，需要快速地对全球发生的事情做出反应，所以总统几乎没有空间来思考或创造新政策。

简而言之，美国总统制变成了"不可能的总统制"。[27]从现存史料中我们可以看得出，查理五世和罗斯福有一种相似之处：哈布斯堡帝国的主要缔造者也是"最后一位能够主宰它"的统治者。他实际上统治着一个不可能被统治的帝国。

尽管在1515年，当查理五世以佛兰德伯爵的身份举行布鲁日入城式的时候，就有人在盛大的仪式中暗示他可能会继承诸多领地，但无论是他自己，还是整个欧洲，都没有对此做好真正的思想准备：在随后的几年里，他将成为一系列国家的统治者。1516年，伊拉斯谟写道："查理王子要来接管西班牙和意大利的好几个王国（他们说是九个或十个）。"伊拉斯谟还颇有先见之明地（不过也是徒劳地）补充道："我希望这不仅对王子有好处，对我们的国家也有好处。"[28]查理五世很快又获得了神圣罗马帝国和阿兹特克的土地，创建了一个规模空前的跨大西洋帝国。他的副手们还会吞并米兰公国、尼德兰的好几个省份以及美洲的更多土地，包括印加帝国。并且，他的所有欧洲领地的人口都在他统治时期有了增长，比如那不勒斯王国的人口增长了一倍。

这些发展导致查理五世不可能把近期历史当作参考。就连七个世纪前的查理曼也不曾拥有如此广袤的领土。没有可供参考的先例，这也许能解释他的决策为什么显得杂乱无章。查理五世别无选择，只能通过试验（有时是试错）来学习。

也不止他一个人是这样。杰弗里·埃尔顿①在 1953 年出版的那本具有开拓意义的著作中，将亨利八世时期英格兰中央政府活动的猛增称为"都铎政府革命"。这轮革命以亨利八世的两位首席大臣托马斯·沃尔西和托马斯·克伦威尔的行政革新为核心。在四个世纪以前，这种现象吸引了居住在尼德兰的英格兰商人与外交官斯蒂芬·沃恩的注意。1534 年，沃恩将克伦威尔的工作量与让·卡龙德莱（"皇帝在这些地区的主要谋臣"）相比，并预测这两位大臣的"聪慧头脑"会因为持续增多的公务所要求的"不断旅行"而变得迟钝。所以他们会变得"越来越难以承担、越来越不愿意为了君主的事务和其他事情而进行长途旅行"，并且他们"英年早逝的风险"也越来越大。²⁹

尽管加蒂纳拉无疑会抱怨查理五世的管理风格毫无必要地增加了他的大臣的"舟车劳顿"，但他一定会非常同意沃恩的看法。在 1523 年的一份语气愤恨的备忘录中，首相抱怨道："自从我开始为陛下服务以来，我不辞辛苦地为您的事务建立恰当的秩序，为了这件事情向您呈送了好几份建议书"，但"始终没有办法让您处理这些事情［ne fut jamays possible de

---

① 杰弗里·埃尔顿爵士（1921～1994）为德裔犹太人出身的英国历史学家，曾在剑桥大学任教，研究领域为都铎王朝，曾任英国皇家历史学会主席。

vous reduisre a y entendre]"。这份备忘录显然同样被皇帝忽视了，因为不久之后加蒂纳拉又写了一份更加直言不讳的备忘录。"每天发生的大多数重要事务需要很久才能决定，以至于做出决定的时候形势已经发生了变化，机遇已经丧失，这让我十分遗憾，"他在开头这样写道，"我想不出来这种错误的缘由在哪里，除非陛下想要效仿已故的马克西米利安皇帝，他也是需要很长时间才能做出决定，并用自己缺钱作为借口。但陛下不能用这个借口，因为所有金钱都随时供您调拨。"加蒂纳拉指出，查理五世的拖延耽搁是很危险的，其原因不是缺乏资源，而是他未能有效地部署和使用手中的充足资源。[30]

弥赛亚式帝国主义与"可能性的局限"

加蒂纳拉的备忘录指出，他的主公在决策时的迟缓与他的弥赛亚式帝国主义思想有联系。据加蒂纳拉说，皇帝"迟迟不肯决定任何事情，因为您［皇帝］期待上帝会在您的事务中创造奇迹，就像他过去创造了一些奇迹一样。但这是很危险的做法，因为把一切都留给上帝处理，可能会激怒他"。查理五世仍然不理睬加蒂纳拉的进言。在1535年的突尼斯战役中，查理五世不止一次说，他只不过是上帝的副手，所以他依赖造物主来安排成功的结局。1541年秋季，他不顾专家们的反对，坚持要攻击阿尔及尔，"因为天气在上帝的掌控之中"。1552年秋季，他同样固执地决定攻打梅斯，因为"上帝会把一切都掌握在自己手中，并引导我，带来成功的结局"。

查理五世经常向他的告解神父（有时还向神学家组成的特别委员会）寻求保证，以确认自己的行动和愿景得到了上帝的支持。他们很少给出让他失望的回答。他的告解神父洛艾萨有一次向他承诺："我比以往更加坚信不疑，陛下一定会战胜当前的所有困难，上帝会让您的所有敌人拜倒在您脚下。并且，上帝要求您只有在克服了障碍之后才能取得胜利，所以陛下一定要耐心，一定要精神百倍地继续努力。"还有一次，洛艾萨在提出了一种行动方案之后又收回了自己的见解，并向查理五世保证："如果陛下坚持要听从别人的建议（我会很遗憾，因为看不到它有什么好处），那么我就会从这样的信念中求得安慰：陛下得到了上帝的引导，而我们其他人都看不清真相。"这样的信念能够解释，为什么神迹能在哈布斯堡家族统治下西班牙的战略文化里发挥重要作用。[31]

查理五世的弥赛亚式信念产生了好几重后果。在基本的层面，得到上天佑助的"证据"使他以正义使者自居，变得固执己见、不肯变通，也让他变得唐突莽撞、盲目自信。安托万·佩勒诺有一次吹嘘道："在绝望的处境当中，在大家最意想不到的时候，总会发生什么事情，拯救皇帝陛下。"但这就造成了一种危险的"反馈回路"：过去发生的所谓"神迹"提高了皇帝的期望，让他相信，尽管困难重重，一定还会发生更多的神迹。[32]另外，这还让他不愿意制定紧急预案：因为既然上帝已经站在皇帝那边，那么如果皇帝为可能的失败制定预案的话，就意味着他对上帝缺乏信仰。并且，对天意的迷信也意味着，当以信仰为基础的政策遇到困难时，他不肯放弃，甚至不肯对其加以修改，于是敌人就有了充足的时间来协调自己的资源，最终挫败查理五世的战略目标。

尽管查理五世对神迹坚信不疑，并且依赖那些向他鼓吹神迹的人，但他在统治的大部分时间里还是会注意伊拉斯谟在1517年的告诫："一位奉上帝的旨意统治如此之多王国的君主，不应当轻视任何人热情提出的建议，而应当从中挑选他认为最值得遵循的。"三十年后，拿骚伯爵威廉承认，皇帝挑选大臣的时候"不考虑他们的家世、财富或地位，只看重经验和过去的成就"。乌得勒支的阿德里安、弗朗西斯科·德·洛斯·科沃斯、佩德罗·德·拉·加斯卡和其他很多人都是很好的例子，卓越的才华让这些出身卑微的人在皇帝身边攀升到高位。[33]查理五世还明智地将许多关键问题委托给身在帝国边缘的副手们来决策。他很早就开始把权力下放：1516 年 8 月，关于卡斯蒂利亚局势的互相矛盾的报告让查理五世感到困惑，于是他从布鲁塞尔发送了两套指示给卡斯蒂利亚的摄政者——枢机主教西斯内罗斯，"请您自己斟酌决定"。查理五世还重申，最终决策权"属于您"。1531 年，他让弟弟主持德意志的朝政，并对他的权力不做任何限制：如果"时间和局势"不允许斐迪南先征求皇帝的意见，他就可以在"重大事务"当中不考虑皇帝之前做出的指示。[34]

当查理五世能够认识到可能性的局限时，他通常能取得成功。1532 年 4 月，他决定，"我在本年度的计划是保卫基督教世界，抵挡土耳其人，因为我认识到现在要发动进攻为时尚早"。次年，他的妹妹玛丽抱怨道，她没有办法应对自己面临的诸多挑战，于是查理五世安慰她："我也有过这些［负面的］想法，以及其他一些想法，但当我把它们从脑海中驱逐出去之后，就经常发现我其实有办法做得更好，有办法应付自己面临的艰难工作。"他补充道："有的时候，我们只能坚持不懈，努力去做可能的事情，因为任何人都没有义务去做不可能的事情。上帝不希望人们把自己累死。"按照他的习惯，查理五世在同一份文件里重申了自己的观点：

在这方面我可以给你很好的建议，因为我对这事有经验。

我不想说自己做了一切应该做的事情，因为我相信很少有人会这样，也很少有人做得到。但我们都应当尽力而为。上帝不会强人所难，不会要求我们做不可能办到的事情。[35]

1538 年，在艾格莫尔特会见法国王室成员的最后一天，查理五世对法国王太子说："先生，你和我的儿子绝不能像你父亲和我这样愚蠢。"次年，查理五世不情愿地推迟了与威尼斯和教廷国一起筹划的地中海军事行动，因为"尽管我是皇帝，我也只能做凡人做得到的事情，因为我毕竟是凡人"。1542 年，他告诉斐迪南："某些公务的紧迫性意味着，我只能做办得到的事情，而不是我想做的事情。"[36]

皇帝的这些话代表了他的真实想法。1535 年，他放弃了又一次冒险，从而将全部资源和注意力投入突尼斯战役，因为"我们必须根据当前的形势来调整，集中力量于最紧迫的事务"。1552 年，他认识到自己缺乏资金在北非的马赫迪耶（帝国军队在两年前占领该城，并大张旗鼓地宣扬）维持驻军，于是命令拆除当地的城防工事，放弃该城。三年后，佛罗伦萨大使对皇帝打算退隐到西班牙的说法表示怀疑时，"皇帝陛下答道：'是的，那是真的，我的打算仍然是这样。但在执行重大计划的时候，局势瞬息万变，所以我们有时不得不放弃自己已经下定决心要做的事情。'"[37]无论是对于行动还是言辞，查理五世都表现出了同样的务实精神。

玛丽抱怨道，尼德兰贵族对她提出了非常伤人的批评，查理五世答道："我对这样的批评已经耳熟能详，所以根本不在意。"有一次，英格兰大使觐见皇帝时抱怨某些西班牙神父在布道中攻击英格兰国王，查理五世提醒大使："神父们只要有理由，甚至会攻击我。这种事情是不可能被阻止的。"大使坚持要抗议，查理五世答道："国王也控制不了别人的舌头。如果国王给了别人批评他的理由，别人就会批评他。这是没办法的事情。"[38]查理五世不仅不理睬批评，也不理睬他不欢迎的溢美之词。1530 年他在博洛尼亚加冕时，历史学家和教宗的司仪保罗·乔维奥"高声告诉他：'今天，不可战胜的君王，您受到召唤，获得了君士坦丁堡的皇冠。'"不过乔维奥后来懊恼地写道："皇帝陛下听了这话，只是微微一笑。"五年后，征服突尼斯之后，查理五世又一次拒绝理睬某些人要求他远征君士坦丁堡的呼吁，并宣布，他将"根据时节和可能性的局限"来行事。[39]

帝国的统治工具

20 世纪 70 年代的美国国家安全顾问和国务卿亨利·基辛格曾说："事后回顾来看，一切成功的政策似乎都是预先注定的。领导人喜欢把成功的政策归功于自己的先见之明，把一连串的随机应变称为预先的谋划。"简·伯班克和弗雷德里克·库珀等历史学家同意这种看法。他们在那部了不起的著作《世界帝国史》中写道："帝国并不都是相似的。它们创建、采纳和传播了不同的统治工具。"并且，"帝国的统治工具既不是可以随机使用的一套把戏，也不是预先设定的统治方案。帝国每天都面对挑战，所以必须随机应变"。[40]

查理五世的帝国在地理上是分散的，所以就更需要随机应变，因为，如赫尔穆特·G. 柯尼希斯贝格尔[1]在 1958 年（皇帝驾崩四百周年）所说，查理五世"不是亚历山大和拿破仑那样的征服者。在查理五世统治的每一个国家，他都是通过继承获得政权的合法统治者，他宣誓要维护该国的法律和风俗"。这意味着，皇帝往往是对瞬息万变的局势做出被动的反应，尤其是对他当前居住的那片领地的优先需求做出反应，而不是积极主动地执行自己的政策。[41]在 1522 年和 1529 年之间，他居住在西班牙的时候，伊比利亚半岛的要求通常是他最优先考虑的；而在 1543~1556 年，他在德意志和尼德兰之间来回穿梭的时候，他就往往优先考虑对这两地的治理者和臣民来说重要的事情。皇帝不同领地的事务之间的竞争，往往给他施加了很大压力。

1544~1545 年的"两种方案"就是这样一个例子。对于查理五世应当将帝国的哪一个部分割让给法国（见第十二章），米兰、尼德兰和西班牙的统治精英给出了互相抵触的建议。另一个例子是，皇帝对奴役美洲土著的政策摇摆不定，也是因为修士和殖民者提出了不同的要求（见第十三章）。不过，尽管需要随机应变、创新和妥协，但查理五世的帝国统治工具包括了一种预先设定的模式，其中有四个核心元素：王朝、骑士精神、声望和信仰。

皇帝对王朝利益的投入是很容易被证明的：他不断想方设法收复曾属于他的祖先（尤其是勃艮第公爵）的土地。在

---

① 赫尔穆特·格奥尔格·柯尼希斯贝格尔（1918~2014）是德裔英国历史学家，曾为伦敦国王学院的历史学教授和历史系主任。他在二战期间曾在英国皇家海军服役。

1526 年的《马德里条约》中，他要求法国归还整个勃艮第公国。尽管他在三年后的《康布雷条约》中放弃了绝大多数的权利主张，但他在 1534 年向姐姐埃莉诺（法国王后）保证，他"会坚持要求收复勃艮第公国，它是我们的祖产的一部分，对我们来说比米兰更重要"。1539 年，一位英格兰外交官从查理五世关于大战略的对话中推断，"他内心里更关心海尔德，而不是米兰或整个意大利"。次年，皇帝用来诱惑法国的条件包括"放弃我对勃艮第公国的全部权益和主张，尽管我对其拥有合法合理的权利"，仿佛他对勃艮第的主张还有价值。[42]

查理五世对勃艮第的忠诚，包含了对勃艮第的骑士价值观的忠诚。他相信政治问题可以用决斗来解决；为了赢得贵妇人的莞尔一笑，值得亲身参加竞技；他也许还会领导一场十字军东征，为基督教世界收复君士坦丁堡。洛艾萨在 1532 年写道："陛下对荣誉的爱，比对生命和财富的爱多一千倍。"八年后，亨利八世要求立刻交出一个为皇帝效力的英格兰人，因为英王视其为叛徒。查理五世愤怒地回答，即便他自己成了"伦敦塔里的囚徒，我也不会同意"牺牲一个忠诚的仆人，因为那会"玷污我的荣誉和我的良心"。不久之后，他告诉自己的告解神父："一个人失去荣誉的那一天就应当死去，因为他已经毫无价值了。"[43]最后，他一直尊崇勃艮第的金羊毛骑士团：他的《回忆录》详细记录了他主持每一次骑士团大会的经过；他带到尤斯特的少数书籍中就有一部插图版的骑士团团规。[44]

查理五世对声望的爱也"比对生命和财富的爱多一千倍"。他在 1525 年的自我评价中特别强调"维护我的声望"，并担心"光阴似箭，人终有一死，我不想在这个世界上没有留下令人难忘的印迹就死去"（见第六章）。他于 1529 年离开西班牙后，尽管口头上承认摄政者（皇后）面临许多困难（"我很清楚这些王国存在的问题……"），但他始终认为自己面对的困难更重要，因为这"事关我的荣誉和我的生命"，所以如果不给他送去他需要的部队和财宝，就"对我的生命、我的领地和我的声望构成了极大的威胁"。他这是在企图"勒索"皇后（及其谋臣），让他们觉得，假如皇帝有什么不测，一定是他们的错。[45]

1543 年，他向儿子和继承人保证，"我所做的一切都是为了捍卫我的荣誉"，并揭示，他计划攻击敌人，是"为了我的荣誉和我的声望，所以我才进行风险如此之大的冒险"（见第十一章）。次年，他准备入侵法国的时候，警告了西班牙的大臣们，如果他们不立刻给他送来军费，"这不仅会让目前已经送到的巨款打水漂，还会损害我的声望，那才是我最怨恨的"。1551 年，他宣称，"我下定决心"攻打帕尔马，"如果半途而废，就会严重损害我的声望"。次年，他坚持要求特伦托会议允许路德派神学家发言，因为如果不准他们发言，"显然会损害我的声望。维护我的声望和侍奉上帝是一回事"。他亲临梅斯城下的堑壕，是因为"那里的进展不顺利，所以事关我的声望"。[46]

最后，我们也很容易观察到皇帝的坚定信仰，以及信仰对他的政治抉择产生的影响。终其一生，他每天都做礼拜，每个复活节都退隐到一家修道院去修行，退位之后干脆住进了修道院。在 1521 年沃尔姆斯帝国会议上，他在与路德对峙时许下了一个诺言，后来一直没有食言："我下定决心，要投入我的诸王国与领地、我的朋友、我的躯体、我的鲜血、我的生命和我的灵魂"，去与异端思想做斗争，因为"如果由于我自己的疏忽，竟允许异端思想或者对基督教的诋毁在人们的心中扎根，就会给我自己和我的继承者带来永恒的耻辱"。1540 年，英格兰大使在一次觐见皇帝时请求释放一些被托莱多宗教裁判所逮捕的英格兰商人，查理五世断然拒绝，因为"我不能阻挠宗教裁判所。这件事情关系到我们的信仰"，并补充道："我向你保证，我不会阻挠我的宗教裁判所。"[47]皇帝担心，"如果他允许异端思想继续传播，他会下地狱"，这也让他拒绝了好几项能够给他带来重要的政治好处的政策，特别是永久性宽容德意志路德派，或者向美洲殖民者授予永久性的监护征赋权。1554 年，"为了我的良心"，他指示儿子研究他占领皮亚琴察和纳瓦拉的行为是否符合公义。次年，他宣称，他已经决定退位，"因为我知道自己无法满足我的良心的要求"。[48]

事必躬亲

终其一生，查理五世的政策体现出另一种核心元素：相信只有他才能解决帝国面临的问题。他有时也表达了顾虑：在 1525 年，他做过一次自我剖析（"但到目前为止，我还没有做成什么能给我带来荣誉的事情"）；在 1543 年的指示中说，"我要做的事情充满了不确定性，所以我不知道它能带来什么样的利益或好处"；在 1552 年逃离因斯布鲁克时说："上帝可能对我发怒了。"他担心，他撰写《回忆录》的骄傲行为可能招致上帝的惩罚。但这样的顾虑是相对少见的。[49]皇帝的绝对自信最清楚地体现在他的"峰会外交"当中，即亲自与其他君主面谈以解决纠纷。出于这样的目的，他见过亨利八世四次；见过克雷芒七世两次，见过保罗三世三次；同样见过弗朗索瓦一世三次（不过，弗朗索瓦一世在 1525～1526 年被囚禁在马德里，这不能算是一次）。但不是所有人都赞同他的峰会外交政策。1519 年，谢夫尔男爵拒绝了法国国王的峰会邀请，理由是，一个世纪以前，勃艮第公爵约翰就是在接受法国人的类似邀请之后被谋杀的。1525 ~ 1526 年，加蒂纳拉敦促主公不要与身为俘虏的弗朗索瓦一世直接谈判；1543 年，在与教宗的一次峰会之后，洛艾萨不耐烦地说："经验告诉我们，这样的会议很少能给我们带来好处或声望。"但皇帝仍然坚持。尽管君主可以继续"通过各自的使节来传递自己的心愿和意图"，但查理五世相信，君主之间的面对面沟通才是解决争端的"最真诚也最好的办法"。[50]

尽管查理五世最终放弃了峰会外交，但他仍然广为游历：在 1529 年和 1550 年之间，他几乎一刻不停地在旅行，行程数千公里（见地图 1）。玛丽亚·何塞·罗德里格斯 - 萨尔加多推测，查理五世喜欢旅行，是因为：

> （旅行能让他）以盔甲锃亮的骑士的英雄形象，前来救援他那些受到极大压力的摄政者和总督。如一位编年史家所说，人们渴望见到他，仿佛干枯龟裂的土地渴望甘霖。支撑查理五世的是这样一种普遍的信念：只有他亲身到场，只有他亲力亲为，才能解决最棘手的问题。他的责任重大，但他的成就感和价值感也很高。他热血沸腾，从内政危机冲向战争，然后又回到内政。

这种评价未免过于苛刻了。如霍斯特·拉贝[①]和彼得·马

---

① 霍斯特·拉贝（1930 ~ ）为德国历史学家，拥有神学和法学两个博士学位，1966 ~ 1995 年担任康斯坦茨大学的历史学教授。

尔察尔①所说：在查理五世的日常生活中，"统治并非一个抽象概念"，"它不是一套可以轻易地托付给别人的权利和职责"。"统治意味着具体地、亲自地展示权力与权威。因此，如果统治者不在场，就可能会削弱甚至危害他的权威。"而"统治者亲身到场，仍然是最为重要的政治现实。对君王不在场的替代方案往往充满不确定性，而且仍然是低效的"。[51]

查理五世本人始终坚信，只要他亲身到场，就能扭亏为盈，转败为胜。1529 年 2 月，他告诉自己的西班牙臣民，他必须离开西班牙去意大利，因为"我在那里的大臣告诉我，只有我亲自到场，才能挽救那里的局势"，并确保"基督教世界和上帝赐予我的领地不会在我统治期间丧失"。不久之后，在巴塞罗那港口的"皇家桨帆船"写的信里，他重复道："如果我不亲自到意大利，就不可能结束战争并解决基督教世界面临的问题。"两年后，他告诉皇后，除非他留在北欧（而不是按照她的要求返回西班牙），"发生的一切坏事都将是我的错，我会相信发生了这些坏事是因为我做得不够"。[52]

一个悖论是，"从内政危机冲向战争，然后又回到内政"还能带来别的好处。成功的领导人必须在百忙之中挤出时间来思考和创造。旅行让查理五世能够满足这种需求。他于 1543 年写给儿子的指示就是一个难得的例子，能够让我们了解这个过程。皇帝于 5 月 1 日在巴塞罗那登上桨帆船，但次日因为天气恶劣，他不得不在小港帕拉莫斯躲避。从那时到 5 月 6 日，他没有处理通常的朝政，而是撰写并修改了给腓力的建议书，

---

① 彼得·马尔察尔为当代德国历史学家，曾在新墨西哥大学、康斯坦茨大学等高校任教。

篇幅为 48 张纸，全都是他独自亲笔写下的。

查理五世经常外出打猎，这也能带来类似的好处：除了锻炼身体之外（在 1547 年的一次觐见会上，罗马教廷大使告诉他，为期两周的"狩猎和享受乡村空气对我［查理五世］有很大好处，帮助我恢复了气色和体力"），狩猎也让他有时间思考自己面对的一些问题及其最佳解决方案。尽管很难从史料中确认他的休闲活动给政府管理带来了多少好处，但查理五世经常在刚刚结束狩猎返回的时候做出一系列决定，这应当不是巧合。[53] 此外，他从不独自旅行或打猎，所以他的户外活动给了他与身边的人培养感情的机会，并用自己的光辉让他们眼花缭乱。

创造克里斯玛

克利福德·安多[①]在他那部具有先锋意义的著作中研究了维持罗马帝国的意识形态。这个话题会让查理五世及其大臣也兴趣盎然。安多指出，奥古斯都及其继承者行使的权力在相当大的程度上依赖于个人的克里斯玛（领袖魅力）。罗马皇帝们操控信息和媒体，从而在精英群体中达成共识；让精英们相信自己是在积极地参与帝国的国家大事，而不是仅仅为皇帝服务。[54] 查理五世也运用他个人的克里斯玛，在帝国各地促成共识。和奥古斯都一样，他从自己的亲人开始，不仅恩宠自己的弟弟和姐妹、侄子侄女和外甥外甥女，还宠信他的内廷成员。在尼德兰，他向自己的第一个乳母芭布·塞韦尔、他的私生子

---

① 克利福德·安多（1969～ ）是美国的古典学家和芝加哥大学的教授，研究罗马法和宗教。

的母亲让娜·范·德·根斯特和芭芭拉·布隆贝格赠予年金，还为其家人安排工作。

在西班牙，他公开对自己的最初几位教师表达尊重：1519年，他授予胡安·德·安谢塔一笔终身薪水，"因为这位胡安为我提供过许多极好的服务"，尽管他此时已经"老态龙钟"，不能在宫廷效力。1523年，查理五世任命路易斯·卡韦萨·德·巴卡为加那利主教，在1530年提升他为萨拉曼卡主教，并在四年后访问该城时对其不吝溢美之词。[55]

这样的慷慨善举，往往让对方终身对皇帝无比爱戴、忠心耿耿。来自克雷莫纳的心灵手巧的发明家贾内洛·托利亚尼"有一天告诉皇帝，皇帝对他的恩情胜过他的父母，因为父母仅仅给了他一段短暂的生命，而皇帝让他留名青史"。1548年，比伦伯爵（两年前，他率领尼德兰军队渡过莱茵河，到因戈尔施塔特与查理五世会师）得知自己的生命只剩下几个小时，于是立刻派人去请他在皇帝身边效力时最亲密的同僚，并取来他最华美的衣服和金羊毛骑士团的徽章。然后他命人取来一个"精美的高脚杯"（可能是查理五世赠给他的，上面描绘了渡过莱茵河的行动），为主公的健康祝酒，发表演讲感谢皇帝对他的种种恩宠，并"亲笔写了两页纸的信给皇帝"，然后才去世。

1550年，多明各·德·索托修士在为查理五世担任了十八个月的告解神父后返回西班牙。他告诉国务秘书弗朗西斯科·德·埃拉索，"我一辈子从未像现在这样深深地爱戴［tan entrañable amor］"皇帝，"他谦逊、和蔼可亲的话语让我非常渴望再次见到他、为他服务"。两年后，索托告诉埃拉索，皇帝逃离德意志的消息"真正唤醒了我的强烈愿望，我想去他身边，与他一起死，如果我这一趟旅程能有什么作用的话"。[56] 有些人把查理五世的行为举止当作教育他人的榜样。1552 年 1 月，参加特伦托会议的一位西班牙主教请求回国，理由是他因为痛风病，已经处于半瘫痪状态。佩勒诺驳回了他的请求，理由是"皇帝陛下患有多种疾病，尤其是痛风。他相信，如果人们生了病，不管在哪里都能找到治疗的办法"。当年 10 月，梅斯围城战期间，奥兰治亲王威廉以"天气恶劣"为由，请求把他的部队留在法国边境，玛丽驳回了他的请求，要求他"效仿皇帝陛下和他身边的许多优秀贵族的榜样，尽管天气很糟糕，他们仍然留在前线"。[57]

查理五世在创造帝王克里斯玛方面拥有非常有利的条件：他的许多臣民的价值观和世界观与他相同。在美洲，西班牙征服者写的编年史平均每一千个词就要呼唤上帝三次。他们相信，是上帝赐予他们力量、勇气、慰藉、灵感、援助、支持、胜利和健康；上帝拯救他们，保全他们，奖赏他们，宽恕他们；上帝领导他们，佑助他们，表达自己的意愿，并指引他们。在征服美洲的编年史里，出现得比"上帝"更频繁的词只有"战争"、"黄金"，以及"国王"或与之等同的词（"陛下""皇帝""王家"），平均每一千个词里出现"国王"等词八次。在欧洲，加蒂纳拉不断敦促主公把上帝摆在最重要的位置，而加蒂纳拉自己的行为也树立了引人注目的榜样：1517 年 8 月，也就是查理五世离开尼德兰去西班牙的不久前，加蒂纳拉（未来的首相）来到斯霍特的加尔都西会修道院（勃艮第公爵建立了这家修道院，位于布鲁塞尔城墙之外不远处），为了还愿在那里隐居了七个月。就连讲求实际的商人和银行家在商务信函的开头也要写"耶稣"，也要画十字架，信里也随处可见"如果这是上帝的意志"的字样，结尾必写"基督与你同在"。来自勃艮第的职业军人费里·德·居永的《回忆录》把他服役的多民族部队称为"皇帝的人马"，他最乐意做的就是与"异教徒"作战。居永花了好几页的篇幅描写"史上最精彩的比武大会之一"（瓦斯托侯爵在米兰举办的那次），还详细记述了自己与三名伙伴从皇帝宫廷去圣地亚哥德孔波斯特拉的朝圣之旅，"沿途见证了许多高尚的虔诚善举"。[58]

许多同时代的人对查理五世发出盛赞。在西班牙，卡斯蒂利亚议会在 1523 年告诉他："陛下口中的话，就是上帝口中的，因为上帝让您在人间代表他。"三年后，他的一些卡斯蒂利亚臣民得知奥斯曼人在摩哈赤获胜，于是向皇帝表忠心："陛下不仅是基督教的宗主，还是整个世界的君王。"1528 年，他的一名西班牙臣民恳求造物主"永远保护"查理五世的事业，使之"繁荣昌盛，让您成为世界之王"。在罗马的一位谄媚的外交官声称，有些人"再也不信上帝，而是信仰陛下"。[59]在意大利，卢多维科·阿里奥斯托在他最著名的长诗《疯狂的奥兰多》（故事背景是查理曼时代）中写了一个预言，说查理五世是"史上自奥古斯都以来最睿智、最公正的皇帝"，有朝一日会"统治全世界"，因为上帝"希望只有一群羔羊，只有一位牧者"。在尼德兰，对于主题为"谁赢得了最高贵、最辉煌的胜利？"的征文，莱顿修辞院①的回答是"查理五世"。

---

① 修辞院（英文 Chambers of rhetoric，荷兰文 rederijkerskamers）是低地国家很多城市的戏剧社团，在 15 ~ 16 世纪主要关注戏剧和抒情诗。这些社团与所在城市的领导层有密切联系，社团的演出可以说是市政当局的公关活动。大多数荷兰城市都有自己的修辞院，它们在荷兰黄金时代的文学界发挥了重要作用。

他们写的韵文戏剧里包括带着雄鹰的朱庇特、石柱前的赫拉克勒斯和夺得金羊毛的伊阿宋，但查理五世的功业超过了所有这些人。[60]

皇帝的其他一些核心信仰也得到众人的认同，包括"只有查理五世亲身到场才能挽救世人于水火"的信念。1548 年，卡斯蒂利亚议会宣布："我们的国王与合法君主的驾临极其重要，与之相比，我们的其他所有资源都黯然失色。"六年后，一位来自阿拉斯的律师提出，查理五世骑马引领大军的形象"鼓舞了每一个"见到他的人，"这是法国人败退的原因之一"。[61]很多人还和查理五世一样，回忆起古旧的恩怨，并寻求报复。1553 年埃丹的法国驻军投降时，这位来自阿拉斯的律师心满意足地写道，俘虏当中包括"罗贝尔·德·拉马克先生的孙子，就是那个罗贝尔·德·拉马克在 1521 年挑战皇帝，引发了那年的战争"。[62]其他人则和皇帝一样，随处都能发现异端思想的威胁，并对其发出严厉谴责。委内瑞拉的西班牙主教在 1535 年警示道："陛下不应当允许任何德意志人到美洲来"，尤其是"那些出身卑贱的人，因为我们在本省发现了一些出身低贱的德意志人，他们是异端分子马丁·路德的追随者"。尽管主教只给出了一个人的名字，但他指出的事态很可能会吸引皇帝的注意。[63]还有一些人效仿皇帝，在做出困难的决策时把自己的良心当作理由：1537 年，查理五世在伦巴第的副手恳求他降低对米兰公国的征税要求，从而"满足我的良心的要求"。十年后，新一任伦巴第总督在遗嘱里恳求查理五世偿付他以皇帝的名义贷的款，"从而减轻立遗嘱者的灵魂承受的负担"。[64]所以，查理五世在使用类似的言辞时，他的很多受众已经具备了类似的心态，所以更容易接受。

全球危机的博弈

费尔南·布罗代尔在1966年发表的一篇关于查理五世的文章里，呼吁现代历史学家想象查理五世处于"一场漫长而困难的全球棋局当中，所以我们应当尝试把自己摆到他的位置上"。布罗代尔强调，"这场棋局不遵守通常的规则"，因为查理五世做出的许多选择是由他的对手（无论是国外的还是国内的）决定的：皇帝去哪里、花多少钱、如何进攻，都受到了敌人的种种限制。布罗代尔认为，等到查理五世退位时，他在地中海已经大体上失败了；与法国打成平局；在意大利和美洲明显取得了胜利，在英格兰和尼德兰似乎也取胜了；还确保他的儿子不会继续面临他在德意志遇到的棘手问题。不过，布罗代尔告诫道："政治就像珀涅罗珀织的布①，永远不会结束。"查理五世驾崩两个月之后，腓力二世失去了英格兰国王的地位；但在六个月之后，法国不得不接受屈辱的和约，并很快陷入内战。[65]

在布罗代尔之后，很少有历史学家对查理五世统治时期的功过是非进行评估。2000年，米谢勒·埃斯卡米利亚②也指

①　珀涅罗珀是希腊神话中英雄奥德修斯的妻子。奥德修斯随希腊联军远征特洛伊，十年苦战结束后，希腊将士纷纷凯旋。唯独奥德修斯命运坎坷，归途中又在海上漂泊了十年，历尽无数艰险，并盛传他已葬身鱼腹，或者客死异域。他在外流浪的最后三年间，有一百多个来自各地的王孙公子聚集在他家里，向珀涅罗珀求婚。坚贞不渝的珀涅罗珀为了摆脱求婚者的纠缠，想出一个缓兵之计，她宣称等她为公公织完一匹做寿衣的布料后，就改嫁给求婚者中的一个。于是，她白天织这匹布，夜晚又在火炬光下把它拆掉。她就这样织了又拆，拆了又织，拖延时间，等待丈夫归来。后来，奥德修斯终于回到家园，把那些在他家里宴饮作乐、胡作非为的求婚者全部杀死。奥德修斯和珀涅罗珀终于夫妻团圆。

②　米谢勒·埃斯卡米利亚为当代法国历史学家，曾为巴黎第十大学的教授，著有《查理五世》和《西班牙黄金世纪》等。

出："因为在全球范围内进行评估是极其困难的事情，所以我们应当尝试在不同地区分别进行评估。"那么我们不妨接受她的邀请，先从尼德兰开始评估，因为查理五世的统治是从那里开始，也是在那里结束的。皇帝常年的财政要求，以及他的历次战争造成的破坏，都耗尽了尼德兰的资源，还激发了几次叛乱。但他逐步吞并了自己继承的尼德兰土地以东的一些省份，给尼德兰带来了政治统一，提高了它的防御能力。若没有哈布斯堡家族的资源来保卫尼德兰，尼德兰肯定会被法国侵占，从而丧失独立性。现代的比利时、荷兰和卢森堡都可以说查理五世是它们的开国元勋。[66]

从查理五世当选为罗马人国王到他退位，德意志发生了戏剧性变化，而这些变化（如弗里德里希·埃德尔迈尔①所说）主要是由于"宗教问题。在这三十六年里，帝国面对的其他问题要么是因为路德的宗教改革，要么与其有关联"。只有一个例外：1530～1531年，皇帝决定支持弟弟斐迪南而不是自己的儿子腓力参选罗马人国王（也就是下一任皇帝）。这个决定预示了查理五世领地的分割。在1550～1551年的激烈争吵之后，斐迪南成功地把德意志转化为一个多元宗教的国家，在互相争斗的阵营之间建立了脆弱的平衡。这是世界历史上第一个能够同时维持两大宗教的国家。[67]

在查理五世统治时期，意大利也经历了天翻地覆的变化。1529年加蒂纳拉谈成的和约结束了在意大利北部肆虐数十年的内战，也在实质上终结了法国对那不勒斯的图谋。六年后，

---

① 弗里德里希·埃德尔迈尔（1959～）是奥地利历史学家和维也纳大学的教授。

有争议的米兰公国的本土统治家族绝嗣，皇帝吞并了这个公国，最终宣布，它和西班牙以及西属意大利的其余部分一样，将被传给他的儿子腓力二世。皇帝的这些成功举措保障了西班牙在随后一个世纪里对意大利北部的掌控，对意大利南部的控制甚至更久。

查理五世还改变了西班牙，尤其是卡斯蒂利亚。他是西哥特时代之后第一位统治整个西班牙的君主，所以对推进西班牙的统一进程（是他的特拉斯塔马拉前任们开启了这个进程）发挥了关键作用。他还斩钉截铁地宣布，卡斯蒂利亚位居"我的诸王国之首"。然而，从经济角度看，这产生了灾难性的后果。胡安·曼努埃尔·卡雷特罗·萨莫拉计算得出，在查理五世统治期间，卡斯蒂利亚缴纳的赋税增至原先的三倍，达到 1100 万杜卡特，并且几乎全部"最终流入奥格斯堡、热那亚和尼德兰的银行家手中，他们用这些钱作为抵押来贷款，给查理五世提供经费，去支持他那些往往与纳税者利益相悖的事业"。并且，皇帝留下了巨额债务，迫使他的儿子登基不久之后就宣布国家破产。[68]

皇帝呼吁对一切有异端嫌疑的人采取极端措施（见第十六章），这也改变了西班牙。在他去世两周前，他的摄政者签署了一份宣言，禁止"印刷或拥有任何被宗教裁判所禁止的书籍"，禁止"未经授权印刷任何书籍"，还禁止"传播任何抄本形式的书籍"。次年，宗教裁判所首席法官巴尔德斯发布了禁书目录，列举了将近 700 种图书，差不多一半是用本族语（意思是非拉丁语）写的，包括让·格拉皮翁、巴尔托洛梅·卡兰萨和弗朗西斯科·德·博吉亚的著作（这三位都是查理五世的亲信），以及"任何引用或探讨《圣经》或圣礼的布道文、书信、论文、祈祷文或手抄本"。[69]这些措施，以及其他一些措施，在卡斯蒂利亚制造了人心惶惶的气氛，迫使好几位出现在禁书目录上的作者逃亡，包括博吉亚，他前不久还在托尔德西利亚斯抚慰过胡安娜女王，也在尤斯特抚慰过查理五世。这位后来被封为圣徒的作者于1559年逃到葡萄牙，两年后应召去罗马，于是不得不隐姓埋名地穿过西班牙，时刻担心自己会步卡兰萨的后尘，被投入监狱。[70]1558～1559年的逮捕和检举狂潮意味着（用腓力二世的亲信之一的话说）："要不了多久，我们就不知道谁是基督徒，谁是异端分子了。"所以，他的建议是："大家最好都闭嘴。"[71]尽管这些严厉措施有效阻止了新教在西班牙传播（很少有异端图书在西班牙流传），并且宗教裁判所也在继续残酷镇压阿拉贡和卡斯蒂利亚境内的新教徒（几乎全是外国人），但思想的革新遭到了严重的阻碍。

最后，在西属美洲，尽管查理五世对西班牙人首次抵达美洲之后土著人口的急剧减少负有一定的责任，但他也无情地惩戒了那些为他开辟新帝国的人，包括埃尔南·科尔特斯和皮萨罗兄弟。这些人取得胜利之后，查理五世要么将他们边缘化，要么消灭他们，然后皇帝自己去永久性地控制美洲大陆的资源，将其用于他在欧洲的事业。他还立法保护美洲土著居民，防止他们受到殖民者过于残酷的压迫，并创办学校，为土著提供免费教育。

一杯毒酒

查理五世的最大失败在别的方面。托马斯·怀亚特爵士在1558年说，皇帝认识到自己的领地"天南海北，过于分散"，却仍然希望，"因为他不辞辛苦地治理他的领地，将来能够将其发展壮大；他的儿子（或者其他继承人）能够守成，能够学会勤勉地治国，坚信这些土地是上帝赐予他的，所以他必须让上帝满意"。换句话说，查理五世希望，借助他的继承人的勤勉和上帝的佑助，他的帝国能够在他身后完整地长存。[72]

　　查理五世的这个雄心壮志忽略了两方面因素。首先，如古罗马皇帝发现的那样，"克里斯玛型的权威有一个内在缺陷，即克里斯玛型的领导人不可能有真正的继承人，因为他自己的品格是独一无二的"。查理五世与他的继承人可以说是虎父犬子。腓力王子在 1548～1549 年的巡游过程中疏远了他父亲的很多盟友和臣民，并且和父亲一连好几个月关系很僵（见第十四章）。腓力成为英格兰国王（见第十五章）之后发生了类似的情况。儿子令人失望的表现，有一部分要怪查理五世自己，因为他坚持不懈的微观管理和事必躬亲让腓力二世发展出了强迫症型人格（用弗洛伊德的话说，是肛门滞留人格），使得他非常不适合统治一个全球帝国。16 世纪 60 年代，腓力二世的固执己见激发了他在西班牙和尼德兰的重要臣民群体的大规模反叛；而在 70 年代大部分时间里，他都在两面作战。[73]

　　其次，第二种内在缺陷是，查理五世顽固地通过婚姻来推行他的帝国主义政策。查理五世得到他在欧洲的绝大部分领地，是婚姻的结果：少数几个王朝之间连续好几代的互相通婚。尽管这种政策使他的儿子能够把西班牙和葡萄牙统一起来，却也造成了长期的劣势。在查理五世出生之前，近亲结婚就已经缩小了哈布斯堡家族的基因库：勃艮第的玛丽的曾祖辈只有六个人，而不是正常情况的八个人。她的儿子腓力娶了自己的远房亲戚胡安娜，胡安娜是斐迪南和伊莎贝拉的女儿，而斐迪南和伊莎贝拉也是特拉斯塔马拉家族不同支系之间多次通婚的后代。即便如此，查理五世的"近亲繁殖系数"也仅有0.037；但他娶了自己的表妹，他的儿子腓力二世也娶了自己的双重表妹①，于是哈布斯堡家族的"近亲繁殖系数"猛增。腓力二世的儿子和继承人堂卡洛斯的高祖辈只有六人，而不是正常情况的十六人，他的"近亲繁殖系数"达到了0.211，这和兄妹乱伦或父女乱伦的结果（0.25）差不多。[74]

佩德罗·梅西亚和普鲁登希奥·德·桑多瓦尔等历史学家认为皇帝的"血统"是他最重要的财富，这是有道理的。但他们和查理五世本人似乎都没有停下来思考一下，伊莎贝拉皇后至少五次流产，是否反映了近亲结婚经常导致的生育力受损。皇帝自己的近亲当中发生的一场危机也发出了令人战栗的警告：葡萄牙国王若昂三世的四个儿女和他的四个兄弟姐妹（包括皇后）在1537~1540年死亡，而他的继承人若昂王子已经三岁了，"虽然听力和理解力都不错，但还不会说话。他们说，他如果能活下去，很快就会说话"，但"他太虚弱"，所以玛丽亚·曼努埃拉可能会继承王位。那么，哈布斯堡王朝和阿维斯王朝是如何应对这场危机的呢？他们安排玛丽亚·曼努埃拉和若昂王子分别与自己的双重表亲结婚，即查理五世的孩子腓力和胡安娜。这两对夫妇最后都只生了一个孩子，分别是堂卡洛斯和葡萄牙国王塞巴斯蒂昂，而他俩都没有留下子嗣。[75]

---

① 腓力二世的第一任妻子玛丽亚·曼努埃拉（葡萄牙公主）是他的姑姑（查理五世的妹妹卡塔利娜）的女儿，也是他的舅舅（葡萄牙国王若昂三世）的女儿，所以是双重表妹。
另外，腓力二世的第四任妻子奥地利的安娜是腓力二世的妹妹玛丽亚与马克西米利安二世皇帝（斐迪南一世的儿子）的女儿，所以既是腓力二世的外甥女，也是他的堂侄女。

当时有少数人指出了近亲结婚的危险，但被置之不理。1568 年，教宗庇护五世拒绝准许腓力二世与他的外甥女安娜（他的妹妹玛丽亚和他们的堂兄弟马克西米利安二世的女儿）结婚，并直言不讳地告诉他："我知道，堂表亲的婚姻从来没有好结果。"这是在暗示，腓力二世于这一年早些时候决定把他的儿子堂卡洛斯囚禁起来，因为他有"先天缺陷"。但国王不顾教宗的反对，仍然迎娶了安娜。他们的孩子当中只有一人长大成人，即后来的腓力三世。[76] 两代人以后，在探讨法国国王路易十四与他的双重表亲西班牙公主玛丽·特蕾莎①结婚的可能性时，一位外交官记述道："大家谈到了猎狗。我微笑着说，我们双方的主公原本就是近亲，而猎人都知道，如果你想要强壮的猎狗，就必须让不同血统的狗交配。"但这种顾虑仍然没有发挥作用：路易十四娶了玛丽·特蕾莎，他们的六个孩子中只有一个长大成人。[77]

除了生物学上的沉重代价之外，"婚姻帝国主义"还制造了严重的政治问题。一方面，通过乱伦的婚姻获取的一些领地距离中央政府很遥远，并且拥有自己历史悠久的战略竞争关系和政治图谋；另一方面，查理五世帝国的构成对他的一些邻国来说，是虽然不活跃但清晰可见的威胁。波兰历史学家瓦迪斯瓦夫·波切哈曾指出，查理五世于 1519 年当选为罗马人国王，这"标志着一个分水岭，从此以后，维持欧洲的力量平衡成为西方政治的恒久问题"，因为哈布斯堡家族的霸权是国际社会不能接受的。因此，随后两个世纪里西欧政治史的一个重要

---

① 路易十四的父亲路易十三是玛丽·特蕾莎的舅舅，而玛丽·特蕾莎的父亲（西班牙国王腓力四世）是路易十四的舅舅。

主题就是，其他国家不断试图拆解查理五世积累起来的不同领地。[78]

当时的很多观察者会同意这种看法。1525年，帕维亚大捷之后，帝国军队占领了伦巴第。枢机主教沃尔西得知此事之后指出，如今法国"在三面被皇帝的领地包围，并且法国处于皇帝领地的中央"，所以查理五世或其继承者无论在何时决定发动进攻，法国人都"不得不同时在三条战线设防"；随后两个世纪里，法国的外交政策的目标始终是打破（法国人眼中的）哈布斯堡势力对法国的包围。[79]教廷也感到自己被查理五世的领地包围了：西面是撒丁岛，南面是那不勒斯和西西里，北面是米兰和其他的帝国采邑。哈布斯堡家族的军队于1526年和1527年占领了教廷国的首都；罗马通常依赖于从西西里来的粮食；教廷国在海陆两路的商贸都受到周围的哈布斯堡基地的钳制。因此，教廷对查理五世针对异教徒（无论在地中海还是匈牙利）的"圣战"或者在德意志针对异端分子的斗争，都只会提供程度有限的支持，因为如果皇帝取得更大胜利，哈布斯堡家族就能进一步加强对意大利中部的控制。

那么，查理五世该怎么办呢？他不可能拒绝祖先在婚姻方面的精心谋划给他带来的意外收获；而他唯一一次认真讨论用土地换和平（1544年的"两种方案"）的时候，他的臣民或谋臣都不能就"用哪些领土换和平"达成一致。这也许就是为什么在四年之后，皇帝的政治遗嘱告诫儿子永远不要放弃自己的任何领土，因为"如果你在任何方面表现出软弱，那就会敞开一扇大门，让一切都受到质疑……最好是现在守住一切，而不是在将来冒着满盘皆输的风险，被迫保卫残山剩水"。[80]

根据查理五世的现代传记作者之一罗亚尔·泰勒的分析，查理五世成为皇帝，还产生了其他一些负面后果。为了当选罗马人国王，查理五世无所顾忌地大肆举债，后来为了打击路德派和土耳其人又在德意志花费了大量资源，结果发现"他手头能够动用的资源总是不够在取得军事或外交胜利之后乘胜追击"。泰勒随后提问："债务和异端，异端和债务！他该如何避开这两样？"[81]但是，话又说回来，查理五世又能怎么样呢？他在德意志遇到的两个主要问题（新教的传播和土耳其人的进犯）在他当选的时候都还不是显而易见的。在他之前没有一位德意志统治者曾同时面对土耳其人与法国人的境外威胁和路德派在国内发起的挑战。

成功转瞬即逝

安托万·佩勒诺曾提醒一位外国大使，尽管皇帝有时"手头拮据"，因为"他统治着这么多国家，包括秘鲁"，但他始终能够战胜法王，因为"法王只有一个王国"。[82]这句吹嘘虽然有真实的成分，但忽略了一个关键的问题：尽管查理五世确实可以在一对一的情况下战胜每一个敌人（1526 年和 1527 年打败教宗，1532 年和 1535 年打败苏丹，1529 年和 1544 年打败法国，1547 年打败德意志新教徒），但他的众多敌人迟早会联合起来，迫使查理五世打一场新的战役。皇帝也许曾经期望帕维亚大捷能让他获得有利的和平，让他能够去德意志消灭马丁·路德的追随者，然后去匈牙利领导基督教世界的力量对抗土耳其人。然而弗朗索瓦一世与教宗、英格兰、好几个意大利邦国组成了反哈布斯堡的科尼亚克联盟，最终甚至还和奥斯曼苏丹结盟。查理五世每一次取得成功之后，力量平衡迟早会发生变化，抵消他的每一次成功。

多年后，路德派的市政官员巴托洛梅乌斯·萨斯特罗打断自己的《回忆录》的叙事，强调了"查理五世皇帝的好运气和坏运气"。他认为，查理五世在 1547～1548 年"武装的帝国会议"上强加于德意志的宗教政策给他带来了噩运：

> 让我的孩子们铭记查理五世皇帝取得的辉煌成功，以及在他最春风得意的时候，当一切都按照他的意愿发展的时候，他就觉得自己可以打破自己"不干涉《奥格斯堡信条》"的诺言。出于对教宗的爱，皇帝陛下考虑向路德的坚固堡垒发动进攻。从此刻起，皇帝的好运气就变成了噩运，他的所有事业都以失败告终。

查理五世在尤斯特的时候曾考虑，他应当在"德意志的战争结束后"就退位，因为那样的话他就"不会损失声望；而后来发生了那么多事情，导致他声望大跌"。[83]

在这个问题上，路德派市政官员和天主教皇帝的意见是一致的：在 1548 年以前，查理五世在欧洲和美洲高奏凯歌，节节胜利。这让我们很容易忽略他获得的成就是多么辉煌，以及他克服了多么大的困难才取得这些胜利。1532 年 5 月，当查理五世正在养伤（之前从马背跌落）并准备与德意志路德派和土耳其陆海军对战的时候，洛艾萨写道："我恳求陛下保持心情愉快，不要为了您周围的问题这么严重而抑郁。因为您的任务虽然极其困难，超出了人力所及的范围，但您大可以放心，您的良苦用心和坚定信仰一定能够帮助您取得光荣的胜利。"[84] 不久之后，皇帝果然离开了病榻，战胜了所有敌人。那么，在 1550 年之后他为什么不能再铸辉煌呢？

当时的有些人认为他的失败是不可避免的。1542 年春季，也就是皇帝在阿尔及尔惨败之后，一位法国使节向一位英格兰使节提了一系列反问，暗示查理五世统治着一个注定灭亡的帝国：

> 英格兰是一个永恒的王国，法国也是。你我的主公，他们的孩子，他们的传承将会延续千秋万代。我们处于同一种气候当中，我们的肤色相同，我们生活在一起。皇帝只不过是一个人，等他死了之后，某个德意志人会成为皇帝，我不知道是谁。西班牙确实也是一个王国，但光是西班牙有什么用？……至于意大利，等皇帝死了之后，谁会成为意大利的主人？[85]

这些预言都错了。单单一个西班牙就足以让腓力二世成为他那个时代最强大的君主；尽管查理五世未能按照自己的心愿把全部领地传给儿子，它们却都处于哈布斯堡家族的统治之下。并且，尽管范围有限的基因库和不利的力量平衡最终挫败了查理五世的雄心壮志，更好的管理却能延缓他的帝国的分崩离析，尤其是如果他能继续将权力下放的话（正是这种政策缔造了他早期的成功）。然而，在 1548 年之后，他忽略或拒绝自己不喜欢的建议，只接受与自己相同的观点，只相信能够支撑自己观点的证据。最终，"团体迷思"渗透了帝国政府高层的每一个级别。

1551 年 9 月，帝国驻罗马大使迭戈·乌尔塔多·德·门多萨（通常情况下，他是有独立见解的人）给皇帝发去了一份文件，分析了特伦托会议受到的潜在威胁，包括德意志路德派可能动武。门多萨没有排除这种可能性（"这肯定是有可能的，因为凡事皆有可能"），但"我们可以认为它的可能性几乎为零，不仅因为陛下在德意志的权威如此之高，超过了以往，还因为路德派缺少领袖"。皇帝及其亲信想听的就是这个，于是他们接受了门多萨的意见，尽管（对他们来说不幸的是）事实证明它是错误的。[86]"团体迷思"，再加上对"恺撒的好运气或者神迹会让不可能成为可能"的坚定信念，使查理五世拱手让出自己在德意志的优势地位，于是他的帝国的完整性遭到致命打击。

1945 年，约翰·赫伊津哈声称："查理五世的整个政治生涯可以这样概括：起初是一连串意想不到的好运气，然后是几乎持续不断的错误、目光短浅的行为和失败。"五十年后，约翰·罗伯逊断然否定赫伊津哈的评价："查理五世的统治重塑了欧洲政治。现代历史学家也许会强调他行使权力时受到的局限"，但"他继承的领地如此广袤，让他得以缔造自罗马帝国以来还不曾有过的强大君主国"。[87]凭借好运气和优越的资源，查理五世保护并提升了自己的国际地位。1515 年的时候，三位"年轻的强大君主"（查理五世、亨利八世和弗朗索瓦一世）似乎要"永久性地互相厮杀"，但这三位当中只有查理五世笑到了最后。1554 年，也就是他的两位竞争对手去世的七年之后，查理五世率军最后一次成功地征讨了法国，并且他的儿子成了英格兰国王。和成功一样，失败也是相对而言的。尽管查理五世的雄心壮志一再受挫，但他掌握的权力之大、掌权时间之久，超过欧洲古往今来的其他任何一位统治者。他在大西洋两岸拥有的领土之广袤也远远超过他之前的任何一位君主。如果用这样的标准来衡量（他自己也许会选择这样的标准），他的成功远远超过他的失败。

但我们为什么要接受皇帝愿意接受的衡量标准呢？1972年，费尔南·布罗代尔调皮地警示了为16世纪的大人物立传的风险：

> 为这样的古人立传时，我们会不会无意识地写了太多关于我们自己、我们所在时代的东西？马塞尔·巴塔永①笔下的伊拉斯谟很像马塞尔·巴塔永。我自己花了四十多年研究腓力二世。我曾努力小心翼翼地与这样一个复杂的人物保持距离，但我越来越多地发现自己在尝试为他辩解，无疑是因为我希望更好地理解他，让他起死回生。[88]

为了更好地理解查理五世、让他起死回生，我有没有试图为他辩解呢？我是不是始终与自己的研究对象保持了恰当的距离呢？腓力二世人生的很大一部分时间待在自己的书房闭门不出，而查理五世与他儿子不同，酷爱世人的关注。他自己炮制出大量文献，其他人则创造了更多。因此，有大量史料留存至今，我们可以根据它们来评判他。按照21世纪的标准，他的个人缺陷和弱点会损害他的形象，但查理五世的同时代人的评价肯定是正确的：他是一个不寻常的人，取得了不寻常的成就。

----

① 马塞尔·巴塔永（1895~1977）是专攻16世纪西班牙哲学与思想的法国学者，曾任教于索邦大学。

注　释

1. Braudel,‘Les emprunts’, 200.

2. Von Ranke, *Deutsche Geschichte*, Ⅴ, 366 – 70,‘Sommaire de l'Ambassade de feu monsieur de Vienne vers l'empereur Charles Ⅴ, en l'année 1550’, 有一节题为"Des pars bonnes ou mauvaises qui sont en l'empereur"。马里亚克于 1539~1543 年担任法国驻英格兰大使，1547~1551 年担任法国官驻查理五世宫廷的大使。ASF *MdP* 3464/29 – 70, Serristori to Duke Cosimo, 17 Sep. 1547 给出了马里亚克的论断（关于皇帝的虔诚名声带来的好处）的一个显著例子：赛里斯托利说，查理五世不可能参与了前不久对皮耶路易吉·法尔内塞的谋杀，"因为他是非常优秀的基督徒和天主教君主"。

3. ASF *MdP* 4308, unfol., Bernardo de'Medici to Duke Cosimo, Augsburg, 19 Jan. 1551.

4. Gayangos, *Relaciones de Pedro de Gante*, 34（险些溺死）；Gachard, *Voyages*, Ⅱ, 156（关于昂布瓦斯事件的两种史料，1539 年 12 月 14 日）。Buttay - Jutier, *Fortuna*, 391 and 419 – 20, 讨论了 Girolamo Borgia 写于 1544 年的未发表论著，它分析了查理五世"极好的运气"。

5. *RVEC*, 794 – 9, Salinas to Ferdinand, 18 Mar. 1537; Vilar Sánchez, *Carlos* Ⅴ, 397 – 9（关于他 1532 年摔下马造成的损害）。

6. Gayangos, *Relaciones de Pedro de Gante*, 195（奥兰治亲王死于 1544 年圣迪济耶围城战期间）。

7. Henne, *Histoire*, Ⅷ, 298（letter from Roeulx to Marie, 1546 关于这次刺杀企图）；Sastrow, *Herkommen*, Ⅱ, 50 – 5（关于哗变者，另一份英文资料可见 Social Germany, 219 – 20）；Greppi,‘Extraits’, 145, Stroppiana to duke of Savoy, 24 Aug. 1547（关于那名喝醉酒的士兵）。查理五世的好几个敌人是被暗杀的，包括皮耶路易吉·法尔内塞、洛伦齐诺·德·美第奇，还有林孔和弗雷戈索。

8. Michaud and Poujoulat, *Nouvelle collection … Vieilleville*, 113 – 15,

‘Entretien de M de Vieilleville avec le comte de Nassau’ in 1551. 拿骚伯爵特别担心他的儿子奥兰治亲王威廉 “永远得不到皇帝的恩宠”，因为他不是西班牙人。这么想就多虑了。

9. 具体来讲，他把玛格丽塔托付给廷臣 André de Douvrin；把塔代娅托付给 Joanna Borgognona（她陪身怀六甲的塔代娅母亲从查理五世的宫廷去意大利）；把胡安娜托付给拿骚的海因里希；把赫罗尼莫托付给路易斯·基哈达；更多细节见本书第十四章。关于查理五世要求儿子成为 “真正的卡斯蒂利亚王子”（verdadero príncipe de Castilla），见 *FBD*, ch. 1。

10. BL *Cott. Ms.* Vespasian C. II /105 – 6, Thomas Boleyn and Richard Sampson to Wolsey, 8 Mar. 1523; *NBD*, VI, 338 – 41, Charles to Ferdinand, Bruges, 2 July 1540（‘je ne puis estre soubstenu sinon de mes royaulmes d'Espaigne’）; Braudel, ‘Les emprunts’, 195（‘un pour les Pays – Bas, quatre pour la Castille’）. 在 1556 年夏季，腓力二世确认，自 1551 年以来，西班牙向尼德兰输送了 1100 万杜卡特的现金或贷款，用来给他父亲的战争支付军费，见 AGS *E* 513/114，未写题目的文件，但其开头写道，“La magestad del rei nuestro señor hoyó”。

11. HHStA *Belgien PA* 35/1/256 – 66, Charles to Granvelle,［28］Dec. 1541; HHStA *Hs. Blau* 596/1/7 and 11, Charles to Ferdinand, 8 Mar. and 10 May 1542. Kohler, *Carlos* V, 130 – 5 列举并评估了为查理五世效力的德意志大臣。

12. Lanz, *Aktenstücke*, II /1, 128 – 9, Elna and Le Sauch to Margaret, London, 19 Mar. 1520; AGS *E* 1555/103, Charles to Miguel Mai, 16 May 1529（为没能恰当地回复他的七封信而道歉，因为他缺少正确的解码密钥）; AGS *E* 1555/130, Charles to ‘Fulano y fulano, mis embaxadores’, 16 Sep. 1529. 又见 AGS*E* K 1485/6, Granvelle to Los Cobos, 6 Jan. 1540, 格朗韦勒向他最亲密的同僚道歉，说他 “不能亲笔写信，因为我不会写［西班牙文］”; and AGS *E* 638/88, 是洛斯·科沃斯与格朗韦勒在 1532 年 2 月合写的一份奏章，洛斯·科沃斯用西班牙文写，格朗韦勒用法文写。查理五世用每一位大臣的母语给他回信。

13. 见本书上文引用的格拉皮翁的话；Piot, ‘Correspondance

politique', 80 – 3, Gattinara to Barroso, imperial ambassador in Portugal, 13 Jan. 1522; *NBD*, ⅩⅢ, 20 – 2, Camaiani to del Monte, 5 July 1552（斜体部分）。

14. Pietschmann, 'Los problemas', 54, 59; HHStA *Belgien PA* 2/4/68, Charles to Margaret, 25 Aug. 1522; *CMH*, Ⅰ, 410 – 17 and 461 – 3, Charles to Marie, 21 Aug. and 20 Sep. 1531, 均为亲笔信。Henne, *Histoire*, Ⅵ, 23 – 34 详细描写了对暴乱者和抢劫者的长期镇压。关于在 1552 年迫害公社起义者后代的措施，见上文。

15. AGS *GA* 2/29 – 30, Charles to the empress, 30 Aug. 1529; *CDCV*, Ⅰ, 186, Margaret to the empress, 15 Dec. 1529（玛格丽特说得对：这位年轻的王子后来成为法王亨利二世，是查理五世的不共戴天之敌，见本书第十五章）; Serristori, *Legazioni*, 18, Serristori, Florentine ambassador, to Duke Cosimo, 2 Oct. 1537 引用了格朗韦勒转述的皇帝对菲利波·斯特罗齐的看法："死人不会再打仗。"（Uomo morto non fa guerra.）不久之后，斯特罗齐死在狱中。

16. *CSPSp*, Ⅵ/1, 540 – 2, Badoer to the Signory, 25 July 1556; *L&P Henry* Ⅷ, ⅩⅣ/2, 285 – 8, Edmund Bonner to Thomas Cromwell, 30 Dec. 1539; TNA *SP* 1/170/23 – 33, Paget to Henry Ⅷ, 19 Apr. 1542, 带有 22 日的附言，引用了法国海军上将的话; AGS *E* 874/17 – 18, Juan de Vega to Charles, 19 Feb. 1547（报告了教宗说这话时在场的一个听众）。

17. HHStA *Hs. Blau* 596/1/148v – 51 Charles to Ferdinand, 28 June 1547, 存档副本。费尔南德斯·阿尔瓦雷斯相信皇帝，并说"一言既出，驷马难追"（su respeto a la palabra dada）是查理五世最重要的美德之一（*Carlos* Ⅴ: *el César*, 853）; 但本书中有很多查理五世刻意撒谎或者让大臣帮他撒谎的例子。例如，上文提到，皇帝多次指示他在塞维利亚的官员扣押属于私人的货物并撒谎。

18. Poumarède, 'Le "vilain et sale assassinat"', 7 – 8（引用 Blaise de Monluc's *Commentaries*, 发表于 1590 年，以及法国督政府于 1799 年 5 月 7 日发布的宣言），and 38 – 43（引用了博丹、真蒂利、

格老秀斯、维克福尔、瓦特尔和其他国际法专家对此次谋杀案的讨论）。Williams,‘Re‐orienting’, 24‐6，注意到乔维奥在他的《当代史》（1552~1553）中纳入了对此次谋杀案的讨论，导致为帝国的辩护者纷纷去支持查理五世。

19. Gunn, *War*, 27. 另见本书第十五章，军事专家对攻打按照"传统"方式设防的城镇与攻打火炮要塞的区别的讨论。另见 Parker, *The military revolution*, ch. 1。

20. Machiavelli（with Pedro Navarro）,‘Relazione di una visita fatta per fortificare Firenze’（Apr. 1526）; Robert,‘Philibert’, XL, 19‐20 and 277‐9, Châlons to Charles, 25 Sep. and 25 Oct. 1529，亲笔信。奥兰治亲王在佛罗伦萨投降的一周前阵亡。布洛克曼在‘Logistics’, 38‐43, and again in *Emperor*, 140‐6 中讨论了这些书信。

21. Robert,‘Philibert’, XL, 282‐4, Châlons to Charles, Oct. 1529，亲笔信; Rodríguez Villa, *Memorias*, 258‐9, Ferrara to his ambassador at the imperial court, 2 Aug. 1527; Sherer,‘"All of us"’, 903（1537~1538 年哗变的地图）and 912（礼节）; Sastrow, *Herkommen*, Ⅱ, 50‐5（萨斯特罗的目击者叙述，1547 年奥格斯堡的哗变士兵如何与查理五世本人对峙）; Thieulaine,‘Un livre’, 147‐8（康布雷、杜埃和圣奥梅尔驻军在 1553 年的哗变）。

22. *PEG*, Ⅴ, 165, Juan de Vega to Philip Ⅱ, Nov. /Dec. 1557 给出了接替他担任西西里副王的人需要知道的"几点"。

23. Tracy, *Emperor*, 182（Table 8.1）and 247（Table 11.2）; AGS *E* 513/114, 无标题文件，开头是"我主国王陛下得知"，详细介绍了国王在 1556 年夏季在每一个邦国的债务; AGS *E* 8340/85, the‘Decreto de suspensión’of May 1557。

24. *NBD*, XIV, 82‐3, Nuncio Muzzarrelli to Cardinal del Monte, 18 June 1554.

25. *RTA*, Ⅱ（212 pp.）, Ⅹ（250 pp.）and XVIII（314 pp.）编者决定按照主题而不是时间来排布《会议纪要》，所以计算时间比较容易。1530 年奥格斯堡帝国会议和 1541 年雷根斯堡帝国会议的《会议纪要》还没有出版，但这两次会议都花了很多时间讨论宗教问题。

26. *LWB*，Ⅴ，197－9，Hesse to Luther，9 Dec. 1529.

27. Suri，*The impossible presidency*，192，289.

28. *CWE*，Ⅱ，193－6（#413），Erasmus to John Fisher，5 June 1516. 又见本书第三章。

29. TNA *SP* 1/87/81－3，Vaughan to Cromwell，Brussels，7 Dec. 1534，亲笔信。沃恩忠诚地向克伦威尔保证，卡龙德莱"或基督教世界任何一位君主的主要谋臣""处理的公务的体量都不到您的一半，甚至不到十分之一"。沃恩的生涯，见他在 *ODNB* 的条目。Gunn，Grummit and Cools，*War*，极好地概述了军事革命如何增加了各级政府的工作量。例如，在圣奥梅尔（该城留下了无可挑剔的档案），到 16 世纪 40 年代，"行政长官的通信的有三分之二……与军事有关"。

30. Claretta，*Notice*，69－84，'Première représentation de Mercurin de Gattinara à l'empereur'（尽管查理五世将这份文件的日期标注为 1526 年，但加蒂纳拉两次提到，他担任了四年半的首相：因为他是在 1518 年 10 月宣誓就职的，所以他肯定是在 1523 年 4 月撰写了这份批评皇帝的备忘录）；ibid.，84－92，'Deuxième représentation de Mercurin de Gattinara à l'empereur'，用意大利文写成，带有一段来自 Bornate，'Historia'，311 n. 4 的法语原文（这份文件没写日期，但 *BKK*，Ⅱ，152－3 令人信服地证明加蒂纳拉在 1523 年 4 月至 5 月写了它）。

31. Claretta，*Notice*，69－92；*CDCV*，Ⅳ，511（查理五世的《回忆录》）；*CDCV*，Ⅲ，478，Charles's instruction to Figueroa，[6] Sep. 1552；Heine，*Briefe*，494－5，Loaysa to Charles，8 May 1532，and 445－7，same to same，12 Sep. 1531。

32. Von Druffel，*Briefe*，Ⅱ，835－8，Perrenot to Marie，from 'the camp before Metz'，16 Dec. 1552（这一次希望落空了）。关于腓力二世的弥赛亚思想（可与他父亲的弥赛亚思想等量齐观），见 Parker，*Grand Strategy*，99－102；and Parker，'The place'。

33. *CWE*，Ⅴ，108－13（#657），Erasmus to Henry Ⅷ，9 Sep. 1517；Michaud and Poujoulat，*Nouvelle collection … Vieilleville*，113－15，'Entretien de M de Vieilleville avec le comte de Nassau' in 1551.

见 Martínez Millán, *La Corte*，Ⅲ，查理五世的绝大部分谋臣的传记。

34. Cedillo, *El Cardenal*，Ⅱ，334 – 6，Charles to Cisneros, 30 Aug. 1516；*KFF*，Ⅲ，25 – 41，Charles's instructions to Ferdinand, 16 Jan. 1531. 之前的几章有许多查理五世将决策权下放的例子。

35. *PEG*，Ⅰ，603，Charles's instructions to Baron Balançon, Regensburg, 3 Apr. 1532；*CMH*，Ⅱ，257 – 8，Charles to Marie, 31 July 1533（他在同一份文件里又一次提出了这个观点）。

36. Gayangos, *Relaciones de Pedro de Gante*，48（Aigues Mortes）；Brigden, *Thomas Wyatt*，439，引用了查理五世在 1539 年 3 月 11 日的一次觐见会上的声明；HHStA *Hs. Blau* 596/1/27 – 35v，Charles to Ferdinand, 11 Aug. 1542。

37. *LCK*，Ⅱ，177 – 9，Charles to Nassau, 10 May 1535（上下文见本书第九章）；Alonso Acero, 'El norte de África'，397 – 8（上下文见本书第十五章）；ASF *MdP* 4320/152，Ricasoli to Duke Cosimo, 29 Aug. 1555。

38. *CMH*，Ⅱ，129，Charles to Marie, 8 Apr. 1533（一份具有挑战性的文件，同时有摹本和抄本的副本）；Powell, *The complete works*，Ⅰ，197 – 8，Sir Thomas Wyatt to Henry Ⅷ, 7 Jan. 1540（又刊载于 *SP*，Ⅷ，219 – 32）。

39. Baronius, *Annales*，XXXⅡ，125（乔维奥参加查理五世成为伦巴第国王的加冕礼）；Flaminio, *Oratio*, f. Ⅲ（皇帝加冕礼之后）；*LCK*，Ⅱ，200，Charles to Jean Hannart, 16 Aug. 1535。见 *CDCV*，Ⅰ，441 – 4，Charles to Soria, 16 Aug. 1535 中的相同讯息。在占领突尼斯的狂喜之中，好几个同时代人真诚地相信查理五世可以攻克君士坦丁堡，又见 Giovio, *Pauli Iovii opera*，Ⅰ，165，Giovio to Duke Francesco Sforza, 14 Sep. 1535（"上帝保佑，让教宗能在 1536 年夏季在君士坦丁堡的圣索菲亚大教堂做弥撒"）；and Gilliard, 'La política'，229，Secretary of State Antoine Perrenin to Leonard de Gruyères, 31 Dec. 1535（"皇帝有能力攻克君士坦丁堡，我向上帝祈祷，希望上帝赐给我们恩典，让我们在那里取胜"）。

40. Kissinger, *White House Years*，167；Burbank and Cooper, *Empires*，

2 – 3，12 – 15.

41. Koenigsberger, 'The empire', 350 – 1.

42. *PEG*，Ⅱ，123 – 4，Charles's instructions to Noircarmes, June 1534；Powell, *The complete works*，Ⅰ，168，Wyatt to Henry Ⅷ，12 Dec. 1539；PEG，Ⅱ，566，Charles to M. de Bonvalot, his ambassador in France, 24 Mar. 1540.

43. 洛艾萨在 1532 年说的话，上文也有引用；BL *Harl. Ms.* 282/297v, Sir Thomas Wyatt to Henry Ⅷ，7 Jan. 1540（关于亨利八世要求查理五世交出 Robert Brancetour，见 Powell, *The complete works*，193 – 4，这里写作"*change* myn honour"，但原件清晰地写作"*charge*"）；Beltrán de Heredía, *Domingo de Soto*，654 – 5，Soto to Charles, 25 Aug. 1552，提醒他"我曾听到陛下说的一些话"，可能是在 1548～1550 年他担任御前告解神父的时候。关于这样的延续性，更多信息见 Chabod, *Carlos* Ⅴ，26 – 38。

44. Gonzalo Sánchez – Molero, *Regia biblioteca*，Ⅰ，259 – 62 讨论了这本书，查理五世为了它在 1537 年支付 Simon Bening 装帧制作费 452 镑。

45. Jover Zamora, *Carlos* Ⅴ，411 – 12，Charles to the empress, 18 May 1536. Rodríguez – Salgado, 'The art of persuasion', 71 – 8，引用了这种针对皇后和玛丽的高端敲诈的其他例子。

46. AGS *E* 640/80，Charles to Vázquez de Molina, Metz, 6 July 1544；*CSPSp*，Ⅹ，327，Charles to Marie, 9 July 1551；Gutiérrez, *Trento*，Ⅱ，240 – 6，'Resultan los puntos que se han consultado a Su Magestad'，未写日期，但应为 1552 年 2 月；*CDCV*，Ⅲ，543，Charles to Philip, 25 Dec. 1552。"声望"对查理五世的重要性，以及它如何随着时间变化的例子，见 Hatzfeld, 'Staatsräson'。

47. *RTA*，Ⅱ，594 – 6，copy of Charles's paper 'fait de ma main' on the night of 18 – 19 Apr. 1521；*SP*，Ⅷ，219 – 32，Wyatt to Henry Ⅷ，Paris, 7 Jan. 1540，亲笔草稿。虽然有这种说法，但查理五世有能力，也确实曾经偶尔"改变我的宗教裁判所的决定"。Brigden, *Thomas Wyatt*，423 – 5，写了他在两个案例中的干预；1556 年呈送给腓力二世的一份建议书教促他"注意妥当地管理宗教裁判所，不要让它成为伤害任何人的借口"。这肯定不算支持。(Merriman,'Charles V's last paper', 491.)

48. 拉·加斯卡关于查理五世害怕地狱的记述，见上文；Rodríguez – Salgado,'El ocaso', 71 – 3, 引用了查理五世的良心决定他的政策的这些例子和其他例子。Lutz,'Karl V', 153, 认为"良心"和"道德顾虑"是查理五世治国理政的"两大主题"，但当然也有例外：在1543～1544年查理五世曾与被谴责为异端分子的亨利八世联合作战；在这时和1546～1547年曾与萨克森的莫里茨和其他路德派统治者结盟；1552年曾与阿尔布雷希特·亚西比德结盟。

49. *CDCV*, Ⅳ, 485, Charles to Philip, 1552. 他在1525年的自我疑虑见本书第六章，1543年的疑虑见本书第十一章。

50. AGS *E* 60/193 – 4, Loaysa to Charles, 9 Sep. [1543] 亲笔信，直接送交"皇帝陛下手中"；Rassow, *Die Kaiser – Idee*, 433 – 7,'Las pláticas que el emperador passó con [el embajador francés]', sent by Idiáquez to Los Cobos and Granvelle, Feb. 1538。16世纪20年代，查理五世还进行一种亲力亲为的外交，他在亲笔信里插入一种特殊符号，表示"这是我特别关心的事情"，见本书第六章。

51. Rodríguez – Salgado,'Charles V and the dynasty', 80 – 1; Rabe and Marzahl,'"Comme représentant"', 79（第80页引用了查理五世权力下放的最初几次尝试的失败：1517～1520年在尼德兰，1519～1520年在德意志，1520～1521年在西班牙）。

52. Villar García,'Cartas', 81 – 5, Charles to Rodrigo Mexía, 20 Feb. and 28 July 1529（无疑，类似的信被发送给查理五世的所有附庸）；*CDCV*, Ⅰ, 292 – 4, Charles to the empress, 13 June 1531。

53. AGS *E* 644/102, Charles to Diego Hurtado de Mendoza, 7 Oct. 1547. 查理五世利用乘船旅行的时间制订计划的另一个例子，即1541年在马略卡岛，见上文。

54. Ando, *Imperial ideology*, ⅩⅢ, 27, and most of Part 2, "克里斯玛"是最常用的词之一。

55. Preciado, *Juan de Anchieta*, Introduction (royal warrant dated 5 Aug. 1519); González de Ávila, *Historia*, 474 – 80 (Cabeza de Vaca). 关于塞韦尔夫妇，见本书第一章；关于让娜，见本书第十四章。

56. Garibay, 'Memorias', 420 – 1；ASF *MdP* 4307, unfol., Bernardo de'Medici to Duke Cosimo, 30 Dec. 1548, and Brantôme, *Oeuvres*, Ⅰ, 313 – 18，都叙述了比伦伯爵在 1548 年 12 月 23 日去世的情形；Beltrán de Heredía, *Domingo de Soto*, 643 – 4 and 655, Soto to Eraso, 1 July 1550（在返回西班牙的六个月后）and 25 Aug. 1552。查理五世"感召群众"的能力的例子，见上文。

57. Gutiérrez, *Trento*, Ⅱ, 117 – 18, Perrenot to the bishop of Segorbe, 19 Jan. 1552, minute；Gachard, *Correspondance de Guillaume le Taciturne*, Ⅰ, 40 – 1, Marie to Orange, 27 Oct. 1552.

58. Grunberg, 'Le vocabulaire', 18 – 21；Headley, 'The Habsburg world empire', 47（好人腓力公爵和他的儿子查理于 1456 年建立了斯霍特的修道院）；Lapèyre, *Une famille*, 127 – 37, 'Le marchand devant Dieu'；Guyon, *Mémoires*, 78（这次比武大会的两方各有 1500 名武士，胜利者"洗劫和掳掠"了一座假城堡），84, 94。相比之下，居永忽略了查理五世在 1540 年是如何对待根特的，而居永亲眼见证了那件事情，因为"如果叙述那件事情，我就显得太啰唆了"。

59. *CLC*, Ⅳ, 354 – 6, petition of the Cortes, 15 July 1523；Espinosa, *The empire*, 257，引用了卡拉欧拉和巴利亚多利德的地方官员在 1526 年 12 月 7 ~ 8 日写给查理五世的信；Villar García, 'Cartas', 77, Rodrigo Mexía to Charles, June 1528；RAH *Salazar* A – 43/176 – 7v, Juan Pérez to Charles, 19 Sep. 1528. 查理五世大臣表达的类似愿望，见本书第九章。

60. Ariosto, *Orlando furioso*（Ferrara, 1532）, canto XV, stanzas 23 – 25（阿里奥斯托在 1532 年去曼托瓦时见过查理五世，并献上了自己的作品；查理五世则封他为桂冠诗人）；Meertens, 'Een esbatement'。

61. *CLC*, Ⅴ, 355 – 7, petition of the Cortes, 25 Apr. 1548，得知查理五世命令他的儿女腓力与玛丽亚去德意志与他会合时；Thieulaine, 'Un livre', 185 and 191, entries for Aug. 1554。查理五世的摄政者们也经常主张，只有皇帝亲身到场才能避免灾祸，但他们是有偏见的：如果皇帝在场，却仍然发生了灾祸的话，就不能责怪他们了。

62. Thieulaine，'Un livre'，179（律师说得对：关于色当领主罗贝尔·德·拉马克在1521年的角色，见上文）。

63. RAH *Muñoz* 80/101v，Bishop Bastidas of Venezuela to Charles，20 Jan. 1535. 查理五世曾向奥格斯堡的韦尔泽公司授予探索和开发委内瑞拉的权利，该公司向那里派遣了数百名德意志殖民者，包括菲利普·冯·胡腾（反对查理五世的名人乌尔里希·冯·胡腾的亲戚）。我们知道的关于他的信息比关于其他任何一个西班牙征服者的信息都多，见 Schmitt and von Hutten，*Das Gold*。另见一份西班牙文的小册子，暗示贡萨洛·皮萨罗是路德宗教徒，见本书第十三章。

64. Chabod，*Storia*，261 and 302 – 3，引用了 Caracciolo to Charles，June 1537，and the will of the marquis del Vasto，28 Mar. 1546。

65. Braudel，'Charles – Quint'，202 – 4. 布罗代尔也许忘了，珀涅罗珀的狡黠策略（白天织布，夜晚又把它拆掉）最终是有尽头的：在她得知奥德修斯死亡的消息的四年后，"我的女仆们，那些目无尊长的贱人"，把真相告诉了她的求婚者们，他们"来找我，抓住我，高声斥责我，于是我被迫把布织完了"（Homer，*Odyssey*，19. 150 – 158）。

66. Escamilla，'Le règne'，6 – 7. Wiesflecker，*Kaiser Maximilian*，Ⅴ，179 – 91，and Cauchies，*Philippe*，54 都得出结论，如果没有哈布斯堡家族的资源，勃艮第尼德兰不可能保持独立。

67. Edelmayer，'El Sacro Imperio'，169 – 76. 在一段时间里，斐迪南将《奥格斯堡宗教和约》视为又一项临时性的协议，并期望举办更多的宗教会议以寻找让基督教各教派和谐共处的办法，但第一次这样的谈判，即1557年的沃尔姆斯会议谈崩了，因为路德派内部都不能达成一致，见 Liebing，'Frontière infranchissable'。

68. Bofarull y Sans，*Predilección*，64 – 6，Charles to the viceroy of Catalonia，2 Jan. 1533；Carretero Zamora，*Gobernar*，162 – 3 and 402.

69. Tellechea Idígoras，*Tiempos Recios*，Ⅳ，374 – 7，'Lo que el consejo de la Inquisición demanda al Rey'，June 1558；and 436 – 42，Joanna's pragmática of Valladolid，7 Sep. 1558，合并了许多此类

"要求"（demanda）。Fernández Terricabras, 'De la *crisis*', 56 – 9，描述了 1558 ~ 1559 年为了控制卡斯蒂利亚出现的异端思想而采取的措施；Bujanda, *Index*，列举并介绍了 1559 年的《禁书目录》中查禁的书籍。

70. Aram, *Juana*, ch. 6，记载了博吉亚在 1554 ~ 1555 年三次去托尔德西利亚斯拜访胡安娜女王的情形；关于他在 1557 ~ 1558 年访问尤斯特的情形，见本书第十六章。

71. Tellechea Idígoras, *Tiempos Recios*, Ⅳ, 953 – 4, 995 – 6, Feria to Bishop Quadra（接替他成为西班牙驻英大使的人），Mechelen, 4 Dec. 1559 and 21 Jan. 1560。Fernández Terricabras, 'De la *crisis*'，精彩地讨论了 1558 ~ 1559 年在西班牙建立的"防疫隔离带"，并说尽管阿拉贡境内迫害异端分子的活动发展得比较慢，而且起初不是很明显，但迫害活动最终影响了整个西班牙。

72. Powell, *The complete works*, Ⅰ, 128, 'Note of remembraunce by Sir Thomas Wiat', Toledo, Dec. 1538.

73. Ando, *Imperial ideology*, 27. 关于查理五世与腓力之间的紧张关系，见本书第十四、十五、十六章。王子的"肛门滞留人格"，见 Parker, *Imprudent king*, 370 – 1。

74. Álvarez, 'The role'，详细介绍了每一种"近亲繁殖系数"，并解释了计算方法。Weber, 'Zur Heiratspolitik Karls V.' 极好地分析了皇帝如何通过婚姻来推行他的帝国主义政策，特别考虑了法国方面，并给出了非常清晰易懂的图表。

75. Deswarte – Rosa, 'Espoirs', 270 and 293 – 4，引用了 letters from Luis de Sarmiento, Spanish ambassador in Lisbon, to Charles, 23 Oct. 1539, and to Los Cobos, 21 Jan. and 21 Mar. 1540（斜体部分）。

76. Tellechea Idígoras, *El Papado y Felipe* Ⅱ, Ⅰ, 199 – 202, Pius V to Philip Ⅱ，未写日期的亲笔信（但腓力的答复否决了这种说法，表明庇护五世是在 1568 年 12 月 20 日的信中表达立场的）。

77. *Acta Pacis Westphalicae*, Series Ⅱ B 5/1, 390 – 1, Servien to Lionne, 21 Jan. 1647. 路易十四于 1660 年娶了玛丽·特蕾莎。

78. Pociecha, *Polska*, 5.

79. TNA *SP* 1/37/212 Wolsey to Louise of Savoy（未写日期，但应为 1526 年 3 月 20 日），法文，副本。

80. *CDCV*, Ⅱ, 579 – 80, Charles's ' Political Testament', Jan. 1548.
不过，查理五世在 1529 年将自己对于摩鹿加群岛的权利割让给
葡萄牙，以换取一大笔现金，但他仍然保留了在将来买回摩鹿
加群岛的权利；1543 年，他认真考虑了教宗的提议，即从皇帝
手中买下米兰，但最终拒绝了。

81. Tyler, *The emperor*, 279, 285.

82. *CSPV*, Ⅴ, 519, Damula to the Signory, 8 July 1554, 引用了佩勒
诺的话。

83. Sastrow, *Herkommen*, Ⅱ, 647 – 8（与原件中字体相同），写于 16
世纪 90 年代（另一种翻译见 *Social Germany*, 278 – 9）；Mignet,
Charles - Quint, 188 n. 1, 查理五世在 1558 年 2 月对一名葡萄牙
使者的评论。

84. Heine, *Briefe*, 494 – 5, Loaysa to Charles, 8 May 1532.

85. TNA *SP* 1/170/23 – 33, Paget to Henry Ⅷ, Chablis in Burgundy,
19 Apr. 1542, 带有 22 日的附言，引用了法国海军上将的话。

86. Gutiérrez, *Trento*, Ⅰ, 411 – 14, Mendoza to Charles, Rome, 27
Sep. 1551. 关于佩勒诺的矛盾观点，以及其灾难性的后果，见
本书第十五章。

87. Huizinga, *Geschonden wereld*, 62（显然赫伊津哈对查理五世不感
兴趣：就连《中世纪的衰落》也仅仅提到他三次）；Robertson,
' Empire and union'（初次发表于 1995 年的一篇散文），14。

88. Braudel, *Les écrits*, Ⅱ, 395, 来自布罗代尔在 1972 年一次会议上
的论文。他指的是马塞尔·巴塔永（1895 ~ 1977），著有《伊拉
斯谟与西班牙：关于 16 世纪思想史的研究》（*Érasme et l'Espagne,
recherches sur l'histoire spirituelle du XVIe siècle*, 首版于 1937 年）
和其他很多关于伊拉斯谟及其圈子的著作。

附　录

　　本书采用的两种史料的可靠性受到过质疑：查理五世自己的《回忆录》，以及他的一节指骨。尽管这两种史料都缺乏可以一直追溯到查理五世的清晰证据链，但现有的证据能够支持它们的真实性。与之相比，第三种史料虽然被其他人认为是真实的，我却认为是伪造的，即1556年查理五世为儿子腓力准备的所谓"最后指示"。我得出的另一个结论是，查理五世在1517～1520年第一次到西班牙期间，并没有像曼努埃尔·费尔南德斯·阿尔瓦雷斯和其他历史学家说的那样有过一个私生子。下面每一篇附录都解释了我选择采信还是拒绝某史料的理由。

附录一：查理五世的《回忆录》

　　在1620年到1791年之间的某个时间点，巴黎的法国王家图书馆获得了一份手抄本，题为《战无不胜的查理五世皇帝、西班牙国王的历史，由皇帝陛下本人撰写……根据法文原版翻译。1620年制作于马德里》（*Historia do invictissimo emperador Carlos quinto，rey de Hespanha，composta por sua Mag. Cesarea… Traduzida da lingoa francesa e do proprio original. Em Madrid. Anno 1620*）。它包括68张对开纸，笔迹整洁，页边另有一种笔迹的主题概括，内容涵盖的时间段为1515年到1548年。该书像尤利乌斯·恺撒的《高卢战记》（以及加蒂纳拉和其他文艺复兴时代人物的自传）一样，采用第三人称。该手抄本在法国王家图书馆的最初排架号是BNF Fonds français 10230，现在改成了BNF Ms. Port. 61。它已经有了电子版，见：http：//gallica. bnf. fr/ark：/12148/btv1b10036839z。但它是真实的吗？

　　1559年，查理五世的图书馆员威廉·斯努卡特·范·斯豪文堡（也是皇帝最早的传记作者之一）斩钉截铁地表示："像基督、苏格拉底和亚历山大一样，我们的皇帝查理五世从来没有为自己的事迹写过一本回忆

录。"比森特·德·卡德纳斯·比森特（Vicente de Cadenas y Vicent）在
1989 年出版的 BNF Ms. Port. 61 当中提出，"相关的疑问太多，所以任何
一位历史学家都不应当接受"上面说的回忆录是真实的，因为"它是一
份真实性无法证明的文件的译本"。特别是，"纸张的水印似乎与西班牙
或葡萄牙的水印不同"，并且"这份手抄本来到巴黎的经过也是一个谜，
所以没人知道它是怎么来到法国王家图书馆的"。[1]

　　这些异议是很容易驳斥的。首先，BNF Ms. Port. 61 所用的纸张的水
印与 1595 年佩皮尼昂（加泰罗尼亚的第二大城市）的一批纸张相似；其
次，这份手抄本可能是在 1668 年，和枢机主教马扎然收藏的其他手抄本
一起来到法国王家图书馆的。马扎然是查理五世的曾孙女、法国摄政者
奥地利的安娜的主要谋臣。该手抄本进入王家图书馆的时间肯定早于
1791 年，因为它上面有法国王室的徽章，而如果它在 1791 年之后进入图
书馆，就会被盖上法兰西共和国的徽章。[2]著名的目录学家贝尼托·桑切
斯·阿隆索（Benito Sánchez Alonso）认为，这份手抄本是 1620 年有人在
马德里为罗德里戈堡侯爵曼努埃尔·德·莫拉制作的，后来罗德里戈堡
侯爵的藏书被马扎然购买，于是它最终来到了法国王家图书馆。[3]

　　至于斯努卡特·范·斯豪文堡说的查理五世从来没有为自己的事迹
写过一本回忆录，这种说法被皇帝的宫廷总管纪尧姆·范·马勒在 1550
年 7 月写的一封信彻底驳倒了：在前一个月在莱茵河上航行的闲暇时间
里，"皇帝开始记录从 1515 年到今天他的所有旅行和作战"。范·马勒声
称，尽管他之前给主公提供过一些"文本和建议"，但皇帝大体上是根据
自己的记忆来写作的。并且当年晚些时候，在范·马勒的帮助下，皇帝
在奥格斯堡修改了这部自传。[4]何塞·路易斯·贡萨洛·桑切斯 – 莫莱罗
（José Luis Gonzalo Sánchez – Molero）曾提出，这是"一项庞大的自传事
业"的一部分，也许是以皇帝的祖父马克西米利安从事的自吹自擂的文
学工程为蓝本，也许是为了引导皇帝希望为他立传的专业历史学家。[5]

　　BNF Ms. Port. 61 开头插入的一段西班牙文的注释说，查理五世在
1551 年把这部《回忆录》带到了因斯布鲁克，但于次年春天将其送给正
在西班牙的儿子，因为他担心路德派军队会俘虏他本人并缴获他的财
产。[6]皇帝也许打算在尤斯特继续写《回忆录》，因为他在那里的少量藏书

包括好几部历史著作；少数到尤斯特拜访他的人当中有两位历史学家：胡安·希内斯·德·塞普尔韦达和路易斯·德·阿维拉·苏尼加。如果是这样的话，那么皇帝最后没能写成，因为他的最后一轮疾病突然发作，挫败了他的计划。皇帝在尤斯特的时候肯定把书稿带在身边，因为范·马勒在主公去世后愤恨地抱怨，"路易斯·基哈达几乎动粗，从他手里夺走了他和皇帝陛下一起撰写的《回忆录》"。查理五世驾崩后，人们在清点他的财产时发现了"一个黑色天鹅绒的文件夹，属于纪尧姆·范·马勒，内有若干重要的封印起来的文件，被路易斯·基哈达拿走，呈送给国王陛下［腓力二世］"。也许《回忆录》就在其中？[7]

曾与腓力二世密切合作的西班牙文物学家安布罗西奥·德·莫拉莱斯在1564年的一封信中提到了皇帝的《回忆录》，赞扬皇帝"尽管戎马倥偬，还是勤奋地写了一部令人肃然起敬的书，连续记载他的事迹"。从这些措辞来看，莫拉莱斯可能读过那部书。而且，在某个时间点，腓力二世将皇帝的《回忆录》托付给秘书弗朗西斯科·德·埃拉索，因为在1569年，范·马勒的门客和御用编年史家胡安·派斯·德·卡斯特罗告诉一位同僚："我恳求国王陛下允许我读读皇帝为他的每一次战争做了什么样的解释，尤其是德意志战争［1546～1547年］。国王陛下回答说他同意，让我去找埃拉索。"[8]

也许，在埃拉索死后，皇帝的《回忆录》被送到了埃斯科里亚尔修道院，因为该修道院的图书馆在17世纪初制作的与查理五世有关的手抄本目录里包括一部题为《他的历史，用法文写成》的手抄本。但在这之后，查理五世的《回忆录》的原稿就销声匿迹了。[9]1620年，原稿肯定在马德里，因为有人将其翻译成葡萄牙文；但这两个版本随后都消失了，直到1860年比利时学者凯尔文·德·莱滕霍弗（Kervijn de Lettenhove）在去巴黎做研究时偶然发现了葡萄牙译本，并将其翻译成法文，于两年后出版。凯尔文的译本虽然有不计其数的错误，但还是很快被翻译为英文、西班牙文和德文。[10]

1913年，阿尔弗雷德·莫雷尔－法蒂奥（Alfred Morel–Fatio）在他出版的《查理五世史学史》（*Historiographie de Charles–Quint*）中提供了葡文版全文、一个质量好得多的法文译本、渊博的介绍文字和大量注释。

1958 年，为了纪念查理五世去世四百周年，曼努埃尔·费尔南德斯·阿尔瓦雷斯（Manuel Fernández Álvarez）出版了葡文版的西班牙文译本，还写了一篇非常有帮助的序言（再版于 *CDCV*，Ⅳ，459 – 567）。1989 年，卡德纳斯·比森特在《查理五世皇帝的所谓〈回忆录〉》（*Las supuestas 'Memorias'*）中发表了葡文版的每一页和西班牙文的对照翻译，并写了一篇序言，对其真实性提出怀疑。

尽管卡德纳斯·比森特认为 BNF Ms. Port. 61 的真实性"缺乏哪怕是最微不足道的证据"，但这部手抄本看上去确实是以查理五世于 1550 年夏秋在范·马勒协助下用法文撰写的《回忆录》为底本，于 1620 年在马德里制作的那个葡萄牙文译本。因此我在本书中大量引用了这部《回忆录》。1913 年，阿尔弗雷德·莫雷尔 – 法蒂奥表示希望有朝一日能找到查理五世《回忆录》和他于 1543 年 5 月 6 日给儿子的秘密指示的原稿。他的第二个愿望在一个世纪之后实现了：我确认 HSA Ms. B 2955 a 就是查理五世的那篇亲笔指示。也许他的第一个愿望有朝一日也能实现，但在那之前，研究查理五世的历史学家都必须依赖于 BNF Ms. Port. 61。[11]

附录二：查理五世遗体的历史[12]

查理五世于 1558 年 9 月 21 日在西班牙格雷多山区的圣哲罗姆修道院去世。人们遵照他的意愿，将他安葬在那里。十六年后，腓力二世将父亲的遗骸转移到新建的埃斯科里亚尔圣洛伦索王家修道院，那里有为他的王朝准备的陵墓。1654 年，根据腓力四世的命令，当地修士准备毕恭毕敬地将皇帝的遗骸从"旧棺材"转移到刚竣工不久的先王祠内"一具用风干的木材制成的新棺材"时，发现了一个"配得上皇帝的地位的奇迹"：

> ……真是了不起的事情，值得永恒的敬慕……在他去世九十六年之后，他的遗体仍然保存完好，近看之下，他那充满英雄气概的身体似乎完美无缺：坚毅的面容，五官体现了上天赐予他的聪明才智；天庭饱满，足以承载所有那些胜利的桂冠；双目睁开；浓密的

胡须，曾让教会的敌人不知多少次战栗；强壮而有活力的胸膛，显示出他不可战胜的勇气和英勇无敌的心；不屈不挠的强壮胳膊，捍卫了我们的信仰。

"他的全身没有一处腐坏，就连手脚（他在世的时候，手脚都饱受痛风病的折磨）上的指甲和趾甲也完好无损。"皇帝的不腐之身"让一些人相信他是圣徒"。[13]

在21世纪，对历史有着浓厚兴趣的热带病（尤其是疟疾）专家胡利安·德·苏卢埃塔·塞夫利安对皇帝遗体不腐给出了另一种解释。他注意到，查理五世是在9月底去世的，恰恰就是"在哈武戈①那样的地方，火腿被放入岩洞"的季节。在尤斯特停放皇帝棺材的小墓穴内，每年冬季，气温都会降到零下，所以查理五世的遗体受到了类似于腌制火腿的处理。到1574年，他的儿子命令将皇帝遗体转移到埃斯科里亚尔的时候，遗体已经变成了干尸。[14]

1654年，棺材被敞开了一段时间，让"所有人都能瞻仰"；但此后（除了入侵西班牙的法军在1809年短暂地打开过墓地之外），皇帝的干尸就安宁地躺着，直到1868年西班牙的光荣革命②之后，他的墓地成了一处旅游名胜。1870年12月9日，西班牙政府邀请好几位外国使节及其家人从马德里去埃斯科里亚尔修道院，参观皇帝的棺材（此时是敞开的）。英国大使阿瑟·莱亚德爵士描述了他的见闻：

皇帝的遗体被裹在白色亚麻布和红色丝绸当中。头上戴着一顶

---

① 哈武戈是西班牙南部的一座城镇，在今天的安达卢西亚自治区韦尔瓦省，是伊比利亚火腿的著名产地。

② 在1868年西班牙的光荣革命中，自由派和共和主义者推翻了女王伊莎贝拉二世（她流亡到法国）的统治，颁布了自由主义宪法。值得一提的是，为西班牙选择一位新国王的争议是普法战争的导火索。1870年，西班牙议会选举一位意大利王子为西班牙国王，称阿玛迪奥一世，但他于1873年年初被迫退位。随后共和政府统治了二十二个月，直到1874年12月底波旁王室复辟，伊莎贝拉二世的儿子阿方索十二世登基。

白色亚麻布的无檐帽，帽子上有金线刺绣。在场有一两个人假装能辨认出提香画的肖像上的面部特征，但我觉得这太夸张了。唯一与肖像相似的特点就是下巴，它很有特点（从这张照片上能看得出），非常有奥地利风格。下巴上长着很短的红色胡须。对一具干尸来说，保存得相当好。手脚都很小，很娇弱。

另一位观察者注意到，"他的一条腿曾受过伤，愈合得不好，骨头错位了"，我们几乎可以肯定这是皇帝 1532 年摔伤的后果。莱亚德命令马德里画家比森特·帕尔马罗利·罗德里格斯为皇帝遗体画了"油画的写生"，后来这幅画被拍照，并做成明信片出售（见彩图 39）。[15]

十八个月后，小说家佩德罗·安东尼奥·德·阿拉尔孔·阿里萨"遵照在马德里度夏的美丽女士们的请求"，参观了"皇帝遗体的第二十次公开展出"。走进先王祠之后，"我们亲眼看见了查理五世敞开的墓地，前方是专门为了展览而搭建的架子，上面摆着棺材，棺材盖被换成了玻璃"。透过玻璃，他们可以看见皇帝"强壮的干尸，从头到脚全裸，保存完好，不过有些干瘪了"。他特别注意到"高高的、非常饱满的胸腔，以及他宽阔而凸起的肩膀，他的头骨很有特点，他拥有很典型的奥地利家族的面部特征，包括张开的嘴和凸出的下巴，这是他的下颚前突症造成的"。阿拉尔孔强调："这不是骷髅，而是覆盖着深色皮肤的肉体，仍然看得见几根睫毛和眉毛，以及他的胡须和整齐的头发。"[16]

1871 年秋季，棺材没有被玻璃覆盖的时候，画家马丁·里科·奥尔特加花了好几天画皇帝遗体的素描。他也详细记录了自己的观察结果："我注意到，他嘴边的胡须被修剪得很整齐，仍然是一种深栗色，而不是肖像里那种灰白色。"他抱怨道："在画这张素描之前，我从来没有遇到过这样的困难，也没有遇到过这么多的障碍和麻烦，因为除了我必须保持一个难受的姿势（我的身体弯成了 C 形）之外，我距离写生对象只有30 厘米。"以里科的素描为基础的雕版画于 1872 年 1 月发表在《马德里画报》（*La ilustración de Madrid*）上。[17]

里科吃了很多苦头才捕捉到皇帝的准确形象，再加上帕尔马罗利的画，就解决了一个关于皇帝外貌的问题。艺术史学家黛安娜·博达尔曾指出，查理五世年轻的时候，人们普遍谈论他的下颚前突症，而随着他年岁增长，越来越少人注意到这个问题；而提香那样的艺术家会掩饰这个特点，所以有些人甚至怀疑查理五世是不是真的有下颚前突症。帕尔马罗利的画一劳永逸地解决了这个疑问：皇帝的下巴确实非常凸出。[18]

1936 年，流亡到巴黎的西班牙共和派人士胡利安·德·苏卢埃塔"看到［西班牙］内战期间拍摄、在国际新闻界发表的一张照片，显示一名民兵似乎在搂抱皇帝的干尸，半是开玩笑。干尸的眼睛是睁开的，仿佛要开口说话"。[19]五十年后，苏卢埃塔读到一种新技术，据说可以给干尸重新补充水分，从而对其开展临床试验。他回忆起了自己看到的那张展示皇帝干尸的照片，还想起查理五世是死于疟疾的。于是，苏卢埃塔请求胡安·卡洛斯国王允许检查先王祠内的皇帝遗体。

国王拒绝了，但在 2005 年，西班牙国家遗产管理局（Patrimonio Nacional）的一名成员提醒苏卢埃塔，"埃斯科里亚尔的圣洛伦索修道院的圣器收藏室内有一个盒子，里面藏着皇帝的一根小指"，因为 1868 年革命之后，有个参观皇帝棺材的人取下了他的一根指头。马丁·里科的讣告也支持这种说法，其中说，里科在埃斯科里亚尔居住的时候，每天去参观先王祠，负责管理钥匙的官员厌倦了每天给他开门，于是"把钥匙托付给里科，他不需要的时候就把钥匙放在自家。有一名导游听说了这件事情，于是来到里科家，说有个外国人非常想看皇帝的干尸，请求里科把钥匙借来用一下。里科同意了"。查理五世的遗体躺在墓地前方架子上的棺材里，并且没有玻璃保护，这个好奇心重的游客似乎利用了安保的松懈，"向一名警卫行贿 20 雷亚尔，换取皇帝的身体的一部分。警卫把手伸进棺材，取下了一节手指"。[20]

1870 年 9 月 14 日，也就是莱亚德、帕尔马罗利、阿拉尔孔和里科到访之前，这节手指辗转到米拉夫洛雷斯侯爵及其妹妹（孀居的马尔托雷尔侯爵夫人）手中。1912 年 5 月 31 日，他们把手指还给阿方索十三世国王，并附了一封信，保证这节手指"来到我们手中，并非我们的本意，因为我们绝对没有试图获取或保留它"。阿方索十三世将其送回埃斯科里亚尔修道院。那里的修道院院长没有为此重新打开墓地，而是将其放进圣器收藏室的一个上锁的红色盒子里。[21]

苏卢埃塔受到这些信息的启发，于是请求胡安·卡洛斯国王允许他检查那根手指。这一次国王同意了。2005 年，苏卢埃塔在佩德罗·阿隆索博士的陪同下回到埃斯科里亚尔。阿隆索博士在巴塞罗那大学医院的奥古斯特·皮·苏涅尔生物医学研究所工作，他的实验室在寻找防治疟疾的疫苗。苏卢埃塔后来回忆说，圣洛伦索修道院的院长打开了那个红色盒子，"里面的手指用特殊的纸包裹着，不是我们用来打印的普通纸。修道院院长打开了纸包，戴上白手套，触碰皇帝的手指时毕恭毕敬"。这根已经干尸化的手指的保存状态良好，被"放进一辆灵车，由国民警卫队"护送到巴塞罗那。经过医学检测，发现了"大量疟疾寄生虫，就是害死了皇帝的那种寄生虫"，还显示出严重的痛风病。[22] 随后，这根手指被送回到埃斯科里亚尔的圣洛伦索王家修道院，放回圣器收藏室的那个上锁的红色盒子里，今天的编号为 Patrimonio Nacional，# 10044506。

但是，紧锁的红色盒子里的手指真的属于查理五世吗？有一种相反的证据。里科在 1871 年给画家马里亚·福尔图尼的一封信中写道："他下葬的三个世纪以来，身上没有留下任何岁月的痕迹。与你可能读到或听到的相反，我可以保证，他的遗体绝对完好无损，什么都不缺。"[23] 里科显然在试图驳斥关于皇帝遗体某些部分遗失的说法。因为米拉夫洛雷斯侯爵说在 1870 年 9 月的时候他拥有那节手指，所以里科要反驳的很可能就是这种说法。有意思的是，尽管里科从很多角度画了皇帝遗体的素描，但没有一幅完整呈现了皇帝的左手。里科对皇帝左手小指的描绘总是在第一个关节处戛然而止。里科坚持说皇帝遗体是完好无损的，是不是为了防止有人怀疑他参与了偷走手指的事情？

DNA 检测能够确定手指是否属于查理五世，但巴塞罗那大学医院没有获得执行 DNA 检测的许可，所以我们没有办法确凿无疑地把紧锁的红色盒子里的手指与棺材内的遗体或拥有哈布斯堡基因的人联系起来。[24] 不过，三方面的考虑可以支持我们的推断。尽管米拉夫洛雷斯侯爵没有解释他是如何获得那节手指的，也没有说他是怎么知道它属于查理五世的，但他是一位显赫的廷臣，他的妹妹是王后和王太后的侍从女官：他们这样身份的人，如果不是确信那节手指属于查理五世，是不会主动将其归还给国王的。与之类似，1912 年的那位圣洛伦索修道院的院长显然也相信那节手指属于查理五世，因为他将其包裹在特殊的纸里，放在紧锁的红色盒子内，然后保存在圣器收藏室。

最令人信服的证据是，巴塞罗那大学医院为干尸化的手指重新补水，并做了检测，证明这根手指属于一个患有严重痛风病的人，并且他两次感染了几乎肯定致命的疟疾，并且他的遗体成了干尸。这都与查理五世的情况吻合。当然，其他人的遗体同时符合这些条件也不是不可能，但概率实在太低了。因此我接受胡利安·德·苏卢埃塔及其同僚的观点，即他们检测的手指确实属于查理五世。

附录三：查理五世给腓力二世的最后指示[25]

《德意志皇帝与西班牙国王查理五世放弃西班牙王位之后给儿子腓力二世的建议》已经有了英文印刷版（1670 年出版于伦敦）和法文印刷版（1699 年出版于柏林）。此外还有一种德文版、至少二十五种意大利文版和至少二十三种英文版的手抄本存世。除了两个例外，这些手抄本可以分为三类：有 40 张对开纸（或少于 40 张）的版本；40 张到 80 张对开纸的版本；更长的版本，分成上、下两部（两个印刷版也属于这一类）。[26]

两个例外之一是维也纳的皇室、宫廷与国家档案馆（Haus -，Hof - und Staatsarchiv）保存的《皇帝让位于他的儿子即国王时给出的理由》（Ragionamento de l'imperatore fatto, quando rinontio tutti suoi regni et stati al re，suo figiuolo，以下简称《理由》）。这份手抄本描述了一次有显赫贵族和大臣见证的会议，时间是 1556 年 1 月 16 日下午 4 点，地点是皇帝在布鲁塞尔的王家园林内的小屋。查理五世给了儿子一个盒子，内有"拉丁文和卡斯蒂利亚文的许多份遗嘱和许多指示"，以及一个印章。皇帝曾用这个印章签发一份文件，宣布如果他作战时被法国人俘虏，腓力应当拒绝一切赎金的要求。[27]这次会议的大部分时间用于宣读各种正式文件，将卡斯蒂利亚王国、阿拉贡王国和西西里王国让给腓力。每读完一份文件，查理五世就宣布："我同意并确认。"然后他和在场的好几个人签了名。这份手抄本的匿名作者提到，查理五世为自己没有在六年前（他的事务处于较好状态的时候）退位表示懊悔，并说："'每个人都可以做三件事情：抗议……'但随后他停了片刻，说他不记得另外两件事情是什么了。"这份手抄本随后写道,查理五世说了"其他很多极其审慎的话","引起大家的惊叹和同情,因为全世界最强大的人竟然如此谦卑",但手抄本没有详细记录皇帝究竟说了什么。[28]

这些"极其审慎的话"也许被浓缩到了第二个例外当中:这是唯一一份已知的提及"最后指示"的西班牙语文件,只有一张纸,标题为《光荣的查理五世皇帝前往西班牙时给儿子腓力二世国王留下的指示:关于最佳的治国之道》(以下简称《指示》)。[29]这份手抄本极其简练,所以如果光是读它的话,很难读懂。所以它可能是皇帝在接见儿子之前做的笔记(他在 1529~1530 年会见教宗克雷芒七世之前就做过笔记,见彩图13;几个月前他发表让出尼德兰统治权的演讲之前也做过笔记),或者是父子俩会谈时某个在场的人做的会议纪要,时间也许就是 1556 年 1 月16 日。

这两份文件都没有标明时间,但看上去都是真实的。我们从其他史料可以知道,《理由》中列举的与会者确实参加了 1 月 16 日的会议。而在这次会议上,皇帝也确实交出了遗嘱,签署了退位书。在这样庄严的场合,查理五世可能确实发表了演讲,《指示》可能也确实指的是他在那一次说的话。文件中可以看到查理五世向儿子讲话时常用的"您"(vos);《指示》的绝大部分内容是重复皇帝之前给过的建议。唯一的例外是这样的建议:"有必要做一个优秀官员的名单",以确保只奖赏有资格得到奖赏的人;以及"从你的王国驱逐摩尔人"的命令(加蒂纳拉在三十多年前就敦促皇帝这么做)。[30]

所以,查理五世在 1556 年 9 月与儿子分别之前,也许确实给过儿子"关于最佳的治国之道"的最后指示,而《指示》就是存世的唯一相关记载。[31]

但其他所谓的包含了皇帝"最后指示"的手抄本,就不是那么值得信任了。问题倒不在于缺少原稿,因为其他一些真实性万无一失的文件也没有原稿存世,比如查理五世在 1548 年的政治遗嘱、他的《回忆录》和他在 1543 年的秘密指示(2009 年发现了原稿)。主要的问题在于,文风不对,包括"最亲爱的儿子"的说法[查理五世总是很严肃地称呼"儿子"(Hijo)],大量采用古典文学和历史的典故(查理五世的其他文字很少引经据典）。另外，可信度最高的段落却绝大部分是近代早期很多"父亲给儿子的忠告"那种陈词滥调。其中详细的政治建议完全没有涉及1553 年之后的事件；并且很多日期和事件都不正确。[32]

"最后指示"的诸多版本中，标注时间最早的一种是 1592 年 8 月 20 日，也就是皇帝退位的几十年之后。这是一份意大利文的手抄本，是苏格兰国王詹姆斯六世①的意大利教师贾科莫·卡斯泰尔韦特罗献给他的。詹姆斯六世肯定相信这份手抄本是真实的，因为他在六年后撰写给自己的儿子的政治遗嘱《帝王的馈赠》（Basilicon Doron）时参考了它。将《帝王的馈赠》翻译成西班牙文的约翰·彭伯顿也相信那份手抄本是真实的，并且特地将这两份文件联系在一起："正如查理五世给他的儿子腓力二世的指示被翻译成绝大多数语言，也有了很好的英文译本，我们希望陛下的英文指示也会被忠实地翻译成西班牙文，丝毫不减其光辉。"[33]彭伯顿相信"最后指示"有西班牙文的原稿，这种信念也许源自亨利·霍华德勋爵（他是伊丽莎白一世女王的廷臣，也是詹姆斯一世的大臣），他准备了好几个版本的所谓英文译本呈送给女王。其中一个版本据说是"查理五世皇帝临终前给儿子腓力二世的最后指示的副本，从西班牙文译出"；另一个版本据说是"查理五世在放弃西班牙王位时给儿子腓力二世的政治指示"。[34]

霍华德说"最后指示"是查理五世放弃西班牙王位时给出的，这表明霍华德也许使用过一个真实的原稿，因为它与上述的两份真实的文件吻合；并且，乍看上去，他的说法，即"这篇短文最初是用西班牙文写的，后来偶然落入我手中"，似乎也可信。但霍华德从来没说他是根据西班牙文原稿翻译的。[35]他很有可能是从一个意大利文版本翻译的。霍华德可能是在 1592 年 12 月将译本献给女王的，所以也许他剽窃了卡斯泰尔韦特罗的文本，毕竟卡斯泰尔韦特罗在去苏格兰的途中曾在英格兰停留一段时间，并且他和霍华德有很多交集。[36]所以，要么是卡斯泰尔韦特罗捏造了查理五世"最后指示"的众多较短的意大利文版本的底本，要么是他抄录了一份之前就存在的文本（那些相互间很相似的意大利文版

---

① 即后来的英格兰国王詹姆斯一世。

本都没有标明时间，所以其中一份或更多份可能是更早写成的；但这些版本都不能与查理五世本人撰写的任何东西扯上关系）。

霍华德暗示，"最后指示"还有一个更长的版本存世：他在英译本的献词中告诉伊丽莎白一世女王："这篇文章似乎只是一部更长著作的缩略本，这位经验丰富的皇帝在其中更详细地阐述了治国之道。"他哀叹道："不管多么努力，我都未能找到更长的版本，要么因为它已经消失在时间的摧残之下，要么因为，如某些人所说，西班牙国王将其严格保密，留作特殊用途，就像罗马人保存西比尔女预言家的神谕一样。"[37]也许霍华德在 1592 年向伊丽莎白一世女王献上手抄本的时候，已经有一个较长的意大利文版本存世；而一个世纪之后勃兰登堡选帝侯弗里德里希三世的谋臣和宫廷史官安托万·泰西耶为了教育选帝侯的儿子而出版一个法文译本的时候，肯定有某些版本存世。泰西耶说，他用的是瑞典女王克里斯蒂娜收藏的意大利文版，后来一位"＊＊＊先生"（原文如此）花了大价钱买下了这份手抄本，"交给译者使用，译者将其从意大利文翻译成法文，因为选帝侯的公子殿下的法文水平比意大利文水平高"。[38]泰西耶将"指示"分为两部分：一是在和平时期如何治国；二是在战时如何领导国家。其他一些版本，比如大约 1740 年为波兰国王兼萨克森选帝侯奥古斯特三世的孩子准备的德文版和意大利文版，则正式将文本分成两部分，篇幅超过 100 页。[39]

尽管勃兰登堡和萨克森的统治者像苏格兰国王詹姆斯六世和"＊＊＊先生"一样，相信他们请人准备的文本是真实的，但我们很难不同意 E. W. 迈尔在 1919 年给出的评判：查理五世"最后指示"的所有意大利文版本都是以一份伪作为基础的，这意味着所有的译本也都是以伪作为基础的。我们也很难不同意卡尔·布兰迪的意见：因为皇帝的崇高地位以及他的其他（真实的）指示的广泛传播，尤其是 1548 年的政治遗嘱，所以他有了一种近似神话的权威，人们愿意把伪作冠以他的大名，并且（随着时间流逝）后人不断对其添油加醋。所谓"最后指示"的作者绝不是查理五世。[40]

附录四："卡斯蒂利亚的伊莎贝拉，
皇帝陛下的女儿"[41]

热尔梅娜·德·富瓦是天主教国王斐迪南的遗孀，后来改嫁卡拉布里亚公爵费尔南多·德·阿拉贡。1536 年，她的遗嘱包含重要的一条："我将 133 枚大珍珠组成的项链，即我拥有的最好的一条项链，赠给最尊贵的卡斯蒂利亚公主伊莎贝拉，即我的儿子和主公皇帝陛下的女儿，因为我深爱陛下。"热尔梅娜在几天后去世，卡拉布里亚公爵把她的遗嘱的一个副本呈送给伊莎贝拉皇后，"让陛下看到，她将那些珍珠留给了最尊贵的公主殿下"。[42]

1998 年，海梅·德·萨拉萨尔（Jaime de Salazar）在一篇题为《关于一个可能存在的女儿》（Sobre una posible hija）的文章里讨论这两份文件，并提出，卡斯蒂利亚公主伊莎贝拉是查理五世皇帝与热尔梅娜的私生女。曼努埃尔·费尔南德斯·阿尔瓦雷斯在《腓力二世与他的时代》（*Felipe Ⅱ y su tiempo*，pp. 811 – 812）和《查理五世皇帝》（*Carlos Ⅴ: el César*，pp. 98 – 99）中接受这种说法，但他和萨拉萨尔除了热尔梅娜的遗嘱和卡拉布里亚公爵的信之外，都没有给出任何证据。斐迪南国王在驾崩前夜写信给外孙，恳求他"始终照料和支持王后陛下，我最亲爱的、挚爱的妻子"，但即便对哈布斯堡家族的人来说，与自己的继外祖母乱伦的可能性也太微乎其微了。

比森特·德·卡德纳斯·比森特在一篇题为《无故的诽谤》（Una calumnia gratuita）的文章里驳斥堂曼努埃尔的说法为"精神自慰"（第 626 ~ 627 页），并否认历史上存在卡斯蒂利亚公主伊莎贝拉这样一个人；但后来卡德纳斯·比森特改了主意。在不久之后的另一篇文章《对学者曼努埃尔·费尔南德斯·阿尔瓦雷斯教授的诽谤的澄清》（Aclarada la calumnia del académico y catedrático Manuel Fernández Álvarez）里，卡德纳斯·比森特指出，这里的伊莎贝拉是那不勒斯的最后一代特拉斯塔马拉国王的后代，卒于 1550 年。他认为"卡斯蒂利亚公主"是个错误，而"女儿"仅仅是对皇帝的所有女性亲属的一种敬称。2012 年，佩雷·马利亚·奥茨·博施（Pere María Orts i Bosch）在一篇题为《玛格丽塔还是伊莎贝拉》（Margarida o Isabel）的文章里指出，热尔梅娜把珍珠留给了查理五世的私生女帕尔马公爵夫人玛格丽塔，尽管玛格丽塔从来不是"卡斯蒂利亚公主"（她甚至从来没有去过西班牙）。但上述这些说法都是错误的。

罗莎·里奥斯·略雷特（Rosa Ríos Lloret）在传记《热尔梅娜·德·富瓦》（Germana de Foix）中正确地指出，热尔梅娜王后的遗嘱只能证明查理五世有一个叫伊莎贝拉的女儿，并且她在 1536 年还活着（不过其他史料都没有提到过这个女儿）。略雷特没有确认这个女儿的母亲是谁。[43]并且，卡拉布里亚公爵把亡妻的遗产送到皇后那里，而不是送给查理五世，这说明那位公主不是私生女，否则公爵肯定会私下里写信给皇帝。那么她是谁呢？

一部法文版的查理五世宗谱提供了一条线索。宗谱的作者说，查理五世和他的妻子"葡萄牙的伊莎贝拉"有"四个孩子，即腓力二世、费尔南多（早夭）、伊莎贝拉和胡安娜"。巴伦西亚编年史家弗朗西斯科·霍安（Francesc Joan）证实这里的名字"伊莎贝拉"没有写错。霍安在他的《记忆之书》（Llibre de memòries）中记载了全部皇室成员的出生，用的是他们在巴伦西亚的名字。1527 年，他把查理五世的继承人的名字记录为"腓力·胡安"（并继续这么称呼他，直到 1555 年）。次年，他记录了查理五世的女儿的出世，名字是"伊莎贝拉公主"。[44]热尔梅娜在 1536 年担任巴伦西亚副王，所以帮助她起草遗嘱的公证人无疑用的是皇帝的长女的巴伦西亚名字。

于是，"因为我深爱陛下"，热尔梅娜把自己最精美的珍珠项链赠给了那位在卡斯蒂利亚被称为玛丽亚、在巴伦西亚被称为伊莎贝拉的最尊贵的公主。

1539 年伊莎贝拉皇后去世后，人们对其留下的珍宝进行的清点能够证实上面的推断。皇后留下的珍宝在 1551 年被分给她的三个在世的儿女。相关的冗长档案里有一封查理五世写给女儿玛丽亚（当时是波希米亚王后和西班牙摄政者）的信，其中有一条："又及，我希望将热尔梅娜王后的 133 枚珍珠留给你，波希米亚王后。"这 133 枚珍珠显然就是热尔梅娜在遗嘱里留给"卡斯蒂利亚公主伊莎贝拉"的遗产。根据当时的估价，每一枚珍珠价值 45 杜卡特，所以 133 枚大珍珠组成的项链的确是一笔丰厚的遗产。今天在悬挂于安布拉斯宫①的玛丽亚肖像（作于约 1557 年）上仍然可以欣赏到这条项链。[45] 所以，皇帝并没有和热尔梅娜王后或其他任何人生了一个叫伊莎贝拉的女儿。

注　释

1. Snouckaert van Schouwenburg, *De republica*, 137；Cadenas y Vicent, *Las supuestas 'Memorias'*, 361 – 2.

2. 我感谢法国国家图书馆的档案馆员和古文书学者 Olivier Wagner 先生证实了 *Ms. Port. 61* 的水印与 Briquet no. 5704 相似，并且这份手抄本曾经属于马扎然。

3. Sánchez Alonso, *Fuentes*, Ⅱ, 44, no. 4806. BNF *Ms. Port. 15, 16 and 23*, and *Ms. Esp. 166*, 全都是莫拉的手抄本。我感谢 Fernando Bouza 提醒我注意这一点。

4. Reiffenberg, *Lettres*, 12 – 13, van Male to Louis de Praet, 17 July 1550. 在 *CDCV*, Ⅳ, 361 – 81 中，费尔南德斯·阿尔瓦雷斯驳斥了好几种关于该手抄本的错误观念，包括冯·兰克的说法（*Deutsche Geschichte*, Ⅵ, 73 – 9, 'Über die autobiographischen Aufzeichnungen Carls Ⅴ'），即该手抄本"肯定有"一个西班牙文版本。关于查理五世的《回忆录》是亲笔写的还是口授的，见上文。

5. Gonzalo Sánchez – Molero, *El César*, 294 – 392, and *Regia biblioteca*, Ⅰ, 303 – 4 and 328 – 31.

6. Fernández Álvarez, *CDCV*, Ⅳ, 471 n. 36 令人信服地提出，查理五世于 1552 年 3 月将他的《回忆录》托付给了秘密信使胡安·曼里克。

---

① 安布拉斯宫位于奥地利的因斯布鲁克。哈布斯堡家族的斐迪南二世大公（斐迪南一世皇帝的儿子）是著名的艺术品收藏家，在安布拉斯宫存放了他的大量藏品。

7. *PEG*, Ⅵ, 290, Perrenot to Philip, 7 Mar. 1561；Checa Cremades, *Inventarios*, Ⅰ, 291, 查理五世在尤斯特的财产的清单（说这些文件属于 Guillermo Miguel Lineo，指的是 Malineo，即范・马勒，当时的绝大多数西班牙人这么称呼他）。Gonzalo Sánchez - Molero, *El César*, 363 注意到尤斯特有一些历史著作，以此为证据，说皇帝计划在尤斯特继续写《回忆录》。

8. Gonzalo Sánchez - Molero, *Regia biblioteca*, Ⅰ, 328, Morales to Jerónimo Zurita, 20 Nov. 1564；Domingo Malvadi, *Bibliofilia Humanista*, 449 – 51, Páez de Castro to Zurita, 30 Jan. 1569. 看来派斯没来得及读到手抄本就去世了。派斯与范・马勒之间的联系，见 ibid., 542，派斯死后，他的一些笔记被送给国王。

9. Gonzalo Sánchez - Molero, *El César*, 295.

10. Kervyn de Lettenhove, *Commentaires*. 这份手抄本后来被编号为 BNF *F. f.* 10, 230。*CDCV*, Ⅳ, 461 – 81 提供了该手抄本及其各种版本的更多细节。

11. Morel - Fatio, *Historiographie*, 168 n. 1. 关于《回忆录》的丰富讨论，可见 Brandi, 'Die politischen Testamente', 286 – 93；Fernández Álvarez, 'Las "Memorias" de Carlos Ⅴ'；Kagan, 'La propaganda'；and Gonzalo Sánchez - Molero, *El César*, 283 – 302 and 360 – 4. 这些文本可见本书第十四章。

12. 我感谢 Almudena Pérez de Tudela、Felipe Vidales del Castillo 和 Patrick Lenaghan 提醒我注意关于这个主题的多部关键著作，并与我分享他们的渊博知识。

13. Los Santos, *Descripción breue*, 167 – 8 and 176；[Caimo], *Lettere*, Ⅱ, 32 – 53, letter from El Escorial, 22 Aug. 1755. Varela, *La muerte*, 18 – 19 说查理五世的父亲的遗体在 1506 年得到防腐处理，他的母亲的遗体在 1555 年得到防腐处理，所以，皇帝死后，如果他身边的人认为有必要对其遗体做防腐处理的话，当时是有技术可以实现的。

14. Zulueta, *Tuan nyamok*, 338 – 9；Salomone, 'Se busca malaria'.

15. Stirling - Maxwell, *The cloister life* [1891 edition], 408 n. 2, Layard to Stirling - Maxwell, 17 May 1871；Thausing, 'Die Leiche'；Vilar Sánchez, *Carlos Ⅴ*, 397 – 9 (受伤的腿)。

16. Alarcón y Ariza, *Viajes*, 66 – 9.

17. ' El emperador Carlos Ⅴ, copiado del natural en 1871 ', *La ilustración de Madrid. Revista de política, ciencias, artes y literatura*, Ⅲ, no. 49（13 Jan. 1872）, 11, Rico to Mariano Fortuny, El Escorial, 18 Dec. 1871. 同一份刊物还在第 9 页刊载了那幅版画。

18. Bodart, ' Il mento "posticcio" '.

19. Zulueta, *Tuan nyamok*, 336. 启发了苏卢埃塔的那幅照片当中很可能并没有查理五世的干尸。尽管苏卢埃塔在巴黎的国际报纸上看到了它，它可能来自西班牙，但研究者搜索了 1936 年 7 月到 12 月（也就是苏卢埃塔在巴黎居住期间）主要的西班牙文报纸（*El Liberal*, *La Libertad*, *La Voz*, *El Sol*, *El Heraldo de Madrid*, *Estampa*, *Crónica*, *El Socialista*, *Mundo Obrero* 和 *CNT*），没有发现关于先王祠遭到攻击的新闻，也没有看到皇帝的干尸遭到亵渎的照片。研究者还搜索了一位 1936 年生活在马德里的法国摄影师（他向法国发回了一些图像和信息）留下的档案，也没有发现任何东西（Archivo Deschamps, conserved in the Archivo de la Memoria Histórica, Salamanca）。2016 年，研究者采访了两名在 1936 年在埃斯科里亚尔修道院学习的奥斯定会修士，他们证实，尽管共和派民兵肯定袭击了埃斯科里亚尔修道院，带走了许多神父，并在哈拉马河畔帕拉库埃略斯（Paracuellos de Járama）枪决他们，但并没有亵渎先王祠。所以，苏卢埃塔看到的照片不可能是查理五世的干尸。也许国际新闻界刊登了一名民兵与一具干尸的合影，干尸可能来自某个遭到破坏的坟墓，然后报纸刊登了错误的图说，或者苏卢埃塔自己记错了。不管怎么样，这个错误带来了丰厚的成果，因为它让苏卢埃塔坚信，他能证明皇帝死于疟疾。

20. Salomone, ' Se busca malaria ', 引用了来自 Pedro Larrea to the Dirección General del Patrimonio Nacional in Dec. 2004 的一个注释；Zulueta, *Tuan nyamok*, 341 写道，他在普拉多宫的 "一次肖像展" 上观看查理四世家庭的肖像时，西班牙国家遗产管理局的一名高级官员告诉了他皇帝指骨的事情。普拉多宫举办这样一次展览的时间是 2004 年 10 月到 2005 年 2 月；Beruete, ' Martín Rico ', 540 – 1。

21. *Patrimonio Nacional*, no. 10044506 包含米拉夫洛雷斯侯爵和孀居的马尔托雷尔侯爵夫人在 1912 年 5 月 31 日写给阿方索十三世的一封信；还有一份声明，说他们在 1870 年 9 月 14 日获得了这节指骨。感谢 Pilar Benito García 允许我查看了这些藏品。

22. Zulueta, *Tuan nyamok*, 339 – 43. 结果可见 Ordi, Zulueta et al., 'The severe gout', and Zulueta, 'The cause of death'。

23. Rico y Ortega, article in *La ilustración de Madrid*, 10 – 11, letter to Fortuny, 18 Dec. 1871, 斜体部分。

24. Salomone, 'Se busca malaria' 报告称，发表这些检验结果的《新英格兰医学杂志》要求做 DNA 鉴定，"但研究者未获许可"。这很遗憾，因为在 2014 年，研究者对莱斯特郡一处修道院遗址发掘出的骨骸和金雀花王朝一位在世的后代做了 DNA 对比，明确无误地证明那具骸骨属于英格兰国王理查三世。

25. 我感谢 Daniel C. Anderson、Paul Hammer、David Lagomarsino、Linda Levy Peck、Mary Robertson、Mía Rodríguez – Salgado、Andrew Thrush 和 Vanessa Wilkie 与我分享他们的渊博知识，并帮助我编纂了这份附录。

26. 印刷版本是 Anon., *The advice, and Teissier, Instructions*（附带其后的两个版本，它们分别于 1700 年和 1788 年在海牙出版）。Mayer, 'Das politische Testament' 探讨了他在罗马的档案馆和图书馆发现的十三种意大利文的抄本，并大量引用了其中一种，但他忽视了另外至少十二种存放于苏格兰、英格兰、法国、德国、美国和意大利其他图书馆的抄本。

27. Mayr, 'Die letzte Abdankung', 156 – 8, 刊载了这份文件，来自 HHStA Hs. 630/89 – 90。该文件的日期为 1555 年 1 月 16 日，旧式风格。更多关于这些文件的信息见本书第十五章。

28. 威尼斯大使详细描述了皇帝在当天的演讲，见上文。

29. RAH *Ms.* 9/5949/12（以前载于 *Varios de Historia Sign. Est 27, gr. 5a, E.*, no. 134, tomo I, f. 12），'Puntos que enbió el emperador Don Carlos de gloriosa memoria al rey Don Phelipe su hijo quando dio su vuelta a Spaña. De la manera que mejor se havía de gobernar', 刊载于 Merriman, 'Charles V's last paper', 491。

30. Brandi, 'Aus den Kabinettsakten', 183 – 4, Paper of advice from

Gattinara, Nov. – Dec. 1523. 加蒂纳拉的建议包括："驱逐您的诸王国境内的……穆斯林和异教徒。"查理五世回复道："现在时机不合适"，但"首相可以提议并向我禀报，为了达成这个目标需要做哪些准备工作"。

31. 如果查理五世在 1555～1556 年真的给儿子写过建议书，那么也不是只有他一个人这么做过，见 Houssiau，'Comment gouverner' 中提到的例子。

32. Mayer，'Das politische Testament'，476 – 87，详细指出了其中的错误。

33. National Library of Scotland *Ms. Adv.* 23. I . 6，'Ragionamento di Carlo V Imperatore tenuto al re Philippo suo figiuolo … riscritto l'anno MDXCII'；Craigie, *The Basilicon Doron*，II，64 – 6（'The literary antecedents of *Basilicon Doron*'）and 171 – 3（关于彭伯顿）。

34. Burton, *Life*，II，84 – 5, Hume to Robertson, c. 1760；Robertson, *The history*，III，276 – 80（评价）and 518 – 26（查理五世的索引项）。在积极的一面，罗伯逊首创了这样的观点：在查理五世统治时期，欧洲出现了一种新的政治体系，即以"均势"的理念为特征的政治体系。关于查理五世如何让他的第一位苏格兰传记作者致富，见 *ODNB*, s. v. William Robertson。

35. Hunt, *HA Correspondence* 6909, Howard's Dedicatory Epistle to Elizabeth, f. 1v.

36. 感谢 Paul Hammer 向我指出，霍华德和卡斯泰尔韦特罗都属于里奇夫人佩内洛普的政治和文化圈子；并指出，霍华德于 1592 年 12 月向伊丽莎白献上了他的译文，因为他告诉她，他"十二年未曾见到陛下快活的容颜"。伊丽莎白于 1580 年 12 月因禁了霍华德，见 emails from Hammer to Parker, 20 Aug. and 2 Sep. 2014。

37. Hunt, *HA Correspondence* 6909, Howard's Dedicatory Epistle to Elizabeth, f. 2v.

38. Teissier, *Instructions*，'Avertissement'（未编张数号的）。这位公子就是后来的普鲁士国王弗里德里希·威廉一世（1688～1740）。

39. Stübel, 'Die Instruktion Karls V', 刊载了德文文本，并注意到它

与泰西耶文本的差别。

40. Mayer, 'Das politische Testament', 491 – 4; Brandi, 'Die politischen Testamente', 277 – 86.

41. 我感谢 Bethany Aram、José Luis Gonzalo Sánchez – Molero、Annemarie Jordan Gschwend、Ruth MacKay 和 Felipe Vidales del Castillo 帮助我编纂这份附录。

42. AGS *PR* 29/59，热尔梅娜·德·富瓦的遗嘱，得到公证，1536 年 9 月 28 日，由卡拉布里亚公爵发送给皇后，1536 年 10 月 18 日。原件在巴伦西亚王家档案馆，Caixa 1824, no. 25。

43. Ríos Lloret, *Germana*, 114.

44. Gonzalo Sánchez-Molero, *Regia biblioteca*, Ⅰ, 259 – 62 讨论了这本书，查理五世在 1537 年为了它向西蒙·贝宁支付了 452 镑，作为插图费用。

45. AGS *PR* 30, no. 19, 'Inventario de las joyas, plata y recámara de la emperatriz', ff. 1v – 2, Charles to María, Augsburg, 24 Apr. 1551. Checa Cremades, *Inventarios*, Ⅱ, 2258 刊载了文本，根据的是查理五世书信在 'Libro de partiçyon que se hizo de la rrecámara que fue de la emperatriz'（编纂于 1555 年）中的另一个版本。我感谢安娜玛丽·约尔丹·克施文德确认了一位尼德兰艺术家在大约 1557 年绘制的玛丽亚肖像中佩戴的"珍珠项链"（hilo de perlas），见 Kunsthistorisches Museum, Vienna, Gemäldegalerie, Inv. – Nr. GG_ 1042。

鸣　谢

　　1841 年 4 月 1 日，威廉·希克林·普雷斯科特开始了他的下一个撰史项目：征服墨西哥。"我计划写大约 1000 页，"他在日记中写道，"写初稿的时候，速度是每天 4 页。每写作一天，搭配两天的阅读，那么我每年能写 450 页，也就是平均每天 1.25 页。"普雷斯科特严格遵守这种严苛的时间表，于 1843 年 8 月将他的《墨西哥征服史》付梓。我写的查理五世传记比他的书短得多，但我花的时间比他长，不仅是因为我缺乏普雷斯科特那铁一样的纪律，还因为我屈从于很多传记作者都会面对的诱惑：

　　　　我完全沉浸于调查研究工作：比如，把通信里的线索拼凑起来，从而揭示此前无人记载的事件和行动，或者对人物与动机有了全新的阐释。我体验过这种超验的时刻（所有历史传记作者都熟悉这种感觉），似乎能触碰到自己笔下人物的手或脸。[1]

　　我在孩提时代差一点就"触碰到了"查理五世的手或脸。1550 年，英格兰人文主义学者罗杰·阿斯卡姆第一次见到查理五世之后，觉得他"长得有点像埃珀斯通的牧师。他穿的是黑色塔夫绸的长袍，戴着皮毛镶边的荷兰式睡帽，帽子顶端有一条接缝，就像一只大型股囊"。[2] 我在诺丁汉长大成人，埃珀斯通村距离诺丁汉只有几英里远。在星期日下午，我的父母会带我走过埃珀斯通村；但我没有看见过股囊（无论是大的还是小的），也没有邂逅过皇帝的其他踪迹。我第一次与查理五世结缘是在 1957 年，当时我参加交换生项目，在比利时待了三周。接待我的那家人来自班什，他们带我去参观了那座大宫殿的废墟，也就是四个世纪之前皇帝的妹妹玛丽为他举办盛大庆祝活动的场所。

　　十年后，我作为博士生，在比利时生活了三个月，研究西班牙为什么没能镇压尼德兰起义，但查理五世（尽管尼德兰起义的敌对双方都经常提及他）对我来说仍然是一个边缘人物。在这两次到访比利时之间，我发现了赫尔穆特·G. 柯尼希斯贝格尔的作品。我还是本科生的时候就读了他关于查理五世的文章。这是一个明智的选择，因为尽管我当时不知道，但他后来会成为我的毕业考试的校外考官。对“1494 年之后的欧洲”的论文主题，他提出的问题是：“查理五世拥有的资源是否足以满足他的帝国的需求？”（自那以后，我一直在试图解决这个问题。）我在 1966 年第一次见到柯尼希斯贝格尔，此后与他多次谈起过查理五世，从中获益匪浅。萨塞克斯出版社将其中一次对话用磁带录了下来。再次听听这次对话，我深深感到，这位极具洞察力的历史学家于 2014 年去世，对史学界来说是多么大的损失。我多么想把本书送一册给他！[3]

直到 2009 年，我才真正“触碰到了”查理五世的手或脸：在美国西班牙学会（Hispanic Society of America）的阅览室做一个项目时，我发现，手抄本 HSA Manuscript B 2955 包含了查理五世在 1543 年 5 月给儿子腓力二世的亲笔秘密指示。它已经失落多年，无人知道它的下落。我当即决定为查理五世写一本传记。我要感谢在当时和后来欢迎我去美国西班牙学会的专家馆员 Mitchell Codding、Patrick Lenaghan 和 John O'Neill，以及 Bethany Aram、Rachael Ball、Richard Kagan 和 David Lagomarsino，他们都曾帮助我解读和阐释皇帝的指示。2014 年，我和 Rachael 合作出版了该手抄本的一个西英双语的评注本。[4]

和其他研究查理五世的历史学家一样，我要特别感谢卡尔·布兰迪（Karl Brandi, 1868~1946）。在五十年的学院生涯中，他出版了八十多种书，话题从查理曼到第一次世界大战不等；指导或审阅了 122 篇博士学位论文；并组建了第一个专攻查理五世的研究小组，由十名学者组成，大多曾是他在哥廷根大学的博士生。在 1930 年和 1941 年之间，这个“哥廷根项目”查明了查理五世时代的约 23000 种文献，将其中几种整理出版，并为帝国政府的档案提供了详细的描述，其成果便是二十卷《查理五世历史的报告与研究》（*Berichte und Studien zur Geschichte Karls V*）。布兰迪在第一次世界大战期间是步兵军官（荣获二级和一级铁十字勋章）。他的军事经验使得他对指挥、后勤与作战有重要的洞见，所以他对查理五世的战争的记述特别丰富。[5]布兰迪和他的研究对象还有其他一些共同点。正如查理五世多次提出用决斗解决他与其他统治者的纠纷，布兰迪在六十五岁时受到一名学界同行的公开怠慢后，"问对方是否愿意手持武器与我决斗"。像弗朗索瓦一世一样，布兰迪的同行拒绝了。[6]1937年，布兰迪出版了他的查理五世传记的第一卷《查理五世皇帝：一位历史人物和一个世界帝国的形成与命运》（*Kaiser Karl Ⅴ. Werden und Schicksal einer Persönlichkeit und eines Weltreiches*），该书一共出过七版，被翻译成五种语言。[7]四年后，他出版了第二卷《查理五世皇帝：史料与探讨》（*Kaiser Karl Ⅴ: Quellen und Erörterungen*），在其中描述和讨论了第一卷德文版每一页引用的史料，并经常抄录史料原文。第二卷于1967年再版，但始终没有被翻译成外文。

布兰迪关于查理五世的作品极多，他的评判极其稳健和自信，令我想起 W. H. 普雷斯科特日记上的另一个段落。他在撰写《秘鲁征服史》的时候在日记中提醒自己："提防罗伯逊。"他指的是八十年前出版的威廉·罗伯逊的《查理五世皇帝统治史》。"在主题在我脑中成形并形成文字之前，我绝不看罗伯逊的书。"[8]到 21 世纪，罗伯逊（他没有做过档案研究）对后来者已经不是威胁，但我写查理五世的传记的时候，还是学会了"提防布兰迪"。我努力在完成每一章之前不参考他那部传记。但读了他的书之后，我经常发现自己忽略了一些材料，或者发现布兰迪通过精彩的分析、用新颖的方式呈现了熟悉的材料，于是我对自己的文本进行了修改（当然会以恰当方式标明对布兰迪的借鉴）。

在布兰迪之后，在学术上我最感谢的人是古斯塔夫·贝尔根罗特（Gustav Bergenroth，1813～1869）。19 世纪 60 年代，他为了撰写一部查理五世传记而搜集了史料，他搜集的是"真正的国家公文：给大使、大臣和谋士等人的信件和指示，以及这些人发来的信件和报告"。[9]这种研究方法让贝尔根罗特奔波于欧洲不计其数的档案馆与图书馆，多达十名抄写员为他抄录他认为对自己的研究有价值的文献。他还亲自为数百份加密文献解码，所以他的抄本比原稿要优越。贝尔根罗特于 1869 年去世时，他的传记仍然没有完成，但他抄录的文献超过 2 万张对开纸，大多数是按照时间顺序排列的，这就给了历史学家们一个独一无二的机会，去把握查理五世帝国行政管理的脉搏。[10]

在 19 世纪 60 年代做档案研究非常困难，不是一般人能够承担的。一个拜访过贝尔根罗特的英国人报告称："在西曼卡斯，一切都很原始，很乡土，人们就像亚当的时代一样不知羞耻。基本的体面生活条件在这里是找不到的……除了为史学做贡献的强烈愿望之外，任何东西都不能让人忍受如此艰苦的生活条件。B 先生描述自己在那里的生活条件时，说他过着山野隐士的生活，这一点都不夸张。"在西曼卡斯生活期间，贝尔根罗特感染了最终害死他的斑疹伤寒。[11]当然，我于 1966 年到西曼卡斯工作的时候，一切都已经发生了变化。根据当地档案馆工作人员的计算（他们密切观察和记录学者先生们的一举一动），我一共查阅过他们的超过 2000 卷文献。

若没有西曼卡斯那种独特的对研究者非常友好的档案管理方法，本书是永远不可能写成的。我要特别感谢档案员 Ricardo Magdaleno Redondo、Asunción de la Plaza、José Luis 和 Julia T. Rodríguez de Diego，以及 Isabel Aguirre Landa；感谢为我送来那超过 2000 卷文献的工作人员（通常是在我提出要求的几分钟之内）；以及为我制作过不计其数的微缩胶卷、复印件和电子文件的复印部工作人员。

我同样深深感激涉及查理五世的其他档案文献的管理专家，特别是阿尔瓦档案馆（马德里）的 Juan Manuel Calderón；皇室、宫廷与国家档案馆（维也纳）的 Leopold Auer 和 David Fliri；比利时王国总档案馆（布鲁塞尔）的 Ernest Persoons、Hugo de Schepper 和 Lucienne van Meerbeeck；北方省档案馆（里尔）的 Hervé Passat；市立研究与保护图书馆（贝桑松）的 Pierre - Emmanuel Guilleray 和 Henry Ferreira - Lopes；大英图书馆（伦敦）的 Michael St. John - McAlister；亨廷顿图书馆（圣马力诺）的 Clay Stalls 和已故的 Bill Frank；美国西班牙学会（纽约）的 Mitchell Codding、John O'Neill 和 Patrick Lenaghan。

档案研究往往需要很多经费。我要感谢美国国家人文科学基金会（National Endowment for the Humanities，它在 2014～2015 年授予本项目一笔高级研究员的基金）和俄亥俄州立大学历史系与梅尔尚中心（Mershon Center）的慷慨赞助。我还要感谢 Bethany Aram 在我在西班牙做最后一轮研究期间，在她领导的项目的框架内为我提供了关键的支持。她领导的激动人心的项目"巴拿马地峡的商贸、冲突与文化：帝国的动脉与全球危机"（HAR2014－52260－P，'Comercio, conflicto y cultura en el istmo de Panamá. Una artería del imperio y la crisis global, 1513－1671'）得到了西班牙经济部（MINECO）的资助。

我很感激俄亥俄州立大学图书馆的 David Lincove、Brian Miller 和 Tonya Johnson。David 是我们的历史类馆员，他采购了我要求的每一种书，并批准图书馆订阅我的研究所需的两种关键数据库 ODNB 和 SPO；馆际互借部门的 Brian 和 Tonya 找到了我要求的每一本书、每一篇文章和每一个章节（有时在二十四小时内就给我发来电子版）。我现在不良于行，旅行和去书架前浏览的能力受限，所以他们的帮助对我完成本书发挥了关键作用。

我还要感谢其他一些帮助我获取和解读文献的朋友与同行：Bethany Aram 在布鲁塞尔、里尔和塞维利亚帮助了我；Fernando Bouza Álvarez、Alberto González Martínez、José Luis Gonzalo Sánchez－Molero、Santiago Martínez Hernández 和 Felipe Vidales del Castillo 在西班牙帮助我；Sheilagh Ogilvie 和 Hamish Scott 在英国帮助我；Lucien Bély、Indravati Félicité 和 Sanjay Subrahmanyam 在法国帮助我；Annemarie Jordan Gschwend 在奥地利帮助我；Arndt Brendecke 和 Franz Mauelshagen 在德国帮助我；Sebastiaan Derks、Raymond Fagel、Dries Raeymacker、Hugo Soly 和 Steven Thiry 在低地国家帮助我；Maurizio Arfaioli、Michael Levin、Andrea Ottone 和 Michele Rabà 在意大利帮助我；Clara García Ayluard 在墨西哥帮助我；Richard Kagan 在美国帮助我；Cameron Jones 在秘鲁帮助我。我还要感谢 Annemarie Jordan Gschwend、Hilary Macartney 和 Patrick Lenaghan 在图像学方面的帮助；James Estes 和 Saskia Limbach 在本书涉及德意志方面的建议；Christine Meyer 在我在康斯坦茨大学研读"查理五世的政治通信"时对我的帮助。

在本书快出版的时候，我非常幸运地得到 Bethany Aram、Maurizio Arfaioli、Ruth MacKay 和 James Tracy 的帮助，他们阅读全书并提出批评建议；Byron Hamann 和 Robert Sargant 阅读了校样；Kate Epstein 提供了一些很好的建议；Robert Baldock、Percie Edgeler、Rachael Lonsdale、Marika

Lysandrou、Clarissa Sutherland 和我的编辑 Richard Mason（耶鲁大学出版社）引导我度过了最后的几个阶段。这是 Robert（截至目前）委托我创作的第四本书，他那堪称楷模的耐心与专业的编辑技能，都给我春风拂面之感。

最后，我要感谢家人的耐心与支持。詹姆斯·阿特拉斯（James Atlas)① 曾把传记家的家人的悲惨命运描绘得淋漓尽致：在家人眼中，传记家沉迷于传主，而传主"严格来讲并没有死，但也并不是完全在场"；传主"向我索取海量的时间、精力和注意力"。阿特拉斯为此向家人道歉。[12]所以，因为在过去九年里我对亲人的忽视（无论是真的忽视了，还是他们认为自己被忽视了），我和查理五世都要向我的伴侣 Alice Conklin，我的孩子 Susie、Ed、Richard 和 Jamie（他们都对西曼卡斯了如指掌），以及我的孙辈 Cameron、Sienna 和 Cordelia（他们年纪还太小，辨认不出哈布斯堡家族的笔迹，但他们有充足的时间去学习）深深地鞠躬并道歉。

杰弗里·帕克

哥伦布，2018 年 11 月 30 日，圣安德鲁瞻礼日

这一天对查理五世和我都有特殊意义

注　释

1. Gardiner, *The literary Memoranda*，Ⅱ，69 - 70，Prescott's journal entry from 1 Apr. 1841；Temple, *A sort of conscience*, 2（斜体部分）。Temple 打算"在三到五年内为爱德华·韦克菲尔德及其兄弟写一部传记，但最终花了十一年。我低估了研究这整个家族并为其立传所需的时间"。1999 年，曼努埃尔·费尔南德斯·阿尔

---

① 詹姆斯·罗伯特·阿特拉斯（1949～2019）是出版人和作家，是企鹅传记系列的创始人，著有多部传记。

瓦雷斯对他研究查理五世的工作给出了类似的描述。他在 1942 年写了一篇博士学位论文来解释西班牙和英格兰在 1553 年缔结的盟约为什么会土崩瓦解；1956 年，有人请他为皇帝逝世四百周年组织纪念活动，于是他扩大了自己的视野；1999 年，他出版了一部雄心勃勃的传记，正好赶得上皇帝的诞辰四百周年纪念（*Carlos* Ⅴ：*el César*, 21‑2）。

2. Giles, *The whole works*，Ⅰ，ⅱ，267‑8, Ascham to Edward Raven, 29 Jan. 1551. 埃珀斯通当时的牧师是克里斯托弗·万斯福斯（Christopher Wansforth）。他、阿斯卡姆和拉文（Raven）都曾就读于剑桥大学圣约翰学院，这也许能解释阿斯卡姆为什么会这么联想。感谢 John Morrill 和 Tracey Akehurst 向我解释这一点。

3. Koenigsberger and Parker, 'Charles Ⅴ'. 柯尼希斯贝格尔的考题可能受到了 Tyler, *The emperor*, 285 的启发："他拥有的资源始终不足以让他有效地乘胜追击或者有效地利用外交领域取得的成功。"

4. Ball and Parker, *Cómo ser rey*.

5. 例如，布兰迪对查理五世攻打梅斯的叙述。布兰迪在 1917~1918 年担任梅斯的"要塞首席副官"（Brandi, 'Karl V. vor Metz', 1）。他也很懂得挖掘地道的恐怖（Brandi, *The emperor*, 641）。在他的最后一次讲座（1945 年，出版于 Plassmann, *Karl Brandi*, 39‑43）中，布兰迪运用了他身为"第一次世界大战的前线战士"的经验。Ericksen, *Complicity*, 62‑74 讨论了希特勒崛起之前和之后布兰迪的军旅生涯对他的爱国主义和政治观念的影响。

6. Ericksen, *Complicity*, 91, from a letter by Brandi in Jan. 1934. 这位学界同行是古代史专家 Ulrich Kahrstedt，也是哥廷根大学的教授，布兰迪受辱后立刻发出了决斗挑战。

7. 这些外文版并非都令人满意：1939 年的法文版的缺陷遭到了严厉批评，见 Bataillon, 'Le Charles‑Quint de Karl Brandi', 300‑2。C. V. Wedgwood 提供了一个较可靠的英译本。

8. Gardiner, *The literary Memoranda*，Ⅱ，145, Prescott's journal entry from 23 Apr. 1845，在原件中有所强调。1856 年，普雷斯科特向罗伯逊的《查理五世皇帝统治史》一书提供了"皇帝退位后生活的记述"，见Ⅰ，ⅲ‑ⅵ，andⅢ，331‑510。罗伯逊对查理五

世的负面评价，见上文。

9. Cartwright, *Gustave Bergenroth*, 153, Bergenroth to David Douglas, 1 Aug. 1866.

10. 关于更多贝尔根罗特的抄本，以及他各色各样的收藏，见上文。

11. Cartwright, *Gustave Bergenroth*, 89, n. 1, J. S. Brewer to Lord Romilly, Valladolid, 21 Aug. 1861.

12. Atlas, *The shadow*, 31.

注释和参考文献中的缩略词

AA	Biblioteca de Liria, Madrid, Archivo de la Casa de los Duques de Alba, with caja and folio
ADN	Archives départementales du Nord, Lille
B	*Archives civiles, Série B (Chambre des Comptes de Lille)*, with register or liasse and (where one exists) immatriculation
AGI	Archivo General de Indias, Seville, with legajo and ramo, or libro and folio
IG	*Indiferente General*
Justicia	*Papeles de Justicia*
Lima	*Audiencia de Lima*
México	*Audiencia de México*
Patronato	*Patronato Real*
AGNM	Archivo General de la Nación, Mexico D.F.
Mercedes	*Instituciones coloniales: Mercedes*
AGPM	Archivo General del Palacio Real, Madrid, Sección histórica
AGRB	Archives Générales du Royaume/Algemene Rijksarchief, Brussels
Audience	*Papiers d'État et d'Audience/Papieren van Staat en Audientië*
Gachard	*Collection Gachard/Collectie Gachard*
MD	*Manuscrits divers/Handschriftenverzameling*
AGS	Archivo General de Simancas, Simancas (Valladolid)
CC	*Cámara de Castilla*
CJH	*Consejos y Juntas de Hacienda*
CMC	*Contaduría Mayor de Cuentas* (with época and legajo)
CS	*Contaduría del Sueldo* (with época and legajo)
CSR	*Casas y Sitios Reales*
E	*Negociación de Estado*
GA	*Guerra Antigua*
PR	*Patronato Real*
AHN	Archivo Histórico Nacional, Madrid
Inquisición	*Sección de Inquisición*
AHN Nobleza	Sección Nobleza del Archivo Histórico Nacional, Toledo
Frías	*Archivo de los duques de Frías* (until 1987 housed in the castle of the dukes of Frías at Montemayor, Córdoba)
AHR	*American Historical Review*
AMAE	Archivo del Ministerio de Asuntos Exteriores, Madrid
ANF	Archives Nationales de France, Paris, Archives de l'Ancien Régime
Série J	*Trésor des Chartes*
Série K	*Monuments historiques*
ANTT	Arquivo Nacional da Torre do Tombo, Lisbon
CC	*Corpo cronológico*
AS	Archivio di Stato
ASF	Archivio di Stato, Florence
MdP	*Mediceo del Principato*
SDO	*Signori, Dieci di Balia e Otto di Pratica. Legazioni e commissarie, missive e response*
ASMa	Archivio di Stato, Mantua
AG CE	*Archivio Gonzaga: Corrispondenza estera*

ASMo	Archivio di Stato, Modena
CDA	*Cancellaria ducale: ambasciatori*
ASP	Archivio di Stato, Parma
CF	*Carteggio Farnesiano*
GG	*Archivi di Famiglie e di Persone: Gonzaga di Guastalla*
AST	Archivio di Stato, Turin
LM	*Lettere di ministri*
B&S	*Berichte und Studien zur Geschichte Karls V.*, with issue number (a series of 20 fascicles published in *Nachrichten von der Gesellschaft der Wissenschaften zu Göttingen, Philologisch-Historische Klasse* between 1930 and 1942 by Karl Brandi and his students. See bibliography for details.)
BAE	Biblioteca de Autores Españoles
BAV	Biblioteca Apostolica Vaticana, Vatican City, Manuscript collection
Vat. Lat.	*Codex Vaticanus Latinus*
BCRH	*Bulletin de la Commission Royale d'Histoire*
BH	*Bulletin Hispanique*
BHO	*British History Online*
BIHR	*Bulletin of the Institute of Historical Research*
BKK	Brandi, K., *Kaiser Karl V: Quellen und Erörterungen* (Munich, 1941)
BL	British Library (formerly British Museum Library), London, Department of Western Manuscripts
Addl. Ms.	*Additional Manuscripts*
Cott. Ms.	*Cotton Manuscripts*
Eg. Ms.	*Egerton Manuscripts*
Harl. Ms.	*Harleian Manuscripts*
BMECB	Bibliothèque Municipale d'Étude et de Conservation, Besançon
Ms. Granvelle	*Collection Manuscrite Granvelle*
BNE Ms.	Biblioteca Nacional de España, Madrid, *Colección de Manuscritos*
BNF	Bibliothèque Nationale de France, Paris, *Section des Manuscrits*
Dupuy	*Collection manuscrite Dupuy*
F. f.	*Fonds français*
Ms. Esp.	*Manuscrit espagnol*
Ms. Port.	*Manuscrit portugais*
BNMV	Biblioteca Nazionale Marciana, Venice, Manuscript collection
BNP	*La Bibliothèque Nationale à Paris. Notice et extraits des manuscrits qui concernent l'histoire de la Belgique*, ed. L. P. Gachard, 2 vols (Brussels, 1875-7)
BR Ms.	Biblioteca Real (formerly Biblioteca del Palacio Real), Madrid, *Colección de Manuscritos*
BRAH	*Boletín de la Real Academia de la Historia*
BRB Ms.	Bibliothèque Royale de Belgique/Koninklijke Bibliotheek, Brussels, *Cabinet des Manuscrits/Handschriftenkabinet*
BSLE Ms.	del Real Biblioteca Monasterio de San Lorenzo de El Escorial, *Colección de Manuscritos*
BZ	Biblioteca de Zabálburu, Madrid, Manuscript collection (with caja and folio)
CADMA	Centre des Archives Diplomatiques du Ministère des Affaires Étrangères, La Courneuve (previously Archives du Ministère des Affaires Étrangères)
MDE	*Mémoires et documents: Espagne*
CCG	*Correspondance du Cardinal de Granvelle*, ed. E. Poullet and C. Piot, 12 vols (Brussels, 1877-96)
CDCV	*Corpus Documental de Carlos V*, ed. M. Fernández Álvarez, 5 vols (Salamanca, 1973-81)
CLC	*Cortes de los antiguos reinos de León y de Castilla*, 7 vols (Madrid, 1861-1903)
CMH	*Correspondance de Marie de Hongrie avec Charles-Quint et Nicolas de Granvelle*, ed. L. Gorter-van Royen and J.-P. Hoyois, 2 vols (Leuven, 2009-18)
CODOIN	*Colección de Documentos Inéditos para la historia de España*, 112 vols (Madrid, 1842-95)
CODOIN . . . América	*Colección de Documentos Inéditos relativos al descubrimiento, conquista y organización de las antiguas posesiones de América y Oceania*, 42 vols (Madrid, 1864-84)
CODOIN . . . Ultramar	*Colección de Documentos Inéditos relativos al descubrimiento, conquista y organización de las antiguas posesiones españolas de Ultramar*, 25 vols (Madrid, 1885-1932)

CR   *Corpus Reformatorum*, ed. K. G. Bretschneider et al., 101 vols to date (Halle, 1834–)
CSPF   *Calendar of State Papers, Foreign Series, of the reign of Edward VI, 1547–1553*, ed. W. B. Turnbull (London, 1861)
CSP Milan   *Calendar of State Papers and Manuscripts in the Archives and Collections of Milan, 1385–1618*, ed. A. B. Hinds (London, 1912)
CSPSp   *Calendar of Letters, Despatches, and State Papers, relating to the negotiations between England and Spain, preserved in the archives at Vienna, Simancas, Besançon, Brussels, Madrid and Lille*, ed. G. A. Bergenroth, P. de Gayangos et al., 13 vols, (London, 1862–1954)
CSPSp Supplement   *Supplement to volume I and volume II of Letters, Despatches, and State Papers, relating to the negotiations between England and Spain, preserved in the archives of Simancas and elsewhere*, ed. G. A. Bergenroth (London, 1868)
CSPSp Further Supplement   *Further Supplement to Letters, Despatches, and State Papers, relating to the negotiations between England and Spain, preserved in the archives at Vienna and elsewhere, 1513–1542*, ed. G. Mattingly (London, 1947)
CSPV   *Calendar of State Papers and Manuscripts relating to English Affairs existing in the archives and collections of Venice*, ed. H. F. Brown et al., 38 vols (London, 1864–1947)
CWE   *The Collected Works of Erasmus: The Correspondence*, ed. W. K. Ferguson, J. Estes et al., 18 vols to date (Toronto, 1974–2018)
EHR   *English Historical Review*
FBD   G. Parker, *Felipe II. La biografía definitiva* (Barcelona, 2010)
GRM   *Retraite et mort de Charles-Quint au monastère de Yuste. Lettres inédites publiées d'après les originaux conservés dans les archives royales de Simancas*, by L. P. Gachard, Introduction and 2 vols (Brussels, 1854–6)
HHStA   Haus-, Hof- und Staatsarchiv, Vienna
     Länderabteilungen: Belgien-Niederländisches Departement
Belgien DD   *Belgien Repertorium DD*
Belgien PA   *Belgien Repertorium P Abteilung A*
Belgien PB   *Belgien Repertorium P Abteilung B*
Belgien PC   *Belgien Repertorium P Abteilung C*
     Handschriftensammlung
Hs. Blau   *Handschrift Blau*
HMC   *Historical Manuscripts Commission*
HR   *Historical Research* (formerly *Bulletin of the Institute of Historical Research*)
HSA   Hispanic Society of America, New York, Manuscript collection
Altamira   Manuscripts from the Society's Altamira collection, with box, folder and document
B   Manuscripts from the Society's main manuscript collection
HC   Documents purchased by the HSA from Karl Hiersemann, with catalogue and document
Hunt   Huntington Library, Art Collections and Botanical Gardens, San Marino (California)
HA   *Hastings Manuscripts*
PL   *Pizarro–La Gasca Collection*
IVdeDJ   Instituto de Valencia de Don Juan, Madrid, with envío and folio
KB   Koninklijke Bibliotheek, The Hague
KFF   *Die Korrespondenz Ferdinands I. Die Familienkorrespondenz*, ed. W. Bauer et al., 5 vols to date (Vienna, 1912–2015)
LCK   *Correspondenz des Kaisers Karls V., aus dem königlichen Archiv und der Bibliothèque de Bourgogne zu Brüssel*, ed. K. Lanz, 3 vols (Leipzig, 1844–6)
LGC   *Correspondance de l'empereur Maximilien Ier et de Marguerite d'Autriche, sa fille, gouvernante des Pays-Bas, de 1507 à 1519*, ed. A. J. G. Le Glay, 2 vols (Paris, 1839)
L&P Henry VIII   *Letters and papers, foreign and domestic, of the reign of Henry VIII*, ed. J. S. Brewer, J. Gairdner, and R. H. Brodie, 21 vols, some in multiple parts (London, 1872–1920), plus revised and expanded editions of the first two volumes
LWB   *Dr Martin Luthers Werke, Kritische Gesamtausgabe. Abteilung 4: Briefwechsel*, 18 vols (Weimar, 1930–85)
LWS   *Dr Martin Luthers Werke, Kritische Gesamtausgabe. Abteilung 1: Schriften*, 56 vols (Weimar, 1883–1929)
LWT   *Dr Martin Luthers Werke, Kritische Gesamtausgabe. Abteilung 2: Tischreden*, 6 vols (Weimar, 1912–21)
MHE   *Memorial Histórico Español*

MÖStA	*Mitteilungen des Österreichischen Staatsarchivs*
NBD	*Nuntiaturberichte aus Deutschland. Nebst ergänzenden Aktenstücken, Erste Abteilung 1533-1559*, ed. W. Friedensburg, L. Cardauns et al., 17 vols, with two *Ergänzungsbände* covering 1530-2 (Gotha, 1892-1981)
ODNB	*Oxford Dictionary of National Biography* (Oxford, 2004; updated online resource: *www.oxforddnb.com*)
ÖNB	Österreichische Nationalbibliothek, Vienna, manuscript collection
PEG	*Papiers d'État du Cardinal de Granvelle*, ed. C. Weiss, 9 vols (Paris, 1841-52)
RAH *Ms.*	Real Academia de la Historia, Madrid, *Colección de Manuscritos*
Muñoz	*Colección manuscrita Muñoz*
Salazar	*Colección manuscrita Salazar y Castro*
RTA	*Deutsche Reichstagsakten, jüngere Reihe. Deutsche Reichstagsakten unter Kaiser Karl V.*, ed. A. Kluckhohn et al., 20 vols, some in multiple parts (Gotha and Munich, 1893-2009)
RVEC	Rodríguez Villa, A., *El Emperador Carlos V y su corte según las cartas de don Martín de Salinas, embajador del Infante don Fernando, 1522-1539* (Madrid, 1903)
SCJ	*Sixteenth Century Journal*
SLID	Sánchez Loro, Domingo, *La inquietud postrimera de Carlos V*, 3 vols (Cáceres, 1957-9)
SP	*State papers, published under the authority of His Majesty's Commission. King Henry the Eighth*, 5 parts in 11 vols (London, 1830-52)
SPO	*State Papers Online* (online resource: *https://www.gale.com/uk/primary-sources/state-papers-online*)
TNA	The National Archives (formerly The Public Record Office), Kew, London
TRHistS	*Transactions of the Royal Historical Society*

关于史料

贝尼托·桑切斯·阿隆索（Benito Sánchez Alonso）在 1952 年出版的那部经典的《西班牙与拉丁美洲史料》（*Sources of Spanish and Latin American History*）中写道，查理五世统治时期的史料"卷帙浩繁，极其混乱"。"关于 1516～1556 年的西班牙"，他列举了约 2500 种单独的史料，涉及 10 种语言。而在 1952 年之后，关于西班牙、拉丁美洲和查理五世帝国的其他部分的史料文献当然变得更加丰富和庞杂。2005 年出版的质量很高的《查理五世皇帝的历史》（*The Histories of Emperor Charles V*）花了将近 300 页的篇幅列举相关的研究论著，但只包括在欧洲各国和曾经的奥斯曼帝国出版的著作，而忽略了曾经描绘查理五世的拉美作者。[1]

关于查理五世生平与统治的主要第一手资料可以分成六大类：数据收集、自述文献、行政档案、外交档案、编年史与史书，以及文化记录。

一　数据收集

七部数据收集史料（其中四部有印刷版，三部是抄本）提供了关于查理五世及其世界的极其丰富的信息。

1. 查理五世的旅行

Manuel de Foronda y Aguilera 花了将近五十年，研读他能找得到的所有史料，从而确定查理五世人生中的每一天和每一晚是如何度过的，（若有可能）还要查明他做了什么。Foronda 于 1914 年出版了这部史料集的最终版。比森特·德·卡德纳斯·比森特编纂的两部史料集 *Diario del emperador Carlos V* 和 *Caminos y derroteros* 提供的信息比 Forond 的书既多又少：在积极的一面，卡德纳斯的史料集包含了很多虽然查理五世并不在场但对他来说很重要的事件；在消极的一面，卡德纳斯的史料集不像 Foronda 的史料集那样给出了大量档案的来源。目前，Alain Servantie 和其他人正在建设一个网站"查理五世皇帝在欧洲的旅行路线"（Itinera Carolus Ⅴ imperator/The European routes of Emperor Charles Ⅴ：Itinera Carolus Ⅴ丨Las Rutas del Emperador）。[2]

2. 查理五世的政治通信：康斯坦茨大学藏品

20世纪60年代，霍斯特·拉贝（Horst Rabe）和康斯坦茨大学的一个团队开始从奥地利、比利时和西班牙收集查理五世的政治通信的复印件。到2000年，他们已经清点了查理五世发出或收到的超过12万封书信，分成将近1500捆，涉及的文字有荷兰文、法文、德文、意大利文、西班牙文和拉丁文。他们给每一份文件设定了一个号码，然后发表了一份索引，根据日期和收件人来分类（Rabe, *Karl* Ⅴ., *politische Korrespondenz*），还发表了这些藏品的摘要（Rabe, 'Die politische Korrespondenz'）。康斯坦茨大学的这些书信复印件存放在若干函套（Schuber）中，根据其来源的档案馆、系列和捆（legajo、liasse或Konvolut）来排布，通常在开头处有两份目录：一份是按照箱子里每一份文件的序号排列的，另一份是按照原始的一捆文件的页码。最关键的细节——收信人和寄信人；签发的日期和地点；档案馆索书号和函套号；状态（原稿、摘录、已解密等）——也被输入了POLKAweb数据库：http：//karl-v.bsz-bw.de/。所有这些信件被纳入同一个按照日期排布的体系，让我们能够追踪在不同时期文书工作的不同工作量，并像查理五世一样把握帝国的脉搏。这本身就是一项了不起的历史复原工作。[3]

3. 贝尔根罗特为撰写一部《查理五世历史》而抄录的文献

古斯塔夫·贝尔根罗特在欧洲和美国的加利福尼亚有过精彩的生活，之后花了十年在欧洲各大档案馆和图书馆搜寻和阅读各种手抄本，准备写一部《查理五世历史》。贝尔根罗特雇用了十名抄写员来抄录文献。到1869年去世时（他死于在西曼卡斯居住时感染的斑疹伤寒），他已经积累了将近2万页文献。不久之后，他的"莫逆之交"保罗·弗里德曼（Paul Friedmann）表示愿意把贝尔根罗特的"查理五世藏品"卖给大英博物馆，开价 1500 镑。大英博物馆的手抄本部主任请了德高望重的历史学家阿克顿勋爵①来评估这些手抄本的价值。尽管阿克顿勋爵遗憾地说贝尔根罗特"判断什么东西重要和新颖的能力比他运用材料的能力强得多"，但他认为这些藏品"理应在大英博物馆的珍宝中占据一席之地"。大英博物馆的管理者于 1870 年批准购买这批手抄本。它们被按照时间顺序排布，不管每一份文件各自来自哪一家档案馆。贝尔根罗特藏品的二十六卷厚厚的对开纸手抄本（BL Addl. Ms. 28，572 - 28，597）能够给我们一个独特的机会，去透过查理五世的视角观察世界。[4]

购买这批手抄本不久之后，大英博物馆的图书馆员发现，弗里德曼手里还掌握着十一卷文献。他表示愿意出售，但大英博物馆拒绝了。1896 年，弗里德曼将这十一卷文献捐赠给柏林的普鲁士国家图书馆（Preussische Staatsbibliothek）。第二次世界大战之后，这些手抄本被克拉科夫的雅盖沃图书馆（Biblioteka Jagiellońska）获得，登记号为 Ms. Hisp. Fol. 27 - 37。前六卷更多的是为贝尔根罗特准备的手抄本，按照主题分类（Ms. Hisp. Fol. 29 包括从各种来源获得的关于查理五世和宗教裁判所的文献；Ms. Hisp. Fol. 30 包括查理五世关于特伦托会议的信件的抄本；诸如此类）。剩下五卷是贝尔根罗特制作的他参考和抄录的所有文献（部分在伦敦，部分在克拉科夫）的目录，根据来源档案馆和系列来排布。[5] 全部十一卷都已经数字化，在网上可以看到：http：//info. filg. uj. edu. pl/fibula/pl/manuscripts/5。

4. 查理五世的宫廷

2000 年，何塞·马丁内斯·米连（José Martínez Millán）和他的一群同事（主要是马德里自治大学的学者）出版了一部五卷本的研究查理五

---

① 约翰·达尔伯格 - 阿克顿（1834～1902），第一代阿克顿男爵，是英国历史学家、政治家和作家。他的背景很复杂多元，有英国、那不勒斯、德意志和法国的身份。阿克顿早年师从德国史学家利奥波德·冯·兰克，后来担任英国剑桥大学历史学教授。他有句名言是"权力导致腐败，绝对权力一定导致腐败"。

世的宫廷与政府的专著。前两卷包括很多论文；后三卷包括很多大臣和内阁官员的名单与传记。[6] 这五卷全部都可以在线查阅：https：//dialnet. unirioja. es/servlet/libro？codigo=4519。

5. 查理五世的财产

2010 年，Fernando Checa Cremades 和一个国际专家组整理出版了几乎全部存世的查理五世、他的弟弟和姐妹以及其他近亲留下财产的清单。每一份清单都列举并详细描述他们在人生的不同阶段拥有什么财产。皇室每一位成员的财产清单都附有一篇非常有价值的英文和西班牙文论文。[7]

6. 查理五世的退隐

查理五世在西班牙的最后一次停留（1556 年 9 月～1558 年 9 月）是他整个人生中留下史料最多的一个时期。皇帝去世不久之后，根据他的女儿胡安娜的要求，尤斯特的修道院院长马丁·德·安古洛（Martín de Angulo）就撰写了一部简短的《神圣的皇家帝王，我们的查理五世陛下在尤斯特圣哲罗姆修道院的生活与最后的日子》（*Vida y fin que ha tenido la cesárea, sacra y real majestad de nuestro señor Don Carlos, en este monasterio de San Jerónimo de Yuste*）。[8] 几十年后，埃尔南多·德尔·科拉尔修士撰写了一部更详细的《我们的主公查理五世皇帝如何决定退隐到尤斯特圣哲罗姆修道院的简史》（*Historia breve y sumaria de cómo el emperador Don Carlos V, nuestro señor, trató de venirse a recoger al monasterio de San Jerónimo de Yuste*），该书从皇帝退位讲起，结尾是皇帝的遗体于 1574 年被转移到埃斯科里亚尔的新的圣哲罗姆修道院。但该书的大部分篇幅集中在皇帝在修道院附属的皇室套房内生活的十九个月。[9] 另一位更有名的历史学家何塞·德·西根萨修士在他的《圣哲罗姆修道会史》（*Historia de la Orden de San Jerónimo*）第二部（1600 年出版）中无耻地抄袭了安古洛和科拉尔的作品，不过做了一些巧妙的增补和删减。普鲁登希奥·德·桑多瓦尔（Prudencio de Sandoval）在他的《皇帝与西班牙国王查理五世在尤斯特修道院的退隐生活》（*Historia de la vida que el emperador Carlos V rey de España hizo retirado en el monasterio de Iuste*）的最后一部分里也是这么做的。

另外，皇帝的通信、他的很多随从的通信、皇帝内廷经过审计的账目，以及他在尤斯特期间的财产清单，如今大体被完好地保存在西曼卡斯。这些史料的很大一部分在 19 世纪 50 年代首次被整理出版，显然是为了庆祝他的逝世三百周年。有些史料被西曼卡斯的档案馆员 Tomás González 和 Manuel González 抄录下来，其余的被他们的继任者 Manuel García González 抄录，他是为比利时档案馆员和历史学家路易·普罗斯佩·加沙尔（Louis Prosper Gachard）工作的。[10] 1957～1958 年，Domingo Sánchez Loro 把关于皇帝最后两年的几乎全部存世史料整理出版，共三卷，将近 2000 页。其中第三卷逐日复原了"查理五世在尤斯特的退隐、居留与死亡"，材料来源是 Tomás González 抄录的西曼卡斯文献，相关文献的文本被放在超过 500 条脚注中。[11]

有了这些史料，我们就能了解查理五世最后患病期间的几乎每一分钟。此外还有二十名聚集在他临终病榻周围的人士的宣誓证词。宗教裁判所为了调查托莱多大主教巴尔托洛梅·卡兰萨的异端罪，搜集了这些证词。José Ignacio Tellechea Idígoras 不知疲倦地研究卡兰萨，在三个地方发表了二十份证词：*BRAH*，CXLIII（1958），155 – 227；*Fray Bartolomé Carranza. Documentos Históricos*（1962 – 94）；还有题为 *Así murió el emperador* 的一卷（1995 年）。

7. 查理五世的债务

AGS *CSR* legajos 128 – 180，被称为 *Descargos de Carlos V*，包含了 52 箱文献，满是抄本形式的账目和查理五世的债权人向其遗嘱执行人发出的申请。查理五世的债务总额超过 50 万杜卡特。申请者包括他的大臣和内廷官员或其继承人（包括弗朗西斯科·德·洛斯·科沃斯的寡妇，她拿出了丈夫的遗嘱，然后才收到他作为查理五世的主要秘书被拖欠的工资），还有芭芭拉·布隆贝格（奥地利的堂胡安的母亲，直到 1597 年她还在恳求偿付她儿子的债务）。这些申请者的故事让我们能够从一个独特的角度了解查理五世的世界。这些文献是在 1898 年整理的，所有申请者的名字被做成索引，可以在西曼卡斯的研究室查阅。[12]

不过，上述的七种史料都是不完整的。尽管 Foronda 参考了从西班牙各地到里尔的各种馆藏手抄本，但在其他地方他主要依赖于已经出版的著作。康斯坦茨大学的研究者特意排除了查理五世早年的文献（他们收藏的第一封查理五世写的信是 1517 年 6 月的），并且忽视了许多藏在私人档案中的文献。贝尔根罗特搜集了关于查理五世的许多重要手抄本的抄本，但仍有遗漏。Checa Cremades 和他的团队忽略了 1517 年查理五世第一次从尼德兰去西班牙时所带物品的部分清单。[13] *Descargos de Carlos* V 的索引里没有提及附属的文件，并且仅涉及查理五世在卡斯蒂利亚的债权人。

二　自述文献

1958 年，荷兰历史学家雅各布·普莱瑟尔（Jacob Presser）发明了自述文献（ego‐document）这个术语，用来表示"以第一人称自述的历史文献，或者在偶尔的情况下是第三人称（比如恺撒和亨利·亚当斯的文献）；叙述者在文本中持续出现，并且是写作和描述的对象"。[14] 历史学家，尤其是研究近代早期欧洲的历史学家，后来发展出重要的方法论来处理自述文献涉及的问题，比如对于某些事情的回忆太痛苦或太尴尬，所以作者不能或不愿记述，会（有意识或无意识地）对其加以修改。斐迪南（查理五世的弟弟）和马丁·路德在餐桌上的言论被同时代人记录在案。尽管似乎没有同时代人记载查理五世在餐桌上的言论，但皇帝写了一部自传，根据自己亲笔写的笔记发表过关于政策的演讲，还写过不计其数的指示、意见书和信函，在其中表达了自己内心深处的所思所想。如费德里科·沙博所说："或许历史上没有任何一位统治者留下的亲笔文件的数量可以与查理五世相提并论。"[15]

1. 自传

1550 年查理五世乘坐画舫在莱茵河上航行时，在宫廷总管纪尧姆·

范·马勒的协助下，以第三人称撰写了《回忆录》，记述自己在1515年到1548年之间的公共生活（见附录一）。查理五世内层圈子的两名成员也记录了与查理五世有关的人生故事。马克西米利安一世皇帝监督编修了一套插图版自传，分成四个部分：《陶伊尔丹克》（Theuerdank，1505～1516）；《白色国王》（Der Weisskunig，1510～1517）；《弗莱达尔》（Freydal，1512～1516）；《弗里德里希三世与马克西米利安一世的历史》（Historia Friderici Ⅲ et Maximiliani Ⅰ，1515～1516）。他把这四个部分的特制版本赠送给孙子查理五世（见本书第二章）。[16] 查理五世的首相梅尔库里诺·阿尔博里奥·德·加蒂纳拉也写了一部自传，也是用第三人称，写作时间是1529年7月，即他与查理五世从巴塞罗那启航去意大利之前不久。1915年，Carlos Bornate出版了加蒂纳拉的自传，它有47张大开本对开纸，用拉丁文写成，加蒂纳拉的工整字体很有特点，做过大量修订，还附加了一些备忘录和书信，用来解释作者的一些说法（Bornate，'Historia'）。差不多一个世纪之后，丽贝卡·阿德·布恩（Rebecca Ard Boone）出版了该书的英译本，作为她研究加蒂纳拉的著作的附录，其中包括了Bornate版本的绝大多数（但不是全部）博学的注释（Boone，Mercurino）。Bornate愤恨地说，加蒂纳拉的"文风累赘而啰唆"，并且有时"冗长的句子和过分跑题拖累了他的行文"，所以（用Manuel Rivera Rodríguez的话说）在读加蒂纳拉的自传时，"我们的印象是在听一个人喋喋不休地独白"。不过，这本自传包含了许多其他地方找不到的材料。[17]

2. 指示

和当时的其他统治者一样，查理五世在指派某人去执行某件重要任务（外交的、军事的、行政的、私人的任务）的时候，会写详细的书面指示（有的是公开的，有的是保密的）。例如，1543年5月他离开西班牙的时候撰写并签署了数十份给代理他统治西班牙的人士的指示，其中有两份是他亲笔写给儿子腓力的，每一份都超过20页。其中第二份仅供腓力一人阅读，包括查理五世对于应当如何治国的思考，还有皇帝对负责辅佐腓力的大臣们的优缺点的评价。[18]

3. 意见书

1551 年，威尼斯大使马里奥·卡瓦利注意到，当查理五世遇到复杂的问题需要决策的时候，喜欢"写下正面和反面的意见，看哪一种更好"。许多这样的思考性质的文件留存至今，首先是 1525 年 2 月他剖析自己的困境的文件。他写这份文件，是因为"我想私下里写下我的意见［赞同和反对的意见］，尽管没有人比我更了解这些想法"。[19]皇帝给弟弟的一些亲笔信也是出于同样的目的，例如 1530 年 1 月他写的关于"帝国国情"的信，篇幅达 14 张对开纸，有的经过大幅度修改。他写这封信，就是"为了你我面谈的时候作为备忘录，我会向你解释与其相关的所有东西"。[20]

4. 演讲稿

有些人认为查理五世是个沉默寡言的人，比如在 1532 年，路德开玩笑说："他在一年里说的事情和我一天里做的一样多。"但我们知道，皇帝有时也很健谈，因为大使们总会记录（往往是逐字记录）他在接见他们时说了什么（见下文）。另外，他的一些正式讲话也被印刷发表（比如他为某领地的代表会议开幕时的演讲；他在金羊毛骑士团的正式会议上对其他骑士对他所做批评的长篇回应，骑士团的书记员记录了他的这些回应）。[21]

同时代的人会特别注意查理五世的公开演讲，比如 1536 年 4 月他在罗马对教宗和枢机主教团的高谈阔论，一口气讲了一个多钟头；还有 1555 年 10 月向尼德兰等级会议发表的退位演讲。这两次，查理五世都是根据事先做的笔记来演讲的，而不是照读稿子，但很多见证人后来记录了他们认为他说过的话。最详细的版本是外国大使发送给本国政府的报告，并且因为大使们坐在听众的前排，所以按理说应能听见和看见所有重要的东西。[22]其他人就不是这么幸运了。查理五世退位演讲的一位西班牙见证人的报告或许是很典型的："我只能根据自己亲眼看到的东西来叙述当时的情况，因为人太多了，我几乎什么都听不见。"但一些坐在大厅后排的人还是做了笔记，后来将其发表。[23] 荷兰人庞图斯·赫特卢斯（Pontus Heuterus）就这么做了。1598 年，他在自己的著作《尼德兰与奥地利事务》（用拉丁文写成）中发表了四十三年前查理五世退位演讲的一个版本，不过它与存世的其他绝大多数详细版本大相径庭，即"Receuil［sic］de ce que l'empereur dit de bouche aux estatz generaulx de pardeça le xxved'octobre 1555 … noté par quelque bon personnaige estant à ladicte assamblée"。这个版本可能是安托万·佩勒诺根据查理五世用过的笔记编写的。[24] 令人遗憾的是，最有名的一个版本，也就是普鲁登希奥·德·桑多瓦尔在他的《查理五世皇帝的生平与事迹》（1606）中发表的版本，是以赫特卢斯版本为基础的；所以依赖桑多瓦尔的人（比如 Fernández Álvarez, *Carlos* V : *el César*, 782 - 8）重复了赫特卢斯的错误。举个例子，赫特卢斯、桑多瓦尔和费尔南德斯·阿尔瓦雷斯都写道，皇帝说："我深爱的母亲于前不久去世，她在我父亲去世后精神失常，所以始终没有执政能力。"而根据"Receuil"，皇帝的说法（更为可信）是，他于 1517 年去西班牙，"去照料他那患病的母亲即女王（她于不久前去世）"。

5. 书信

赫尔曼·鲍姆加登（Hermann Baumgarten）花了十年撰写查理五世统治时期的历史。他在 1892 年写道："最重要的史料是查理五世的书信。"但并不是所有书信都有同等的价值。琳德尔·罗珀（Lyndal Roper）对马丁·路德书信（印刷版多达十八卷）的高水平研究著作指出，16 世纪的书信的"功能就像今天的电子邮件，经常被转发，所以是半公开的"。和路德一样，查理五世在写有些信的时候就是打算将其公开的，比如 1528 年向弗朗索瓦一世发出决斗挑战的信。皇帝的其他许多书信是加密的，从而防止被预定收信人之外的人读到。并且他的有些书信是亲笔写的，有时他甚至亲自填写地址和封印，以防止大臣知道书信的内容。[25] 很多书信有多个副本存世，但并不是所有书信都有同等的价值。皇帝收到的书信和文件经常先由秘书阅读并提炼，然后把这个摘要版读给皇帝听，并在纸张的边缘记录皇帝对于如何回复的指示；然后秘书会起草一封回信，皇帝可能会修改，但往往是在秘书读给他听的时候给出评论。因此，经过修改和注释的摘要和草稿往往比正式稿更能体现皇帝的决策过程。

查理五世和弟弟斐迪南与妹妹玛丽之间的书信有将近 10 万封存世，保存在十几家不同的档案馆和图书馆。玛丽在 1533 年之前的书信被整理出版过，其余的书信也有可能出版；斐迪南与其他亲人（包括查理五世）的通信现在已经被整理为五卷本，共 1536 封信，最新的一卷有英文的摘要和序言的英译本。未来可能出版更多卷的书信集，但主编 Christopher Laferl 提醒过我们，尽管这个书信集系列于 1912 年开始出版，但目前只整理出版了存世书信的约四分之一。"按照这个速度，"他以黑色幽默的口吻总结道，"查理五世的全部家信可能要到 2558 年才能出齐，正好赶得上查理五世去世一千年纪念。"[26]

查理五世与妻子也有大量笔调亲昵的通信，但似乎都没有留存至今：1528～1538 年的 114 封已经整理出版的皇后给丈夫的信里很少流露出温情或亲密感，不过提及了其他一些如今可能已经佚失的私人信函。[27]查理五世在 1536 年给乌尔索莉娜·德拉·潘纳（她在十四年前给他生了个孩子）的两封信留存至今，肯定很私密，但话题是"我们的女儿塔代娅"，并且是由一名秘书用法文写的，有一个意大利文的句子说，"如果你看不懂我的信"，就把信拿去给当地一位修士看。查理五世本人只是在信的末尾签了名。[28]像普法尔茨伯爵弗里德里希在 1517 写给查理五世的姐姐埃莉诺的那种激情洋溢的情书（称她为"我的小宝贝"，这封信之所以能够存世，仅仅是因为查理五世将它没收，读后带到了西班牙，放在西曼卡斯的档案馆里），我们在查理五世那里是找不到的。

查理五世与儿子和继承人的信也是这样：在存世的 500 封写于1543～1558 年的信中，虽然经常有皇帝亲笔的补遗，但没有一封流露出真情实感。查理五世肯定能和儿女谈论私密的话题，就像他对女儿帕尔马公爵夫人玛格丽塔那样，但他给她的 60 封信在 1943 年德军摧毁那不勒斯国家档案馆大部分建筑时被毁。只有几封信在那之前已经被整理出版。[30]

但查理五世与他的圈子的其他成员的一些语调亲昵的信得以存世。Von Höfler 和加沙尔都出版过阿德里安和他那位显赫的前弟子在 1516～1523 年的通信。Aude Viaud 出版了查理五世在 1528～1532 年写给最小的妹妹卡塔利娜的 45 封信，并附了一篇精彩的引言，强调了这种通信对于团结皇室是多么重要。[31]1530 年，查理五世派遣他的告解神父加西亚·德·洛艾萨·门多萨去罗马，当他的特别代表。在随后三年里，洛艾萨给皇帝发去大量满是私密建议的书信，经常提到他们在 16 世纪 20 年代在一起的时候讨论过的一些同样私密的话题。

洛艾萨给查理五世的书信有两个版本几乎同时出版，但查理五世的一些回信的摘要版（见 AGS *E* 1558/56 - 96）至今没有出版（除了 *CSPSp*，IV/2 中的英文摘要）。[32]尽管佩德罗·德·索托修士以皇帝的告解神父的身份在 1542～1548 年陪伴他，但我们只知道佩德罗在与法国和谈以及敦促皇帝向德意志路德派开战的过程中发挥了作用。[33]佩德罗之前的御前告解神父多明各·德·索托（1548～1550 年在任）有更多书信留存下来，Beltrán de Heredía 为多明各写的传记里收录了那些书信，并做了评论。这些书信很有价值，因为（如索托在给查理五世的一封信中所说的）"没有人像我这样理解陛下的基督徒灵魂"。[34]

其他能够揭示皇帝个人细节的存世书信包括他和姑姑玛格丽特与祖父马克西米利安在 1506～1519 年的通信；御医关于皇帝身体状况的医学报告（1530～1532 年费尔南多·德·埃斯科里亚萨医生用西班牙文写给皇后的信；1548～1552 年科内利斯·范·贝尔斯多普用法文写给匈牙利王后玛丽的信；1556～1558 年亨利·马泰斯用拉丁文和磕磕绊绊的西班牙文给胡安·巴斯克斯·德·莫利纳写的信）；1550～1553 年皇帝的宫廷总管纪尧姆·范·马勒用拉丁文给一位同僚写的 34 封"密信"。[35]皇帝最信赖的谋臣之一弗朗西斯科·德·博吉亚（后成为耶稣会士，被封圣）后来向佩德罗·德·里瓦德内拉（Pedro de Ribadeneyra）描述了他在尤斯特与查理五世的对话。里瓦德内拉将这些材料收录于为圣弗朗西斯科·德·博吉亚写的传记中（桑多瓦尔抄录了这些内容，并做了修饰）。[36]

三 查理五世的行政档案

查理五世退位时，他的每一块领地都有自己的中央档案馆。另外，某些图书馆还获得了查理五行行政档案的部分材料，往往和其他材料一同归档。下面是最重要的藏品，按照国家分类。

1. 奥地利

（a）皇室、宫廷与国家档案馆，维也纳（Haus -，Hof - und Staatsarchiv，Vienna，简称 HHStA）

顾名思义，皇室、宫廷与国家档案馆收藏了关于曾统治奥地利的王朝及其内廷与政府的文献，以及哈布斯堡家族统治的其他领地的文献。正在开发中的电子指南见 http：//www. archivinformationssystem. at/detail. aspx？ ID = 1。

对于查理五世的传记作者来说，有四个部分最有价值。

* 哈布斯堡 - 洛林家族档案：家族档案与家族通信（*Habsburgische-Lothringische Hausarchive*：*Hausarchiv*，*Familien korrespondenz*），包含1534 ~ 1555 年查理五世的四箱书信。

* 邦国分部：比利时 - 尼德兰分部（*Länderabteilungen*：*Belgien - Niederländisches Departement*），包含查理五世与玛丽之间关于行政管理的大量通信（很大一部分是在 18 世纪从布鲁塞尔的档案馆搬来的）：*Belgien PA*，*Belgien PC* 和 *Belgien DD - B*。Rabe，'Stückverzeichnis'（有九个部分）提供了关于 *Belgien PA 1 - PA 35/1* 系列（1480 ~ 1542 年的书信）的 7165 份文献的基本信息。

* 1848 年之前的外交与对外政策，大不列颠（英格兰）分部，外交通信 1 ~ 17（*Diplomatie und Aussenpolitik vor 1848*，*Staatenabteilung Grossbritannien*（*England*），*Diplomatische Korrespondenz 1 - 17*）包含了1505 ~ 1555 年查理五世与其在尼德兰的摄政者和驻英大使之间的通信。其中很多文献的摘要已经用英文在 *CSPSp* 出版。但不幸的是，文件一览表（Calendars）中的索书号与档案中目前使用的索书号已经不匹配。例如，1542 年 3 月 14 日查理五世给尤斯塔斯·沙皮大使的信，在 *CSPSp*，Ⅵ/1，480 - 3 中的索书号是 *Länderabteilungen Belgien PC*，Faszikel 233，folios 9 - 18，但如今变成了 *Staatenabteilung England*，*Diplomatische Korrespondenz*，Faszikel 9，folios 3 - 7. 37。[37]

* 手抄本收藏：蓝色手抄本 595 与 596/1 - 2（*Handschriften sammlung*：*Handschriften Blau* 595 and 596/1 - 2），包含了查理五世给弟弟

的书信（分别涉及 1524～1548 年、1548～1551 年和 1551～1558 年）。

20 世纪 30 年代，卡尔·布兰迪和他的研究团队发表了对于皇室、宫廷与国家档案馆文献的指南，见 *Berichte und Studien zur Geschichte Karls* Ⅴ.［B&S］: 'Die Überlieferung der Akten Karls Ⅴ. im Haus-, Hof- und Staatsarchiv, Wien', 分成四个部分：一是 'Die Burgundische Kanzlei'（皇帝与姑姑玛格丽特和妹妹玛丽的通信：*B&S*, Ⅳ, 241-77）；二和三是 'Die Kabinettskanzlei des Kaisers'（与他的奥地利领地和外国政府的通信：*B&S*, Ⅴ, 18-51, and Ⅶ, 229-59）；四是 'Die deutsche Reichskanzlei Karls Ⅴ.' 和 'Die österreichische Kanzlei'（*B&S*, Ⅺ, 513-78）。皇室、宫廷与国家档案馆在那之后修改了很多索书号，所以要使用布兰迪的清单就比较麻烦，但它仍然能指示文献的位置。Voltes Bou, *Documentos* 对皇室、宫廷与国家档案馆中涉及西班牙的文献做了简短介绍，按照时间顺序排列。

Karl Lanz, *Monumenta Habsburgica*, vol. Ⅰ 承诺要把皇室、宫廷与国家档案馆馆藏的全部查理五世书信与公文整理出版，但遗憾的是，他的第一卷 *Aktenstücke und Briefe zur Geschichte Kaiser Karls* Ⅴ.（*1513-1521*）（包括 170 份文献）出版之后就没有第二卷了。[38]康斯坦茨大学的"查理五世藏品"包括皇室、宫廷与国家档案馆收藏的皇帝写的或收到的绝大多数信函的复印件（见上文）；von Bucholtz, *Geschichte der Regierung Ferdinand des Ersten*, vol. Ⅸ, 'Urkunden Band' 发表了前几卷引用的很多文献的节选（包括斐迪南与他哥哥之间的很多通信）。这一卷可在线查阅：http://reader.digitale-sammlungen.de/resolve/display/bsb10015425.html。

（b）奥地利国家图书馆（Österreichische Nationalbibliothek，简称 ÖNB）

这里的藏品包括查理五世曾拥有或与他相关的许多物品，以下是四个例子及其出处。

* Codex 1859：一本拉丁文和法文的时祷书，是查理五世的姑姑玛格丽特送给他的，另外一起送的还有 76 幅细密画（出自维也纳新城的耶稣会学院，该学院则从尼德兰总督利奥波德·威廉大公那里获得该书）[39] http://archiv.onb.ac.at: 1801/view/action/nmets.do? DOCCHOICE =

7174926. xml&dvs = 1527614220163 ~ 484&locale = en ＿ US&search ＿ terms = &adjacency ＝&VIEWER＿ URL =/view/action/nmets. do? &DELIVERY＿ RULE ＿ ID =1&divType =&usePid1 = true&usePid2 = true。

＊ Codex 2591：雷米·迪·皮伊（Remy du Puys）的泥金手抄本《奥地利大公查理庄严进入布鲁日的仪式》（Solemnelle entrée faicte sur l'advenement de Charles Archidux d'Autriche en Bruges），1515 年的原件（马蒂亚斯皇帝于 1619 年将其赠给奥地利国家图书馆）：http：// data. onb. ac. at/rec/AC13947423。

＊ *Codex Vindobonensis Palatinus 9363*：出自帝国文书官衙的一套拉丁文文件，关于 1547～1552 年因禁萨克森公爵约翰·弗里德里希一世和黑森方伯。详细的分析见：http：//www. vhmml. us/research2014/catalog/ detail. asp? MSID =19262。

＊ *Codex Vindobonensis S. N. 1600*：埃尔南·科尔特斯从墨西哥发送给查理五世的报告（*Cartas de relaciόns*），以及其他许多关于 16 世纪 20 年代之后美洲的重要文件，转发给斐迪南。复印版见 *Cartas de Relaciόn de la conquista de la Nueva España*, ed. C. Gibson（Graz, 1960）。

2. 比利时

查理五世人生的差不多一半时间在比利时度过，他采取了一些措施来整顿和改革比利时的中央政府（尤其是在 1531 年设立了三个辅政议事会，在 1548 年设立一个特殊的德意志秘书处）。有些档案毁于战乱和火灾（布拉班特议事会的档案毁于 1695 年布鲁塞尔遭受的炮击；1731 年，王宫的一场大火毁掉了财政议事会的几乎全部档案）。有些档案如今被存放在比利时境外（比如今天法国里尔的 AND 审计局），或者在 18 世纪哈布斯堡家族对比利时的统治突然结束时被搬到维也纳。1830 年比利时成为独立国家之后，它的政府试图收回在境外的档案（尤其是那些在维也纳的档案），并资助出版比利时境内档案馆里的存世史料。比利时政府还资助档案研究者去国外搜寻和抄录相关史料，随后将其出版（例如本书参考书目中列出的 L. P. 加沙尔的著作）。

（ⅰ）布鲁塞尔

（a）比利时王国总档案馆（Archives Générales du Royaume/Algemene Rijksarchief），布鲁塞尔（AGRB）

* *Chambre des Comptes/Rekenkamer*：勃艮第国家对各级官员的审计是分散进行的，布鲁塞尔的审计局负责中央政府部分官员的账目（其余的在 AND，见下文）、布拉班特公国的全部官员以及自佛兰德伯国的部分官员的账目，详见 Janssens，'Fuentes flamencas'，200。

* *Collection Gachard /Collectie Gachard*：路易·普罗斯佩·加沙尔（Louis Prosper Gachard，1800～1885）于 1822 年成为档案馆员，1831 年担任比利时王国总档案馆的馆长，直到他去世。他多次到外国档案馆搜寻与比利时历史相关的文献，并将其出版。1842 年，另一位著名的历史学家说他是"档案皇帝"。[40] 这么说只有一点点夸张，并且或许还有羡慕的意味。尽管加沙尔出版了数千页经过编辑的文献（见本书的参考书目），但他的文件里包括更多手抄本的笔记、摘要和未出版的抄本，有些已经佚失了（例如 AGRB *Collectie Gachard* 565，569 and 572 包含他对那不勒斯国家档案馆有关比利时的文献所做的笔记，其原件于 1943 年损毁），还包括为他的出版项目搜集的材料（例如 AGRB *Collectie Gachard* 628 – 637 是他为写一本查理五世传记而准备的材料）。[41] Wellens，*Inventaire* 提供了该套藏品的指南，关于查理五世的材料可见 items 467 – 840。[42]

* *Papiers d'État et d'Audience/Audientië*：这个很大的套系包含了查理五世治下的国务会议和枢密会议的文件，包括他与姑姑玛格丽特、妹妹玛丽、格朗韦勒的很多信件，以及玛丽担任尼德兰摄政者时的通信，见 Janssens，'Fuentes flamencas'，204 – 5。

* *Secrétairerie d'État allemande/Duitse Staatssecretarie*：查理五世与德意志的统治者、军队人员和机构的很大一部分通信（尤其是与帝国会议和帝国枢密法院的通信）被保存在这里。19 世纪 40 年代，Karl Lanz 在 *LCK* 中刊载了布鲁塞尔的 1009 份文献，还有 100 份在 *Staatspapiere* 中，很多来自 *Secrétairerie d'État allemande*。[43]

（b）比利时王家图书馆（Bibliothèque Royale de Belgique/ Koninklijke Bibliotheek van België，简称 BRB），布鲁塞尔

比利时王家图书馆的手抄本藏品包括查理五世作为勃艮第公爵时期的图书馆馆藏，以及后来增添的藏品，比如现存最早的查理五世的亲笔信：1518 年给密友拿骚伯爵海因里希三世（"我的海因里希"）的信，这是查理五世谈及自己的性生活的极少数信件之一（见彩图 8）。比利时王家图书馆于 1892 年在拍卖会上购得这封信，它是尼德兰执政兼英国国王威廉三世（他继承了"我的海因里希"的档案）的宫廷牧师 Johannes van Vollenhove 搜集的亲笔文件之一。[44] Van den Gheyn, *Catalogue*, Ⅶ, 278 – 90 and 418 – 32 描述了这套藏品中关于查理五世的手抄本，但在该书出版后有好几份文献被转移到了 AGRB，例如，BRB *Ms.* 16068 – 72，'Recueil de documents relatifs à Marguerite d'Autriche 1515 – 1530'（van den Gheyn, Ⅶ, 430 – 2）现在的编号是 AGRB *Audience* 41bis。

（ⅱ）蒙斯

国家档案馆（Archives de l'État），蒙斯

希迈亲王夏尔·德·克罗伊（1455～1527）是查理五世的教父之一，也是他的第一任宫廷总管。19 世纪中叶，希迈亲王的后代在博蒙城堡的档案仍然包含一些与皇帝有关的文献。1838 年，Émile Gachet 出版了这套藏品的简单目录。七年后，路易·普罗斯佩·加沙尔出版了一份更详细的描述。Gachet 和加沙尔都注意到一份"根据皇帝的命令，布叙领主对自己收到和支出款项的记录"（Registre tenu par le seigneur de Boussu des sommes reçues et payées par lui, par le commandement de l'empereur, 1530 年 8 月 1 日～1532 年 1 月 31 日）。查理五世审阅了布叙的账目，在每个月月底签字。[45] 曾经存放在博蒙城堡的一些文献如今在蒙斯的国家档案馆，*Dossier famille de Caraman – Chimay*。P. – J. Niebes 为其制作了目录，见 *Inventaire des archives de Chimay. Château de Beaumont*（2013 年，可在线查阅），它将加沙尔列出的物品与蒙斯的藏品对应起来。但遗憾的是，布叙领主的上述记录不在其中。博蒙城堡于 1931 年被出售，其部分档案在 1931～1986 年被出售，AGRB 在 1986 年买下了剩余的材料。但布叙领主的上述记录仍然不在其中。它如今也许在某家私人图书馆，但我

没有找到。那么，查理五世在其他年份的私人开销如何？1530～1532 年的记录不大可能是独立的，但 Gachet 和加沙尔都没有提及 1530 年之前或 1532 年之后的任何类似的记录，所以它们属于令人神往的"我们不知道自己不知道的"类别（见下文）。[46]

3. 德意志

网站 http：//www. manuscripta – mediaevalia. de 列举了德国各图书馆收藏的 9 万份手抄本（其中很多有电子版）。用"查理五世皇帝"（Karl V．Kaiser）在"人名"（Personenname）范畴中搜索，得到 187 个链接。从 1873 年到 1896 年，August von Druffel 编辑的四卷本 *Briefe und Akten zur Geschichte des 16. Jahrhunderts ... Beiträge zur Reichsgeschichte 1546 – 1555*（最后一卷是卡尔·布兰迪完成的）包含了德国各主要档案馆收藏的文献的（往往是冗长的）摘要，还有 HHStA 和 AGS 的一些文献的摘要，涉及查理五世在其人生最后十年中与他的德意志臣民的关系。另见下面关于德意志帝国会议记录（*Deutsche Reichstagakten*）的部分。

4. 意大利

（i）米兰和那不勒斯

查理五世统治的两个重要地区米兰和那不勒斯的相关档案大多在 1943 年毁于战火。这年 8 月，盟军的空袭摧毁了米兰国家档案馆的很大一部分；9 月，德军焚毁了那不勒斯国家档案馆的最重要系列（包括法尔内塞文献的大型套系，它是 18 世纪从帕尔马搬来的）。不过，仍然有一些相关文献存世（比如 AS Milan *Autografi*，Folders 220 – 230，它包括米兰总督收到的许多信）；1943 年被毁的一些文献的副本在别的地方保存至今，包括 1540～1542 年米兰总督瓦斯托侯爵与查理五世的通信，以及加沙尔在那不勒斯国家档案馆做的笔记。其他文献则已经被整理出版，Chabod，*Lo stato* 大量引用了米兰国家档案馆的文献；*CSP Milan*，381 – 588 出版了来自同一来源的查理五世统治时期大量文件的英文摘要。[47]加沙尔出版了查理五世写给女儿玛格丽塔、讨论她的婚姻问题的亲笔信，出处为那不勒斯国家档案馆，*Carte Farnesiane*；NBD 收录了同一系列当中罗马教廷驻皇帝宫廷的大使给教廷国务秘书枢机主教法尔内塞（1538～1549）的书信的节选。不过，这两家档案馆在 1943 年被毁的绝大部分文献都是不可替代的。

<h2 style="text-align:center">（ⅱ）帕尔马</h2>

盟军在 1944 年的空袭严重损坏了帕尔马国家档案馆（ASP）的所在地皮洛塔宫。那里勤奋的档案馆员已经尽可能修复了幸存的文献，包括皮耶路易吉公爵和奥塔维奥·法尔内塞公爵的官方通信，收录在"法尔内塞内部通信"（*Carteggio Farnesiano interno*，根据时间顺序排列）和"法尔内塞对外通信"（*Carteggio Farnesiano estero*，根据出处和时间顺序排列，如"热那亚""罗马""西班牙"等）这两个套系中；还有他们的不共戴天之敌费兰特·贡扎加（皇帝的廷臣和将领、西西里副王与米兰总督）的文献，见 ASP *Archivi di Famiglie*：*Gonzaga di Guastalla* and ASP *Racolta Ronchini*。

5. 墨西哥

墨西哥国家综合档案馆（Archivo General de la Nación，简称 AGNM），墨西哥城

AGNM *Libros de Mercedes* 系列（名字取得很好，为 *Libros de Gobierno*，即"政府文献"）的最初四套文献，再加上其他系列里的三卷，按照时间顺序收录了查理五世任命的两任新西班牙副王安东尼奥·德·门多萨（1535～1550 年任职）和路易斯·德·贝拉斯科（1550～1564 年任职）发布的许多令状（mandamientos）。Peter Gerhard 编写了涉及 1548～1553 年的四卷文献的分析和索引，用他的话说："这是对墨西哥副王法庭在一个意义极其重大的时期处理的所有事务的每日记载，涉及来自所有社会阶层和地区的各色人等。"[48] 查理五世帝国的其他地区都没有类似的文献保存下来，所以这些文献显得尤为重要。按照时间顺序排布，全套史料如下：

　＊ AGNM *Civil* 1271：1537 年 12 月～1538 年 9 月和 1550 年 3 月的 92 份令状的副本。[49]

* AGNM *Mercedes* Ⅰ：1542 年 3 ~ 10 月发布的将近 500 份令状的副本。

* AGNM *Mercedes* Ⅱ：1543 年 1 月 ~1544 年 4 月发布的超过 750 份令状的副本。

* AGNM *Mercedes* Ⅲ：1550 年 3 月 ~1551 年 5 月发布的将近 800 份令状的副本。

* Library of Congress，Washington（D. C.），*Kraus Ms.* 140：1550 年 11 月 ~1552 年 5 月发布的约 800 份令状的副本。

* Newberry Library，Chicago，*Ayer Ms.* 1121：1552 年 5 月 ~1553 年 12 月发布的约 800 份令状的副本。

* AGNM *Mercedes* Ⅳ：1554 年 3 月 ~1556 年 9 月发布的超过 200 份令状的副本。

好几份令状引用了要求采取行动的御旨，更多这样的令状被抄录到 AGNM *Cédulas reales duplicadas* Ⅰ（涉及时间是 1548 年 4 月 ~1566 年 11 月）。AGNM *Hospital de Jesús* 包含了埃尔南·科尔特斯建立的一个机构的档案，该机构保存了他的遗体和许多文件。AGI 藏有关于新西班牙副王辖区的更多文件（见下文）。

Semboloni Capitani，*La construcción*，Gráfica 3 and Mapa 10 运用了登记在早期 "Libros de Gobierno" 中的令状来研究新西班牙副王辖区地理范围的稳步扩张。Martínez，*Documentos cortesianos* 发表了 1518 ~1547 年涉及科尔特斯的所有文献（如今保存在 AGNM 和 AGI）。

6. 秘鲁

利马大主教档案馆（Archivo Arzobispal）的 *Sección histórica*，*Papeles importantes* 包含了查理五世发给秘鲁各机构的 30 多份令状的副本。但与秘鲁副王辖区相关的出自他统治时期的大多数存世文献只保存在 AGI 或亨廷顿图书馆（见下文）。

7. 西班牙

从 1992 年开始，"西班牙档案门户"（Portal de Archivos Españoles，

简称 PARES）在网上发布了数千份出自查理五世统治时期的保存在西班牙多家档案馆的文献，所以（比如说）生活在俄亥俄州哥伦布市的人无须借阅证、无须花钱就能找到、阅读和打印这些文献，即便相关的档案馆已经关闭。[50]与查理五世相关的主要档案套系为：

（i）西曼卡斯（巴利亚多利德）

西曼卡斯综合档案馆（Archivo General de Simancas，简称 AGS）

1540 年之后，查理五世试图将西曼卡斯村的王室要塞改为存放西班牙政府（当时设在 8 公里之外的巴利亚多利德）文档的仓库。政府迁往马德里之后，档案仍然留在西曼卡斯。出自查理五世统治时期的主要文献套系为：

* *Consejos y Juntas de Hacienda*："通过财政大臣之手"（en manos del secretario de Hacienda）发给国王的书信与文件，以及查理五世的财政议事会发给他的奏章，有的带有国王的收据。对负责调拨公款或代表政府向外借贷的人士的账目（经过审计），见 AGS 的另外四个套系：*Contaduría Mayor de Cuentas*，*Contaduría del Sueldo*，*Contadurías Generales* 和 *Dirección General del Tesoro*。

* *Estado*：国务会议的文件，按照地理范围分类，查理五世统治的每一个欧洲国家（阿拉贡、卡斯蒂利亚、佛兰德、米兰、那不勒斯、西西里等）或每个外国（英格兰、法国、德意志、葡萄牙、罗马、萨伏依等）都有一个套系，再加上"Armadas y Galeras"（关于地中海舰队）和"Despachos diversos"（包括国务秘书发出的信函的记录）。

* *Guerra Antigua*：战争议事会关于在海陆两路保卫西班牙的文件，包括关于北非驻军的文件。

* *Junta de Obras y Bosques*（公共工程与林业委员会），于 1545 年设立，负责处理公共建筑和市政工程：它的文件今天被分别存放在 AGS *Casas y Sitios Reales* 和 AGPM *Sección histórica*（见下文）。AGS *CSR* 也包含皇室成员的内廷的账目，包括 1535 年之后腓力作为阿斯图里亚斯亲王的内廷的记录（AGS *CSR* 36）。AGS *CSR legajos* 128 – 180 包含 *Descargos de Carlos V*，见上文。

* *Patronato Real*：一套文献，共 92 捆（legajos），包括中央政府特别重视的文件，比如遗嘱、条约和指示。整个套系可通过 PARES 在线

查阅。

查理五世统治时期的很多 AGS 文献已经被印刷出版。Manuel Danvila y Collado, *Historia crítica*（MDE，XXXV – XL）出版了约 4000 份与公社起义相关的 AGS 文献，不过有很多誊写错误（也许因为他用的是 19 世纪的抄本，而不是 AGS *PR* 中的原件）。[51] Von Höfler, 'Zur Kritik und Quellenkunde' 发表了 AGS 里的 755 份 1521 年的（完整或部分）文献；Maurenbrecher, *Karl V* 发表了将近 400 份涉及查理五世 1530 年到 1555 年对德意志政策的 "来自西曼卡斯的西班牙国家档案馆的文献"；更多文献可见 von Döllinger, *Dokumente*, in CODOIN, and in CDCV（见下文）。CSPSp 发表了许多 AGS 文献的长篇英文摘要，不过往往是从古斯塔夫·贝尔根罗特的抄本借鉴，而不是根据原件（见上文，CSPSp 的各卷均可通过 BHO 查阅电子版）。

不过，AGS 文献的大部分仍然没有出版。Laiglesia, *Estudios*, III, 75 –82 提供了很有帮助的指南，介绍了 *Patronato Real* 套系和 *Estado* 套系中关于查理五世的史料，并给出了已出版的目录；但他忽略了 *Estado K* 套系（国务会议关于法国的文件，1812～1941 年存放在法国国家档案馆）和 *Estado* 8334 –8343（大多数文献在 19 世纪被从西班牙档案馆偷走，1941 年之前由 CADMA 控制）。[52] 20 世纪 30 年代，Hasenclever, 'Die Überlieferung' 列举了这些套系中出自查理五世时代的文献：B&S，X，437 –69。此外，Looz – Corswarem, 'Die römische Korrespondenz Karls V.', B&S，XIII，109 –90 列举了西曼卡斯与马德里的多家机构（国家图书馆、王家图书馆、王家历史学院）收藏的所有的皇帝通信，按照年份排布（先是查理五世收到的信，然后是他发出的信）。Looz – Corswarem, 'Die Korrespondenz Karls V. mit Philipp und mit der Regentschaft in Spanien (1539 –1556)', B&S，XV，227 –68 列举了查理五世与他在西班牙的摄政者的通信，按照年份排布（先是查理五世收到的信，然后是他发出的信）。

（ii）马德里

（a）阿尔瓦公爵家族档案馆（Archivo de la Casa de los Duques de Alba，简称 AA）

Caja 4 包含 16 世纪 40 年代和 50 年代查理五世给第三代阿尔瓦公爵

的书信以及公爵的回信（后者已经出版，见 Berwick y Alba, *Epistolario*, Ⅰ）。AA 中的两种重要文献已经出版：1500～1509 年西班牙驻勃艮第大使古铁雷·戈麦斯·德·富恩萨利达的书信（Berwick y Alba, *Correspondencia*）；1540～1542 年米兰总督瓦斯托侯爵与皇帝的通信（Berwick y Alba, 'Correspondencia', 但请注意，该档案中收藏的查理五世在雷根斯堡和因斯布鲁克期间写给瓦斯托侯爵的信被标注为写于 1542 年，但其实是 1541 年写的）。

（b）王宫综合档案馆（Archivo General del Palacio Real，简称 AGPM），马德里

Sección histórica, *Cédulas reales*, 1～3 包含 1545～1556 年公共工程与林业委员会发布的全部令状的登记副本，按照时间顺序排布。

（c）西班牙国家图书馆（Biblioteca Nacional de España，简称 BNE）

手抄本部（Sección de manuscritos）有很多套系，包含很多查理五世撰写或与他有关的文献，例如：

* *Ms.* MR43/283（formerly *Ms.* 283），'Descripció de parte de Francia por donde entró el emperador' 是一幅巨幅地图，似乎是查理五世在 1544 年用来筹备入侵法国的。

* *Ms.* 917, 'Registrum epistolarum Caroli V imperatoris et hispaniae regis et aliorum' 包含 1518～1523 年皇帝的文书官衙发出的 292 封拉丁文的信。[53]

* *Ms.* 5578 and 5938 包含胡安·派斯·德·卡斯特罗关于如何写一部查理五世历史的建议。

* *Ms.* 18, 634/58 是查理五世在 1531 年的圣周修行时，弗朗西斯科·德·洛斯·科沃斯发给他的一份奏章。皇帝将其退回，并留下一句令人难忘的责备："很难一边告解，一边写很多字。"[54]

Laiglesia, *Estudios*, Ⅲ, 87–99 根据话题（'Alcabalas', 'Alianzas y tratados' 等）来描述这些文献和其他关于查理五世的 BNE 文献。其中很多已经电子化，可以在线查阅：http://www.bne.es/es/Colecciones/Manuscritos/。

1899 年，BNE 获得了帕斯夸尔·德·加扬戈斯（Pascual de Gayangos）

的藏书，其中有很多关于查理五世及其亲信的重要手抄本，尤其是七卷曾属于枢机主教安托万·佩勒诺·德·格朗韦勒的书信集，它今天的编号是 *Ms.* 20，209 – 20，217，很多部分已经数字化，可以在线查阅。Roca, *Catálogo* 描述了 BNE 的加扬戈斯藏品，历史学家还很少使用这些材料。

（d）王家图书馆（Biblioteca Real，简称 BR，曾用名王宫图书馆）

Laiglesia, *Estudios*，Ⅲ，415 – 16 列举了 BR 的一些与查理五世相关的手抄本，但没有提供多少细节。他还忽略了最重要的藏品：枢机主教安托万·佩勒诺（即枢机主教格朗韦勒）的文件。他是查理五世和腓力二世的首席大臣，1586 年在马德里去世后留下的档案中有他自己的，也有他父亲尼古拉·佩勒诺的文件。今天，这对父子的大约 10 万封信被分散在从瑞典到西西里、从奥地利到美洲的许多档案馆，用七种语言（荷兰语、法语、德语、希腊语、意大利语、拉丁语和西班牙语）写成，有数百种不同的字体。佩勒诺档案的很大一部分（大约 14000 封信）于 1806 年被纳入 BR 的手抄本收藏，如今被装订成超过一百卷：Ⅱ/2188、Ⅱ/2192 – 2194、Ⅱ/2201、Ⅱ/2203 – 2204、Ⅱ/2206、Ⅱ/2210、Ⅱ/2248 – 2325 和 Ⅱ/2549，以及 Ⅱ/2229 – 2233 与 Ⅱ/2238 的一部分。其中 16 世纪 50 年代的文献数量极多，也特别重要。[55]此外，BR *Ms.* 1960 和 1960*bis* 包含了拉·加斯卡关于平定秘鲁的文件（BR *Ms.* 409 包含该文件的副本）。

（e）西班牙王家历史学院（Real Academia de la Historia，简称 RAH）

Laiglesia, *Estudios*，Ⅲ，101 – 413 列举了 RAH 藏品 *Salazar y Castro* 中关于查理五世的手抄本，按照时间顺序排列。该藏品的在线目录可搜索，包括对每一份文献的详细描述，按照卷和页排列。RAH *Salazar y Castro* A – 17 至 A – 44 满是 1521 ~ 1529 年查理五世与其在意大利的大臣的通信，按照时间顺序排列，特别重要。

RAH 还获得了洛佩·德·索里亚（查理五世在意大利的资深外交官之一）的档案。Ibarra y Rodríguez and Arsenio de Izaga, 'Catálogo' 描述了该藏品：RAH *Ms.* 9/1951 – 1954。前两卷包括 1523 ~ 1538 年查理五世写给索里亚的将近 100 封信的原件（有时与萨拉萨尔·卡斯特罗的文献重合）。另外，RAH *Ms.* 9/4817（旧编号是 Muñoz A - 83）包含查理五世给塞萨公爵（他的驻罗马大使，1522 ~ 1526 年）的一些信的摘要和草稿，往往被首相加蒂纳拉修改过（这整套文献似乎曾属于他），详见 *Catálogo de la colección de Don Juan Bautista Muñoz*, I（Madrid，1954），205 - 16。

Looz - Corswarem，'Die römische Korrespondenz' 对存放于西曼卡斯和马德里的教廷与西班牙朝廷之间的书信提供了很有帮助的指南，见上文。

（iii）埃斯科里亚尔（马德里）

埃斯科里亚尔的圣洛伦索修道院王家图书馆（Real Biblioteca del Monasterio de San Lorenzo de El Escorial，简称 BSLE）

Laiglesia，*Estudios*，III，83 - 5 写道，该图书馆手抄本的西班牙文手抄本的目录描述了 303 种与查理五世相关的小册子（codices），其中很多是由御用编年史家弗洛里安·德·奥坎波、贝尔纳韦·德·布斯托和胡安·派斯·德·卡斯特罗编纂的。此外，先王祠里有查理五世的干尸，详见附录二。

（iv）塞维利亚

西印度综合档案馆（Archivo General de Indias，简称 AGI）

AGI 包含西印度议事会处理过的大部分文件。和 AGS 一样，政府认为特别重要的文件（条约、授权书、教宗圣谕）被归档到 *Patronato* 当中。被称为 *Indiferente General* 的套系包含了西印度议事会发给国王的许多奏章。西印度议事会与在美洲的王室官员和其他人的通信是按照地理范围来组织的（AGI *México*、AGI *Perú* 等）；关于司法事务的文件（包括审查首任新西班牙副王安东尼奥·德·门多萨的行为而生成的文件）被放在 AGI *Justicia* 中。

（V）圣库加特 - 德尔巴列斯

加泰罗尼亚国家档案馆（Arxiu Nacional de Catalunya，简称 ANC）

ANC Fons *Arxiu del Palau - Requesens*，lligalls/legajos 35 - 100 包含腓力王子的宫廷总管胡安·德·苏尼加·阿韦利亚内达的文件，包括他与查理五世的通信，其中绝大多数发表于 March，*Niñez*（March 假正经地把有些文件的部分段落删除了）。该藏品中的 Lligalls/legajos 118 - 157 包含希内特侯爵小姐门西娅·德·门多萨和她的两任丈夫拿骚伯爵海因里希三世和卡拉布里亚公爵斐迪南·德·阿拉贡留下的文件。[56]Bofarull y Sans, *Predilección* 发表了查理五世及其摄政者发给加泰罗尼亚官员和机构的 131 封信的全文（有的用加泰罗尼亚文），保存在加泰罗尼亚档案中。

（vi）托莱多

贵族历史档案馆（Archivo Histórico de la Nobleza，简称 AHN Nobleza）

1993 年，研究者在托莱多为西班牙的贵族家族建立了一个单独的档案中心，不久之后第一批藏品就从 AHN 搬迁到这里。到 2018 年，AHN Nobleza 包含了将近 260 个贵族家族的档案。其中很多已经数字化，可以通过 PARES 查阅，包括很多与查理五世的通信。

此外，还有两个国家的档案馆和图书馆也获得了查理五世政府生成的一些重要文献集，即法国和美国。

8. 法国

（i）里尔

北方省档案馆（Archives départementales du Nord，简称 ADN）

AND 包含了关于查理五世最初十七年（他居住在尼德兰时）的大部分存世文献和一直到 1530 年的很多有关联的史料。这反映了两种情况。

a）勃艮第公爵建立了四个审计局（Chambres des Comptes）来审计其不同领地的账目，分别设在布鲁塞尔、第戎、里尔和海牙。里尔的审计官不仅处理当地的账目，还处理中央政府的账目，包括一部大型账目，财政总管（Receveur Général des Finances）在其中概述每年情况。它总是按照相同的类别来组织，附上原始的令状和收据。*Inventaire sommaire des Archives Départementales antérieures à 1790. Nord: Archives civiles*, *Série B: Chambre des Comptes de Lille*, vols 1–8 提供了这套藏品的最佳指南（很多条目包括长篇引文）。另外，该套系的每一份单独的文献都有独一无二的登记号（numéro d'immatriculation）。在本书中，从该档案引用的格式如下：ADN *B* 2170（72，193），即 ADN *Archives Anciennes Série B*, *liasse2170*, *numéro d'immatriculation* 72，193。从该套系引用的材料保留其原始的页码，除非我把罗马数字改成了阿拉伯数字，比如我会把"vixxxij 页"改成"第 132 页"。

b）AND *Lettres missives* 包含奥地利的玛格丽特（孀居的萨伏依公爵夫人、1507～1530 年大部分时间里的尼德兰摄政者）的文书官衙收发的信件，共约 2 万封（大部分关涉到玛格丽特自己在弗朗什 – 孔泰和萨伏依的领地）。她去世后，这些信件被送到里尔的审计局，在 19 世纪 40 年代得到重新整理，分成 20 套。截至目前，玛格丽特的超过 1000 封信（其中很多是写给她父亲马克西米利安、以查理为话题的）已经出版在下列套系中（按照出版的时间顺序）：Godefroy，*Lettres du roi Louis* XII；Mone，'Briefwechsel'；Le Glay，*Correspondance*；van den Bergh，*Gedenkstukken*；Chmel，Urkunden；Gochard，*Lettres and Correspondance de Marguerite*；Kreiten，*Der Briefwechsel*；Walther，*Die Anfänge* and '*Review of Kreiten*'；and Bruchet and Lancien，*L'itinéraire*。[57]

Lettres missives 套系给历史学家带来三个问题。第一，大约一半的书信要么没有日期，要么至少缺年份，并且最早的编者给出了错误的日期。第二，好几位写信者落笔非常匆忙（而马克西米利安有时是在喝醉的情况下写信的），所以誊写他们的文字会遇到几乎无法克服的障碍。第三，至少在 1517 年之前，玛格丽特的很多书信没有写收信人（不过具体的上下文一般能给出线索）："亲爱的好朋友"（Treschier et bien aimé）是写给大使或官员的；"我的表兄弟"（Mon cousin）意味着收信人是宗室成员或金羊毛骑士；"我尊贵的主公和父亲大人"（Mon très redoucté seigneur et père）只能是写给她父亲的。如果有疑问，我会接受安德烈亚斯·瓦尔特（Andreas Walther）在 1908 年的 '*Review of Kreiten*'，268 – 84 中提议的日期、收信人和解读。[58]

（ⅱ）巴黎

巴黎的好几家档案馆和图书馆收藏了与查理五世相关的文献，见 Hasenclever，'Die Überlieferung der Akten Karls V. in Pariser Archiven und Bibliotheken' 中的清单。其中最重要的几个套系如下。

（a）法国国家图书馆（Bibliothèque Nationale de France，简称

BNF；曾经又叫帝国图书馆、巴黎国家图书馆）

该图书馆的手抄本藏品包括法国政府的很多与查理五世相关的文件（尤其是在 *Fonds français* 和 *Collection Dupuy* 系列中）以及法国人收藏或查抄的其他许多物品（尤其是在 *Manuscrits Espagnols* 和 *Manuscrits Portugais* 系列中）。Laiglesia，*Estudios*，Ⅲ，417–21 列举了 BNF *Ms. Esp.* 中的所有相关物品。

在线目录 http：//archivesetmanuscrits. bnf. fr/ark：/12148/cc7296x 提供了对 BNF 各个手抄本藏品套系中的物品的描述，按照语言分类，还提供了已经电子化的个别手抄本的链接。所以在"Refine"框中输入"Charles–Quint"就能得到可以在线查阅的数百份与查理五世相关的手抄本的细节。例如，在语言分类中选择"葡萄牙语"，选择"61"，就能在线阅读皇帝《回忆录》的唯一一份存世手抄本（详见附录一）。

Gachard，*BNP* 提供了该图书馆中与比利时历史相关的文献的描述和部分节选，并在每卷末尾提供了条目清单，按照时间顺序排列（Ⅰ，530–4，and Ⅱ，580–6 列举了查理五世统治时期的文献）。Vol. Ⅱ，36–114 摘要了在皇帝宫廷的法国外交官的存世报告：La Roche–Beaucourt（1518~1519 年，15 封信）和 Vély（1535~1536 年，17 封信）的报告的残章；还有马里亚克收藏的三套通信（1548~1550 年）。[59]

（b）法国外交部外交档案中心（Centre des Archives Diplomatiques du Ministère des Affaires Étrangères，简称 CADMA），拉库尔讷沃

19 世纪，奉命去检查西班牙档案的法国官员梅尔希奥·蒂朗（Melchior Tirán）劫掠了不计其数的文献，并将其送到 CADMA（有些后来被转移到法国国家档案馆）。在 1940 年 10 月的一次会议上，弗朗西斯科·佛朗哥将军请求阿道夫·希特勒迫使战败的法国人归还这些文献，元首同意了。CADMA 在归还文献之前做了复印。这些复印件以及来自西班牙境外的少量原件和文献如今就在 *MDE* 套系中。对该套系中每一卷的描述，见 https：//www. diplomatie. gouv. fr/IMG/pdf/md–espagne–1–369. pdf。[60]

（ⅲ）贝桑松

贝桑松市立研究与保护图书馆（BMECB）

1694 年，贝桑松市立研究与保护图书馆从尼古拉和安托万·佩勒诺·德·格朗韦勒的后人手中获得了八十二卷文献，这就是"格朗韦勒手抄本藏品"。前六卷"Mémoires de ce qui s'est passé sous le ministère du chancelier et du cardinal de Granvell"涉及查理五世的统治时期（*PEG* 出版了该系列的超过 700 份文献，不过有的不完整）。1992 年，该图书馆从唐郡侯爵档案（Trumbull 文件）获得了另外十卷格朗韦勒文献。[61] BMECB 现在已经扫描了几乎全部"格朗韦勒手抄本藏品"，供在线查阅，还做了每一卷的索引和每一份文件的链接：http://memoirevive. besancon. fr。[62] 其中有些文献具有轰动性，比如查理五世在 1554 年签署的遗嘱的一个秘密附录涉及他的私生子，即后来的奥地利的堂胡安（BMECB *Ms. Granvelle* V/265 - 8，见本书第十五章），还有尼古拉·佩勒诺在 1530 年（他成为皇帝在外交方面的主要谋臣的年份）和 1550 年（他去世的年份）之间撰写的各种奏章。

格朗韦勒文献的出版从 16 世纪末就开始了，大部分近期的藏品（Grata, *Des lettres pour gouverner*）提供了安托万通信的旧版本的清单，以及包含在 Trumbull 两卷中的安托万书信的文本：1551 年 8 月到 1552 年 2 月之间，安托万与 53 人之间的 149 封意大利文书信。

绝大多数与安托万通信的人默默无闻，是在勃艮第、德意志、洛林、尼德兰、西班牙和意大利担任下级职务的军人、律师、印刷商、商人、神职人员，他们通常写的都是鸡毛蒜皮的事情；但一个悖论在于，他们的默默无闻恰恰给我们带来一个意想不到的好处，那就是这些书信的常规性质揭示了是怎样一个庞大的网络在帮助佩勒诺和他的父亲去影响查理五世的决策。关于另一套大型的格朗韦勒文献收藏，见上文。

9. 美国

阿彻·亨廷顿和亨利·亨廷顿（两人是堂兄弟）都热爱西班牙，而且继承了足够多的金钱去收购他们想要的东西，并出资建造合适的机构来保存他们的藏品。

（ⅰ）纽约市

美国西班牙学会（HSA）

HAS 收藏的与查理五世相关的文献不多，但有两件非常重要。

* *Ms.* B 2954：1525 ~ 1531 年查理五世和其他统治者之间的 11 封信，有的是别人代笔，只有统治者的签名；有的是统治者的亲笔信。由 HAS 创始人阿彻·M. 亨廷顿在大约 1900 年购得。

* *Ms.* B 2955：1543 年 5 月查理五世给儿子的亲笔指示的原件，由亨廷顿在 1906 年购得，见 Ball and Parker, *Cómo ser rey*。

HSA 检索室内的一份打字文件"参考清单：查理五世"（Reference List：Charles Ⅴ）描述了这些文献和馆藏的其他一些文献，并提供其索书号。

（ⅱ）圣马力诺（加利福尼亚）

亨廷顿图书馆、艺术馆、植物园（Hunt）

据说，1544 ~ 1548 年秘鲁殖民者的反叛给查理五世造成的悲伤超过了其他任何一次反叛（见第十三章）。一个令人惊喜的偶然让历史学家得以通过一套独一无二的文献来还原此次叛乱的起源和它被镇压的过程。在贡萨洛·皮萨罗被打败和处决之后，查理五世的得力大将佩德罗·德·拉·加斯卡缴获了皮萨罗的档案，并在胜利返回西班牙之后将这套档案连同他自己的许多文件，托付给胡安·克里斯托瓦尔·卡尔韦特·德·埃斯特雷利亚，并命令他写一部记述拉·加斯卡的成就的编年史（Calvete de Estrella, *Rebelión*，写于 1565 ~ 1567 年，但直到 19 世纪才出版）。1925 年，亨利·E. 亨廷顿在一次拍卖会上购得拉·加斯卡的将近 1000 份文献，后来将其按照时间顺序整理在十个箱子里：Hunt *PL* 1 – 946。

该图书馆还拥有这套文献的微缩胶卷副本，以及一卷 19 世纪的抄本，并制作了打印件的索引 "Pizarro – La Gasca transcription volumes：Table of Contents"，1925 年在销售目录中出版了英文的摘要，题为《从巴拿马到秘鲁》（*From Panama to Peru*），但不总是准确。1964 年，Juan Pérez de Tudela Bueso 出版了 *Documentos relativos*，誊写了如今在亨廷顿图书馆的另一套 19 世纪的抄本（RAH *Mss.* 9 – 9 – 5 – 1830 and 1831，曾放在 *Colección Muñoz* 中）。[63]

但要查阅这套重要文献，会遇到两个问题：

a）亨廷顿图书馆的微缩胶卷和抄本，以及 RAH 的副本遵循的都是
Pérez de Tudela 抄录的奇怪序号。而原件（Hunt *PL* 1–946）和《从巴拿
马到秘鲁》中的英文版节选都是遵循严格的时间顺序。可以通过两个已
出版版本中提供的页码来整合不同的文本，但这项工作会遇到另一个困
难，就是 RAH 文本的第 1 卷（相应地，还有 *Documentos relativos*）对应
的是亨廷顿图书馆中的第 2 卷（相应地，还有《从巴拿马到秘鲁》），反
之亦然。所以，贡萨洛·皮萨罗在 1544 年 8 月给皇帝的第一封批评"新
法"的信的英文摘要，位置是 *From Panama to Peru*，17–20（原始页码
是 Huntington vol. Ⅰ，ff. 455–60），而在 *Documentos relativos*，Ⅱ，383–
95 中是 RAH *Ms.* 9–9–5–1831，ff. 455–60。原件的编号是 Hunt
PL 623。

b）尽管 Pérez de Tudela Bueso 从亨廷顿图书馆获得了原件的微缩胶
卷，并根据它来修改自己的誊写本，但 *Documentos relativos* 漏掉了原件中
的很多文献，特别是 Huntington vol. Ⅰ，ff. 784–920，它包含 1545～1551
年拉·加斯卡与查理五世和西印度议事会的绝大部分通信。这些文献的
打印件"Preliminary inventory"（共 8 页）如今存放在亨廷顿图书馆阅
览室。[64]

此外，查理五世不管旅行到何方，都会留下文献证据。他在统治时
期去过超过 1000 个地方，很多地方去过多次。关于存世文献的规模，见
Vincenzo Saletta 根据各地的史料对 1535 年 7 月～1536 年 7 月皇帝"胜利
游行"（涉足地点从西西里的特拉帕尼到法国边境附近的萨维利亚诺）
的还原，Saletta 的这部作品有将近 200 页。[65]

四　外交档案

赫尔曼·鲍姆加登（Hermann Baumgarten）在他的《查理五世历史》
（*History of Charles* Ⅴ）最后一卷的序言中写道，尽管利奥波德·冯·兰
克在几十年前建立了历史研究的程序（以新近可以读到的威尼斯外交档
案为基础），但"如果他今天坐在维也纳档案馆，一定会集中全部注意力
于查理五世及其亲信留下的材料。与皇帝、他的弟弟和姐妹、他的议事
会与他的大使的通信相比，威尼斯大使的述职报告和日常报告就成了二

流史料"。[66]这种说法是不公平的。查理五世独特的重要性吸引了国际上的高度关注，从古铁雷·戈麦斯·德·富恩萨利达开始。他是 1500 年卡斯蒂利亚女王伊莎贝拉和阿拉贡国王斐迪南派往尼德兰的特使，他的部分任务就是报告将要继承这两位君主的位置的小孙子的健康状况和性格。有了保存在阿尔瓦档案中的富恩萨利达报告，我们对婴儿时期的查理五世就有了详细了解（见第一章）。

富恩萨利达是一个很小的精英群体的成员，因为在当时，常驻大使还是很少见的。1512 年，英格兰外交官敦促亨利八世在马克西米利安皇帝的宫廷设置常驻代表，因为"如果写信给皇帝，信很容易被抛在一边，很容易被遗忘，而如果派遣一位常驻大使"，就能"迫使皇帝公开表达自己的想法"。[67]欧洲各国的常驻大使的数量稳步增加，他们发送报告的频率也在增加。早在 1476 年，米兰公爵就提醒他派驻勃艮第公爵查理（查理五世的外曾祖父）宫廷的使节："我明确地要求你、命令你每天给我写信，否则对你处以极刑。"半个世纪之后，很多大使的确是每天给自己的主公写信。[68]到查理五世退位时，教宗、英格兰、费拉拉、佛罗伦萨、法国、曼托瓦、米兰、波兰、葡萄牙、威尼斯和他弟弟斐迪南派遣到他那里的一百多位外交官已经书写了数万份报告，记述皇帝的言行，并从查理五世宫廷的视角描述各种事件、人物和地点。据亨利八世的一位经验丰富的大臣说，"大使"应当是"精挑细选出来的有经验的人"，他们应当能够密切观察自己奉命与之打交道的外国君主，"能够对他了如指掌"，并"感受到他的内心深处的想法"。如 Elizabeth Gleason 指出的那样，好几位大使开始这份工作的时候还太年轻。例如威尼斯大使加斯帕罗·孔塔里尼起初"写报告时很稚嫩，报告里满是鸡毛蒜皮的细节"，但他在 1521 ～ 1525 年从查理五世的宫廷写了将近 400 封信，在这过程中变得越来越精明、理智和消息灵通。[69]

大使们会特别仔细地记录他们在觐见外国君主时发生的事情，"认真记录那里发生的对话、事件和交流；对话的时长、方式和激烈程度，记录原话和回答"。即便查理五世"用了太多话来解释一切"以至于事后大使记不得皇帝的每一句话，大使也应当"记下我能记得的所有对话"。[70]如今有数百份描述查理五世在接见外国大使时的服装、姿态、表情和脸色的文件存世，有的文笔精湛、绘声绘色。大诗人托马斯·怀亚特爵士在 1537～1540 年担任英格兰驻皇帝宫廷的大使，他的报告（用怀亚特书信的第一位编者的话说）是"我知道的最生动、最有戏剧性的文章之一。读了他的文字，仿佛皇帝就在我们面前。我们看得见他的每一个眼神、每一个动作，能追踪他的每一句话、做的每一件事，能感受得到他那种了不起的政治上的精明"。不过，（用怀亚特书信的最新一位编者的话说）我们应当记住，怀亚特和其他外交官经常"讲述精彩的故事，幽默或者妙趣横生地描绘场景和人物"，至少部分原因是"为了掩盖自己的失败"。但不管动机是什么，陪同查理五世的外国大使都提供了独特的生动描述，让我们知道皇帝笑起来、皱起眉头是什么样子，"用霸道而大胆的言辞打断他们的故事"时是什么样子，听到自己不喜欢听的东西时"摇摇头，发出呸的一声"时是什么样子。[71]

当时和今天一样，一位精明强干的大使也许能通过巧妙的提问，战胜皇帝在"政治上的精明"。1543 年 12 月，亨利八世和查理五世同意联合入侵法国，几个月后，怀亚特在皇帝宫廷的继任者尼古拉斯·沃顿接到指示，要查明皇帝是否打算兑现向英格兰做出的承诺，如果是的话，又打算在何时、从何地发动进攻。于是沃顿向格朗韦勒提了一个有诱导性的问题：

> "我相信，我们很快就会离开这个粗野的国家［德意志］，去快活的、宜人的布拉班特，对吧？"但格朗韦勒识破了我的意图，明白我之所以提这个问题，既不是因为德意志粗野，也不是因为布拉班特宜人。于是他说："啊！你不可以问我这个问题，因为我不可以回答你。"

格朗韦勒只肯向沃顿保证，皇帝"打算听从他的建议，去法国，并走英王建议的那条路"。沃顿把这个答复禀报亨利八世，希望"尽管我不明白这句话的意思，但陛下也许明白"。的确如此，因为两位君主已经同意"皇帝将率军从香槟地区入侵法国，向巴黎进军"。格朗韦勒确认他的主公会遵照双方已经同意的计划，沃顿可能不明白他的意思，但亨利八世一看就明白了。几个月后，两位君主按原计划入侵了法国。[72]

和所有史料一样，外交报告也有局限性。很多大使因为缺乏可靠信息而表示沮丧，因为查理五世在生病时不肯接见他们，或者"军情紧急时他不处理日常事务"，或者他企图封锁消息。例如，在1552年9月攻打梅斯之前，查理五世宣布："不允许任何大使的部下、秘书或仆人通过书面或口头形式泄露"他的军营内的情况，并将所有大使驱逐到200公里之外的施派尔。外交官们留在那里，与他们负责与之打交道的君主处于隔绝状态，就这样枯坐了将近五个月。[73]

有时大使会无意中报告假新闻。一位英格兰驻尼德兰使节为自己近期写的一些书信感到"懊悔"，因为"这里的谎言太猖獗，所以什么都不写才是最好的办法"。极具洞察力的波兰大使扬·但狄谢克于1519年抵达查理五世宫廷后，将自己比作刚进大学的新生。他发现这所"大学"有四个"系"："第一个教ած心；第二个教不信任他人；第三个教伪装；第四个，也是最大的一个系，教撒谎。"但狄谢克认为，宫廷是"把所有这些本领学得炉火纯青的绝好的学校"。[74]

好在皇帝宫廷这所大学的外交官校友们留下了丰富的材料，所以历史学家一般能分清真相和谎言。例如，1526年9月，查理五世同时接见了敌对他的科尼亚克同盟的三个成员国（法国、教廷国和威尼斯）的大使。外交官们随后立即给自己的主公发了详细报告。因为他们写的是同一个事件，记录的是查理五世的同一段话，所以这些报告是很可靠的。[75]至少大使能够准确记录某些事件发生的时间和地点，而依靠其他史料往往很难摸清这些情况。例如，对于查理五世第一次看到埃尔南·科尔特斯从韦拉克鲁斯发来的财宝和其他礼物（包括一些美洲土著）的时间和地点，就有许多争议。但罗马教廷大使和威尼斯大使的报告能够证明，此事发生在1521年3月初（见第十三章）。

大使们还会复制重要文件，发给自己的主公，有时这些副本成了存世的孤本。比如，1521年沃尔姆斯帝国会议上查理五世怒斥马丁·路德的演说的原稿（在皇帝与路德见面的前夜写成）已经佚失，但亨利八世的使节托马斯·斯皮内利（在查理五世宫廷生活了十多年，与他一同去过西班牙、尼德兰和德意志）搞到了一份查理五世亲笔文稿（用法文写成）的副本，这份文件如今保存在英国国家档案馆。这就是历史学家能搞得到的最接近亲笔原件的材料。[76]

如果两国元首亲自面谈来确定政策，大使往往会表达自己的挫折感。经历了十八个月的战争之后，1538 年年初，查理五世告诉一位法国外交官，尽管他和弗朗索瓦一世可以继续"通过各自的使节来传递自己的心愿和意图"，但他相信，两位君主面对面沟通才是"获得他们渴望的和平的最真诚也最好的办法"。不久之后，两位君主举行了两次峰会，第一次在尼斯，教宗担任调停者；第二次在艾格莫尔特，两位君主单独谈，没有外交官参加。[77]君主之间会交换不计其数的亲笔信，有时会涉及他们不希望外交官读到的东西。

查理五世给多位统治者写过数不胜数的亲笔信，包括弗朗索瓦一世（皇帝在 1525～1526 年、1538 年和 1539～1540 年与他会面）、亨利八世（皇帝在 1513 年、1520 年和 1522 年与他会面）、阿德里安六世（皇帝和他很熟）、克雷芒七世（皇帝与他在 1529～1530 年和 1532～1533 年举行过峰会）、保罗三世（皇帝与他在 1538 年、1541 年和 1543 年举行过峰会）。[78]而对于其他时候，如今存放在英格兰、法国、低地国家、波兰、葡萄牙、斯堪的纳维亚、德国和意大利的档案馆与图书馆内的成千上万封驻在查理五世宫廷的外交官写的存世书信，就构成了关于皇帝及其面对的问题的宝贵史料。这些书信的主要套系如下。

1. 英格兰

（ⅰ）国家档案馆，邱园（TNA）

State Papers 套系按照不同君主的统治时期划分，包含中央政府与驻外的外交官之间的通信。

＊ *State Papers* 1（二百四十六卷）。亨利八世统治时期（1509～1547 年）的公函与私人信件、备忘录和文件的集合，在 19 世纪按照时间顺序排列，不管文献来源，涉及外交和内政。

＊ *State Papers* 2（二十卷）。1516～1539 年一套对开纸开本的公函与私人信件、备忘录和文件的集合，在 19 世纪按照时间顺序排列，不管文献来源。

* State Papers 68（十五卷）。爱德华六世统治时期（1547～1553年）涉及外国和加来的信函与文件，按照时间顺序排列，先是涉及外国的文献，然后是涉及加来的。

* State Papers 69（十三卷）。玛丽一世女王单独统治时期（1553～1554年）和玛丽一世与腓力二世共同统治时期（1554～1558年）涉及外国的信函与文件，按照时间顺序排列。

TNA SP 的很多文献在 CSP、L&P HENRY VIII、SP 和 SPO 也可读到，详见下文。

（ii）大英图书馆，伦敦（BL，曾为大英博物馆图书馆）

（a）科顿手抄本

罗伯特·科顿爵士（Sir Robert Cotton，1571～1631）从十八岁开始收集手抄本。最终，在英国所有由私人收藏的手抄本套系当中，可能要数他的收藏最重要。他将其整理在一系列书架当中，书架上有十二位恺撒及两位皇后的半身像。1702年，科顿的孙子将这套手抄本捐赠给"不列颠民族"。1753年，它被送到刚开放不久的大英博物馆（今天的大英图书馆），保留了科顿独特的分类系统（Galba A. 1 - E. XIV；Vespasian A. 1 - F. XVII 等）。BL COTTON Mss. 今天包含超过 1400 份手抄本，其中很多是 16 世纪初的，很多是从英国国家档案局取走的。20 世纪 90 年代，谢菲尔德大学的一个团队对整套藏品进行了重新编目，并为其内容提供了新的描述：http：//www. hrionline. ac. uk/cotton/cotframe. htm。

（b）其他手抄本

大英图书馆的其他手抄本套系中包含由查理五世撰写或与他相关的大量手抄本。最好的查阅途径是 BL site 'Explore archives and manuscripts'：http：//searcharchives. bl. uk。在"高级搜索"选项中输入"查理五世皇帝"，会得到超过 600 个结果，从单份令状（比如 Addl. Charter 74，946 是 1538 年查理五世任命约翰·奥伯恩贝格尔为他的德文秘书的文件）到整卷文献（比如 Addl. Ms. 28，706 这一卷包含 114 张对开纸，主题是查理五世的儿女腓力和胡安娜与他们的葡萄牙表亲的婚姻；查理五世的秘书阿隆索·德·伊迪亚克斯收集了这些文件，他于 1542～1543 年谈成了这两门婚姻）都有。BL Addl. Mss. 28，572 - 28，597 包含数千份在欧洲各档案馆由古斯塔夫·贝尔根罗特抄录的文献，或者他的抄写员为他抄录的文献，详见上文。

有好几种工具可以帮助查阅这些套系。首先是 *State Papers Online*（下文简称为 *SPO*），这是一个商业化的系统，只有付费用户可以使用。用迪尔梅德·麦卡洛（Diarmaid MacCulloch）① 的话说，*SPO* 是 "现代最伟大的学术成就之一"。*SPO* 的 "浏览手抄本" 功能可以让我们在线阅读 TNA *SP* 的每一卷，以及曾属于该套系的 BL *Cott. Ms.* 的各卷。通过"档案签名"（TNA *SP* 1/220，用手抄本上印制的编号；BL *Cotton Ms.* Galba B. VI，用最新的编号，等等）可以查阅这些文献。[79] *SPO* 还通过"浏览大事年表"功能让我们能读到下列相关的印刷版史料。

* *State Papers*, *published under the authority of His Majesty's Commission* ···*King Henry the Eighth*, *vols 6 – 11*（第五部分：外国通信）：这是保存在 TNA *SP* 1 与 *SP* 2 中的 1473 ~ 1547 年在海外的英格兰外交官的几乎全部公函的完整誊写版。

* *Letters and papers*, *foreign and domestic*, *of the reign of Henry*, 21 vols，有的分成好几部分：保存在 TNA *SP* 1 与 *SP* 2、BL *Cott. Mss* 和其他套系中的亨利八世政府的全部档案的摘要，以及许多印刷版文献的摘要。每一个条目都有摘要，往往还有长篇引文。最初的编者 J. S. Brewer 为 TNA 保存的亨利八世时期的全部史料编目用的是时间顺序。这是很了不起的成就，因为这些文献保存在好几个不同地方，而且大部分文献没有年份，所以"只有通过深入而全面地研究全部通信，才能通过内证证据掌握时序，过后很久才能尝试将其内容概括在一份大事年表中"。[80] Brewer 出版了该套系的前四卷，他的助手、TNA 的 James Gairdner 在 Brewer 去世后完成了该项目，得到了另一位档案研究者 R. H. Brodie 的帮助。Brodie 还出版了第一卷的"修订与增补版"，分上、下两部分，涉及 1509 ~ 1514

① 迪尔梅德·麦卡洛爵士（1951 ~ ）是英国历史学家，专攻教会史和基督教史，任教于牛津大学。他是杰弗里·埃尔顿爵士的学生。他的《宗教改革：分裂的欧洲，1490 ~ 1700》获得了英国学术院大奖和沃尔夫森历史奖。他的《基督教史》获得坎迪尔奖。

年。这些渊博的编者有时抄录了如今已经无法辨认的字句，并找到了一些后来被错误归档的文献。

＊ *Calendars of State Papers*，*Foreign Series*（*CSPF*），for the reigns of Edward and Mary。这些大事年表与 TNA *SP* 68 和 69 之间也有密切联系：这两套档案都是按照文件一览表的登记号编排的。

只有少量相关的文献被编者遗漏，比如 "A diary iournall of the actions in France done by Henry 8th in the 5 yeare of his raigne"，议会书记员 John Taylor 在其中用拉丁文记载了 1513 年的战役，包括对第一次与其他国家元首会谈的查理五世的描述（BL *Cott. Ms.* Cleopatra C. 1, # 4, f. 92）。

尽管 *SPO* 提供了文件一览表摘要和原件之间的链接，但并不总是匹配，因为 *L&P HENRY* Ⅷ 和 *SPO* 都采用了 BL *COTTON Mss.* 的原始页码，而不是今天的页码。所以需要浏览扫描版才能找到原件及其现在的索书号。相反，*State Papers* 和 *L&P* 的绝大多数条目要么给出了过时的索书号，要么对 TNA *SP* 中的文献根本没有索书号。但 *SPO* 用 "国家档案馆可提供的密钥" 来寻找文献原件。因此，*SPO* 扫描的 *L&P HENRY* Ⅷ 包括一个 "浏览手抄本" 链接，能够直接指向该条目摘要的原件，并提供其现在的索书号和另一个指向每份文献扫描件的链接。因此，*SPO* 是研究查理五世统治的绝佳的在线资源。

2. 法国

19 世纪末，法国档案馆员采用了他们的英国同行发明的文件一览表（Calendar）技术，在 CADMA 中出版了弗朗索瓦一世到亨利二世时期三位驻英大使的信件的摘要：Castillon and Marillac in 1537 - 42（Kaulek，*Correspondance*）and Selve in 1546 - 9（Lefèvre - Pontarlis，*Correspondance*）。加沙尔和 *BNP* 提供了 *BNF* 中法国驻查理五世宫廷大使的存世信件的摘要及其索书号，但这些信件都还没有被整理出版。详见上文。

3. 德意志

只有一位德意志统治者在查理五世的宫廷设立了常驻代表，那就是他的弟弟斐迪南（在腓力王子于 1527 年出生之前，斐迪南还是查理五世的继承人）。*RVEC* 发表了马丁·德·萨利纳斯在 1522～1539 年写的 400 封信，不过忽略了"没有史学价值的私事和经济措施"。[81] 萨利纳斯很早就认识到埃尔南·科尔特斯为查理五世获得的新土地的重要性，所以不仅鼓励斐迪南直接与墨西哥征服者通信，还复制了一些关于美洲的重要文献，将其发给斐迪南。萨利纳斯的外甥阿隆索·加米斯（Alonso Gamiz）逐渐接替了他的职能：AGS *Estado* 641bis 包含斐迪南与加米斯在 1542～1556 年的通信（1983 年在一次拍卖会上购得），更多通信保存在 Archivo Histórico Provincial de Álava 的 *Archivo Familiar Gamiz*（1998 年获得，可通过 PARES 查阅，在"Búsqueda Sencilla"一栏中输入 Alonso de Gamiz；很多信件已经电子化）。

4. 意大利

（i）佛罗伦萨

佛罗伦萨国家档案馆（ASF）

尽管佛罗伦萨共和国和后来的亚历山德罗·德·美第奇公爵（查理五世的女婿）在皇帝宫廷有常驻大使，但他们的书信很少保存至今。1537 年科西莫成为佛罗伦萨公爵之后，留下了大量外交信函，保存在 ASF *Mediceo del Principato*（*MdP*）套系中，绝大多数文献集中在 *Germania：Corte Imperiale* 部分。[82] 阿韦拉尔多·赛里斯托利（Averardo Serristori）在 1537～1538 年和 1541 年的许多报告被他的后人整理出版，见 Serristori, *Legazioni*。

ASF *MdP* 的许多外交信函已经得到分析，并纳入 Medici Archive Project（MAP），可在线查阅。使用者需要注册，然后可以在主菜单顶端的"简单搜索"中输入"Habsburg Karl V"，然后点击"搜索"。屏幕右侧会显示所有名字里有这些元素的人，点击皇帝的名字，他的资料会出现在屏幕左侧。或者使用这个链接：http：//bia. medici. org/DocSources/src/peoplebase/SharePerson. do？personId = 253。

这样就能看的皇帝的资料。然后点击"更多信息"按钮，就会出现至少 569 份与查理五世相关的文献（因为 MAP 在扩张，所以数目会不断增加）。每个条目包含誊写的文本和至少部分英文翻译。尽管这个项目起初是关于物质文化的数据库，所以并没有集中于政治或军事领域，但仍然包含了一些非常有趣的细节，比如对查理五世 1541 年旅行时携带的便携式木制办公室的描述（有了它，皇帝就能一边旅行一边处理公务）。[83]此外，因为 MAP 正在将美第奇档案电子化，很多与查理五世相关的文献可以在线查阅全文。

最后，尽管与皇帝相关的文献分散在 ASF 各处，但有一个值得注意的例外：*MdP*：*Carteggio Universale* filza 329 完全是 1530 ~ 1556 年查理五世发给科西莫公爵的书信和特许状。这些文献已经完全电子化，可以通过基本搜索获取，或者通过这个链接：http：//bia. medici. org/DocSources/src/volbase/ShareVolume. do? summaryId = 890。

（ⅱ）梵蒂冈城

梵蒂冈宗座档案馆（ASV）

教廷的外交官吉罗拉莫·阿莱安德罗于 1520 ~ 1521 年的通信已经被出版过两次：Balan，*Monumenta* 出版了书信原件；不久之后，Brieger，*Quellen* 提供了他的通信记录中的文本。Brieger 纠正了 Balan 为阿莱安德罗书信提出的日期，出版了更多书信，并为两部书提供了一份索引（concordance）（Quellen，xiv - xv），但 Balan 的解读有时更好。Serassi，*Delle lettere* 出版了罗马教廷大使巴尔达萨雷·卡斯蒂廖内在 1525 ~ 1527 年发出的许多报告。罗马教廷驻德意志大使在 1533 ~ 1556 年的报告绝大多数以文件一览表的形式出版于十七卷本的 *NBD*：*Erste Abteilung*。查理五世主要出现在第六卷和第七卷（1540 ~ 1544 年）、第八至十一卷（1545 ~ 1549 年）、第十二至十四卷和第十六卷（1550 ~ 1556 年），以及两卷重要的增补（涉及 Lorenzo Campeggio 和吉罗拉莫·阿莱安德罗的出使，1530 ~ 1532 年）。此外，Pastor，'Correspondenz'，Dittich，'Nuntiaturberichte' 和 Schultze，'Dreizehn Depeschen' 都出版了 1541 年雷根斯堡帝国会议期间教廷使节的报告。关于查理五世与教宗阿德里安六世和克雷芒七世的直接通信，分别见 Gachard，*Correspondance de Charles - Quint et d'Adrien* 和 Vañes，'Carta s'。

（ⅲ）曼托瓦

曼托瓦国家档案馆（ASMa）

Archivio Gonzaga：*Corrispondenza estera* 包含了曼托瓦驻皇帝宫廷的外

交官发回的报告。曼托瓦公爵显然把其中许多与威尼斯人分享了，因为萨努多将它们（或者是它们的一部分）抄录进了自己的《日记》。但曼托瓦公爵分享的是报告的全部吗？或者，除了报告，他有没有分享别的东西？只有仔细比对两套文件才能做出判断。

（iv）摩德纳

摩德纳国家档案馆（ASMo）

Cancellaria ducale：ambasciatori, sub – series 'Alemagna', 'Italia' and 'Spagna' 包含了费拉拉公爵派驻查理五世宫廷的外交官发回的报告。

（v）都灵

都灵国家档案馆（AST）

1536 年法军入侵萨伏依公国，迫使卡洛三世公爵及其继承人埃马努埃莱·菲利贝托流亡，直到 1559 年的《勒卡托–康布雷西和约》。因为只有通过皇帝的支持才有可能复国，卡洛三世公爵在皇帝的宫廷设置了常驻大使。他就是斯特罗皮亚纳伯爵乔万尼·托马索·德·兰戈斯科。他在给公爵及其继承人的报告中提供了大量细节，原因之一是，据另一位（嫉妒的？）外交官说，斯特罗皮亚纳伯爵"睡在皇帝的卧室里"。[84] 斯特罗皮亚纳伯爵报告的原件在 AST *Lettere di ministri：Vienna, mazzi 2, 3 and 4*。Greppi, 'Extraits' 出版了 1546 ~ 1559 年很多报告的法文摘要（注释里抄录了很多意大利文的原文）。

（vi）威尼斯

每一位威尼斯大使在出使完成之后都会写一份述职报告。1524 年之后，每一位大使都必须将述职报告向元老院宣读，并在两周后以书面形式提交。述职报告都是相当长的文件。1525 年，加斯帕罗·孔塔里尼（此前在查理五世的宫廷度过了五十二个月）花了三个小时才读完自己的述职报告，其篇幅超过了 60 页。[85] 每一份述职报告的大部分内容是相同的话题：地理和资源；城市与贵族的财富；近期历史；统治者、他的亲人与主要谋臣的性格、外貌与健康状况。由于威尼斯政府的这种习惯，历史学家可以找到大使们对不同时期的查理五世的近距离描绘，比如温琴佐·奎里尼在 1506 年、弗朗切斯科·科纳在 1521 年、加斯帕罗·孔塔里尼在 1525 年、尼科洛·蒂耶波洛在 1532 年、贝尔纳多·纳瓦杰罗在

1546 年、阿尔维斯·莫切尼戈在 1548 年、马里诺·卡瓦利在 1551 年和费德里科·巴多厄在 1557 年的描绘。[86]

19 世纪，Eugenio Alberì 出版了绝大多数威尼斯大使的述职报告（但顺序很混乱）；一个世纪之后，Luigi Firpo 开始重新出版其中的很多份，又补充了曾在其他地方出版的一些，按照出使的国家和日期来排布。第二卷和第三卷（德意志 1506～1554 年和 1557～1654 年）和第九卷（西班牙 1497～1598 年）包括了派驻查理五世宫廷的威尼斯大使的述职报告。除了奎里尼和科纳的述职报告之外，全都可以在线查阅：http://www.bibliotecaitaliana.it。[87]

此外，就像其他统治者派遣的使节一样，威尼斯大使也会定期向政府发送报告，这些报告的摘要被出版在两个地方：*CSPV*（可通过 *BHO* 阅读电子版）和马里诺·萨努多的《日记》：见 http://onlinebooks.library.upenn.edu/webbin/metabook？id = sanudodiary。

1496 年，已经是小有名气的历史学家的萨努多决定自己撰写一部编年史。于是他每天搜集相关材料，记录他认为重要的威尼斯档案和辩论，直到 1533 年 9 月他去世前不久。共和国的政治精英认可他的工作的价值，特别批准他参考政府档案，从而让他的《日记》紧跟时代步伐。萨努多本人曾吹嘘："我看到的、理解的，不光是这座城市的真相，还有整个世界的真相。我可以说，任何作家只要想写一部高质量的现代史，都必须参考我的《日记》。"[88] 他搜集的材料多达 58 卷大开本，按照萨努多自己的设计，根据每一份文献被送抵威尼斯的年、月、日排序。如果历史学家想要追踪通信的某种"线索"，可能会被他的排序方法搞糊涂，因为不同地方的外交官发来的报告即便描述的是同一事件，也不会同时送抵威尼斯；但萨努多能够告诉研究威尼斯的历史学家，当时的威尼斯政府知道什么，又是何时知道的，这样就能帮助研究通信的历史学家测量执行公务的信使的速度（见表 2）。关于其他任何一个政府，都没有类似的资料。

Rawdon Brown 编辑了 *CSPV* 的前几卷。他经常使用萨努多抄录的外交官信件，而不是信件原件，但 Brown 这么做，是在马里诺·萨努多的《日记》的印刷版本提供原件的卷号和页码之前，它们与印刷版本中的信息不吻合，所以很难将二者对应起来。此外，Brown 抄录时犯了一些错误。[89]

四位威尼斯驻查理五世宫廷的大使的述职报告已经被全部或部分出版：奎里尼的述职报告见 von Höfler, 'Depeschen'；安德烈亚·纳瓦杰罗的述职报告见 Cicogna, *Delle Inscrizioni*, VI；贝尔纳多·纳瓦杰罗的述职报告见 Gachard, *Trois années*（来自 ÖNB 中他的通信的存档文件）；巴多厄的述职报告见 Stirling – Maxwell, *Notices*。另外有两套外交官信件保存至今：BNMV *Ms. Italiani Clase* VII, cod. 1009 包含 1521～1525 年孔塔里尼从查理五世宫廷发出的信；BAV *Vat. Lat.* 6753 包含 1525～1528 年他的继任者安德烈亚·纳瓦杰罗的信。Turba, *Venetianische Depeschen* 提供了 1538 年之后驻帝国宫廷的威尼斯大使发出的报告的摘要和节选，这些报告的原件如今保存在威尼斯国家档案馆。

5. 波兰

来自但泽的人文主义学者和诗人约翰内斯·冯·霍芬（Johannes von Höfen, 所以他的拉丁文名字是 Johannes Dantiscus, 西班牙文名字是 Dantisco, 波兰文名字是 Dantiszek, 即但狄谢克）在 1518～1519 年、1522～1523 年和 1525～1532 年担任波兰－立陶宛国王齐格蒙特一世驻查理五世宫廷的大使。也许是因为沉闷无聊（他在信里经常抱怨无聊），但狄谢克的报告里满是对他看到的人物、地方与事件的描述，所以他提供的信息比绝大多数外交官都多。他还与科尔特斯等人通信，讨论美洲的事情，并搜集与新大陆相关的材料，带回波兰。[90]但狄谢克的很多公函都已经出版，见 Górski, *Acta Tomiciana*, 这是波兰政治家彼得·托米茨基（Piotr Tomicki）的文件，由他的秘书收集和保存。前十三卷可以在线查阅：http://www.wbc.poznan.pl/publication/32217。约翰内斯·冯·霍芬发出或收到的 6000 封存世信件当中的很多（绝大多数是拉丁文和德文的）已经有了完整的可检索的在线版：Corpus of Joannes Dantiscus' texts and correspondence（http://dantiscus.al.uw.edu.pl/? menu = clat&f = clat）。1994 年，Fontán and Axer, *Españoles y polacos* 出版了但狄谢克从查理五世宫廷发出的 40 多封外交信函的西班牙文译本（还有其他很多有趣的文献，包括他关于美洲的通信）。

6. 葡萄牙

奥地利王朝和阿维斯王朝有着紧密的亲戚关系：曼努埃尔一世国王先后娶了查理五世的两个姨母，然后娶了他的姐姐；查理五世娶了若昂三世的妹妹，若昂三世则娶了奥地利的卡塔利娜；若昂三世与卡塔利娜的儿子若昂王子娶了查理五世的女儿胡安娜，查理五世的儿子腓力二世娶了若昂王子的姐姐玛丽亚·曼努埃拉。这些关系意味着，在皇帝宫廷的葡萄牙大使会特别仔细地描述查理五世的行为，尤其是他如何对待阿维斯王朝的成员。例如，1526～1527年的报告写道，皇帝夫妇仍然"非常相爱，非常幸福"（见 Braamcamp Freire，'Ida'）。这些报告出自 ANTT *CC*，这是人们在1755年里斯本大地震的混乱之后建立的一个套系，绝大多数存世文献根据写作的时间顺序排列，不管其出处、收件人或收件日期。ANTT *CC*，Part Ⅰ，maço 21（1517）to maço 103（1558）包含了皇帝和在他的宫廷的外交官发来的信函。https：//digitarq. arquivos. pt/details？id＝3767259 提供了对该套系内每一份文献的简短描述。

五　编年史与史书

关于查理五世的最后一类重要文献是同时代人撰写的编年史。在尼德兰，让·莫利奈（Jean Molinet，1475～1507年任职）、他的外甥让·勒迈尔·德·贝尔热（1507～1512年任职）、雷米·迪·皮伊（Remy du Puys，1515～1516年任职）和内特斯海姆的海因里希·科尔内利乌斯·阿格里帕（Heinrich Cornelius Agrippa of Nettesheim，1530～1532年任职）都担任过勃艮第宫廷的史官，但他们的历史著作不多。而查理五世的图书馆员威廉·斯努卡特·范·斯豪文堡虽然从来没有被任命为御用史官，却在1559年出版了一部300页的皇帝传记。该书在1563年之前出版了另外三个版本，16世纪90年代又出了两个版本。[91]在卡斯蒂利亚，九位学者担任过查理五世的御用史官：安东尼奥·德·内夫里哈（Antonio de Nebrija，1509～1522年任职）、彼得·马特·德·安杰拉（1520～1526年任职）、贝尔纳多·真蒂莱（Bernardo Gentile，1523～1526年任职）、安东尼奥·德·格瓦拉（1525~1545年任职）、胡安·希内斯·德·塞普尔韦达（1536~1573年任职）、弗洛里安·德·奥坎波（1539~1558年任职）、贝尔纳韦·德·布斯托（1546~1557年任职）、佩德罗·梅西亚（1548~1551年任职）和胡安·派斯·德·卡斯特罗（1556~1568年任职）。这些学者都受过人文主义的训练，都有大学文凭，不过只有三位（梅西亚、奥坎波和塞普尔韦达）之前有著史的经验。他们全都花了太多时间做研究（或者忙于其他项目），而没有花足够的时间来写作。[92]

Morel－Fatio, *Historiography of Charles* V. Part Ⅰ（1913）对上述每一位西班牙编年史家的作品做了精妙的评价，不过有好几部作品后来出了新版。比如有人在1920~1925年用圣克鲁斯的手抄本制作了一套将近4000页的《查理五世皇帝编年史》，并在马德里出版了五卷本；梅西亚的编年史在1945年出版了一个评注版；1953~1957年，何塞·洛佩斯·德·托罗（José López de Toro）出版了彼得·马特书信集的四卷本西班牙文译本；希龙的史书在1964年出了完整版；塞普尔韦达的《查理五世皇帝行状录》在1995~2010年出版了拉丁文原文与西班牙文译本对照的六卷本，非常精美。[93]

在九位御用编年史家当中，只有塞普尔韦达采访过查理五世，并请他解释做某些事情的动机和他的感受。塞普尔韦达对皇帝的最后几年做了批评性质的评价（第三十章），但他的《查理五世传》直到18世纪80年代才被印刷出版。[94]另外三位编年史家无须采访皇帝，因为他们已经对皇帝非常熟悉：格瓦拉是他的宫廷神父；希龙曾担任他的宫廷管理大臣（Alcalde de Casa y Corte，在西班牙宫廷负责维持纪律的官员）；圣克鲁斯曾教查理五世数学，并陪同他旅行。[95]还有其他一些同时代的历史学家记录了自己与皇帝待在一起的时光，按照时间顺序如下。

（1）让·旺德内斯的日记记录了1506~1551年查理五世的动向，详细描述了好几次重大事件。

（2）桑丘·科塔在1510年至1518年10月（他和埃莉诺一起去葡萄牙的时间）也写了日记。

（3）洛朗·维塔尔在1517年6月（他和查理五世一起离开尼德兰）和1518年4月（他与斐迪南一同返回尼德兰）之间记录了查理五世宫廷

的日常生活。

（4）弗朗西希罗·德·苏尼加被称为"西班牙宫廷的官方长舌妇"（chismógrafo official de la corte Española），他于 1517~1529 年陪同查理五世，从 1522 年起担任宫廷弄臣。苏尼加失宠之后写了一部充满恶意的书，描写宫廷生活，对宫廷的许多人大肆攻击。该书写成之后，几乎立即以抄本形式广为流传。1532 年，苏尼加被自己在书中攻击的一个人刺死，可见他的攻击多么招人忌恨。[96]

（5）马丁·加西亚·塞雷萨达的《论述》（*Treatise*）是一位在 1522~1545 年为查理五世效力的普通军人的叙述，极其详细（往往具体到每一天）。作者"作为目击者"，亲眼见证了皇帝如何率领军队作战。

（6）来自弗朗什-孔泰的费里·德·居永从 1523 年开始在查理五世的军中服役，起初是骑士侍从，1539 年晋升为"卫队弓箭手"，所以有机会近距离观察君主。居永在自己的《回忆录》（应当是 1566 年之后撰写的）的部分章节里完全没有出场，但在有些章节里是主角。他对查理五世的主要战役的后勤提供了独特的细节，包括从一位下级军官的视角对"我们的皇帝"发出的一些批评。[97]

（7）路易斯·德·阿维拉·苏尼加根据自己在查理五世身边的经历，撰写了一部关于施马尔卡尔登战争的《德意志战记》，于 1548 年出版，其中对皇帝的描述非常正面。他还担任皇帝的史官，监督其他历史学家的工作。[98]

（8）查理五世是保罗·乔维奥的《当代史》（*History of his own times*）第二部分的核心人物。该书写到 1547 年为止，于 1552 年出版。除了广泛阅读，乔维奥还采访了查理五世和他的主要副手（有时是当面采访，有时是通过书信）以及他的敌人（乔维奥采访了一些在突尼斯被俘、1536 年被皇帝带到罗马的穆斯林；他在 1547 年 8 月给正在狱中的萨克森公爵约翰·弗里德里希一世和黑森方伯发了采访问题，请他们谈谈他们的反叛为什么失败）。[99]乔维奥还运用了自己的亲身体验，因为他于 1529 年、1536 年、1541 年和 1543 年见过查理五世。[100]

（9）约翰内斯·斯莱登在 1555 年出版了《对查理五世皇帝治下宗教与公共事务的评论》（*Commentaries on the state of religion and public affairs under Emperor Charles* Ⅴ），是用拉丁文写的，但不久之后该书就被翻译成好几种语言。斯莱登一开始就吹嘘："我这部书完全基于我勤奋地搜集的文献。"但作为施马尔卡尔登联盟的官方史官，他主要搜集的是关于宗教和公共事务的文献，而不是关于查理五世的。他用 50 页的篇幅描写德意志的近期战争，却只用 6 行记述突尼斯战役。斯莱登几乎完全不提皇帝的外貌或思考。查理五世不喜欢他的作品（这不足为奇），但斯莱登提供了有关皇帝的德意志政策及其反对派的重要洞见。[101]

（10）弗朗西斯科·洛佩斯·德·戈马拉于 1557～1558 年撰写了他的《查理五世编年史》，不过有些段落仍然是笔记的形式，而不是成品。作者曾陪同查理五世参加阿尔及尔战役，也许还见证了其他一些事件，所以他的叙述非常生动。[102]

（11）弗洛里安·德·奥坎波的《编年史》原计划有八十四章，但只出版了五章。不过他留下的一些笔记本里满是关于西班牙状况的材料：BNE *Ms.* 9936 和 9937，分别涉及 1521～1543 年和 1550～1558 年，都是从 BSLE *Ms* Ⅴ -Ⅱ -4，'Relación de cosas sucedidas en la Cristiandad desde 1510 hasta 1558' 中抄录的，由派斯（可能还有布斯托）校注。

（12）普鲁登希奥·德·桑多瓦尔修士出生于约 1551 年，他的人生与他的《查理五世皇帝的生平与事迹》（首版于 1604～1606 年）的传主几乎没有交集。桑多瓦尔大量借鉴（有时是照抄）了戈马拉、格瓦拉、梅西亚和圣克鲁斯的编年史。不过，他说自己读过或者掌握了他在《查理五世皇帝的生平与事迹》中引用的许多材料，这提醒了我们，他确实能够接触到不计其数的国家公文，包括一些如今已经佚失的材料；而那些保存至今的原件证实，桑多瓦尔确实准确地引用了原文。[103]

查理五世还出现在当时的其他许多作品中，他无法控制这些作品。下列作品中经常提到查理五世：来自施特拉尔松德的巴托洛梅乌斯·萨斯特罗的《回忆录》，萨斯特罗在 16 世纪 40 年代多次观察过皇帝；弗朗切斯科·圭恰迪尼的《意大利史》（写到 1534 年为止）；托马斯·胡伯特（Thomas Hubert，也叫利奥迪乌斯）写的普法尔茨选帝侯弗里德里希二世的传记，他从 1522 到 1555 年去世前担任弗里德里希二世的秘书和特使。胡伯特记录了他与主公关于皇室成员（包括查理五世的姐姐埃莉诺，弗里德里希二世在 1517 年和 1522 年曾试图娶她）的多次谈话，还引用了普法尔茨档案中的材料。[104] 查理五世还出现在大量以他的历次战役为主题的编年史中：Voigt，'Die Geschichtschreibung'出版了关于突尼斯战役和施马尔卡尔登战争的文章目录，都经过研究，今天仍然有价值。Nordman，*Tempête* 编辑了一套关于阿尔及尔大败的绝佳的史料集，有基督徒方面的，也有穆斯林方面的史料。

六　文化记录

1. 建筑

查理五世在尼德兰居住过的四座宫殿都已经被毁。在根特，在他的出生地——城墙宫［Hof Ten Walle，后来为了纪念他，改名为王子宫（Prinsenhof）］的那个房间，人们在 1685 年装饰了描绘他丰功伟绩的壁画，但这座宫殿于 1835 年毁于火灾。梅赫伦的"皇宫"，即查理五世度过少年时代大部分时间的地方，后来成了修道院，在 18 世纪初被拆毁（如今已修复）。布鲁塞尔庞大的公爵宫殿（查理五世在那里举行过很多重要的仪式，包括 1515 年他的亲政典礼和四十年后他的退位仪式）在 1731 年的火灾中几乎全毁，不过近期的发掘发现了皇帝统治时期增添的一些建筑的痕迹。他于 1553 ~ 1556 年居住的那座宫殿园林内的小屋于 1778 年被拆毁，没有留下任何踪迹。[105]

查理五世的宫殿当中只有两座大体完好地保存至今，都在西班牙。1532 年，查理五世访问曼托瓦期间，请人在格拉纳达的阿尔罕布拉宫的核心地带建造文艺复兴风格的新建筑。尽管他曾多次计划去那里，但始终没有看到新建筑。[106] 不过另一项大型工程的建筑图纸得到过皇帝的亲自审查和批准，即尤斯特的套房，他的人生的最后十九个月就是在那里度过的。该套房在他去世不久后成为修道院的一部分，但在 1809 年被法军抢劫和焚毁。修道院于 1837 年废弃，不久之后整个套房也就荒废了。1958 年，也就是查理五世逝世四百周年纪念的前不久，才开始了认真的修复工程，于 1999 ~ 2002 年取得圆满成功。[107]

2. 艺术呈现

查理五世及其亲信密切监督了画家、雕塑家、雕版画家和其他艺术家对帝国的艺术呈现。Wohlfeil, 'Retratos' 和 Checa Cremades, *Carlos V*，以及 Burke, 'Presenting' 对这些艺术品做了极好的概述。存世的作品包括被称为查理五世"官方肖像"（见彩图 19）的全身尺寸肖像系列；彩色玻璃窗、木雕（见彩图 15）、青铜像（见彩图 21 和彩图 29）、钱币与纪念章（见彩图 16 和彩图 17）、挂毯（见彩图 20）、浮雕宝石（见彩图 31）和细密画（见彩图 33）。游戏所用的棋子等也可以用于宣传，比如将皇帝及其家人的肖像画到棋子上（见彩图 30）。[108]

有了印刷术之后，很多图像就可以量产。皇帝进入自己统治下每座城市（从 1515 年的布鲁日开始，见彩图 7 和第三章）的入城式也可以被制作成图像并量产。最高峰可能要算 1549 年查理五世和他的儿子巡视尼德兰各地时留下的凯旋门，其图像可见 Calvete de Estrella, *El felicíssimo viaje. Jacquot, Fêtes et cérémonies*，其中有很多例子。而对个别纪念活动的新的研究也不断发表，比如 Borrás Gualis, *La imagen triunfal* 研究的是在西班牙塔拉索纳创作的纪念查理五世 1530 年在博洛尼亚加冕的精彩壁画。

查理五世的很多大臣获得了皇帝的肖像或其他纪念品，来缅怀他们已故的主公（或者他们努力去获取这样的纪念品，比如第十七章记述了第一代奥利瓦雷斯伯爵努力获取提香所作的查理五世在米尔贝格肖像的副本，但没有成功）。路易斯·德·阿维拉·苏尼加被有些人视为皇帝的宠臣，我们几乎可以肯定，就是他说服了查理五世退隐到尤斯特（靠近阿维拉在普拉森西亚的宫殿）。阿维拉在自己的宫殿创建了一家不折不扣的"查理五世博物馆"，里面装饰了描绘皇帝主要战役的壁画（阿维拉描述其中关于朗蒂战役的壁画时，查理五世说它不准确），并且满是皇帝赐给他的纪念品，包括蓬佩奥·莱昂尼于 1555 年创作的一座大理石半身像。普拉森西亚的米拉贝尔宫至今仍有一个"查理五世沙龙"，但其中的藏品可能不会在那里待多久了：莱昂尼的半身像在 2017 年被拿去拍卖，开价 40 万欧元，但后来又被撤出了拍卖会。[109]

3. 音乐

查理五世年轻时在梅赫伦就学过好几种乐器，终其一生都喜欢听高雅的音乐。他听得肯定很仔细，因为他注意到弗朗西斯科·格雷罗在尤斯特为他演奏的一些经文歌抄袭了其他人的作品（见第十六章）。Mary Tiffany Ferer 在她那部研究查理五世宫廷音乐的高水平著作中承认，"未发现皇帝亲自赞助和提携音乐家或其作品的证据"，但一些特定的音乐作品与特定的事件（比如博洛尼亚的加冕礼、帝国会议的开幕式和皇后去世等）之间存在紧密联系。[110] 对查理五世的音乐的最佳介绍，仍然是鲁汶大学音乐学教授 Ignace Bossuyt 那篇论证充分的长篇论文 'Charles Ⅴ：a life story in music'。这篇论文按照时间顺序，通过音乐来介绍查理五世的政治生涯。

另外，查理五世熟悉的很多作曲家的作品有高水平的录制版本，包括若斯坎·德普雷、彼得·阿拉米尔（Peter Alamire）、胡安·德·安谢塔、路易斯·德·纳瓦埃斯（Luis de Narváez）、让·库尔图瓦（Jean Courtois）、弗朗西斯科·格雷罗、尼古拉·贡贝尔（Nicholas Gombert）、克里斯托瓦尔·德·莫拉莱斯等。查理五世历史的爱好者很幸运，因为有些乐团复原了皇帝曾听过的音乐，比如在 2018 年 10 月，在康涅狄格州哈特福德的圣三一学院，奥里戈乐团（Ensemble Origo）演奏了 1530 年 2 月 24 日在博洛尼亚的查理五世加冕礼上演奏过的部分曲目。

七　印刷版的一手资料

比利时历史学家和档案研究者路易·普罗斯佩·加沙尔整理出版的关于查理五世的文献多于古往今来的任何人。他在史料中只发现了一个时序上的缺口。他在 1842 年抱怨道："等到查理五世开始闪光之后，历史学才对他感兴趣。"

这样一位声名远播、权势遮天的君主，如果我们能知道他是如何成长的，就太有趣了。他的头脑对欧洲的命运产生了极其深远的影响，如果我们能一步步地观察这样一个头脑是如何发展的，就再好不过了……然而不幸的是，相关的史料没有留存下来。

但加沙尔这一次说错了。2011 年，Anna Margarete Schlegelmilch 基于令人眼花缭乱的七种语言的史料，出版了对于这个主题的多达 650 页的研究著作，题为《查理五世的青少年时代：一位勃艮第君主的文化环境与教育》（*The adolescence of Charles Ⅴ：The cultural environment and education of a Burgundian prince*）。她对多语言材料进行的细致研究证明，在查理五世"开始闪光"之前就有大量材料留存下来。[111]

对于查理五世人生的余下时光，那些只包括一种档案（AGS、ASV）的印刷版材料，或者只有一种来源的材料（比如威尼斯外交官的述职报告），已经在上文的关于各种档案的部分列举了。但有些重要的出版物包括来自多种来源的史料，例如下面提及的这些。

1. 西班牙

CODOIN，共一百一十二卷，包括西班牙档案馆中保存的许多由查理五世撰写或与他相关的文献（Laiglesia，*Estudios*，Ⅲ，61 - 73 以字母顺序列举了这些文献）。*CLC*，vols Ⅳ and Ⅴ 出版了查理五世统治时期卡斯蒂利亚议会生成的文献（可在线查阅：https：//bibliotecadigital. jcyl. es/es/consulta/registro. cmd？ id = 16930）。天主教国王斐迪南和查理五世的最后遗嘱的影印版在 2016 年和 1983 年分别由 J. M. Calderón Ortega，以及 M. Fernández Álvarez 与 J. L. de la Peña 出版。

在西班牙出版的印刷版材料中最重要的要数 *CDCV*。1956 年，曼努埃尔·费尔南德斯·阿尔瓦雷斯得到了这样的指示："阿尔瓦雷斯，查理五世逝世四百周年快到了，我们得做点什么。"堂曼努埃尔回忆道："自那以后，我就忙着收集关于皇帝的史料。"[112] 由于一些对于海外研究的大规模资助以及 50 万比塞塔的出版资助，长达 2800 页的五卷本 *CDCV* 在 1973 ~ 1981 年得以出版，包括 825 份文献（几乎全部都是全文刊出）和皇帝《回忆录》的西班牙文译本，以及累积的索引。[113]

2. 德国

1893 年 出 版 了 *Deutsche Reichstagsakten*，*jüngere Reihe. Deutsche Reichstagsakten unter Kaiser Karl V.*（*RTA*）的第一卷，包括查理五世成为罗马人国王（1516 年至 1519 年 7 月）的过程的文献史。第二卷（1896）涉及的时期是从查理五世当选到沃尔姆斯帝国会议结束（1519 年 7 月 ~ 1521 年 5 月）。这两卷都包含了外国大使的相关报告以及内部文件。如 Henry Cohn 所说，这些文献"让之前写过的一切都显得过时了"。但德国之外的历史学家很少使用这些文献。[114] 关于查理五世亲自主持的其他会议，第十卷（1992 年出版，1602 页，分为三部分）包含 1532 年雷根斯堡帝国会议的文件；第十五卷（2001 年出版，2404 页，分为四部分）包含 1544 年施派尔帝国会议的文件；第十六卷（2003 年出版，1740 页，分为两部分）包含 1545 年沃尔姆斯帝国会议的文件；第十七卷（2006 年出版，596 页）包含 1546 年雷根斯堡帝国会议的文件；第十八卷（2006 年出版，2760 页，分为三部分）包含 1547 ~ 1548 年奥格斯堡帝国会议的文件；第十九卷（2005 年出版，1681 页，分为三部分）包含 1550 ~ 1551 年奥格斯堡帝国会议的文件。还有两卷目前正在整理，将会涉及查理五世主持的另外两次帝国会议：1530 年奥格斯堡帝国会议（第九卷）和 1541 年雷根斯堡帝国会议（第十四卷）。对于 1530 年奥格斯堡帝国会议，还可以参考 Förstemann，*Urkundenbuch* 里的文献。Von Druffel and Brandi，*Briefe und Akten*，vols Ⅱ - Ⅳ 出版了许多关于 1546 ~ 1555 年帝国会议的文献。

Kohler，*Quellen* 出版了 120 份关于查理五世的重要文献，它们都被翻译成了现代德文。其中大部分来自印刷版的一手和二手材料（见第XV ~ XXII页的清单）。这些文献很少有原文是德文的，但 # 10 是个有趣的例外：查理五世的"德意志财政总管"在 1520 年的账目记录了为帮助他当选为罗马人国王而以他的名义支付的款项。[115] Kohler 在他那部优秀的传记 *Carlos V* 中引用并讨论了其中的每一份文献。

2001 年，美因茨的科学与文学院（Akademie der Wissenschaften und der Literatur）开始将其收藏的 *Regesta Imperii* 电子化，这是对 1558 年之

前历代教宗和皇帝的活动的编年记载，形式是摘要（‘Regesten’：目前有超过 13 万个条目可用）。在那之后，科学与文学院为其增添了引用或拓展了 Regesta 文献的细节，例如提供了相关各卷和史料集的内容的详细目录，并给出相关内容的链接。目前有超过 200 万种文献可用。详见 http：//www. regesta – imperii. de/en/research/ri – online. html#c958。举个例子，Boone and Demoor，*Charles Ⅴ in context*，有一章可以在线查阅：http：//opac. regesta – imperii. de/lang ＿ en/anzeige. php？ sammelwerk ＝ Charles ＋ V ＋ in ＋ context. ＋ The ＋ making ＋ of ＋ a ＋ European ＋ identity&pk ＝973091。

3．比利时

查理五世统治时期的一些史料被出版为六卷巨著，包含他的政府发出的全部法令（Recueil des Ordinnances）和一部基于（并经常引用）比利时地方和中央档案的史书：Henne，*Histoire du règne de Charles – Quint en Belgique*，十卷本。

4．意大利

Henne 的著作出版不久之后，Giuseppe de Leva 开始出版一部类似的关于意大利的史书，刊出了一系列史料，来源范围极广，包括意大利和海外的许多档案馆与图书馆，时间下限是 1552 年，那就是 *Storia documentata di Carlo Ⅴ*，五卷本。

八　二手材料

从查理五世在世的时候开始，就他的传记问世。迄今为止，有至少十几种语言的数千种查理五世传记出版。到 1600 年，就已经超过 100 种。1956 年，罗亚尔·泰勒指出，在现有的全部研究著作中，“最首要的”是卡尔·布兰迪的 *Kaiser Karl Ⅴ. Werden und Schicksal einer Persönlichkeit und eines Weltreiches*，其第一卷出版于 1937 年，很快就被翻译成多种语言。布兰迪从 1907 年开始写一部查理五世的传记，打算把赫尔曼·鲍姆加登未完成的三卷本著作续下去。但布兰迪后来决心从头开始，花了三十年来研究各种一手和二手材料。

1941 年，布兰迪出版了第二卷 *Kaiser Karl* V：*Quellen und Erörterungen*，该卷描述并经常抄录第一卷德文版每一页引用的史料（另外还补充了一篇文章，B&S，ⅪⅩ，161 - 257，'Aus den Kabinettsakten des Kaisers'，它包含了布兰迪在第一卷出版之后发现的一些特别重要的文献）。[116] 有些人也许会批评布兰迪花了太多篇幅在德意志的政治和宗教发展上，而没有足够重视经济和社会问题，或者对里尔和西班牙的档案馆的文献引用太少，但布兰迪的传记（尤其是如果我们按照他的设想，把两卷合起来阅读的话）仍然占据着极其重要的位置。至今它仍然是评判其他关于查理五世的著作的标杆。[117]

1958 年（查理五世逝世四百周年）前后出版了一大批传记，四次国际会议上还发表了 67 篇各种语言的论文，Kohler，*Carlos* V，403 - 4 提供了相关的详细信息。2000 年（查理五世诞辰五百周年）前后又出版了一大批著作。最重要的是，"腓力二世与查理五世百年纪念协会"（Sociedad estatal para la conmemoración de los centenarios de Felipe Ⅱ y Carlos V）在 2000 年赞助了五次国际会议和六次展览，并出版了相应的文章（共 275 篇）和目录，以及大量关于查理五世的论文和史料集，共计 25000 页。Blockmans and Mout，*The world*，1 - 11 and 337 - 47 提供了相关的详细信息。比利时也纪念了皇帝的诞辰五百周年："查理五世委员会"用佛兰芒文发表的 286 页报告详细记载了它在 2000 年支持的各种与查理五世相关的活动，包括 38 种相关出版物的清单。[118]

Chaunu and Escamilla，*Charles*，1，133 ~ 60 对 2000 年之前的各种相关出版物做了极好的概述。关于 2000 年之后的出版物，可参考三种在线资源：在 Katalog der deutschen Nationalbibliothek 的在线版 https：//portal. dnb. de/opac. htm？method = simpleSearch&query = 118560093 搜索"Karl V"；在 Dialnet. unirioja. es 搜索"Carlos V"和"Charles - Quint"；参考"塞万提斯虚拟图书馆"（Biblioteca Virtual Cervantes）的"Carlos Quinto"部分。[119]

九　佚失文献

詹姆斯·阿特拉斯在他那部关于传记与着魔的传记家的绝佳著作中写

道："传记作者永远不可能把所有信息都写下来。故事永远写不完整。这是本行业的内在风险……传记就像精神分析一样，永远是不完整的；传主就像精神分析的病人一样，永远是不可知的。"[120] 但不可知的东西有两种：我们知道自己不知道的、我们不知道自己不知道的。

1. 我们知道自己不知道的

查理五世撰写的或与他相关的许多文献已经毁于战火。布拉班特的档案馆毁于 1695 年法军对布鲁塞尔的炮击；1914 年，步步紧逼的德军摧毁了鲁汶和伊珀尔的档案馆；1943 年，撤退的德军烧毁了那不勒斯的档案馆。有些文献毁于海难。1542 年，查理五世向一位大使道歉，说他找不到一些文件，因为它们在前一年的"阿尔及尔战役中丢失了"。[121] 更糟糕的是，1559 年腓力二世从尼德兰乘船返回西班牙途中，"1540 年之后我们的主公皇帝与国王的全部文件"都随同运载它们的船只一起葬身大海，"于是我们失去了一份重要的史料"。[122] 另一种重要的损失，即查理五世给弟弟的亲笔信的损失，我们是知道的，因为在查理五世去世不久之后，斐迪南命令将他与兄长 1522 年以来的全部通信抄录到特别的档案中：*HHStA Hs. Blau* 595，596/1 – 2 and 597/1 – 3。尽管他的档案馆员"将抄本与原件做了核对和整合"，他们却忽略了皇帝的全部亲笔补遗，也许是因为斐迪南觉得这些东西太敏感了。如果信件原件存世的话，我们就能知道查理五世亲笔写了什么，但对于那些没有原件存世的，我们就只知道损失了一些东西，也许是很重要的东西。[123]

其他很多存世的文献也（至少是部分地）保守了自己的秘密。有些文献即便是当时的人也看不懂：亨利八世的首席大臣托马斯·克伦威尔曾抱怨说，在查理五世宫廷的英格兰大使发回的书信"极其晦涩，任何人都很难看懂"。即便句法清楚，存世的文献也往往是用五花八门令人困惑的字体写成的，有的简直让人完全看不懂。《斐迪南一世家书》（*The family correspondence of Ferdinand* I）的编者之一疲惫地评论道："每一代历史学家当中都应当有人能编辑斐迪南一世及其兄长和姐妹之间的书信，那些书信的字迹实在太难辨认了。"查理五世是写字最难辨认的人之一。他的妹妹玛丽曾责备他的信让人看不懂："有一两个词写得太潦草了，我看不懂，也不能确定自己猜对了。"[124]（查理五世极难辨认的西班牙文和法文笔迹的例子，见彩图8和彩图9。）但皇帝期望所有收件人都能读懂他的信，所以历史学家必须咬牙坚持。

很多曾经字迹清晰的文献后来损坏了。罗伯特·科顿爵士收集的好几卷手抄本在送抵大英图书馆之前被烧毁，所以现在我们读不到许多在查理五世宫廷的英格兰外交官发出的信件；1541年危地马拉的一次火山喷发导致洪水暴发，摧毁了这块殖民地的首府，导致大部分文件被毁，剩余的也受到损坏。类似的例子还有很多。

此外，很多文件是用密文写的，却没有相对应的"明文"留存下来，要么因为收件人很熟悉密文，能够一边阅读一边即时地辨认和解读，要么因为没有密码本留存下来。1516年，马克西米利安皇帝从女儿那里收到了至少一封"你亲手加密的"信；十年后，查理五世告诉弟弟："你5月9日的信，我已经自己解码了。"类似的例子还有很多。[125]古斯塔夫·贝尔根罗特仅在西曼卡斯就遇到大约50种不同的密码。为了解码，他"付出了艰辛的劳动，积劳成疾"，直到偶然发现档案馆内的一个盒子里有多种密码本，其中有些"对我解读许多页有帮助；但有的只能用于解读几行"。但由于贝尔根罗特的努力，他抄录（或者他请人抄录）的文件，如今我们都可以阅读全文了，而档案馆中的原件还有很多段落仍然没有得到破译。为了解决这些问题，Stix，'Die Geheimschriftenschlüssel'提供了查理五世的文书官衙用过的24种密码的破译方法，还附加了7幅展示密码和解码方法的图片。[126]

在有些情况下，我们之所以知道自己缺少某些信息，仅仅是因为写信人充满诱惑地宣布，某件事情太重要了，所以不能留下书面证据。比如马克西米利安曾告诉玛格丽特，他向一位特使"口头解释了我的计划"，特使"能够更加机密和坦率地把我的决定告诉你"；玛格丽特有一次告诉枢机主教沃尔西，她的特使会当面向他解释她的计划，"因为这些事情最好是口头交流，而不是通过书面"；查理五世在西班牙的代表也通过可信赖的使者来传递敏感信息，因为"此地的情况比我能够在信里解释的要严重得多"。[127]查理五世有时也坚持要求口头传递敏感信息。1528年，他告诉阿罗伯爵："你必须到这里来，我才能告诉你一些非常重要的事情。"（这里的"非常重要的事情"应当是任命阿罗伯爵为两位当人质的法国王子的管理者。）二十年后，查理五世告诉弟弟："此事极其重要，所以我们必须面谈……不能由第三人传递，也不能写信。"（这里的"要事"指的是向德意志路德派开战。）他设想"我们一起谈四五天"。[128]

最后，尽管查理五世自己把大量信息付诸笔端，但他有时会采取措施，给国家大事保密。1515 年，他派自己的教师乌得勒支的阿德里安从布鲁塞尔"去西班牙拜见阿拉贡国王，谈一些无须解释的秘密的要事"。同样的措辞经常出现在他整个统治时期的尼德兰政府的档案里：四十年后，他在布鲁塞尔的财政总管支付了一位大臣 500 镑，"是为了与陛下有关的一些无须具体说明的要事"；另一名大臣得到 50 镑，"由他支配，用于陛下不希望具体说明的一些秘密事务"。[129]查理五世有时还命令销毁敏感的文件。1536 年，即将与法国爆发战争的时候，他指示自己的驻法大使"烧毁你手中不应当被别人看见的会议纪要和其他文件"。七年后，在与法国的另一场战争的前夜，他在给儿子腓力二世的秘密建议书的开头写道："我写下并发送给你的这份机密文件，是仅供你一人阅读的；所以你必须对其严格保密，将其严密保管，让任何人都看不到，连你的妻子也不行。"皇帝在建议书的末尾再次严正告诫："因为我们都是凡夫俗子，假如上帝要召唤你到他身边，请一定将这份文件保管好，封印并归还我，或者当着你的面将其烧毁。"[130]

2. 我们不知道自己不知道的

1543 年的建议书并没有被烧毁，这对历史学家来说是幸事，因为皇帝独自一人撰写了这份文件，并且独此一份。如果运气好，并且研究者足够聪明，就可以查明其他一些"陛下不希望具体说明的秘密事务"，因为通常情况下秘书都会保留发出信件的草稿、副本或摘要，或者发出双份甚至三份内容相同的文件，其中至少一份能够存世。不过，难免有些空白是永远无法填补的。查理五世私人开支的账目就体现了这个问题：我们知道，1530~1532 年的账目是存在的，因为尽管该账目已佚失，但 19 世纪曾有人将其列在一份清单中。或许曾经有涉及 1530 年之前或 1532 年之后的账目存在，后来却销声匿迹了。历史学家对是否存在这样的账目一无所知。

我们不知道自己不知道什么，这个问题对于政治史和军事史特别严重。罗伯特·卡洛（Robert Caro）在为美国总统林登·B. 约翰逊撰写那部卓越的传记时就发现了这个问题。卡洛从 1975 年也就是传主去世的两年后开始写这部传记，当时约翰逊的"绝大多数同时代人都还在世"，可以接受作者的采访。这样的采访是非常宝贵的史料。关于第三十六任总统约翰逊的存世书面材料汗牛充栋，足以让查理五世的传记作者们敬畏（得克萨斯州奥斯汀的约翰逊图书馆与博物馆藏有 3400 万份文献），但仍然有很多方面是含糊不清的。不过卡洛可以向那些亲身认识约翰逊的人征询意见，他也的确这么做了。"图书馆里的文献不能解释问题的时候，采访亲历者往往能够揭示真相。"但这也导致了其他方面的挫折，因为卡洛很快发现，并非所有受访者都能提供同等的帮助。卡洛抱怨道："要等很多年后，亲历者更愿意在受访时开诚布公的时候，我们才能真正了解权力是如何运作的。那时我们就得回去，看看真正发生了什么。"[131]

在研究查理五世的时候，我们没有办法采访亲历者，尽管比森特·德·卡德纳斯·比森特在《采访查理五世皇帝》（*Interviews with Emperor Charles* V）中做了勇敢的尝试。卡德纳斯·比森特发表了许多关于传主的史料，运用自己的知识提出了一千多个非常有深度的问题，记录了皇帝的答复（通常很简略），然后援引文献或其摘要作为证据。尽管卡德纳斯·比森特强调自己提供的只是"娱乐"，但他的问题是每一位为查理五世立传的作者都渴望得到回答的。对历史学家来说不幸的是，因为查理五世早就辞世了，所以那些我们不知道自己不知道的东西，恐怕我们永远都不会知道了。[132]

注 释

1. Sánchez Alonso, *Fuentes*, Ⅱ, 1（见 pp. 36 - 165 关于"España en el período 1516 - 1556"的作品）; Dixon and Fuchs, *The histories*. In 2001, Kohler, 'Una mirada' 对研究查理五世所需的史料做了

很好的概述。

2. Foronda y Aguilera, *Estancias y viajes*, online at http: //www. cervantesvirtual. com/bib/historia/CarlosV/5_ 3_ foronda_ 1. shtml. Gould, 'The adventure', 很好地介绍了 Foronda 及其作品。Vilar Sánchez, *Carlos* V, 400 - 1 对查理五世在何处停留给出了略微不同的叙述。

3. 概述见 http: //karl - v. bsz - bw. de/einl. htm, 它可以链接到 POLKAweb 网站。要使用 POLKAweb, 点击按钮 Gesamtsuche(全部搜索);要寻找查理五世(比如说)在 1543 年的信件,将 Suchart(搜索方式)选为 Standard, 在 Absender(发件人)栏输入 Karl, 然后输入 Datum(日期): "01. 01. 1543 bis 31. 12. 1543", 这就能检索出 362 封信,信件按照时间顺序排列。然后,我们可以点击每一条看详情。

4. BL *Department of Manuscripts Departmental Archive*, 'Papers regarding purchase and acquisition of manuscripts, 1871 - 1873 ', ff. 1 - 4, John Dahlberg Acton to J. Winter Jones, 12 Aug. 1869, and Paul Friedmann to Edward Bond, 14 June 1869. Ibid. , ff. 1 - 95 收录了博物馆的图书馆员与贝尔根罗特的后裔之间的通信,1869 ~ 1871 年。Cartwright, *Gustave Bergenroth* 叙述了贝尔根罗特的生平,并刊载了关于他计划的查理五世传记的一些书信。

5. BL *Department of Manuscripts Departmental Archive*, 'Papers regarding purchase and acquisition of manuscripts, 1871 - 1873 ', ff. 446 - 57 收录了博物馆与弗里德曼之间关于被扣留的十一卷文献的怒气冲冲的通信;Rzepka, *Historia kolekcji*, 121 - 2 简述了克拉科夫藏品的情况。贝尔根罗特文献的更多卷(不过不一定全部与查理五世有关)见 TNA *PRO* 31/11(十四卷抄录自西班牙档案馆,绝大多数出版在 *CSPSp* 中;TNA *PRO* 31/11/11 包含解码方法); and BNE *Ms.* 18550/2(376 ff. 中的一卷包含贝尔根罗特的抄录文献,绝大多数出版在 *CSPSp* 中)。

6. Martínez Millán, *La Corte*.

7. Checa Cremades, *Inventarios*. Vol. Ⅰ 包含查理五世的九份财产清单和他母亲的一份财产清单;vol. Ⅱ 包括皇后的九份财产清单;vol. Ⅲ 包括查理五世的姑姑玛格丽特的二十二份财产清单,他的姐姐埃莉诺的两份，妹妹伊莎贝拉的七份，弟弟斐迪南的四份，妹妹玛丽的四份和妹妹卡塔利娜的五份，再加上覆盖全部三卷的索引。

8. *SLID*，Ⅱ，21 – 69.

9. *SLID*，Ⅱ，71 – 154（*GRM*，Ⅱ，1 – 69 刊载了相同的文本，尽管加沙尔无法识别其作者身份）。17 世纪 20 年代，Fray Luis de Santa María 写了一部 *A la cassa y monasterio Ymperial de St Hr. mo. de Yuste*。在 1999 年，尤斯特的修道院获得了这部手抄本的一个 19 世纪的副本，并出版了影印版（2000 年在马德里出版）；但其中关于查理五世的段落似乎照抄了科拉尔的文字。

10. Stirling – Maxwell，*The cloister life*（1852），Pichot，*Charles – Quint*（1854），and Mignet，*Charles – Quint*（1854），全都基于冈萨雷斯抄录的西曼卡斯文献，CADMA 馆长 Mignet 在 1844 年为 CADMA 获得了这批文献。Gachard，*Retraite et mort*（3 vols，1854 – 6），运用了同一批文献，其中大多数与比利时有关，是加西亚·冈萨雷斯及其工作人员在西曼卡斯为路易·普罗斯佩·加沙尔抄录的。

11. Sánchez Loro，*La inquietud postrimera de Carlos* Ⅴ（1957 – 8），part of the 'Publicaciones de la Jefatura Provincial del Movimiento'. 尽管 Sánchez Loro 对法西斯政权的热情让他犯了一些错误，做出了一些糟糕的价值判断，但他的三部曲仍然是非常了不起的学术成就，理应得到更多关注。

12. AGS *CSR* legajos 128 – 80. Aguirre，'Viejos y nuevos'，40 – 4 是对这个重要却受忽视的套系的最佳描述。

13. Los Santos，*Descripción breue*，167 – 8 and 176；［Caimo］，*Lettere*，Ⅱ，32 – 53，letter from El Escorial，22 Aug. 1755. Varela，*La muerte*，18 ~ 19 说查理五世父亲的遗体于 1506 年得到防腐处理，所以如果皇帝驾崩后他身边的人认为有必要对皇帝的遗体做同样的处理的话，技术是现成的。

14. Dekker，*Egodocuments*，7. 另见 *German History*，ⅩⅩⅧ/3（2010）特刊中关于此话题的绝佳文章。

15. Neefe，*Tafel – Reden* of Ferdinand and his doctor；*LWT*，路德的所谓"桌边谈话"，六卷本。沙博和其他历史学家的类似观点的引

文，见上文。

16. 对皇帝宣传自己形象的工程及其参与者的概述，见 Silver, *Marketing Maximilian*, 37 – 40。

17. Bornate 'Mémoire', 394; Rivera Rodríguez, *Carlos* Ⅴ, 25. Brandi, *Kaiser Karl* Ⅱ, 42 – 5 列举并探讨了他于 1941 年写作时能够看到的关于加蒂纳拉的史料。1981 年，首相本人的档案（如今在 AS Vercelli）向历史学家开放，成为 Headley, *The emperor*, Boone, *Mercurino*, and Rivera Rodríguez, *Carlos V* 的史料基础。

18. Laiglesia, *Estudios*, Ⅰ, 41 – 92, 刊载了查理五世签署于 1543 年 5 月的十几份指示。关于两份建议书，见本书第十一章和 Ball and Parker, *Cómo ser rey*。关于据说由查理五世在 1555 年或 1556 年给腓力的神秘的"最后指示"，见本书附录三。

19. Firpo, *Relazioni*, Ⅱ, 829, Relation of Marino Cavalli, 1551; Brandi, 'Eigenhändige Aufzeichnungen', 256 – 60.

20. *KFF*, Ⅱ/2, 549 – 63,（又刊载于 *LCK*, Ⅰ, 360 – 73）, Charles to Ferdinand, 11 Jan. 1530, 备忘录。孔塔里尼说查理五世把这种信当作筹划的手段，见 Alberì, *Relazioni*, 2nd series Ⅲ, 269 – 70, Relation of Gasparo Contarini, 4 Mar. 1530。

21. *LWT*, Ⅱ, 182（# 1687）and Ⅲ, 233（# 3245）, 路德在 1532 年 6 月至 7 月的一句评论。Carretero Zamora, *Gobernar*, 59 – 76 分析了查理五世或别人以他的名义发给卡斯蒂利亚议会的"讲话"; Reiffenberg, *Histoire* 刊载了骑士团书记员的记载。Santa Cruz, *Crónica*, Ⅱ, 454 – 8 刊载了（据他说）查理五世于 1528 年 9 月 16 日发给御前会议的一份"讲话"，为自己去意大利的计划辩解。Rassow, *Die Kaiser - Idee*, 11ff 认为这份文件是真实的，并将其当作他所谓的皇帝"1528 年纲领"的根据；但布兰迪从文风来看，认为它是伪造的: *BKK*, Ⅱ, 195 – 6, and 'Eigenhändige Aufzeichnungen', 229 – 35. Later Beinert, 'Kaiser Karls Ⅴ. Rede' 认为圣克鲁斯的文本是真实的，但我认为布兰迪的分析更有说服力，所以省略了这份文件。

22. 对这番高谈阔论的不同记述，见 Morel - Fatio, 'L'espagnol', and Cadenas, *Discurso*; 退位演讲见费德里科·巴多厄给威尼斯政府的报告，1555 年 10 月 26 日（刊载于 Stirling - Maxwell, *Notices*,

14 - 19，部分刊载于 *CSPV*，Ⅵ/1，221 - 4，包括一段经过解码的密文）；Giovanni Battista Ricasoli to Duke Cosimo of Florence, 26 Oct. 1555（ASF *MdP* 4319/237 - 41，部分刊载于 von Ranke, *Deutsche Geschichte*，Ⅴ，380）；and Sir John Mason to Secretary of State Petrie, 27 Oct. 1555，附有对此事的一份"记录"（刊载于 Kervyn de Lettenhove, *Relations politiques*，Ⅰ，4 - 7）。

23. *SLID*，Ⅲ，142 n. 111，'Escrito de Corte de la cesión que Su Majestad ha hecho'（ibid.，Ⅱ，635 - 8 刊载了一个西班牙目击者的记述）。

24. Heuterus, *Rerum Belgicarum*，book ⅩⅣ；'Receuil' 刊载于 Gachard, *Analectes Belgiques*，87 - 91。有几份副本存世，见 GRM *Introduction*，88 n. 1, and Gachard, 'L'abdication', 908 n. 1。

25. Baumgarten, *Geschichte*，Ⅲ，vi；Roper, '"To his most learned and dearest friend"'，285（罗珀写道，"因为路德的作品极多，他的书信塑造宗教改革史本身的写作"，ibid.，283）。查理五世将他与弗朗索瓦一世的对话发表于 *Apologie de Charles - Quint*（1535，在 Gachard, 'Lettre', 306 - 9 中有所讨论）。查理五世亲笔写信给亲信大臣、亲手封信封，从而让其他大臣不知道其内容的例子，见 BMECB *Ms. Granvelle*，Ⅰ，153 - 5，Charles to Baron Montfort, 23 Dec. 1528（p. 206 above）；及 1543 年 5 月 6 日给腓力的秘密指示。

26. Laferl, 'Las relaciones', 115；*CMH*（2 vols）and *KFF*（起初根据斐迪南收到每一封信的时间来排布，所以查理五世较早写的信可能被排在后面，因为斐迪南写信时不知道其内容）。Spielman and Thomas, 'Quellen' 刊载了查理五世在 1514～1517 年写给斐迪南的 12 封信；von Bucholtz, *Geschichte*，Ⅸ 刊载了斐迪南与其兄长和姊妹之间的许多封信；*LCK* 也刊载了查理五世、斐迪南和玛丽之间的许多较为重要的书信；Árpad, 'Kiadatlan' 刊载了 1541 年 10 月～1542 年 11 月查理五世与斐迪南的关于匈牙利的通信。

27. Mazarío Coleto, *Isabel*. 皇帝夫妇也派遣特使来传递各自健康状况的消息。1956 年，罗亚尔·泰勒遗憾地说："弗里茨·瓦尔泽为了出版查理五世与皇后的书信集而搜集的材料，在第二次世

界大战期间或战后消失了。"（*The emperor*, 356）这些材料至今
下落不明。

28. AGS *E* 142／134 and 134bis, Charles to Ursolina de la Penna, Rome,
13 and 19 Apr. 1536. 关于乌尔索莉娜和塔代娅，见本书第十
四章。

29. Moeller, *Éléonore*, 327 刊载了文本，如今见 AGS *E K* 1483, B2 #
3，并注意到了这样的双重讽刺：尽管如今任何人都能阅读这封
信，并且它经过了半个欧洲（在泽兰写下，1517 年送往西班
牙；1812 年从西班牙送往巴黎；1942 年回到西班牙），但唯一
一个应当读到它的人却始终没有读到，因为查理五世趁姐姐还
没来得及拆封就将信从她胸口抢走了。

30. Gachard, *Correspondance de Marguerite*, Ⅱ, ii – xiii and lvii – lix 刊
载了 1539 年、1540 年和 1556 年查理五世书信的全文，以及其
余年份的绝大多数书信的概述。查理五世给儿女的书信都没有
腓力二世在 1580～1583 年给几个女儿的信里那种俏皮的爱意，
见 Bouza, *Cartas*。

31. Gachard, *Correspondance de Charles*; von Höfler, 'Monumenta
Hispanica Ⅰ: Correspondenz des Gobernadors von Castilien … mit
Kaiser Karls Ⅴ. im Jahre 1520'; Viaud, *Lettres*.

32. Heine, *Briefe* (1530、1531 和 1532 年查理五世收到的信，用西
班牙文出版，附有德文译文和德文的学术附件), and *CODOIN*,
ⅩⅣ, 1 – 234, and XCⅦ, 213 – 84（查理五世和洛斯·科沃斯从
1530 年到 1531 年收到的信，包括 Heine 忽略的一些查理五世收
到的信）。关于洛艾萨的生涯，见 Nieva Ocampo, 'El confesor';
Martínez Pérez, *El confesor*, ch. 4; and Lehnhoff, *Die Beichtväter*,
34 – 59。

33. Maurenbrecher, *Karl* Ⅴ, 29* – 32*, 刊载了 Soto's 'parescer' to
Charles 'sobre la empresa de Alemania'。又见 Carro, 'Influencia';
Martínez Pérez, *El confesor*, ch. 9; and Lehnhoff, Die *Beichtväter*,
65 – 71。

34. Beltrán de Heredía, *Domingo de Soto*, 207 – 36, and 615 – 55 (Soto
to Charles, 25 Aug. 1552, 在听闻皇帝从菲拉赫逃离的消息后写
的一封安慰信, at pp. 654 – 5)。又见 Lehnhoff, *Die Beichtväter*,

71 - 5。

35. 在本书第八章和第九章引用的埃斯科里亚萨的信；De Witte，'Cornelis'，刊载了贝尔斯多普的 13 封信，其中 11 封是 1548 年从奥格斯堡发出的（尽管他没有像德·维特多次说的那样写信给皇后，因为皇后于 1539 年去世，而是写给了玛丽）；马泰斯的书信见 GRM；Reiffenberg，*Lettres*，刊载了范·马勒给路易·德·普莱特的 34 封信。

36. Ribadeneyra，*Vida del P. Francisco de Borja*（1592；博吉亚写的或与他有关的七卷已出版的文献也包括大量关于查理五世的材料，见 *Sanctus Franciscus Borgia*）；Sandoval，*Historia*，'Historia de la vida… Iuste'，Books ⅩⅡ - ⅩⅤ。

37. HHStA 档案馆工作人员 David Fliri 在 2018 年 7 月 23 日的一封电子邮件中证实了这一点。

38. *CSPSp* 的前两卷覆盖 1520～1525 年，忽略了 HHStA 的文献，但 Garrett Mattingly 编辑的 *Further Supplement*（出版于 1947 年）刊载了这些文献的英文概述（除了 Lanz，*Aktenstücke und Briefe* 刊载的文献，因为 *L&P Henry* Ⅷ 中已经有一份概述）。同一卷包含曾收入 HHStA 但后来送回 AGRB 的许多文献的概述，详情见 *CSPSp Further Supplement*，vii。

39. Akademische Druck - und Verlagsanstalt of Graz 在 1976 年出版了一份摹本。（*Codices selecti*，LVII.）The Morgan Library and Museum，Ms. M. 491 是一本非常类似的时祷书，是 1533 年有人为查理五世制作的，也许是从维也纳的那一本复制的，所有细密画见 http：//corsair. themorgan. org/cgi - bin/Pwebrecon. cgi? DB = Local&Search_ Arg = %22ms + m. 491%22 + ica&Search_ Code = GKEY^&CNT = 50&HIST = 1。

40. Aerts，'L'âge'，579 - 80（加沙尔搜寻档案的活动及其成果的清单），and 590（引用了 Reiffenberg）。

41. Aerts，'L'âge'，595（各卷文献的清单，几乎全都与政治和外交相关，由加沙尔在 1830～1885 年出版）。Gachard，*Carlos* Ⅴ（2015）是他发于 *Biographie Nationale de Belgique*（1872）的关于查理五世的长文的西班牙文译本，附有 Gustaaf Janssens 对加沙尔其人及其作品的评价。

42. 关于加沙尔作为档案馆员和历史学家的了不起的六十年生涯，见 https：//dutchrevolt. leiden. edu/dutch/geschiedschrijvers/Pages/Gachard. aspx；Wellens，'Études'；Aerts，'L'âge'（对加沙尔热情地根据日期重新排布文献却不考虑其出处的做法进行了一些批评）；最近的相关著作是 *Nationaal Biografisch Woordenboek*，ⅩⅫ，311 – 45。

43. Janssens，'Fuentes flamencas'，201 n. 41，提到了寻找 Lanz 出版的文献的当前存放地点的困难，并给出了一些指南。

44. BRB *Ms.* Ⅱ – 2270，刊载于 Gossart，*Charles – Quint*，217 – 20，但有一些错误。关于其出处，见 *De Nederlandsche Spectator*，Jaargang 1894，p. 175（no. 22，2 June 1894，p. 1），在拍卖广告中提到了这份文献。关于其内容，见上文。

45. Gachet，'Extrait'，269，and Gachard，'Notice'，243 – 4.

46. 它可能不在希迈的那部分藏品当中，因为它没有出现在 E. Dony，'Les archives du château de Chimay. Recueil d'analyses, textes et extraits'，*BCRH*，LⅩⅩⅩⅥ（1922），11 – 162。我感谢 Wim Blockmans、Claude de Moreau de Gerbehaye、Pierre – Jean Niebes、John O'Neill 和 Steven Thiry 帮助我寻找该文献的下落。

47. 如何利用米兰国家档案馆在第二次世界大战中幸存的关于查理五世统治时期的文献，一个极好的例子见 Rabà，*Potere e poteri*。*CSP Milan* 的数字化版本可通过 *BHO* 获得。

48. Gerhard，*Síntesis*，12. Gerhard 分析了覆盖 1548～1553 年的四卷中的 2911 份令状。这四卷为 AGNM *Civil* 1271，AGNM *Mercedes* Ⅲ，Kraus Ms. 和 Ayer Ms，按照 29 个地理区域和 6 个主题分类。这种分类方式可能对研究墨西哥殖民时代早期的历史学家有帮助，但让人无法研究日常的工作量。

49. O'Gorman，'Mandamientos'，刊载了该卷中的全部 92 份命令的抄录版本。其中 5 份令状引用了一道御旨。到 1550 年，门多萨每天发布多达 11 份令状。

50. 要体验一下这套绝妙的史料，在浏览器中输入 PARES（Portal de Archivos Españoles，"西班牙档案门户"），选择 Búsqueda Sencilla（简单搜索）。在 Buscar（搜索）栏内输入 Testamento Carlos V（查理五世的遗嘱），日期选择为 1554 年到 1558 年；

在显示的四套档案的十三个套系当中，选择 Archivo General de Simancas, Patronato Real（西曼卡斯综合档案馆），在列出的五份文献中点击最后一份：Testamento del emperador Carlos Ⅴ, 6 June 1554（查理五世皇帝的遗嘱，1554 年 6 月 6 日）。不管你居住在何方，不管在什么时间，你都能在线阅读全部 100 页文献，并打印自己感兴趣的部分。

51. Danvila, *Historia*, Ⅰ, 10‑16 大肆宣扬了他将自己发表的 AGS 文献抄录件转移到马德里的努力，从而不仅避免了在辨认古文书时可能遇到的挑战，还避免了生活在 "一个不太可能找到体面的生活条件的村庄"。

52. AGS *Estado K*, 涉及法国的国务会议文件都得到了大量使用。相比之下，因为很重要所以被从其他套系中偷走的文献，现存于 AGS *E* 8334‑8343，却基本上被忽视了。

53. Núñez Contreras, *Un registro*, 发表了对每一份文件的概述，很有帮助。

54. BNE *Ms.* 18, 634 no. 58（之前是在 ff. 260‑2），'Lo que el Comendador Mayor scrivió a Su Magestad desde Gante', 没写日期，但应当出自 1531 年 4 月第二周。*CDCV*, Ⅰ, 260‑3 刊载了这份有意思的奏章，但抄录有很多错误，并且日期不确定。

55. Moreno Gallego, 'Letras misivas', 45‑9 令人信服地提出，BR 藏品是贡多马尔（Gondomar）伯爵在 17 世纪 30 年代在贝桑松获取的，于 1806 年和贡多马尔藏品的其余部分一起进入王家图书馆。大部分文献已经电子化，但目前（2018 年）只能在图书馆现场查看。

56. 1921 年，雷克森斯家族的最后一名后裔将这套档案托付给加泰罗尼亚的耶稣会。这套档案于 2011 年进入加泰罗尼亚国家档案馆。

57. ADN *Lettres missives* 有三套使用指南：Bruchet 的打印版书面清单，可在线查看；两本图书形式的目录，其中一本是按照通信人分类的，另一本是按照日期分类，仅可在北方省档案馆的目录室内查阅。

58. 关于给这些信件确定日期的问题，见上文的 "关于日期与引文"。瓦尔特强调需要给父女之间的全部通信做一个新的注疏

版，加上正确的日期和抄录；遗憾的是，到目前为止还没有人
响应他的呼吁。

59. 马里亚克大使在 1548～1549 年的两套通信，分析见 *BNP*，Ⅱ，
88‐105，通信内容如今可以在线查阅：BNF *F. f.* 3098‐3099
（原先是 *Mss.* 8625‐8626），BNF *Cinq Cents de Colbert* 397‐398
and *Clairambault* 343 中有副本（同样可在线查阅）。马里亚克在
1550 年多的外交信函，分析见 *BNP*，Ⅱ，106‐14，内容见 BNF
NAF 7060（原先是 *Ms.* Brienne 89），暂时还无法在线查阅。

60. 这些文献还在巴黎的时候，有人做了两套详细的目录：
Daumet，'Inventaire'；and Paz，*Catálogo*。关于蒂朗的细节以及
他从西班牙档案馆偷窃的后来进入 ANF 文献，见 https：//
francearchives. fr/en/facomponent/56390733ecade52ac4b13529b82e
7009b51887b9。CADMA 送回西曼卡斯的若干箱文献（现在的编
号是 AGS *E* 8334‐8343）带有德文 Militärbefehlshaber in
Frankreich（驻法德军总司令）的印章，命令所有海关官员允许
其自由通过，日期为 1941 年 10 月 16 日。

61. Gutiérrez，*Trento*，Ⅲ，6‐10 描述了这些文献。

62. Moreno Gallego，'Letras misivas' 是关于枢机主教的文件如何流
散的最佳解释。Van Durme，'Les Granvelle' 概述了格朗韦勒家
族以及他们为查理五世所做的工作。

63. The New York Public Library，Obadiah Rich Collection，Mss. 79‐
82 包含 RAH 部分文献（如果不是全部文献的话）的抄录，以
及其他一些 RAH 似乎没有收录的关于皮萨罗和拉·加斯卡的文
献，见 Brownrigg，*Colonial*，70‐85. *CODOIN*，XLIX and L，并刊
载了许多与拉·加斯卡平定秘鲁有关的文献；and Saville，
'Some unpublished letters' 刊载了拉·加斯卡写给危地马拉的西
班牙殖民当局的五封重要的信，揭示了他如何巧妙地动员整个
美洲的资源去镇压皮萨罗的叛乱。

64. 我感谢亨廷顿的加利福尼亚与西班牙档案馆的两任馆长 Clay
Stalls 和已故的 Bill Frank 帮助我编纂了这份对皮萨罗‐拉加斯
卡文献的描述。

65. Saletta，'Il viaggio'. 我感谢 Claudia Möller Recondo 帮助我计算
皇帝的行程。另见本书地图 1。

66. Baumgarten, *Geschichte*, Ⅲ, ⅴ - ⅵ. 他继续写道："我们真正需要的是把查理五世的全部通信整理出版。"我也希望如此。

67. BL *Cott. Ms.* Galba B. Ⅲ f. 57, Young and Boleyn to Henry Ⅷ, Brussels, 3 Nov. 1512, 存档副本。

68. Senatore, ' *Uno mundo de carta* ', 274, Galeazzo Maria Sforza to Giovan Pietro Panigarola, 21 Mar. 1476. Senatore 的书名《文牍的世界》出自 1448 年一位米兰大使的怨言，即他的主公的多边外交制造了"文牍的世界"。一个世纪之后，他的预言成真了。

69. Muller, *Letters*, 81 - 91, Stephen Gardiner's instructions to Edmund Bonner, going to Charles's court, 20 Aug. 1538; Merriman, *Life and letters*, Ⅱ, 92 - 4, Thomas Cromwell to Thomas Wyatt, 10 Oct. 1537; Gleason, *Gasparo Contarini*, 34 - 7. 孔塔里尼于 1521 ~ 1525 年担任威尼斯驻查理五世宫廷的大使，1529 ~ 1530 年担任驻教宗身边（在博洛尼亚峰会期间）的大使，1541 年担任教廷驻雷根斯堡帝国会议的大使。这让他能够比较年轻的皇帝和成熟的皇帝。

70. Merriman, *Life and letters*, Ⅱ, 116, Thomas Cromwell to Thomas Wyatt, 22 Feb. 1538; Turba, *Venetianische Depeschen*, Ⅰ, 240, Mocenigo to the Doge, Toledo, 22 Nov. 1538. 又见 ibid. , 67 - 76, 一份 1538 年 5 月 24 日尼斯外交峰会的联合报告，由"五位大使"（per oratores quinque, 分别是派驻法国、帝国和教廷的大使）在长时间觐见查理五世之后发出，提供了"皇帝陛下的全部思考与命令，我们根据自己的记忆尽可能地记录在案"，因为他们认识到这些东西"极其重要"。De Vivo, ' Archives of speech ' 强调了这样的记录的价值。

71. Nott, *The works*, Ⅱ, ⅻ; Powell, *The complete works*, Ⅰ, 76 - 7（外交官们用大量细节来掩饰自己的失败）and 204 - 12, Wyatt to Henry Ⅷ, 3 Feb. 1540（查理五世打断对方的话，哈哈大笑并摇头）。Brigden, *Thomas Wyatt*, chs 11 - 14 精彩地描述了一位大使在查理五世宫廷的生活。怀亚特通过写诗（题目为"塔霍河，再会了"之类）来排解自己在西班牙生活的郁闷，见Powell, ' Thomas Wyatt's poetry '。

72. *SP*, Ⅸ, 638 – 47, Wotton to Henry, Speyer, 9 Apr. 1544（斜体部分）；TNA *SP* 1/182/157 – 64, "副王与国王陛下的特派员达成的关于再次入侵法国的协议"，没写日期，但应当是 1543 年 12 月 31 日。

73. *NBD*, ⅩⅣ, 82 – 3, Nuncio Muzzarrelli to Cardinal del Monte, 18 June 1554（皇帝忙于"战争的动荡"）；*NBR* ⅩⅢ, 259 – 61, Nuncio Imola to Julius Ⅲ, 28 May 1553（一连四个月，查理五世病得很重，无法接见外臣）；ibid., 116 – 20, Nuncio Camiani to Monte, 16 Sep. 1552, and Giles, *The whole works*, Ⅰ /2, 334 – 6, Ascham to Morison, 1 Oct. 1552（驱逐至施佩尔）。不过，新闻封锁是说起来容易做起来难：*NBD*, ⅩⅢ, 395 – 402 刊载了教宗特使到梅斯城下秘密访问皇帝军营十二天之后发送的详细报告。

74. TNA *SP* 1/225/145, Stephen Vaughan to Secretary of State Paget, Antwerp, 6 Oct. 1546；Górskí, *Acta Tomiciana*, Ⅴ, 80 – 1, Dantiszek to Piotr Tomicki, Barcelona, 17 Aug. 1519, 拉丁文（西班牙文译本见 Fontán and Axer, *Españoles y polacos*, 143 – 4）。大使说自己熟练掌握了第一门学科，在第二门学科每天都受训练，但"至于另外两门学科，如果不是有天赋的话，任何人都学不好"。

75. BL *Cott. Ms.* Vespasian C. Ⅲ /257 – 66, Lee to Henry Ⅷ, 7 Sep. 1526；BAV *Vat. Lat.* 6753/203v – 215, Navagero to the Signory, 6 Sep. 1526（英文概要见 *CSPV*, Ⅲ, 601 – 6）；Serassi, *Delle lettere*, Ⅱ, 57 – 71, Castiglione to Capua, 8 Sep. 1526。法国大使的报告未能留存至今。

76. TNA *SP* 1/22/9, endorsed 'copie of the emperours letter'. 关于斯皮内利的生涯和情报网，见 Behrens, 'The office'。

77. Rassow, *Die Kaiser – Idee*, 433 – 7, 'Las pláticas que el emperador passó con el señor de Pressiu', sent by Idiáquez to Los Cobos and Granvelle, Feb. 1538. 更多细节见本书第十章。

78. HSA *B* 2954 是查理五世、亨利八世、弗朗索瓦一世及其母亲（与摄政者）萨伏依的路易丝在 16 世纪 20 年代亲笔通信的一个很好的集子；Gachard, *Correspondance de Charles* 刊载了他们的书信；Vañes, 'Cartas' 刊载了查理五世给克雷芒七世的 63 封信。

79. MacCulloch, *Thomas Cromwell*, xxiii. 我引用 TNA *SP* 的文献时选择使用印刷版的页码，引用 BL *Cotton Ms.* 的文献时使用最新的页码，因为 *SPO* 就是这样的。

80. *L&P Henry* VIII, V, pp. i – viii, James Gairdner's account of Brewer's achievement.

81. *RVEC*, 6. 该卷在 1801 年由 RAH 购得，现在的编号为 *Ms. 9 – 5492*。

82. *Archivio Mediceo del Principato. Inventario Sommario*, ed. by M. del Piazzo（Rome, 1951）, 145 – 155：'Germania：Corte Imperiale'.

83. ASF *MdP* 652/355, Ambassador Niccolini to Pagni, Regensburg, 25 July 1541［Bia, Doc ID# 22385］.

84. *NBD*, VIII, 717, report of a papal diplomat in Worms, 8 June 1545：Stroppiana 'dorme in camera della Maestà Cesarea'.

85. Sanuto, *I diarii*, XL, cols 285 – 6 记载道，在 1525 年 11 月 14 日，孔塔里尼"身穿黑色天鹅绒服装"，在元老院花了"三个半钟头"宣读他的述职报告，"声音极低，大家几乎都听不清楚"。只有威尼斯要求自己的驻外大使在完成使命之后递交述职报告。托斯卡纳的几位外交官也这么做过，但在该国一直没有成为习惯。

86. 安德烈亚·纳瓦杰罗似乎没有递交述职报告，无疑是因为查理五世逮捕并囚禁了他，见本书第八章。

87. Alberì, *Relazioni*；Firpo, *Relazioni*. Gleason, *Gasparo Contarini*, 34 – 8 对这种体裁进行了精练的描述。

88. Leva, 'Marino Sanuto', 117.

89. 一个小小的例子：*CSPV*, III, 160 – 1, Contarini to the Signory, 16 July 1521, 说大使和查理五世"商谈了将近两个小时"；但萨努多的文本和孔塔里尼的记录都说"将近三个小时"（Sanuto, *I diarii*, XXI, cols. 318 – 20；BNMV *Ms. Italiani Clase* VII, cod. 1009/75 – 7）。不过，针对 *CSPV* 的一些抄录文件，Brown 破译了一些已经丢失密钥的密文，所以提供的信息比原稿更多。

90. Fontán and Axer, *Españoles y polacos*, 324, Krysztof Szydlowiecki to Dantiszek, 27 Apr. 1530, 感谢他送来了一幅科尔特斯肖像，并说斐迪南国王给了他一本"*Cartas de Relación*"，这无疑是 ÖNB

Codex Vindobonensis S. N. 1600（见上文）的副本。

91. 关于斯努卡特著作的印刷情况来自 Pettegree and Walsby, *Netherlandish books*，Ⅱ，1231，# 28103 - # 28110。斯努卡特留下了一套档案：http://www. gahetna. nl/collectie/archief/pdf/NL - HaNA_ 1. 10. 76. ead. pdf, p. 36。另见本书参考书目中每一位编年史家的条目。

92. Redondo, *Antonio*, 304, and Druez, 'Perspectives', 86, 都记录了查理五世的几位御用编年史家的就任时间的重合。

93. 完整的出版细节，见本书参考书目中每一部编年史的条目。莫雷尔 - 法蒂奥在他的 *Historiographie* 中没有出版更多的续篇，但更新的情况可见 Chabod, *Carlos* Ⅴ, 142 - 8；Kagan, *Clio*, ch. 2；Chaunu and Escamilla, *Charles*, 1, 134 - 9；以及更加详细的研究：García Fuentes, 'Bernabé de Busto', and Cuart Moner, 'Juan Ginés'。

94. Morel - Fatio, *Historiographie*, 61 - 6, and Cuart Moner, 'Juan Ginés', 359 - 63, 写到塞普尔韦达使用了查理五世直接给他的材料（例如，关于卡斯蒂利亚议会和 1538 年在艾格莫尔特与弗朗索瓦一世的会晤）、他在 1542 ~ 1543 年陪同皇帝期间的亲眼所见，以及他从其他目击者那里了解到的情况（例如，关于 1520 年的梅迪纳德尔坎波火灾，从安东尼奥·丰塞卡那里了解情况，以及从一名奉命在 1541 年陪同查理五世去阿尔及尔的仆人那里了解情况）。

95. Beinert, 'Kaiser Karls Ⅴ. Rede', Redondo, *Antonio*, 303 - 49, and Civil, 'Enjeux', 详细审视了圣克鲁斯从格瓦拉那里抄袭的段落。Morel - Fatio, *Historiographie*, 102 - 3, 引用了圣克鲁斯的一封信，其中记载了他在 1556 年与查理五世的一次对话，当时查理五世正在去尤斯特的途中。

96. Mariscal, 'A clown', 67. 这部奇特的作品在 20 世纪 80 年代出版了两个版本，细节见 "苏尼加" 条目下的参考文献。

97. Delsalle, 'Un homme' 提供了关于居永和他的《回忆录》的一些细节。

98. 细节见 Gonzalo Sánchez - Molero, 'Acerca de los *Hechos del Emperador*'。

99. Zimmerman，'The publication'，59 – 61；Giovio，*Pauli Iovii opera*：Ⅱ，*Epistularum pars altera*，105，Giovio to Saxony and Hesse，29 Aug. 1547.

100. 1562 年，他的《当代史》有了两个不同的西班牙文译本，在五年后引发了激烈的反击，即 *El antijovio*，见 Cuart Moner，'Jovio en España'。

101. Mignet，*Charles – Quint*，282 – 3（查理五世说斯莱登和乔维奥都是骗子）；Sleidan，*De statu*，sig. Aiii. Sepúlveda，*Historia de Carlos* Ⅴ，Ⅵ，pp. CⅣ – CⅦ，Sepúlveda to van Male，1 June 1557 说从路易斯·德·阿维拉那里收到了一本斯莱登的著作，阿维拉"保证，等修改我写的德意志历史的时候，这本书会很有帮助"。这说明斯莱登的作品很快就为帝国宫廷所了解了。斯莱登的作品在 1558 年被列入禁书目录。关于斯莱登及其作品，见 Kess，*Johann Sleidan*，especially ch. 5。

102. Gomara，*Annals*，西班牙语和英语双语版。编者 R. B. Merriman 提出，戈马拉创作了这部作品，它抓住一切机会歌颂查理五世，显然是希望朝廷撤销查禁他的《西印度史》（*Historia de las Indias*）的决定。

103. Redondo，Antonio，303 – 49 精彩地分析了格瓦拉、圣克鲁斯和桑多瓦尔的作品的重合之处。

104. Thomas，*Annalium*，出版于 1624 年，四年后出版了德译本。关于弗里德里希二世受挫的爱情，见本书第三章。

105. Fagel，'Carlos de Luxemburgo'，30 and 63 n. 2 列举了这些地点，还刊登了它们的图像。关于冷山宫及其周边的园林的发掘工作，见 Heymans，*Le palais du Coudenberg*，195 – 6 and 209。"查理五世的礼拜堂"（chapelle de Charles – Quint）偶然躲过了火灾，但在 1775 年被拆除。

106. Rosenthal，*The palace*，and Tafuri，*Interpreting*，ch. 6.

107. Details in Checa Cremades，*Monumentos restaurados*；Baker – Bates，'The "cloister life"'；and Martín González，'El palacio'.

108. 例如 Haag，*Frauen*，82 中刊登的十九个精美的木制棋子的图像，棋子的一面是肖像，另一面是文字。

109. 路易斯·萨帕塔·德·查韦斯在 16 世纪 80 年代写作的时候

说，"科沃斯是查理五世在国务方面的宠臣，堂路易斯·德·阿维拉是他在私人事务方面的宠臣"，见 Gayangos, *Miscelánea*, 185。关于 Carolino 博物馆，见 Gonzalo Sánchez – Molero, 'Acerca de los Hechos del Emperador', 436 – 8; and Marcks, 'Die Antikensammlung'。关于流产的拍卖，见 http：//www. hoy. es/plasencia/busto – carlos – palacio – 20171212220145 – nt. html。

110. Ferer, *Music*, 240. See also pp. 24, 161 – 6 and 182 – 201，她将一些作品与具体事件联系了起来。

111. Gachard, 'Particularités', 128 – 9（再次刊载于 Gachard, *Études*, Ⅱ, 352 – 3）; Schlegelmilch, *Die Jugendjahre*。

112. *CDCV*, Ⅳ, 11 很好地揭示了发起此项目的历史学家 Cayetano Alcázar 如何"在其他很多人不理睬我的时候，向我伸出援手"。他在 Fernández Álvarez, *Carlos* Ⅴ. *Un hombre*, 11 中重复了这个故事。

113. *CDCV* 有意识地省略了已经出版在主要选集中的文献：不仅有 *CODOIN*，还有 *LCK*（有来自布鲁塞尔的 1009 份文献）和 *PEG*（739 份与查理五世统治时期有关的文献，几乎全都来自贝桑松）。Peiró Martín, *En los altares*, 174 – 5 and 184 – 5，提供了"曾经的长枪党人曼努埃尔·费尔南德斯·阿尔瓦雷"编纂 *CDCV* 的一些有趣细节。

114. Cohn, 'Did bribery', 2.

115. From B. Greiff, 'Was Kayser Carolus dem Ⅴ^ten die Römisch Künglich Wal cost im 1520', *Jahresbericht des historischen Kreis – Vereins in Schwaben und Neuburg*, XXXIV（Augsburg, 1868）, 9 – 50（也出版了一个单行本）。

116. Tyler, *The emperor*, 357 – 8; *BKK*, Ⅱ, 28 – 9; Dixon, 'Charles Ⅴ', 106 – 8. Chabod, *Carlos V*, 152 也认为布兰迪的传记是最好的。另见他的长文 'Carlos Ⅴ en la obra de Brandi'（op. cit., 577 – 606）和他为布兰迪传记的意大利文版写的引言（idem, pp. 607 – 29）。罗亚尔·泰勒（1884 ~ 1953）精通四种语言，能够熟练使用另外三种语言，参加了两次世界大战（第一次世界大战时他是美军的步兵，第二次世界大战时在美军的情报部门），曾为国际联盟和联合国工作，还在 1913 ~ 1954 年编辑了

CSPSp 的最后五卷。他的这些活动全都帮助他更好地理解了查理五世及其面对的问题。对布兰迪、泰勒和其他人的查理五世传记的精彩分析，见 Galasso, 'L'opera'。

117. *BKK*，Ⅱ，196 承认，马德里的西班牙王家历史学院（RAH）里的一份被前辈历史学家引用过的文件，"是我不知道的"（ist mir unbekannt geblieben）。*B&S* 发表的各种档案指南忽略了 AND，这很重要。对于布兰迪及其关于查理五世的著作，见 Plassmann, *Karl Brandi*, and p. 581 above。

118. Simons, *Keizer Karel*; Fagel, 'A broken portrait', 77 – 8.

119. Möller Recondo, 'Carlos Ⅴ', 375 – 80 列举了"塞万提斯虚拟图书馆"的分类与内容。

120. Atlas, *The shadow*, 327

121. *CSPSp*, Ⅵ/2, 105, Charles to Eustache Chapuys, 12 Aug. 1542; Brandi, 'Die politischen Testamente', *B&S*, Ⅱ, 259 n. 1, Perrenot to Ferdinand, 9 May 1557（来自皇帝宫廷的文件在"阿尔及尔战役中丢失了"）。

122. Vargas – Hidalgo, *Guerra y diplomacia*, ⅺ, 'Informe' by Gabriel de Zayas, 4 Oct. 1592. 又见 Gachard, *Correspondance de Marguerite*，Ⅰ，ⅱ n. 3, Courtewille to Viglius, 23 Dec. 1559。

123. HHStA *Hs. Blau* 595/188, and 596/1/277，都记载了"1558 年编纂整理的文件，与原件吻合"。Head, 'Configuring', 504 – 6 指出，这样的登记册在 16 世纪 20 年的哈布斯堡家族档案员当中已经成为标准操作。

124. TNA *SP* 1/88/162, Richard Pate to Cromwell, 11 Dec. 1534; *KFF*，Ⅴ，11，引用了 Herwig Wolfram; *CMH*，Ⅰ，384 – 9 and 447 – 8, Mary to Charles, 3 Aug. and 4 Sep. 1532。

125. Walther, *Die Anfänge*, 246, Maximilian to Margaret, 7 Dec. 1516, copy; *KFF*，Ⅱ/1, 96 – 7, Charles to Ferdinand, 1 July 1527（斐迪南在 5 月 9 日的信佚失了，也许是被查理五世销毁的）。

126. *CSPSp*，Ⅰ，ⅹⅲ – ⅹⅴ. 2018 年，西班牙国家情报中心（CNI）开始运用现代的密码分析技术来研究 16 世纪文献，从"大元帅"（Gran Capitán, 即贡萨洛·费尔南德斯·德·科尔多瓦）在那不勒斯发给斐迪南国王（在西班牙）的加密信件开始。

127. Kreiten, *Der Briefwechsel'*, 248 – 9, Maximilian to Margaret, 29 Apr. 1508, 亲笔信; BL *Cott. Ms.* Galba B. V/241, Margaret to Wolsey, Ghent, 12 May 1517 ('car ce sont choses que pourroit mieulx a dire de bouche que par lettre'); Danvila, *Historia*, Ⅱ, 489, Adrian to Charles, 31 Aug. 1520。

128. AHN Nobleza *Frías* C. 23 D. 5, Charles to the count of Haro, 19 Aug. 1528; HHStA Hs. *Blau* 596/1/103 – 4, Charles to Ferdinand, 18 Apr. 1546, 存档副本。

129. ADN *B* 2249 (77, 795), receipt signed by 'maistre Adriaen Florencii', 1 Oct. 1515; ADN B 2510/608 and 621, account of Receiver – General Bouloingne for 1555 (斜体部分)。

130. *PEG*, Ⅱ, 460 – 1, Charles to Ambassador Hannart, 25 May 1536, minute; Ball and Parker, *Cómo ser rey*, 86 and 133, Charles's instruction of 6 May 1543.

131. Caro, *The years of Lyndon Johnson: The path to power*, 776 – 7; Caro, *The years of Lyndon Johnson: Master of the Senate*, 1, 052 – 3; and an interview with Caro on the NPR programme 'Fresh Air' on 13 May 2013, http: //www. npr. org/books/authors/151439873/ robert – a – caro. "我们不知道自己不知道"的一个近代早期的例子, 见 MacCulloch, *Thomas Cromwell*, 1 – 3, 它指出克伦威尔自己的档案里很少有发出的信件, 并推测: "发出的信件留存至今的少之又少, 只能是因为被有意识地销毁了。" 20 世纪的例子可见 Clark, *The sleepwalkers*, 19, 其中说塞尔维亚的重要政治家尼古拉·帕希奇 (Nikola Pašić, 1845 ~ 1926) "一般不把自己的想法和决定付诸笔端, 甚至不会说出口。他习惯定期焚毁自己的文件"。

132. Cadenas y Vicent, *Entrevistas*; Daza, *Quarta parte*, 137 – 8 (贡萨洛·门德斯修士的视角见本书第十七章)。

参考文献

关于查理五世的著作汗牛充栋，所以如果要给出关于他的全部著作的完整书目，需要单独一卷的篇幅。下面的书目仅涉及本书引用的已出版著作。

已出版的一手资料

Acta Pacis Westphalicae, ed. K. Repgen, Series II, Part B, *Die franzözischen Korrespondenzen*, 8 vols to date (Münster, 1979-2011)

Álamos de Barrientos, Balthasar, *Discurso político al rey Felipe III* (1598; ed. M. Sánchez, Madrid, 1990)

Alba, duke of, *see* Berwick y Alba, duchess of and duke of

Alberi, E., *Relazioni degli ambasciatori veneti al Senato*, 15 vols in three series (Florence, 1839-63); *see also* Firpo, L.

Albicante, Giovanni Alberto, *Trattato del'intrar in Milano di Carlo V, C[esare] sempre Aug[usto], con le proprie figure de li archi* (Milan, 1541)

Álvarez, Vicente, *Relación del camino y buen viaje que hizo el príncipe de España don Phelipe* (1552); reprinted in Calvete de Estrella, *El felicíssimo viaje* (2001 edition), 595-681

Anon., *Warhafftige und gewise newe Zeytung, Wie die Roem. Key. Mey. auff den xx. Octobris, deß xlj. Jars, mit einer treffenlichen Armada, die Statt Algiero zu Erobern, daselbst ankommen* (Augsburg, 1541)

Anon., *La renunciación que [e]l emperador Nuestro Señor ha hecho de todos los reynos de Castilla y Aragón y de todo quanto tenía. Las mercedes que ha en la última consulta. Las treguas que se han hecho entre su magestad y el rey de Francia* (Valencia, 1556)

Anon., *The advice of Charles the Fifth, Emperor of Germany, and King of Spain, to his son Philip the Second upon his resignation of the crown of Spain to his said son* (London, 1670)

Anon., 'Dagverhaal van den veldtogt van Keizer Karel V in 1554', ed. R. Macaré, in *Kronijk van het Historisch Genootschap gevestigd te Utrecht*, VII (1851), 280-308

Anon., *Cartas de Indias* (Madrid, 1877)

Árpad, K., 'Kiadatlan levelek a német birod. Magyarországi nagy hadi vállallatának történetéhez 1542', in *Történelmi Tár. Évnegyedes folyóirat Kiadja a Magyar Történelmi társulat* (Budapest, 1880), 490-540

Arteaga Garza, B. and G. Pérez San Vicente, *Cedulario cortesiano* (Mexico City, 1949)

Ascham, Roger, *A report and discourse, see* Giles, J. A.

Ávila y Zúñiga, Luis de, *Comentario del illustre señor don Luis de Ávila y Zúñiga, comendador mayor de Alcántara: de la Guerra de Alemaña hecha de Carlo V Máximo, emperador romano, rey de España, en el año de M.D.XLVI y M.D.XLVII* (1548; Antwerp 1550)

Avonto, L., *Mercurino Arborio di Gattinara e l'America: documenti inediti per la storia delle Indie Nuove nell'archivio del Gran Cancelliere di Carlo V* (Vercelli, 1981)

Balan, P., *Monumenta reformationis lutheranae ex tabulariis secretioribus Santissimi sedis, 1521-1525* (Regensburg, 1884)

Ball, R. and G. Parker, *Cómo ser rey. Las Instrucciones secretas de Carlos V en mayo de 1543. Edición crítica* (Madrid, 2014)

Barillon, Jean, *Journal de Jean Barrillon, secrétaire du Chancelier Duprat 1515-1521*, ed. P. de Vaissière, 2 vols (Paris, 1897-9)

Baronius, Cesare, et al., *Annales ecclesiastici denuo et accurate excuse*, 37 vols (Paris and Bar-le-Duc, 1864-83)

Bauer, W., R. Lacroix, C. Laferl, C. Thomas and H. Wolfram, *Die Korrespondenz Ferdinands I. I. Familienkorrespondenz*, 5 vols to date (Vienna, 1912-2015: Veröffentlichungen der Kommission für Neuere Geschichte Österreichs, XI, XXX, XXXI, LVIII, XC and CIX)

Beatis, Antonio de, *The travel journal of Antonio de Beatis: Germany, Switzerland, the Low Countries, France and Italy, 1517-1518* (London, 1979: Hakluyt Society 2nd series CL)

Beinert, B., 'El Testamento Político de Carlos V de 1548. Estudio crítico', in *Carlos V. Homenaje de la Universidad de Granada* (Granada, 1958), 401-38

Beinert, B., 'Kaiser Karls V. Rede im Staatsrat vom September 1528. Zum Quellenwert der Reden bei Santa Cruz', *Jahrbuch für Geschichte von Staat, Wirtschaft und Gesellschaft Lateinamerikas*, IV (1967), 127-61

Beltrán de Heredía, V., *Cartulario de la Universidad de Salamanca (1218-1600)*, II (Salamanca, 1970)

Benavent Benavent, J. and M. J. Bertomeu Masiá, *El secuestro que ordenó Carlos V: introducción, documentos inéditos y notas* (Valencia, 2012)

Berichte und Studien zur Geschichte Karls V., 20 articles (Göttingen, 1930-42); *see* individual entries under Brandi, Hasenclever, Looz-Corswarem, Stix and Walser

Bernays, J., H. Gerber et al., eds, *Urkunden und Akten der Stadt Strassburg. Zweite Abteilung: Politische Correspondenz der Stadt Strassburg im Zeitalter der Reformation*, 5 vols (Strasbourg, 1882-1935)

Bertomeu Masiá, M. J., *La guerra secreta de Carlos V contra el papa. La cuestión de Parma y Piacenza en la correspondencia del cardenal Granvela. Edición, estudio y notas* (Valencia, 2009)

Berwick y Alba, duchess of, *Documentos escogidos del Archivo de la Casa de Alba* (Madrid, 1891)

Berwick y Alba, duke of, *Correspondencia de Gutierre Gómez de Fuensalida, embajador en Alemania, Flandes e Inglaterra 1496-1509* (Madrid, 1907)

Berwick y Alba, duke of, 'Correspondencia de Carlos V con el marqués del Vasto, gobernador del Milanesado (años 1540-1542)', *BRAH*, LXXXVIII (1926), 71-145

Berwick y Alba, duke of, *Epistolario del III duque de Alba*, 3 vols (Madrid, 1952)

Bofarull y Sans, F. de, *Predilección del emperador Carlos V por los catalanes: memoria documentada* (Barcelona, 1895)

Boom, G. de, 'Voyage et couronnement de Charles-Quint à Bologne', *BCRH*, CI (1936), 55-106

Borgia, Francisco, *see Sanctus Franciscus Borgia*, Cienfuegos, *and* Ribadeneyra

Bornate, C., 'Mémoire du chancelier de Gattinara sur les droits de Charles-Quint au duché de Bourgogne', *BCRH*, LXXVI (1907), 391-533

Bornate, C., 'Historia vite et gestorum per dominum magnum cancellarium (Mercurino Arborio di Gattinara), con note, aggiunte e documenti', in Bornate, *Miscellanea di storia italiana*, 3rd series XVII (XLVIII) (1915), 231-585

Borrás Gualis, G. M., J. F. Criado Mainar and M. Serrano Marqués, eds, *La imagen triunfal del Emperador. La jornada de la coronación imperial de Carlos V en Bolonia y el friso del Ayuntamiento de Tarazona* (Madrid, 2000)

Bourrilly, V.-L., ed., *Histoire journalière d'Honorat de Valbelle (1498-1539): journal d'un bourgeois de Marseille au temps de Louis XII et de François Ier*, 2 vols (Aix-en-Provence, 1985)

Bouza Álvarez, F. J., ed., *Cartas de Felipe II a sus hijas* (2nd edition, Madrid, 1998)

Braamcamp Freire, A., 'Ida da Imperatriz D. Isabel para Castela', *Academia das Sciências de Lisboa: Boletim da Classe de Letras (antigo Boletim da Segunda Classe)*, XIII/2 (1919), 561-657

Bradford, W., ed., *Correspondence of the Emperor Charles V and his ambassadors at the courts of England and France* (New York, 1850)

Brandenburg, E., et al., eds, *Politische Korrespondenz des Herzogs und Kurfürsten Moritz von Sachsen*, 6 vols (Leipzig and Berlin, 1900-2006)

Brandi, K., 'Die politischen Testamente Karls V', *B&S*, II (1930), 258-93

Brandi, K., 'Die Überlieferung der Akten Karls V im Haus-, Hof-, und Staatsarchiv, Wien', in four parts, *B&S*, IV (1931), 241-77, V (1932), 18-51, VII (1933), 229-59 and XI (1933), 513-78

Brandi, K., 'Eigenhändige Aufzeichnungen Karls V. aus dem Anfang des Jahres 1525. Der Kaiser und sein Kanzler', *B&S*, IX (1933), 219-33

Brandi, K., 'Die Testamente und politischen Instruktionen Karls V., inbesondere diejenigen der Jahre 1543/44', *B&S*, XII (1935), 31-107

Brandi, K., 'Nach Pavia. Pescara und die italienischen Staaten, Sommer und Herbst 1525', *B&S*, XVII (1939), 139-231

Brandi, K., 'Aus den Kabinettsakten des Kaisers', *B&S*, XIX (1941), 161-257

Brantôme, Pierre de Bourdeille, lord of, *Oeuvres complètes de Pierre de Bourdeille, seigneur de Brantôme*, ed. L. Lalanne, 11 vols (Paris, 1864-82)

Bretschneider, K. G. et al., eds, *Corpus Reformatorum*, 101 vols to date (Halle, 1834-)

Brieger, T., ed., *Quellen und Forschungen zur Geschichte der Reformation. I. Aleander und Luther 1521: die vervollständigen Aleander-Depeschen nebst Untersuchungen über den Wormser Reichstag* (Gotha, 1884)

Brizio, E., ' "The country is large, and beautiful and happy." Lelio Pecci's travel journal of his 1549 mission to Flanders', *Quaderni d'italianistica*, XXXI/2 (2010), 51–89

Brown, R., *Four years at the Court of Henry VIII. Selections of despatches written by the Venetian ambassador Sebastian Giustinian [1515–1519]*, 2 vols (London, 1854)

Brownrigg, E. B., *Colonial Latin American manuscripts and transcripts in the Obadiah Rich Collection: an inventory and index* (New York, 1978)

Bruchet, M. and E. Lancien, *L'itinéraire de Marguerite d'Autriche, gouvernante des Pays-Bas* (Lille, 1934)

Bujanda, J. M. de, *Index de l'Université de Louvain, 1546, 1550, 1558* (Geneva, 1986)

Burgon, J. W., *The life and times of Sir Thomas Gresham*, 2 vols (London, 1839)

Burnet, Gilbert, *History of the Reformation of the Church of England* (new edition, London, 1820), part III, ii, 'A collection of records, letters and original papers'

Burton, J. H., ed., *Life and correspondence of David Hume*, 2 vols (Edinburgh, 1846)

Buschbell, G. et al., eds, *Concilium Tridentinum. Diariorum, actorum, epistularum, tractatuum nova collectio*, 13 vols in 18 (Freiburg-im-Breisgau, 1901–2001)

Busto, Bernabé de, *Geschichte des Schmalkaldischen Krieges*, ed. Otto Adalbert, count of Looz-Corswarem (Burg, 1938: *Texte und Forschungen im Auftrage der Preussichen Akademie der Wissenschaften*, I). See *also* García Fuentes

Cadenas y Vicent, V. de, *El Protectorado de Carlos V en Génova: la 'condotta' de Andrea Doria* (Madrid, 1977)

Cadenas y Vicent, V. de, *Discurso de Carlos V en Roma en 1536* (Madrid, 1982)

Cadenas y Vicent, V. de, *Entrevistas con el Emperador Carlos V* (2nd edition, Madrid, 1983)

Cadenas y Vicent, V. de, *Doble coronación de Carlos V en Bolonia, 22–24/II/1530* (Madrid, 1983)

Cadenas y Vicent, V. de, *Carlos I de Castilla, señor de las Indias* (Madrid, 1988)

Cadenas y Vicent, V. de, *Las supuestas 'Memorias' del Emperador Carlos V* (Madrid, 1989)

Cadenas y Vicent, V. de, *Diario del emperador Carlos V. Itinerarios, permanencias, despachos, sucesos y efemérides relevantes de su vida* (Madrid, 1992)

Cadenas y Vicent, V. de, *Caminos y derroteros que recorrió el emperador Carlos V: noticias fundamentales para su historia* (Madrid, 1999)

Cadenas y Vicent, V. de, *Carlos de Habsburgo en Yuste, 3-II-1557–21-IX-1558* (3rd edition, Madrid, 2000)

Cadenas y Vicent, V. de, 'Un documento "A barras derechas" de Carlos V', *Hidalguía*, CCXCIV (2002), 685–712

[Caimo, N.], *Lettere d'un vago italiano ad un suo amico*, 2 vols (Milan, 1761–8)

Calderón Ortega, J. M., *Testamento del Rey Fernando el Católico, 22 de enero de 1516. Original conservado en la Fundación Casa de Alba* (Madrid, 2016)

Calendar of Letters, Despatches, and State Papers, relating to the negotiations between England and Spain, preserved in the archives at Vienna, Simancas, Besançon, Brussels, Madrid and Lille, 13 vols, ed. G. A. Bergenroth, P. de Gayangos et al. (London, 1862–1954)

Calendar of State Papers, Foreign Series, of the reign of Edward VI, 1547–1553, ed. W. B. Turnbull (London, 1861)

Calendar of State Papers, Foreign Series, of the reign of Mary, 1553–1558, ed. W. B. Turnbull (London, 1861)

Calendar of State Papers, Foreign Series, of the reign of Elizabeth, 23 vols, ed. J. Stevenson et al. (London, 1863–1950)

Calendar of State Papers and Manuscripts in the Archives and Collections of Milan, 1385–1618, ed. A. B. Hinds (London, 1912)

Calendar of State Papers and Manuscripts relating to English Affairs existing in the archives and collections of Venice, 38 vols, ed. H. F. Brown et al. (London, 1864–1947)

Calvete de Estrella, Juan Cristóbal, *El felicíssimo viaje del muy alto y muy poderoso Príncipe don Phelippe* (Antwerp, 1552; ed. P. Cuenca, Madrid, 2001)

Calvete de Estrella, Juan Cristóbal, *El tvmvlo imperial, adornado de Historias y Letreros y Epitaphios en prosa y verso latín* (Valladolid, 1559)

Calvete de Estrella, Juan Cristóbal, *Rebelión de Pizarro en el Perú y vida de don Pedro Lagasca*, ed. A. Paz y Melía, 2 vols (composed 1565–7; Madrid, 1889)

Campanella, Tommaso, *De monarchia hispanica discursus* (Amsterdam, 1640)

Canestrini, G. and A. Desjardins, *Négociations diplomatiques de la France avec la Toscane*, 6 vols (Paris, 1859–86)

Caroli Romanorum regis recessuri adlocutio in conventu Hispaniarum (Rome, 1520)

Castet, Silvestre, *Annales des Frères Mineurs composées en Latin abbregées & traduites en François*, VIII (Toulouse, 1682)

Castiglione, Baldassare, *Il libro del Cortegiano* (1528; ed. G. Preti, Turin, 1965)

Castiglione, Baldassare, *see also* Serassi *and* Volpi

Catalogue: Charles-Quint et son temps (2nd edition, Ghent, 1955)

Catalogue des Actes de François Ier, 10 vols (Paris, 1887–1908)

Cauchies, J.-M., ed., *Jean Lemaire des Belges. Le carnet de notes d'un chroniqueur: août 1507–février 1509* (Brussels, 2008)

Causa formada en 1526 a D. Antonio de Acuña, obispo de Zamora, por la muerte que dió a Mendo de Noguerol, alcalde de la fortaleza de Simancas (Valladolid, 1849)

Cavalcanti, Bartolommeo, *Trattati sopra gli ottimi reggimenti delle repubbliche antiche e moderne* (1552; Venice 1571; reprinted Milan, 1805)

Cedillo, Jerónimo López de Ayala, count of, *El cardenal Cisneros: gobernador del reino. Estudio histórico*, 3 vols (Madrid, 1921–8)

Cervantes Saavedra, Miguel de, *El ingenioso hidalgo Don Quijote de la Mancha*, 2 parts (Madrid, 1605–15)

Cervantes de Salazar, Francisco, *Túmulo Imperial de la Gran Ciudad de México* (Mexico City, 1560; reprinted in E. O'Gorman, ed., *México en 1554 y Túmulo Imperial*, Mexico City, 1963)

Champollion-Figeac, A., *Captivité du roi François Ier* (Paris, 1847)

Charles V, *Mémoirs*, *see* Cadenas y Vicent *and* Kervyn de Lettenhove

Charrière, E., ed., *Négociations de la France dans le Levant*, 4 vols (Paris, 1848–60)

Charvet, E.-L.-G, ed., *Lettres et documents pour servir à l'histoire du XVIe siècle et à celle de Eustache Chapuys, ambassadeur de Charles-Quint. Première partie: correspondance avec Henri-Cornelius Agrippa de Nettesheim* (Lyons, 1875)

Chastellain, Georges, 'Chronique', in Baron Kervyn de Lettenhove, *Oeuvres de Georges Chastellain*, 8 vols (Brussels, 1864–6)

Checa Cremades, F., ed., *Los inventarios de Carlos V y la familia imperial*, 3 vols (Madrid, 2010)

Checa Cremades, F., 'Emperor Charles V: Inventories, possessions and collections', in Checa Cremades, *Los inventarios de Carlos V*, I, 39–834

Chmel, Joseph, ed., *Urkunden, Briefe und Ackenstücke zur Geschichte Maximilians I. und seiner Zeit* (Stuttgart, 1845: Bibliothek des literarischen Vereins in Stuttgart, X)

Chmel, J., 'Review of Lanz', *Correspondenz Karls V.*, vol. I, in *Jahrbücher der Literatur*, CXI (July–Sep. 1845), 174–198

Chytraeus, David, *Chronicon Saxoniae et vicinarum aliquot gentium, ab anno Christi 1500 usque ad M.D.XCIII* (Leipzig, 1593); German version, *Chronicon, was in Sachsenn und benachbartenn ordischen und andern Lendern die nechsten hundert Jahr hero füre in Zustand gewesen* (Leipzig, 1598)

Cicogna, Emmanuele Antonio, *Delle Inscrizioni Veneziane*, VI (Venice, 1853)

Cienfuegos, Álvaro de, *La heroyca vida, virtudes y milagros del grande S. Francisco de Borja* (Madrid, 1702)

Cieza de León, Pedro, *Primera parte de la Chrónica del Perú* (Antwerp, 1554)

Cimber, L., and F. Danjou, eds, *Archives curieuses de l'histoire de France depuis Louis XI jusqu'à Louis XVIII, ou collection de pièces rares et intéressantes. Publiées d'après les textes conservés à la Bibliothèque Royale, et accompagnées de notices et d'éclaircissemens*, 1e série, 15 vols (Paris, 1834–7)

Claretta, M., *Notice pour servir à la vie de Mercurin de Gattinara, Grand Chancelier de Charles-Quint d'après des documents originaux* (Chambéry, 1898; also published as *Mémoires et documents publiés par la Société savoisienne d'Histoire et d'Archéologie*, 2nd series XII (1898)), 245–344

Colección de Documentos Inéditos para la historia de España, 112 vols (Madrid, 1842–95)

Colección de Documentos Inéditos relativos al descubrimiento, conquista y organización de las antiguas posesiones de América y Oceania, 42 vols (Madrid, 1864–84)

Colección de Documentos Inéditos relativos al descubrimiento, conquista y organización de las antiguas posesiones españoles de Ultramar, 25 vols (Madrid, 1885–1932)

Correspondance du Cardinal de Granvelle, ed. E. Poullet and C. Piot, 12 vols (Brussels, 1877–96)

Cortes de los antiguos reinos de León y de Castilla, ed. M. Colmeiro, 7 vols (Madrid, 1861–1903)

Cortés, Hernán, *Cartas de relación* (ed. M. Hernández, Madrid, 1985)

Cortijo Ocaña, A. and A., *Cartas desde México y Guatemala (1540–1635). El proceso Díaz de Reguera (Bancroft Library Ms. 92/83z)* (Cáceres, 2003)

Cosenza, John, archbishop of, 'Copia litterarvm reverendissimo domini Ioannis Archiepiscopi Consentini apvd Cesaream Maiestatem nuntij apostoloici', in *Provinciae sive regiones in India occidentali noviter repertae in vltima navigatione* (n.p., 1520)

Covarrubias Orozco, Sebastián de, *Tesoro de la lengva castellana, o española* (Madrid, 1611)

Craigie, J., ed., *The Basilicon Doron of King James VI*, 2 vols (Edinburgh, 1944, 1950: Scottish Texts Society, 3rd series XVI, XVIII)

Danvila y Collado, M., *El poder civil en España. V: Documentos e ilustraciones* (Madrid, 1885)

Danvila y Collado, M., *Historia crítica y documentada de las Comunidades de Castilla*, 6 vols (Madrid 1897–1900: Memorial histórico español, XXXV–XL)

Daumet, G., 'Inventaire de la Collection Tirán', *BH*, XIX (1917), 189–99, XX (1918), 36–42 and 233–48, and XXI (1919), 218–30 and 282–95

Daza, Antonio, *Quarta parte de la chrónica general de nuestro padre San Francisco y su apostólica orden* (Valladolid, 1611)

De Gaulle, C., *Discours et messages, III: Avec le renouveau, mai 1958 – juillet 1962* (Paris, 1970)

De Grieck, Jan, *De heerlycke ende vrolycke daeden van keyser Carel den V; Les actions heroiques et plaisantes de l'empereur Charles V* (Antwerp, 1675)

De Witte, A., 'Cornelis van Baersdorp, lijfarts van Keizer Karel. Korrespondentie 1548–1561', *Scientiarum Historia: Tijdschrift voor de Geschiedenis van de Wetenschappen en de Geneeskunde*, I (1959), 177–90

Deutsche Reichstagsakten, jüngere Reihe. Deutsche Reichstagsakten unter Kaiser Karl V., ed. A. Kluckhohn et al., 20 vols, some in multiple parts (Gotha and Munich, 1893–2009)

Díaz del Valle y de la Puerta, Lázaro, *Historia del reyno de León y principado de Asturias*, II part 1 (1665: manuscript copy in BL *Egerton 1878*)

Dittich, F., 'Nuntiaturberichte Giovanni Morones vom Reichstage zu Regensburg, 1541', *Historisches Jahrbuch der Görresgesellschaft*, IV (1883), 395–472, 618–73

Dolce, Lodovico, *Le vite di tutti gl'imperadori romani da Giulio Cesare fino a Massimiliano, tratte per M. Lodovico Dolce dal libro spagnolo del Signor Pietro Messia* (Venice, 1561, reprinted 1664)

Dolce, Lodovico, *Vita dell'inuittiss. e gloriosiss. Imperador Carlo Quinto* (Venice, 1561)

D'Onofrio, G. I., *Il carteggio intimo di Margherita d'Austria, duchessa di Parma e Piacenza. Studio critico di documenti farnesiani* (Naples, 1919)

Du Bellay, Martin and Guillaume, *Mémoires de Martin et Guillaume du Bellay*, ed. V.-L. Bourrilly and F. Vindry, 4 vols (Paris, 1908–19)

Duller, E., *Neue Beiträge zur Geschichte Philipps des Grossmüthigen, Landgrafen von Hessen, bisher ungedruckte Briefe dieses Fürsten und seiner Zeitgenossen, Karls V., Ferdinands I., der Königin Maria von Ungarn usw.* (Darmstadt, 1842)

Dumont, Jean, *Corps universel diplomatique du droit des gens; contenant vn recueil des traitez d'alliance, de paix, de treve, de neutralité, de commerce, d'échange . . . & autres contrats, qui ont été faits en Europe, depuis le regne de l'empereur Charlemagne jusques à présent*, 8 vols (Amsterdam, 1726–31)

Du Puys, Remy, *La tryumphante entrée de Charles, prince des Espagnes, en Bruges* (Paris 1515; ed. S. Anglo, New York, 1970)

Dürer, Albrecht, *Diary of his journey to the Netherlands, 1520–1521, accompanied by The Silverpoint Sketchbook, and paintings and drawings made during his journey*, ed. J.-A. Goris and G. Marlier (Greenwich, CT, 1971)

Dürer, Albrecht, *Schriftlicher Nachlass*, ed. H. Rupprich, I (Berlin, 1956)

Eichberger, D., 'Margaret of Austria and the documentation of her collection in Mechelen', in Checa Cremades, *Los inventarios de Carlos V*, III, 2,337–2,563

Ellis, H., *Original letters illustrative of English history including numerous royal letters from autographs in the British Museum, and one or two other collections*, 3 series, 11 vols, 2nd edition (London, 1824–46)

Enzinas, Francisco de, *Mémoires de Francisco de Enzinas. Texte latin inédit avec la traduction française du XVIe siècle en regard, 1543–1545*, ed. C. A. Campan, 2 vols (Brussels, 1862–3)

Erasmus, Desiderius, *Erasmi opuscula, a supplement to the Opera omnia*, ed. W. K. Ferguson (The Hague, 1933)

Erasmus, Desiderius, *The Collected Works of Erasmus: The Correspondence*, ed. W. K. Ferguson, J. Estes et al., 18 vols to date (Toronto, 1974–2018)

Erasmus, Desiderius, *Opus epistolarum Des. Erasmi Roterodami*, ed. P. S. Allen et al., 2nd edition, 12 vols (Oxford, 1992)

Erasmus, Desiderius, *The adages of Erasmus, selected by William Barker* (Toronto, 2001, selected from *CWE*, vols XXXI–XXXVI)

Erasmus, Desiderius, *The education of a Christian Prince*, ed. L. Jardine (1516; Cambridge, 1997)

Este es vn traslado de vna carta que fue embiada dela ciudad del Cuzco prouincia del Peru a esta muy noble y muy leal ciudad de Sevilla, en que cuenta muy por estenso la victoria que vuo el muy magnifico y reverendo señor el señor licenciado de La Gasca, Presidente y gouernador de las prouincias del Peru contra Gonçalo Piçarro: assi mismo cuenta del número y personas señaladas de que se hizo justicia (n.d., but Seville, 1549)

Esteban, E., 'De las cosas necesarias para escribir historia (Memorial inédito del Dr Páez de Castro al Emperador Carlos V)', *La Ciudad de Dios. Revista religiosa, científica y literaria*, XXVIII (1892), 601–10, and XXIX (1892), 27–38

Fabrizi d'Acquapendente, Girolamo, *De Locutione et ejus instrumentis liber* (Padua, 1603)

Fagel, R., 'Het Bourgondische hof van Karel V als koning van Spanje. De hofstaat van 21 juni 1517', *BCRH*, CLXXX (2014), 69–137

Faminio, Giovanni Antonio, *Oratio ad Carolum quintum Romanorum imperatorum* (Bologna, 1531)

Fernández Álvarez, M., *Corpus Documental de Carlos V*, 5 vols (Salamanca, 1973–81)

Fernández Álvarez, M. and J. L. de la Peña, eds, *Testamento de Carlos V* (Madrid, 1983)

Fernández de Navarrete, M., *Colección de los viages y descubrimientos que hicieron por mar los españoles desde fines del siglo XV, con varios documentos inéditos concernientes a la historia de la marina castellana y de los establecimientos españoles en Indias*, 5 vols (Madrid, 1829–59)

Fernández de Oviedo, Gonzalo, 'Relación de lo sucedido en la prisión del rey de Francia, desde que fue traído en España', *CODOIN*, XXXVIII, 404–530

Fernández de Oviedo, Gonzalo, *Libro de la Cámara Real del Prínçipe Don Juan e offiçios de su casa y serviçio ordinario* (1548; ed. S. Fabregat Barrios, Valencia, 2006)

Finot, J., 'Compte des sommes dépensées pour le transport des restes mortels de Charles-le-Téméraire de Nancy à Luxembourg, en 1550', *Bulletin du comité travaux historiques et scientifiques: section d'archéologie*, 1884/3, 293–303

Firpo, L., ed., *Relazioni di ambasciatori veneti al Senato. I. Inghilterra* (Turin, 1965)

Firpo, L., ed., *Relazioni di ambasciatori veneti al Senato. II. Germania 1506–1554* (Turin, 1970)

Firpo, L., ed., *Relazioni di ambasciatori veneti al Senato. III. Germania 1557–1654* (Turin, 1970)

Firpo, L., ed., *Relazioni di ambasciatori veneti al Senato. VIII. Spagna 1497–1598* (Turin, 1981)

Fisher, H. A. L., *see* Sastrow, Bartolomaus

Florange, Robert de la Marck, lord of, *Mémoires du Maréchal de Florange, dit le jeune adventureux*, ed. R. Goubaux and P.-A. Lemoisne, 2 vols (Paris, 1913–24)

Fontán, A. and J. Axer, *Españoles y polacos en la Corte de Carlos V. Cartas del embajador Juan Dantisco* (Madrid, 1994); *see also* Górski

Foronda y Aguilera, M., *Estancias y viajes del emperador Carlos V desde el día de su nacimiento hasta él de su muerte* (2nd edition, Madrid, 1914; available online, with some omissions, at http://www.cervantesvirtual.com/bib/historia/CarlosV/1542.shtml)

Förstemann, K. E., ed., *Urkundenbuch zur Geschichte des Reichstages zu Augsburg im Jahre 1530*, 2 vols (Halle, 1833–5)

Foucard, C., *Relazioni dei duchi di Ferrara e di Modena coi re di Tunisi: cenni e documenti raccolti nell'Archivio di Stato in Modena* (Modena, 1881)

Freher, Marquand, *Rerum Germanicarum Scriptores Varii, qui, praemissis quibusdam superioris saeculi, sub Carolo V. Imp. memorabiliter acta potissimum complectuntur*, III (Strasbourg, 1717)

Friedensburg, W., 'Am Vorabend des Schmalkaldischen Krieges. Denkschrift aus der Umgebung Kaiser Karls V', *Quellen und Forschungen aus italienischen Archiven und Bibliotheken*, II (1897), 140–51

Friedensburg, W., 'Karl V. und Maximilian II. (1551). Ein venetianischer Bericht über vertrauliche Äusserungen des Letzteren', *Quellen und Forschungen aus italienischen Archiven und Bibliotheken*, IV (1902), 72–81

Friedensburg, W., 'Aktenstücke zur Politik Kaiser Karls V. im Herbst 1541', *Archiv für Reformationsgeschichte*, XXIX (1932), 35–66

From Panama to Peru. The conquest of Peru by the Pizarros, the rebellion of Gonzalo Pizarro, and the pacification by La Gasca. Epitome of the original signed documents (London, 1925)

Gachard, L. P., *Analectes Belgiques: ou recueil de pièces inédites, mémoires, notices, faits et anecdotes concernant l'histoire de Pays-Bas*, I (Brussels, 1830)

Gachard, L. P., *Collection de documents inédits concernant l'histoire de la Belgique*, I (Brussels, 1832)

Gachard, L. P., 'Lettre à M. Gerlache', *BCRH*, II (1838), 305–24

Gachard, L. P., *Rapport à Monsieur le Ministre de l'Intérieur sur les différentes séries de documents concernant l'histoire de la Belgique qui sont conservés dans les archives de l'ancienne chambre des comptes de Flandres à Lille* (Brussels, 1841)

Gachard, L. P., 'Particularités et documents inédits sur Philippe de Commines, Charles le Téméraire et Charles-Quint', *Trésor national: recueil historique, littéraire, scientifique, artistique, commercial et industriel*, II (1842), 121–31 (reprinted in Gachard, *Études et notices historiques concernant l'histoire des Pays-Bas*, II, 343–56)

Gachard, L. P., 'Mémoire adressé au cardinal d'Espagne, le 8 mars 1516, par l'évêque de Badajoz', *BCRH*, X (1845), 6–35

Gachard, L. P., 'Notice des archives de M. le duc de Caraman, précédée de recherches historiques sur les princes de Chimay et les comtes de Beaumont', *BCRH*, XI (1845), 109–256

Gachard, L. P., *Relation des troubles de Gand sous Charles-Quint, par un anonyme; suivie de trois cent trente documents inédits sur cet événement* (Brussels, 1846)

Gachard, L. P., *Correspondance de Guillaume le Taciturne, prince d'Orange*, 6 vols (Brussels, 1847–57)

Gachard, L. P., *Lettres inédites de Maximilien, duc d'Autriche, roi des Romains et empereur, sur les affaires des Pays-Bas*, 2 vols (Brussels, 1851-2)

Gachard, L. P., 'Notice historique et descriptive des archives de la ville de Gand', *Mémoires de l'Académie Royale des Sciences, des Lettres et des Beaux-Arts de Belgique*, XXVII (1853), 1-162

Gachard, L. P., 'Sur les Commentaires de Charles-Quint', *Bulletin de l'Académie Royale des sciences, des lettres et des beaux-arts de Belgique*, XXI/1 (1854), 502-7

Gachard, L. P., 'L'abdication de Charles-Quint', *Bulletin de l'Académie Royale des sciences, des lettres et des beaux-arts de Belgique*, XXI/2 (1854), 880-942

Gachard, L. P., *Retraite et mort de Charles-Quint au monastère de Yuste. Lettres inédites publiées d'après les originaux conservés dans les archives royales de Simancas*, Introduction and 2 vols (Brussels, 1854-6)

Gachard, L. P., *Analectes historiques*, 5 vols (Brussels, 1856-71: vol. I contains *Analectes* series 1-4; vol. II contains series 5-7; vol. III contains series 8-10; vol. IV contains series 11-13; vol. V contains series 14-17)

Gachard, L. P., *Correspondance de Charles-Quint et d'Adrien VI* (Brussels, 1859)

Gachard, L. P., *La captivité de François Ier et le traité de Madrid: étude historique* (Brussels, 1860; also published in *Bulletin de l'Académie royale de Belgique*, 2ᵉ série, IX)

Gachard, L. P., *Trois années de l'histoire de Charles-Quint, 1543-1546 d'après les dépêches de l'ambassadeur vénetien Navagero* (Brussels, 1865)

Gachard, L. P., *Correspondance de Marguerite d'Autriche, duchesse de Parme, avec Philippe II*, 2 vols (Brussels, 1870)

Gachard, L. P., *La Bibliothèque Nationale à Paris. Notice et extraits des manuscrits qui concernent l'histoire de la Belgique*, 2 vols (Brussels, 1875-7)

Gachard, L. P., *Études et notices historiques concernant l'histoire des Pays-Bas*, 3 vols (Brussels, 1890)

Gachard, L. P. and C. Piot, *Collection des voyages des souverains des Pays-Bas*, 4 vols (Brussels, 1876-82)

Gachet, E., 'Extrait de l'inventaire des titres et papiers autrefois déposés aux archives du château à Boussu et actuellement au château de Beaumont', *BCRH*, II (1838), 258-85

Gachet, E., 'Expédition de Charles-Quint contre Tunis en 1535', *BCRH*, VIII (1844), 7-54

Gairdner, J., ed., *Letters and papers illustrative of the reigns of Richard III and Henry VII*, 2 vols (London, 1861-3)

Gairdner, J., ed., '"The Spouselles" of the princess Mary, daughter of Henry VII, to Charles prince of Castile, A D 1508', *Camden Miscellany*, IX (London, 1893: Camden Society, New Series, LIII)

Galíndez de Carvajal, Lorenzo, *Anales breves del reinado de los Reyes Católicos*, in *CODOIN*, XVII, 227-422

García Cerezada, Martín, *Tratado de las campañas y otros acontecimientos de los ejércitos del Emperador Carlos V en Italia, Francia, Austria, Berbería y Grecia desde 1521 hasta 1545 por Martín García Cerezada, cordovés, soldado en aquellos ejércitos*, ed. G. Cruzada Villaamil, marqués de la Fuensanta del Valle, 3 vols (Madrid, 1873-6)

García Fuentes, J. M., 'Testigo de Mühlberg', *Chronica nova*, VI (1971), 79-94

García Fuentes, J. M., 'Bernabé de Busto, cronista de Carlos V', in Castellano Castellano and Sánchez-Montes González, *Carlos V*, I, 177-93

García Martínez, S., 'Estudio preliminar', in Martí de Viciana, *Crónica de la ínclita y coronada ciudad de Valencia* (Valencia, 1983), 24-222

Gardiner, C. H., ed., *The literary memoranda of William Hickling Prescott*, 2 vols (Norman, OK, 1961)

Garibay y Zamalloa, Esteban de, 'Memorias de Garibay', in P. de Gayangos, ed., *Memorial histórico español*, VII (Madrid, 1854)

Gattinara, Mercurino Arborio di, *see* Boone *and* Bornate

Gayangos, P. de, see *Calendar of State Papers*

Gayangos, P. de and V. de la Fuente, eds, *Cartas del Cardenal Fray Francisco Jiménez de Cisneros dirigidas á Don Diego López de Ayala* (Madrid, 1867)

Gerhard, P., *Síntesis e índice de los mandamientos virreinales, 1548-1553* (Mexico City, 1992)

Giles, J. A., ed., *The whole works of Roger Ascham, now first collected and revised, with a life of the author*, 3 vols (London, 1864-5)

Giordano, Gaetano, *Della venuta e dimora in Bologna del sommo pontefice Clemente VII per la coronazione di Carlo V. Imperatore, celebrate l'anno MDXXX. Cronaca con note ed incisioni* (2nd edition, Bologna, 1842)

Giovio, Paolo, *Delle Istorie del suo tempo, di Mons. Paolo Giovio da Como, vescovo di Nocera tradotte da M. Lodovico Domenichi*, 2 vols (Venice, 1572; Latin edition, Florence, 1550-2)

Giovio, Paolo, *Pauli Iovii opera*, ed. G. G. Ferrero et al., 9 vols (Rome 1956-87)

Girón, Pedro, *Crónica del emperador Carlos V*, ed. J. Sánchez Montes, prologue by P. Rassow (Madrid, 1964)

Godefroy, Jean, *Lettres du roi Louis XII, et du cardinal George d'Amboise. Avec plusieurs autres lettres, mémoires & instructions écrites depuis 1504 jusques et compris 1514*, 4 vols (Brussels and The Hague, 1712–13)

González de Ávila, Gil, *Historia de las antigüedades de la ciudad de Salamanca: vidas de sus obispos y cosas sucedidas en su tiempo* (Salamanca, 1606)

Górski, Stanisław, *Acta Tomiciana: Epistole. Legationes. Responsa. Actiones. Res Geste; Serenissimi Principis Sigismundi, Ejus Nominis Primi, Regis Polonie, Magni Ducis Lithuanie, Russie, Prussie, Masovie Domini*, ed. W. Pociecha et al., 18 vols (Poznań and Warsaw, 1852–1999); *see also* Fontán, A.

Gorter-van Royen, L. and J.-P. Hoyois, eds, *Correspondance de Marie de Hongrie avec Charles-Quint et Nicolas de Granvelle. I: 1532 et années antérieures* (Leuven, 2009)

Gorter-van Royen, L. and J.-P. Hoyois, eds, *Correspondance de Marie de Hongrie avec Charles-Quint et Nicolas de Granvelle. II: 1533* (Leuven, 2018)

Grata, G., *Des lettres pour gouverner: Antoine Perrenot de Granvelle et l'Italie de Charles-Quint dans les manuscrits Trumbull* (Besançon, 2014)

Greppi, G., 'Extraits de la correspondance diplomatique de Jean-Thomas de Langosco, comte de Stroppiana, et de Claude Malopera, ambassadeurs du duc de Savoie à la cour de Charles-Quint: 1546–1559', *BCRH*, 2nd series XII (1859), 117–270

Guicciardini, Francesco, *Opere inedite di Francesco Guicciardini*, ed. G. Canestrini, 10 vols (Florence, 1857–67)

Guicciardini, Francesco, *Istoria d'Italia*, 4 vols (Milan, 1882)

Gutiérrez, C., *Trento: un concilio para la union (1550-1552)*, 3 vols (Madrid, 1981)

Guyon, Fery de, *Mémoires de Fery de Guyon, écuyer, bailly général d'Anchin et de Pesquencourt*, ed. A. L. P. de Robaulx de Soumoy (Brussels, 1858)

ha-Kohen, Joseph, *Sefer divre ha-yamin le-malkhe sarfat u-malkhe vet Otoman ha-Togar* (Venice, 1554), translated by C. H. F. Bailloblotzky as *The chronicles of Rabbi Joseph ben Joshua ben Meir, the Sphardi*, 2 vols (London, 1835–6)

Halkin, L.-E. and G. Dansaert, *Charles de Lannoy, vice-roi de Naples* (Brussels, 1934)

Hamy, A., *Entrevue de François Premier avec Henry VIII à Boulogne-sur-Mer, en 1532. Intervention de la France dans l'affaire du divorce, d'après un grand nombre de documents inédits* (Paris, 1898)

Hanke, L., ed., *Los virreyes españoles en América durante el gobierno de la casa de Austria. México I* (Madrid, 1976: BAE, CCLXXIII)

Hasenclever, A., 'Die Geheimartikel zum Frieden von Crépy von 19. September 1544', *Zeitschrift für Kirchengeschichte*, XLV (1926), 418–26

Hasenclever, A., 'Die Überlieferung der Akten Karls V. in Pariser Archiven und Bibliotheken', *B&S*, X (1933), 437–69

Heine, G., *Briefe an Kaiser Karl V., geschrieben von seinem Beichtvater in den Jahren 1530-1532* (Berlin, 1848)

Heuterus, Pontus, *Rerum Belgicarum et Austriacarum libri XV* [1598], in Heuterus, *Opera historica omnia; Burgundica, Austriaca, Belgica* (3rd edition, Leuven, 1651)

Historical Manuscript Commission: Fifteenth Report, Appendix, Part II: The Manuscripts of J. Eliot Hodgkin (London, 1897)

Holanda, Francisco de, *De la pintvra antigva* (1548; Spanish edition 1563, ed. E. Tormó, Madrid, 1921)

Hortleder, Friedrich, *Der Römischen Keyser- vnd Königlichen Maiesteten, auch deß Heiligen Rö[mischen] Reichs geistlicher und weltlicher Stände … Handlungen und Auszschreiben, Send-Brieffe/Bericht/ Unterricht/Klag- vnd Supplication-Schrifften … Von den Vrsachen deß Teutschen Kriegs Kaiser Carls deß V. wider die Schmalkaldische Bunds-Oberste/Chur- und Fürsten/Sachsen und Hessen* (Weimar, 1618)

Howard, K. D., ed., *Discursos de Nicolao Machiaueli. Juan Lorenzo Ottevanti's Spanish translation of Machiavelli's Discourses on Livy (1552)* (Tempe, 2016)

Ibarra y Rodríguez, E. and G. Arsenio de Izaga, 'Catálogo de los documentos del archivo de Lope de Soria, embajador del emperador Carlos V', *BRAH*, XCVIII (1931), 363–416

Illescas, Gonzalo de, *Segunda parte de la historia pontifical y cathólica, en la qual se prosigven las vidas y hechos de Clemente Quinto y de los demás pontífices sus predecessores hasta Pio Quinto* (1564; 5th edition, Barcelona, 1606)

Inventaire sommaire des Archives Départementales antérieures à 1790. Nord: Archives civiles, Série B: Chambre des Comptes de Lille, ed. C. Dehaisnes, J. Finot and M. Bruchet, 9 vols (Lille, 1863–1908)

Janssens, G., 'Fuentes flamencas para el reinado de Carlos V en los Países Bajos', in Castellano Castellano and Sánchez-Montes González, *Carlos V*, I, 195–207

Kannengiesser, P., *Karl V und Maximilien Egmont, Graf von Büren: ein Beitrag zur Geschichte des schmal-kaldischen Krieges* (Freiburg, 1895)

Kaulek, J., ed., *Correspondance politique de MM. de Castillon et de Marillac, ambassadeurs de France en Angleterre (1537–1542)* (Paris, 1885)

Keniston, H., ed., *Memorias de Sancho Cota* (Cambridge, MA, 1964: Harvard Studies in Romance Languages, XXVIII)

Kervyn de Lettenhove, J., *Commentaires de Charles-Quint* (Paris, 1862; translated as *The autobiography of the Emperor Charles V. Recently discovered in the Portuguese language by Baron Kervyn de Lettenhove*, London, 1862; *Aufzeichnungen des Kaiser Karl's des Fünften. Zum ersten mal herausgegeben von Baron Kervyn van Lettenhove*, Leipzig, 1862; and *Comentarios del emperador Carlos V*, Madrid, 1862)

Kervyn de Lettenhove, J., *Relations politiques des Pays-Bas et de l'Angleterre sous le règne de Philippe II*, 11 vols (Brussels, 1882–1900)

Knox, John, *The history of the Reformation of religion in Scotland*, ed. W. McGavin (Glasgow, 1881)

Kohler, A., *Quellen zur Geschichte Karls V.* (Darmstadt, 1990: Ausgewählte Quellen zur deutschen Geschichte der Neuzeit, XV)

Konetzke, R., ed., *Colección de documentos para la formación social de Hispanoamérica 1493–1810*, I (Madrid, 1953)

Kreiten, H., *Der Briefwechsel Kaiser Maximilians I. mit seiner Tochter Margareta von Österreich. Untersuchungen über die Zeitfolge des durch neue Briefe ergänzten Briefwechsels* (Vienna, 1907); *see also* Walther, 'Review'

La Fuente, V. de, ed., *Cartas de los Secretarios del Cardenal D. Fr. Francisco Jiménez de Cisneros durante su regencia en los años de 1516 y 1517* (Madrid, 1876)

La magnifiqve et svmptvevse pompe fvnèbre faite avs obsèqves et fvnérailles dv trèsgrand et trèsvictorieus empereur Charles cinquième celebrées en la vile de Brvxelles le XXIX iovr de décembre MDLVIII (Antwerp, 1559)

La Marche, Olivier de, *Mémoires d'Olivier de La Marche, Maître d'Hôtel et Capitaine des Gardes de Charles Le Téméraire*, ed. H. Beaune and J. d'Arbaumont, 4 vols (Paris, 1883–8)

La Marche, Olivier de, *Le chevalier délibéré (The resolute knight)*, ed. C. W. Carroll (Tempe, 1999)

Laiglesia, F. de, *Estudios históricos 1515–1555*, 3 vols (Madrid, 1918–19)

Lanz, K., *Correspondenz des Kaisers Karl V., aus dem königlichen Archiv und der Bibliothèque de Bourgogne zu Brüssel*, 3 vols (Leipzig, 1844–6)

Lanz, K., *Staatspapiere zur Geschichte des Kaisers Karl V. aus dem königlichen Archiv und der Bibliothèque de Bourgogne zu Brüssel* (Stuttgart, 1845)

Lanz, K., *Aktenstücke und Briefe zur Geschichte Kaiser Karl V.*, 2 vols (Vienna, 1853–7: Monumenta Habsburgica. Sammlung von Aktenstücken und Briefen zur Geschichte des Hauses Habsburg dem Zeitraume von 1473 bis 1576. Zweite Abtheilung. Kaiser Karl V. und König Philipp II)

Las Casas, Bartolomé de, *Brevíssima relación de la destruyción de las Indias* (Seville, 1552)

Las Casas, Bartolomé de, *Historia de las Indias*, ed. Marqués de la Fuensanta del Valle and J. Sancho Rayón, 5 vols (Madrid, 1875)

Laurent, *Recueil, see Recueil des Ordonnances*

Le Glay, A. J. G., ed., *Correspondance de l'empereur Maximilien Ier et de Marguerite d'Autriche, sa fille, gouvernante des Pays-Bas, de 1507 à 1519*, 2 vols (Paris, 1839)

Le Glay, A. J. G., ed., *Négociations diplomatiques entre la France et l'Autriche durant les trente premières années du 16e siècle*, 2 vols (Paris, 1845)

Le Petit, Jean François, *La grande chronique ancienne et moderne de Hollande, Zélande, Westfrise, Vtrecht, Frise, Overyssel & Groeningen, jusques à la fin de 1600*, 2 vols (Dordrecht, 1601)

Lee, B. T., ed., *Libros de Cabildos de Lima, IV (1548–1553)* (Lima, 1935)

Lefèvre-Pontalis, G., ed., *Correspondance politique de Odet de Selve: ambassadeur de France en Angleterre (1546–1549)* (Paris, 1888)

Lemaire des Belges, Jean, *Chronique de 1507*, ed. A. Schoysman (Brussels, 2001)

Lemaire des Belges, Jean, *Le carnet de notes d'un chroniqueur: août 1507–février 1509*, ed. J.-M. Cauchies (Brussels, 2008)

Lenz, M., ed., *Briefwechsel Landgraf Philipp's des Grossmüthigen von Hessen mit Bucer*, 3 vols (Stuttgart and Leipzig, 1880–91)

Leonardo de Argensola, Bartolomé, *Primera parte de los Anales de Aragón que prosigue los del Secretario Gerónimo Zurita desde el año MDXVI* (Zaragoza, 1630)

Lestocquoy, J., ed., *Correspondance des nonces en France Capodiferro, Dandino et Guidiccione, 1541–1546. Légations des cardinaux Farnèse et Sadolet et missions d'Ardinghello, de Grimani et de Hieronimo da Correggio* (Paris and Rome, 1963)

Leti, Gregorio, *Vita del invitissimo imperadore Caroli V, Austriaco*, 4 vols (Amsterdam, 1700)

Letters and papers, foreign and domestic, of the reign of Henry VIII, ed. J. S. Brewer, J. Gairdner and R. H. Brodie, 21 vols, some in multiple parts (London, 1872–1920)

Leva, G. de, *Storia documentata di Carlo V in correlazione all'Italia*, 5 vols (Venice, 1863–94)

Libro primero de Cabildos de Lima, descifrado y anotado por Enrique Torres Saldamando, con la colaboración de Pablo Patrón y Nicanor Boloña, 3 vols (Lima, 1888)

Libros de Antaño, VIII. Viajes por España de Jorge de Einghen, del Barón León de Rosmithal de Blatna, de Francesco Guicciardini, y de Andrés Navajero, ed. A. M. Fabié (Madrid, 1879)

Lima Cruz, M. A., ed., *Diogo do Couto e a Decada Oitava da Asia* (c. 1600; Lisbon, 1993)

Linas, Ch. de, *Translation des restes de Charles le Téméraire de Nancy à Luxembourg, Manuscrit d'Antoine de Baulaincourt, Roi d'Armes de la Toison d'Or* (Nancy, 1855)

Looz-Corswarem, Graf O. A., 'Die römische Korrespondenz Karls V. in Madrid und Simancas', *B&S*, XIII (1935), 109–90

Looz-Corswarem, Graf O. A., 'Die Korrespondenz Karls V. mit Philipp und mit der Regentschaft in Spanien (1539–1556) im Archiv zu Simancas', *B&S*, XV (1935), 227–68

López de Gómara, Francisco, *Hispania Victrix. Primera y segunda parte de la Historia General de las Indias con todo el descubrimiento y cosas notables que han acaecido dende que se ganaron hasta el año de 1551. Con la conquista de México y de la Nueva España* (2nd edition, Medina del Campo, 1553)

López de Gómara, Francisco, *Annals of the Emperor Charles V*, ed. R. B. Merriman (Oxford, 1912)

López de Gómara, Francisco, *Guerras de mar del Emperador Carlos V*, ed. M. A. de Bunes Ibarra and N. E. Jiménez (Madrid, 2000)

López Medel, Tomás, *Colonización de América. Informes y Testimonios 1549–1572*, ed. L. Pereña et al. (Madrid, 1990: *Corpus Hispanorum de Pace*, XXVIII)

Los Santos, Francisco de, *Descripción breue del monasterio de S. Lorenzo el Real del Escorial, vnica marauilla del mundo* (Madrid, 1657; 2nd edition, 1667)

Lozano Mateos, E., 'Noticias documentales sobre Bárbara Blomberg', *Altamira: revista de estudios montañeses*, I (1968–71), 15–138

Lüdecke, H., *Lucas Cranach der Ältere im Spiegel seiner Zeit: aus Urkunden, Chroniken, Briefen, Reden und Gedichten* (Berlin, 1953)

Luther, Martin, *Dr Martin Luthers Werke, Kritische Gesamtausgabe. Abteilung 1: Schriften*, 56 vols (Weimar, 1883–1929)

Luther, Martin, *Dr Martin Luthers Werke, Kritische Gesamtausgabe. Abteilung 2: Tischreden*, 6 vols (Weimar, 1912–21)

Luther, Martin, *Dr Martin Luthers Werke, Kritische Gesamtausgabe. Abteilung 4: Briefwechsel*, 18 vols (Weimar, 1930–85)

Machiavelli, Niccolò, 'Relazione di una visita fatta per fortificare Firenze' [1526], in S. Bertelli, ed., *Niccolò Macchiavelli: Arte della guerra e scritti politici minori* (Milan, 1961), 289–302

Machiavelli, Niccolò, *Discursos de Nicolao Machiaueli, dirigidos al muy alto y poderoso señor don PHILIPPI principe de España nuestro señor* (Medina del Campo, 1552); *see also* Howard, K. D.

Maldonado, Juan, *La revolución comunera. El movimiento de España, o sea historia de la revolución conocida con el nombre de Comunidades de Castilla* (original edition, Latin, 1545; Spanish translation ed. V. Fernández Vargas, Madrid, 1975)

Mancini, M., ed., *Tiziano e le Corti d'Asburgo nei documenti degli archivi Spagnoli* (Venice, 1997)

March, J. M., *Niñez y juventud de Felipe II: documentos inéditos sobre su educación civil, literaria y religiosa y su iniciación al gobierno (1527–1547)*, 2 vols (Madrid, 1941–2); *see also* Requesens, Estefanía de

Martínez, J. L., ed., *Documentos cortesianos*, 4 vols (Mexico City, 1990-3)

Mártir de Anglería, Pedro, *Epistolario de Pedro Mártir de Anglería* (Spanish translation ed. José López de Toro, 4 vols, Madrid, 1953–7: Documentos inéditos para la historia de España, IX–XII)

Martyr de Angleria, Peter, *Opus epistolarum Petri Martyris Anglerii Mediolanensis* (1530; Amsterdam, 1670)

Maurenbrecher, W., *Karl V. und die deutschen Protestanten 1545–1555, nebst einem Anhang von Aktenstücken aus dem spanischen Staatsarchiv von Simancas* (Düsseldorf, 1865)

Maximilian I, Emperor, *Kaiser Maximilians I. Weisskunig*, ed. H. T. Musper, 2 vols (Stuttgart, 1956)

Mayer, E. W., 'Das politische Testament Karls V. von 1555', *Historische Zeitschrift*, CXX (3rd series, XXIV, 1919), 452–94

Mayr, J. K. 'Das politische Testament Karls V', *Historische Blätter, herausgegeben vom Haus Hof- und Staatsarchiv in Wien*, I (1921), 218–51

Mayr, J. K., 'Die letzte Abdankung Karls V. (16 Jänner 1556)', *B&S*, III (1931), 143–58

Medina, J. T., *La imprenta en Lima (1584–1824)*, I (Santiago de Chile, 1904)

Mencke, Johann Burkhard, *Scriptores rerum Germanicarum, praecipue Saxonicarum: in quibus scripta et monumenta illustria, pleraque hactenus inedita, tum ad historiam Germaniae generatim, tum speciatim Saxoniae Sup. Misniae, Thuringiae et variscae spectantia*, 3 vols (Leipzig, 1728–30)

Mendieta, Gerónimo de, *Historia ecclesiástica indiana*, ed. J. García Icazbalceta (Mexico City, 1880)

Merriman, R. B., 'Charles V's last paper of advice to his son', *AHR*, XXVIII/3 (1923), 489–91

Merriman, R. B., ed., *Life and letters of Thomas Cromwell*, 2 vols (Oxford, 1902)

Mexía, Pedro de, *Historia del Emperador Carlos V, por el magnífico caballero Pedro Mexía, veintecuatro de Sevilla*, ed. J. de Mata Carriazo (Madrid, 1945)

Michaud, J. and J. J. F. Poujoulat, eds, *Nouvelle collection des mémoires pour servir à l'histoire de France, 1ère série IX: Vieilleville, Castelnau, Mergey, La Noue* (Paris, 1838)

Mogen, Ludwig G., *Historia captivitatis Philippi Magnanimi, Hassiae Landgravii* (Frankfurt and Leipzig, 1766)

Molinet, Jehan, *Chroniques*, ed. J.-A. Buchon, 5 vols (Paris 1827–8)

Möllenberg, W., 'Die Verhandlung im schmalkaldischen Lager vor Giengen und Landgraf Philipps Rechenschaftsbericht', *Zeitschrift des Vereins für hessische Geschichte und Landeskunde*, XXXVIII (1904), 31–62

Mone, F. J., 'Briefwechsel über die Kaiserwahl Karls V', *Anzeiger für Kunde der teutschen Vorzeit*, V (Karlsruhe, 1836), cols 13–37, 118–36, 283–98 and 396–411

Monluc, Blaise de, *Commentaires*, ed. J. Courteault (Paris, 1911)

Morales, Ambrosio de, *Las antigüedades de las ciudades de España* (Alcalá de Henares, 1575)

Morel-Fatio, A., *Historiographie de Charles-Quint* (Paris, 1913)

Morel-Fatio, A., 'Une histoire inédite de Charles-Quint par un fourier de sa cour (Hugues Cousin)', *Mémoires de l'Institut National de France. Académie des Inscriptions et Belles Lettres*, XXXIX (1914), 1–40

Morgan, H., *Ireland 1518: Archduke Ferdinand's visit to Kinsale and the Dürer connection* (Cork, 2015)

Morsolin. B., 'Francesco Chiericati, vescovo e diplomatico del secolo decimosesto', *Atti dell'Academia Olimpica di Vicenza*, III (1873), 121–237

Mugnier, F., 'Les faictz et guerre de l'Empereur Charles-Quint contre la Ligue de Smalkade (1546–1547)', *Mémoires et documents publiés par la Société savoisienne d'histoire et d'archéologie*, XL (1901), 238–368

Muller, M. A., ed., *The letters of Stephen Gardiner* (London, 1933)

Muratori, Lodovico Antonio, *Delle antichità Estensi ed Italiane*, 2 vols (Modena, 1727–40)

Nader, H., ed., *The Book of Privileges issued to Christopher Columbus by King Fernando and Queen Isabel, 1492–1502* (Los Angeles, 1996: Reportium Columbianum, II)

Naujoks, E., ed., *Kaiser Karl V. und die Zunftverfassung. Ausgewählte Aktenstücke zu den Verfassungsänderungen in den oberdeutschen Reichsstädten (1547–1556)* (Stuttgart, 1985: Veröffentlichungen der Kommission für geschichtliche Landeskunde in Baden-Württemberg, A 36)

Navagero, Andrea, *see* Cicogna

Neefe, Johannes, *Des allerdurchleuchtigsten römischen keysers Ferdinand des Ersten denkwürdiger Tafel-Reden* (Dresden, 1674)

Nichols, J. G., ed., *Literary remains of King Edward the Sixth. Edited from his autograph manuscripts, with historical notes and a biographical memoir* (London, 1857)

Nicolson, N. and J. Trautmann, eds, *The letters of Virginia Woolf. Volume VI: 1936–1941* (New York, 1975)

Nordman, D., *Tempête sur Alger: l'expédition de Charles Quint en 1541* (Paris, 2011)

Nott, G. F., ed., *The works of Henry Howard, earl of Surrey, and of Sir Thomas Wyatt, the elder*, 2 vols (London, 1815–16); *see also* Powell, J.

Núñez Alba, Diego, *Diálogos de la vida del soldado* (Salamanca, 1552; reprint, ed. A. M. Fabié, Madrid, 1890)

Núñez Contreras, L., *Un registro de Cancillería de Carlos V: el manuscrito 917 de la Biblioteca Nacional de Madrid. Estudio, edición, traducción y notas* (Madrid, 1965)

Nuntiaturberichte aus Deutschland. Nebst ergänzenden Aktenstücken, Erste Abteilung 1533–1559, ed. W. Friedensburg, L. Cardauns et al., 17 vols, with two *Ergänzungsbände* covering 1530-2 (Gotha, 1892–1981)

O'Gorman, E., 'Mandamientos del virrey don Antonio de Mendoza', *Boletín del Archivo General de la Nación*, VI (1935), 2–22, and X (1939), 213–311

*Ordonnances des rois de France. Règne de François I**er*, 9 vols (Paris, 1902–92)

'P. P.', 'L'expédition espagnole de 1541 contre Alger', *Revue Africaine*, CCII (1891), 177–206

Pacheco, Francisco, *Libro de descripción de verdaderos retratos de ilustres y memorables varones* (1599; Seville, 1999)

Pacheco de Leiva, E., *La política española en Italia. Correspondencia de don Fernando Marín, abad de Nájera, con Carlos V. I. 1521–24* (Madrid, 1919)

Páez de Castro, Juan, *see* Esteban, E.

Papiers d'État du Cardinal de Granvelle, ed. C. Weiss, 9 vols (Paris, 1841–52)

Paso y Troncoso, F. del, et al., eds, *Epistolario de Nueva España, 1505-1818*, 16 vols (Mexico City, 1939-42)

Pastor, L., 'Die Correspondenz des Cardinals Contarini während seiner deutschen Legation (1541), aus dem päpstlichen Geheim-Archiv', *Historisches Jahrbuch der Görresgesellschaft*, I (1880), 321-92 and 473-501

Paz, J., *Catálogo de documentos españoles existentes en el Archivo del Ministerio de Asuntos Extranjeros de París* (Madrid, 1932)

Pérez de Tudela Bueso, J., *Documentos relativos a don Pedro de La Gasca y a Gonzalo Pizarro*, 2 vols (Madrid, 1964: Archivo Documental Español, XXI-XXII)

Pérez Pastor, C., *La imprenta en Medina del Campo* (Madrid, 1895)

Pettegree, A. and M. Walsby, eds, *Netherlandish books: Books published in the Low Countries and Dutch books printed abroad before 1601*, 2 vols (Leiden, 2011)

Pinchart, A., *Archives des arts, sciences et lettres. Documents inédits*, 3 vols (Ghent, 1860-81)

Piot, C., 'Correspondance politique entre Charles-Quint et le Portugal de 1521 à 1522', *BCRH*, 4ᵉ série VII (1879), 11-110

Plon, E., *Leone Leoni, sculpteur de Charles-Quint, et Pompeo Leoni, sculpteur de Philippe II* (Paris, 1887)

Plutarch's Lives: The Dryden translation, ed. A. H. Clough, 2 vols (New York, 2001)

Pocock, N., *Records of the Reformation: The divorce 1527-1533*, 2 vols (Oxford, 1870)

Pogo, A., 'The Anonymous *La Conquista Del Perú* (Seville, April 1534) and the *Libro Vltimo Del Svmmario Delle Indie Occidentali* (Venice, October 1534)', *Proceedings of the American Academy of Arts and Sciences*, LXIV/8 (1930), 177-286

Porras Barrenechea, R., *Cedulario del Perú, siglos XVI, XVII y XVIII*, 2 vols (Lima, 1944-8: Colección de documentos inéditos para la historia del Perú, I-II)

Porras Barrenechea, R., *Cartas del Perú, 1524-1543* (Lima, 1959: Colección de documentos inéditos para la historia del Perú, III)

Porras Barrenechea, R., *Las relaciones primitivas de la conquista del Perú* (Lima, 1967)

Powell, J., ed., *The complete works of Sir Thomas Wyatt the Elder*, I (Oxford, 2016); *see also* Nott, G. F.

Preuschen, E., 'Ein gleichzeitiger Bericht über Landgraf Philipps Fussfall und Verhaftung', in J. R. Dieterich, ed., *Philipp der Grossmütige. Beiträge zur Geschichte seines Lebens und seiner Zeit* (Marburg, 1904), 144-54

Rabe, H., *Karl V., politische Korrespondenz: Brieflisten und Register*, 20 vols (Konstanz, 1999)

Rabe, H., P. Marzahl, G. Rill, H. Stratenwerth and C. Thomas, 'Stückverzeichnis zum Bestand Belgien PA des Haus- Hof- und Staatsarchivs Wien', *MÖStA*, XXIX (1976), 436-93, XXX (1977), 346-97, XXXII (1979), 267-305, XXXIII (1980), 284-345, XXXIV (1981), 345-400, XXXV (1982), 365-403, XXXVI (1983), 283-328, XXXVII (1984), 377-447, XXXIX (1986), 307-71

Rabelais, François, *Lettres écrites d'Italie par François Rabelais (Décembre 1535-Février 1536)*, ed. V. L. Bourrilly (Paris, 1910)

Rabutin, François de, *Commentaires des dernières guerres en la Gaule Belgique* (Paris, 1823: Collection complète des mémoires relatifs à l'histoire de France, XXXI)

Rassow, P., 'La primera firma del Emperador Carlos V', *Investigación y progreso*, I, no. 8 (1927), 57-8

Recueil d'aucunes lectres escriptures par lesquelles se comprend la vérité des choses passées entre la majesté de l'empereur Charles cinquième et François roi de France (Antwerp, 1536)

Recueil des ordonnances des Pays-Bas, Deuxième série, 1506-1700: Règne de Charles Quint, 1506-1555, ed. C. Laurent, J. Lameere and H. Simont, 6 vols (Brussels, 1893-1922)

Reiffenberg, Frédéric, baron de, *Histoire de l'Ordre de la Toison d'Or, depuis son institution jusqu'à la cessation des chapitres généraux, tirée des archives même de cet Ordre* (Brussels, 1830)

Reiffenberg, Frédéric, baron de, *Lettres sur la vie intime de l'Empereur Charles-Quint, écrites par Guillaume van Male, gentilhomme de sa chambre* (Brussels, 1843)

Requesens, Estefanía de, *Cartes íntimes d'una dama catalana del s XVI. Epistolari a la seva marre la comtessa de Palamós*, ed. Maite Guisando (Barcelona, 1987)

Retz, Jean-François-Paul de Gondi, cardinal de, *La congiura del conte Gian Luigi Fieschi*, ed. C. de Marchi (Palermo, 1990)

Riba García, C., ed., *Correspondencia privada de Felipe II con su secretario Mateo Vázquez 1567-91* (Madrid, 1959)

Ribadeneyra, Pedro, *Vida del P. Francisco de Borja, que fue duque de Gandía, y después religioso y III. General de la compañía de Iesús* (Madrid, 1592)

Ribier, Guillaume, *Lettres et mémoires d'estat des roys, princes, ambassadeurs et autres ministres, sous les règnes de François I, Henry II et François II*, 2 vols (Paris, 1666)

Rico y Ortega, Martín, untitled article and engraving in *La ilustración de Madrid. Revista de política, ciencias, artes y literatura*, III, no. 49 (13 Jan. 1872), 9-11

Rigault, J., 'Une relation inédite du siège de Metz en 1552', *Annales de l'Est*, 5th series III (1952), 293-306

Robert, U., 'Philibert de Châlon, prince d'Orange (1502-30). Lettres et documents', *BRAH*, XXXIX (1901), 5-288, 337-81, 433-46, and XL (1902), 15-40, 273-321, 369-418 and 465-97

Roca, P., *Catálogo de los manuscritos que pertenecieron a D. Pascual de Gayangos existentes hoy en la Biblioteca Nacional* (Madrid, 1904)

Rodríguez Raso, R., *Maximiliano de Austria, gobernador de Carlos V en España. Cartas al emperador* (Madrid 1963)

Rodríguez Villa, A., *Memorias para la historia del asalto y saqueo de Roma en 1527 por el Ejército Imperial, formadas con documentos originales, cifrados é inéditos en su mayor parte* (Madrid, 1875)

Rodríguez Villa, A., *Italia desde la batalla de Pavía hasta el Saco de Roma. Reseña histórica escrita en su mayor parte con documentos originales, inéditos y cifrados* (Madrid, 1885)

Rodríguez Villa, A., *El Emperador Carlos V y su corte según las cartas de don Martín de Salinas, embajador del Infante don Fernando, 1522-1539* (Madrid, 1903)

Rosso, Gregorio, *Istoria delle cose di Napoli sotto l'Impero di Carlo V, scritta per modo di Giornali da Gregorio Rosso* (Naples, 1770: *Raccolta di tutti i più rinomati scrittori dell' istoria generale del regno di Napoli*, VIII)

Ruscelli, Girolamo, *Delle lettere di Principi, le quali o si scrivono da principi o a principi o ragionano di principi*, 3 vols (Venice, 1562-81)

Rymer, Thomas, *Foedera, conventiones, literae, et cujuscunque generis acta publica, inter reges Angliae et alios quosvis imperatores, reges, pontifices, principes, vel communitates, ab ineunte sæculo duodecimo, viz. ab anno 1101, ad nostra usque tempora*, 20 vols (London, 1727-9)

Rzepka, A., R. Sosnowski and P. Tylus, *Historia kolekcji rękopisów romańskich z byłej Pruskiej Biblioteki Państwowej w Berlinie, przechowywanych w Bibliotece Jagiellońskiej w Krakowie - studium ogólne/The history of the collection of Romance manuscripts from the former Preussische Staatsbibliothek zu Berlin, kept at the Jagiellonian Library in Kraków - the overall study* (Kraków, 2011)

Salignac, Bertrand de, *Le voyage du Roy au Pays-Bas de l'Empereur en l'an MDLIIII* (Paris, 1554)

Sánchez Alonso, B., *Fuentes de la historia española e hispanoamericana: ensayo de bibliografía sistemática de impresos y manuscritos que ilustran la historia política de España y sus antiguas provincias de ultramar*, 3 vols (3rd edition, Madrid, 1952)

Sánchez Loro, D., *La inquietud postrimera de Carlos V*, 3 vols (Cáceres, 1957-8)

Sancho de la Hoz, Pedro, 'Relación de lo sucedido en la conquista y pacificación de estas provincias de la Nueva Castilla', in E. de Vedia, ed., *Historiadores primitivos de Indias*, II (Madrid, 1853), 125-258

Sanctus Franciscus Borgia, Quartus Gandiae Dux et Societatis Iesu Praepositus Generalis Tertius 1510-1572. Monumenta Borgia, 7 vols (Rome and Valencia, 1894-2007)

Sandoval, Prudencio de, *Historia de la vida y hechos del Emperador Carlos V* (1604-6), ed. Carlos Seco Serrano, 3 vols (Madrid, 1955) (BAE, LXXX-LXXXII)

Sansovino, Francesco, *Il simolacro di Carlo Quinto imperadore* (Venice, 1567)

Santa Cruz, Alonso de, *Crónica del emperador Carlos Quinto, compuesta por Alonso de Santa Cruz*, ed. R. Beltrán y Rózpide and A. Blázquez y Delgado-Aguilera, 5 vols (Madrid, 1920-5)

Sanuto, Marino, *I diarii di Marino Sanuto*, ed. F. Stefani, G. Berchet and N. Barozzi, 58 vols (Venice, 1879-1903)

Sastrow, Bartolomaus, *Bartholomäi Sastrowen Herkommen, Geburt und Lauff seines gantzen Lebens: auch was sich in dem Denckwerdiges zugetragen, so er mehrentheils selbst gesehen und gegenwärtig mit angehöret hat / von ihm selbst beschriben aus der Handschrift herausgegeben und erläutert*, ed. G. C. F. Mohnike, 3 vols (Greifswald, 1823-4); abridged English text, *Social Germany in Luther's time, being the memoirs of Bartholomew Sastrow*, ed. H. A. L. Fisher (Westminster, 1902), republished as *Bartholomew Sastrow, being the memoirs of a German Burgomaster* (London, 1905)

Saville, M. H., 'Some unpublished letters of Pedro de La Gasca relating to the conquest of Peru', *Proceedings of the American Antiquarian Society*, XXVII (1917), 336-57

Schertlin von Burtenbach, Sebastian, *Leben und Thaten des weiland wohledlen und gestrengen Herrn Sebastian Schertlin von Burtenbach durch ihn selbst deutsch beschrieben*, ed. O. Schönhuth (Münster, 1858)

Scheurer, Rémy, ed., *Correspondance du cardinal Jean du Bellay*, 7 vols (Paris, 1969-2016)

Scheurl, Christoph, *Einritt Keyser Carlen in die alten keyserlichen haubtstatt Rom, den 5 Aprilis 1536* (Nuremberg, 1536)

Schmitt, E. and F. K. von Hutten, eds, *Das Gold der Neuen Welt. Die Papieren des Welser Konquistadors und Generalkapitans von Venezuela Philipp von Hutten 1534-1541* (Hildburghausen, 1996)

Schultze, V., 'Dreizehn Despeschen Contarini's aus Regensburg an den Cardinal Farnese (1541)', *Zeitschrift für Kirchengechichte*, III (1878-9), 150-84

Sepúlveda, Juan Ginés de, *Historia de Carlos V*, ed. E. Rodríguez Peregrina and B. Cuart Moner, 6 vols (*Obras completas de Juan Ginés de Sepúlveda*, vols I, II, X, XII, XIII and XIV: Pozoblanco, 1995-2010)

Serassi, Pierantonio, *Delle lettere del conte Baldessar Castiglione, ora per la prima volta date in luce*, 2 vols (Padua, 1769–71)

Serristori, L., *Legazioni di Averardo Serristori, Ambasciatore di Cosimo I a Carlo Quinto e in corte di Roma (1537–1568)* (Florence, 1853)

Sigüenza, José de, *Historia de la Orden de San Jerónimo*, ed. J. Catalina García, 2 vols (Madrid, 1600, reprinted Madrid, 1907–9)

Sigüenza, José de, *La fundación del Monasterio de El Escorial* (vol. III of his *Historia de la Orden de San Jerónimo*, Madrid, 1605, reprinted Madrid, 1988)

Sleidan, Johannes, *De statu religionis et reipublicae Carolo V Caesare commentarii* (1555; Strasbourg, 1612)

Snouckaert van Schouwenburg, Willem (*alias* Gulielmus Zenocarus a Scauwenburgo), *De republica, vita, moribus, gestis, fama, religione, sanctitate imperatoris caesaris augusti quinti Caroli, maximi monarchae, libri septem* (Ghent, 1559)

Social Germany, see Sastrow, Bartolomaus

Spielman, D. C. and C. Thomas, 'Quellen zur Jugend Erzherzog Ferdinands in Spanien. Bisher unbekannte Briefe Karls V. an seinen Bruder (1514–1517)', *MÖStA*, XXXVII (1984), 1–34

Spinola, M., L. T. Belgrano and F. Podestà, 'Documenti ispano-genovesi dell'archivio di Simancas', *Atti della Società ligure di storia patria*, VIII (1868), 1–291

State Papers, published under the authority of His Majesty's Commission. King Henry the Eighth, 5 parts in 11 vols (London, 1830–52)

Stirling-Maxwell, W., *Notices of the emperor Charles V in 1555 and 1556: selected from the despatches of Federigo Badoer, ambassador from the republic of Venice to the court of Bruxelles* (London, 1856)

Stirling-Maxwell, W., ed., *The chief victories of the emperor Charles V, designed by Martin Heemskerck in M.D.L.V* (London and Edinburgh, 1870)

Stirling-Maxwell, W., ed., *Entry of the Emperor Charles V into Bologna on the 5th of November MDXXIX* (Florence, London and Edinburgh, 1875)

Stirling-Maxwell, W., ed., *The procession of Pope Clement VII and the emperor Charles V after the coronation at Bologna on the 24th February MDXXX, designed and engraved by Nicolas Hogenberg* (Edinburgh, 1875)

Stix, F., 'Die Geheimschriftenschlüssel der Kabinettskanzlei des Kaisers', *B&S*, XIV (1935), 207–26, and XVI (1937), 61–70

Strohmeyer, A., *Die Korrespondenz der Kaiser mit ihren Gesandten in Spanien. I. Briefwechsel 1563–1565* (Vienna and Munich, 1997)

Stübel, B., 'Die Instruktion Karls V. für Philip II. vom 25. Oktober 1555, deutscher Text', *Archiv für österreichische Geschichte*, XCIII (1905), 181–248

Stumpf, A. S., *Baierns politische Geschichte*, I (Munich, 1816–17)

Tamalio, R., *Ferrante Gonzaga alla corte spagnola di Carlo V, nel carteggio privato con Mantova (1523–1526). La formazione dei 'cortegiano' di un generale dell'Impero* (Mantua, 1991)

Tausserat-Radel, A., ed., *Correspondance politique de Guillaume Pellicier, ambassadeur de France à Venise (1540–1542)*, 2 vols (Paris, 1899)

Teissier, Antoine, *Instructions de l'Empereur Charles V à Philippe II, roi d'Espagne, et de Philippe II au prince Philippe son fils. Mises en françois, pour l'usage de monseigneur le Prince Electoral, par Antoine Teissier conseiller & hist. de S. S. E. de Brandebourg* (Berlin, 1699)

Tellechea Idígoras, J. I., *Fray Bartolomé Carranza. Documentos históricos*, 7 vols (Madrid, 1962–94)

Tellechea Idígoras, J. I., *Así murió el emperador. La última jornada de Carlos V (Yuste, 21 Septiembre 1558)* (1958; 2nd edition, Salamanca, 1995)

Tellechea Idígoras, J. I., *El Papado y Felipe II. Colección de Breves Pontificios*, 3 vols (Madrid, 1999–2002)

Thausing, M., 'Die Leiche Kaiser Karls V', *Mittheilungen des Instituts für Oesterreichische Geschichtsforschung*, II (Innsbruck, 1881), 459–60

Thieulaine, Jean, 'Un livre de raison en Artois (XVIe siècle). Extraits historiques', ed. X. de Gorguette d'Argoeuves, *Mémoires de la Société des Antiquaires de la Morinie*, XXI (1889), 141–99

Thomas, Hubert (also known as 'Leodius'), *Annalium de vita et rebus gestis illustrissimi principis, Friderici II. electoris palatini, libri XIV* (Frankfurt, 1624; German translation, *Spiegel des Humors grosser Potentaten: anzuschawen vorgestellet in der Beschreibung des Lebens und der Regierung weiland Pfaltzgraffen Friedrichen des Andern, Churfürstens, etc.* (Schleusingen, 1628)

Turba, G., ed., *Venetianische Depeschen vom Kaiserhofe (Dispacci di Germania)*, 3 vols (Vienna 1889–95)

Tytler, P. F., *England under the reigns of Edward VI and Mary, with the contemporary history of Europe, illustrated in a series of original letters never before printed*, 2 vols (London, 1839)

Valdés, Alfonso de, *Relación de las nuevas de Italia: sacadas de las cartas que los capitanes y comisario del Emperador y Rey nuestro señor han escripto a su magestad: assi de la victoria contra el rey de Francia como de otras cosas alla acaecidas: vista y corregida por el señor gran Chanciller e consejo de su magestad* (Madrid, 1525)

Valdés, Alfonso de, *Diálogo de las cosas acaecidas en Roma. Diálogo en que particularmente se tratan las cosas acaecidas en Roma el año de 1527, a gloria de Dios y bien universal de la República Cristiana* (c. 1528: ed. J. F. Montesinos, Madrid, 1928)

Valdés, Alfonso de, *Diálogo de Mercurio y Carón: en que allende de muchas cosas graciosas y de buena doctrina se cuenta lo que ha acaescido en la guerra desdel año de mill y Qujnjentos y veynte y vno hasta los desafíos de los Reyes de Francia & Ynglaterra hechos al Emperador en el año de MDXXVIII* (c. 1529; ed. J. F. Montesinos, Madrid, 1929)

van den Bergh, L. P. C., *Correspondance de Marguerite d'Autriche, gouvernante des Pays-Bas, avec ses amis, sur les affaires des Pays-Bas de 1506–1528*, 2 vols (Leiden 1845–7)

Vandenesse, Jean de, 'Journal des voyages de Charles-Quint', in Gachard, *Collection des voyages*, II (Brussels, 1874), 53–463

van den Gheyn, J., *Catalogue des Manuscrits de la Bibliothèque Royale de Belgique*, VII (Brussels, 1907)

van der Elst, Laurentius, *Basilicae Bruxellensis sive monumenta antiqua inscriptiones et coenotaphia ecclesiae Collegiatae S. S. Michaeli*, 2 vols (Mechelen, 1743)

vander Linden, H., 'Articles soumis à Charles-Quint par son chancelier Gattinara concernant l'office de la chancellerie en 1528 [*recte* 1526]', *BCRH*, C (1937), 265–80

van Salenson, Gerardt, *Die warachtige geschiedenisse van allen gheleefweerdighe saken vanden alder onuerwinnelijsten ende alder moghensten Keyser van Roomen Carolus de vijfste van dien name, coninck van Spaengnien* (Ghent, 1564)

Vañes, C. A., 'Cartas originales de Carlos V al Papa Clemente VII', *Ciudad de Dios: Revista agustiniana*, CCXXIII (2010), 725–62, and CCXXIV (2011), 155–89

Vargas-Hidalgo, R., *Guerra y diplomacia en el Mediterráneo: correspondencia inédita de Felipe II con Andrea Doria y Juan Andrea Doria* (Madrid, 2002)

Varillas, Antoine, *La Pratique de l'éducation des princes, contenant l'histoire de Guillaume de Croÿ, surnommé Le Sage, seigneur de Chièvres, gouverneur de Charles d'Autriche qui fut Empereur, Cinquième du Nom* (Amsterdam, 1686)

Vera y Figueroa, Juan Antonio, *Epítome de la vida y hechos del invicto emperador Carlos V* (Milan, 1646)

Viaud, A., ed., *Lettres des souverains portugais à Charles-Quint et à l'impératrice (1528–1532), suivies en annexe de lettres de D. María de Velasco et du duc de Bragance, conservées aux archives de Simancas* (Lisbon and Paris, 1994)

Viciana, Martí de, *Libro tercero de la crónica de la ínclita y coronada ciudad de Valencia y de su reino*, ed. J. Iborra (1564; Valencia, 2002)

Viciana, Martí de, *Libro quarto de la crónica de la ínclita y coronada ciudad de Valencia y de su reino*, ed. J. Iborra (1566; Valencia, 2005)

Viglius (Wigle van Aytta van Zwichem), *see* von Druffel

Vilanova, R. de Vilanova de Rossello, count of, *Capítulo del Toisón de Oro celebrado en Barcelona el año 1519* (Barcelona, 1930)

Villar García, M. B., 'Cartas de Carlos V a Rodrigo Mexía (1520–1531)', *Studia histórica: historia moderna*, II (1984), 47–94

Vital, Laurent, 'Premier voyage de Charles-Quint en Espagne, de 1517 à 1518', in Gachard, *Collection des voyages*, III (Brussels, 1876), 1–314; *see also* Morgan, H.

Vitoria, Francisco de, *Relectio de Indis o libertad de los indios*, ed. L. Pereña and J. M. Pérez Prendes (Madrid, 1967: *Corpus Hispanorum de Pace*, V)

Voigt, G., 'Die Geschichtschreibung über den Zug Karls V gegen Tunis', *Abhandlung der philologisch-historischen Classe der königlich sächsischen Gesellschaft der Wissenschaften*, VI (Leipzig, 1874), 161–243

Voigt, G., 'Die Geschichtschreibung über den Schmalkaldischen Krieg', *Abhandlung der philologisch-historischen Classe der königlich sächsischen Gesellschaft der Wissenschaften*, VI (Leipzig, 1874), 567–758

Volpi, Giovanni Antonio and Gaetano, *Opere volgari e latine del Conte Baldessar Castiglione. Novellamente raccolte, ordinate, ricorrette, ed illustrate, come nella seguente lettera può vedersi* (Padua, 1733)

Voltes Bou, P., *Documentos de tema español existentes en el Archivo de Estado de Viena* (Barcelona, 1964)

von Bucholtz, F. B., *Geschichte der Regierung Ferdinand des Ersten: aus gedruckten und ungedruckten Quellen*, 9 vols (Vienna, 1831–8)

von Dollinger, J. J. I., *Dokumente zur Geschichte Karl's V., Philipp's II. und ihrer Zeit aus spanischen Archiven* (Regensburg, 1862)

von Druffel, A., *Briefe und Akten zur Geschichte des 16. Jahrhunderts, mit besonderer Rücksicht auf Bayerns Fürstenhaus. Beiträge zur Reichsgeschichte 1546–1555*, 4 vols (Munich, 1873–96; vol. IV co-edited by Karl Brandi) von Druffel, A., ed., *Des Viglius van Zwichem Tagebuch des Schmalkaldischen Donaukriegs* (Munich, 1877)

von Gévay, A., *Urkunden und Actenstücke zur Geschichte der Verhältnisse zwischen Österreich, Ungern und der Pforte im XVI. und XVII. Jahrhunderte, aus Archiven und Bibliotheken. I, part V: Gesandtschaft König Ferdinands I. an Sultan Suleiman I. 1531–1532* (Vienna, 1838)

von Höfler, C. R., 'Monumenta Hispanica I: Correspondenz des Gobernadors von Castilien, Grossinquisitors von Spanien, Cardinals von Tortosa, Adrian von Utrecht mit Kaiser Karl V. im Jahre 1520', *Abhandlungen der königlichen böhmischen Gesellschaft der Wissenschaften, VI. Folge, 10. Band: Classe für Philosophie, Geschichte und Philologie Nr. 4* (Prague 1881), 3–90,

von Höfler, C. R., 'Monumenta Hispanica II. Spanische regesten von 1515 bis Ende 1520', *Abhandlungen der königlichen böhmischen Gesellschaft der Wissenschaften, VI. Folge, 11. Band: Classe für Philosophie, Geschichte und Philologie Nr. 5* (Prague 1882), 1–98

von Höfler, C. R., 'Zur Kritik und Quellenkunde der ersten Regierungsjahre Kaiser Karls V. III Abteilung. Das Jahr 1521, nach den authentischen Correspondenzen im Archive zu Simancas zusammengestellt', *Denkschriften der kaiserlichen Akademie der Wissenschaften, Philosophisch-Historische Classe, XXXIII* (Vienna, 1883), 1–206

von Höfler, C. R., 'Kritische Untersuchungen über die Quellen der Geschichte Phillipps des Schönen, Erzherzogs von Oesterreich, Herzogs von Burgund, Königs von Castilien', *Sitzungsberichte der kaiserlichen Akademie der Wissenschaften, CIV* (1883), 169–256

von Höfler, C. R., 'Antoine de Lalaing, seigneur de Montigny, Vincenzo Quirino und Don Diego de Guevara als Berichterstatter über König Phillipp I. in den Jahren 1505, 1506', *Sitzungsberichte der kaiserlichen Akademie der Wissenschaften, CIV* (1883), 433–510

von Höfler, C. R., 'Depeschen des Venetianischen Botschafters bei Erzherzog Philipp, Herzog von Burgund, König von Leon, Castilien, Granada, Dr Vincenzo Quirino 1505–1506', *Archiv für österreichische Geschichte, LXVI* (1885), 45–256

von Kraus, V., 'Itinerarium Maximilian I. 1508–1518: mit eingeleitenden Bemerkungen über das Kanzleiwesen Maximilians I', *Archiv für österreichische Geschichte, LXXXVII* (1899), 229–318

Vos, A. and M. Hatch, *Letters of Roger Ascham* (New York, 1989)

Walser, F., 'Spanien und Karl V. Fünf spanische Denkschriften an den Kaiser', in *B&S, VI* (1932), 120–81

Weert, Josse de, 'Cronycke van Nederlant, besonderlyck der stadt Antwerpen', in C. Piot, ed., *Chroniques de Brabant et de Flandre* (Brussels, 1879), 71–179

Wiesflecker-Friedhuber, I., ed., *Quellen zur Geschichte Maximilians I. und seiner Zeit* (Darmstadt, 1996)

Winckelmann, O., ed., *Politische Correspondenz der Stadt Strassburg im Zeitalter der Reformation, III. 1540–1545* (Strasbourg, 1898)

Xérez, Francisco de, *Verdadera relación de la conquista del Perú y provincia del Cuzco llamada la nueva Castilla* (Seville, 1534; Madrid 1891)

Zapata de Chaves, Luis, *Miscelánea*, in P. de Gayangos, ed., *Memorial Histórico Español, XI* (Madrid, 1859)

Zúñiga, Francés de, *Francesillo de Zúñiga: Crónica burlesca del emperador Carlos V*, ed. D. Pamp de Avalle-Arce (Barcelona, 1981)

Zúñiga, Francés de, *Don Francés de Zúñiga: Crónica burlesca del emperador Carlos V*, ed. J. A. Sánchez Paso (Salamanca, 1989)

Zurita, Jerónimo, *Historia del Rey don Hernando el Católico: de las empresas y ligas de Italia* (Zaragoza, 1580)

Zurita, Jerónimo, *Los cinco libros postreros de la historia de don Hernando el Católico: de las empresas y ligas de Italia* (Zaragoza, 1610)

二手资料

Abella Rubio, J. J., 'El túmulo de Carlos V en Valladolid', *Boletín del Seminario de Estudios de Arte y Arqueología, XLIV* (1978), 177–200

Aerts, E., L. de Mecheleer and R. Wellens, 'L'âge de Gachard. L'archivistique et l'historiographie en Belgique (1830–85)', in I. Cotta et al., eds, *Archivi e storia nell'Europa del XIX secolo: alle radici dell'identità culturale europea. Atti del convegno internazionale di studi nei 150 anni dall'istituzione dell'Archivio Centrale, poi Archivio di Stato, di Firenze; Firenze, 4–7 dicembre 2002* (Florence, 2006), 571–99

Aguirre Landa, I., 'Viejos y nuevos documentos en torno a Carlos V', in Castellano Castellano and Sánchez-Montes González, *Carlos V, I*, 35–46

Alarcón y Ariza, Pedro Antonio de, *Viajes por España* (2nd edition, Madrid 1892)

Alcázar Molina, C., 'La política postal española en el siglo XVI en tiempo de Carlos V', in *Carlos V (1500–1558). Homenaje*, 219–32

Allo Manero, A., 'Exequias del emperador Carlos V en la monarquía hispana', in M. J. Redondo Cantera and M. A. Zalama, eds, *Carlos V y las artes. Promoción artística y familia imperial* (Valladolid, 2000), 261–81

Alonso Acero, B., 'Cristiandad versus Islam en el gobierno de Maximiliano y María (1548–1551)', in Castellano Castellano and Sánchez-Montes González, *Carlos V*, III, 15–29

Alonso Acero, B., 'El norte de África en el ocaso del emperador (1549–1558)', in Martínez Millán, *Carlos V y la quiebra*, I, 387–414

Alonso Acero, B. and J. L. Gonzalo Sánchez-Molero, 'Alá en la corte de un príncipe cristiano: el horizonte musulmán en la formación de Felipe II (1532–1557)', *Torre de los Lujanes*, XXXV (1998), 109–140

Altmeyer, J. J., *Isabelle d'Autriche et Christiern II* (Brussels, 1842)

Alvar Ezquerra, A., 'El gobierno de la emperatriz y la consolidación de la dinastía', in A. Alvar Ezquerra, J. Contreras Contreras and J. I. Ruiz Rodríguez, eds, *Política y cultura en la época moderna (Cambios dinásticos. Milenarismos, mesianismos y utopías)* (Alcalá de Henares, 2004), 51–63

Alvar Ezquerra, A., *La emperatriz. Isabel y Carlos V, amor y gobierno en la corte española del Renacimiento* (Madrid, 2012)

Álvarez, G., F. C. Ceballos and C. Quintero, 'The role of inbreeding in the extinction of a European royal dynasty', *PLoS ONE* 4(4): e5174. doi:10.1371/journal.pone.0005174

Anatra, B, 'Los itinerarios de Carlos V', in Castellano Castellano and Sánchez-Montes González, *Carlos V*, III, 37–45

Ando, C., *Imperial ideology and provincial loyalty in the Roman Empire* (Berkeley, 2000)

Angermeier, H., 'Der Wormser Reichstag 1495 in der politischen Konzeption König Maximilians I.', in Lutz and Müller-Luckner, *Das römisch-deutsche Reich*, 1–13

Anthony, D., 'Intimate invasion: Andeans and Europeans in 16th-century Peru' (Ohio State University Ph.D. thesis, 2018)

Aram, B., *La reina Juana. Gobierno, piedad y dinastía* (Madrid, 2001)

Aram, B., *Juana the Mad: Sovereignty and dynasty in Renaissance Europe* (Baltimore, 2005)

Arfaioli, M., *The black bands of Giovanni: Infantry and diplomacy during the Italian wars (1526–1528)* (Pisa, 2005)

Arfaioli, M., 'A clash of dukes: Cosimo I de' Medici, William of Cleves and the "Guerra di Dura" of 1543' (forthcoming)

Arias de Saavedra Alias, I., 'La Universidad de Granada en la época de Carlos V', in Castellano Castellano and Sánchez-Montes González, *Carlos V*, V, 53–76

Armitage, D., ed., *Theories of empire 1450–1800* (Aldershot, 1998)

Arnade, P., 'Privileges and the political imagination in the Ghent Revolt of 1539', in Boone and Demoor, *Charles V*, 103–24

Arregui Zamorano, P., 'Carlos V: el despliegue de las Audiencias en el Nuevo Mundo', in Castellano Castellano and Sánchez-Montes González, *Carlos V*, I, 427–45

Auernhammer, A. and F. Däuble, 'Die exequien für Karl V. in Augsburg, Brüssel und Bologna', *Archiv für Kulturgeschichte*, LXII–LXIII (1980–1), 101–57

Baker-Bates, Piers, 'The "cloister life" of the Emperor Charles V: Art and ideology at Yuste', *Hispanic Research Journal*, XIV (2013), 427–45

Barón Crespo, E., 'La Europa de Carlos V y la Europa de Maastricht', *Correspondance: Revista hispano-belga*, no. Extra I (1994), 13–20

Bataillon, M., 'Charles-Quint et Copernic', *BH*, XXV (1923), 256–8

Bataillon, M., 'Le Charles-Quint de Karl Brandi', *BH*, XLII/4 (1940), 296–302

Bataillon, M., 'Charles-Quint bon pasteur, selon Fray Cipriano de Huerga', *BH*, L (1948), 398–406

Bataillon, M., 'Pour l'epistolario de Las Casas. Une lettre et un brouillon', *BH*, LVI (1954), 366–87

Bataillon, M., *Erasmo y España. Estudios sobre la historia espiritual del siglo XVI* (1937; 2nd edition, 1966)

Bataillon, M., 'Charles-Quint, Las Casas et Vitoria', in *Charles-Quint*, 77–92

Bataillon, M., 'Plus oultre: la cour découvre le nouveau monde', in Jacquot, *Les fêtes de la Renaissance*, II, 13–27

Bauer, W., *Die Anfänge Ferdinands I.* (Vienna and Leipzig, 1907)

Baumgarten, H., *Geschichte Karls V.*, 3 vols (Stuttgart, 1885–92)

Behrens, B., 'The office of English resident ambassador: Its evolution as illustrated by the career of Sir Thomas Spinelly', *TRHistS*, XVI (1933), 161–95

Behringer, W., *Im Zeichen des Merkur: Reichspost und Kommunikationsrevolution in der Frühen Neuzeit* (Göttingen, 2003)

Belenguer Cebrià, E., ed., *De la unión de coronas al imperio de Carlos V*, 3 vols (Madrid, 2000)

Beltrán de Heredia, V., *Domingo de Soto. Estudio biográfico documentado* (Salamanca, 1960)

Bietenholz, P. G. and T. B. Deutscher, *Contemporaries of Erasmus: A biographical register of the Renaissance and Reformation*, 3 vols (Toronto, 1985-7)

Blockmans, W. P., 'Autocratie ou polyarchie? La lutte pour le pouvoir politique en Flandre de 1482 à 1492, d'après des documents inédits', *BCRH*, CXL (1974), 257-368

Blockmans, W. P., 'Unidad dinástica, diversidad de cuestiones', in García García, *El imperio de Carlos V*, 29-44

Blockmans, W. P., 'The emperor's subjects', in Soly, *Charles V*, 227-83

Blockmans, W. P., *Emperor Charles V, 1500-1558* (London, 2002)

Blockmans, W. P., 'Logistics of warfare in central Italy 1527-30', in Boone and Demoor, *Charles V*, 35-46

Blockmans, W. P. and N. Mout, eds, *The world of the Emperor Charles V* (Amsterdam, 2004)

Bodart, D. H., *Tiziano e Federico II Gonzaga. Storia di un rapporto di committenza* (Rome, 1998)

Bodart, D. H., 'Algunos casos de anacronismo en los retratos de Carlos V', *Boletín del Museo del Prado*, XVIII (2000), 7-24

Bodart, D. H., 'Frédéric Gonzague et Charles Quint. Enjeux artistiques et politiques des premiers portraits impériaux par Titien', in S. Ferino-Pagden and A. Beyer, eds, *Tizian versus Seisenegger. Die Portraits Karls V. mit Hund. Ein Holbeinstreit* (Turnhout, 2006), 19-31

Bodart, D. H., 'Il mento "posticcio" dell'imperatore Carlo V', *Micrologus: Natura, scienze e società medievali*, XX (2012), 465-83

Bonal Zazo, J. L., 'Disposiciones Carolinas en la base de datos *Legislación Histórica de España*', in Gonzalo Sánchez-Molero and Miranda Díaz, *La bibliografía*, 391-443

Bond, K. L., 'Costume albums in Charles V's Habsburg empire' (Cambridge University Ph.D. thesis, 2017)

Boom, G. de, *Marguerite d'Autriche-Savoie et la pré-Renaissance* (Paris, 1935)

Boom, G. de, *Les voyages de Charles-Quint* (Brussels, 1957)

Boone, M., 'From cuckoo's egg to "Sedem Tyranni". The princely citadels in the cities of the Low Countries, or the city's spatial integrity hijacked (15th-early 16th centuries)', in M. C. Howell and M. Boone, eds, *The power of space in late medieval and early modern Europe: The cities of Italy, Northern France and the Low Countries* (Turnhout, 2013), 77-95

Boone, M. and M. Demoor, eds, *Charles V in context: The making of a European entity* (Ghent, 2003)

Boone, R. A., *Mercurino di Gattinara and the creation of the Spanish Empire* (London, 2014)

Bossuyt, I., 'Charles V: a life story in music. Chronological outline of Charles's political career through music', in F. Maes, ed., *The empire resounds: Music in the days of Charles V* (Leuven, 1999)

Bourrilly, V.-L., 'Les diplomates de François 1er. Antonio Rincon et la politique orientale de Francois 1er (1522-41)', *Revue hististorique*, CXIII (1913), 64-83 and 268-308

Bourrilly, V.-L., 'Charles-Quint en Provence (1536)', *Revue historique*, CXXVII (1936), 209-80

Bouza Brey, F., 'Las exequias del emperador Carlos I en la catedral de Santiago', *Cuadernos de estudios gallegos*, XIV (1959), 267-76

Boyd-Bowman, P., 'Patterns of Spanish emigration to the Indies until 1600', *Hispanic American Historical Review*, LVI (1976), 580-604

Brading, D., *The first America: The Spanish Monarchy, Creole patriots, and the liberal state, 1492-1867* (Cambridge, 1991)

Brady, T. A., 'Imperial destinies: A new biography of the Emperor Maximilian I', *Journal of Modern History*, LXII (1990), 298-314

Brady, T. A., *Protestant politics: Jacob Sturm (1489-1553) and the German Reformation* (Boston, 1995)

Brandi, K., 'Karl V. vor Metz', *Elsass-Lothringisches Jahrbuch*, XVI (1937), 1-30

Brandi, K., *The Emperor Charles V: The growth and destiny of a man and of a world-empire* (London, 1939; translation of *Kaiser Karl V. Werden und Schicksal einer Persönlichkeit und eines Weltreiches*: Munich, 1937)

Brandi, K., *Kaiser Karl V, II: Quellen und Erörterungen* (Munich, 1941)

Braudel, F., *La Méditerranée et le monde méditerranéen à l'époque de Philippe II* (Paris, 1949)

Braudel, F., 'Les emprunts de Charles-Quint sur la place d'Anvers', in *Charles-Quint*, 191-201

Braudel, F., 'Charles-Quint: témoin de son temps, 1500-1558', in Braudel, *Écrits sur l'histoire*, II (Paris, 1994), 167-207 (originally published in Italian in 1966)

Bregnsbo, M., 'Carlos V y Dinamarca', in Kohler, *Carlos V/Karl V*, 487-97

Brendecke, A., *Imperio e información. Funciones del saber en el dominio colonial español* (Madrid, 2013; translation of *Imperium und Empirie. Funktionen des Wissens in der spanischen Kolonialherrschaft*, Cologne, 2009); revised and shortened English translation: *The empirical empire: Spanish colonial rule and the politics of knowledge* (Berlin, 2016)

Bridgman, N., 'La participation musicale à l'entrée de Charles Quint à Cambrai, le 20 janvier 1540', in Jacquot, *Les fêtes de la Renaissance*, II, 235-53

Brigden, S., *Thomas Wyatt: The heart's forest* (London, 2012)

Brothers, C., 'The Renaissance reception of the Alhambra: The letters of Andrea Navagero and the palace of Charles V', *Muqarnas: An Annual on Islamic Art and Architecture*, XI (1994), 79–102

Buceta, E., 'El juicio de Carlos V acerca del español y otros pareceres sobre las lenguas romances', *Revista de filología española*, XXIV (1937), 11–23

Burbank, J. and F. Cooper, *Empires in world history: Power and the politics of difference* (Princeton, 2010)

Burbure, L. de, 'Bredeniers, Henri', *Bibliographie nationale de Belgique*, II (Brussels, 1873), cols 921–4

Burke, P., 'Presenting and re-presenting Charles V', in Soly, *Charles V*, 393–475

Bustamante García, A., 'Las tumbas reales de El Escorial', in *Felipe II y el arte de su tiempo* (Madrid, 1998), 55–78

Buttay-Jutier, F., *Fortuna. Usages politiques d'une allégorie morale à la Renaissance* (Paris, 2008)

Cabrero Fernández, L., 'El empeño de las Molucas y los tratados de Zaragoza: cambios, modificaciones y coincidencias entre el no ratificado y el ratificado', in L. A. Ribot García et al., eds, *El Tratado de Tordesillas y su época*, II (Valladolid, 1995), 1,091–1,132

Cadenas y Vicent, V. de, 'Una calumnia gratuita levantada al emperador Carlos V por uno de sus mejores historiadores: Manuel Fernández Álvarez', *Hidalguía*, CCLXX (1998), 625–46

Cadenas y Vicent, V. de, 'Aclarada la calumnia del académico y catedrático Manuel Fernández Álvarez: la "Infanta de Castilla Isabel" tiene padres conocidos: los últimos reyes de Napoles', *Hidalguía*, CCLXXI (1998), 859–61

Carande, R., *Carlos V y sus banqueros*, 3 vols (Madrid, 1943–67)

Carande, R., 'Carlos V: viajes, cartas y deudas', in *Charles-Quint*, 203–36

Carande, R., 'Solimán no llega a Viena (1532) y de España sale un tesoro recibido de Francisco I', in *Studi in onore di Amintore Fanfani*, IV (Milan, 1962), 185–218

Carlos V (1500–1558). Homenaje de la Universidad de Granada (Granada, 1958)

Carlos Morales, C. J. de, *El consejo de Hacienda de Castilla, 1523–1602. Patronazgo y clientelismo en el gobierno de las finanzas reales durante el siglo XVI* (Valladolid, 1996)

Caro, R. A., *The years of Lyndon Johnson. I: The path to power* (1982; 2nd edition, New York, 1990)

Caro, R. A., *The years of Lyndon Johnson. III: Master of the Senate* (New York, 2003)

Carretero Zamora, J. M., *Gobernar es gastar. Carlos V, el servicio de las Cortes de Castilla y la deuda de la Monarquía Hispánica, 1516–1556* (Madrid, 2015)

Carro, V. D., 'Influencia de fray Pedro de Soto sobre Carlos V y el Papa en la guerra contra los protestantes', *Ciencia Tomista*, XXXII (1925), 55–71

Cartwright, J., *Christina of Denmark: Duchess of Milan and Lorraine, 1522–1590* (New York, 1913)

Cartwright, W. C., *Gustave Bergenroth: A memorial sketch* (Edinburgh, 1870)

Castellano Castellano, J. L. and F. Sánchez-Montes González, eds, *Carlos V. Europeísmo y universalidad*, 5 vols (Madrid, 2001)

Castilla Urbano, F., 'La superación de la polémica de la conquista: del enfrentamiento Sepúlveda-Las Casas a las propuestas de Acosta', *Revista inclusiones. Revista de humanidades y ciencias sociales*, II (2015), 29–51

Cauchies, J.-M., 'L'Archiduc Philippe d'Autriche, dit le Beau', *Handelingen van het Koninklijke Kring voor oudheidkunde, letteren en geschiedenis van Mechelen*, XCV (1992), 45–53

Cauchies, J.-M., *Philippe le Beau. Le dernier duc de Bourgogne* (Leuven, 2003: Burgundica VI)

Cauchies, J.-M., ' "Croit conseil" et ses "ministres": l'entourage politique de Philippe le Beau (1494–1506)', in A. Marchandisse and J.-L. Kupper, eds, *A l'ombre du pouvoir: les entourages princiers au Moyen Age* (Liège, 2003), 385–405

Cauchies, J.-M., ' "No tyenen más voluntad de yr a España que de yr al infierno!". Los consejeros "flamencos" de Felipe el Hermoso y del joven Carlos V frente a la herencia española', in A. Álvarez-Ossorio Alvariño and B. J. García García, eds, *La Monarquía de las naciones. Patria, nación y naturaleza en la Monarquía de España* (Madrid 2004), 121–30

Cauchies, J.-M. and M. van Eeckenrode, ' "Recevoir madame l'archiduchesse pour faire incontinent ses nopces . . .". Gouvernants et gouvernés autour du mariage de Philippe le Beau et de Jeanne de Castille dans les Pays-Bas (1496–1501)', in Cauchies and van Eeckenrode, eds, *Die Erbtochter, der fremde Fürst und das Land* (Luxemburg, 2013: Publications du Centre luxembourgeois de Documentation et d'Etudes médiévales, XXXVIII), 263–77

Chabod, F., *Lo stato di Milano nell'impero di Carlo V* (Rome, 1934)

Chabod, F., 'Contrasti interni e dibattiti sulla politica generale di Carlo V', in Rassow and Schalk, *Karl V*, 51–66, reprinted in Chabod, *Carlos V*, 253–70 (citations from the latter)

Chabod, F., 'Milán o los Países Bajos? Las discusiones en España sobre la "Alternativa" de 1544', in *Carlos V (1500–1558)*, 331–372, reprinted in Chabod, *Carlos V*, 211–51 (citations from the latter)

Chabod, F., *Storia di Milano nell'epoca di Carlo V* (Turin, 1971: *Opere di Federico Chabod*, III/2, first published in 1961 as vol. IX of the Treccani *Storia di Milano*)

Chabod, F., *Carlos V y su imperio* (Mexico City, 1992; Italian original 1985)

Charles-Quint et son temps (Paris, 1959)

Chaunu, P. and M. Escamilla, *Charles Quint* (2nd edition, Paris, 2013)

Checa Cremades, F., 'Un programa imperialista: el túmulo erigido en Alcalá de Henares en memoria de Carlos V', *Revista de Archivos, Bibliotecas y Museos*, LXXXII (1979), 369–79

Checa Cremades, F., 'El caballero y la muerte (sobre el sentido de la muerte en el Renacimiento)', *Revista de la Universidad Complutense*, Año 1982, 242–57

Checa Cremades, F., *Carlos V y la imagen del héroe en el Renacimiento* (Madrid, 1987)

Checa Cremades, F., ed., *Monumentos restaurados: El monasterio de Yuste* (Madrid: Monumentos restaurados VII, 2007)

Checa Cremades, F., ed., *Museo Imperial. El coleccionismo artístico de los Austrias en el siglo XVI* (Madrid: Villaverde, 2013)

Checa Cremades, F., M. Falomir and J. Portús, eds, *Carlos V: retratos de familia* (Madrid, 2000)

Cheney, C. R., *Handbook of dates for students of English history* (corrected edition, Cambridge, 1996)

Civil, P., 'Enjeux et stratégies de la politique imperiale à travers les portraits de Charles-Quint', in F. Crémoux and J.-L. Fournel, eds, *Idées d'empire en Italie et en Espagne, XIVe–XVIIe siècle* (Rouen, 2010), 103–20

Clark, C., *The sleepwalkers: How Europe went to war in 1914* (New York, 2012)

Clifford, C., *Photographic scramble through Spain* (London, n.d. but c. 1860)

Cline, H. F., 'Hernando Cortés and the Aztec Indians in Spain', *The Quarterly Journal of the Library of Congress*, XXVI/2 (1969), 70–90

Close, C. W., 'City-states, princely states, and warfare: Corporate alliance and state formation in the Holy Roman Empire (1540–1610), *European History Quarterly*, XLVII (2017), 205–28

Cohn, H. J., 'Did bribery induce the Imperial Electors to choose Charles V as emperor in 1519?', *German History*, XIX (2001), 1–27

Colón de Carvajal, A., 'Don Fernando de Valdés Salas, Letrado del II Almirante de las Indias', *e-SLegal History Review*, XVI (2013), 1–8

Coniglio, G., *Il regno di Napoli al tempo di Carlo V* (Naples, 1951)

Cosentini, L., *Una dama Napoletana del XVI secolo: Isabella Villamarina, principessa di Salerno* (Trani, 1896)

Couper, R. T. L., P. L. Fernandez and P. L. Alonso, 'The severe gout of Emperor Charles V', *New England Journal of Medicine*, CCCLV (2006), 1,935–6

Crouzet, D., *Charles de Bourbon, connétable de France* (Paris, 2003)

Crouzet, D., *Charles Quint: empereur d'une fin des temps* (Paris, 2016)

Crutzen, G., 'L'origine maternelle et la naissance de Marguerite de Parme, régente des Pais-Bas', *Revue de l'instruction publique (supérieure et moyenne) en Belgique*, XXV (1882), 153–69

Cuart Moner, B., 'Jovio en España. Las traducciones castellanas de un cronista del emperador', in Castellano Castellano and Sánchez-Montes González, *Carlos V*, V, 197–224

Cuart Moner, B., 'Juan Ginés de Sepúlveda, cronista del Emperador', in Martínez Millán, *Carlos V y la quiebra*, III, 342–67

Dall'Aglio, S., *The duke's assassin: Exile and death of Lorenzino de' Medici* (New Haven and London, 2015) (translated from the Italian original, Florence, 2011)

Dandelet, T. J., *The Renaissance of empire in early modern Europe* (Cambridge, 2014)

Dandelet, T. J., 'Imagining Marcus Aurelius in the Renaissance: Forgery, fiction, and history in the creation of the imperial ideal', in A. Blair and A.-S. Goeing, *For the sake of learning: Essays in honor of Anthony Grafton*, 2 vols (Leiden, 2016), II, 729–42

De Courcelles, D., *Escribir la historia, escribir historias en el mundo hispánico* (Mexico City, 2009)

Decrue, F., *Anne de Montmorency: Grand Maître et Connétable de France: à la cour, aux armées et au conseil du roi Francois Ier* (Paris, 1885)

De Grauw, L., 'Quelle langue Charles-Quint parlait-il?', in Boone and Demoor, *Charles V*, 147–62

De Iongh, J., *Madama. Margaretha van Oostenrijk. Hertogin van Parma en Piacenza, 1522–1586* (3rd edition, Amsterdam, 1981)

Dekker, R., ed., *Egodocuments and history: Autobiographical writing in its context since the Middle Ages* (Hilversum, 2002)

Delsalle, P., 'Un homme de guerre au service de Charles Quint et de Philippe II: Fery de Guyon', in *Actes du cinquantième congrès de la fédération des sociétés savantes du Nord de la France* (2010), 6–10

Deswarte-Rosa, S., 'Espoirs et désespoir de l'Infant D. Luís', *Mare Liberum*, III (1991), 241–98

De Vivo, P., 'Archives of speech: Recording diplomatic negotiation in late medieval and early modern Italy', *European History Quarterly*, XLVI (2016), 519-44

Di Blasi, G. E., *Storia cronologica dei vicerè, luogotenenti e presidenti del Regno di Sicilia* (Palermo, 1842)

Dixon, C. S., 'Charles V and the historians: Some recent German works on the emperor and his reign', *German History*, XXI (2003) 104-24

Dixon, C. S. and M. Fuchs, *Nationale Perspektiven von Persönlichkeit und Herrschaft / The histories of the Emperor Charles V* (Münster, 2005)

Dobras, W., 'Karl V., Ferdinand I. und die Reichsstadt Konstanz', in Rabe, *Karl V. Politik und politisches System*, 191-221

Domingo Malvadi, A., *Bibliofilia Humanista en tiempos de Felipe II: la biblioteca de Juan Páez de Castro* (Salamanca, 2011)

Domínguez Casas, R., 'Estilo y rituales de corte', in Zalama and Vandenbroeck, *Felipe I el Hermoso*, 89-137

Doussinague, J. M., *La política internacional de Fernando el Católico* (Madrid, 1944)

Doussinague, J. M., *El testamento político de Fernando el Católico* (Madrid, 1950)

Druez, L., 'Perspectives comparées du règne de Charles-Quint: histoire officielle, histoire luthérienne, histoire italienne', in C. Grell, ed., *Les historiographes en Europe de la fin du Moyen Age à la Révolution* (Paris, 2006), 77-107

Dunham, W. H., 'Henry VIII's whole council and its parts', *Huntington Library Quarterly*, VII (1943), 7-46

Edelmayer, F., 'Carlos V y Fernando I. La quiebra de la monarchia universal', in Martínez Millán, *Carlos V y la quiebra*, I, 151-61

Edelmayer, F., 'El Sacro Imperio en la época de Carlos V. El problema de la Reforma protestante', in Castellano Castellano and Sánchez-Montes González, *Carlos V*, III, 169-76

Edelmayer, F., 'Ferdinand I and his inventories', in Checa Cremades, *Los inventarios de Carlos V*, III, 2,653-63

Egido, T., 'Carlos V y Lutero', in Castellano Castellano and Sánchez-Montes González, *Carlos V*, V, 225-42

Eichberger, D., 'A noble residence for a female regent: Margaret of Austria and the "Court of Savoy" in Mechelen', in H. Hills, ed., *Architecture and the politics of gender in early modern Europe* (Aldershot, 2003), 25-46

Elliott, J. H., 'Monarquía compuesta y Monarquía universal en la época de Carlos V', in Castellano Castellano and Sánchez-Montes González, *Carlos V*, V, 699-710

Ericksen, R. P., *Complicity in the Holocaust: Churches and universities in Nazi Germany* (Cambridge, 2012)

Escallier, E. A., *L'abbaye d'Anchin, 1079-1792* (Lille, 1852)

Escamilla, M., 'Le règne de Charles Quint: un bilan impossible?', in Molinié-Bertrand and Duviols, *Charles Quint*, 5-22

Espinosa, A., *The empire of the cities: Emperor Charles V, the Comunero revolt and the transformation of the Spanish system* (Leiden, 2009)

Fagel, R., *De Hispano-Vlaamse Wereld. De contacten tussen Spanjaarden en Nederlanders 1496-1555* (Brussels, 1996)

Fagel, R., 'Carlos de Luxemburgo: el futuro emperador como joven príncipe de Borgoña (1500-1515)', in Navascués Palacio, *Carolus V*, 29-63

Fagel, R., 'A broken portrait of the emperor: Charles V in Holland and Belgium, 1558-2000', in Dixon and Fuchs, *Nationale Perspektiven*, 63-89

Fagel, R., 'Don Fernando en Flandes (1518-1521): un príncipe sin tierra', in A. Alvar and F. Edelmayer, eds, *Fernando I, 1503-1564: socialización, vida privada y actividad pública de un Emperador del renacimiento* (Madrid, 2004), 253-71

Fagel, R., 'Un heredero entre tutores y regentes: casa y corte de Margarita de Austria y Carlos de Luxemburgo (1506-1516)', in Martínez Millán, *La Corte*, I, 115-38

Fagel, R., 'Adrian of Utrecht in Spain (1515-1522): A career in the service of a Habsburg prince', *Fragmenta*, IV (2010), 23-45

Fagel, R., 'Poner la corte en orden, poner orden en la corte. Los cambios en la casa de Borgoña alrededor del primer viaje hispánico de Carlos V (1515-1517)', in J. E. Hortal Muñoz and F. Labrador Arroyo, eds, *La casa de Borgoña. La casa del rey de España* (Leuven, 2014), 51-72

Ferer, M. T., *Music and ceremony at the court of Charles V: The Capilla Flamenca and the art of political promotion* (Woodbridge, 2012)

Fernández Álvarez, M., 'Las "Memorias" de Carlos V', *Hispania*, LXXIII (1958), 690-718

Fernández Álvarez, M., *Política mundial de Carlos V y Felipe II* (Madrid, 1966)

Fernández Álvarez, M., *La España del Emperador Carlos V (1500-58; 1517-56)* (Madrid, 1966: Historia de España Menéndez Pidal, XVIII)

Fernández Álvarez, M., 'Las instrucciones políticas de los Austrias mayores. Problemas e interpretaciones', *Gesammelte Aufsätze zur Kulturgeschichte Spaniens*, XXIII (1967), 171-88

Fernández Álvarez, M., *Charles V* (London, 1975)

Fernández Álvarez, M., *Felipe II y su tiempo* (Madrid, 1998)

Fernández Álvarez, M., *Carlos V: el César y el Hombre* (Madrid, 1999)

Fernández Álvarez, M., *Carlos V. Un hombre para Europa* (Madrid, 1999)

Fernández Terricabras, I., 'La reforma de las Órdenes religiosas en tiempos de Felipe II. Aproximación cronológica', in E. Belenguer Cebrià, *Felipe II y el Mediterráneo*, 4 vols (Madrid, 1999), II, 181-204

Fernández Terricabras, I., 'De la *crisis* al *viraje*. Los inicios de la política confesional de Felipe II', in M. Boeglin, I. Fernández Terricabras and D. Kahn, eds, *Reforma y disidencia religiosa. La recepción de las doctrinas reformadas en la Península Ibérica en el siglo XVI* (Madrid, 2018), 53-73

Fortea Pérez, J. I., 'Las Cortes de Castilla en los primeros años de Carlos V, 1518-1536', in Belenguer Cebrià, *De la unión*, I, 411-43

Fortea Pérez, J. I., 'Las últimas Cortes del reinado de Carlos V (1537-1555)', in Castellano Castellano and Sánchez-Montes González, *Carlos V*, II, 243-73

Fraenkel-Goldschmidt, C., ed., *The historical writings of Joseph of Rosheim: Leader of Jewry in early modern Germany* (Leiden, 2006)

Frieder, B., *Chivalry and the perfect prince: Tournaments, art and armor at the Spanish Habsburg court* (Kirksville, MO, 2007)

Fuchs, B., *Exotic nation: Maurophilia and the construction of early modern Spain* (Philadephia, 2009)

Fuchs, M., *Karl V. – Eine populäre Figur? Zur Rezeption des Kaisers in deutschsprachiger Belletristik* (Münster, 2002)

Fürstenwerth, L., *Die Verfassungsänderungen in den oberdeutschen Reichsstädten zur Zeit Karls V.* (Göttingen, 1893)

Gachard, L. P., 'Charles-Quint', in *Biographie nationale de Belgique*, III (Brussels, 1872), cols 523-960. Spanish translation: L. P. Gachard, *Carlos V* (Pamplona, 2015)

Gachard, L. P., *Don Juan d'Autriche: Études historiques* (Brussels, 1869)

Galasso, G., 'L'opera del Brandi e alcuni studi recenti su Carlo V', *Rivista storica italiana*, LXXIV (1962), 93-119

Galasso, G., 'La storiografia italiana e Carlo V da G. De Leva a F. Chabod (1860-1960)', in Castellano Castellano and Sánchez-Montes González, *Carlos V*, I, 145-57

Ganz, D. M., 'Charlemagne in Hell', *Florilegium*, XVII (2000), 176-94

García-Baquero González, A., 'Agobios carolinos y tesoros americanos: los secuestros de las remesas de particulares en la época del emperador', in Castellano Castellano and Sánchez-Montes González, *Carlos V*, I, 309-36

García Cárcel, R., *Las Germanías de Valencia* (Barcelona, 1975)

García-Frías Checa, C., ed., *Carlos V en Yuste. Muerte y gloria eterna* (Madrid, 2008)

García Fuentes, J. M., 'Bernabé de Busto, cronista de Carlos V', in Castellano Castellano and Sánchez-Montes González, *Carlos V*, IV, 177-93

García García, B., ed., *El imperio de Carlos V. Procesos de agregación y conflictos* (Madrid, 2000)

García Simón, A., *El ocaso del emperador: Carlos V en Yuste* (Madrid, 1995)

Gibson, C., *Tlaxcala in the sixteenth century* (1952; 2nd edition, Stanford, 1967)

Giménez Fernández, M., *Bartolomé de Las Casas*, 2 vols (Madrid, 1953-60)

Glagau, H., 'Landgraf Philipp von Hessen im Ausgang des Schmalkaldischen Krieges', *Historische Vierteljahrschrift*, N. F. VIII (1905), 17-56

Gleason, E., *Gasparo Contarini: Venice, Rome and reform* (Berkeley, 1993)

Godin, A., 'La société au XVIe siècle vue par J. Glapion (1460?-1522), frère mineur, confesseur de Charles-Quint', *Revue du Nord*, XLVI (1964), 341-70

Gómez-Salvago Sánchez, M., *Fastos de una boda real en la Sevilla del quinientos (estudio y documentos)* (Seville, 1998)

González García, J. L., 'La memoria del emperador: libros, imágenes y devociones de Carlos V en Yuste', in Checa Cremades, *Monumentos restaurados*, 109-34

González García, J. L., 'Prácticas de reciclaje y auto-consciencia familiar en el coleccionismo artístico de los Habsburgo', in Checa Cremades, *Museo Imperial*, 43-52

Gonzalo Sánchez-Molero, J. L., *El aprendizaje cortesano de Felipe II (1527-1546). La formación de un príncipe del Renacimiento* (Madrid, 1999)

Gonzalo Sánchez-Molero, J. L., *Regia biblioteca. El libro en la corte española de Carlos V*, 2 vols (Mérida, 2005)

Gonzalo Sánchez-Molero, J. L., 'El caballero, la muerte, y el libro: las lecturas del emperador en Yuste', in García-Frías Checa, *Carlos V en Yuste*, 145–77

Gonzalo Sánchez-Molero, J. L., *El César y los libros. Un viaje a través de las lecturas del emperador desde Gante a Yuste* (Yuste, 2008)

Gonzalo Sánchez-Molero, J. L., 'Acerca de los *Hechos del Emperador*, una ficción bibliográfica cervantina', in Gonzalo Sánchez-Molero and Miranda Díaz, *La bibliografía*, 375–462

Gonzalo Sánchez-Molero, J. L., *Felipe II. La educación de un 'felicísimo príncipe' (1527–1545)* (Madrid, 2013)

Gonzalo Sánchez-Molero, J. L., *Felipe II. La mirada de un rey* (Madrid, 2014)

Gonzalo Sánchez-Molero, J. L. and B. Miranda Díaz, eds, *La bibliografía sobre el emperador Carlos V. Perspectivas históricas y temáticas* (Yuste, 2010)

Gorter-van Royen, L., 'María de Hungría, regente de los Países Bajos, a la luz de su correspondencia', in Kohler, *Carlos V/ Karl V*, 193–202

Gossart, E., 'Deux filles naturelles de Charles-Quint: Thadée et Jeanne', *Revue de Belgique*, 2ᵉ série VI (1892), 247–52

Gossart, E., *Charles-Quint et Philippe II. Étude sur les origines de la prépondérance politique de l'Espagne en Europe* (Brussels, 1896: Mémoires couronnés et autres mémoires publiés par l'Académie royale des sciences, des lettres et des beaux-arts de Belgique, LIV)

Gossart, E., *Notes pour servir à l'histoire du règne de Charles-Quint* (Brussels, 1897: Mémoires couronnés et autres mémoires publiés par l'Académie royale des sciences, des lettres et des beaux-arts de Belgique, LV)

Gossart, E., *Charles-Quint: roi d'Espagne, suivi d'une étude sur l'apprentissage politique de l'empereur* (Brussels, 1910)

Gould, A. B., 'The adventure of the missing fortnight', *The Atlantic Monthly*, CXXIV (1919), 34–44

Grunberg, B., 'Le vocabulaire de la "conquista". Essai de linguistique historique appliquée à la conquête du Mexique d'après les chroniques des conquistadores', *Histoire économique et sociale*, IV (1985), 3–27

Guilmartin, J. F., *Gunpowder and galleys: Changing technology and Mediterranean warfare at sea in the sixteenth century* (Cambridge, 1974)

Gunn, S. J., 'The duke of Suffolk's march on Paris in 1523', *EHR*, CI (1986), 596–634

Gunn, S. J., D. Grummit and H. Cools, *War, state, and society in England and the Netherlands, 1477–1559* (Oxford, 2007)

Gwyn, P., 'Wolsey's foreign policy: The conferences at Calais and Bruges reconsidered', *Historical Journal*, XXIII (1980), 755–72

Haag, S., D. Eichberger and A. Jordan Gschwend, *Frauen, Kunst und Macht: Drei Frauen aus dem Haus Habsburg* (exhibition catalogue from the Kunstmuseum, Vienna, 2018)

Häberlein, M., 'Jakob Fugger und die Kaiserwahl Karls V. 1519', in J. Burkhardt, ed., *Die Fugger und das Reich. Eine neue Forschungsperspektive zum 500jährigen Jubiläum der ersten Fuggerherrschaft Kirchberg-Weissenhorn* (Augsburg, 2008: Studien zur Fuggergeschichte, XLI), 65–81

Häberlein, M., *The Fuggers of Augsburg: Pursuing wealth and honor in Renaissance Germany* (Charlottesville, 2012)

Hampe Martínez, T., 'Don Pedro de La Gasca y la proyección del mundo universitario salmantino en el siglo XVI', *Mélanges de La Casa de Velázquez*, XXII (1986), 171–95

Hampe Martínez, T., *Don Pedro de La Gasca (1493–1567): su obra política en España y América* (Palencia, 1990)

Hanke, L., *The Spanish struggle for justice in the conquest of America* (Boston, 1949)

Haring, C. H., 'Ledgers of the royal treasurers in Spanish America in the sixteenth century', *Hispanic-American Historical Review*, II (1919), 173–87

Hatzfeld, L., 'Staatsräson und Reputation bei Kaiser Karl V', *Zeitschrift für Religions- und Geistesgeschichte*, XI (1959), 32–58

Hauser, H., *Le traité de Madrid et la cession de la Bourgogne à Charles-Quint; étude sur le sentiment national bourguignon en 1525–1526* (Dijon, 1912; also published in *Revue bourguignonne*, XXII)

Head, R. C., 'Configuring European archives: Spaces, materials and practices in the differentiation of repositories from the late Middle Ages to 1700', *European History Quarterly*, XLVI (2016), 498–518

Headley, J. M., 'The Habsburg world empire and the revival of Ghibellinism', in Armitage, *Theories of empire*, 45–79

Headley, J. M., *The emperor and his chancellor: A study of the imperial chancellery under Gattinara* (Cambridge, 1983)

Headley, J. M., 'The emperor and his chancellor: Disputes over empire, administration and pope (1519–1529)', in Martínez Millán, *Carlos V y la quiebra*, I, 21–35

Heikamp, D., *Mexico and the Medici* (Florence, 1972: Quaderni d'arte, VI)

Hein, J., 'Isabella of Austria, queen of Denmark', in Checa Cremades, *Los inventarios de Carlos V*, III, 2,613–23

Henne, A., *Histoire du règne de Charles-Quint en Belgique*, 10 vols (Brussels, Paris, Madrid and Leipzig, 1858–9)

Hernando Sánchez, C. J., *Castilla y Nápoles en el siglo XVI. El Virrey Pedro de Toledo* (Salamanca, 1994)

Hess, A. C., 'The Ottoman conquest of Egypt (1517) and the beginning of the sixteenth-century world war', *International Journal of Middle Eastern Studies*, IV (1973), 55–7

Hewlett, M., 'Fortune's fool: The influence of humanism on Francesco Burlamacchi, "hero" of Lucca', in K. Eisenbichler and N. Terpstra, eds, *The Renaissance in the streets, schools, and studies: Essays in honour of Paul F. Grendler* (Toronto, 2008), 125–56

Heymans, V., *Le palais du Coudenberg à Bruxelles: Du château médiéval au site archéologique* (Brussels, 2014)

Hillerbrand, H. J., 'Martin Luther and the bull *Exsurge Domine*', *Theological Studies*, XXX (1969), 108–12

Huizinga, J., *Herfsttij der Middeleeuwen*, in Huizinga, *Verzamelde werken*, III (ed. L. Brummel) (Haarlem, 1949; 1st edition, 1919)

Huizinga, J., *Geschonden wereld. Een beschouwing over de kansen op herstel van onze beschaving* (2nd edition, Haarlem, 1945)

Ilardi, V., 'Crosses and carets: Renaissance patronage and coded letters of recommendation', *AHR*, XCII (1987), 1,127–49

Isom-Verhaaren, C., ' "Barbarossa and his army, who came to succor all of us": Ottoman and French views of their joint campaign of 1543–1544', *French Historical Studies*, XXX (2007), 395–425

Issleib, S., *Aufsätze und Beiträge zu Kurfürst Moritz von Sachsen (1877–1907)*, 2 vols (Cologne, 1989)

Jacqueton, G., *La politique extérieure de Louise de Savoie. Relations diplomatiques de la France et de l'Angleterre pendant la captivité de Francois Ier (1525–1526)* (Paris, 1892)

Jacquot, J., ed., *Fêtes et cérémonies au temps de Charles Quint* (Paris, 1960; reprinted 1975)

Janis, I. L., *Groupthink: Psychological studies of policy decisions and fiascos* (New York, 1983)

Johnson, C. L., *Cultural hierarchy in sixteenth-century Europe: The Ottomans and the Mexicans* (Cambridge, 2011)

Jordan Gschwend, A., '*Ma meilleure sœur*: Leonor of Austria, queen of Portugal and France', in Checa Cremades, *Los inventarios de Carlos V*, III, 2,569–92

Jordan Gschwend, A., '*Verdadero padre y señor*: Catherine of Austria, queen of Portugal', in Checa Cremades, *Los inventarios de Carlos V*, III, 3,015–44

Jordano, A., 'The *plus oultra* writing cabinet of Charles V: Expression of the sacred imperialism of the Austrias', *Journal of Conservation and Museum Studies*, IX (2012), 14–26

Jover Zamora, J. M., *Carlos V y los españoles* (Madrid, 1963; 2nd edition, 1987)

Junghans, H., 'Kaiser Karl V. am Grabe Martin Luthers in der Schlosskirche zu Wittenberg', *Lutherjahrbuch*, LIV (1987), 100–13

Juste, T., *Charles-Quint et Marguerite d'Autriche. Etude sur la minorité, l'émancipation et l'avènement de Charles-Quint à l'Empire (1477–1521)* (Brussels and Leipzig, 1858)

Kagan, R. L., 'Las cronistas del emperador', in Navascués Palacio, *Carolus V*, 183–212

Kagan, R. L., 'La propaganda y la política: las memorias del Emperador', in Castellano Castellano and Sánchez-Montes González, *Carlos V*, I, 209–16

Kagan, R. L., *Clio and the crown: The politics of history in medieval and early modern Spain* (Baltimore, 2009)

Kalkar, C. H., 'Isabella von Österreich, Gemahlin Christierns des Zweiten, Königin von Dänemark', *Archiv für Staats- und Kirchengeschichte der Herzogthümer Schleswig-Holstein und Lauenburg und der angrenzenden Länder und Städte*, V (1843), 443–519

Kamen, H., *Felipe de España* (Madrid, 1997)

Keniston, H., *Francisco de Los Cobos, secretary of the Emperor Charles V* (Pittsburgh, 1958)

Kess, A., *Johann Sleidan and the Protestant vision of History* (Aldershot, 2008)

Kissinger, H., *White House years* (Boston, 1979)

Kleinschmidt, H., *Charles V: The world emperor* (Stroud, 2004)

Knecht, R., 'Charles V's journey through France, 1539–40', in J. R. Mulryne and E. Goldring, eds, *Court festivals of the European Renaissance. Art, politics and performance* (Aldershot, 2002), 153–70

Knecht, R. J., *Francis I* (Cambridge, 1982)

Koenigsberger, H. G., 'The empire of Charles V in Europe', in G. R. Elton, ed., *The New Cambridge Modern History. II: The Reformation* (1958; 2nd edition, Cambridge, 1990), 339–76

Koenigsberger, H. G. and G. Parker, 'Charles V', *Sussex Tapes Pre-recorded educational discussions* (Devizes, 1982)

Kohler, A., *Antihabsburgische Politik in der Epoche Karls V.: die reichsständische Opposition gegen die Wahl Ferdinands I. zum römischen König und gegen die Anerkennung seines Königstums (1524–1534)* (Göttingen, 1982)

Kohler, A., *Carlos V, 1500–1558. Una biografía* (Madrid, 2000; original German edition, Munich, 1999)

Kohler, A., ed., *Carlos V/Karl V. 1500–2000* (Madrid, 2001)

Kohler, A., 'Una mirada retrospectiva a los últimos 500 años. Balance y déficit de una "interminable" historia de la investigación', in Kohler, *Carlos V/Karl V*, 3–11

Konetzke, R., 'La legislación sobre inmigración de extranjeros en América durante el reinado de Carlos V', in *Charles-Quint*, 93–111

Kouri, E. and T. Scott, eds, *Politics and society in early modern Europe: Festschrift for Geoffrey Elton* (Basingstoke, 1987)

Laferl, C. F., 'Las relaciones entre Carlos V y Fernando I a través de la correspondencia familiar de Fernando I (1533–1534). Idiomas, contenidos y jerarquía entre hermanos', in Kohler, *Carlos V/Karl V*, 105–17

Lafuente, M., 'La madre de Don Juan de Austria', in C. de Ochoa, ed., *Antología española. Colección de trozos escogidos de los mejores hablistas, en prosa y verso, desde el siglo XV hasta nuestros días* (Paris, 1860), 298–309

Lapèyre, H., *Une famille des marchands: les Ruiz. Contribution à l'étude du commerce entre la France et l'Espagne au temps de Philippe II* (Paris, 1955)

Laubach, E., 'Wahlpropaganda und Wahlkampf um die deutsche Königswürde 1519', *Archiv für Kulturgeschichte*, LIII (1971), 207–48

Laubach, E., 'Karl V., Ferdinand und die Nachfolge im Reich', *MÖStA*, XXIX (1976), 1–51

Le Person, X., 'A moment of "resverie": Charles V and Francis I's encounter at Aigues-Mortes (July 1538)', *French History*, XIX (2005), 1–27

Lehnhoff, O., *Die Beichtväter Karls V. Ihre politische Tätigkeit und ihr Verhältnis zum Kaiser* (Alfeld, 1932)

Lenowitz, H., *The Jewish Messiahs, from the Galilee to Crown Heights* (Oxford, 1998)

Leva, G. de, 'Marino Sanuto', *Archivio Veneto*, XXXVI (1888), 109–26

Levin, M., 'A failure of intelligence: Gómez Suárez de Figueroa and the Fieschi conspiracy, 1547', *Bulletin for Spanish and Portuguese Historical Studies*, XXXVIII (2013), 20–37

Lhotsky, A., *Festschrift des Kunsthistorischen Museums zur Feier des fünfzigjährigen Bestandes. II. Die Geschichte der Sammlungen*, 2 vols (Vienna, 1941–5)

Liebing, H., 'Frontière infranchissable? L'accès des Réformés à la paix d'Augsbourg, 1555–1577', in R. Sauzet, *Les frontières religieuses en Europe du XVe au XVIIe siècle* (Paris, 1992), 215–23

Lippens, H., 'Jean Glapion, défenseur de la Réforme de l'Observance, conseiller de l'empereur Charles-Quint', *Archivum franciscanum historicum*, XLIV (1951), 3–70, and XLV (1952), 3–71

Lox, H., *Van stropdragers en de pot van Olen. Verhalen over Keizer Karel* (Leuven, 1999)

Luttenberger, A. P., 'Reichspolitik und Reichstag unter Karl V.: Formen zentralen politischen Handelns', in H. Lutz and A. Kohler, eds, *Aus der Arbeit an den Reichstagen unter Kaiser Karl V.: 7 Beiträge zu Fragen der Forschung und Edition* (Göttingen, 1986), 18–68

Luttenberger, A. P., 'La política religiosa de Carlos V en el Sacro Imperio Romano', in Kohler, *Carlos V/Karl V*, 43–90

Luttikhuizen, F., *Underground Protestantism in sixteenth-century Spain: A much-ignored side of Spanish history* (Göttingen, 2017)

Lutz, H., *Christianitas afflicta. Europa, das Reich, und die päpstliche Politik im Niedergang der Hegemonie Kaiser Karls V 1552–1556* (Göttingen, 1964)

Lutz, H., 'Karl V. Biographische Probleme', in G. Klingenstein, H. Lutz and G. Stourzh, eds, *Biographie und Geschichtswissenschaft. Aufsätze zur Theorie und Praxis biographischer Arbeit* (Vienna, 1979: Wiener Beiträge zur Geschichte der Neuzeit, VI), 151–82

Lutz, H. and E. Müller-Luckner, eds, *Das römisch-deutsche Reich im politischen System Karls V.* (Munich and Vienna, 1982: Schriften des historischen Kollegs, I)

MacCulloch, D., *Thomas Cromwell: A revolutionary life* (New York, 2018)

Mancini, M., 'Los últimos cuadros del emperador en Yuste', in Checa Cremades, *Monumentos restaurados*, 163–82

Maples, W. R., 'The death and mortal remains of Francisco Pizarro', *Journal of Forensic Sciences*, XXXIV (1989), 1,021–36

Marcks, C., 'Die Antikensammlung des D. Luis de Ávila y Zúñiga, Marqués de Mirabel, in Plasencia', *Madrider Mitteilungen*, XLII (2001), 155–208

Marín Cruzado, O., 'El retrato real en composiciones religiosas de la pintura del siglo XVI: Carlos V y Felipe II', in W. Rincón García, ed., *El arte en las cortes de Carlos V y Felipe II* (Madrid, 1999), 113–26

Mariotte, J.-Y., 'François Ier et la Ligue de Schmalkalde', *Revue Suisse d'Histoire*, XVI (1966), 206–42

Mariotte, J.-Y., 'Charles Quint "faussaire"?: l'arrestation de Philippe de Hesse, 9 juin 1547', in D. Dinet and F. Igersheim, eds, *Terres d'Alsace, chemin de l'Europe: mélanges offerts à Bernard Vogler* (Strasbourg, 2003), 377–404

Mariotte, J.-Y., *Philippe de Hesse (1504-1567). Le premier prince protestant* (Paris, 2009)

Mariscal, G., 'A clown at court: Francesillo de Zúñiga's *Crónica burlesca*', in N. Spadaccini and J. Talens, eds, *Autobiography in early modern Spain* (Minneapolis, 1988), 59–75

Martens, P., *Militaire architectuur en vestingoorlog in de Nederlanden tijdens het regentschap van Maria van Hongarije (1531-1555). De ontwikkeling van de gebastioneerde vestingbouw*, 2 vols (Leuven, 2009)

Martín González, J. J., 'El palacio de Carlos V en Yuste', *Archivo español de arte*, XXIII (1950), 27–51 and 235–51, and XXIV (1951), 125–40

Martínez, J. L., *Hernán Cortés* (Mexico City, 1990)

Martínez Millán, J., 'La historiografía sobre Carlos V', in idem, *La Corte*, I, 17–41

Martínez Millán, J., ed., *La Corte de Carlos V*, 5 vols (Madrid, 2000)

Martínez Millán. J., ed., *Carlos V y la quiebra del humanismo político en Europa, 1530-1558*, 4 vols (Madrid, 2000)

Martínez-Peñas, L., *Las Cartas de Adriano. La guerra de las Comunidades a través de la correspondencia del Cardenal-Gobernador* (Madrid, 2010)

Martínez Pérez, L., *El confesor del rey en el antiguo régimen* (Madrid, 2007)

Mazarío Coleto, M. del C., *Isabel de Portugal, emperatriz y reina de España* (Madrid, 1951)

Meertens, P. J., 'Een esbatement ter ere van keizer Karel V (Een Leids rederrijkersspel uit 1552)', *Jaarboek de Fonteine. Jaargang 1967*, 75–81

Menegus Bornemann, M., 'Los títulos primordiales de los pueblos indios', *Estudis*, XX (1994), 207–31

Merluzzi, M., 'Mediación política, redes clientelares y pacificación del reino en el Perú del siglo XVI. Observaciones a partir de los papeles "Pizarro-La Gasca" ', *Revista de Indias*, LXVI (2006), 87–106

Merluzzi, M., ' "Con el cuidado que de vos confío": Las instrucciones a los virreyes de Indias como espejo de gobierno y enlace con el soberano', *Libros de la Corte.es*, IV/4 (2012), 154–65

Merriman, R. B., *The rise of the Spanish empire in the Old World and the New. III: The emperor* (London, 1918)

Mesnard, P., 'L'expérience politique de Charles Quint et les enseignements d'Erasme', in Jacquot, *Les fêtes de la Renaissance*, II, 45–66

Michelet, J., *Histoire de France au seizième siècle: Renaissance* (Paris, 1855: *Histoire de France*, VII)

Mignet, F. A., *Charles-Quint: son abdication, son séjour et sa mort au monastère de Yuste* (Paris, 1854)

Mignet, F. A., *Rivalité de François Ier et de Charles-Quint*, 2 vols (3rd edition, Paris, 1886)

Millar, A., 'Olivier de la Marche and the Court of Burgundy, c. 1425-1502' (Edinburgh University Ph.D. thesis, 1996)

Mitchell, B., *The majesty of the state: Triumphal progresses of foreign sovereigns in Renaissance Italy (1494-1600)* (Florence, 1986)

Moeller, B., 'Luther in Europe: His works in translation, 1517-46', in Kouri and Scott, *Politics*, 235–51

Moeller, C., *Éléonore d'Autriche et de Bourgogne, reine de France. Un épisode de l'histoire des cours au XVIe siècle* (Paris, 1895)

Molinié-Bertrand, A. and J.-P. Duviols, eds, *Charles Quint et la monarchie universelle* (Paris, 2001)

Möller Recondo, C., 'Carlos V como categoría bibliográfica - en español - en la red', in Gonzalo Sánchez-Molero and Miranda Díaz, *La bibliografía*, 355–90

Morales Foguera, J. M., 'El viaje triunfal de Carlos V por Sicilia tras la victoria de Túnez', *Imago: revista de emblemática y cultura visual*, VII (2015), 97–111

Morales Ortiz, A., *Plutarco en España: traducciones de Moralia en el siglo XVI* (Murcia, 2000)

Morel-Fatio, A., 'L'espagnol langue universelle', *BH*, XV (1913), 207–25

Moreno Gallego, V., 'Letras misivas, letras humanas, letras divinas. La correspondencia del Cardenal Granvela en la Real Biblioteca y sus cartas de autores', *Cuadernos de historia moderna. Anejos*, IV (2005), 31–55

Moritz, A., *Interim und Apokalypse. Die religiösen Vereinheitlichungsversuche Karls V. im Spiegel der magdeburgischen Publizistik 1548-1551/2* (Tübingen, 2009)

Mulcahy, R., *Philip II of Spain: Patron of the Arts* (Dublin, 2004)

Navascués Palacio, P., ed., *Carolus V Imperator* (Madrid, 1999)

Necipoglu, G., 'Suleiman the Magnificent and the representation of power in the context of Ottoman-Habsburg-Papal rivalry', in H. Inalcik and C. Kafadar, eds, *Süleymân the Second and his time* (Istanbul, 1993), 163–94

Neuhaus, H., 'Von Karl V. zu Ferdinand I. – Herrschaftsübergang im Heiligen Römischen Reich 1555–1558', in C. Roll, B. Braun and H. Stratenwerth, eds, *Recht und Reich im Zeitalter der Reformation: Festschrift für Horst Rabe* (Fankfurt, 1996), 417–40

Newson, L. A., 'The demographic impact of colonization' in V. Bulmer-Thomas, J. Coatsworth and R. Cortes Conde, eds, *The Cambridge Economic History of Latin America*, 2 vols (Cambridge, 2006), I, 143–84

Nieva Ocampo, G., 'El confesor del emperador: la actividad política de fray García de Loaysa y Mendoza al servicio de Carlos V (1522–1530)', *Hispania. Revista española de historia*, LXXV (2015), 641–68

Noguiera, P., 'Les répercussions de la politique de Charles Quint en Galice: l'exemple de la ville de La Corogne', in Molinié-Bertrand and Duviols, *Charles Quint*, 205–13

Oberman, H. A., 'The impact of the Reformation: Problems and perspectives', in Kouri and Scott, *Politics*, 3–31

Olton, E. D., 'To shepherd the empire: The catafalque of Charles V in Mexico City', in J. Beusterien and C. Cortez, eds, *Death and afterlife in the early modern Hispanic world: Hispanic Issues Online*, VII (Fall 2010), 10–26 http://hispanicissues.umn.edu/DeathandAfterlife.html

Ordi, J., J. de Zulueta et al., 'The severe gout of Holy Roman Emperor Charles V', *New England Journal of Medicine*, CCCV/5 (3 Aug. 2006), 516–20

Orts i Bosch, P. M., 'Margarida o Isabel. Dos noms per a una mateixa filla illegítima de l'emperador Carles d'Austria', *Afers: fulls de recerca i pensament*, XXVII (2012), 401–5

Owens, J. B., *'By my absolute royal authority': Justice and the Castilian commonwealth at the beginning of the first global age* (Rochester, 2005)

Ozment, S., *The bürgermeister's daughter: Scandal in a sixteenth-century German town* (New York, 1996)

Pacini, A., *La Genova di Andrea Doria nell'impero di Carlo V* (Florence, 1999)

Paget, H., 'The youth of Anne Boleyn', *HR*, LIV (1981), 162–70

Paillard, C., 'Le voyage de Charles-Quint en France en 1539–1540', *Revue des questions historiques*, XXV (1879), 506–50

Paillard, C. and G. Hérelle, *L'invasion allemande en 1544: fragments d'une histoire militaire et diplomatique de l'expédition de Charles V* (Paris, 1884)

Pánek, J., 'Emperador, rey y revuelta estamental. Los estamentos de Bohemia y su postura ante la política imperial de Carlos V y Fernando I durante la época de la guerra de Esmalcalda', in Kohler, *Carlos V/Karl V*, 137–49

Panzer, M. A., *Barbara Blomberg: Bürgerstochter, Kaisergeliebte und Heldenmutter* (Regensburg, 1995; revised edition, 2017)

Pardanaud, C., 'Plaider, convaincre, entrer en scène: Éléonore d'Autriche et la libération des enfants de France, d'après sa correspondance inédite', *Seizième siècle*, IV (2008), 195–216

Paredes, C., 'The confusion of the battlefield: A new perspective on the tapestries of the battle of Pavia (c. 1525–1531)', *Journal of the International Association of Research Institutes in the History of Art*, 0102 (Oct.–Dec. 2014) http://www.riha-journal.org/articles/2014/2014-oct-dec/paredes-battle-of-pavia

Parker, G., *The Army of Flanders and the Spanish Road, 1567–1659: The logistics of Spanish victory and defeat in the Low Countries' Wars* (1972; 3rd edition, Cambridge, 2004)

Parker, G., 'The place of Tudor England in the Messianic vision of Philip II of Spain', *TRHistS*, 6th series XII (2002), 167–221

Parker, G., *Felipe II. La biografía definitiva* (Barcelona, 2010)

Parker, G., *Imprudent king: A new life of Philip II* (New Haven and London, 2014)

Parker, G., 'Incest, blind faith, and conquest: The Spanish Hapsburgs and their enemies', in J. Lacey, ed., *Great strategic rivalries: From the Classical World to the Cold War* (Oxford, 2016), 209–33 and 580–5

Pascual Barroso, A., *Dos niños príncipes franceses cautivos en Castilla (1526–1530)* (Pedraza, 2013)

Pastor, L., *The history of the popes from the close of the Middle Ages, drawn from the secret archives of the Vatican and other original sources*, 40 vols (London, 1899–1953; original German edition 1886–1933)

Peiró Martín, I., *En los altares de la patria. La construcción de la cultura nacional española* (Madrid, 2017)

Pereña Vicente, L., 'El emperador Carlos V en la encrucijada de América: Proyecto de reconversión colonial', in Castellano Castellano and Sánchez-Montes González, *Carlos V*, II, 379–410

Pérez, J., 'Moines frondeurs et sermons subversifs en Castille pendant le premier séjour de Charles-Quint en Espagne', *BH*, LXVII (1965), 5–24

Pérez, J., *La revolución de las Comunidades de Castilla (1520–1521)* (6th edition, Madrid, 1998)

Pérez Bustamente, C., 'Actividad legislativa de Carlos V en orden a las Indias', in *Charles-Quint*, 113–21

Pérez de Tudela, A., 'El cenotafio de Carlos V en la Basílica de El Escorial', in S. F. Schröder, ed., *Leone y Pompeo Leoni. Actas del congreso internacional* (Turnhout, 2012), 132–48

Perla, A., 'Anton van den Wyngaerde y el palacio de Carlos V en Yuste', *Espacio, tiempo y forma, serie VII: historia del Arte*, XX–XXI (2007–8), 23–36

Perla, A., 'Una visita al monasterio de San Jerónimo de Yuste', in Checa Cremades, *Monumentos restaurados*, 15-82

Perrone, S. T., *Charles V and the Castilian assembly of clergy: Negotiations for the ecclesiastical subsidy* (Leiden, 2008)

Peset Reig, M., 'Fundación y primeros años de la Universidad de México', in Castellano Castellano and Sánchez-Montes González, *Carlos V*, V, 541-63

Petritsch, E. D., 'Der habsburgisch-osmanische Friedensvertrag des Jahres 1547', *MÖStA*, XXXVIII (1985), 49-80

Philipp, M., *Ehrenpforten für Kaiser Karl V.: Festdekorationen als Medien politischer Kommunikation* (Berlin, 2011)

Pichot, A., *Charles-Quint. Chronique de sa vie intérieure et de sa vie politique, de son abdication, et de sa retraite dans le cloître de Yuste* (Paris, 1854)

Pietschmann, H., 'Carlos V y la formación del estado en las Indias', in Castellano Castellano and Sánchez-Montes González, *Carlos V*, II, 437-69

Pietschmann, H., 'Carlos V y América: el soberano, la corte y la política', in Kohler, *Carlos V/Karl V*, 265-78

Pietschmann, H., ed., *Alemania y México: percepciones mutuas en impresos, siglos XVI-XVIII* (Mexico City, 2005)

Pirenne, H., *Histoire de la Belgique. III. De la mort de Charles le Téméraire à l'arrivée du duc d'Albe dans les Pays-Bas (1567)* (Brussels, 1907)

Pizarro Gómez, F. J., 'El monasterio de Yuste y Carlos V', in García-Frías Checa, *Carlos V en Yuste*, 95-111

Pizarro Llorente, H., 'Un embajador de Carlos V en Italia: Don Lope de Soria (1528-1532)', in Martínez Millán, *Carlos V y la quiebra*, IV, 119-55

Plaisant, M. L., *Aspetti e problemi di politica spagnola (1556-1619)* (Padua, 1973)

Plassmann, E., *Karl Brandi (1868-1946) zur fünfundzwanzigsten Wiederkehr seines Todestag* (Bochum, 1972)

Pleij, H., *De sneeuwpoppen van 1511. Stadscultuur in de late Middeleeuwen* (Amsterdam/Leuven, 1988)

Pociecha, W., *Polska wobec elekcji Cesarza Karola V. w roku 1519 [Poland against the election of Emperor Charles V in 1519]* (Wrocław, 1947)

Podestà, G. L., *Dal delitto politico alla politica del delitto. Finanza pubblica e congiure contro i Farnese nel ducato di Parma e Piacenza dal 1545 al 1622* (Milan, 1995)

Pollnitz, A., 'Old words and the New World: Liberal education and the Franciscans in New Spain, 1536-1601', *TRHistS*, 6th series XXVII (2017), 123-52

Ponce de León, P., 'La arquitectura del palacio-monasterio de Loeches. El sueño olvidado de un Valido; la emulación de un real retiro' (Ph.D. thesis, 2013, online at http://oa.upm.es/22388/1/PEDRO_PONCE_DE_LEON.pdf)

Potter, D., *Henry VIII and Francis I: The Final Conflict, 1540-47* (Leiden, 2011)

Potter, D., *Renaissance France at war: Armies, culture and society, c. 1480-1560* (Woodbridge, 2008)

Poumarède, G., 'Le voyage de Tunis et d'Italie de Charles Quint ou l'exploitation politique du mythe de la Croisade (1535-1536)', *Bibliothèque d'Humanisme et Renaissance*, LXVII (2005), 247-85

Poumarède, G., 'Le "vilain et sale assassinat" d'Antonio Rincon et Cesare Fregoso (1541). Un incident diplomatique exemplaire?', in L. Bély and G. Poumarède, eds, *L'incident diplomatique (XVIe-XVIIIe siècle)* (Paris, 2009), 7-44

Powell, J., 'Thomas Wyatt's poetry in Embassy: Egerton 2711 and the production of literary manuscripts abroad', *Huntington Library Quarterly*, LXVII (2004), 261-82

Powell, J. E., *Joseph Chamberlain* (London, 1977)

Preciado, D., ed., *Juan de Anchieta (c 1462-1523): Cuatro Pasiones Polifónicas* (Madrid, 1995)

Press, V., 'Die Bundespläne Karls V. und die Reichsverfassung', in Lutz and Müller-Luckner, *Das römisch-deutsche Reich*, 55-106

Rabà, M. M., *Potere e poteri. 'Stati', 'privati' e communità nel conflitto per l'egemonia in Italia settentrionale (1536-1558)* (Milan, 2016)

Rabe, H., *Reichsbund und Interim. Die Verfassungs- und Religionspolitik Karls V. und der Reichstag von Augsburg 1547/1548* (Cologne, 1971)

Rabe, H., 'Die politische Korrespondenz Kaiser Karls V. Beiträge zu ihrer wissenschaftlichen Erschließung', in Rabe, *Karl V. Politik und politisches System*, 11-39

Rabe, H., ed., *Karl V. Politik und politisches System. Berichte und Studien aus der Arbeit an der politischen Korrespondenz des Kaisers* (Konstanz, 1996)

Rabe, H. and P. Marzahl, '"Comme représentant nostre propre personne" – the regency ordinances of Charles V as a historical source', in Kouri and Scott, *Politics*, 78-102

Ramos, D., *Hernán Cortés. Mentalidad y propósitos* (Madrid, 1992)

Rassow, P. E., *Die Kaiser-Idee Karls V dargestellt an der Politik der Jahre 1528-1540* (Berlin, 1932)

Rassow, P. E., 'Das Bild Karls V. im Wandel der Jahrhunderte', in Rassow and Schalk, *Karl V*, 1-17

Rassow, P. E., 'Karls V. Tochter Maria als Eventual-Erbin der spanischen Reiche', *Archiv für Reformationsgeschichte*, XLIX (1959), 161-8

Rassow, P. E. and F. Schalk, eds, *Karl V: der Kaiser und seine Zeit* (Cologne and Graz, 1960)

Redondo, A., 'Luther et l'Espagne de 1520 à 1536', *Mélanges de la Casa de Velázquez*, I (1965), 109-65

Redondo, A., *Antonio de Guevara (1480?-1545) et l'Espagne de son temps. De la carrière officielle aux oeuvres politico-morales* (Geneva, 1976)

Redondo, A., 'La comunicación sobre la victoria de Pavía de 1525: los canales de la propaganda imperial (cartas manuscritas, pliegos impresos, oralidad) y los restos correspondientes', in G. Ciappelli and V. Nider, eds, *La invención de las noticias: las relaciones de sucesos entre la literatura y la información (siglos XVI-XVIII)* (Trent, 2017), 255-71

Redondo Cantera, M. J. and J. Serrão, 'El pintor portugués Manuel Denis, al servicio de la Casa Real', in M. Cabañas Bravo, ed., *El arte foráneo en España. Presencia e influencia* (Madrid, 2005), 61-78

Rein, N. B., 'Faith and empire: Conflicting visions of religion in a late Reformation controversy - the Augsburg Interim and Its Opponents, 1548-50', *Journal of the American Academy of Religion*, LXXI (2003), 45-74

Rein, N., *The Chancery of God: Protestant Propaganda against the Empire, Magdeburg 1546-1551* (Aldershot, 2008)

Reinhard, W., '"Governi stretti e tirannici". Las ciudades y la política del emperador Carlos V, 1515-1556', in Kohler, *Carlos V/Karl V*, 151-77

Restall, M., *When Montezuma met Cortés: The true story of the meeting that changed history* (New York, 2018)

Richardson, G., *The Field of Cloth of Gold* (New Haven and London, 2013)

Ríos Lloret, R. E., *Germana de Foix: Una mujer, una reina, una corte* (Valencia, 2003)

Ríos Lloret, R. E. and S. Vilaplana Sánchis, eds, *Germana de Foix i la societat cortesana del seu temps* (Valencia, 2006)

Rivera Rodríguez. M., *Carlos V y el sueño del Imperio* (Madrid, 2005)

Robertson, J., 'L'entrée de Charles-Quint à Londres en 1522', in Jacquot, *Les fêtes de la Renaissance*, II, 169-81

Robertson, J., 'Empire and union: Two concepts of the early modern European political order', in Armitage, *Theories of empire*, 11-44

Robertson, W., *The history of the reign of the Emperor Charles V*, 3 vols (London, 1769; revised edition, 1787; reprinted with an addition by W. H. Prescott, Philadelphia, 1860)

Rodocanachi, E., 'Jeunesse d'Adrien VI', *Revue historique*, CLXVIII (1931), 300-7

Rodríguez-Salgado, M. J., *The changing face of Empire: Charles V, Philip II, and Habsburg authority, 1551-1559* (Cambridge, 1988)

Rodríguez-Salgado, M. J., 'Charles V and the dynasty', in Soly, *Charles V*, 27-111

Rodríguez-Salgado, M. J., 'Carolus Africanus? El emperador y el Turco', in Martínez Millán, *Carlos V y la quiebra*, I, 487-531

Rodríguez-Salgado, M. J., 'El ocaso del imperio carolino', in García García, *El imperio de Carlos V*, 47-79

Rodríguez-Salgado, M. J., 'Buenos hermanos y aliados perpetuos: Carlos V y Enrique VIII', in Kohler, *Carlos V/Karl V*, 443-85

Rodríguez-Salgado, M. J., 'La granada, el león, el águila y la rosa (las relaciones con Inglaterra 1496-1525', in Belenguer Cebrià, *De la unión*, III, 315-55

Rodríguez-Salgado, M. J., 'Obeying the Ten Commandments: Charles V and France', in Blockmans and Mout, *The world of the Emperor Charles V*, 15-67

Rodríguez-Salgado, M. J., 'Los últimos combates de un caballero determinado', in Checa Cremades, *Monumentos restaurados*, 83-108

Rodríguez-Salgado, M. J., 'Ferrante Gonzaga: The champion of innocence', in G. Signorotto, ed., *Ferrante Gonzaga. Il Mediterraneo, L'Impero (1507-1557)* (Rome, 2009), 139-96

Rodríguez-Salgado, M. J., 'The art of persuasion: Charles V and his governors', in P. Hoppenbrouwers, A. Janse and R. Stein, eds, *Power and persuasion: Essays on the art of state building in honour of W. P. Blockmans* (Turnhouse, 2010), 59-82

Rodríguez Villa, A., *La Reina Doña Juana la Loca. Estudio histórico* (Madrid, 1892)

Roper, L., '"To his most learned and dearest friend": reading Luther's letters', *German History*, XXVIII (2010), 283-95

Roper, L., *Martin Luther: Renegade and prophet* (London, 2016)

Rose, S. V., 'La hija pródiga del imperio: honras fúnebres a Carlos V en la Ciudad de los Reyes', *Revista destiempos* (Mexico City), III, no. 14 (Mar.-Apr. 2008), 129-41

Rosenthal, E. E., 'The house of Andrea Mantegna in Mantua', *Gazette des Beaux-Arts*, LX (1962), 327–48

Rosenthal, E. E., 'Plus Ultra, Non plus Ultra, and the columnar device of Emperor Charles V', *Journal of the Warburg and Courtauld Institutes*, XXXIV (1971), 204–28

Rosenthal, E. E., 'The invention of the columnar device of the Emperor Charles V at the Court of Burgundy in Flanders in 1516', *Journal of the Warburg and Courtauld Institutes*, XXXVI (1973), 198–230

Rosenthal, E. E., *The palace of Charles V in Granada* (Princeton, 1985)

Ruble, A. de, *Le mariage de Jeanne d'Albret* (Paris, 1877)

Ruiz Medrano, E., *Mexico's indigenous communities, their lands and histories, 1500–2010* (Boulder, CO, 2010)

Russell, J. G., 'The search for universal peace: The conferences of Calais and Bruges in 1521', *BIHR*, XLIV (1971), 162–93

Russo, A., 'Cortés's objects and the idea of New Spain', *Journal of the History of Collections*, XXIII/2 (2011), 229–52

Sadlack, E. A., *The French queen's letters: Mary Tudor Brandon and the politics of marriage in sixteenth-century Europe* (New York, 2011)

Saint-Saëns, A., ed., *Young Charles V, 1500–1531* (New Orleans, 2000)

Salazar, J. de, 'Sobre una posible hija de Carlos V y de Germana de Foix', *Boletín de la Real Academia Matritense de Heráldica y Genealogía*, XXVIII (1998), 14–16

Saletta, V., 'Il viaggio di Carlo V in Italia 1535–1536', *Studi Meridionali*, IX (1976), 286–327, 452–79; X (1977), 78–114, 268–92, 420–42; XI (1978), 329–39

Salomone, M. 'Se busca malaria en la momia del emperador Carlos V', *El País*, 3 Aug. 2006, archived at http://elpais.com/diario/2006/08/03/revistaverano/1154556001_850215.html, accessed 16 Jan. 2018

Salonia, M., *Genoa's freedom: Entrepreneurship, republicanism and the Spanish Atlantic* (Lanham, MD, 2017)

Salvador, G., 'El hablar de Cúllar-Baza', *Revista de filología española*, XLII (1958–9), 37–89

Sánchez Agesta, L., 'El "poderío real absoluto" en el testamento de 1554 – sobre los orígenes de la concepción de Estado', in *Carlos V (1500–1558)*, 439–60

Sanchis Amat, V. M., 'Los poemas castellanos del Túmulo Imperial de la gran ciudad de México (1560). Edición y comentario', *Revista de cancioneros impresos y manuscritos*, VI (2017), 244–73

Sardella, P., *Nouvelles et speculations à Venise au début du XVIe siècle* (Paris, 1948)

Schilling, D., 'L'education de Charles-Quint', in Saint-Saëns, *Young Charles V*, 1–11

Schilling, H., 'Veni, vidi, Deus vixit – Karl V. zwischen Religionskrieg und Religionsfrieden', *Archiv für Religionsgeschichte*, LXXXIX (1998), 144–66

Schlegelmilch, A. M., *Die Jugendjahre Karls V. Lebenswelt und Erziehung des burgundischen Prinzen* (Cologne, 2011)

Schraven, M., *Festive funerals in early modern Italy: The art and culture of conspicuous commemoration* (London, 2017)

Schüz, A., *Der Donaufeldzug Karls V. im Jahre 1546* (Tübingen, 1930)

Schwaller, J. F., with Helen Nader, *The first letter from New Spain: The lost petition of Cortés and his company, June 20, 1519* (Austin, TX, 2014)

Scribner, B., *The German Reformation* (Houndmills, 1986)

Semboloni Capitani, L., *La construcción de la autoridad virreinal en Nueva España (1535–1595)* (Mexico City, 2014)

Senatore, F., *'Uno mundo de carta': forme e strutture della diplomazia sforzesca* (Naples, 1998)

Sepponen, W., 'Imperial materials: Site and citation in Leone and Pompeo Leoni's Charles V and Furor', in D. Odell and J. Buskirk, eds, *Midwestern Arcadia: Essays in Honor of Alison Kettering* (Carleton, 2014), 122–31

Sepúlveda, R., *El monasterio de San Jerónimo el Real de Madrid. Estudio histórico-literario* (2nd edition, Madrid, 1888)

Setton, K. M., *The papacy and the Levant, 1204–1571*, 4 vols (Philadelphia, 1984)

Sherer, I., '"All of us, in one voice, demand what's owed us": Mutiny in the Spanish infantry during the Italian Wars, 1524–1538', *Journal of Military History*, LXXVIII (2014), 893–926

Sherer, I., *Warriors for a living: The experience of the Spanish infantry during the Italian Wars, 1494–1559* (Leiden, 2017)

Silver, L., 'Shining armor: Maximilian I as Holy Roman Emperor', *Art Institute of Chicago Museum Studies*, XII/1 (1985), 8–29

Silver, L., 'Shining armor: Emperor Maximilian, chivalry and war', in P. F. Cuneo, ed., *Artful armies, beautiful battles: Art and warfare in the Early Modern Europe* (Leiden, 2001), 61–86

Silver, L., *Marketing Maximilian: The visual ideology of a Holy Roman Emperor* (Princeton, 2008)

Simons, B., ed., *Keizer Karel 1500-2000. Het Keizer Karel Jaar in Vlaanderen: Nabeschouwingen* (Brussels, 2000)

Smith, P., *Erasmus: A study of his life, ideals and place in history* (2nd edition, New York, 1962)

Soly, H., ed., *Charles V 1500–1558 and his time* (Antwerp, 1999)

Speakman Sutch, S. and A. L. Prescott, 'Translation as transformation: Oliver de La Marche's "Le Chevalier Délibéré" and its Hapsburg and Elizabethan permutations', *Comparative Literature Studies*, XXV/4 (1988), 281–317

Steen, C. R., *Margaret of Parma: A life* (Leiden, 2013)

Stirling-Maxwell, W., *The cloister life of the emperor Charles V* (2nd edition, Boston, 1853)

Stone, M. W. F., 'Adrian of Utrecht and the university of Louvain: theology and the discussion of moral problems in the late fifteenth century', *Traditio*, LXI (2006), 247–87

Stone, M. W. F., 'Adrian of Utrecht as a moral theologian', in Verweij, *De paus uit de Lage Landen*, 19–44

Strøm-Olsen, R., 'Dynastic ritual and politics in early modern Burgundy: The baptism of Charles V', *Past & Present*, CLXXV (2002), 34–64

Struick, J. E. A. L., *Gelre en Habsburg, 1492-1538* (Arnhem, 1960)

Suri, J., *The impossible presidency: The rise and fall of America's highest office* (New York, 2017)

Tafuri, M., *Interpreting the Renaissance: Princes, cities, architects* (New Haven and London, 2006; original Italian edition, 1992)

Talbot, M., 'Ore italiane: The reckoning of the time of day in pre-Napoleonic Italy', *Italian Studies*, XL (1985), 51–62

Tamussino, U., *Margarete von Österreich, Diplomatin der Renaissance* (Graz, 1995)

Tellechea Idígoras, J. I., 'Carlos V y Bartolomé Carranza: un navarro junto al lecho de muerte del emperador', *Príncipe de Viana*, XIX (1958), 33–82

Tellechea Idígoras, J. I., 'El último mensaje de Felipe II a Carlos V', in Castellano Castellano and Sánchez-Montes González, *Carlos V*, V, 643–62

Tellechea Idígoras, J. I., 'Lo que el emperador no supo. Proceso de Paulo IV a Carlos V y Felipe II', in Martínez Millán, *Carlos V y la quiebra*, IV, 181–95

Tellechea Idígoras, J. I., *Paulo IV y Carlos V. La renuncia del Imperio a debate* (Madrid, 2001)

Tellechea Idígoras, J. I., *El Arzobispo Carranza. 'Tiempos Recios'*, 4 vols (Salamanca, 2003–7)

Temple, P., *A sort of conscience: The Wakefields* (Auckland, 2002)

Terlinden, C., *Carolus Quintus, Charles Quint, empereur des deux mondes* (Brussels, 1965)

Thomas, B., *Gesammelte Schriften zur historischen Waffenkunde*, 2 vols (Graz, 1977)

Thomas, H., *The Golden Empire: Spain, Charles V and the creation of America* (New York, 2011)

Tondat, R., 'De Geboorteplaats van Keizer Karel', *Handelingen der Maatschappij voor geschiedenis en Oudheidkunde te Gent*, new series LV (2001), 457–61

Torre Revello, J., 'La crónica de las exequias de Carlos V en la Ciudad de los Reyes. Año 1559', *Boletín del Instituto de Investigaciones Históricas*, XIV nos 51–2 (1932), 60–78

Tracy, J. D., *Emperor Charles V, impresario of war: campaign strategy, international finance, and domestic politics* (Cambridge, 2002)

Tubau, X., 'Alfonso de Valdés y la política imperial del canciller Gattinara', in E. Fosalba et al., eds, *Literatura, sociedad y política en el Siglo de Oro* (Barcelona, 2010), 17–43

Tüchle, H., 'The peace of Augsburg: New order or lull in the fighting', in H. Cohn, ed., *Government in Reformation Europe, 1520–1560* (Basingstoke, 1971), 144–65 (first published in German in 1955)

Turba, G., 'Verhaftung und Gefangenschaft des Landgrafen Philipp von Hessen 1547–1550', *Archiv für österreichische Geschichte*, LXXXIII (1897), 107–232

Turetschek, C., *Die Türkenpolitik Ferdinands I. von 1529 bis 1532* (Vienna, 1968: Dissertationen der Universität Wien, X)

Tyler, R., *The Emperor Charles the Fifth* (London, 1956)

Unamuno, M. de, *Obras completas*, VI (Madrid, 2001)

Uslar Pietri, A., *La visita en el tiempo* (Barcelona, 1990)

van den Boogert, B., 'Mary of Hungary as a patron of the arts', in Checa Cremades, *Los inventarios de Carlos V*, III, 2,807–22

van Deusen, N. E., 'Coming to Castile with Cortés: Indigenous "servitude" in the 16th century', *Ethnohistory*, LXII (2015), 285–308

van Durme, M., 'Les Granville au service des Habsbourg', in K. de Jonge and G. Janssens, eds, *Les Granvelle et les anciens Pays-Bas. Liber doctori Mauricio van Durme dedicatus* (Leuven, 2000), 11–81

Varela, J., *La muerte del rey. El ceremonial funerario de la monarquía española, 1500–1885* (Madrid, 1990)

Venturelli, P., 'L'ingresso trionfale a Milano dell'imperatore Carlo V (1541) e del Principe Filippo (1548). Considerazioni sull'apparire e l'accoglienza', in Martínez Millán, *Carlos V y la quiebra*, III, 51–83

Verweij, M., ed., *De paus uit de Lage Landen: Adrianus VI 1459-1523. Catalogus bij de tentoonstelling ter gelegenheid van het 550ste geboortejaar van Adriaan van Utrecht* (Leuven, 2009)

Vidal, J. J., 'La defensa del reino de Mallorca en la época de Carlos V (1535-1558); in Martínez Millán, *Carlos V y la quiebra*, I, 541-89

Vigo, G., *Uno stato nell' impero. La difficile transizione al moderno nella Milano di età spagnola* (Milan, 1994)

Vilar Sánchez, J. A., *1526. Boda y luna de miel del emperador Carlos V* (Granada, 2000)

Vilar Sánchez, J. A., *Carlos V: emperador y hombre* (Madrid, 2015)

Viseglia, M. M. A., 'Il viaggio cerimoniale di Carlo V dopo Tunisi', *Dimensioni e problemi della ricerca storica, Rivista del Dipartimento di Storia Moderna e Contemporanea dell'Università di Roma La Sapienza*, II (2001), 5-50 (a corrected version of the essay published in Martínez Millán, *Carlos V y la quiebra*, II, 133-72)

von Druffel, A., 'Kaiser Karl V. und die Römische Kurie 1544-1546, erste Abtheilung', *Abhandlungen der historischen Klasse der königlich bayerischen Akademie der Wissenschaften*, XIII/2 (1877), 147-277

von Ostenfeld-Suske, K., 'Juan Páez de Castro, Charles V, and a method for royal historiography', in P. Baker et al., eds, *Portraying the prince in the Renaissance: The humanist depiction of rulers in historiographical and biographical texts* (Berlin and Boston, 2016), 363-89

von Pölnitz, G., *Jakob Fugger*, 2 vols (Tübingen, 1949-51)

von Ranke, L., *Deutsche Geschichte im Zeitalter der Reformation*, 6 vols (4th edition, Leipzig, 1867-8)

von Rommel, C., *Philipp der Grossmüthige, Landgraf von Hessen*, 3 vols (Giessen, 1830)

Walser, F., *Die spanischen Zentralbehörden und der Staatsrat Karls V.: Grundlagen und Aufbau bis zum Tode Gattinaras* (ed. R. T. Wohlfeil, Göttingen, 1959)

Walther, A., 'Review of Kreiten, *Der Briefwechsel Kaiser Maximilians I*', *Göttingische gelehrte Anzeigen*, CLXX (1908), 253-86

Walther, A., *Die burgundischen Zentralbehörden unter Maximilian I. und Karl V.* (Leipzig, 1909)

Walther, A., *Die Anfänge Karls V.* (Leipzig, 1911)

Weber, H., 'Le traité de Chambord (1552)', *Charles-Quint, le Rhin et la France. Droit savant et droit pénal à l'époque de Charles-Quint* (Strasbourg, 1973: Publications de la Société savante d'Alsace et des régions de l'Est, collection Recherches et Documents, XVII), 81-94

Weber, H., 'Zur Heiratspolitik Karls V', in Lutz and Müller-Luckner, *Das römisch-deutsche Reich*, 129-60

Weinrich, H., 'Sprachanekdoten um Karl V', in idem, *Wege der Sprachkultur* (Stuttgart, 1985), 181-92

Wellens, R., *Inventaire des papiers, notes et manuscrits de Louis-Prosper Gachard, archiviste général du royaume (1800-1885)* (Brussels, 1983)

Wellens, R., 'Études et travaux relatifs à la vie et à l'œuvre de Louis-Prosper Gachard. Une approche bibliographique', in J. Paviot, ed., *Liber Amicorum Raphael de Smedt, III. Historia* (Leuven, 2001: Miscellanea Neerlandica, XXV), 415-22

Wetter, O., et al., 'The year-long unprecedented European heat and drought of 1540 - a worst case', *Climatic change*, CXXV (2014), 349-63, and 'Supplementary Information' online

Wiesflecker, H., *Kaiser Maximilian I. Das Reich, Österreich und Europa an der Wende zur Neuzeit. I. Jugend, burgundisches Erbe und Römisches Königtum bis zur Alleinherrschaft, 1459-1493* (Munich, 1971); *II. Reichsreform und Kaiserpolitik, 1493-1500. Entmachtung des Königs im Reich und in Europa* (Munich, 1975); *III. Auf der Höhe des Lebens, 1500-1508. Der grosse Systemwechsel. Politischer Wiederaufstieg* (Munich, 1977); *IV. Gründung des habsburgischen Weltreiches, Lebensabend und Tod, 1508-1519* (Munich, 1981); *V. Der Kaiser und seine Umwelt: Hof, Staat, Wirtschaft, Gesellschaft und Kultur* (Munich, 1986)

Wijsman, H., 'Philippe le Beau et les livres: rencontre entre une époque et une personnalité', in Wijsman, ed., *Books in transition at the time of Philip the Fair: Manuscripts and books in the late fifteenth and early sixteenth century Low Countries* (Turnhout, 2010), 17-92

Williams, M. K., 'Re-orienting a Renaissance diplomatic *cause celèbre*: The 1541 Rincón-Fregoso affair', in S. Brzeziński and A. Zarnóczki, eds, *A divided Hungary in Europe: Exchanges, networks and representations, 1541-1699. II: Diplomacy, information flow and cultural exchange* (Newcastle, 2014), 11-29

Wohlfeil, R., 'Retratos gráficos de Carlos V al servicio de la representación y la propaganda', in Kohler, *Carlos V/Karl V*, 307-31

Zalama, M. A., 'Felipe I el Hermoso y las artes', in Zalama and Vandenbroeck, *Felipe I el Hermoso*, 17-48

Zalama, M. A., *Juana I. Arte, poder y cultura en torno a una reina que no gobernó* (Madrid, 2010)

Zalama, M. A., 'Origen y destino de la colección de tapices de la reina Juana I', in Checa Cremades, *Museo Imperial*, 53-69

Zalama, M. A. and P. Vandenbroeck, eds, *Felipe I el Hermoso. La Belleza y la locura* (Madrid, 2006)

Zanetti, C., ed., *Janello Torriani, a Renaissance genius* (Cremona, 2016)

Zeller, G., *Le siège de Metz par Charles-Quint* (Nancy, 1943)

Zimmerman, T. C. Price, 'The publication of Paolo Giovio's Histories: Charles V and the revision of Book XXXIV', *La Bibliofilia*, VII (1972), 49–90

Zimmerman, T. C. Price, *Paolo Giovio: The historian and the crisis of sixteenth-century Italy* (Princeton, 1995)

Zulueta, J. de, 'The cause of death of Emperor Charles V', *Parassitologia*, XLIX (June 2007), 107–9

Zulueta, J. de, *Tuan nyamok [El señor de los mosquitos]. Relatos de la vida de Julián de Zulueta contados a María García Alonso* (Madrid, 2011)

Zurdo Manso, F. and E. del Cerro Calvo, *Madrigal de las Altas Torres: recuerdos para una historia* (Ávila, 1996)

译名对照表

Acton, Lord, historian 阿克顿勋爵，历史学家

Acuña, Antonio de, bishop of Zamora and Comunero leader 安东尼奥·德·阿库尼亚，萨莫拉主教，公社起义领袖

Admiral of Castile, Fadrique Enríquez de Velasco, co‑regent of Castile 卡斯蒂利亚的海军司令，费德里科·恩里克斯·德·贝拉斯科，卡斯蒂利亚的摄政者之一

Admiral of France, see Coligny, Gaspar de 法国海军司令，加斯帕尔·德·科利尼

Adrian of Utrecht（Adrian Florensz Boeyers），Charles's preceptor, governor of Castile, inquisitor‑general, and later Pope Adrian Ⅵ 乌得勒支的阿德里安（阿德里安·弗洛伦斯·博延斯），查理五世的教师，卡斯蒂利亚总督，宗教裁判所首席法官，后来成为教宗阿德里安六世

Aeneid, poem by Virgil 维吉尔的《埃涅阿斯纪》

Africa 非洲

Agincourt, battle of（1415）阿金库尔战役（1415 年）

Aguirre, Lope de, rebellious colonist in Peru 洛佩·德·阿吉雷，在秘鲁反叛的殖民者

Alarcón y Ariza, Pedro Antonio de, travel writer 佩德罗·安东尼奥·德·阿拉尔孔·阿里萨，游记作家

Alba, Fernando Álvarez de Toledo, third duke of 费尔南多·阿尔瓦雷斯·德·托莱多，第三代阿尔瓦公爵

Albert Alcibiades of Brandenburg‑Külmbach 勃兰登堡‑库尔姆巴赫边疆伯爵阿尔布雷希特·亚西比德

Albret, Henry d', king of Navarre 恩里克二世，纳瓦拉国王

Albret, Jeanne d', queen of Navarre 胡安娜·德·阿尔布雷，纳瓦拉女

Arabian peninsula 阿拉伯半岛

Aragon 阿拉贡

Aram, Bethany, historian 贝瑟尼·阿拉姆, 历史学家

Arévalo 阿雷瓦洛

Arfaioli, Maurizio, historian 毛里齐奥·阿尔法约利, 历史学家

Arica (viceroyalty of Peru) 阿里卡 (在秘鲁副王辖区)

Ariosto, Lodovico, poet 卢多维科·阿里奥斯托, 诗人

Aristotle, philosopher 亚里士多德, 哲学家

Armed Diet, see Augsburg, Diet of (1547 – 8) 武装的帝国会议, 即奥格斯堡帝国会议 (1547~1548)

Arras 阿拉斯

Artois, province of 阿图瓦省

Ascham, Roger, English humanist and diplomat 罗杰·阿斯卡姆, 英格兰人文主义学者和外交官

Atahualpa, Inca Emperor 阿塔瓦尔帕, 印加皇帝

Audiencia of Lima 利马检审庭

Audiencia of Mexico 墨西哥检审庭

Augsburg 奥格斯堡

Augustus, Roman emperor 奥古斯都, 罗马皇帝

Aurelius, Marcus, Roman emperor 马可·奥勒留, 罗马皇帝

Austrasia 奥斯特拉西亚

Austria 奥地利

Austria, Don John of, see Don John of Austria 奥地利的堂胡安

Austria, George of, archbishop, Charles's uncle 奥地利的格奥尔格, 大主教, 查理五世的叔父

Ávalos y de Aquino, Alfonso de 阿方索·德·阿瓦洛斯·德·阿基诺

Ávila 阿维拉

Ávila y Zúñiga, Luis de, imperial companion, historian and warrior 路易斯·德·阿维拉·苏尼加, 皇帝的伙伴, 历史学家, 武士

Avis dynasty 阿维斯王朝

Denmark 丹麦

Diet（Reichstag）of Holy Roman Empire 神圣罗马帝国的帝国会议

Dijon 第戎

Dolce, Lodovico, biographer 卢多维科·多尔切，传记家

Don Carlos, prince of Asturias 堂卡洛斯，阿斯图里亚斯亲王

Don John of Austria, Charles's illegitimate son 奥地利的堂胡安，查理五世的私生子

Donauwörth 多瑙沃特

Doria, Andrea, Genoese admiral and patrician 安德烈亚·多里亚，热那亚海军司令和城市权贵

Doria, Giannettino, Genoese patrician 詹内蒂诺·多里亚，热那亚城市权贵

Dorothea of Denmark, princess, Charles's niece 丹麦公主多罗特娅，查理五世的外甥女

Dragut, Barbary corsair 图尔古特，巴巴里海盗

Dubois, Adrian, imperial servant 阿德里安·迪布瓦，皇帝的仆人

Düren 迪伦

Dürer, Albrecht, artist 阿尔布雷希特·丢勒，艺术家

Eck, Dr Johann, Catholic theologian 约翰·埃克博士，天主教神学家

Edelmayer, Friedrich, historian 弗里德里希·埃德尔迈尔，历史学家

Edward VI, king of England and Ireland 爱德华六世，英格兰与爱尔兰国王

Eeklo 埃克洛

Egidio, see Gil, Juan 埃吉迪奥，即胡安·希尔

Egypt 埃及

El Escorial, monastery of San Lorenzo de 埃斯科里亚尔的圣洛伦索修道院

Eleanor of Austria, queen of Portugal and France, Charles's sister 奥地利的埃莉诺，葡萄牙王后和法国王后，查理五世的姐姐

Electors（Kurfürsten）of the Holy Roman Empire 选帝侯，神圣罗马

Ferdinand the Catholic, king of Aragon (Charles Ⅴ's grandfather) 天主教国王斐迪南，阿拉贡国王（查理五世的外祖父）

Fernández Álvarez, Manuel, historian 曼努埃尔·费尔南德斯·阿尔瓦雷斯，历史学家

Fernández de Córdoba, Luis, duke of Sessa 路易斯·费尔南德斯·德·科尔多瓦，塞萨公爵

Fernández de Oviedo, Gonzalo, chronicler 贡萨洛·费尔南德斯·德·奥维多，编年史家

Fernandinos, supporters of Ferdinand the Catholic at Charles's court 斐迪南党人

Fernando of Austria, Charles's son 奥地利的费尔南多，查理五世的儿子

Ferrara, Ercole of Este, duke of 费拉拉公爵埃尔科莱二世·埃斯特

Fieschi, Gian Luigi, count 吉安·路易吉·菲耶斯基，伯爵

Figueroa, Gómez Suárez de, Spanish diplomat 戈麦斯·苏亚雷斯·德·菲格罗亚，西班牙外交官

Flanders, county of 佛兰德伯国

Florange, lord of, see La Marck, Robert de 罗贝尔·德·拉马克，弗洛朗日领主

Florence 佛罗伦萨

Foix, Germaine de, queen of Aragon and vicereine of Valencia 热尔梅娜·德·富瓦，阿拉贡王后，巴伦西亚副王

Foix, Odet de 奥代·德·富瓦

France 法国

Franche – Comté 弗朗什 – 孔泰

Francis, dauphin de France 弗朗索瓦，法国王太子

Francis Ⅰ, king of France 弗朗索瓦一世，法国国王

Franco Bahamonde, Francisco 弗朗西斯科·佛朗哥·巴阿蒙德，独裁者

Frankfurt 法兰克福

历史学家

选帝侯，勃兰登堡的阿尔布雷希特

Malaspina, Giulio Cibo, marquis of Massa 朱利奥·奇博·马拉皮斯纳，马萨侯爵

Maldonado, Juan de, chronicler 胡安·德·马尔多纳多，编年史家

Male, Guillaume van, humanist, Charles's chamberlain 纪尧姆·范·马勒，人文主义学者，查理五世的内廷总管

Mallorca 马略卡岛

Manrique, Alonso, bishop of Badajoz and later of Córdoba 阿隆索·曼里克，巴达霍斯主教，后成为科尔多瓦主教

Mantua 曼托瓦

Mantua, Federico Ⅱ Gonzaga, marquis and later duke of 费德里科二世·贡扎加，曼托瓦侯爵，后成为公爵

Manuel, Don Juan, courtier and imperial diplomat 堂胡安·曼努埃尔，廷臣，帝国的外交官

Manuel, king of Portugal 曼努埃尔一世，葡萄牙国王

Marche, Olivier de la, chronicler 奥利维耶·德·拉马什，编年史家

Margaret of Austria, archduchess of Austria and duchess of Savoy, Charles V's aunt 奥地利的玛格丽特，奥地利女大公，萨伏依公爵夫人，查理五世的姑姑

Margaret of York, Charles's great-grandmother 约克的玛格丽特，查理五世的外曾祖母

Margarita, duchess of Florence and later of Parma, Charles's illegitimate daughter 玛格丽塔，佛罗伦萨公爵夫人，后成为帕尔马公爵夫人，查理五世的私生女

María of Aragon, queen of Portugal, Charles's aunt 阿拉贡的玛丽亚，葡萄牙王后，查理五世的姨母

María of Aragon, prioress of Madrigal, Charles's aunt 阿拉贡的玛丽亚，马德里加尔的女修院院长，查理五世的姨母

María of Austria, queen of Bohemia and later Holy Roman Empress, Charles's daughter 奥地利的玛丽亚，波希米亚王后，后成为神圣罗马皇

Mathys, Corneille Henri, Charles's physician 科尔内耶·亨利·马泰斯，查理五世的御医

Maurice, duke and later Elector of Saxony 莫里茨，萨克森公爵，后成为萨克森选帝侯

Maximilian Ⅰ, Holy Roman Emperor, Charles's grandfather 马克西米利安一世，神圣罗马皇帝，查理五世的祖父

Maximilian Ⅱ, king of Bohemia and later Holy Roman Emperor, Charles's nephew and son – in – law 马克西米利安二世，波希米亚国王，后成为神圣罗马皇帝，查理五世的侄子和女婿

Maxwell, William Stirling, see Stirling – Maxwell, William 威廉·斯特林 – 麦克斯韦爵士

Mayer, E. W., historian E. W. 迈尔，历史学家

Mechelen (Malines) 梅赫伦

Mecklenburg, duke of 梅克伦堡公爵

Medici family 美第奇家族

Medici, Alessandro de', duke of Florence, Charles's son – in – law 亚历山德罗·德·美第奇公爵，佛罗伦萨公爵，查理五世的女婿

Medici, Catherine de', niece of Clement VII and spouse of Henry Ⅱ 卡特琳·德·美第奇，克雷芒七世的侄女，法王亨利二世之妻

Medici, Cosimo de', duke of Florence 科西莫·德·美第奇，佛罗伦萨公爵

Medici, Giovanni de', see Leo X 乔万尼·德·美第奇，即利奥十世

Medici, Giulio de', see Clement Ⅶ 朱利奥·德·美第奇，即克雷芒七世

Medici, Lorenzino de', assassin 洛伦齐诺·德·美第奇，刺客

Medina del Campo 梅迪纳德尔坎波

Mediterranean Sea 地中海

Memling, Hans, painter 汉斯·梅姆林，画家

Méndez, Fray Gonzalo, missionary and dreamer 贡萨洛·门德斯修士，传教士和做梦者

图书在版编目（CIP）数据

皇帝：查理五世传：全二册／（英）杰弗里·帕克
（Geoffrey Parker）著；陆大鹏，刘晓晖译. －－ 北京：
社会科学文献出版社，2021.12
书名原文：Emperor：A New Life of Charles V
ISBN 978 - 7 -5201 - 8278 - 2

Ⅰ.①皇… Ⅱ.①杰… ②陆… ③刘… Ⅲ.①查理五
世 - 传记 Ⅳ.①K835.517 = 331

中国版本图书馆 CIP 数据核字（2021）第 073176 号

审图号：GS（2021）4140 号

皇帝
—— 查理五世传（全二册）

著　　者／〔英〕杰弗里·帕克（Geoffrey Parker）
译　　者／陆大鹏　刘晓晖

出 版 人／王利民
责任编辑／沈　艺
责任印制／王京美

出　　版／社会科学文献出版社·甲骨文工作室（分社）（010）59366527
　　　　　地址：北京市北三环中路甲29号院华龙大厦　邮编：100029
　　　　　网址：www.ssap.com.cn
发　　行／市场营销中心（010）59367081　59367083
印　　装／南京爱德印刷有限公司

规　　格／开　本：889mm×1194mm　1/32
　　　　　印　张：38.375　插页：1.25　字　数：875千字
版　　次／2021 年 12 月第 1 版　2021 年 12 月第 1 次印刷
书　　号／ISBN 978 - 7 -5201 - 8278 - 2
著作权合同
登 记 号／图字 01 - 2020 - 4389 号
定　　价／208.00 元（全二册）

本书如有印装质量问题，请与读者服务中心（010 - 59367028）联系